W0047018

Windows 7

Der umfassende Ratgeber

von
René Gäbler

Liebe Leserin, lieber Leser,

mit Windows 7 ist es Microsoft endlich gelungen, ein ausgereiftes, attraktives, leicht bedienbares und sicheres Betriebssystem für PCs zu schaffen. Haben Sie Windows 7 schon einmal auf einem Rechner genutzt? Dann werden Sie mir zustimmen: Es ist ein deutlicher Fortschritt und es macht Spaß, damit zu arbeiten.

Nun sieht aber doch einiges anders aus als in den Vorgängerversionen und zahlreiche Funktionen und Möglichkeiten sind hinzugekommen. Kaum jemand findet sich sofort zurecht und wohl niemand weiß auf Anhieb immer sofort, wo er in Windows welche Funktion findet. Hier hilft unser Buch weiter. Ob Sie nun ganz neu einsteigen und Windows 7 kennenlernen möchten oder das System schon einige Zeit benutzen: Mit unserem Buch erhalten Sie einen Ratgeber, der Sie nicht nur durch alle Anwendungsmöglichkeiten des Systems führt, sondern Ihnen mit vielen Tipps, Tricks und Ratschlägen zur Seite steht. Hier können Sie immer nachschlagen, wenn Sie einmal nicht weiterkommen.

René Gäbler erklärt und zeigt Ihnen Windows 7 so, dass Sie leicht nachvollziehen können, was zu tun ist. So erhalten Sie die perfekte Anleitung, die Ihnen dabei hilft, Ihren Windows-PC im Alltag unkompliziert nutzen zu können.

Mit diesem Buch meistern Sie alle Aufgaben, die Sie mit Ihrem PC bewältigen wollen, von der Installation, über Internet und E-Mails bis hin zur Netzwerkeinrichtung. Sehen Sie, was in Ihrem Windows so alles drinsteckt.

Dieses Buch wurde mit größter Sorgfalt geschrieben und hergestellt. Sollten Sie dennoch einmal Fehler finden oder inhaltliche Anregungen haben, freue ich mich, wenn Sie mit mir in Kontakt treten. Für konstruktive Kritik bin ich dabei ebenso dankbar wie für lobende Worte. Zunächst aber wünsche ich Ihnen viel Freude beim Lesen und viel Spaß mit Windows 7!

Ihr Jan Watermann
Lektorat Vierfarben

jan.watermann@vierfarben.de

Auf einen Blick

Sie haben Fragen, Wünsche oder Anregungen zum Buch?
Gerne sind wir für Sie da:

Anmerkungen zum Inhalt des Buches: jan.watermann@vierfarben.de
Bestellungen und Reklamationen: service@vierfarben.de
Rezensions- und Schulungsexemplare: julia.bruch@vierfarben.de

An diesem Buch haben viele mitgewirkt, insbesondere:

Lektorat Jan Watermann
Korrektorat Friederike Daenecke, Zülpich
Herstellung Iris Warkus
Einbandgestaltung Marc Thoben, Köln
Layout Vera Brauner
Satz Markus Miller, München
Druck Himmer AG, Augsburg

Gesetzt wurde dieses Buch aus der TheSansOsF SemiLight (9,5 pt/13,25 pt) in Adobe InDesign CS5.
Und gedruckt wurde es auf mattgestrichenem Bilderdruckpapier (115 g/m²).
Hergestellt in Deutschland.

Bibliografische Information der Deutschen Nationalbibliothek
Die Deutsche Nationalbibliothek verzeichnet diese Publikation in der Deutschen Nationalbibliografie; detaillierte bibliografische Daten sind im Internet über http://dnb.d-nb.de abrufbar.

ISBN 978-3-8421-0017-6

1. Auflage 2011

Vierfarben ist ein Verlag der Galileo Press GmbH
Rheinwerkallee 4, D-53227 Bonn
www.vierfarben.de

Der Verlagsname Vierfarben spielt an auf den Vierfarbdruck, eine Technik zur Erstellung farbiger Bücher. Der Name steht für die Kunst, die Dinge einfach zu machen, um aus dem Einfachen das Ganze lebendig zur Anschauung zu bringen.

Inhalt

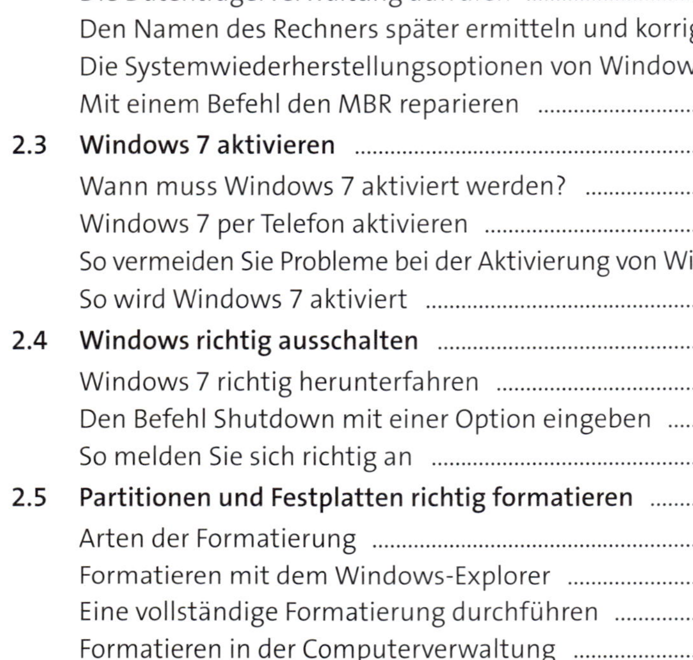

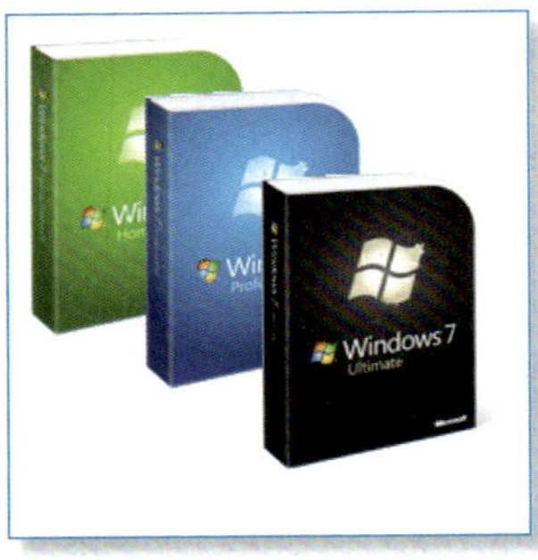

Teil II: Dokumente und Dateien verwalten

Teil III: Hardware und Software

Teil IV: Mit Windows im Internet und unterwegs

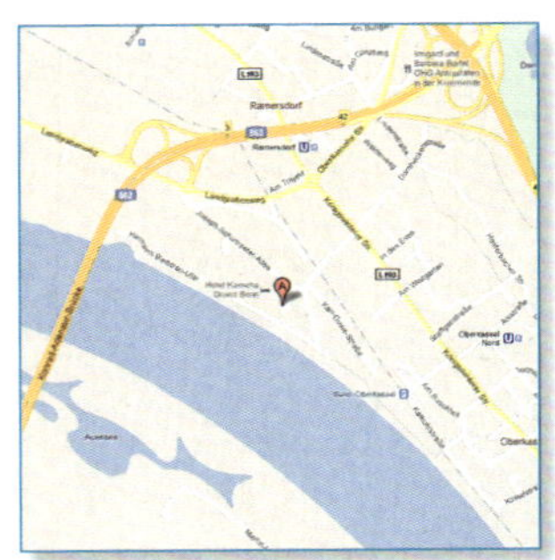

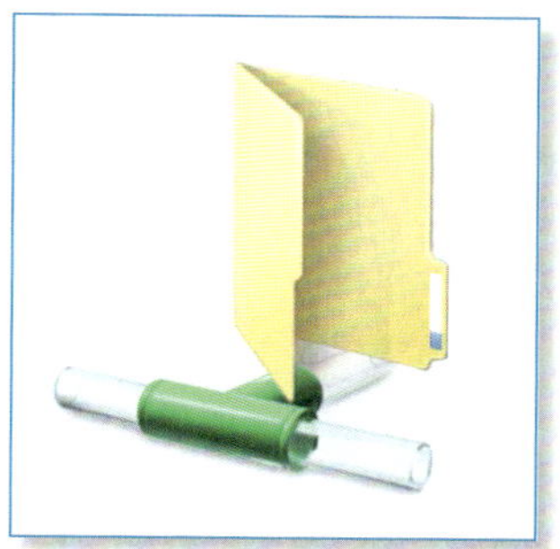

Dein erster Messenger
Erfahre mehr

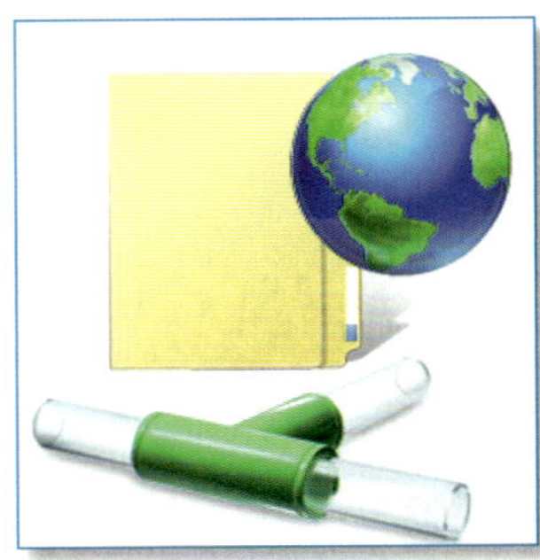

Teil V: Multimedia und Zubehör

KI
X 28

PURBLE PLACE

Teil VI: Windows mit mehreren Benutzern

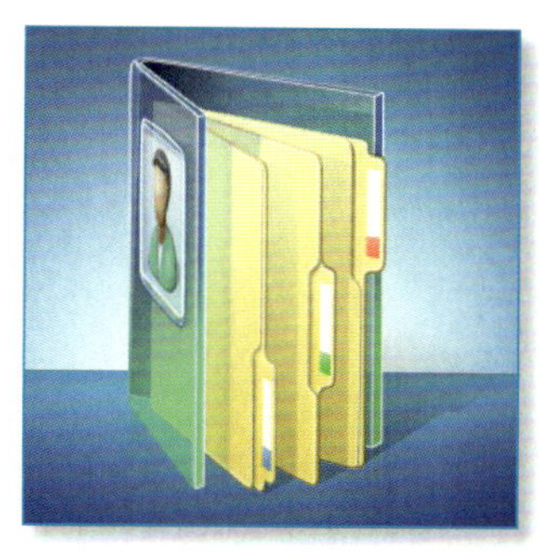

SYDATEC
Phoenix Backup v4

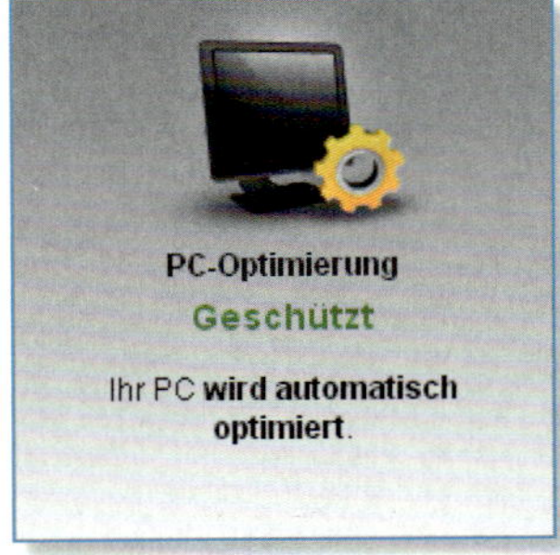
PC-Optimierung
Geschützt
Ihr PC wird automatisch optimiert.

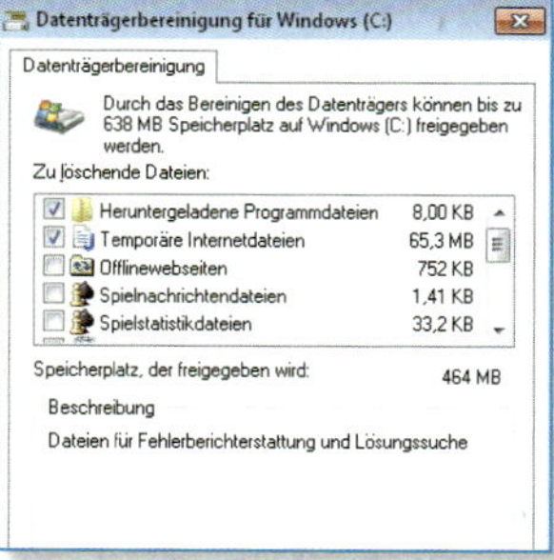

Teil VIII: Windows administrieren

C:_

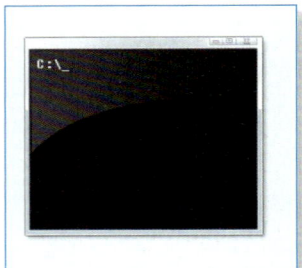

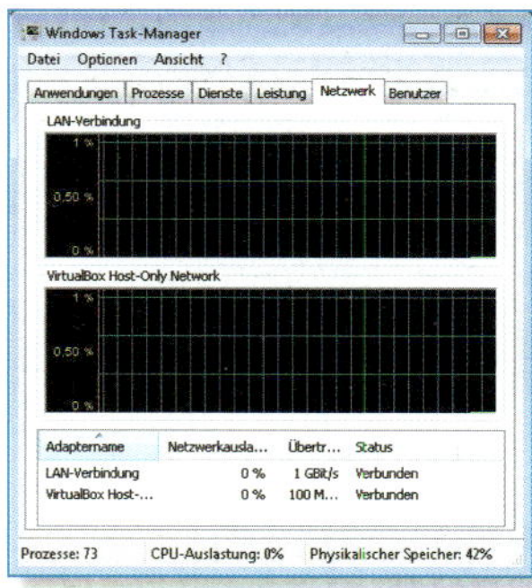

Windows Task-Manager
Datei Optionen Ansicht ?
Anwendungen Prozesse Dienste Leistung Netzwerk Benutzer
LAN-Verbindung
VirtualBox Host-Only Network
Adaptername Netzwerkausla... Übertr... Status
LAN-Verbindung 0 % 1 GBit/s Verbunden
VirtualBox Host-... 0 % 100 M... Verbunden
Prozesse: 73 CPU-Auslastung: 0% Physikalischer Speicher: 42%

Teil IX: Anhang

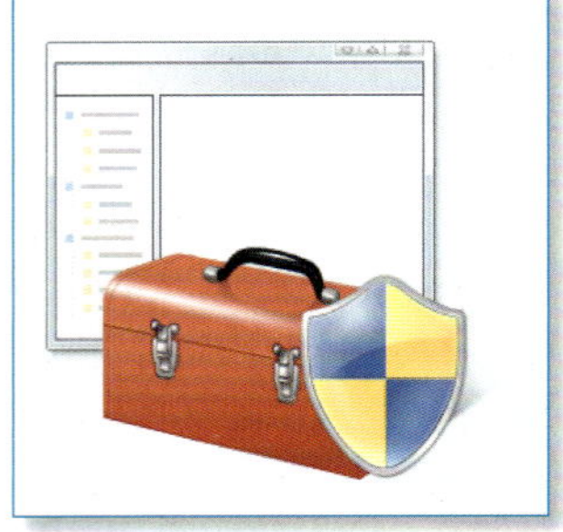

Einleitung

Sie haben sich für Windows 7 entschieden – oder ist es auf Ihrem Rechner bereits installiert? Sie haben mit der aktuellen Version des Betriebssystems aus dem Hause Microsoft sicherlich eine gute Wahl getroffen.

Windows 7 von Microsoft ist ein modernes Betriebssystem. Es eignet sich für einen Rechner zu Hause genauso wie für die Nutzung in einem Büro oder in einer kleinen Firma. Die neue Version dieses Betriebssystems ist optisch aufgepeppt worden. Multimedia und die einfache Nutzung des Internets stehen im Vordergrund, aber natürlich ist auch die Nutzung des Rechners für Office-Anwendungen und Computerspiele möglich.

Windows 7 hat viele Vorteile. Es gibt jede Menge Anwendungsprogramme für alle möglichen Interessen und Arbeiten. Viele Computerspiele erscheinen für die Microsoft-Plattform. Dazu kommt, dass es auch eine große Anzahl kostenloser Anwendungen gibt. Neben Webbrowsern finden Sie Grafikbearbeitungsprogramme, Bildbetrachtungsprogramme, die Tools von Windows Live, Googles Picasa und vieles mehr. Sie müssen also nicht viel Geld ausgeben, um eine bestimmte Aufgabe auszuführen.

Auf einem modernen Rechner läuft Windows 7 sehr schnell – und das, obwohl es mit optischen Gimmicks und Prozessen vollgepackt ist, die im Hintergrund laufen. Natürlich können Sie Ihr Betriebssystem an Ihre persönlichen Wünsche anpassen. Gerade in puncto Optik lässt sich viel tun. Der Desktop kann in vielerlei Hinsicht verändert werden. Sie können eigene Hintergrundbilder verwenden oder sich für eine Farbe auf dem Desktop entscheiden.

Viele Funktionen von Windows 7 sind einfach zu bedienen. Es ist keine große Einarbeitungszeit notwendig. Nur dann, wenn Sie etwas mehr machen möchten, müssen Sie sich umschauen. Hier und da gibt es auch Funktionen, die sich nicht gleich auf den ersten Blick erschließen. Es lohnt sich aber, diese kennenzulernen und so die eigenen Möglichkeiten im Umgang mit dem Windows-Betriebssystem zu erweitern.

Windows 7 macht sehr viel Spaß. Das liegt wohl zum einen an der Optik und der einfachen, durchdachten Bedienung – aber auch an den kleinen Spielen, den Multimediaanwendungen und an der Möglichkeit, das Internet zu nutzen, ohne schwierige Konfigurationsarbeiten durchführen zu müssen. Den Rechner zum Betrachten von Urlaubsbildern zu nutzen, das Erstellen von DVDs und kleinen Filmen, die Wiedergabe von Musik, Filmen und die Nutzung von Webradiosendern ist ohne Weiteres möglich. Ihnen stehen viele Medien offen.

Es gibt jedoch auch einen Nachteil: Das Windows-Betriebssystem ist aufgrund seiner starken Verbreitung das Ziel Nummer 1 für Schadsoftware, die sich Sicherheitslücken zunutze macht. Viren verursachen Schäden, und Trojaner spähen Daten aus. AdWare versucht, das Kaufverhalten und andere Daten des Anwenders auszuspähen. Solche Attacken kann und muss man mit einer Firewall und einer Antivirensoftware bekämpfen.

Dieses Buch soll Ihnen den Umgang mit dem Microsoft-Betriebssystem so leicht wie möglich machen. Sie können es als Nachschlagewerk nutzen, wann immer Sie einen Rat brauchen, aber auch darin schmökern und viel Wissenswertes rund um Windows 7 herausfinden. Es enthält viele Tipps, die ich in vielen Jahren als Windows-Nutzer gesammelt habe. Ich habe immer versucht, so anschaulich und verständlich wie möglich zu schreiben. Oft geht das am besten in Schritt-für-Schritt-Anleitungen, die Ihnen schnell zeigen, wie Sie zum Ziel gelangen.

Ich wünsche Ihnen nun viel Spaß mit diesem Buch und Windows 7.

René Gäbler
Berlin

Teil I
Windows installieren und einrichten

Kapitel 1
Die Neuerungen im Überblick

Sind Sie Umsteiger von einer älteren Version, z. B. Windows Vista oder XP, dann wird Sie dieses Kapitel sicherlich interessieren. Ich stelle Ihnen kurz die Neuerungen und die Unterschiede zu älteren Versionen vor.

In diesem Kapitel möchte ich Ihnen einen kleinen Überblick über die Neuerungen von Windows 7 geben. Einige Dinge werden Ihnen beim Start des Windows-Betriebssystems auffallen. Andere sind eher verborgen und nicht auf den ersten Blick erkennbar. In einem zweiten Abschnitt stelle ich Ihnen die verschiedenen Windows-Editionen in einer Übersicht vor und zeige Ihnen, in welchen Eigenschaften und Inhalten sie sich voneinander unterscheiden.

1.1 Die wichtigsten Neuerungen von Windows 7

Windows 7 besitzt einige interessante grafische Funktionen, die im Vergleich zu seinen Vorgängern neu sind. Schauen wir uns aber zuerst einmal die Systemanforderungen an. Sie benötigen für den Betrieb von Windows 7 einen Rechner mit den folgenden Features:

- 1-GHz-Prozessor oder höher
- Arbeitsspeicher mit 1 GB RAM (2 GB, wenn Sie die 64-Bit-Version von Windows 7 verwenden)
- eine Grafikkarte, die DirektX-9 unterstützt

Zusätzlich zu diesen Mindestanforderungen benötigt BitLocker TPM 1.2 oder höher. Das ist aber nur notwendig, wenn Sie die Verschlüsselungsfunktion nutzen möchten. Für Privatanwender ist diese Funktion nicht nötig (Siehe auch die Seiten 37 und 38).

INFO

Was ist eine Verschlüsselungsfunktion?

Mit einer Verschlüsselung wird eine verwertbare (lesbare) Information mit einem mathematischen Verfahren in eine nicht verwertbare Information umgewandelt. Ein sogenannter Schlüssel (oder auch »Key«) wird genutzt, um diese Information wieder zu entschlüsseln. Dadurch wird sie wieder verwertbar gemacht.

Auf diese Weise können sensible Daten vor dem Zugriff Dritter geschützt werden. Eine Verschlüsselungsfunktion stellt die mathematischen Prozesse zur Verfügung, die zur Verschlüsselung notwendig sind.

Verschlüsseln Sie eine oder mehrere Dateien, wenn Sie nicht möchten, dass deren Inhalt ohne Weiteres sichtbar ist. Bei Firmeninformationen ist dies eine gute Idee, um Wirtschaftsspionage auszuschließen. Wenn Daten per E-Mail versandt werden, schließen Sie mit einer Verschlüsselung aus, dass diese von Dritten abgefangen und eingesehen werden.

Für den Betrieb des Windows-Kompatibilitätsmodus ist noch mehr RAM notwendig. Sie benötigen 1 GB zusätzlichen Arbeitsspeicher und einen freien Platz auf Ihrer Festplatte von 15 GB.

INFO

Was ist TPM?
TPM steht für Trusted Platform Module und bezeichnet einen Chip, der für den Rechner Sicherheitsfunktionen bereitstellt.

Was ist der Kompatibilitätsmodus?

Ein neues Betriebssystem führt dazu, dass ältere Anwendungsprogramme, Spiele und Hardwaretreiber angepasst werden müssen. Die älteren Versionen laufen nicht mehr; man sagt, sie sind »inkompatibel«. Mit dem Kompatibilitätsmodus können Sie unter Windows 7 auch Anwendungen, Spiele und Treiber nutzen, die eigentlich nicht für diese Version des Windows-Betriebssystems ausgelegt sind. So lässt sich ein Programm, das Windows Vista erfordert, auch unter Windows 7 nutzen.

Sie müssen Ihre alten Programme also nicht wegschmeißen und für Windows 7 neue kaufen. Nutzen Sie den Kompatibilitätsmodus. Mit ihm werden all die Funktionen bereitgestellt, die das Programm, das Spiel oder der Treiber benötigt, um weiter genutzt werden zu können.

Neue Funktionen und Programme

Die **Aero-Funktionen** sind neu und fallen dem Anwender sofort ins Auge. In der Taskleiste steht eine Live-Vorschau geöffneter Dokumente zur Verfügung. Aktive Fenster können durch »Schütteln« ausgewählt werden, wobei die anderen Fenster minimiert werden. Ein Fenster können Sie »schütteln«, indem Sie mit der Maus oben auf das Fenster klicken, die Taste gedrückt halten und die Maus dann hin- und herbewegen. Eine 3D-Ansicht zeigt auf dem Desktop die geöffneten Dokumente. Es gibt transparente Effekte, die den Windows 7-Desktop zu einem echten Hingucker machen.

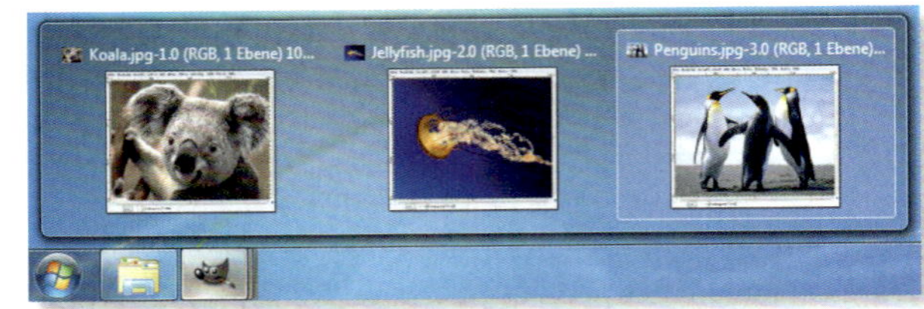

Abbildung 1.1 *Mit Aero steht Ihnen in der Taskleiste eine Live-Vorschau zur Verfügung. Sie zeigt eine verkleinerte Vorschauansicht der geöffneten Dokumente.*

Sie können nun ein geöffnetes Programmfenster über die Aero-Vorschau in der Taskleiste schließen. Einige Programme bieten eine Aero-Unterstützung und können über die Taskleiste gesteuert werden. Ein Beispiel ist der Windows Media Player. Seine Steuerschaltflächen sind auch über die Vorschau verfügbar. Sie müssen den Player nicht öffnen, um ihn zu bedienen.

Abbildung 1.2 *Der Media Player lässt sich dank Aero-Feature auch über die Taskleiste von Windows 7 steuern.*

Ein weiterer Aero-Effekt ist die Größenanpassung der Programmfenster auf dem Desktop mit der Maus. Ziehen Sie ein Fenster bis zum rechten oder linken Rand, wird es so vergrößert und platziert. Es nimmt nun genau die Hälfte des Desktops ein. So lassen sich zwei Programmfenster auf dem Windows-Desktop anordnen, die sich den freien Platz teilen. Die Symbole der geöffneten Programme werden in der Taskleiste hervorgehoben. So sehen Sie auf einen Blick, welche Anwendungen aktiv sind und welche gerade nicht verwendet werden.

Für den **Windows-Explorer** steht in der Taskleiste eine Sprungliste zur Verfügung. Wenn Sie das Kontextmenü per Rechtsklick auf das Symbol des Dateimanagers ❶ öffnen, sehen Sie eine Liste von Ordnern. Diese Liste zeigt die zuletzt besuchten Orte auf Ihrem Rechner. Bestimmte Einträge lassen sich in der Sprungliste anheften. Sie bleiben in der Liste erhalten. Alle anderen Inhalte werden durch neu besuchte Ordner oder neu ausgeführte Aktivitäten ersetzt. Solche Sprunglisten gibt es ebenfalls in den Microsoft Office-Anwendungen, im Windows Media Player und im Internet Explorer.

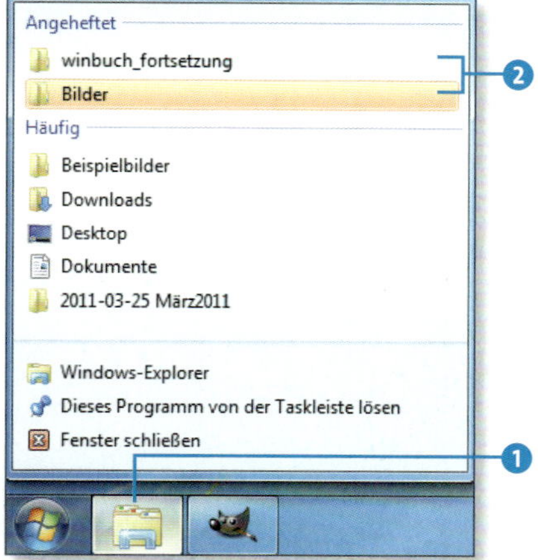

Abbildung 1.3 Das Sprungmenü des Windows Explorers. Im Dateimanager habe ich in diesem Beispiel zwei Ordner angeheftet ❷. Sie bleiben in der Liste erhalten.

Im **Startmenü** finden Sie nicht nur Ihre installierten Anwendungsprogramme. Hier hält das Betriebssystem auch die am häufigsten verwendeten Programme fest. Auch das ist eine Sprungliste. Auch sie lässt sich von Ihnen bearbeiten. So können Sie Einträge in der Sprungliste »an die Taskleiste anheften«. So bleiben sie dauerhaft in dieser erhalten. Einträge lassen sich ebenso aus der Liste entfernen.

Im Startmenü finden Sie ebenfalls eine Favoritenliste der zuletzt geöffneten Websites und eine Liste der zuletzt geöffneten Dokumente. Sie können Ihr Benutzerverzeichnis öffnen und in ihm spezielle Unterordner erreichen – so zum Beispiel die Ordner mit Dokumenten, Bilddateien und Musikdateien. Voraussetzung ist natürlich, dass Sie diese von Windows 7 vorgegebenen Ordner auch nutzen.

Haben Sie bereits Windows Vista verwendet, werden Sie bemerken, dass der Menüpunkt **Zuletzt verwendet** nicht mehr vorhanden ist. An seiner Stelle steht nun die neue Sprungliste. Sie können jedoch, wenn Sie dies möchten, über die Einstellungen des Programmmenüs auch einen Eintrag **Zuletzt verwendet** ❸ hinzufügen.

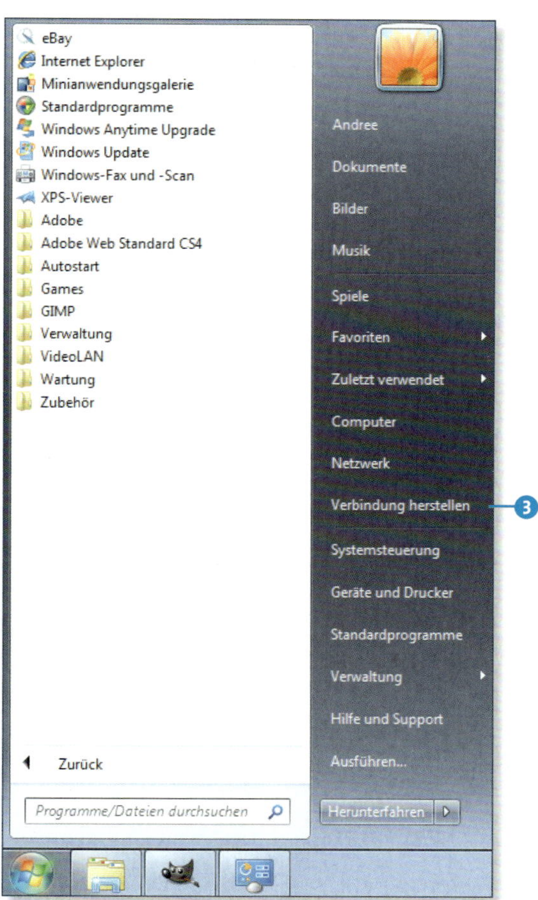

Abbildung 1.4 Das Windows 7-Startmenü

Die **Optik** von Windows lässt sich auf vielerlei Arten verändern. Das Betriebssystem stellt über die Systemsteuerung einige Aero-Designs zur Verfügung. Diese können Sie recht einfach auswählen und verwenden. Bei allen Designs lassen sich verschiedene Hintergründe wählen. Zusätzlich können Sie die Farbe der Fenster, Soundelemente und Bildschirmschoner einstellen. Auch die verwendeten Fonts und Mauszeiger lassen sich anpassen.

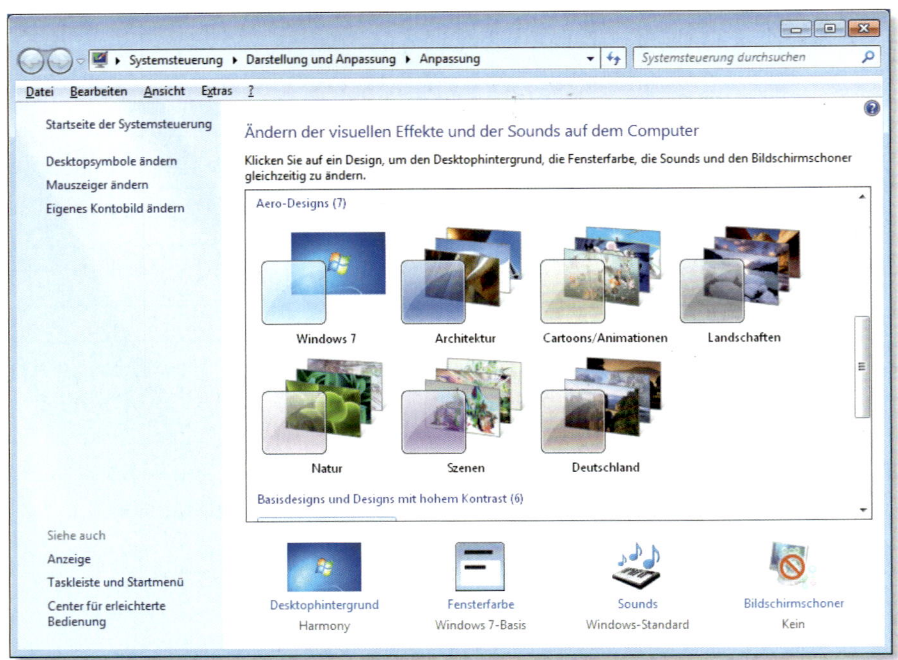

< ***Abbildung 1.5*** *Windows 7 bringt bereits ein paar schicke Designs mit. Sie müssen nicht die vorgegebene Optik verwenden. Passen Sie Ihren Desktop so an, wie er Ihnen am besten gefällt.*

Genügen Ihnen die bereits in Windows 7 vorhandenen Designs nicht, können Sie über eine Webseite von Microsoft weitere auf Ihren Rechner laden: *http://windows.microsoft.com/de-DE/windows/downloads/personalize/themes*. Es lohnt sich, ab und zu einen Blick auf diese Seite zu werfen. Durch neue Filme im Kino kommen z.B. immer wieder mal neue Fandesigns hinzu. So können Sie Ihren Windows-Desktops öfter einen neuen Look verpassen.

Neuerungen gibt es natürlich auch bei den **Werkzeugen und Programmen**, die Windows beiliegen. Der Editor WordPad kann nun auch Textdokumente im Office 2007-Format lesen (siehe Seite 42).

Die **Windows Live-Anwendungen** finden sich nicht mehr im Betriebssystem. Sie können diese jedoch über die Windows Live-Website oder über ein zusätzliches Update installieren und verwenden: *http://explore.live.com/*. Sie sind nach wie vor kostenlos und bringen interessante Funktionen mit sich. So gibt es einen Messenger, mit dem Sie mit Ihren Freunden immer in Kontakt bleiben können. Es gibt ein E-Mail-Programm, das Ihnen erlaubt, bequem Nachrichten zu lesen, zu beantworten und zu schreiben. Sie können mit Windows Live Foto Bilddateien bearbeiten, sortieren und in einer Fotogalerie veröffentlichen. Zu Windows Live gehören auch der Web-E-Mail-Dienst Hotmail und die Online-Festplatte SkyDrive. Bei SkyDrive können Sie ganze 25 GB an Speicherplatz für Ihre Daten nutzen und diese auch mit Freunden teilen. Interessant sind auch der Blog-Editor *Windows Live Writer* und das Videoschnittprogramm. Windows Live Movie Maker kann sicher nicht mit Adobe-Programmen konkurrieren. Es genügt aber, um aus Urlaubsfilmen oder Hobbyfilmen kleine, vorzeigbare Filme zu machen. Neben den genannten Programmen gibt es jede Menge weitere für ganz unterschiedliche Anwendungsgebiete. Eine Übersicht dazu finden Sie unter *http://www.windowslive.de/*. Ein Blick lohnt sich. Die Anwendungen werden weiterentwickelt und auch durch neue Tools ergänzt.

Bitte verzeihen Sie mir. Ich bin ein wenig vom Thema abgekommen. Wo waren wir? Ach ja… Die Neuerungen an den Werkzeugen und Tools, die Windows 7 beiliegen.

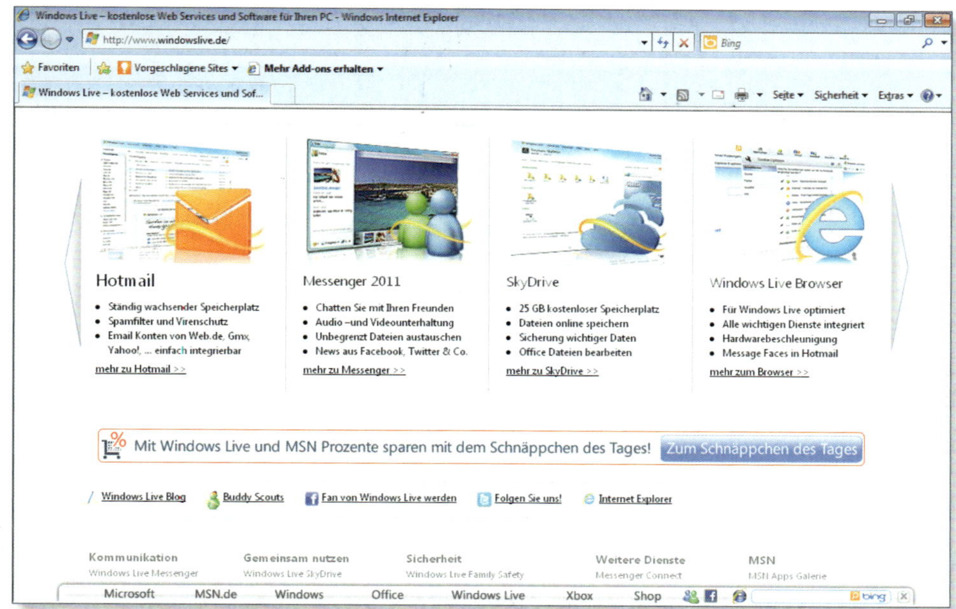

Abbildung 1.6 *Mit Windows Live können Sie eine Reihe zusätzlicher kostenloser Programme nutzen. Die Anzahl der Anwendungen ist sehr groß. Schauen Sie sich einmal um.*

Mit dem **Rechner** können Sie nun auch wissenschaftliche Berechnungen durchführen, Maße und Einheiten umrechnen und mit Uhrzeiten rechnen. Wenn Sie das Programm schon früher gerne genutzt haben, werden Sie sich freuen. Interessant ist, dass Sie mit dem kleinen Rechenwerkzeug auch Hypotheken berechnen können, den Kraftstoffverbrauch eines PKW oder die Kosten eines Kfz-Leasingvertrages ermitteln können. Dafür greift der Rechner auf sogenannte Arbeitsblätter zurück.

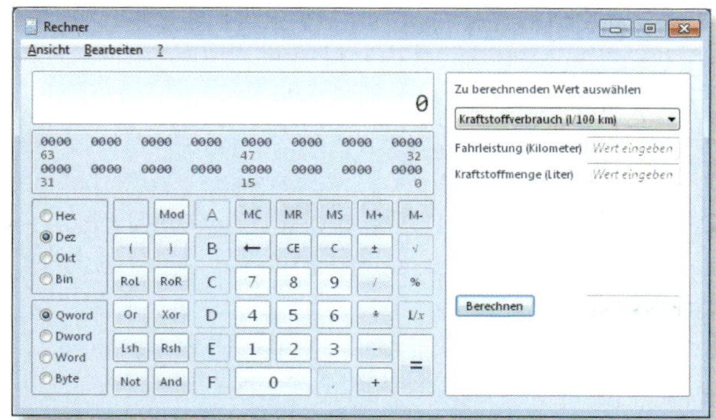

Abbildung 1.7 *Der Rechner in Windows 7 bietet jede Menge Funktionen.*

Die Eingabeaufforderung

Freunde der Kommandozeilenbefehle nutzen gern die MS DOS-Eingabeaufforderung. Aber gerade fortgeschrittene Anwender geraten hier schnell an die Grenzen des Möglichen. Die im Betriebssystem nun vorhandene Power Shell bietet wesentlich mehr Funktionen. Sie müssen nicht die normale Shell aus der Eingabeaufforderung und die Power Shell nutzen. In ihr sind auch die Möglichkeiten der Eingabeaufforderung integriert.

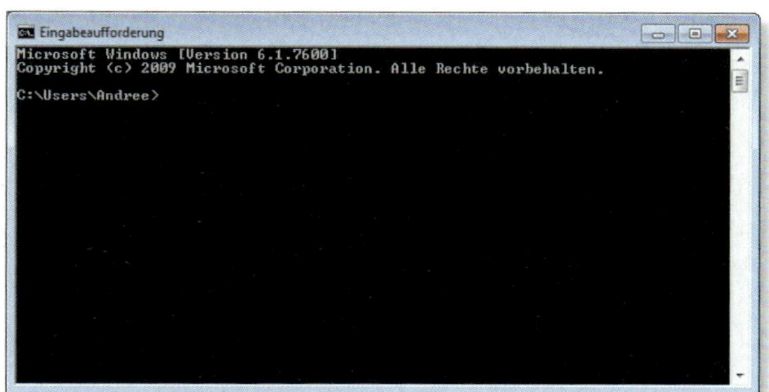

Abbildung 1.8 *Die MS DOS-Eingabeaufforderung gehört auch weiterhin zu Windows.*

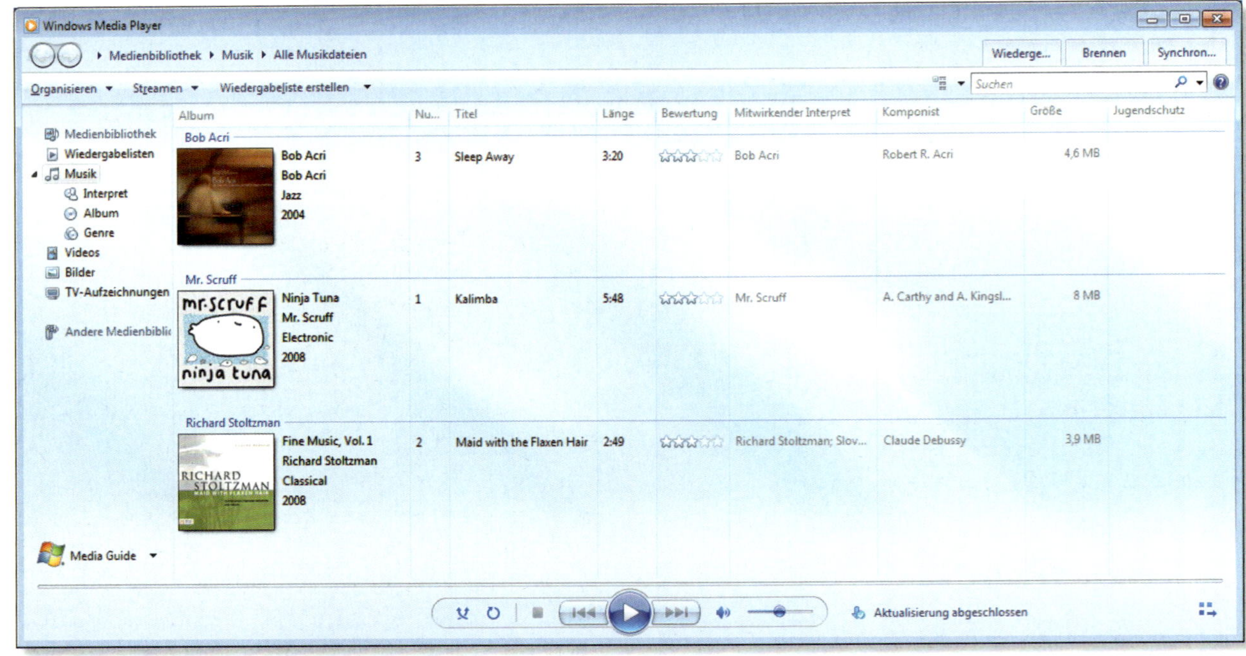

Abbildung 1.9 *Der Media Player in Aktion*

Der Media Player

Der Media Player bietet viele neue Funktionen. Sie können weiterhin Filme und Musikdateien wiedergeben, mit Playlisten arbeiten und Webradio-Programme genießen. Mit Skins lässt sich die Optik des Multimediaplayers verändern. Die neue Version unterstützt die Formate H.264 und MKV. So lassen sich hochauflösende Videoinhalte wiedergeben und am Computerbildschirm genießen.

Der Media Player ist die Basis des Windows Media Centers. Mit diesem können Sie Ihren PC als Multimediamaschine nutzen. Über eine einfache Bedienung lassen sich Filme, Musik, Bildersammlungen und TV-Inhalte wiedergeben. Wiedergegeben werden können auch die Inhalte der Bibliotheken, die auf Ihrem Windows 7-Rechner vorhanden sind.

In vielen kleinen Programmen und Werkzeugen von Windows 7 sieht man, dass Microsoft die Bedienoberfläche optimiert und verbessert hat. Es gibt neue Funktionen, die besser und schneller erreichbar sind. Dazu kommen eine optisch gelungenere Oberfläche und vor allem Tools, die aus einer Nische herausspringen. Bitte entschuldigen Sie diese Beurteilung. Konnte man z. B. mit dem alten Paint noch nicht so viel anfangen, bietet die aktuelle Version schon einiges mehr. Es gibt mehr Zeichenfunktionen, Farbauswahlboxen, Pinsel, Zeichenformen und Effekte.

WordPad

WordPad genügt bereits, um kleine Textdokumente zu erstellen. Die Bedienung erfolgt über eine Multifunktionsleiste (auch Ribbon genannt). Diese in Office 2007 eingeführte Leiste ist einfach zu bedienen. Alle wichtigen Bearbeitungsfunktionen sind über Schaltflächen erreichbar. Natürlich finden Sie in WordPad nicht mehrere Multifunktionsleisten und große Menüs mit vielen Funktionen. Es gibt nur zwei Register. Diese genügen aber für das kleine Programm. Textdateien können in den Formaten Text, RTF und im OpenDocument-Format gespeichert werden.

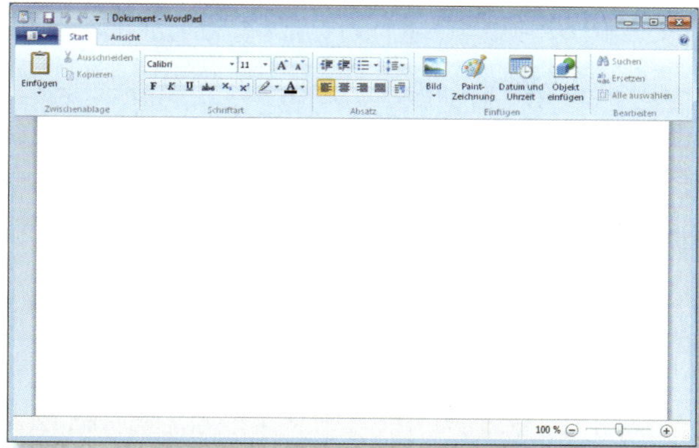

Abbildung 1.10 *Wenn Sie keine umfangreiche Office-Anwendung installieren möchten, genügt für kleine Dokumente und einfache Briefe auch WordPad.*

1.2 Externe Geräte

Überarbeitet wurde auch der Umgang mit Druckern, Faxgeräten, Digitalkameras und die Netzwerkumgebung. Windows 7 zeigt in der Systemsteuerung eine Übersicht über die an den Rechner angeschlossenen Geräte an.

Abbildung 1.11 *Die Ansicht der verfügbaren Drucker, Faxgeräte und der mit dem Computer verbundenen Eingabegeräte ist in Windows 7 sehr übersichtlich gestaltet.*

In der Regel findet sich bereits beim Anschließen von USB-Geräten der richtige Treiber. Ein Neustarten des Systems gehört der Vergangenheit an. Das heißt aber nicht, dass Sie auf die mitgelieferten Treiber von Drucker und Co. verzichten sollten. Diese bieten nach wie vor mehr Einstellfunktionen und Möglichkeiten.

1.3 WLAN-Verbindungen

Windows 7 erkennt eine erreichbare WLAN-Verbindung und zeigt diese in der Taskleiste an. Nach dem einmaligen Einrichten wird die Verbindung immer beim Systemstart automatisch aufgenommen. Auch das Einrichten von Netzwerkverbindungen, der Austausch von Daten über ein internes Netzwerk und der Zugriff auf Netzwerkdrucker ist um einiges einfacher geworden. Im Netzwerk- und Freigabecenter können Sie sehen, wie Ihre Netzwerkumgebung aussieht und ob Sie verwendet wird. Dateien, Ordner und Drucker lassen sich sehr einfach freigeben.

Abbildung 1.12 *Die verfügbaren WLAN-Verbindungen können Sie einfach über das Kontextmenü abrufen. Von hier aus gelangen Sie auch in das Netzwerk- und Freigabecenter.*

Wenn Sie sich die Mühe sparen wollen, sich ein gutes und sicheres Passwort für den Zugriff auf das Heimnetzwerk auszudenken, können Sie diese Aufgabe auch Windows 7 überlassen.

1.4 Sicherheit

In puncto Sicherheit wurde in Windows 7 einiges getan. Die Firewall ist einfach zu verwenden und genügt für den Schutz des Rechners vollauf. In den **Erweiterten Einstellungen** können Sie Regeln erstellen und so Programmen den Zugriff auf das Netzwerk erlauben oder auch verwehren. Es lassen sich Ports und Domains blockieren und auch freigeben.

Zu Windows 7 gehört das Verschlüsselungsprogramm BitLocker. Sie können nun auch USB-Sticks verschlüsseln und vor unliebsamen und unerwünschten Zugriffen schützen. Beachten Sie bitte, dass BitLocker nur in Windows 7 Ultimate und Enterprise genutzt werden kann.

Mit Gruppenrichtlinien ist es möglich, die Ausführung bestimmter Programme für einige Anwender zu blockieren. Sie können Skripte, Dateien, die ausgeführt werden können, und Setup-Dateien blockieren. Die Autostartfunktion steht in der neuen Version des Betriebssystems nicht mehr für USB-Sticks zur Verfügung. So kann eine Infektion mit Computerviren und anderen Schadprogrammen nicht mehr automatisch erfolgen. Die Autostartfunktion wird jedoch noch bei CDs, DVDs und Digitalkameras genutzt. Wenn Sie diese Funktion weniger mögen, können Sie sie anpassen oder auch ausstellen.

1.5 Windows-Explorer

Der Windows-Explorer ist in einigen Punkten übersichtlicher und leichter zu bedienen. Über die Navigationsleiste gelangen Sie schnell zu Favoriten, bestimmten Ordnern des Benutzers, auf Festplattenpartitionen, in die Systemsteuerung oder die Netzwerkumgebung. Die Navigation kann sehr leicht über die Menüleiste erfolgen. Eine weitere Leiste im Kopf des Dateimanagers macht bestimmte Funktionen schnell zugänglich. So können Sie zum Beispiel Freigaben er-

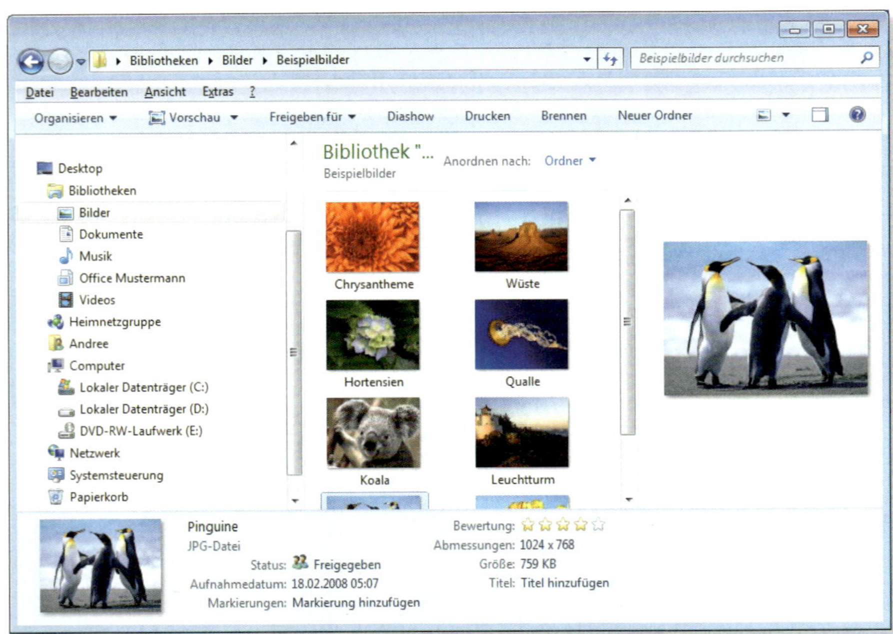

*^ **Abbildung 1.13** Der Windows-Explorer ist übersichtlich und einfach zu bedienen. Im Bild sehen Sie die Bibliothek mit den Windows-Beispielbildern. Für einen schnellen Blick auf Ihre Fotos müssen Sie kein zusätzliches Bildbetrachtungsprogramm starten.*

stellen, eine Diashow starten, eine markierte Datei an den Drucker senden oder auch auf CD/DVD brennen. Sie müssen nicht zu Nero oder einem anderen Brennprogramm greifen, um schnell Dateien auf eine CD zu sichern. Allerdings ist die Brennfunktion sehr einfach und lohnt sich wirklich nur für das schnelle Sichern von Dateien und Ordnern.

Die Brennfunktionen von Windows 7 beherrschen nun auch das ISO-Format. So lassen sich Abbilder von CDs und DVDs direkt mit Windows 7 brennen.

Die Bibliotheken sind neu in Windows 7 hinzugekommen. Mit ihnen können Sie Bilddateien, verschiedenartige Dokumente, Musikdateien und Videos verwalten. Dabei werden vorhandene Ordner in die Bibliothek eingefügt und verlinkt. Der Zugriff ist so nicht nur einfacher. Sie haben auch die Inhalte verschiedener Ordner, die sich irgendwo auf Ihrem Rechner befinden, an einem Ort beisammen.

Dank einer intelligenten Suchfunktion können bestimmte Dateien mit dem Windows-Explorer schnell gesucht und gefunden werden. Die Basis dieser Suchfunktion ist eine Indexdatenbank. Sie hält nur bestimmte Inhalte fest, so zum Beispiel selbst erstellte Dokumente und die Bild-, Musik- und Videodateien des Anwenders. System- und Programmdateien werden nicht indiziert. Das ist durchaus sinnvoll, da man ja eh meist irgendeine Bild- oder Office-Datei sucht. Eine einmal durchgeführte Suche können Sie festhalten und so später noch schneller darauf zugreifen.

1.6 Das Wartungscenter

Das neue Wartungscenter zeigt einen aktuellen Status zur Sicherheit und zu Wartungsfunktionen des Computers an. Sie können von hier aus schnell und einfach den Computer mit dem Windows-eigenen Tool Windows Security Essentials auf eine Infektion mit Computerviren untersuchen. Das Wartungscenter zeigt anhand von Farbmarkierungen und Meldungen an, ob Ihr Computer gefährdet ist. Von hier aus können Sie auch Backups erstellen und alte Datensicherungen zurücklesen.

Das Wartungscenter überprüft, ob ein aktuelles Antivirenprogramm auf dem Rechner installiert ist und verwendet wurde. Sie können hier den Status der Firewall prüfen, Datensicherungen erstellen und Windows 7-Updates einspielen.

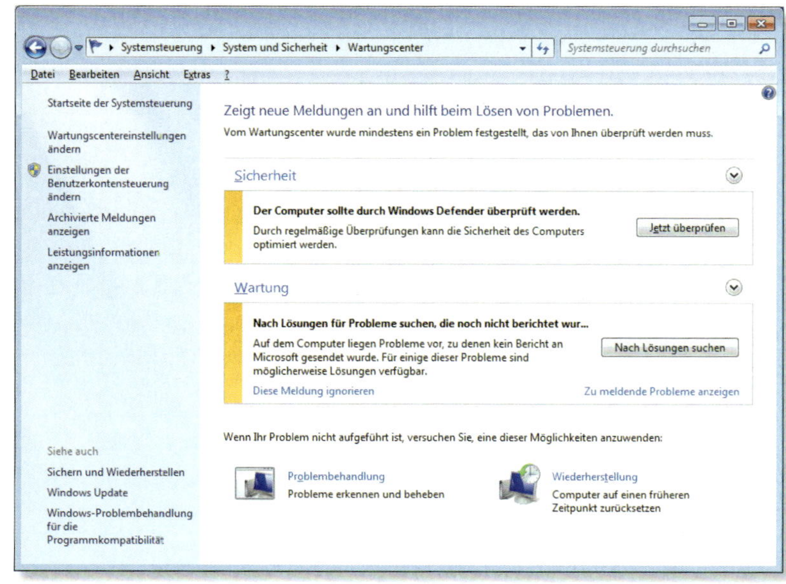

< ***Abbildung 1.14*** *Das Wartungscenter überwacht den Sicherheitsstatus Ihres Rechners.*

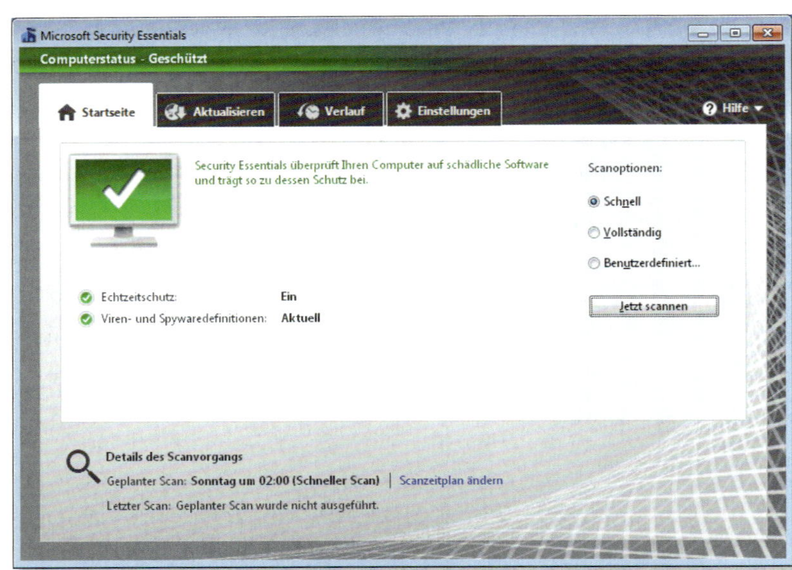

< ***Abbildung 1.15*** *Microsoft Security Essentials löst Windows Defender ab.*

HINWEIS

Eine Antivirenlösung ist notwendig
Beachten Sie bitte, dass die zu Windows 7 gehörende Lösung Microsoft Security Essentials nicht alle Computerschädlinge findet. Das Programm ist gut und schützt Sie vor einer ganzen Anzahl an gefährlichen Programmen, vor Addware, Spyware und Trojanern. Die Antivirenprogramme bekannter Dritthersteller, wie z. B. Norton oder Kaspersky, bieten jedoch einen besseren Schutz. Sie werden oft aktualisiert und erkennen auch neue Schädlinge. Diese Programme bieten auch mehr Funktionen und Möglichkeiten, als Windows Defender und Microsoft Security Essentials.

Ein neues Betriebssystem bringt oft das Problem mit sich, dass ältere Programme nicht mehr ausführbar sind. Entweder hofft man auf Updates, kauft sich neue Versionen oder sucht umständliche Emulatoren. Wahrscheinlich ist es einfacher, einen alten Rechner hervorzukramen und diesen zu nutzen. Damit Sie Ihre alten Anwendungsprogramme und Spiele nicht gleich auf den Müll werfen müssen, besitzt Windows 7 einen eingebauten Kompatibilitätsmodus. Über den Eigenschaften-Dialog des jeweiligen Programms können Sie es in diesem Modus ausführen lassen. Über ein Listenfeld wählen Sie anschließend, für welches Betriebssystem die Anwendung emuliert werden soll. Möglich sind hier Windows 95, 98, Me, XP, NT, 2000, Vista und Windows Server 2003 und 2008. Dazu gibt es weitere Kompatibilitätsmodi mit verschiedenen Service Packs der Windows-Betriebssysteme.

1.7 Der Kompatibilitätsmodus

Der Kompatibilitätsmodus verwendet eine in Windows integrierte Version von Virtual PC. Sie müssen dabei nicht wie bei anderen Virtualisierungslösungen ein Betriebssystem in einem Container installieren. Die notwendigen Funktionen sind bereits vorhanden. Sie wählen nur, für welche Windows-Version ein Programm ausgeführt werden soll. Ein Vorteil ist hier, dass Sie direkt zwischen dem im Kompatibilitätsmodus gestarteten Programm und Windows 7 wechseln können.

Wenn Sie eine Windows Home Edition besitzen, gehört der Kompatibilitätsmodus nicht zum Betriebssystem. Er ist nur Bestandteil der Editionen Windows Professional, Ultimate und Enterprise.

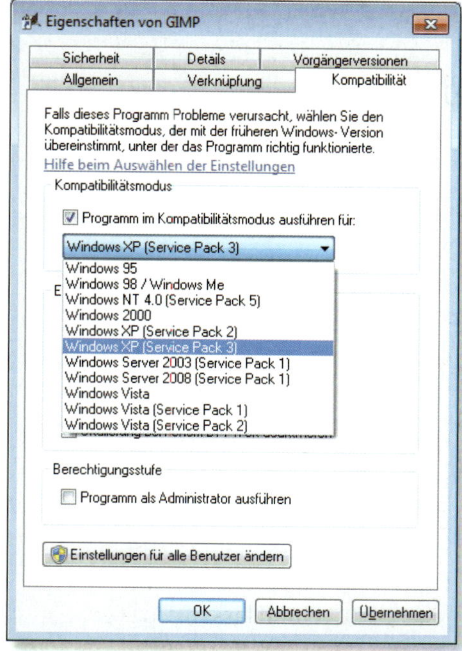

Abbildung 1.16 *Das Bild zeigt die Möglichkeiten des Kompatibilitätsmodus und verdeutlicht, wie Sie den richtigen Modus für Ihre Anwendung auswählen.*

INFO

Voraussetzungen für den Kompatibilitätsmodus
Beachten Sie, dass für das Nutzen des Kompatibilitätsmodus der Prozessor des Rechners eine Hardware-Emulierung unterstützen muss. Die Funktion kann im BIOS des Rechners an- und ausgeschaltet werden.

1.8 Noch einmal: Der Vergleich

Vergleichen Sie Windows XP und das neue Windows 7, fallen neben den genannten Features noch weitere Neuerungen auf. Schauen wir uns diese einmal an!

Mit **ReadyBoost** können USB-Sticks für die Auslagerung des temporären Arbeitsspeichers verwendet werden. Über den Eigenschaftsdialog lässt sich der Speicherplatz einstellen.

SuperFetch dokumentiert, was der Anwender an seinem Rechner tut. Die Funktion versucht entsprechend den notwendigen Arbeitsspeicher anzupassen. Oft genutzte Anwendungsprogramme werden so etwas leistungsoptimiert. Der Start dieser Programme erfolgt ein wenig schneller. Interessant ist, dass SuperFetch auch die Nutzung von Spielen dokumentiert und sie optimiert.

In der Systemsteuerung können Sie unter System in den **Leistungsinformationen und -tools** die Leistung Ihres Rechners messen. Bestimmte Computerkomponenten werden mit Kennzahlen bewertet. Dazu gehören der Prozessor des Rechners, die Leistung der Grafikausgabe bei Nutzung von Aero-Effekten und die Speichervorgänge pro Sekunde des Arbeitsspeichers. Ebenfalls bewertet werden die 3D-Business- und Gaminggrafikleistung und die Datentransferrate der Festplatte. Windows 7 vergibt Bewertungsnoten zwischen 1,0 und 7,9 Punkten. Interessant ist dies vor allem, um Leistungssteigerungen nach dem Optimieren des Rechners oder nach dem Einbau neuer Hardwarekomponenten zu ermitteln.

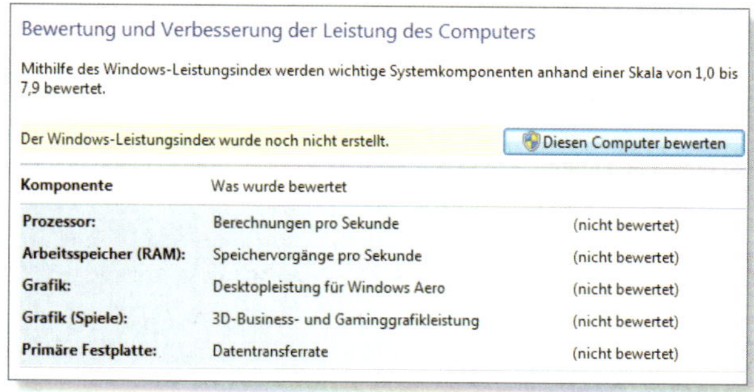

Abbildung 1.17 *Mit der Leistungsinformation kann der Rechner bewertet werden.*

Beim Umstieg auf einen neuen Rechner mit dem neuen Windows-Betriebssystem können Sie das **Synchronisierungscenter** nutzen. Mit ihm holen Sie Ihre alten Dateien und Einstellungen auf den neuen Rechner. Sie können die Inhalte Ihres Rechners auch auf PDAs, Mobiltelefone, Pocket-PCs und MP3-Player übertragen.

Das Nutzen von Windows-Diensten für **Hackerangriffe** ist nicht mehr ohne Weiteres möglich. Im Vergleich zu Windows XP werden Dienste nur noch für die Anwendungszwecke genutzt, für die sie auch konzipiert wurden.

Automatische **Updates** werden über ein eigenes Applet bereitgestellt. In der Systemsteuerung können Sie angeben, ob Sie die automatischen Updates nutzen möchten, oder sie ausschalten.

Die **Benutzerkontensteuerung** regelt bestimmte Zugriffsrechte. Ein Anwender kann dadurch nur bestimmte Aufgaben ausführen. Für andere ist die Zustimmung des Administrators notwendig. Oft wird diese über einen Dialog und ein paar Mausklicks angefordert. Jedoch kann so kein Programm von außen ohne Weiteres Änderungen am System durchführen. Dadurch schleichen sich keine Schadprogramme mehr unbemerkt auf den Rechner. Über einen Schieberegler stellen Sie ein, wann Sie benachrichtigt werden wollen. Die Standardeinstellung gibt Benachrichtigungen aus, wenn am Computer Änderungen von Programmen vorgenommen werden.

Viele Features, die sich bei Windows 7 im Vergleich zu Windows XP geändert haben, habe ich nicht noch einmal aufgezählt. Sie finden diese bereits in den zuvor genannten Änderungen und Verbesserungen. Hinzu kommen viele kleine Verbesserungen und Optimierungen. So können Sie zum Beispiel über das Kontextmenü ältere Versionen von Dateien und Verzeichnissen abrufen – eine sehr praktische integrierte Sicherheitsmöglichkeit. Sie ersetzt aber nicht komplett das Erstellen von Backups. Systemwiederherstellungspunkte sind eine praktische Möglichkeit, einen zuvor gesicherten Zustand von Dateien, Verzeichnissen oder dem ganzen System wieder abzurufen. Denoch sollten Sie wichtige Daten sichern.

Neu ist die Möglichkeit, Windows mit **Images** zu erstellen. Ein installiertes Windows 7-System wird in einem Image festgehalten und kann auf einem System recht einfach aufgespielt werden. Dabei muss das zweite System nicht die gleiche Hardwareausstattung haben wie das, auf dem das Image erstellt wurde. Hierfür wird das Format Microsoft Windows Imaging (WIM) verwendet.

HINWEIS

Schattenkopien
Beachten Sie, dass bei Windows Home Basic und Home Premium nur dann vorherige Versionen zur Verfügung stehen, wenn diese zuvor gesichert wurden. Schattenkopien werden vom Betriebssystem nur bei Windows Professional, Enterprise und Ultimate erstellt.

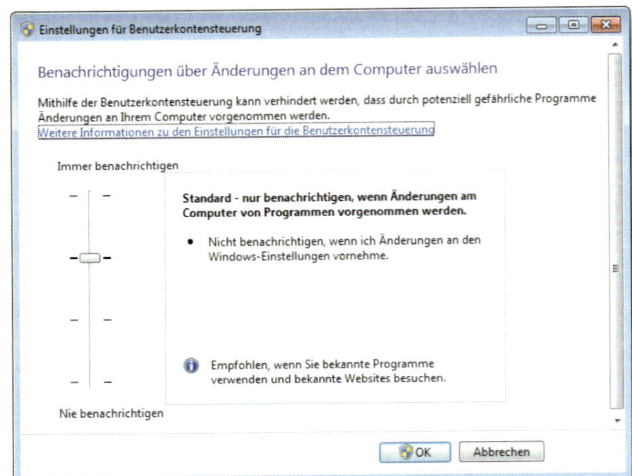

Abbildung 1.18 *Die Benachrichtigungen der Benutzerkontensteuerung stellen Sie mit einem Schieberegler ein.*

1.9 Die verschiedenen Editionen von Windows 7

In der folgenden Tabelle sehen Sie die wichtigsten Eigenschaften und Features von Windows 7. Ich habe die verschiedenen Windows-Editionen gegenübergestellt. So sehen Sie auf einen Blick, welche Funktionen in welcher Edition vorhanden oder auch nicht vorhanden sind.

Funktion	Windows 7 Starter	Windows 7 Home Premium	Windows 7 Professional	Windows 7 Ultimate
Windows Aero		✓	✓	✓
Bluetooth	✓	✓	✓	✓
Beitreten zu einer Heimnetzgruppe	✓	✓	✓	✓
Erstellen einer Heimnetzgruppe		✓	✓	✓
Anzeigen verfügbarer Netzwerke	✓	✓	✓	✓
DirectX 11	✓	✓	✓	✓
Gadgets verwenden	✓	✓	✓	✓
Spieleexplorer	✓	✓	✓	✓
Windows Media Player 12	✓	✓	✓	✓
Erstellen und Abspielen von DVDs		✓	✓	✓
Remotedienst-streaming		✓	✓	✓
Windows Media Center		✓	✓	✓
Wartungscenter	✓	✓	✓	✓
Audio- und Video-verbesserungen	✓	✓	✓	✓
Energieverwaltung	✓	✓	✓	✓
ReadyBoost	✓	✓	✓	✓
Starthilfe	✓	✓	✓	✓
Systemwieder-herstellung	✓	✓	✓	✓
Windows-Easy Transfer	✓	✓	✓	✓
Windows-Leistungs-index	✓	✓	✓	✓
Windows-Problem-behandlung	✓	✓	✓	✓
Windows Update	✓	✓	✓	✓
Windows Anytime Upgrade	✓	✓	✓	
64-Bit Unterstützung		✓	✓	✓

Tabelle 1.1 *Die Unterschiede der verschiedenen Windows-Editionen.*

Kapitel 2
Windows 7 installieren

Bevor Sie Windows 7 nutzen können, müssen Sie das Betriebssystem installieren. Dabei werden Sie von einem Assistenten unterstützt, der alle wichtigen Angaben am Bildschirm abfragt. So ist diese Hürde recht schnell zu nehmen.

Der neue Rechner ist da. Nun wollen Sie auch das aktuelle Windows 7 auf die Festplatte dieses Geräts bringen. Was sich nach professioneller Arbeit für erfahrene PC-Spezialisten anhört, ist in Wirklichkeit sehr einfach. Die Installation ist menügeführt. In wenigen Dialogen fragt Windows Sie nun einige Dinge und zeigt Ihnen dann, was Sie tun müssen. Es sind nur wenige Angaben zu machen.

Früher mussten Sie sich notieren, welche Hardware in Ihrem Rechner steckte. Sie mussten sich genau überlegen, wie Sie Ihre Festplatte aufteilen wollten. Nach der Installation war noch lange nicht alles vorbei. Viele Hardwaregeräte wurden noch nicht eingerichtet. Sie mussten mit Treiberdisketten nach und nach betriebsbereit gemacht werden. Nach fast jedem Arbeitsgang wurde der Rechner neu gestartet. Diese Arbeit nahm schon mal ein, zwei Tage in Anspruch.

Inzwischen haben sich die Zeiten geändert. Die Hardware wird größtenteils von Windows 7 erkannt und mit den passenden Systemtreibern versorgt. Für viele Geräte genügt das. Bei USB-Geräten werden die richtigen Treiber beim erstmaligen Anschließen nachgereicht. Die Plug&Play-Technologie macht es möglich.

In diesem Kapitel erfahren Sie, wie Sie Windows 7 installieren. Ich zeige Ihnen eine einfache und schnelle Variante, bei der nicht viele Eingaben zu machen sind. Ich werde Ihnen aber auch eine erweiterte Möglichkeit vorstellen, die Sie mit dem Partitionieren haben. Bitte entschuldigen Sie, wenn ich den Vorgang »Windows 7 installieren« aus diesem Grund mehrfach beschreibe und sich einige Dinge wiederholen. Es gibt verschiedene Wege, um nach Rom zu gelangen, und ebenso gibt es diverse Varianten, wie man ein Windows 7-System installieren kann. Picken Sie sich die Variante heraus, die Sie benötigen.

Im Einzelnen erfahren Sie in diesem Kapitel in welchen Fällen eine Installation von Windows notwendig ist. Ich verrate Ihnen, welche Systemvoraussetzungen Ihr Rechner erfüllen muss, damit Sie Windows 7 installieren können. Anschließend beschreibe ich Ihnen die einzelnen Schritte der Installation. Dabei biete ich Ihnen eine schnelle Variante an und eine etwas umfangreichere. Bei Letzterer lesen Sie, wie Sie eine Festplatte sinnvoll in verschiedene Partitionen einteilen.

Im dritten Teil dieses Kapitels zeige ich Ihnen, wie Sie Windows 7 aktivieren. Nur mit diesem Schritt können Sie das neue Betriebssystem dauerhaft nutzen. Es folgt eine Beschreibung, wie das Betriebssystem korrekt ausgeschaltet wird. Danach lesen Sie, wie Festplatten und Partitionen richtig formatiert werden.

Es folgt eine Beschreibung, wie Treiber von Hardwarekomponenten installiert werden. Danach lernen Sie den Windows 7-Bootmanager kennen. Ich stelle Ihnen hier auch ein Editorprogramm vor, das Sie auf der Eingabeaufforderung nutzen können. Mit diesem werden die Inhalte des Bootmanagers bearbeitet.

Der letzte Teil widmet sich der Frage, wie Sie Festplatten und Partitionen richtig verwalten können. Sie lesen, wie Sie mit ReadyBoost einen USB-Stick für eine Optimierung von Windows 7 nutzen. Ich zeige Ihnen, wie ein Laufwerk die eingebaute Kompression nutzt und wie Sie Festplattenvolumen mithilfe der Computerverwaltung verkleinern und vergrößern können.

2.1 Das sollten Sie vor der Installation tun

Vor der Installation von Windows 7 müssen Sie noch einige kleinere Aufgaben erledigen. Es ist aber nichts Schwieriges und Besonderes zu tun. Vor allem sollten Sie prüfen, ob Ihr Rechner die Voraussetzungen erfüllt. Danach kann es losgehen.

Wann muss Windows installiert werden?

Es gibt verschiedene Gründe, warum Sie Windows 7 neu installieren müssen. Einige davon möchte ich Ihnen nun nennen:

- Sie haben auf Ihrem Rechner eine ältere Version von Windows, von der aus kein Upgrade möglich ist.
- Sie haben Linux oder ein anderes System ausprobiert, sind aber mit diesem Betriebssystem unzufrieden. Vielleicht vermissen Sie auch bestimmte Programme. Nutzen Sie doch einfach wieder Windows 7. Die Installation ist recht schnell erledigt.
- Sie haben sich aus verschiedenen Hardwarekomponenten einen eigenen, neuen Rechner zusammengebaut. Auf die Festplatte muss nun ein aktuelles Windows-Betriebssystem.
- Ihre Festplatte weist einen Defekt auf. Sie haben sich eine neue Festplatte besorgt und müssen nun das Betriebssystem neu installieren.
- Das Windows-System ist irreparabel beschädigt. Die Registry weist Fehler auf. Das System ist langsam. Sie können nicht auf eine Datensicherung oder einen Wiederherstellungspunkt zurückgreifen. Die einzige Lösung ist das »Plattmachen« der defekten Installation und eine Neuinstallation von Windows 7.
- Ihre Festplatte ist mit Computerviren verseucht. Sie können diese nicht mit einem Antivirenprogramm entfernen. Formatieren Sie die Festplatte, und installieren Sie das Betriebssystem neu.
- Sie haben sich einen neuen Rechner im Handel gekauft. Die vorinstallierte Version von Windows wird mit einem Assistenten gestartet. Sie bringt auch gleich eine Reihe unerwünschter Programme mit. Sie möchten diese vorbereitete Version von Windows 7 nicht nutzen, sondern eine saubere Neuinstallation des Betriebssystems vornehmen.

TIPP

Einem Systemdefekt vorbeugen
Sorgen Sie mit Datensicherungen dafür, dass bei einem späteren Problem wichtige Daten weiter nutzbar sind. Auch Windows 7 können Sie sichern. Dafür können Sie Wiederherstellungspunkte verwenden oder Systemsicherungen erstellen.

Was braucht Windows 7? Die Systemvoraussetzungen prüfen

Überprüfen Sie zunächst, ob Ihr Rechner die für Windows 7 notwendigen Voraussetzungen erfüllt. Folgende Eigenschaften sind für Windows 7 notwendig:

- In Ihrem Rechner sollte ein Prozessor mit mindestens 1 GHz Leistung vorhanden sein.

- Sie benötigen 1 GB Arbeitsspeicher (RAM). Bei der 64-Bit-Variante von Windows 7 sind 2 GB RAM notwendig.
- Windows 7 braucht mindestens 16 GB freien Speicherplatz auf der Festplatte. Die 64-Bit-Version benötigt 20 GB freien Platz.
- Ihre Grafikkarte sollte DirectX-9 beherrschen und einen WDDM-Treiber der Version 1.0 oder höher besitzen.
- Sie benötigen ein DVD-Laufwerk in Ihrem Rechner.
- Für die Aktivierung von Windows 7 muss eine funktionsfähige Verbindung in das Internet vorhanden sein.

Möchten Sie den Kompatibilitätsmodus nutzen, muss Ihr Rechner zusätzlich 1 GB Speicher und 15 GB freien Speicherplatz auf der Festplatte zur Verfügung stellen können.

Einige Features benötigen weitere spezielle Anforderungen. Sie sind aber keine unbedingten Voraussetzungen für die Installation. So benötigen Sie für das *Windows Media Center* eine TV-Karte. Nur mit ihr können Sie einige Funktionen rund um TV und Radio nutzen. Das Verschlüsselungsprogramm *BitLocker* erfordert einen speziellen Chip auf dem Motherboard des Rechners. Dieser muss das Verfahren *Trusted Plattform Module* (TPM) zur Verfügung stellen. *BitLocker To Go* benötigt ein USB-Flashlaufwerk. Ohne dieses kann die Funktion nicht genutzt werden.

INFO

Was ist ein WDDM-Treiber?
WDDM steht für Windows Display Driver Model. Das ist ein für das Windows-System erstellter Grafiktreiber. Er ist optimiert und bietet für das Microsoft-Betriebssystem spezielle Funktionen.

Legen Sie alles zurecht, bevor Sie Windows 7 installieren

Legen Sie sich den Datenträger mit Windows 7 zurecht. Auf diesem oder der DVD-Hülle finden Sie einen Aufkleber mit der Registriernummer von Windows 7. Diese ist für die Installation notwendig. Die Nummer kann auch im Quickinstall-Handbuch vorhanden sein oder auf einem Aufkleber, der auf dem neu gekauften Rechner aufgebracht worden ist. Auch in der Plastik-Schachtel (wie immer die neumodischen Verpackungsdinger heißen mögen) kann dieser Aufkleber zu finden sein. Bei meiner Version von Microsoft Office 2010 ist dies der Fall.

Wenn Sie nach der Installation von Windows 7 Ihre Hardware einrichten möchten, legen Sie die dafür notwendigen Treiber-CDs und -DVDs zurecht. Oft genügen jedoch die Windows-Treiber. Weitere Treiber gelangen mit der Update-Funktion des Betriebssystems zu Ihnen. Für alle Fälle ist es aber ratsam, wenn Sie die Treiber-CDs und DVDs parat haben.

Später werden Sie die Datenträger Ihrer Anwendungsprogramme benötigen. Die Installation von Windows 7 dauert nicht allzulange, sodass Sie danach gleich Ihre Lieblingsprogramme und Tools auf die Festplatte des Rechners bringen können.

2.2 Die Installation von Windows

Ich zeige Ihnen nun die Installation von Windows 7. Zuerst stelle ich Ihnen eine schnelle Variante vor. Bei dieser verwenden Sie die vorgegebenen Einstellungen.

Empfehlenswert ist jedoch ein Vorbereiten der Festplatte. Wie Sie richtig partitionieren und Windows mit der benutzerdefinierten Variante installieren, verrate ich Ihnen einen Abschnitt später.

Die schnelle Variante der Windows 7-Installation

Schnell? Was heißt schnell? Das ist eine gute Frage, zumal bei der Installation von Windows 7 nicht viele Einstellungen vorzunehmen sind.

INFO

Was versteht man unter einer Partition?
Eine Partition ist ein Teilbereich einer Festplatte. Er wird so verwaltet, als würde es sich um eine eigene Festplatte handeln. Mit verschiedenen Partitionen können Sie das Betriebssystem, die Anwendungsprogramme und Ihre Daten von den anderen Inhalten trennen. So sind Ihre Daten sicher und übersichtlich.

Ihre Festplatte ist ohne eine Veränderung nicht in verschiedene Partitionen eingeteilt. Sie wird also als ein großer Bereich angesehen. Hier Windows 7 aufzuspielen ist einfach. Dieses Verfahren hat jedoch den Nachteil, dass Sie das Betriebssystem, die Anwendungsprogramme und Ihre privaten Daten auf einer Partition haben. Bei Problemen mit dieser Partition gehen alle Inhalte verloren.

1 Legen Sie den Installationsdatenträger von Windows 7 in Ihren Rechner. Starten Sie den Computer neu. Der Rechner startet nun von der bootfähigen DVD aus.

2 Im ersten Dialog bestimmen Sie die Sprache im Installationsdialog. Beachten Sie, dass die Einstellung nur die Spracheinstellung beeinflusst, die Sie während der Installation sehen. Die Sprache im Windows-System wird hier nicht eingestellt. Sie wählen außerdem Uhrzeit und Währungsformat und das Tastaturlayout. In der Regel müssen Sie keine Veränderung vornehmen. Windows 7 erkennt, dass bei allen drei Optionen **Deutsch** die richtige Wahl ist. Ist das bei Ihnen nicht der Fall, öffnen Sie die Listenfelder nacheinander und wählen die richtige Einstellung. Wählen Sie jeweils **Weiter**, um in den nächsten Dialog zu kommen.

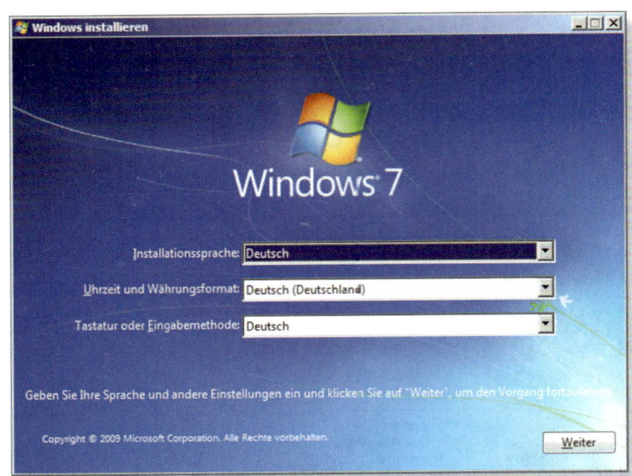

Abbildung 2.1 *Im ersten Dialog des Installationsassistenten wählen Sie die Sprache aus.*

3 Der Assistent erkennt, dass sich auf der Festplatte noch kein Betriebssystem befindet. Mit einem Mausklick auf **Jetzt installieren** starten Sie den Installationsassistenten.

Abbildung 2.2 *Die große Schaltfläche in der Mitte des Fensters startet die Installation.*

4 Sie sehen nun die Lizenzinformationen vor sich. Lesen Sie sich diesen Text aufmerksam durch. Schalten Sie danach die **Option Ich akzeptiere die Lizenzbedingungen** an. Nur wenn Sie sich mit der Lizenz einverstanden erklären, wird Windows 7 auf Ihrem Rechner installiert.

5 Der Assistent bietet Ihnen nun ein Upgrade an, sofern eine vorhandene Windows-Version vorhanden

ist. Fehlt diese, wird auch diese Auswahlmöglichkeit nicht angezeigt. Wählen Sie die Variante **Benutzerdefiniert (erweitert)** aus.

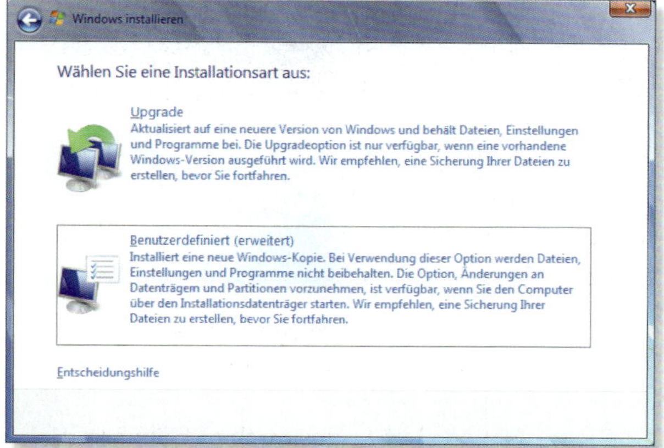

Abbildung 2.3 *Die benutzerdefinierte Installationsart ist die richtige Wahl.*

6 Nun sehen Sie die Aufteilung Ihrer Festplatte vor sich. Sie sehen, wie viel Speicherplatz die Festplatte bietet. Sie können diese nun in einzelne Bereiche aufteilen. Man spricht hier vom *Partitionieren*. Wie das geht und wie Sie eine Festplatte sinnvoll aufteilen, erfahren Sie im nächsten Abschnitt. In diesem Beispiel möchte ich die gesamte Festplatte für Windows 7 nutzen. Dazu muss keine Änderung vorgenommen werden.

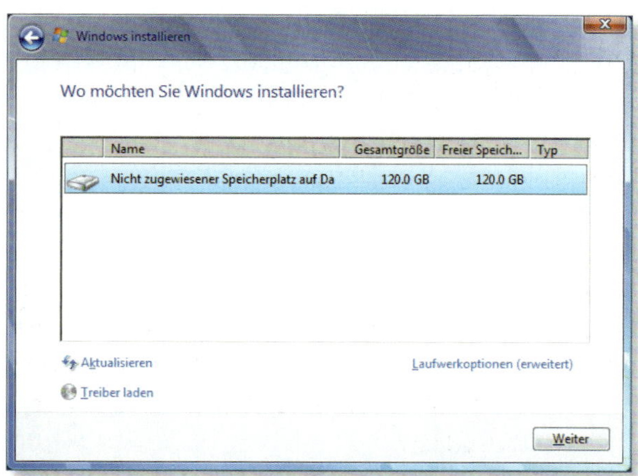

Abbildung 2.4 *Die vorgeschlagene Festplatte wird für die Installation von Windows 7 verwendet.*

7 Im nächsten Dialogfenster können Sie mitverfolgen, wie Windows 7 auf Ihren Rechner installiert wird. Dies geschieht in vier Schritten: Zuerst werden die Windows-Dateien in einen temporären Zwischenspeicher kopiert und dann entpackt. Es folgt die Installation der Windows-Funktionen. Zum Abschluss überprüft Windows, ob wichtige Updates vorliegen, lädt diese gegebenenfalls auf Ihren Rechner und installiert sie. Für diese Aufgabe muss eine Internetverbindung verfügbar sein.

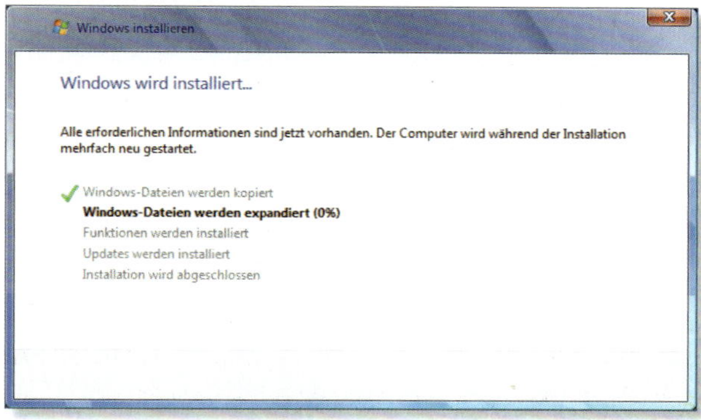

Abbildung 2.5 *Noch landen wir nicht auf dem Windows 7-Desktop.*

8 Am Schluss der Installation wird Windows 7 neu gestartet. Beim ersten Start werden grundlegende Einstellungen festgelegt. Vieles davon geschieht automatisch. So legt das System selbstständig wichtige Registrierungseinstellungen fest.

9 Anschließend geht es zurück in den Installationsdialog von Windows 7. Die letzten Arbeiten werden mit »Die Installation wird abgeschlossen« angezeigt. Warten Sie, bis dieser Vorgang beendet ist. Eingaben müssen Sie hier nicht machen.

10 Nun wird Windows 7 nochmals neu gestartet. Sie sehen auf dem Bildschirm, dass der Computer für die erste Verwendung vorbereitet wird. Anschließend wird die Videoleistung überprüft. Weiter geht es dann mit der Grundeinrichtung von Windows 7. Was Sie hier tun müssen, zeige ich Ihnen im nachfolgenden Abschnitt.

Abbildung 2.6 Warten Sie, bis Windows die Installationsdateien geschrieben hat.

HINWEIS

Die richtige Festplatte auswählen
Befinden sich mehrere Festplatten in Ihrem Rechner, müssen Sie darauf achten, dass Sie die richtige wählen. Ein Fehler bei der Installation und beim Partitionieren kann leicht dafür sorgen, dass Daten und Programme verloren gehen. Insbesondere fortgeschrittene Anwender, die Linux und ältere Windows-Versionen auf mehreren Festplatten und Festplattenpartitionen verwenden wollen, müssen an dieser Stelle aufpassen.

Windows 7 einrichten

Sie haben nun Windows 7 auf die Festplatte Ihres Rechners installiert. Doch bevor Sie den ersten Blick auf die Desktopoberfläche des neuen Betriebssystems werfen können, müssen Sie noch ein paar Einrichtungsaufgaben hinter sich bringen. Keine Sorge, es handelt sich nur um ein paar wenige grundlegende Einstellungen. Auch diese werden wieder mit einem Assistenten abgefragt.

Im ersten Dialog wird ein Benutzerkonto erstellt. Sie geben dafür einen Benutzernamen an und bestimmen, wie der PC genannt wird. Windows 7 erstellt aus dem Benutzernamen einen Namen für den Rechner. Dabei werden einfach ein Bindestrich und ein PC angefügt. Aus Mustermann wird somit Mustermann-PC. Sie können diesen Namen auch durch eine eigene Angabe ersetzen. Der Name des PCs ist wichtig, um ihn in einem Netzwerk zu identifizieren und anzusprechen. Er kann auch später geändert werden.

1 Tragen Sie im ersten Dialog einen Benutzernamen ein. Wenn Sie möchten, ersetzen Sie den vorgeschlagenen Namen für den Computer durch eine eigene Eingabe. Auch hier gelangen Sie mit einem Mausklick auf die Schaltfläche **Weiter** in den jeweils nächsten Dialog.

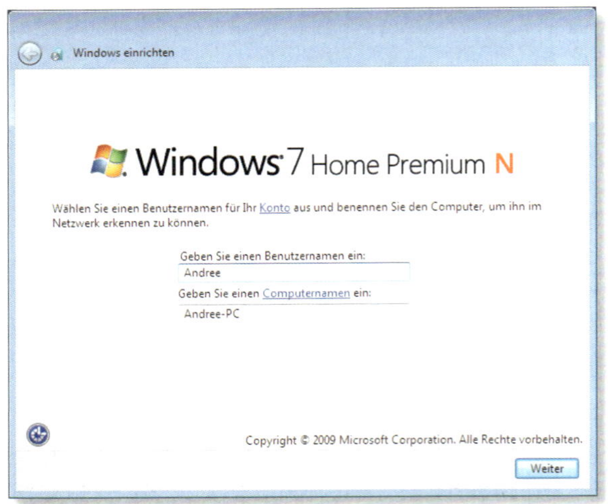

Abbildung 2.7 Im ersten Dialog denken Sie sich einen Namen für Ihr Benutzerkonto aus. Mit diesem melden Sie sich auch am Rechner an.

2 Tragen Sie nun ein Kennwort ein. Diese Eingabe wird von Windows 7 empfohlen. Das heißt, Sie können das Kennwort auch weglassen. Besonders dann, wenn auch andere Anwender den Rechner nutzen können, sollten Sie auf ein Passwort nicht verzichten. Mit einer erneuten Eingabe wird das Kennwort verifiziert. Als »Knoten im Taschentuch« können Sie einen Hinweis auf das Kennwort hinterlegen. Be-

achten Sie bitte, dass dieser Hinweis auch einem Dritten das Passwort verraten kann. Ich empfehle Ihnen, diese »Erinnerungshilfe« wegzulassen. Aber – Sie können erst in den nächsten Dialog wechseln, wenn in der letzten Eingabezeile ein Eintrag erfolgte. Erst dann wird die Schaltfläche **Weiter** freigeschaltet. Ich habe mir hier mit einem einfachen kleinen und sehr unauffälligen Punkt geholfen.

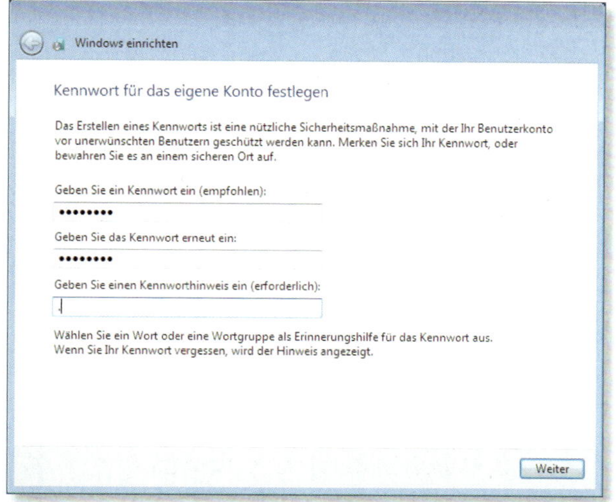

Abbildung 2.8 *Denken Sie sich ein passendes Kennwort für Ihr Windows-Benutzerkonto aus.*

3 Nehmen Sie nun das Cover des Installationsdatenträgers zur Hand. Oder aber das Handbuch oder die Schachtel – wo auch immer der Product Key aufgetragen ist. Wo Sie diesen Key finden, hängt von Ihrer Version ab. Sie erkennen ihn an einer längeren Abfolge von Ziffern und Buchstaben, durch Bindestriche unterbrochen. Geben Sie diesen in das Eingabefeld ein. Der Assistent sorgt selbstständig für die richtige Schreibweise. Sie müssen nicht auf Groß- und Kleinschreibung der einzelnen Buchstaben achten. Auch die Bindestriche werden automatisch gesetzt. Sie können den Zahlen- und Buchstabencode hintereinanderweg tippen. Wenn Sie möchten, lassen Sie die Option **Windows automatisch aktivieren, wenn eine Internetverbindung besteht** angeschaltet. So wird diese Funktion gleich ausgeführt.

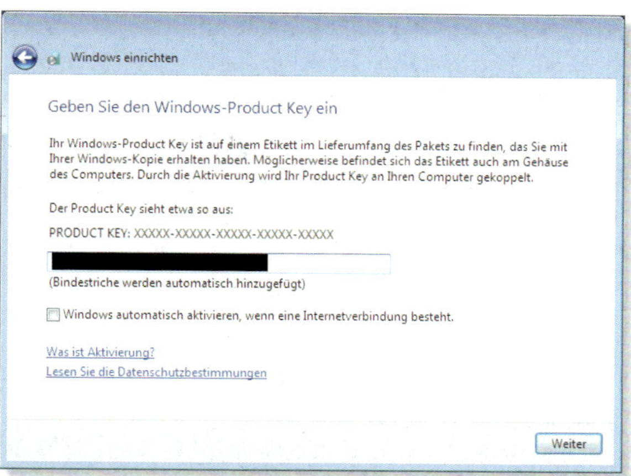

Abbildung 2.9 *Ohne die Eingabe eines gültigen Product Keys können Sie Windows 7 nicht benutzen.*

4 Legen Sie fest, welche Einstellungen im Wartungscenter genutzt werden. Mit den empfohlenen Einstellungen überprüft Windows automatisch, ob Updates vorliegen, lädt diese auf den Rechner und installiert diese. **Nur wichtige Updates installieren** installiert nur Sicherheitsupdates und Patches, die kritische Sicherheitsprobleme lösen. Mit **Später erneut nachfragen** können Sie selbst entscheiden, wann Windows prüft, ob neue Updates verfügbar sind, und diese dann installieren. Ich wähle die letztgenannte Option.

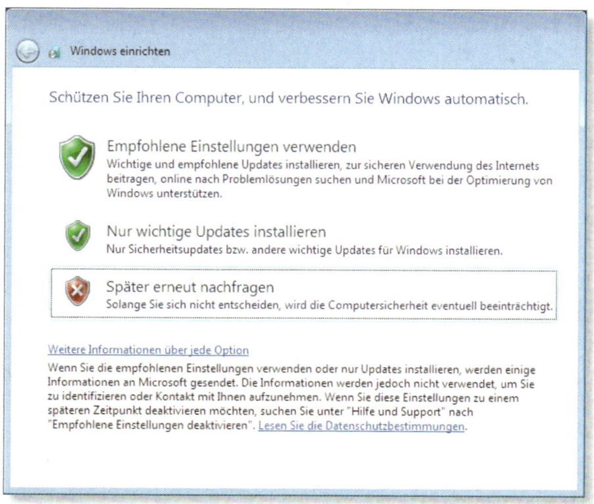

Abbildung 2.10 *Ich schalte das automatische Update aus. Diese Funktion starte ich lieber selbst.*

5 Nun sehen Sie die aktuelle Uhrzeit und das Datum vor sich. Überprüfen Sie, ob diese Einstellungen korrekt sind. Korrigieren Sie diese bei Bedarf. Die Option **Uhr automatisch auf Sommer-/Winterzeit umstellen** ist selbsterklärend.

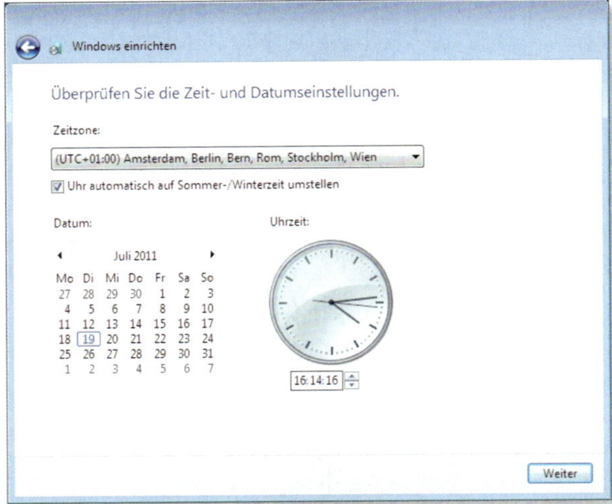

Abbildung 2.11 Die Uhrzeit und das Datum prüfen Sie kurz und bestätigen die Angaben dann.

6 Entscheiden Sie sich, zu welcher Art Netzwerk Ihr Rechner gehört. In der Regel ist **Heimnetzwerk** die richtige Entscheidung.

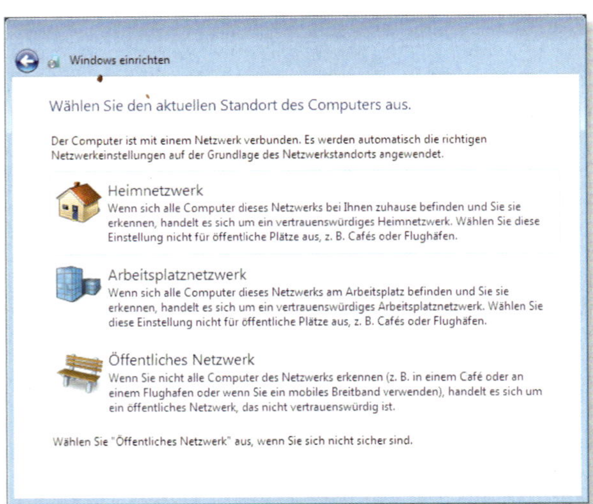

Abbildung 2.12 Die Auswahl des Netzwerks bestimmt die Konfiguration von Firewall und anderen Komponenten.

7 Windows 7 überprüft, ob das Netzwerk vorhanden und nutzbar ist. Die dafür notwendigen Einstellungsdateien werden geschrieben. Anschließend sehen Sie den Desktop von Windows 7 vor sich. Nun können Sie sich umschauen. Ihr neues Betriebssystem ist einsatzbereit.

Abbildung 2.13 Fertig. Windows 7 ist installiert und einsatzbereit.

INFO

Wozu ist die Aktivierung gut?

Mit der Aktivierung überprüft Microsoft, ob es sich bei Ihrem Betriebssystem um ein Originalprodukt handelt. Ohne Aktivierung können Sie das installierte System nur 2 Tage lang verwenden. Und Sie können keine Updates einspielen.

Microsoft überprüft außerdem, ob die verwendete Version bereits von jemand anderem aktiviert wurde. Eine Windows-Version vom Nachbarn installieren, das funktioniert nicht. Die Hardwarekonfiguration wird festgehalten.

Das heißt aber auch: Ändern Sie etwas am Rechner, müssen Sie Windows 7 erneut aktivieren. Beim Einbau einer neuen Grafikkarte ist dies eventuell auch notwendig.

Benutzerdefinierte Installation mit Partitionen

»Benutzerdefinierte Installation« ist an dieser Stelle vielleicht etwas irreführend. Vielmehr möchte ich Ihnen in diesem Abschnitt das Partitionieren einer Festplatte näherbringen. Es lohnt sich, sich für diese Aufgabe etwas mehr Zeit zu nehmen.

Ich persönlich teile meine Festplatten gern in 3 bis 5 Partitionen ein. Eine Partition ist für das Betriebssystem. Eine weitere enthält die Anwendungsprogramme. Auf der dritten bis fünften lege ich Daten ab. Diese recht klare Übersicht sorgt für Ordnung. Daneben treten nicht so schnell Fragmentierungen auf.

Vor allem ist aber Folgendes wichtig: Ist die Windows-Partition defekt und lässt sie sich nicht mehr reparieren, muss ich nur diese und die Partition mit den Anwendungsprogrammen neu einrichten. Die Daten bleiben erhalten.

Bevor Sie Windows 7 installieren, sollten Sie sich Gedanken also darüber machen, wie Sie Ihre Festplatte einteilen. Wie groß ist die Festplatte? Wie groß sollen die einzelnen Partitionen sein? Sollen diese einem bestimmten Zweck dienen?

Legen Sie sich einen Stift und einen Notizzettel zurecht. So können Sie sich Notizen über die Aufteilung der Festplatte machen.

Doch bevor wir anfangen, gibt es noch ein paar Grundlagen zu klären. Keine Angst, ich werde Sie nicht lange aufhalten.

Grundlagen zum Thema Partitionieren

Man unterscheidet zwischen *primären* und *erweiterten Partitionen*. Sie können maximal vier primäre Partitionen erstellen. Auf einer primären Partition muss das Betriebssystem Windows 7 abgelegt sein. Hier liegt auch der MBR (darauf komme ich im nächsten Abschnitt noch zurück).

Wenn Sie nur drei Partitionen erstellen, müssen Sie sich keine Gedanken über diese Aufteilung machen. Drei primäre Partitionen auf einer Festplatte – und »gut is«.

Eine primäre Partition wird so genutzt, als würde es sich um eine eigene Festplatte handeln. Es gibt in der Handhabung keine Unterschiede.

Aber vielleicht fragen Sie sich, ob Sie nicht mehr als diese vier Partitionen erstellen können? Natürlich geht das.

Die vierte Partition wird automatisch als *erweiterte Partition* erstellt. In diese erweiterte Partition können Sie *logische Laufwerke* einfügen. Wie viele Sie davon erstellen, bleibt Ihnen überlassen.

Das Windows 7-Betriebssystem kann sich allerdings nicht auf einem logischen Laufwerk befinden. Hier darf auch nicht der MBR untergebracht sein.

HINWEIS

Die Größe von Partitionen später ändern
In der Computerverwaltung können Sie Ihre Festplatten, Partitionen und alle anderen mit dem Rechner verwendeten Datenträger verwalten. Hier können einzelne Partitionen auch verkleinert und vergrößert werden. Mehr dazu erfahren Sie in Abschnitt 2.8, »Festplatten und Partitionen verwalten«.

Der MBR

Die Abkürzung MBR steht für *Master Boot Record*. Dieser Bereich wird vom Betriebssystem auf die Festplatte geschrieben. Er enthält grundlegende Daten zu dem zu startenden Betriebssystem.

Der MBR nimmt nur ganz wenig Speicherplatz auf der Festplatte ein. Es handelt sich im Grunde genommen um eine kleine Tabelle mit wichtigen Informationen, die für den Start des Betriebssystems notwendig sind.

Wird der MBR überschrieben, zum Beispiel durch einen Linux-Bootloader, kann Windows nicht mehr gestartet werden. Mit einem Befehl können Sie den MBR jedoch wiederherstellen. Dazu wird eine der Systemwiederherstellungsoptionen genutzt. Mehr dazu finden Sie im Abschnitt »Die Systemwiederherstellungsoptionen von Windows 7«, ab Seite 65.

TIPP

Namen für Partitionen statt Buchstaben verwenden

Windows 7 vergibt an Festplatten, Partitionen und angeschlossene Datenträger Buchstaben. Durch das Hinzufügen weiterer Datenträger oder auch das Entfernen derselben kann sich die Nummerierung der Datenträger ändern. Aus Partition H wird dann plötzlich Partition G. Um dennoch die richtige Partition zu finden, auf der sich die von Ihnen gesuchten Daten befinden, vergeben Sie doch einfach Namen für diese. Klicken Sie dazu das Laufwerk im Windows Explorer mit der rechten Maustaste an und wählen Sie **Umbenennen**. Meinen USB-Stick habe ich z. B. Horst genannt. Für die Partitionen meiner Festplatte habe ich die Namen Windows, Anwendungen, Daten, Autor usw. verwendet. So finde ich immer schnell die Partition, die ich gerade brauche.

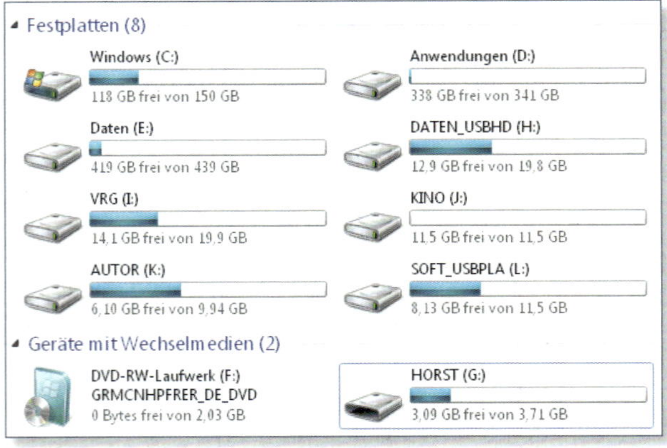

Abbildung 2.14 Namen sorgen dafür, dass eine Partition immer gefunden wird.

So wird eine Festplatte richtig partitioniert

Das Partitionierungsprogramm in dem Installationsassistenten der Windows 7-Installations-DVD bietet leider nur grundlegende Funktionen. Logische Laufwerke in der erweiterten Partition lassen sich hiermit nicht erstellen.

Dieses kleine Manko kann sehr leicht umgangen werden. Erstellen Sie bei der grundlegenden Installation nur eine primäre Partition. Alle anderen Partitionen werden »vorgeplant«. Sie müssen also genügend Platz frei lassen. Installieren Sie Windows 7, und richten Sie das Betriebssystem ein. Für die weiteren Partitionen wird dann die **Computerverwaltung** in der Windows 7-Systemsteuerung verwendet.

1 Starten Sie Ihren Rechner mit eingelegter Windows 7-Installations-DVD.

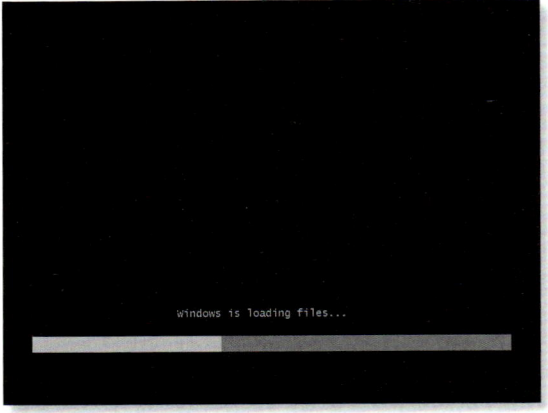

Abbildung 2.15 Die Windows-Daten werden geladen. Gleich geht es mit der Installation des Betriebssystems los.

2 Bestätigen Sie die Sprache der Installation, die Uhrzeit und das Währungsformat sowie die Sprache des Tastaturlayouts.

3 Wählen Sie **Jetzt installieren**.

4 Lesen Sie den Lizenztext durch. Bestätigen Sie die Lizenz. Klicken Sie jeweils auf **Weiter**, um in den nächsten Dialog zu gelangen.

5 Wählen Sie die Installationsart **Benutzerdefiniert (erweitert)** aus.

6 Sie sehen nun Ihre Festplatte vor sich. Es gibt noch keine einzelnen Partitionen. Der komplette Inhalt der Festplatte wird mit »Nicht zugewiesener Speicherplatz auf Datenträger« beschrieben. Wählen Sie **Laufwerksoptionen (erweitert)**.

Bis zu diesem Punkt gleichen die Arbeitsschritte dem Beispiel, das ich bereits zuvor beschrieben habe. Nun sollen aber 5 Partitionen erstellt werden.

In diesem Beispiel besitzt meine Festplatte eine Gesamtkapazität von 140 GB. Ihre Festplatte wird vermutlich wesentlich mehr Speicherplatz besitzen. (Meine ist übrigens so klein, weil ich mit dem Virtualisierungsprogramm *VMWare Workstation* einen Rechner mit einer virtuellen Hardware simuliere. Falls Sie sich wundern, wieso ich so eine mikrokleine Festplatte mein Eigen nenne.)

Nun überlegen Sie sich einmal, wie die Festplatte aufgeteilt werden soll. Notieren Sie sich das auf einen Notizzettel. In meinem Beispiel soll die Windows-Partition 40 GB besitzen. Eine Partition für Anwendungsprogramme soll einen Umfang von 30 GB haben. Eine weitere soll Spiele enthalten. Dafür genügen 20 GB. 25 GB soll eine Datenpartition haben. Der Rest wird für eine weitere Datenpartition genutzt.

Sie werden sehen, dass am Ende nicht wirklich der komplette Speicherplatz verwendet werden kann. Windows 7 erstellt eine kleine Partition für Systemdateien. Auch sind 140,0 GB nicht wirklich 140.000 MB. Wenn Sie in Schritt 8 die Größe der Partition wählen, werden Sie im Listenfeld sehen, dass die Größe etwas anders angezeigt wird. Bei mir sind 40 GB nämlich 143.360 MB. Das liegt am Umrechnungsfaktor von MB zu GB.

Sie können diese Werte aber ignorieren und »in etwa« umrechnen und runden. Die letzten beiden Partitionen sind für Daten gedacht. Wenn diese kleiner ausfallen, als ursprünglich geplant, ist das kein Problem.

Die Partitionen erstellen

Also nun kann es losgehen. Erstellen wir zuerst die primären Partitionen:

1 Klicken Sie auf **Neu**.

2 Stellen Sie im Listenfeld 40.000 MB ein. Bestätigen Sie mit **Übernehmen**.

Abbildung 2.16 *Die erste primäre Partition wird erstellt.*

3 Windows 7 weist Sie darauf hin, dass zusätzliche Partitionen erstellt werden. Damit werden wichtige Funktionen des Betriebssystems versorgt. Bestätigen Sie diese Meldung einfach. Sie Systempartition wird nur um die 100 MB einnehmen.

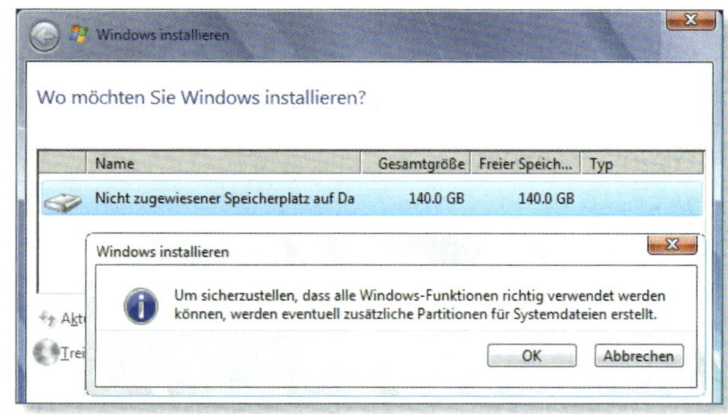

Abbildung 2.17 *Windows erstellt automatisch Partitionen für Systemfunktionen.*

4 Achten Sie darauf, dass die erste primäre Partition markiert ist. So bestimmen Sie, dass diese formatiert wird. Anschließend wird Windows 7 auf ihr installiert und eingerichtet. Wählen Sie **Weiter**.

5 Führen Sie Installation und Einrichtung fort, wie in den Abschnitten »Die schnelle Variante der Windows 7-Installation« und »Windows 7 einrichten« beschrieben.

HINWEIS

Neu erstellte Partitionen formatieren
Eine neu erstellte Partition ist zunächst leer. Mit dem Formatieren wird ein Dateisystem auf sie aufgebracht. Bei Windows 7 wird dafür NTFS verwendet. Erst danach können Sie Programme installieren und Daten ablegen.

Bei der Installation von Windows wird das Formatieren während der Installation durchgeführt. Falls Sie später Partitionen einrichten, müssen Sie diese Aufgabe selbst durchführen.

Nach dem ersten Start von Windows 7 geht es weiter. Sie müssen bei der Partitionierung nicht auf einen Befehl und die Eingabeaufforderung zurückgreifen. Windows 7 bietet mit der **Computerverwaltung** ein Werkzeug an, mit dem diese Aufgabe erfüllt werden kann. Alle wichtigen Funktionen sind über ein Menü und Symbolschaltflächen erreichbar. Die Aufteilung der Festplatte in verschiedene Partitionen wird grafisch dargestellt.

Die Datenträgerverwaltung aufrufen

1 Klicken Sie auf die Start-Schaltfläche, um das Windows 7-Startmenü zu öffnen. Wählen Sie rechts die **Systemsteuerung**.

2 Wählen Sie **System und Sicherheit > Verwaltung**. Doppelklicken Sie auf die **Computerverwaltung**.

3 Nun sind Sie fast am Ziel. Links wird ein Menü angezeigt. Öffnen Sie mit einem Klick die **Datenträgerverwaltung** (siehe Abbildung 2.18).

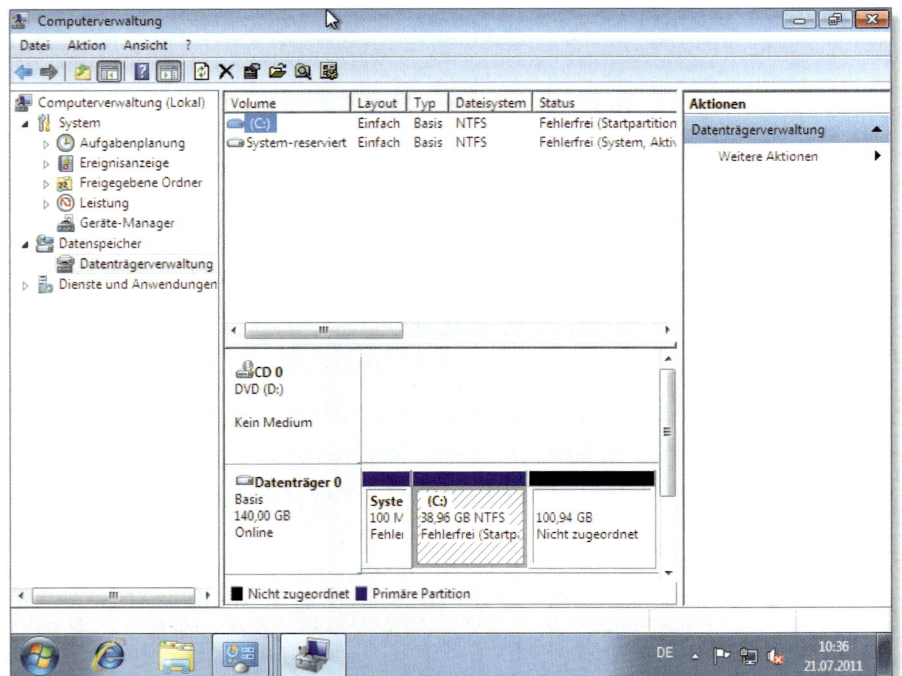

*Abbildung 2.18 Die **Computerverwaltung** fasst einige Tools zusammen. Hier finden Sie auch die Verwaltung der Festplatten.*

Im unteren Bereich sehen Sie die Festplatte. Angezeigt wird, wie viel Speicherplatz insgesamt auf ihr vorhanden ist. Sie sehen, welche Partitionen erstellt wurden und wie groß diese sind. Sie können erkennen, welches Dateisystem auf den Partitionen aufgespielt wurde. Und Sie sehen natürlich auch, wie viel Speicherplatz noch nicht zugeordnet wurde.

Unter der Größenangabe der Partition sehen Sie, ob diese fehlerfrei ist. In Klammern sind wichtige Eigenschaften aufgelistet. So steht zum Beispiel bei der Windows-Partition »(Startpartition, Auslagerungsdatei, Absturzabbild, primäre Partition)«.

Die Partitionen werden auf verschiedene Weise angezeigt. Sie sehen Zahlenwerte und Angaben. Sie sehen auch einen farbigen Balken über der schematischen Darstellung. Links können Sie erkennen, welche Farbe für welche Information steht. So werden mit einem dunklen Blau die primären Partitionen gezeigt. Mit Schwarz sind die noch nicht zugeordneten Partitionen gekennzeichnet.

Abbildung 2.19 *Zur besseren Übersicht habe ich die Ansicht meiner Festplatte ausgeschnitten.*

4 Markieren Sie den nicht zugeordneten Bereich. Öffnen Sie mit der rechten Maustaste das Kontextmenü. Wählen Sie **Neues einfaches Volume**.

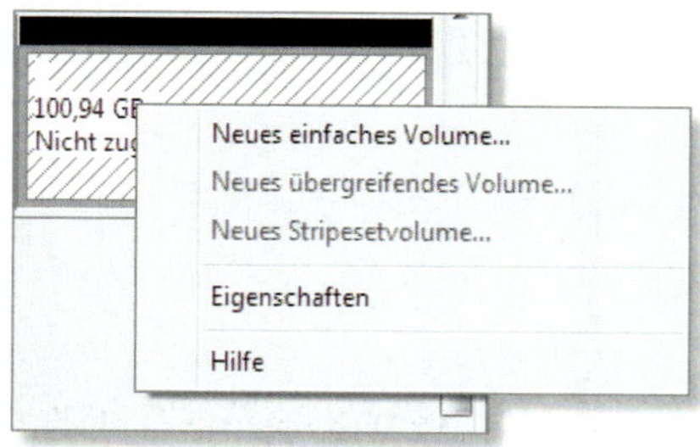

Abbildung 2.20 *Ein neues Volume wird erstellt.*

5 Der *Assistent zum Erstellen neuer einfacher Volumes* wird gestartet. Mit **Weiter** gelangen Sie in den nächsten Dialog.

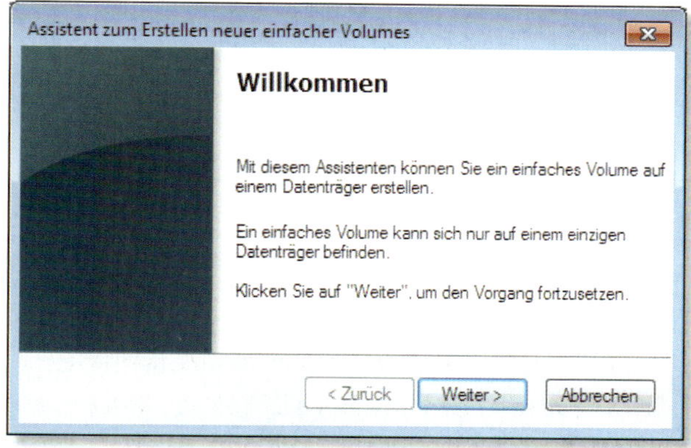

Abbildung 2.21 *Das Erstellen von neuen Partitionen (die hier als »Volumes« bezeichnet werden) erfolgt mit einem Assistenten.*

6 Geben Sie die gewünschte Größe der Partition ein. Sie erinnern sich? Die zweite Partition ist für die Anwendungsprogramme gedacht und soll eine Größe von 30 GB haben. Geben Sie 30.000 ein und klicken Sie auf **Weiter**.

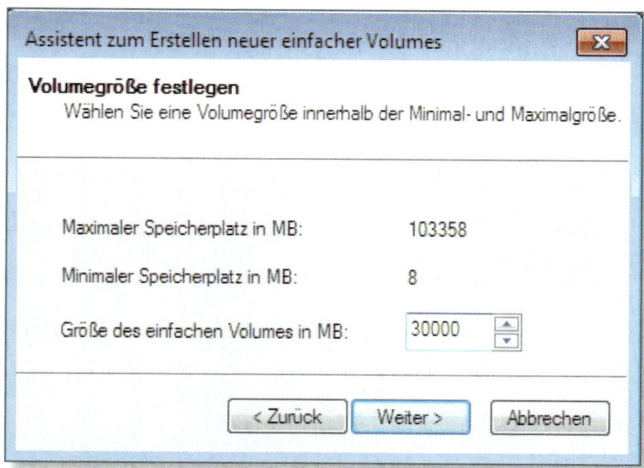

Abbildung 2.22 *Die dritte primäre Partition wird erstellt.*

7 Im nächsten Dialog können Sie auswählen, welcher Laufwerksbuchstabe der Partition zugewiesen werden soll. Bestätigen Sie einfach die Vorgabe.

8 Nun können Sie ein Dateisystem wählen und bestimmen, ob die neue Partition formatiert werden soll. Auch hier müssen Sie nur durch Klicken auf **Weiter** bestätigen. So wird das Dateisystem NTFS verwendet und die neue Partition formatiert.

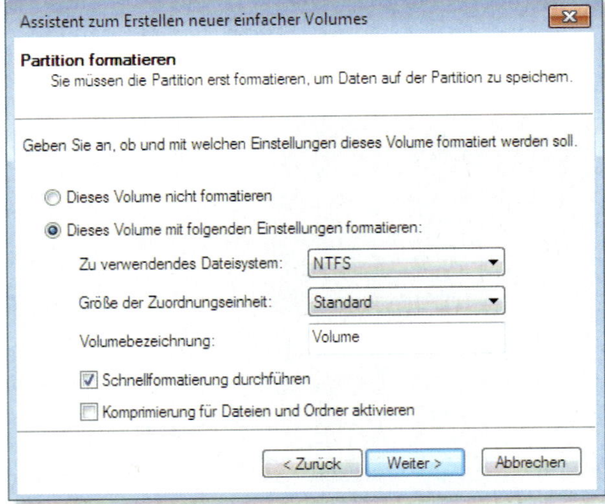

Abbildung 2.23 NTFS ist eine gute Wahl. Das vorgeschlagene Dateisystem übernehmen Sie.

9 Im letzten Dialog sehen Sie, welche Angaben Sie gemacht haben. Sie werden hier, wie bei vielen Windows-Assistenten üblich, noch einmal zusammengefasst. Bestätigen Sie dies, und beenden Sie den Assistenten mit einem Mausklick auf die Schaltfläche **Fertig stellen**.

10 Gehen Sie so vor, wie oben beschrieben, und erstellen Sie nun eine 20 GB große Partition. Windows 7 macht aus dem letzten Bereich automatisch eine erweiterte Partition. In diese werden alle weiteren Partitionen als logisches Laufwerk einsortiert.

11 Erstellen Sie anschließend eine 25 GB große Partition.

12 Für die letzte Partition weisen Sie den restlichen Speicherplatz komplett zu (siehe Abbildung 2.24).

Den Namen des Rechners später ermitteln und korrigieren

Wenn Sie später herausfinden wollen, wie Ihr Rechner heißt, öffnen Sie die Systemsteuerung. Wählen Sie **System und Sicherheit > System**.

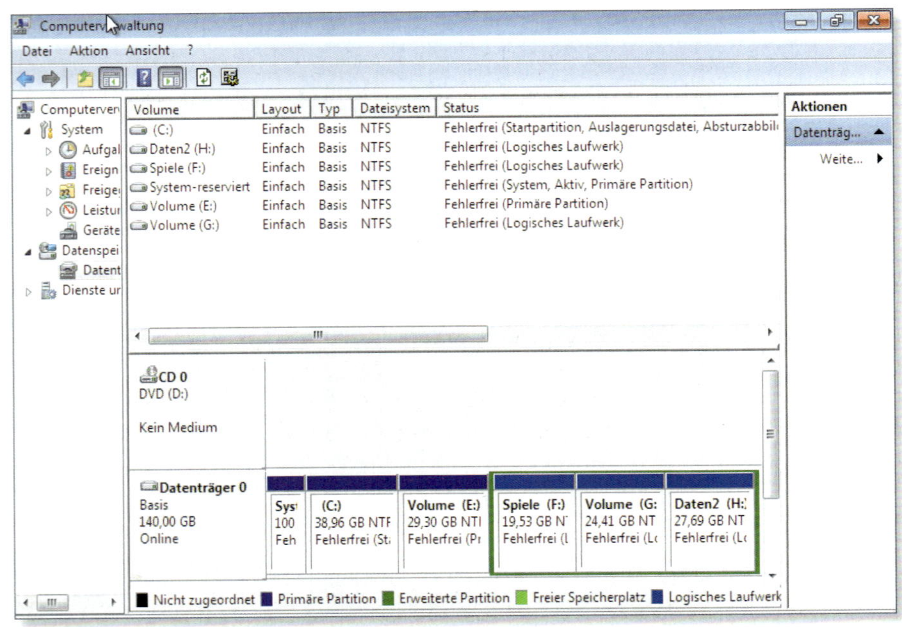

Abbildung 2.24 Die erstellten Partitionen in der Übersicht

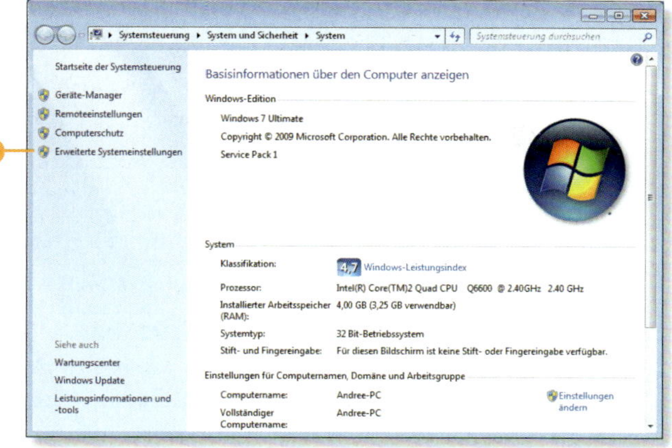

Abbildung 2.25 Die Basisinformationen zeigen auch den Namen des Computers und der Arbeitsgruppe.

In den **Basisinformationen** sehen Sie im unteren Bereich den Computernamen. Hier ist auch die Bezeichnung der Arbeitsgruppe (Workgroup) aufgeführt. Um den Namen zu ändern, klicken Sie links auf **Erweiterte Systemeinstellungen** ①. Sie können auch in der Zeile **Einstellungen für Computernamen, Domäne und Arbeitsgruppe** die Funktion **Einstellungen ändern** wählen.

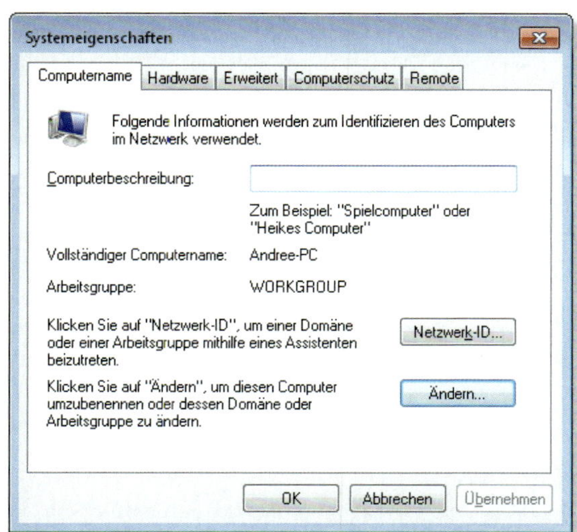

*Abbildung 2.26 In den Systemeigenschaften können Sie unter **Computername** Ihren Rechner benennen.*

Sie landen im Dialog **Systemeigenschaften**. Im Register **Computername** können Sie den Namen und die Netzwerk-ID einsehen. Hier lassen sich beide Angaben auch verändern. Um das zu tun, klicken Sie auf **Ändern**. Geben Sie die gewünschte Bezeichnung ein, und bestätigen Sie.

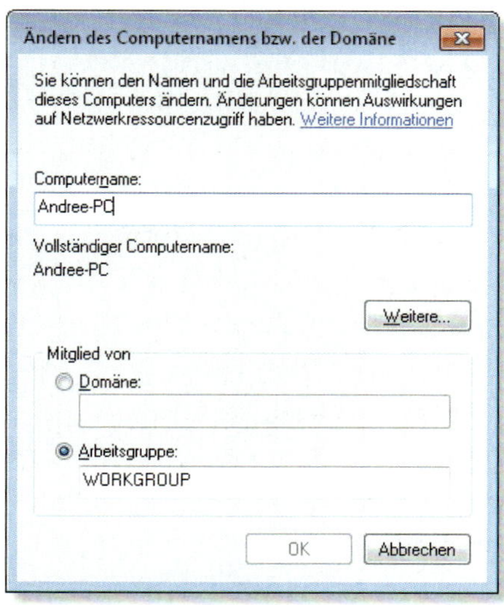

Abbildung 2.27 Der Name des Computers und der Name der Arbeitsgruppe können bei Bedarf verändert werden.

Die Systemwiederherstellungsoptionen von Windows 7

Sie haben vielleicht bereits bemerkt, dass der Installationsassistent von Windows 7 nicht sofort beim Starten von der bootfähigen DVD gestartet wird. Zuerst wird ein Mini-Windows gestartet. Von hier aus können Sie die Systemwiederherstellungsoptionen aufrufen. Diese Werkzeuge helfen Ihnen bei Problemen mit einer Windows 7-Installation. Hiermit können Sie versuchen, eine defekte Version des Betriebssystems zu reparieren.

Folgende Werkzeuge stellt Windows 7 Ihnen für diesen Zweck zur Verfügung:

- Systemstartreparatur
- Systemwiederherstellung
- Systemabbild-Wiederherstellung

- Windows-Speicherdiagnose
- Eingabeaufforderung

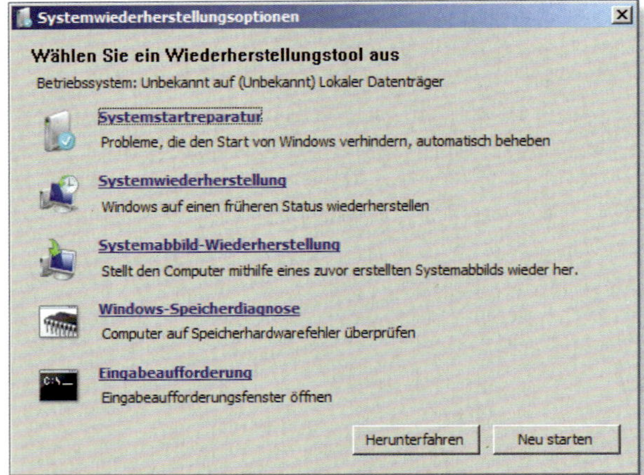

^ ***Abbildung 2.28** Die Werkzeuge für die Systemwiederherstellung sind noch vor dem Installationsassistenten eingruppiert.*

Und wie gelangen Sie zu diesen Werkzeugen? Ganz einfach. Starten Sie Windows 7 mit der Installations-DVD. Gehen Sie so vor, wie im Abschnitt »Die schnelle Variante der Windows 7-Installation« beschrieben. Wählen Sie im Installationsfenster die Option **Computerreparaturoptionen** 1. Sie sehen diese am unteren Rand des Dialogs.

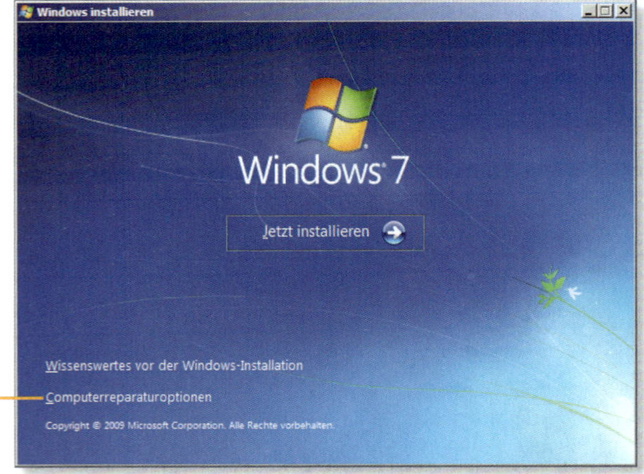

^ ***Abbildung 2.29** Anstatt auf die große Schaltfläche in der Mitte des Bildschirms zu klicken, wählen Sie die Funktion links unten.*

Schauen wir uns die einzelnen Werkzeuge in den Systemwiederherstellungsoptionen einmal näher an.

Systemstartreparatur

Wenn Windows 7 nicht richtig startet oder verschiedene Fehler ausgibt, nutzen Sie diese Option. Es wird nun versucht, die Probleme zu finden und automatisch zu reparieren.

Systemwiederherstellung

Mit dieser Option kann Windows in einen früheren Zustand zurückversetzt werden. Das setzt natürlich voraus, dass Sie vorher ein Systemabbild erstellt haben. Weitere Informationen dazu lesen Sie im Abschnitt »Die Systemwiederherstellung«, ab Seite 271.

Systemabbild-Wiederherstellung

Haben Sie ein Systemabbild erstellt, können Sie nun auf dieses zurückgreifen und es zurücklesen. Wenn Sie diese Funktion einmal nutzen müssen, werden Sie sehen, wie hilfreich sie sein kann. Hierzu lesen Sie in Kapitel 9, »Programme und Tools in Windows 7«, mehr.

Windows-Speicherdiagnose

Mit dieser Funktion wird der Speicher des Rechners überprüft. Es wird geprüft, ob die Speichermodule korrekt erkannt und angesprochen werden.

Eingabeaufforderung

Mit dieser Funktion wird die Windows 7-Eingabeaufforderung aufgerufen. Sie können nun Befehle eingeben.

Wenn Sie die Systemwiederherstellungsoptionen wählen und kein Windows 7 vorhanden ist, sehen Sie ein Dialogfenster vor sich. Sie können nun Windows mit einem Systemabbild wiederherstellen. Oder Sie nutzen die Wiederherstellungstools. Dazu müssen Sie ein Windows-System wählen.

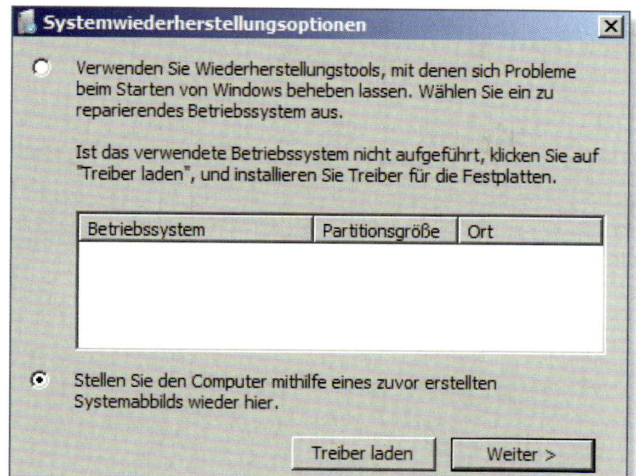

Abbildung 2.30 Haben Sie noch kein Systemabbild erstellt, bleibt der Dialog natürlich leer.

Mit einem Befehl den MBR reparieren

Ein einfacher kleiner Befehl genügt, und der Master Boot Record wird neu geschrieben. Geben Sie auf der Eingabeaufforderung

```
bootrec /fixmbr
```

ein.

In Kapitel 28, »Probleme lösen«, komme ich noch einmal auf den Befehl bootrec zurück.

2.3 Windows 7 aktivieren

Es genügt nicht, Windows 7 zu installieren und einzurichten. Sie müssen das Betriebssystem auch aktivieren. So wird überprüft, dass es sich um eine Originalversion handelt. Dabei wird auch kontrolliert, dass Sie diese Version nur einmal installiert haben.

Wann muss Windows 7 aktiviert werden?

In einigen Fällen müssen Sie Windows 7 aktivieren. Das trifft in den folgenden zu:

- Sie haben ein neues Windows 7-System installiert.
- Sie haben die Hardware des Rechners verändert. Achten Sie darauf, dass Sie hier nur 3 Tage Zeit haben, um die erneute Aktivierung vorzunehmen.
- Sie haben Ihre Festplatte neu formatiert. Danach mussten Sie Windows neu installieren. Dazu gehört auch das erneute Aktivieren von Windows 7.
- Sie haben Windows 7 deinstalliert und auf einem anderen Rechner neu installiert. Nun müssen Sie auch das System neu aktivieren.
- Ein Virus beschädigt den Aktivierungsstatus. Entfernen Sie das Computervirus, und aktivieren Sie Windows 7 neu.

Windows 7 per Telefon aktivieren

Auf den ersten Blick sieht es so aus, als müsste für die Aktivierung von Windows 7 zwingend ein Internetzugang verfügbar sein. Das ist aber nicht der Fall. Sie können Windows 7 auch per Telefon aktivieren. Der Dialog dazu liegt etwas versteckt.

Es ist nämlich durchaus möglich, dass einmal die Netzwerkkonfiguration nicht verfügbar ist. Vielleicht gibt es ja auch ein Problem beim Provider. Oder Sie sind umgezogen, und der neue DSL-Anschluss wurde zwar beantragt, steht aber noch nicht zur Verfügung.

Um die Aktivierung per Telefon zu verwenden, müssen Sie einen Befehl eingeben:

1. Öffnen Sie das Windows-Startmenü, und geben Sie in die Zeile **Ausführen** `slui 0x5` ein.

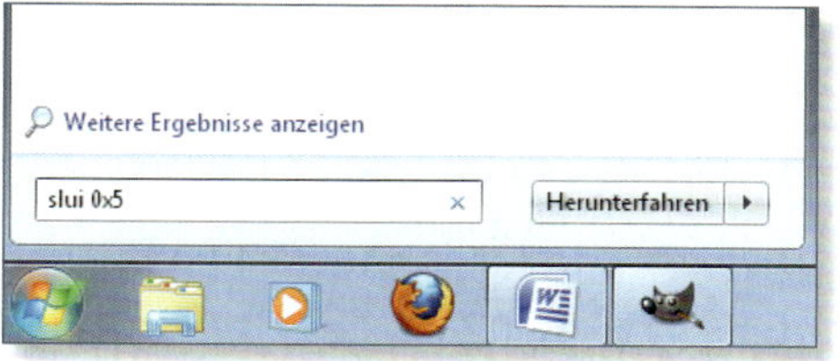

Abbildung 2.31 Die Aktivierung von Windows per Telefon wird über einen Befehl aufgerufen.

2 Sie sehen nun das Dialogfenster **Aktivierung von Windows** vor sich. Klicken Sie hier auf **Andere Aktivierungsmethoden anzeigen**.

3 Wählen Sie **Automatisches Telefonsystem verwenden** aus.

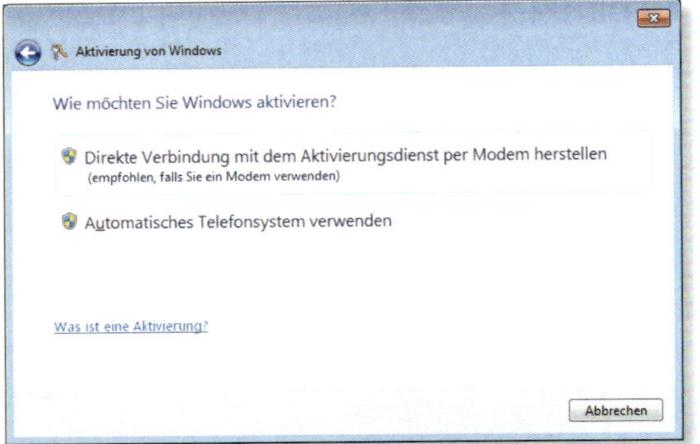

Abbildung 2.32 Neben der Standardvariante über eine Netzwerkverbindung kann Windows 7 per Telefon und Modem aktiviert werden.

4 Wählen Sie aus dem langen Listenfeld **Deutschland** aus, und klicken Sie auf **Weiter**.

5 Sie sehen nun, welche Telefonnummern Sie anrufen müssen. Machen Sie dies.

6 Sie landen bei einem Sprachcomputer. Dieser fragt die Registrierungsnummer ab. Danach gibt er einige Zahlenfolgen aus, die Sie im Dialogfeld eintragen müssen. Tun Sie dies, und bestätigen Sie.

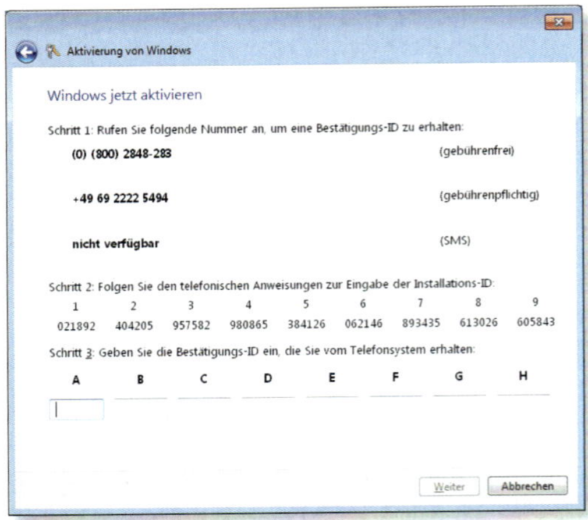

Abbildung 2.33 Die Aktivierung per Telefon erfordert ein wenig Geduld. Sie müssen Zahlen übermitteln und andere abhören und im Dialog eintragen.

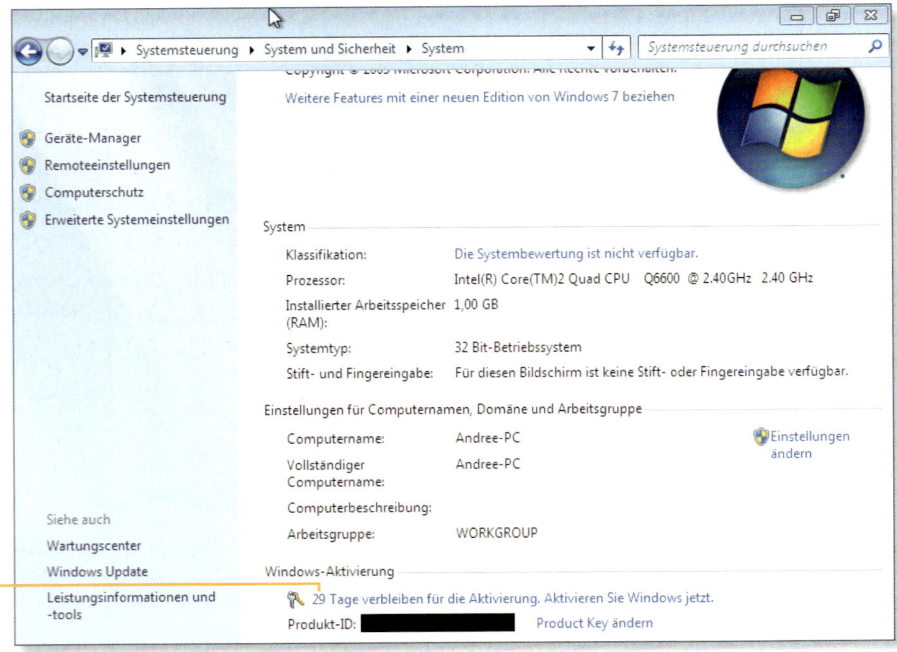

Abbildung 2.34 Noch 29 Tage habe ich Zeit, um mein Windows 7 zu aktivieren 1.

So vermeiden Sie Probleme bei der Aktivierung von Windows

Sorgen Sie dafür, dass eine Internetverbindung zur Verfügung steht. So können Sie am einfachsten Windows 7 aktivieren. Dann funktioniert es einfach per Klick, Sie müssen keine Zahlenreihen eingeben.

Ist keine Verbindung in das Internet verfügbar, können Sie Windows 7, wie oben gezeigt, auch per Telefon aktivieren.

Die Aktivierung muss innerhalb von 30 Tagen geschehen. Innerhalb dieser Zeit können Sie fast alle Funktionen des Betriebssystems uneingeschränkt nutzen. Nur Updates lassen sich nicht einspielen.

Öffnen Sie die **Systemsteuerung**. Wechseln Sie zu **System und Sicherheit** und weiter zu **System**. Ganz unten sehen Sie, ob das Betriebssystem bereits aktiviert wurde. Hier sehen Sie auch, wie lange Sie für diese Aufgabe noch Zeit haben (siehe Abbildung 2.34).

So wird Windows 7 aktiviert

Öffnen Sie die Systemsteuerung. Unter System und **Sicherheit > System** scrollen Sie nach unten. Klicken Sie auf **Aktivieren Sie Windows jetzt**.

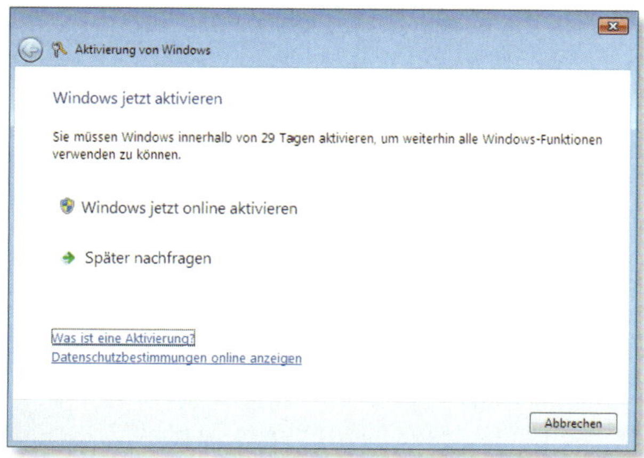

Abbildung 2.35 *Das Betriebssystem weist Sie noch einmal darauf hin, dass Sie Windows aktivieren müssen.*

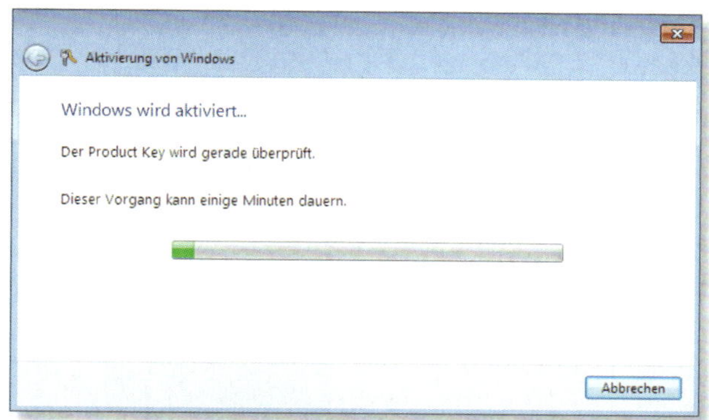

Abbildung 2.36 *Das Überprüfen des eingegebenen Keys geschieht automatisch. Warten Sie einfach, bis der Vorgang beendet ist.*

2.4 Windows richtig ausschalten

Sie haben nun mit Windows 7, seinen Werkzeugen, mit Anwendungsprogrammen oder Spielen gearbeitet. Und nun reicht es Ihnen. Können Sie jetzt einfach den Netzstecker ziehen? – Nein. Sie müssen Windows »herunterfahren«.

Windows 7 richtig herunterfahren

Windows schreibt während der Arbeit einige Dateien und Systemprozesse in den Zwischenspeicher. Erst beim Herunterfahren werden diese synchronisiert. Wenn Sie den Rechner einfach ausschalten, kann es passieren, dass wichtige Daten nicht auf die Festplatte oder einen anderen angeschlossenen Datenträger geschrieben werden. Das ist ärgerlich, wenn Sie eben eine neue Office-Datei erstellt oder bearbeitet haben. Auch Systemdateien werden so nicht geschlossen und eventuell beschädigt.

Einige Notebooks und neue Rechner sind so vorkonfiguriert, dass ein Drücken des Power-Schalters für ein Herunterfahren des Rechners sorgt.

Öffnen Sie das Startmenü von Windows 7, und wählen Sie rechts **Herunterfahren** ❷ (siehe Abbildung 2.37).

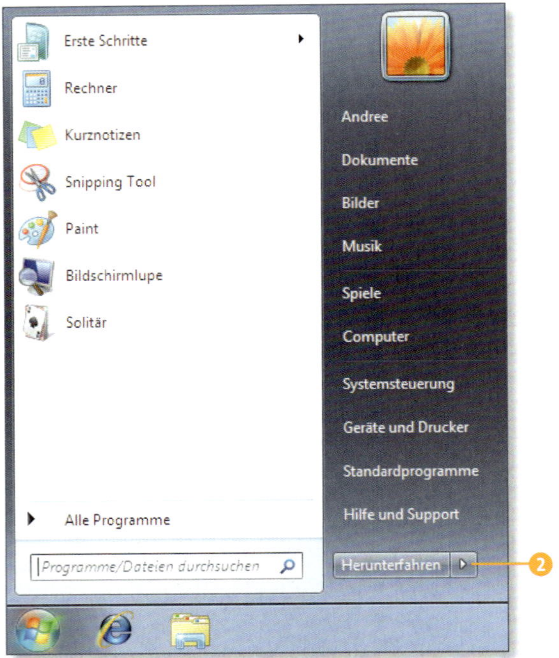

Abbildung 2.37 Die Schaltfläche ***Herunterfahren*** *ist im Menü von Windows 7 nicht zu übersehen.*

Mit der Pfeilschaltfläche können Sie noch ein kleines Menü öffnen. Über dieses kann der Benutzer gewechselt werden. Sie können sich abmelden oder auch den Rechner sperren. Hier ist es auch möglich, den Rechner in den Ernergiespar- oder den Ruhezustand zu versetzen.

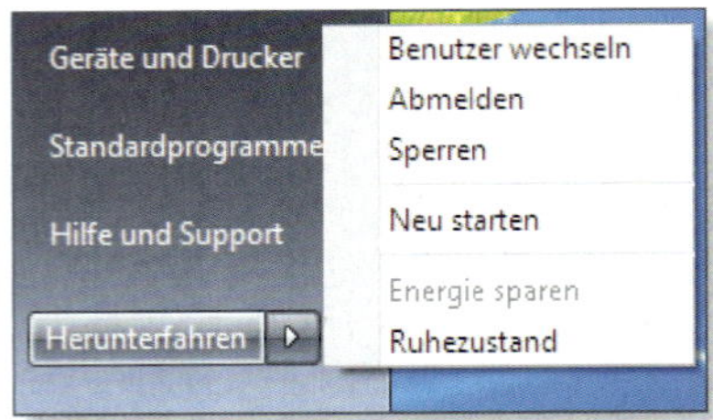

Abbildung 2.38 Wählen Sie die Pfeilschaltfläche neben ***Herunterfahren****, werden weitere Funktionen sichtbar.*

Verwenden Sie den Befehl **Sperren**, wenn Sie Ihren Rechner verlassen und nicht möchten, dass er von einem anderen Anwender verwendet wird. Um den Desktop und die Programme wieder benutzen zu können, müssen Sie Ihr Passwort eingeben.

Im **Ruhezustand** wird der Arbeitsspeicher geleert. Der Inhalt wird auf der Festplatte abgelegt. Der Rechner wird heruntergefahren und ausgeschaltet. Schalten Sie den Rechner an, werden die Daten wieder in den Arbeitsspeicher geschrieben, und die zuletzt verwendete Sitzung wird weitergeführt. Diese Funktion können Sie nur auf Notebooks verwenden.

Den Befehl Shutdown mit einer Option eingeben

Der Rechner lässt sich auch mit einem Befehl herunterfahren: `shutdown`. Geben Sie diesen Befehl auf der Eingabeaufforderung ein. Die Optionen für diesen Befehl sehen Sie in der folgenden Tabelle:

Option	Bedeutung der Option
`l`	Der im Moment eingeloggte Benutzer wird abgemeldet.
`i`	Mit dieser Option wird eine grafische Benutzeroberfläche eingeblendet.
`r`	Der Rechner wird heruntergefahren und anschließend neu gestartet.
`s`	Mit dieser Option wird der Rechner heruntergefahren.
`h`	Verwenden Sie diese Option, um den Rechner in den Ruhezustand zu bringen.
`t Zeitangabe`	Mit dieser Option können Sie das Herunterfahren zu einer bestimmten Zeit veranlassen. Die Zeit wird in Sekunden angegeben. Dabei kann ein Wert zwischen 0 und 600 verwendet werden. Sie müssen die Option `/t` mit `/f` kombinieren.
`c Kommentartext`	Übergibt einen Kommentar an den Neustartbefehl. So können Sie andere Benutzer im Netzwerk darüber informieren, dass das System neu gestartet wird.

Option	Bedeutung der Option
f	Aktuell aktive Programme, Tools und Spiele werden mit dieser Option geschlossen. Der Anwender wird hierüber nicht informiert. Das Schließen der Programme wird erzwungen.

Tabelle 2.1 *Die Parameter des Befehls »shutdown« und ihre Bedeutung*

So melden Sie sich richtig an

Zum Start des Betriebssystems und zum Anmelden gibt es nicht viel zu sagen. Schalten Sie Ihren Rechner an. Windows 7 wird hochgefahren. Ist dies geschehen, sehen Sie den Anmeldedialog vor sich. Ihr Benutzername ist bereits zu sehen. Geben Sie das dazu gehörende Kennwort ein. Bestätigen Sie mit [↵], oder klicken Sie auf das Pfeilsymbol.

Abbildung 2.39 *Anmelden ist einfach. Der Benutzername ist schon ausgewählt. Kennwort dazu, [↵] drücken und fertig.*

Haben Sie sich vertan, können Sie rechts mit dem roten Symbol den PC wieder herunterfahren. Hier können Sie ihn auch neu starten oder in den Ruhezustand versetzen.

2.5 Partitionen und Festplatten richtig formatieren

Eine neu erstellte Partition besitzt noch keine Formatierung. Nur die Partition, die Sie für Windows 7 auswählen, wird formatiert.

Ohne eine Formatierung können Sie keine Anwendungsprogramme und Spiele auf dieser Partition installieren. Auch das Speichern von Daten ist nicht möglich.

Beim Formatieren wird die Festplatte in Sektoren eingeteilt. Das Dateisystem wird aufgebracht. Bei Windows 7 verwenden Sie am besten NTFS. Das ist ein aktuelles und modernes Betriebssystem. Der Zugriff auf die Daten erfolgt sehr schnell. Bei einem Absturz des Betriebssystems und von Programmen können Inhalte wiederhergestellt werden.

Arten der Formatierung

Man unterscheidet zwischen der *Schnellformatierung* und der *vollständigen Formatierung*.

Wie der Name bereits verrät, ist die Schnellformatierung sehr fix abgeschlossen. Auch bei großen Festplatten und Partitionen müssen Sie nicht lange warten, bis der Vorgang beendet ist.

Bei der vollständigen Formatierung wird die Festplatte auf Fehler überprüft. Defekte Blöcke werden markiert.

Die vollständige Formatierung sollten Sie verwenden, wenn Sie Probleme beim Speichern von Daten haben. Auch wenn Sie eine gebrauchte Festplatte erworben haben, empfiehlt sich diese Variante.

Formatieren mit dem Windows-Explorer

1. Öffnen Sie den Windows-Explorer.
2. Wählen Sie **Computer** ❶. Markieren Sie die Partition, die formatiert werden soll ❷.

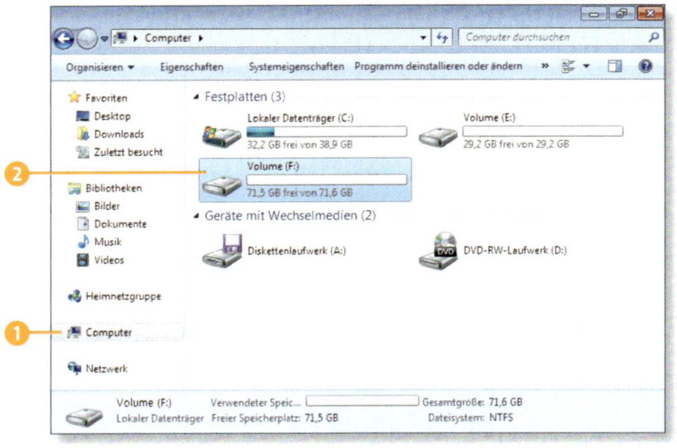

Abbildung 2.40 Über den Windows-Dateimanager können Sie auch eine Partition formatieren.

3 Öffnen Sie mit der rechten Maustaste das Kontextmenü, und wählen Sie **Formatieren**.

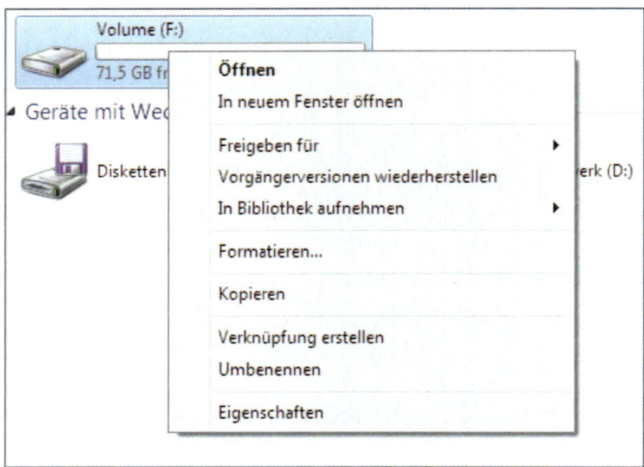

Abbildung 2.41 Den Befehl zum Formatieren der Partition finden Sie im Kontextmenü.

4 Die Einstellungen im Dialog können Sie bestätigen. Wenn Sie möchten, entfernen Sie die vorgegebene Bezeichnung des Datenträgers und geben einen Namen ein. Bestätigen Sie mit **Starten**.

5 Windows 7 gibt eine Warnung aus und weist Sie darauf hin, dass beim Formatieren alle vorhandenen Daten verloren gehen. Bestätigen Sie mit **OK**.

6 Warten Sie, bis Windows 7 die Meldung ausgibt, dass der Vorgang abgeschlossen ist. Bestätigen Sie, und schließen Sie den Dialog.

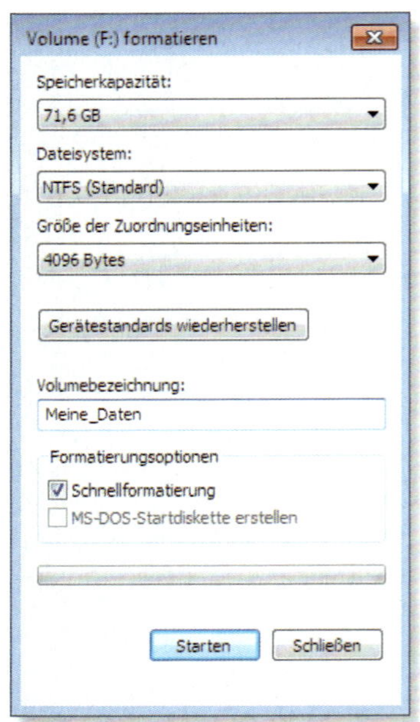

Abbildung 2.42 Die Vorgaben sind sinnvoll gewählt. Lediglich die Bezeichnung der Partition habe ich angepasst.

Eine vollständige Formatierung durchführen

Gehen Sie so vor wie bei der Schnellformatierung. Einzige Ausnahme: Entfernen Sie das Häkchen aus dem Optionskästchen **Schnellformatierung**.

Formatieren in der Computerverwaltung

Öffnen Sie die **Computerverwaltung**. Markieren Sie die Partition, die formatiert werden soll. Wählen Sie auch hier den Befehl über das Kontextmenü.

Der Dialog sieht hier ein wenig anders aus, als wenn Sie den Befehl **Formatieren** über den Explorer aufrufen. Die Inhalte sind aber gleich. Das richtige Dateisystem und die Größe der Zuordnungseinheiten sind bereits ausgewählt. Die Schnellformatierung ist ange-

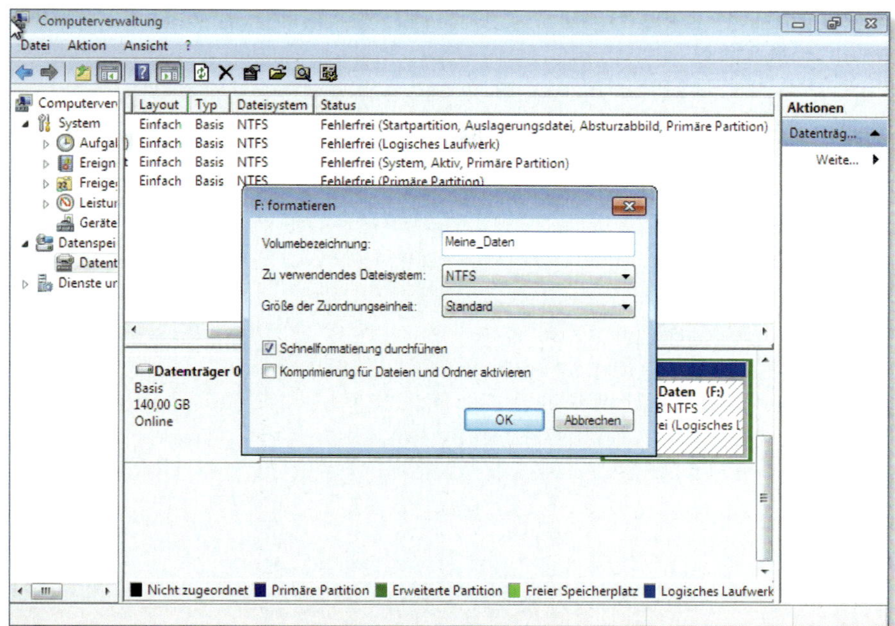

Abbildung 2.43 *Wenn Sie den Befehl in der* ***Computerverwaltung*** *aufrufen, müssen Sie nur die Bezeichnung der Partition anpassen.*

schaltet. Verändern Sie die Bezeichnung, und bestätigen Sie (siehe Abbildung 2.43).

Formatieren mit einem Befehl

Der Befehl `Format`, den Sie über die Eingabeaufforderung verwenden, hat einige Vorteile. Gerade die vollständige Formatierung ist hier schneller erledigt. Sie bekommen auch eine ausführlichere Rückmeldung über die Ergebnisse des Befehls, und Sie können mehr Parameter und Optionen verwenden.

Mit `help format` sehen Sie alle Parameter und können sich die richtige Syntax ansehen. An dieser Stelle möchte ich nur ein paar Parameter herauspicken.

HINWEIS

Was versteht man unter Syntax?
Der Syntax ist die Schreibweise eines Befehls und aller Parameter und Optionen. Wichtig ist vor allem die Reihenfolge der Parameter. Nur so kann Windows den Befehl verstehen.

Geben Sie nach dem Befehl den Namen der Partition an. Schauen Sie im Windows-Explorer, unter welcher Bezeichnung oder welchem Buchstaben die Partition in das System eingebunden ist. Achten Sie gut darauf, dass Sie den richtigen Buchstaben eingeben!

Mit `/FS:NTFS` bestimmen Sie, dass das Dateisystem NTFS verwendet wird.

Der Parameter `/Q` sorgt für eine Schnellformatierung. Ohne diesen wird die vollständige Formatierung durchgeführt.

Der komplette Befehl würde in meinem Beispiel wie folgt aussehen:

```
format f: /FS:NTFS /Q
```

Der Name der zu formatierenden Partition muss dem Befehl nicht übergeben werden. Windows fragt diesen Namen ab. Beachten Sie, dass bei der Bezeichnung keine Sonderzeichen und keine Leerzeichen erlaubt sind.

HINWEIS

Die Schreibweise der Befehle muss nicht beachtet werden

Windows unterscheidet übrigens nicht zwischen Groß- und Kleinschreibung. Sie müssen nicht darauf achten, ob Sie Befehle mit Groß- oder Kleinbuchstaben eingeben. In anderen Systemen, wie z. B. Linux, wäre das nicht möglich.

2.6 Treiber für wichtige Hardwarekomponenten installieren

Viele Hardwaregeräte werden über ein USB-Kabel mit dem Rechner verbunden. Die Hardware wird dabei häufig automatisch erkannt. Windows sucht den passenden Treiber und installiert diesen. Sie müssen oft nichts weiter tun.

Einige Treiber werden über die Update-Funktion von Windows 7 bereitgestellt. Das ist zum Beispiel bei meinem Notebook so. Nach der Installation von Windows 7 führe ich ein Update aus und wähle die aktuellen Treiberversionen für die Netzwerkkarte und die Grafikkarte. Auf dem gleichen Weg werden auch neuere Versionen installiert.

Falls Windows zu einem Gerät einmal keinen Treiber anbietet, legen Sie den Datenträger mit dem Hardware-Treiber in das DVD-Laufwerk Ihres Rechners ein. Startet der Datenträger automatisch, landen Sie im Setup-Assistenten. Folgen Sie den Anweisungen auf Ihrem Bildschirm.

Ist die Autostartfunktion inaktiv oder ausgeschaltet, öffnen Sie den Windows-Explorer. Begeben Sie sich zu dem Laufwerk, in dem der Datenträger eingelegt ist. Schauen Sie sich den Inhalt des Datenträgers an. Doppelklicken Sie auf **Setup.exe** oder **Setup**. Der Assistent führt Sie durch die folgenden Schritte (siehe Abbildung 2.44).

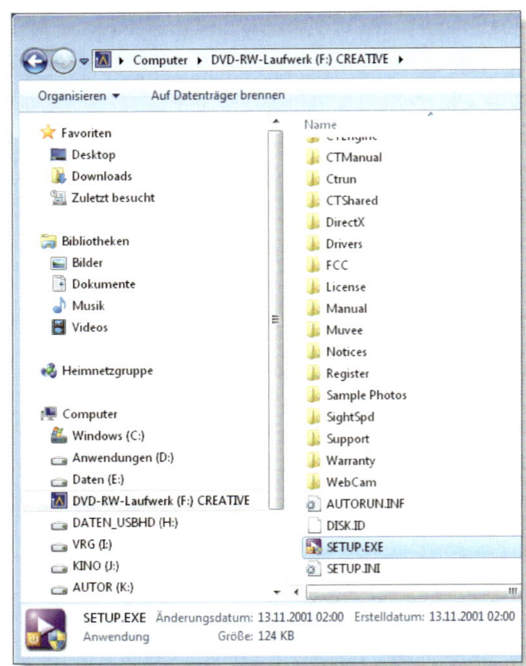

Abbildung 2.44 *Im Hauptverzeichnis befindet sich die Datei »Setup.exe«. Sie startet die Installation.*

Die genaue Vorgehensweise hängt von der Hardware und dem Hersteller ab. Eventuell liegt ein Handbuch oder ein Quick-Install-Guide bei. Dort sehen Sie, wie Sie vorgehen müssen.

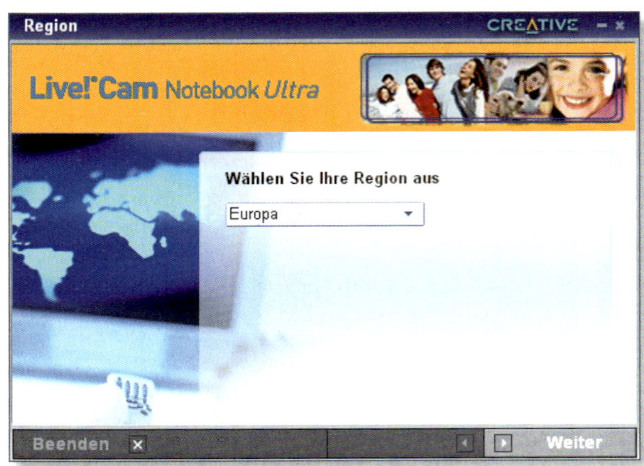

Abbildung 2.45 *Bei dieser Notebook-Kamera ist die Installation recht bunt gehalten. Sie brauchen nur wenige Angaben zu machen.*

Manchmal müssen Sie auch einen Ordner öffnen und in diesem einen Installationsdialog starten. Das ist oft dann der Fall, wenn verschiedene Treiber auf einem Datenträger abgelegt sind – oder auch Treiber für verschiedene Hardware. Das könnte Ihnen zum Beispiel bei einem neu gekauften Motherboard oder einem neuen Komplettrechner begegnen.

Eine Übersicht der vorhandenen Hardware finden Sie im Geräte-Manager der Systemsteuerung. Hier sehen Sie, ob die Hardware installiert ist und ob die Treiberprogramme funktionieren.

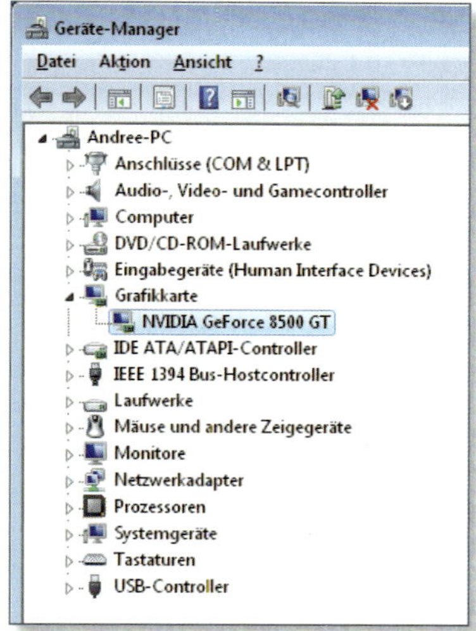

Abbildung 2.46 Im Geräte-Manager wird die installierte Hardware aufgelistet.

2.7 Der Windows 7-Bootmanager

Den Windows 7-Bootmanager sehen Sie in der Regel nicht. Sie installieren Windows 7 auf einer Festplatte. Möglicherweise richten Sie Partitionen für Ihre Programme und Anwendungen ein. Wozu brauchen Sie dann einen Bootmanager?

Wenn Sie eine zweite Version von Windows 7 installieren oder eine andere Version des Betriebssystems, ist ein Bootmanager erforderlich. Er erscheint automatisch beim Neustart bzw. Start des Rechners.

Mit dem Bootmanager wählen Sie, welches Betriebssystem gestartet werden soll. Sie haben für die Auswahl einige Sekunden Zeit. Nehmen Sie keine Auswahl vor, wird das als Standard eingestellte Betriebssystem gestartet.

Die Bootoptionen einrichten

Den Bootmanager und seine Einträge können Sie nicht direkt bearbeiten. Die Einstellungen für das Starten des Betriebssystems sind in einer versteckten Systempartition abgelegt. Es gibt auch keine Konfigurationsdatei, die Sie in einem Editor öffnen könnten.

1 Öffnen Sie stattdessen die Systemkonfiguration. Öffnen Sie dazu das Windows 7-Startmenü. Tragen Sie in das Eingabefeld **Ausführen** den Befehl `msconfig` ein.

2 Die Systemkonfiguration wird aufgerufen. Im Register **Start** sind die vorhandenen Betriebssysteme aufgelistet. Markieren Sie eines, und wählen Sie **Als Standard**. Nun wird es nach Ablauf des Boottimers automatisch gestartet.

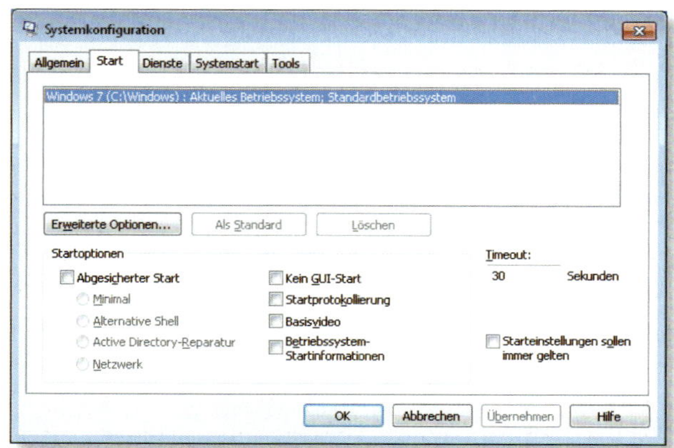

Abbildung 2.47 In meinem Beispiel habe ich nur Windows 7 installiert.

Den Editor für die Startkonfiguration verwenden

Nun werden Sie sich bestimmt fragen, »Hat der Mensch nicht gerade gesagt, die Booteinstellung kann nicht in einem Editor geöffnet werden?« Richtig. Kann sie auch nicht. Aber Microsoft hat ein Befehlszeilenprogramm beigelegt, mit dem Sie die Booteinstellungen einrichten können.

Den *Editor für den Startkonfigurationsdaten-Speicher* öffnen Sie in der MS DOS-Eingabeaufforderung. Geben Sie den Befehl `bcdedit`, gefolgt von den Parametern und Optionen, ein. Mit

```
bccedit /?
```

erhalten Sie einen Hilfetext mit Beispielen und Hinweisen zur Verwendung des Befehls.

Alle Parameter und die Bedeutung derselben habe ich Ihnen in Tabelle 2.2 zusammengetragen.

Was auf den ersten Blick etwas kompliziert wirkt, ist in der Praxis gar nicht so schwer. Mit einigen Beispielbefehlen möchte ich Ihnen dies einmal zeigen.

```
bcdedit /import beispiel001
```

Mit diesem Befehl wird die Startkonfiguration wiederhergestellt. Die angegebene Datei, die zuvor exportiert wurde, wird in den Editor geladen und eingelesen. Hier muss eventuell auch der Verzeichnispfad zu dieser Datei angegeben werden.

```
bcdedit /timeout 40
```

Mit diesem Befehl wartet der Bootmanager 40 Sekunden. Erst danach wird das als Standard gewählte Betriebssystem verwendet.

Parameter	Bedeutung
`/createstore`	Mit diesem Parameter wird eine neue Bootkonfiguration erstellt.
`/export`	Der Inhalt des Systemspeichers wird in eine Datei exportiert. So wird der Status des Systemspeichers wiederhergestellt. Eine Sicherungsdatei wird erstellt. Diese kann mit dem nachfolgenden Parameter zurückgelesen werden.
`/import`	Liest eine Sicherungsdatei wieder zurück. So wird der Systemspeicher wiederhergestellt.
`/copy`	Kopiert Einträge im Speicher.
`/create`	Erstellt neue Einträge im Speicher.
`/delete`	Entfernt Einträge aus dem Speicher.
`/mirror`	Mit diesem Parameter werden die Einträge im Speicher gespiegelt.
`/deletevalue`	Hiermit werden Eintragsoptionen aus dem Speicher entfernt.
`/set`	Mit diesem Parameter werden Eintragsoptionen im Speicher festgelegt. So können Sie die vorgegebene Bezeichnung des Betriebssystems anpassen.
`/erum`	Verwenden Sie diesen Parameter, um die Einträge im Speicher aufzulisten.
`/bcosequenz`	Bestimmt die Startsequenz für den Start-Manager.
`/default`	Legt fest, welcher Eintrag im Start-Manager als Standard verwendet werden soll.
`/display-ordner`	Legt die Reihenfolge fest, in der der Start-Manager das Multiboot-Menü anzeigt.
`/timeout`	Bestimmt, wie lange der Bootmanager auf eine Eingabe des Benutzers wartet. Ist der angegebene Zeitwert abgelaufen, wird das als Standard gewählte Betriebssystem verwendet.

^ *Tabelle 2.2 Die Parameter des Befehls »bcedit«*

```
bcdedit /default {legacy}
```

Mit dieser Befehlszeile wird Windows Vista als Standard festgelegt. Der Parameter `{legacy}` steht hier für Windows XP. Verwenden Sie `{current}` für Windows 7. Beachten Sie, dass hier eine geschweifte Klammer verwendet werden muss. Die Bezeichnungen darin sind vorgegeben. Sie müssen sie so wie angegeben verwenden.

```
bcdedit /displayordner {current}{legacy}
```

Bestimmt als Bootreihenfolge Windows 7, Windows XP.

```
bcdedit /set {current}Description »Mein
neues Windows«
```

Verändert die vorgegebene Bezeichnung des Betriebssystems. In Anführungszeichen geben Sie an, wie das Betriebssystem genannt werden soll.

```
Eingabeaufforderung

C:\>bcdedit /?

BCDEDIT - Editor für den Startkonfigurationsdaten-Speicher

Mit dem Befehlszeilentool "Bcdedit.exe" kann der Startkonfigurationsdaten-
Speicher geändert werden. Der Startkonfigurationsdaten-Speicher enthält
Startkonfigurationsparameter und steuert, wie das Betriebssystem gestartet
wird. Diese Parameter befanden sich zuvor in der Datei "Boot.ini" (in
BIOS-basierten Betriebssystemen) oder in permanenten RAM-Einträgen (in
Extensible Firmware Interface-basierten Betriebssystemen). Sie können
"Bcdedit.exe" zum Hinzufügen, Löschen, Bearbeiten und Anfügen von
Einträgen im Startkonfigurationsdaten-Speicher verwenden.

Geben Sie "bcdedit.exe /? <Befehl>" ein, um detaillierte Informationen zu
Befehlen und Optionen anzuzeigen. Geben Sie beispielsweise folgenden
Befehl ein, um detaillierte Informationen zum Befehl "/createstore" zu
erhalten:

     bcdedit.exe /? /createstore

Führen Sie den Befehl "bcdedit /? TOPICS" aus, um eine alphabetisch sortierte
Liste der Themen in dieser Hilfedatei anzuzeigen.

Befehle, die auf einen Speicher angewendet werden
=================================================
/createstore        Erstellt einen neuen und leeren Startkonfigurationsdaten-
                    Speicher.
/export             Exportiert den Inhalt des Systemspeichers in eine Datei.
                    Diese Datei kann später verwendet werden, um des Status des
                    Systemspeichers wiederherzustellen.
/import             Stellt den Status des Systemspeichers mithilfe einer
                    Sicherungsdatei wieder her, die mit dem Befehl "/export"
                    erstellt wurde.
/sysstore           Legt das Systemspeichergerät fest (betrifft nur EFI-Systeme,
                    ist über Neustarts hinweg nicht beständig und wird nur
                    verwendet, wenn das Systemspeichergerät mehrdeutig ist).

Befehle, die auf die Einträge in einem Speicher angewendet werden
=================================================================
/copy               Erstellt Kopien von Einträgen im Speicher.
/create             Erstellt neue Einträge im Speicher.
/delete             Löscht Einträge aus dem Speicher.
/mirror             Erstellt eine Spiegelung der Einträge im Speicher.

Führen Sie "bcdedit /? ID" aus, um Informationen zu den Bezeichnern
anzuzeigen, die für diese Befehle verwendet werden können.

Befehle, die auf Eintragsoptionen angewendet werden
===================================================
/deletevalue        Löscht Eintragsoptionen aus dem Speicher.
/set                Legt die Eintragsoptionswerte im Speicher fest.

Führen Sie "bcdedit /? TYPES" aus, um eine Liste von Datentypen anzuzeigen,
die für diese Befehle verwendet werden können.
Führen Sie "bcdedit /? FORMATS" aus, um eine Liste von gültigen Datenformaten
anzuzeigen.

Befehle zum Steuern der Ausgabe
===============================
/enum               Listet die Einträge im Speicher auf.
/v                  Zeigt alle Eintrags-IDs vollständig an, anstatt die
                    Kurzschreibweise für bekannte IDs zu verwenden.
                    Verwenden Sie "/v" ohne Parameter, um die Eintrags-IDs für
                    den Typ ACTIVE vollständig anzuzeigen.

Wenn Sie nur "bcdedit" ohne Parameter ausführen, entspricht dies dem Ausführen
des Befehls "bcdedit /enum ACTIVE".

Befehle zum Steuern des Start-Managers
======================================
/bootsequence        Legt die einmalige Startsequenz für den Start-Manager fest.
```

Abbildung 2.48 In der Eingabeaufforderung präsentiert Windows 7 eine lange Liste von Optionen, mit der die Booteinträge editiert werden können.

2.8 Festplatten und Partitionen verwalten

Die Festplatten und Partitionen sehen Sie unter **Computer** im Windows-Explorer. Und sie können diese in der Computerverwaltung der Systemsteuerung einsehen.

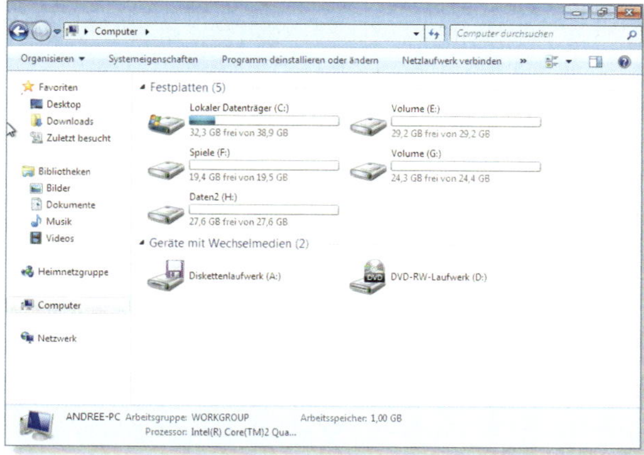

Abbildung 2.49 Der Windows-Explorer zeigt alle erstellten Partitionen. Zu sehen sind auch Wechselmedien und andere USB-Festplatten.

Kleine Aufgaben über den Windows-Explorer erledigen

Im Dateimanager von Windows 7 können Sie bereits über das Kontextmenü verschiedene Aufgaben ausführen. So lassen sich auf diese Weise Datenträger formatieren und umbenennen.

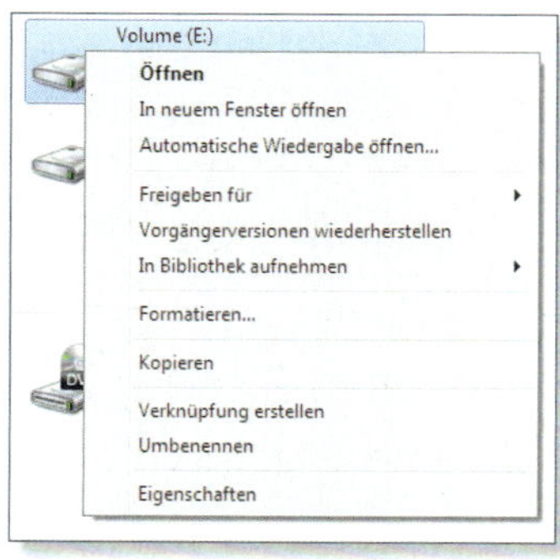

Abbildung 2.50 Verschiedene Arbeiten an Festplatten können Sie über das Kontextmenü des Windows 7-Dateimanagers ausführen.

Wenn Sie die Eigenschaften einer Partition oder eines Datenträgers öffnen, sehen Sie weitere Informationen.

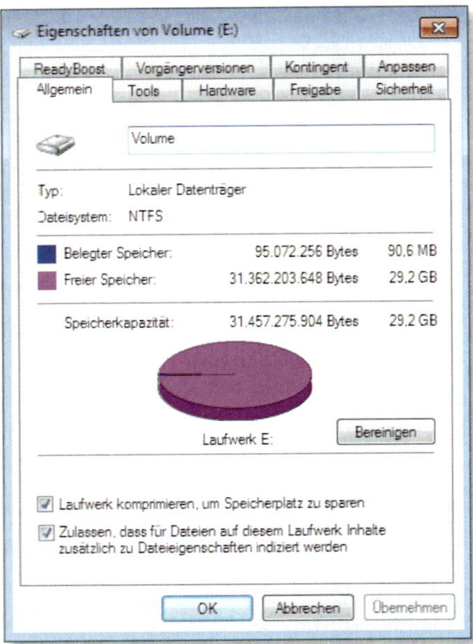

*Abbildung 2.51 Mit einer Option im Register **Allgemein** wird die Kompression des Laufwerks angeschaltet.*

Viele Funktionen lernen Sie in anderen Kapiteln dieses Buches kennen. Nur einige möchte ich an dieser Stelle auswählen und näher vorstellen.

Ein Laufwerk komprimieren

Mit einer Kompression erhalten Sie mehr Platz. Daten nehmen dadurch nicht mehr so viel Speicherplatz ein.

Die Funktion zur Kompression eines Laufwerks ist bereits in Windows 7 integriert. Beachten Sie jedoch, dass der Zugriff auf Daten und das Schreiben derselben auf die Festplatte etwas länger dauert. Mit der Funktion werden die Daten zuerst komprimiert und dann auf die Festplatte geschrieben. Wenn Sie später auf die komprimierten Daten zugreifen, müssen diese erst in den Speicher entpackt werden, bevor Sie sie nutzen können.

Um die Funktion anzuwenden, öffnen Sie die **Eigenschaften** einer Partition. Im Register **Allgemein** schalten Sie die Option **Laufwerk komprimieren, um Speicherplatz zu sparen** an. Bestätigen Sie.

ReadyBoost

Mit ReadyBoost können Sie USB-Sticks als zusätzlichen temporären Arbeitsspeicher nutzen. Dadurch wird eine temporäre Auslagerungsdatei erstellt. Windows 7 kann so schneller arbeiten.

Die Daten in der Auslagerungsdatei sind geschützt. Sie können nicht von Dritten missbraucht werden. Ist der verwendete Datenträger nicht mit dem Rechner verbunden, wird die Funktion einfach nicht genutzt.

Der Editor zur Einrichtung des Windows-Bootmanagers ist nicht gerade einfach zu verwenden. Zu ihm gehören viele verschiedene, schwierig zu verwendende Parameter. Einfacher zu bedienen ist die Systemkonfiguration auf der grafischen Oberfläche von Windows 7.

ReadyBoost bringt im Praxiseinsatz nur wenige Vorteile. Oft erreichen Sie mit einem Tuner oder mit einer Speichererweiterung mehr.

Angeschaltet wird die Funktion im gleichnamigen Register des Dialogs **Eigenschaften**. Wählen Sie **Das Gerät für ReadyBoost reservieren**. Über einen Schieberegler stellen Sie den Speicherbereich ein, der für die Systembeschleunigung genutzt werden soll. Ein so genutzter USB-Stick kann nicht für andere Aufgaben genutzt werden.

Ein Volume in der Computerverwaltung verkleinern

Möchten Sie Windows auf eine Festplatte installieren, auf der bereits Daten abgelegt sind, müssen Sie genügend Platz schaffen. Dazu können Sie in der Computerverwaltung eine markierte Partition verkleinern oder auch vergrößern.

Bitte denken Sie daran, dass Sie vor dem Verwenden der genannten Funktionen eine Sicherung der vorhan-

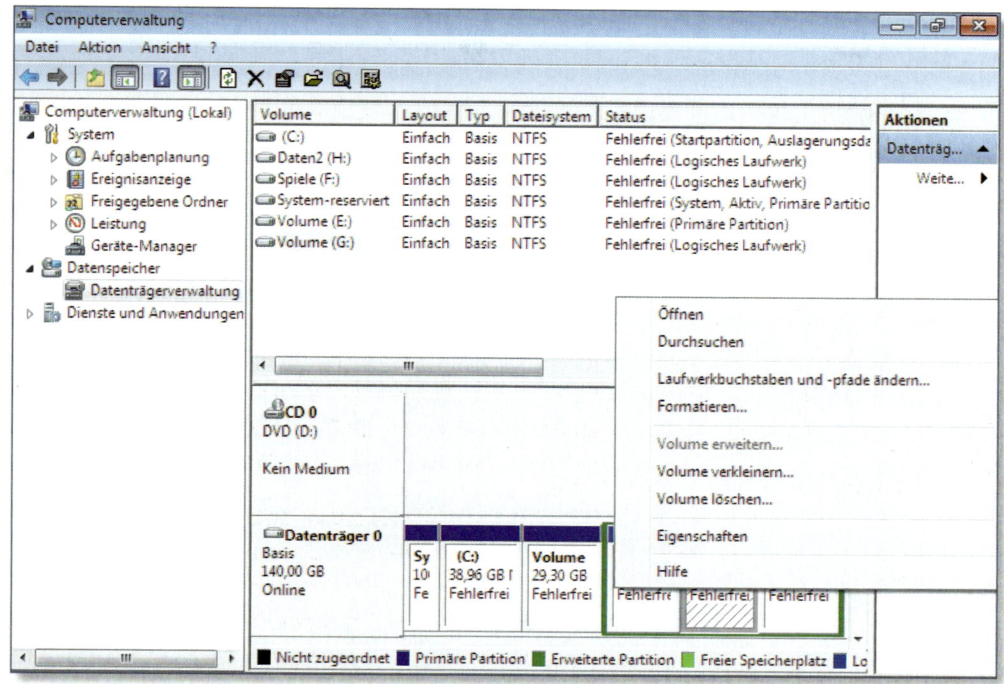

Abbildung 2.52 *In der Datenträgerverwaltung können Sie eine Partition verkleinern.*

denen Daten machen! Beim Partitionieren und beim Verwalten der Festplatte kann es auch einmal zu einem Bedienungsfehler kommen. Schnell ist eine falsche Option gewählt. Nicht jede Funktion kann rückgängig gemacht werden. Aus diesem Grund nicht vergessen: Daten regelmäßig sichern.

Das Verkleinern einer Partition ist sehr einfach. Diese Aufgabe stellt Sie vor keine großen Probleme. Gehen Sie wie folgt vor:

1. Öffnen Sie die **Systemsteuerung**. Begeben Sie sich in die **Computerverwaltung**. Wählen Sie hier die **Datenträgerverwaltung**.

2. Markieren Sie die Partition, die verkleinert werden soll. Öffnen Sie das Kontextmenü, und wählen Sie **Volume verkleinern** (siehe Abbildung 2.52).

In einem Dialogfenster bestimmen Sie nun die neue Größe der Partition. Bestätigen Sie den Vorgang mit einem Mausklick auf die Schaltfläche **Verkleinern**.

Der gewonnene Speicherbereich wird als **Freier Speicherbereich** in der Übersicht der Partitionen angezeigt. Sie können nun eine neue Partition erstellen. Umgekehrt ist es auch möglich, eine vorhandene Partition zu vergrößern. Möchten Sie dies tun, gehen Sie so vor:

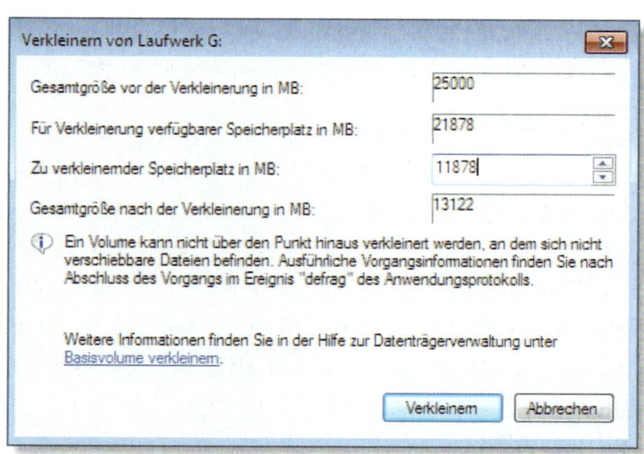

Abbildung 2.53 *Im Beispiel habe ich die Datenpartition um 10 GB gekürzt.*

Ein Volume in der Computerverwaltung vergrößern

1 Markieren Sie die Partition, die vergrößert werden soll.

2 Öffnen Sie das Kontextmenü, und wählen Sie **Partition erweitern**.

3 Diesmal wird ein Assistent gestartet. Mit **Weiter** überspringen Sie den Begrüßungsdialog.

4 Wählen Sie über das Eingabefeld im unteren Bereich, um welchen Wert die Partition vergrößert werden soll. Vorgegeben ist der komplette verfügbare Speicherplatz.

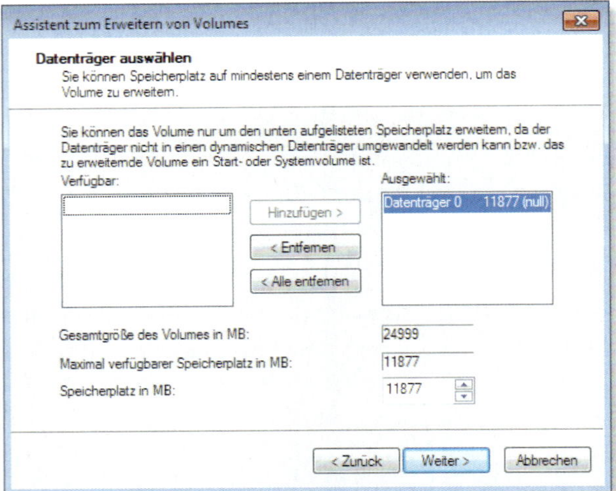

Abbildung 2.54 Eine Partition wird vergrößert.

5 Im nächsten Fenster sehen Sie die ausgewählte Einstellung. Nach einem Mausklick auf **Fertig stellen** wird diese ausgeführt und der Assistent geschlossen.

Laufwerksbuchstaben ändern

Windows 7 verändert manchmal die vergebenen Laufwerksbuchstaben. Was zuvor Laufwerk H war, findet sich plötzlich auf Laufwerk I wieder.

Das passiert, wenn Datenträger dem Rechner hinzugefügt oder von ihm entfernt werden. Die Folge kann sein, dass bestimmte Dateien nicht mehr gefunden werden. Das kann oft ärgerliche Konsequenzen haben: Verknüpfungen lassen sich nicht mehr öffnen oder Programme starten nicht mehr. Sie können jedoch die vergebenen Laufwerksbuchstaben korrigieren.

1 Markieren Sie in der Computerverwaltung die Partition oder den Datenträger, dessen Laufwerksbuchstabe Sie korrigieren möchten. Öffnen Sie das Kontextmenü, und entscheiden Sie sich für die Funktion **Laufwerksbuchstaben und -pfade ändern**.

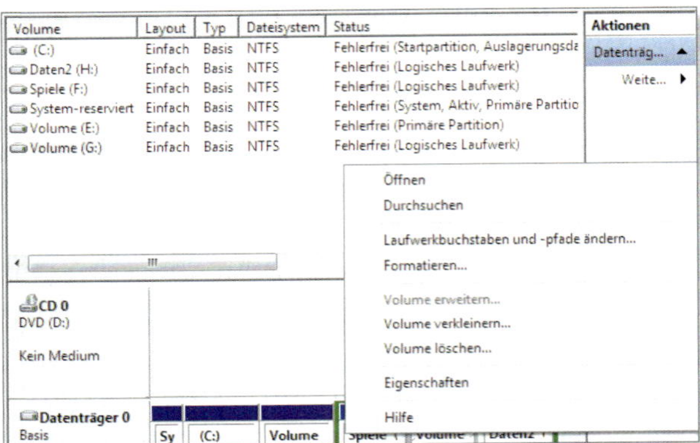

Abbildung 2.55 Auch die Funktion zum Verändern des Laufwerksbuchstabens finden Sie im Kontextmenü der Computerverwaltung.

2 In einem kleinen Dialogfenster wird der bisherige Laufwerksbuchstabe angezeigt. Wählen Sie **Ändern**.

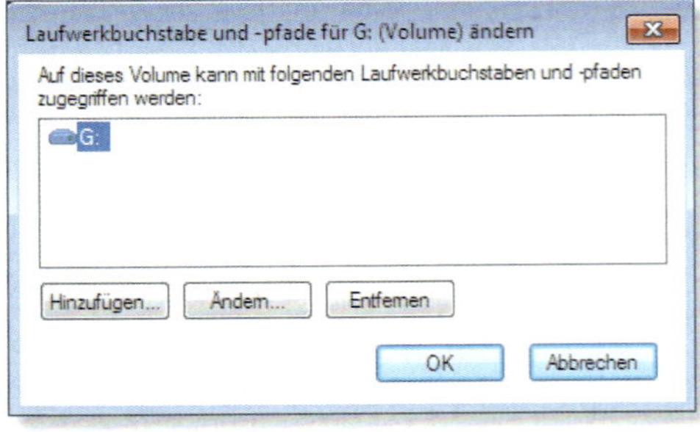

Abbildung 2.56 Das Verkleinern einer Partition erfolgt über einen einfach zu bedienenden Dialog.

3 Wählen Sie den gewünschten Buchstaben über das Listenfeld. Bestätigen Sie.

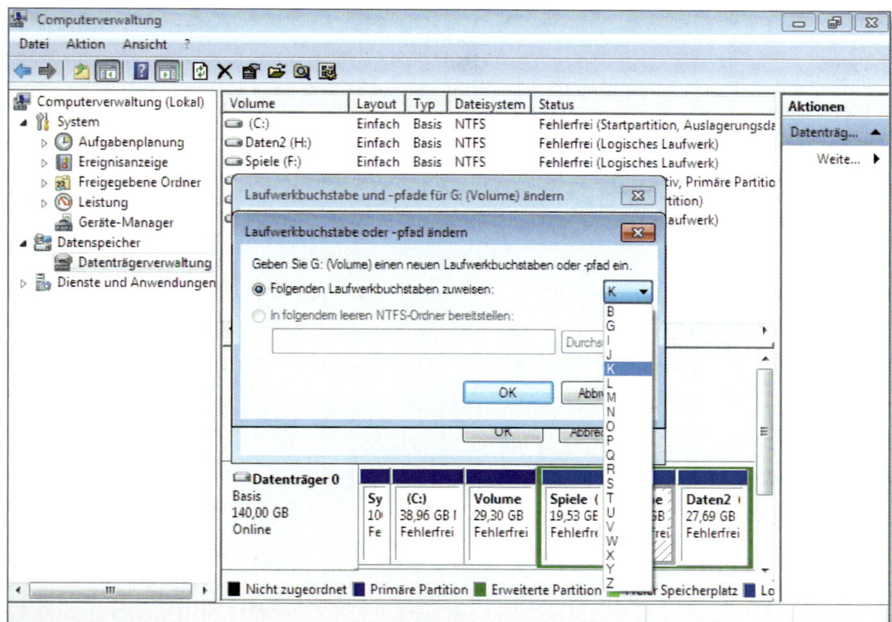

Abbildung 2.57 Der Laufwerksbuchstabe wird einfach über ein aufklappbares Listenfeld gewählt.

4 Windows 7 weist Sie darauf hin, dass einige Programme und Anwendungen nach dem Zuweisen eines neuen Laufwerksbuchstabens nicht mehr korrekt funktionieren. Bestätigen Sie mit **Ja**.

Es dauert einen kurzen Augenblick. Die Korrektur wird ausgeführt. Sie sehen nun das Volume unter dem zugewiesenen Laufwerksbuchstaben in der Übersicht.

Kapitel 3
Der erste Start: Ihr neues Windows kennenlernen

Nachdem Sie Windows 7 installiert haben und alle wichtigen Grundeinstellungen vorgenommen haben, starten Sie Ihren Windows-Rechner zum ersten Mal. Damit Sie sich in Ihr neues Betriebssystem einarbeiten können, schauen Sie sich doch erst einmal in aller Ruhe um. Klicken Sie sich ruhig einmal durch die Programmmenüs. So lernen Sie Ihr neues System schnell kennen. Ich begleite Sie auf Ihrem Weg.

In diesem Kapitel zeige ich Ihnen, was beim Systemstart von Windows 7 geschieht. Ich sage Ihnen, was die Meldungen beim Systemstart bedeuten, und stelle Ihnen alle wichtigen Elemente des Windows 7-Desktops vor. Ich zeige Ihnen, wie Sie den Desktop schnell und einfach an Ihren persönlichen Geschmack anpassen können, und stelle Ihnen die wichtigsten Einstellungen in der Systemsteuerung vor. Sie lernen das Kontextmenü und den Windows Dateimanager kennen. Ich verrate Ihnen am Ende dieses Kapitels, wie Sie ein Anwendungsprogramm installieren und bei Bedarf wieder von Ihrem Rechner entfernen. Das Kapitel schließt mit einer Beschreibung, wie Sie mit einem Update Ihr Windows 7 auf den neusten Stand bringen.

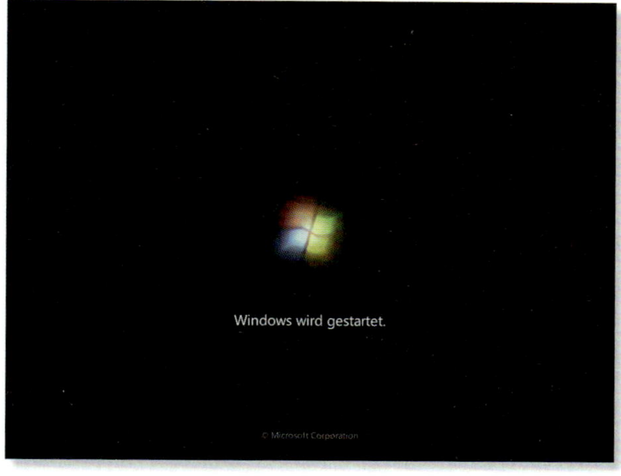

Abbildung 3.1 *Windows 7 beim Start*

3.1 Der Systemstart von Windows 7

Beim Start Ihres Rechners wird zunächst das BIOS geladen und der RAM-Speicher überprüft. Die Hardware wird initialisiert. Windows greift auf die Festplatte zu und liest die Startdatei ein. Bestimmte Programme und Dienste werden geladen. Manchmal kann das ein wenig dauern. Windows 7 startet aber schon sehr viel schneller als die Vorgängerversionen.

Ausführlichen Meldungen beim Systemstart

Die Startoptionen lassen sich auch unter Windows verändern. Öffnen Sie dazu das Startmenü. Mit **Alle Programme > Zubehör > Eingabeaufforderung** erreichen Sie ein Tool, bei dem Sie über Befehle bestimmte Programme aufrufen können. Geben Sie `msconfig` ein. Über einen Dialog lässt sich nun der Systemstart von Windows 7 beeinflussen.

Wechseln Sie in das Register **Start,** und schalten Sie die Option **Kein GUI-Start** ❶ an. Nun sehen Sie beim nächsten Systemstart nicht den grafischen Begrüßungsbildschirm. Stattdessen werden alle Meldungen der Anwendungsprogramme und Dienste angezeigt, die beim Start von Windows 7 geladen werden.

Schalten Sie ebenfalls die Option **Betriebssystem-Startinformation** ❷ an. Nun werden alle Treiber, die beim Systemstart geladen werden, auf dem Bildschirm ausgegeben. Beide genannten Optionen können Sie natürlich wieder deaktivieren.

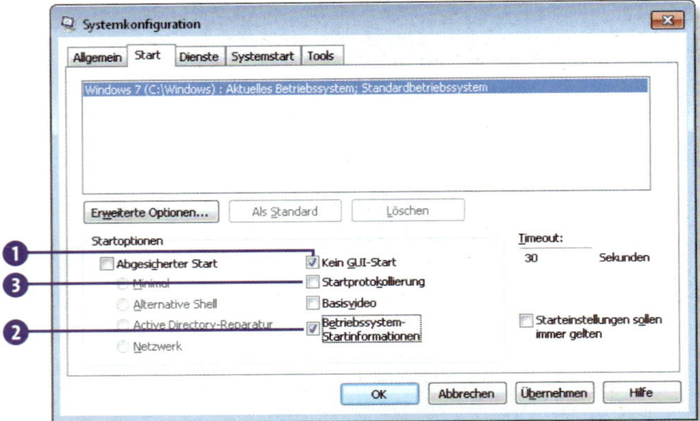

∧ ***Abbildung 3.2** Zwei Optionen genügen, und Sie erhalten ausführliche Meldungen beim Systemstart von Windows 7.*

Den Systemstart von Windows 7 beeinflussen

Der Rechner startet im normalen Modus. Bei Problemen stehen Ihnen weitere Modi zur Verfügung. Drücken Sie die Taste F8, um einen der möglichen Startmodi aufzurufen.

Im abgesicherten Modus werden nur die wichtigsten Treiber und Dienste geladen, die für ein funktionierendes Windows 7-System notwendig sind. Diesen Modus gibt es in leicht abgewandelter Form mit Netzwerktreibern und mit der Eingabeaufforderung.

Mit der Aktivierung der Option **Startprotokollierung** ❸ werden die Vorgänge während des Windows 7-Startes in der Datei *Ntbtlog.txt* festgehalten. Sie können sie mit jedem herkömmlichen Textverarbeitungsprogramm und Texteditor einsehen.

Die beiden Optionen **Anzeige mit niedrigster Auflösung aktivieren** und **Letzte funktionierende Konfiguration** sind selbsterklärend.

Der *Debugmodus* richtet sich an erfahrene Anwender, die ein Problem beim Systemstart von Windows 7 suchen und beheben wollen.

Die letzten drei Optionen in den Windows 7-Startoptionen sind **Automatischer Neustart bei Systemfehler erzwingen, Erzwingen der Treibersignatur aktivieren** und **Windows normal starten**.

TIPP

Nach einem Absturz
Verwenden Sie nach einem Absturz von Windows 7 die Funktion Windows normal starten. Kommt das Problem wiederholt vor, sollten Sie Ihren Rechner defragmentieren und mit einem Tuningprogramm Ihre Registry auf fehlerhafte Einträge überprüfen. Greifen Sie auch auf ein aktuelles Antivirenprogramm zurück. Nur wenn dies nichts hilft, sollten Sie den abgesicherten Modus nutzen und versuchen, den Fehler zu finden und zu beheben.

Eine weitere Möglichkeit, den Systemstart von Windows 7 zu beeinflussen, ist der Dialog, den ich im vorhergehenden Abschnitt beschrieben habe. Interessant ist hier vor allem, dass Sie im Register **Start** das Protokollieren des Systemstartes anschalten können. Im Register **Dienste** sehen Sie, welche Anwendungsprogramme und Windows-Dienste beim Systemstart geladen werden. Über Optionskästchen lassen sich einige auf einfache Weise deaktivieren. Die Windows-Systemdienste sind im Register **Dienste** aufgelistet. Die Anwendungsprogramme finden Sie im Register **Systemstart**.

HINWEIS

Windows-Dienste deaktivieren
Achten Sie bitte darauf, dass Sie Windows-Dienste nur dann deaktivieren, wenn Sie diese kennen und sich sicher sind, dass sie nicht benötigt werden. Das Deaktivieren von Anwendungsdiensten, wie zum Beispiel des *Adobe Update Startup Utility* oder des *Java Updater,* hat keine negativen Auswirkungen auf Ihr Windows-System. Im Gegenteil. Durch das Deaktivieren nur selten benötigter Funktionen gewinnt Ihr Rechner an Systemleistung.

Schalten Sie im Register **Dienste** die Option **Alle Microsoft-Dienste ausblenden** ④ an. So werden Dienste, wie zum Beispiel das *Switchboard* von Adobe oder der *Google Updater* sichtbar. Diese können Sie getrost deaktivieren. Das spart wertvolle Systemressourcen.

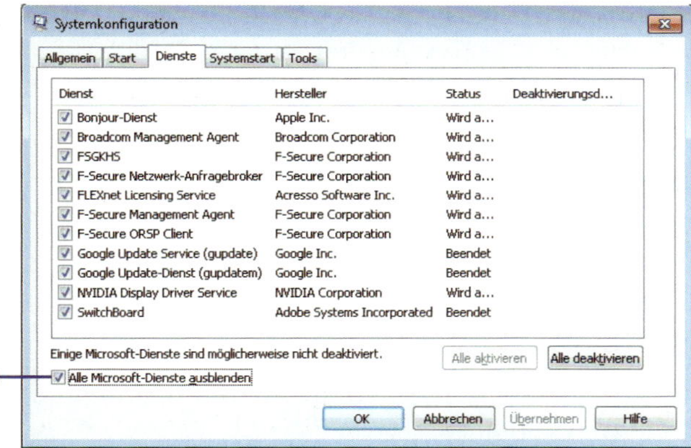

∧ ***Abbildung 3.3*** *So schalten Sie nicht benötigte Dienste ab.*

Im Register **Tools** lassen sich verschiedene Aufgaben ausführen oder auch Wartungs- und Systemtools aufrufen. Hier können Sie zum Beispiel die *Benutzerkontensteuerung* (UAC) aufrufen und deren Einstellungen anpassen. Sie können von hier aus auch das Wartungscenter und die Computerverwaltung aufrufen.

Möchten Sie lediglich Informationen über Ihren Rechner ausgeben, so geben Sie in der Eingabeaufforderung `systeminfo` ein. Ausgegeben werden unter anderem die Versionsnummer von Windows 7, der Zeitpunkt der Systeminstallation und eine Anzahl wichtiger Verzeichnisse.

```
Eingabeaufforderung

C:\Users\Andree>systeminfo

Hostname:                                      ANDREE-PC
Betriebssystemname:                            Microsoft Windows 7 Home Premium
N
Betriebssystemversion:                         6.1.7600 Nicht zutreffend Build 7
600
Betriebssystemhersteller:                      Microsoft Corporation
Betriebssystemkonfiguration:                   Eigenständige Arbeitsstation
Betriebssystem-Buildtyp:                       Multiprocessor Free
Registrierter Benutzer:                        Andree
Registrierte Organisation:
Produkt-ID:                                    00362-134-3435715-86702
Ursprüngliches Installationsdatum:             23.11.2010, 10:48:08
Systemstartzeit:                               20.02.2011, 12:30:26
Systemhersteller:                              Micro-Star International
Systemmodell:                                  MS-1688
Systemtyp:                                     X86-based PC
Prozessor(en):                                 1 Prozessor(en) installiert.
                                               [01]: x64 Family 6 Model 37 Stepp
ing 2 GenuineIntel ~1994 MHz
BIOS-Version:                                  American Megatrends Inc. E1688IMS
 VER.10L, 08.03.2010
Windows-Verzeichnis:                           C:\Windows
System-Verzeichnis:                            C:\Windows\system32
Startgerät:                                    \Device\HarddiskVolume2
Systemgebietsschema:                           de;Deutsch (Deutschland)
Eingabegebietsschema:                          de;Deutsch (Deutschland)
Zeitzone:                                      (UTC+01:00) Amsterdam, Berlin, Be
rn, Rom, Stockholm, Wien
Gesamter physikalischer Speicher:              3.246 MB
Verfügbarer physikalischer Speicher:           2.424 MB
Virtueller Arbeitsspeicher: Maximale Größe:    6.489 MB
Virtueller Arbeitsspeicher: Verfügbar:         5.613 MB
Virtueller Arbeitsspeicher: Zurzeit verwendet: 876 MB
Auslagerungsdateipfad(e):                      C:\pagefile.sys
Domäne:                                        WORKGROUP
Anmeldeserver:                                 \\ANDREE-PC
Hotfix(es):                                    Nicht zutreffend
Netzwerkkarte(n):                              2 Netzwerkadapter installiert.
                                               [01]: Realtek PCIe GBE Family Con
troller
                                                     Verbindungsname: LAN-Verbin
dung
                                                     DHCP aktiviert:  Ja
                                                     DHCP-Server:     192.168.0.
1
                                                     IP-Adresse(n)
                                                     [01]: 192.168.0.8
                                                     [02]: fe80::c4da:6eb1:c836:
409e
                                               [02]: Atheros AR9285 Wireless Net
work Adapter
                                                     Verbindungsname: Drahtlosne
tzwerkverbindung
                                                     Status:          Medien get
```

∧ ***Abbildung 3.4*** *»systeminfo« gibt eine lange Liste mit Informationen zu Ihrem Windows-System aus.*

3.2 Den Desktop kennenlernen

Windows 7 ist installiert. Unabhängig davon, auf welche Weise Sie dies durchgeführt haben und welche Edition Sie verwenden, können Sie sich nun das erste Mal umschauen.

Nach dem Start von Windows 7 loggen Sie sich mit Ihrem Benutzernamen und dem zugehörigen Passwort ein. Diese Benutzerkontensteuerung (UAC, *User Account Control*) können Sie bei Bedarf ausschalten. Bedenken Sie jedoch, dass diese Sie auch vor Hackerangriffen und böswilligen Computerviren schützt. UAE sorgt dafür, dass bestimmte Administrationsaufgaben nicht ausgeführt werden können. Dazu zählen das Verändern der Systemkonfiguration, der Zugriff auf bestimmte Systembereiche und das Installieren oder Löschen von Anwendungsprogrammen.

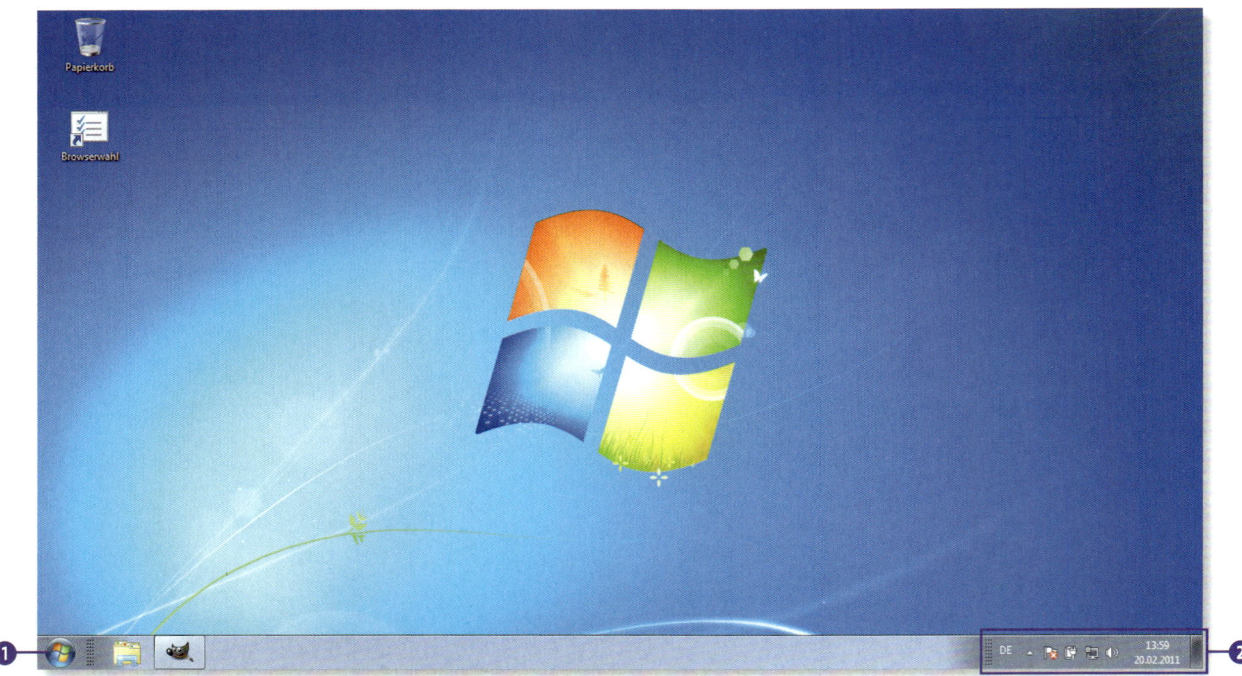

Abbildung 3.5 Beim ersten Start sieht der Windows 7-Deskop etwas leer aus. Sie finden sich jedoch schnell zurecht. Links unten finden Sie das Startmenü ❶. Gegenüber, ganz rechts, sehen Sie den Infobereich der Taskleiste ❷.

Die Oberfläche einrichten

Schauen Sie sich die einzelnen Elemente des Windows 7-Desktops an. Öffnen Sie einmal das Startmenü, und blättern Sie ein wenig herum. Bereits »on board« finden Sie jede Menge interessanter Programme und Werkzeuge. Viele Aufgaben lassen sich bereits mit diesen erledigen.

Ich zeige Ihnen, wo Sie was finden. Die ersten Schritte mit Ihrem neuen Betriebssystem werden Ihnen mit diesem Kapitel leichtfallen. Nach einigen Worten und Erklärungen zum Systemstart von Windows 7 lernen Sie Ihren Windows 7-Desktop kennen. Ich zeige Ihnen, welche Elemente sich wo befinden. Sie erfahren, wo Sie wichtige Programme und Tools finden. Sie lesen hier ebenso, wie Sie Windows 7 herunterfahren. Einfach auf den Aus-Schalter drücken sollten Sie nicht. Es ist wichtig, den Rechner sauber mit einem Befehl herunter zu fahren. Warum das so ist, erkläre ich Ihnen noch.

Sie lernen das Startmenü von Windows 7 kennen. Die einzelnen Kategorien machen es Ihnen leicht, das Gesuchte schnell zu finden. Danach erfahren Sie, wie Sie Maus und Tastatur einrichten können. Sie lesen, ob dies überhaupt notwendig ist und welche Einstellungen Sie anpassen können. Ich zeige Ihnen, wie Sie Datum und Zeiteinstellung korrigieren können. Am Ende des Kapitels stelle ich Ihnen die neuen Aero-Funktionen vor und zeige Ihnen, wozu diese gut sind und wie Sie diese nutzen können.

Die wichtigsten Elemente Ihres Windows-Desktops

Der Windows-Desktop sieht zunächst etwas leer aus. In der linken oberen Ecke sehen Sie den Papierkorb. Gelöschte Dateien und Ordner sind hier abgelegt und können schnell wiederhergestellt werden, falls sie einmal versehentlich hierher gelangt sind. Dieses Werkzeug ist so etwas wie eine Datensicherung.

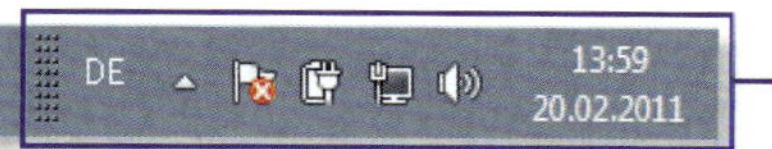

Abbildung 3.6 *Die Taskleiste von Windows 7. Neben den beschrieben Elementen ist hier das Symbol des geöffneten Bildbearbeitungsprogramms GIMP hinzugekommen.*

Im unteren Bereich des Desktops sehen Sie die Windows 7-Taskleiste. Mit dem runden Windows-Symbol in der linken unteren Ecke öffnen Sie das Windows 7-Startmenü.

Rechts daneben finden Sie zwei weitere Schnellstartsymbole. Mit dem einen starten Sie den Microsoft-Browser *Internet Explorer* und können mit diesem den grafischen Teil des Internets (World Wide Web) besuchen. Der Dateimanager *Windows-Explorer* dient dazu, Ihre Dateien und Verzeichnisse zu verwalten. Sie werden beide Programme an späterer Stelle noch näher kennenlernen.

HINWEIS

In aktuellen Windows-Versionen ist der Webbrowser *Microsoft Internet Explorer* nicht in der Taskleiste vorhanden. Stattdessen finden Sie auf dem Desktop eine Verknüpfung mit der Bezeichnung **Browserwahl**. Doppelklicken Sie darauf, können Sie einen aktuellen Browser auf Ihren Rechner laden und installieren. Sie müssen nicht den Internet Explorer nehmen. Sie können sich für *Firefox*, *Opera*, *Safari* oder *Google Chrome* entscheiden. Sie können später natürlich auch noch weitere Browser nachinstallieren und testen.

Bei Windows 7 Ultimate finden Sie in der Taskleiste zusätzlich noch ein Symbol, mit dem Sie den Windows Media Player starten.

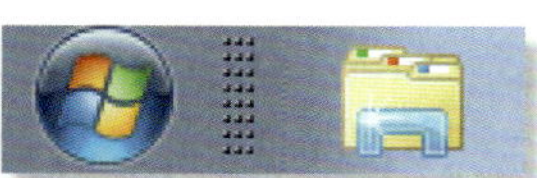

Abbildung 3.7 *Links in der Taskleiste öffnen Sie das Startmenü von Windows. Hier können Sie auf den Dateimanager zurückgreifen.*

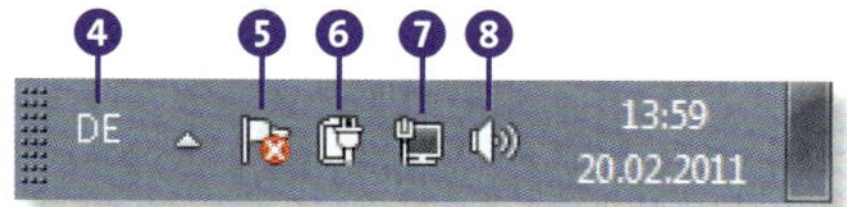

Abbildung 3.8 *Im Infobereich der Taskleiste finden Sie verschiedene Statusanzeigen.*

Natürlich können Sie auch einrichten, welche Informationen Sie hier sehen und welche nicht.

Abbildung 3.9 *Mit einem Doppelklick auf dieses Icon starten Sie die Browserwahl.*

Auf der rechten Seite der Taskleiste befindet sich der Infobereich ❸. Hier werden verschiedene Statusanzeigen eingeblendet. Ein **DE** ❹ zeigt an, dass ein deutsches Keyboard-Layout verwendet wird. Über einen Klick auf das Symbol können Sie auch auf eine englische Tastatur umstellen. Das Fähnchen ❺ weist auf verschiedene PC-Probleme hin, die Windows selbst gefunden hat. Nicht bei jedem Problem müssen Sie gleich eine Korrektur durchführen. Einige sinnvolle Einstellungen werden auch als PC-Problem angezeigt. Die Ausgabe dieser Meldung kann, wenn Sie dies möchten, unterdrückt werden. Bei einem Notebook finden Sie im Infobereich auch eine Anzeige, mit der der Ladezustand des Akkus ❻ angezeigt wird. Um Datenverlust zu vermeiden, sollten Sie diese Anzeige immer im Auge behalten und Ihren Rechner rechtzeitig aufladen. Ist dies nicht möglich, sollten Sie bei niedrigem Akkuladestand Ihre Programme beenden und den Rechner herunterfahren. Mit dem kleinen Symbol, das einen Monitor und einen darüber liegenden Stecker ❼ zeigt, erreichen Sie die Netzwerkeinstellungen. Ein Mausklick zeigt an, ob Sie mit einem vorhandenen

Netzwerk verbunden sind und so das Internet oder ein internes Netzwerk (*Intranet*) nutzen können. Das kleine Lautsprechersymbol ❽ ermöglicht es Ihnen, auf einfache Weise die Lautstärke der Soundausgabe nach oben oder unten zu regeln. Ganz rechts werden das aktuelle Datum und die Uhrzeit eingeblendet.

Schauen Sie sich nun einmal das Startmenü von Windows 7 an. Auf der linken Seite ❶ werden die häufig verwendeten Programme angezeigt. Nach der Installation finden Sie hier das Menü **Erste Schritte**, den Taschenrechner, Kurznotizen, das Snipping Tool zum Erstellen von Screenshots und das Zeichenprogramm Paint.

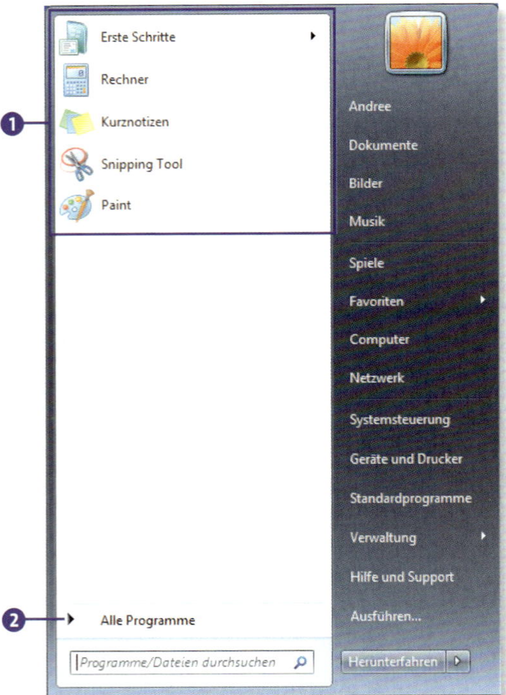

∧ ***Abbildung 3.10*** *Über die Start-Schaltfläche in der linken unteren Ecke Ihres Desktops greifen Sie auf Anwendungsprogramme, Windows-Werkzeuge und Systemtools zu.*

Ein Mausklick auf **Alle Programme** ❷ öffnet den Menübaum von Windows 7. Hier finden Sie die Windows 7-Werkzeuge und später Ihre installierten Anwendungsprogramme.

Windows 7 Ultimate enthält darüber hinaus noch Einträge zum Starten des *Windows Media Centers* und der *Remotedesktopverbindung*.

Die rechte Seite des Menüfensters ist in drei Bereiche geteilt. Im oberen können Sie den Windows-Explorer mit einem bestimmten Ziel öffnen. Ihr **Benutzername** zeigt den Ordner mit Ihren persönlichen Dateien. Was Sie mit **Spiele** erreichen, ist sicher klar. **Computer** zeigt Ihnen eine Übersicht über die Festplatten und Wechselmedien Ihres Rechners. Über einen Menübaum greifen Sie auf **Favoriten**, **Bibliotheken**, **Netzwerkgruppen**, **Datenträger** und das **Netzwerk** zu. Unterhalb dieser Funktion finden Sie die Systemsteuerung, die Einrichtung der Hardware (**Geräte und Drucker**), die Verwaltung der **Standardprogramme** und die **Hilfe und Support-Dienste**.

Über ein Listenfeld können Sie Ihren Rechner **Herunterfahren**, **Neu starten** oder in den stromsparenden **Ruhezustand** versetzen. Arbeiten verschiedene Anwender an Ihrem Rechner, können Sie über das Menü den aktuellen Benutzer wechseln, ohne den Rechner dabei neu starten zu müssen. Sie können sich abmelden oder auch den Rechner sperren. Letzteres sorgt dafür, dass – wenn Sie für eine Weile nicht vor Ihren PC sitzen – der Zugriff erst wieder nach Eingabe Ihres Benutzerpasswortes möglich ist.

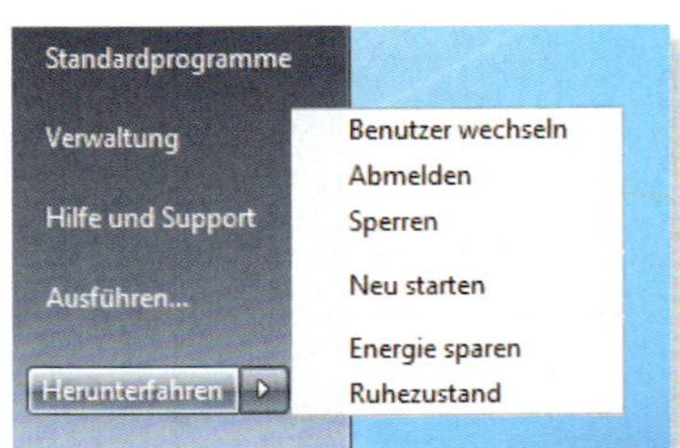

∧ ***Abbildung 3.11*** *Über ein Listenfeld fahren Sie Ihren Rechner herunter, starten ihn neu oder wechseln den Benutzer.*

So passen Sie Ihren Windows-Desktop an

Den Infobereich der Taskleiste können Sie ebenso wie die vorhandenen Schnellstartsymbole an Ihre persönlichen Bedürfnisse anpassen. Gleiches gilt für den

Desktophintergrund, verschiedene visuelle Effekte und einiges mehr. Die Minianwendungen, die Ihnen mit Windows 7 geboten werden, sind ebenfalls noch nicht aktiv. Sie schmücken nicht nur Ihren Desktop, sondern erweitern ihn um nützliche Funktionen und optisch interessante Gimmicks. In Kapitel 6, ab Seite 147 lernen Sie die Möglichkeiten von Aero Peek und die Minianwendungen näher kennen.

Der schnellste Weg, den Windows-Desktop anzupassen, ist, auf dem freien Desktop mit der rechten Maustaste das Kontextmenü zu öffnen und hier **Anpassen** zu wählen. Ohne über das Startmenü von Windows 7 die Systemsteuerung und eine passende Kategorie zu wählen, landen Sie im passenden Einrichtungsdialog. Sie können nun aus einer Reihe verschiedener Designs wählen. Ein Design kombiniert verschiedene Elemente miteinander. Diese sind:

- ein anderes Hintergrundbild (siehe Abbildung 3.13)
- verschiedene Programmsymbole
- die Farbe der Fenster
- visuelle und Transparenzeffekte
- Soundelemente
- Bildschirmschoner

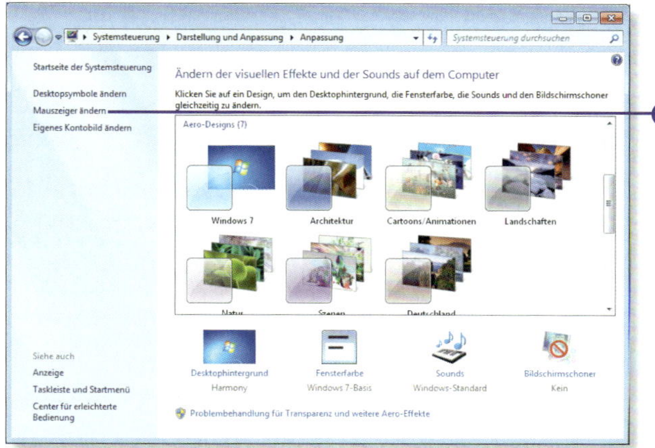

^ ***Abbildung 3.12*** *Windows 7 bietet Ihnen eine Reihe Designs, mit der Sie es optisch verändern können.*

^ ***Abbildung 3.13*** *Ein neues Hintergrundbild peppt Ihren Windows 7-Desktop ordentlich auf.*

Die Designs sind in zwei Gruppen eingeteilt. Im oberen Bereich finden Sie die Aero-Designs. Im unteren Bereich sind einfache Basisdesigns mit hohem Kontrast. Über einen Link können Sie weitere Designs aus dem Internet beziehen.

Verändern Sie einmal das Erscheinungsbild von Windows 7:

1 Öffnen Sie auf dem freien Desktop das Kontextmenü, und wählen Sie **Anpassen**.

2 Klicken Sie auf **Natur**. Schließen Sie den Dialog.

Mit **Desktopsymbole ändern** aus dem eben vorgestellten Dialog können Sie auf Ihrem Desktop auch Symbole für einen schnellen Zugriff auf die Systemsteuerung, den eigenen Ordner, das Netzwerk und die Computerübersicht einblenden. Über den gleichen Dialog lassen sich diese auch wieder ausblenden. Mit **Anderes Symbol** können Sie ein Desktopsymbol auch gegen ein alternatives Symbol austauschen.

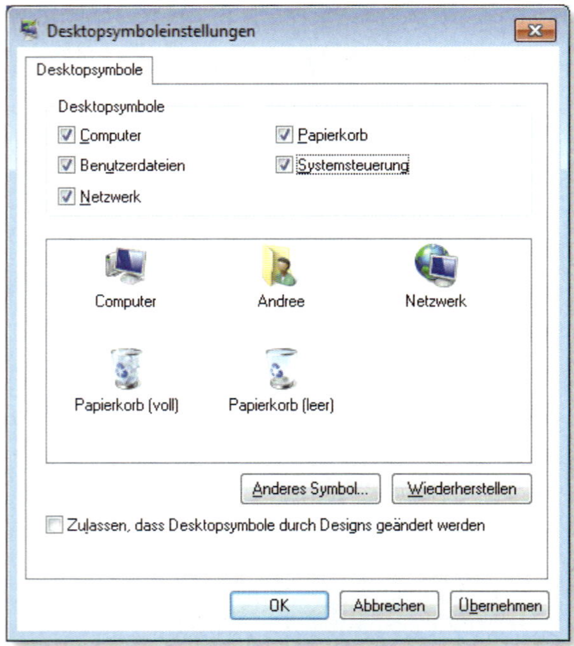

Abbildung 3.14 Neben dem Papierkorb lassen sich vier weitere nützliche Symbole auf dem Desktop anzeigen.

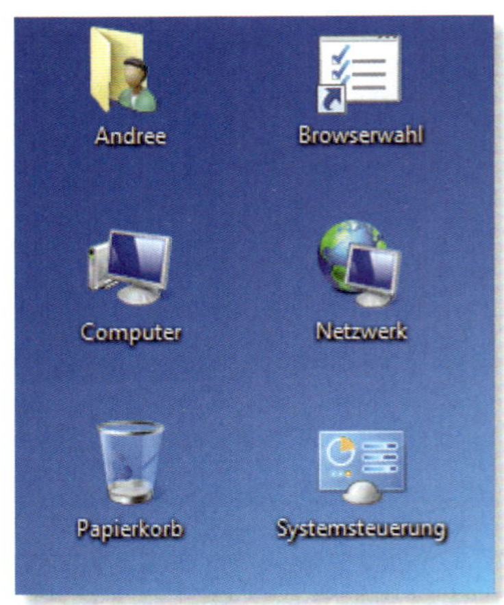

Abbildung 3.15 Ob Sie wirklich alle fünf Symbole benötigen, müssen Sie selbst entscheiden.

Im Dialog **Mauszeiger ändern** ❸ (siehe Abbildung 3.12) finden Sie verschiedene Mauszeiger-Schemata. Diese ändern nicht nur das Aussehen des Mauszeigers, sondern auch dessen Erscheinungsbild bei verschiedenen Aktionen.

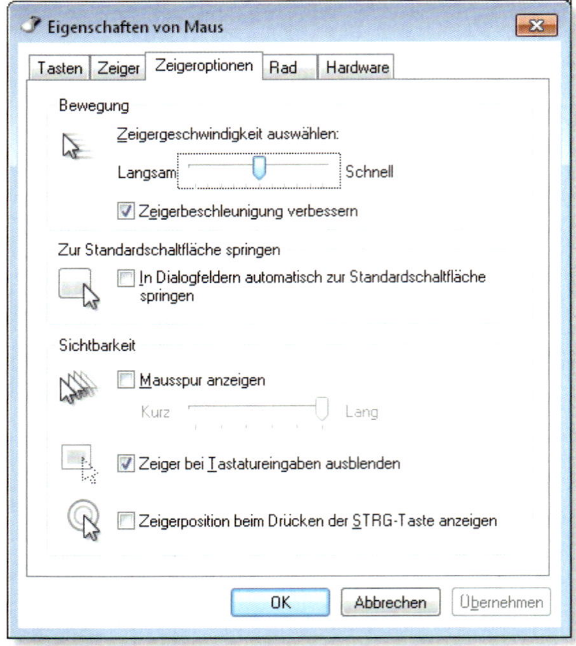

Abbildung 3.16 In den Zeigeroptionen können Sie die Zeigergeschwindigkeit einstellen.

Über **Zeigeroptionen** können Sie die Reaktionsgeschwindigkeit des Mauszeigers anpassen.

Mit **Mausspur anzeigen** wird bei einer Bewegung der Maus eine Spur vom Start- zum Zielpunkt auf dem Desktop gezeigt. Im Register **Rad** passen Sie das Bildlaufverhalten an, das beim Bewegen eines Mausrades verwendet wird. In der Vorgabeeinstellung bewegt sich das Bild um drei Zeilen in vertikaler Richtung, wenn das Mausrad um einen Schritt bewegt wird. Alternativ kann auch ein horizontaler Bildlauf eingerichtet werden. Im Register **Hardware** finden Sie die von Ihnen verwendete Maus. Oft werden Sie hier *PS2-kompatible Maus* lesen. Das vordere Register **Tasten** gibt Ihnen die Möglichkeit, die rechte Maustaste für das Ziehen und Auswählen von Objekten zu verwenden. In der Vorgabeeinstellung wird für diese Aufgabe immer die linke Maustaste verwendet. Mit **Klick Einrasten einschalten** wird mit einem Mausklick die Taste fest eingerastet. Ein weiterer Klick löst die Maustaste wieder. Sie müssen für das Bewegen von Objekten nicht die Maustaste gedrückt halten. Auch diese Funktion wird in der Vorgabeeinstellung nicht verwendet.

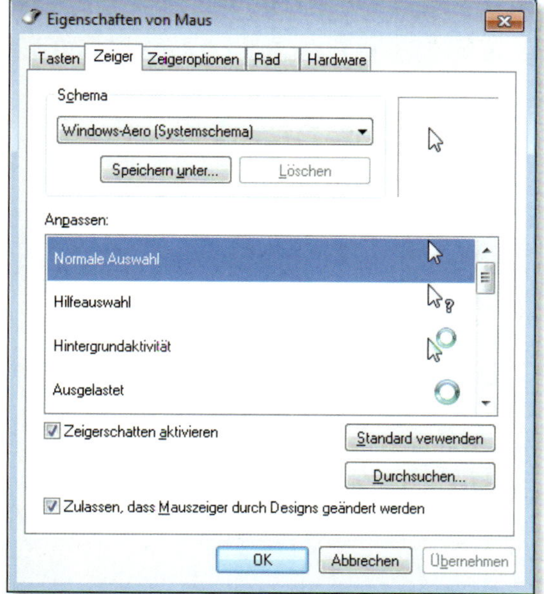

Abbildung 3.17 *Ein Schema enthält verschiedene Mauszeiger.*

Anpassen können Sie auch das Anmeldesymbol, das Sie beim Start von Windows 7 sehen. Wählen Sie **Eigenes Kontobild ändern**. Aus 36 verschiedenen Bildern können Sie eines wählen. Möchten Sie eine eigene Bilddatei verwenden, wählen Sie **Nach weiteren Bildern suchen**. Wählen Sie den Ordner, in dem die Datei abgelegt ist. Markieren Sie diese, und bestätigen Sie Ihre Auswahl.

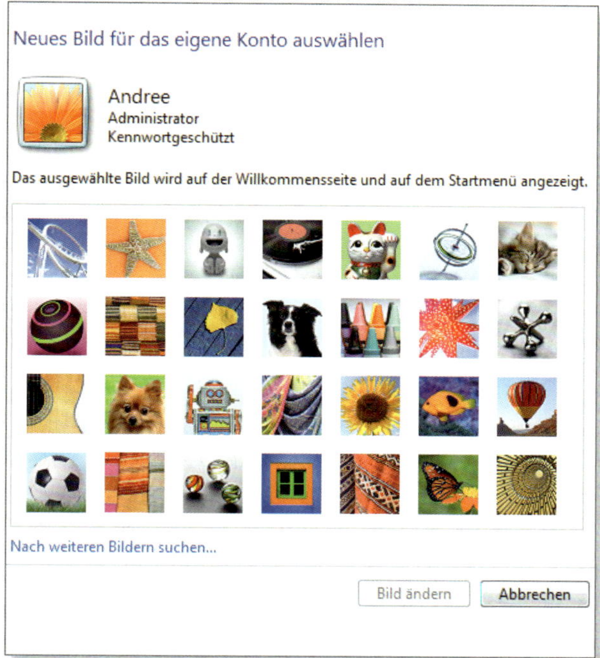

Abbildung 3.18 *Für die Anmeldung auf Ihrem Windows-Desktop stehen Ihnen viele verschiedene Kontobilder zur Verfügung.*

Anpassen sollten Sie ebenfalls Ihr Startmenü und die Taskleiste. Daneben empfiehlt es sich, Schnellstartsymbole für oft benötigte Programme auf dem Desktop abzulegen. Windows 7 bietet viele Möglichkeiten, die Ihnen das Leben erleichtern. Es spart Zeit, wenn Sie diese Programme nicht erst über das Programmmenü suchen müssen. Doch alles der Reihe nach.

Öffnen Sie wieder mit einem Mausklick auf dem freien Desktop das Kontextmenü, und wählen Sie **Anpassen**. Wählen Sie hier **Taskleiste und Startmenü**. Diesen Eintrag finden Sie unten links im Dialog.

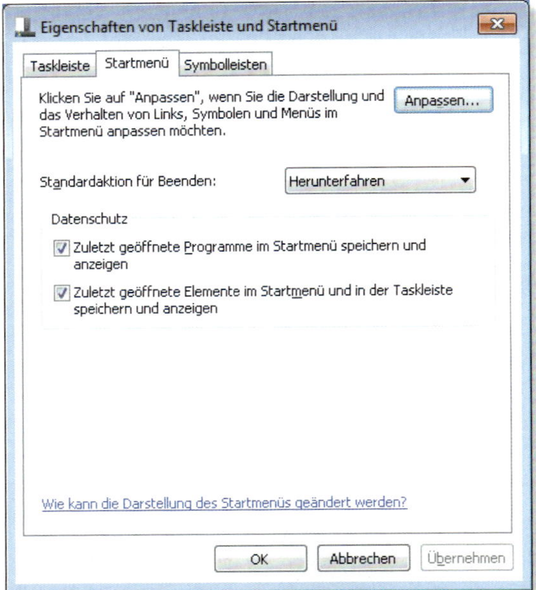

Abbildung 3.19 *In diesem Dialog passen Sie Taskleiste, Startmenü und Symbolleisten an.*

Sie landen in einem Dialog mit drei Registern. In diesen passen Sie die Taskleiste, das Startmenü und die Symbolleisten an. Sie können die Taskleiste fixieren oder sie automatisch ausblenden. Um mehr Platz auf dem Desktop für Ihre Anwendungsprogramme zu erhalten, lassen sich auch kleinere Symbole auf der Taskleiste verwenden. Über ein Listenfeld bestimmen Sie, an welcher Position sich die Taskleiste befindet. Per Voreinstellung ist dies der untere Rand Ihres Desktops. Mögliche Positionen sind auch oben, links und rechts. Über eine Option können zueinander gehörende Einträge zu einer Gruppe zusammengefasst werden. Haben Sie mehrere Browsertabs geöffnet, mit denen Sie unterschiedliche Webseiten besuchen, so werden diese gruppiert. Das ist übersichtlicher und spart Platz. Einstellen lässt sich hier auch die Desktopvorschau mit Aero Peek.

Im Register **Startmenü** können Sie die Anzeige der zuletzt geöffneten Programme und Daten im Startmenü ebenso deaktivieren wie das Festhalten der zuletzt geöffneten Elemente in der Taskleiste. Die Programmeinträge können Sie mit diesem Dialog nicht anpassen. Beide Funktionen sind jedoch ganz praktisch. Lassen Sie diese ruhig angeschaltet.

Im Register **Symbolleisten** lassen sich lediglich die Leisten *Adresse, Links, Tablet-PC-Eingabebereich* und *Desktop* zur Taskleiste hinzufügen.

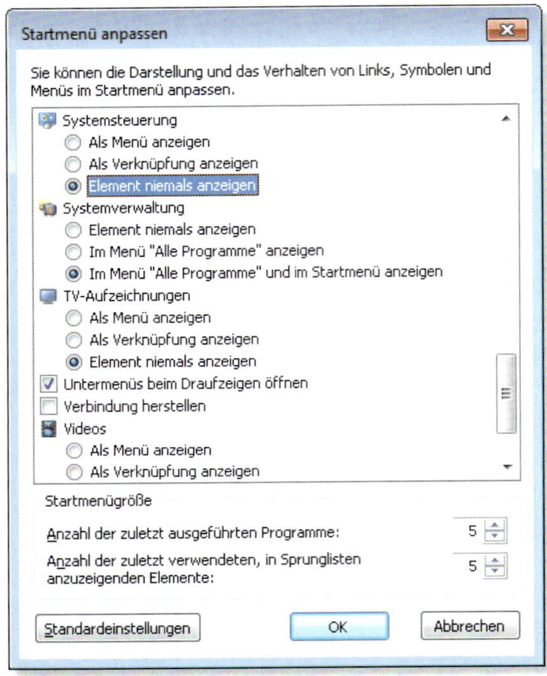

Abbildung 3.20 *Mit dem Dialog* ***Startmenü anpassen*** *verändern Sie die angezeigten Elemente.*

Das Startmenü verändern

Um das Startmenü selbst zu verändern, gehen Sie wie folgt vor:

1. Öffnen Sie über das Kontextmenü (Rechtsklick auf den Desktop) den Dialog **Anpassen**. Wechseln Sie zu **Taskleiste und Startmenü > Startmenü**. Klicken Sie hier auf die Schaltfläche **Anpassen**.
2. Die Möglichkeiten sind vielfältig und können an dieser Stelle nicht alle aufgezählt und erläutert werden. Viele Einstellungen sind selbsterklärend. Im Beispiel sollen ein paar sinnvolle Einstellungen ausgewählt werden.

3 Schalten Sie den Befehl **Ausführen** an. So müssen Sie für die Eingabe eines Befehls nicht die Eingabeaufforderung aufrufen. Der Befehl kann nun direkt im Startmenü eingegeben werden.

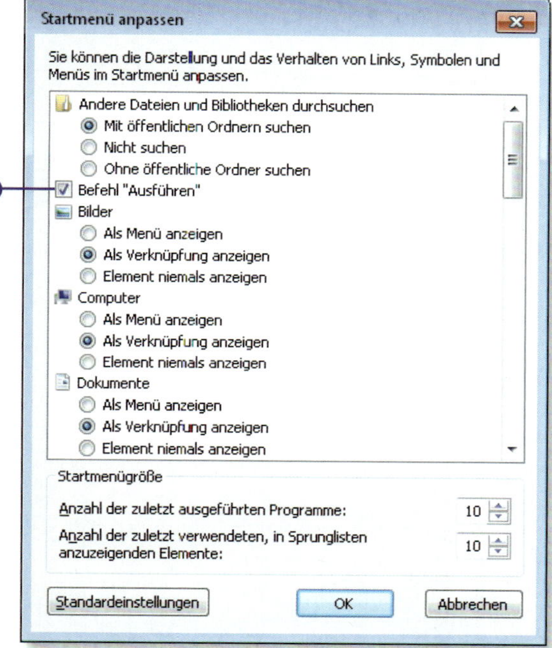

^ ***Abbildung 3.21*** *Mit einer Optionsschaltfläche wird der Befehl* ***Ausführen*** ❶ *angeschaltet.*

4 Scrollen Sie nach unten, und schalten Sie ebenfalls die Anzeige der Favoriten und des Netzwerkes an.

Suchen Sie den Eintrag **Systemverwaltung**, und schalten Sie hier die Option **Im Menü »Alle Programme« und im Startmenü anzeigen** an.

Sofern Sie TV-Inhalte aufzeichnen und Videos mit Windows betrachten wollen, so schalten Sie die Anzeige dieser Inhalte als Verknüpfung an.

Reduzieren Sie die Anzahl der angezeigten zuletzt ausgeführten Programme und der zuletzt verwendeten Elemente auf jeweils 5. Bestätigen Sie die Einstellungen, und schließen Sie alle geöffneten Dialoge.

Wenn Sie im Startmenü das Kontextmenü öffnen und **Einstellungen** wählen, erreichen Sie ebenfalls den genannten Dialog. In der Systemsteuerung erreichen Sie den Dialog über **Darstellung und Anpassung > Startmenü anpassen**. In der gleichen Rubrik können Sie auch die Symbole und das Bild auf dem Startmenü verändern.

Die im Beispiel genannten Einstellungen sind nur Vorschläge. Selbstverständlich können Sie eigene Einstellungen vornehmen, ganz so, wie es Ihren persönlichen Vorlieben entspricht.

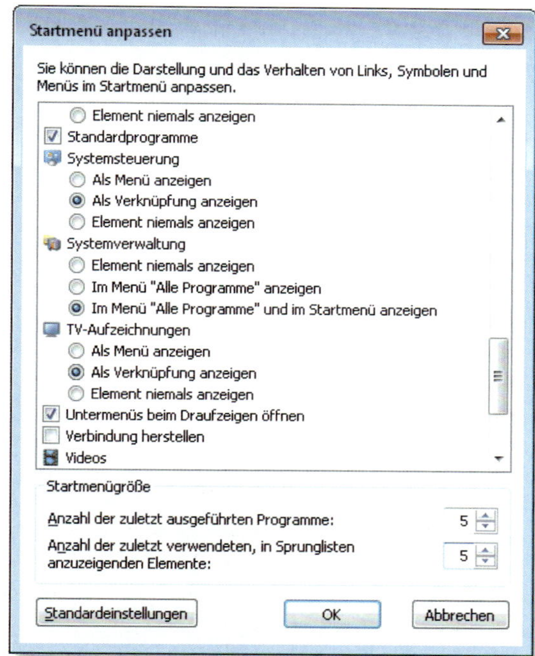

^ ***Abbildung 3.22*** *Es genügt, fünf der zuletzt ausgeführten Programme anzuzeigen, ebenso wie fünf in der Sprungliste.*

Versteckte Systemdateien anzeigen

Für einige Einstellungen ist es notwendig, dass die versteckten Systemdateien auch im Dateimanager angezeigt werden. Diese Option sollten Sie nur dann anschalten, wenn Sie genau wissen, was die Funktion der Systemdateien ist. Es genügt dazu, eine Option anzuschalten:

1 Öffnen Sie den Windows-Explorer. Wählen Sie **Organisieren > Ordner und Suchoptionen**.

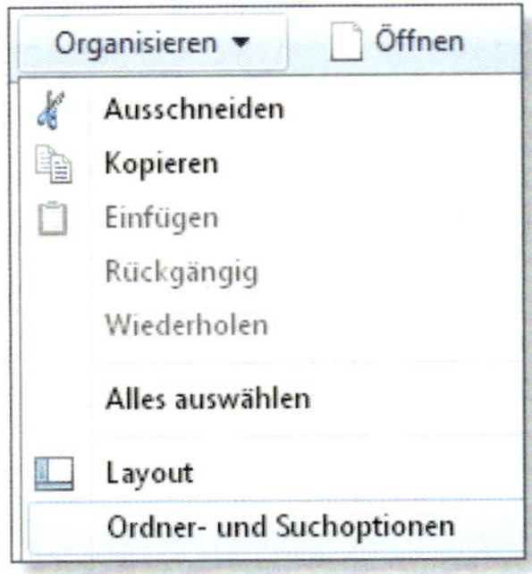

∧ ***Abbildung 3.23*** *Die* ***Ordner- und Suchoptionen*** *erreichen Sie im Dateimanager über das Menü* ***Organisieren****.*

2 Wechseln Sie zum Register **Ansicht**, und schalten Sie die Option **Geschützte Systemdateien ausblenden** aus. Bestätigen Sie mit einem Mausklick auf **OK**.

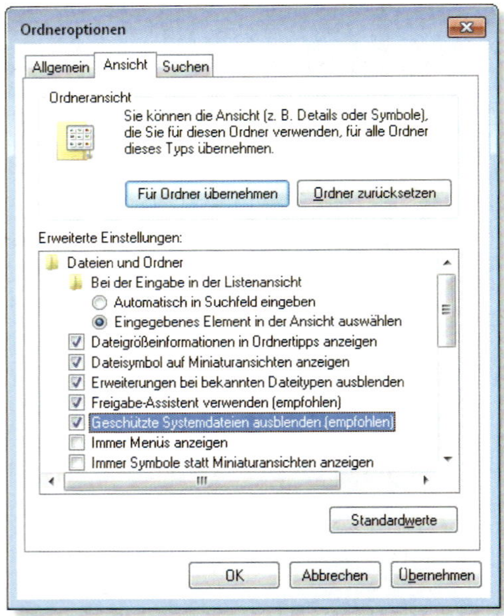

∧ ***Abbildung 3.24*** *Es genügt, eine Option anzuschalten, und schon sehen Sie die geschützten Systemdateien.*

Unter *C:\Benutzer\Benutzername\AppData\Roaming\Microsoft\Windows\Startmenü* und *C:\ProgrammData\Microsoft\Windows\Startmenü* finden Sie die Inhalte des Startmenüs. Öffnen Sie diese Verzeichnispfade im Datei-Explorer. Hier lassen sich die Inhalte bearbeiten und neue einfügen.

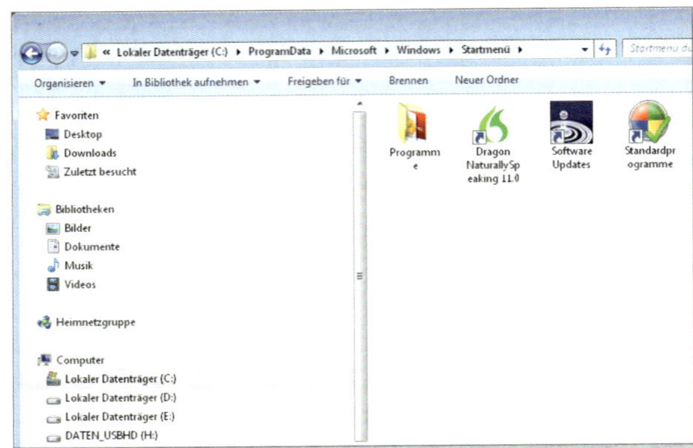

∧ ***Abbildung 3.25*** *Die Programmeinträge im Startmenü können Sie einfach wie jeden anderen Ordner im Explorer bearbeiten.*

HINWEIS

Beachten Sie
Windows 7 verwendet die Inhalte beider Verzeichnisse und verbindet sie zu einem Menübaum. Sie müssen also beide Verzeichnisse bearbeiten, wenn Sie ein Programm entfernen oder in einem neuen Unterverzeichnis anzeigen lassen wollen.

3.3 Maus und Tastatur einrichten

Viele Hardwaregeräte werden über ein USB-Kabel mit dem Rechner verbunden. Das ist bei Maus und Tastatur auch so. Windows 7 erkennt die Hardware und installiert den zugehörigen Treiber.

Eine Ausnahme sind sogenannte »Funkmäuse« und »Funktastaturen«. Hierbei wird eine Funkstation an den PC angeschlossen oder eine solche ist bereits in den Rechner integriert. Aber auch hier erkennt der Rechner die Hardware und richtet die richtigen Treiber ein.

Bei älteren Rechnern gibt es noch einen PS2-Anschluss. Besitzen Sie noch einen solchen, können Sie mit einem Adapter leicht neue Geräte verwenden. Solche

Adapter sind nicht teuer. Sie erhalten sie günstig im Fachhandel.

Zu Hardware und Maus werden manchmal Treiber-CDs mitgeliefert. Wie bei anderen Geräten auch, bieten die Treiber der Hersteller zusätzliche Funktionen. Notwendig ist die Installation der Treiber bei Mäusen und Tastaturen, die über programmierbare Tasten verfügen. Die Treiber liefern Ihnen Einstellungsdialoge, mit denen Sie die Belegung der Tasten einsehen und bearbeiten können.

Die Einstellungen der Maus einsehen und bearbeiten

In der **Systemsteuerung** finden Sie die Einstellung zur Maus unter **Hardware und Sound > Geräte und Drucker**. Im oberen Bereich dieses Dialogs sind die Drucker und Faxgeräte aufgelistet. Darunter sehen Sie die Hardwaregeräte. Unter diese fallen auch Maus und Tastatur.

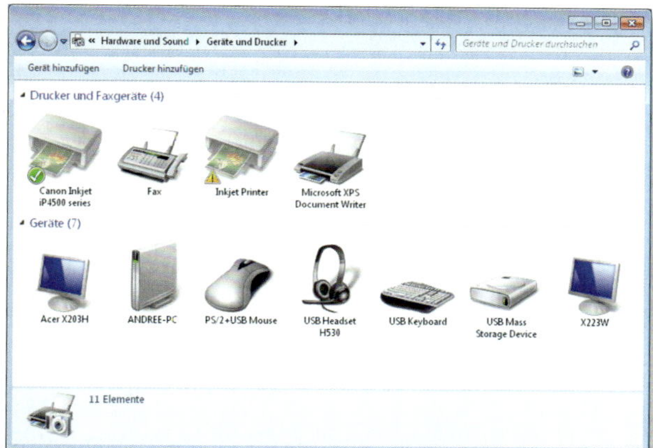

Abbildung 3.26 In einem Dialog der Systemsteuerung verwalten Sie Drucker, Maus, Tastatur, Monitor und viele andere Geräte.

Bei einem Doppelklick auf **Maus** wird der Dialog **Eigenschaften** geöffnet. Sie sehen zunächst den Modelltyp. Wechseln Sie nach **Hardware**, um Informationen zur Gerätefunktion zu erhalten. Mit **Eigenschaften** sehen Sie weitere Informationen. Einstellungen müssen Sie hier nicht vornehmen.

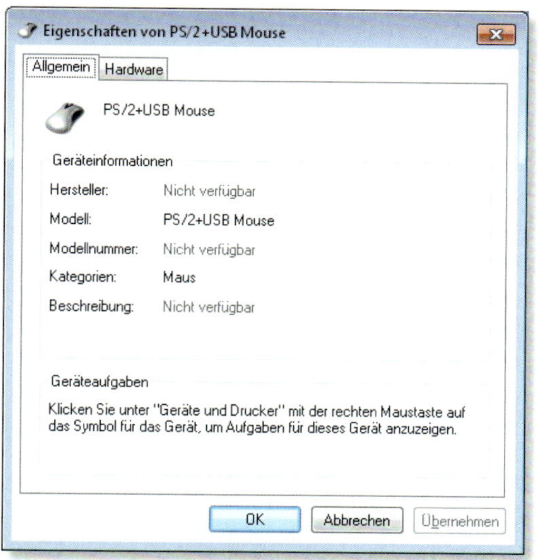

Abbildung 3.27 Die Eigenschaften meiner Maus

Bei der Tastatur sieht es ebenso aus. Auch hier sind die Dialoge eher informativ und zeigen, ob der installierte Treiber funktioniert.

Das heißt aber nicht, dass es keine Einstellungen gibt. Markieren Sie die Maus. Öffnen Sie mit der rechten Maustaste das Kontextmenü, und wählen Sie **Mauseinstellungen**.

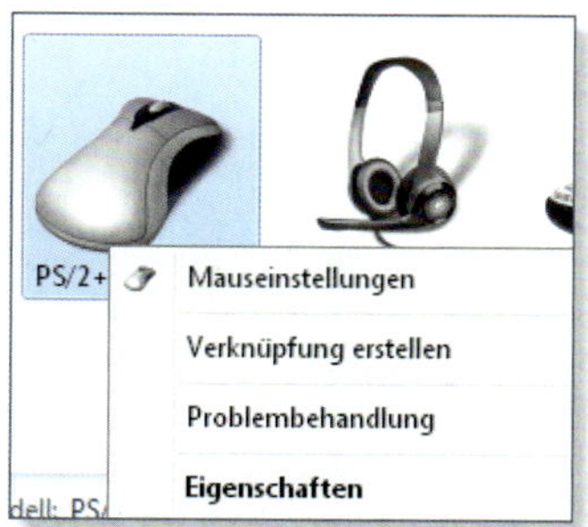

Abbildung 3.28 Über das Kontextmenü erreichen Sie einen Dialog, in dem Sie das Verhalten der Maus anpassen können.

Im Dialog **Eigenschaften von Maus** sehen Sie mehrere Register vor sich. Je nach verwendeter Hardware und installiertem Treiber können sich hier Unterschiede ergeben. In meinem Beispiel verwende ich eine einfache USB-Maus. Die folgenden Register sehe ich:

- Tasten
- Zeiger
- Zeigeroptionen
- Rad
- Hardware

Schauen wir uns einmal an, was in diesen Registern eingestellt wird. Auf den folgenden Seiten stelle ich Ihnen daher die Möglichkeiten vor.

Das Verhalten der Tasten einstellen

Mit der Option **Primäre und sekundäre Taste umschalten** ❶ wird die rechte Taste der Maus für primäre Funktionen verwendet. Dazu zählen unter anderem das Auswählen von Objekten, das Bewegen von Objekten per Drag & Drop und das Ziehen von Fenstern. In der Grundeinstellung ist die Option ausgeschaltet. Für die genannten Funktionen wird die linke Maustaste verwendet.

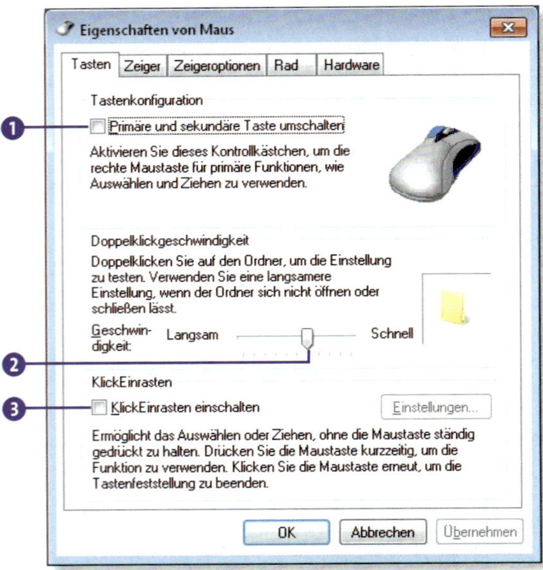

▲ ***Abbildung 3.29*** *Die Einstellungen der Maustasten sollten Sie nicht verändern. Einige andere Funktionen probieren Sie einfach einmal aus.*

Mit dem Schieberegler **Doppelklickgeschwindigkeit** ❷ wird selbige eingestellt. Auch hier ist in der Regel keine Veränderung notwendig.

Über ein weiteres Optionskästchen können Sie die Funktion **KlickEinrasten** ❸ anschalten. Damit wird es möglich, Objekte auszuwählen und Fenster zu ziehen, ohne die linke Maustaste gedrückt zu halten. Sie drücken nur kurz die linke Maustaste. Die Taste wird »festgehalten«, so als würden sie diese gedrückt halten. Nun kann ein Objekt bewegt oder gezogen werden. Mit einem weiteren Drücken der linken Maustaste wird die Maustaste wieder gelöst. Ob Sie diese Funktion verwenden möchten und gut mit ihr zurechtkommen, müssen Sie ausprobieren.

Den Zeiger der Maus auswählen

Wählen Sie ein Zeigerschema aus, und entscheiden Sie sich für einen der Mauszeiger. Ich verwende hier die unkreative, recht einfache Vorgabeeinstellung. Die Alternativen sehen auch nicht so toll aus. Über Optionen schalten Sie die Zeigereigenschaften an und legen fest, dass durch ein Design die Eigenschaften der Mauszeiger verwendet werden können.

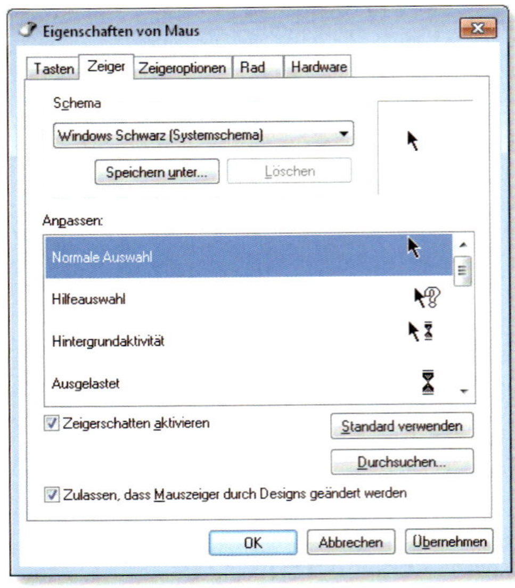

▲ ***Abbildung 3.30*** *Die schwarze Mauszeigervariante ist auch auf hellen Hintergründen immer gut sichtbar.*

Die Zeigeroptionen einrichten

In den **Zeigeroptionen** bestimmen Sie mit einem Schieberegler, wie schnell sich der Mauszeiger bewegt. **Schnell** heißt, bei kleinen Mausbewegen reagiert der Mauszeiger empfindlich und legt weitere Strecken zurück. Mit einer Option wird die Beschleunigung des Zeigers verbessert. Wer mag, kann mit einer weiteren Option dafür sorgen, dass der Mauscursor sich in Dialogfeldern automatisch zur Standardschaltfläche bewegt.

Über eine weitere Option können Sie dafür sorgen, dass bei einer Mausbewegung eine Spur hinterlassen wird. Ich finde, dass diese Möglichkeit eher verspielt wirkt und stört, als einen wahren Nutzen hat. Bei Eingaben über die Tastatur kann die Position des Mauszeigers ausgeblendet werden. Mit Strg kann dann die Position des Zeigers angezeigt werden.

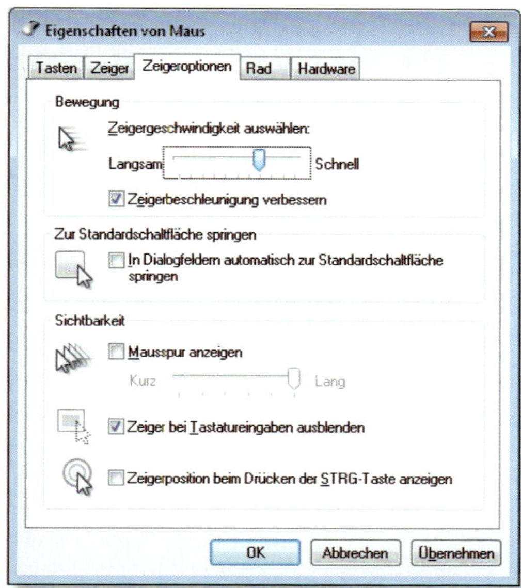

Abbildung 3.31 *Verschiedene Zeigeroptionen können, ganz nach eigenem Wunsch, gewählt und eingerichtet werden.*

Die Empfindlichkeit des Mausrades einstellen

Sie können im Register **Rad** bestimmen, um wie viele Schritte sich das Bild bewegt, während Sie das Mausrad um einen Schritt bewegen. Die Vorgabeeinstellung **3 Zeilen** ❹ ist eine gute Wahl. Als Möglichkeit steht auch eine Seite zur Verfügung. Das ist vielleicht eine gute Idee, wenn Sie viel mit Textdokumenten und umfangreichen Tabellendaten arbeiten.

In gleicher Weise kann der horizontale Bildlauf eingerichtet werden. Legen Sie fest, um wie viele Zeichen sich das Bild bewegt, wenn das Mausrad gekippt wird.

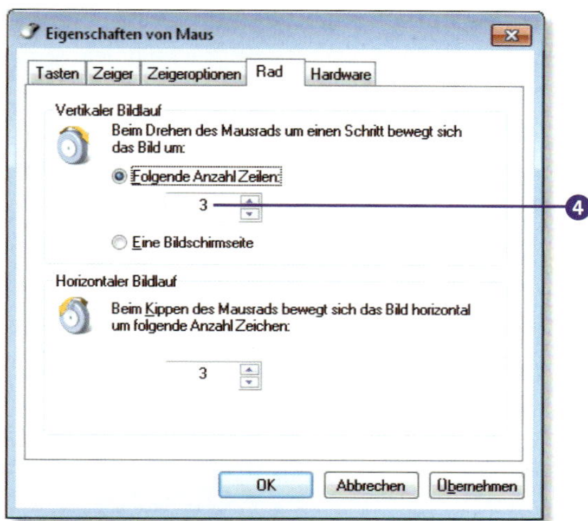

Abbildung 3.32 *Legen Sie hier fest, wie stark die Bewegung des Mausrades umgesetzt wird.*

Das Register **Hardware** ist rein informativ. Hier wird der Name der Maus angezeigt, und Sie können die Hardwareeigenschaften und Treiberdetails einsehen.

3.4 Wichtige Einstellungen in der Systemsteuerung

Die Systemsteuerung ist die Schalt- und Einrichtungszentrale Ihres Windows 7-Systems. Hier finden Sie alle wichtigen Konfigurationseinstellungen. Sie wählen dazu die passende Kategorie aus und öffnen den gewünschten Einrichtungsdialog.

Grundlegende Konfigurationseinstellungen werden über Optionsschaltflächen, Listenfelder und Auswahldialoge gewählt. Das ist einfach und geht schnell.

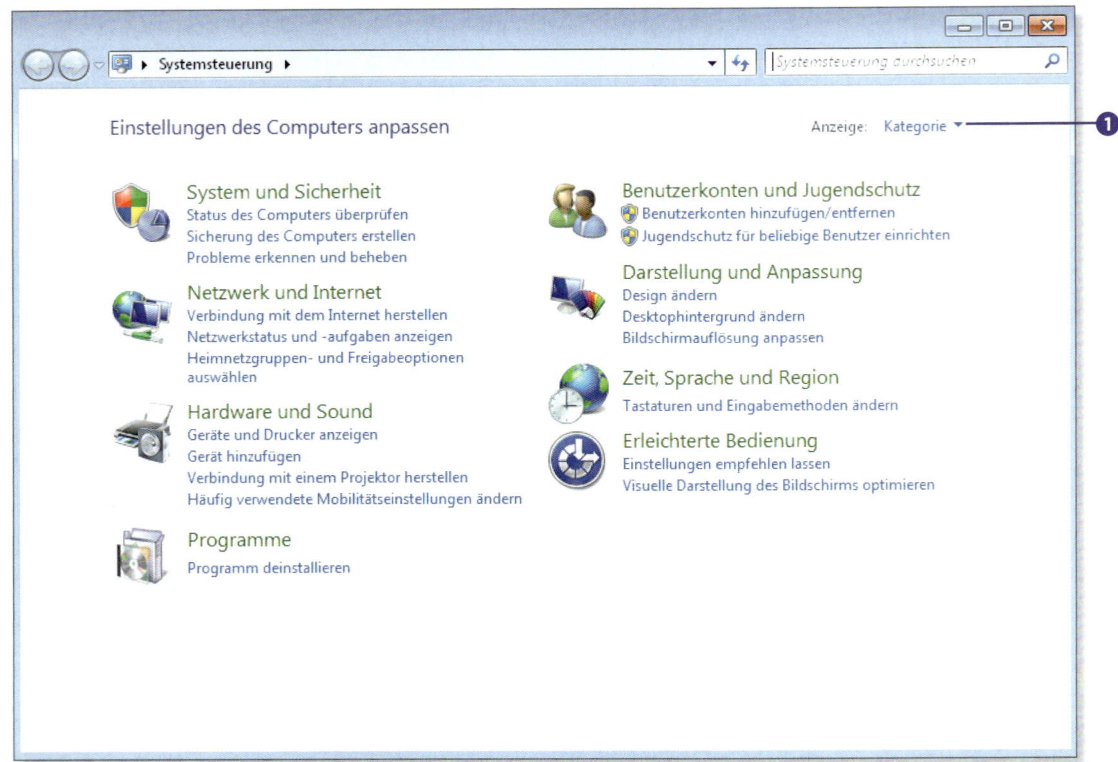

^ *Abbildung 3.33 Die Systemsteuerung von Windows 7 in der Ansicht **Kategorie**. Sie finden hier alle Einrichtungsdialoge in acht Kategorien.*

Über die **Start**-Schaltfläche am linken Rand der Windows 7-Symbolleiste öffnen Sie das Startmenü. Öffnen Sie es, und wählen Sie rechts die Systemsteuerung aus.

Haben Sie über die Einrichtung des Startmenüs (Dialog **Startmenü anpassen**) den Eintrag der Systemsteuerung entfernt, wählen Sie **Alle Programme > Zubehör > Systemprogramme > Systemsteuerung**. Einfacher und schneller geht es, wenn Sie das Schnellstartsymbol auf dem Desktop abgelegt haben. Dann genügt ein Doppelklick auf dieses Symbol, und Sie landen in der Systemsteuerung von Windows 7 (siehe Abbildung 3.33).

Die Symbolansicht und der Menübaum der Systemsteuerung

Über das Listenfeld **Anzeige** ❶ können Sie auch eine Symbolansicht aller Einrichtungsdialoge anzeigen lassen. Da hier keine Kategorien verwendet werden und alle Dialoge über ein einziges Fenster zugänglich sind, wirkt diese Auswahl recht unübersichtlich und ist nicht zu empfehlen. Gleiches trifft auf den Anzeigemodus **Kleine Symbole** zu. Vor allem Neueinsteigern empfehle ich daher die Einstellung **Kategorie**.

Interessant ist die Einstellung **Als Menü verwenden** der Systemsteuerung im Dialog **Startmenü anpassen**. Wenn Sie diese anschalten, können Sie aus dem Windows-Menü heraus die verschiedenen Einrichtungsdialoge direkt anwählen.

Mit einer Option können Sie dafür sorgen, dass im Startmenü nicht nur der Eintrag der Systemsteuerung, sondern gleich ein Menübaum erscheint. So erreichen Sie bestimmte Einstellungen schnell und ohne Umwege.

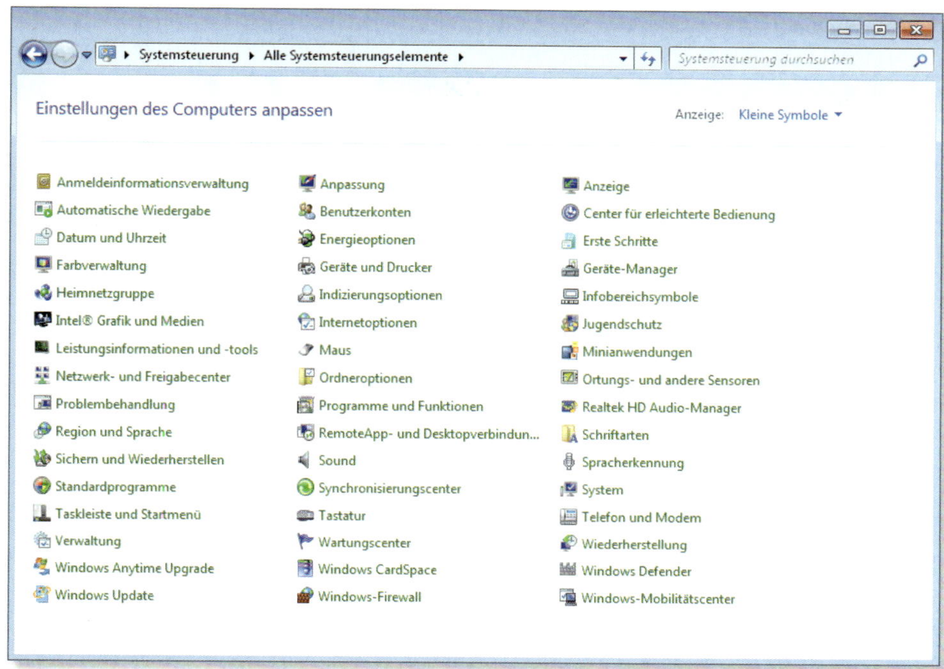

< Abbildung 3.34 *Die Symbolansicht: Hier sehen Sie die Variante mit kleinen Symbolen. In diesem Modus werden keine Kategorien verwendet und alle Einrichtungsdialoge der Systemsteuerung untereinander gruppiert. Alle Einstellungsmöglichkeiten sind alphabetisch sortiert.*

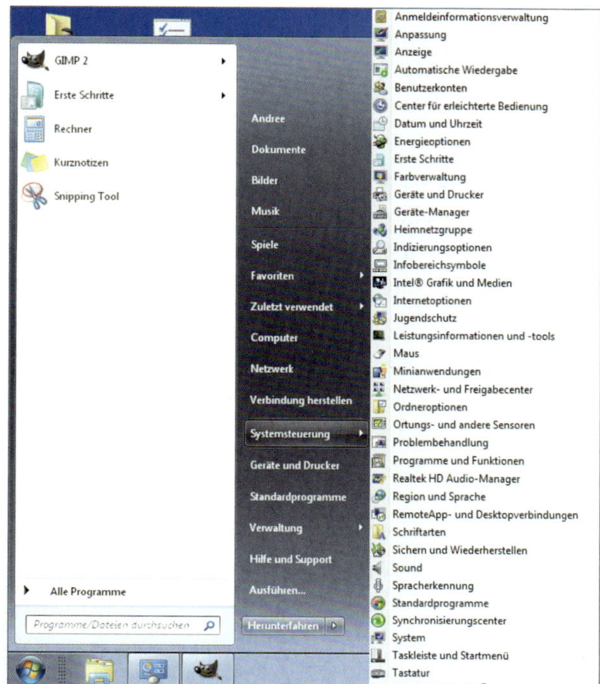

^ Abbildung 3.35 *Das Ergebnis: Ein übersichtliches Programmmenü.*

Soundkarten einstellen

Viele Hardwaregeräte müssen nicht extra eingerichtet werden. Sie verbinden das Gerät mit einer USB-Steckverbindung mit dem PC, Windows 7 erkennt es und sucht den passenden Treiber aus.

Erweiterte Möglichkeiten erhalten Sie mit den zur Hardware hinzugelieferten Treibern. Das ist insbesondere bei programmierbaren Mäusen und Keyboards interessant, ebenso bei Grafikkarten und anderer besonderer Hardware. In Abschnitt 2.6, »Treiber für wichtige Hardwarekomponenten installieren«, ab Seite 74, haben Sie dies bereits erfahren. Dort lesen Sie auch, was zu tun ist, wenn der Treiber nicht auf einer beigelegten DVD bereitliegt, und wie Sie die Treibersoftware dennoch auf einen aktuellen Stand bringen.

Unter **Hardware und Sound** finden Sie die Einrichtung einer Soundkarte. Wählen Sie hier **Sound** oder eine der verfügbaren Möglichkeiten **Systemlautstärke anpassen**, **Systemsounds ändern** oder **Audiogeräte verwalten**.

Haben Sie **Sound** gewählt, landen Sie in einem Dialog mit vier Registern. Sind verschiedene Audioausgabegeräte verfügbar, so können Sie unter **Wiedergabe** das Gerät auswählen, das Sie verwenden möchten. Es stellt kein Problem dar, an einem PC mehrere Ausgabegeräte zu verwenden.

Ich verwende an meinem Rechner immer ein USB-Headset und einen Kopfhörer. Das Headset ist ideal für ausgedehnte Telefonate bei Skype oder im Kampfgetümmel von World of Warcraft inklusive Kommandoaustausch und Talk. Mit dem Kopfhörer lassen sich sehr gut Musik und Filme genießen. Je nach Lust und Laune muss ich nur das Gerät wählen, das ich im Augenblick verwenden möchte. Dazu klicke ich es im Dialog an und markiere es **Als Standard**. Ein grüner Kreis mit einem Häkchen darin zeigt an, welches das Standardgerät ist.

Abbildung 3.36 *Im Register* ***Wiedergabe*** *des Dialogs »Sound« wählen Sie ein Ausgabegerät.*

Über **Eigenschaften** können Sie das Symbol des Ausgabegeräts verändern, den Pegel einstellen, verschiedene Soundeffekte auswählen und die Ausgabequalität einrichten. Bei der Qulität ist »24 Bit, 48.000 Hz« eine gute Wahl. Die möglichen Einstellungen hängen von der verwendeten Soundkarte ab.

TIPP

Soundkarte oder Soundchip?

Noch vor Jahren waren die auf Motherboards integrierten Soundchips keine gute Lösung. Das hat sich zum Glück geändert. Bereits mit den integrierten Soundchips aktueller Motherboards erhalten Sie eine sehr gute Ausgabequalität Ihrer Audiodateien. Genügt Ihnen diese nicht, sollten Sie sich einmal die Soundkarten der Firma *Creative Labs* anschauen. Mit aktuellen Karten erreichen Sie hervorragende Audioqualitäten. Kombinieren Sie diese mit einem Lautsprechersystem. Eine *Sound Blaster X-Fi Titanium* und ein *Creative A520* verleiten einen dazu, seine Arbeit beiseitezulegen und einfach Musik und Filme zu genießen. Bitte verstehen Sie das nicht als Produktwerbung. Es gibt viele sehr gute Alternativen. Schauen Sie sich einmal um!

Im Register **Verbesserungen** von **Eigenschaften von Lautsprecher** können Sie einen Equalizer einblenden und verschiedene Soundvorlagen auswählen und anpassen.

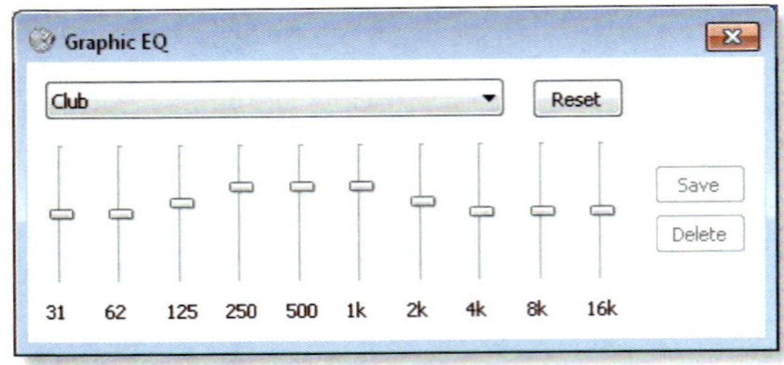

Abbildung 3.37 *Die Lautsprechereigenschaften.*

Im Register **Sounds** lassen sich verschiedene Windows-Soundschemen auswählen und Programmereignissen zuordnen. Möchten Sie die Vorgaben ändern, wählen Sie über das Listenfeld eines der verfügbaren Soundschemas. Erwarten Sie jedoch nicht zu viel. Es sind nur kurze Audiodateien.

Windows 7 stellt Ihnen verschiedene Soundschemata zur Verfügung. Sounds informieren Sie über verschiedene Programmereignisse. Ein eindeutiges Geräusch hilft bei der Zuordnung eines Programmereignisses.

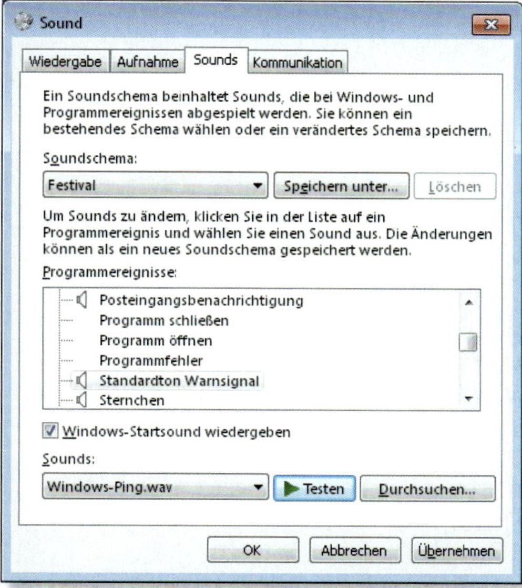

Abbildung 3.38 *Die Soundschemata*

Der zu einer Soundkarte, zum Rechner oder zum Motherboard mitgelieferte Soundtreiber bietet in der Regel mehr Möglichkeiten als der Windows-Treiber. Im Infobereich finden Sie meist ein Symbol, das Sie in den jeweiligen Dialog führt.

INFO

Was sind wichtige Programmereignisse?
Wichtige Programmereignisse sind alle Ereignisse, über die Windows Sie informieren möchte. Dazu gehören z.B. ein niedriger Akkuladestand, ein abgeschlossener Druck eines Dokuments und ein Fehler bei einer Verbindung zu einem Hardwaregerät. Sie können sich ebenfalls mit einem Sound über ein neu eingegangenes Fax oder eine empfangene E-Mail benachrichtigen lassen oder über eine Meldung des Systems und verschiedene Ereignisse des Explorers.

TIPP

Platz für Kreativität
Mit einem Mikrofon oder einem Headset können Sie auch eigene Soundclips erstellen. Sprechen Sie doch einmal die Meldung »Neue Nachricht eingetroffen« auf. Speichern Sie diese als Wave-Datei ab, und wählen Sie diese im Register **Sounds** mit **Durchsuchen** aus. Sie müssen keineswegs nur die Audiodateien verwenden, die Ihnen Microsoft mitliefert. Natürlich können Sie auch kleine Audioschnipsel zusammenschneiden und nutzen.

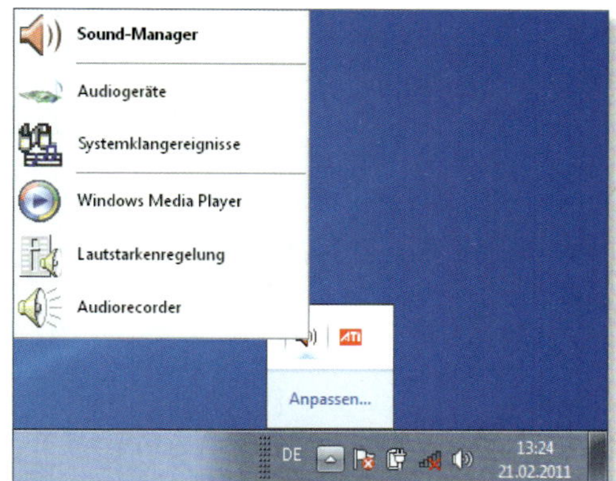

Abbildung 3.39 *Der Einrichtungsdialog des »Realtek Audio«-Managers versteckt sich im Systemtray der Windows-Taskleiste.*

Abbildung 3.40 *Die Treibereinstellungen meines Audio-Managers*

Im treibereigenen Einstellungsdialog können Sie unter anderem Lautsprecher und Mikrofon einstellen sowie Soundeffekte wählen.

Einen Gamecontroller einrichten

Aktuelle Gamecontroller werden mit einem USB-Kabel mit dem Rechner verbunden. Der *Logitech Extreme 3D Pro*, den ich verwende, ist hier keine Ausnahme.

Sie müssen sich um keine Treiberinstallation kümmern. Verbinden Sie den Gamecontroller mit Ihrem Rechner. Windows 7 sucht einen passenden Treiber und richtet diesen ein.

Eine Treiber-DVD oder -CD liegt meist dennoch der Verpackung bei. Diese ist jedoch nur selten notwendig.

Wenn Sie allerdings einen Gamecontroller mit programmierbaren Tasten verwenden, benötigen Sie die Treiber und Zusatzprogramme. Es kann in keinem Fall schaden, die Treiber zu installieren.

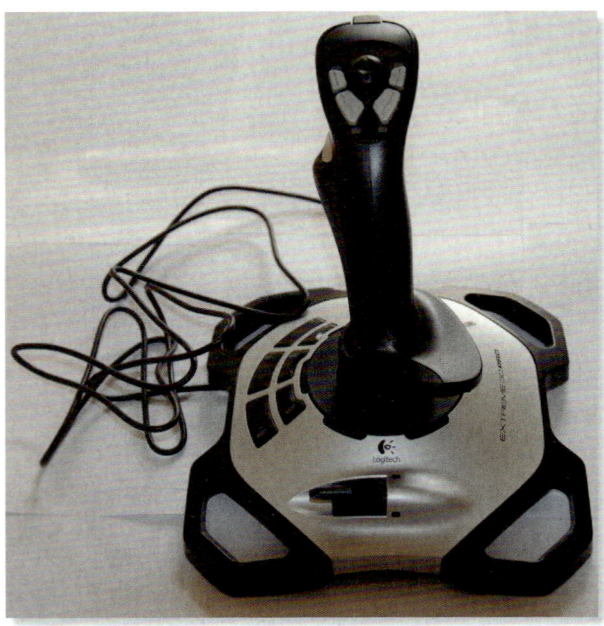

*^ **Abbildung 3.41** Mein neuer Joystick macht eine gute Figur.*

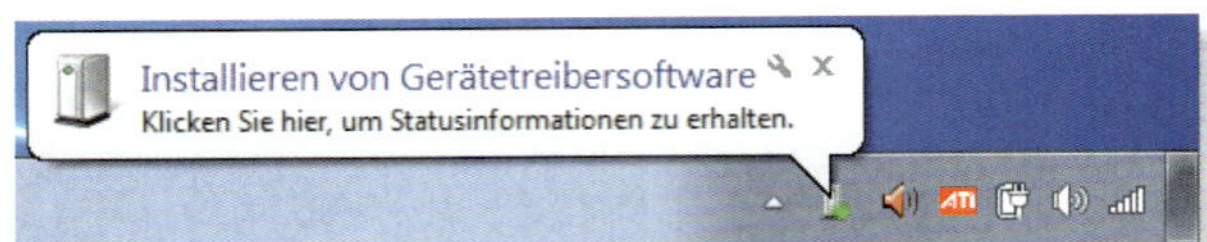

*^ **Abbildung 3.42** Der Gerätetreiber wird von Windows 7 automatisch eingerichtet.*

In der Systemsteuerung ist der Gamecontroller unter **Hardware und Sound > Geräte und Drucker** zu sehen. Ein Doppelklick führt in die **Eigenschaften** des Geräts, und Sie können sich die Treiberdetails ansehen.

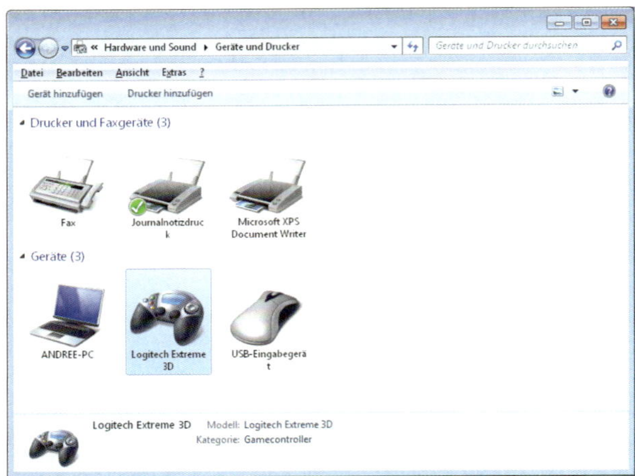

*^ **Abbildung 3.43** Den Gamecontroller finden Sie in der Systemsteuerung bei den Druckern und Faxgeräten.*

Einrichten und kalibrieren können Sie das Gerät so nicht. Möchten Sie das tun, gehen Sie wie folgt vor:

1. Öffnen Sie in der Systemsteuerung den Dialog **Geräte und Drucker**. Markieren Sie den Gamecontroller, und wählen Sie **Gamecontrollereinstellungen** aus dem Kontextmenü.
2. Klicken Sie auf **Einstellungen**. Wählen Sie im gleichnamigen Register **Kalibrieren**.
3. Bewegen Sie den Joystick so, wie im Assistenten beschrieben.
4. Überprüfen Sie im Register **Testen**, ob alle Einstellungen und Tasten funktionieren.

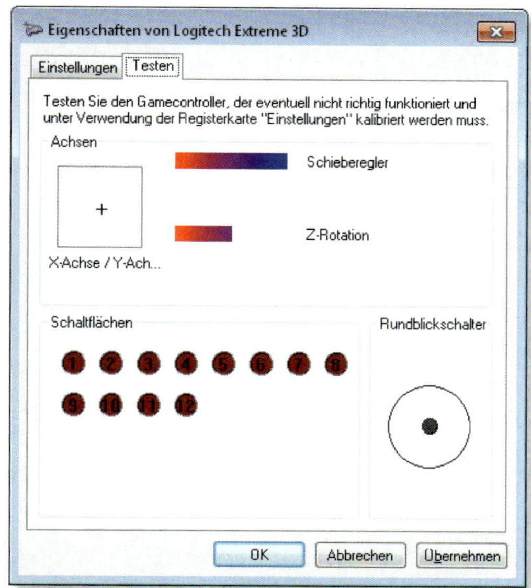

Abbildung 3.44 *Mein Joystick funktioniert wunderbar. Jetzt kann ich zocken, bis die Finger schmerzen.*

Abbildung 3.45 *Uhrzeit und Datum stellen Sie über ein Eingabefeld und ein Kalenderblatt ein.*

Die Uhr in der Taskleiste einrichten

Die Uhr im Systemtray der Windows-Taskleiste ist ein nettes Hilfsmittel. Sie haben mit einem Blick immer die aktuelle Zeit und das Datum im Auge. Stimmt die Einstellung nicht, und wollen Sie die Uhrzeit korrigieren, gehen Sie wie folgt vor:

1. Öffnen Sie auf der Anzeige der Uhrzeit in der Windows-Taskleiste das Kontextmenü, und wählen Sie **Datum/Uhrzeit ändern**.
2. Klicken Sie im Dialog **Datum und Uhrzeit** auf die Schaltfläche **Datum und Uhrzeit ändern**.
3. Setzen Sie die Maus in das Eingabefeld, und korrigieren Sie die Uhrzeit. Verwenden Sie das Kalenderblatt, um das Datum richtig einzustellen. Bestätigen Sie.

In der Systemsteuerung erreichen Sie die Uhrzeiteinstellung über **Zeit, Sprache und Region > Datum und Uhrzeit festlegen**.

Die Uhrzeit mit einem Zeitserver abgleichen

Sie können es Windows überlassen, die Uhrzeit über einen sogenannten *Zeitserver* anzupassen. Damit geht Ihre Windows-Uhr immer genau. Sie müssen keine Korrektur vornehmen.

Voraussetzung für die Nutzung eines Zeitservers ist, dass eine Verbindung ins Internet besteht und Windows die aktuelle Uhrzeit mit dem Rechner synchronisieren kann.

1. Möchten Sie dies tun, wechseln Sie im Dialog **Datum und Uhrzeit** in das Register **Internetzeit**. Finden Sie hier bereits den Hinweis **Der Computer ist so eingestellt, dass er automatisch mit »time.windows.com« synchronisiert wird**, müssen Sie nichts tun. Dann ist bereits ein Zeitserver eingerichtet und wird verwendet. Ist dies nicht der Fall, klicken Sie auf **Einstellungen ändern**.
2. Schalten Sie die Option **Mit einem Internetzeitserver synchronisieren** an. Wählen Sie aus dem Listenfeld einen der möglichen Zeitserver, und bestätigen Sie.

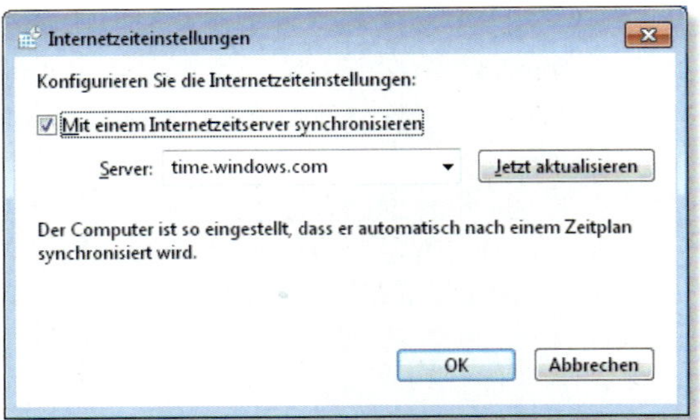

Abbildung 3.46 *Mit einem Zeitserver müssen Sie die Uhr auf Ihrem Windows-Desktop nie wieder stellen.*

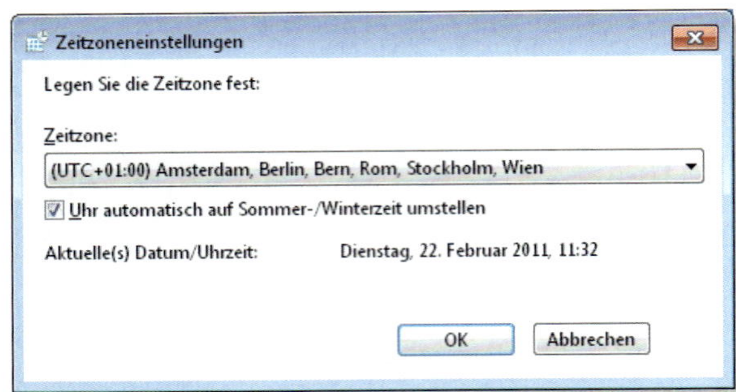

Abbildung 3.47 *Passen Sie bei Bedarf die Zeitzone an.*

HINWEIS

Einstellung der Benutzerkontensteuerung
Ich gehe in diesem Buch davon aus, dass die Benutzerkontensteuerung von Windows 7 die Einstellung **Standard** verwendet. Das heißt, Sie werden informiert, wenn Programme Änderungen an Systemeinstellungen vornehmen, und müssen dann diese bestätigen. Die Einstellung **hoch** sorgt dafür, dass Sie auch eine Meldung erhalten, wenn Änderungen an den Windows-Einstellungen vorgenommen werden. Diese Einstellung lohnt sich für unerfahrene und vorsichtige Computer-Anwender. Sie sorgen so dafür, dass Sie nicht »aus Versehen« Einstellungen am Rechner ändern. Verstehen Sie diese Einstellung als einen zusätzlichen Knoten im Taschentuch, den man verwenden kann, der aber nicht unbedingt notwendig ist. Die Vorgabeeinstellung der Benutzerkontensteuerung ist **Standard**.

Die Region und das Format der Uhrzeit anpassen

Um die Zeitzone und Region zu ändern, öffnen Sie den Dialog **Datum und Uhrzeit** und klicken im gleichnamigen Register auf **Zeitzone ändern**. Wählen Sie die gewünschte **Zeitzone** über das Listenfeld, und bestätigen Sie.

Über eine Option sorgen Sie dafür, dass die Uhr automatisch auf Sommer- oder Winterzeit umgestellt wird. Da diese Option in der Vorgabeeinstellung angeschaltet ist, müssen Sie keine Änderung vornehmen.

Die Uhrzeit wird im Format *Stunden:Minuten* angezeigt. Für das Datum wird *Tag.Monat. Jahr* verwendet – also zum Beispiel 11:36 und 22.06.2011.

Um ein anderes Zeitformat zu verwenden, müssen Sie einen Dialog über einen kleinen Umweg öffnen und das gewünschte Format wählen. Gehen Sie wie folgt vor:

1. Öffnen Sie den Dialog **Datum und Uhrzeit**. Klicken Sie auf **Datum und Uhrzeit ändern** und danach auf **Kalendereinstellungen ändern**.
2. Wechseln Sie in das Register **Uhrzeit**. Wählen Sie je ein passendes Format aus den Listenfeldern **Uhrzeit (kurz) und Uhrzeit (lang)**. Bestätigen Sie, und schließen Sie die geöffneten Dialoge.

Beachten Sie, dass Leerstellen mit Nullen aufgefüllt werden, wenn Sie die Schreibweise mit doppelten Buchstaben nutzen. Verwenden Sie also **HH:mm**, sieht die Anzeige wie folgt aus: 07:04. Mit dem Format **H:m** wird daraus 7:4.

Wenn Sie sich einmal vertan haben, können Sie mit **Zurücksetzen** die Vorgaben wiederherstellen.

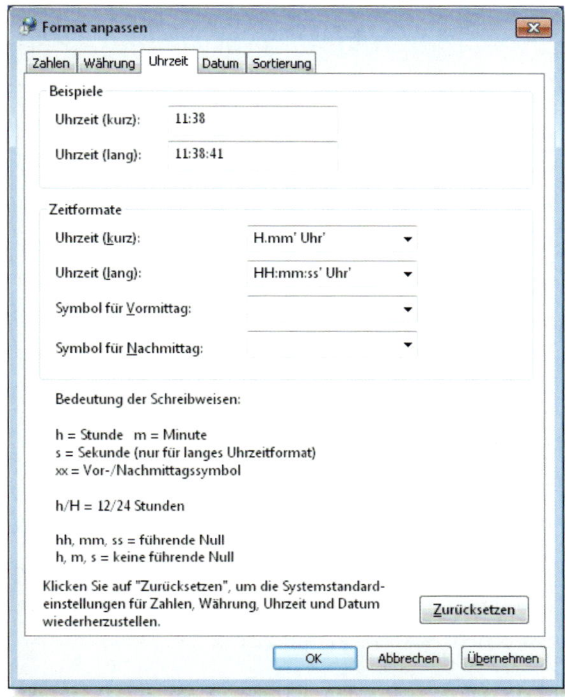

Abbildung 3.48 *In diesem Beispiel habe ich mich für ein Zeitformat mit einem angehängten »Uhr« entschieden.*

Erfahrene Anwender können ein eigenes Zeitformat definieren. Dabei stehen Ihnen folgende Abkürzungen zur Verfügung:

Format	Bedeutung
h	Stunde
m	Minute
s	Sekunde (langes Zeitformat)
xx	Symbol für Vormittag und Nachmittag
h/H	12/24 Stunden-Anzeige

Tabelle 3.1 *Die Abkürzungen für die Zeitformate*

Welche Uhr soll es denn sein?

Die im Infobereich vorhandene Anzeige der Uhrzeit macht optisch nicht viel her. Über die Systemsteuerung können Sie unter **Zeit, Sprache und Region** eine Aero-Uhr auf dem Windows-Desktop anzeigen lassen. Möchten Sie dies tun, wählen Sie **Minianwendung »Uhr« auf dem Desktop hinzufügen** ❶. Ziehen Sie dann die analoge Uhr aus dem Fenster auf den Desktop.

Abbildung 3.49 *Über die Systemsteuerung können Sie eine schicke Uhr auf dem Desktop einblenden lassen.*

TIPP

Drag & Drop
Der Begriff »ziehen« wird sehr oft bei Anwendungen verwendet, die unter einer grafischen Oberfläche laufen. Manchmal ist auch von »Drag & Drop« die Rede. Dabei wird eine Datei oder ein ganzes Verzeichnis mit der Maus angeklickt und bei gedrückt gehaltener linker Maustaste an eine neue Position »gezogen«. Windows interpretiert dies in aller Regel als ein Verschieben, manchmal auch als Kopieren. Durch dieses Verfahren muss der Anwender nicht mehr mehrere Befehle auswählen. Das geht schnell und spart neben Umwegen auch Zeit.

Die Aero-Uhr sieht ganz nett aus und ist eine viel bessere Lösung als die kleine Uhrzeitanzeige in der Symbolleiste.

Abbildung 3.50 *Die Aero-Uhr*

Ihnen stehen für den Desktop von Windows 7 noch andere Uhren zur Verfügung. Wie Sie diese aus dem Internet beziehen und auf Ihrem Desktop anzeigen können, erfahren Sie in Kapitel 6, »Die neuen Aero-Funktionen sinnvoll nutzen«, auf Seite 154.

3.5 Das Kontextmenü verwenden

Das Kontextmenü haben Sie bereits kennengelernt. Es stellt eine wichtige Hilfe dar. Mit ihm können Sie schnell und bequem aktuell benötigte Dialoge und Einstellungen erreichen.

Warum das Kontextmenü eine wichtige Hilfe ist

Das Kontextmenü erspart Ihnen den Weg in das Windows-Menü. Sie müssen sich auch nicht durch verschiedene Dialoge klicken, sondern landen gleich am gewünschten Ziel.

Um die Bildschirmauflösung einzustellen, öffnen Sie auf dem freien Desktop von Windows 7 mit der rechten Maustaste das Kontextmenü und wählen **Bildschirmauflösung**.

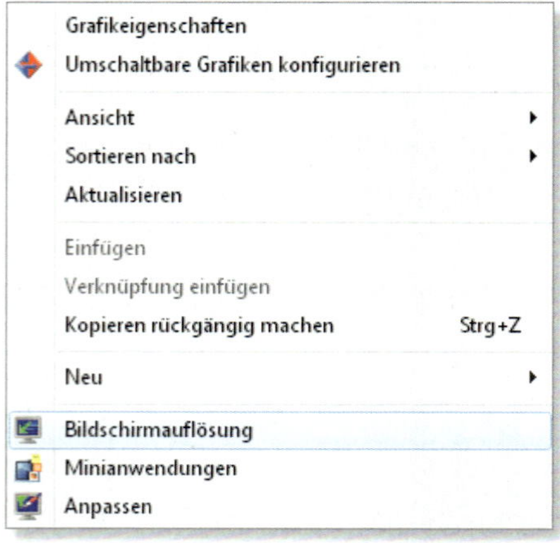

Abbildung 3.51 *Das Kontextmenü auf dem Windows 7-Desktop*

Würden Sie in diesem Beispiel nicht das Kontextmenü nutzen, so müssten Sie zunächst das Windows-Menü öffnen. Hier müssten Sie die Systemsteuerung wählen und unter **Darstellung und Anpassung** den Dialog **Bildschirmauflösung anpassen** aufrufen. Statt drei Arbeitsschritten ist also nur einer notwendig.

Das Kontextmenü ist kontextsensitiv. Es wird immer mit der rechten Maustaste geöffnet.

HINWEIS

Was bedeutet »kontextsensitiv«?
Das Kontextmenü zeigt immer nur die Funktionen, die im Augenblick verwendet werden können. Wenn Sie das Kontextmenü auf der Uhrzeitanzeige der Taskleiste öffnen, können Sie die Uhr einstellen, die Benachrichtigungssymbole in der Taskleiste selbst einrichten, den Task-Manager starten und die Taskleiste einrichten. Sie werden im Kontextmenü keine Funktion finden, die nicht zu dem Element passt, über dem Sie das Menü aufgerufen haben.

Es wird also niemals vorkommen, dass Sie über dem Windows-Desktop das Kontextmenü öffnen und dort eine Einstellung zum Adobe Reader finden. Beachten Sie, dass das Kontextmenü immer nur eine Auswahl an Funktionen bereitstellt. Einige Inhalte sind von der verwendeten Soft- und Hardware abhängig. So kann z. B. eine Grafikfunktion von einem speziellen Treiber bereitgestellt werden.

Das Kontextmenü steht auch in Anwendungsprogrammen zur Verfügung. Es gehört zu einem Prinzip des Betriebssytems. Auch hier stellt es eine wichtige Hilfe dar. Ebenso finden Sie es in Einstellungsdialogen. Arbeiten Sie mit der MS DOS-Eingabeaufforderung oder einer anderen Shell, so können Sie kein Kontextmenü verwenden.

Der Grund hierfür ist einfach: Das Kontextmenü ist ein grafischer Dialog und steht natürlich somit auch nur auf der grafischen Desktop-Oberfläche von Windows 7 zur Verfügung. Kontextmenüs stehen Ihnen auch in Programmen zur Verfügung.

∧ ***Abbildung 3.52*** *Das Kontextmenü von Word 2010.*

3.6 Programme installieren und entfernen

Windows wird bereits mit einer Reihe vorinstallierter Dienstprogramme und kleiner Tools ausgeliefert. Um noch mehr mit dem Rechner zu bewerkstelligen, müssen Sie weitere Anwendungsprogramme installieren. Die Vorgehensweise ist dabei immer gleich. Es gibt nur einen Unterschied bei Programmen, die Sie aus dem Internet beziehen, und bei Software von DVD bzw. CD.

Ein Anwendungsprogramm von CD oder DVD installieren

Windows 7 macht Ihnen die Installation leicht. Ein eingelegtes Medium wird erkannt, und Sie können mit einem Mausklick das Installationsprogramm ausführen:

1. Legen Sie die DVD des Programms ein, das Sie installieren möchten.
2. Der Datenträger wird von Windows identifiziert. Nach einem kurzen Augenblick klappt ein Dialog auf. Wählen Sie hier **SETUP.EXE ausführen** (siehe auch Abbildung 3.54).
3. Die Benutzerkontensteuerung meldet, dass ein Programm Änderungen am Rechner vornehmen möchte. Da Sie ja ein Anwendungsprogramm installieren wollen, hat dies seine Richtigkeit. Bestätigen Sie diesen Vorgang.
4. Folgen Sie den Anweisungen im Dialog.

∧ ***Abbildung 3.53*** *Windows erkennt die eingelegte DVD. Mit Auswahl der Setup-Datei wird das Installationsprogramm gestartet.*

Die Vorgehensweise ist bei Spielen gleich. Nur in einigen Fällen wird ein Browserfenster gestartet, und Sie wählen hier eine Installation. Manchmal gibt es auch eine Batchdatei, die automatisch eine Setupdatei aufruft und Sie mit einem Bildschirm begrüßt.

∧ ***Abbildung 3.54*** *Bei Adobe heißt die Datei, mit der Sie den Installationsassistenten starten, »Autoplay.exe«.*

Ist die Autostart-Funktion von Windows 7 ausgeschaltet, öffnen Sie den Explorer. Begeben Sie sich auf das DVD-Laufwerk. Mit einem Mausklick machen Sie dessen Inhalt sichtbar. Suchen Sie die ausführbare Datei, die den Installationsdialog startet. Sie erkennen diese an der Dateiendung *.exe*. Diese Endung charakterisiert eine ausführbare Datei. Starten Sie diese mit einem Doppelklick.

TIPP

Programme auf eine Partitionen installieren
Für die Installation von Anwendungsprogrammen empfehle ich Ihnen, eine eigene Partition zu verwenden. Eine Trennung von Programmen und System bringt den Vorteil, dass Windows unabhängig repariert werden kann. Umgekehrt gilt das genauso. Auch ist die Verwaltung der Anwendungspartition einfacher. Eine weitere Partition können Sie für Daten verwenden. Nutzen Sie die **Benutzerdefinierte Installation** der Anwendungsprogramme. Wählen Sie die dazu gedachte Partition, und legen Sie einen passenden Ordner für Ihr neues Programm an.

Befindet sich auf Ihrem Desktop das Symbol **Computer**, können Sie über dieses ebenfalls den Inhalt der DVD anzeigen lassen und die Installation starten.

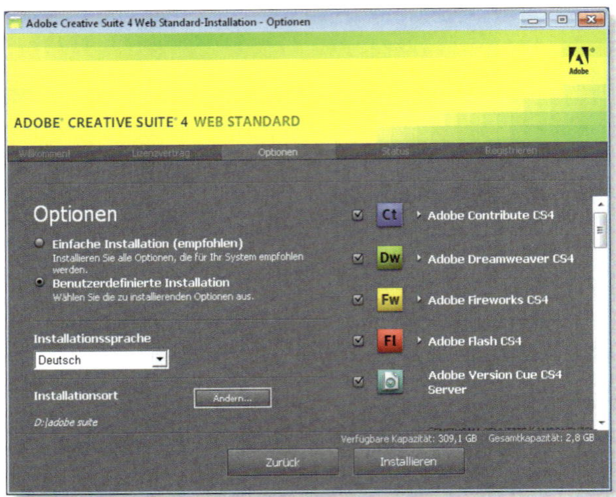

Abbildung 3.55 Die Adobe Creative Suite habe ich auf meine Anwendungspartition installiert. Dafür habe ich den Ordner »/adobe suite« angelegt.

Abbildung 3.56 Gerade Computerspiele besitzen oft ein schickes Begrüßungsfenster. Von diesem aus wird die Installation gestartet. Als Beispiel sehen Sie hier die Weltraumsimulation »X 3 Reunion«.

TIPP

Automatisch Verknüpfungen und Symbole anlegen
Einige Programme und Spiele bieten das Anlegen von Programmverknüpfungen und Desktopsymbolen an. Diese Möglichkeiten sind optional und können abgewählt werden, wenn Sie dies möchten. Mit den Verknüpfungen und Desktopsymbolen lassen sich die Spiele und Programme später schneller starten. Gerade für Ihre Lieblingsanwendungen sollten Sie diese Möglichkeiten nutzen. Beides können Sie jedoch auch bei Bedarf nachträglich erstellen. Übertreiben Sie es aber nicht. Der Desktop sollte sauber und übersichtlich aussehen. Ein Bildschirm mit Dutzenden von Verknüpfungen sieht nicht besonders toll aus.

Ein Anwendungsprogramm über den Windows-Explorer installieren

Immer öfter sind Anwendungsprogramme und Computerspiele über Softwareportale zu beziehen. Hierbei erhalten Sie keine DVD mehr und müssen auf eine Verpackung und ein gedrucktes Handbuch verzichten. Stattdessen wählen Sie im Internet das Programm oder das Spiel aus und müssen eine einmalige Registrierung hinter sich bringen. Die Bezahlung erfolgt meist über die Telefonrechnung, Paypal oder eine Kreditkarte. Hier gibt es, je nach Anbieter, viele Unterschiede. Das Programm wird über eine Internetverbindung auf Ihren Rechner geladen und steht dort als Datei zur Verfügung. Manchmal muss diese noch entpackt werden.

Der Umgang mit komprimierten Dateien

Komprimieren heißt nichts anderes, als das eine Datei mit verschiedenen Verfahren in ihrer Größe geschrumpft wurde. Sie erkennen dies in der Regel an der Dateiendung **.zip*. Andere Kompressionsformate finden selten unter Windows Anwendung. Über das Kontextmenü kann die Datei dann »entpackt« werden. Das ist notwendig, damit sie gestartet werden kann beziehungsweise damit die Installation aufgerufen werden kann.

An dieser Stelle möchte ich mir ein »Sehen Sie! Da haben Sie es wieder!« nicht verkneifen. Bitte nehmen Sie mir dies nicht übel. Es ist ein wenig augenzwinkernd gemeint. Gerade im Umgang mit komprimierten Zip-Dateien werden Sie das Kontextmenü immer wieder verwenden, die ich einige Abschnitte zuvor vorgestellt habe. Anstatt ein Programm öffnen zu müssen, die komprimierte Datei zu laden und dann über das Menü des Programms diese zu entpacken, verwenden Sie das Kontextmenü. Rechte Maustaste, die entsprechende Funktion wählen, und fertig. Einfacher geht es nicht.

Eine Kompression wird auch oft verwendet, um mehrere Bild-, Video-, Audio- oder auch Office-Dateien zu einem Paket zu schnüren. So lassen sie sich besser herunterladen oder auch per E-Mail verschicken.

HINWEIS

Vorsicht vor unbekannten Softwarequellen!
Laden Sie Programme nur dann aus dem Internet, wenn Sie dem Anbieter vertrauen können. Über zwielichtige Download-Angebote werden oft Einkaufsfallen, Trojaner (Spionageprogramme), Computerviren und Spyware vertrieben. Wer nicht aufpasst, hat bald unliebsame Datenspione auf seinem Rechner. Auch wurde das freie OpenOffice von unseriösen Anbietern schon zum Kauf angeboten. Auf derartige »Fallen« muss man nicht hereinfallen. Wenn Sie genau aufpassen, was Sie tun und woher Sie Programme beziehen, minimieren Sie die Risiken. So können Sie Programme bei dem T-Online-Ableger *Softwareload* unter *http://www.softwareload.de* unbesorgt kaufen. Für Spiele ist der Verwandte *Gamesload* unter *http://www.gamesload.de* eine gute Wahl. Das sind nur zwei Beispiele.

Öffnen Sie den Dateimanager. Markieren Sie die ausführbare Programmdatei, und doppelklicken Sie auf diese. Wie bei einem Programm auf DVD wird nun ein Installations-Assistent gestartet. Folgen Sie einfach den Anweisungen in den einzelnen Dialogen.

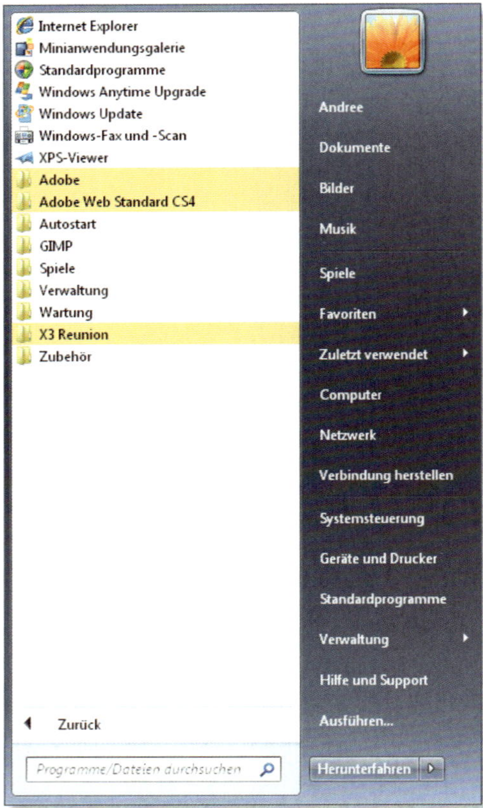

Abbildung 3.57 *Die neu installierten Programme werden im Startmenü mit einer farbigen Unterlegung hervorgerufen.*

Die Installation eines Programms überprüfen

Windows hält die Installation eines Programms fest. Einstellungen, die in den Systemmenüs von Windows 7 vorgenommen werden, merkt es sich ebenfalls. Sie können mit Windows 7 ein Programm wieder deinstallieren. Manchmal klappt das »komplette Entfernen« von Software nicht. Es lohnt sich, ab und zu mit einem Tuner den Rechner nach fehlerhaften und verwaisten Einträgen zu untersuchen. In Kapitel 26, »Windows pflegen und optimieren«, erfahren Sie mehr.

HINWEIS

So vermeiden Sie Datenmüll
Wenn Sie oft Programme, Demos und Shareware ausprobieren und einiges davon wieder entfernen, sollten Sie darauf achten, dass Sie Ihren Windows 7-Rechner gut pflegen und nicht benötigte Daten wieder sauber loswerden. Das können Sie mit einem *Wiederherstellungspunkt* tun. Erstellen Sie einen solchen, bevor Sie Programme und Spiele ausprobieren. Später versetzen Sie mit dem Wiederherstellungspunkt den Rechner wieder in den Zustand zurück, den Sie zuvor festgehalten haben.

Gleiches können Sie auch mit Systempflegeprogrammen und Backup-Tools tun. Mit diesen wird die Windows-Festplatte gespiegelt, und Sie lesen an späterer Stelle die erstellte Datensicherung wieder ein.

Beachten Sie: Auf diese Weise können Sie nicht vier Spiele testen, drei Anwendungen ausprobieren und eines der Programme behalten. Sowohl mit dem Wiederherstellungspunkt wie auch mit dem Systemabbild stellen Sie Ihren Rechner so wieder her, wie er zuvor war – also zu dem Zeitpunkt, als der Wiederherstellungspunkt gesetzt wurde beziehungsweise die Datensicherung erstellt wurde.

In der Systemsteuerung finden Sie unter **Programme > Programme und Funktionen** eine Liste der Anwendungen, die auf Ihrem Rechner installiert sind (siehe Abbildung 3.58).

Über das Kontextmenü können Sie ein Programm reparieren und deinstallieren. *Reparieren* bedeutet, die Installation wird überprüft, und das Programm wird, sofern dies notwendig ist, neu auf Ihren Rechner aufgespielt. Manchmal ist dies notwendig, wenn benötigte Treiber und Registrierungseinträge nicht mehr funktionieren. Die Funktion **Reparieren** finden Sie auch in der Kopfzeile der Programmtabelle.

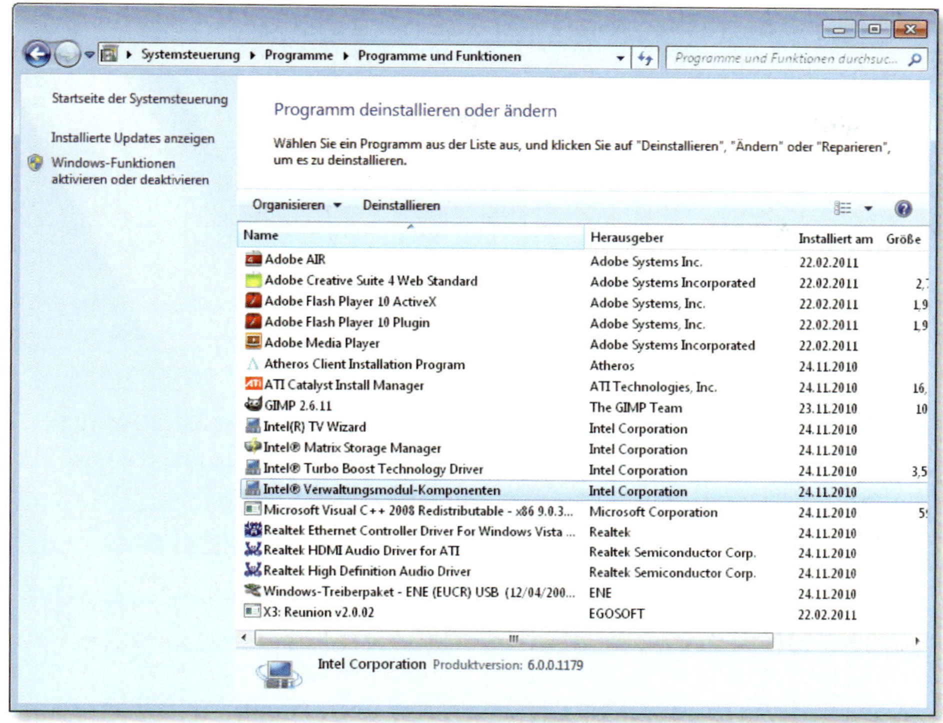

< **Abbildung 3.58** *Eine Liste der installierten Programme finden Sie in der Systemsteuerung. Hier werden Anwendungsprogramme, Spiele und Treiber aufgelistet.*

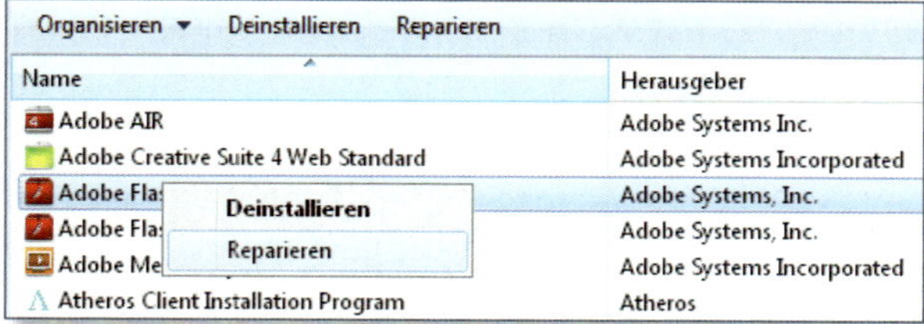

^ **Abbildung 3.59** *Über das Kontextmenü wird das markierte Programm repariert oder deinstalliert.*

Bei einigen Programmsuiten steht Ihnen die Funktion **Ändern** zur Verfügung. Eine Suite besteht aus mehreren gut harmonierenden Programmen. Mit **Ändern** können Sie ein Programm entfernen oder auch hinzufügen. Diese Möglichkeit gibt es zum Beispiel bei der Adobe Creative Suite oder bei Microsoft Office.

So löschen Sie ein Anwendungsprogramm

Um ein Programm oder ein Computerspiel wieder zu entfernen, gehen Sie wie folgt vor:

1. Öffnen Sie die Systemsteuerung. Unter **Programme** finden Sie gleich die Funktion **Programme deinstallieren**. Wählen Sie diese.
2. Suchen Sie sich aus der Liste das zu entfernende Programm heraus. Markieren Sie es, und wählen Sie **Programm deinstallieren**.
3. Sie werden gefragt, ob Sie sicher sind, dass Sie das gewählte Programm entfernen wollen. Bestätigen Sie. Beachten Sie, dass die Deinstallation nicht wieder rückgängig gemacht werden kann.

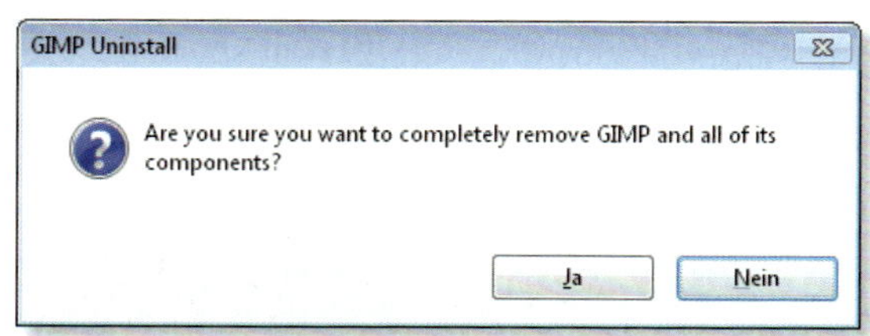

^ **Abbildung 3.60** *Sind Sie sicher, dass Sie GIMP deinstallieren wollen? Wenn ja, müssen Sie die Sicherheitsfrage bestätigen.*

Einige Programme öffnen ein Dialogfenster, wenn Sie **Deinstallieren** wählen – so zum Beispiel *Microsoft Office* und die *Adobe Creative Suite*. Hier können Sie einzelne Anwendungen wählen und von der Festplatte Ihres Rechners entfernen. Oder Sie löschen die komplette Suite bzw. das Programm mit allen einzelnen Komponenten.

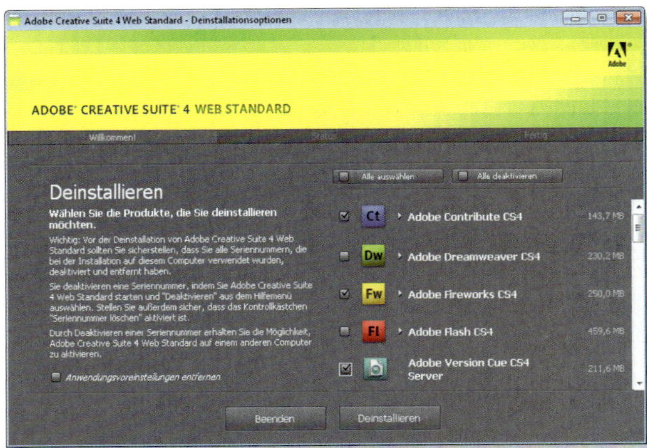

Abbildung 3.61 *In diesem Beispiel habe ich die drei Pakete »Contribute«, »Fireworks« und den »Version Cue Server« für das Entfernen markiert.*

3.7 Kurzeinstieg in den Windows-Explorer

Der Dateimanager Windows-Explorer ist ein wichtiges Werkzeug zum Betrachten von Verzeichnissen. Sie kopieren, verschieben und löschen Dateien und ganze Verzeichnisse mit dem Dateimanager. Sie können Dateien suchen und vieles mehr.

Die Möglichkeiten im Windows-Explorer

Mit dem Windows-Explorer können Sie die folgenden Arbeiten durchführen:

- Verzeichnisse öffnen
- Dateien in verknüpften Programmen öffnen
- Dateien und ganze Verzeichnisse samt Inhalt löschen, kopieren, ausschneiden und einfügen
- Dateien und Verzeichnisse umbenennen
- Dateien und Verzeichnisse suchen
- ausführbare Dateien starten
- neue Verzeichnisse erstellen
- Bilder, Musikdateien, Videos und Office-Dateien in Bibliotheken sortieren
- Bilddateien mit einer Slideshow wiedergeben
- Dateien und Verzeichnisse für andere Anwender freigeben
- Dateien und Verzeichnisse auf CD und DVD brennen
- Multimediadateien mit Tags sortieren
- Zugriff auf Netzwerkressourcen

TIPP

Programme und Spiele testen ohne Risiko
Softwareentwickler, aber auch ich als Autor, nutzen sehr gern eine Virtualisierungssoftware wie die von der Firma *VMware* angebotenen Produkte. Mit solchen Programmen wird ein Container erstellt, und Sie können Betriebssysteme und Programme ohne Risiko testen. Screenshots halten einen Programmzustand fest. Am Ende kann eine virtuelle Festplatte einfach entfernt werden. Im Basissystem auf dem Rechner gibt es keine Restdaten.

VMware ist nicht kostenlos. Um »mal schnell etwas zu testen«, ist das Paket sicher nicht geeignet. Es eignet sich aber gut, um ein Windows 7-System vor zu vielen Programmdaten zu schützen, und ist aus diesem Grund einen näheren Blick wert. Sie finden Informationen dazu unter *http://www.vmware.com/de/products/*. Das Programm ist einfach zu bedienen. Sie erstellen eine virtuelle Festplatte und installieren darauf Windows 7 oder ein anderes System. Die virtuelle Festplatte wird gestartet, und nun können Sie Programme und Spiele ausprobieren.

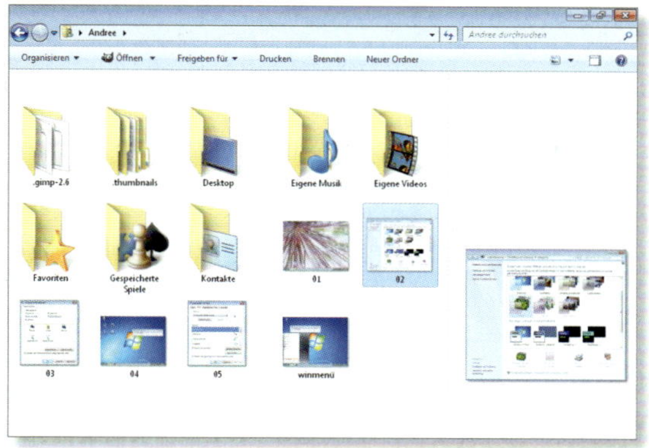

Abbildung 3.62 *Der Windows-Explorer besitzt eine schicke Vorschaufunktion.*

INFO

Die Grenzen des Windows-Explorers
Der Windows-Explorer besitzt viele praktische Funktionen. Der Umgang mit Verzeichnissen und Dateien ist sehr einfach. Die Navigation ist durchdacht. Der Anwender findet schnell das gesuchte Ziel. Dennoch gibt es einige Funktionen, die nur auf Umwegen oder über andere Tools zu erreichen sind. Viele Anwender vermissen ein zweigeteiltes Fenster und mehr integrierte Funktionen, die den Umgang mit Multimediadateien vereinfachen. Ihnen steht es jedoch frei, ob Sie den Windows-Explorer nutzen oder zu einem alternativen Dateimanager greifen.

Das Freeware-Programm *FreeCommander* bietet ein zweigeteiltes Fenster und jede Menge praktische Funktionen.

Das kommerzielle *Directory Opus* macht den Umgang mit Multimediadateien zu einem optischen Vergnügen.

Schauen Sie sich beide Alternativen einmal an. In den Abschnitten »Die Alternative FreeCommander«, ab Seite 117, und »Der Alleskönner im schicken Look: Directory Opus«, ab Seite 119, stelle ich Ihnen beide Dateimanager vor.

Die wichtigsten Funktionen in der Übersicht

Über das Menü an der linken Seite navigieren Sie zu der Festplattenpartition oder dem Laufwerk, dessen Inhalt Sie sichtbar machen wollen. Wenn Sie das Ziel markieren, sehen Sie rechts daneben die Dateien oder auch untergeordneten Verzeichnisse.

In der Menüzeile finden Sie auf der rechten Seite als vorletztes Symbol eine Schaltfläche, mit der Sie die Vorschau einblenden. So werden Bilddateien sichtbar. Die Größe der Vorschau können Sie mit der Maus verändern.

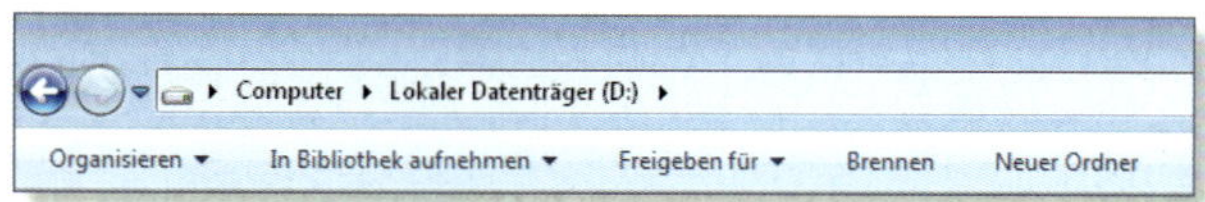

Abbildung 3.63 *Über das Menü am Rand des Dateimanagers erreichen Sie alle wichtigen Funktionen.*

Auf der rechten Seite finden Sie drei kleine Schaltflächen. Mit diesen können Sie die Ansicht des Windows-Explorers verändern ❶, die Vorschau einblenden ❷ und den Hilfe-Dialog aufrufen ❸.

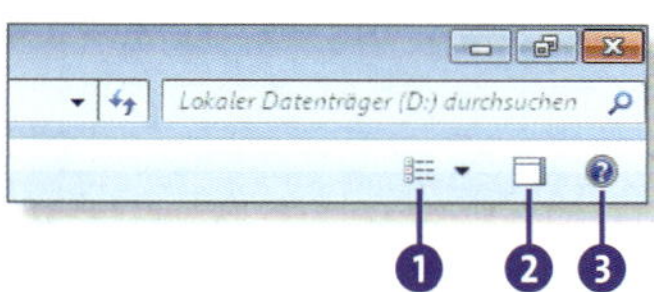

Abbildung 3.64 *Drei kleine Schaltflächen zum Ändern der Ansicht, für Vorschau und Hilfe.*

Das Aussehen des Menüs ändert sich entsprechend der Aktion, die Sie durchführen. Wenn Sie mit dem Menübaum Ihrer Festplattenpartition arbeiten, sieht es anders aus, als wenn Sie zum Beispiel eine Bibliothek verwalten, die Computerübersicht verwenden oder die Netzwerkumgebung einsehen. Klicken Sie doch einmal im Explorer auf **Computer**. Nun sehen Sie die Partitionen Ihres Rechners. Mit einem Balken wird angezeigt, inwieweit die Partitionen belegt sind und wie viel Speicherplatz noch frei ist. Die Angabe erfolgt in GB, also in Gigabyte. In dieser Ansicht sehen Sie auch das DVD-Laufwerk Ihres Rechners, angeschlossene USB-Sticks und USB-Festplatten.

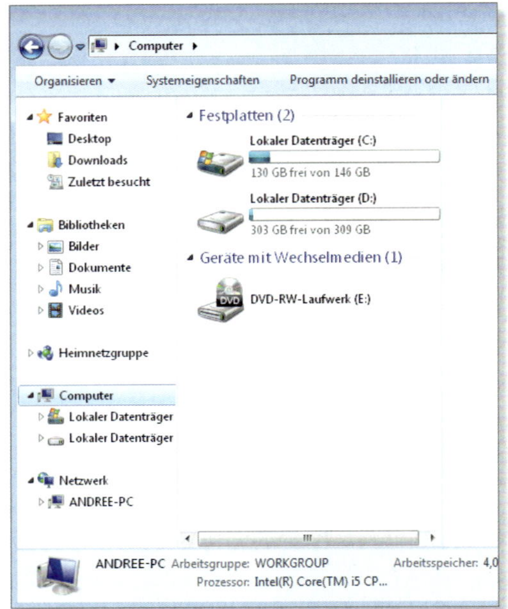

Abbildung 3.65 *Die Übersicht »Computer« zeigt die Belegung Ihrer Festplatten an.*

Über die Menüzeile können Sie aus der Computeransicht die Systemeigenschaften einsehen, Programme deinstallieren, ein Netzlaufwerk verbinden und die Systemsteuerung öffnen. Am unteren Rand sehen Sie die Bezeichnung Ihres Rechners, der Arbeitsgruppe, den im Rechner eingebauten Prozessor sowie die Größe des Arbeitsspeichers.

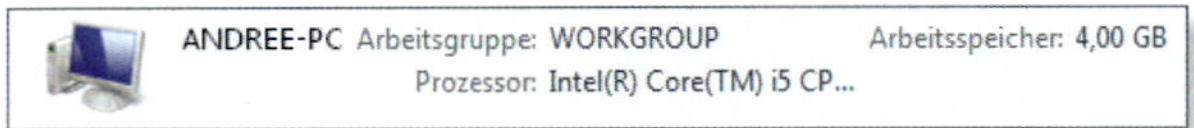

Abbildung 3.66 *Der untere Rand des Windows-Explorers bietet eine kleine Informationsübersicht.*

Wenn Sie nun einmal auf **Systemeigenschaften** klicken, landen Sie in einem Dialog der Systemsteuerung. Hier sehen Sie allgemeine Informationen zu Ihrem Rechner und dem verwendeten Windows 7-System. Über die Navigationszeile können Sie zu einem untergeordneten Bereich navigieren – und auch zu dem Fenster, das Sie zuvor im Explorer gesehen haben. Die Navigationszeile zeigt:

> Systemsteuerung > System und Sicherheit > System

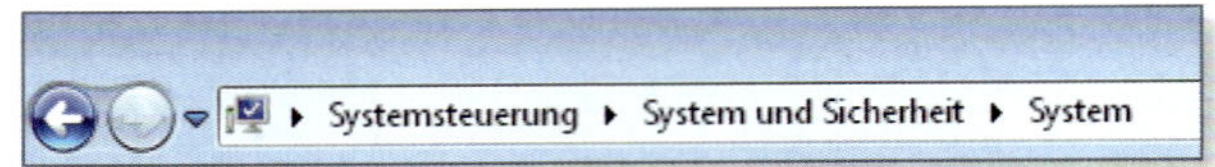

Abbildung 3.67 *Das Navigationsmenü des Windows-Explorers*

Mit der Pfeilschaltfläche ganz links von diesem Menü gelangen Sie in den Bildschirm zurück, den Sie zuvor gesehen haben. Diese Schaltfläche können Sie auch mehrmals verwenden und so immer um ein Fenster aus der Explorer-History zurückblättern. Benutzen Sie die Schaltfläche, ist auch der Button **Vorwärts** verfügbar. Mit ihm geht es wieder zurück. Sie kennen diese Art der Navigation sicher aus einem Webbrowser.

Jeder Inhalt der Navigationsmenüs kann mit der Maus gewählt werden. So können Sie bei **> Systemsteuerung > System und Sicherheit > System auf Systemsteuerung** oder auch **System und Sicherheit** klicken und landen in diesem Fenster.

Jeder kleine nach rechts und nach unten zeigende Pfeil versteckt ein Menü. Öffnen Sie dieses, können Sie eine ganze Reihe von Zielen wählen und so direkt zu diesem navigieren. Probieren Sie dies einmal im Fenster **System** aus. Von hier aus erreichen Sie zum Beispiel die **Energieoptionen**, die **Verwaltung** und das **Wartungscenter**.

Abbildung 3.68 *Über die Pfeilschaltflächen im Explorer-Menü können Sie ohne Umwege bestimmte Ziele auf Ihrem Rechner und im Windows 7-System ansteuern.*

Schauen Sie sich auch einmal an, was Sie unter den anderen Pfeilschaltflächen finden. Der Pfeil links vor der Systemsteuerung bringt Sie zu Ihrem Benutzerverzeichnis, zu der Heimnetzgruppe, den Bibliotheken, der Computerübersicht, der Netzwerkübersicht, der Systemsteuerung und zum Inhalt des Papierkorbs.

Der Pfeil vor dem Menü zeigt die zuletzt besuchten Seiten. Wie bei einem Webbrowser besitzt der Explorer eine History. Mit einem Mausklick können Sie eines der Ziele ansteuern, das Sie bei der heutigen PC-Sitzung schon einmal besucht haben.

Abbildung 3.69 Die Übersicht der zuletzt besuchten Seiten zeigt die Ziele an, die Sie bereits heute mit dem Windows-Explorer besucht haben.

TIPP

Die Möglichkeiten des Dateimanagers
Nutzen Sie die Navigationsmöglichkeiten, die Ihnen der Windows-Explorer bietet. Sie sind gut durchdacht und ersparen das lange Suchen von Einstellungsdialogen, Windows-Tools und Verzeichnissen. Sie müssen nicht alle Funktionen kennen und nutzen. Wie bei anderen Computerprogrammen auch, zählt hier, was Sie mit Ihrem Rechner tun wollen und welche Funktionen dafür notwendig sind.

Natürlich können Sie auch im Windows-Explorer die Menüzeile sichtbar machen. Wählen Sie dazu **Organisieren > Layout > Menüleiste**. Nun sehen Sie am oberen Rand des Dateimanagers die Menüeinträge **Datei**, **Bearbeiten**, **Ansicht** und **Extras**. Am rechten Ende der Menüzeile finden Sie ein Fragezeichen. Mit diesem erreichen Sie die Hilfe, ein Infofenster und Informationen dazu, ob Sie eine legale Kopie von Windows verwenden.

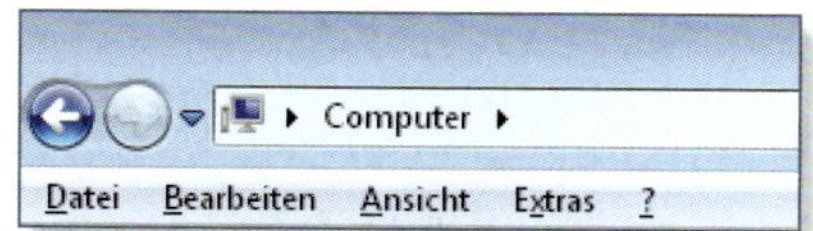

Abbildung 3.70 Der Windows-Explorer mit seiner Menüzeile. Wie bei vielen anderen Dingen auch, bleibt es Ihrem persönlichen Geschmack überlassen, ob Sie diese einblenden oder nicht.

INFO

Legale Kopien
Nur mit einer legalen Windows-Kopie, die Sie im Handel erworben haben oder die zu einem Rechner mitgeliefert wurde, können Sie Updatefunktionen nutzen. Ich möchte hier keineswegs eine Diskussion über Raubkopien beginnen, aber die Vorteile von legaler Software liegen auf der Hand. Nur so können Sie Supportleistungen, Aktualisierungen und Erweiterungen verwenden. Anwender mit kleinem Geldbeutel müssen ja nicht zur teuren Ultimate-Edition greifen. Die Home-Edition tut es ja auch. Sie können durchaus auch bei Anwendungssoftware Geld sparen. Windows 7 liefert bereits jede Menge nützlicher Tools mit. Bei Google, Oracle (OpenOffice) und Microsoft (Windows Live) finden Sie viele kostenlose Anwendungen, die ihre Aufgaben sehr gut erfüllen und für den Computeralltag wichtige und praktische Funktionen bereitstellen.

Informationen zu Dateien und Verzeichnissen sehen Sie, wenn Sie mit der Maus auf diese zeigen. Dabei führen Sie keinen Mausklick aus. Halten Sie einfach den Mauszeiger auf das Zielobjekt, und warten Sie einen Moment. Nun sehen Sie in einer sogenannten »Quickinfo« Typ, Größe und Änderungsdatum der Datei. Bei Verzeichnissen werden so auch Hinweise zum Inhalt angezeigt. Die Auflistung von untergeordneten Verzeichnissen und Dateien stellt allerdings nur eine Auswahl dar. Um alle Dateien zu sehen, die sich in einem Verzeichnis befinden, öffnen Sie dieses.

Abbildung 3.71 *Das Kontextmenü zeigt wichtige Informationen zu einer markierten Datei.*

Auf der rechten Seite der Menüzeile finden Sie ein Symbol zum Ändern der Ansicht. Gerade bei vielen Dateien ist hier die Auswahl von **Liste** empfehlenswert.

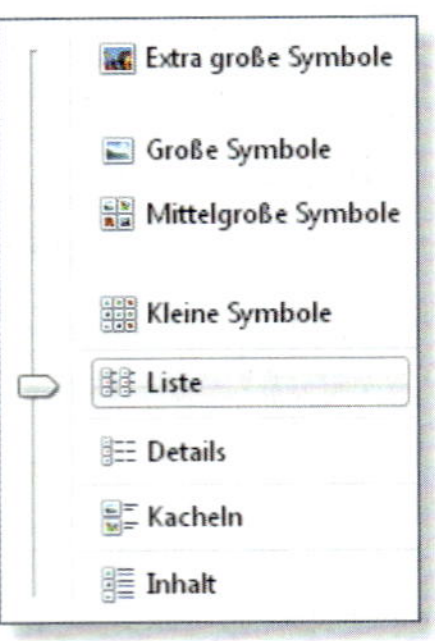

Abbildung 3.72 *Acht verschiedene Ansichtstypen bietet Ihnen der Windows-Explorer an. Mehr Informationen liefern Ihnen die Ansichten **Liste** und **Details**.*

Die Listenansicht zeigt alle Dateinamen in einer Auflistung. Für eine bessere Übersicht wird hier auf die Vorschau verzichtet.

Abbildung 3.73 *Die Listenansicht*

Noch mehr Informationen erhalten Sie mit der Ansicht **Details**. Hier sehen Sie die Dateinamen, das Datum der letzten Bearbeitung, die Größen der Dateien und eine Bewertung.

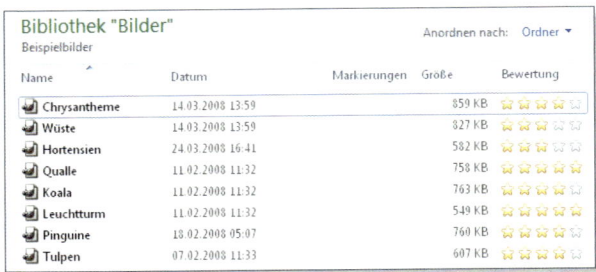

Bibliothek "Bilder"
Beispielbilder
Anordnen nach: Ordner

Name	Datum	Markierungen	Größe	Bewertung
Chrysantheme	14.03.2008 13:59		859 KB	
Wüste	14.03.2008 13:59		827 KB	
Hortensien	24.03.2008 16:41		582 KB	
Qualle	11.02.2008 11:32		758 KB	
Koala	11.02.2008 11:32		763 KB	
Leuchtturm	11.02.2008 11:32		549 KB	
Pinguine	18.02.2008 05:07		760 KB	
Tulpen	07.02.2008 11:33		607 KB	

Abbildung 3.74 *Die Ansicht »Details«*

Viele wichtige Funktionen können Sie über das Kontextmenü abrufen. Auf diese Weise ist der Umgang mit Dateien und Verzeichnissen recht einfach und bequem. So lassen sich schnell und einfach Verknüpfungen erstellen und Freigaben bearbeiten. Über das Kontextmenü können Sie Dateien in einem Verzeichnis anhand bestimmter Eigenschaften gruppieren und sortieren. Sie können hier auch die Ansicht verändern und einiges mehr. Der Inhalt des Kontextmenüs einer im Explorer markierten Datei hängt vom Dateityp ab. Darüber hinaus können durch installierte Programme zusätzliche Funktionen bereitgestellt werden und im Kontextmenü erscheinen.

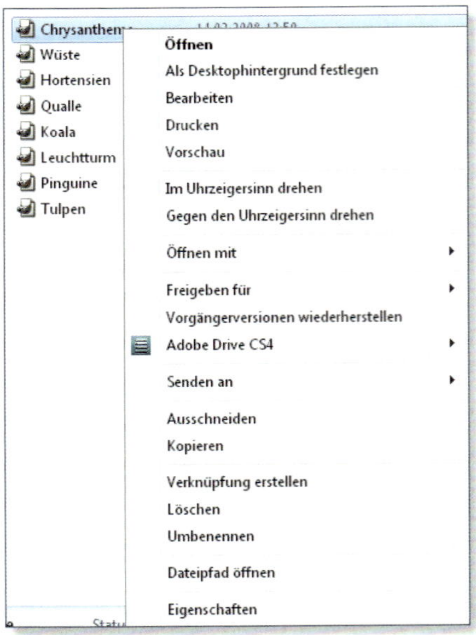

Abbildung 3.75 *Hier habe ich eine Bilddatei markiert. Über das Kontextmenü kann ich diese nun direkt in einem Adobe CS4-Programm öffnen und bearbeiten.*

Die Alternative FreeCommander

Einige freie und kommerzielle Alternativen zum Windows-Dateimanager besitzen mehr Funktionen. Zwei möchte ich Ihnen an dieser Stelle einmal vorstellen.

Der *FreeCommander* ist kostenlos. Das Programm steht unter der Freeware-Lizenz. Die Webseite mit der aktuellen Version und vielen Informationen rund um diesen Dateimanager finden Sie unter der Adresse *http://www.freecommander.com/de/index.htm*.

Der wichtigste Vorteil dieses Dateimanagers ist die 2-Fenster-Technik. Sie können im linken Fenster einen anderen Ort auf Ihrer Festplatte wählen als auf der rechten Seite. So lassen sich Dateien und Verzeichnisse sehr schnell von A nach B kopieren oder auch verschieben.

Die kleine Symbolleiste sieht auf den ersten Blick etwas verwirrend aus, Schrecken Sie aber nicht davor zurück! Sie brauchen ja nicht alle Symbole für Ihre Arbeit. Wie bei allen Programmen, die auf dem Windows-Desktop laufen, sind die Schaltflächen mit einer Quickhilfe ausgestattet. Fahren Sie mit dem Mauszeiger auf ein Symbol. Warten Sie einen Augenblick (ohne zu klicken), und schon sehen Sie den Namen der Funktion, die sich hinter der Schaltfläche verbirgt.

Alle Laufwerke sind mit kleinen Schaltflächen zu erreichbar. Ein Klick auf eine solche Schaltfläche, und Sie haben ein Ziel gewählt.

Im Menü finden Sie jede Menge Funktionen für die Arbeit mit Dateien und Verzeichnissen. Interessant ist, dass Sie hier auch schnell eine Verbindung zu einem Netzlaufwerk aufbauen, Dateien entpacken oder packen und die Attribute einer Datei ohne Umweg bearbeiten können. Im FreeComnmander können Sie sogar große Dateien teilen und MD5-Prüfsummen überprüfen.

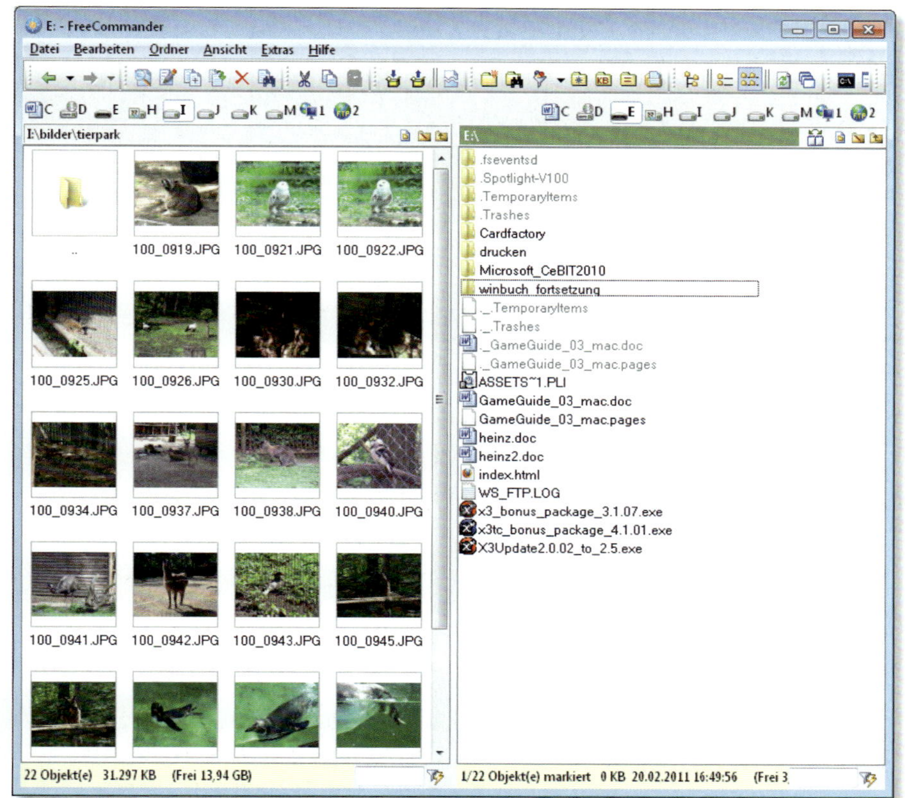

Abbildung 3.76 *Der FreeCommander verwendet zwei Fenster. Dateien können auf diese Weise schnell und einfach kopiert und verschoben werden.*

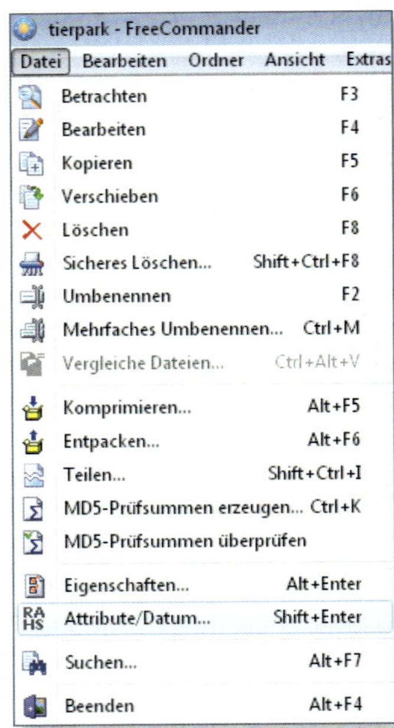

*Abbildung 3.77 Die Funktionen des **Datei**-Menüs von FreeCommander*

INFO

Was bitte ist eine MD5-Prüfsumme?
Die Abkürzung MD steht für »Message-Digest Algorithm« und bezeichnet ein Verfahren, mit dem die Echtheit einer Datei überprüft werden kann. Das wird besonders bei großen Dateien angewendet, aber auch, um bei Programmen zu überprüfen, ob diese nicht von Dritten verändert wurden sind. Ein kryptografisches Verfahren erstellt aus einer Datei einen eindeutigen Wert. Nach dem Download der Datei kann mit diesem Wert ermittelt werden, ob die Datei echt ist. Auch Defekte, die durch Übertragungsfehler entstehen, können so gefunden werden.

Interessant ist die Funktion **Mehrfaches Umbenennen**. Sie können damit den Inhalt eines Verzeichnisses mit neuen Dateinamen versehen. Diese Funktion nutze ich oft. Sie ermöglicht es, die Abbildungen eines Kapitels oder auch Bilder, die für eine Internetgalerie gedacht sind, neu zu benennen – und zwar gleich mehrere in einem Rutsch. Eine solche Funktion finden Sie auch im Bildbetrachter IrfanView.

TIPP

Effektiver arbeiten mit Tastenkombinationen
Mit einer Tastenkombination können Sie eine häufig verwendete Funktion noch schneller aufrufen. Sie müssen dazu weder das Menü des Dateimanagers noch das Kontextmenü öffnen. Ein Beispiel: Sie wollen einige Bilddateien von Ihrer Festplatte auf einen USB-Stick kopieren. Sie öffnen den Windows-Explorer und suchen die Partition und das Verzeichnis, in dem sich die Bilddateien befinden. Drücken Sie die Taste [Strg]. Halten Sie die Taste gedrückt. Auf diese Weise können Sie »in einem Rutsch« mehrere nicht zusammenhängende Dateien markieren. Klicken Sie mit der Maus alle Dateien an, die Sie kopieren wollen. Lassen Sie die gedrückte Taste los, und drücken Sie gleichzeitig [Strg] und [C]. Suchen Sie im Datei-Explorer den USB-Stick. Mit der Maus machen Sie den Inhalt sichtbar. Über die Menüleiste erstellen Sie schnell einen Ordner. Die Bilddateien sollen ja nicht irgendwo auf dem Datenträger herumliegen. Öffnen Sie den neuen Ordner, und drücken Sie [Strg] + [V].

Die Schnellansicht zeigt Ihnen nicht den Inhalt eines Verzeichnisses, sondern gibt allgemeine Informationen aus. Sie erfahren, wie viele Dateien sich im gewählten Verzeichnis befinden, sowie den belegten Speicherplatz, das Datum der Erstellung und mehr.

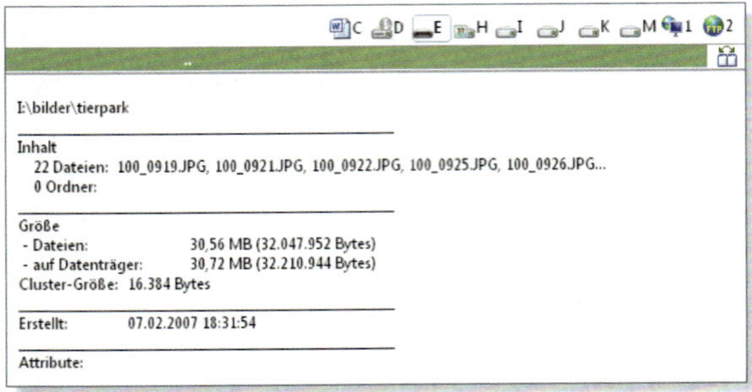

Abbildung 3.78 Die Schnellansicht des FreeCommanders

Der Dateimanager *Total Commander* geht einen ähnlichen Weg. Das Programm ist Shareware und auf der Website *http://www.ghisler.com/deutsch.htm* zu finden. Sie können hier auch Dateien miteinander vergleichen. Es werden verschiedene Kompressionsformate unterstützt, eine Verbindung per USB kann aufgenommen und mit dem Dateimanager verwaltet werden und einiges mehr.

Der Alleskönner im schicken Look: Directory Opus

Directory Opus ist ein Produkt aus der Amiga-Welt. Das Programm ist kommerziell. Der Dateimanager sieht sehr schick aus und bietet vor allem allerlei Multimediafunktionen. Sie können schnell doppelte Dateien suchen, mehrere Dateien umbenennen und auch Bilddateien in ein anderes Format konvertieren.

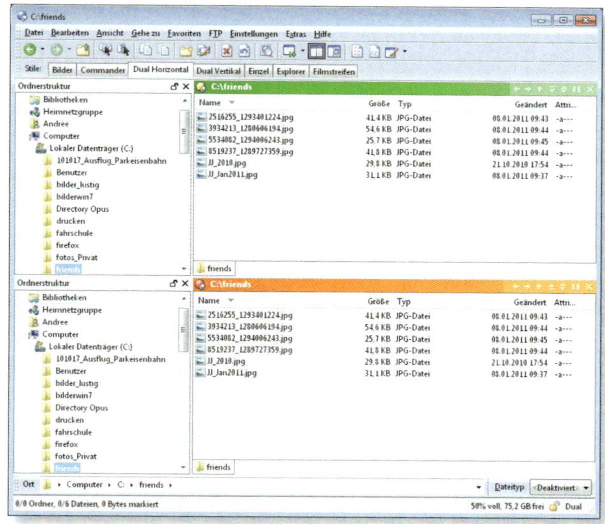

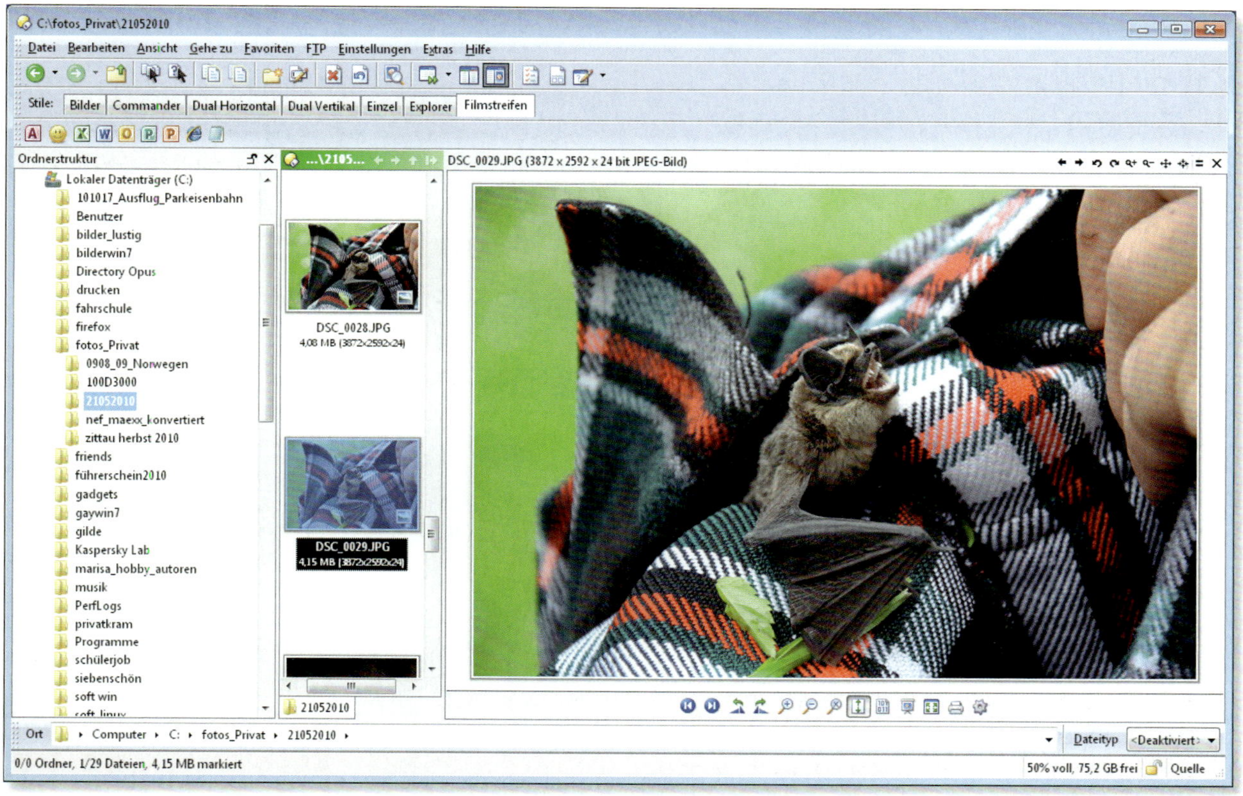

∧ ***Abbildung 3.79*** *Directory Opus ist bunt, schnell und übersichtlich.*

∧ ***Abbildung 3.80*** *Die Bildvorschau von Directory Opus erspart den Bildbetrachter.*

Auch Directory Opus bietet eine Zwei-Fenster-Ansicht. Neben einem FTP-Client sind auch ein Audioplayer, ein MP3-Tag-Editor und ein SMTP-Mailer integriert. Ja, das haben Sie richtig gelesen: ein Dateimanager mit einem eingebauten E-Mail-Client. Erfahrene Anwender können mit Skripten arbeiten und eine eigene Symbolleiste zusammenstellen. Sie finden die aktuelle Version des Programms unter *http://www.haage-partner.de/dopus/directoryopus.html*. Bevor Sie sich zum Kauf entschließen, können Sie sich mit der laufzeitbeschränkten Demoversion einen ersten Eindruck von dem Dateimanager machen.

Directory Opus gefällt mir persönlich sehr gut. Das Programm ist schnell. Über Register sind verschiedene Ansichten wählbar. Der Umgang mit Bilddateien macht Spaß. Der einzige Wermutstropfen ist, dass Sie für das Programm Geld bezahlen müssen. Ob Sie das möchten, müssen Sie selbst entscheiden.

3.8 Ein paar Grundlagen für die ersten Schritte mit Ihrem neuen System

Am Ende dieses Kapitels stelle ich Ihnen einige Funktionen und Programme vor, die Ihnen den Einstieg in Windows 7 vereinfachen. Ich zeige Ihnen, wie Sie sehr einfach Einstellungen und Dateien von einem anderen Rechner übertragen. Über die Systeminformation können Sie abfragen, was für einen Rechner Sie besitzen und welche Leistungsmerkmale dieser aufweist. Windows 7 bietet Ihnen viele andere Hilfen und Werkzeuge an. Diese zu kennen, erleichtert Ihnen die Arbeit mit dem Windows-Betriebssystem.

Daten und Einstellungen von Ihrem alten Rechner übertragen

Wenn Sie einen neuen Rechner mit Windows 7 verwenden, müssen Sie nicht auf Ihre alten Einstellungen und Daten verzichten. Sie müssen nicht mühselig alles wieder neu aufbauen. Microsoft liefert mit seinem Windows-System ein Werkzeug, mit dem Sie Ihre alten Daten auf den neuen Rechner übertragen können. Dieses Tool heißt Windows-EasyTransfer.

Die folgenden Daten können Sie mit diesem Tool übertragen:

- Benutzerkonten
- Dokumente (Office- und Textdateien)
- Musikdateien
- Bilddateien
- Video- und Audiodateien
- E-Mails und E-Mailkonfigurationen
- Favoritenlisten aus dem Webbrowser

Um das Programm zu verwenden, gehen Sie so vor:

1. Windows-EasyTransfer finden Sie unter **Zubehör > Systemprogramme**. Starten Sie das Tool. Schließen Sie mit einem Mausklick auf **Weiter** den Begrüßungsdialog des Assistenten.
2. Wählen Sie eine der Übertragungsmöglichkeiten aus. Sie können ein vorhandenes Netzwerk verwenden oder auf eine externe Festplatte oder ein USB-Laufwerk zurückgreifen. Auch die Verwendung eines speziellen EasyTransfer-Kabels ist möglich.

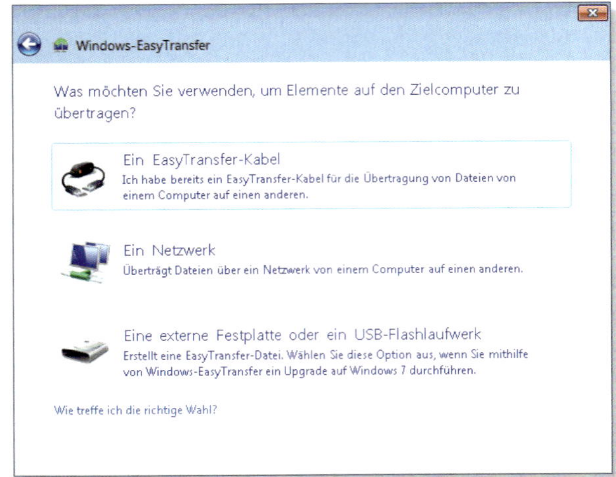

Abbildung 3.81 *Drei Übertragungsmöglichkeiten stehen zur Auswahl.*

3 Wählen Sie, ob der Rechner, auf dem Sie das Tool gestartet haben, die Quelle oder das Ziel der Übertragung ist.

Da es sich um den neuen Rechner mit Windows 7 handelt, ist **Dies ist der Zielcomputer** die richtige Wahl.

Gleiches trifft natürlich zu, wenn Sie Windows 7 auf Ihren Desktop-PC oder Ihr Notebook installiert haben und nun das System einrichten und anpassen wollen.

4 Wählen Sie im nächsten Fenster, ob auf dem Quellcomputer ebenfalls Windows-EasyTransfer vorhanden ist.

Sie können alternativ wählen, dass das Werkzeug auf dem Quellrechner installiert werden muss. Läuft auch auf dem Quellrechner die neue Version von Windows, wählen Sie **Auf dem Quellcomputer wird Windows 7 ausgeführt**.

5 Die Schrittfolge zur Vorgehensweise auf dem Quellrechner überspringen Sie mit **Weiter**. Im folgenden Fenster sehen Sie ein Eingabefenster. Wechseln Sie nun auf den Quellrechner.

6 Auf dem Quellcomputer starten Sie ebenfalls Windows-EasyTransfer so wie in Schritt 1 beschrieben.

Die nächsten Schritte sind eine Wiederholung der ersten Schritte dieser Anleitung.

7 Wählen Sie die Übertragungsmethode (Netzwerk, USB-Laufwerk oder EasyTransfer-Kabel).

8 Geben Sie dem Werkzeug bekannt, dass es sich um den Quellcomputer handelt.

9 Das Werkzeug zeigt nun die Schrittfolge an, die Sie auf dem Zielrechner ausführen müssen. Zusätzlich wird ein Zahlencode angezeigt. Diesen *Windows-EasyTransfer-Schlüssel* geben Sie nun im Fenster des Zielrechners ein.

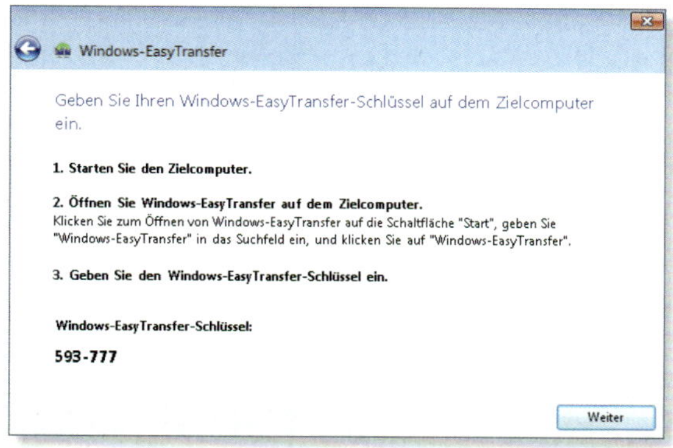

*^ **Abbildung 3.82** Führen Sie Windows-EasyTransfer auf dem Quellrechner aus. Folgen Sie den Anweisungen des Assistenten, bis der Zahlencode angezeigt wird.*

10 Übertragen Sie nun den Zahlencode in das Fenster von Windows-EasyTransfer auf dem Zielrechner. Bestätigen Sie mit **Weiter**.

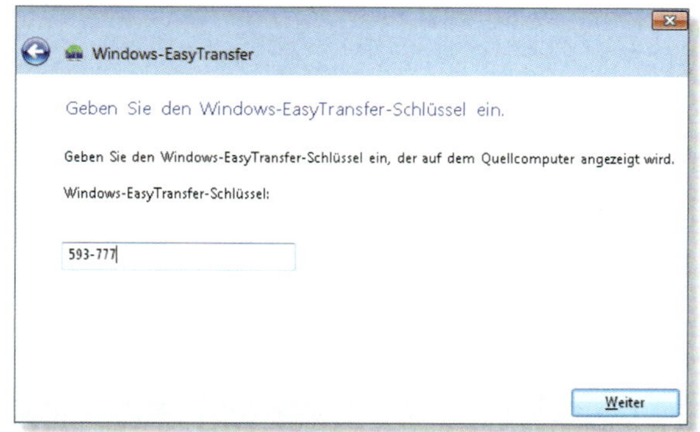

*^ **Abbildung 3.83** Geben Sie den Zahlencode auf dem Zielrechner ein.*

11 Windows stellt nun einen Kontakt her. Es wird eine Kompatibilitätsprüfung durchgeführt. Im nächsten Fenster wird die Datenmenge angezeigt, die auf dem Quellrechner gefunden wurde und die übertragen werden kann. Möchten Sie das ohne nähere Auswahl tun, müssen Sie nur mit **Übertragen** bestätigen.

Windows führt zunächst eine Kompatibilitätsprüfung durch. So versucht das System herauszufinden, ob eine Datenverbindung zwischen beiden Rechnern gelingt und sich die Betriebssysteme »miteinander verstehen«.

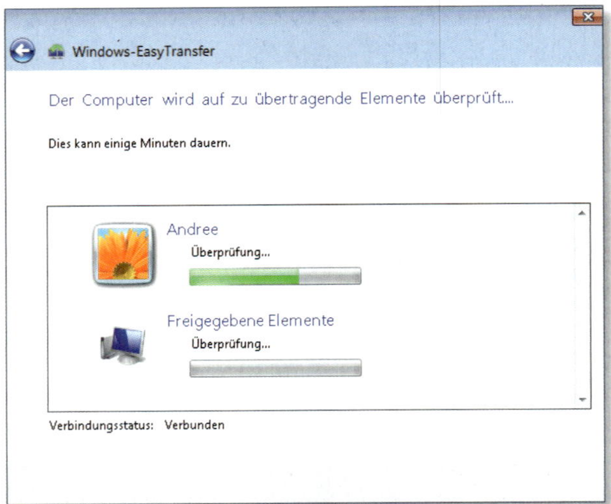

Abbildung 3.84 *Die Kompatibilitätsprüfung*

Die Datenmenge im Benutzerverzeichnis und in freigegebenen Verzeichnissen wird angezeigt. Mit einem Mausklick können Sie diese Daten übertragen.

Abbildung 3.85 *Die Datenmenge im Benutzerverzeichnis und in freigegebenen Verzeichnissen*

Um die Auswahl einzusehen, klicken Sie auf **Anpassen**. Windows-EasyTransfer zeigt nun die Datengrößen in Kategorien an. Mit Optionsschaltflächen können Sie bestimmte Daten von der Übertragung ausschließen.

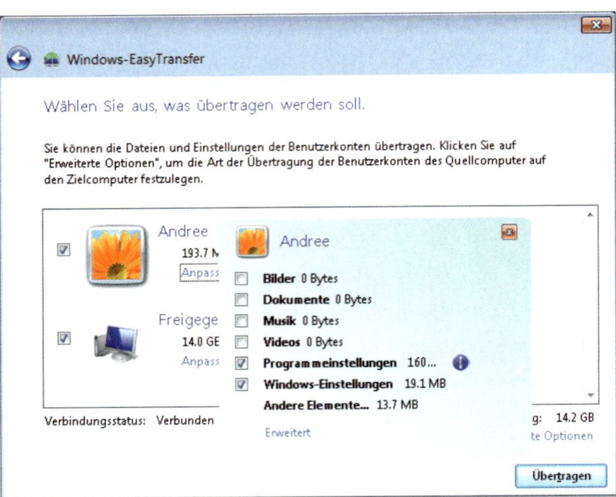

Abbildung 3.86 *In diesem Beispiel habe ich einmal nur die Programmeinstellungen und die Windows-Einstellungen ausgewählt. Multimediadateien und Dokumente verbleiben bei dieser Auswahl auf dem Zielrechner.*

Genügt Ihnen diese Auswahl immer noch nicht, wählen Sie **Erweitert**. Nun sehen Sie in einem Dialogfenster die Ordnerstruktur auf Ihrem Quellrechner und können jedes Verzeichnis und jede Datei einzeln an- und abwählen. Verlassen Sie den Auswahldialog mit **Speichern**. Starten Sie dann die Übertragung der Dateien.

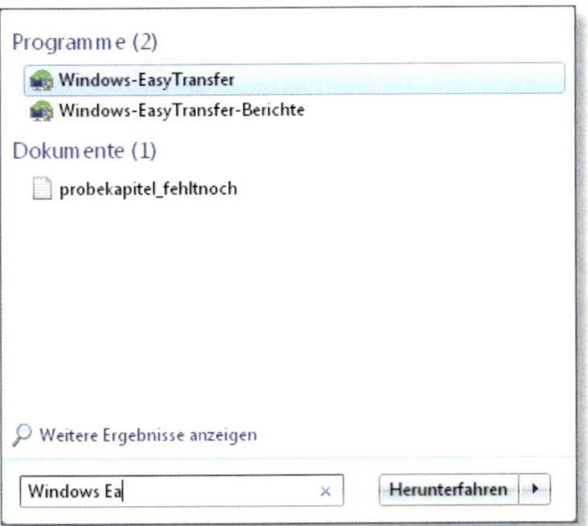

Abbildung 3.87 *Windows-EasyTransfer ermöglicht es Ihnen, auch die Daten einzeln auszuwählen und so exakt zu bestimmen, was übertragen werden soll und was nicht.*

TIPP

Wenn Sie ein Programm nicht finden
Vielleicht kennen Sie das ja: Sie wissen, welches Werkzeug oder Anwendungsprogramm Sie benutzen möchten, kennen aber nicht genau den Programmpfad zu diesem. Nun können Sie sich natürlich durch das Windows-Startmenü klicken und das gewünschte Programm suchen. Schneller geht's, wenn Sie das Eingabefeld **Programme > Dateien suchen** verwenden. Es genügt bereits, den Beginn des Namens einzugeben, und Windows listet passende Treffer auf. Mit dem Eintrag »Windows Ea« sehen Sie so z. B. ganz oben in der Liste das Tool Windows-EasyTransfer. Das müssen Sie nun nur noch mit der Maus starten.

Welchen Rechner haben Sie eigentlich?

In der Systemsteuerung finden Sie unter **System und Sicherheit > System** eine Übersicht über Ihren Rechner (siehe Abbildung 3.88). Neben der Edition von Windows 7 werden der im Rechner vorhandene Prozessor und der installierte Arbeitsspeicher angezeigt.

Sie sehen den Namen des Computers und der Arbeitsgruppe sowie den Produkt-Key und können hier herausfinden, ob Sie ein 32-Bit- oder ein 64-Bit-Windows verwenden.

Nur wenn Sie mehr über die Hardware wissen wollen, lohnt sich der Blick auf ein Tool wie zum Beispiel »SiSoftware Sandra«. Sie finden es im Internet unter der Adresse *http://www.sisoftware.net*.

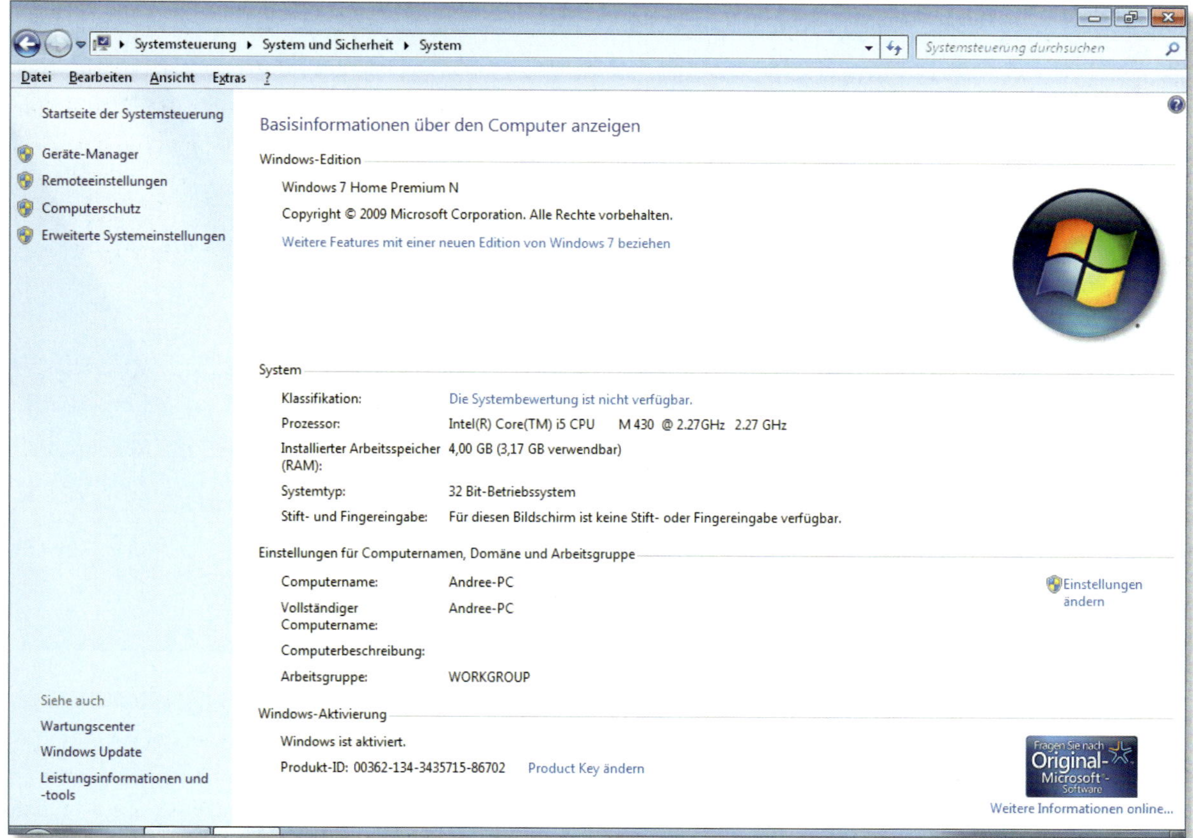

Abbildung 3.88 *Sie benötigen kein Zusatzprogramm, um allgemeine Informationen über Ihren Rechner und Ihr Windows-System zu finden.*

Mit **Einstellungen ändern** (an der rechten unteren Seite des Fensters) können Sie bei Bedarf den Namen des Rechners und der Arbeitsgruppe anpassen.

Die Leistungsfähigkeit testen

In der Systemsteuerung können Sie Ihren Rechner bewerten lassen. Eine Bewertung ist dann sinnvoll, wenn Sie den Rechner optimieren wollen. Auch beim Umstieg auf einen neuen Rechner lohnt sich ein Blick auf den Leistungsindex. Der neue Rechner soll ja schließlich etwas schneller sein als der alte.

Der Rechner muss eine gewisse Multimediaunterstützung mit sich bringen, damit die Windows-Leistungsberechnung funktioniert.

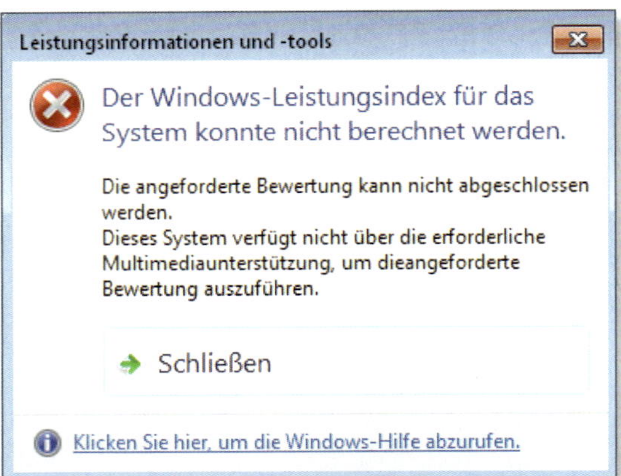

Abbildung 3.89 *Mein Notebook ist ein wenig schwach auf der Brust. Hier gibt es diese Möglichkeit nicht.*

Sie erreichen die Systembewertung mit dem Menülink hinter **Klassifikation der Basisinformation**. Alternativ wählen Sie in der Systemsteuerung **Alle Systemsteuerungselemente** und **Leistungsinformationen und -tools**.

Zunächst sind noch keine Bewertungen vorhanden. Ändern Sie dies mit **Diesen Computer bewerten**.

Die Bewertung besteht aus einer Gesamtbewertung und fünf Einzelbewertungen. Die Teilbewertungen können Werte von 1,0 bis 7,9 annehmen. Je höher die Bewertung ist, umso schneller und effizienter arbeitet die jeweilige Komponente. Aber: Die Indexbewertung von Windows 7 ist keinesfalls perfekt. Es fehlen Vergleichswerte zu aktuellen Komponenten. Sie können mit dem Index lediglich feststellen, ob Ihr Rechner eine sehr gute, gute oder schlechte Leistung erbringt. Auch ist die Leistungsbewertung gut geeignet, um einen alten und einen neuen Rechner zu vergleichen. Auch nach dem Optimieren der Hardware, zum Beispiel nach dem Umstieg auf einen schnelleren Arbeitsspeichertyp oder dem Einbau einer neuen, leistungsfähigeren Grafikkarte, können Sie einen Blick auf den Windows-Leistungsindex werfen. Tools wie z. B. SiSoftware Sandra geben ausführlichere Bewertungen aus.

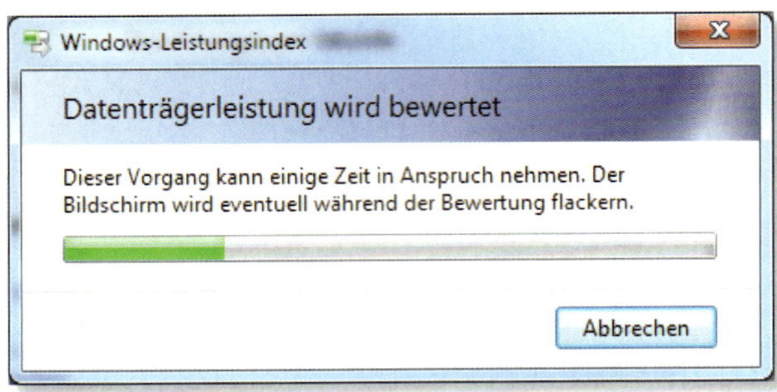

Abbildung 3.90 *Die Datenträgerleistung wird bewertet. Lehnen Sie sich zurück, und warten Sie einen Augenblick.*

Teilbewertungen werden für die Leistung des Prozessors, die Leistung des Arbeitsspeichers, die Grafikausgabe, die Grafikausgabe für Business- und aktuelle Spiele und die Datentransferrate der Festplatte ausgegeben.

Die Gesamtbewertung wird durch die niedrigste Teilbewertung bestimmt. Es handelt sich hier also um keinen Durchschnittswert der einzelnen Bewertungen.

Der Windows-Leistungsindex ist auch dafür gedacht, um Anwendungssoftware zu kaufen, die für eine bestimmte Rechnerleistung ausgelegt ist. So ist es im Text der Windows-Hilfe zu lesen. Haben Sie aber schon einmal Software oder Spiele gesehen, die mit dem Vermerk »Geeignet für den Betrieb auf Rechnern mit

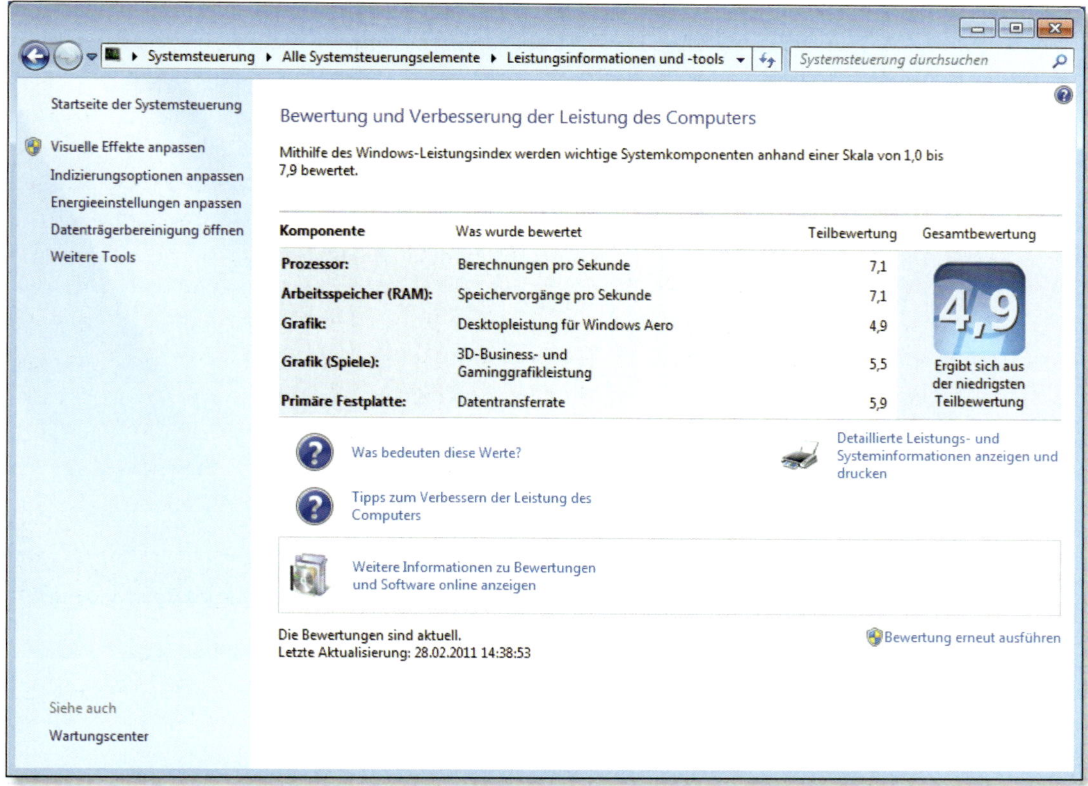

Abbildung 3.91 In unserem Beispiel ergibt sich eine Gesamtbewertung von 4,9.

dem Windows Leistungsindex 3,0–4,2« gesehen? In der Praxis wird dies leider nicht verwendet. Hier findet man nur die üblichen Hard- und Softwareanforderungen mit Hinweisen zum geforderten Betriebssystem, Prozessortyp, zur Leistung der Grafikkarte und zum freien Festplattenspeicher.

Mit **Detaillierte Leistungs- und Systeminformationen anzeigen und drucken** erhalten Sie eine Übersichtsseite. Diese ist bereits für die Ausgabe auf den Drucker vorbereitet.

Abbildung 3.92 Die detaillierten Informationen

Kapitel 4
Update und Upgrade: Windows »erneuern«

Nach der Installation sollten Sie Windows 7 aktualisieren. Auf diese Weise werden Sicherheitslücken geschlossen. Auch Programmfehler, die in dem Betriebssystem verborgen sind, werden so behoben.

Windows 7 haben Sie nun installiert. Vielleicht haben Sie sich auch inzwischen umgeschaut und das ein oder andere Programm oder Werkzeug ausprobiert.

Nun sollten Sie sich einmal schlau machen, ob Ihr Windows-Betriebssystem auf einem aktuellen Stand ist. Mit einem Update überprüfen Sie dies. Das sollten Sie regelmäßig tun.

In diesem Kapitel werde ich Ihnen zunächst den Unterschied zwischen *Update* und *Upgrade* näherbringen. Ich zeige Ihnen, wie Sie ein Upgrade zu Windows 7 durchführen. Sie erfahren, wie Sie die Einstellungen zum Update richtig einrichten. Nach diesen Möglichkeiten zeige ich Ihnen Schritt für Schritt, wie ein Update durchgeführt wird.

4.1 Update oder Upgrade – was ist der Unterschied?

Mit einem *Update* bringen Sie Windows 7 auf einen aktuellen Stand. Patches sorgen dafür, dass Programmfehler behoben werden. Mit Sicherheitsupdates werden Sicherheitslücken geschlossen. Über ein Update werden auch Treiber für verschiedene Hardwarekonfigurationen abgerufen und installiert. Sie können Lokalisierungen (Sprachpakete) abrufen und verwenden.

Mit einem Update werden auch Programme und Tools von Microsoft auf einen aktuellen Stand gebracht. Dazu gehören zum Beispiel der Microsoft Internet Explorer und die Programme aus dem Windows Live-Paket. Updates gibt es auch für Microsoft Office und für viele andere Anwendungsprogramme.

Ein *Upgrade* ist ein Wechsel zu einer höherwertigen Windows-Edition. Der Begriff »höherwertig« ist vielleicht etwas irreführend. Vielleicht haben Sie ja einen Rechner mit Windows 7 in der Edition *Standard* erworben. Sie möchten jedoch mehr Funktionen nutzen und so alle Vorteile aus dem neuen Betriebssystem ziehen. Dazu müssen Sie nicht *Windows Home Premium* kaufen. Stattdessen führen Sie ein Upgrade aus.

4.2 Windows 7 Anytime Upgrade

Mit *Windows 7 Anytime Upgrade* wechseln Sie zu einer anderen Windows-Edition. Das Windows 7 Anytime Upgrade kann nur online erworben werden. Sie können diese Möglichkeit nicht über ein Geschäft nutzen.

Und so funktioniert das Upgrade:

1. Öffnen Sie den Internet Explorer. Sie finden ihn im Windows 7-Startmenü an oberster Stelle.

2 Beim ersten Start bietet Ihnen das Programm eine Aktualisierung auf die neue Version an. Wenn Sie möchten, können Sie dieser Aufforderung Folge leisten. Die aktuelle Version des Webbrowsers bringt einige Vorteile. Für das Upgrade ist die Aktualisierung aber nicht notwendig.

3 Geben Sie in der Adresszeile des Internet Explorers die folgende Adresse ein: *http://windows.microsoft.com/de-DE/windows7/products/windows-anytime-upgrade*.

4 Wählen Sie **Weitere Informationen zu Windows Anytime Upgrade**.

5 In einer Tabelle sehen Sie die verschiedenen Versionen und auf welche Sie upgraden können. Haben Sie sich für eine Version entschieden, klicken Sie in dieser Spalte auf **Kaufen**.

6 Sie landen im Internetshop von Microsoft. Sie sehen hier die verschiedenen Editionen von Windows und was sie kosten. Wählen Sie eine mit der Maus aus.

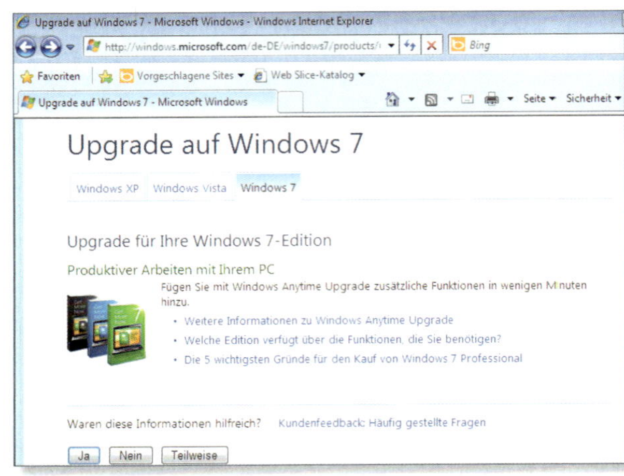

Abbildung 4.1 *Auf der Website finden Sie die Upgrade-Funktion.*

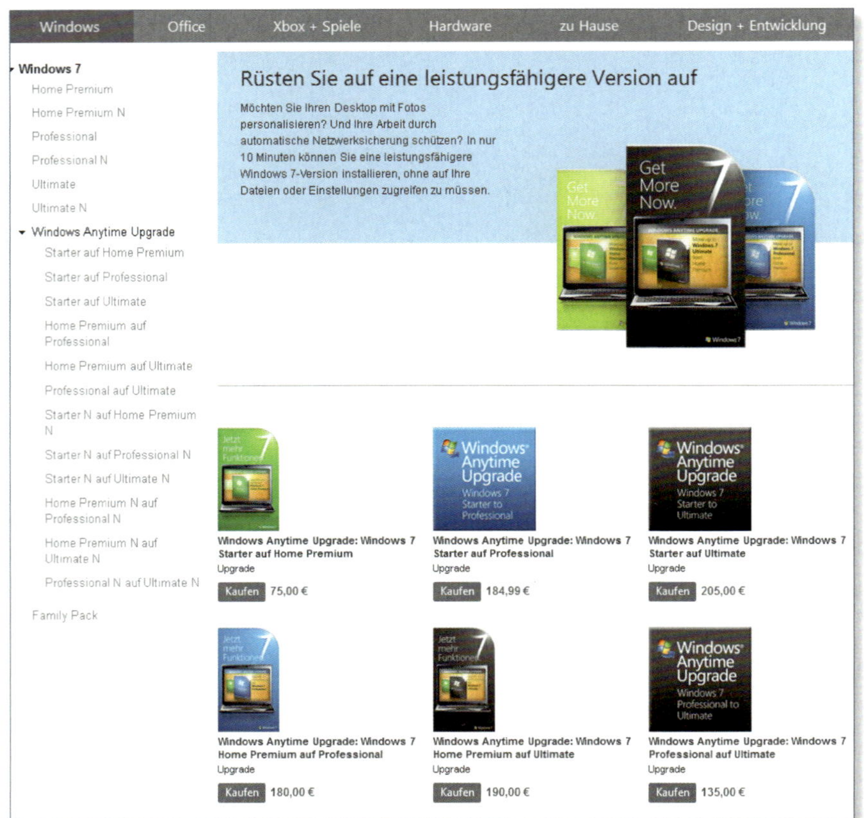

Abbildung 4.2 *Kaufen Sie im Windows Store ein Upgrade auf eine höherwertige Windows-Version. Die Beschreibungen der Versionsunterschiede sind sehr genau. Die Vorteile werden klar hervorgehoben. Auch die Preise sind nicht versteckt.*

TIPP

Ein Upgrade im Handel erwerben
Bei vielen verschiedenen Händlern können Sie auch Upgrades kaufen. Achten Sie auf der Packungsrückseite genau darauf, welche Systemvoraussetzungen notwendig sind.

4.3 Ein Update zu Windows 7 durchführen

Ein Update ist eine wichtige Sache. Damit werden Probleme beseitigt und Sicherheitslücken geschlossen. Manchmal kommen auch neue Funktionen und Tools an Bord.

Windows 7 kann automatisch nach aktuellen Updates suchen und diese selbstständig auf Ihren Rechner laden und installieren. Diese Methode verwende ich ungern. Ich möchte mitbekommen, wenn auf das Vorhandensein von Updates geprüft wird und wenn diese heruntergeladen und installiert werden.

Die Einstellungen zu den Updates einsehen und festlegen

Bereits bei der Grundeinrichtung von Windows 7 legen Sie die Einstellungen für das Prüfen auf Updates und den Umgang mit diesen fest. Diese Einstellungen können Sie an späterer Stelle verändern.

1 Öffnen Sie die Systemsteuerung. Wählen Sie **System und Sicherheit**. Öffnen Sie die Kategorie **Windows Update**.

Sie sehen nun den Status der Updateeinstellung vor sich. Ein rotes Symbol mit einem weißen Kreuz, wie in meinem Beispiel, weist daraufhin, dass Windows 7 nicht automatisch auf Updates prüft ❶. Ein grünes Häkchen zeigt dagegen an, dass Windows 7 sich selbstständig um Updates kümmert.

Daneben sehen Sie in diesem Dialog, wann zuletzt nach Updates gesucht wurde ❷ und wann das letzte Mal Updates auf Ihren Rechner installiert wurden.

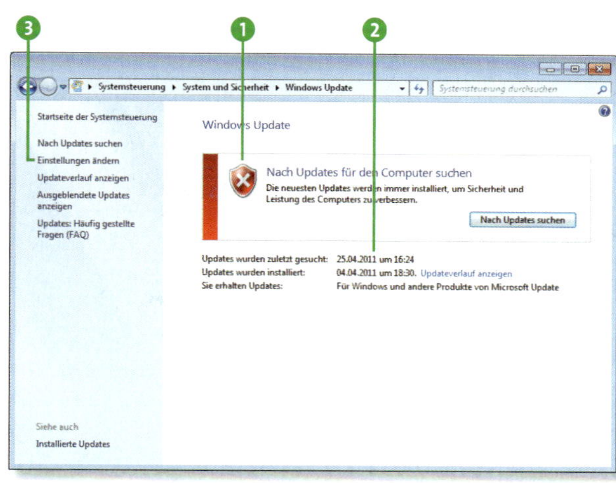

∧ ***Abbildung 4.3*** *Die automatische Updatesuche wurde ausgeschaltet. Die letzten Updates wurden vor drei Monaten installiert.*

2 Wählen Sie links im Menü **Einstellungen ändern** ❸.

3 Öffnen Sie das Listenfeld, und wählen Sie **Nach Updates suchen, aber Zeitpunkt zum Herunterladen und installieren manuell festlegen** ❹ (siehe Abbildung 4.4). Die Optionen im Dialog lassen Sie angeschaltet. Sie sind sinnvoll gewählt. Bestätigen Sie mit einem Mausklick auf **OK**.

4 Bestätigen Sie die Meldung der Benutzerkontensteuerung.

Sie können alternativ auch **Updates automatisch installieren** wählen. Auch die Option **Updates herunterladen, aber Installation manuell durchführen** ist sinnvoll.

Windows automatisch nach Updates suchen lassen

Wenn Sie Windows 7 die Suche nach aktuellen Updates überlassen, wird im Infobereich der Windows 7-Taskleiste die Verfügbarkeit der neuen Updates angezeigt. Ein Mausklick auf diese Meldung zeigt Ihnen die Updates, und Sie können diese installieren. Überprüfen Sie die Updates, und installieren Sie diese. Die automatische Installation empfehle ich an dieser Stelle nicht. Der Anwender sollte die Kontrolle über wichtige Aktionen auf seinem Rechner haben.

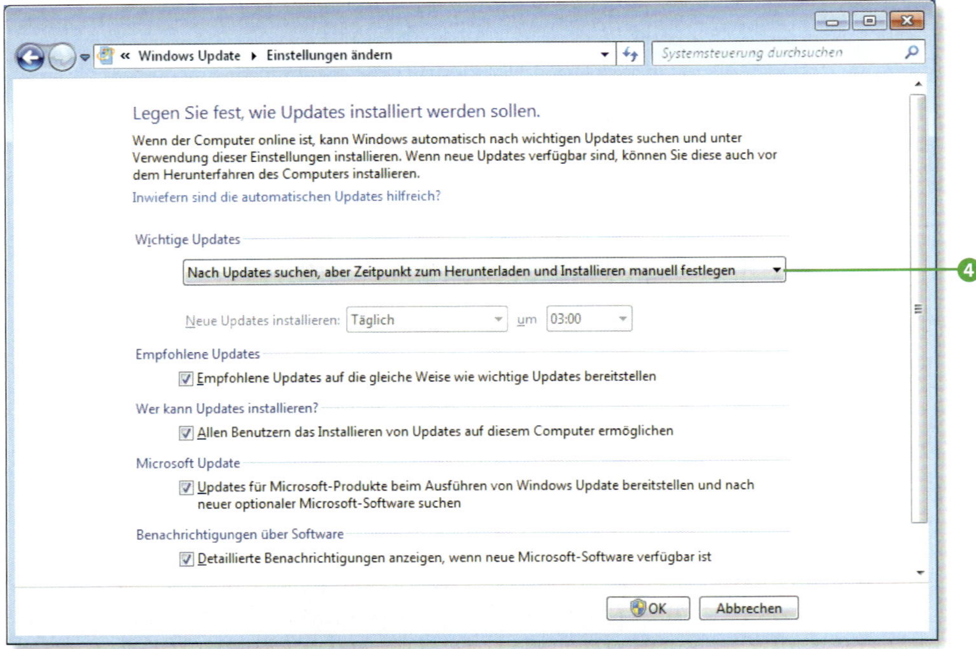

Abbildung 4.4 Die Updateeinstellungen wurden geändert. Nun kann nach aktualisierten Paketen geschaut werden.

Ein Update durchführen

Bereits nach dem Einstellen der Optionen zur automatischen Suche nach Updates, wie im vorherigen Abschnitt beschrieben, sucht Windows 7 nach aktuellen Updates. Findet Windows neue Updates, sehen Sie rechts unten in der Taskleiste eine entsprechende Meldung.

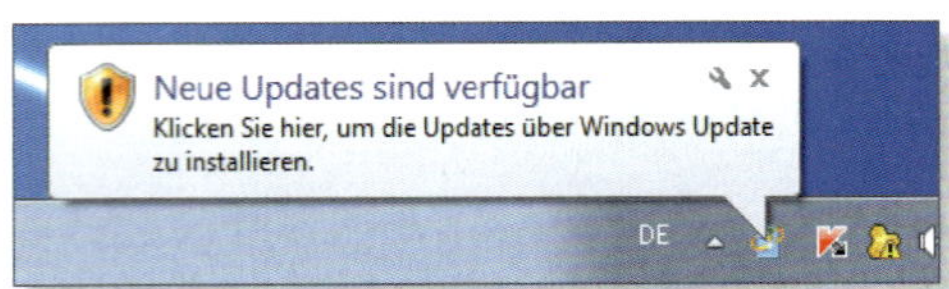

Abbildung 4.5 Windows 7 meldet, dass neue Updates vorhanden sind.

Sie können die Suche nach Updates aber auch manuell starten, indem Sie in der **Systemsteuerung** unter **System und Sicherheit > Windows Updates** im Menü **Nach Updates suchen** wählen.

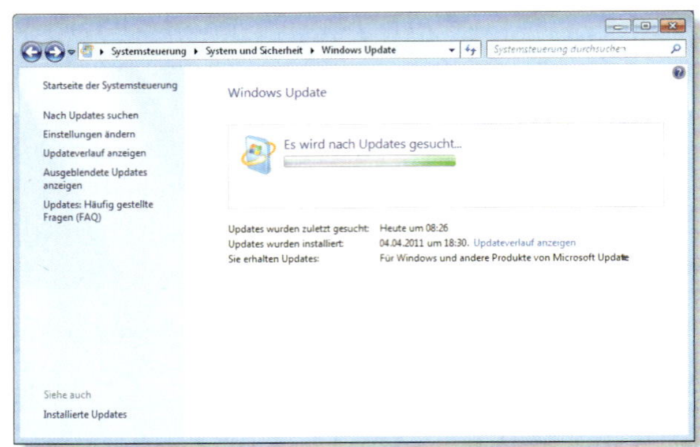

Abbildung 4.6 Windows 7 prüft auf Updates.

Die Suche kann auch in der Kategorieübersicht **System und Sicherheit** der Systemsteuerung gestartet werden. Auch im Wartungscenter ist dies möglich. Letzteres beschreibe ich im folgenden Abschnitt.

Nach der Suche nach Updates sehen Sie im Fenster **Windows Update**, wie viele wichtige und wie viele optionale Updates zur Verfügung stehen.

Unter den Begriff »wichtige Updates« fallen alle Systempatches und alle Pakete, die Sicherheitslücken schließen. Diese sollten Sie alle herunterladen und installieren.

Bei den optionalen Updates handelt es sich um Sprachpakete (Lokalisierungen) und Updates zu anderen Werkzeugen. Hier finden Sie auch Updates für Microsoft Office und Microsoft Defender. Zu den optionalen Updates gehören außerdem Aktualisierungen zum E-Mail-Filter von Outlook und Updates zur Programmiersprache *Microsoft Visual C++*.

Mit einem Mausklick auf **Updates installieren** können Sie bereits jetzt alle die wichtigen Updates, die Windows 7 automatisch für Sie ausgewählt hat, auf den Rechner laden und installieren. Möchten Sie dies tun, klicken Sie auf die Schaltfläche **Updates installieren**.

Klicken Sie einmal auf die Anzeige **XX wichtige Updates sind verfügbar** ❶. Auf diese Weise zeigt Ihnen Windows 7 an, welche Aktualisierungen für Ihr Betriebssystem bereitstehen (siehe Abbildung 4.8).

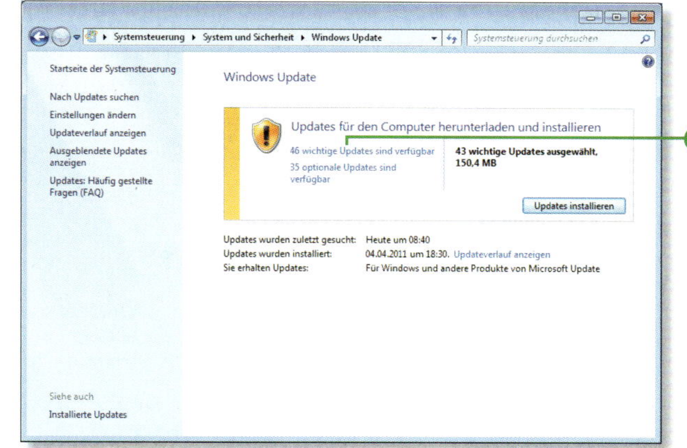

Abbildung 4.7 *Es stehen 43 wichtige Updates bereit. Diese sollten auch auf den Rechner installiert werden.*

Sie sehen nun in einer Tabelle, welche Updates für Ihren Rechner verfügbar sind. Vor jedem Updatepaket finden Sie eine Optionsschaltfläche. Mit dieser können Sie das Paket an- oder auch abwählen.

Die Sicherheitsupdates werden von Windows 7 bereits ausgewählt. Schauen Sie sich alle Updatepakete an.

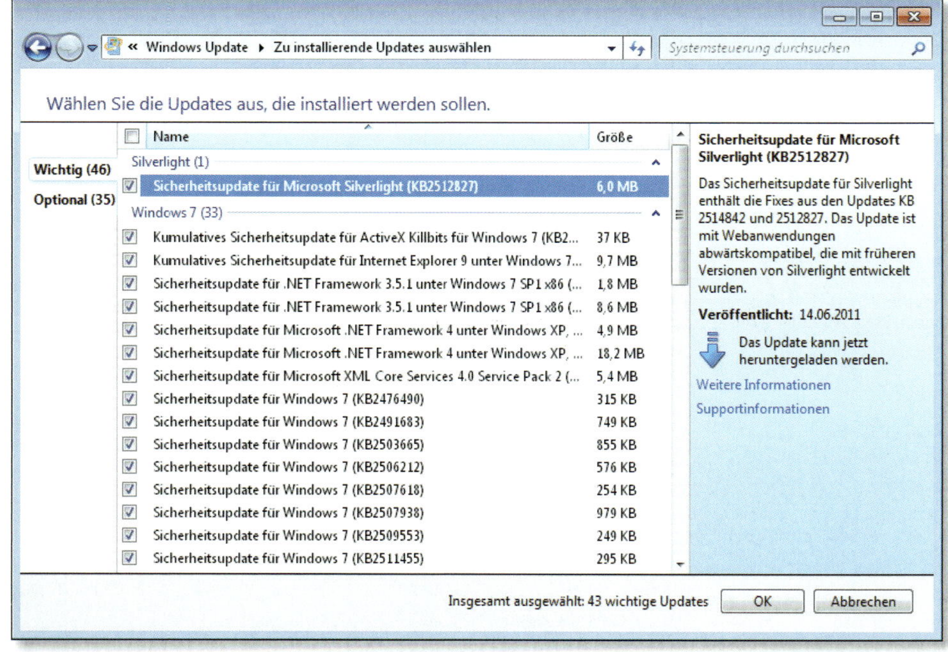

Abbildung 4.8 *Alle verfügbaren Updates werden aufgelistet.*

Wenn Sie möchten, können Sie einzelne optionale Pakete abwählen. Mit **OK** und **Updates installieren** werden diese anschließend auf Ihren Rechner geladen und installiert.

Das Wartungscenter verwenden

Im Wartungscenter können Sie den Sicherheitsstatus Ihres Rechners einsehen. Sie finden diese Übersicht ebenfalls in der **Systemsteuerung** unter **System und Sicherheit**. Alle Informationen werden in den zwei Übersichten **Sicherheit** und **Wartung** angezeigt.

Sie sehen so auf einen Blick, ob das installierte Virenprogramm auf einen neuen Stand gebracht werden muss. Sie sehen auch, ob das Windows Update selbstständig Aktualisierungen für Ihr Betriebssystem auf den Rechner holt, ob Sie eine Datensicherung erstellt haben und ob das Microsoft-Tool *Windows Defender* verwendet wurde (siehe Abbildung 4.9).

Die Meldungen im Wartungscenter verstehen

Alle Meldungen werden mit einem Farbbalken und einer Textmeldung angezeigt. Rot steht dabei immer für eine Warnung. Die Farbe Gelb steht für eine Einstellung, die Microsoft nicht empfiehlt. Das muss aber nicht immer auch automatisch schlecht sein. So wird beispielsweise auch eine Meldung mit der Farbe Gelb markiert, wenn Sie Updates manuell suchen und wenn Sie Windows Defender eine Weile nicht verwendet haben.

In meinem Beispiel sehe ich beispielsweise, dass meine Antivirensuite Kaspersky Internet Security mal wieder ein Update nötig hat. Das Windows Update ist so eingerichtet, dass ich für das Herunterladen und Installieren eine Zustimmung geben muss. Die automatische Option habe ich nicht gewählt. Windows Defender habe ich eine Zeit lang nicht verwendet. Eine Datensicherung wurde nicht erstellt (siehe Abbildung 4.9).

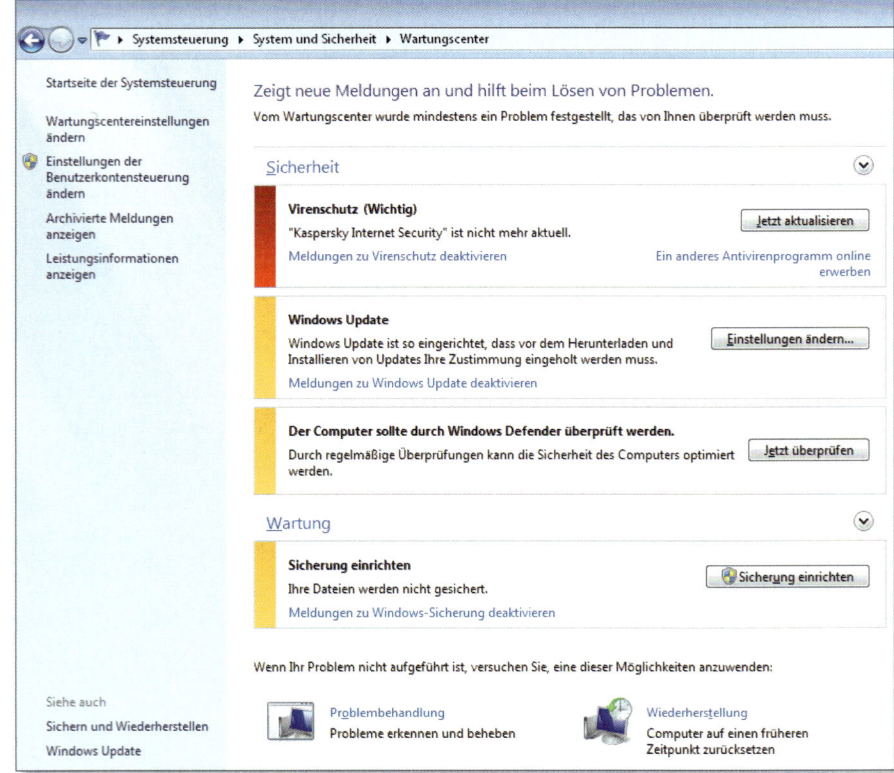

Abbildung 4.9 Das Wartungscenter zeigt eine ausführliche Übersicht über den Sicherheitsstatus Ihres Rechners.

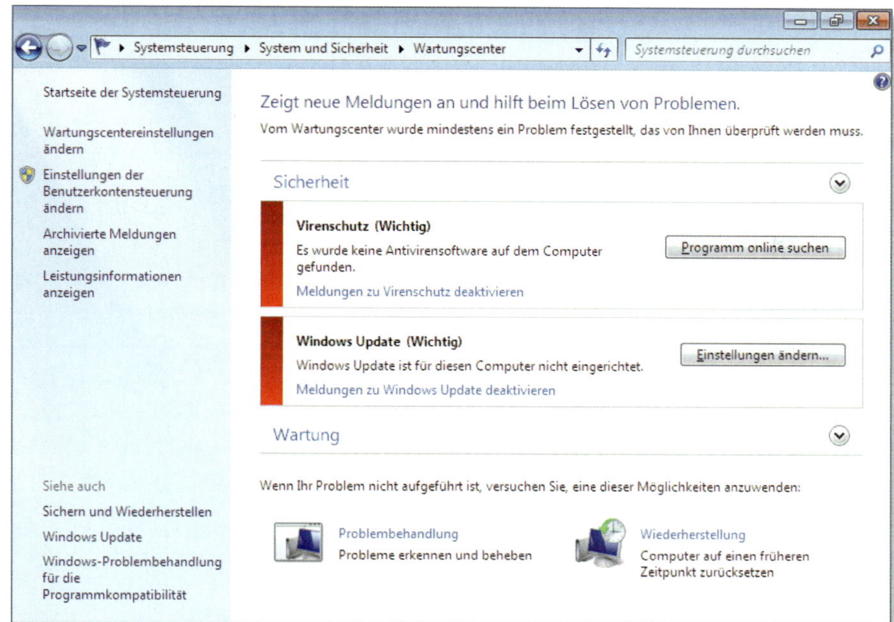

< ***Abbildung 4.10*** *Nach der Installation von Windows befinden sich nur zwei Meldungen im Wartungscenter.*

Hinter jeder Meldung finden Sie eine Schaltfläche. Mit dieser können Sie die Einstellung ändern, eine Datensicherung durchführen oder auch den Rechner mit Windows Defender prüfen.

Nach der Installation von Windows 7 finden Sie möglicherweise nicht alle Meldungen im Wartungscenter. Sie haben noch keine Antivirensuite installiert und nutzen Windows Defender nicht. In beiden Fällen fehlen diese Meldungen. Wundern Sie sich also nicht, wenn Sie nur auf das Fehlen eines Antivirenprogramms und den Status des Windows Updates hingewiesen werden.

Die Wartungscentereinstellungen anpassen

Auf der linken Seite der Systemsteuerung finden Sie, wie Sie sicher bereits gesehen haben, in vielen Übersichten ein Menü. Das ist auch im Wartungscenter so. Hier erreichen Sie die Einstellungen zum Wartungscenter, die Einstellungen der Benutzerkontensteuerung, eine Übersucht der archivierten Meldungen und die Windows 7-Leistungsinformationen.

In diesem Abschnitt wollen wir uns einmal die Einstellungen zum Wartungscenter ansehen. Wählen Sie diese aus.

Sie stellen hier ein, wann Sicherheitsmeldungen und Warnmeldungen ausgegeben werden. Wenn Sie eine Einstellung festlegen, können Sie so umgehen, dass Windows 7 diese »nicht passt«. Ein kleines Beispiel: Sie möchten das Prüfen auf Updates alle 1 bis 2 Wochen selbst vornehmen. Auch eine Windows-Sicherung nehmen Sie alle zwei Wochen, wenn es die Freizeit erlaubt, vor. Deaktivieren Sie die Wartungsmeldungen **Windows-Sicherung** und **Nach Updates suchen**.

Die folgenden Sicherheitsmeldungen können Sie an- oder ausschalten:

- **Windows-Update**
- **Internetsicherheitseinstellungen**
- **Netzwerkfirewall**
- **Schutz vor Spyware und ähnlicher Malware**
- **Benutzerkontensteuerung**

- Virenschutz

Daneben lassen sich die nachfolgenden Wartungsmeldungen aktivieren oder auch deaktivieren:

- **Windows-Sicherung**
- **Nach Update suchen**
- **Windows-Problembehandlung**

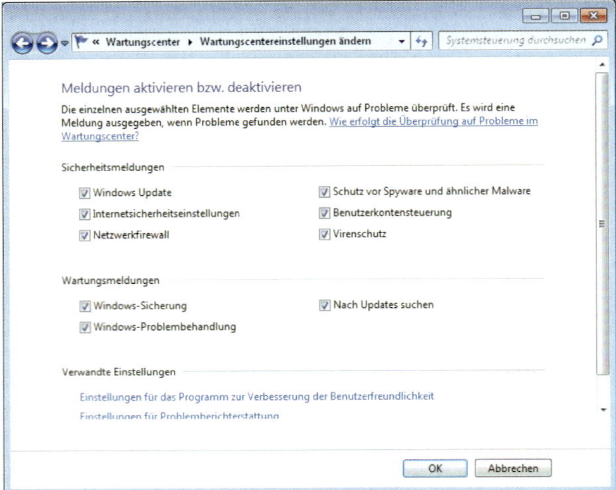

Abbildung 4.11 *In den Einstellungen zum Wartungscenter werden Meldungen an- oder auch ausgeschaltet.*

Die Meldungen werden nach dem Startvorgang von Windows angezeigt. Daneben finden Sie ein Symbol im Infobereich der Taskleiste. Ein Fähnchen mit einem roten Kreuz weist auf vorhandene Meldungen hin. Klicken Sie darauf, werden diese Meldungen sichtbar.

Abbildung 4.12 *Mit einer kleinen Fahne und einem weißen Kreuz auf rotem Grund wird auf vorhandene Meldungen hingewiesen.*

Die Warnmeldungen des Wartungscenters sind kein Grund zur Panik. Schauen Sie sich diese an, und entscheiden Sie selbst, ob eine Einstellung oder Aktion notwendig ist.

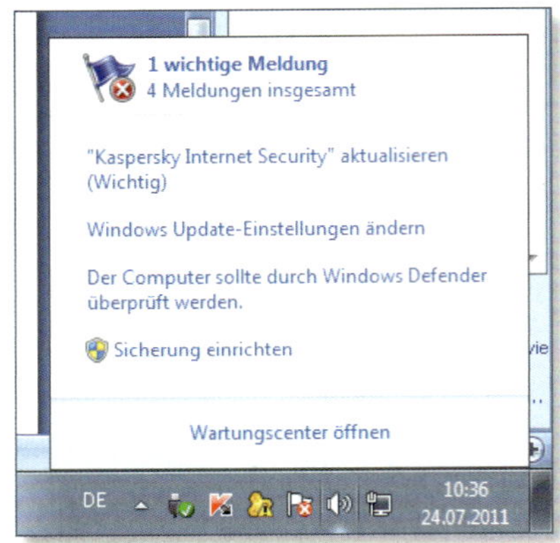

Abbildung 4.13 *Die Warnmeldungen des Wartungscenters.*

Über das aufklappbare Fenster mit den Meldungen des Wartungscenters können Sie direkt in selbiges gelangen. Von hier aus lassen sich auch Einstellungen und Aktionen direkt ausführen.

Der Vorteil ist: Sie müssen nicht erst die Systemsteuerung öffnen und sich bis zum Ziel durchklicken, sondern landen direkt am Ziel.

Teil II
Dokumente und Dateien verwalten

Kapitel 5
Ein paar hilfreiche Tipps für den Alltag

Bestimmte Aufgaben müssen Sie immer mal wieder mit Ihrem Windows 7-Rechner ausführen. Hier lässt sich viel Zeit sparen, wenn man ein paar Tricks kennt.

Viele Aufgaben kehren täglich oder häufiger wieder. So werden Sie z. B. regelmäßig einen Datenträger überprüfen, einen USB-Stick formatieren oder schnell ein Dokument erstellen wollen. Zu diesen Aufgaben möchte ich Ihnen in diesem Kapitel Lösungen anbieten, mit denen Sie Zeit sparen.

5.1 Mit Wechselmedien arbeiten

Eine USB-Festplatte und ein USB-Stick sind einfach zu verwenden. Sie verbinden den USB-Stecker mit Ihrem Rechner, und schon wird das Speichermedium hinzugefügt und im Explorer angezeigt.

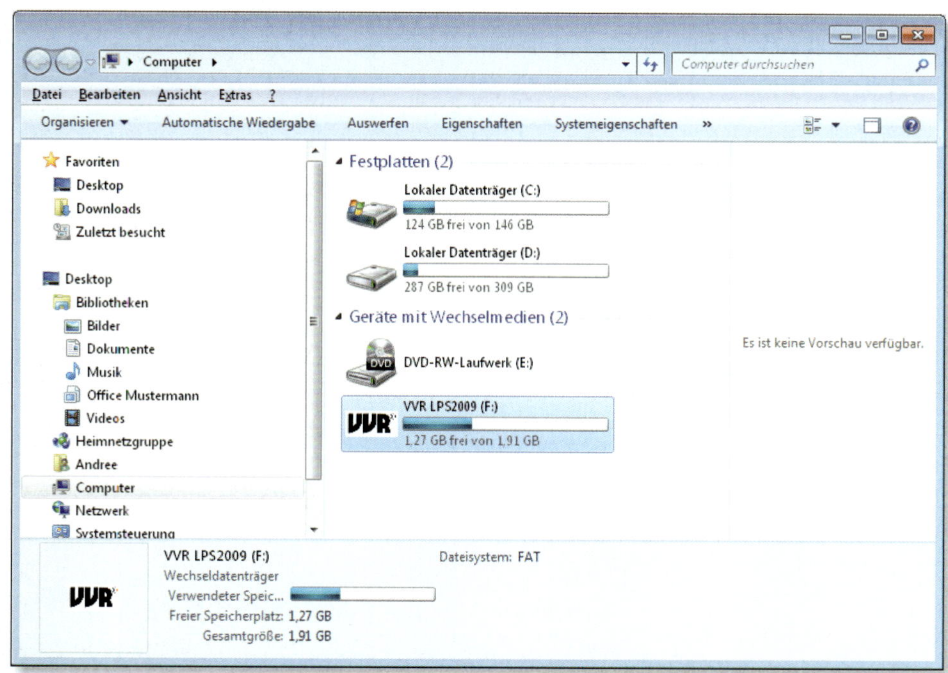

Abbildung 5.1 *Mein USB-Stick ist noch mit Daten belegt.*

In der Regel sind die Datenträger vorformatiert. Ist dies nicht der Fall, müssen Sie diese Aufgabe nachholen. Das ist recht einfach und schnell getan.

So formatieren Sie USB-Sticks und Speicherkarten richtig

Verbinden Sie zunächst den Datenträger mit dem Rechner. Wählen Sie im Startmenü **Computer**. Der Dateimanager zeigt nun die Festplatte in Ihrem Rechner und das Wechselmedium an.

In meinem Beispiel liegen noch Daten, die ich nicht mehr brauche, auf dem USB-Stick. Nehmen wir an, Sie möchten die Daten nicht einfach nur löschen, sondern den Datenträger formatieren und auf Fehler überprüfen.

1 Verbinden Sie den USB-Stick mit Ihrem Rechner.

2 Öffnen Sie die Ansicht **Computer**. Markieren Sie in dieser den Datenträger, und öffnen Sie mit der rechten Maustaste das Kontextmenü. Wählen Sie **Formatieren**.

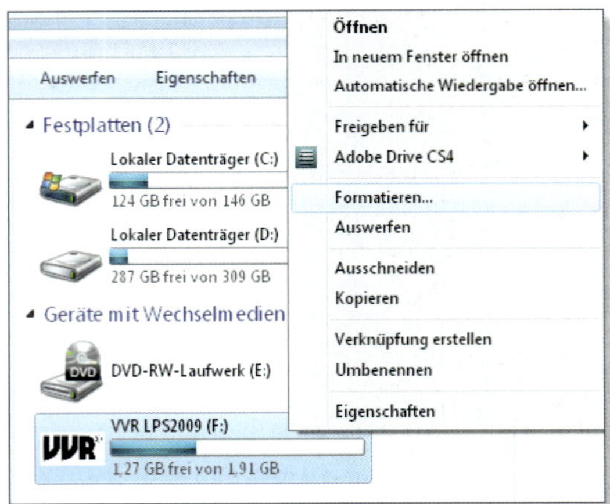

∧ ***Abbildung 5.2*** *Den Befehl* ***Formatieren*** *finden Sie im Kontextmenü des Wechseldatenträgers.*

3 Eine Dialogbox klappt auf. Tragen Sie eine Bezeichnung für den Datenträger ein. Entfernen Sie das Häkchen aus dem Kästchen **Schnellformatierung**. Klicken Sie auf **Starten**.

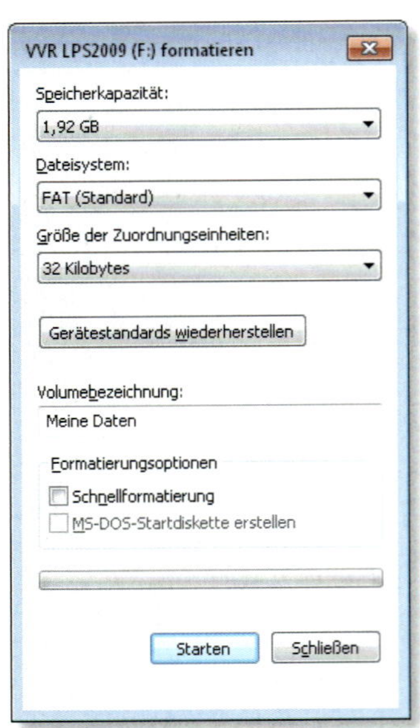

∧ ***Abbildung 5.3*** *Der USB-Stick wird nun formatiert. Danach steht er mit seiner kompletten Speicherkapazität zur Verfügung.*

4 Windows 7 blendet eine Sicherheitswarnung ein. Bestätigen Sie diese mit **OK**.

Anhand des Fortschrittsbalkens können Sie den Vorgang verfolgen. Warten Sie, bis Windows 7 mit dem Formatieren des Wechseldatenträgers fertig ist. Schließen Sie dann den Dialog.

HINWEIS

Formatieren von Datenträgern
Wenn Sie einen Datenträger formatieren, wird das Dateisystem neu eingerichtet. Alle vorhandenen Daten gehen bei diesem Vorgang verloren.

Achten Sie aus diesem Grund unbedingt darauf, dass auf den zu formatierenden Datenträgern keine Daten sind, die Sie noch benötigen. Sichern Sie vorher wichtige Daten.

Die Schnellformatierung verwenden

Im Dialogfenster **Formatieren von** stehen nicht viele Optionen zur Verfügung. Die **Schnellformatierung** ist meist vorausgewählt. Wie der Name bereits verrät, ist diese Art der Formatierung um einiges flotter.

Der Unterschied ist einfach: Bei beiden Formatierungsarten werden zuerst die Daten vom Datenträger gelöscht, und anschließend wird der Datenträger formatiert. Zusätzlich wird bei der normalen Formatierung der Datenträger auf fehlerhafte Sektoren überprüft.

INFO

Einen Datenträger per Befehl überprüfen

Auf der MS DOS-Eingabeaufforderung können Sie mit dem Befehl `chkdsk` einen Datenträger auf fehlerhafte Sektoren überprüfen.

Nutzen Sie die Option `-r`. Mit ihr werden fehlerhafte Sektoren gefunden und wiederhergestellt.

Greifen Sie auf diesen Befehl zurück, wenn Sie einen Datenträger mit der Schnellformatierung formatiert haben.

Sie erreichen den Befehl **Formatieren** natürlich auch auf anderem Weg. Im Explorer können Sie das Kontextmenü über den Navigationsbaum öffnen und den Befehl wählen. In der Datenträgerverwaltung steht der Befehl ebenfalls zur Verfügung. Verwenden können Sie ihn auf der MS DOS-Eingabeaufforderung.

Abbildung 5.4 *In der Datenträgerverwaltung sehen Sie auf einen Blick wichtige Eigenschaften des formatierten USB-Sticks.*

Welches Dateisystem ist das richtige?

Auf meinem alten USB-Stick wurde das Dateisystem FAT verwendet. Windows 7 nutzt das Dateisystem NTFS.

FAT ist beim USB-Stick Standard. Warum ist das so? – Dieses Dateisystem sorgt dafür, dass der USB-Stick an verschiedenen Rechnern verwendet werden kann.

Natürlich können Sie auch ein anderes Dateisystem verwenden. NTFS bietet eine ganze Reihe von Vorteilen. Das Dateisystem ist schneller und sicherer. Sie können hier Zugriffe erstellen und Inhalte komprimieren.

Schauen wir uns einmal die wichtigsten Eigenschaften und Unterschiede verschiedener Dateisysteme an:

Das Dateisystem NTFS

NTFS ist ein Journaling-Dateisystem. Jede Änderung die z. B. durch ein Verschieben oder Kopieren von Dateien hervorgerufen wird, wird – in einem *Journal* – aufgezeichnet. Dateinamen können bis zu 255 Zeichen beinhalten. Benutzerzugriffe können eingeschränkt werden. Weitere Zugriffsbeschränkungen sind durch Verschlüsselungen und das Einrichten von Zugriffskontingenten möglich. Über die Eigenschaften von Ordnern und Dateien können diese komprimiert werden. Dadurch kann der Anwender Speicherplatz sparen.

NTFS erlaubt das Erstellen und Verwalten von sehr großen Dateien. Damit sind auch ISO-Images von DVDs und Blu-ray-Medien kein Problem.

Das Dateisystem geht sehr schnell mit kleinen Dateien um. Speichervorgänge, Dateiverwaltungsaufgaben und Zugriffe erfolgen recht flott. NTFS verwendet in der Vorgabeeinstellung Zuordnungseinheiten mit einer Größe von 4096 Bytes.

Sie können Dateien mit einer Vielzahl von Verknüpfungen versehen. Das bedeutet, dass eine Datei unterschiedliche Bezeichnungen haben kann. Bis zu 1023 Bezeichnungen sind möglich. Man spricht hier von *harten Links*.

Ein Verzeichnispfad kann eine Länge von bis zu 32.767 Zeichen haben. In der Praxis werden derart lange Verzeichnispfade kaum benötigt. Möglich sind sie jedoch. Beachten Sie aber: Einige Datensicherungsanwendungen können mit derart langen Verzeichnisnamen nicht arbeiten. Sie unterstützen nur Verzeichnispfade, die 256 Zeichen Länge besitzen.

Im Unterschied zu Unix und damit verwandten Systemen unterscheidet Windows nicht zwischen Groß- und Kleinschreibung bei Datei- und Ordnernamen. Die Schreibweise, die Sie wählen, bleibt bei der Anzeige erhalten. Es gibt jedoch intern keinen Unterschied zwischen *TEST.exe* und *test.exe*. Das ist nicht nur bei NTFS, sondern bei allen Windows-Dateisystemen so.

Eine der wichtigsten Eigenschaften von NTFS ist, dass es sich wie erwähnt um ein Journaling-Dateisystem handelt. Änderungen an Ordnern und Dateien werden in einem *Journal* festgehalten. Kommt es zu Programm- oder Systemabstürzen, wird das Journal verwendet, um Inhalte wiederherzustellen.

Es muss ja nicht immer sein, dass ein Anwendungsprogramm eine »Macke« hat oder Windows 7 abstürzt. Vielleicht kommt es aufgrund eines Gewitters zu einem Stromausfall. Ein Schreibvorgang einer Datei wird unterbrochen. Das Dateisystem weist nun Fehler auf. Dank des Journalings können diese Fehler beim nächsten Startvorgang des Systems behoben werden.

Den älteren Dateisystemen FAT und FAT32 kommt nur noch eine untergeordnete Bedeutung zu. Bei dem USB-Stick, den ich zuvor mit diesem Dateisystem formatiert habe, sorgt FAT für eine hohe Kompatibilität. Ich kann diesen Stick an einem älteren Windows-Rechner verwenden und auf die Daten zugreifen. Auch an meinen Festplatten-Receiver und andere Geräte kann ich den Wechseldatenträger anstöpseln.

Aber sofern es möglich ist, sollten Sie NTFS nutzen. Das Dateisystem besitzt viele Vorteile: Journaling, schneller Umgang mit kleinen Dateien, lange Datei- und Verzeichnisnamen, Einrichtung von Zugriffsschutz und Kontigenten und einiges mehr.

5.2 Kleine Aufgaben einfach ausführen

Windows 7 besitzt viele praktische Funktionen. Sie können eine Reihe von Aufgaben ohne Zusatzprogramme ausführen. Warum also ein Programm kaufen, wenn man auch mit Windows 7 die ein oder andere Aufgabe ausführen kann?

Dateien mit Windows 7 packen und entpacken

Um mehrere Dateien als Paket zu versenden und nebenbei Platz zu sparen, packe ich den Inhalt eines Ord-

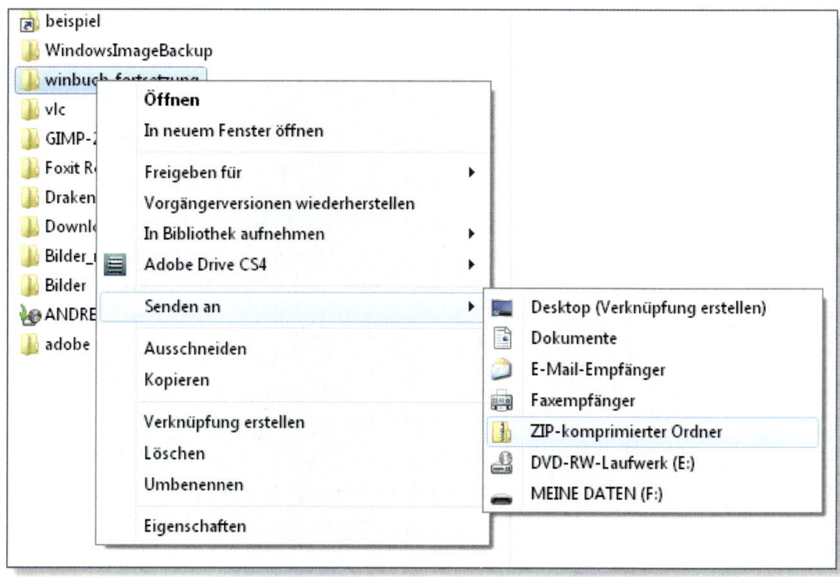

Abbildung 5.5 *Über das Kontextmenü können Dateien und Ordner gepackt werden.*

ners in eine komprimierte Zip-Datei. Dieser wird dann per E-Mail versendet.

Für das Packen und Entpacken müssen Sie kein zusätzliches Anwendungsprogramm verwenden. Windows 7 kann dies allein tun. Allerdings wird nur das Kompressionsformat Zip unterstützt.

1 Markieren Sie im Windows-Explorer den Ordner, den Sie packen möchten. Öffnen Sie das Kontextmenü, und wählen Sie **Senden an > ZIP-komprimierter Ordner** (siehe Abbildung 5.5).

2 Geben Sie im Dateimanager einen Namen für die komprimierte Datei ein. Bestätigen Sie mit [↵]. Sie können auch die Vorgabe verwenden. Windows 7 übernimmt den Namen des Ordners, den Sie gepackt haben. Er wird im Dateimanager markiert, und der Cursor springt in diese Markierung, sodass der Name editiert werden kann.

Zweimal derselbe Dateiname? Geht das?

Es ist nicht wirklich derselbe Dateiname, auch wenn Windows 7 beim Packen den Namen des Ordners, der komprimiert wird, als Namen der Zip-Datei übernimmt. Die komprimierte Datei wird mit der Dateierweiterung **.zip* ausgestattet.

Wenn Sie die Datei *beispiel.zip* noch einmal komprimieren, wird der Dateiname automatisch von Windows 7 um eine Zahl ergänzt: *beispiel (2).zip*.

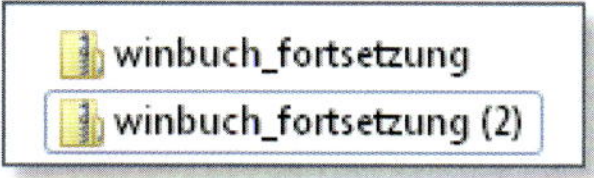

Abbildung 5.6 *Windows 7 hat das Ergebnis mit einer Zahl versehen.*

INFO

Dateien und Ordner zweimal komprimieren
In der Praxis bringt eine doppelte Kompression nur selten etwas. Es genügt, Dateien und Ordner einmal zu komprimieren.

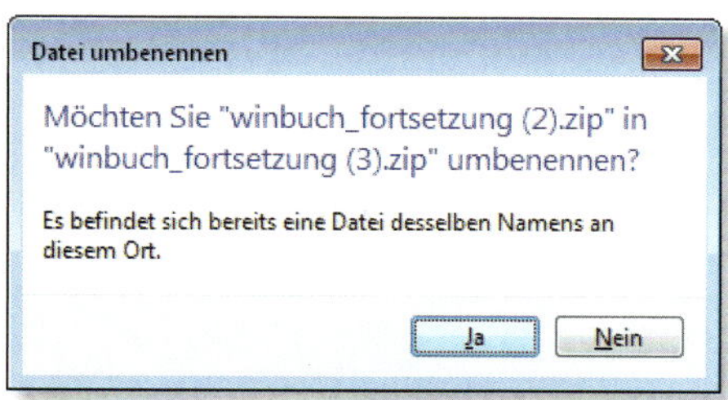

Abbildung 5.7 *Beim Umbenennen weist Windows 7 darauf hin, dass es bereits eine Datei mit dem gewünschten Dateinamen gibt. Vorgeschlagen wird auch hier ein Dateiname mit einer Zahl im Dateinamen.*

TIPP

Nicht zusammenhängende Dateien und Ordner komprimieren
Möchten Sie Dateien und Ordner komprimieren, die nicht hintereinander im Windows-Explorer aufgelistet sind, wählen Sie diese bei gedrückt gehaltener [Strg]-Taste aus.

Sie können sich den Inhalt von komprimierten Dateien ganz normal im Dateimanager ansehen. Doppelklicken Sie auf die Zip-Datei, um deren Inhalt zu sehen.

Im Dateimanager können Sie sich auch ansehen, wie stark Dateien komprimiert wurden. Markieren Sie diese einfach. Die Größe der Datei und die Größe nach der Kompression sehen Sie im Detailbereich. Hier wird auch das Verhältnis der Kompression angezeigt.

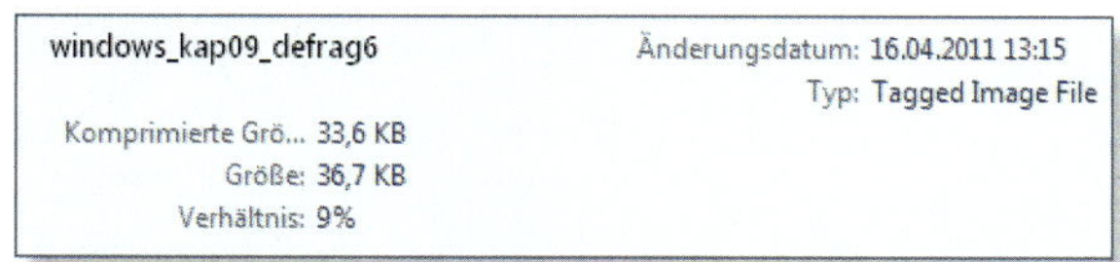

Abbildung 5.8 *Die Bilddatei in diesem Beispiel wurde um 9 % verkleinert. Da das Tif-Format schon selbst ein komprimiertes Format ist, ist die Packungsrate hier recht gering.*

Es lassen sich auch Dateien und Ordner zu einer Zip-Datei hinzufügen. Kopieren Sie die Dateien einfach per Drag & Drop.

Um eine Zip-Datei zu entpacken, gehen Sie wie folgt vor:

1 Öffnen Sie den Windows-Explorer. Begeben Sie sich zu dem Verzeichnis, in dem sich die Datei befindet.

2 Markieren Sie die Datei. Öffnen Sie das Kontextmenü. Wählen Sie **Alle extrahieren**.

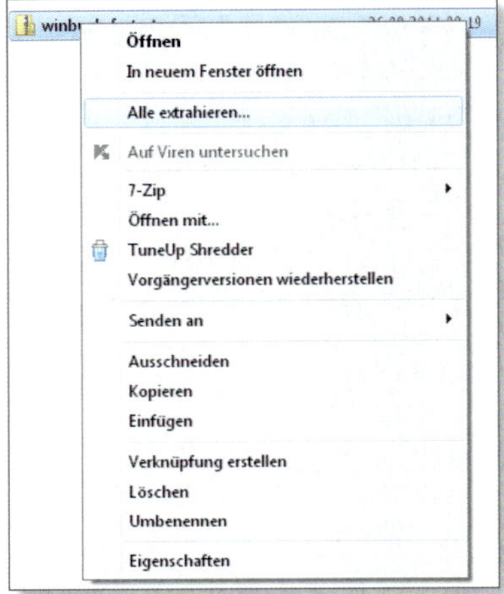

∧ ***Abbildung 5.9*** *Eine Zip-Datei wird entpackt.*

Ein Dialog wird geöffnet. Hier bestimmen Sie, wo die entpackten Dateien abgelegt werden sollen. Sie können das vorgegebene Verzeichnis einfach bestätigen. Windows 7 übernimmt den Dateinamen und erstellt einen gleichnamigen Ordner. Im folgenden Beispiel soll jedoch ein eigener Ordner erstellt werden.

1 Um einen Ordner zu erstellen, klicken Sie auf **Durchsuchen**.

2 Markieren Sie die Festplattenpartition, auf der sich der neue Ordner befinden soll. Mit der Pfeilschaltfläche vor dieser Partition öffnen Sie den Verzeichnisbaum. Wählen Sie **Neuer Ordner erstellen**.

3 Geben Sie eine Bezeichnung für den neuen Ordner ein, und bestätigen Sie mit **OK**.

4 Der neu erstellte Ordner wird in den Dialog übernommen. Entfernen Sie das Häkchen aus dem Optionskästchen **Dateien nach Extrahierung anzeigen**, und klicken Sie auf **Extrahieren**.

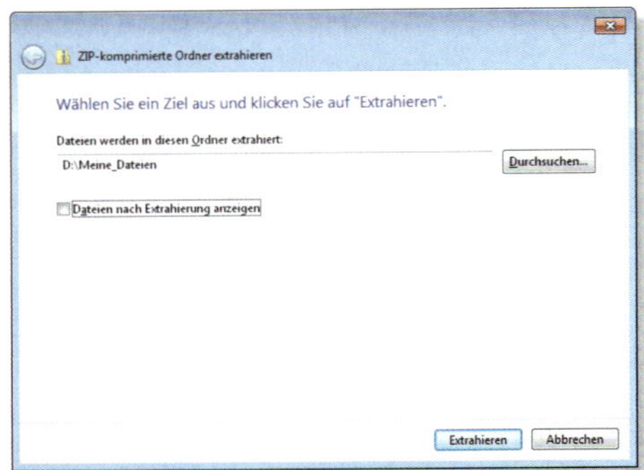

∧ ***Abbildung 5.10*** *Der Inhalt der Zip-Datei wird in einen neu erstellten Ordner entpackt. Wollen Sie diesen anschließend im Dateimanager sehen, lassen Sie die Option angeschaltet.*

Platz sparen mit der eingebauten Kompression

Über die Eigenschaften einer Datei können Sie die im NTFS-Dateisystem integrierte Kompression verwenden. Arbeiten Sie mit einer komprimierten Datei, wird diese zuerst entpackt und kann dann genutzt werden. Das Entpacken geschieht hierbei im Hintergrund.

1 Markieren Sie eine Datei im Windows-Explorer. Wählen Sie aus dem Kontextmenü **Eigenschaften**.

2 Wählen Sie **Erweitert**. Schalten Sie die Option **Inhalt komprimieren, um Speicherplatz zu sparen** an. Bestätigen Sie, und schließen Sie den Dialog **Eigenschaften von**.

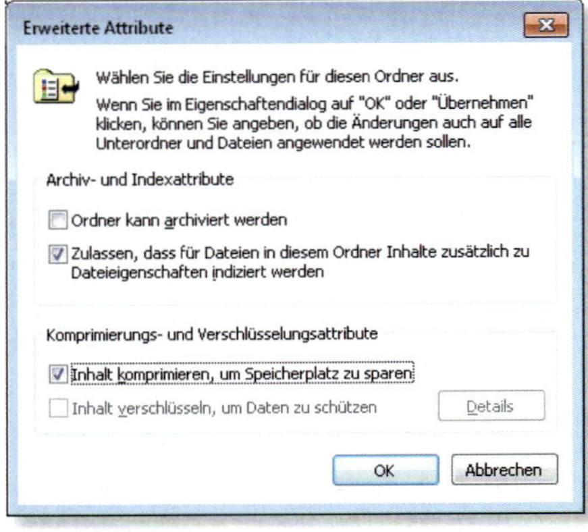

∧ ***Abbildung 5.11*** *Im Dialog* ***Erweiterte Attribute*** *können Sie eine Datei komprimieren.*

Eine komplette Partition komprimieren

Sie können auch eine komplette Festplattenpartition komprimieren. Sie sparen dadurch Platz. Jedoch muss bei jedem Zugriff auf die Inhalte der Partition Windows 7 diese entpacken. Dadurch erhöhen sich die Zugriffszeiten.

1. Um eine komplette Festplattenpartition zu komprimieren, markieren Sie diese im Navigationsbaum. Wählen Sie aus dem Kontextmenü **Eigenschaften**.
2. Schalten Sie die Option **Laufwerk komprimieren, um Speicherplatz zu sparen** an. Bestätigen Sie.

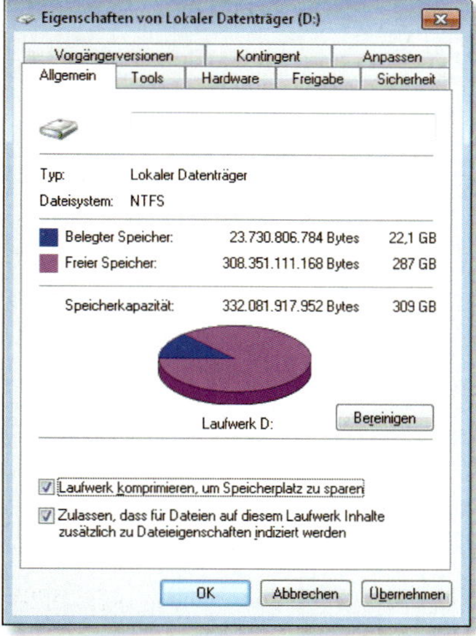

Abbildung 5.12 *Mit einer Option wird die Komprimierung einer Partition angeschaltet.*

ISO-Abbilder mit Windows 7 brennen

Für das Brennen eines ISO-Abbildes auf CD oder DVD benötigen Sie kein Brennprogramm. Windows 7 besitzt dazu bereits eine integrierte Funktion.

Für das folgende Beispiel habe ich mir einmal ein Abbild einer aktuellen Linux-Version auf meinen Rechner geladen. Um diese auf CD zu brennen, brauche ich kein Nero. Es genügen der Windows-Explorer und natürlich ein CD-Rohling.

INFO

Was versteht man unter einem ISO-Abbild?
Ein ISO-Abbild ist ein Dateityp, der ein Abbild einer CD oder DVD enthält. Die gesamte Struktur der CD/DVD ist in einer Datei enthalten. Die Datei entspricht einer Norm.

So eine ISO-Datei hat mehrere Vorteile. Sie wird oft beim Betriebssystem Linux verwendet. Hier erhält man einen bootfähigen Datenträger, mit dem sehr leicht das Betriebssystem installiert werden kann. Das ISO-Abbild kann auf einfache Weise kopiert und weitergegeben werden. Das ISO-Abbild kann ohne besondere technische Voraussetzungen erstellt werden. Sie brauchen dazu nur ein Brennprogramm und zwei CD/DVD-Brenner-Laufwerke. Die vorhandene Datei kann über Internetserver leicht weitergegeben werden. Voraussetzung ist hier natürlich, dass es sich um freie Software handelt.

Öffnen Sie den Windows-Explorer. Begeben Sie sich zu dem Verzeichnis, in dem sich die ISO-Datei befindet. In meinem Beispiel liegt sie unter *C:\Benutzer\Andree\Downloads* (siehe Abbildung 5.13).

Legen Sie einen beschreibbaren Rohling in Ihr DVD-Brenner-Laufwerk. Je nachdem, ob Sie das ISO-Abbild einer CD oder einer DVD auf ein Medium aufbringen wollen, wählen Sie den entsprechenden Rohling.

Markieren Sie die Datei, und öffnen Sie mit der rechten Maustaste das Kontextmenü. Wählen Sie die Funktion **Datenträgerabbild brennen**. Sie finden diese im Kontextmenü ganz oben an erster Stelle.

Ein kleines Dialogfenster klappt auf. Sofern Sie verschiedene DVD-Laufwerke in Ihrem PC haben, können Sie hier wählen, welches verwendet werden soll. Es empfiehlt sich, die Option **Datenträger nach dem Brennen überprüfen** anzuschalten. Der Vorgang dauert zwar so länger, aber Windows 7 überprüft, ob die erstellte CD/DVD auch fehlerfrei ist und verwendet werden kann. Starten Sie den Vorgang mit einem Mausklick auf die Schaltfläche **Brennen**.

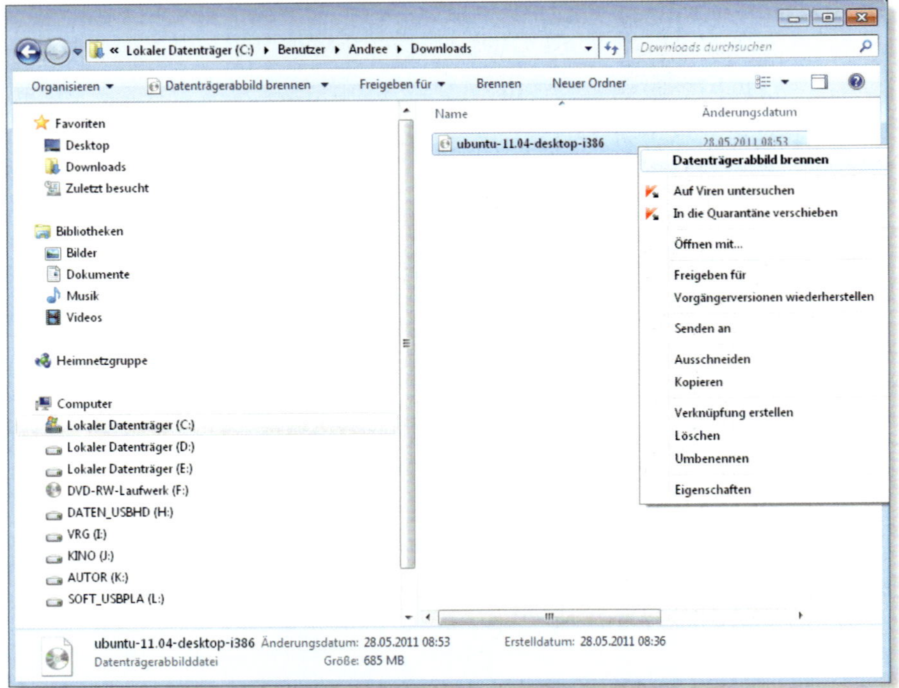

Abbildung 5.13 *Die Funktion zum Brennen eines ISO-Abbildes auf CD/DVD finden Sie im Kontextmenü des Windows-Explorers.*

Anhand eines Fortschrittsbalkens können Sie verfolgen, wie weit Windows bereits mit dem Brennen der CD/DVD ist und wie lange es noch dauern wird, bis diese fertig ist. Eine Prozentangabe erfolgt nicht. Auch können Sie nicht sehen, welche Dateien eben auf den Datenträger gebrannt werden. Das ist aber auch nicht notwendig.

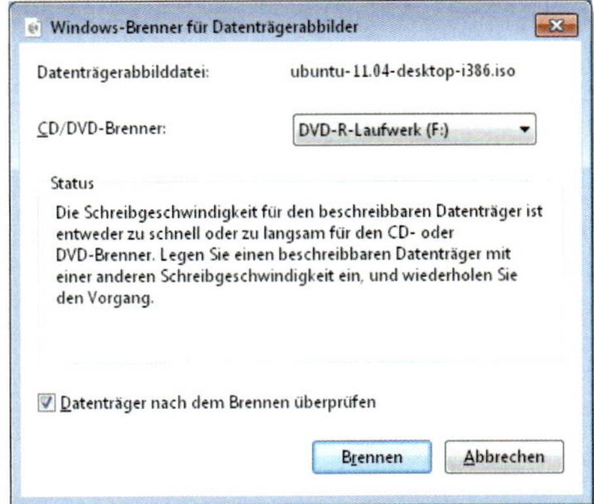

Abbildung 5.14 *Das ISO-Abbild wird nun auf CD gebrannt. Dank einer Option wird der Datenträger nach dem Brennen überprüft.*

Ein Fortschrittsbalken hält Sie auf dem Laufenden, was die Dauer des Brennvorgangs betrifft. Diese ist abhängig von der Leistungsfähigkeit Ihres Systems und auch des Brenners.

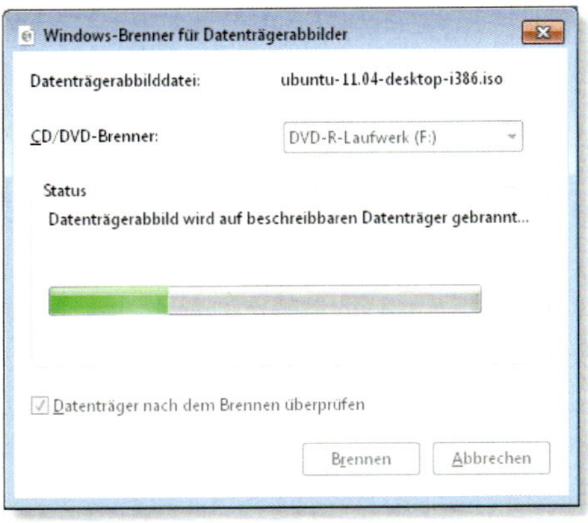

Abbildung 5.15 *Den Fortschritt des Brennvorgangs können Sie mitverfolgen.*

Der Windows-Explorer brennt das Abbild nicht

Es kann passieren, dass der Brennvorgang mit dem Windows-Explorer nicht gelingt. Der Datenträger wird ausgeworfen, und Windows 7 meldet, dass die Schreibgeschwindigkeit für den Brennvorgang zu hoch oder zu langsam ist. Sie sollen nun einen Datenträger mit einer anderen Schreibgeschwindgkeit einlegen. In so einem Fall sollten Sie doch zu einem kommerziellen Brennprogramm greifen. Hier wird die Schreibgeschwindigkeit angepasst.

Abbildung 5.16 *Windows 7 konnte das ISO-Abbild nicht brennen.*

Kapitel 6 Die neuen Aero-Funktionen sinnvoll nutzen

Die grafische Oberfläche von Windows 7 bringt viele optische Gimmicks mit. Der Desktop wirkt modern und bietet dem Anwender interessante Features und Möglichkeiten. Natürlich bleibt es Ihnen freigestellt, ob Sie alle auch tatsächlich nutzen wollen.

Viele Dinge können Sie an Ihre Wünsche und Bedürfnisse anpassen. Gerade das macht sehr viel Spaß. Natürlich können Sie Windows »auspacken« und verwenden. Aber glauben Sie mir – Sie können Ihren Desktop zu einem wahren Augenschmaus oder zu einem ausgetüftelten Arbeitsplatz machen. Und das ist ganz einfach. Die Anpassung beginnt ja bereits bei der Auswahl eines Designs und dem Einrichten von Desktopsymbolen.

In diesem Kapitel stelle ich Ihnen die Möglichkeiten und Vorteile von Aero Peek vor. Sie lernen die Desktop-Gadgets kennen und erfahren, wie Sie diese auswählen und nutzen. Ich verrate Ihnen, wie Sie weitere Aero-Funktionen nutzen und so zum Beispiel Ihre Arbeitsfenster optimieren und die Minivorschau nutzen. Ich zeige Ihnen, wie Sie den Desktop an Ihre Wünsche anpassen und was Sie alles verändern können. So werden Sie im Handumdrehen das Standard-Design gegen coole und interessante Designs und Bildschirmelemente austauschen.

6.1 Aero für Einsteiger

Die Windows 7-Oberfläche beinhaltet eine Reihe verschiedener Elemente. Bevor Sie diese kennenlernen und erfahren, was Sie alles mit Ihrem Windows 7 anstellen können, möchte ich diese Begriffe einmal erklären.

Wenn Sie ein Fenster an den linken oder rechten Bildschirm bewegen, wird die Größe des Fensters automatisch angepasst. So ist es möglich, zwei oder mehr Programmfenster ganz exakt nebeneinander zu positionieren. Sie müssen keine Größenanpassungen der Fenster mit der Maus ausführen. Eine sehr hilfreiche Funktion, die von Microsoft als *Aero Snap* bezeichnet wird.

Das Ein- und Ausblenden von Fenstern über die Schaltfläche **Desktop anzeigen** in der Taskleiste wird von Microsoft als *Aero Peek* bezeichnet.

Haben Sie mehrere Programmfenster geöffnet, können Sie eines auswählen und durch schnelles Hin- und Herbewegen dafür sorgen, dass alle anderen Fenster verkleinert werden. Diese Technik wird als *Aero Shake* bezeichnet. Mehrere geöffnete Fenster lassen sich in einer 3D-Darstellung auf dem Bildschirm anzeigen. Sie blättern durch diese und wechseln zu einem der geöffneten Anwendungsprogramme. Microsoft bezeichnet diese optisch sehr coole Technik als *Flip 3D* (siehe Abbildung 6.1).

Die Aero-Oberfläche kann mit vorgefertigten Designs verändert werden. Aber auch einzelne Desktopelemente lassen sich anpassen. Die Effekte werden als *Aero-Glaseffekte* bezeichnet.

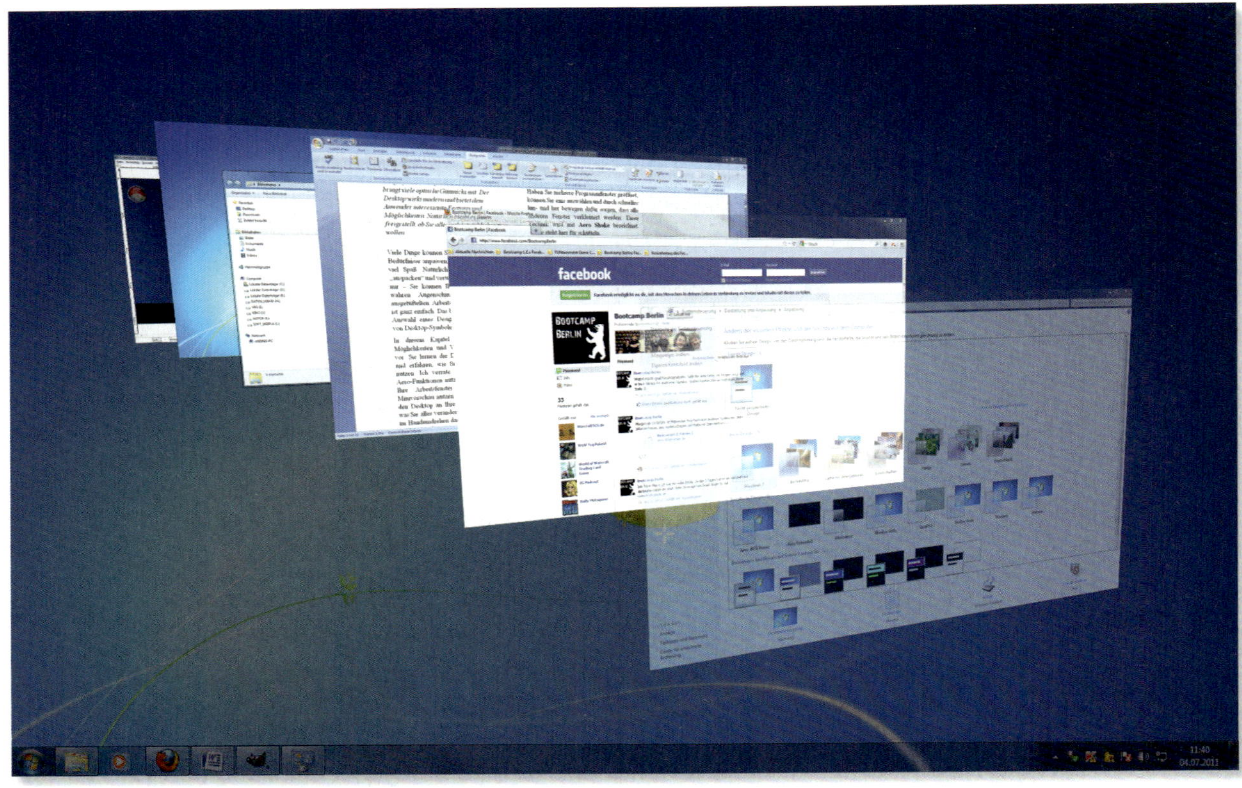

Abbildung 6.1 *Mit Flip 3D sehen Sie auf Ihrem Desktop eine dreidimensionale Ansicht der geöffneten Programmfenster.*

Auf dem Aero-Desktop lassen sich kleine Miniprogramme platzieren. Eine kleine Auswahl von interessanten Miniprogrammen ist bereits auf dem installierten Windows 7-System vorhanden. Weitere können Sie aus dem Internet beziehen. Es gibt für jeden Geschmack solche *Gadgets*. Schauen Sie sich einmal um. Sie finden sicher auch ein Miniprogramm, das Ihren Wünschen und Interessen entspricht.

INFO

Wo Sie auf Aero verzichten müssen

Die Windows-Editionen *Starter* und *Home Basic* unterstützen die neuen Windows-Aero-Features nicht. Wenn Sie das Design wechseln und ein Basisdesign verwenden, stehen die Aero-Funktionen ebenfalls nicht zur Verfügung.

In den nächsten Abschnitten zeige ich Ihnen die verschiedenen Elemente, und Sie erfahren, wie Sie diese nutzen können.

Die Vorteile von Aero Peek auf einen Blick

Ein geöffnetes Programmfenster wird mit einem Symbol in der Taskleiste angezeigt. Wenn Sie mit der linken Maustaste darauf klicken, wird das Programmfenster minimiert. Ein weiterer Mausklick vergrößert das Fenster wieder. Das ist eine sehr coole und einfach anzuwendende Funktion. Aero Peek ist dies aber noch nicht.

Mit Aero Peek lassen sich mehrere Programmfenster einblenden oder minimieren. In der Taskleiste finden Sie ganz am rechten Rand die Schaltfläche **Desktop**

Abbildung 6.2 *Bunt, schräg und cool – so kann auch Ihr Windows-Desktop aussehen.*

anzeigen. Ein Mausklick auf diese Funktion lässt die geöffneten Programmfenster verschwinden, und Sie haben einen freien Blick auf den Windows-Desktop. Klicken Sie noch einmal auf diese Schaltfläche, werden die Programmfenster wieder eingeblendet.

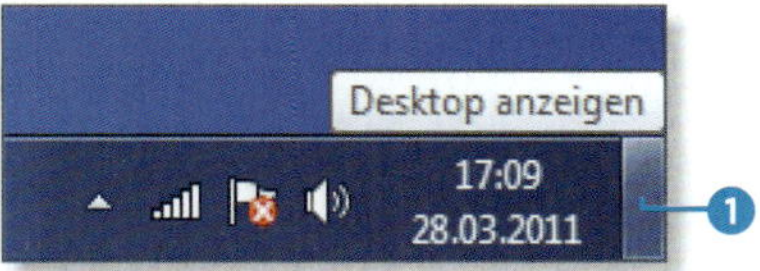

Abbildung 6.3 *Eine unscheinbare Schaltfläche in der Taskleiste 1, die fast übersehen werden kann, verbirgt die Programmfenster und blendet sie wieder ein.*

HINWEIS

Aero-Effekte

Die Aero-Funktionen und -Effekte können Sie nur mit einem Aero-Design nutzen. Wenn Sie unter **Anpassung** in der **Systemsteuerung** ein Basisdesign ausgewählt haben, stehen Ihnen diese Features nicht zur Verfügung.

Beim Anzeigen des Windows-Desktops mit Aero Peek verschwindet ein Programmfenster und wird nur noch mit einem transparenten Rahmen angezeigt.

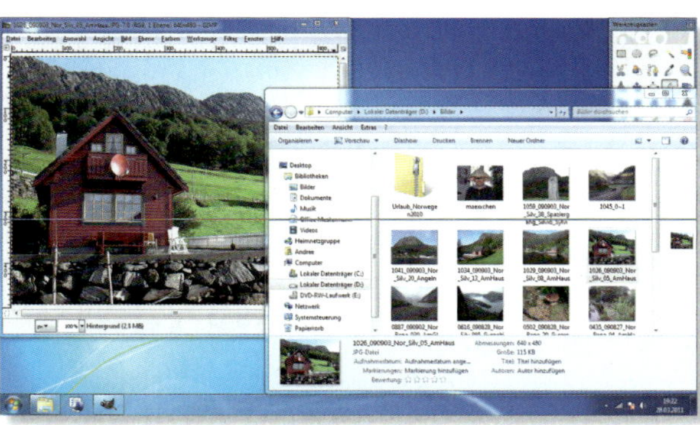

Abbildung 6.4 *Der Windows-Desktop vor dem Verwenden des Effekts*

Bewegen Sie die Maus über das Programm, das Sie in der Taskleiste sehen, wird eine Vorschau angezeigt. Dazu muss diese Live-Vorschau jedoch auch angeschaltet sein. Ist dies nicht der Fall, öffnen Sie das Kontextmenü auf der Schaltfläche **Desktop anzeigen** und schalten die Vorschau an.

Abbildung 6.5 *Und so sieht es aus, wenn Sie den Aero Peek verwenden.*

Sind in einem Programm zwei oder mehr Dateien geöffnet, werden entsprechend viele Live-Vorschau-Bilder angezeigt. Diese Funktion ist interessant, um zu sehen, welche Datei geöffnet ist. So kann das Gesuchte schnell gefunden und geöffnet werden. Texte und Inhalte von Präsentationen oder Tabellendokumenten sind jedoch nicht zu lesen. Dazu ist die Vorschau zu klein. Die Live-Vorschau steht für alle gängigen Anwendungen zur Verfügung.

Abbildung 6.6 *Im Bildbearbeitungsprogramm GIMP habe ich drei Fotos geöffnet. Die Live-Vorschau von Windows 7 zeigt diese an.*

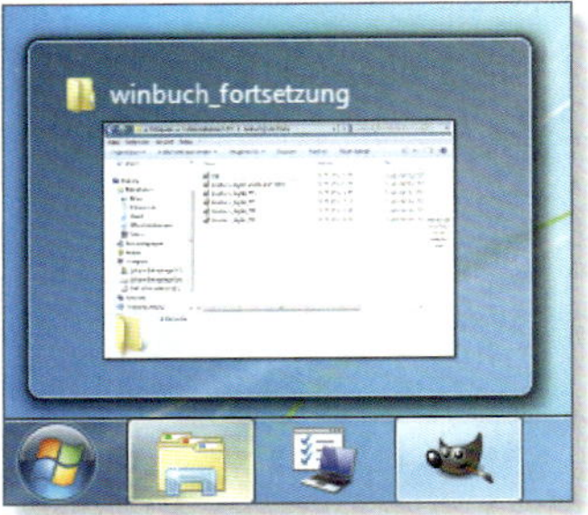

Abbildung 6.7 *Die Live-Vorschau steht auch für den Windows-Explorer zur Verfügung.*

Fenster ganz einfach mit der Maus bewegen: Aero Snap

Ziehen Sie einmal das Fenster des Windows Dateimanagers an den rechten Bildschirmrand. Haben Sie einen bestimmten Punkt erreicht, klappt ein transparenter Rahmen auf. Lassen Sie die Maustaste los, wird das Programm in diesem Rahmen abgelegt.

Abbildung 6.8 *An den Rand gezogen, blendet Windows 7 einen Rahmen ein. Beim Loslassen der Maustaste landet das Programmfenster in diesem Rahmen.*

Tun Sie dies nun mit einem zweiten Programmfenster am gegenüberliegenden Rand des Bildschirme, wird das Programm auch hier in einem Rahmen abgelegt. Beide Rahmen teilen den Windows-Bildschirm in zwei gleich große Teile und platzieren in diesen die Fenster der beiden Anwendungsprogramme. Versuchen Sie einmal, zwei geöffnete Programmfenster auf dem Bildschirm zu platzieren und in ihrer Größe anzupassen, sodass sie je genau eine Hälfte des Desktops nutzen. Mit Aero Snap ist dies einfacher.

Fenster auswählen mit kräftigem Schütteln: Aero Shake

Zu dieser Funktion gibt es nicht so viel zu schreiben. Mehrere Programmfenster sind geöffnet. Fassen Sie nun ein Programmfenster mit der Maus am Rahmen. Bewegen Sie es schnell hin und her. Die anderen Programmfenster werden geschlossen, und das »geschüttelte« bleibt geöffnet.

Wiederholen Sie das Schütteln des Fensters, werden die anderen Programmfenster wieder auf den Desktop geholt und wie zuvor dargestellt.

Diese Funktion ist mehr Spielerei als praxistaugliche Hilfe. Das Minimieren nicht benötigter Programmfenster geht einfacher vonstatten.

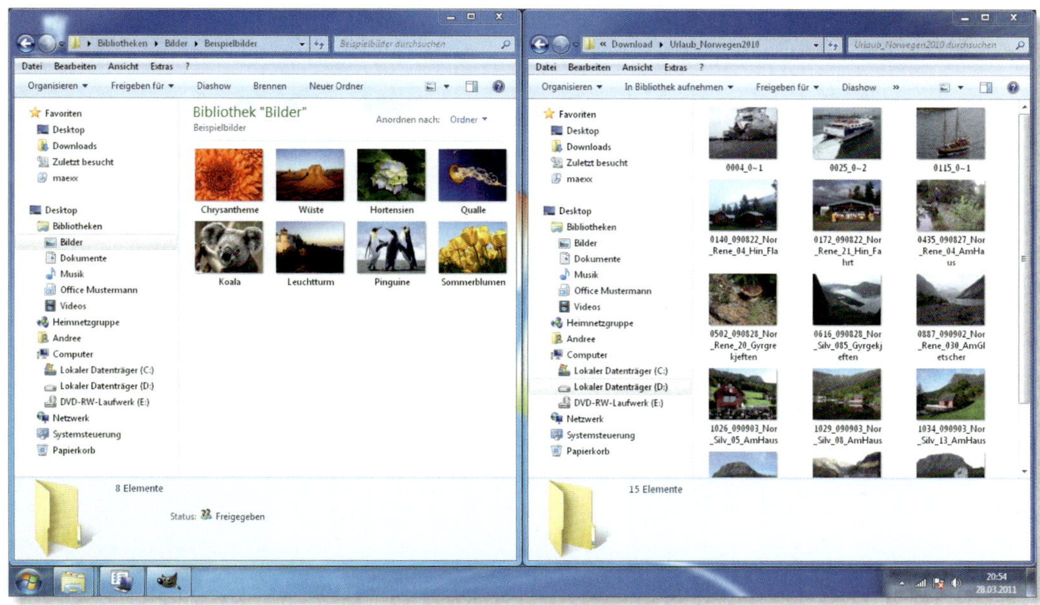

Abbildung 6.9: Durch Aero Snap teilen sich beide Programmfenster den verfügbaren Platz zu gleichen Teilen.

Flip 3D im Einsatz

Haben Sie mehrere Anwendungsprogramme geöffnet, werden diese auf dem Bildschirm dargestellt, wenn Sie ⊞ und Tab gleichzeitig drücken. Die 3D-Darstellung zeigt die Fenster wie hintereinander gesetzte Aktenordner. Halten Sie nun ⊞ gedrückt und lassen Sie Tab los und drücken Sie erneut. So wechseln Sie zwischen den geöffneten Programmen. Die geöffneten Programmfenster werden mit Flip 3D dreidimensional auf dem Desktop dargestellt.

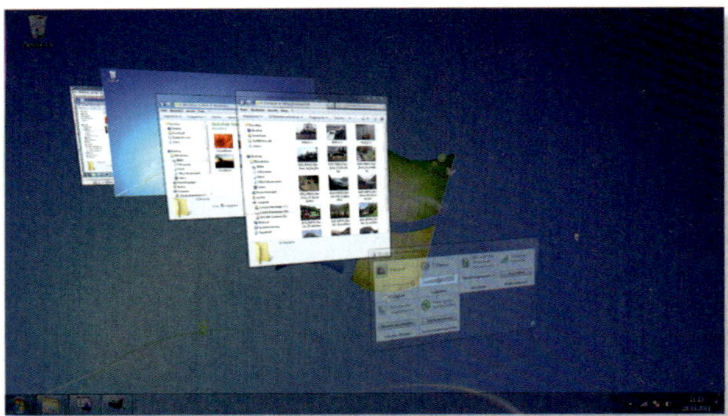

∧ ***Abbildung 6.10*** *Flip 3D.*

Der Effekt sieht sehr schön und beeindruckend aus. In der Praxis ist aber die Auswahl eines Programmfensters über die Taskleiste einfacher und schneller.

Lassen Sie die Tasten los, um das im Vordergrund stehende Fenster auf dem Bildschirm zu sehen. Die anderen Programmfenster bleiben minimiert.

Die einzelnen Programmfenster können Sie auch mit dem Rad Ihrer Maus bewegen. Alternativ können Sie auch Alt + Tab drücken. Auf diese Weise sehen Sie die Flip-Anzeige der geöffneten Programmfenster auf Ihrem Desktop. Lassen Sie die Tasten los, wird das in der Mitte gezeigte Fenster geöffnet.

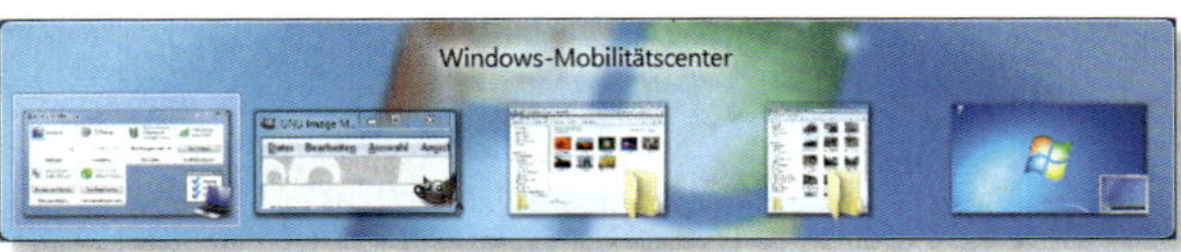

∧ ***Abbildung 6.11*** *Die Flip-Ansicht der geöffneten Anwendungsprogramme*

Die Minivorschau der Programmfenster nutzen

Führen Sie die Maus auf die Programmschaltfläche des Media Players in der Windows-Taskleiste. Sie sehen nun ein verkleinertes Bild des Programmfensters. Dazu werden drei Schaltflächen eingeblendet. Sie können mit diesen einen um Titel vor und zurück springen. Mit der Taste in der Mitte können Sie einen Titel starten oder auch die Wiedergabe pausieren lassen.

∧ ***Abbildung 6.12*** *Über die Windows-Taskleiste können Sie den Media Player bedienen. Voraussetzung dazu ist, dass Sie ein Aero-Design gewählt haben.*

Vorinstallierte Gadgets

Eine kleine Anzahl von Miniprogrammen (Gadgets) finden Sie bereits in Ihrem Windows 7 vor. Öffnen Sie auf dem freien Desktop das Kontextmenü, und wählen Sie **Minianwendungen**.

∧ ***Abbildung 6.13*** *Die Auswahl der Windows 7-Gadgets erreichen Sie auch über das Startmenü.*

Im Windows-Startmenü finden Sie die **Minianwendungsgalerie** noch über den Programmkategorien. Dieser Menüeintrag öffnet das gleiche Dialogfenster wie der im Kontextmenü.

Acht kleine Minianwendungen sind bereits in Windows 7 vorhanden:

Abbildung 6.14 *Die vorhandenen Minianwendungen*

In den Miniprogrammen finden Sie bereits acht verschiedene kleine Tools:

Bildpuzzle: Der Name sagt bereits: Hierbei handelt es sich um ein kleines Spiel. Sie setzen aus Einzelteilen ein Bild zusammen. Dabei müssen Sie die Vierecke verschieben, bis Sie das Ergebnis erhalten. Über das Einstellungsmenü können Sie 10 weitere Puzzlebilder wählen.

CPU-Nutzung: Eine Anzeige, die die Nutzung der CPU und des Arbeitsspeichers zeigt. Gerade bei Grafikbearbeitungsprogrammen, Programmen, mit denen Sie Videos schneiden können, oder aktuellen Spielen können Sie so herausfinden, wie stark Ihr Rechner beansprucht wird. Andere Anzeigen oder auch Designs gibt es leider nicht. Das Gadget hat noch nicht einmal ein Einstellungsmenü.

Diashow: Die Diashow zeigt die Bilddateien eines Ordners an. Über das Einrichtungsmenü wählen Sie den Ordner, dessen Inhalt als Diashow wiedergegeben werden soll. Sie können mit einer Option bestimmen, dass auch die Bilder in den untergeordneten Ordnern mitangezeigt werden. Sie legen die Zeit fest, wie lange ein Bild angezeigt wird. Und Sie können einen Effekt für den Wechsel zum nächsten Bild aus einem Listenmenü wählen.

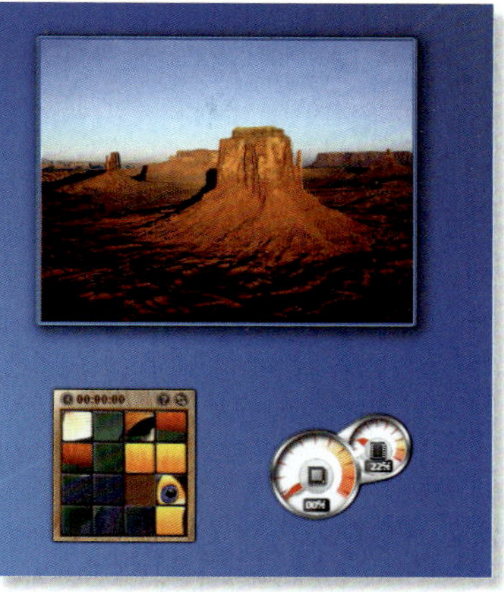

Abbildung 6.15 *Die Gadgets »Bildpuzzle«, »CPU-Nutzung« und »Diashow«. Die Diashow habe ich in diesem Beispiel etwas vergrößert. So wirken die Bilder besser.*

INFO

Ein Gadget auf dem Desktop platzieren?
Die Auswahl eines Gadgets ist ganz einfach. Öffnen Sie zunächst die **Minianwendungsgalerie**. Ziehen Sie dann das Miniprogramm, das Sie verwenden möchten, mit der Maus auf den Desktop.

Alternativ können Sie auch aus dem Kontextmenü **Hinzufügen** wählen. Ein Doppelklick tut es ebenso.

Feedschlagzeilen: Mit den Feedschlagzeilen erhalten Sie aktuelle News. Zu sehen sind erst einmal nur die Titelzeilen. Ein Mausklick bringt Sie auf die Webseiten mit den kompletten News. Feeds gibt es ganz unterschiedliche, von Nachrichten bis zu Computernews. Benutzen Sie dieses Gadget zum ersten Mal, ist das Fenster noch leer. Klicken Sie auf **Schlagzeilen anzeigen**, werden Nachrichten-News von dem Anbieter *MSN Nachrichten* angezeigt. Leider können Sie über das Einstellungsmenü keinen anderen Anbieter wählen. Sie können nur einstellen, wie viele Feeds Sie pro Seite im Gadget sehen.

INFO

Was sind denn Feeds?
Als *Feeds* werden die Titelzeilen bezeichnet, die in dem Gadget **Feedschlagzeilen** angezeigt werden. Diese Feeds sind kurz und knapp und nutzen ein bestimmtes Format. Feeds können auch mit speziellen Programmen angezeigt werden. Viele Webbrowser unterstützen ebenfalls die Anzeige von Feeds.

Kalender: Der Kalender zeigt, wie der Name sicher bereits verrät, ein Kalenderblatt. Ein Einstellungsmenü gibt es hier nicht.

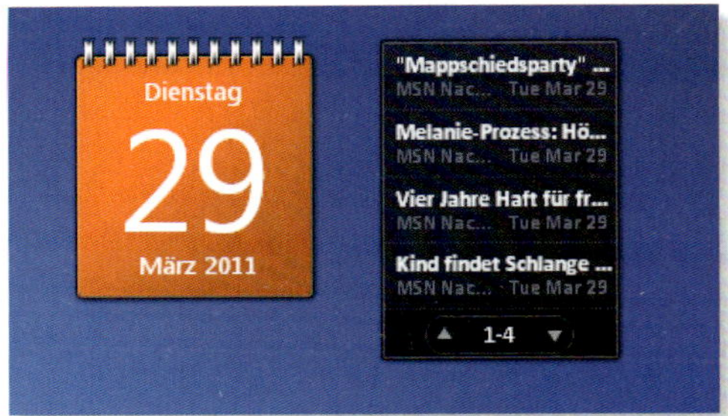

Abbildung 6.16 *Hier habe ich einmal den »Kalender« und die »Feedschlagzeilen« nebeneinander auf den Bildschirm gebracht.*

Uhr: Im Gegensatz zum Gadget **Kalender** können Sie bei der Uhr eine von acht verschiedenen Zeitanzeigern wählen. Meist tut es eine einfache »Bahnhofsuhr«. Der Anwender möchte ja mit einem Blick nur wissen, wie spät es ist. Über das Einrichtungsmenü können Sie noch einen Sekundenzeiger hinzuschalten und für die Uhr eine Bezeichnung definieren. Nun ja, eine Uhr muss keinen Namen haben. Uhr ist Uhr. Meine Kaffeemaschine hat auch keinen Namen. Über ein Listenfeld wählen Sie, ob die aktuelle Computerzeit angezeigt werden soll oder die Zeit eines bestimmten Ortes. Hier lassen sich Orte auf der ganzen Welt wählen. Die Familie oder ein Freund machen gerade Urlaub in Rio? Dann packen Sie eine passende Uhr auf den Desktop, und Sie sehen, wie spät es dort ist.

Abbildung 6.17 *So eine Uhr auf dem Desktop ist eine praktische Sache.*

Für jeden Geschmack ist eine Uhr dabei. Einige sind vielleicht etwas geschmäcklerisch.

Abbildung 6.18 *Na ja, wem's gefällt...*

Währungsumrechner: Der Währungsumrechner bietet zwei Felder. Zuerst wählen Sie die beiden Währungen. Danach geben Sie den Betrag in das obere Währungsfeld ein. Das Gadget rechnet diesen Betrag automatisch um.

Abbildung 6.19 *Möchten Sie einen Währungsbetrag umrechnen, finden Sie in Ihrem Windows 7 das passende Tool dazu.*

Diese Minianwendung braucht man sicherlich nicht immer. Vor oder in einem Urlaub mag sie aber durchaus praktisch sein.

Über ein kleines Pluszeichen lassen sich zwei weitere Felder hinzufügen. So können Sie auch Währungen miteinander vergleichen. Als Datenanbieter wird hier auf die MSN-Webseiten zugegriffen. Die aktuellen Kursdaten werden so immer für die Berechnung verwendet, es sei denn, es steht keine Internetverbindung zur Verfügung.

Wetter: Das letzte Gadget in der Minianwendungsgalerie ist **Wetter**. Ein Symbol auf der Minianwendung zeigt, ob es schön ist, regnet oder ob es wolkig ist. Dazu wird auf der Anwendung die aktuelle Temperatur angezeigt und der eingestellte Ort.

Über das Einstellungsmenü wählen Sie den Ort und bestimmen, ob Sie die Temperatur in Celsius oder Fahrenheit sehen wollen.

Vergrößern Sie das Gadget, wird eine Voraussage für die nächsten zwei Tage mit angezeigt. Sie sehen dann nicht nur die aktuelle Temperatur vor dem heimischen Fenster, sondern auch den Tagesverlauf. So können Sie sich auf die höhere Temperatur freuen, die es wohl gegen Mittag geben wird.

Abbildung 6.20 Wer braucht mit diesem Gadget schon einen TV-Wetterbericht?

So richten Sie Gadgets ein

Ein Gadget auf dem Desktop zu platzieren ist sehr einfach. Mit der Maus schieben Sie anschließend das Gadget an die gewünschte Position.

Fahren Sie mit dem Mauszeiger auf ein Gadget (ohne zu klicken), sehen Sie in der rechten oberen Ecke einige Symbole. Mit dem Kreuzsymbol ❶ schließen Sie ein Miniprogramm. Das Viereck mit dem von oben in das Symbol zeigenden Pfeil ❷ vergrößert oder verkleinert das Miniprogramm. Ein kleiner Maulschlüssel ❸ öffnet das Einstellungsmenü. Je nach Miniprogramm können Sie hier ganz unterschiedliche Sachen einstellen. Unter diesen Symbolen finden Sie einen Anfasser, mit dem Sie das Gadget auf eine andere Position auf dem Bildschirm ziehen können.

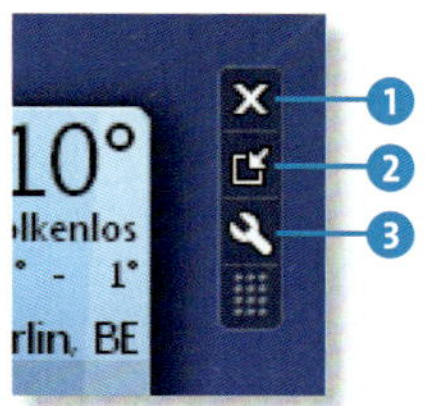

Abbildung 6.21 Fahren Sie mit der Maus auf ein Gadget, wird eine kleine Symbolleiste sichtbar.

Ein Kontextmenü gibt es natürlich auch. Hier können Sie ebenfalls die Minianwendung vergrößern oder verkleinern. Sie können auch die Transparenz einstellen. Mit **Immer im Vordergrund** wird eine Minianwendung vor ein Programmfenster gesetzt. Ohne diese Option wird es durch die Programmfenster verdeckt. Auch hier sind nicht alle Funktionen in dem Kontextmenü einer jeden Minianwendung verfügbar.

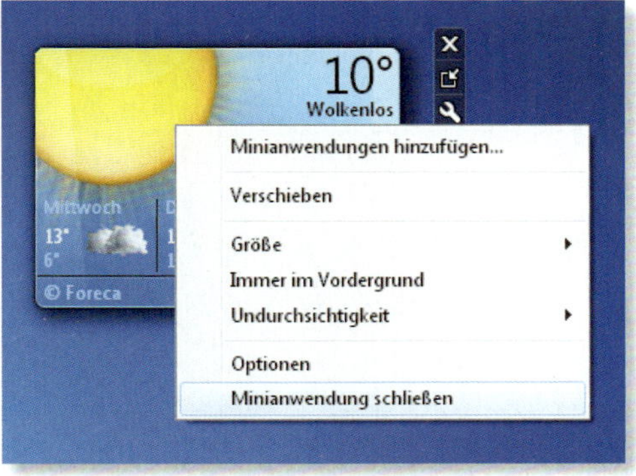

Abbildung 6.22 Alle wichtigen Funktionen für das Einrichten der Miniprogramme finden Sie auch im Kontextmenü.

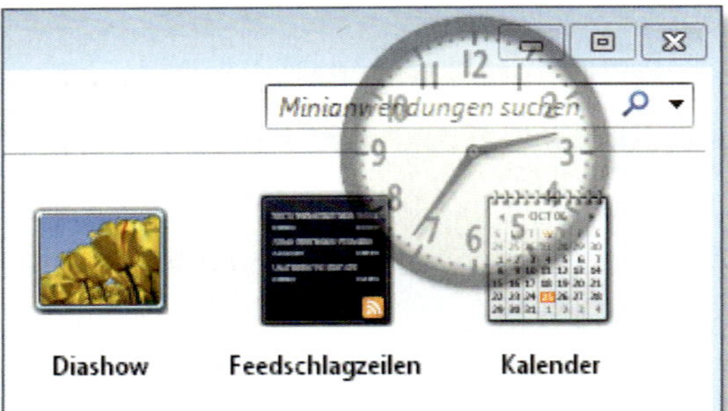

Abbildung 6.23 *Hier ist die Transparenz etwas zu hoch gewählt worden (40%) Das Gadget ist schlecht sichtbar.*

HINWEIS

Die Symbole einer Minianwendung
Nicht bei jeder Minianwendung finden Sie alle genannten Symbole. Einige lassen sich nicht vergrößern und verkleinern. Bei einigen gibt es kein Einstellungsmenü. Ist dies der Fall, fehlen auch die entsprechenden Symbolschaltflächen.

6.2 Die Aero-Oberfläche individualisieren

Der Windows 7-Desktop besteht aus den zwei Komponenten *Windows Basis* und *Windows Aero*. Windows Aero ergänzt die Desktopumgebung um transparente Effekte, Animationen beim Übergang zu einem neuen Fenster, um eine Live-Vorschau in der Taskleiste und um die im vorangegangenen Kapitel vorgestellten Aero-Funktionen.

In diesem Abschnitt möchte ich Ihnen einige der Möglichkeiten vorstellen, mit denen Sie Ihren Windows 7-Desktop verändern und an Ihre ganz eigenen Wünsche und Vorlieben anpassen können.

Designs und Designelemente wählen

So wählen Sie Designs und Designelemente:

1 Öffnen Sie das Kontextmenü auf dem freien Windows 7-Desktop, und wählen Sie **Anzeige**.

2 Klicken Sie auf **Szenen**.
Ein Mausklick genügt, und das Design wird angewandt. Gefällt es Ihnen nicht, wählen Sie ein anderes.

Achten Sie darauf, dass Sie eines der Aero-Designs wählen. Auf diese Weise können Sie die neuen Effekte verwenden.

Abbildung 6.24 *Diese vier Elemente können Sie bei einem Aero-Design anpassen.*

Alternativen auswählen

Das ausgewählte Design muss noch nicht einfach so verwendet werden. Es gibt in jedem Aero-Design eine Reihe von Alternativen. So können Sie sich für einen anderen Bildschirmhintergrund, eine alternative Fensterfarbe, verschiedene Soundelemente und unterschiedliche Bildschirmschoner entscheiden.

1 Wählen Sie **Desktophintergrund**. Wählen Sie einen der Hintergründe.

2 Klicken Sie auf **Änderungen speichern**.

3 Schließen Sie den Dialog.

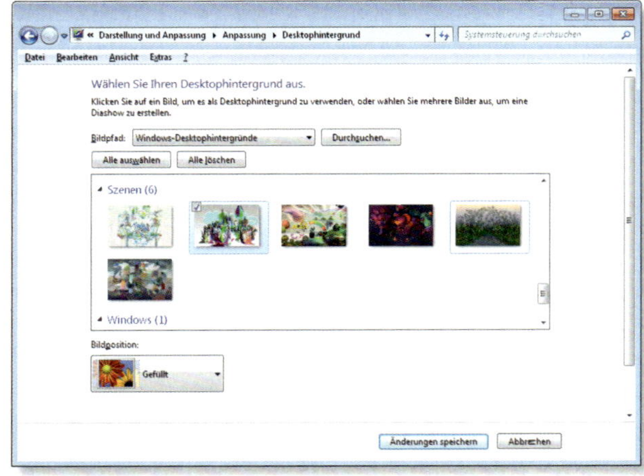

Abbildung 6.25 *Ein Aero-Design wird ausgewählt.*

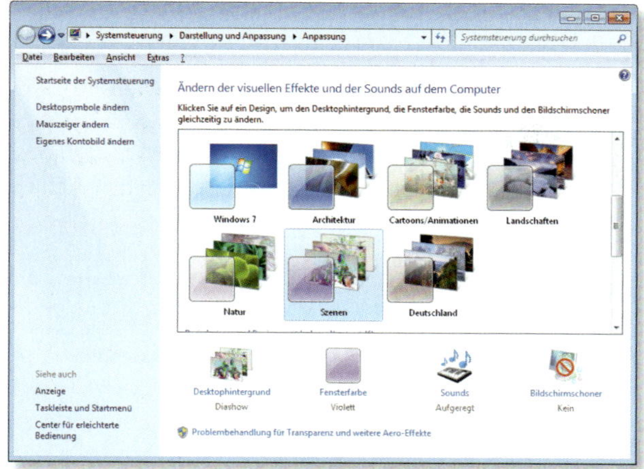

*^ **Abbildung 6.26** Das Ergebnis kann auf unterschiedliche Weise angepasst werden. Windows 7 bietet eine kleine Auswahl sehr schöner Designs an. Zu jedem Design gibt es mehrere Hintergrundmotive.*

INFO

Eine Diashow als Bildschirmhintergrund
Sie können alle Hintergründe, die zu einem Windows 7-Aero-Design gehören, auswählen. Tun Sie dies, werden diese Hintergrundmotive nacheinander angezeigt. Wie bei einer Slideshow im Bildbetrachter wechselt der Hintergrund nach einer gewissen Zeit.

Gleiches passiert natürlich auch, wenn Sie vergessen, die Häkchen aus den Optionsschaltflächen der Hintergründe zu entfernen. Sie finden bei jedem Hintergrundmotiv im Dialog **Anpassen > Desktophintergrund** eine Optionsschaltfläche. Diese ist in der linken oberen Ecke des Motivs abgelegt.

Die Fensterfarbe passt meist sehr gut zu dem gewählten Design und muss nicht extra angepasst werden. Möchten Sie diese dennoch ändern, können Sie sie für jedes Element des Windows 7-Desktops anpassen. Wählen Sie im Dialog **Anpassung** die Schaltfläche **Fensterfarbe**. Über ein Listenfeld wählen Sie, was Sie ändern möchten. Wählen Sie die Farbe aus. Bei Schriftelementen können Sie den Schriftfont, die Größe und die Farbe der Schrift wählen. Schauen Sie sich die Vorschau im Dialog an. Gefällt sie Ihnen, bestätigen Sie.

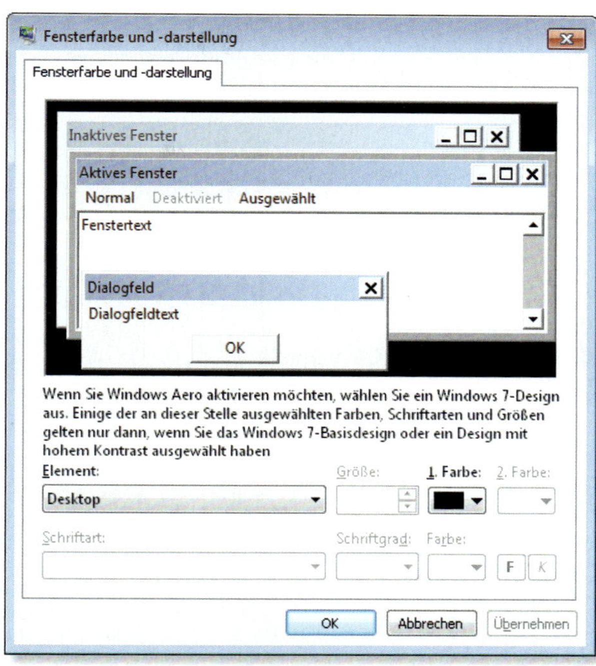

*^ **Abbildung 6.27** Die Farben der Fenster lassen sich ebenfalls anpassen.*

Sounds anpassen

Sounds sind in Windows 7 zu sogenannten Soundschemas zusammengefasst. Ähnlich wie bei einem Design haben Sie hier eine Sammlung von verschiedenen Soundclips. Diese werden für unterschiedliche Ereignisse genutzt. Natürlich können Sie die Sounds anpassen. Dazu gehen Sie wie folgt vor:

1. Klicken Sie im Fenster **Anpassung** einmal auf **Sounds**.
2. Wählen Sie über das Listenfeld eines der möglichen Soundschemas.
   Markieren Sie einen Sound im Fenster **Programmereignisse**, und hören Sie sich diesen mit **Testen** an.
3. Gefällt Ihnen die Auswahl, bestätigen Sie und schließen den Dialog.

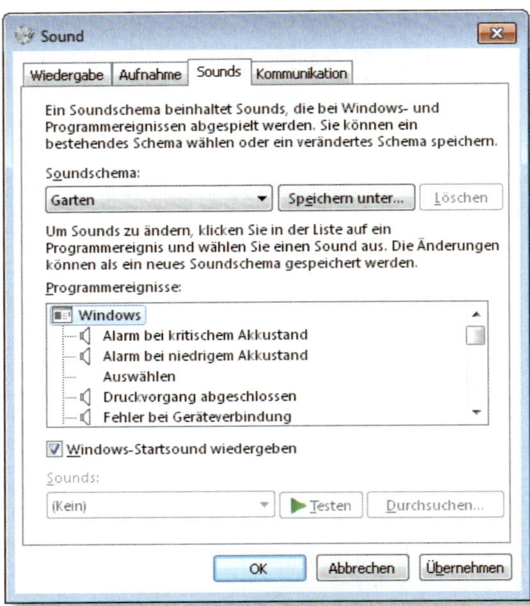

^ ***Abbildung 6.28*** *Wählen Sie eines der vielen Soundschemas, und ordnen Sie diese Windows-Programmereignissen zu.*

Den Bildschirmschoner wieder anschalten

Im Dialog **Anpassung** (Rechtsklick auf den Desktop) ist die Schaltfläche **Bildschirmschoner** mit einem Verbotsschild bedeckt. Das bedeutet nicht, dass es in diesem Design keinen Bildschirmschoner gibt. Er ist derzeit nur ausgeschaltet. Sie können ihn ganz einfach wieder anschalten. Das funktioniert so:

1 Klicken Sie auf das Symbol.

2 Wählen Sie über das Listenfeld einen Bildschirmschoner.

3 Mit **Vorschau** schauen Sie sich den Schoner an.

4 Bestätigen Sie.

Wenn Sie möchten, können Sie die Wartezeit einrichten und mit einer Option dafür sorgen, dass beim Unterbrechen des Bildschirmschoners ein Anmeldedialog erscheint. Sie müssen dann einen Benutzernamen wählen und das zugehörige Passwort eingeben.

Bei einigen Bildschirmschonern lassen sich verschiedene Einstellungen vornehmen. So wählen Sie bei **3D-Text**, welche Textzeile angezeigt wird. Beim Bildschirmschoner **Fotos** wählen Sie den Ordner, dessen Bilder ausgegeben werden sollen.

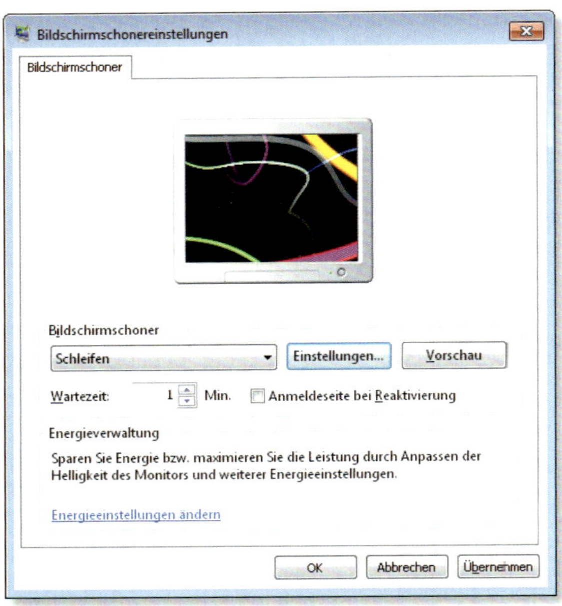

^ ***Abbildung 6.29*** *Wählen Sie einen Bildschirmschoner.*

Eigene Bilder als Bildschirmschoner verwenden

In einem kleinen Beispiel möchte ich Ihnen zeigen, wie Sie Ihre Urlaubsbilder als Bildschirmschoner verwenden:

1 Öffnen Sie den Dialog **Anpassung**. Klicken Sie auf **Bildschirmschoner**.

2 Öffnen Sie das Listenfeld, und wählen Sie **Fotos**. Da Sie sich nun eben in diesem Dialog befinden, ändern Sie die Wartezeit von **1 Minute** auf **3 Minuten**. Klicken Sie auf **Einstellungen**.

3 Mit **Durchsuchen** wählen Sie den Ordner, in dem sich Ihre Urlaubsbilder befinden. Schalten Sie die Geschwindigkeit der Diashow auf **Langsam**, und aktivieren Sie die **Zufällige Bildwiedergabe**. Bestätigen Sie, und schließen Sie die geöffneten Dialoge.

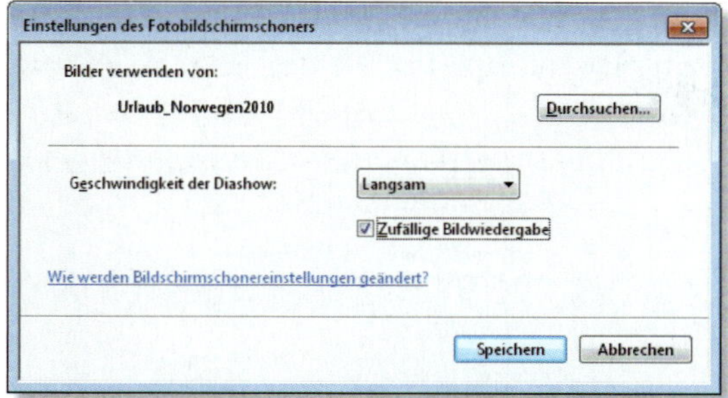

*^ **Abbildung 6.30** Lassen Sie doch einmal eine Bilder-Slideshow Ihrer Urlaubsfotos auf dem Windows 7-Desktop anzeigen.*

Hintergrundbilder aus einer Bibliothek verwenden

Bei der Auswahl des Desktophintergrundes können Sie auch eine Ihrer Bibliotheken wählen. Wählen Sie als Bildpfad **Bibliothek**. Die gewünschte Bibliothek wählen Sie mit **Durchsuchen** aus.

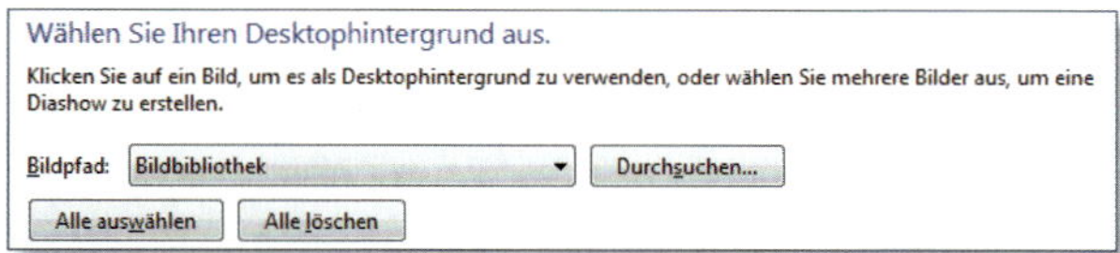

*^ **Abbildung 6.31** Greifen Sie auf eine Bibliothek zurück, und nutzen Sie deren Inhalt als Bildschirmhintergrund.*

Auf die gleiche Weise lassen sich auch die bestbewertetsten Fotos aus einem Ordner auswählen. Nicht so gute Fotos, die keine oder eine weniger gute Bewertung haben, werden von Windows 7 ignoriert.

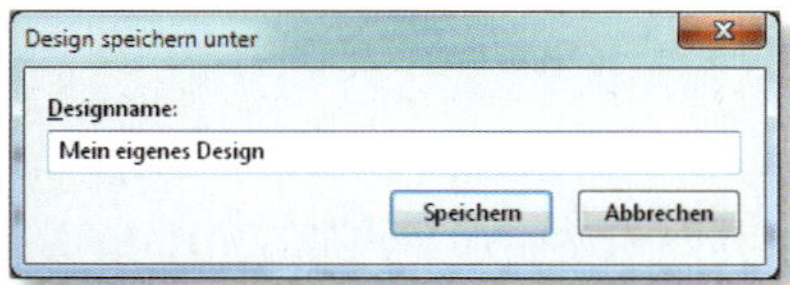

*^ **Abbildung 6.32** Hier legen Sie den Namen des Designs fest.*

Wählen Sie zuerst das als »nicht gespeichertes Design« aufgeführte Design aus dem Dialog **Anpassung**. Legen Sie eine Bezeichnung fest, und speichern Sie es.

TIPP

Ein eigenes Design erstellen

Wenn Sie ein vorgegebenes Design verändern und zum Beispiel statt der im Design verfügbaren Hintergrundmotive eine Hintergrundfarbe nutzen, so wird das Ergebnis als **Eigenes Design** abgelegt. Allerdings wird es zunächst als **Nicht gespeichertes Design** im Dialog aufgeführt. Um es später wieder nutzen zu können, müssen Sie es speichern.

Tun Sie dies mit der Funktion **Design speichern**. Sie finden sie jederzeit im Dialog **Anpassung** und können sie nutzen und weiter anpassen.

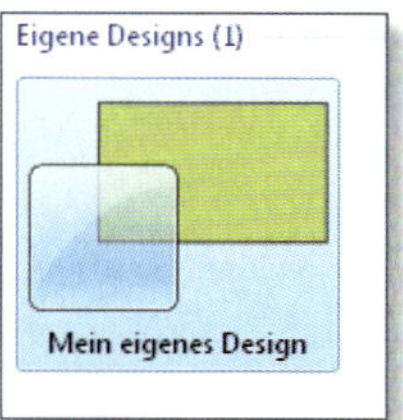

*^ **Abbildung 6.33** Ihr eigenes Design wird nun unter dem festgelegten Namen im Dialog **Anpassung** geführt.*

HINWEIS

Wenn Windows ein nicht gespeichertes Design einfach nicht löschen will

Auch wenn es auf den ersten Blick merkwürdig klingt – es gibt einen Fall, in dem ein »nicht gespeichertes Design« von Windows 7 nicht einfach vergessen wird. Sie können den Rechner neu starten, und das Design wird im Dialog **Anpassung** immer noch vorhanden sein. Ah, Windows 7 hat das nicht gespeicherte Design irgendwie doch gespeichert! Da kratzt man sich am Kopf.

Lassen Sie sich nicht verwirren. Die Lösung ist einfach. Wenn Sie das selbst zusammengestellte oder veränderte Design für Ihren Windows 7-Desktop nutzen, ist es natürlich auch beim nächsten Start von Windows 7 vorhanden. Nur wenn Sie ein neues Design wählen und Windows später neu starten, finden Sie es nicht mehr im Dialog.

Die Farbe des Desktophintergrundes wählen

Statt eines Hintergrundbildes können Sie auch einen einfarbigen Bildschirmhintergrund wählen. Möchten Sie dies tun, gehen Sie wie folgt vor:

1 Öffnen Sie den Dialog **Anpassung**. Wechseln Sie nach **Desktophintergrund**.

2 Im Listenfeld **Bildpfad** stellen Sie **Einfarbig** ein. Wählen Sie nun mit der Maus eine der Farben aus dem Dialog aus.

3 Mit **Änderungen speichern** verlassen Sie den Dialog.

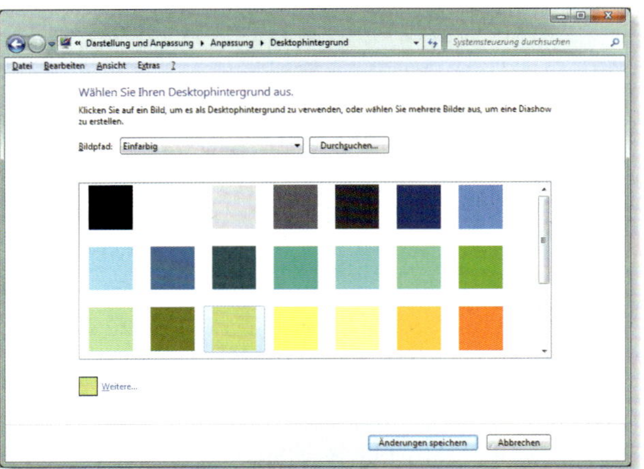

^ ***Abbildung 6.34*** *Statt eines Bildes können Sie auch eine Farbe als Hintergrund Ihres Desktops wählen.*

^ ***Abbildung 6.35*** *Eine Farbe wirkt zwar eintönig, zeigt aber einen sauber aufgeräumten Bildschirm.*

Meist wird ja der Desktop auch durch die Fenster der geöffneten Anwendungsprogramme verdeckt. Warum also nicht statt eines bunten Bildes einfach eine Farbe als Hintergrund für den Windows 7-Desktop verwenden?

TIPP

Noch mehr Farben zur Auswahl
Genügen Ihnen die Farben im Dialog **Desktophintergrund** nicht, klicken Sie auf **Weitere**. Nun können Sie eine der vielen Farben auswählen, die Windows 7 darstellen kann.

Weitere Designs aus dem Internet verwenden

Besonders viele Designs bietet Ihnen Windows 7 nicht gerade an. Insgesamt sind es sieben Aero-Designs. Genügen Ihnen diese nicht, klicken Sie auf **Weitere Designs online beziehen**. Sie finden diesen Link im Dialog **Anpassung** in der rechten oberen Ecke über den Aero-Designs.

Die auf der Microsoft-Webseite aufgelisteten Windows 7-Designs sollten jeden Anwender zufriedenstellen. Sie finden hier eine große Anzahl unterschiedlicher Designs. Auf der Startseite sind die neuen Designs aufgelistet. Links können Sie über ein Menü eine Kategorie wählen und so ganz spezielle Desktopverschönerungen auf Ihren Rechner laden – so zum Beispiel Motive mit Tieren, Autos, Landschaften und Naturmotive.

INFO

Ein Design als Datei
Die Designs auf der Webseite von Microsoft werden mit *Name.themenpack* bezeichnet. Windows 7 erkennt sie als Designs und legt sie entsprechend ab.

Um ein Design auf Ihrem Rechner zu nutzen, gehen Sie wie folgt vor:

1 Gehen Sie auf die Microsoft-Seite mit den Designs. Wählen Sie eines der Designs aus. Klicken Sie es mit der Maus an, oder wählen Sie **Herunterladen**.

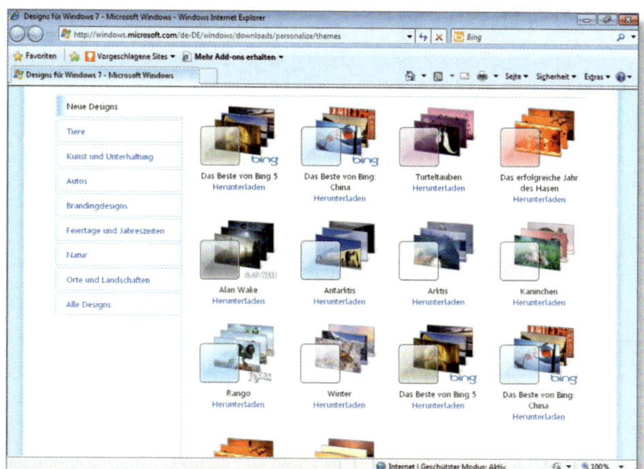

*^ **Abbildung 6.36** Die Auswahl der Designs wird ständig erweitert. Sie finden hier auch Motive aktueller Filme. Man könnte fast denken, jemand würde Schleichwerbung machen.*

2 Im Browserdialog wählen Sie **Speichern**. Wählen Sie einen Ordner, und bestätigen Sie. Vorgegebenen ist der Downloadordner im Benutzerverzeichnis. Haben Sie im Browser nicht eingestellt, dass das Programm bei einem Dateidownload Sie fragt, wo eine Datei abgelegt werden soll, wird automatisch dieses Verzeichnis verwendet. Natürlich können Sie auch ein anderes Verzeichnis wählen.

3 Nach dem Download wählen Sie entweder im Browserdialog **Öffnen**. Oder Sie nutzen den Windows-Explorer und begeben sich in das Verzeichnis mit dem heruntergeladenen Design. Doppelklicken Sie auf dieses. Meldet Ihr Webbrowser, dass eine Website Webinhalte mithilfe eines Programms auf dem Computer öffnen möchte, erlauben Sie diese Aktion mit einem Mausklick auf **Zulassen**. Windows 7 erkennt automatisch, dass es sich um ein Design handelt.

4 Das Design erscheint nur im Dialog **Anpassung**. Wählen Sie es hier, wie jedes andere Design auch, aus.

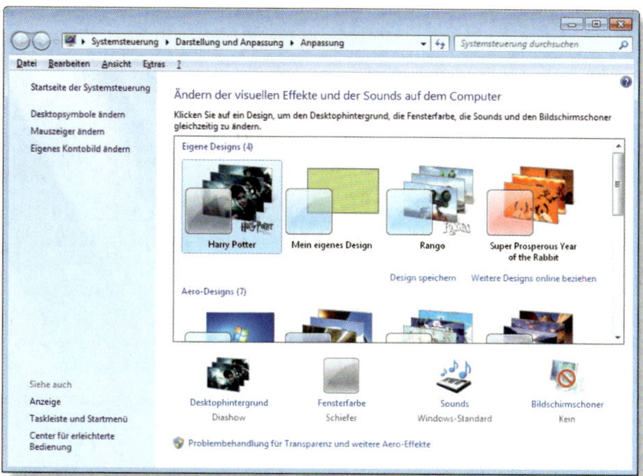

*^ **Abbildung 6.37** Die heruntergeladenen Designs erscheinen nun in der Systemsteuerung.*

TIPP

Mehrere Designs auswählen
Natürlich können Sie mehr als ein Design aus dem Internet auf Ihren Rechner laden. Blättern Sie ruhig durch die Webseite, und speichern Sie alle Designs auf Ihren Rechner, die Ihnen gefallen. Sie brauchen nicht allzu viel Speicherplatz.

Es kann vorkommen, dass ein Design nicht auf dem Rechner gespeichert werden kann. Beim Herunterladen der verschiedenen Aero-Designs von der Microsoft-Website ist mir dies zweimal passiert. Das mag wohl an einem Fehler im Designpaket liegen. Vorgekommen ist dies bei mir bei dem Harry Potter und dem Avatar-Design. Dass die Beiden sich nicht verstehen, war ja klar.

TIPP

Die Webseite direkt besuchen
Sie finden die Webseite mit den Designs unter *http://windows.microsoft.com/de-DE/windows/downloads/personalize/themes*. Legen Sie diese als Lesezeichen in Ihrem Browser ab. So können Sie sie schnell und einfach direkt aufrufen.

Abbildung 6.38 *Fragen Sie mich nicht, was sich der Entwickler beim Zusammenstellen dieses Hintergrundmotivs gedacht hat. Es ist ein künstlerisches, etwas surrealistisches Motiv, sehr bunt und mit lustigen 3D-Figuren.*

Wiederholen Sie die Ausführung des Designpaketes mit einem Doppelklick im Windows-Explorer. Tritt der Fehler immer noch auf, laden Sie das Paket noch einmal von der Website und überschreiben das alte. Nun sollte das Öffnen und Verwenden gelingen.

Kann man Designs miteinander mischen?

Es wäre doch einmal eine coole Idee, die Hintergrundelemente verschiedener Filmdesigns miteinander zu kombinieren. Oder auch Landschaften zu erweitern. Die Slideshow der Hintergrundbilder würde so nicht nur fünf, sechs Bilder umfassen. Sie könnte richtig umfassend werden.

Sie können durchaus die Hintergrundmotive verschiedener Designs miteinander kombinieren. Öffnen Sie zweimal das Fenster **Anpassung > Desktophintergrund**, und ziehen Sie Hintergrundmotive und Elemente aus dem einen Fenster in das andere. Speichern Sie das zunächst als **Nicht gespeichertes Design** im Dialog aufgelistete Themenpack.

Farben anpassen: Fensterrahmen, Startmenü, Taskleiste

Bei einigen Designs wird die Farbe anderer Windows-Elemente nicht angepasst. Hier müssen Sie ein wenig nacharbeiten.

Natürlich können Sie auch die Farbe der Fensterrahmen, des Startmenüs und der Taskleiste verändern und so die Designvorgabe bearbeiten. Die Änderungen haben Sie mit ein paar Handgriffen erledigt. Gehen Sie dazu folgendermaßen vor:

1. Wählen Sie im Dialog **Anpassung** den Eintrag **Fensterfarbe**.
2. Suchen Sie sich eine der möglichen Farben aus.
3. Passen Sie mit dem Schieberegler die Transparenz der Taskleiste und der Fensterrahmen an. Ziehen Sie den Regler einfach nach rechts oder links.
4. Bestätigen Sie mit **Änderungen speichern**.

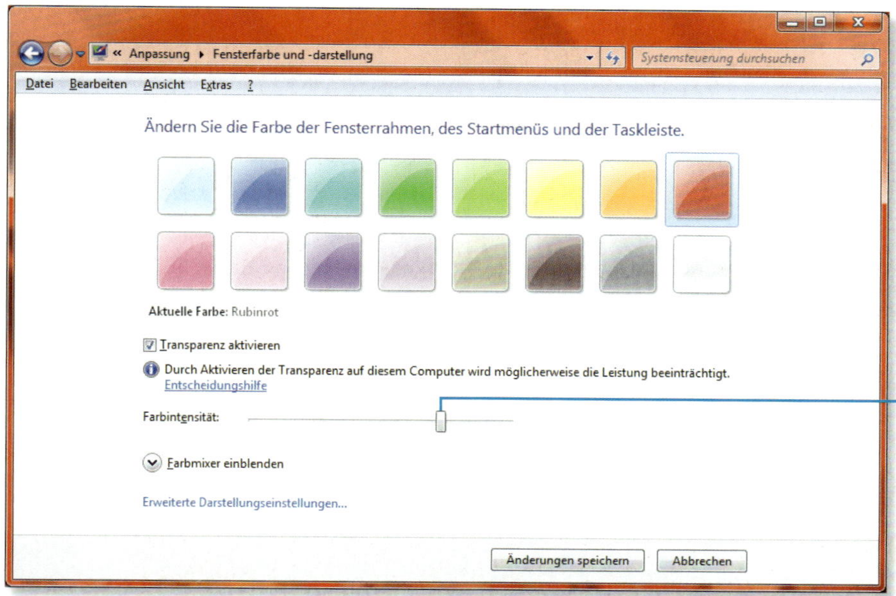

Abbildung 6.39 *Das gewählte Rubinrot gehört nicht zum Design. Aber warum sollte ich es nicht verwenden? Den Regler für die Einstellung der Transparenz* **1** *habe ich ganz nach links gezogen. Damit wird die Transparenz auf Maximum gesetzt.*

So erhalten Sie Ihren altbekannten Windows-Desktop zurück

Einige Effekte benötigen zusätzliche Rechenleistung. Auf etwas älteren Systemen kann es daher durchaus sinnvoll sein, transparente Effekte und erweiterte visuelle Darstellungen auszuschalten.

Die einfachste Variante ist: Nutzen Sie ein Basis-Design. So stehen Ihnen die Aero-Effekte nicht zur Verfügung. Die gewonnene Rechenleistung können Sie für andere Anwendungen verwenden.

Im Fenster **Anpassung** können Sie mit **Fensterfarbe** nicht nur dieselbe verändern, sondern auch die Transparenz ausschalten. Es genügt dazu, eine Option auszuwählen.

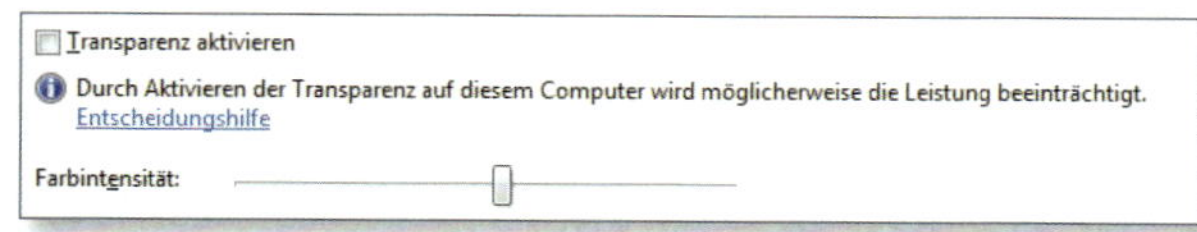

Abbildung 6.40 *Die Transparenz habe ich hier ausgeschaltet.*

Deaktivieren Sie ebenfalls den Bildschirmschoner und den Wechsel des Hintergrundmotivs.

Im **Center für erleichterte Bedienung** können Sie auch alle nicht erforderlichen Animationen ausschalten und so noch etwas mehr Rechenleistung gewinnen. Sie finden diese Funktion im Untermenü **Erkennen von Bildschirmobjekten erleichtern**.

Ein eigenes Kontobild wählen

Das vorgegebene Kontobild können Sie jederzeit ändern.

1. Öffnen Sie die Systemsteuerung. Wählen Sie **Benutzerkonten > Eigenes Kontobild ändern**.
2. Wählen Sie mit der Maus eines der Bilder aus der Liste. Bestätigen Sie mit einem Klick auf **Bild ändern**.

TIPP

Ein Foto als Kontobild verwenden
Bei der Auswahl eines Kontobildes sind Sie nicht auf die von Windows 7 vorgegebenen Bilder angewiesen. Mit **Nach weiteren Bildern suchen** können Sie eine auf Ihrem Rechner abgelegte Bilddatei verwenden.

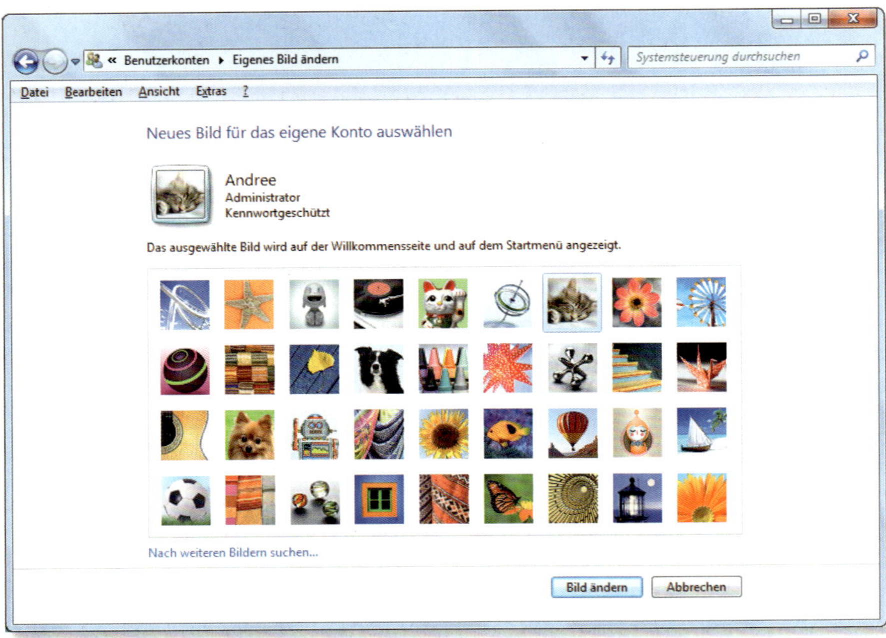

Abbildung 6.41 *Das Kontobild ist schnell geändert. Sie finden hierzu eine Auswahl verschiedener Bildmotive in der Systemsteuerung. Natürlich lassen sich auch eigene Zeichnungen oder auch Fotos verwenden.*

6.3 Noch mehr Anpassungen: Startmenü, Taskleiste und mehr

Außer dem Desktop gibt es viele andere Elemente bei Windows 7, die Sie verändern und anpassen können. Dazu gehören die Taskleiste, der Infobereich in der Taskleiste und verschiedene Einstellungen, die Sie in der Systemsteuerung finden.

Über einige Einstellungen haben Sie bereits etwas in Kapitel 3, »Der erste Start: Ihr neues Windows kennenlernen«, gelesen. Schauen Sie zum Beispiel in den Abschnitt »Das Startmenü verändern«, ab Seite 92. In Abschnitt 5.2 erfahren Sie unter »So passen Sie Ihren Windows-Desktop an«, ab Seite 88, wie Sie die Desktopsymbole für Papierkorb und Co. ein- und ausblenden. Dort lesen Sie auch, wie Sie ein Mausschema wählen.

Programme ans Startmenü anheften

Die installierten Anwendungen, Tools und Spiele erreichen Sie über **Start > Alle Programme**. Die Programme, die Sie sehr häufig verwenden, werden von Windows 7 erfasst und über dem Startmenü aufgelistet. So haben Sie einen schnellen Zugriff auf Ihre Lieblingsprogramme.

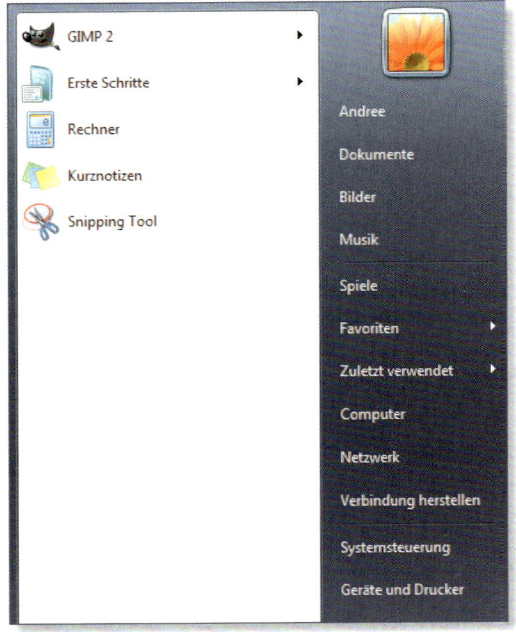

Abbildung 6.42 *Hier habe ich GIMP 2 und einige weitere Programme ans Startmenü angeheftet.*

Sie können einen der Einträge aus der Liste entfernen. Möchten Sie dies tun, markieren Sie ihn. Öffnen Sie das Kontextmenü, und wählen Sie **Aus Liste entfernen**.

Nicht immer fügt Windows 7 von sich aus häufig verwendete Programme in das Startmenü ein. Sie können jedoch sehr einfach selbst ein Programm in diese Liste einfügen. In einem Beispiel soll der Multimediaplayer VLC in das Startmenü eingefügt werden.

1 Öffnen Sie das Windows-Startmenü. Mit **Alle Programme > VideoLAN > VLC Media Player** finden Sie das Programm.

2 Zeigen Sie mit der Maus auf es und wählen Sie aus dem Kontextmenü **An Startmenü anheften**.

Das war es auch schon. Auf die gleiche Weise lässt sich eine Anwendung in die Taskleiste einfügen. Wählen Sie hierzu **An Taskleiste anheften**.

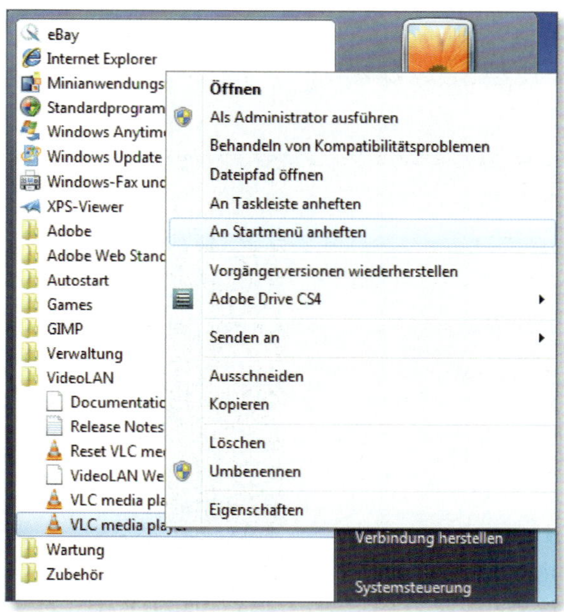

Abbildung 6.43 *In der Programmliste wählen Sie das Anwendungsprogramm oder Spiel an und fügen es über das Kontextmenü in das Windows-Startmenü ein.*

Der Multimediaplayer VLC ist nun schnell und einfach über das Startmenü verfügbar. Sie müssen dazu nicht einmal eine Kategorie wählen.

Wenn Sie ein von Windows 7 in das Startmenü eingefügtes Programm markieren und **An Startmenü anheften** wählen, rutscht es ein Stück nach oben. Der Grund ist einfach: Die von Ihnen in das Startmenü eingefügten Anwendungen bleiben in diesem erhalten. Zumindest so lange, bis Sie diese selbst wieder entfernen. Die von Windows 7 standardmäßig eingefügten Anwendungsprogramme werden automatisch entfernt, wenn Sie diese eine Zeit lang nicht verwenden. Sie werden durch andere Einträge ersetzt. So erstellt Windows 7 eine Liste der von Ihnen am häufigsten verwendeten Programme.

Windows 7 unterscheidet beide Arten von Einträgen. Sie werden mit einem kleinen Balken voneinander getrennt.

Wenn Sie ein von Ihnen in das Startmenü eingefügtes Programm markieren und **Aus Liste entfernen** wählen, kann es geschehen, dass es zunächst in die Liste der häufig verwendeten Programme in diesem Menü rutscht. Wählen Sie die Funktion noch einmal, verschwindet es ganz aus dem Startmenü.

Um das Programm gleich aus dem Startmenü zu entfernen, wählen Sie im Kontextmenü **Vom Startmenü lösen**.

Bilddateien, Office-Dateien und andere Dokumente können Sie nicht in das Startmenü einfügen.

Alle automatisch eingefügten Einträge entfernen

Ich möchte nun noch einmal auf das Beispiel von vorhin zurückkommen und Ihnen Schritt für Schritt zeigen, was zu tun ist. Die automatisch eingefügten Einträge sollen entfernt werden. Weitere oft verwendete Anwendungen sollen stattdessen hinzugefügt werden.

1 Öffnen Sie das Startmenü von Windows 7. Markieren Sie den Eintrag **Erste Schritte**. Öffnen Sie das Kontextmenü, und wählen Sie **Aus Liste entfernen**.

2 Wiederholen Sie den zuvor gemachten Schritt mit den **Kurznotizen**, dem **Snipping Tool**, dem **Rechner** und dem Zeichenprogramm **Paint**. Windows ergänzt die Einträge der entfernten Anwendungen durch die zuvor häufig verwendeten Programme. Die Liste wird also nie wirklich leer.

3 Öffnen Sie den Windows-Explorer. Begeben Sie sich zu der Partition und dem Ordner, in dem sich die ausführbare Datei eines oft von Ihnen verwendeten Programms befindet. In meinem Beispiel habe ich für meine Anwendungsprogramme eine eigene Partition erstellt. Diese ist im Windows-Dateimanager unter dem Buchstaben D zu finden. Hier habe ich die Adobe-Suite installiert. Im Dateimanager öffne ich diesen Ordner. Nun werden die installierten Programme aufgelistet – so zum Beispiel *Adobe Flash CS4*. Diesen Ordner öffne ich und markiere die ausführbare Datei. Ich öffne das Kontextmenü und wähle **An Startmenü anheften**. Führen Sie meine Schritte auch auf Ihrem Rechner mit einer Ihrer Anwendungen aus.

4 Wiederholen Sie den gemachten Arbeitsschritt mit einigen weiteren Programmen. Wählen Sie nur einige wenige aus. Überfrachten Sie das Startmenü von Windows 7 nicht mit zu vielen Einträgen.

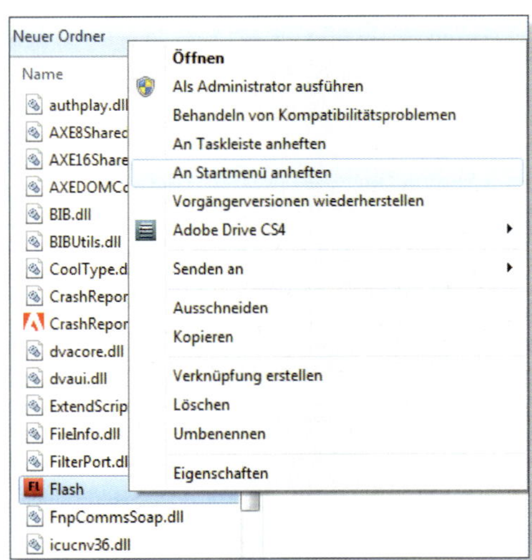

Abbildung 6.44 *Das Adobe-Programm Flash wird in mein Windows 7-Startmenü eingefügt.*

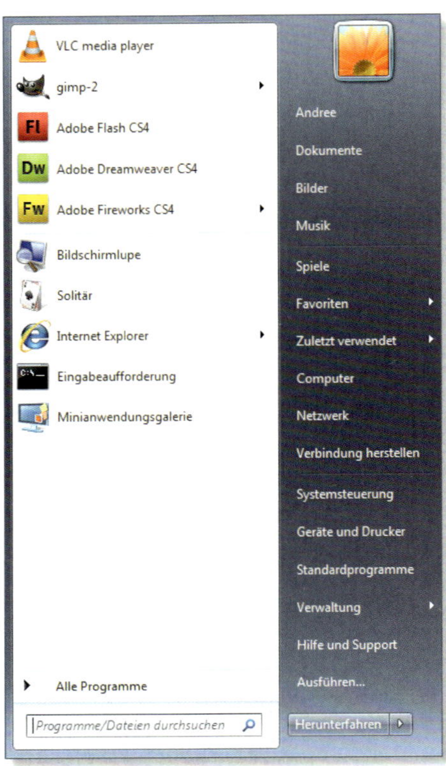

Abbildung 6.45 *Das angepasste Startmenü hat sich in seinen Inhalten ein wenig verändert. Einige Programme sind hinzugekommen.*

TIPP

Programme im Startmenü beschränken

Im Dialog **Startmenü anpassen** können Sie einstellen, wie viele Programme Windows 7 automatisch in das Startmenü einfügen soll. In der Vorgabeeinstellung sind dies 5. Setzen Sie den Wert auf 0, werden die zuletzt ausgeführten Programme nicht mehr im Windows 7-Startmenü eingefügt. So finden Sie hier nur die Einträge, die Sie selbst erstellt haben.

Gleiches erreichen Sie auch, wenn Sie die Option **Zuletzt geöffnete Programme im Startmenü speichern und anzeigen** ausschalten. Diese Option finden Sie im Dialog **Eigenschaften von Taskleiste und Startmenü** im Register **Startmenü**, Bereich **Datenschutz**.

Bestimmen Sie selbst, wie viele Einträge automatisch von Windows 7 in das Startmenü eingefügt werden.

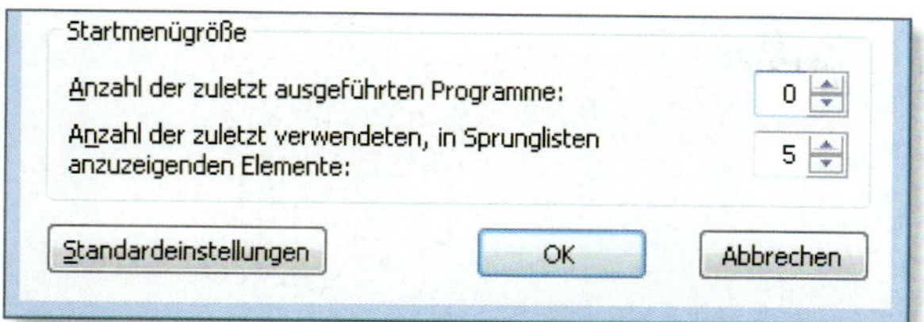

Abbildung 6.46 *Die Anzahl der Startmenüeinträge*

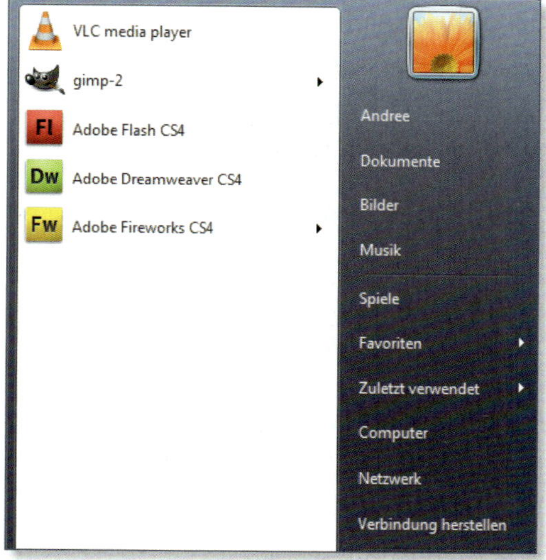

Abbildung 6.47 *In diesem Beispiel habe ich die automatisch eingefügten Einträge entfernt.*

Die Taskleiste anpassen

Bereits im vorigen Abschnitt, »Programme im Startmenü von Windows 7 anheften«, haben Sie erfahren, wie ein Anwendungsprogramm in die Taskleiste eingefügt wird. Markieren Sie es, und wählen Sie die Funktion über das Kontextmenü.

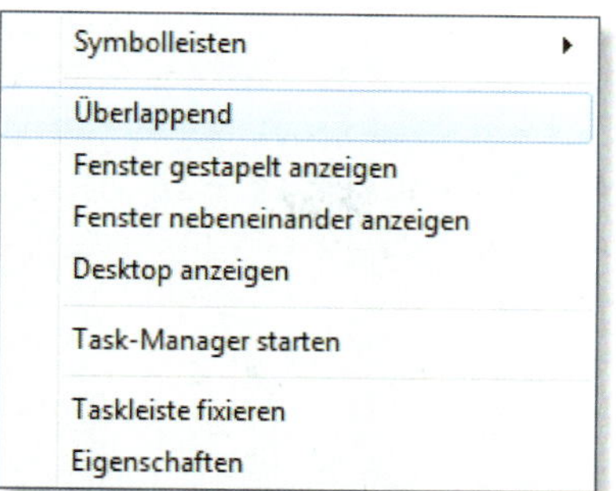

Abbildung 6.49 *Das Kontextmenü in der Symbolleiste zeigt verschiedene Funktionen, mit denen die Programmfenster in der Taskleiste angeordnet werden und die Taskleiste eingerichtet wird.*

Größe der Tastleiste anpassen

Die Größe der Taskleiste können Sie mit der Maus anpassen. Fahren Sie mit der Maus auf den oberen Rand der Taskleiste, bis sich der Cursor in einen Doppelpfeil verwandelt.

Drücken Sie nun die linke Maustaste. Halten Sie diese Taste gedrückt, und ziehen Sie die Taskleiste nach oben. Hat diese die gewünschte Größe erreicht, lassen Sie die Maustaste los.

Abbildung 6.50 *Vergrößern Sie die Taskleiste, wenn Sie dies möchten.*

Auf die gleiche Weise können Sie die Taskleiste wieder verkleinern.

Die Taskleiste ist zunächst am unteren Rand des Desktops angeordnet. Bei gedrückt gehaltener `Strg`-Taste können Sie mit der Maus die Leiste auch an den oberen

Abbildung 6.48 *So sieht meine Taskleiste aus: Windows-Startmenü* **1**, *Windows-Explorer* **2**, *Windows-Mobilitätscenter* **3** *und GIMP* **4**.

Abbildung 6.51 Wer es mag, kann die Taskleiste auch am linken, rechten oder oberen Rand des Desktops anordnen.

linken oder rechten Rand ziehen. Sie rastet am Rand automatisch ein. Wie so oft haben Sie auch hier die Qual der Wahl. Probieren Sie die verschiedenen Möglichkeiten einfach einmal aus, und entscheiden Sie dann ganz nach Ihrem Geschmack.

TIPP

Größe und Position der Taskleiste fixieren
Wenn Sie die Funktion **Taskleiste fixieren** aus dem Kontextmenü der Taskleiste wählen, können sich Größe und Position nicht mehr ändern.

Über das Kontextmenü erreichen Sie ebenfalls den Dialog zum Anpassen der Taskleiste. Hier können Sie noch einmal die Taskleiste fixieren, die Position derselben bestimmen, und hier legen Sie auch fest, wie die Schaltflächen in der Taskleiste gruppiert werden. Über eine Optionsschaltfläche können Sie auch dafür sorgen, dass die Taskleiste automatisch ausgeblendet wird. Sie wird dann nur wieder sichtbar, wenn Sie die Maus an den Rand bewegen, an dem sich die Leiste befindet.

Über den Dialog können Sie einstellen, dass in der Taskleiste kleine Symbole verwendet werden. Auf diese Weise hat die Symbolleiste mehr Platz für Symbole.

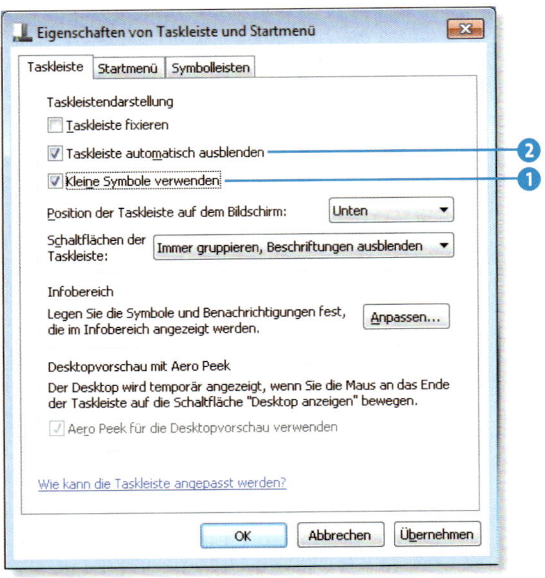

Abbildung 6.52 In diesem Beispiel habe ich dafür gesorgt, dass in der Taskleiste kleine Symbole verwendet werden ❶ und dass sie automatisch ausgeblendet wird ❷.

Über ein Listenfeld wählen Sie, ob die Schaltflächen in der Taskleiste immer gruppiert werden. Alternativ können sie auch gruppiert werden, wenn die Taskleiste voll ist, oder Sie können auch dafür sorgen, dass die Schaltflächen nie gruppiert werden. Bei den beiden Optionen **Nie gruppieren** und **Gruppieren, wenn die Taskleiste voll ist** werden die Symbole in der Taskleiste auch um die Programmnamen oder die Namen der geöffneten Ordner ergänzt.

Abbildung 6.53 Hier werden die Schaltflächen nicht gruppiert. Ohne Bezeichnungen wirken die Schaltflächen optisch besser.

INFO

Aero Peek
Die Live-Vorschau geöffneter Dokumente mit Aero Peek in der Taskleiste steht nur mit einem Aero-Design zur Verfügung.

Symbolleisten in der Taskleiste verwenden

Über das Kontextmenü der Taskleiste können Sie die Symbolleisten **Adresse**, **Links**, **Desktop** und **Tablet PC-Eingabebereich** anschalten. Diese werden dann der Taskleiste hinzugefügt.

Im Dialog **Eigenschaften von Taskleiste und Startmenü** finden Sie ein eigensn Register mit dem Namen **Symbolleisten**. Hier können Sie diese ebenfalls an- und ausschalten und so zur Taskleiste hinzufügen oder sie von dieser entfernen.

Eine eigene Symbolleiste erstellen

Sie können auch auf einfache Weise eine eigene Symbolleiste erstellen. Dabei täuscht der Begriff ein wenig. Es handelt sich nicht um eine Symbolleiste wie bei einem Office-Programm. Vielmehr wird eine Schaltfläche zu einem Ordner oder Programm erstellt. Ein Beispiel:

1 Öffnen Sie auf der Taskleiste das Kontextmenü, und wählen Sie **Symbolleisten > Neue Symbolleiste**.

2 Wählen Sie nun einen Ihrer Bilderordner aus, und bestätigen Sie.

In der Taskleiste finden Sie nun einen zusätzlichen Eintrag mit dem Namen des gewählten Bilderordners. Rechts oben können Sie mit einem Doppelpfeil ein Menü öffnen und Bilder auswählen.

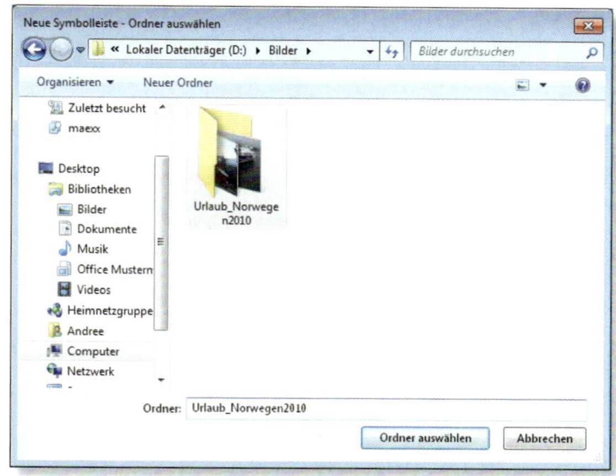

Abbildung 6.54 Wählen Sie einen Ordner aus, dessen Inhalt als Symbolleiste angezeigt werden soll.

Über das Kontextmenü bestimmen Sie, ob Titel und Text der neuen Symbolleiste angezeigt werden. Wenn Sie die Symbolleiste größer ziehen, werden einzelne Bilddateien als Schaltflächen sichtbar. Diese lassen sich dann mit einem Mausklick öffnen.

Natürlich können Sie eine solche Symbolleiste auch mit Office-Dokumenten, Webseiten, Videos, Audiodateien und anderen Daten erstellen.

TIPP

Kopiervorgang großer Dateien in der Taskleiste
Zu den neuen Features von Windows 7 gehört es, dass beim Kopieren mehrerer Dateien ein farbiger Fortschrittsbalken in der Taskleiste eingeblendet wird. Mit diesem können Sie den Fortschritt des Kopiervorgangs verfolgen.

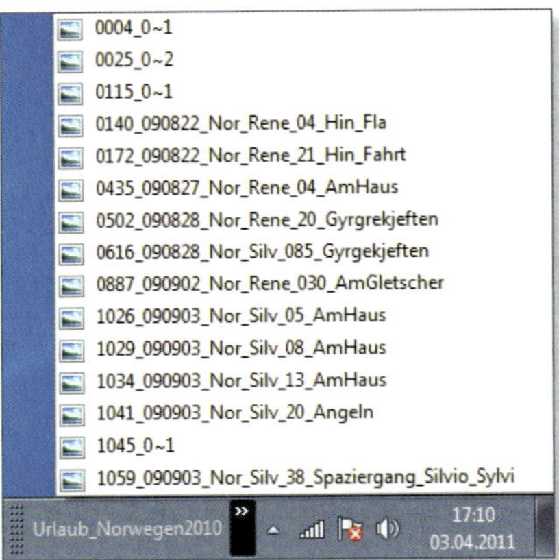

Abbildung 6.55 *Über die neue Symbolleiste kann ich meine Urlaubsbilder abrufen.*

Den Infobereich von Windows 7 anpassen

Die bereits im Infobereich von Windows 7 vorhandenen Schaltflächen kennen Sie schon. Sie finden hier das WLAN-Symbol, den Lautstärkeregler und die Uhrzeit. Bei Notebooks finden Sie ein Symbol, das den Ladezustand der Batterie zeigt. Der Treiber Ihrer Grafikkarte und andere installierte Programme fügen weitere Symbolschaltflächen hinzu.

Abbildung 6.56 *So sieht die Symbolleiste von meinem Windows 7-Notebook aus.*

Indem Sie die nach oben zeigende Pfeilschaltfläche öffnen, können Sie ausgeblendete Schaltflächen sichtbar machen und verwenden.

Abbildung 6.57 *Mit einer kleinen Schaltfläche werden weitere Schaltflächen in der Taskleiste sichtbar.*

Über **Anpassen** oder **Eigenschaften > Anpassen** aus dem Kontextmenü der Taskleiste bestimmen Sie, welche Symbole in der Taskleiste sichtbar sind. Symbole und Benachrichtigungen können angezeigt oder ausgeblendet werden. Auf Wunsch lassen sich auch nur Benachrichtigungen anzeigen.

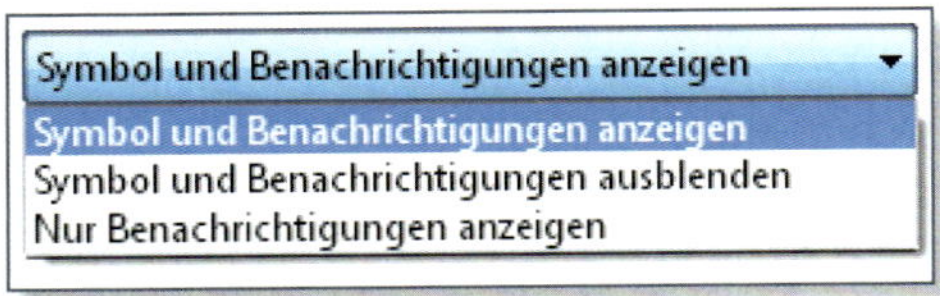

Abbildung 6.58 *Über ein kleines Listenmenü wählen Sie, ob Benachrichtigungen und Symbole angezeigt werden oder nicht.*

Die Liste der Symbole wird durch weitere installierte Programme ergänzt. Über eine Option lassen sich auch immer alle Symbole und Benachrichtigungen anzeigen.

TIPP

Mein persönlicher Tipp
Netzwerk und Lautstärke sind in der Taskleiste sinnvoll. Die Uhrzeitanzeige kann durch eine optisch schönere Aero-Uhr ersetzt werden. Das Wartungscenter muss keine automatischen Meldungen in der Taskleiste ablegen. In der Systemsteuerung können Sie unter **Wartungscenter > Wartungscentereinstellungen** die einzelnen Meldungen auch ausschalten.

Den Infobereich anpassen

Lassen Sie uns einmal den Infobereich anpassen:

1. Öffnen Sie auf der Taskleiste das Kontextmenü, und wählen Sie **Eigenschaften**.
2. Klicken Sie im Dialog auf **Anpassen**.
3. Öffnen Sie in der Zeile **Wartungscenter** das Listenfeld, und wählen Sie **Nur Benachrichtigungen anzeigen**. Bestätigen Sie.

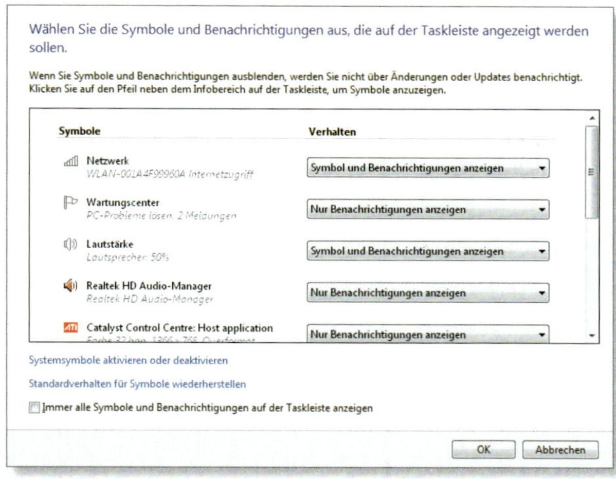

Abbildung 6.59 *Wählen Sie die Symbole und Infos, die in der Taskleiste angezeigt werden sollen, selbst aus.*

4 Klicken Sie nun auf **Systemsymbole aktivieren oder deaktivieren**.

5 Im nächsten Dialog können Sie die Systemsymbole ausschalten. Wählen Sie bei der Uhr **Aus**. Bestätigen Sie mit **OK**. Schließen Sie danach alle geöffneten Dialoge.

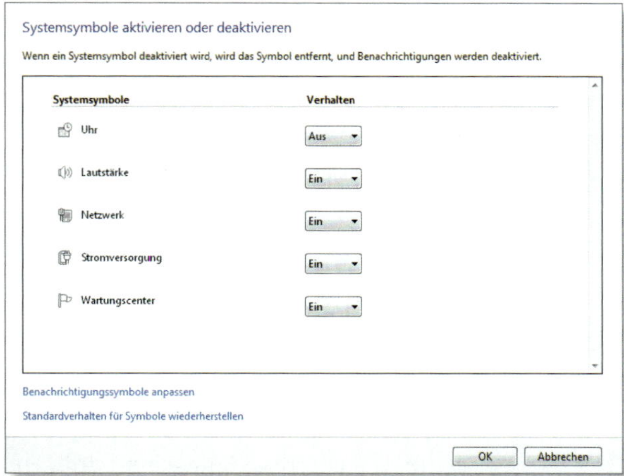

Abbildung 6.60 *Uhr, Lautstärkeregler, Netzwerk, Info zur Stromversorgung und Anzeigen des Wartungscenters ausschalten.*

Die ausgeblendeten Symbole in der Taskleiste können Sie per Drag & Drop auf die Taskleiste ziehen. Umgekehrt geht es aber auch. So passen Sie den Infobereich an, ohne ihn über **Anpassen** zu öffnen.

Ich persönlich finde, dass es schöner aussieht und praktischer ist, wenn alle Symbole auf der Taskleiste platziert sind – auch die des Infobereichs.

Abbildung 6.61 *So sieht der Infobereich in der Taskleiste nach dem Anpassen aus: leer und aufgeräumt.*

Möchten Sie den Ursprungszustand wieder zurück haben, wählen Sie **Anpassen** im Register **Taskleiste** des Dialoges **Eigenschaften von Taskleiste und Startmenü**. Mit **Symbol und Benachrichtigung ausblenden** erhalten Sie wieder das kleine aufklappbare Fenster in der Taskleiste.

Abbildung 6.62 *In diesem Beispiel habe ich den aufklappbaren Infobereich entfernt.*

TIPP

So holen Sie Ihre Windows XP-Taskleiste zurück
Mit dem Anpassen der Taskleiste können Sie diese auch so verändern, dass sie der Taskleiste von Windows XP gleicht. Auch das geschieht über den Dialog **Eigenschaften von Taskleiste und Startmenü**.

Mehrere Programmfenster auf dem Desktop anordnen

Über das Kontextmenü der Taskleiste bestimmen Sie, wie die geöffneten Programmfenster auf dem Desktop angeordnet werden. Die Fenster können überlappend angeordnet werden.

Im folgenden Beispiel habe ich mit GIMP vier Bilddateien geöffnet. Anschließend habe ich die geöffneten Fenster überlappend angeordnet.

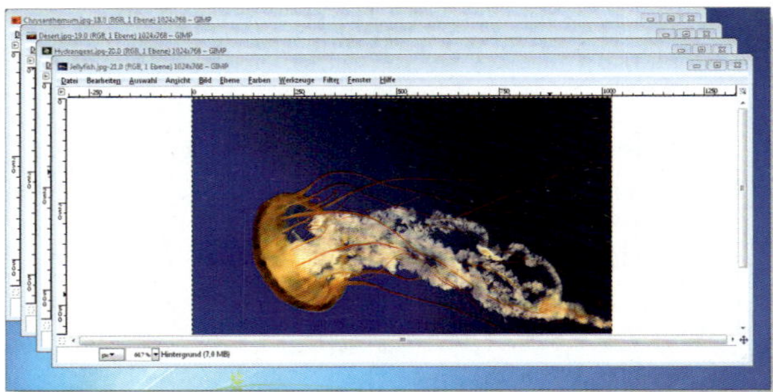

Abbildung 6.63 *Vier Bilddateien in GIMP*

Wenn Sie die Maus auf das Programmsymbol führen, werden die geöffneten Fenster aufgelistet. Mit der Maus wechseln Sie zu einem davon.

Bei vier Programmfenstern gleichen die Anordnungen durch **Fenster gestapelt anzeigen** und **Fenster nebeneinander anzeigen** einander. Erst bei drei oder zwei Fenstern wird der Unterschied sichtbar. In meinem Beispiel werden die Fenster bei der gestapelten Anzeige untereinandergesetzt (siehe Abbildung 6.63). Mit dem Scrollbalken kann ich die Inhalte anschauen. Mit **Fenster nebeneinander anzeigen** werden die Bilddateien hochformatig angezeigt und hintereinandergesetzt (siehe Abbildung 6.67).

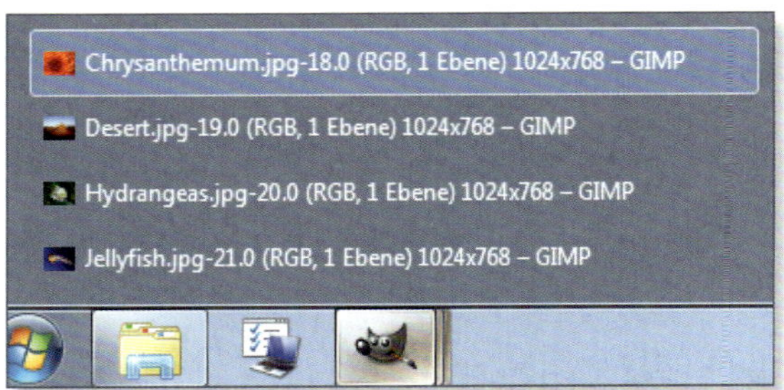

Abbildung 6.64 *Auch in der Taskleiste sehen Sie die vier geöffneten GIMP-Dateien wenn Sie mit der Maus über das GIMP-Symbol fahren.*

Abbildung 6.65 *Hier habe ich die Fenster gestapelt angeordnet. Bei dieser Variante teilen sich die Fenster genau den verfügbaren Platz auf dem Bildschirm. Das funktioniert jedoch nur mit vier Fenstern.*

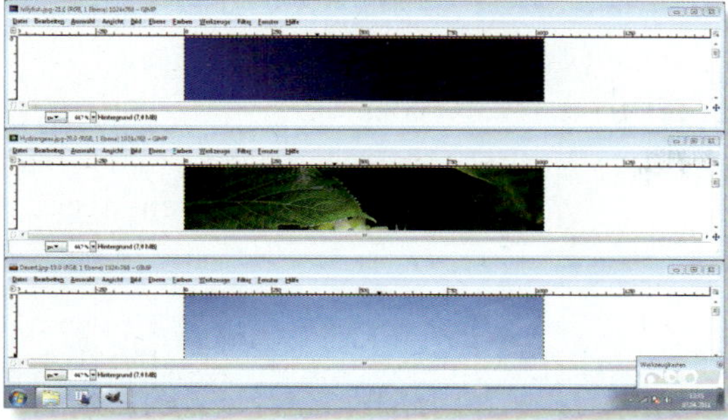

Abbildung 6.66 *Die gestapelte Ansicht bei drei Fenstern …*

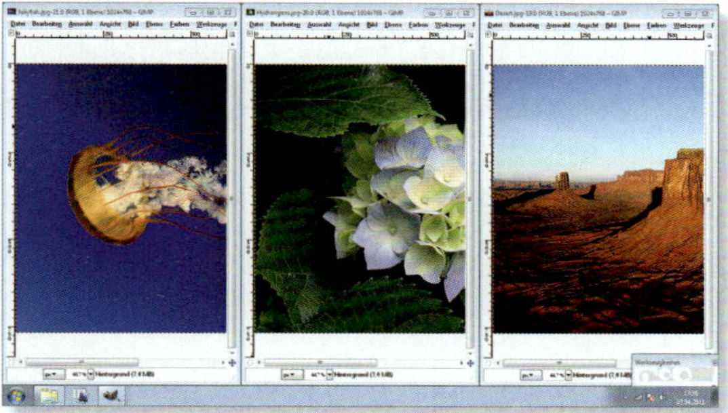

Abbildung 6.67 *… und die Anordnung durch* ***Fenster nebeneinander anzeigen*** *mit den gleichen drei Fenstern*

Ein Desktopsymbol für Ihr Lieblingsprogramm erstellen

Für oft verwendete Programme lohnt es sich, ein Desktopsymbol zu erstellen. Auf diese Weise müssen Sie nicht das Windows 7-Startmenü öffnen, sondern doppelklicken auf das Symbol, und schon wird das verknüpfte Programm geöffnet. Wenn Sie Programme wirklich fast jeden Tag starten, lohnt sich das. Gehen Sie dazu so vor:

1 Setzen Sie die Maus auf einen freien Bereich auf Ihrem Desktop. Öffnen Sie das Kontextmenü. Wählen Sie **Neu > Verknüpfung**.

Es öffnet sich nun ein kleiner Assistent, der Sie beim Erstellen der Verknüpfung unterstützt. Keine Sorge. Es gibt nur zwei Dialogfenster. Mehr ist nicht notwendig.

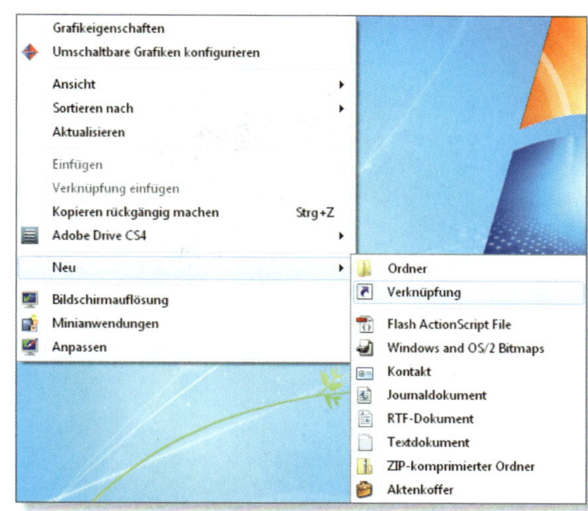

Abbildung 6.68 *Die Funktion zum Erstellen einer neuen Verknüpfung finden Sie im Kontextmenü des Windows 7-Desktops.*

2 Klicken Sie auf **Durchsuchen**. Begeben Sie sich auf die Partition, auf der sich das gesuchte Programm befindet. Suchen Sie das Verzeichnis, in dem dieses installiert ist. In meinem Fall befindet sich das Grafikbearbeitungsprogramm auf der Partition D. Hier ist es im Verzeichnis GIMP-2.0 installiert. Im Ordner bin liegt die ausführbare Datei, die das Programm startet. Markieren Sie diese Datei, und bestätigen Sie. Klicken Sie auf **Weiter**.

Abbildung 6.69 *Die ausführbare Programmdatei wird ausgewählt.*

Die gewählte Programmdatei findet sich samt Pfad im Eingabefeld wieder.

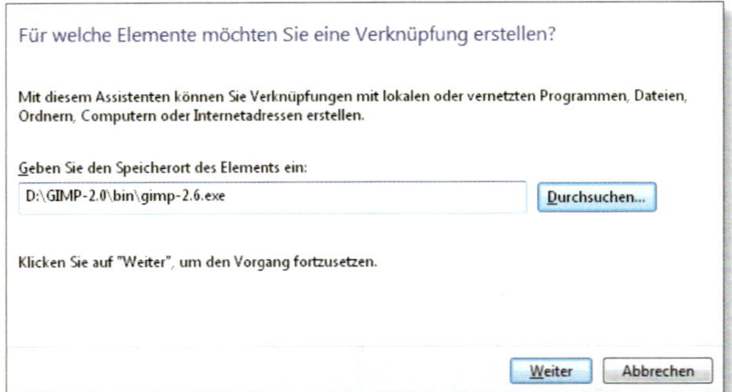

Abbildung 6.70 *Die Datei samt Pfad.*

Erfahrene Anwender können den Verzeichnispfad samt dem Dateinamen auch eingeben, ohne ihn über **Durchsuchen** wählen zu müssen.

3 Im letzten Dialog geben Sie einen Namen für die Verknüpfung an. Windows 7 übernimmt den Dateinamen der Datei, mit der das Programm gestartet wird. Sie können, wenn Sie möchten, dies bestätigen. Beenden Sie den Dialog mit einem Mausklick auf **Fertig stellen**.

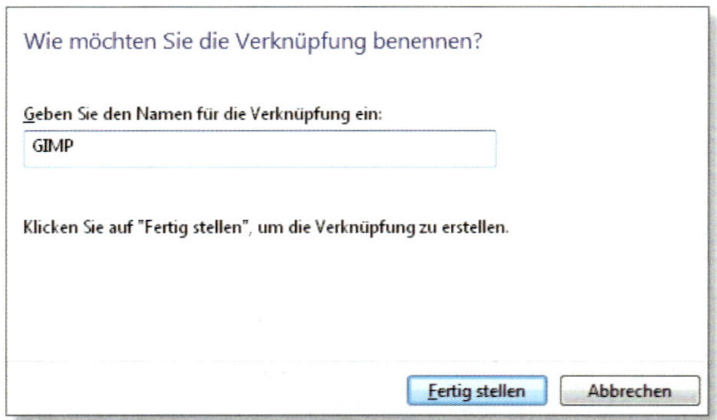

Abbildung 6.71 *Zum Schluss wird eine Bezeichnung für die neu erstellte Verknüpfung festgelegt.*

Auf dem Windows-Desktop finden Sie nun ein Symbol für das Grafikbearbeitungsprogramm GIMP. Ein Doppelklick genügt, und das Programm wird gestartet.

Abbildung 6.72 *Das GIMP-Symbol auf dem Desktop*

Erstellen Sie auf die genannte Weise weitere Verknüpfungen für Ihre Lieblingsprogramme. Überfrachten Sie jedoch den Windows 7-Desktop nicht. Nur eine kleine Auswahl an Verknüpfungen genügt.

Öffnen Sie das Kontextmenü über der neu erstellten Verknüpfung, können Sie deren Eigenschaften editieren. Hier lässt sich z. B. auch ein anderes Symbol wählen.

Tastenkombination festlegen

Für eine Verknüpfung lässt sich auch eine Tastenkombination festlegen.

1 Wählen Sie **Eigenschaften** aus dem Kontextmenü der Verknüpfung.

2 Setzen Sie den Cursor in das Feld **Tastenkombination** ❶. Drücken Sie die gewünschten Tasten, und bestätigen Sie.

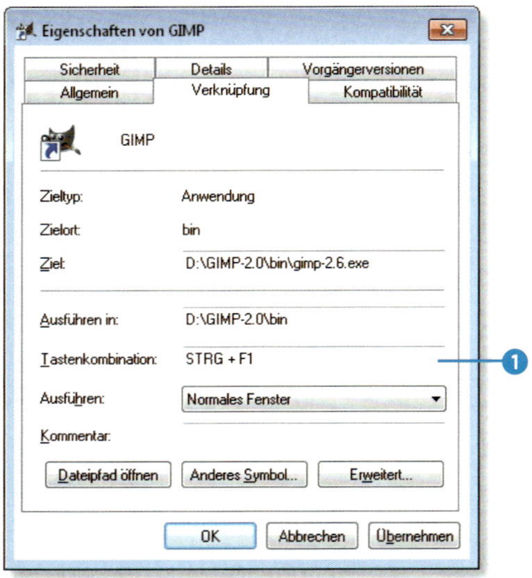

Abbildung 6.73 *Mit* Strg *und* F1 *wird mein Grafikbearbeitungsprogramm GIMP gestartet.*

Soll das Programm mit Administratorrechten ausgeführt werden, ist noch ein weiterer Schritt notwendig:

3 Klicken Sie auf die Schaltfläche **Erweitert**. Schalten Sie die Option **Als Administrator ausführen** an. Bestätigen Sie. Schließen Sie die geöffneten Dialogfenster.

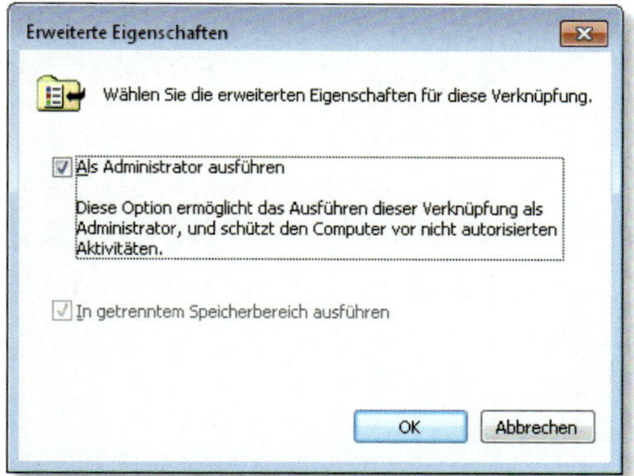

Abbildung 6.74 *Eine Option genügt, und eine Anwendung wird mit Administratorrechten ausgeführt.*

ClearType aktivieren und einrichten

Mit ClearType werden die Schriften auf dem Bildschirm geglättet. Kantige Stufeneffekte werden so verhindert. In der Systemsteuerung finden Sie die dazu gehörenden Einstellungen unter **Darstellung und Anpassung > Anzeige > ClearType-Text anpassen**. Eine Optionsschaltfläche genügt, und die Funktion ist eingeschaltet. In den weiteren Dialogen können Sie mit verschiedenen Textbeispielen ausprobieren, mit welcher Einstellung der Text auf Ihrem Bildschirm am besten zu lesen ist.

INFO

Was ist ClearType?
ClearType ist ein von Microsoft entwickeltes Verfahren, mit dem Textinhalte auf LCDs besser lesbar gemacht werden. Die Schärfe der Textinhalte wird verbessert – und damit auch deren Lesbarkeit.

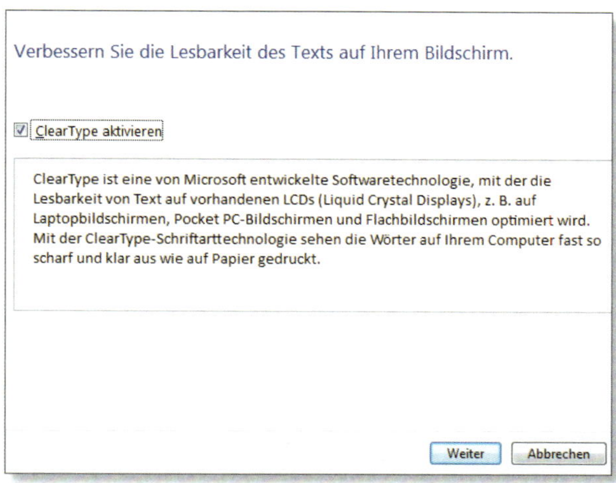

Abbildung 6.75 *ClearType ist in der Vorgabe auf den Windows 7-Systemen angeschaltet.*

Erfahrene Anwender können mit der Systemsteuerung auch die Farbdarstellung ihres LCDs kalibrieren und eine benutzerdefinierte Textgröße (DPI) bestimmen.

6.4 So finden Sie weitere Gadgets für Ihren Windows 7-Desktop

Acht kleine Minianwendungen befinden sich bereits auf einem Windows 7-Rechner. Das sind nicht besonders viele. Es gibt jedoch noch viele mehr. Sie können diese ganz einfach auf einer Internetseite suchen und auf Ihren Rechner laden: *http://windows.microsoft.com/de-DE/windows/downloads/personalize/gadgets*

Neue Gadgets aus dem Internet beziehen

Weitere Minianwendungen finden Sie auf der Internetseite *http://windows.microsoft.com/de-DE/windows/downloads/personalize/gadgets*. Sie wählen aus, welche Sie verwenden wollen, laden diese auf Ihren Rechner und starten sie. Die Gadgets sind in der Regel kostenlos.

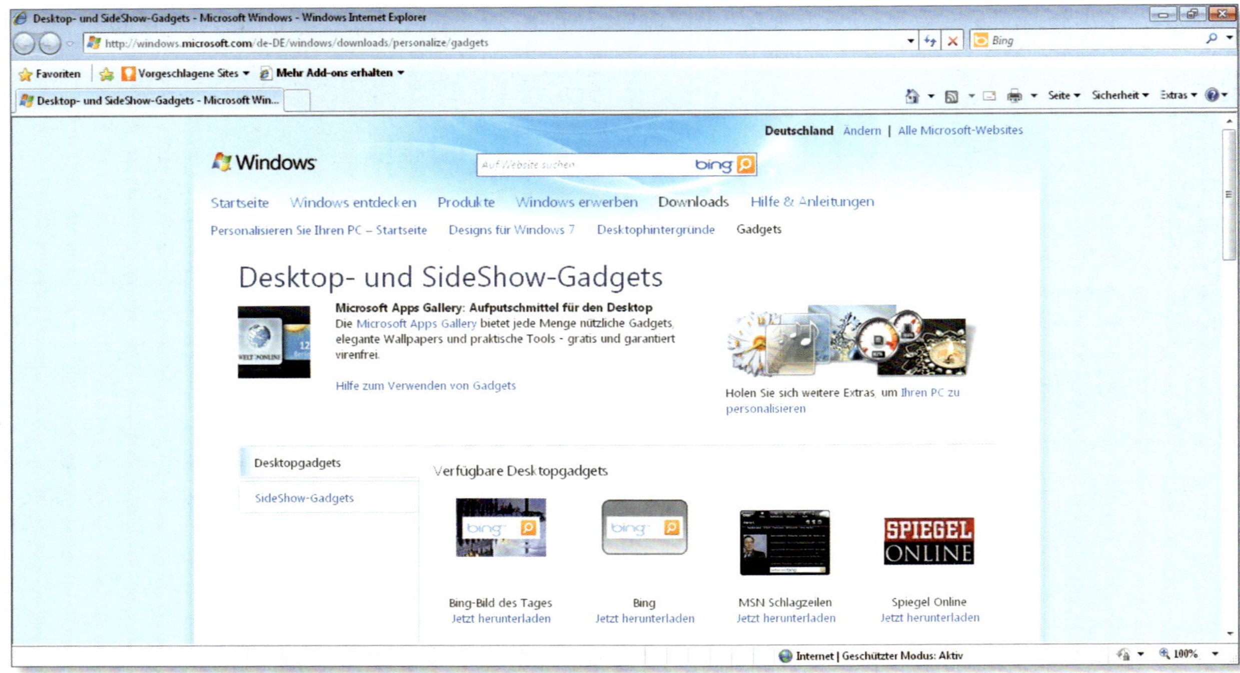

Abbildung 6.76 *Im Internet finden Sie jede Menge Minianwendungen für Ihren Windows 7-Desktop. Auch hier lohnt es sich, ab und zu einen Blick auf die Website zu werfen. Die Auswahl der Gadgets wird immer ergänzt und aktualisiert.*

1 Öffnen Sie über das Kontextmenü des Windows 7-Desktops die Minianwendungsgalerie.

2 Klicken Sie auf **Weitere Minianwendungen online beziehen**.

3 Schauen Sie sich die verschiedenen Minianwendungen an. Möchten Sie eine davon verwenden, klicken Sie auf **Jetzt herunterladen**.

4 Im nächsten Browserfenster sehen Sie noch einmal verschiedene Informationen zum gewählten Gadget, so die Anzahl der Kundenbewertungen und deren Wertung, einen Hinweis auf den Programmierer, die Größe und das Datum der letzten Aktualisierung. Klicken Sie auf **Download**. Wählen Sie im nächsten Fenster **Installieren**.

5 Je nach Browser folgen weitere Aufforderungen. Wählen Sie **Öffnen**. Bei der darauffolgend erscheinenden Sicherheitswarnung klicken Sie auf **Installieren**.

Das ausgewählte Gadget erscheint nun auf Ihrem Windows 7-Desktop. Wenn Sie möchten, können Sie weitere Minianwendungen auswählen und auf Ihren Rechner laden.

HINWEIS

Nur vertrauenswürdige Quellen verwenden
Nutzen Sie nur Minianwendungen von vertrauenswürdigen Anbietern. Untersuchen Sie die Gadgets vor der Installation auf eine Infektion mit Computerviren, und sichern Sie Ihren Rechner mit einer Firewall. Es kann durchaus passieren, dass sich über ein Gadget ein Computervirus auf Ihren Rechner schleicht. Mit wenigen Sicherheitsmaßnahmen können Sie dieses Risiko minimieren.

Es gibt auch kostenpflichtige Gadgets
Schauen Sie sich den Hinweis auf den Preis an. Es gibt durchaus auch kostenpflichtige Gadgets.

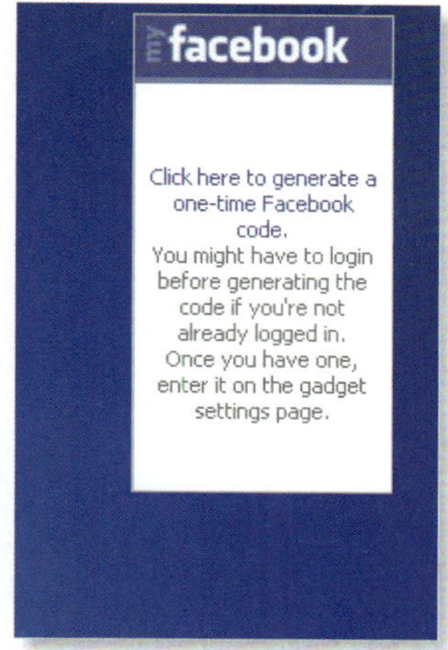

Abbildung 6.77 *Das Facebook-Gadget muss noch eingerichtet werden.*

Microsoft unterscheidet zwischen *Desktopgadgets* und *SideShow-Gadgets*. Bei Letzteren finden Sie einen Feedanzeiger, Office Outlook-Gadgets und ein Miniprogramm für eine Office PowerPoint Remote-Sitzung.

Es gibt Minianwendungen für viele unterschiedliche Zwecke: Informationen, Wetterberichte, aktuelle News verschiedener Zeitungen und Magazine, Suchfelder und vieles mehr. Schauen Sie sich in aller Ruhe einmal um.

Das Portal mit Minianwendungen direkt aufrufen

Möchten Sie in Ihrem Browser das Portal mit den verschiedenen Windows 7-Gadgets direkt aufrufen, verwenden Sie die URL *www.gallery-microsoft.com*. Sie werden dann zur betreffenden Webseite weitergeleitet.

Eine weitere Minianwendungsgalerie finden Sie unter *http://apps.msn.de/category/Windows/Minianwendungen*. Hier müssen Sie jedoch nervige Werbung wegklicken und bekommen bei Microsoft-Gadgets in einem eigens dafür erstellten Installationsdialog den Internet Explorer 9 als Standard-Browser angeboten. Beides muss jedes Mal deaktiviert werden.

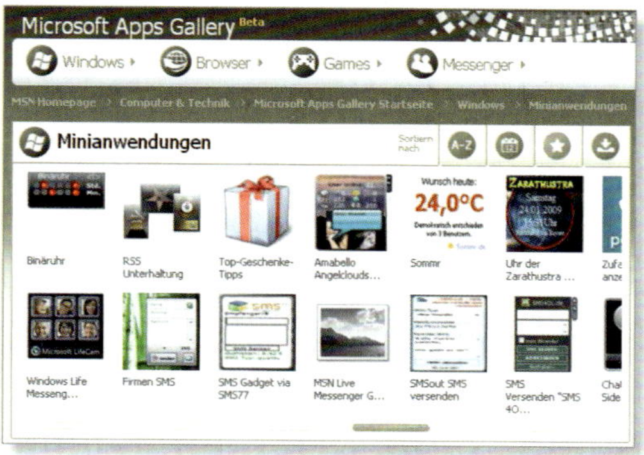

Abbildung 6.78 *Auch bei MSN gibt es Gadgets.*

Hier sehen sie z. B. das aktuelle ZDF-Programm und ein Miniprogramm, das verschiedene Systeminformationen anzeigt:

Abbildung 6.79 *Verschiedene Minianwendungen.*

HINWEIS

Schauen Sie immer mal wieder vorbei

Wenn Sie gern mit Gadgets arbeiten, sich so Ihren Desktop verschönern und die ein oder andere Funktion nutzen, sollten Sie ab und zu einmal nach neuen Minianwendungen schauen. Immer wieder erscheinen neuere Versionen bekannter Gadgets im Internet. Viele neue Gadgets kommen zusätzlich hinzu. Es lohnt sich, ab und zu einmal vorbeizuschauen.

So deinstallieren Sie nicht benötigte Gadgets

Die auf den Rechner geladenen Gadgets werden im Fenster **Minianwendungen** aufgelistet. Schließen Sie ein Gadget, sodass es auf dem Desktop nicht mehr eingeblendet wird, ist es weiterhin in der Minianwendungsgalerie verfügbar. Sie können es jederzeit wieder auf dem Desktop verwenden.

Möchten Sie es komplett von Ihrem Rechner entfernen, gehen Sie wie folgt vor:

1 Öffnen Sie die Minianwendungsgalerie.

2 Markieren Sie die Minianwendung. Öffnen Sie das Kontextmenü, und wählen Sie **Deinstallieren**. Bestätigen Sie.

Abbildung 6.80 *Über das Kontextmenü wird ein Miniprogramm vom Rechner gelöscht.*

6.5 Mit einem Tuner den Windows-Desktop verändern

Windows 7 können Sie nicht nur mit den Möglichkeiten der Systemsteuerung anpassen. Einige Zusatzprogramme verändern Ihren Desktop ebenfalls. Hiermit können Sie Windows-Funktionen an- und ausschalten, den Desktop anpassen und einige zusätzliche Features nutzen. In der Regel müssen Sie einen solchen Tuner kaufen. Die Kosten sind jedoch nicht übermäßig hoch. Neben dem Einstellen von Windows-Funktionen, dem Verschönern und Anpassen des Desktops finden Sie in einem solchen Programm auch Pflege- und Tuning-Funktionen.

An dieser Stelle möchte ich Ihnen einige Möglichkeiten vorstellen, die Sie mit dem Windows-Tuner *TuneUp Utilities* erhalten. Die von mir verwendete Version heißt *2011*. Ich werde Ihnen nicht alle Funktionen vorstellen, aber einige wenige möchte ich Ihnen näherbringen.

Informationen zu TuneUp Utilities von S.A.D finden Sie unter *http://www.my-sad.com/de/produkte/anwendungen/aktuelle-neuerscheinungen/tuneup-utilities-2011*. Hier können Sie auch anhand einer 14-Tage-Testversion einmal in das Programm hereinschnuppern.

Das Anmeldefenster anpassen

Starten Sie TuneUp Utilities, und wechseln Sie zu **Windows anpassen**. Hier lassen sich viele Funktionen direkt abrufen.

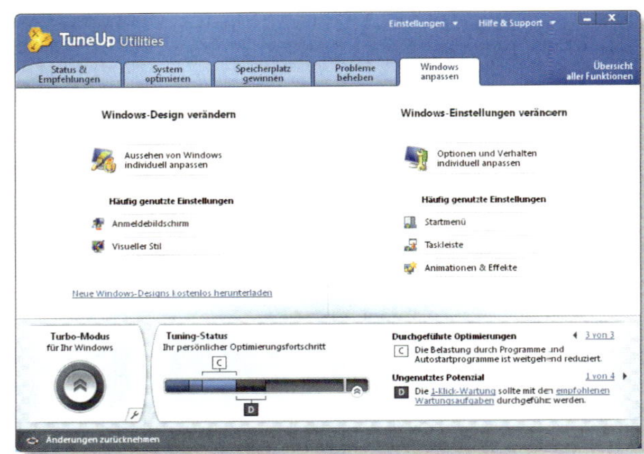

Abbildung 6.81 *Der Tuner bietet Ihnen mehrere Register.*

TuneUp Utilities bietet Ihnen eine Reihe Hintergrundbilder für den Anmeldebildschirm an. Die Auswahl ist sehr einfach.

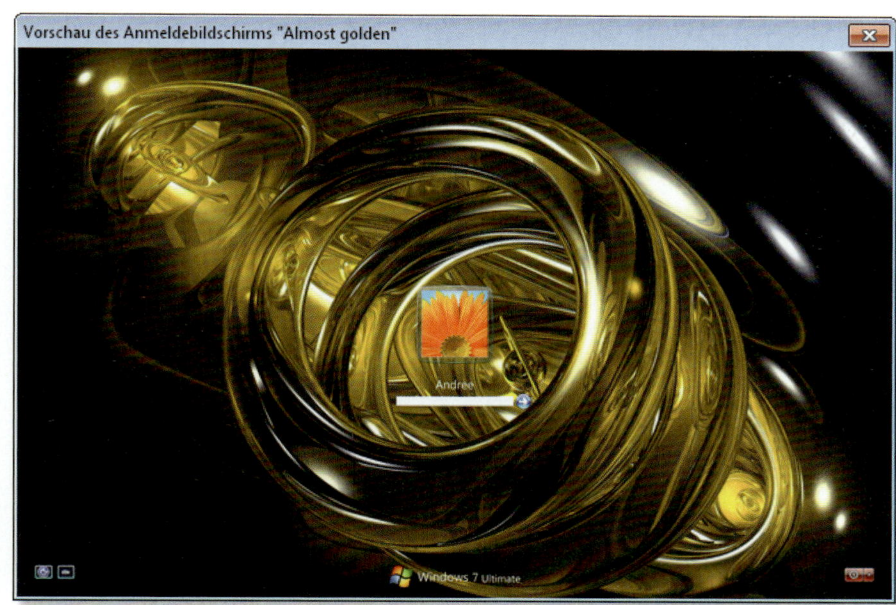

Abbildung 6.82 *In der Vergrößerung sehen Sie, ob Ihnen der gewählte Anmeldebildschirm gut gefällt oder ob nicht.*

Klicken Sie auf **Anmeldebildschirm**. Scrollen Sie durch die Liste, und wählen Sie mit der Maus einen Bildschirm aus. Mit **Große Vorschau anzeigen** wird das Vorschaubild vergrößert. So sehen Sie etwas genauer, wie das gewählte Bild wirkt. Möchten Sie es verwenden, bestätigen Sie mit **Übernehmen**.

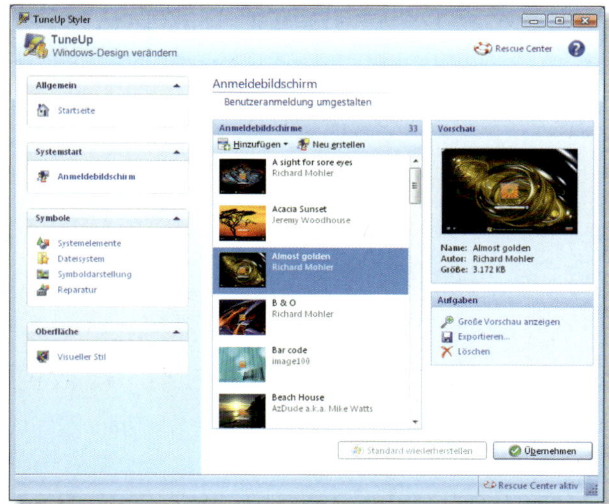

Abbildung 6.83 *Im Tuner gibt es jede Menge Anmeldebildschirme für Ihr Windows 7.*

Einen visuellen Stil wählen

Ein visueller Stil kombiniert die Gestaltung der Schaltflächen, Dialoge, Schriftarten und Farben miteinander. Drei solche Stile können Sie wählen. Auch hier zeigt die vergrößerte Vorschau, wie der Stil optisch wirkt.

Über einen Link auf die Webseite von TuneUp können Sie weitere visuelle Stile auf Ihren Rechner laden. Wählen Sie einen der Stile mit **Download** aus. Bestätigen Sie den Dialog **Öffnen mit TuneUp Style**. Nun können Sie im Fenster des Programms den heruntergeladenen Stil auswählen.

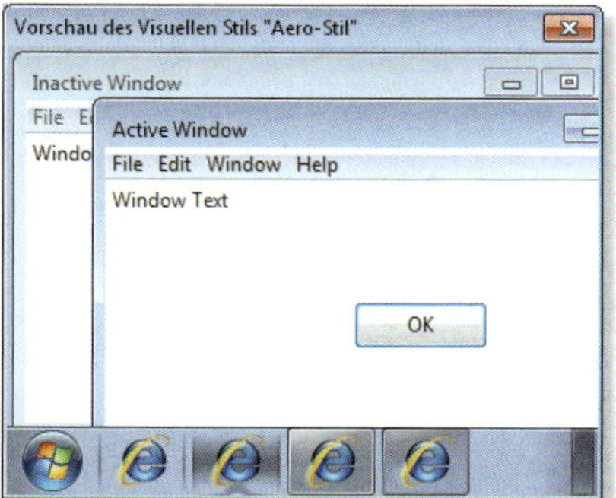

Abbildung 6.84 *Wählen Sie einen visuellen Stil.*

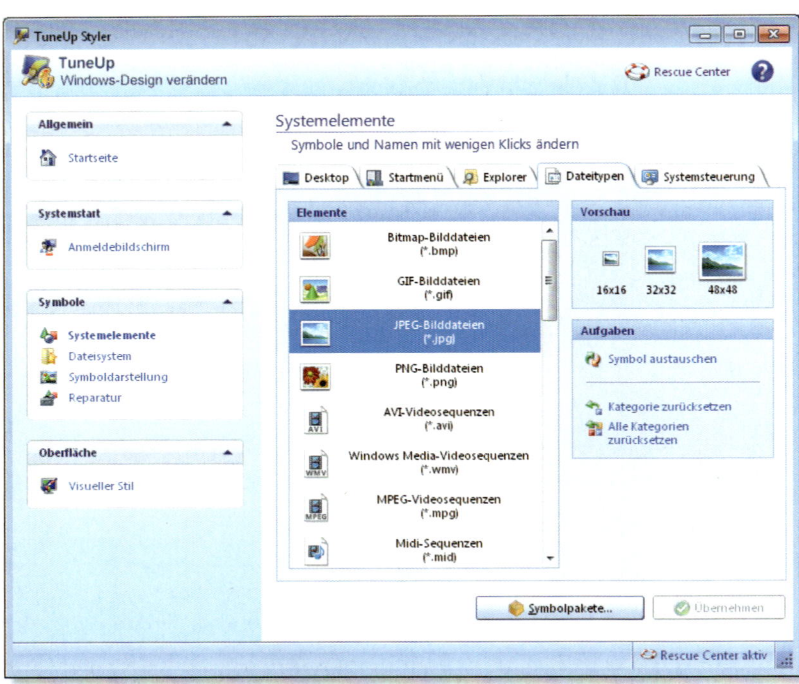

Abbildung 6.85 Mit TuneUp Utilities lassen sich sehr leicht verschiedene Windows-Symbole austauschen.

Windows-Symbole mit TuneUp Utilities verändern

TuneUp Utilities vereinfacht die Auswahl alternativer Symbole. Dabei wählen Sie, ob Sie die Symbole des Desktops, im Startmenü, vom Explorer, den Dateitypen oder der Systemsteuerung verändern wollen.

1 Wählen Sie zunächst eine dieser Rubriken.

2 Markieren Sie ein Symbol. Klicken Sie auf **Symbol austauschen**. Wählen Sie ein alternatives Symbol. Bestätigen Sie.

HINWEIS

Die alten Windows 7-Symbole zurück

Möchten Sie die vorgegebenen Standard-Symbole wiederhaben, wählen Sie in TuneUp Utilities **Element zurücksetzen auf Windows-Standard**.

Auch in den Desktopeinstellungen der Systemsteuerung lassen sich die alten Windows-Symbole zurückholen. Markieren Sie hier ein Symbol, und wählen Sie **Wiederherstellen**.

Der Dialog greift zunächst auf die Windows 7-eigenen Symbole zurück. Klicken Sie auf die Schaltfläche **Symbolpakete**, können Sie einige recht schicke Symbole auswählen und auf Ihrem Rechner installieren.

Über das Startfenster des Programms können Sie weitere Einstellungsoptionen abrufen.

Abbildung 6.86 Diese Symbole sehen doch sehr schick aus.

Kapitel 7
Der Windows-Explorer: Dateien und Ordner im Griff

Der Microsoft-Dateimanager Windows-Explorer ist das wichtigste Hilfsmittel bei der Arbeit mit Ihrem Computer. Mit ihm öffnen Sie Dateien, sortieren Verzeichnisse und schauen sich den Inhalt von Festplattenpartitionen und USB-Medien an. Der Dateimanager kann aber noch einiges mehr.

Ich möchte Ihnen in diesem Kapitel die Funktionen und Möglichkeiten des Windows-Explorers vorstellen. Sie werden erfahren, wie Sie durch die Verzeichnisse der verschiedensten Medien navigieren und mit Dateien umgehen. Ich zeige Ihnen, wie Sie Dateien suchen und dabei auch Metazeichen verwenden. Sie werden erfahren, wie Sie den Dateimanager an Ihre eigenen Bedürfnisse und Wünsche anpassen, und noch einiges mehr lernen.

7.1 Einstieg in den Windows-Dateimanager

Bereits in Kapitel 3, »Der erste Start: Ihr neues Windows kennenlernen«, haben Sie den Windows-Explorer kennengelernt. Einige der dort vorgestellten Inhalte möchte ich nun ausführlicher vorstellen.

Den Windows-Dateimanager öffnen

Sie haben verschiedene Möglichkeiten, den Windows-Explorer zu öffnen. Welche Sie davon wählen, bleibt Ihnen überlassen. Bei einigen Varianten sehen Sie gleich einen ganz bestimmten Inhalt im Dateimanager, so zum Beispiel den Inhalt Ihres Benutzerverzeichnisses.

1 Ist auf Ihrem Bildschirm ein Symbol für den Direktzugriff vorhanden, genügt ein Doppelklick, und Sie öffnen den Windows-Explorer. In seinem Fenster sehen Sie nun den Inhalt Ihres Benutzerverzeichnisses.

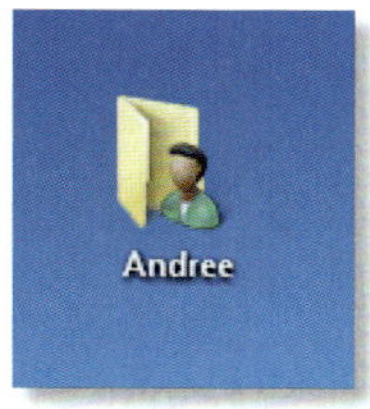

Abbildung 7.1 *Mit diesem Symbol öffne ich den Windows-Dateimanager und sehe den Inhalt meines Benutzerverzeichnisses.*

2 Ein Doppelklick auf das Symbol **Computer** auf Ihrem Desktop öffnet ebenfalls den Windows-Explorer. Sie sehen nun eine Übersicht der Festplattenpartitionen und der angeschlossenen Wechselmedien.

Abbildung 7.2 *Das Symbol **Computer** öffnet ebenfalls den Dateimanager.*

3 Ein Doppelklick auf das Symbol **Netzwerk** öffnet den Windows-Explorer ebenfalls. Sie sehen den Namen, den Ihr Computer im Netzwerk hat. Daneben werden andere Netzwerkressourcen angezeigt.

Abbildung 7.3 Auch mit ***Netzwerk*** *öffnen Sie den Dateimanager.*

4 Öffnen Sie das Startmenü. Mit einem Mausklick auf den Benutzernamen, auf **Dokumente**, **Bilder** oder **Musik** sehen Sie im Dateimanager ganz bestimmte Inhalte.

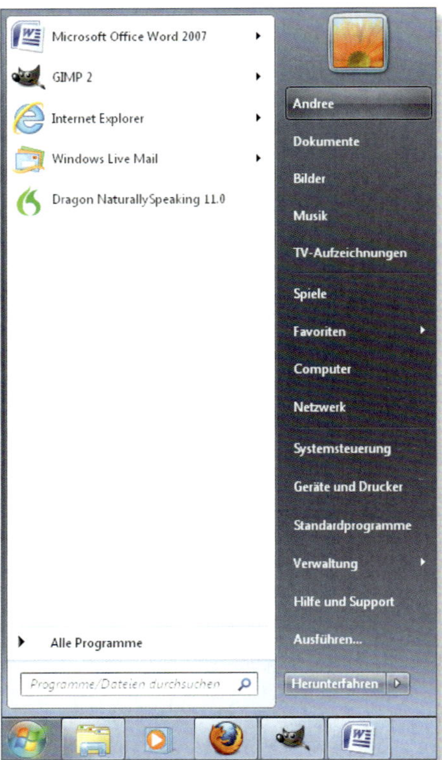

Abbildung 7.4 Im Startmenü finden Sie rechts oben weitere Funktionen, mit denen Sie den Windows-Explorer öffnen.

5 Im Startmenü öffnen Sie mit **Computer** und **Netzwerk** den Dateimanager. Die Inhalte, die Sie nun im Windows-Explorer sehen, kennen Sie bereits.

6 Über das Menü erreichen Sie mit **Alle Programme > Zubehör > Windows-Explorer** ebenfalls den Dateimanager.

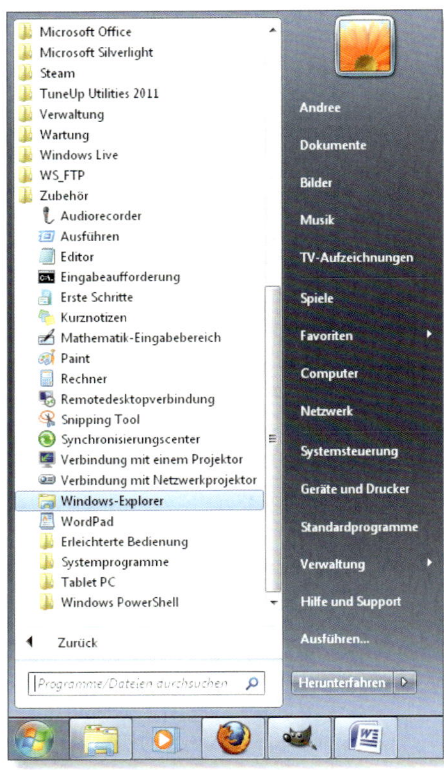

Abbildung 7.5 Im Startmenü erreichen Sie den Dateimanager ebenfalls.

7 In der Windows-Taskleiste sehen Sie außerdem noch ein Symbol, mit dem Sie den Windows-Dateimanager öffnen können. Es genügt ein Mausklick auf dieses Symbol.

Abbildung 7.6 Ein Mausklick auf dieses Symbol in der Windows-Taskleiste bringt Sie in den Dateimanager.

8 Tragen Sie im Suchfeld des Windows-Menüs Explorer ein. Den Windows-Dateimanager sehen Sie in der Trefferanzeige ganz oben. Öffnen Sie ihn mit der Maus.

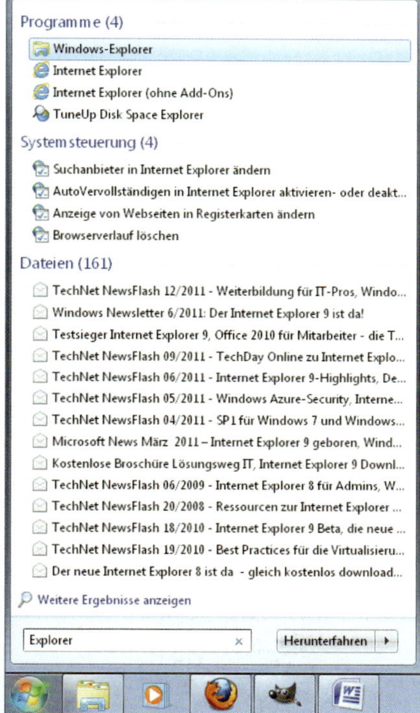

^ ***Abbildung 7.7*** *Auch ein Eintrag im Suchfeld zaubert den Dateimanager hervor.*

9 Öffnen Sie im Startmenü **Alle Programme > Zubehör > Ausführen**. Tragen Sie im Feld **Ausführen** Explorer ein, wird ebenfalls der Dateimanager geöffnet. In der Praxis wird diese Variante aber wohl kaum verwendet werden.

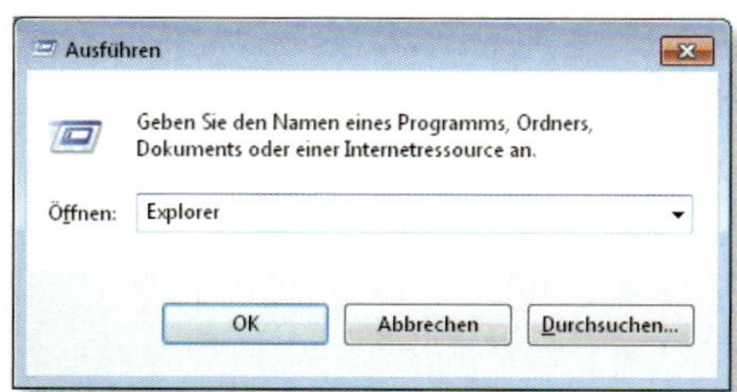

^ ***Abbildung 7.8*** *Mit einem einfachen Befehl lässt sich der Windows-Explorer auch aufrufen.*

10 Möchten Sie den Dateimanager mit einem Befehl öffnen, drücken Sie [Win] + [E].

^ ***Abbildung 7.9*** *Mit diesem Symbol in der Taskleiste öffnen Sie den Windows-Explorer.*

TIPP

Verknüpfung für den Dateimanager erstellen
Sofern Sie keinen alternativen Dateimanager verwenden, werden Sie den Windows-Explorer sehr häufig nutzen. Was liegt also näher, als eine Verknüpfung auf dem Desktop anzulegen? Sie können dann mit einem Doppelklick gleich auf den Dateimanager zugreifen. Öffnen Sie auf einem freien Bereich des Desktops das Kontextmenü. Sie erinnern sich: Dazu drücken Sie die rechte Taste Ihrer Maus. Wählen Sie **Neu > Verknüpfung**. Tragen Sie `explorer` ein. Auf Klein- oder Großschreibung müssen Sie dabei nicht achten. Klicken Sie auf **Weiter**. Geben Sie als Namen für diese Verknüpfung `Mein Windows-Dateimanager` ein. Natürlich können Sie auch eine andere Bezeichnung verwenden. Bestätigen Sie mit **Fertig stellen**.

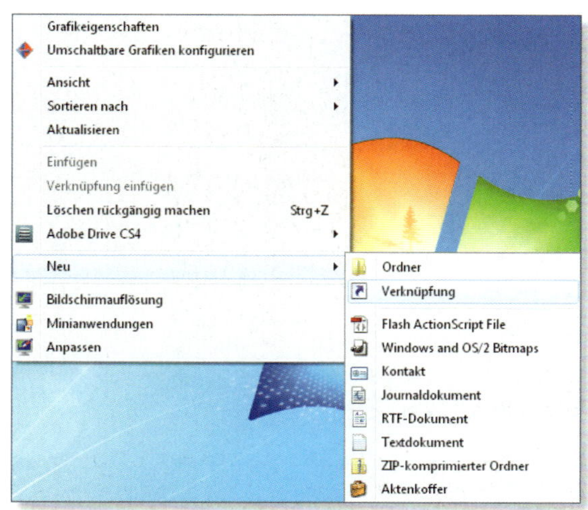

^ ***Abbildung 7.10*** *Eine Verknüpfung wird erstellt.*

Mit dieser Verknüpfung können Sie im Handumdrehen und ohne Umwege den Windows-Dateimanager öffnen.

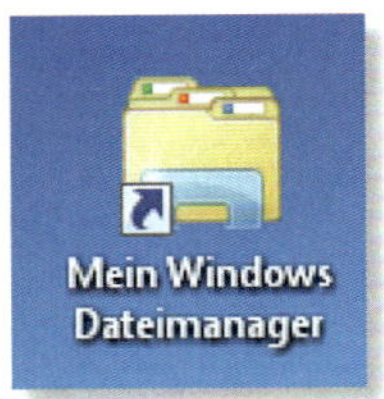

Abbildung 7.11 Nun können Sie den Windows-Dateimanager mit einem Symbol direkt auf Ihrem Desktop öffnen.

Den Explorer mit Parametern öffnen

Beim Öffnen des Dateimanagers können Sie auch mit einem Parameter bestimmen, welches Verzeichnis angezeigt werden soll. Die Befehlssyntax dazu lautet:

```
Explorer <Verzeichnispfad> /select
<Ordnername>
```

Mit Explorer <Verzeichnispfad> wird der Dateimanager geöffnet und zeigt den angegebenen Pfad an. Sie sehen gleich, was sich in diesem Ordner befindet. Ein Beispiel:

```
explorer D:\winbuch_fortsetzung
```

Dieser Befehl öffnet den Dateimanager und zeigt die Partition *D* auf meinem Notebook an. Zu sehen ist der Inhalt des Verzeichnisses *\winbuch_fortsetzung* mit allen Screenshots und Inhalten, die ich für dieses Buch bisher erstellt habe. Schauen Sie sich an dieser Stelle gleich einmal die Schreibweise von Verzeichnispfaden an: Nach dem Buchstaben der Partition folgen ein Doppelpunkt und ein Backslash. Danach kommt der Verzeichnispfad. Möchten Sie einen untergeordneten

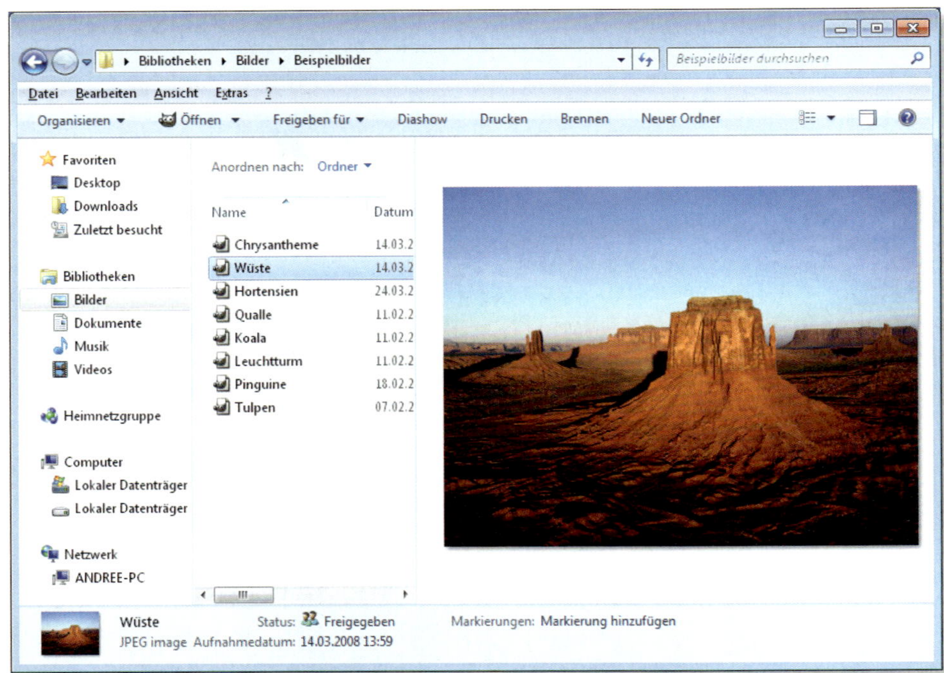

Abbildung 7.12 Im Windows-Explorer ist bereits eine praktische Vorschaufunktion integriert. Bilddateien können so ohne ein Zusatzprogramm im Dateimanager betrachtet werden. So können Sie schnell schauen, was die Digitalkamera so festgehalten hat.

Ordner sichtbar machen, folgen ein weiterer Backslash und der Name des Unterordners.

Mit Explorer /select, <Ordnername> wird der angegebene Ordner geöffnet und eine Datei markiert. Hier kann auch ein Verzeichnis markiert werden. Achten Sie auf das Komma nach select. Auch zu diesem Befehl ein kleines Beispiel:

```
explorer /select, D:\winbuch_fortsetzung\
test.tif
```

Der Explorer wird gestartet. In einem Fenster ist der Inhalt des Ordners *winbuch_fortsetzung* auf der Partition *D* zu sehen. Die Bilddatei *test.tif* wird markiert.

> **INFO**
>
> **Was bitte ist eine »Syntax«?**
> Windows 7 ist ein Betriebssystem, das auf eine grafische Oberfläche setzt. Alle Aktionen werden mit der Maus oder über Tastenkombinationen ausgeführt. Dennoch können Sie Befehle verwenden, so wie es zu MS DOS-Zeiten der Fall war. Dazu geben Sie die Befehle in der Eingabeaufforderung, im Feld **Ausführen** oder in einer Verknüpfung ein. Damit Windows 7 versteht, was es tun soll, müssen Sie sich an eine bestimmte Schreibweise und an die Reihenfolge bestimmter Elemente halten. Diese Schreibweise wird als »Syntax« bezeichnet. Nach dem Namen des Befehls folgen Parameter und Optionen. Würden Sie erst einen Parameter eingeben und ganz zuletzt erst den eigentlichen Befehl, würde der Dateimanager die Eingabe ignorieren und nur das Benutzer- oder ein anderes Verzeichnis öffnen. Eine Fehlermeldung wird jedoch nicht ausgegeben.

Die Navigationsleiste verwenden

Auf der linken Seite im Explorer sehen Sie die Navigationsleiste. Hier wählen Sie die Partition oder ein anderes bestimmtes Ziel, dessen Inhalt Sie im Explorer sehen möchten.

Die verschiedenen Ziele sind in Kategorien eingeteilt. Ganz oben sehen Sie die **Favoriten**. Danach folgen die **Bibliotheken**, die **Heimnetzgruppe**, die Partitionen auf Ihrem **Computer** und das **Netzwerk**.

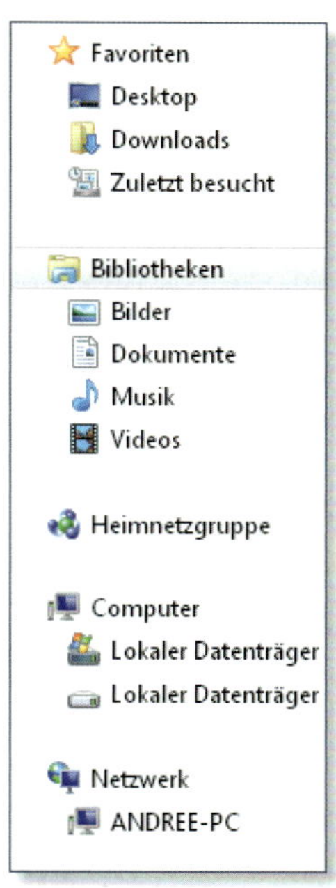

Abbildung 7.13 *In diesem Beispiel habe ich einmal das Menü meines Notebooks ausgeschnitten.*

Der Inhalt dieses Navigationsmenüs kann bei Ihnen anders aussehen. Wenn Sie neue Favoriten erstellen, eine Bibliothek hinzufügen und mehr Partitionen besitzen, tauchen diese natürlich im Menü auf. Vor einigen Menüeinträgen finden Sie einen kleinen Pfeil. Wenn Sie auf diese Schaltfläche klicken, werden untergeordnete Verzeichnisse oder Geräte sichtbar.

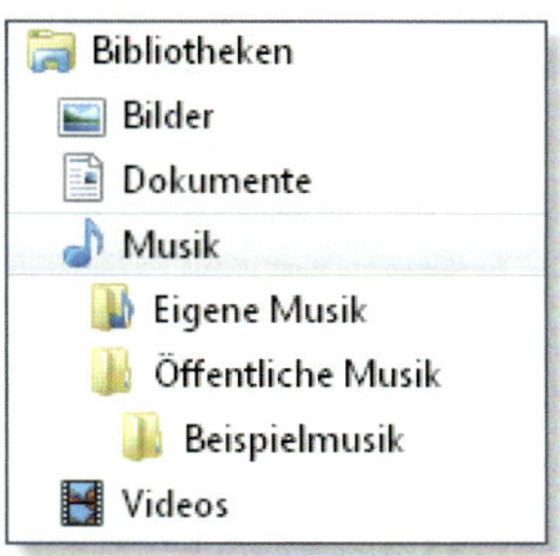

Abbildung 7.14 *Die Bibliothek* ***Musik***

In der Bibliothek **Musik** finden Sie zwei Ordner: einen für öffentlich zugängliche Musik und einen für Ihre privaten Musikdateien. In letzterem Ordner befindet sich die Beispielmusik, die mit Windows 7 mitgeliefert wurde.

TIPP

Ordner aus dem Navigationsbereich entfernen
Über das Kontextmenü können Sie Ordner aus dem Navigationsbereich entfernen. Diese sind dann praktisch unsichtbar. Möchten Sie diese Ordner wieder einblenden, wählen Sie den übergeordneten Ordner. Im Inhaltsbereich sehen Sie alle enthaltenen Ordner, Ziele und Geräte. Markieren Sie das ausgeblendete Objekt, und wählen Sie im Kontextmenü **Im Navigationsbereich anzeigen**. Nun ist der Ordner wieder im Navigationsbereich sichtbar.

Umgang mit Dateien

Die Adressleiste, die Symbolleiste und einige andere Elemente des Explorers habe ich bereits in Kapitel 3, »Der erste Start: Ihr neues Windows kennenlernen«, vorgestellt. Lassen Sie uns jetzt einen Schritt weitergehen.

Um eine Datei zu öffnen, suchen Sie in der Navigationsleiste erst den Ort, an dem sich diese Datei befindet. Markieren Sie das Verzeichnis. Rechts sehen Sie den Inhalt. Ein Doppelklick öffnet die Datei in dem Programm, dem sie zugeordnet wurde. Meist geschieht eine solche Zuordnung bei der Installation eines Anwendungsprogramms.

Ein Programm über das Kontextmenü wählen

Über das Kontextmenü können Sie ein anderes Programm wählen. Ein Beispiel:

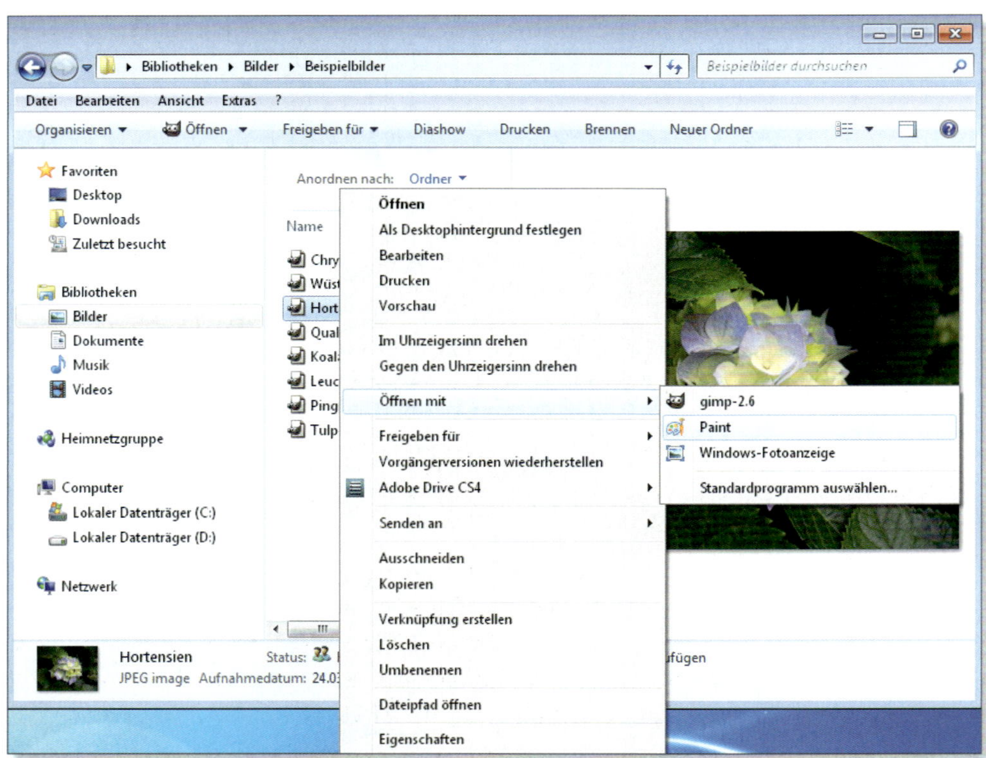

Abbildung 7.15 *Mit dieser Auswahl wird die Bilddatei im Zeichenprogramm »Paint« geöffnet.*

1 Navigieren Sie zu der Bibliothek **Bilder**. Lassen Sie sich mit einem Doppelklick den Inhalt des Ordners **Beispielbilder** anzeigen.

2 Markieren Sie die Bilddatei **Hortensien**.

3 Öffnen Sie das Kontextmenü, und wählen Sie **Öffnen mit > Paint**.

Egal, ob Sie nun einen Doppelklick ausführen oder aber das Kontextmenü wählen – es geschehen zwei Dinge:

Das verknüpfte Programm wird gestartet und die Datei, auf der ein Doppelklick ausgeführt wurde, wird in dem Programm geladen.

Die Verknüpfung zu einem Standardprogramm verändern

Natürlich können Sie auch ein anderes Programm auswählen und die Verknüpfung zu einem Standardprogramm verändern. Möchten Sie dies tun, gehen Sie wie folgt vor:

1 Navigieren Sie zu dem Ordner, in dem sich die gesuchte Datei befindet. Markieren Sie diese Datei. Öffnen Sie das Kontextmenü. Wählen Sie **Öffnen mit > Standardprogramm auswählen**.

2 Oben finden Sie eine Reihe vorgeschlagener Programme. In meinem Fall sind dies das Grafikbearbeitungsprogramm *GIMP*, das Zeichenprogramm *Paint* und die *Windows-Fotoanzeige*. Klicken Sie auf die Pfeilschaltfläche ganz rechts von **Andere Programme**.

3 Nun sehen Sie weitere Programme, die vielleicht zu dem Programm passen würden. Ist das gewünschte darunter, markieren Sie es. Achten Sie darauf, dass die Option **Dateityp immer mit dem ausgewählten Programm öffnen** ausgewählt ist. Bestätigen Sie.

4 In meinem Beispiel ist jedoch das gesuchte Programm nicht dabei. Ich wähle also **Durchsuchen**. Der Windows-Explorer wird geöffnet. Nun suche ich die Partition, auf der sich das gesuchte Programm befindet. Danach folgt der Programmordner. Die ausführbare Datei, die das Programm startet, wird markiert. In meinem Beispiel ist dies *Fireworks*. Mit **Öffnen** bestätige ich die Auswahl.

5 Nun lande ich wieder in dem Dialog **Öffnen mit**. Fireworks ist hier übernommen worden und bereits vorausgewählt. Mit **OK** bestätige ich diese Wahl und verlasse den Dialog.

HINWEIS

Dateien und Ordner löschen und wiederherstellen
Wenn Sie eine Datei oder einen Ordner löschen, erfolgt zunächst eine Rückfrage. Diese Frage dient Ihrer Sicherheit. Antworten Sie mit **Ja**, so landet die Datei bzw. der Ordner im Papierkorb. Falls es notwendig ist, können Sie die Datei bzw. den Ordner im Papierkorb wiederherstellen. Klicken Sie dazu auf dem Desktop auf das Papierkorb-Symbol. Sie sehen alle bisher gelöschten Daten. Klicken Sie mit der rechten Maustaste auf eine Datei und wählen Sie **Wiederherstellen**, landen die Dateien wieder an ihrem ursprünglichen Platz.

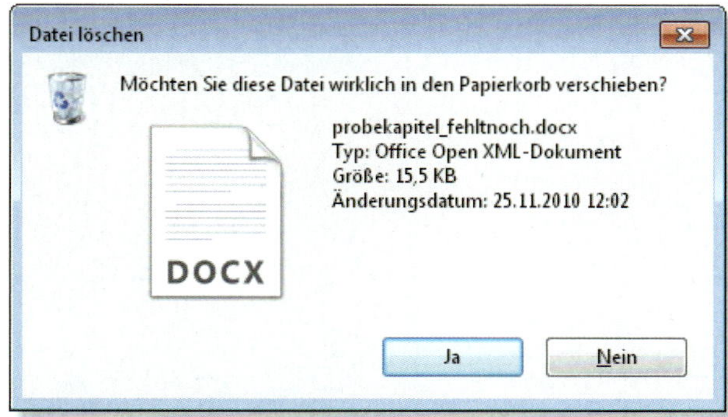

Abbildung 7.16 *Die Sicherheitsfrage beim Löschen*

Wenn Sie nun das nächste Mal ein Verzeichnis öffnen, in dem sich Dateien des Dateityps befinden, dem Sie eben ein neues Standardprogramm zugeordnet haben, werden Sie feststellen, dass sich das Dateisymbol verändert hat. Das Dateitypsymbol weist bereits auf das Programm hin, mit dem dieser Dateityp geöffnet wird.

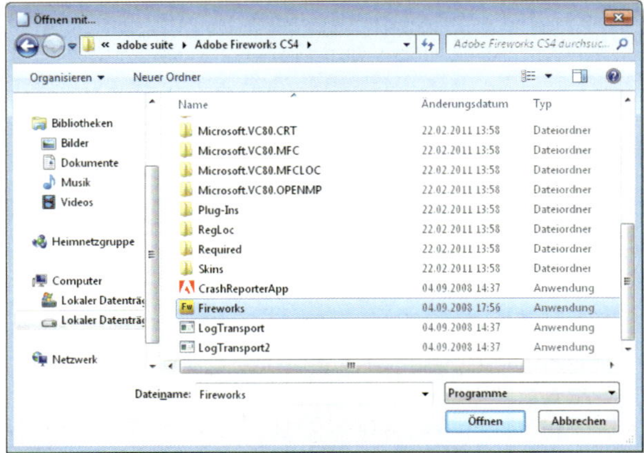

Abbildung 7.17 *Das Standardprogramm, mit dem ein Dateityp geöffnet wird, können Sie selbst auswählen.*

Die Dateizuordnungen können Sie in der Systemsteuerung unter **Programme > Standardprogramme** einsehen und verändern. Hier lassen sich auch Protokolle, wie zum Beispiel *http://*, einem bestimmten Anwendungsprogramm zuordnen.

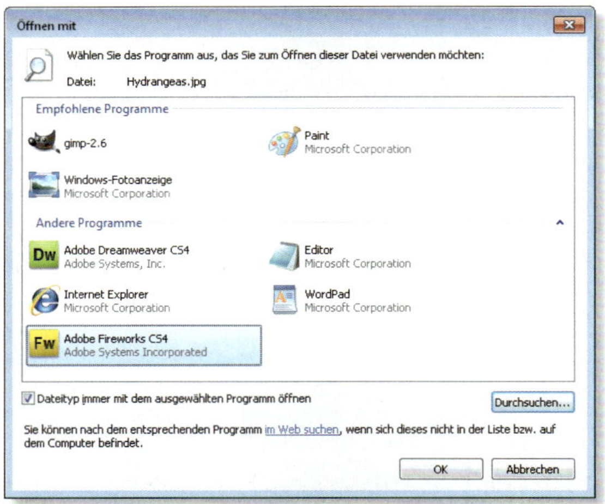

Abbildung 7.18 *Im Beispiel wurde das Programm Fireworks zugeordnet.*

Viele Aufgaben, die im Umgang mit Dateien auftreten, können Sie über das Kontextmenü, das Menü im Windows-Explorer oder Tastenkombinationen ausführen. Das trifft z. B. auf das **Kopieren**, **Ausschneiden** und **Einfügen** zu.

HINWEIS

Ändern des Standardprogrammes

Wenn Sie nur gelegentlich eine Bild-, Musik- oder Office-Datei mit einem ganz bestimmten Programm öffnen, müssen Sie die Verknüpfung zum Standardprogramm nicht verändern. Nur wenn Sie sehr oft ein anderes Programm nutzen oder das verknüpfte Programm kaum nutzen, sollten Sie das Standardprogramm anpassen.

Drag & Drop

Dateien und Ordner lassen sich sehr einfach per Drag & Drop von einem Ort zu einem anderen bewegen. Dazu markieren Sie die Datei oder den Ordner, indem Sie mit der linken Maustaste auf sie bzw. ihn klicken. Halten Sie die Taste gedrückt. Bewegen Sie nun die Maus bis zum Zielordner. Lassen Sie die linke Maustaste los.

INFO

Kopieren oder Ausschneiden?

Kopieren heißt, dass die Ursprungsdatei erhalten bleibt. Es wird eine 1:1-Kopie erstellt und am Zielort eingefügt.

Beim Ausschneiden wird die Datei oder auch der Ordner vom Quellpunkt entfernt und am Ziel eingefügt. Man kann hier auch von einem »Verschieben« sprechen.

Welche Möglichkeit Sie nun nutzen, um eine Datei zu kopieren, auszuschneiden oder einzufügen, bleibt ganz Ihnen überlassen.

Über das Kontextmenü einer Datei stehen Ihnen viele verschiedene Funktionen zur Verfügung. Sie können die Datei im zugeordneten Standardprogramm öffnen, sie bearbeiten, auf dem Drucker ausgeben und sich eine Vorschau anschauen. Über das Kontextmenü können Sie auch eine Verknüpfung zur gewählten Datei erstellen, sie umbenennen oder löschen. Welche

Funktionen Sie im Kontextmenü finden, hängt von der markierten Datei ab und von den auf Ihren Rechnern installierten Programmen. In meinem Beispiel lassen sich markierte Dateien direkt mit Programmen der Adobe CS-Suite öffnen.

Wenn Sie eine Datei bearbeitet haben und feststellen, dass Sie sich vertan haben, dann können Sie mit der Funktion **Vorgängerversion wiederherstellen** die Ursprungsdatei wieder zurückholen.

HINWEIS

Die Berechtigungen beim Kopieren
Beim Kopieren einer Datei werden die Zugriffsrechte des Ordners übernommen, in dem die Datei abgelegt wird, also die Zugriffsrechte des Zielordners. Im Unterschied dazu werden beim Verschieben die Zugriffsrechte des Quellordners übernommen.

Der Papierkorb

Wenn Sie eine Datei löschen, landet diese im Papierkorb. Der Papierkorb ist eine Art Sicherung. Haben Sie aus Versehen eine Datei oder einen Ordner gelöscht, können Sie diesen später wiederherstellen. Nur wenn Sie den Papierkorb in der Zwischenzeit geleert haben, können Sie nicht so ohne Weiteres eine Datei wiederherstellen. Dann brauchen Sie ein spezielles Programm.

INFO

Anwender dürfen nicht alles
Für das Löschen und Umbenennen von Dateien und Ordnern benötigen Sie die Rechte eines Administrators.

Dateien umbenennen

Um die Bezeichnung einer Datei zu verändern, gehen Sie wie folgt vor:

1 Öffnen Sie das Kontextmenü über der Datei, deren Namen Sie verändern wollen. Wählen Sie **Umbenennen**.

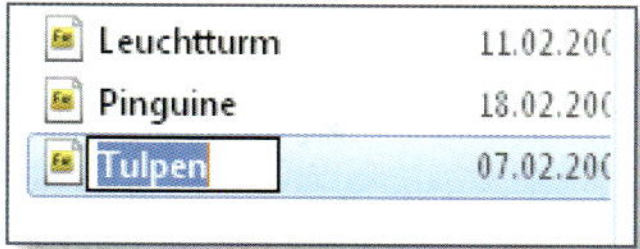

Abbildung 7.19 Der Name dieser Bilddatei soll geändert werden.

2 Die Datei wird im Windows-Explorer mit einem Rahmen versehen. Der bisherige Dateiname wird markiert. Geben Sie den neuen Namen ein, und bestätigen Sie mit [↵].

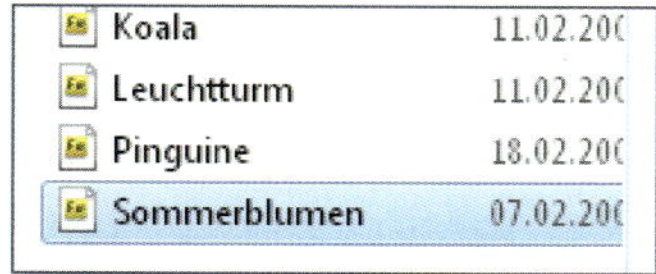

Abbildung 7.20 Nun heißt die Datei »Sommerblumen«.

Eine weitere Möglichkeit, um Dateien umzubenennen

Indem Sie zweimal auf eine Datei klicken, können Sie ebenfalls den Dateinamen verändern. Achten Sie hier jedoch darauf, das es sich um keinen schnellen Doppelklick handelt, sondern um zwei Klicks mit einer kurzen Pause.

TIPP

Kontextmenü mit zusätzlichen Funktionen
Im Kontextmenü des Windows-Explorers zeigt Windows nur bestimmte, oft verwendete Funktionen an. Drücken Sie die [⇧]-Taste, während Sie das Kontextmenü öffnen, werden zusätzliche Funktionen angezeigt. So finden Sie dann auch die Funktionen **In einem neuen Prozess öffnen**, **Eingabeaufforderung hier öffnen**, **In Bibliothek aufnehmen** und **Als Pfad kopieren** vor.

Öffnen Sie den Dialog **Eigenschaften**. Nun können Sie eine Reihe unterschiedlicher Informationen zu der markierten Datei abrufen – unter anderem die Größe der Datei, das Datum der letzten Bearbeitung und die Zugriffsrechte. Auf die Zugriffsrechte kommen wir später noch einmal zurück.

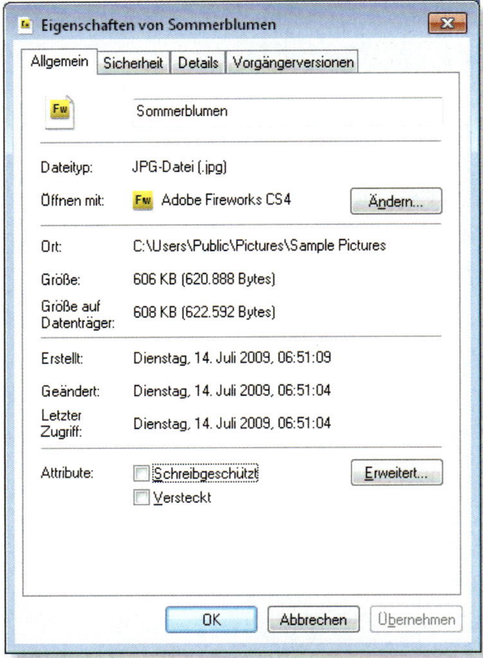

Abbildung 7.21 *Die Eigenschaften einer Datei*

Im Register **Details** finden Sie weitere Informationen zu einer Datei. Schauen Sie sich diese ruhig einmal an. Mit der Bewertung können Sie eine Datei als gut, sehr gut oder auch weniger gut markieren. Verwendet werden dazu fünf Sternsymbole. Fünf Sterne heißt »sehr gut«. Ein Stern dagegen bedeuetet »weniger gut« bis »schlecht«. Neben dieser Bewertung können Sie auch einen Titel, ein Thema und einen Kommentar eintragen. Auch eine Markierung kann hinzugefügt werden. Ob diese Informationen notwendig sind oder nicht, müssen Sie wieder einmal selbst entscheiden. Bei Multimediadateien helfen sie, etwas Ordnung in einen Ordner zu bringen. Jedoch lässt sich das besser mit einem Bildbetrachtungsprogramm oder einem anderen Anwendungsprogramm erledigen.

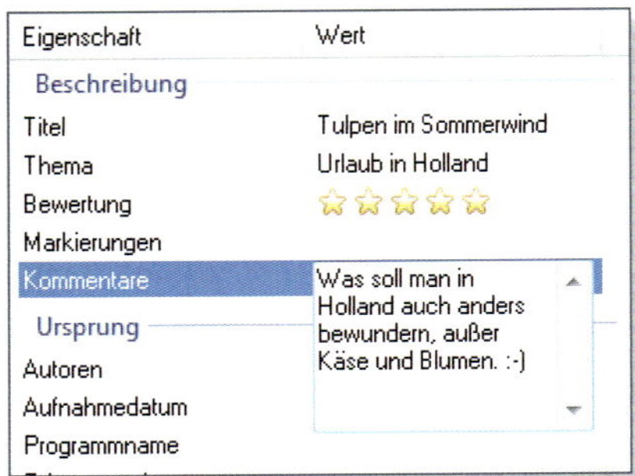

Abbildung 7.22 ***Titel**, **Thema**, **Bewertung** und **Kommentare** helfen dabei, Ordnung zu halten.*

Wie der Name bereits vermuten lässt, finden Sie im Register **Vorgängerversion** eine Sicherheitskopie der Datei. Sie können hier bei Bedarf auf eine ältere Version zurückgreifen.

Dateien sortieren

Um die Inhalte eines Ordners zu sortieren, klicken Sie einfach auf eine der Spalten. Für eine alphabetische Sortierung genügt ein Klick auf **Name**. Ein zweiter Mausklick auf diese Spalte kehrt die Sortierung um. In gleicher Weise können Sie auf **Typ**, **Änderungsdatum**, **Größe** und andere Spalten klicken und so die Inhalte eines Ordners sortieren.

Dateien stapeln

Anhand verschiedener Eigenschaften können Sie die Dateien in einem Ordner stapeln. Dabei werden alle Dateien mit der gewählten Eigenschaft zu einem Block zusammengefasst. Dies können Sie natürlich auch mit Ordnern tun. Ein kleines Beispiel:

1. Suchen Sie den Ordner, dessen Inhalt gestapelt werden soll.
2. Führen Sie den Mauscursor ganz an den rechten Rand der Spalte, nach der die Dateien im gewählten Ordner gestapelt werden sollen.
3. Klicken Sie auf die nach unten zeigende Pfe lschaltfläche. Wählen Sie eine der Eigenschaften. Je nach

Spalte können dies Buchstaben, Zahlen, Größenangaben oder andere Stapeleigenschaften sein.

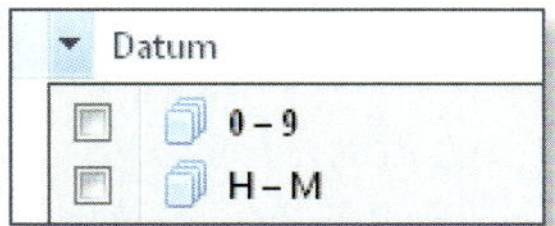

Abbildung 7.23 Stapeln Sie den Inhalt Ihrer Ordner.

Mit Ordnern arbeiten

Für die Arbeit mit Ordnern gilt das Gleiche wie bei Dateien. Über das Kontextmenü, das Menü oder auch Tastenkombinationen rufen Sie wichtige Befehle ab. Natürlich gibt es einige spezielle Befehle und Funktionen. So können Sie einen Ordner in einem neuen Fenster öffnen. Der Inhalt eines Ordners kann für andere Benutzer freigegeben werden. Über das Kontextmenü lässt sich auch leicht eine Verknüpfung erstellen. Diese ziehen Sie einfach auf den Desktop. So erscheint ein Symbol auf dem Desktop. Ein Doppelklick darauf führt Sie in Ihren Lieblingsordner.

Abbildung 7.24 Ein Doppelklick auf dieses Symbol bringt mich in den Ordner mit meinen Arbeitsdateien.

Nicht immer möchten Sie eine Aktion auf die gleiche Weise durchführen. Ordner werden mit einem Doppelklick geöffnet. Aber es ist auch ein einfacher Mausklick möglich. Ein Beispiel:

1. Markieren Sie einen beliebigen Ordner.
2. Wählen Sie **Organisieren > Ordner- und Suchoptionen**.
3. Schalten Sie im oberen Bereich **Ordner durchsuchen** die Option **Jeden Ordner in einem eigenen Fenster öffnen** an.
4. Einen Abschnitt weiter aktivieren Sie **Öffnen durch einfachen Klick**. Ganz unten unter **Navigationsbereich** schalten Sie **Alle Ordner anzeigen** an. Bestätigen Sie.

Die Namen der Optionen verraten bereits, wie sich der Windows-Explorer nun verhält. Probieren Sie es einmal aus! Wenn Sie mit der Maus auf einen Ordner zeigen, wird dieser ähnlich wie ein Hyperlink unterstrichen. Es genügt nun ein einfacher Klick, und der Ordnerinhalt wird sichtbar. Dies geschieht in einem neuen Fenster.

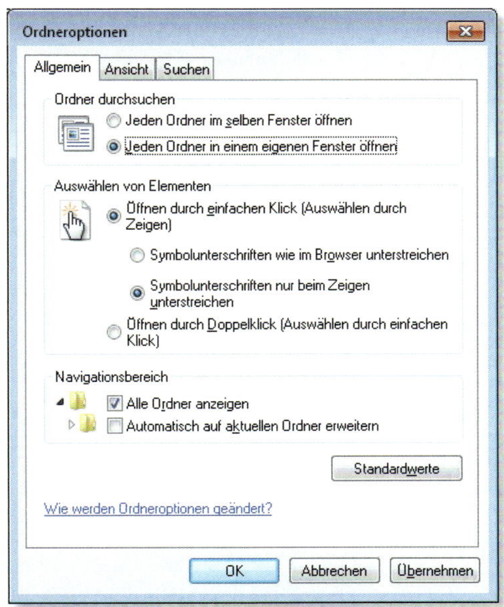

Abbildung 7.25 Das Verhalten der Ordner können Sie mit wenigen Optionen ändern.

In der Praxis ist es jedoch besser, alle Ordner im selben Fenster zu öffnen. Wenn Sie viel mit Dateien und Ordnern arbeiten, ist sonst Ihr Bildschirm sehr schnell mit einer Reihe Explorer-Fenster bedeckt. Wie so oft müssen Sie auch hier selbst entscheiden, welche Option Sie nutzen. Ich empfehle Ihnen: Probieren Sie beide Varianten einfach einmal aus.

Mehrere Ordner markieren

Um mehrere Ordner auszuwählen, nutzen Sie die Maus. Setzen Sie die Maus auf einen freien Bereich über oder unter den Ordnern. Drücken Sie die linke Maustaste. Halten Sie die Taste gedrückt, und bewegen Sie die Maus nach oben oder unten. Sind die gewünschten Ordner markiert, lassen Sie einfach die linke Maustaste los.

Nicht zusammenhängende Ordner und Dateien markieren Sie, indem Sie die Strg-Taste gedrückt halten und die jeweiligen Ordner oder Dateien mit der Maus anklicken.

Ansichtsoptionen werden immer für den aktuellen Ordner und Verzeichnispfad genutzt. Wechseln Sie in die Listenansicht. Finden Sie auf einer anderen Partition noch die Ansicht mit kleinen Kacheln. Natürlich können Sie eine Einstellung auch auf alle Ordner Ihres Rechners anwenden. Gehen Sie wie folgt vor:

1 Markieren Sie einen Ordner. Wählen Sie **Organisieren > Ordner und Suchoptionen**.

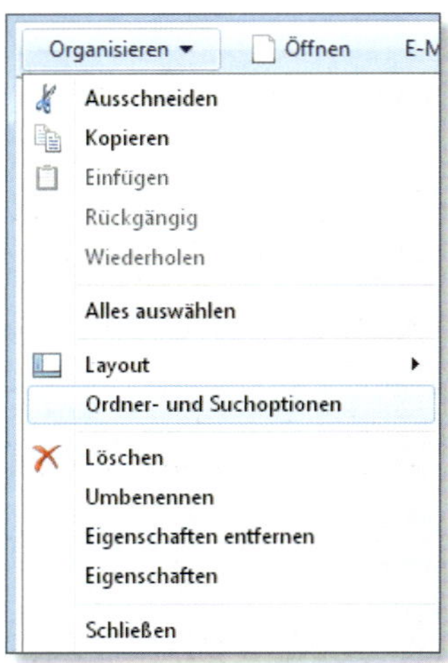

*Abbildung 7.26 Im Menü **Organisieren**, in etwa in der Mitte, finden Sie die **Ordner- und Suchoptionen**.*

2 Im Dialog **Ordneroptionen** wechseln Sie in das Register **Ansicht**.

Zuerst werden die Einstellungen für den aktuell markierten Ordner verwendet. Dazu steht Ihnen eine Reihe unterschiedlicher Möglichkeiten zur Verfügung.

3 Gehen Sie die Liste durch, und schauen Sie sich die verschiedenen Optionen einmal an. Möchten Sie eine der Optionen verwenden, setzen Sie einfach ein Häkchen vor diese.

4 Klicken Sie jetzt auf die Schaltfläche **Für Ordner übernehmen**. Nun werden die Einstellungen für alle Ordner verwendet. Verlassen Sie den Dialog mit **OK**.

TIPP

Die Einstellung gefällt Ihnen nicht?
Wenn Ihnen die Einstellung nicht zusagt, können Sie mit der Schaltfläche **Ordner zurücksetzen** die Vorgabeeinstellungen zurückholen.

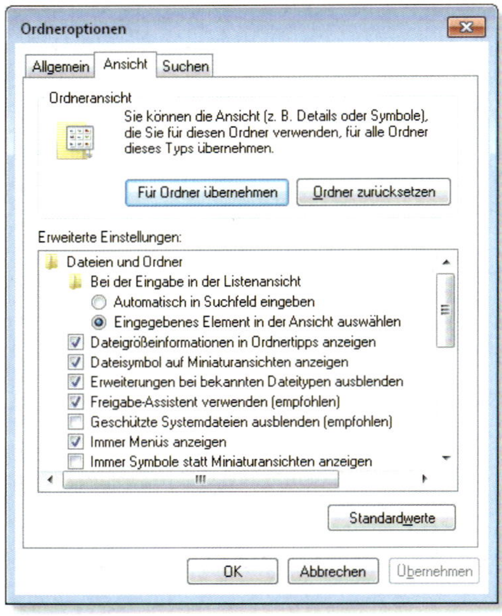

Abbildung 7.27 Die Ansichtsoptionen für Ordner

Zum Umgang mit Ordnern stehen Ihnen ganz unterschiedliche Optionen zur Verfügung. Sie können diese für den aktuell markierten Ordner oder für alle Ordner auf Ihrem Rechner verwenden.

Die Vorschau steht nicht nur für Bildinhalte zur Verfügung. Auch Textdateien können Sie bereits im Windows-Explorer einsehen. Das Öffnen in einem Editor oder einem Office-Programm ist dazu nicht notwendig.

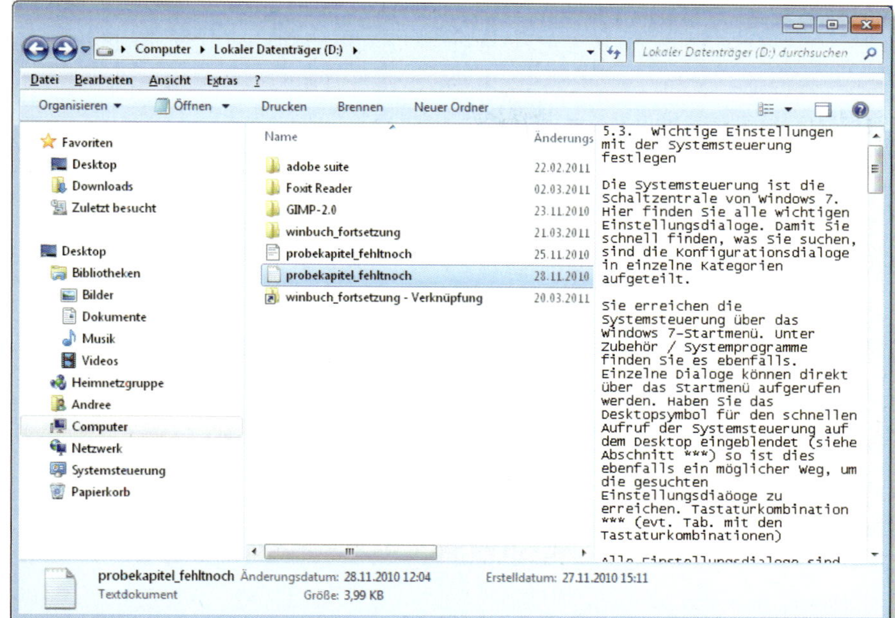

Abbildung 7.28
Die Vorschau einer Textdatei im Windows Explorer

Schneller Zugriff auf oft verwendete Dateien und Ordner

Legen Sie für Dateien und Ordner, die Sie sehr oft verwenden, eine Verknüpfung auf dem Windows-Desktop ab. Sie ersparen sich dann den Weg in den Dateimanager und müssen die Dateien oder Ordner nicht erst suchen. Es genügt ein Doppelklick auf das Desktopsymbol, und Sie landen am Ziel. Eine solche Verknüpfung ist sehr schnell erstellt. Markieren Sie die Datei oder den Ordner. Öffnen Sie das Kontextmenü, und wählen Sie **Senden an > Desktop (Verknüpfung erstellen)**.

In gleicher Weise erstellen Sie eine Verknüpfung für ein Programm. Markieren Sie hier die ausführbare Datei im Dateimanager, und erstellen Sie eine Verknüpfung.

Beachten Sie aber: Nutzen Sie diese Möglichkeit nur für Dateien, Ordner und Programme, die Sie sehr oft verwenden. Ihre Arbeitsdateien und Lieblingsprogramme sollten als Verknüpfung auf dem Desktop vorhanden sein. Überladen Sie Ihren Desktop nicht. Er sollte übersichtlich und nicht zugemüllt sein. Verzeihen Sie mir diese Formulierung.

Die Ordneroptionen

Schauen wir uns einmal einige der Ordneroptionen etwas näher an:

Das Kontrollkästchen zur Auswahl eines Ordners hat zunächst keinen besonderen Vorteil. Ob Sie einen Ordner mit der Maus auswählen oder mit einem Kästchen, ist egal. Hinzugefügt wird jedoch ein zweites Kontrollkästchen, mit dem der komplette Inhalt des geöffneten Verzeichnisses oder Ordners ausgewählt werden kann. Das ist sehr praktisch.

① ☑ Name	Änderungs
☑ adobe suite	22.02.2011
☑ Foxit Reader	02.03.2011
☑ GIMP-2.0	23.11.2010
☑ winbuch_fortsetzung	21.03.2011
☑ probekapitel_fehltnoch	25.11.2010
☑ probekapitel_fehltnoch	28.11.2010
☑ winbuch_fortsetzung - Verknüpfung	20.03.2011

Abbildung 7.29 *In diesem Beispiel wurden alle Ordner im geöffneten Verzeichnis mit dem Kontrollkästchen oben links ① ausgewählt.*

TIPP

Geschützten Systemdateien nicht ausblenden!
Microsoft empfiehlt das Ausblenden von geschützten Systemdateien. Hier und da benötigt man aber doch eine solche Datei, um eine Einstellung vorzunehmen. Deaktivieren Sie daher die Option **Geschützte Systemdateien ausblenden**.

Die Option **Vorherige Ordnerfenster bei der Anmeldung wiederherstellen** lässt Sie die Arbeit an der Stelle fortführen, an der Sie aufgehört haben. Sie müssen mit dieser Option nicht wieder zu der Stelle mit Ihren Arbeitsdateien navigieren.

Das Anzeigen des vollständigen Pfades zu einem Ordner steht nicht in jeder Version zur Verfügung. Über die Navigationsleiste können Sie jedoch immer auf den Pfad schließen.

Dateiendungen sichtbar machen

Im Explorer sehen Sie nur den Namen einer Datei. Die Dateierweiterungen werden in der Vorgabeeinstellung ausgeblendet. Um dies zu ändern, wählen Sie **Organisieren > Ordner- und Suchoptionen**. Wechseln Sie zu **Ansicht**. Entfernen Sie das Häkchen aus dem Optionskästchen **Erweiterung bei bekannten Dateitypen ausblenden**.

Wenn Sie Ordner und Dateien ausgeblendet haben, finden Sie im Register **Ansicht** eine Option, um all diese »in einem Rutsch« wieder sichtbar zu machen. Das ist auch sehr praktisch, besonders dann, wenn es um mehrere ausgeblendete Dateien und Ordner geht. Der Windows-Explorer kennzeichnet von sich aus Dateien farbig, die verschlüsselt oder komprimiert (gepackt) sind. Dies trifft allerdings nur auf Dateien des Dateisystems NTFS zu.

Die Explorer-Vorschau nutzen

In den Ordneroptionen finden Sie unter **Ansicht** auch die Option **Vorschauhandler im Vorschaufenster anzeigen**. Setzen sie dort ein Häkchen, wird die Vorschau von Bild-, Text- und Office-Dateien im Explorer sichtbar.

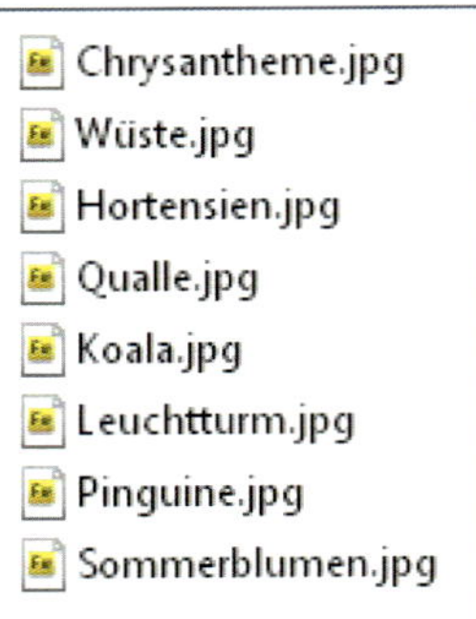

^ ***Abbildung 7.30*** *Jetzt sehen Sie auf einen Blick, um was für einen Dateityp es sich handelt.*

Hardware sicher entfernen

Bevor Sie Wechseldatenträger wie USB-Sticks, -Festplatten oder Karten (SD-Karten und andere) vom Rechner lösen, sollten Sie unbedingt in der Taskleiste von Windows die Funktion **Hardware sicher entfernen und Medium auswerfen** wählen.

Einige Dateien werden nicht gleich auf das Medium geschrieben, sondern zunächst in einem temporären Ordner abgelegt. Wenn Sie diese Funktion nutzen, werden die Daten abgeglichen (synchronisiert). So stellen Sie sicher, dass die Daten auch wirklich auf dem Medium vorhanden sind.

Achten Sie darauf, dass kein Programm mehr geöffnet ist, mit dem Sie eine Datei auf dem Datenträger abgelegt oder bearbeitet haben. Auch der Windows-Explorer sollte geschlossen sein oder ein anderes Verzeichnis anzeigen als das auf dem Datenträger. Sonst gibt Windows eine Fehlermeldung aus, und der Datenträger kann nicht gelöst werden, weil er momentan noch verwendet wird.

Wählen Sie die Funktion im Kontextmenü. Klicken Sie im Auswahlfenster den Datenträger an, der vom Rechner entfernt werden soll. Bestätigt Windows 7 den Vorgang, entfernen Sie den Datenträger.

Abbildung 7.31 Lösen Sie zuerst einen Wechseldatenträger vom Rechner, ...

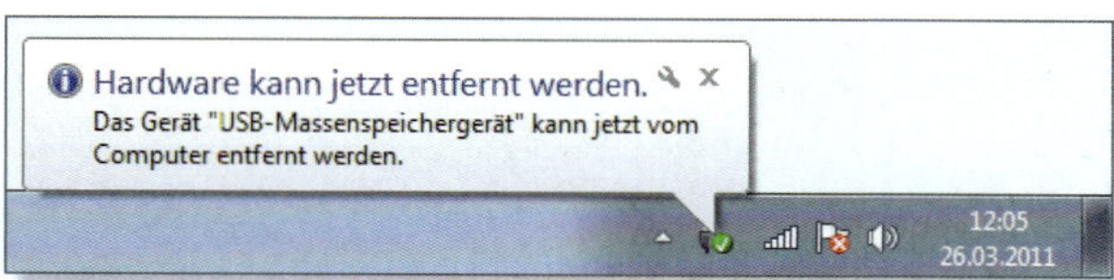

Abbildung 7.32 ... und entfernen Sie ihn erst, wenn Windows den Vorgang bestätigt.

Der Papierkorb

Im Papierkorb landen alle Dateien und Ordner, die Sie löschen. Der Papierkorb dient als eine Art Sicherung. Falls Sie einmal etwas versehentlich löschen oder es sich später anders überlegen, können Sie einzelne Dateien, Ordner oder auch den gesamten Inhalt des Papierkorbes wiederherstellen.

Abbildung 7.33 Ein Doppelklick auf dieses Symbol öffnet den Papierkorb.

Für den schnellen Zugriff auf den Papierkorb finden Sie auf dem Desktop ein Symbol. Ein Doppelklick genügt, und Sie sehen den Inhalt des Papierkorbes. Möchten Sie ein Element wiederherstellen, markieren Sie es. Wählen Sie in der Kopfzeile **Element wiederherstellen**.

Ab und zu sollten Sie den Papierkorb überprüfen und leeren. Damit machen Sie wichtigen Speicherplatz auf der Festplatte wieder frei. Sind Sie sicher, alle Daten dort löschen zu wollen, öffnen Sie den Papierkorb, und wählen Sie **Papierkorb leeren**. Bestätigen Sie die Sicherheitsfrage. Die beiden genannten Funktionen finden Sie auch im Menü **Datei** wieder.

TIPP

Das Papierkorb-Symbol ist weg?
Haben Sie aus Versehen das Papierkorb-Symbol vom Desktop entfernt, ist dies kein Beinbruch. Sie können es einfach wieder hinzufügen. Öffnen Sie auf einem freien Bereich des Desktops das Kontextmenü. Wählen Sie **Anpassen**. Wechseln Sie zu **Desktopsymbole ändern**. Schalten Sie die Anzeige des Papierkorbs an.

Wenn Sie in der Eingabezeile in der Systemsteuerung »Papierkorb« eingeben, können Sie übrigens auch den Dialog **Anpassen** öffnen und das Papierkorb-Symbol wieder anschalten.

Wie im Windows-Explorer stehen Ihnen auch im Papierkorb verschiedene Ansichten zur Verfügung. Wählen Sie diejenige, die Ihnen am besten zusagt.

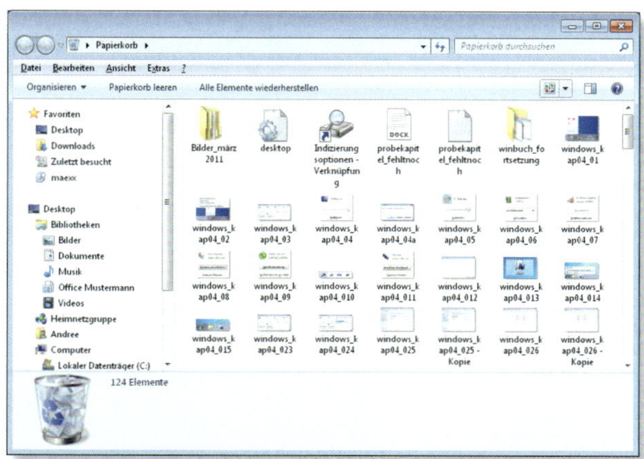

Abbildung 7.34 Mein Papierkorb ist schon recht voll. Ich sollte wieder Platz schaffen.

HINWEIS

Große Dateien werden sofort gelöscht
Sehr große Dateien werden von Windows sofort gelöscht. Sie werden nicht im Papierkorb abgelegt. Das ist zum Beispiel bei DVD-Images der Fall. Wenn Sie ein solches Image löschen wollen, gibt Windows zuerst eine Meldung aus und weist Sie so daraufhin, dass die Datei nicht in den Papierkorb verschoben werden kann, sondern sofort gelöscht wird.

So nutzen Sie den Detailbereich

Der Detailbereich zeigt Ihnen den Namen und den Typ einer Datei an. Sie sehen, wenn eine Datei erstellt oder zuletzt bearbeitet wurde. Im Detailbereich lesen Sie, ob die Datei zugänglich für andere ist und wie groß sie ist.

Abbildung 7.35 Der Detailbereich einer Bilddatei mit verschiedenen Informationen

Gerade bei Multimediadateien können Sie den Detailbereich nutzen, um Ordnung in Ihre Bilder, Videos und Musikdateien zu bringen. An einem Beispiel möchte ich dies einmal zeigen:

1. Markieren Sie die Bilddatei.
2. Sehen Sie sich nun den Detailbereich an. Nicht alle Informationen müssen zu einem Bild angegeben werden. Mit den Sternsymbolen geben Sie eine Bewertung ein. In meinem Beispiel verwende ich 5 Sterne.
3. Öffnen Sie die Liste **Aufnahmedatum**. Ein Kalenderblatt erscheint. Blättern Sie bis zu dem Monat, an dem das Bild aufgenommen wurde. Markieren Sie das dazugehörende Datum.

Abbildung 7.36 Im Detailbereich können Sie ein Datum über ein Kalenderblatt auswählen, ähnlich wie in Outlook.

4. Ergänzen Sie nun einen Titel, einen Kommentar und Ihren Namen im Feld **Autoren**.

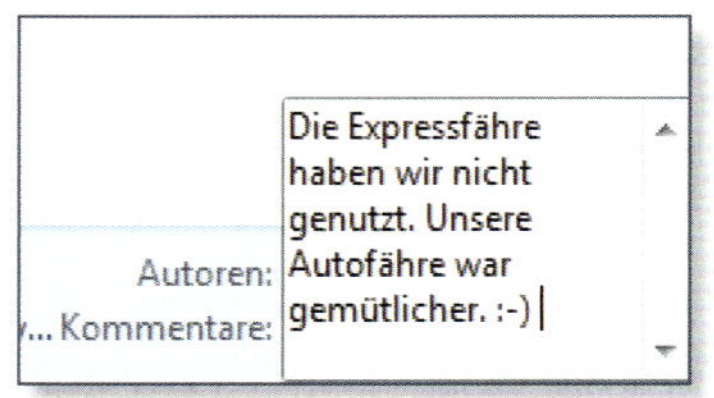

Abbildung 7.37 So fügen Sie einen Kommentar hinzu.

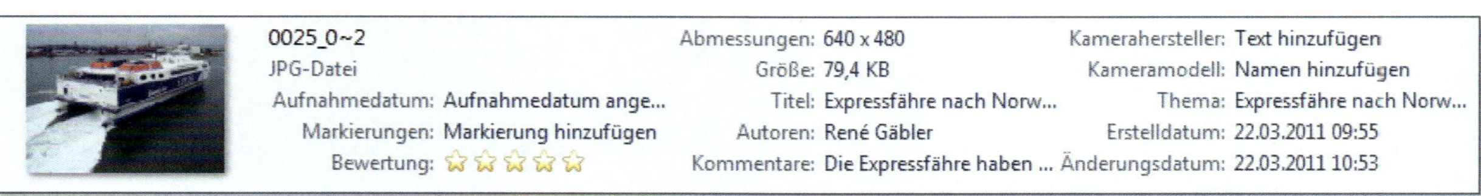

Abbildung 7.38 Der vergrößerte Detailbereich mit den eingegebenen Informationen

5 Bestätigen Sie mit einem Klick auf die Schaltfläche **Speichern** oder indem Sie die [↵]-Taste drücken.

Damit die Informationen im Detailbereich besser zu lesen sind, können Sie diesen ein wenig vergrößern. Setzen Sie dazu die Maus auf den Detailbereich. Öffnen Sie das Kontextmenü, und wählen Sie **Größe ändern > Groß**. Möglich sind auch **Klein** und **Mittel** (siehe Abbildung 7.38).

TIPP

Bilddateien als Hintergrund verwenden
Wenn Sie eine Bilddatei aus einem Ordner auf Ihrem Windows-Desktop verwenden möchten, müssen Sie keine Einstellung in der Systemsteuerung machen. Das geht viel einfacher und schneller. Markieren Sie einfach die Bilddatei. Öffnen Sie das Kontextmenü, und wählen Sie **Als Desktophintergrund festlegen**.

Die Sprungliste einsehen und verwenden

Über die Pfeilschaltfläche vor der Navigationsleiste können Sie ein Menü aufklappen, in dem alle zuletzt besuchten Ordner und Verzeichnisse aufgelistet sind. Ein Mausklick genügt, und Sie wechseln zu einem dieser Ziele. Das erspart Ihnen die Mühe, ein zuvor besuchtes Verzeichnis noch einmal zu suchen.

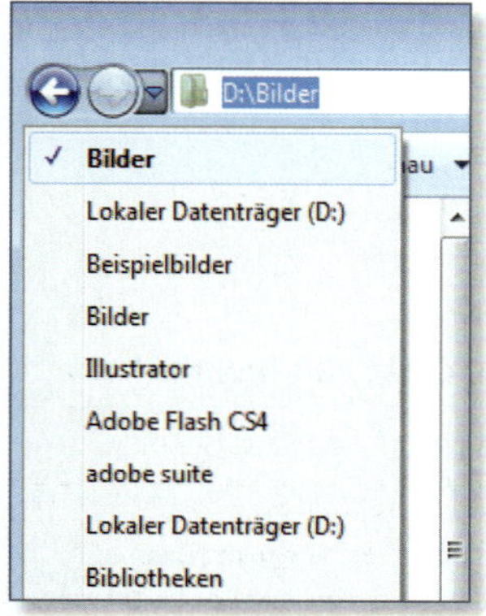

Abbildung 7.39 Ein zuvor besuchtes Ziel müssen Sie nicht erneut schrittweise suchen. Wählen Sie es aus der Sprungliste aus.

In der Adressleiste finden Sie ebenfalls noch eine Liste der zuletzt besuchten Orte. Diese Liste mit dem Namen **Vorherige Orte** befindet sich am Ende der Adressleiste.

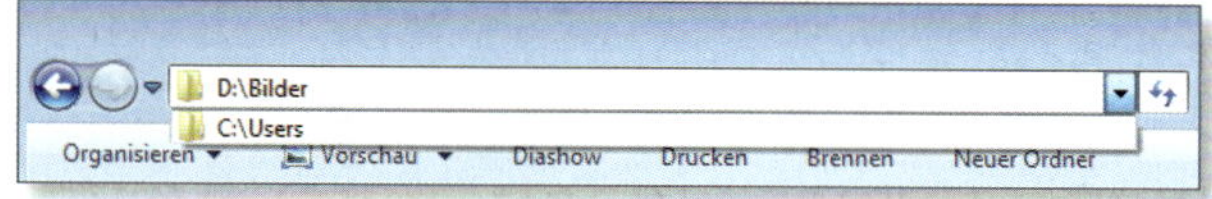

Abbildung 7.40 Auch die Adressleiste besitzt eine »History«.

Welche Details möchten Sie gern sehen?

In der Detailansicht sehen Sie zu jeder Datei ihren Name, ihre Größe, den Typ der Datei, das Datum der letzten Bearbeitung und die gesetzten Markierungen. Diese Spalten lassen sich natürlich anpassen.

Mit **Organisieren > Layout** blenden Sie das Menü ein, sofern dies nicht bereits sichtbar ist. Nun wählen Sie **Ansicht > Details auswählen**. Ein Dialogfenster wird eingeblendet. Gehen Sie die Liste durch. Schauen Sie sich die einzelnen Optionen an. Aktivieren Sie diejenigen, die Sie im Windows-Explorer sehen möchten.

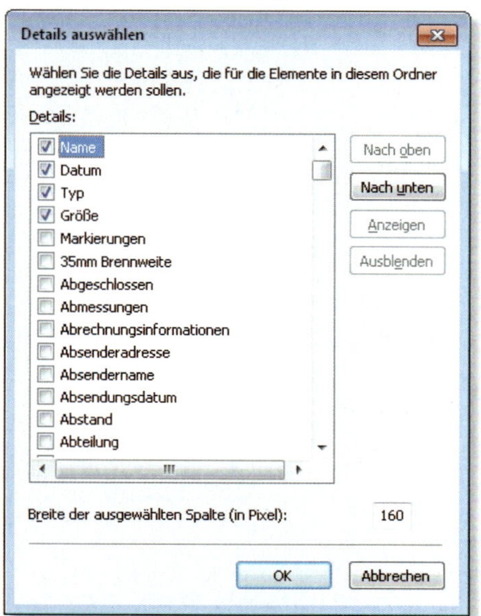

Abbildung 7.41 Sie können eine ganze Reihe zusätzlicher Informationen einblenden.

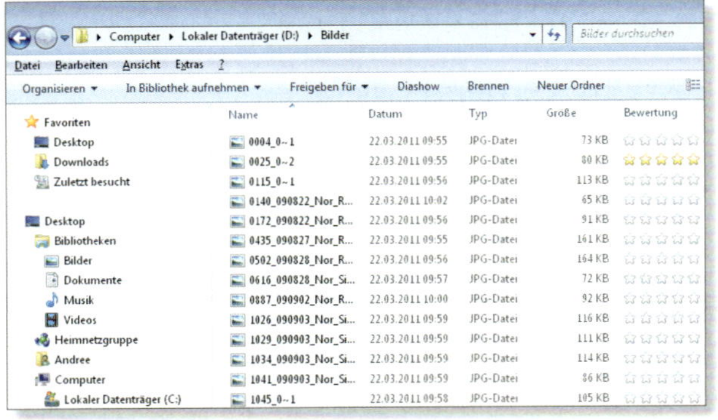

Abbildung 7.42 *In diesem Beispiel habe ich weitere Details hinzugeschaltet.*

Wichtige Tastenkombinationen, die den Umgang mit dem Explorer vereinfachen

Viele Aufgaben lassen sich schnell und einfach mit Tastenkombinationen erledigen, ohne dass Sie die Funktion aus dem Menü oder dem Kontextmenü wählen müssen. Sehr oft werden Sie mit der Zwischenablage arbeiten. Dies können Sie mit Tastenkombinationen tun. Die Kürzel funktionieren in fast allen Programmen. Darüber hinaus gibt es weitere Tastenkombinationen, die Sie speziell bei der Arbeit mit dem Windows-Explorer nutzen können:

Zwischenablage	Funktion
Strg + C	Kopieren
Strg + X	Ausschneiden
Strg + V	Einfügen
Windows Explorer	**Funktion**
Leertaste	Markiert das Objekt, über dem sich der Mauscursor gerade befindet.
Strg + A	Alles markieren
Alt + ↵	Zeigt die Eigenschaften des markierten Objektes an.
F2	Die markierte Datei oder den markierten Ordner umbenennen
Entf	Die markierte Datei oder den markierten Ordner löschen
⇧ + Entf	Die markierte Datei oder den markierten Ordner sicher löschen. Hierbei wird die Datei bzw. der Ordner nicht in den Papierkorb geschoben.
F4	Zuletzt angesteuerte Ziele anzeigen
←	Wechselt einen Ordner bzw. eine Verzeichnisstufe nach oben
Strg + Z	Letzte Aktion rückgängig machen
Strg + Y	Wiederholen
Alt + ←	Zur vorhergehenden Ansicht wechseln (Zurück)
Alt + →	Zur kommenden Ansicht wechseln (Vorwärts)
Alt + ↑	Eine Ebene nach oben blättern
Druck	Den aktuell angezeigten Bildschirminhalt in die Windows-Zwischenablage kopieren
Alt + Druck	Den Inhalt des aktiven Fensters in die Zwischenablage kopieren
Alt + F4	Das aktive Fenster schließen
F1	Zeigt die Hilfe an. Diese ist kontextbezogen, das heißt, Sie bekommen einen Hilfetext, der zu dem markierten Element passt.

Tabelle 7.1 *Wichtige Tastenkombinationen für die Zwischenablage im Windows Explorer*

7.2 Dateien und Ordner suchen

Die aktuell im Handel erhältlichen Festplatten und Datenträger sind so groß, dass Sie eine riesige Anzahl Dateien und Ordner auf ihnen unterbringen können. Sehr schnell geht die Übersicht verloren. Es kommt vor, dass Sie einfach nicht mehr genau wissen, wo sich eine gesuchte Datei oder ein Ordner befindet. Um diese dann ausfindig zu machen, steht Ihnen die Suchfunktion im Explorer zur Verfügung.

Dateien oder Ordner suchen

Für eine schnelle Suche bietet Ihnen der Explorer ein praktisches Suchfeld an.

1. Im Navigationsbereich markieren Sie die Partition oder den Ort, den Sie durchsuchen wollen.
2. Geben Sie rechts oben im Suchfeld die ersten Buchstaben des Dateinamens an, nach dem gesucht werden soll.

Windows 7 beginnt sofort nach Eingabe der ersten Zeichen damit, zu suchen. Sie müssen nicht [↵] drücken oder irgendeine Schaltfläche bedienen. Treffer, die zur Suchanfrage passen, werden sofort angezeigt. Mit einem Doppelklick können Sie diese öffnen. Für weitere Aktionen steht Ihnen das Kontextmenü zur Verfügung.

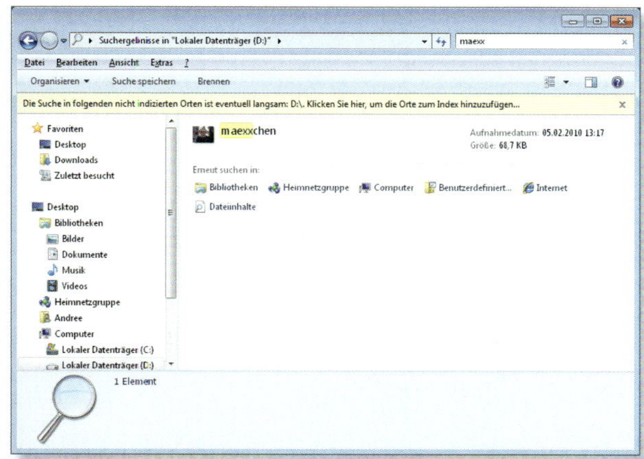

Abbildung 7.43 Es hat genügt, im Suchfeld »maexx« einzugeben, und die Bilddatei »maexxchen« wurde als Treffer ausgegeben.

TIPP

Eine Suchanfrage speichern
Mit **Suche speichern** bietet Ihnen der Explorer an, eine Suchanfrage festzuhalten. Geben Sie einen Dateinamen an, und bestätigen Sie. Windows 7 legt die Angaben im Benutzerverzeichnis unter *Suchvorgänge* ab. Später rufen Sie die Suche einfach wieder über diesen Dateipfad auf. Die durchgeführte Suche wird in einem virtuellen Suchordner gespeichert. Der Zugriff auf die so gespeicherte Suche ist schneller, als wenn Sie später die Suche einfach von vorn wiederholen würden. Windows 7 erstellt automatisch eine Verknüpfung zu einer gespeicherten Suche in den Favoriten. Sie können mit dem Navigationsbereich sehr schnell und einfach auf diese Suche zugreifen.

Komplexe Suchanfragen durchführen

Im Suchfeld können Sie die Suche mit einem Änderungsdatum oder durch die Angabe der Dateigröße erweitern. So schränken Sie die Suche auf bestimmte Inhalte ein.

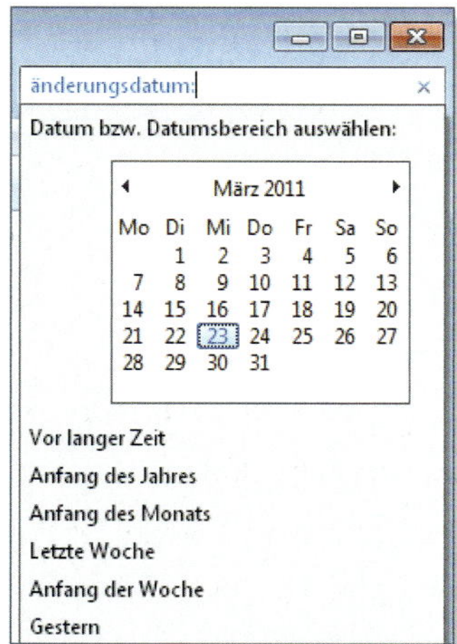

Abbildung 7.44 Die Suche wird auf ein bestimmtes Datum eingegrenzt.

Mit umschreibenden Zeitangaben, die der Explorer einblendet, lassen sich noch Näherungen festlegen.

Beispiele sind **Anfang des Jahres** oder **Letzte Woche**. So beschränken Sie die Suche auf eine Zeitperiode, nicht auf ein genaues Datum.

Gleiches trifft auf die Größe zu. Anstatt genau nach einer 20 MB großen Datei zu suchen, werden Abschnitte verwendet. **Mittel** heißt, dass die Datei 100 KB bis 1 MB groß sein kann. **Klein** steht für 0–10 KB, **Groß** für 1–16 MB, **Sehr groß** für 16–128 MB, und **Riesig** ist alles über 128 MB.

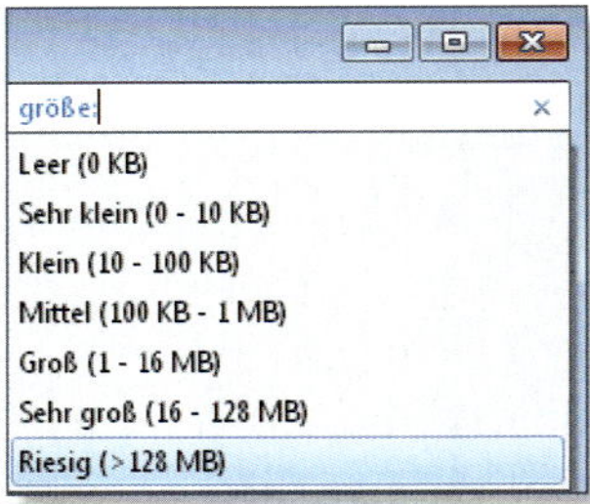

Abbildung 7.45 Schränken Sie die Suche auf eine bestimmte Dateigröße ein.

Natürlich können Sie eine Zeitangabe und eine Größe bei einer Suchanfrage miteinander kombinieren.

Über die Leiste **Erneut suchen** können Sie die Suchanfrage wiederholen. Dabei wird die Suche auf einen der Orte **Bibliotheken, Heimnetzgruppe, Computer, Internet** oder **Dateiinhalte** beschränkt. Das Einbeziehen der Dateiinhalte ist sehr interessant. So können Sie Textdateien nach einem bestimmten Begriff durchforsten.

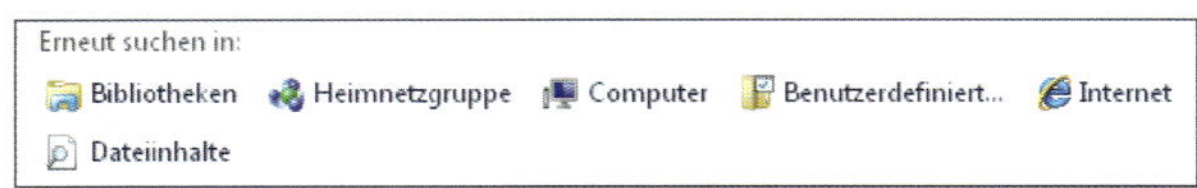

Abbildung 7.46 Bei einer erneuten Suche können Sie bestimmen, wo Sie diese Suche durchführen möchten.

Mit **Benutzerdefiniert** blendet der Windows-Explorer einen Dialog ein. Wählen Sie hier mit einer Optionsschaltfläche aus, wo Sie nach einer Datei oder einem Ordner suchen möchten. Dabei lassen sich auch mehrere Orte auswählen. Sie können bei einigen Orten auch eine Auswahl untergeordneter Orte treffen. So wählen Sie bei **Computer** zum Beispiel eine Ihrer Festplattenpartitionen. Ein Beispiel: Zwei Partitionen und die Bildbibliotheken sollen nach Dateien durchsucht werden. Alle Dateien, in deren Namen die Zeichenfolge urlaub vorkommt, sollen gefunden werden.

1. Geben Sie im Suchfeld `urlaub` ein.
2. Klicken Sie am Ende der Trefferliste auf **Benutzerdefiniert**.
3. Öffnen Sie die Baumstruktur bei **Bibliotheken**. Setzen Sie ein Häkchen in das Optionskästchen vor **Bilder**.
4. Öffnen Sie die Baumstruktur bei **Computer**. Setzen Sie ein Häkchen in alle Festplattenpartitionen. DVD-Laufwerke lassen Sie frei. Bestätigen Sie mit **OK**.

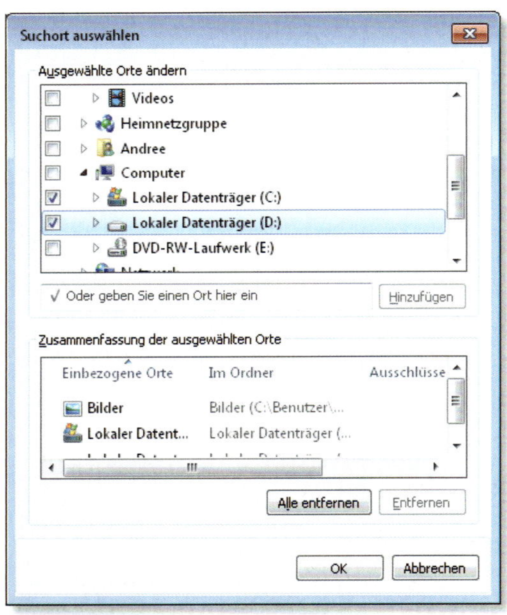

Abbildung 7.47 So wählen Sie die Suchorte aus.

TIPP

Einen Ort selbst angeben
Sie müssen keine der Ortsvorgaben wählen, sondern können im Dialog **Suchort auswählen** auch eigene Orte eintragen. Geben Sie diese im Eingabefeld ein, und übernehmen Sie diese mit **Hinzufügen**. Auch hier können mehrere Orte angegeben werden.

Filtern können Sie die Suche auch nach einer Dateiart und dem Typ der Datei. Dateiarten sind zum Beispiel **Kontakt, E-Mail, Feed, Dokument, Sofortnachricht** und **Spiel**. Wählen Sie aus der Liste die passende Dateiart aus.

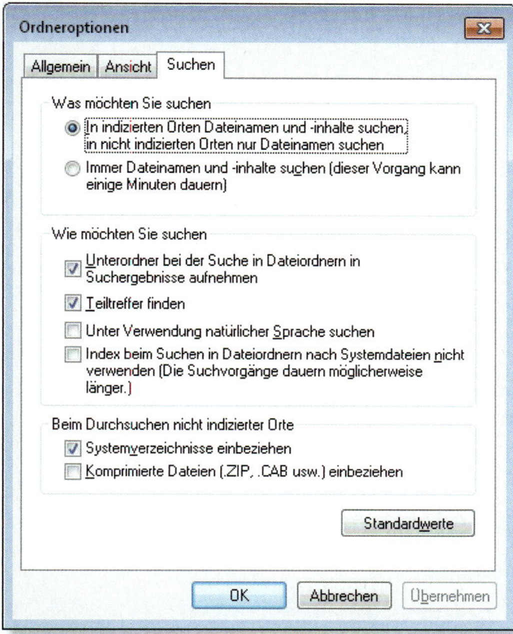

Abbildung 7.48 Legen Sie fest, nach welcher Dokumentenart Sie suchen.

Mögliche Dateitypen, nach denen Sie suchen können, sind *.jpg*, *.tga*, *.txt*, Datei, Dateiordner, Directory, JPG-Datei, Textdokument und TrueVision Targa.

Ein Suchfilter kann auch selbst definiert werden. Dabei trennen Sie den Filter vom Suchstring mit einem Doppelpunkt. Der zum Suchfilter gehörende Parameter wird mit einem Gleichheitszeichen angegeben. Ein paar Beispiele für die richtige Schreibweise:

```
änderungsdatum: anfang des monats urlaub
```

```
art:=dokument office-mustermann
```

```
art:=musik mozart
```

Beachten Sie, dass die Suchfilter `art` und `typ` nur bei Bibliotheken zur Verfügung stehen.

Suchoperatoren verwenden

Im Explorer können Sie boolesche Filter verwenden. Diese müssen in Großbuchstaben geschrieben werden und können bei Bedarf auch mit anderen Filtern verwendet werden. Die folgende Liste zeigt die möglichen booleschen Filter:

Filter	Funktion
`NOT`	Der angegebene Begriff ist nicht in der gesuchten Datei oder dem gesuchten Ordner enthalten.
`AND`	Die gesuchte Datei oder der gesuchte Ordner enthält beide angegebenen Begriffe, so zum Beispiel `office AND mustermann`.
`"Suchstring"`	Der in Anführungszeichen gesetzte String muss exakt mit dem Treffer übereinstimmen.
`(Suchstring1 Suchstring2)`	Die gesuchte Datei oder der gesuchte Ordner enthält die in Klammern gesetzten Suchstrings. Die Reihenfolge der beiden Suchstrings ist dabei nicht wichtig.
`Größe: > 10 MB`	Die gesuchte Datei oder der gesuchte Ordner ist größer als 10 MB. Sie können auch das Zeichen < verwenden.
`Datum: > 01.10.11`	Dieser Filter ermittelt Dateien und Ordner, die nach dem angegebenen Datum bearbeitet wurden.

Tabelle 7.2 Die Operatoren der Explorer-Suche

Platzhalter für eine Dateisuche verwenden

Bei der Suche nach Dateien und Ordnern können Sie auch Platzhalter verwenden. Mit diesen Metazeichen ersetzen Sie einzelne oder mehrere Buchstaben. Mit dem Fragezeichen ersetzen Sie ein Zeichen.

Das Sternchen * ersetzt mehrere unbekannte Zeichen. Die Eingabe `Haus*` findet `Haushalt`, `Hausaufgabe`, `Hausarbeit`, `Hauseigentum` usw.

Die Volltextsuche verwenden

Mit der Volltextsuche suchen Sie nicht nur nach bestimmten Dateinamen und Ordnernamen, sondern Sie schauen in Office-Dateien hinein. Sofern Windows 7 deren Inhalt indiziert hat, können Sie einfache Textdateien, Word-, PowerPoint- und Excel-Dokumente durchsuchen.

Um die Volltextsuche zu verwenden, geben Sie im Suchfeld des Windows-Explorers einen Suchbegriff ein. Auch hier können Sie nur einen Teil des gesuchten Begriffs oder mehrere Begriffe eintragen.

INFO

Was bedeutet »indizieren«?
Der Index beschleunigt die Suche nach Dateien, Ordnern und Inhalten. Dazu werden alle wichtigen Dateien auf Ihrem Windows 7-Rechner ebenso »indiziert« wie Bibliotheken, E-Mails, Programm- und Systemdateien. Stellen Sie sich den Index als eine Datenbank vor. Kurzinformationen über Ihre Dateien und Ordner werden hier festgehalten. Neue Dateien und Ordner fließen in den Index ein. Ohne diese Funktion würde das Durchsuchen großer Festplatten sehr lange dauern. Windows 7 muss so nicht den Inhalt einer ganzen Partition, sondern nur den erfassten Index durchsuchen. Das geht um einiges schneller.

Windows erfasst auch den Inhalt von Text- und Office-Dateien. Der so erstellte Index beschleunigt die Suche nach diesen Inhalten. Beim Erstellen von Text- und Office-Dateien wird immer ein solcher Index angelegt – es sei denn, Sie schalten die Indizierung aus. Nicht alle Dateien werden dabei erfasst, denn das würde die Indexdatei unnötig aufblähen. Zu den nicht erfassten Inhalten zählen Programm- und die Systemdateien des Betriebssystems.

Um gute Ergebnisse mit der Volltextsuche zu erzielen, muss die Option **In indizierten Orten Dateinamen und -inhalte suchen** in dem Register **Suchen** in den **Ordneroptionen** angeschaltet sein. In der Vorgabeeinstellung ist dies der Fall. Sie finden diesen Dialog mit **Organisieren > Ordner- und Suchoptionen**. Mit dieser Option wird eine Volltextsuche nur durchgeführt, wenn die Inhalte der Text- und Office-Dateien im Suchindex festgehalten wurden.

Wählen dagegen **Immer Dateinamen und -inhalte suchen** aktiviert ist, wird bei der Suche nach Dateien immer eine Volltextsuche ausgeführt. Das kann unter Umständen dazu führen, dass eine Suche im Windows-Explorer einige Zeit dauert.

Achten Sie ebenfalls darauf, dass die Option **Teiltreffer finden** angeschaltet ist. So genügt es, nur Teile eines Wortes einzugeben, und der Windows-Explorer gibt die dazu passenden Treffer aus.

Abbildung 7.49 Mit den richtigen Suchoptionen wird eine Volltextsuche durchgeführt. Auch die Eingabe von Teilen eines Begriffs führt bereits zu verwertbaren Ergebnissen.

Die Indizierungsoptionen einsehen und bearbeiten

Um die Indizierungsoptionen zu öffnen, gehen Sie wie folgt vor:

1 Öffnen Sie die Systemsteuerung. Geben Sie rechts oben im Suchfeld `Indizierung` ein. Als Treffer wird **Indizierungsoptionen** angezeigt. Wählen Sie diese mit der Maus.

Im Dialog sehen Sie, wie viele Elemente bereits indiziert wurden. Im Fenster werden auch die zusätzlich einbezogenen Orte angezeigt. Hier wollen wir einmal ein Verzeichnis mit Bilddateien und den Ordner mit meinen Arbeitsdateien hinzufügen.

2 Klicken Sie auf **Ändern**. Öffnen Sie den Dateibaum der Partition, auf der sich der Ordner befindet, dessen Inhalt indiziert werden soll. Im Beispiel ist dies das Laufwerk D:.

3 Setzen Sie ein Häkchen in das Optionskästchen vor dem Ordner, der indiziert werden soll. Bestätigen Sie.

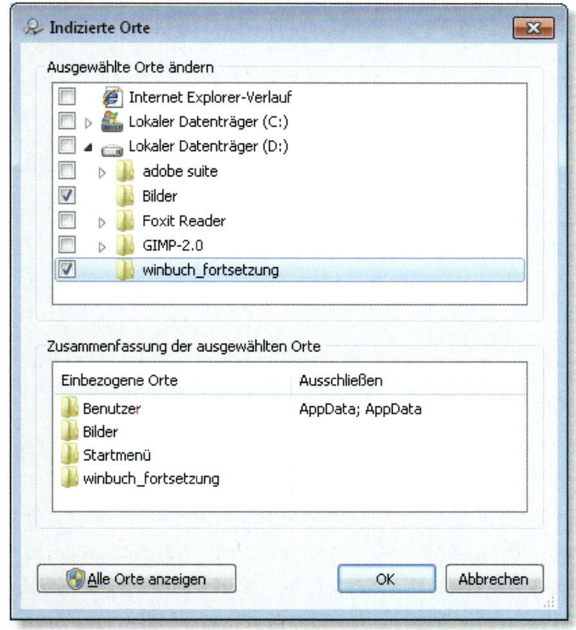

Abbildung 7.50 Zwei Ordner werden nun zusätzlich indiziert.

Sie sehen nun den Dialog **Indizierungsoptionen**. Dort erscheinen die soeben hinzugefügten Ordner. Sie können hier die Ordnerauswahl wieder **Ändern** oder weitere Einstellungen vornehmen.

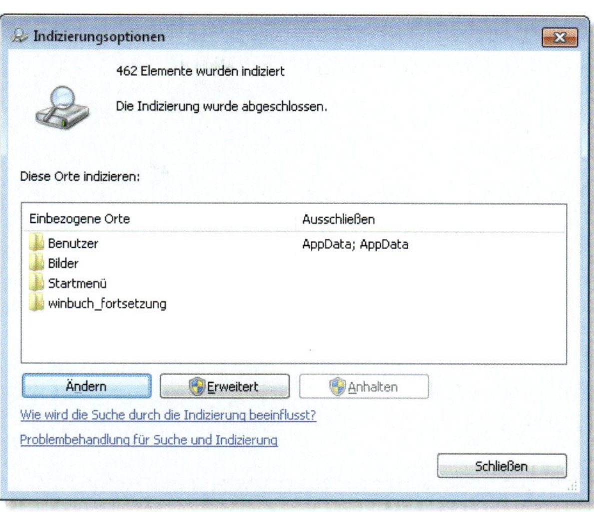

Abbildung 7.51 Die hinzugefügten Ordner erscheinen nun in den Indizierungsoptionen.

Über **Erweitert** können Sie auch dafür sorgen, dass verschlüsselte Dateien indiziert werden und dass ähnliche Wörter als eigene Suchtreffer behandelt werden. Natürlich ist das Indizieren von verschlüsselten Dateien nur dann sinnvoll, wenn Sie auch mit einer Verschlüsselung arbeiten. Sie sehen hier auch, wo der Index abgelegt wird. Per Vorgabeeinstellung liegt er unter *C:\ProgramData\Microsoft*.

Den Index löschen

Bei Problemen mit dem Index oder einer zu großen Indexdatei ist es manchmal sinnvoll, den Index zu löschen und von Windows 7 neu erstellen zu lassen. Falls dies notwendig wird, gehen Sie wie folgt vor:

1 Öffnen Sie die Indizierungsoptionen. Sie können dies wie zuvor beschrieben über die Eingabe von `Indizierung` in dem Eingabefeld der Systemsteuerung tun. Aber auch mit dem Eingabefeld des Windows-Startmenüs lassen sich die Indizierungsoptionen aufrufen.

2 Klicken Sie auf die Schaltfläche **Erweitert**.

3 Der Dialog **Erweiterte Optionen** klappt auf. Im Register **Indexeinstellungen** finden Sie etwa in der

Mitte den Bereich **Problembehandlung**. Klicken Sie hier auf **Neu erstellen**.

4 In einem Dialog werden Sie darüber informiert, dass das Erstellen des Index recht lange dauern kann. Bestätigen Sie dies.

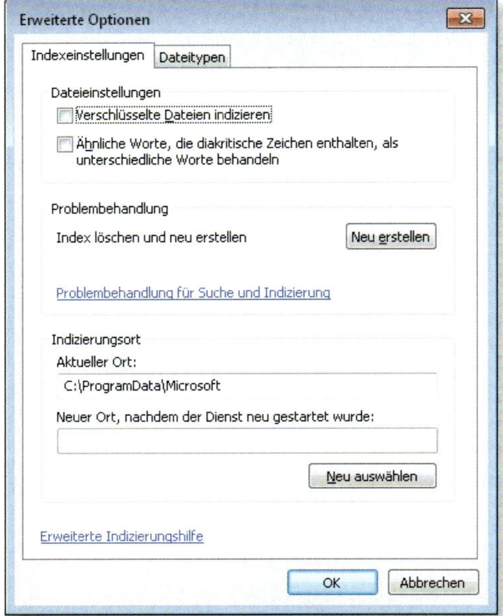

Abbildung 7.52 *In den* ***Erweiterten Optionen*** *haben Sie die Möglichkeit, den Windows 7-Index neu erstellen zu lassen.*

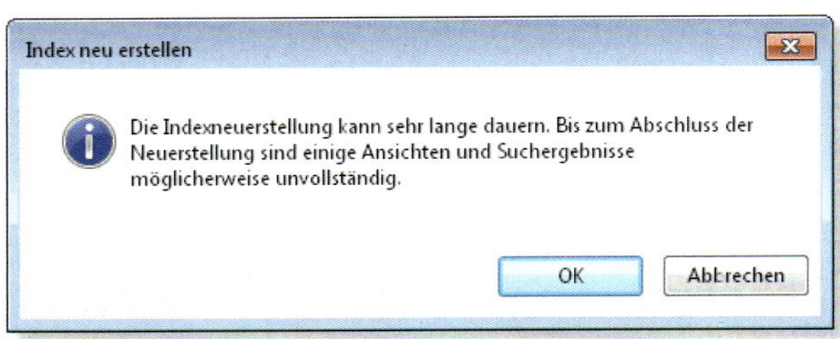

Abbildung 7.53 *Windows 7 informiert Sie darüber, dass es eine Weile dauert, bis der Index neu erstellt wird.*

TIPP

Nie ganze Festplattenpartitionen indizieren
In der Regel werden Sie nach Office- und Bilddateien suchen – also nach den Dateien, die Sie oft verwenden. Fügen Sie auch Programmordner und Systemdateien in den Index ein, wird die Indexdatei zu groß. Es dauert zu lange, um dann den Index nach einer Datei oder einem Ordner zu durchsuchen. Die Indizierung hat ja den Zweck, dass eine Suche im Windows-Explorer sehr viel schneller und effektiver vonstatten geht, als wenn ganze Partitionen Datei für Datei durchsucht werden. Dieser Geschwindigkeitsgewinn ginge durch das Indizieren ganzer Partitionen verloren.

So wählen Sie aus, welche Dateitypen indiziert werden sollen

Windows 7 indiziert nicht jede Datei. Sie können auswählen, welche Dateitypen mit in den Index einbezogen werden. Auf diese Weise beeinflussen Sie den Index. Sie können bewusst bestimmte Dateitypen ausschließen oder auch hinzufügen.

1 Öffnen Sie wie zuvor beschrieben die **Indizierungsoptionen**. Wählen Sie **Erweitert**. Wechseln Sie zu **Dateitypen**.

2 Scrollen Sie durch die Liste. Um bestimmte Dateitypen von der Indizierung auszuschließen, entfernen Sie das Häkchen aus dem Optionskästchen vor diesem Dateityp. Bestätigen Sie.

HINWEIS

Welche Dateitypen sollen indiziert werden?
Sinnvoll ist das Indizieren der Multimedia- und Office-Dateien, mit denen Sie oft arbeiten. Also können Sie Bild-, Video-, Audio- und Textdateien indizieren lassen. Gerade dann, wenn Sie von diesen Dateitypen sehr viele auf Ihrem Rechner haben, vereinfacht eine Indizierung die Suche nach bestimmten Dateien.

Auf Wunsch lassen sich in den **Indizierungsoptionen** (**Erweiterte Optionen** > **Dateitypen**) auch Eigenschaften und Dateiinhalte mit einbeziehen. Dies verlangsamt den Prozess und ist in der Regel nicht notwendig.

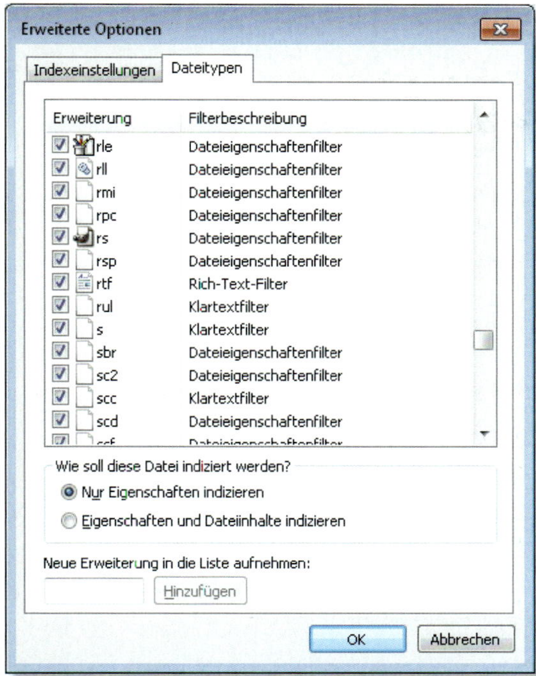

Abbildung 7.54 *Windows 7 indiziert in der Vorgabeeinstellung alle aufgelisteten Dateitypen.*

Wenn Sie möchten, können Sie die Indizierung von Dateien, Ordnern und Inhalten für eine Viertelstunde anhalten. Dazu müssen Sie zunächst die Indizierungsoptionen aufrufen. Klicken Sie nun auf **Anhalten**. Werden Sie nach dem Passwort des Administrators gefragt, geben Sie dieses ein.

7.3 Der Windows-Explorer für Fortgeschrittene

Der Windows 7-Dateimanager kann noch einiges mehr, als nur Dateien und Ordner anzeigen. Für den Betrieb im Netzwerk oder mit mehreren Benutzern gibt es eine ganze Reihe fortgeschrittener Funktionen. Sie können z.B. die Zugriffsrechte von Dateien und Ordnern einsehen und verändern, mit Bibliotheken arbeiten, bestimmte Ordner freigeben und einiges mehr. Die wichtigsten dieser Möglichkeiten möchte ich nun vorstellen.

INFO

Das Dateisystem von Windows 7

Windows 7 nutzt das Dateisystem NTFS. Die Abkürzung steht für *New Technology File System*. Dieses Dateisystem bietet eine sehr gute Zugriffsrechteverwaltung. Für jeden Ordner und jede Datei können Zugriffsrechte vergeben werden. Es werden Zugriffsrechte für Benutzer und für Benutzergruppen unterschieden.

Die Zugriffsrechte einer Datei oder eines Ordners bearbeiten

Wer etwas mit einer Datei machen darf, wird mit den sogenannten *Zugriffsrechten* bestimmt. Sie legen fest, ob eine Datei verändert werden darf, wer sie öffnen und lesen kann.

Öffnen Sie das Fenster **Eigenschaften** im Kontextmenü einer Datei oder eines Ordners. Ganz unten im Register **Allgemein** können Sie mit Optionskästchen den Schreibschutz anschalten oder die Datei als versteckt kennzeichnen.

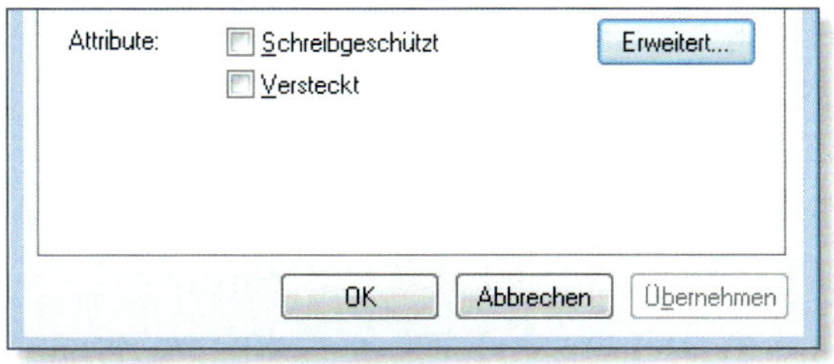

Abbildung 7.55 *Im Dialog* ***Eigenschaften*** *können Sie zwei Attribute festlegen.*

Erweiterte Möglichkeiten haben Sie im Register **Sicherheit**. Hier legen Sie genau fest, welche Gruppen und Benutzer auf die Datei oder den Ordner zugreifen können. Weiter unten im Dialog können Sie bestimmen, ob die oben gewählte Gruppe oder der Benutzer die Datei lesen, bearbeiten (ändern), ausführen und durch Schreiben verändern darf. **Ausführen** ist bei Programmdateien, Batchskripten und Ähnlichem interessant. Ein Benutzer, der eine bestimmte Programmdatei nicht ausführen darf, hat auch keinen Zugriff auf das Programm. Eine Eigenschaft kann gesetzt sein oder verweigert sein. Für beides gibt es eine Spalte.

Windows 7 kennt die folgenden Zugriffsrechte:

Recht	Bedeutung
Lesen	Ein Dokument kann geöffnet werden.
Lesen, Ausführen	Ein Dokument kann geöffnet werden. Handelt es sich um eine ausführbare Datei, so kann diese mit diesem Zugriffsrecht ausgeführt werden.
Ändern	Eine Datei kann geöffnet, verändert und wieder gespeichert werden.
Schreiben	Eine Datei kann erstellt und auf die Festplatte des Rechners gespeichert werden.

Tabelle 7.3 Zugriffsrechte in Windows

INFO

Benutzer und Benutzergruppen

Windows 7 teilt jeden Benutzer einer Gruppe zu. So gehört der Systemadministrator der Gruppe *Administratoren* an. Alle normalen Anwender werden der Gruppe *Benutzer* zugeteilt. Darüber hinaus gibt es bestimmte Systemprogramme, die eigene Benutzergruppen mit sich bringen oder zur Gruppe *System* gehören.

In der Systemsteuerung können Sie die verschiedenen Benutzer und Benutzergruppen einsehen und verwalten.

In einem Beispiel habe ich zunächst einen neuen Benutzer erstellt. Wie das geht und wie Sie die vorhandenen Benutzer verwalten, erfahren Sie später in diesem Buch. Dieser neue Benutzer soll eine Textdatei nur lesen dürfen.

1. Öffnen Sie den Windows-Explorer. Suchen Sie den Ordner, in dem sich die Datei befindet, deren Attribute ergänzt werden sollen. Öffnen Sie das Kontextmenü, und wählen Sie **Eigenschaften**. Wechseln Sie in das Register **Sicherheit**.
   Der neu erstellte Benutzer ist im Feld **Gruppen- und Benutzernamen** noch nicht vorhanden. Es gibt ihn aber. Er muss also zunächst zu dieser Liste hinzugefügt werden.
2. Klicken Sie auf **Hinzufügen** und im nächsten Dialog auf **Erweitert**.
3. Einen Dialog weiter kann nach Benutzern und Gruppen gesucht werden. Mit **Jetzt suchen** tun Sie dies einmal.
4. In der Liste **Suchergebnisse** tauchen alle Gruppen und Benutzer auf, die es auf dem Rechner gibt. Scrollen Sie durch diese Liste, und markieren Sie den gewünschten Benutzer. In meinem Beispiel heißt er Hans Beispiel. Mit **OK** wird er in den vorhergehenden Dialog übernommen.

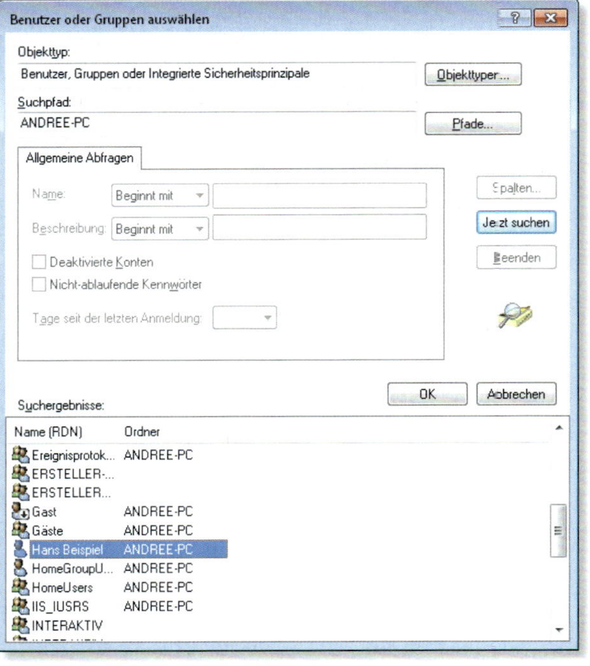

Abbildung 7.56 *Der Benutzer, der die Datei nicht bearbeiten soll, muss zunächst erst einmal gesucht werden.*

5 Der Benutzername wird in den Dialog **Benutzer oder Gruppen auswählen** übernommen. Sie können, wenn Sie dies möchten, einen weiteren Namen hinzufügen. Im Beispiel wird nur der eine Benutzer von mir ausgewählt. Mit **OK** geht es zurück in den Dialog **Eigenschaften**.

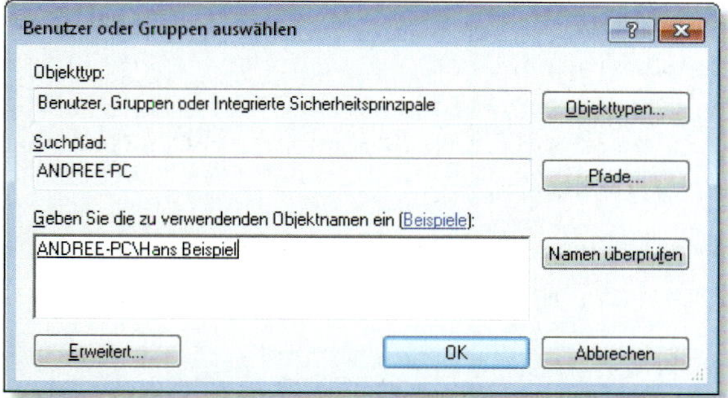

Abbildung 7.57 Natürlich können Sie einen Benutzer- und Gruppennamen selbst eintragen.

INFO

Die richtige Schreibweise von Benutzer- und Gruppennamen
Um einen Benutzer oder eine Gruppe in den Dialog **Benutzer oder Gruppen auswählen** einzutragen, müssen Sie auf die richtige Schreibweise achten. Zunächst schreiben Sie den Namen des Rechners. Dann wird ein Schrägstrich gesetzt, und nun folgt der Benutzername. Ein Beispiel: Mein-PC\Beispielname.

6 Markieren Sie im Dialog **Berechtigungen für »Dateiname«** den Benutzer, für den die Zugriffsberechtigung gesetzt werden soll. Entfernen Sie das Häkchen aus **Lesen, Ausführen**. Falls diese Option nicht vorhanden ist, setzen Sie ein Häkchen in das Kästchen **Lesen**.

7 In der Spalte **Verweigern** setzen Sie ein Häkchen in die Zeile **Schreiben**. Bestätigen Sie.

8 Windows klappt einen Info-Dialog auf und informiert Sie über Zugriffsänderungen. Bestätigen Sie.

Abbildung 7.58 Die Zugriffsrechte für den neuen Benutzer sind gesetzt.

HINWEIS

Einige Zugriffsrechte schließen andere aus
Die Berechtigung **Vollzugriff** bedeutet, dass der Benutzer alles mit der Datei anstellen darf. Er darf sie lesen, bearbeiten und ausführen. Wird der Vollzugriff verweigert, kann der Benutzer die Datei weder lesen noch ausführen oder bearbeiten.

Darf ein Benutzer eine Datei ändern, muss er sie auch lesen, ausführen und schreiben können. Sie können bei einer Datei das Lesen erlauben und das Schreiben verweigern.

Wichtig ist auch: Ein Benutzer kann Mitglied in zwei oder mehr Gruppen sein. Es kann passieren, dass für beide Gruppen unterschiedliche Zugriffsrechte vergeben wurden. In der Praxis können Sie einem Benutzer nur etwas erlauben oder es verweigern. Die Zugriffsverweigerung wird von Windows 7 höher eingestuft als die Genehmigung. Wurde also in zwei Gruppen eine Zugriffsverweigerung und eine Zugriffsgenehmigung eingestellt, gilt die Zugriffsverweigerung.

Über **Erweitert** können Sie die Berechtigungen etwas genauer festlegen. Auch hier können Sie die grundlegenden Berechtigungen zulassen oder verweigern. Hier lässt sich auch ein Überwachungseintrag erstellen. Dabei protokolliert Windows 7, ob der zu überwachende Zugriff erfolgreich durchgeführt wurde oder ein Fehler auftrat. Damit lassen sich auch ganz bestimmte Zugriffsaktionen überwachen. Beispiele sind das Durchsuchen eines Ordners, das Lesen einer Datei, das Löschen einer Datei und das Erstellen von Dateien und Ordnern.

Verändern können Sie auch den Namen des Besitzers. Der Besitzer einer Datei hat immer Vollzugriff. Geht die Datei an einen anderen Benutzer, erhält dieser die Rechte des alten Besitzers.

Der Benutzer, der eine Datei erstellt hat, ist auch deren Besitzer. Gleiches trifft auf Ordner zu. Bei Ordnern und Dateien, die das Betriebssystem erstellt hat, gilt dies jedoch nicht.

INFO

Wann wechselt man den Besitzer einer Datei?

Nur selten wird man den Besitz einer Datei an jemand anderen übergeben. Das ist aber dann notwendig, wenn sich ein Benutzer ganz speziell mit dieser Datei beschäftigen soll. Vielleicht handelt es sich um eine Präsentation, eine Tabelle mit besonderen Daten oder ein Manuskript, das eben dieser Anwender allein verwalten soll. Er ist dann ein »exklusiver Benutzer« mit allen dazugehörenden Rechten.

Eine andere Möglichkeit wäre gegeben, wenn ein Benutzerverzeichnis gelöscht werden soll – vielleicht weil ein Benutzer nicht mehr an diesem Rechner arbeitet oder einen neuen Benutzernamen samt Benutzerverzeichnis erhalten hat.

In einem weiteren Register können Sie »effektive Berechtigungen« festlegen. Das sind Berechtigungen, die ein Benutzer durch die Mitgliedschaft in einer Benutzergruppe bekommt.

INFO

Die Rechte eines Administrators

Ein Administrator ist ein Verwalter. Er arbeitet nicht nur am Rechner, sondern richtet auch Konfigurationseinstellungen und Systemeinstellungen ein. Dazu muss er die dafür notwendigen Rechte besitzen. Das geschieht automatisch, wenn ein Benutzer sich als Administrator anmeldet. Für ihn müssen keine speziellen Rechte festgelegt werden.

So übernehmen Sie den Inhalt eines Ordners in eine Bibliothek

Eine Bibliothek ist ein virtueller Ordner, der Inhalte aus anderen Ordnern zusammenfasst. Damit können Sie bestimmte Inhalte organisieren und schneller darauf zugreifen.

Windows 7 bietet Ihnen bereits die Bibliotheken **Bilder**, **Dokumente**, **Musik** und **Videos** an. Wie bei einem normalen Ordner schauen Sie mit einem Doppelklick, was sich in einer Bibliothek befindet.

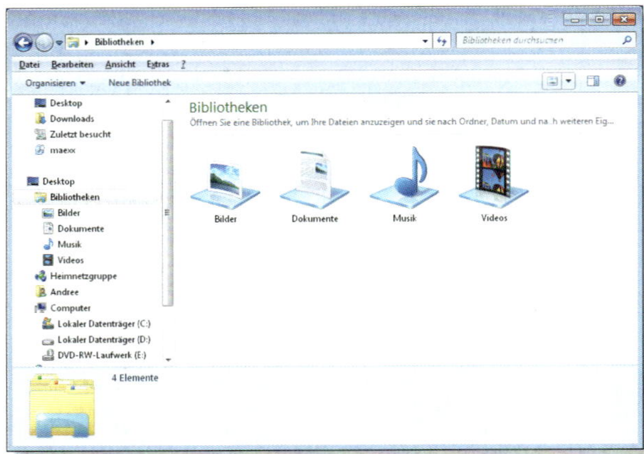

Abbildung 7.59 Vier Bibliotheken gibt es bereits in Windows 7.

Wir wollen nun einmal an einem Beispiel zeigen, wie Sie einen Ordner mit Bilddateien einer Bibliothek hinzufügen. Das ist mit ein paar Handgriffen getan.

1 Markieren Sie den Ordner, den Sie hinzufügen möchten. Öffnen Sie das Kontextmenü.

2 Wählen Sie **In Bibliothek aufnehmen** und eine der vorhandenen Bibliotheken.

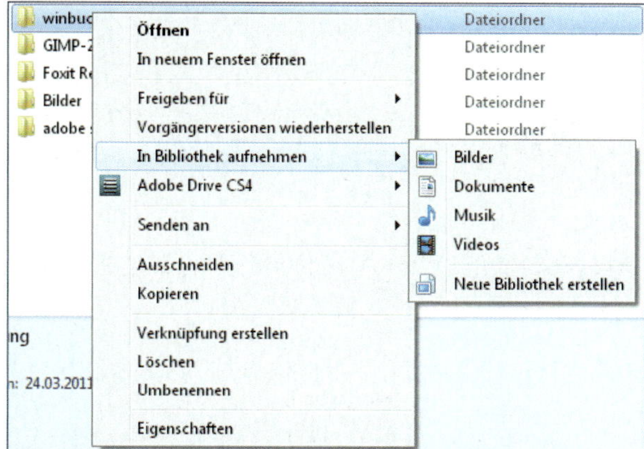

Abbildung 7.60 *Über das Kontextmenü fügen Sie einen Ordner in eine vorhandene Bibliothek ein.*

Möchten Sie keine vorhandene Bibliothek nutzen, sondern eine neue Bibliothek erstellen, müssen Sie Folgendes tun:

1 Öffnen Sie das Kontextmenü auf einem Ordner. Wählen Sie **In Bibliothek aufnehmen > Neue Bibliothek erstellen**.

2 Geben Sie eine Bezeichnung für die neue Bibliothek ein.
Der Vorteil dieser Vorgehensweise ist, dass Sie nicht nur eine neue Bibliothek erstellen, sondern gleich den markierten Ordner in dieser ablegen.
Um nur eine neue Bibliothek zu erstellen, müssen Sie wie folgt vorgehen:

3 Markieren Sie im Navigationsmenü die Bibliotheken, und wählen aus dem Kontextmenü **Neu > Bibliothek**.

4 Geben Sie eine Bezeichnung ein. Bestätigen Sie mit Eingabe.

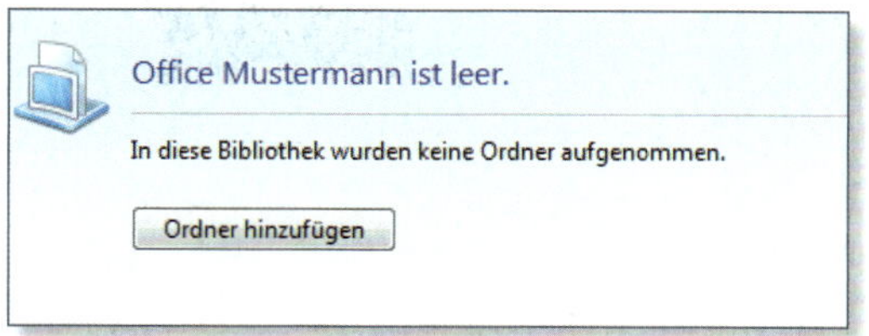

Abbildung 7.61 *Diese Bibliothek ist noch leer. Hier müssen erst ein paar Ordner eingefügt werden.*

Die Eigenschaften einer Bibliothek einsehen

Über die Eigenschaften einer Bibliothek können Sie herausfinden, welche Ordner bereits in der Bibliothek vorhanden sind. Hier sehen Sie auch die Größe der gesamten Bibliothek und für welchen Ordnertyp diese optimiert wurde. Über eine Schaltfläche können Sie Ordner hinzufügen.

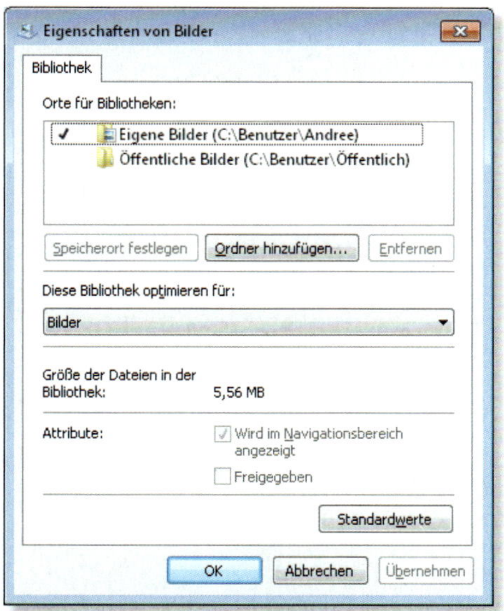

Abbildung 7.62 *Die Eigenschaften einer Bibliothek verraten, welche Ordner in ihr zu finden sind.*

Mit der Funktion **Standardbibliotheken wiederherstellen** holen Sie die Programmvorgaben zurück.

Per Drag & Drop können Sie auch die Reihenfolge der Ordner, die zu einer Bibliothek gehören, in dem Eigenschaftenfenster verändern. Ziehen Sie diese einfach nach oben oder unten.

Den gesamten Inhalt sichtbar machen: Systemdateien einblenden

Systemdateien werden zunächst von Windows 7 ausgeblendet. Um sie sichtbar zu machen, muss nur eine Option deaktiviert werden:

1 Wählen Sie im Windows-Explorer **Organisieren > Ordner- und Suchoptionen**.

2 Wechseln Sie zu **Ansicht**. Entfernen Sie das Häkchen aus dem Kästchen **Geschützte Systemdateien ausblenden**.

3 Windows blendet eine Sicherheitsmeldung ein. Bestätigen Sie diese mit **Ja**. Im Dialog **Ordneroptionen** wählen Sie **OK**.

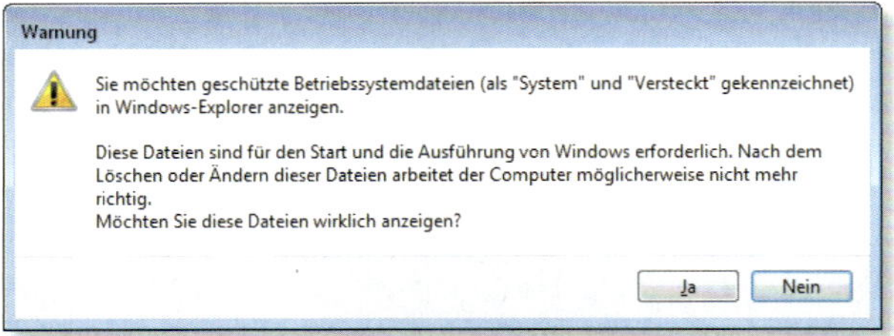

^ ***Abbildung 7.63** Beim Anzeigen von Systemdateien blendet Windows zunächst eine Warnmeldung ein.*

Im Dateimanager erkennen Sie versteckte Dateien an einem vorangesetellten Punkt.

Achten Sie darauf, dass Sie keine Systemdateien löschen oder verändern! Sie können damit Systemfunktionen einschränken oder Windows sogar so beschädigen, dass das Betriebssystem nicht mehr richtig startet und funktioniert.

Die Komprimierungsfunktion von Windows 7

Der Windows-Explorer besitzt bereits eine integrierte Funktion, mit der Sie verschiedene Dateien und Ordner zu einem Paket komprimieren können. Das Ergebnis ist eine Zip-Datei. In gleicher Weise lassen sich Zip-Pakete mit dem Explorer entpacken. Ein Zusatzprogramm ist dazu nicht notwendig.

INFO

Warum sollte man Dateien komprimieren?
Mit dem Komprimieren von Dateien und Ordnern sparen Sie Platz. Das ist besonders sinnvoll, wenn Sie mehrere Dateien per E-Mail versenden oder im Internet bereitstellen wollen – so zum Beispiel auf einer Homepage oder bei SkyDrive. Statt vieler Dateien stellen Sie nur eine gepackte Datei online. Das ist für den Empfänger oder den Anwender, der die Datei herunterlädt, bequemer. Er speichert nur die Zip-Datei auf seinem Rechner. Danach entpackt er diese und erhält die einzelnen Dateien.

Mehrere Dateien in ein Zip-Archiv packen

In einem Beispiel möchte ich einmal die Bilddateien in meinem Ordner zu einem komprimierten Paket zusammenschnüren. Sicherlich werden auch Sie diese Funktion oft nutzen. Denn Bilder gehören zu den Dateien, die man gerne an andere weitergibt, z. B. per Mail. Und dann dürfen Sie einfach nicht zu groß sein. Gehen Sie also folgendermaßen vor:

1 Begeben Sie sich im Windows-Explorer zu dem Ordner, in dem sich die Dateien befinden, die Sie packen möchten.

2 Markieren Sie die Dateien. Mit [⇧] können Sie mehrere Dateien markieren. Nutzen Sie die Taste [Strg], um einzelne, nicht zusammenhängende Dateien auszuwählen.

3 Öffnen Sie das Kontextmenü. Wählen Sie **Senden an > ZIP-komprimierter Ordner**.

4 Geben Sie einen Dateinamen für die gepackte Datei ein. Bestätigen Sie mit [↵].

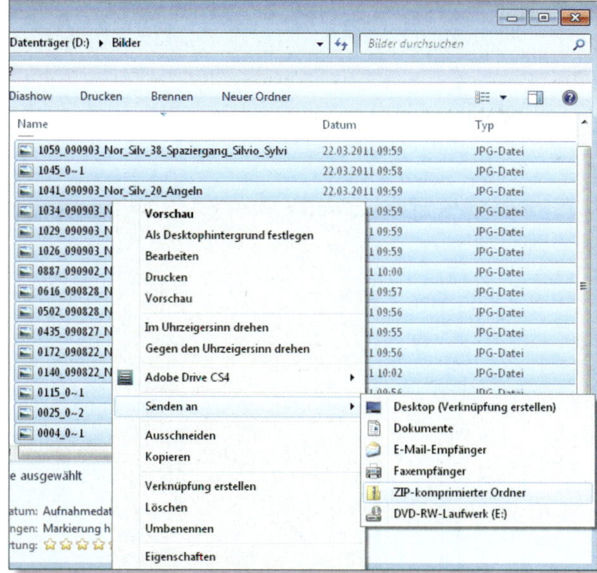

Abbildung 7.64 Die Bilddateien in meinem Verzeichnis werden gepackt.

Die neu erstellte Zip-Datei wird in das aktuell geöffnete Verzeichnis eingefügt.

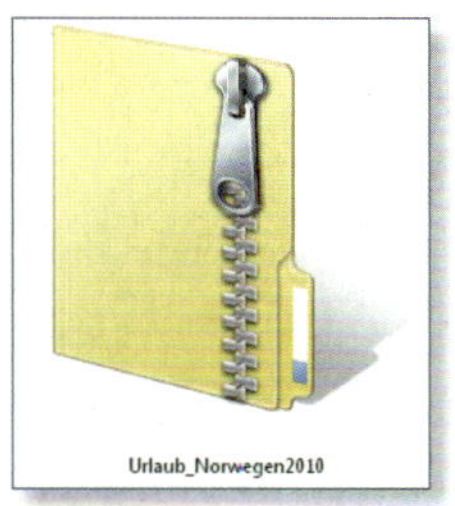

Abbildung 7.65 Die Zip-Datei erkennen Sie an dem Ordnersymbol mit dem seitlichen Reißverschluss.

Für das Packen und Entpacken wird kein Assistent geöffnet, so wie es bei Windows Vista der Fall ist. Sie müssen lediglich die Dateien auswählen, die Sie packen wollen, und die Funktion über das Kontextmenü oder das Menü **Datei > Senden an > ZIP-Komprimierter Ordner** wählen.

Mit einem Doppelklick oder über die Funktion **In einem neuen Fenster öffnen** können Sie in ein ZIP-Archiv hineinsehen. Es wird dabei nur im Speicher des Rechners entpackt.

HINWEIS

Vorsicht bei unbekannten Zip-Dateien

Achten Sie bei unbekannten Zip-Dateien darauf, diese zuerst mit einem aktuellen Antivirenprogramm zu untersuchen. Auf diese Weise gehen Sie sicher, dass Sie sich nicht einen bösartigen Computervirus, einen Trojaner oder ein Spionageprogramm einfangen. Das Internet ist leider auch ein Treffpunkt von zwielichtigen Hackern und Cyberkriminellen. Mit nur wenig Aufwand können Sie sich vor Schaden schützen.

Eine Zip-Datei entpacken

Um eine Zip-Datei zu entpacken, gehen Sie so vor:

1 Begeben Sie sich zunächst wieder in den Ordner, in dem die gepackte Datei abgelegt ist. Markieren Sie diese.

2 Öffnen Sie das Kontextmenü. Wählen Sie **Alle extrahieren**.

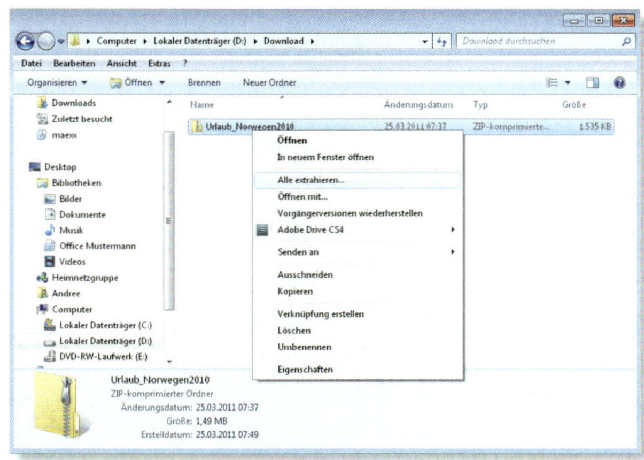

Abbildung 7.66 Eine Zip-Datei wird entpackt.

3 Ein Dialogfenster klappt auf. Tragen Sie das Zielverzeichnis ein, oder wählen Sie es mit **Durchsuchen** an. Möchten Sie die Dateien nach dem Entpacken im Windows-Explorer sehen, achten Sie darauf,

dass die Option **Dateien nach der Extrahierung anzeigen** angeschaltet ist. Bestätigen Sie mit einem Mausklick auf die Schaltfläche **Extrahieren**.

In meinem Beispiel habe ich die Zip-Datei in einem neuen Ordner abgelegt. Dieser wird von der Funktion **Alle extrahieren** übernommen. Das Verzeichnis muss so in dem nachfolgend erscheinenden Dialog nur bestätigt werden:

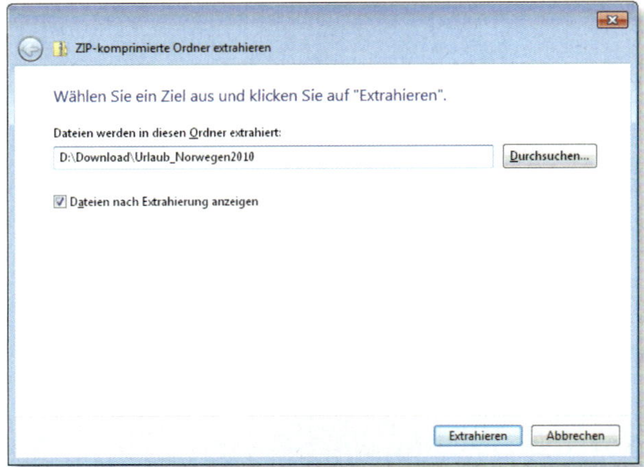

Abbildung 7.67 *Ein Archiv wird extrahiert.*

Beim Entpacken übernimmt der Windows-Explorer den Dateinamen des Zip-Archivs für den neuen Ordner, in dem die entpackten Dateien abgelegt werden.

Die Archivierungsfunktion des Windows-Explorers kennt nur das Format *Zip*. Andere Packungsformate können mit dem Windows 7-Dateimanager nicht entpackt oder erstellt werden. Dazu müssen Sie auf Programme wie *WinRar*, *WinZip* oder das Freewaretool *7-Zip* zurückgreifen.

Beachten Sie, dass einige Dateitypen sich kaum oder gar nicht packen lassen. So werden Bilddateien des Typs tif bereits automatisch gepackt.

Bilddateien von einer Digitalkamera importieren

Der Windows-Explorer unterstützt den direkten Import von Bilddateien aus Digitalkameras. Dazu müssen Sie nur die SD-Karte aus der Kamera entnehmen und in den Kartenslot Ihres Rechners einlegen. Der Datenträger wird erkannt, und Windows 7 bietet Ihnen eine Reihe passender Aktionen an.

Wenn der Rechner über keinen Kartenslot verfügt?

Viele aktuell im Handel erhältliche Notebooks sind bereits mit einem Kartenslot ausgestattet, so auch mein Notebook. Bei älteren Notebooks und bei vielen Desktop-Rechnern finden Sie einen solchen Einschub nicht. Sie können sich bei einem Desktop-PC mit einem Einschub helfen, den Sie im Handel erwerben und zusätzlich in Ihren Rechner einbauen. Bei einem Notebook geht dies nicht.

Ich verwende bei meinem Desktop-Rechner einen sogenannten Cardreader. Dieser unterstützt verschiedene Kartengrößen und wird einfach per USB-Kabel mit dem Rechner verbunden. Das ist einfach, geht schnell und kann bei jedem Rechner gemacht werden. Außerdem kann ich den Cardreader einfach in meinen Rucksack packen und ihn übers Wochenende oder im Urlaub mitnehmen.

Der *miniMAX All in 1* unterstützt die Formate *Micro SD, SD, MMC, M2, XS, Memory Stick Pro* und *Memory Stick Pro Duo* – ein Allzweckgerät für viele verschiedene Karten. Dieses und ähnliche Geräte gibt es für um die 5 bis 10 Euro. Sie sind also sehr günstig. Schauen Sie sich einmal bei *http://www.alternate.de* um. Oder blättern Sie durch die Hardwareangebote von Pollin Electronics (*http://www.pollin.de*). Bei Letzterem finden Sie echte Schnäppchen. Die sind vielleicht nicht frisch von der Messe, aber erfüllen allemal ihre Aufgabe.

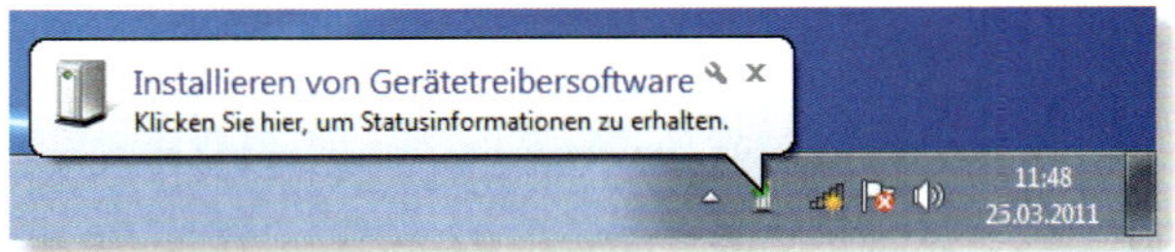

Abbildung 7.68 *Bei der ersten Verwendung des integrierten Kartenreaders wird der Gerätetreiber installiert.*

Um die Bild- und Videodateien der SD-Karte auf Ihren Rechner zu importieren, gehen Sie wie folgt vor:

1 Legen Sie die SD-Karte in den Kartenslot Ihres Rechners ein.

2 Windows erkennt den eingelegten Datenträger und bietet Ihnen verschiedene Möglichkeiten an, was Sie mit den Daten tun können. Wählen Sie hier **Bilder und Videos importieren**.

Abbildung 7.69 Importieren Sie Bilder und Videodateien mit Windows. Die automatische Wiedergabe nimmt Ihnen Arbeit ab.

3 Tragen Sie im Dialog **Bilder und Videos importieren** eine Titelzeile ein.
Die Beschriftung ist optional. Sie können diese auch weglassen.

Abbildung 7.70 Beschriften Sie Ihre Bilddateien. Das hilft Ihnen später, Ordnung zu halten.

Nun könnten Sie den Importvorgang schon starten. Oder Sie überprüfen, was Windows 7 mit Ihren Bilddateien tut.

4 Klicken Sie auf **Importeinstellungen**.

5 Die Bilddateien werden in das Windows-Verzeichnis *Eigene Bilder* abgelegt. In diesem Beispiel legen wir ein eigenes Verzeichnis an. Klicken Sie auf **Durchsuchen**. Suchen Sie die Partition oder den Datenträger, auf dem der neue Ordner erstellt werden soll. Markieren Sie dieses Ziel. Wählen Sie **Neuen Ordner erstellen**. Geben Sie eine Bezeichnung für den Ordner ein, und bestätigen Sie.

6 Bestätigen Sie die Importeinstellungen, und klicken Sie auf **Importieren**.

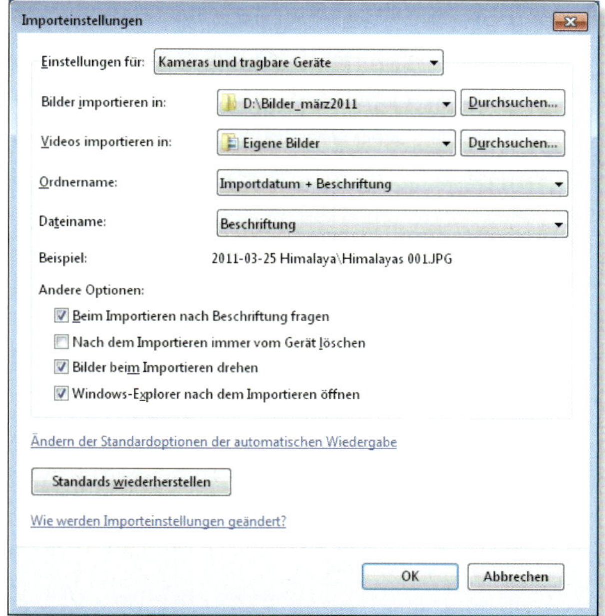

Abbildung 7.71 Windows 7 bietet Ihnen verschiedene Möglichkeiten, Bilddateien direkt von einer Digitalkamera zu importieren. Die Vorgaben können Sie auf unterschiedliche Weise an Ihre Wünsche anpassen.

Schauen Sie sich in den Importeinstellungen an, wie Windows 7 den Ordnernamen bildet. Das kann zum Beispiel aus dem Importdatum und der Beschriftung geschehen oder auch aus dem Aufnahmedatum und der Beschriftung. Auch die umgekehrte Variante ist möglich. Wählen Sie, was Ihnen am besten gefällt.

Der Dateiname wird aus der Beschriftung gebildet. Windows 7 kann auch den Dateinamen der importierten Datei übernehmen.

In den Optionen können Sie dafür sorgen, dass die Originaldateien nach dem Import von der Quelle entfernt werden. So haben Sie Platz für neue Fotos und Videos. Die Bilder können beim Import gedreht werden. Mit der letzten Option wird nach dem Import der Explorer geöffnet, und Sie sehen die importierten Dateien.

Nach dem Verändern der Importeinstellungen wird der Import der Dateien neu gestartet. Sie müssen leider die Beschriftung noch einmal angeben.

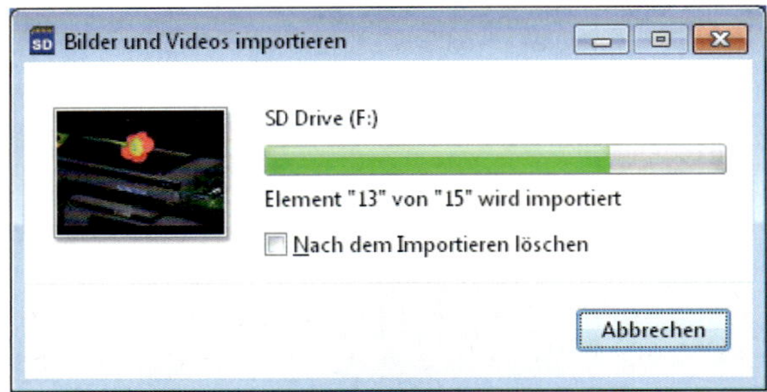

Abbildung 7.72 *Ein Fortschrittsbalken zeigt, wie viele Dateien Windows 7 bereits importiert hat.*

Wenn Windows 7 die Digitalkamera nicht erkennt

Sie können nicht nur Bild- und Videodateien von einer SD-Karte oder einem anderen mit dem Rechner verbundenen Datenträger importieren. Es ist auch möglich, eine Digitalkamera direkt mit dem Rechner zu verbinden. Windows 7 erkennt meist die Digitalkamera und bietet den Import der Dateien an.

Wird die Digitalkamera nicht unterstützt, können Sie auf diese wie auf einen angeschlossenen Wechseldatenträger zugreifen. Kopieren Sie dann die Bilddateien auf Ihren Rechner.

Bei älteren Digitalkameras kann es geschehen, dass auch diese Möglichkeit nicht funktioniert. Dann können Sie immer noch die SD-Karte aus der Kamera nehmen und die Dateien mithilfe eines Cardreaders auf den PC übertragen.

In der Systemsteuerung finden Sie unter **Hardware und Sound > Geräte und Drucker** die angeschlossene Digitalkamera. Für die im Beispiel verwendete »KODAK Easy Share DX7590« konnte Windows 7 keinen passenden Treiber finden. Das gelbe Schild mit dem Ausrufezeichen verweist auf dieses Problem:

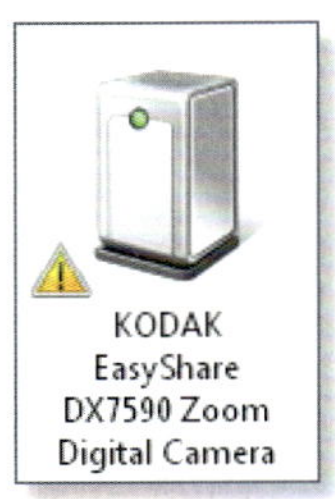

Abbildung 7.73 *Hier gibt es ein Treiberproblem, zu erkennen am gelben Schuld mit Ausrufezeichen.*

Das Importieren funktioniert übrigens auch mit einem Handy. Für viele Geräte gibt es einen passenden Windows 7-Treiber. Das Betriebssystem erkennt das angeschlossene Gerät. Sie können so direkt auf das Gerät zugreifen und die Bild- und Videodateien auf Ihren Rechner importieren.

In meinem Fall bietet mein *NOKIA E5-00* mir sogar an, einen der möglichen Modi zu wählen. Ich kann das Handy als Massenspeicher verwenden, eine Bildübertragung starten, die *PC Suite* öffnen oder die Internetverbindung des PCs mit dem Handy nutzen.

Ist eine solche Software nicht vorhanden oder haben Sie diese verlegt, was ja auch einmal geschehen kann, hilft ein Blick auf die Webseite des Herstellers. Hier finden Sie in der Regel aktuelle Treiber und Zusatzprogramme.

Im Beispiel meines Nokia-Handys musste ich aus dem Internet die *Ovi Suite* installieren. Neben allen möglichen Funktionen liegt auch hier der richtige Treiber bei.

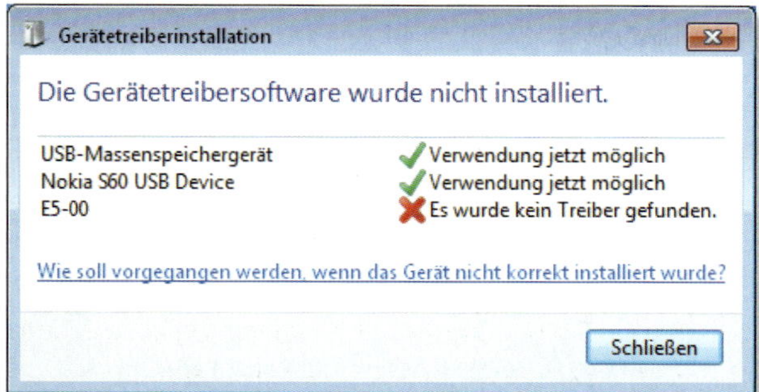

Abbildung 7.74 *Nicht zu jedem Gerät bietet Windows 7 einen eigenen Treiber an. Hier müssen Sie sich mit den Treibern der Hersteller behelfen.*

Die Funktionen für die automatische Wiedergabe anpassen

Windows erkennt einen mit dem Rechner verbundenen USB-Datenträger oder eine angeschlossene Digitalkamera. Der Dialog **Automatische Wiedergabe** wird eingeblendet. Schalten Sie die Option **Immer für Bilder durchführen** an, so bekommen Sie beim nächsten Mal keine extra Anzeige, wenn Windows erkennt, dass ein Datenträger mit Bildern oder eine Digitalkamera mit dem Rechner verbunden wurde. Der Import der Bilddateien startet sofort, und Sie sehen den Assistenten und die dazu passenden Dialoge.

Je nachdem, welche Anwendungsprogramme Sie installiert haben, können im Dialog auch weitere Optionen vorhanden sein. In meinem Fall findet sich auch die Funktion **Download images** von *Adobe Bridge CS4* hier.

Je nach Datenträger und Datentypen werden unterschiedliche Funktionen angeboten – so zum Beispiel, wenn Sie eine DVD mit einem Film oder eine Audio-CD in den Rechner einlegen. Auch Datenträger mit einzelnen Videodateien oder Audiodateien erkennt Windows.

Sie können diese Funktionen einstellen und wählen, welche Möglichkeiten Ihnen im Dialog **Automatische Wiedergabe** angeboten werden. Dabei haben Sie folgende Möglichkeiten:

1. **Programm installieren oder ausführen**: Ein bestimmtes Programm wird gestartet, und damit kann dann das Medium genutzt werden. Enthält das Medium eine Installationsdatei, wird diese immer automatisch gestartet.
2. **Ordner öffnen, um Dateien anzuzeigen mit Windows-Explorer**: Der Ordner mit den Medien wird im Windows-Explorer geöffnet.
3. **Keine Aktion durchführen**.
4. **Jedes Mal nachfragen**: Windows fragt nach, was geschehen soll. Das heißt, Sie wählen die Aktion.

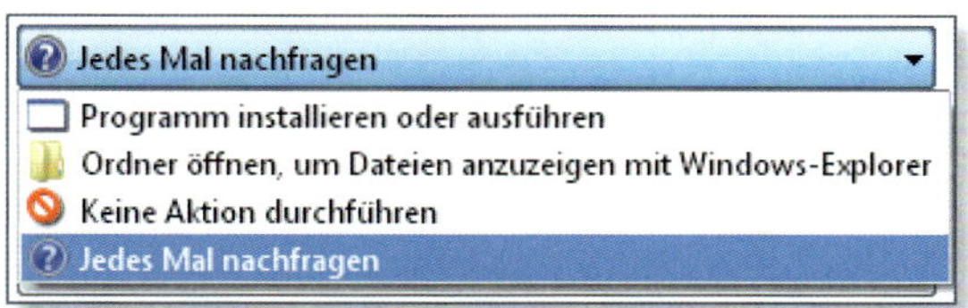

Abbildung 7.75 *Sie können für jede Aktion der automatischen Wiedergabe zwischen fünf Optionen auswählen.*

Beispiel: Den Freeware-Medienplayer VLC installieren

Als Beispiel installiere ich zunächst den Freeware-Medienplayer VLC. Dann möchte ich dafür sorgen, dass Audio-CDs und Filmdateien immer mit diesem Programm wiedergegeben werden.

1 Öffnen Sie die Systemsteuerung. Wählen Sie **Hardware und Sound > Automatische Wiedergabe**.

2 Öffnen Sie das Listenfeld in der Zeile **Audio-CD**. Wählen Sie **Audio-CD wiedergeben mit VideoLAN VLC media player**.

3 Wiederholen Sie das in der Zeile **DVD-Film**. Bestätigen Sie mit **Speichern**.

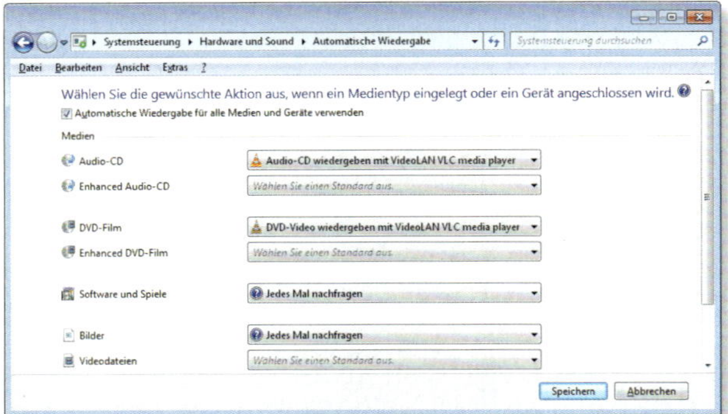

Abbildung 7.76 *So wählen Sie ein alternatives Programm für die Wiedergabe von bestimmten Dateitypen.*

Direkt aus dem Explorer heraus eine CD oder DVD erstellen

Windows 7 erlaubt Ihnen, Dateien direkt aus dem Windows-Explorer heraus zu brennen. Dabei müssen Sie natürlich auf extra Features verzichten, die in Brennprogrammen wie *Nero* oder *CDRWin* vorhanden sind. Die Windows-Möglichkeiten genügen aber, um schnell Daten auf eine CD oder DVD zu brennen. Und das geht so:

1 Öffnen Sie den Windows-Explorer. Begeben Sie sich zu dem Verzeichnis, in dem sich die Dateien und/oder Ordner befinden, die Sie brennen wollen. Markieren Sie diese. Wählen Sie **Brennen**. Sie finden die Funktion am oberen Rand des Dateimanagers.

2 Mit einem Dialog werden Sie aufgefordert, einen Datenträger einzulegen. Tun Sie das. Sie müssen hier weder etwas bestätigen noch auswählen, welcher Datenträger oder welche Brennformate verwendet werden sollen.

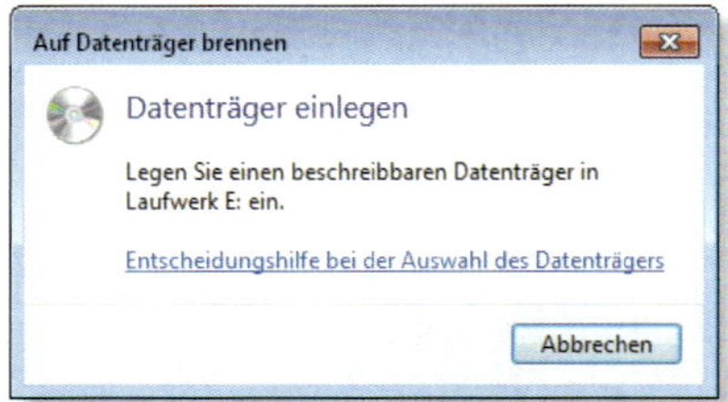

Abbildung 7.77 *Legen Sie einen Datenträger ein.*

3 Geben Sie eine Bezeichnung ein. Diese kann maximal eine Länge von 16 Zeichen besitzen. Wählen Sie die Option **Mit einem CD/DVD-Player**. Klicken Sie auf **Weiter**.

Abbildung 7.78 *Geben Sie eine Bezeichnung ein, und wählen Sie die richtige Option, und schon kann es losgehen.*

Die Daten werden zunächst in einem temporären Ordner abgelegt. Ein Hinweisfenster über der Taskleiste verweist darauf, dass Dateien vorhanden sind, die auf CD/DVD gebrannt werden können.

Im Moment ist also noch nichts anderes geschehen als dass die Daten in einem Ort versammelt wurden. Sie sind noch nicht auf der CD oder DVD.

Den eigentlichen Brennvorgang können Sie auch an späterer Stelle durchführen. Sie können, falls es notwendig ist, die temporär abgelegten Daten auch löschen oder auch weitere hinzufügen. In unserem Beispiel sollen sie aber ohne Veränderungen auf das Medium geschrieben werden.

4 Wählen Sie im Windows-Explorer **Auf Datenträger brennen** ❶.

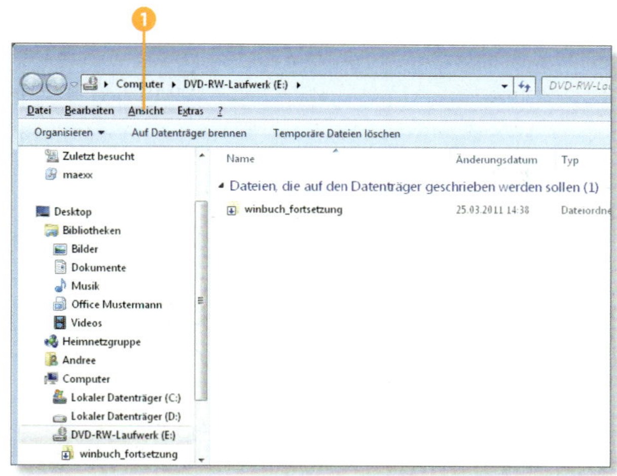

Abbildung 7.79 *Im nächsten Schritt werden die in einem temporären Ordner abgelegten Dateien auf DVD gebrannt.*

5 Leider startet der Vorgang nicht sofort. Windows 7 öffnet einen Assistenten. Hier können Sie noch einmal den Titel des Datenträgers verändern. Über ein Listenfeld wählen Sie die Brenngeschwindigkeit aus. In der Regel ist die voreingestellte Geschwindigkeit korrekt. Bei Problemen versuchen Sie es mit einer niedrigeren Variante. Mit **Weiter** geht es in den nächsten Dialog.

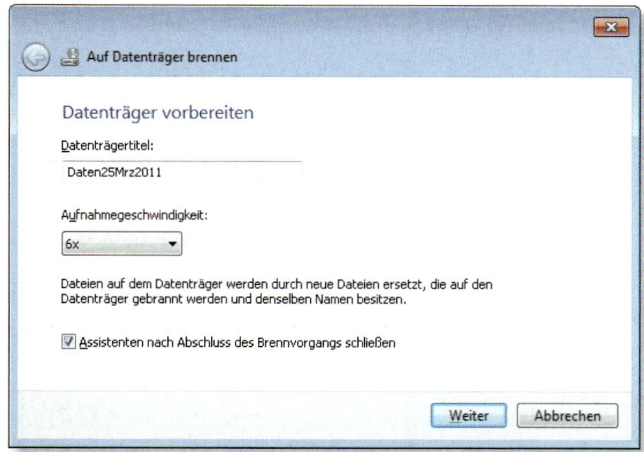

Abbildung 7.80 *Ein Assistent führt Sie durch den Brennvorgang.*

6 Am Ende des Brennvorganges entnehmen Sie die CD/DVD.

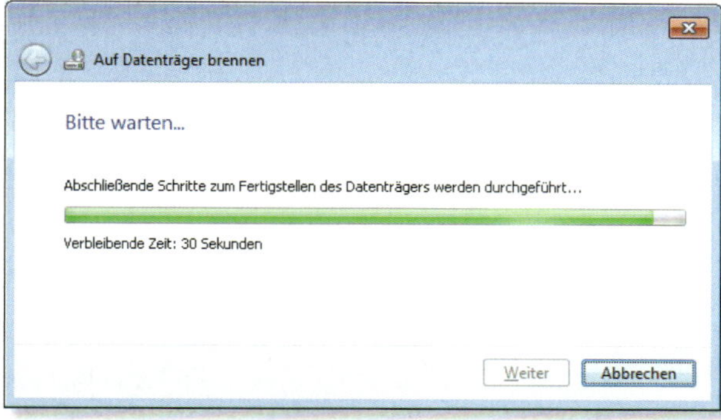

Abbildung 7.81 *Endlich geht es los. Die Daten werden auf CD/DVD gebrannt. Der Fortschrittsbalken zeigt, wie lange es dauert.*

INFO

Livesystem oder Mastered?

Windows 7 bietet Ihnen zwei Möglichkeiten an. Zum einen wird eine abgeschlossene CD/DVD erstellt. Diese kann auch auf anderen Rechnern betrachtet werden. Die Zusammenstellung der Daten auf dem Medium wird abgeschlossen. Das heißt, Sie können keine weiteren Daten hinzufügen. Dieser Datenträger wird als *Mastered* bezeichnet.

Die zweite Möglichkeit ermöglicht das Speichern, Bearbeiten und Löschen von Dateien auf dem Medium. Der erstellte Datenträger kann auf einem Rechner mit Windows XP oder höher verwendet werden. Diese Variante wird als *Livedateisystem* bezeichnet.

Wenn Sie die Daten nicht sofort auf CD oder DVD brennen wollen, können Sie dies auch zu einem späteren Zeitpunkt tun. Die Daten bleiben auch im temporären Ordner, wenn Sie Windows herunterfahren und später neu starten. Tun Sie dies, weist das Betriebssystem Sie mit einem Hinweisdialog auf die für den Brennsvorgang vorbereiteten Dateien hin. Klicken Sie auf die Sprechblase. Der temporäre Ordner wird geöffnet. Hier können Sie nun den Brennvorgang starten.

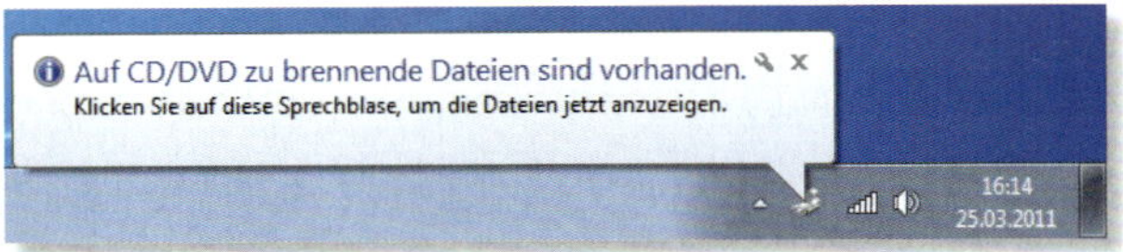

Abbildung 7.82 Ein Hinweis in der Taskleiste erinnert Sie an die Dateien, die Sie für das Brennen vorbereitet haben.

TIPP

Die automatische Wiedergabe ausschalten
Natürlich können Sie die automatische Wiedergabe auch deaktivieren. Dann erhalten Sie keine Frage mehr, was Windows 7 mit dem Medium und den Inhalten tun soll. Auch wird kein Programm automatisch gestartet, und der Dialog klappt nicht auf. Das Medium wird angemeldet und eingelesen. Sie können den Inhalt im Windows-Explorer sehen und mit einem Anwendungsprogramm Ihrer Wahl bearbeiten bzw. öffnen.

Öffnen Sie die Systemsteuerung, und begeben Sie sich in den Dialog **Automatische Wiedergabe**. Schalten Sie die Option **Automatische Wiedergabe für alle Medien und Geräte verwenden** im Kopf des Fensters aus. Bestätigen Sie.

Dateien synchronisieren

Öffnen Sie einmal im Windows-Explorer per Rechtsklick das Kontextmenü. Wählen Sie **Neu**. Diese Funktion ist fast ganz unten zu finden. Neben einem Ordner, einer Verknüpfung und verschiedenen Dateitypen können Sie einen Aktenkoffer erstellen. Hm. Okay. Vielleicht für den Urlaub? Nein, nicht ganz ...

Der Aktenkoffer verbindet zwei Verzeichnisse miteinander und erlaubt es, die Inhalte beider miteinander zu synchronisieren. So lassen sich auf einfache Weise Daten zwischen Notebook und Desktop-PC abgleichen oder auch Daten auf einer USB-Festplatte sichern. Und so stellen Sie das an:

Abbildung 7.83 Mit dem Kontextmenü aus dem Windows-Dateimanager können Sie einen Aktenkoffer erstellen.

1. Erstellen Sie im oberen Verzeichnis einer Festplattenpartition einen Aktenkoffer.
2. Ziehen Sie per Drag & Drop einen Ordner in diesen. Im Beispiel lege ich meine Arbeitsdateien in diesem neu erstellten Aktenkoffer ab.
3. Verschieben Sie nun den Aktenkoffer auf einen an den Rechner angeschlossenen USB-Stick.
4. Arbeiten Sie mit einem anderen Rechner an den Dateien. Fügen Sie neue Dateien hinzu. Verändern Sie die vorhandenen.
5. Nun verbinden Sie wieder den USB-Stick mit dem ersten Rechner. Öffnen Sie den Windows-Explorer. Suchen Sie den Aktenkoffer. Öffnen Sie das Kontextmenü, und wählen Sie **Alles Aktualisieren**.

Achten Sie darauf, dass der Aktenkoffer nicht vom USB-Stick auf den zweiten Rechner kopiert oder verschoben wird. Bearbeiten und ergänzen Sie die Dateien auf dem Medium.

Gehen Sie in gleicher Weise vor, um Dateien zwischen Notebook und Desktop-PC oder zwei anderen Rechnern in einem Netzwerk zu synchronisieren.

Mit Freigabeoptionen arbeiten

Mit Freigaben bestimmen Sie, ob andere Anwender im Netzwerk auf Dateien, Ordner und Bibliotheken zugreifen können. Nutzen mehrere Anwender einen

Rechner, können Sie auch Freigaben verwenden und so Ordner oder Bibliotheken gemeinsam nutzen.

Eine Freigabe ist schnell erstellt:

1. Markieren Sie den Ordner oder die Bibliothek, für die eine Freigabe erstellt werden soll. Wählen Sie im Windows-Explorer **Freigeben für > Bestimmte Person.**

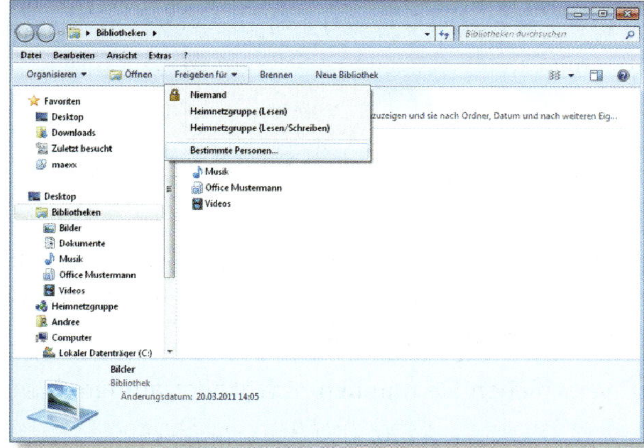

Abbildung 7.84 *Eine Freigabe wird erstellt.*

2. Wählen Sie über das Listenfeld den Namen des Anwenders, für den die Datei oder Bibliothek freigegeben werden soll. Mit **Hinzufügen** wird der Name in das mittlere Feld übernommen. Auf diese Weise können Sie weitere Anwender hinzufügen. Bestätigen Sie mit **Freigabe**.

3. Das nächste Dialogfenster weist Sie darauf hin, dass die Bibliothek oder der Ordner freigegeben ist. Mit **Fertig** schließen Sie dieses Fenster.

INFO

Freigabe in einer Heimnetzumgebung erstellen
In einer Heimnetzgruppe können Sie auf die gleiche Weise eine Freigabe erstellen. Wählen Sie aus dem Menü, ob die Anwender im Netzwerk nur einen Lesezugriff erhalten sollen oder auch schreiben (also die Datei auch verändern) dürfen.

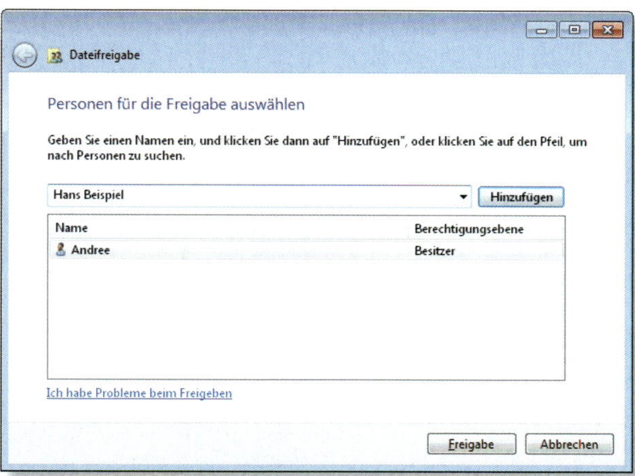

Abbildung 7.85 *Die Freigabe wurde in diesem Beispiel für einen Benutzer erstellt. Sie können auch mehrere Benutzer wählen.*

Über **Organisieren > Ordner- und Suchoptionen** schalten Sie im Register **Ansicht** den Freigabe-Assistenten an. Tun Sie dies, damit der Assistent zur Verfügung steht und Sie so Ordner und Bibliotheken in einer Heimnetzwerkumgebung freigeben können.

Möchten Sie eine Freigabe entfernen, markieren Sie den Ordner oder die Bibliothek und wählen **Freigeben für > Niemand**.

Klicken Sie eine Partition im Navigationsbereich an, können Sie mit **Freigeben für > Erweiterte Freigabe** zusätzliche Optionen angeben. Wählen Sie **Diesen Ordner freigeben**, und geben Sie eine Bezeichnung an. Unter diesem Namen ist dann die Partition im Netzwerk ansprechbar. Über ein Listenfeld können Sie hier bei Bedarf auch die Anzahl der zulässigen Benutzer einschränken.

Es ist auch möglich, für bestimmte Benutzer den Zugriff auf Partitionen einzuschränken. Sie können genau angeben, wie viel Speicherplatz ein bestimmter Anwender nutzen darf. Mehr dazu lesen Sie in Kapitel 21, im Abschnitt »Mit Kontigenten arbeiten«, ab Seite 580.

Den Inhalt des Kontextmenüs anpassen

Mithilfe des Registrierungs-Editors können Sie das Kontextmenü um sinnvolle Funktionen ergänzen.

1. Öffnen Sie den Registrierungs-Editor.
2. Suchen Sie den Eintrag `HKEY_CLASSES_ROOT/AllFilesystemObjects/shellex/ContextMenuHandlers`. Erstellen Sie hier einen neuen Schlüssel mit dem Namen `CopyTo`.
3. Markieren Sie den neu erstellten Schlüssel. Bringen Sie den Wert `Standard` auf den Eintrag `{CSFBB630-2971-11D1-A18C-00C04FD75D13}`.

Sie finden nun im Kontextmenü die Funktion **In Ordner kopieren** wieder.

Nun soll ein Eintrag erstellt werden, der über das Kontextmenü den markierten Inhalt direkt in eine Bibliothek kopiert.

1. Erstellen Sie eine Verknüpfung zu der Bibliothek. Dies geschieht unter *C:\Benutzer\<Benutzername>\AppData\Roaming\Microsoft\Windows\SendTo.*

   Die Verknüpfung erscheint nun im Kontextmenü als Untereintrag von **Senden an**.

   Nun möchten wir noch Textdateien und Konfigurationsdateien mit dem Profi-Texteditor *UltraEdit* öffnen.

2. Erstellen Sie mit **Neu > Textdokument** eine neue Datei im Windows-Explorer. Verwenden Sie als Dateiendung **.reg*. Bestätigen Sie.
3. Tragen Sie die folgenden Zeilen in die Textdatei ein:

```
[HKEY_CLASSES_ROOT\*\shell\Mit UltraEdit öffnen]

@=îî

[HKEY_CLASSES_ROOT\*\shell\Mit UltraEdit öffnen\command]

@=îuedit32.exe %1î
```

4. Speichern Sie die Datei ab.
5. Mit einem Doppelklick auf die erstellte Datei fügen Sie diese in die Windows 7-Registrierung ein.

TIPP

Kontextmenü des Explorers erweitern
Alle drei Beispiele zeigen sehr gut, auf welche Weise Sie das Kontextmenü erweitern können. Bei **Senden an** genügt eine Verknüpfung, die im Windows-Ordner *SendTo* abgelegt wird. Ein Eintrag in der Registrierung oder auch eine *.reg*-Datei, die in die Windows-Registrierung eingelesen wird, funktioniert immer nach dem gleichen Schema. So lassen sich auch Einträge erstellen, die den markierten Inhalt in einem Bildbearbeitungsprogramm, einem Office-Programm oder einem anderen Programm öffnen.

7.4 Den Windows Explorer anpassen

Den Explorer können Sie in vielerlei Hinsicht verändern. Sie können verschiedene Ansichtsmodi wählen, die Ansicht der Ordner anpassen, eine Vorschau an- und ausschalten und einiges mehr. Sie werden mit der Zeit feststellen, dass manche Einstellungen Ihnen eher zusagen oder Sie einfach schneller damit arbeiten können. Daher sind alle diese Anpassungsmöglichkeiten sehr sinnvoll und praktisch.

Schauen Sie sich diese Einstellmöglichkeiten einmal an. Passen Sie das Erscheinungsbild des Dateimanagers so an, dass er Ihnen gefällt und Sie am besten damit arbeiten können.

Spalten auswählen

Führen Sie einmal die Maus in die rechte obere Ecke einer Spalte im Explorer. Klicken Sie nun mit der rechten Maustaste. Über die eingeblendete Liste können Sie wählen, welche Spalten Sie im Dateimanager sehen wollen.

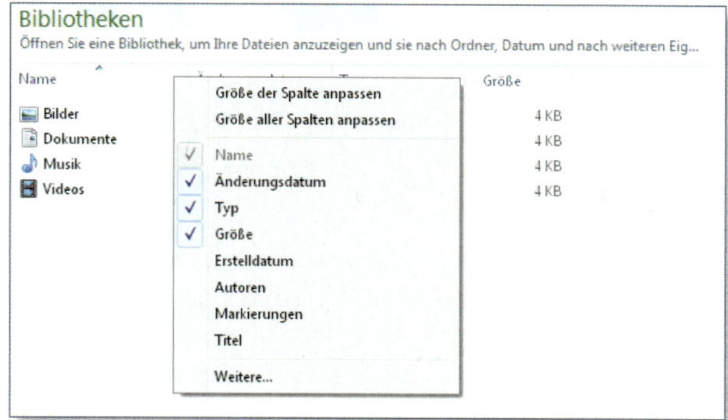

Abbildung 7.86 *Wählen Sie aus, welche Spalten Sie im Explorer angezeigt bekommen wollen.*

Genügen Ihnen die angezeigten Spalten noch nicht, klicken Sie auf **Weitere**. Wählen Sie in einem Dialog aus, welche Spalten Sie im Dateimanager angezeigt bekommen wollen.

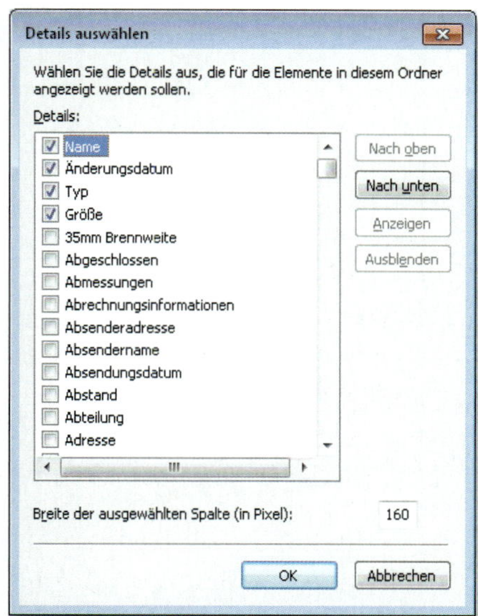

Abbildung 7.87 *Die Auswahl der Spalten ähnelt der Detailauswahl.*

Die Breite der Spalten im Dateimanager anpassen

Die Breite der Spalten im Explorer passen Sie ganz einfach mit der Maus an:

1. Führen Sie den Mauscursor auf den Rand einer Spalte. Sie sehen, dass sich der Cursor in einen nach rechts und links zeigenden Pfeil verwandelt.
2. Drücken Sie die linke Maustaste. Halten Sie die Taste gedrückt.
3. Ziehen Sie die Maus nach rechts oder links, je nachdem, ob Sie die Spalte vergrößern oder verkleinern wollen.
4. Ist die gewünschte Größe erreicht, lassen Sie die Maustaste los.

Die Breite an den Inhalt anpassen

Sie können die Anpassung der Spaltenbreite auch Windows überlassen. Dabei wird die Breite an den Inhalt angepasst. Möchten Sie dies tun, gehen Sie wie folgt vor:

1. Führen Sie die Maus an den rechten oberen Rand einer Spalte.
2. Klicken Sie mit der rechten Maustaste, und wählen Sie **Größe der Spalte anpassen**.
3. Möchten Sie alle Spalten im Windows-Explorer in ihrer Breite verändern, dann wählen Sie **Größe aller Spalten anpassen**.

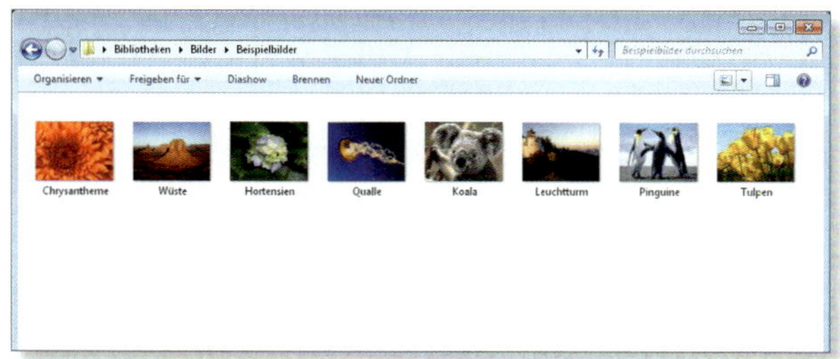

Abbildung 7.88 *In diesem Beispiel habe ich alle Elemente ausgeschaltet.*

Das komplette Fenster des Dateimanagers steht für die Ansicht der Dateien zur Verfügung. Nutzen Sie die verschiedenen Möglichkeiten, den Windows-Dateimanager an Ihren eigenen Geschmack anzupassen.

Die Diashow direkt aus dem Explorer heraus

Bei einem Ordner mit Bilddateien können Sie direkt aus dem Windows-Explorer heraus eine Diashow starten. Dazu gehen Sie einfach in den Ordner mit den Bilddateien und klicken in der Kopfzeile auf **Diashow**. Nun lehnen Sie sich zurück und genießen die Bilder.

Natürlich können Sie auch verschiedene Funktionen aufrufen und so die Wiedergabe der Bilder steuern. Ein Klick mit der linken Maustaste bringt Sie zum nächsten Bild. Mit Esc beenden Sie die Wiedergabe.

Drücken Sie die rechte Maustaste, wird ein Menü eingeblendet. Sie können nun zurückspringen, zum nächsten Bild wechseln oder die Wiedergabe der Bilddateien anhalten. Die Ausgabe kann in einer Schleife erfolgen (bis Sie Esc drücken) oder unsortiert, also zufällig. Sie können eine von drei Geschwindigkeiten wählen (**Langsam**, **Mittel** und **Schnell**).

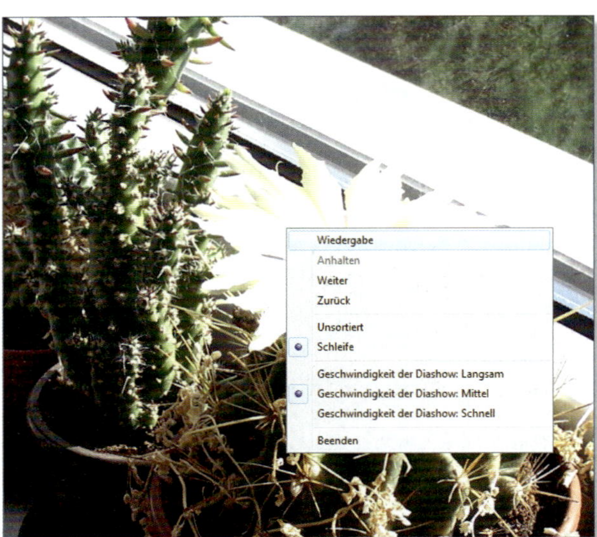

Abbildung 7.89 Die Auswahl der Funktionen genügt für den Einsatz zwischendurch.

Für die schnelle Wiedergabe und auch das Vorführen der Bilder vor Freunden eignet sich diese Funktion sehr gut. Sie müssen kein Bildbetrachtungsprogramm öffnen, sondern nutzen einfach die Diashow-Funktion des Windows-Explorers.

Abbildung 7.90 Meine Norwegen-Urlaubsbilder bei einer Diashow im Windows-Explorer.

So wählen Sie das Symbol für einen Ordner selbst aus

Das Ordnersymbol sieht ziemlich trist aus. Es genügt zwar seinem Zweck, Sie können jedoch auch ein anderes Symbol verwenden und so das vorgegebene ersetzen.

1. Markieren Sie einen Ordner, dessen Symbol geändert werden soll. Wählen Sie im Kontextmenü **Eigenschaften**.
2. Wechseln Sie in das Register **Anpassen**, und klicken Sie auf die Schaltfläche **Anderes Symbol**.
3. Scrollen Sie durch die Liste der Windows-Symbolbibliothek. Markieren Sie das Symbol, das Ihnen am besten gefällt, und klicken Sie zweimal auf **OK**.

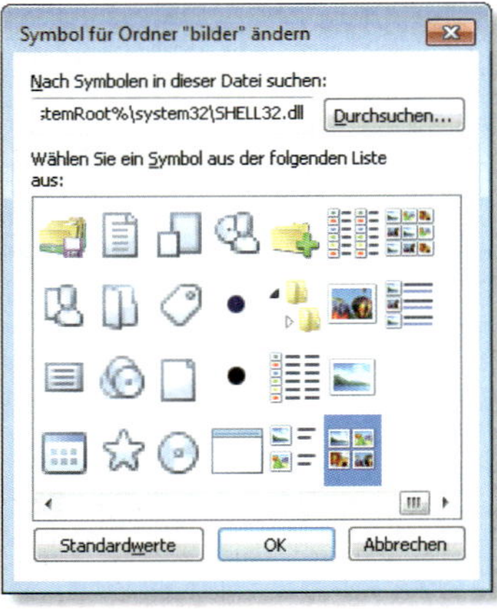

Abbildung 7.91 Windows 7 stellt Ihnen jede Menge verschiedener Symbole zur Verfügung.

Nun können Sie Ihre Ordner sehr viel schneller wiederfinden. Das ist eine ganz praktische Sache. Außerdem sieht es auch ganz schick aus. Wenn Sie ein wenig im Internet recherchieren und nach »Windows 7 Icons« suchen, finden Sie dort auch eine Menge an frei erhältlichen Symbolen, die Sie für Ihre Ordner nutzen können.

Abbildung 7.92 *Das neue Symbol taucht im Dateimanager auf.*

Die Windows-Symbole liegen unter *C:\Windows\System32*. Es handelt sich hierbei um eine *.dll*-Datei mit der Bezeichnung *imageres.dll*.

Das ausgewählte Symbol wird nur für den Ordner verwendet, den Sie markiert haben und bei dem Sie über das Kontextmenü den Dialog **Eigenschaften** ausgewählt haben.

Eine weitere Möglichkeit ist, dass Sie statt eines Ordnersymbols eine Bilddatei verwenden. Wie das geht, lesen Sie im nächsten Abschnitt.

Einige Windows-Tuner bieten ebenfalls die Möglichkeit, die Optik von Windows 7 zu verändern. Oft besitzen diese auch eine Sammlung von optisch schicken und coolen Symbolen. Der Vorteil ist hier: Sie können über die Dialoge des Tuners Windows anpassen und müssen keinen anderen Dialog öffnen. Auch das Kopieren der Symbole in ein bestimmtes Verzeichnis ist nicht notwendig.

Über das Internet finden Sie Sammlungen von verschiedenen Windows-Symbolen, die Sie einfach verwenden können. Achten Sie dabei darauf, dass es sich um Freeware handelt, und untersuchen Sie die Dateien mit einem aktuellen Virenscanner, bevor Sie sie verwenden.

Die Icons sind meist in einem Zip-Archiv zusammengeschnürt.

Entpacken Sie dieses. Ändern Sie nun die Eigenschaften des Ordners oder der Datei. Unter **Anpassen** klicken Sie auf **Neues Symbol**. Mit **Durchsuchen** wählen Sie nun den Ordner, in dem die entpackten Dateien liegen. Markieren Sie eine Bilddatei, und bestätigen Sie. Schon wird diese als Symbol verwendet.

Preview: Die beste Symbolgröße wählen

Im Register **Anpassen** können Sie auch eine Bilddatei auswählen, die dann zum Ordnersymbol hinzugefügt wird. Das Ergebnis ähnelt ein wenig einem geöffneten Aktenordner.

Gehen Sie so vor wie beim Verändern des Symbols eines Ordners. Im Register **Anpassen** finden Sie den Abschnitt **Ordnerbilder**. Klicken Sie hier auf **Datei auswählen**. Suchen Sie sich die gewünschte Bilddatei, und bestätigen Sie.

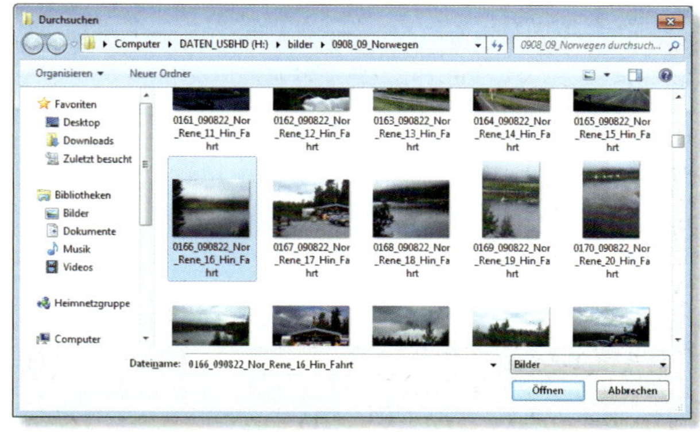

Abbildung 7.93 *Wählen Sie eine Bilddatei, die dem Symbol hinzugefügt wird. Mit* ***Wiederherstellen*** *rufen Sie die Standardeinstellungen zurück.*

Zurück zum Retrolook

Nicht immer gefallen einem der moderne Stil und die vielen optisch schicken und coolen Spielereien. In so einem Fall greifen Sie einfach zu einem Design, das dem Betrachter vorgaukelt, es handele sich um ein älteres

Abbildung 7.94 *Ein klassischer Retrolook verbirgt sich hinter einem Windows 7-Design. Mir persönlich gefällt die moderne Optik besser. Andererseits sieht es ziemlich cool aus, wenn der Desktop auf »Museum« getrimmt ist und dann darauf Office 2010 oder ein aktuelles Adobe-Programm läuft*

Windows. Natürlich können Sie dies auch verwenden, um einen Besucher zu necken. Er sieht dann aktuelle schnelle Programme und Spiele auf einem betagt aussehenden Rechner. Das wär doch mal was!

1. Öffnen Sie auf einem freien Bereich des Windows-Desktops das Kontextmenü, und wählen Sie **Anpassen**.
2. Wählen Sie mit der Maus das **Design Windows – klassisch** aus. Schließen Sie den Dialog.

   Für Nutzer, die noch an das alte Design gewöhnt sind, ist diese Darstellung vielleicht sogar hilfreich.

Teil III
Hardware und Software

Kapitel 8
Programme installieren und entfernen

Programme installieren leicht gemacht: In nur wenigen Schritten installieren Sie Ihre Lieblingsanwendungen auf der Festplatte Ihres Rechners. Ebenso einfach können Sie sie bei Bedarf auch wieder entfernen.

Windows 7 allein genügt nicht. Irgendwann installiert jeder Anwender ein Anwendungsprogramm, vielleicht auch ein Computerspiel. Der Vorgang wird immer durch einen Assistenten unterstützt. Auch die Vorgehensweise ist bei allen Programmen ähnlich.

Ich zeige Ihnen in diesem Kapitel, wie ein Anwendungsprogramm installiert wird. Sie erfahren, wie Sie bei einigen Anwendungen die Installation überprüfen und korrigieren können.

Sie erfahren, wie Sie bei einem Programm ein Update ausführen und es so auf einen aktuellen Stand bringen. In einem weiteren Kapitel lesen Sie, wie ein Programm wieder von der Festplatte gelöscht wird.

8.1 Ein Programm installieren

Für die Installation eines Programms wird ein Setup-Assistent verwendet. Je nach Programm gibt es kleine Unterschiede. So können Sie bei einigen Programmpaketen, wie Microsoft Office zum Beispiel, einzelne Komponenten und Programmmodule auswählen.

Als Beispiel möchte ich auf meinem Rechner einmal *Adobe Photoshop Elements* installieren.

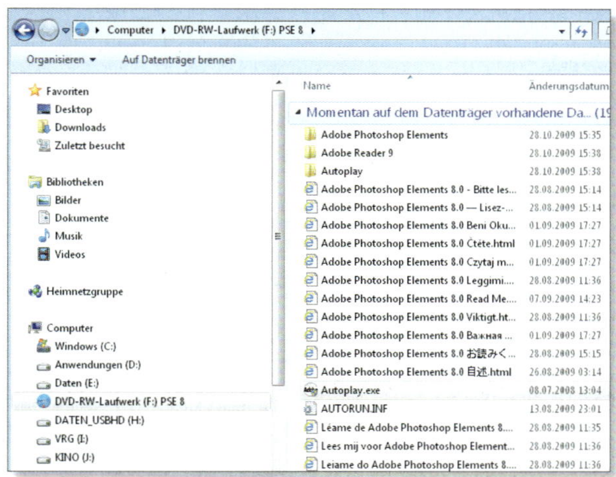

∧ ***Abbildung 8.1*** *Bei Photoshop Elements finde ich eine Datei, mit der ein Auswahldialog geöffnet wird.*

1 Legen Sie den Installationsdatenträger in das DVD-Laufwerk Ihres Rechners ein. Öffnen Sie den Windows-Explorer. Wechseln Sie auf das Laufwerk, in dem sich der Installationsdatenträger befindet. Doppelklicken Sie auf **Setup.exe**.

In meinem Beispiel finde ich im Hauptverzeichnis nur eine ausführbare Datei mit der Bezeichnung *Autoplay.exe*. Damit wird ein kleines HTML-Fenster geöffnet, mit dem ich die Installation des Programms *Adobe Photoshop Elements* starten kann. Von hier aus gelange ich jedoch auch zu Informationen zu diesem Programm, kann den Datenträger durchsuchen und den *Adobe Reader* installieren.

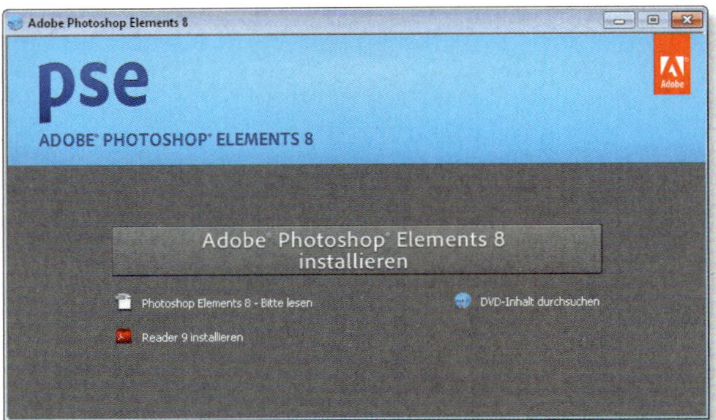

∧ ***Abbildung 8.2*** *Mit einem solchen HTML-Fenster werden Ihnen gleich verschiedene Möglichkeiten angeboten.*

Um den Installationsdialog direkt aufzurufen, wechsele ich mit dem Windows-Explorer in das Programmunterverzeichnis */Adobe Photoshop Elements*. Hier finde ich nun auch die Datei *Setup.exe*. Sie sehen also, es gibt bei den verschiedenen Anwendungsprogrammen und Herstellern jeweils kleine Unterschiede.

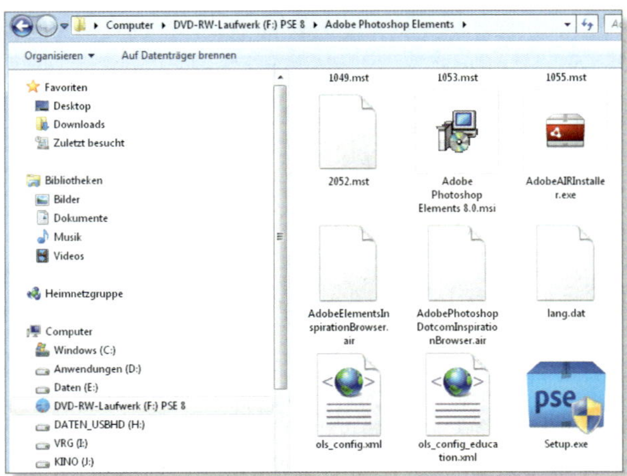

∧ ***Abbildung 8.3*** *Bei Adobe Photoshop Elements liegen in einem Unterverzeichnis eine Setup- und eine Installer-Datei.*

2 Bestätigen Sie die Meldung der Benutzerkontensteuerung. Sie blockiert zunächst die Installation. Das ist eine Schutzmaßnahme, die notwendig ist, damit Unbefugte nicht unbemerkt Anwendungsprogramme auf Ihrem Rechner installieren. So wird auch vermieden, dass über das Internet automatisch Programme und Tools installiert und Änderungen am System vorgenommen werden.

Die Vorgehensweise in den folgenden Dialogen unterscheidet sich bei den verschiedenen Programmen ein wenig. Ich zeige Ihnen einfach einmal, wie es bei der Installation des Adobe-Programms weiter ausschaut.

3 Wählen Sie die Sprache der Installation. In der Regel sollte **Deutsch** bereits vorausgewählt sein. Bestätigen Sie mit **OK**.

∧ ***Abbildung 8.4*** *Deutsch ist bereits ausgewählt. Ich muss nur bestätigen.*

Der *Windows Installer* sorgt dafür, dass Sie das Programm später wieder deinstallieren können. Das funktioniert nicht immer reibungslos. Manchmal bleiben Ordner, Einstellungsdateien und Registrierungseinträge zurück. Diese können Sie mit einem Tuner, wie den *TuneUp Utilities*, entfernen.

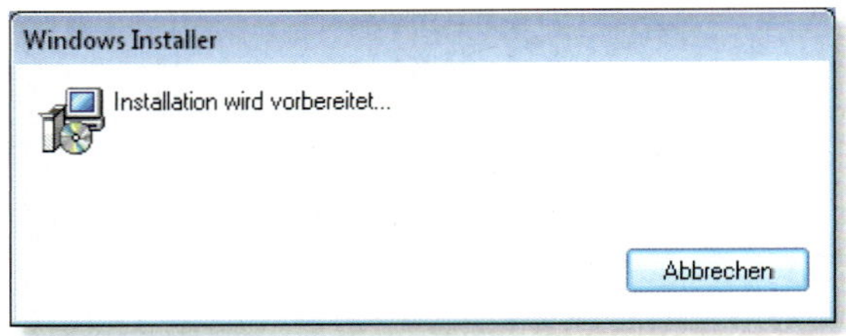

∧ ***Abbildung 8.5*** *Der Windows Installer wird nur gestartet. Ein Assistent führt Sie durch die weiteren Schritte der Installation.*

4 Im ersten Dialog des Installers werden Sie willkommen geheißen. Wechseln Sie mit **Weiter** in den nächsten Dialog.

5 Nun wird der Lizenztext angezeigt. Lesen Sie sich diesen durch. (Wer macht das wirklich? ☺). Bestätigen Sie mit **Akzeptieren**. Bei einigen Programmen müssen Sie auch ein Optionskästchen anschalten, um die Lizenz anzunehmen.

Beachten Sie bitte: Wenn Sie mit dem Lizenztext nicht einverstanden sind und **Ablehnen** wählen, können Sie das Programm nicht installieren.

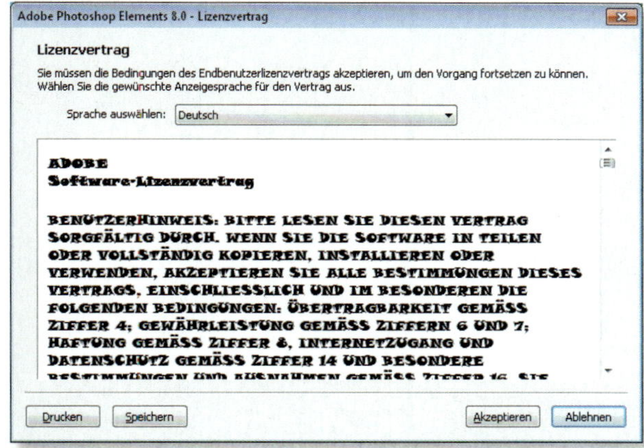

∧ ***Abbildung 8.6*** *Ein langer, trockener und bürokratischer Text steht vor jeder Programminstallation.*

6 Geben Sie die Seriennummer ein. In meinem Beispiel kann ich auch das Programm als Testversion installieren. Die Abfrage der Seriennummer kann im Installationsdialog auch später erfolgen oder auch beim ersten Start der Anwendung. Manchmal ist auch zusätzlich eine Aktivierung notwendig.

7 Mit der Vorgabeeinstellung wird das Programm unter *C:\Program Files\Programmname* installiert. Wenn Sie möchten, können Sie diese Einstellung übernehmen. Ich tue dies in diesem Beispiel nicht. Wählen Sie **Ändern**, um den Programmpfad für die Installation anzupassen.

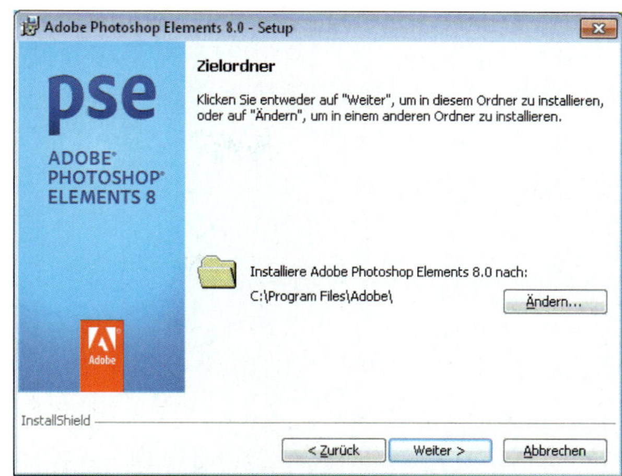

∧ ***Abbildung 8.7*** *Wenn Sie eine eigene Partition für Anwendungen erstellt haben, müssen Sie den Installationspfad anpassen.*

8 Mit dem Listenfeld im Kopf des Dialogs wählen Sie die Festplattenpartition oder die Festplatte aus, auf der das Programm installiert werden soll. In meinem Beispiel ist das die Partition mit der Bezeichnung **Anwendungen** ❶. Geben Sie einen Namen für den Ordner im unteren Eingabefeld ein. In diesem wird das Programm installiert. Ich entscheide mich für PhotoshopElements 8 ❷. Bestätigen Sie mit **OK** ❸.

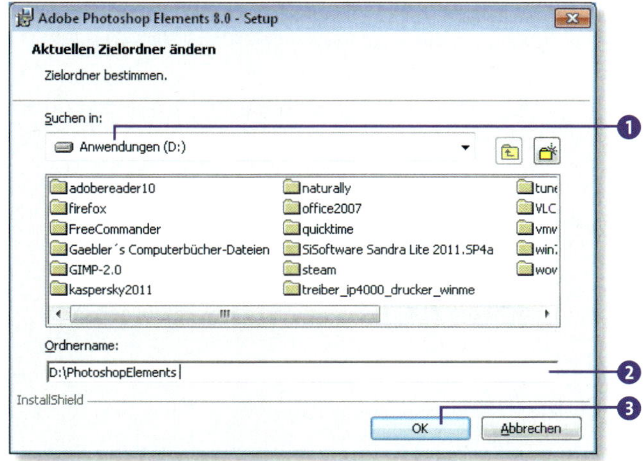

∧ ***Abbildung 8.8*** *Wählen Sie hier, wo das Programm installiert werden soll, und geben Sie einen Namen für den Installationsordner ein.*

9 Sie landen wieder in dem Dialog von eben. Ihre Angaben wurden in diesen übernommen. Sie müssen hier nur auf **Weiter** klicken.

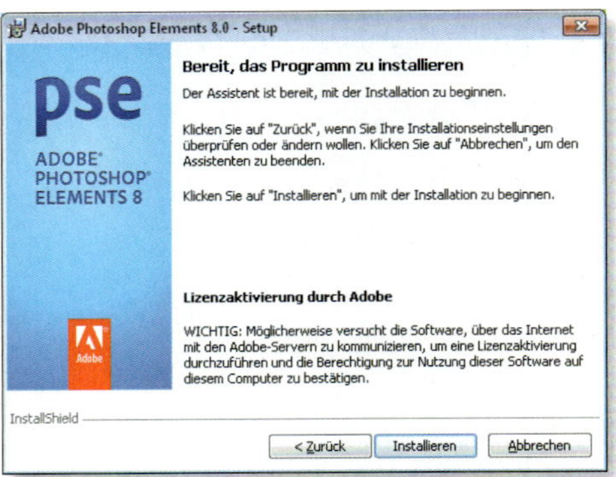

Abbildung 8.9 Die Installation wird nun gestartet.

10 Weitere Angaben sind bei meinem Programm nicht notwendig. Mit **Installieren** starte ich den Installationsprozess. Danach heißt es warten, bis das Programm auf der Festplatte gelandet ist.

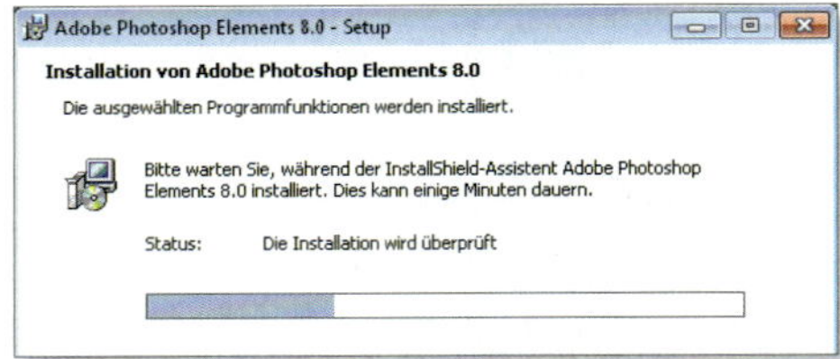

Abbildung 8.10 Die Installation können Sie in einem Dialogfenster mitverfolgen.

11 Am Ende der Installation erhalten Sie eine Meldung. Mit **Fertigstellen** verlassen Sie den Assistenten.

Abbildung 8.11 Die Installation ist beendet.

Nach dem Schließen des Dialogs kann das Programm verwendet werden.

Bei einigen Programmen werden Sie im Installationsassistenten gefragt, ob eine Verknüpfung erstellt und ein Symbol auf dem Desktop abgelegt werden soll. Mit beidem lässt sich das Programm schneller starten. Entscheiden Sie selbst, ob Sie diese Möglichkeit bestätigen und nutzen möchten.

Es kann auch vorkommen, dass Sie das Programm nach der Installation neu starten müssen. Leider ist dies auch bei Photoshop Elements von Adobe so. Diese etwas altmodische Unsitte müssen Sie wohl oder übel über sich ergehen lassen. Bei modernen Anwendungsprogrammen sollte dies eigentlich nicht mehr nötig sein. Ist es dennoch der Fall, kommt der Verdacht auf, dass das Programm bei der Installation einige Einträge in Windows-Systemdateien vorgenommen hat.

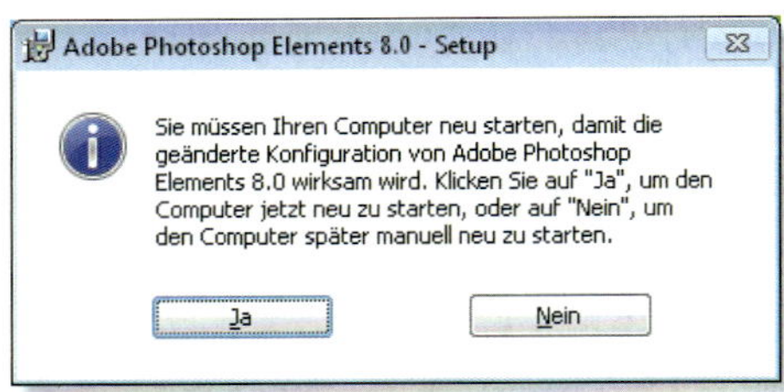

Abbildung 8.12 Mir bleibt nichts anderes übrig, als den Computer neu zu starten – auch wenn es nervig ist.

Starten Sie nach erfolgter Installation das Programm über das Windows-Startmenü. In der Regel sind hier eigene Einträge abgelegt. Haben Sie ein Symbol auf dem Desktop ablegen lassen, können Sie dieses verwenden. Ein Doppelklick genügt, und das Anwendungsprogramm wird gestartet.

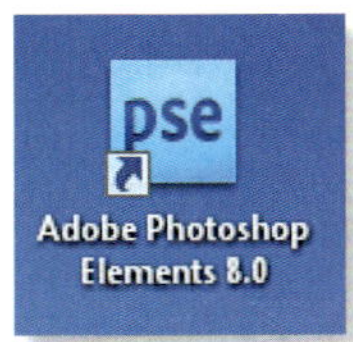

Abbildung 8.13 Das Programm hat ohne Rückfrage ein Symbol auf dem Desktop abgelegt. Im Autostart-Ordner von Windows findet sich auch ein Eintrag.

∧ **Abbildung 8.14** *Im Windows-Menü ist Adobe Photoshop Elements ganz oben zu finden. Einen eigenen Ordner hat das Programm nicht angelegt.*

INFO

Wie erkenne ich die Datei, mit der die Installation aufgerufen wird?
Die Datei, mit der Sie den Installations-Assistenten eines Anwendungsprogramms aufrufen, ist sehr leicht zu erkennen. Im Beispiel von Photoshop Elements heißt sie *Autoplay.exe*. Oft finden Sie auch eine *Setup.exe* vor. An der Dateierweiterung *.exe* erkennen Sie die ausführbare Datei. Installationspakete im Windows-Format enden auf *.msi*.

8.2 Die Installation eines Programms überprüfen

In der **Systemsteuerung** finden Sie unter **Programme > Programme und Funktionen** alle Anwendungsprogramme, die Sie auf Ihrem Rechner installiert haben. Auch Computerspiele, Werkzeuge und Zusatzpakete werden aufgelistet (siehe Abbildung 8.15).

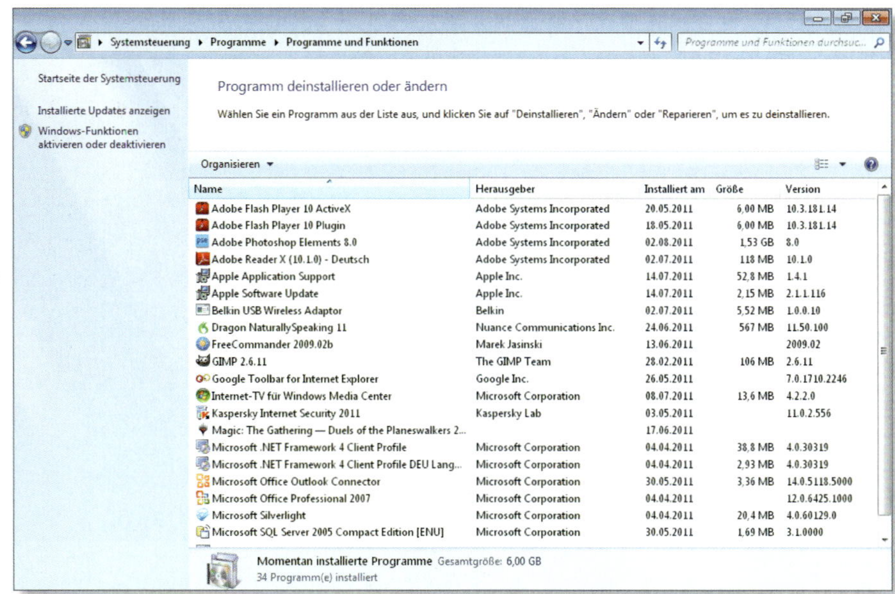

∧ **Abbildung 8.15** *Alle installierten Programme werden in der Systemsteuerung aufgelistet. Diese Liste ist alphabetisch sortiert. Sie finden hier auch Updates und Erweiterungen wieder. Schauen Sie sich ab und zu um, und kontrollieren Sie, welche Programme Sie tatsächlich brauchen.*

Markieren Sie ein Programm in der Systemsteuerung, können Sie es deinstallieren. In einigen Fällen ist auch das Ändern und Reparieren möglich. Beim Reparieren wird eine Installation überprüft. Fehlen Bibliotheken oder Registrierungseinträge, werden diese neu geschrieben. Beim Ändern lassen sich Inhalte hinzufügen. Das ist zum Beispiel bei einem Office-Programm so.

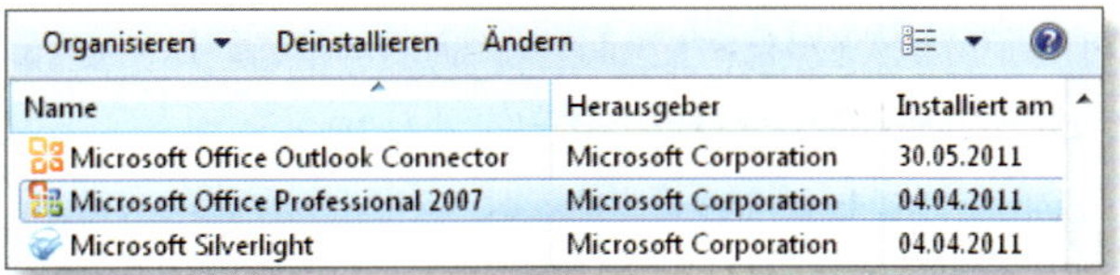

Abbildung 8.16 *Bei Microsoft Office lässt sich eine Installation auch bearbeiten.*

In einem Beispiel habe ich einmal die Installation von Microsoft Office 2007 markiert und in der Kopfleiste der Übersichtstabelle **Ändern** gewählt. Ein Assistent wird gestartet und fragt mich, ob ich die Installation des Office-Paketes reparieren will. Alternativ kann ich auch Features hinzufügen oder ergänzen. Ich wähle **Ändern** und erhalte einen Dialog weiter die Möglichkeit, einzelne Komponenten von Microsoft Office zu installieren oder zu löschen.

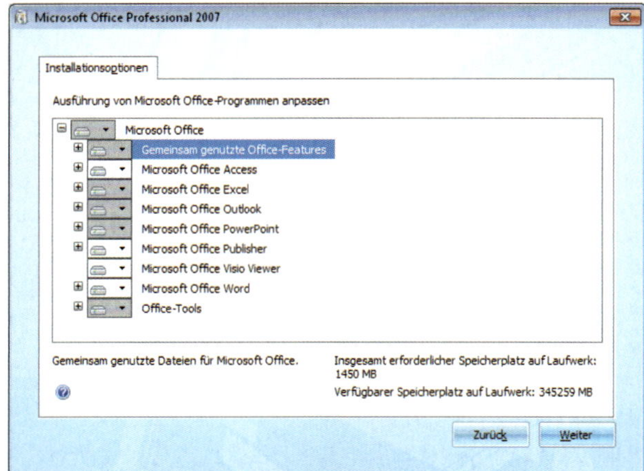

Abbildung 8.17 *Mit* **Ändern** *können Sie Programmkomponenten hinzufügen oder installierte Teile eines Pakets entfernen.*

8.3 Anwendungen auf den neusten Stand bringen

Einige Programme bringen Funktionen mit, die automatisch nach Aktualisierungen suchen. Werden sie fündig, werden diese auf den Rechner geladen und installiert.

Je nach Programm finden Sie eine Funktion zur Suche nach Aktualisierungen im Menü **Hilfe**. Wird ein neues Update gefunden, können Sie es mit einem Assistenten auf Ihren Rechner laden und installieren.

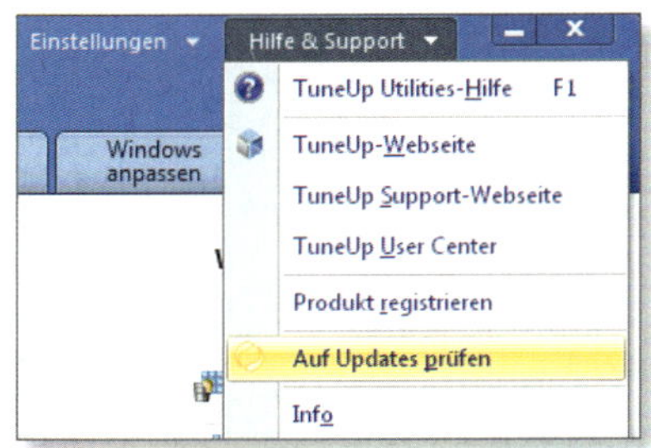

Abbildung 8.18 *Bei »TuneUp Utilities« gibt es im* **Hilfe**-*Menü eine Funktion, mit der neue Updates gesucht werden.*

Es gibt auch Unterschiede bei der Installation eines Updates. In den meisten Fällen wird ein Assistent gestartet. Das Update wird auf den Rechner geladen und installiert. In einem Assistenten werden Ihnen auch die behobenen Probleme und die Verbesserungen angezeigt.

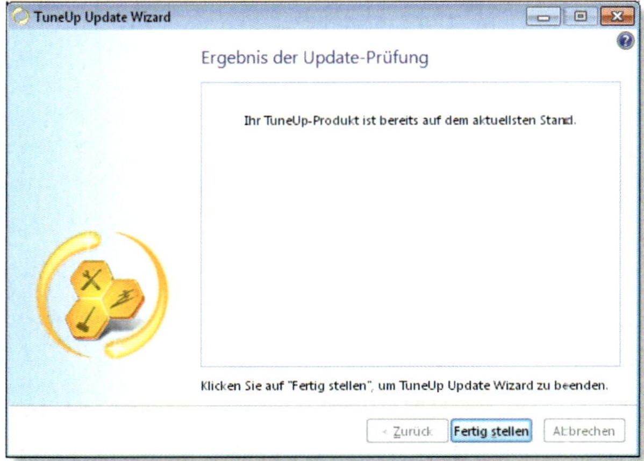

Abbildung 8.19 *Der Windows-Tuner bringt einen Assistenten mit. Mit diesem wird auf Aktualisierungen geprüft.*

8.4 Ein Programm löschen

Um ein Programm wieder von Ihrem Rechner zu entfernen, verwenden Sie die Systemsteuerung von Windows 7. An einem Beispiel möchte ich dies einmal zeigen:

1 Öffnen Sie die **Systemsteuerung**. In der Kategorie **Programme** finden Sie die Funktion **Programme deinstallieren**. Wählen Sie diese mit der Maus.

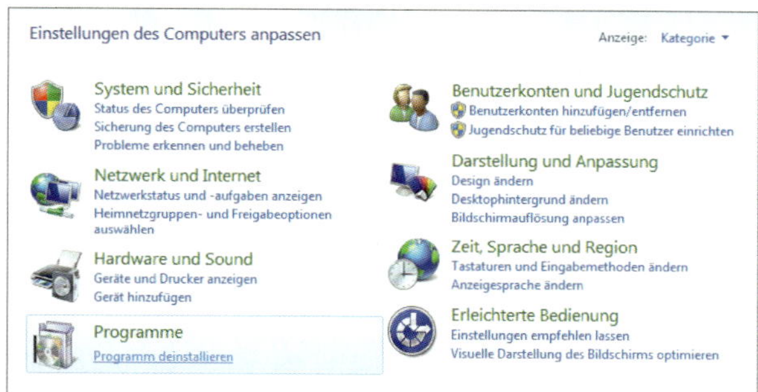

^ Abbildung 8.20 *Ein Programm wird mit der Systemsteuerung wieder von der Festplatte entfernt.*

2 Suchen Sie in der Liste das Anwendungsprogramm, das Sie wieder von Ihrem Rechner entfernen möchten. Markieren Sie es. Wählen Sie in der Kopfzeile der Tabelle **Deinstallieren** ❶.

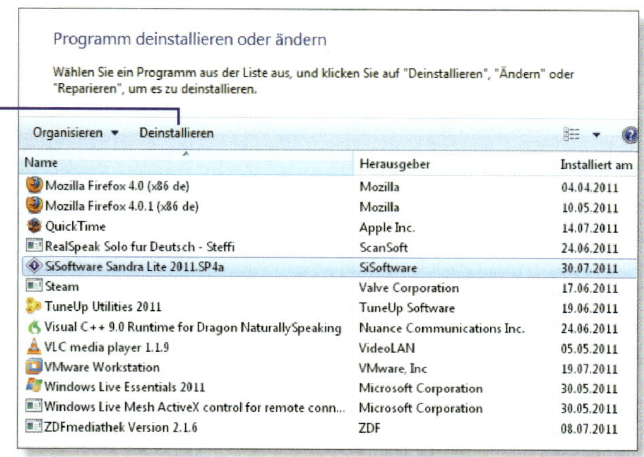

Name	Herausgeber	Installiert am
Mozilla Firefox 4.0 (x86 de)	Mozilla	04.04.2011
Mozilla Firefox 4.0.1 (x86 de)	Mozilla	10.05.2011
QuickTime	Apple Inc.	14.07.2011
RealSpeak Solo fur Deutsch - Steffi	ScanSoft	24.06.2011
SiSoftware Sandra Lite 2011.SP4a	SiSoftware	30.07.2011
Steam	Valve Corporation	17.06.2011
TuneUp Utilities 2011	TuneUp Software	19.06.2011
Visual C++ 9.0 Runtime for Dragon NaturallySpeaking	Nuance Communications Inc.	24.06.2011
VLC media player 1.1.9	VideoLAN	05.05.2011
VMware Workstation	VMware, Inc	19.07.2011
Windows Live Essentials 2011	Microsoft Corporation	30.05.2011
Windows Live Mesh ActiveX control for remote conn...	Microsoft Corporation	30.05.2011
ZDFmediathek Version 2.1.6	ZDF	08.07.2011

^ Abbildung 8.21 *Markieren Sie ein Programm, und wählen Sie die Funktion zum Entfernen. Und schon geht es los.*

3 Ein Assistent wird gestartet und führt Sie durch die einzelnen Schritte der Deinstallation. Bestätigen Sie einfach die Vorgaben.

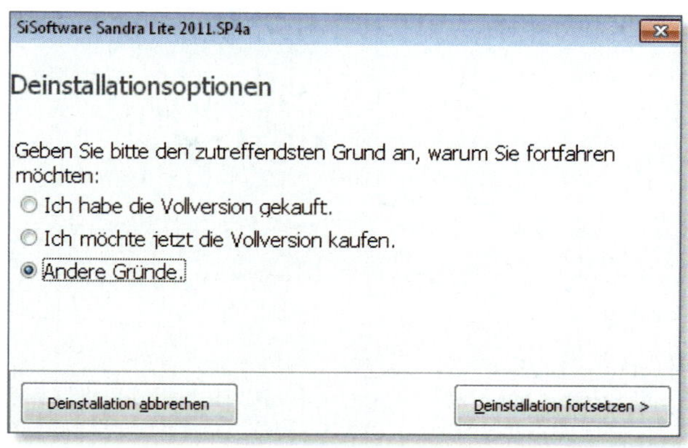

^ Abbildung 8.22 *Bei »SiSoftware Sandra« werde ich gefragt, warum ich das Programm entfernen möchte.*

Nach dem Entfernen mehrerer Programme überprüfen Sie mit einem Tuner die Registry. Manchmal bleiben Einträge zurück. Diese können Sie mit dem Tunerprogramm entfernen.

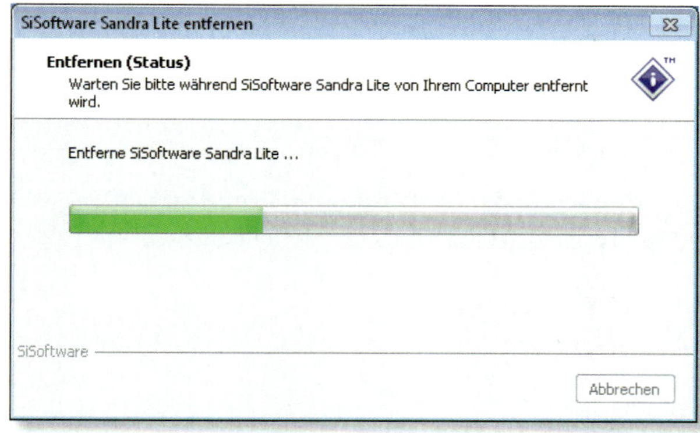

^ Abbildung 8.23 *Ein Fortschrittsbalken zeigt an, wie weit das Entfernen des Programms bereits ist.*

Auch im Windows 7-Tuner *TuneUp Utilities* gibt es eine Funktion, mit der Sie Anwendungsprogramme löschen können. Hier gibt es zusätzlich noch eine Bewertungsfunktion und eine Online-Suche. Beides ist nicht wirklich notwendig. Der Windows-Dialog in der Systemsteuerung reicht für das Entfernen von Programmen völlig aus.

Sollten Sie die TuneUp Utilities ohnehin schon einsetzen, können Sie bei der nächsten Deinstallation den Uninstall Manager ja einmal ausprobieren und sich dann entscheiden. Lesen Sie auch Abschnitt 26.2, »Windows 7 mit einem Tuning-Programm pflegen«, wenn Sie mehr über die TuneUp Utilities erfahren möchten.

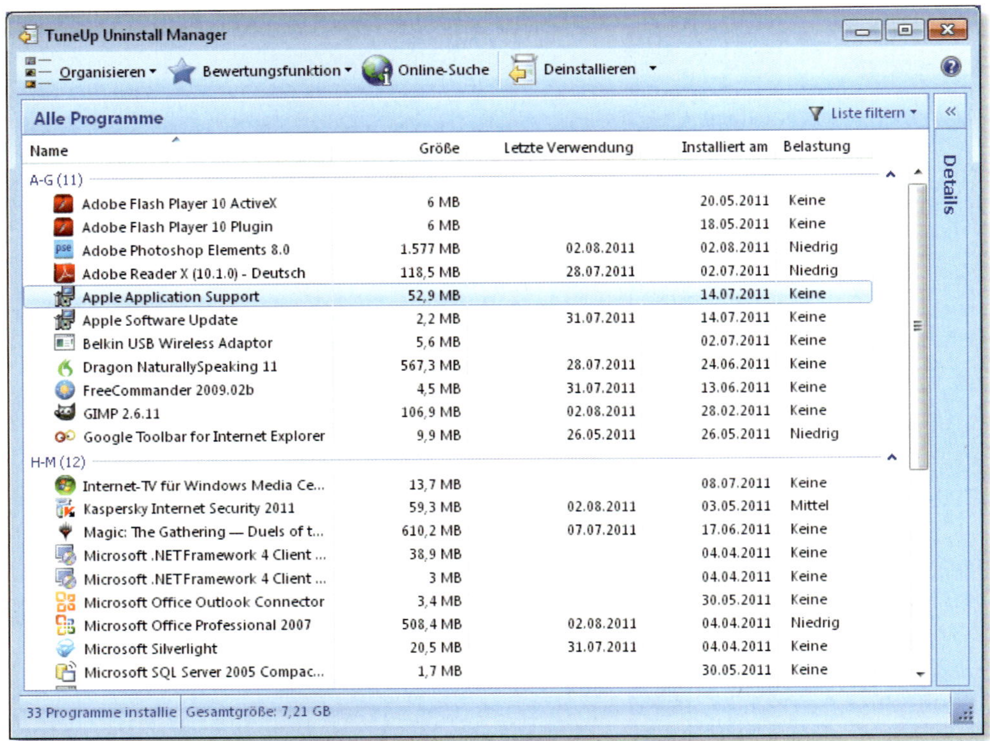

Abbildung 8.24 *Auch »TuneUp Utilities« hat einen Dialog zum Deinstallieren von Programmen*

Kapitel 9 Programme und Tools in Windows 7

Zu Windows 7 gehören von Haus aus eine ganze Menge nützlicher Programme. Welche das sind und wie Sie sie nutzen, steht in diesem Kapitel.

Windows 7 stellt als Betriebssystem die Plattform für viele Anwendungsprogramme und Spiele zur Verfügung. Darüber hinaus gehören zum Betriebssystem jede Menge Zusatzprogramme. Mit diesen können Sie kleine Verwaltungsaufgaben ausführen, und sie erleichtern die ein oder andere Konfiguration. Es gibt jedoch auch eine Reihe von Programmen, mit denen Sie kleine Aufgaben ausführen können. Dazu gehören zum Beispiel ein Editor, der Audiorecorder, die Kurznotizen, ein Zeichenprogramm und ein Rechner.

All diese Tools und die kleinen Programme, die Sie nach der Installation von Windows 7 bereits auf Ihrer Festplatte finden, möchte ich Ihnen nun vorstellen. Sie ermöglichen es Ihnen, auf so manches externe Zusatzprogramm zu verzichten.

Bitte haben Sie Verständnis dafür, wenn ich Ihnen nicht jede Funktion und Möglichkeit eines Programmes aufzeigen kann. Dazu reicht der Platz in diesem Buch leider nicht. Ich werde mich jedoch bemühen, Ihnen jedes Programm vorzustellen. Sie werden bestimmt nicht jedes zu Windows gehörende Programm nutzen. Es lohnt sich aber, einen generellen Überblick über die Möglichkeiten zu erhalten, die Sie bereits mit den zu Windows 7 gehörenden Programmen haben. Einige davon sind wirklich gut und praktisch.

9.1 Die Werkzeuge aus dem Ordner Zubehör

Windows 7 sortiert Anwendungsprogramme, Werkzeuge und Spiele in Kategorien. Sie finden diese im Windows-Startmenü. Wenn Sie auf **Start > Alle Programme** klicken, sehen Sie diese Kategorien. Vorhanden sind die folgenden Kategorien:

- **Autostart**
- **Spiele**
- **Verwaltung**
- **Wartung**
- **Zubehör**

Die Programme im Ordner *Autostart* bilden eine Ausnahme. Hier finden Sie Programme und Werkzeuge, die mit dem Start von Windows 7 automatisch ausgeführt werden. Gelegentlich wird hier auch von einem neu installierten Programm ein Eintrag erstellt. Diesen können Sie ohne Weiteres auch entfernen.

Weitere Menüeinträge werden von Anwendungsprogrammen erstellt. Je mehr Anwendungen Sie bereits installiert haben, desto mehr Kategorien finden Sie auch im Menü **Alle Programme**.

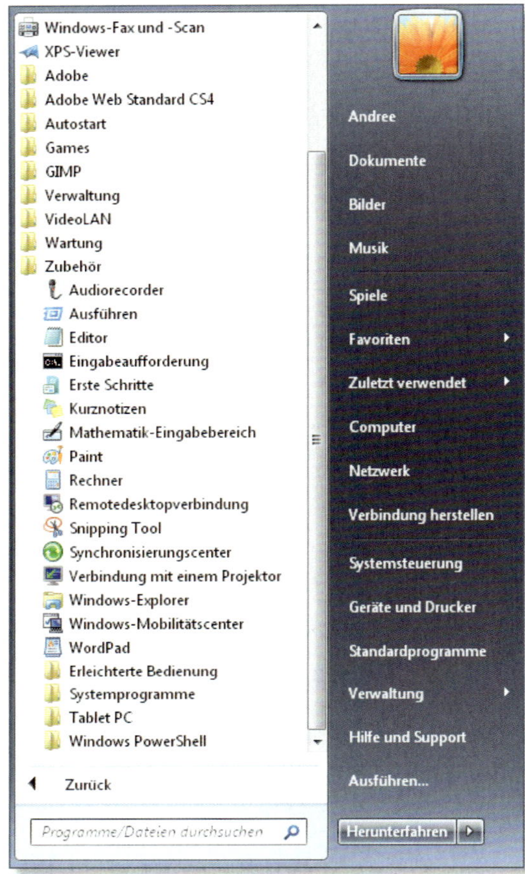

^ ***Abbildung 9.1*** *Das Windows-Startmenü mit dem geöffneten Menü* ***Zubehör****. Hier finden Sie jede Menge kleine Programme.*

So legen zum Beispiel die Adobe-Anwendungen bei der Installation ein eigenes Startmenü an. Natürlich kann dies bearbeitet und verändert werden. Auch können Sie eigene Menüeinträge erstellen und hier bestimmte Programme einsortieren. Das Windows-Startmenü können Sie so wunderbar anpassen. Ganz so, wie Sie am liebsten arbeiten.

Schauen wir uns in den folgenden Abschnitten die Programme unter **Zubehör** einmal näher an. Mit ihnen lassen sich Tonaufnahmen erstellen, Befehle ausführen, Texte editieren, Rechenaufgaben lösen, Bilder zeichnen und vieles mehr.

Der Audiorecorder

Mit dem Audiorecorder können Sie kleine Tonaufnahmen erstellen. Dazu müssen Sie über ein Notebook mit integriertem Mikrofon verfügen oder ein Mikrofon oder USB-Headset mit dem Rechner verbinden.

Das Mikrofon einrichten

Nun kann es natürlich sein, dass das Mikrofon nicht gleich seinen Dienst wie gewünscht verrichtet. In diesem Fall müssen Sie es zunächst einmal einrichten:

1. Öffnen Sie die Systemsteuerung. Wählen Sie **Hardware & Sound** und danach **Sound**.
2. Es öffnet sich der Dialog **Sound**. Wechseln Sie hier in das Register **Aufnahme**.

   Bereits hier ist anhand der Pegelanzeige erkennbar, ob das Mikrofon funktioniert. Die Empfindlichkeit muss so eingestellt sein, dass eine Aufnahme möglich ist. Eine kleine Pegelanzeige zeigt im Dialog an, ob dies funktioniert.

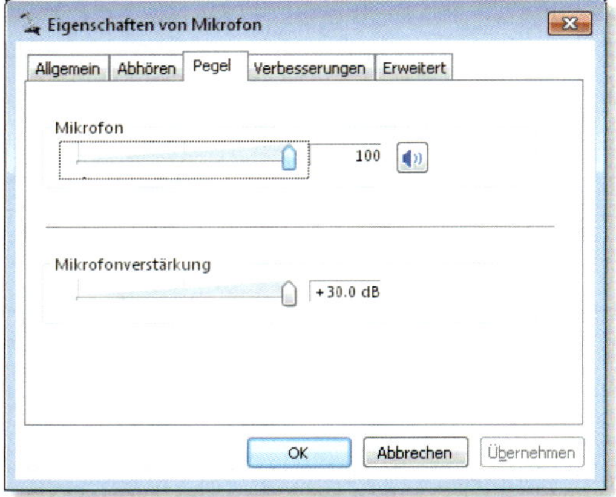

^ ***Abbildung 9.2*** *Stellen Sie zunächst Ihr Mikrofon ein. Eventuell müssen Sie Änderungen an der Empfindlichkeit und Verstärkung des Eingangssignals vornehmen.*

3. Markieren Sie das Mikrofon, und wählen Sie **Eigenschaften**.
4. Im Register **Pegel** stellen Sie die Regler **Mikrofon** und **Mikrofonverstärkung** ganz nach rechts.

5 Wechseln Sie zu **Verbesserungen**. Schalten Sie die **Rauschunterdrückung** und die **Nachhallunterdrückung** an.

6 Bestätigen Sie. Schließen Sie alle geöffneten Dialoge. Überprüfen Sie mit dem Audiorecorder, ob eine Aufnahme gelingt.

TIPP

Tastenkombination für die Aufnahme
Die Aufnahme können Sie auch mit der Tastenkombination Alt + S starten. Mit der gleichen Tastenkombination kann eine laufende Aufnahme auch beendet werden.

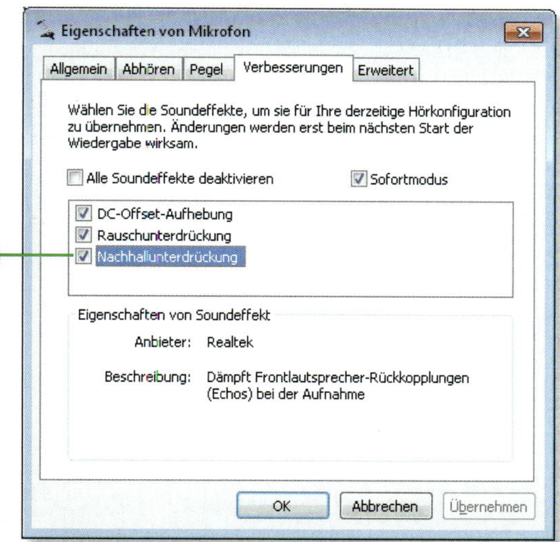

Abbildung 9.3 *Die meisten Mikrofone bieten eine Rauschunterdrückung* **1**.

Der Ausschlag des grünen Balkens in dem Werkzeug Audiorecorder zeigt, dass die Empfindlichkeit des Mikrofons gut eingestellt ist und jedes Geräusch wahrgenommen wird.

Abbildung 9.4 *Die Einstellungen passen.*

Mit dem Mikrofon aufnehmen

Ist das Mikrofon eingerichtet und funktionsbereit, können Sie eine Aufnahme erstellen:

1 Öffnen Sie das Programm **Audiorecorder**.

2 Klicken Sie auf **Aufnahme beginnen**, und sprechen Sie nun in das Mikrofon.

3 Beenden Sie die Aufnahme mit einem weiteren Mausklick. Diesmal heißt die Schaltfläche **Aufnahme beenden**.

4 Das Programm klappt automatisch den **Speichern**-Dialog auf. Wählen Sie einen Ordner, in dem Sie Ihre Aufnahme ablegen möchten. Im Dialog können Sie auch einen neuen Ordner erstellen. Geben Sie einen Dateinamen ein, und bestätigen Sie.

Abbildung 9.5 *Eine Tonaufnahme wird erstellt.*

TIPP

Bessere Aufnahmequalität
Mit einem internen Mikrofon, zum Beispiel dem in meinem Notebook, erreicht man in der Regel keine gute Aufnahmequalität. Falls Sie den Audiorecorder gelegentlich nutzen, sollten Sie sich ein externes Mikrofon oder ein Headset anschaffen.

Der Audiorecorder verfügt über kein Menü. Das ist aber auch gar nicht notwendig. Mit dem kleinen Werkzeug soll unkompliziert eine Tonaufnahme erstellt werden. Und genau diesen Zweck erfüllt das Programm.

HINWEIS

Eine Aufnahme fortsetzen
Speichern Sie eine Aufnahme nicht, wird sie lediglich angehalten und kann zu einem späteren Zeitpunkt fortgesetzt werden.

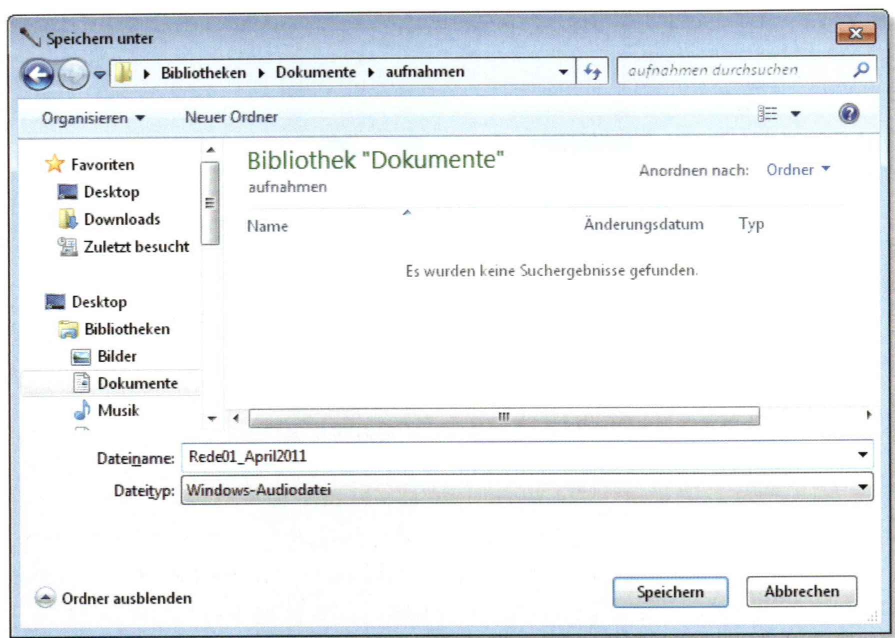

Abbildung 9.6 Die erstellte Aufnahme wird sofort gespeichert.

Die MS DOS-Eingabeaufforderung ausführen

Mit der MS DOS-Eingabeaufforderung können Sie Befehle ausführen, Programme aufrufen, ASCII-Textdateien lesen und mit Skripten arbeiten. Ich erinnere mich: Vor langer Zeit habe ich sogar einen Fernschulkurs zum Thema »MS DOS-Batchprogrammierung« abgeschlossen. Heutzutage spielt das nur bei Computerprofis eine Rolle. Mein Freund ruft mit seinem LabView-Programm über die MS DOS-Eingabeaufforderung eine Skriptdatei auf. Über diese lässt er dann das Bildbetrachtungsprogramm IrfanView ausführen und eine Bilddatei anzeigen.

Die Eingabeaufforderung können Sie auch mit dem Befehl `cmd` aufrufen. Geben Sie dieses Kommando in der Eingabezeile **Ausführen** oder im Suchfeld (**Programme/Dateien durchsuchen**) ein.

Ausführen

Das kleine Werkzeug **Ausführen** verbindet die MS DOS-Eingabeaufforderung mit einer grafischen Dialogbox. Sie können einen Befehl samt Optionen und Parameter eingeben und ausführen lassen. Geben Sie den Namen eines Programms ein, um dieses aufzurufen. Das Werkzeug verfügt über eine History. So können Sie über ein Listenfeld die zuletzt aufgerufenen Befehle und die zuletzt aufgerufenen Programme abrufen. Sie wählen eines aus und bestätigen einfach mit der Maus.

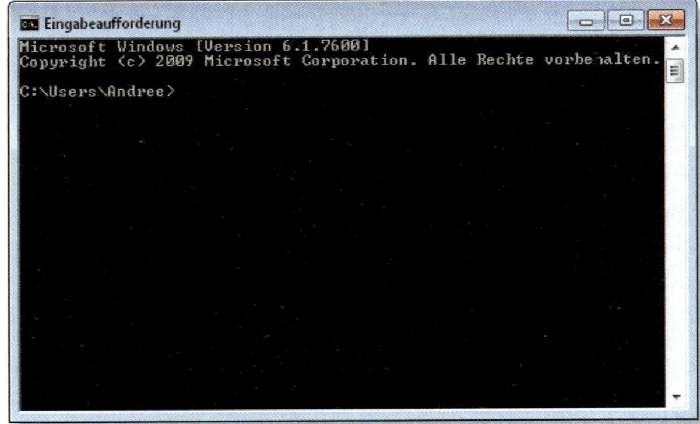

Abbildung 9.7 Die Eingabeaufforderung von Windows 7 ermöglicht es, DOS-Befehle einzugeben.

Ausführen kann auch ein Dokument samt dem verknüpften Programm öffnen. Auch das Aufrufen einer

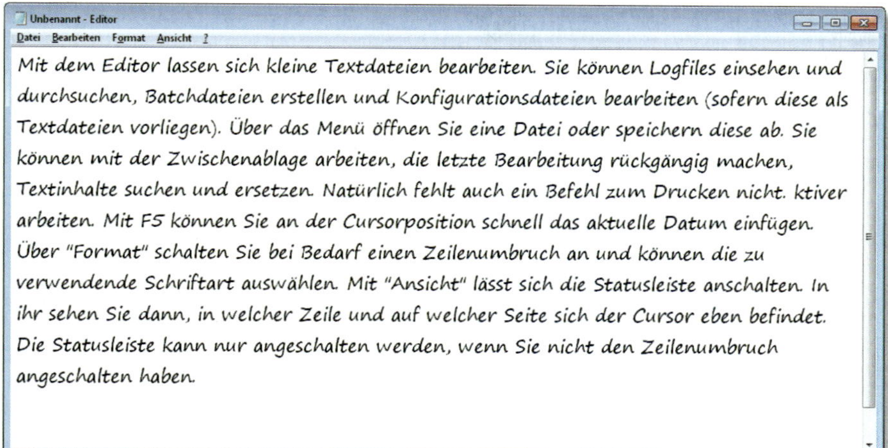

< ***Abbildung 9.9*** *Der Editor ist ein einfaches Textbearbeitungsprogramm.*

zuvor besuchten Internetadresse ist möglich. Das Tool versucht, die Eingaben des Anwenders sinnvoll zu ergänzen. So müssen Sie nicht den kompletten Namen eines Programms, Dokuments oder die vollständige Internetadresse angeben.

Mit **Durchsuchen** öffnen Sie den Windows-Explorer und können eine Datei auswählen.

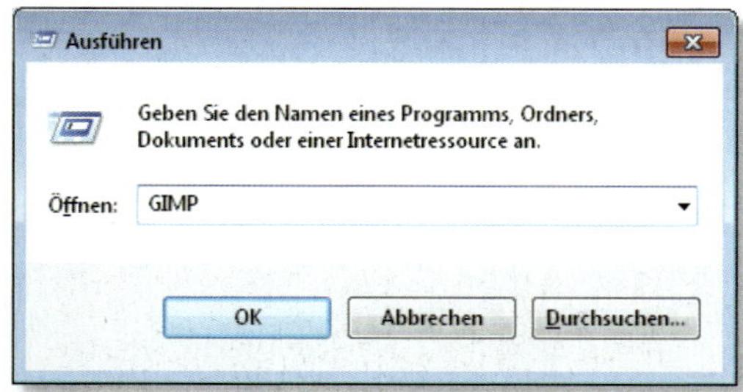

^ ***Abbildung 9.8 Ausführen*** *ermöglicht das Aufrufen von Programmen, Dokumenten und Webadressen. Auch Befehle lassen sich ausführen.*

Der Editor

Mit dem Editor können Sie kleine Textdateien bearbeiten. Sie können Logfiles einsehen und durchsuchen, Batchdateien erstellen und Konfigurationsdateien bearbeiten, sofern diese als Textdateien vorliegen. Über das Menü öffnen Sie eine Datei oder speichern diese ab. Sie können mit der Zwischenablage arbeiten, die letzte Bearbeitung rückgängig machen, Textinhalte suchen und ersetzen. Natürlich fehlt auch ein Befehl zum Drucken nicht. Mit [F5] können Sie an der Cursorposition schnell das aktuelle Datum einfügen. Über **Format** schalten Sie bei Bedarf einen Zeilenumbruch an und können die zu verwendende Schriftart auswählen. Mit **Ansicht** lässt sich die Statusleiste anschalten. In ihr sehen Sie dann, in welcher Zeile und auf welcher Seite sich der Cursor eben befindet. Die Statusleiste kann nur angeschaltet werden, wenn Sie nicht den Zeilenumbruch angeschaltet haben.

Für viele Funktionen ist eine Tastenkombination festgelegt. Wenn Sie das Programm oft nutzen, können Sie so effektiver arbeiten. Tastenkombinationen finden Sie in vielen anderen Windows-Programmen und -Werkzeugen.

Der Editor speichert Dateien nur als ANSII-Texte. Interessant ist jedoch, dass auch hier viele verschiedene Schriftarten zur Verfügung stehen. Möchten Sie jedoch Briefe und andere Textdokumente erstellen, sollten Sie zu einem anderen Programm greifen.

Über **Datei > Seite einrichten** können Sie zwischen Hoch- und Querformat wechseln. Es lassen sich verschiedene Größennormen wählen oder auch eigene Angaben machen. Wer mag, kann auch eine Kopf- und eine Fußzeile mit einem sinnvollen Inhalt füllen.

Abbildung 9.10 Erste Schritte *helfen Windows-Neulingen beim ersten Kontakt mit dem neuen Betriebssystem*

Für Windows-Einsteiger: Erste Schritte

Die »Ersten Schritte« sehen Sie nach der Neuinstallation von Windows 7. Dieses kleine Programm soll dem unerfahrenen Anwender bei seinen ersten Schritten mit dem neuen Betriebssystem helfen. Später benötigen Sie diese Infos nicht mehr.

Über einen Link in das Internet können Sie Informationen zu den Neuerungen in Windows 7 abrufen. Daneben lassen sich Informationen abrufen, die Sie für das Einrichten Ihres Windows 7-Rechners benötigen.

Im unteren Bereich des Fensters lassen sich verschiedene Dialoge aufrufen. Mit diesen können Sie den Rechner einrichten, ihre alten Daten von einem anderen PC übertragen und die Benutzerkontensteuerung einrichten. Für eine wirkliche Begrüßung hätte ich mir hier gewünscht, dass die Infos nicht gleich aus dem Web übertragen werden müssten und dass einige Begriffe besser umschrieben wären. Ein absoluter Windows-Neuling wird mit den Begriffen »Heimnetzgruppe« und »Benutzerkontensteuerung« nicht viel anfangen können. Es gibt jedoch bei der Auswahl einer der Funktionen eine kleine Beschreibung im oberen Bereich des Fensters und eine Aufzählung von Funktionen und Möglichkeiten.

Begriffserklärungen und ausführliche Einweisungen erhalten Sie allerdings leider nicht. Vielmehr werden wichtige Einstellungsdialoge aufgelistet und ein paar zusammenfassende Sätze dazu gesagt. Es lohnt sich aber durchaus, einen Blick in die »Ersten Schritte« zu werfen.

Die Kurznotizen

Etwas Ähnliches kennen Sie vielleicht von Outlook. Erstellen Sie kleine Notizen, und heften Sie diese an den Bildschirm. Das erinnert ein wenig an die Klebezettel, die man an den Kühlschrank oder eine Korkwand klebt.

Bei den Kurznotizen gibt es kein Menü und keine Symbolleiste. Sie erstellen einfach eine Notiz, und diese bleibt auf dem Desktop. Fahren Sie mit der Maus an den oberen Rand, erscheinen zwei Symbole (ja es gibt doch Symbolschaltflächen, wenn auch nur zwei). Mit dem Plus-Zeichen in der linken oberen Ecke erstellen

Sie eine neue Notiz. Mit dem Kreuz in der rechten oberen Ecke wird eine Notiz vom Desktop entfernt. Nach einer Rückfrage, die Sie bestätigen müssen, wird sie gelöscht. Mit einer Option können Sie auch dafür sorgen, dass eine solche Sicherheitsfrage nicht mehr erfolgt und eine Notiz sofort gelöscht wird. Über das Kontextmenü greifen Sie auf die Zwischenablage zurück und können eine von sechs Farbvarianten wählen. So können unterschiedliche Notizen voneinander unterschieden werden. Sie können zum Beispiel auf diese Weise berufliche von privaten Dingen oder auch wichtige von weniger wichtigen trennen.

Abbildung 9.11 *Kleine Klebezettel auf dem Bildschirm helfen Ihnen, sich an das ein oder andere zu erinnern.*

Abbildung 9.12 *Im Kontextmenü können Sie eine andere Farbe für Ihre Desktop-Notizzettel wählen.*

Der Mathematik-Eingabebereich

Dieses Werkzeug ist dafür gedacht, mathematische Formeln zu erfassen und richtig darzustellen. Es gibt leider keine Auswahlmöglichkeit für die Formelelemente und Symbole. Sie geben diese mit der Maus im Eingabebereich ein. Auch ein Verwenden der Windows-Zwischenablage ist möglich. Das Werkzeug versucht die Eingabe zu erkennen und stellt sie als Formelelement dar. Das gelingt nicht immer.

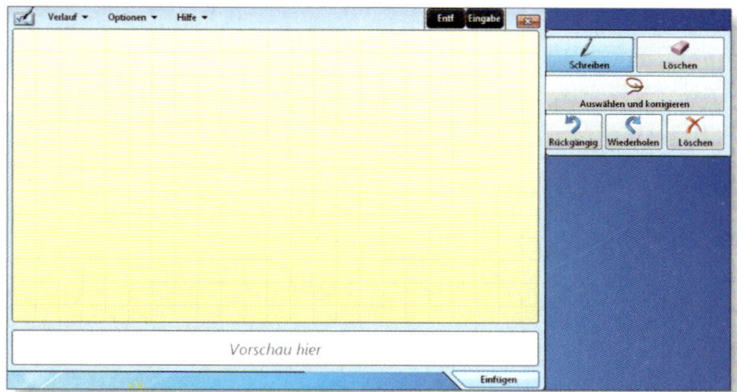

Abbildung 9.13 *Die Mathematik-Eingabe.*

Das Zeichenprogramm Paint

Gerade kreative Anwender wird es freuen, dass Sie mit Paint kleine Kunstwerke erstellen oder auch vorhandene Bilddateien sehr leicht verändern können. Über die Multifunktionsleiste können Sie verschiedene Pinselformen wählen und eine passende Farbe und Formen auswählen.

Bildinhalte lassen sich mit einer rechteckigen oder einer sehr flexiblen Freihandauswahl markieren und bearbeiten. Über das Feld **Tools** stehen Ihnen sechs Werkzeuge zur Verfügung: ein Stift, ein Radierer, ein Farbeimer, ein Farbauswahlwerkzeug, ein Textwerkzeug und eine Lupe zum Vergrößern. Mit der Lupe ändern Sie nicht die Zoomstufe des ganzen Bildes, sondern nur die eines Bildteils. So lassen sich bestimmte Bereiche auswählen und exakter bearbeiten. Nach der Auswahl eines Zeichenwerkzeugs suchen Sie sich eine passende Strichstärke und eine Farbe aus.

Bilder lassen sich nach links oder rechts drehen. Auch das Spiegeln ist möglich. Über das Register **Ansicht** können Sie das komplette Bild vergrößern und verkleinern. Bei Bedarf lassen sich ein Lineal und ein Gitter einblenden. Über **Eigenschaften** im Aufklappmenü links vom **Start**-Register wählen Sie, welche Einheit das Programm verwenden soll. Hier legen Sie auch die Bildmaße fest und wechseln zwischen Farb- und Schwarzweißmodus.

Das fertige Kunstwerk kann nicht nur gespeichert, sondern auch auf den Drucker ausgegeben oder per E-Mail versandt werden. Auch das Verwenden als Hintergrund für den Desktop ist möglich.

Paint kann Bilddateien in den Formaten JPG, PNG, BMP und GIF speichern. Über **Andere Formate** ist auch die Auswahl von Tiff möglich. Geöffnet werden können auch Dateien im Windows-Format *ICO* (Bildschirmsymbole, Icons).

Der Rechner

Mit dem Taschenrechner von Windows 7 führen Sie schnell Berechnungen der verschiedensten Art durch. Der Rechner beherrscht die Grundrechenarten sowie die Prozentrechnung und kann Wurzeln ziehen.

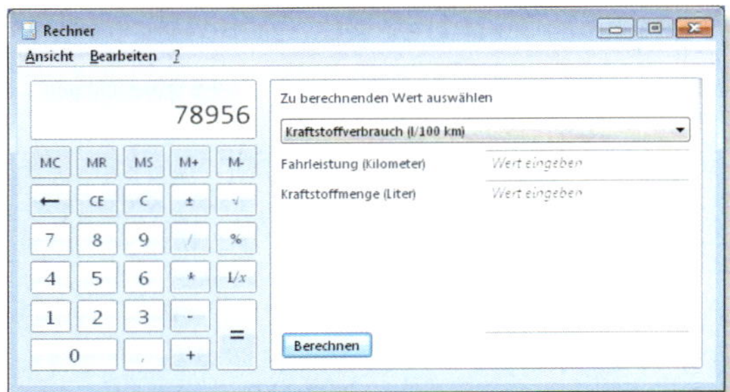

Abbildung 9.15 Mit dem Rechner von Windows 7 sind umfangreiche Berechnungen möglich.

Zahlenwerte und Ergebnisse können Sie auch in die Zwischenablage kopieren oder von dieser aus in den Rech-

Abbildung 9.14 Mit dem Zeichenprogramm Paint können Sie auch Fotos laden und verändern.

ner eingefügen. Das Werkzeug hält auch einen Verlauf fest. Mit F2 kann dieser bearbeitet werden. Die Bearbeitung wird mit Esc abgebrochen. Strg + ⇧ + D löscht den Verlauf.

Der Rechner kann jedoch noch einiges mehr. Mit Alt + F1 bis F4 wählen Sie eine andere Ansicht. Auf diese Weise können Sie auch mit einem wissenschaftlichen Rechner, einem Rechner für Programmierer und mit Statistikfunktionen arbeiten.

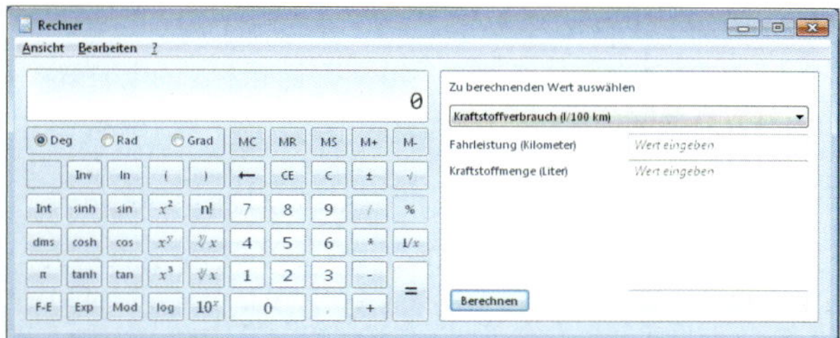

∧ ***Abbildung 9.16*** *Für Schüler in den oberen Klassen und Studenten ist der wissenschaftliche Taschenrechner interessant.*

Unter **Ansicht** können Sie ebenfalls in den Basismodus wechseln. Damit werden die Umrechnungen und Arbeitsblätter ausgeblendet, Sie sehen nur den Rechner.

Einheiten umrechnen

Sehr praktisch finde ich den Einheitenumrechner. Hier wählen Sie einen Einheitentyp. Sie entscheiden sich danach, welcher Wert in welchen anderen Wert umgerechnet werden soll. So können Sie zum Beispiel unter **Geschwindigkeit** Knoten in Kilometer pro Stunde umrechnen. Ein kleines Beispiel:

1 Öffnen Sie den **Rechner**. Schalten Sie über das Menü **Ansicht** die **Einheitenumrechnung** an.

2 Im Listenfeld **Einheitentyp für die Umrechnung auswählen** wählen Sie **Gewicht/Masse**. Unter **Von** wählen Sie **Amerikanische Tonne** und bei **Nach** entscheiden Sie sich für **Kilogramm**.

3 Geben Sie in dem Eingabefeld unter **Von** den Wert »124« ein.

Die Eingabe muss nicht bestätigt werden. Der Taschenrechner rechnet den eingegebenen Wert sofort um.

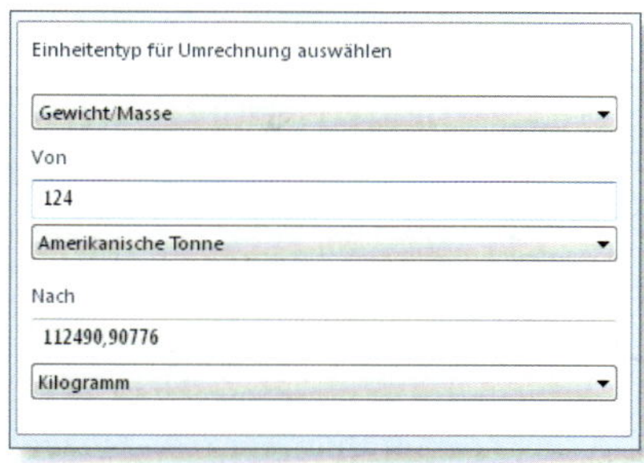

∧ ***Abbildung 9.17*** *Schnelles Umrechnen verschiedenster Einheiten ist mit dem Windows 7-Werkzeug kein Problem.*

Ein weiteres Feature des Rechners ist die **Datumsberechnung**. Hier können Sie die Differenz zwischen zwei Datumsangaben ermitteln. Es lassen sich auch Tage zu einem Datum addieren oder von diesem abziehen. Das Datum wird hierbei jeweils über ein Kalenderblatt gewählt.

Neben dieser Möglichkeit finden Sie im Rechner auch sogenannte **Arbeitsblätter**. Auch diese wählen Sie über das Menü **Ansicht**. Bei den Arbeitsblättern handelt es sich um Rechnungsvorlagen. Sie können hier eine Hypothek berechnen, die Kosten für ein Fahrzeugleasing errechnen und den Kraftstoffverbrauch eines Kraftfahrzeugs errechnen. Auch die Wirtschaftlichkeit eines Fahrzeugs lässt sich hier ermitteln. Bei allen Arbeitsblättern gibt es Eingabefelder. Sie tragen die für die Berechnung notwendigen Werte ein, und das Werkzeug erstellt daraus die geforderte Berechnung.

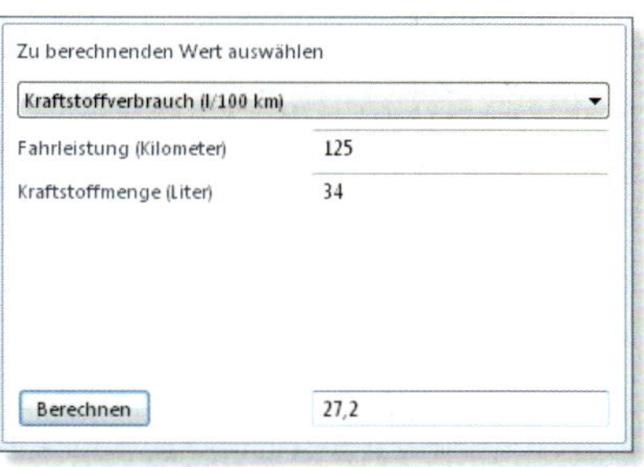

∧ ***Abbildung 9.18*** *Mit den Arbeitsblättern des Rechners können Sie schnell den Kraftstoff berechnen, den Ihr Auto verbraucht.*

Remotedesktopverbindung

Mit der Remotedesktopverbindung können Sie einen Rechner über eine Netzwerkverbindung fernsteuern. Geben Sie die Adresse des Computers an, und melden Sie sich an. Dazu müssen Sie sich als Benutzer mit dem zugehörigen Passwort anmelden. Der Benutzer muss natürlich auf dem fernzusteuernden Rechner vorhanden sein und über die für eine Remotedesktopverbindung notwendigen Rechte verfügen.

Abbildung 9.19 *Die Remotedesktopverbindung ermöglicht es, auf einem entfernten Rechner zu arbeiten.*

Voraussetzung für dieses Werkzeug ist, dass der entfernte Rechner sich auch fernsteuern lässt. Er muss für eine Remotesitzung freigegeben sein. Auch dort muss ein Windows-Betriebssystem laufen.

Über **Optionen** können Sie eine Reihe Register einblenden und verschiedene Optionen angeben. Neben dem Namen des Computers, zu dem eine Remoteverbindung aufgebaut werden soll, können Sie den Benutzernamen eintragen und die Anmeldedaten abspeichern. So müssen Sie diese beim nächsten Verwenden nur abrufen und nicht wieder erneut eingeben.

In weiteren Registern wählen Sie, wie das Bild des entfernten Rechners dargestellt werden soll. Die Farbtiefe der Remoteverbindung und die Anzeigegröße (Vollbild oder Größe der Fensterdarstellung) kann gewählt werden. Es lassen sich Audioeinstellungen festlegen und Angaben zu verfügbaren Tastenkombinationen machen. Sie können ein Anwendungsprogramm bestimmen, das bei der Remotesitzung gestartet werden soll. Im Register **Erweitert** legen Sie die Übertragungsrate der Verbindung fest. Bestimmte Windows-Elemente, wie zum Beispiel der Desktophintergrund, visuelle Stile und die Fensteranimationen können deaktiviert werden. So sparen Sie wertvolle Ressourcen.

Nähere Informationen zum Thema Fernsteuerung eines Windows-PCs lesen Sie in Kapitel 22, »Fernsteuerung und Fernwartung: Remotezugriff mit Windows 7«.

Screenshots ohne Extra-Programm: Das Snipping Tool

Screenshots lassen sich mit vielen Bildbearbeitungsprogrammen erstellen. Mit einem Windows 7-Werkzeug geht das auch. Mit dem **Snipping Tool** können Sie einen Bereich markieren und von diesem einen Screenshot erstellen. Sie können dafür auch ein rechteckiges Auswahlwerkzeug nutzen. Es ist auch möglich, einen Screenshot des gesamten Bildschirms zu erstellen.

Nach dem Festhalten des Bildschirms oder eines Teils davon können Sie dieses Bild per E-Mail versenden oder als Datei speichern. Das Werkzeug beherrscht die Dateiformate *PNG*, *GIF* und *JPEG*. Auch das Speichern im *HTML*-Format ist möglich.

Interessant ist, dass Sie mit einem Stift, einem Textmarkerwerkzeug und einem Radierer auch das Bild bearbeiten können, bevor Sie es speichern.

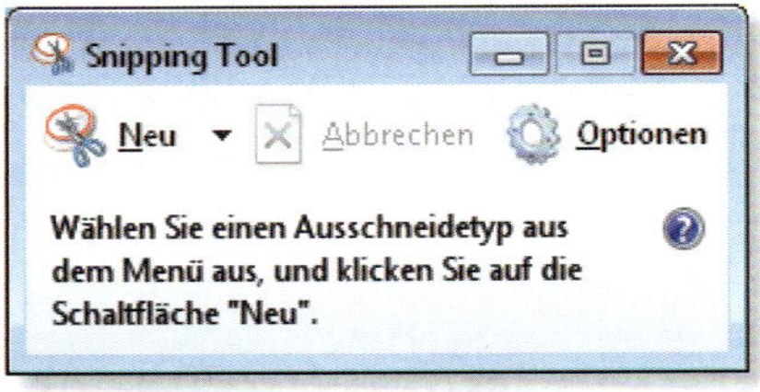

Abbildung 9.20 *Das Windows 7-eigene Screenshotprogramm*

Und so erstellen Sie zum Beispiel einen Screenshot des Windows 7-Desktops:

1. Starten Sie das **Snipping Tool**.
2. Fahren Sie bei gedrückt gehaltener linker Maustaste den kompletten Desktop ab. Beginnen Sie in der linken oberen Ecke.
3. Den Screenshot finden Sie nun im Arbeitsfenster des Werkzeugs. Klicken Sie auf die **Speichern**-Schaltfläche. Wählen Sie ein Verzeichnis. Geben Sie einen Dateinamen ein, und bestätigen Sie.

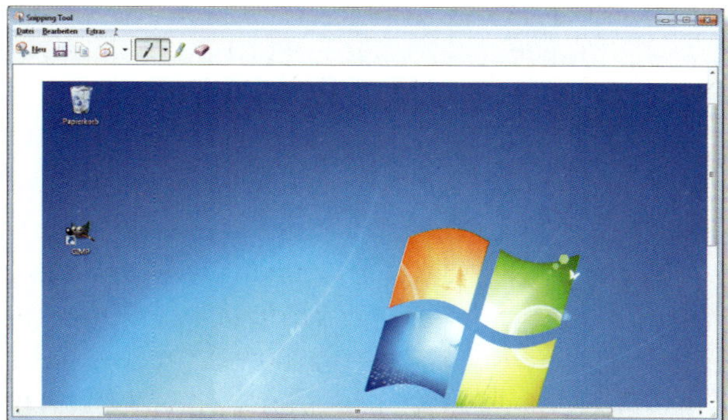

*^ **Abbildung 9.21** Mit dem Snpiping Tool können Sie z. B. den Windows-Desktop festhalten.*

Hinter zwei Schaltflächen finden Sie einen nach unten zeigenden Pfeil. Hier können Sie über ein kleines Listenmenü zusätzliche Features wählen. Bei der Schaltfläche mit dem Stift wählen Sie, welche Farbe Ihr Zeichenstift haben soll. Auch eine benutzerdefinierte Angabe ist möglich.

In der Praxis finde ich die Möglichkeit, einen Screenshot mit der Taste `Druck` oder mit `Alt` + `Druck` (aktuelles Fenster) zu erstellen, besser. Dieses Bild landet zwar zunächst in der Windows-Zwischenablage, kann aber von hier aus ohne Weiteres geladen und gespeichert werden.

Synchronisierungscenter

Mit dem Synchronisierungscenter können Sie Inhalte miteinander abgleichen. Dazu wird zunächst eine Synchronisierungspartnerschaft erstellt. In verschiedenen Fenstern lassen sich die vorhandenen Synchronisierungspartner anzeigen. Sie sehen, wann ein Datenabgleich stattgefunden hat, und können sich die Konflikte dabei anschauen. In einem weiteren Fenster können Sie vorhandene Offlinedateien verwalten.

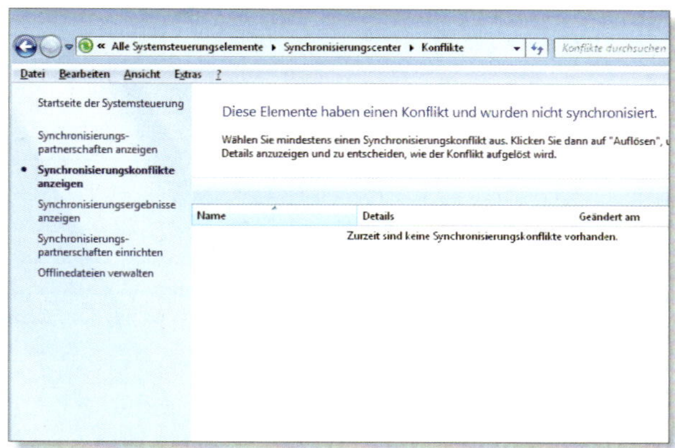

*^ **Abbildung 9.22** Das Synchronisierungscenter ist zu Beginn noch leer.*

Der Windows-Explorer

Den Dateimanager von Windows haben Sie bereits kennengelernt. Er ist hier nur der Vollständigkeit halber noch einmal genannt. Mit ihm können Sie Dateien und Ordner verwalten, kopieren, verschieben und vieles mehr. Er ist wohl das wichtigste Werkzeug, das Sie bei Ihrem Betriebssystem brauchen.

Unter **Zubehör** finden Sie bei Notebooks auch das Windows-Mobilitätscenter. Lesen Sie dazu Kapitel 14, »Windows auf einem Notebook betreiben«.

WordPad

Wenn Ihnen die Möglichkeiten des Editors nicht genügen, Sie aber nicht gleich eine Textverarbeitung installieren möchten, sollten Sie sich einmal das Programm WordPad anschauen.

WordPad sieht bereits wie eine kleine Textverarbeitung aus. Sie finden eine kleine Multifunktionsleiste vor und können ganz einfach einen Schriftfont wählen, dessen Größe einstellen und verschiedene Schriftattri-

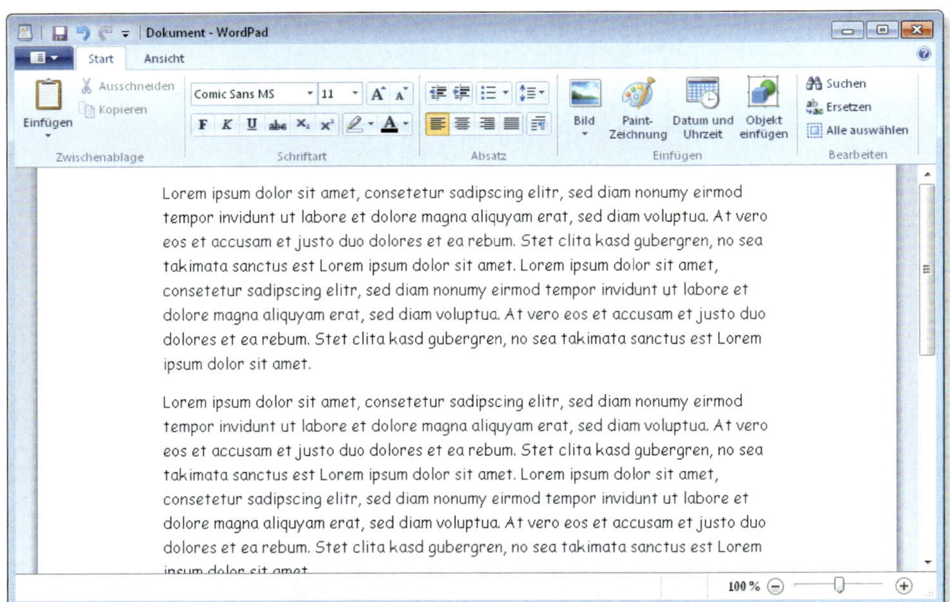

Abbildung 9.23
WordPad ist ein kleiner Texteditor. Haben Sie kein Office installiert, können Sie dieses Programm für Schreibarbeiten nutzen

bute auswählen. Über kleine Symbolschaltflächen kann der Abschnitt eingerückt und ausgerichtet werden. Sie können eine Liste erstellen und dabei auch Nummerierungen wählen. In das Dokument können Sie eine Bilddatei, eine Zeichnung aus Paint oder ein Objekt einfügen. Objekte sind Dokumente, die mit anderen Programmen erstellt worden sind, also zum Beispiel ein Flash-Dokument oder eine PDF-Datei. Welche Objekte zur Verfügung stehen, hängt von den installierten Programmen ab. Über eine weitere Schaltfläche können Sie an der aktuellen Cursorposition das Datum und die Uhrzeit einfügen lassen.

Eine Rechtschreibprüfung gibt es nicht. Aber Sie können Textinhalte suchen und ersetzen. Die Arbeit mit der Windows-Zwischenablage ist möglich. WordPad kann ein Dokument verkleinern und vergrößern. Neben einer Statusleiste können Sie ein Lineal einblenden.

Beim Einrichten der Seite lassen sich verschiedene Papier-Standardformate abrufen. Sie können auch ein benutzerdefiniertes Format festlegen, wenn Sie dies möchten. Der Einzug der Absätze und der Zeilenabstand lässt sich ebenso festlegen.

Sehr gut gefällt mir die große Auswahl an Schriftarten und die Möglichkeit, über einen Regler in der rechten unteren Ecke des Dokumentenfensters den angezeigten Inhalt zu vergrößern oder zu verkleinern.

WordPad kann mit Dokumenten in den Formaten *RTF*, *Text*, *OpenDocument* und *Office Open XML-Dokument* umgehen. Sie können auch Dokumente im Microsoft Office-Textformat *DOCX* öffnen. Möchten Sie die erstellten Dokumente später mit einem anderen Programm weiterbearbeiten, speichern Sie sie im Format *RTF* oder *Text* ab.

Der XPS-Viewer

XPS steht für ein Dateiformat, das für Druckdokumente verwendet wird. Es ist unabhängig von einem Gerät. Ein XPS-Dokument sieht auf jedem PC gleich aus. XPS ist eine Alternative zum Format PDF.

Um vorhandene XPS-Dateien anzuschauen, liegt dem Windows-Betriebssystem ein Betrachter bei. Damit öffnen Sie eine XPS-Datei und können Sie in aller Ruhe anschauen.

Eine XPS-Datei kann mit dem Viewer auch bearbeitet werden. Sie können notwendige Berechtigungen setzen und mit Signaturen arbeiten.

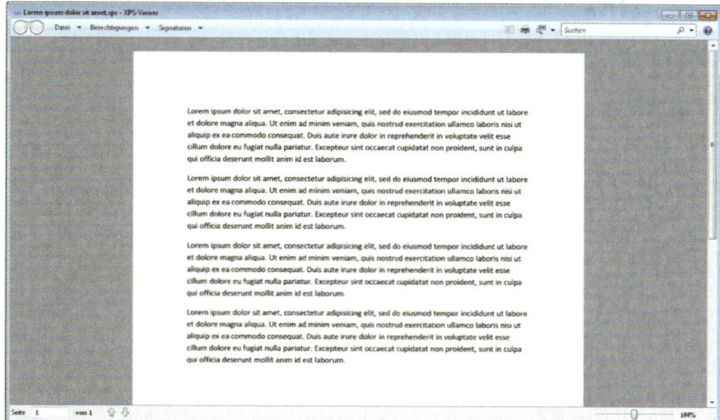

Abbildung 9.24 *Mit dem XPS-Viewer lassen sich Druckdokumente betrachten.*

9.2 Werkzeuge für eine Erleichterte Bedienung

Die Werkzeuge für eine **Erleichterte Bedienung** richten sich an Anwender mit Sehbehinderungen. Sie können hier die Bildschirminhalte besser sichtbar machen. Eine auf dem Bildschirm einblendbare Tastatur vereinfacht Eingaben. In einem speziell darauf ausgerichteten Dialog lassen sich wichtige Einstellungen festlegen. Die Sprachausgabe ermöglicht es, Texte vorzulesen oder auch Befehle über ein Mikrofon oder Headset einzugeben.

Sie erreichen die Werkzeuge unter **Systemsteuerung > Alle Systemsteuerungselemente > Center für erleichterte Bedienung**.

Die Bildschirmlupe

Beim Aufruf der Bildschirmlupe wird an den oberen Rand des Windows 7-Desktops ein Balken angesetzt. Bewegen Sie nun die Maus über den Desktop, wird das Element, auf dem der Mauscursor steht, vergrößert. Daneben wird auch der umgebende Bereich vergrößert.

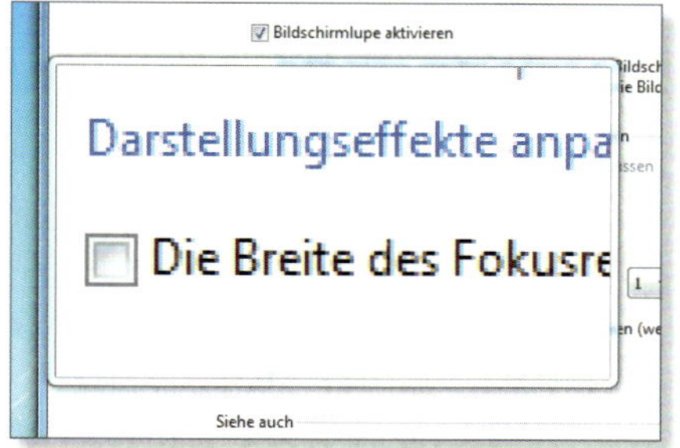

Abbildung 9.25 *Die Bildschirmlupe vergrößert alles, was auf dem Monitor ausgegeben wird.*

Auf dem Bildschirm finden Sie ein Lupensymbol. Klicken Sie darauf, wird der zu dem Werkzeug gehörende Dialog sichtbar. Mit der Plus- und der Minusschaltfläche können Sie die Vergrößerung einstellen. 200 % ist ein guter Wert. Mehr benötigt man nur selten.

Über **Ansicht** wählen Sie zwischen **Lupe**, **Vollbild** und **Verankert**. Mit Letzterem erhalten Sie ein Fenster am Rand. Es kann an diesem angedockt werden.

HINWEIS

Voraussetzungen zum Nutzen der Bildschirmlupe
Der Lupenmodus und die Vollbildansicht stehen nur zur Verfügung, wenn Sie bei Ihrem Windows 7-Desktop ein Aero-Design nutzen.

Haben Sie Aero ausgeschaltet und verwenden Sie ein Standard-Design, können Sie nur die Bildschirmlupe mit dem Modus **Verankert** verwenden.

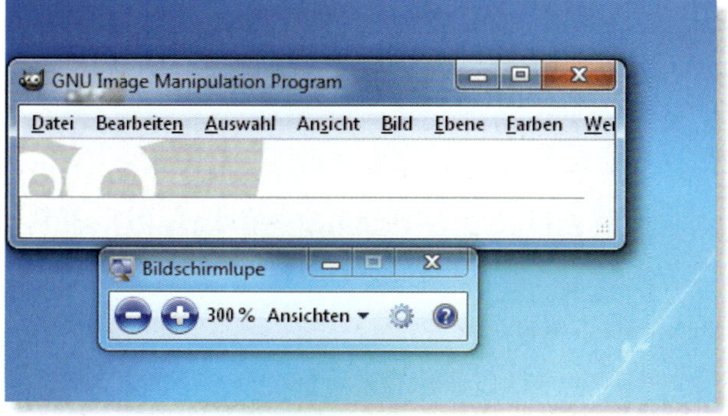

Abbildung 9.26 *Die dreifache Größe lässt so manchen Dialog um einiges größer erscheinen.*

Die Lupe ist sehr praktisch. Mit ihr fahren Sie über ein Bildschirmelement und sehen eine Vergrößerung. Wie mit einer echten Lupe eben.

Im Optionsdialog (das Icon mit dem Zahnrad) legen Sie fest, mit welchem Prozentwert die Ansicht beim Vergrößern oder Verkleinern angepasst werden soll. Dieser Wert steigert auch bei hohen Vergrößerungen die Lesbarkeit. Die **Farbinversion** kehrt die Farbeigenschaften um. Schwarze Schrift wird weiß dargestellt. Der helle weiße Hintergrund vieler Dialoge wird dagegen schwarz. Über drei Optionen legen Sie fest, ob die Vergrößerung dem Mauszeiger oder dem Tastaturfokus folgen soll. Die Bildschirmlupe kann auch der Texteinfügemarke in einem Office-Programm folgen.

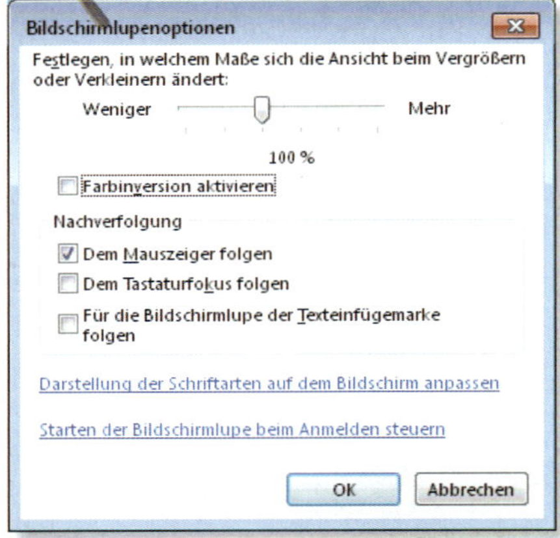

Abbildung 9.27 In der Vorgabeeinstellung folgt die Bildschirmlupe dem Mauszeiger.

Mit der Option **Darstellung der Schriftarten auf dem Bildschirm anpassen** können Sie ClearType aktivieren. Damit wird die Lesbarkeit der Bildschirmausgaben auf LCD-Bildschirmen verbessert.

Mit **Starten der Bildschirmlupe beim Anmelden steuern** gelangen Sie in das Center für erleichterte Bedienung. Schalten Sie hier die Option **Bildschirmlupe aktivieren** an. So ist dieses Werkzeug bereits nach dem Systemstart von Windows 7 verfügbar. Sie müssen sich lediglich mit Ihrem Benutzernamen anmelden und können das Werkzeug direkt nutzen. Aufrufen müssen Sie es in diesem Fall nicht.

Die Bildschirmtastatur

Die Bildschirmtastatur bringt ein Keyboard auf dem Bildschirm. Sie können so Tastatureingaben mit der Maus machen. Zusätzlich werden auf dem Keyboard gedrückte Tasten auf der Bildschirmtastatur hervorgehoben.

Wenn Sie auf die Taste Fnkt klicken, werden die F-Tasten sichtbar. Mit **Optionen** können Sie das Klickgeräusch ausschalten und die Zehnertastatur einblenden.

Auf Wunsch können Sie die Bildschirmtastatur auch so einstellen, dass Sie nicht auf die Tasten klicken müssen, sondern auf sie zeigen oder navigieren. Navigieren und zeigen ist das Gleiche? Nein. Mit dem »über Tasten navigieren« ist das Bewegen eines Cursors mit einer Tastaturtaste, einem Joystick, Gamepad oder einem anderen Spielgerät gemeint.

Wie bei der Bildschirmlupe ist es auch hier möglich, die Tastatur gleich nach dem Systemstart von Win-

Abbildung 9.28 Die Bildschirmtastatur von Windows 7

dows 7 automatisch starten zu lassen. Wählen Sie hierzu **Starten der Bildschirmtastatur beim Anmelden steuern**. Schalten Sie die Option **Bildschirmtastatur verwenden** an.

Das Center für eine erleichterte Bedienung

Das **Center für erleichterte Bedienung** ist die »Schaltzentrale« für die Nutzung der Eingabe- und Lesehilfen. Hier lassen sich in verschiedenen untergeordneten Dialogen alle wichtigen Einstellungen festlegen und bestimmte Werkzeuge starten.

Im Startbildschirm sehen Sie eine blaue Markierung. Mit der Maus oder einer Pfeiltaste wählen Sie eines der Elemente aus. Mit der Leertaste wird es gestartet. Auf diese Weise können Sie die Bildschirmlupe, die Sprachausgabe oder die Bildschirmtastatur starten. Auch das Einrichten eines hohen Kontrastes ist möglich. Mit Letzterem erreichen Sie eine bessere Lesbarkeit der Bildschirminhalte.

Das Vorlesen des Abschnitts funktioniert nur, wenn Sie die Sprachausgabe für dieses Feature eingerichtet haben. Wie Sie dies tun, erfahren Sie in Kapitel 20, »Die Windows-Spracherkennung«.

Die folgenden Unterabschnitte habe ich anhand der verschiedenen Einstellmenüs geschrieben, die Sie über das Center erreichen.

Den Computer ohne Bildschirm verwenden

In diesem Dialog schalten Sie die Sprachausgabe an. Möglich ist es auch, eine akustische Beschreibung anzuschalten. Sie versucht zu umschreiben, was in einem Video geschieht. Dies ist nicht immer möglich.

Zusätzlich können Sie hier die nicht notwendigen Animationen ausschalten. Windows-Benachrichtigungen werden für 5 Sekunden angezeigt. Dieser Zeitraum kann nach oben oder unten korrigiert werden. Die Vorgabeeinstellung ist ganz in Ordnung.

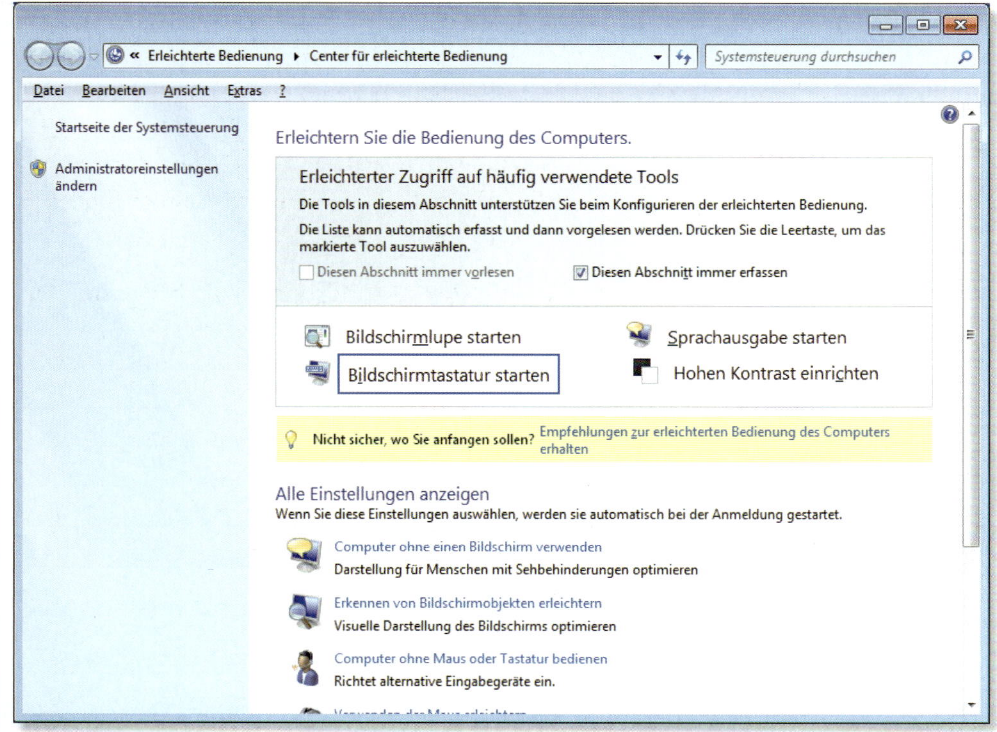

*< **Abbildung 9.29***
Der Startbildschirm des Centers

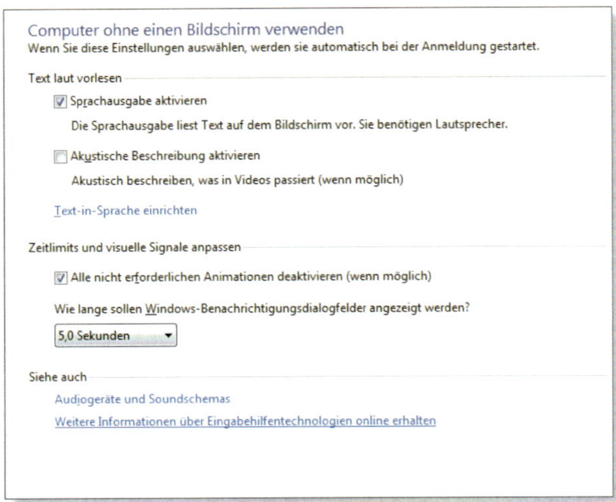

Abbildung 9.30 Hier habe ich die Sprachausgabe angeschaltet und nicht notwendige Animationen deaktiviert.

Das Erkennen von Bildschirmobjekten erleichtern

Objekte auf dem Bildschirm können durch verschiedene Funktionen besser erkannt werden. Drücken Sie die Tastenkombination Alt + ⇧ + Druck, wird ein Warnhinweis und ein Soundfile ausgegeben. Bestätigen Sie den Hinweis, wird der hohe Kontrast aktiviert. Mit der gleichen Tastenkombination wird der hohe Kontrast wieder ausgeschaltet.

Diese Funktion ist in der Vorgabeeinstellung bereits angeschaltet. Alle anderen Optionen im **Center für erleichterte Bedienung**, die das Erkennen von Bildschirmobjekten betreffen, müssen Sie bei Bedarf aktivieren.

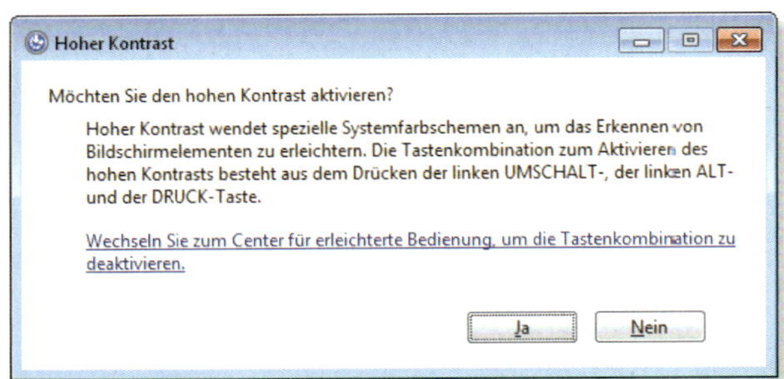

Abbildung 9.31 Bevor der Kontrast umgeschaltet wird, müssen Sie eine Hinweismeldung bestätigen.

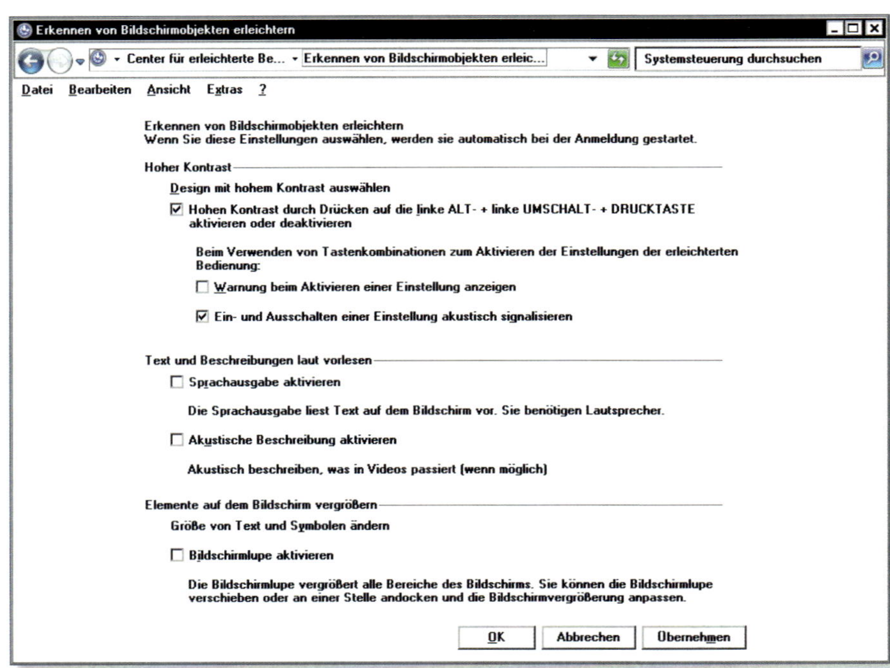

Abbildung 9.32 Der Dialog mit den Einstellungen für die erleichterte Bedienung mit einem hohen Kontrast.

Im Dialogfenster können Sie ebenfalls die Sprachausgabe einschalten. So werden die Textinhalte in den Programmfenstern vorgelesen. Die akustische Beschreibung der Videoinhalte kann hier auch aktiviert werden. Das funktioniert aber nur selten.

Auch hier können Sie die Bildschirmlupe anschalten. Um Bildschirmobjekte besser erkennen zu können, deaktivieren Sie vorhandene Hintergrundbilder und Animationen. Mit einer Option wird die Breite des Fokusrechtecks vergrößert. Vergrößern lässt sich schrittweise auch die Breite des blinkenden Cursors. Um diese Breite besser einschätzen zu können, sehen Sie bereits in einer Vorschau, wie sich die Einstellung auswirken wird.

Den Computer ohne Maus und Tastatur bedienen

In dem Dialog **Computer ohne Maus und Tastatur bedienen** können Sie die Bildschirmtastatur anschalten. Über einen Menülink gelangen Sie in die Einrichtung der Windows-Spracherkennung. Weitere Einstellungen oder Optionen sind hier nicht vorhanden.

Die Verwendung der Maus erleichtern

In dem Dialog **Verwenden der Maus erleichtern** können Sie eine Option anschalten, mit der Sie die Zehnertastatur Ihres Keyboards zum Bewegen des Mauszeigers verwenden können. Daneben ist es möglich, Fenster durch ein Zeigen mit der Maus bereits zu aktivieren. Sie müssen also nur mit der Maus auf ein Programmfenster fahren, und schon wird es aktiv. Mit einer weiteren Option sorgen Sie dafür, dass Windows 7 Fenster automatisch sortiert und auf dem Bildschirm anordnet, wenn sie an den Rand des Bildschirms geschoben werden. Die Aero-Funktion hierfür wird mit dieser Option ausgeschaltet.

Über ein Auswahlfenster können Sie die Farbe des Mauscursors und dessen Größe ändern. Die normale Einstellung ist ein weißer Mauszeiger mit einem schwarzen Rand. Nerben zwei größeren Versionen ist auch ein komplett schwarzer Mauscursor und eine invertierte Version möglich.

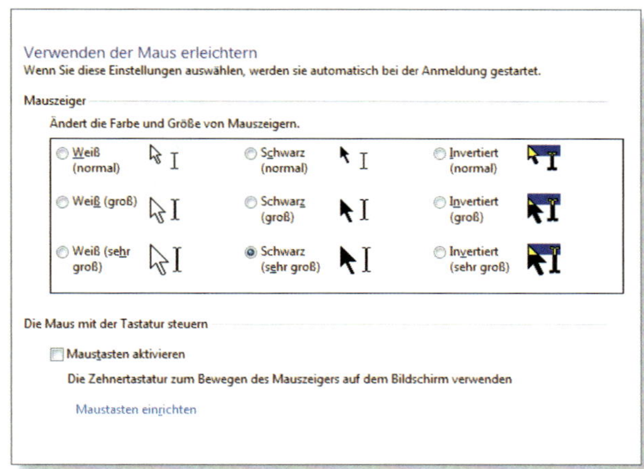

Abbildung 9.33 *Ein schwarzer oder auch ein invertierter Mauszeiger kann die Erkennbarkeit verbessern.*

Die Verwendung der Tastatur erleichtern

Auch im Dialog **Bedienung der Tastatur erleichtern** können Sie die Zehnertastatur für die Bewegung des Mauscursors auf dem Bildschirm anschalten. Die Einrastfunktion sorgt dafür, das Sie bei einer Tastenkombination wie Strg + Alt + Entf diese drei Tasten nicht zugleich drücken müssen. Windows 7 »merkt« sich die gedrückten Tasten. Sie werden nacheinander gedrückt. Damit dies nicht bei jeder Taste geschieht, wechseln Sie zu **Einrastfunktion einrichten**. Hier sorgen Sie dafür, dass die Einrastfunktion erst angeschaltet wird, nachdem Sie fünfmal die Taste ⇧ gedrückt haben. Es wird ein Hinweisdialog eingeblendet, den Sie bestätigen müssen. Zusätzlich wird ein Audiosignal abgespielt.

Wird eine Zusatztaste gedrückt, wird dies in der Taskleiste mit einem Symbol angezeigt. Zusätzlich wird auch hier ein Signal ausgegeben.

Mit dem Drücken von zwei Tasten gleichzeitig wird die Einrastfunktion ausgeschaltet.

INFO

Was sind Zusatztasten?
Zusatztasten sind die Tasten [⇧], [Strg], [Alt] und die [⊞]-Taste. Diese werden mit der Einrastfunktion genutzt. Sie müssen dann nicht zusammen mit einer anderen oder zwei anderen Tasten gedrückt werden. Die Tastenkombination wird eingegeben, indem die Tasten nacheinander gedrückt werden.

Mit einer weiteren Option können Sie die Umschalttaste anschalten. Diese Einstellung bleibt für 5 Sekunden erhalten. Auch hiermit lassen sich Tastenkombinationen drücken, indem die einzelnen Tasten nacheinander gedrückt werden.

INFO

Wo finde ich die Umschalttasten?
Die Umschalttasten sind die Tasten [⇩], [NUM] und [Rollen]. Diese Tasten können Sie per Druck aktivieren und genauso wieder deaktivieren. Sie »schalten« also in einen anderen Modus. Bei den meisten Tastaturen wird das durch eine kleine Lampe angezeigt.

Damit bei versehentlichem Anschlagen einer Taste keine Eingabefehler entstehen, kann mit einer Option das kurze Hintereinander-Drücken einer Taste ignoriert werden. Möchten Sie dies tun, schalten Sie erst die Anschlagverzögerung ein und wählen dann deren Einrichtung über den Menülink unter der Option.

Auch hier wird wieder ein Hinweisdialog und ein Audiofile ausgegeben, wenn die Funktion aktiviert wird. Nachdem Sie den Dialog bestätigt haben, wird sie verwendet. Natürlich können Sie die Ausgabe dieses Hinweisdialogs auch ausschalten.

Über ein Listenfeld wählen Sie, wie lange Windows warten soll, bis es Tasteneingaben als solche interpretiert. Die Vorgabeeinstellung liegt bei einer halben Minute. Sie können den Wert bis auf 2 Sekunden nach oben korrigieren.

Sounds verwenden

Bei der Ausgabe von Audioinhalten kann Windows die aktive Titelleiste, das aktive Fenster oder den kompletten Desktop zum Blinken bringen. Auf diese Weise wird mitgeteilt, dass eben ein Soundelement ausgegeben wird. In diesem Dialog kann auch eingerichtet werden, dass eine Sprachausgabe über Textinhalte ausgegeben wird.

Das Ausführen von Aufgaben erleichtern

Im Dialog **Ausführen von Aufgaben erleichtern** können Sie die Sprachausgabe von Windows anschalten und Hintergrundbilder deaktivieren. Außerdem lässt sich hier die Einrastfunktion für Tastenkombinationen einschalten, ebenso wie die Umschalttasten und die Anschlagverzögerung. Diese Funktionen kennen Sie bereits aus den zuvor beschriebenen Dialogen.

Die Sprachausgabe und die Windows Spracherkennung haben Sie bereits in Kapitel 20, »Die Windows-Spracherkennung«, kennengelernt.

9.3 Die Systemprogramme

Die Systemprogramme von Windows 7 können ganz unterschiedliche Aufgaben ausführen. Zum einen gibt es unter **System** Menüeinträge, die Sie zu informativen Übersichten führen, zum Beispiel zum Fenster **Computer** und zur **Systeminformation**. Andere Menüeinträge starten Werkzeuge, mit denen Sie Ihr System pflegen. All diese möchte ich Ihnen nun vorstellen.

Die Aufgabenplanung

Mit der **Aufgabenplanung** lassen sich Programme zu bestimmten Zeiten automatisch starten. So können Sie eine Datensicherung, eine Defragmentierung oder einen Virenscan ausführen lassen. Das lohnt sich besonders dann, wenn bestimmte Aufgaben immer wieder ausgeführt werden müssen und wenn dies in einem regelmäßigen Intervall geschieht.

Die Aufgabenplanung nimmt Ihnen das Starten und Überwachen bestimmter Anwendungsprogramme ab. Sie müssen nur noch überprüfen, ob die Aufgabe ausgeführt wurde. Außerdem lassen sich Aufgaben ausführen, wenn Sie nicht am Rechner sitzen, also zum Beispiel nachts oder am Wochenende.

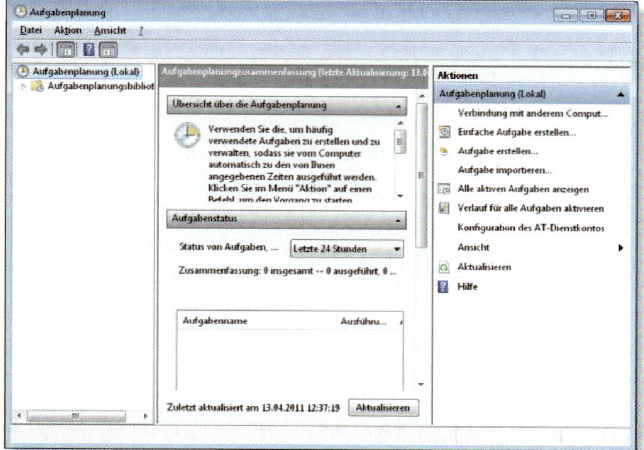

*^ **Abbildung 9.34** Zu Beginn ist die Aufgabenplanung noch leer.*

Was die Aufgabenplanung leistet

Mit der Aufgabenplanung wählen Sie ein ausführbares Programm. Dieses wird von Windows mit einer Option gestartet. Es bringt Ihnen ja nicht viel, wenn die Aufgabenplanung Freitagnacht um zwei den Virenscanner startet und das Begrüßungsfenster des Scanners auf eine Eingabe wartet.

Bei Programmen ist es wichtig, dass nicht nur das Anwendungsprogramm gestartet wird, sondern »dass es auch etwas macht«. Es bringt wenig, wenn Sie Word aufrufen. Sie müssen ja am PC sitzen, um Ihre Briefe zu tippen.

Erfahrene Anwender können auch ein Skript oder eine Batchdatei aufrufen lassen. Diese wird um die angegebene Zeit abgearbeitet.

Eine Aufgabe kann unabhängig von einem angemeldeten Benutzer ausgeführt werden. Alternativ kann das auch geschehen, wenn der Benutzer angemeldet ist. Um möglichst viele Ressourcen für die Aufgabe zur Verfügung zu stellen, lassen sich über eine Option die höchstmöglichen Privilegien bestimmen.

Neben dem Start eines Programms können Sie mit einer Aufgabe auch eine E-Mail senden oder ein Meldefenster auf dem Bildschirm anzeigen.

Es ist auch möglich, Pausenzeiten für eine Aufgabe zu nutzen. So können Sie als Anwender festlegen, dass der Leerlauf eines Computers für die Aufgabe genutzt wird. So kann ein bestimmtes Programm zum Beispiel in der Mittagspause oder bei dem Montagsmeeting ausgeführt werden.

Zusätzlich können Sie dafür sorgen, dass eine Aufgabe bei Akkubetrieb nicht ausgeführt wird oder auch, dass der Computer zum Ausführen der Aufgabe reaktiviert wird. Als Bedingung ist es auch möglich, die Aufgabe nur zu starten, wenn eine bestimmte Netzwerkverbindung verfügbar ist.

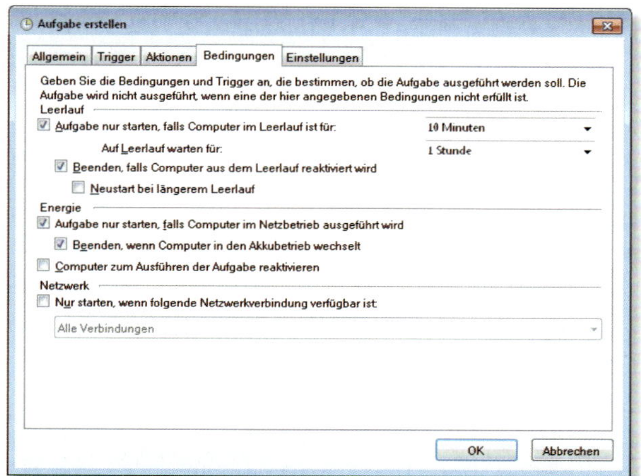

*^ **Abbildung 9.35** Verknüpfen Sie eine Aufgabe mit Bedingungen.*

Aufgaben können auch in einer Datei gespeichert und dann auf einem anderen Rechner importiert werden. Das ist sinnvoll, wenn Sie mit mehreren Windows 7-Rechnern arbeiten und eine Aufgabe nur einmal erstellen, aber auf allen Rechnern anwenden wollen.

Welche Aufgaben sind für eine Aufgabenplanung sinnvoll?

Mit einer Aufgabenplanung können Sie einen Virenscan starten. Sie können eine Datensicherung erstellen oder auch den Rechner aufräumen und defragmentieren.

Es gibt eine Reihe von Programmen, bei denen Sie eine Aufgabe nutzen können. Im Allgemeinen kann man sagen: Für Anwendungen, die regelmäßig genutzt werden und die ihre Arbeit ohne weitere Eingaben erfüllen, können Sie eine Aufgabe nutzen.

Eine einfache Aufgabe erstellen

Beim Erstellen einer Aufgabe werden Sie mit einem Assistenten durch alle einzelnen Schritte geführt. Sie geben zunächst einen Namen für die Aufgabe ein und dann eine kurze Beschreibung. Die Beschreibung ist optional. Sie können sie auch weglassen. Arbeiten Sie jedoch mit vielen Aufgaben, vereinfachen Sie sich so die Übersicht und Verwaltung aller erstellten Aufgaben. Geben Sie einfach in einem kurzen Satz an, was die Aufgabe tut oder wozu sie gut ist.

Im zweiten Schritt wird ein Trigger erstellt. Die Bezeichnung *Trigger* ist allerdings etwas irreführend gewählt. Besser wäre hier ein »Zeitpunkt der Ausführung«. Sie wählen mit einer Option, wann die Aufgabe ausgeführt werden soll. Das kann jeden Tag, einmal die Woche oder auch einmal im Monat geschehen. Eine Aufgabe kann auch nur einmal abgearbeitet werden. Beispiel: Sie fahren in den Urlaub und lassen den Rechner einmal eine Datensicherung durchführen. Sie können auch festlegen, dass die erstellte Aufgabe bei jedem Start des Rechners oder vor dem Herunterfahren abgearbeitet werden soll. Sie kann auch mit der Protokollierung eines bestimmten Ereignisses verknüpft werden.

Wenn Sie Letzteres auswählen, wird der Assistent um einen Dialog erweitert. Sie wählen eines der Windows-Protokolle aus und geben eine Quelle und eine Ereignis-ID an. Das gleicht einer Wenn-Dann-Abfrage.

Bei einigen Triggern wird ebenfalls der Dialog erweitert, und Sie geben die genaue Zeit an, wenn die Aufgabe ausgeführt wird. Über ein Kalenderblatt wird das Datum ausgewählt. Über **Optionen** wird ein Tag gewählt. In einem Eingabefeld tragen Sie die Uhrzeit ein, zu der die Aufgabe ausgeführt werden soll.

Im letzten Dialog geben Sie den Befehl an, der ausgeführt werden soll. Dazu tragen Sie den Verzeichnispfad ein, der zu dem ausführbaren Programm führt. Und Sie geben den Namen der ausführbaren Datei ein. Diese Angabe ergänzen Sie mit dem ein oder anderen Parameter. Zum Beispiel würden Sie bei einem Virenscanner die Parameter festlegen, die bestimmen, wo das Programm seinen Scan durchführen soll.

Aufgaben verzögern oder auch wiederholen

Bei Bedarf lassen sich Aufgaben auch um eine bestimmte Zeit verzögern. Sie können die Aufgabe in einem bestimmten Rhythmus wiederholen. Es ist auch möglich, ein Ablaufdatum festzulegen. So kann eine Aufgabe nur für eine bestimmte Anzahl Tage aktiv sein. Danach wird sie nicht mehr ausgeführt.

Die »geplante Defragmentierung« verwenden

Die Defragmentierung von Windows 7 startet jeden Mittwoch um 1.00 Uhr. Diese Einstellung ist nur sinnvoll, wenn Ihr Rechner um diese Zeit auch angeschaltet ist. Weiterhin ist eine Defragmentierung nicht jede Woche notwendig.

Die Partitionen des Windows 7-Rechners werden nur dann stark fragmentiert sein, wenn Sie sehr oft Programme installieren und vielleicht auch ausprobieren und wieder von der Festplatte entfernen bzw. wenn Sie viele größere Dateien speichern und wieder von Ihrem Rechner löschen.

Das Verhalten eines jeden Anwenders an seinem PC ist so unterschiedlich, dass man keine allgemeingültige Regel für das Defragmentieren und Pflegen eines Windows-Rechners geben kann. Durch eine Datenträgeranalyse im Dialog **Defragmentierung** finden Sie am besten selbst heraus, wann Sie Ihren Rechner defragmentieren sollten.

In einem Beispiel soll der Zeitplan für die geplante Defragmentierung so verändert werden, dass sie einmal jeden Monat zu einer bestimmten Tageszeit ausgeführt wird:

1. Rufen Sie über **Start > Alle Programme > Zubehör > Systemprogramme** die **Defragmentierung** auf.
2. Klicken Sie auf die Schaltfläche **Zeitplan konfigurieren**.
3. Im Listenfeld **Häufigkeit** wählen Sie **Monatlich**. Den **Tag** lassen Sie unverändert auf 1. Im Feld **Uhrzeit** wählen Sie 10:00.

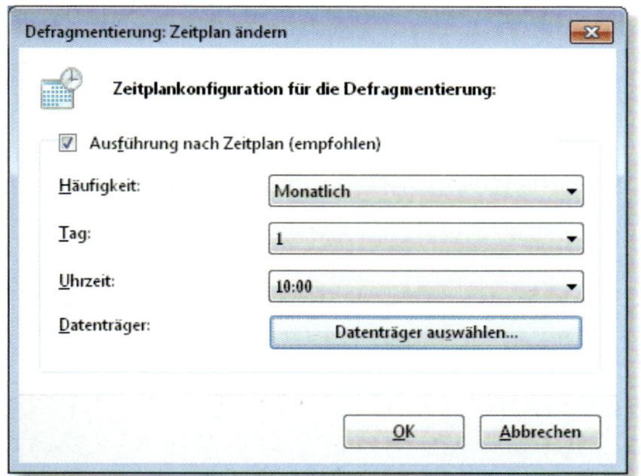

Abbildung 9.36 *So verändern Sie den Zeitplan für die automatische Defragmentierung.*

4. Wählen Sie nun **Datenträger auswählen**, und überprüfen Sie, ob alle verfügbaren Partitionen sowie der vom BIOS und vom System reservierte Bereich ausgewählt sind. Schließen Sie den Dialog. Bestätigen Sie, und schließen Sie auch die anderen geöffneten Dialogboxen.

Abbildung 9.37 *Mit dieser Einstellung werden alle Datenträger am ersten Tag im Monat defragmentiert.*

Bei dieser Einstellung habe ich zwei kleine Probleme: Ich nutze mein Notebook nicht so stark, dass eine Defragmentierung jeden Monat notwendig wäre. Es genügt auch alle drei Monate.

Der erste Tag im Monat kann ja auch ein Samstag oder Sonntag sein. Mein Notebook steht dann im Schrank, und die geplante Defragmentierung startet nicht.

Die Lösung für dieses Problem ist sehr einfach: Die Defragmentierung wird einfach über die Aufgabenplaner erstellt. Hier kann genau angegeben werden, wann der Prozess gestartet werden soll.

Sie müssen jedoch einen Befehl aufrufen und mit einem Parameter genau sagen, was der Rechner tun soll. Die Defragmentierung wird in der MS DOS-Eingabeaufforderung mit folgendem Befehl aufgerufen:

```
defrag
```

Alle Parameter möchte ich an dieser Stelle nicht aufzählen. Sie können diese selbst mit der Eingabe des Befehls in der Eingabeaufforderung herausfinden.

Mit `/A` wird eine Analyse auf einem Volume ausgeführt. Dieses Volume muss ebenfalls angegeben werden, so zum Beispiel mit `C:`

Für das Defragmentieren nutzen Sie den Parameter /C. Dieser erspart gleich die Angabe eines Volumes. Mit /C wird das Defragmentieren auf allen Volumes ausgeführt.

Ein Defragmentierskript erstellen

Den Befehl tragen Sie in ein *Skript* ein. Das ist nicht weiter kompliziert; es handelt sich lediglich um eine Textdatei. Diese ruft die MS DOS-Eingabeaufforderung auf und lässt in dieser den Befehl abarbeiten. Nennen Sie die Datei *defrag.bat*. Beachten Sie: Die Dateierweiterung muss *.bat* sein.

1 Starten Sie die Aufgabenplanung. Wählen Sie **Aktion > Aufgabe erstellen**.

2 Geben Sie nun, wie gewohnt, einen Namen und eine Beschreibung für die neue Aufgabe ein, so zum Beispiel »Notebook defragmentieren«. Schalten Sie die Option **Unabhängig von der Benutzeranmeldung ausführen** an. Wechseln Sie zu **Trigger**.

3 Mit **Neu** wird ein Zeitplan erstellt. Schalten Sie **Monatlich** an. Öffnen Sie das Listenfeld **Monate**, und wählen Sie jeden dritten Monat aus.

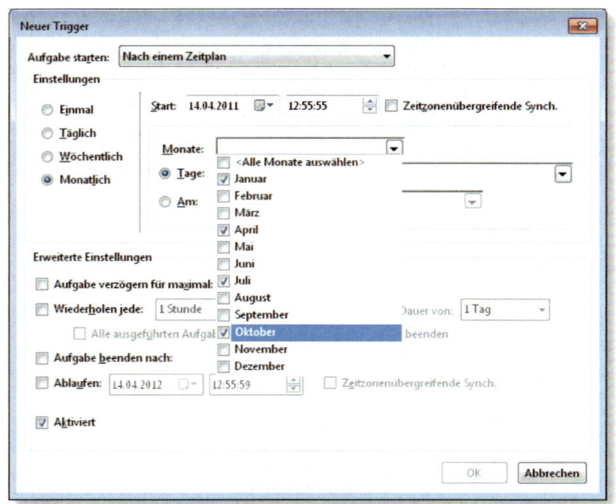

∧ ***Abbildung 9.38*** *Die Defragmentierung erfolgt nach einem genauen Zeitplan. Im Januar, April, Juli und Oktober wird die Festplatte untersucht.*

4 Statt der Option **Tage** schalten Sie **am** an und wählen im hinteren Listenfeld den Wochentag Montag aus. Rechts oben, unter **Nach einem Zeitplan**, korrigieren Sie die Uhrzeit auf 10:00:00.

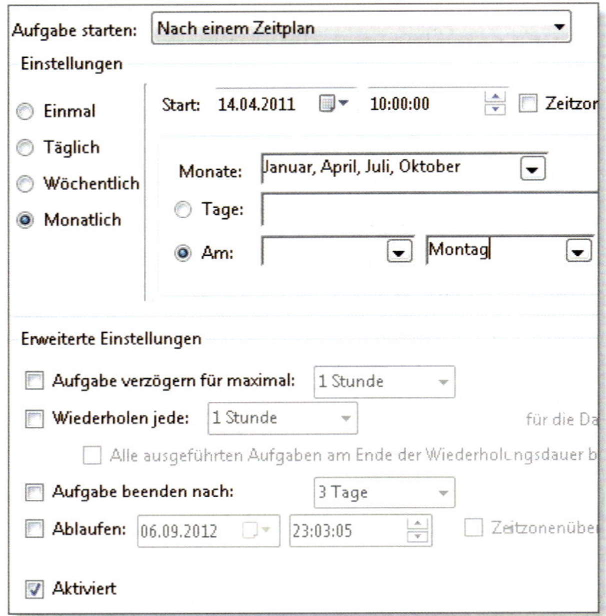

∧ ***Abbildung 9.39*** *Die fertigen Einstellungen*

5 Bestätigen Sie. Wechseln Sie zu **Aktionen**. Klicken Sie auf **Neu**. Mit **Durchsuchen** wählen Sie das Skript aus. Klicken Sie auf **OK**.

Einen Zeitplan für eine Datensicherung verwenden

Eine Sicherung wichtiger Daten kann mit einem Zeitplan automatisch erfolgen. So müssen Sie sich nicht die Zeit nehmen, um ein Backup zu erstellen. Diese Aufgabe überlassen Sie einfach Windows.

Beim Einrichten der Sicherung erstellt Windows 7 einen Zeitplan. Vielleicht möchten Sie die vorgegebene Uhrzeit für das automatische Datenbackup korrigieren. Das ist schnell getan:

1 Öffnen Sie in der Systemsteuerung den Dialog **Sicherung und Wiederherstellen**.

Etwa in der Mitte des Dialoges sehen Sie, wann die nächste Sicherung geplant ist. In der Zeile **Zeitplan** finden Sie einen Hinweis darauf, wann Windows 7 eine Datensicherung vornimmt. In meinem Beispiel wäre das immer am Sonntag um 19:00. Ob um diese Zeit mein Notebook angeschaltet ist, kann ich nicht sagen.

In der Zeile **Inhalt** sehen Sie, was gesichert wird. Neben einem Systemabbild sichert mein Windows 7 den persönlichen Ordner und die Bibliotheken. Andere erstellte Ordner, in denen ich meine Fotos einsortiert habe und in denen meine Arbeitsdaten abgelegt werden, werden in die Datensicherung nicht mit einbezogen.

Der Zeitpunkt für das Backup ist nicht gerade ideal gewählt. Also ändern wir ihn.
Ob ich jeden Sonntag um 19:00 mein Notebook angeschaltet habe, damit Windows 7 meine Daten sichern kann? Ein anderer Tag und eine andere Uhrzeit sind hier sicher besser für eine solch wichtige Datensicherung geeignet. Klicken Sie auf **Einstellungen ändern**.

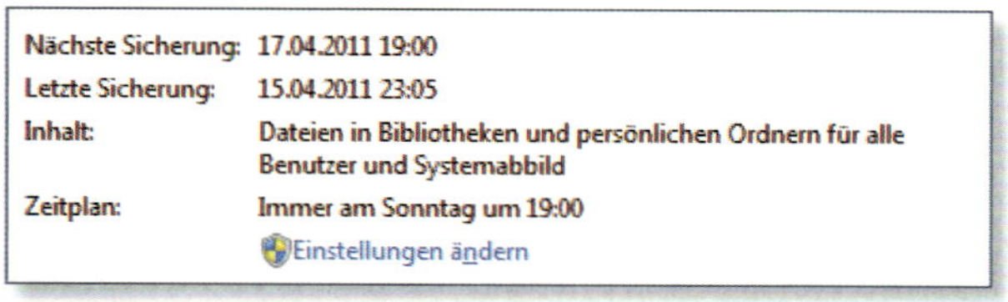

Nächste Sicherung: 17.04.2011 19:00
Letzte Sicherung: 15.04.2011 23:05
Inhalt: Dateien in Bibliotheken und persönlichen Ordnern für alle Benutzer und Systemabbild
Zeitplan: Immer am Sonntag um 19:00
Einstellungen ändern

Abbildung 9.40 Hier können Sie die Einstellungen ändern.

2 Wählen Sie die Partition, auf der die Sicherung abgelegt werden soll. Sie können auch Ihr DVD-Laufwerk wählen und so eine Datensicherung auf DVD brennen.

3 Wählen Sie, ob die Daten durch Windows vorausgewählt werden oder ob Sie diese selbst auswählen möchten. In meinem Fall wähle ich **Auswahl durch Benutzer**. Ich möchte neben den Windows-Vorschlägen auch eigene Ordner in die Datensicherung einbeziehen.

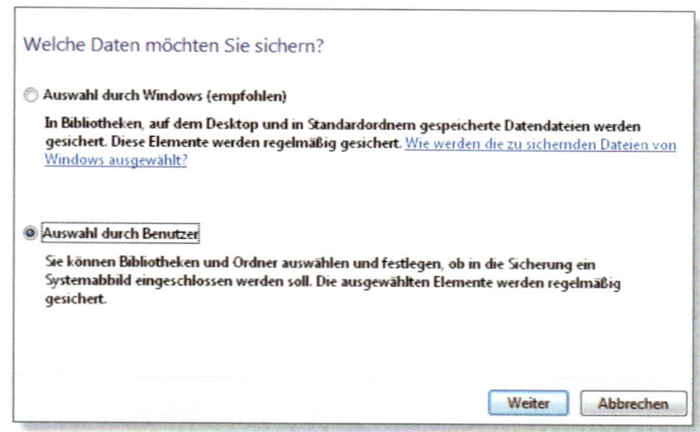

*Abbildung 9.41 Mit der **Auswahl durch Benutzer** kann ich weitere Ordner auswählen. Anderenfalls überlassen Sie Windows die Wahl.*

INFO

Welche Daten sichert Windows?
Windows 7 bezieht in seine Datensicherung (siehe die erste Option in Abbildung 9.41) das Benutzerverzeichnis mit allen untergeordneten Verzeichnissen ein. Gesichert werden außerdem die Bibliotheken. Zusätzlich wird ein Systemabbild erstellt.

Das ist aber noch nicht alles. Gesichert werden außerdem der Inhalt des Ordners *AppData*, die Kontakte, die Desktopeinstellungen, der Inhalt des Ordners *Downloads*, die Favoriten, die Links, gespeicherte Spiele (Save-Stände) der Spiele, die diesen Windows-Ordner nutzen, und die gespeicherten Suchvorgänge.

Im nächsten Schritt wählen Sie aus, welche Daten Sie sichern möchten. Mit dem kleinen Pfeil vor einer Partition wird die Baumansicht erweitert. Mit einem Optionskästchen wird ein Verzeichnis ausgewählt. Wählen Sie auf Ihrem Rechner die Ordner aus, in denen Sie Ihre Office-Dokumente und Multimediadaten abgelegt haben.

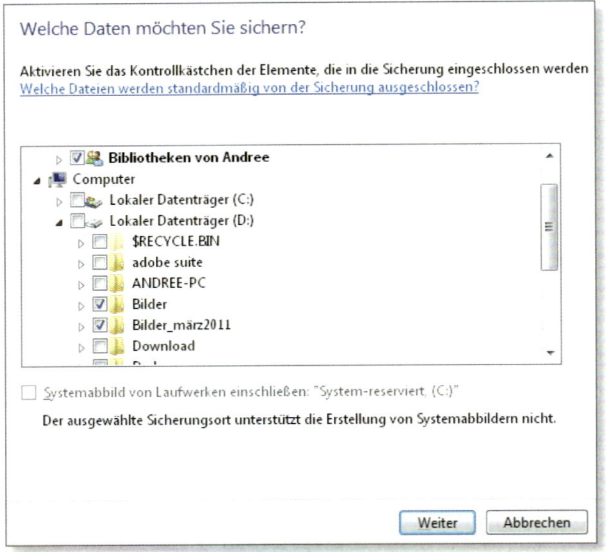

Abbildung 9.42 *Die benutzerdefinierte Auswahl ermöglicht es, auch eigene Ordner in die Datensicherung mit einzubeziehen.*

4 Im nächsten Fenster sehen Sie eine Übersicht der ausgewählten Ordner. Erst hier können Sie die Uhrzeit der regelmäßigen Datensicherung einrichten. Wählen Sie **Zeitplan ändern**.

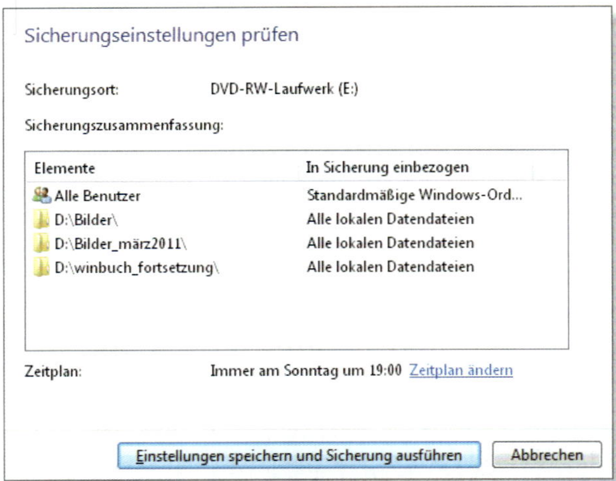

Abbildung 9.43 *Die Zusammenfassung zeigt alle für die Datensicherung ausgewählten Daten.*

5 Wählen Sie, ob die Datensicherung jede Woche, jeden Tag oder jeden Monat ausgeführt werden soll. Entscheiden Sie sich für einen Tag und eine Uhrzeit. In meinem Fall entscheide ich mich für eine tägliche Sicherung. Damit entfällt natürlich die Auswahl eines Tages. Als Uhrzeit wähle ich 17.00.

6 Speichern Sie die Einstellungen und führen Sie die erste Datensicherung durch.

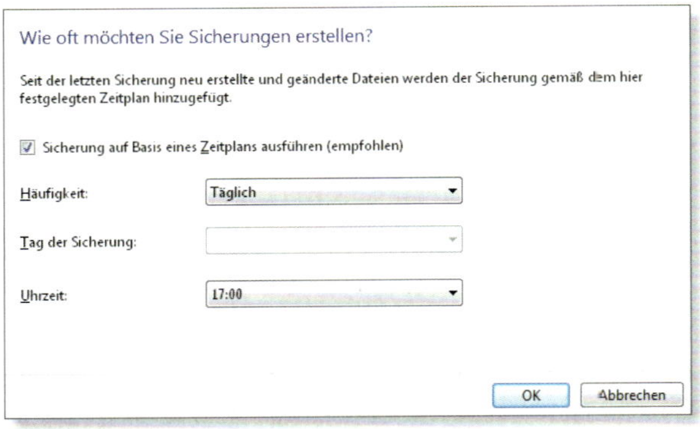

Wie oft möchten Sie Sicherungen erstellen?
Seit der letzten Sicherung neu erstellte und geänderte Dateien werden der Sicherung gemäß dem hier festgelegten Zeitplan hinzugefügt.
Sicherung auf Basis eines Zeitplans ausführen (empfohlen)
Häufigkeit: Täglich
Tag der Sicherung:
Uhrzeit: 17:00
OK
Abbrechen

Abbildung 9.44 *Da ich fast jeden Tag mit meinem Notebook arbeite, ist eine tägliche Datensicherung am Abend durchaus sinnvoll.*

INFO

Wie groß ist eine Datensicherung?

Diese Frage lässt sich nicht klar beantworten. Die Größe der Datensicherung hängt davon ab, wie viele Daten Sie in Ihrem Benutzerverzeichnis und in Ihren eigenen Bibliotheken abgelegt haben. Je mehr Daten hier liegen, umso größer wird die Datensicherung. Schließen Sie weitere Ordner mit in die Datensicherung ein, wächst die Größe derselben ebenfalls.

In meinem Beispiel habe ich das Benutzerverzeichnis, die Bibliotheken und ein Systemabbild erstellt. Diese Datensicherung mit der von Windows empfohlenen Einstellung hat einen Umfang von 9,05 GB. Obwohl ich nicht viele Daten in meinem Benutzerverzeichnis und den Bibliotheken habe, ist die Größe der Datensicherung doch schon immens. Das erklärt sich durch die Einbeziehung eines Systemabbilds. Ohne dieses wäre die Sicherungsdatei viel, viel kleiner.

Beachten Sie bitte Folgendes: Wenn Sie nun die Datensicherung abbrechen, wird auch die festgelegte Uhrzeit für die automatische Datensicherung nicht durchgeführt.

Eine Datensicherung auf DVD ist nicht wirklich »automatisch«. Sie müssen hier am Rechner sein, um die DVD-Medien einzulegen. Empfehlenswerter ist eine Datensicherung auf einer eigens dazu eingerichteten Festplattenpartition.

Die Datensicherung manuell vornehmen

Sie müssen die Datensicherung nicht automatisch ablaufen lassen. Genauso ist es möglich, dass Sie den Zeitpunkt jedesmal selbst bestimmen. Möchten Sie also die automatische Datensicherung nicht verwenden und lieber die Datensicherung »manuell« vornehmen, schalten Sie die Funktion wie folgt aus:

1. Öffnen Sie den Dialog **Sichern und Wiederherstellen** in der Systemsteuerung.
2. Wählen Sie dort im Menü links oben **Zeitplan deaktivieren**.

Das war's auch schon. Eine Bestätigung ist hier nicht notwendig.

Im Dialog sehen Sie nun unter **Zeitplan** die Einstellung **Keine**. Mit **Jetzt sichern** kann eine Datensicherung manuell erfolgen.

Um den Zeitplan wieder anzuschalten und Windows 7 eine automatische Datensicherung durchführen zu lassen, wählen Sie **Zeitplan aktivieren**.

Nächste Sicherung:	Nicht geplant
Letzte Sicherung:	15.04.2011 23:05
Inhalt:	Dateien in Bibliotheken und persönlichen Ordnern für alle Benutzer und Systemabbild
Zeitplan:	Keine. Wählen Sie "Jetzt sichern" aus, um die Sicherung manuell auszuführen. Zeitplan aktivieren Einstellungen ändern

Abbildung 9.45 *Die automatische Datensicherung habe ich in diesem Beispiel ausgeschaltet.*

Die Übersicht Computer

Computer zeigt in einem Fenster Ihre Festplatten, CD- und DVD-Laufwerke an. Auch Wechselmedien und andere Datenspeicher werden angezeigt. Ein blauer Balken zeigt die Belegung eines Datenträgers an. So sehen Sie auf einen Blick, wie viel Platz noch auf dem Datenträger verfügbar ist.

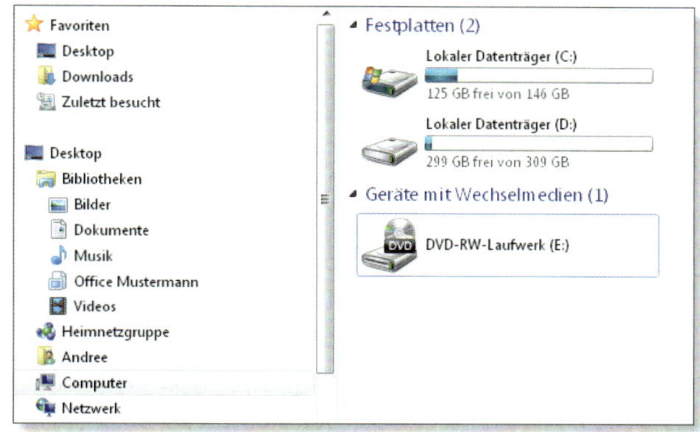

Abbildung 9.46 *Partitionen, Laufwerke und Wechseldatenträger.*

Über die Menüzeile lassen sich wichtige Funktionen aufrufen, so zum Beispiel die Systemeigenschaften, der Dialog zum Deinstallieren oder Ändern von Programmen und die Funktion **Netzlaufwerk verbinden**.

HINWEIS

Was verbirgt sich in meinem PC?
Die Systemeigenschaften (siehe Abbildung 9.47) verraten Ihnen nicht nur, welche der Windows 7-Editionen Sie nutzen, sondern auch, was für ein Prozessor auf Ihrem Motherboard verbaut ist und wie viel Arbeitsspeicher in Ihrem Rechner verfügbar sind. Sie können hier sehen, ob Sie ein 32- oder ein 64-Bit-System nutzen und welchen Computernamen Sie bei der Installation vergeben haben. Letzteres ist für die Einrichtung von Netzwerken wichtig. Weiterhin sehen Sie hier den Namen der Arbeitsgruppe und den Microsoft-Produkt-Key. Ein Siegel weist darauf hin, dass es sich um ein originales Microsoft-Produkt handelt.

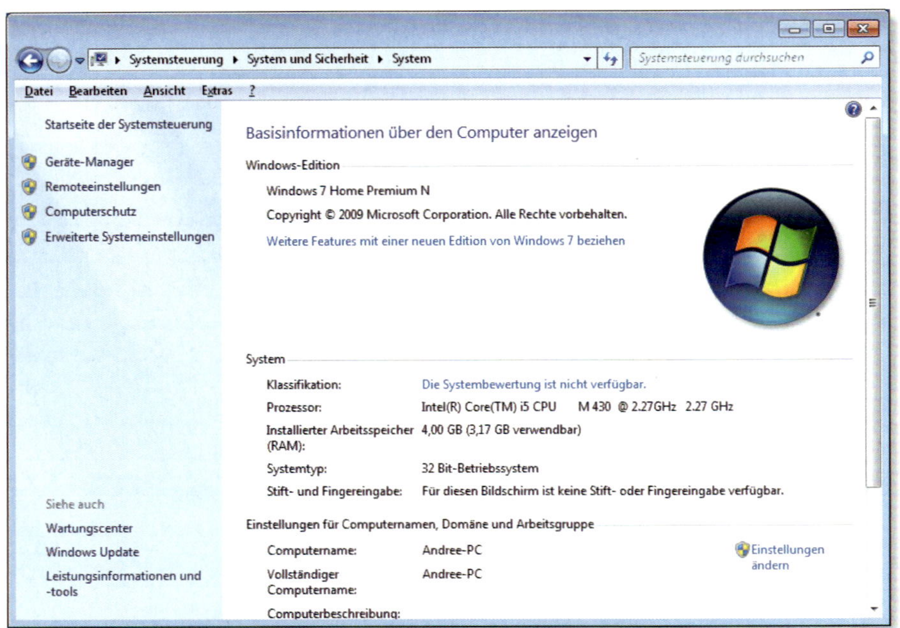

*< **Abbildung 9.47** Die Systemeigenschaften verraten einiges über Ihren Rechner.*

Die Datenträgerbereinigung

Mit der **Datenträgerbereinigung** können Sie nicht notwendige Dateien von Ihrem Rechner entfernen. Der gewonnene Platz steht danach für andere Aufgaben zur Verfügung. Die Datenträgerbereinigung entfernt die folgenden Elemente und Inhalte:

- Papierkorb
- Heruntergeladene Programmdateien
- Temporäre Internetdateien
- Offlinewebseiten
- Spielenachrichten
- Setup-Protokolldateien
- Systemfehler-Speicherabbilddateien
- Temporäre Dateien
- Miniaturansichten
- Windows-Fehlerberichterstattungen

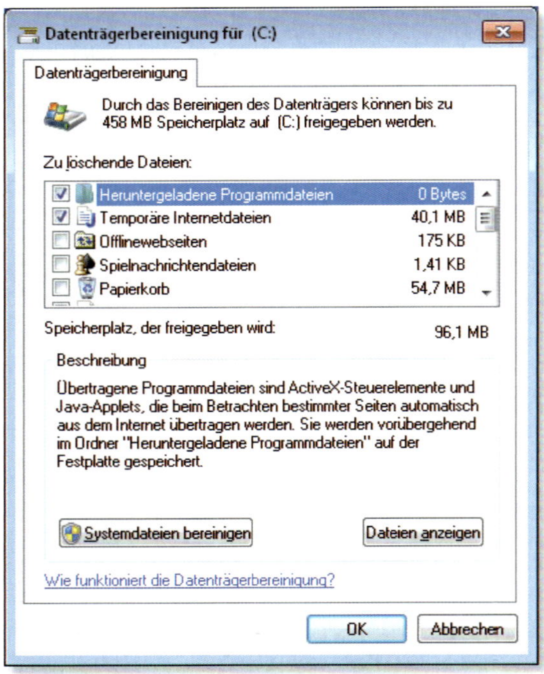

*^ **Abbildung 9.48** Mit der Datenträgerbereinigung schaffen Sie Platz auf Ihrer Festplatte und entfernen nicht mehr benötigte Dateien.*

Achtung beim Auswählen der zu löschenden Dateien

Schauen Sie sich die in der Datenträgerbereinigung aufgelisteten Dateien in Ruhe an. Überlegen Sie, welche Sie davon wirklich nicht mehr benötigen. Vielleicht möchten Sie die Inhalte des Papierkorbes als Datensicherung noch behalten. Vielleicht schauen Sie sich daher die im **Papierkorb** befindlichen Dateien erst mal in Ruhe an. So lassen sich einzelne doch noch wiederherstellen. Man weiß ja nie.

Bei aktuellen Festplatten kommt es nicht auf 50 oder 100 MB an. Erst wenn der »Datenmüll« deutlich größer wird, sollten Sie schauen, ob Sie ihn nicht löschen können.

Arbeiten Sie mit **Offlinewebseiten**, dann lassen Sie diese auf Ihrer Festplatte. Die Inhalte, die Sie mit der Datenträgerbereinigung entfernen, sind verloren und können nicht wiederhergestellt werden.

Die **Miniaturansichten** werden vom Microsoft Explorer erstellt. Das sind die verkleinerten Vorschaubilder der Bilddateien, die Sie mit dem Dateimanager betrachtet und sortiert haben. Je mehr Bilddateien Sie mit dem Windows-Dateimanager verwalten, umso größer wird diese Datei. Sie können sie ohne Bedenken löschen. Die Miniaturansichten werden beim Aufruf eines Bilderordners neu erstellt.

Über die Schaltfläche **Daten anzeigen** können Sie sich die zu löschenden Dateien anzeigen lassen, so zum Beispiel den Inhalt des Papierkorbs und die Offlinewebseiten.

Wenn Sie **Systemdateien bereinigen** wählen, wird das Tool im Admin-Modus gestartet. Nun werden auch Systemfehler-Speicherabbilddateien und alte CHKDSK-Dateien aufgelistet. Mit dem Befehl `chksdsk` überprüfen Sie die Festplatte des Rechners nach fehlerhaften Sektoren und Dateien. Über **Weitere Optionen** können Sie Anwendungsprogramme deinstallieren und Windows-Funktionen ausschalten. Im Bereich **Systemwiederherstellung und Schattenkopien** lassen sich alle Wiederherstellungspunkte entfernen – bis auf den letzten. Damit gewinnen Sie weiteren Speicherplatz.

TIPP

Aufräumen mit einem Windows-Tuner
Für das Warten und Pflegen des Windows-Rechners können Sie einen sogenannten *Windows-Tuner* nutzen. Dieser vereint alle Wartungs- und Pflegeaufgaben unter einer Programmoberfläche. Ein Beispiel für ein solches Programm ist *TuneUp Utilities* von S.A.D.

Die Defragmentierung

Beim Installieren von Anwendungsprogrammen und Spielen nutzt Windows 7 den freien Platz auf der Festplatte. Gleiches trifft beim Speichern von Dateien zu. Zunächst geschieht das hintereinander. Das heißt, ein Sektor wird nach dem anderen beschrieben. Doch durch das Löschen von Anwendungsprogrammen und Dateien sowie von temporären Verzeichnissen, die nur kurze Zeit Platz auf der Festplatte belegen, entstehen Lücken. Diese Lücken nutzt Windows 7 wiederum zum Ablegen von Dateien. Auf diese Weise werden die Daten nicht mehr nacheinander geschrieben (also in aufeinanderfolgende Sektoren), sondern in die freien Lücken. Programmdateien, Bibliotheken und andere Daten werden »verteilt«. Es entsteht eine *Fragmentierung*. Das kann den Zugriff auf Daten verlangsamen. Bei einer starken Fragmentierung können Spiele und Anwendungsprogramme Probleme verursachen. Es kommt zu langen Ladezeiten und Programmabstürzen.

Stellen Sie sich die Festplatte Ihres Rechners wie eine Schallplatte vor. Wie auch beim Plattenspieler gibt es einen mechanischen Schreib- und Lesekopf. Dieser hat nun keine große Arbeit, wenn Teile einer Datei »an einem Stück« vorhanden sind. Sind Dateien aber aufgeteilt, also an unterschiedlichen Stellen auf der Festplattenpartition abgelegt, muss er hin- und herspringen. Der Schreib-/Lesekopf muss bei einer starken Fragmentierung einen längeren Weg zurücklegen. Dieses Mehr an Arbeit kostet die Festplatte natürlich auch mehr Zeit.

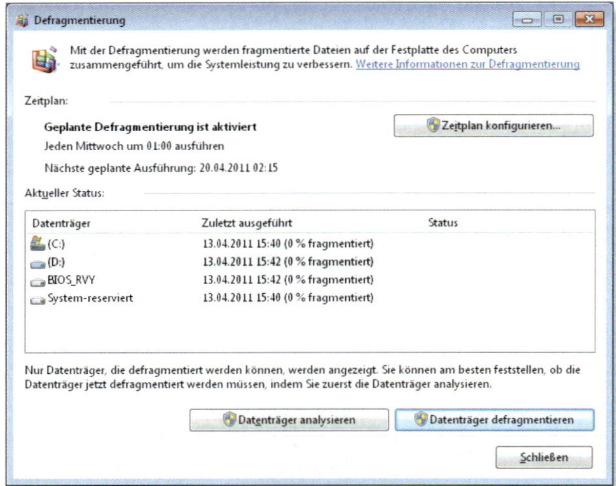

Abbildung 9.49 *Windows 7 führt per Vorgabeeinstellung Mittwochs um 1.00 Uhr eine Defragmentierung durch. Korrigieren Sie den Zeitplan gegebenenfalls.*

Mit der Defragmentierung aus dem Programmordner **Zubehör** überprüfen Sie zunächst eine Festplattenpartition. Für das Analysieren eines Datenträgers benötigen Sie dabei wie immer die Rechte eines Administrators.

Zeigt das Werkzeug 0% Fragmentierung an, müssen Sie keine weiteren Schritte unternehmen. Auch bei wenigen Prozent ist dies noch nicht notwendig. Ist die Zahl höher, markieren Sie den Datenträger und wählen **Datenträger defragmentieren**. Nun müssen Sie einige Zeit warten. Windows 7 verschiebt nun Daten, die zu einer Anwendung gehören, in ein temporäres Verzeichnis. Dort werden sie zwischengelagert. Ist genügend Platz vorhanden, werden sie auf die Festplatte zurückgeschrieben.

Die Defragmentierung von Windows 7 setzt voraus, dass für ein Zwischenspeichern in einem temporären Verzeichnis genügend freier Speicherplatz vorhanden ist.

Sie können leider das Defragmentieren nicht näher verfolgen. Nur eine Prozentanzeige wird angezeigt, und Sie sehen, wie weit das Werkzeug bereits mit seiner Arbeit ist. Defragmentierungsprogramme zeigen hier eine Übersicht an, bei der Sie genau sehen, welche Sektoren bearbeitet werden.

Die Wartungsprogramme **Datenträgerbereinigung** und **Defragmentierung** werden ausführlicher in Abschnitt 26.1, »Das Betriebssystem warten und pflegen«, ab Seite 684 vorgestellt.

Der Editor für benutzerdefinierte Zeichen

Dieser Editor richtet sich an die kreativen Anwender unter Ihnen. Anhand eines Gitters können Sie ein Zeichen definieren. Dafür stehen Ihnen ein Stift und ein Pinsel zur Verfügung. Sie können ein Linienwerkzeug nutzen und auch auf Rechteck und Ellipse zugreifen. Mit zwei Werkzeugen selektieren Sie Elemente: entweder mit dem rechteckigen Auswahlwerkzeug oder mit dem Freihandwerkzeug. Die kleine Liste der Zeichenwerkzeuge wird mit einem Radiergummi abgerundet. Über **Extras** können Sie ein Objekt auch spiegeln.

Nutzen Sie das Gitter, um so Punkt für Punkt ein Zeichen entstehen zu lassen.

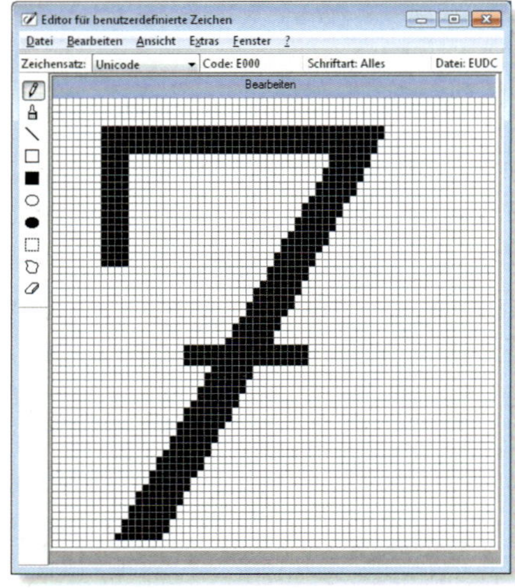

Abbildung 9.50 *Ein benutzerdefiniertes Zeichen zu »malen« ist einfacher, als man denkt.*

TIPP

Einfacher zeichnen
Nutzen Sie zu Beginn das Linien-, Rechteck- und Ellipsenwerkzeug. Das macht das Erstellen von Zeichen einfach. Später können Feinarbeiten mit dem Stift ausgeführt werden.

Mit **Zeichen speichern** wird es in den benutzerdefinierten Zeichen abgelegt. An späterer Stelle können Sie es hier abrufen.

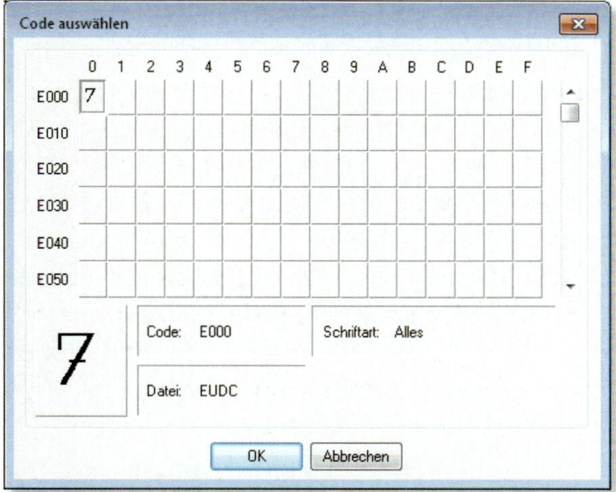

Abbildung 9.51 In der Codeauswahl ist noch viel Platz für weitere benutzerdefinierte Zeichen.

Der Internet Explorer

Mit dem Browser Internet Explorer surfen Sie im World Wide Web. Es gibt natürlich noch andere Webbrowser. Sie müssen nicht das Programm von Microsoft verwenden. In diesem Buch möchte ich Ihnen jedoch den Internet Explorer vorstellen.

Auf Ihrem Desktop finden Sie die Schaltfläche **Browserwahl**. Ist sie nicht vorhanden, liegt das daran, das Ihre Windows 7-Version etwas älter ist und diese Deskop-Verknüpfung noch nicht vorhanden ist. Führen Sie ein Update durch, erscheint sie. Alternativ können Sie die Browserwahl auch mit einer Internetadresse aufrufen.

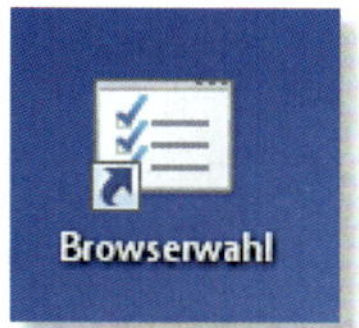

Abbildung 9.52 Diese Schaltfläche auf Ihrem Desktop erlaubt es Ihnen, sich für einen der möglichen Webbrowser zu entscheiden.

Mit der **Browserwahl** bietet Microsoft Ihnen eine Reihe aktueller Browser an. Sie finden zu jedem Programm eine kurze Beschreibung. Über eine Schaltfläche können Sie sich weitere Informationen zu einem Programm ansehen.

Die Browserwahl ist lediglich eine HTML-Seite mit allgemeinen Informationen zum Thema Webbrowser. Klicken Sie hier einfach auf **OK**.

Im Fenster sehen Sie nun eine lange Liste von Webbrowsern. Sie können hier sogar noch weiter nach rechts scrollen und finden einige weniger bekannte Programme vor. *Firefox, Opera* und den *Google Chrome* kennen viele. Der vom Macintosh stammende Safari ist bei Windows-Anwendern weniger bekannt. Aber kennen Sie *K-Meledon*? Oder vielleicht den *Lunascape Browser*, den *Avant Browser* oder *flock*? Auch der *Flash-Peak SlimBrowser*, der *Maxthon Browser* und der Browser *IRON* von SRWare sind kaum bekannt. Einige der genannten Programme sind sehr gut und wirklich gute Alternativen zu den bekannten Webbrowserprogrammen. Wenn Sie sich für die Thematik interessieren und gerne den einen oder anderen Browser testen möchten, finden Sie hier Informationen (siehe Abbildung 9.53).

Sofern er auf Ihrem Rechner noch nicht vorhanden ist, wählen Sie den Windows Internet Explorer. Mit **Installieren** wird er auf Ihren Rechner geladen und der Setup-Dialog gestartet.

Bereits beim Start bekommen Sie einen Hinweis auf die neue Version des Internet Explorers. Ist dies nicht der Fall, können Sie über das Windows-Update auf die neuste Version des Browsers aktualisieren.

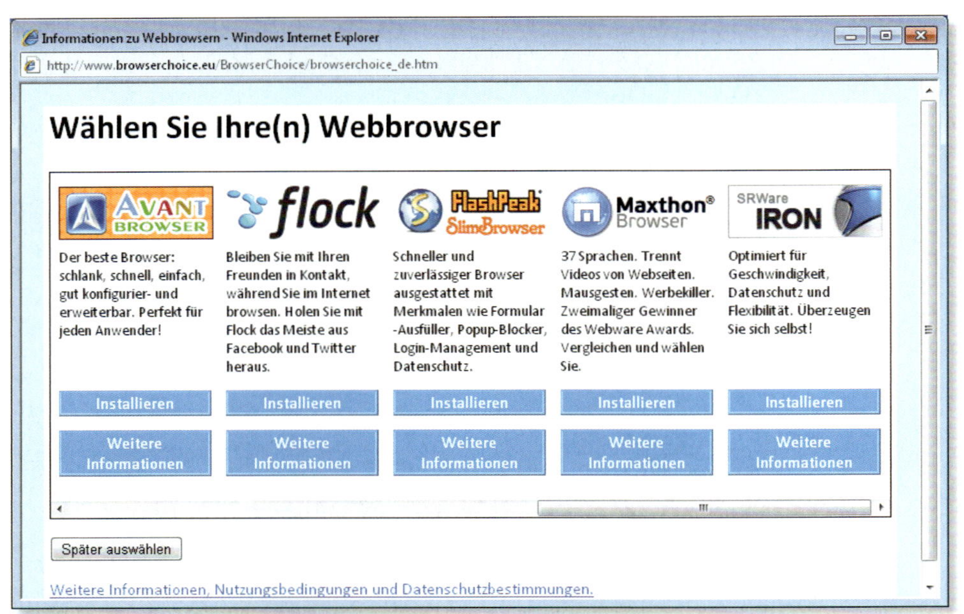

< ***Abbildung 9.53*** *Die Browserwahl bietet auch unbekannte Webbrowser. Ein näherer Blick auf die weniger bekannten Programme lohnt sich. Dieser Auswahldialog ist eine gute Möglichkeit sich einmal umzuschauen, was es neben dem Microsoft Internet Explorer noch für Browser gibt.*

HINWEIS

Wo finde ich die neue Version des Internet Explorers?

Auf der Webseite *http://windows.microsoft.com/de-DE/internet-explorer/products/ie-9/welcome* finden Sie die neue Version des Browsers. Auch mit *http://windows.microsoft.com/de-DE/internet-explorer/downloads/ie* gelangen Sie zum Ziel.

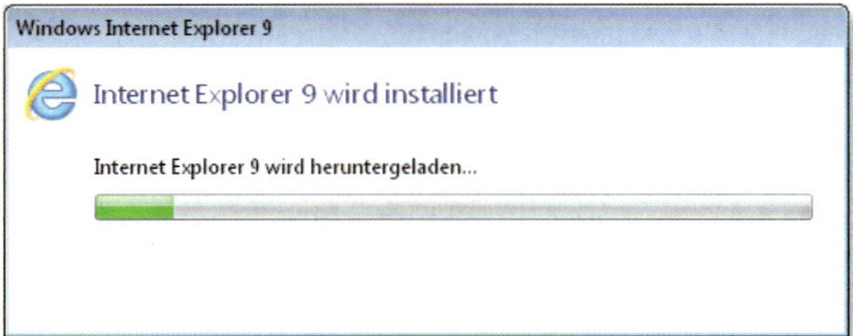

^ ***Abbildung 9.54*** *Die neue Version des Internet Explorers wird heruntergeladen und installiert.*

Vor dem ersten Start fragt das Programm Sie, welche Sicherheitseinstellungen Sie verwenden wollen. Sie können die empfohlene Einstellung verweigern oder den Dialog mit **Später nachfragen** beim nächsten Start des Webbrowsers durchlaufen. Bestätigen Sie die Vorgabe, wird der neue SmartScreen-Filter angeschaltet. Er schützt vor Angriffen aus dem Web. Dazu werden die Webadressen an Microsoft gesendet. Mit Kompatibilitätsansichtslisten werden Webseiten, die für ätere Versionen des Browsers optimiert wurden, an den neuen Browser angepasst.

Beachten Sie bitte, dass der SmartScreen-Filter eine Hilfe ist, dass er Sie jedoch nicht vor allen Angriffen, Viren, vor Spyware und Adware schützt. Nutzen Sie bitte unbedingt eine Firewall und einen aktuellen Virenscanner auf Ihrem Rechner, um die Sicherheit weiterhin zu erhöhen.

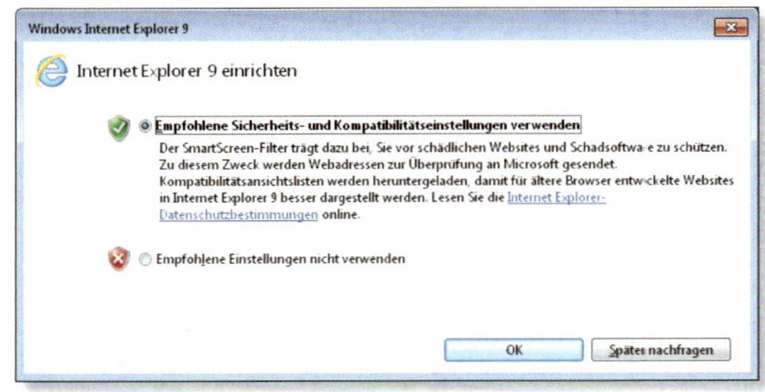

^ ***Abbildung 9.55*** *Beim ersten Start des Microsoft-Browsers wird der SmartScreen-Filter angeschaltet.*

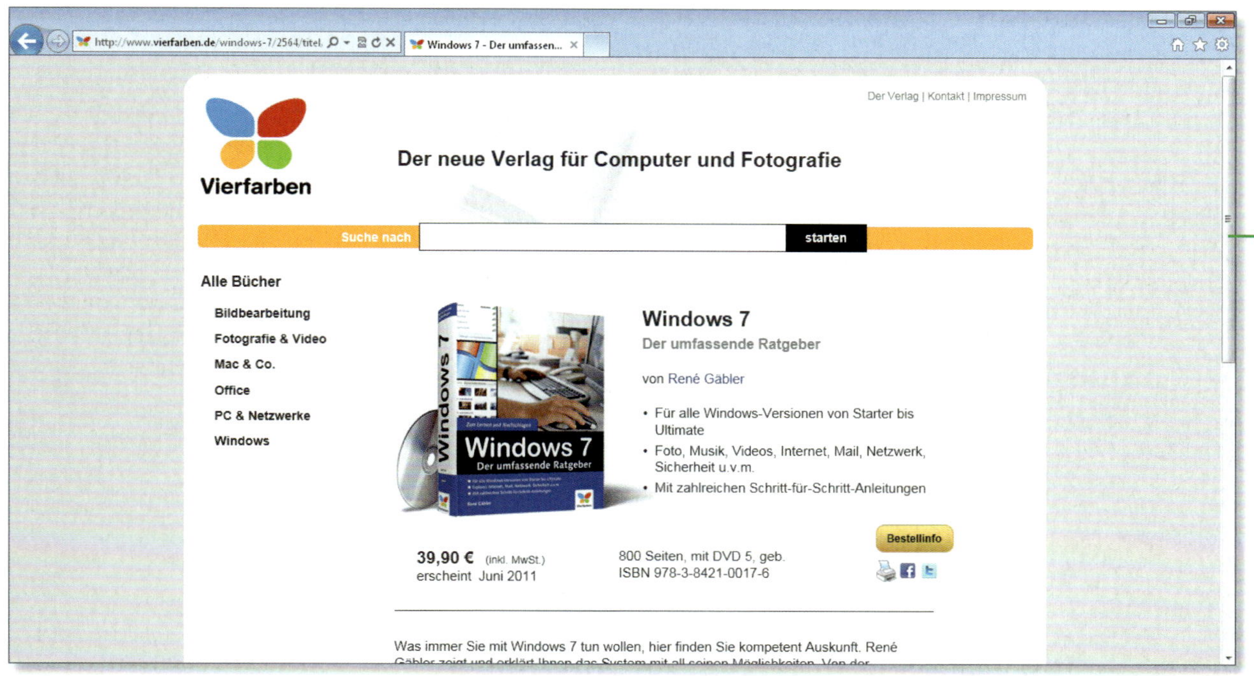

Abbildung 9.56 *Der Internet Explorer beim Praxiseinsatz. Sehr gelungen ist, dass bei der aktuellen Version der größte Bereich des Programms für die Darstellung der Webseiten genutzt wird. Die Menüelemente sind verborgen.*

INFO

Der Start des Browsers ohne Add-Ons

Starten Sie den Browser über **Zubehör > Systemprogramme**, wird er ohne Add-Ons ausgeführt. Über die Kopfzeile können Sie die deaktivierten Add-Ons anschalten.

Der Internet Explorer ist sehr einfach zu bedienen. Am linken oberen Rand befindet sich die Eingabezeile für die URL der Webseite, die Sie besuchen möchten. Geben Sie hier einfach einmal *www.vierfarben.de* ein. Bestätigen Sie mit [↵]. Je nachdem, wie schnell Ihre Internetverbindung ist, wird die Webseite in wenigen Augenblicken geladen, und Sie können sie im Fenster Ihres Browsers betrachten. Rechts finden Sie einen Scrollbalken, um auf der Seite weiter nach unten zu navigieren ❶. Mit der Maus wählen Sie Ziele im Menü oder Links auf der Seite aus. Surfen Sie einfach einmal ein wenig herum.

INFO

Wofür steht URL?

Die Abkürzung URL steht für *Uniform Resource Locator* und bezeichnet die Schreibweise der Internetadressen. Nach dem Protokoll http folgen ein Doppelpunkt und zwei Schrägstriche. Danach folgen in der Regel www für *World Wide Web*, der Name der Domain und die Top Level Domain de.

Der Microsoft-Browser nutzt den größten Teil seines Arbeitsfensters für die Darstellung der besuchten Webseite. Es gibt keine Menüleiste und keine Symbolleiste, die diesen Platz einschränkt. Sie haben lediglich am oberen Rand die Eingabezeile für die Webseite. Diese beinhaltet ein paar kleine Symbolschaltflächen. Davor sehen Sie zwei Pfeilschaltflächen. Mit denen können Sie eine Webseite nach vorn oder zurück blättern. Weiter rechts zeigt eine Registerkarte den Namen der besuchten Webseite, insofern ein solcher Name vom Webdesigner vergeben wurde. Mit der kleinen Schaltfläche dahinter öffnen Sie eine weitere Registerkarte und können auch hier eine Webseite eintragen und anschauen.

In der Eingabezeile für die Internetadresse finden Sie fünf kleine Symbole. Die Lupe steht für die Funktion **Suchen**. Klicken Sie darauf, und geben Sie ein, wonach Sie suchen möchten. Per Vorgabeeinstellung wird der Microsoft-Suchserver *bing* verwendet. Mit [↵] bestätigen Sie.

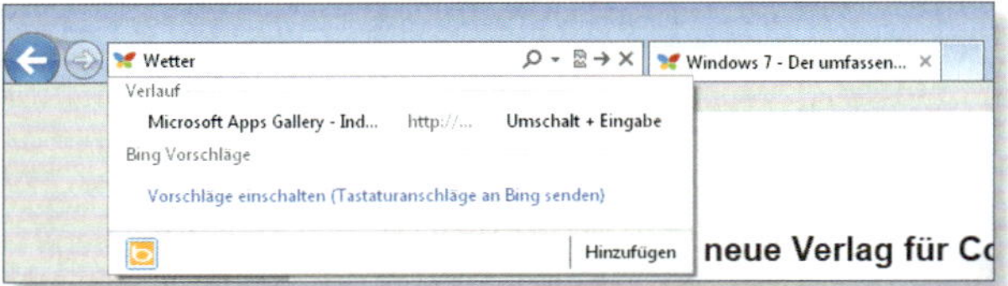

Abbildung 9.57 Die Suche nach Internetinhalten ist sehr einfach.

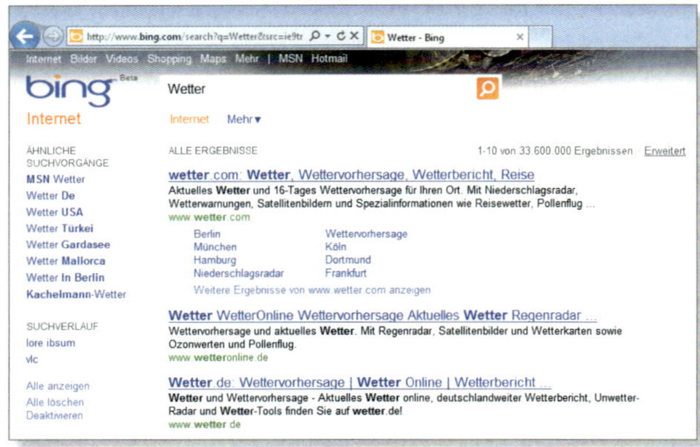

Abbildung 9.58 Bing findet zum Thema »Wetter« ganze 33.600.000 Treffer. Ein passender Wetterbericht ist so schnell gefunden.

Der kleine nach unten zeigende Pfeil in der Adressleiste öffnet eine Liste der besuchten Webseiten. Unten werden die als Favoriten gespeicherten Webadressen angehängt.

Das Symbol, das wie ein auseinandergerissenes Briefpapier aussieht, öffnet die Kompatibilitätsansicht. Diese wird für Webseiten genutzt, die für ältere Versionen des Internet Explorers optimiert worden sind. Nutzen Sie diese Ansicht, wenn nicht alle Inhalte einer Webseite korrekt dargestellt werden.

Der kreisförmige Pfeil ruft die Funktion **Aktualisieren** auf. Mit ihr wird die angezeigte Webseite neu geladen. Das können Sie auch mit der Taste [F5] tun.

Das Kreuzsymbol ruft die Funktion **Stopp** auf. So wird der Ladevorgang einer Webseite unterbrochen.

Ganz am rechten oberen Rand des Browsers finden Sie drei Symbolschaltflächen. Mit dem kleinen Häuschen wird die Startseite aufgerufen. Diese legen Sie in den Einstellungen des Programms fest. Ohne eine Einstellung gelangen Sie zum Portal MSN.

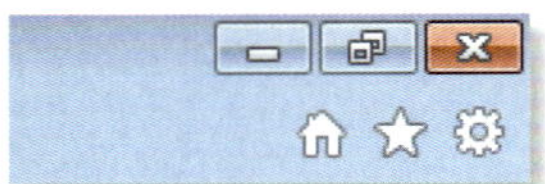

Abbildung 9.59 Am rechten oberen Rand des Browsers finden Sie drei Schaltflächen.

Der Stern öffnet das Favoritenfenster. Wie der Name bereits sagt, sind hier Ihre Favoriten abgelegt, also die Webseiten, die Sie immer wieder nutzen. Daneben finden Sie hier abonnierte Feeds und den Verlauf der besuchten Webseiten.

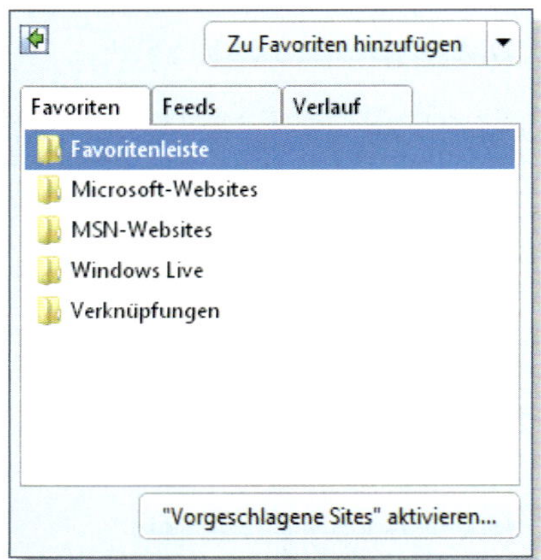

Abbildung 9.60 In den Favoriten halten Sie Ihre Lieblingsseiten fest. So müssen Sie die Adresse nicht wieder eintragen, sondern wählen sie einfach aus der Favoritenliste aus.

Das Zahnrad ruft das Menü **Extras** auf. Über dieses können Sie eine Webseite drucken, eine HTML-Datei speichern und die Vergrößerung der Darstellung im Browserfenster einstellen. Hier finden Sie auch die Sicherheitseinstellungen sowie die heruntergeladenen Dateien und können die Browser-Add-Ons verwalten. Auch der Einstellungsdialog des Internet Explorers ist hierüber erreichbar.

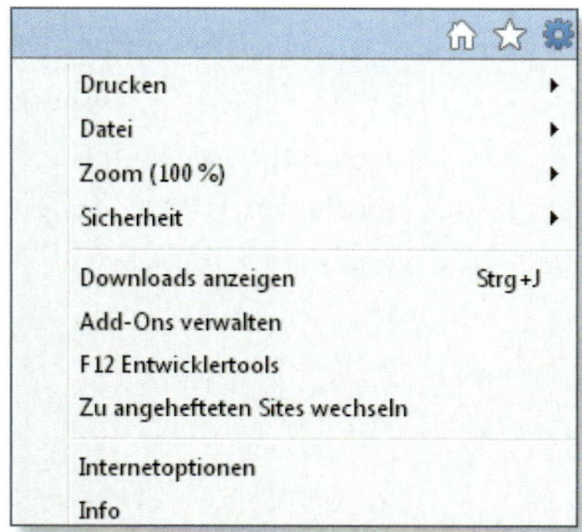

Abbildung 9.61 *Dieses Menü öffnen Sie bei Bedarf mit der Symbolschaltfläche ganz rechts.*

Natürlich gibt es auch ein Kontextmenü und eine Reihe von Tastenkombinationen. Über diese lassen sich oft benötigte Funktionen schnell aufrufen.

Eine Website als Favorit speichern

Bestimmt möchten Sie auf manche Websites regelmäßig zugreifen und diese als Lesezeichen speichern. Im Internet Explorer heißen diese Lesezeichen »Favoriten«.

Um die besuchte Webseite in die Liste Ihrer Favorit aufzunehmen, gehen Sie wie folgt vor:

1. Öffnen Sie mit der rechten Maustaste das Kontextmenü.
2. Wählen Sie **Zu Favoriten hinzufügen**.
3. Ein kleines Dialogfenster wird geöffnet. Als Bezeichnung für die gespeicherte Webadresse wird der vom Webmaster angelegte Name der Site übernommen. Wenn Sie möchten, können Sie diesen anpassen. Bestätigen Sie mit **Hinzufügen**.

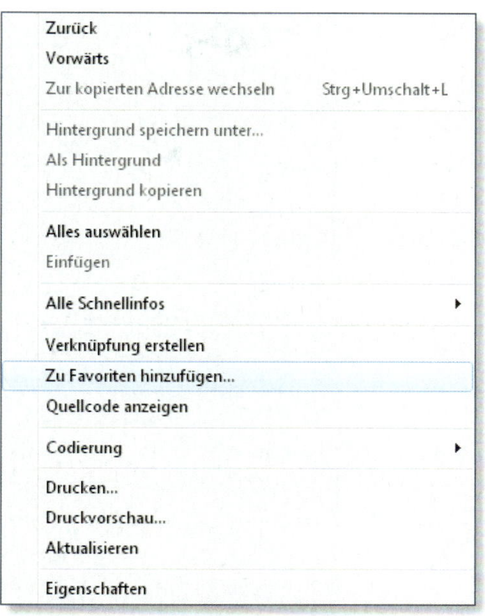

Abbildung 9.62 *Über das Kontextmenü speichern Sie eine Webseite in den Favoriten.*

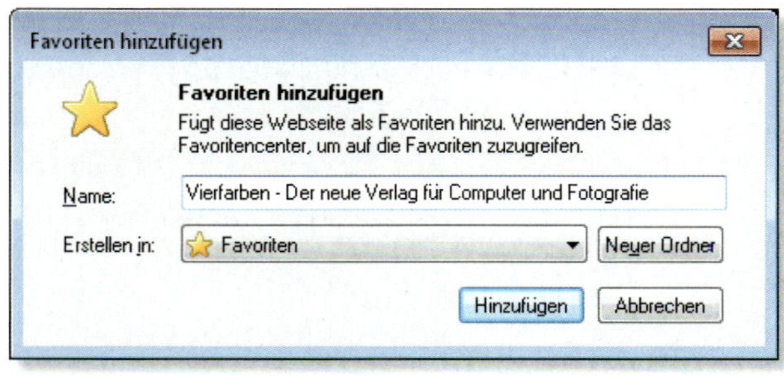

Abbildung 9.63 *Die aufgerufene Webseite wird als Favorit abgelegt.*

Alternativ klicken Sie auf die Schaltfläche **Zu Favoriten hinzufügen** im Favoritencenter. Über diese können vorhandene Favoritenlisten importiert oder die Liste bearbeitet werden.

Die abgespeicherte Webadresse erscheint nun in der Favoritenliste. Per Drag & Drop können Sie sie an eine andere Position verschieben.

__Abbildung 9.64__ Die Webadresse des Verlags »Vierfarben« erscheint nun in der Favoritenliste.

Vielleicht kennen Sie das? Manchmal streift man ziellos durch das World Wide Web. Über Links gelangt man zu der ein oder anderen Seite. Dieses Umschauen und Surfen macht einfach Spaß. Im Internet Explorer finden Sie eine Funktion, mit der Ihnen Websites vorgeschlagen werden. Auf der Grundlage der von Ihnen bereits besuchten Websiten versucht das Programm, Ihnen ähnliche Seiten vorzuschlagen. Möchten Sie diese Funktion nutzen, klicken Sie auf **Vorgeschlagene Sites aktivieren** im Favoritencenter. Diese Schaltfläche finden Sie ganz unten im Favoritencenter.

Der Browser blendet einen Hinweisdialog ein. Bestätigen Sie diesen einfach.

TIPP

Favoriten sortieren und gruppieren

Auf meinem Rechner herrscht ein wahres Favoriten-Chaos. Ich sortiere meine Favoriten nicht oder nur selten und speichere interessante Webseiten immer ab. Das Ergebnis ist eine riesige Liste von Webadressen, von denen ich viele eigentlich nicht brauche.

Legen Sie nur die oft besuchten Webadressen als Favoriten ab. Verwenden Sie Ordner, um Favoriten zu sortieren. Nehmen Sie sich ab und zu einmal Zeit, um Ihre Favoriten zu sortieren.

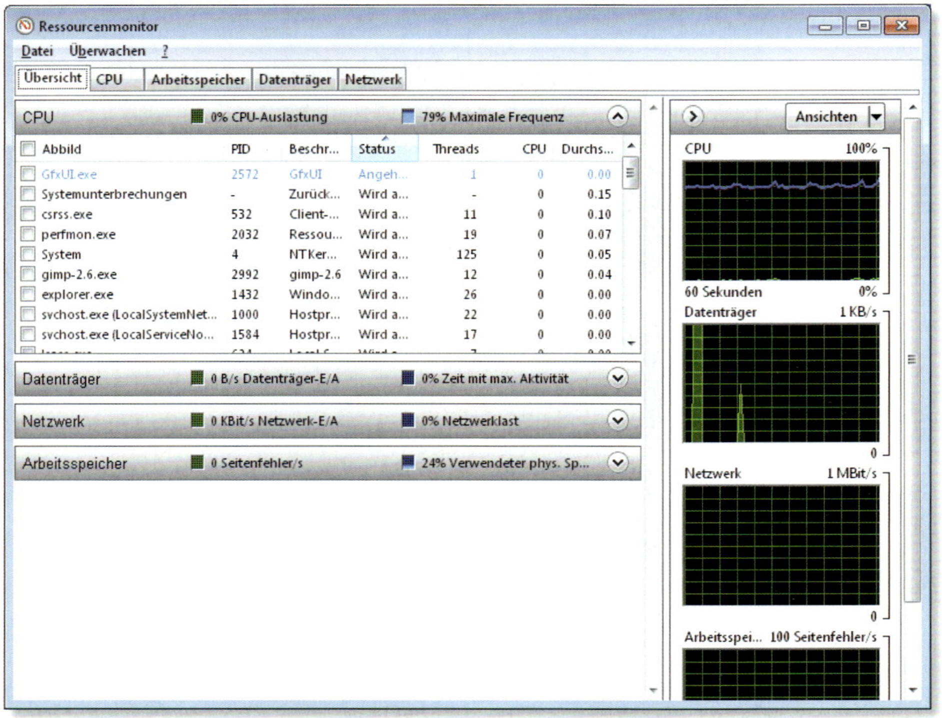

__Abbildung 9.66__ Der Ressourcenmonitor zeigt die Auslastung des Rechners. Werfen Sie einen Blick in diese Übersicht, um zu sehen, wie viel Arbeit die CPU verrichtet.

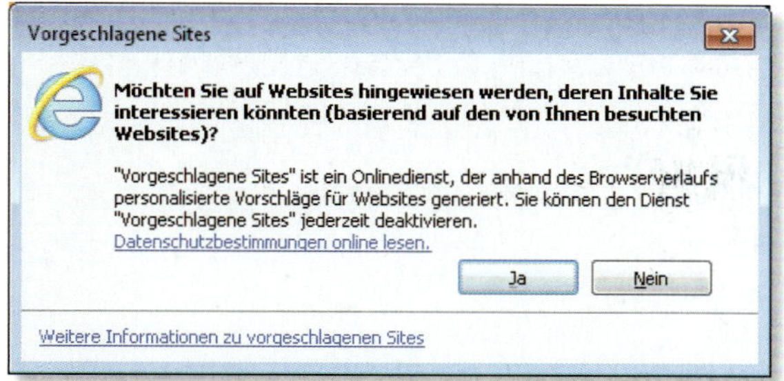

Abbildung 9.65 *Bestätigen Sie diesen Hinweis, und die Funktion »Vorgeschlagene Sites« wird angeschaltet.*

Nun werden Sie auf eine Microsoft-Site weitergeleitet. Hier sehen Sie eine Übersicht verschiedener Websites, die zu den von Ihnen bereits besuchten Sites passen. Je mehr Websites Sie besuchen, umso mehr Vorschläge kann diese Funktion Ihnen machen.

Über das Favoritencenter können Sie sich die **Vorgeschlagenen Sites** jederzeit anzeigen lassen. Natürlich können Sie diese Webadresse auch in Ihre Favoritenliste aufnehmen.

Den Webbrowser Internet Explorer lernen Sie in Kapitel 13, »Unterwegs im Internet«, noch genauer kennen.

Der Ressourcenmonitor

Der **Ressourcenmonitor** zeigt, wie stark bestimmte Bereiche Ihres Rechners belastet werden (siehe Abbildung 9.66). Mit Diagrammen werden die Auslastung der CPU, die Schreib- und Lesevorgänge auf den Festplatten, die Auslastung des Netzwerks und die Nutzung des Arbeitsspeichers verdeutlicht.

Gerade bei Grafikbearbeitungsprogrammen und Videoschnittsystemen lässt sich so einschätzen, ob Ihr Rechner stark genug für die genutzten Anwendungen ist. Vielleicht ist es auch Zeit, sich Gedanken über einen neuen, leistungsfähigeren Rechner zu machen?

Links neben den Diagrammen werden die Prozesse auf Ihrem Rechner gezeigt. Das sind Programme, Programmfunktionen und Systemprogramme, die ausgeführt werden. In der Spalte **Status** sehen Sie, ob der Prozess ausgeführt wird oder ruht. Wundern Sie sich nicht, es sind einige.

Die Prozesse und Aktivitäten sind in vier Ansichten aufgeteilt. Je nach Bedarf können Sie diese auf- oder zuklappen und sich ansehen, welche Arbeiten die CPU

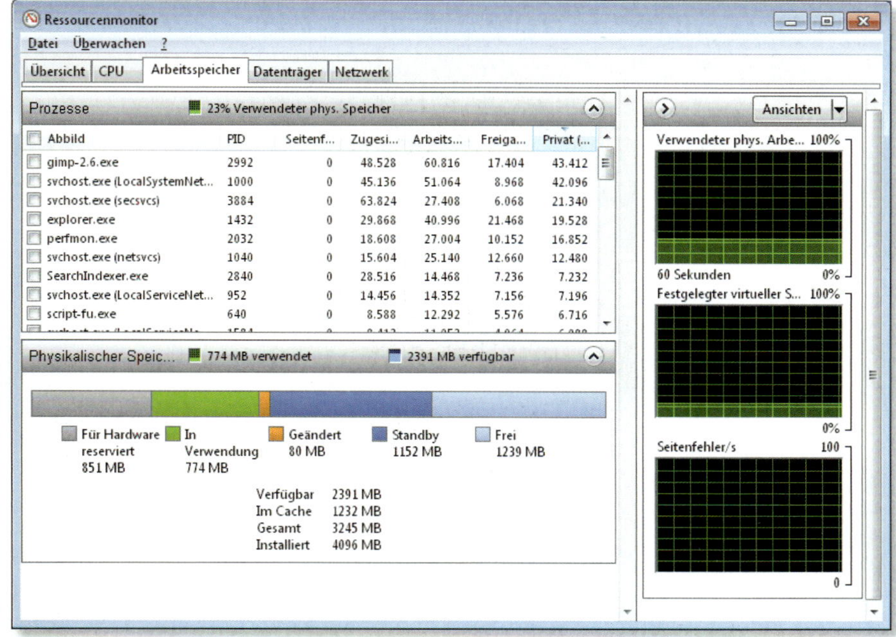

Abbildung 9.67 *Schauen Sie sich an, wie viel Arbeitsspeicher auf Ihrem Rechner genutzt wird und was noch verfügbar ist. Sie erkennen auch, wie viel Arbeitsspeicher einzelne Anwendungen benötigen.*

durchführt, durch welche Vorgänge die verwendeten Datenträger belastet werden, was im Netzwerk geschieht und welche Arbeiten der Arbeitsspeicher durchführen muss.

HINWEIS

Vorsicht bei Eingriffen in die Prozesse des Rechners
Erfahrene Anwender haben die Möglichkeit, im Systemmonitor Prozesse zu beenden. Das sollten Sie nur tun, wenn Sie genau wissen, zu welchem Programm oder Dienst ein Prozess gehört. Sie können sonst leicht das Betriebssystem zu einem Absturz bringen oder sogar beschädigen.

Über die Registerkarten sind weitere Ansichten verfügbar. Interessant ist vor allem der **Arbeitsspeicher**. Schauen Sie sich an, wie stark Programme und das Betriebssystem den Arbeitsspeicher nutzen. Wie viel ist frei? Vielleicht ist ein Mehr an Arbeitsspeicher sinnvoll?

Beachten Sie bitte, dass Windows 7 einen Teil des Arbeitsspeichers für Hardwarefunktionen und das Betriebssystem reserviert. Auch das BIOS nutzt einen kleinen Teil des Arbeitsspeichers. Sie können von den vorhandenen 4 GB nicht alles für Anwendungen und Spiele nutzen.

Der Ressourcenmonitor listet Ihnen mit einem Streifendiagramm auf, wie viel RAM verfügbar ist und was genutzt wird. Die Angaben erfolgen in MB (Megabyte). Unter dem Diagramm sehen Sie eine kleine Liste mit den Werten. Hier können Sie noch einmal schauen, wie viel vom Arbeitsspeicher verfügbar ist, was für den Zwischenspeicher (Cache) genutzt wird und wie viel Arbeitsspeicher überhaupt im Rechner eingebaut ist.

Die Systeminformationen

Die **Systeminformationen** zeigen ausführlich, was in Ihrem Rechner steckt. Welche Version des Windows 7-Systems benutzen Sie? Was für ein Prozessor ist im Rechner verbaut? Wie viel GHz Leistung bringt der Prozessor? Wie viel Arbeitsspeicher ist vorhanden? All diese Informationen können Sie hier ablesen.

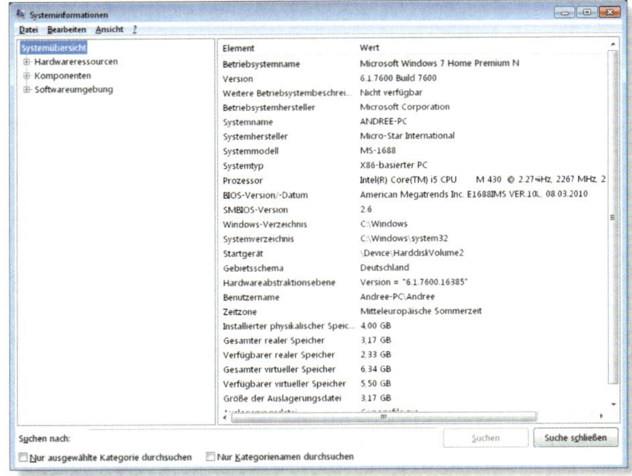

*Abbildung 9.68 Die **Systeminformationen**.*

Die Übersicht ist vor allem dann wichtig, wenn Sie Ihren Rechner erweitern wollen und sehen wollen, ob die neuen Komponenten zu den bisher verwendeten passen. Sie können hier grundlegende Informationen über den Rechner ablesen.

Auf der linken Seite lassen sich drei Menübäume öffnen: **Hardwareressourcen** zeigt Konflikte verschiedener Treiber an. Der Status verschiedener Gerätetreiber wird angezeigt, und Sie können sehen, welche Ressourcen und IRQs diese nutzen.

Komponenten listet die im Rechner verbauten Geräte auf. So sehen Sie zum Beispiel, welche Eigenschaften die verwendete Grafikkarte hat und welche USB-Geräte vorhanden sind. Sie können hier nach Eingabegeräten, Anschlüssen und Netzwerkgeräten schauen. Sie finden hier auch eine Liste von Geräten vor, die Probleme verursachen.

Unter **Softwareumgebung** werden Systemtreiber, Umgebungsvariablen, Druckaufträge und andere Aufgaben und Aktivitäten aufgelistet.

Die **Systeminformationen** lassen keine Eingaben und Veränderungen zu. Sie können nach bestimmten Inhalten suchen und diese Suche auf ausgewählte Kategorien oder Kategorienamen eingrenzen. Eine Ansicht kann über **Datei** auch gespeichert oder gedruckt werden.

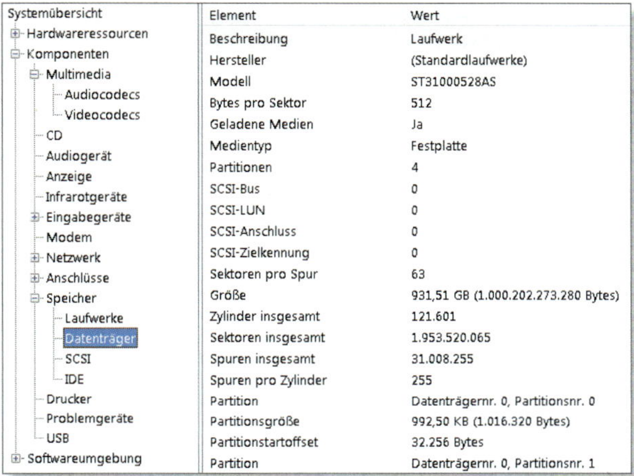

Abbildung 9.69 *Die* ***Systeminformationen*** *zeigen z. B. an, welche Festplatte sich in Ihrem Rechner verbirgt.*

Die Systemwiederherstellung

Mit der **Systemwiederherstellung** bringen Sie Ihren Rechner auf einen Zustand zurück, den Sie zuvor gesichert haben. Eine solche Sicherung kann auch automatisch geschehen, so zum Beispiel, wenn ein Anwendungsprogramm installiert wird.

INFO

Was wird durch die Systemwiederherstellung verändert?

Die Systemwiederherstellung verändert keine Office-Dokumente, Bilddateien, Video- und Musikdateien. Jedoch wirkt sich das Zurücklesen eines Wiederherstellungspunktes auf installierte Anwendungsprogramme, Spiele und Treiber aus.

Das Werkzeug bringt den Rechner in den Zustand zurück, der zu dem Zeitpunkt geherrscht hat, als ein Wiederherstellungspunkt gesetzt wurde.

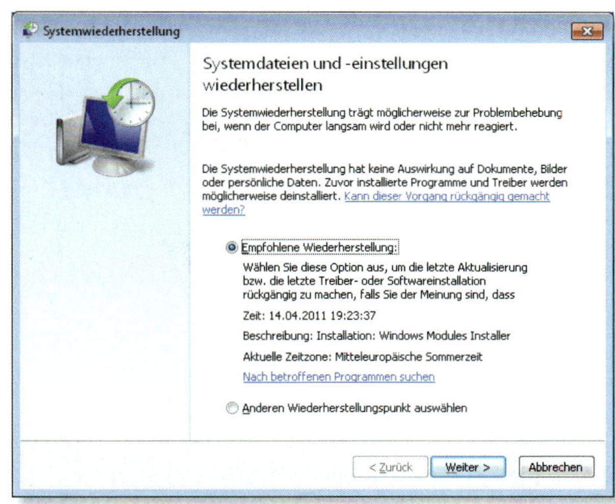

Abbildung 9.70 *Das Werkzeug schlägt einen Wiederherstellungspunkt vor.*

Nutzen Sie die Systemwiederherstellung, bevor Sie ein neues Programm installieren und ausprobieren. Auch bei Änderungen an Treibern und Systemeinstellungen lohnt es sich, zuvor einen Wiederherstellungspunkt zu setzen.

INFO

Kann das Wiederherstellen rückgängig gemacht werden?

Es kann ja vorkommen, dass Sie einen Wiederherstellungspunkt zurücklesen und danach feststellen, dass die alte Einstellung besser war. In so einem Fall wäre es doch schön, wenn der Vorgang rückgängig gemacht werden könnte.

Sie müssen sich hier keine Sorgen machen. Bevor ein Wiederherstellungspunkt zurückgelesen wird, wird auch ein neuer erstellt. Diesen können Sie im Falle eines Falles verwenden.

Aber: Wurde die Systemwiederherstellung im abgesicherten Modus verwendet oder über die **Systemwiederherstellungsoptionen** aufgerufen, ist ein Rückgängigmachen nicht möglich.

Die Systemwiederherstellung ermöglicht es, vor der Anwendung nach betroffenen Programmen zu suchen. Sie sehen so, wo das Werkzeug Änderungen vornimmt. Sie klicken dafür auf den Menülink.

Das System wird durchsucht, und alle Programme und Treiber, die nach dem letzten Erstellen eines Wiederherstellungspunktes hinzugefügt wurden, werden aufgelistet.

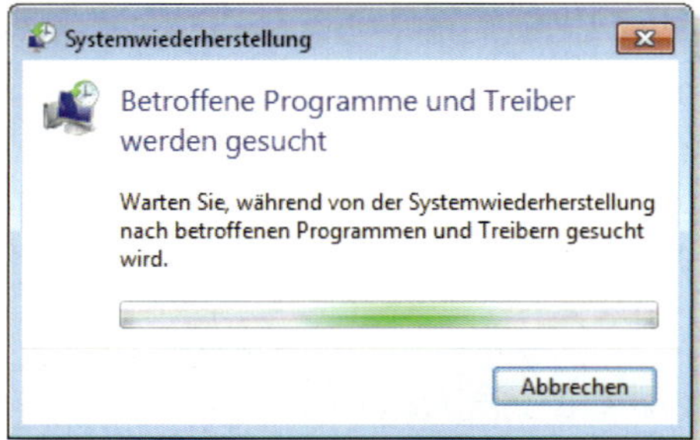

Abbildung 9.71 *Das Programm ermittelt, welche Programme und Treiberdateien verändert werden.*

Einen Systemwiederherstellungspunkt setzen und zurücklesen

In einem Beispiel möchte ich Ihnen zeigen, wie ein Systemwiederherstellungspunkt gesetzt wird und wie er wieder zurückgelesen wird:

1. Öffnen Sie die Systemsteuerung. Wählen Sie **System und Sicherheit > System**, und klicken Sie auf **Erweiterte Systemeinstellungen**.
2. Ein Dialogfenster klappt auf. Wechseln Sie in das Register **Computerschutz** ❶. Ganz unten sehen Sie eine Schaltfläche, mit der Sie einen Wiederherstellungspunkt setzen können. Klicken Sie auf **Erstellen**.
3. Geben Sie eine Bezeichnung für den Wiederherstellungspunkt ein. Empfehlenswert ist eine Zahlenfolge, mit der das aktuelle Datum angegeben wird. Auch ein kurzer Hinweis auf das Programm, das Sie vielleicht nach dem Setzen des Wiederherstellungspunktes ausprobieren möchten, ist eine gute Idee. Bestätigen Sie mit **Erstellen**.

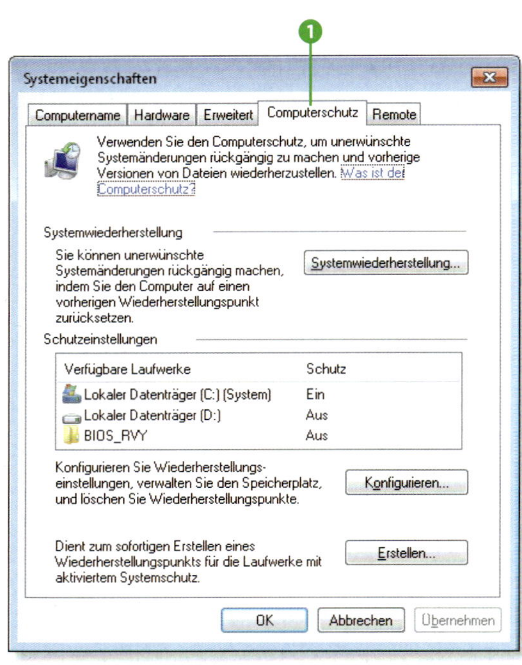

Abbildung 9.72 *In den **Systemeigenschaften** wird unter **Computerschutz** ein Wiederherstellungspunkt gesetzt.*

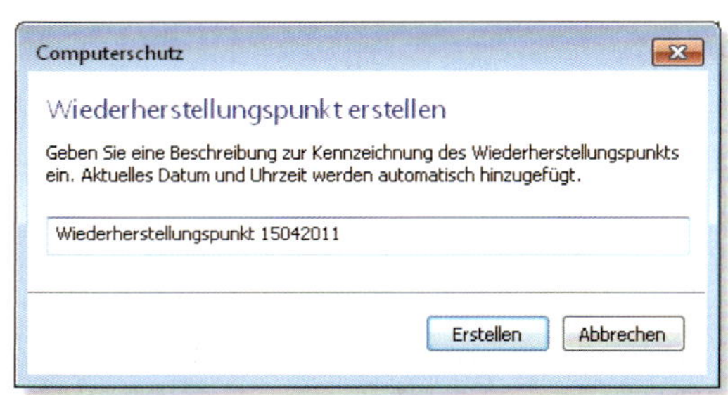

Abbildung 9.73 *Nach der Eingabe einer Bezeichnung oder einer kurzen Beschreibung kann es losgehen.*

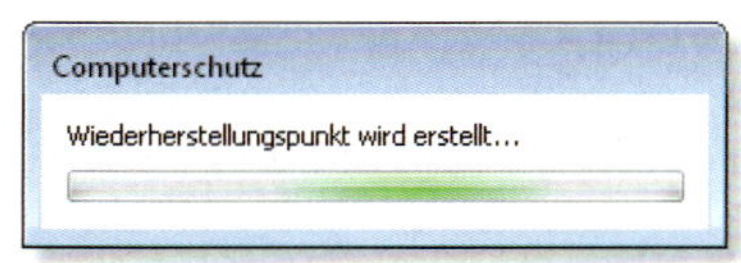

Abbildung 9.74 *Das Erstellen eines Wiederherstellungspunktes nimmt auf meinem Rechner nur kurze Zeit in Anspruch.*

Um den Wiederherstellungspunkt zurückzulesen, starten Sie die Systemwiederherstellung. Der letzte Wiederherstellungspunkt wird vom Werkzeug empfohlen. Diesen müssen Sie nur mit **Weiter** und **Fertig stellen** bestätigen.

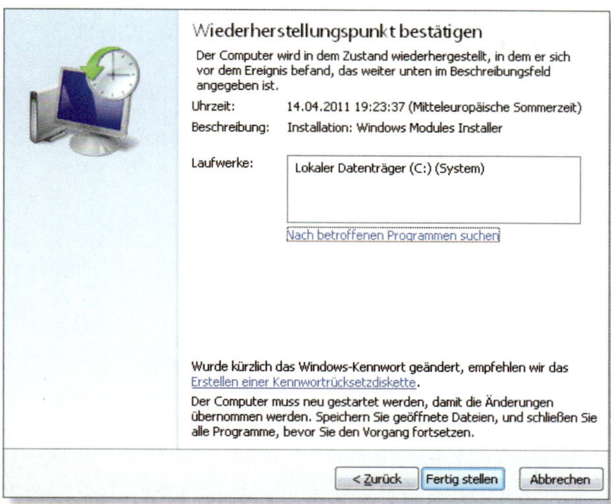

Abbildung 9.75 *Nach dem Test kann der zuvor gesetzte Wiederherstellungspunkt zurückgelesen werden.*

Mehr zur Systemwiederherstellung lesen Sie im Abschnitt »Das Betriebssystem warten und pflegen«, ab Seite 684.

Windows-EasyTransfer

Mit dem Microsoft-Werkzeug Windows-EasyTransfer können Sie Daten von einem anderen Windows-Rechner übertragen. Damit ersparen Sie sich das Suchen und Kopieren. Das Tool eignet sich sehr gut, wenn Sie einen neuen Rechner angeschafft haben und nun auf diesem Ihre alten Dokumente und Einstellungen verwenden wollen. Windows-EasyTransfer überträgt unter anderem Benutzerkonten, Dokumente, Musikdateien, Bilddateien, E-Mails, Internetfavoriten und Videodateien.

Das Tool wird auf dem Quellrechner und auf dem Zielrechner gestartet. Die Übertragung der Dateien erfolgt über ein spezielles EasyTransfer-Kabel, über ein vorhandenes Netzwerk, eine externe Festplatte oder ein USB-Flashlaufwerk.

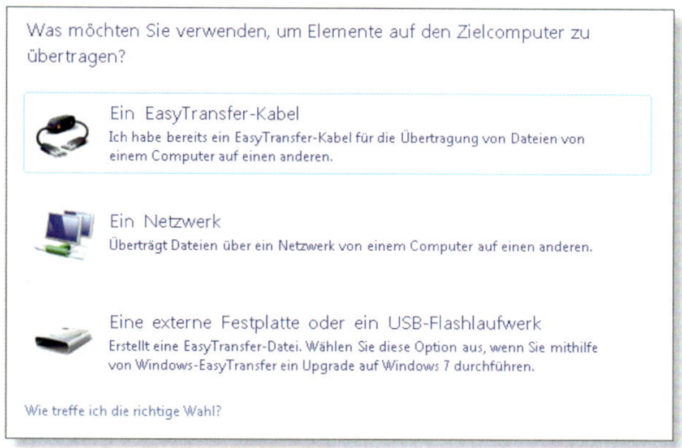

Abbildung 9.76 *Windows-EasyTransfer überträgt Dateien und Einstellungen. Für diese Übertragung können verschiedene Wege genutzt werden.*

Die einfachste und bequemste Methode ist wohl die Nutzung eines Netzwerks, an das beide Rechner angeschlossen sind. Das funktioniert auch über einen dazwischenliegenden Router sehr gut.

Ein EasyTransfer-Kabel kostet im Handel weniger als 20 Euro. Ob sich die Anschaffung für die einmalige Verwendung lohnt, müssen Sie entscheiden. Auch diese Verbindungsmethode ist sehr einfach umzusetzen. Ein Kabel führt vom Quell- zum Zielrechner. Die Verbindung erfolgt über einen USB-Anschluss.

Stehen beide Methoden nicht zur Verfügung, nutzen Sie einfach eine USB-Festplatte oder einen anderen Datentrtäger, der per USB mit beiden Rechnern verbunden werden kann.

In den Windows-EasyTransfer-Berichten können Sie sich die Rückmeldungen über den Transfer der Daten anschauen. Hier sehen Sie, ob alles zur vollen Zufriedenheit ablief. Fehlermeldungen werden hier ebenfalls aufgelistet.

Das Tool Windows-EasyTransfer haben Sie bereits im Abschnitt »Daten und Einstellungen von Ihrem alten Rechner übertragen«, ab Seite 120 kennengelernt.

Die Zeichentabelle

Die **Zeichentabelle** ist ein wichtiges und interessantes Hilfsmittel, wenn Sie mit einer Office-Anwendung ein Textdokument erstellen und ein Zeichen verwenden möchten, das nicht über das Keyboard eingegeben werden kann. Sie finden hier Modifikationszeichen, hebräische Zeichen, arabische Buchstaben, lateinische Buchstaben, griechische Buchstaben, mathematische Sonderzeichen und andere Zeichen.

Ein Sonderzeichenzeichen einfügen

Die Anwendung ist sehr einfach:

1. Scrollen Sie durch die Liste, bis Sie das gesuchte Zeichen gefunden haben. Wenn Sie es markieren, wird es in einer Vergrößerung dargestellt.
2. Mit **Auswählen** wird es in das Feld **Zeichenauswahl** kopiert. Sie können nun weitere Zeichen suchen und in das Feld einfügen.
3. Wählen Sie **Kopieren**. Die ausgewählten Zeichen werden in die Zwischenablage kopiert. In Ihrer Anwendung fügen Sie diese über den Befehl **Einfügen** oder mit Strg + V ein.

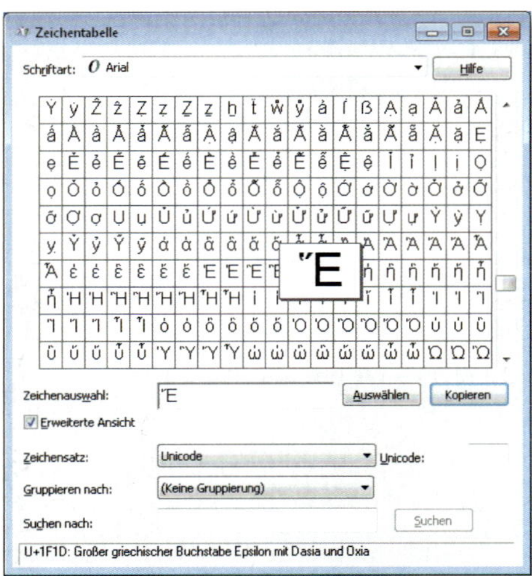

Abbildung 9.77 *Zeichen, die Sie nicht direkt über die Tastatur eingeben können, finden Sie in der Zeichenauswahl.*

9.4 Tablet PC-Werkzeuge

Seit dem iPad erfreuen sich sogenannte Tablets immer größerer Beliebtheit. Es gibt auch eine ganze Reihe Tablets, auf denen Windows 7 läuft. Speziell für die Verwendung auf tragbaren Tablet-PCs sind drei Werkzeuge gedacht.

Das Werkzeug »Handschriftenerkennung anpassen«

Die Handschriftenerkennung setzt Ihre Eingaben in Texte und Zahlen um. Dabei können Sie so schreiben wie auch auf Papier. Der Rechner lernt Ihre Handschrift.

Mit dem Werkzeug für die Anpassung dieser Funktion wählen Sie zunächst die Sprache aus, die Sie verwenden. Hier sollte **Deutsch** die richtige Wahl sein.

Sie können nun Zeichen und Wörter eingeben, die das Programm bisher nicht richtig erkannt hat. Sie sorgen so dafür, dass die bisher auftretenden Fehler nicht mehr vorkommen.

Mit der zweiten Funktion lässt sich die Handschriftenerkennung gezielt trainieren. Sie »lernt«, Ihre Eingaben zu erkennen und richtig zuzuordnen.

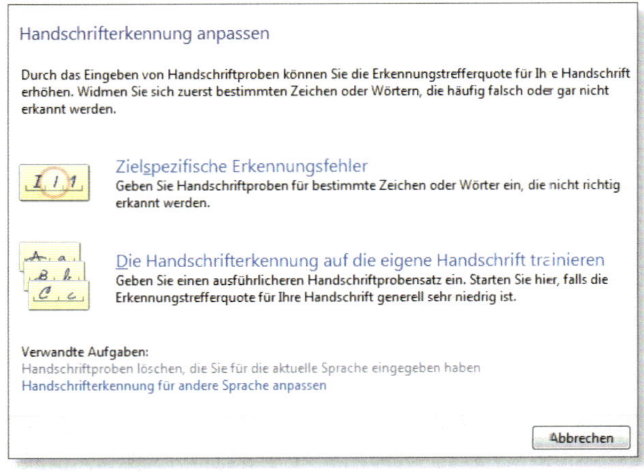

Abbildung 9.78 *Treten viele Erkennungsfehler bei der Handschriftenerkennung auf, können Sie diese anpassen.*

Der Tablet PC-Eingabebereich

Der Eingabebereich nimmt Ihre Handschrift entgegen und setzt sie um. Das funktioniert selbst bei einer recht krakeligen Handschrift wie meiner eigenen sehr gut.

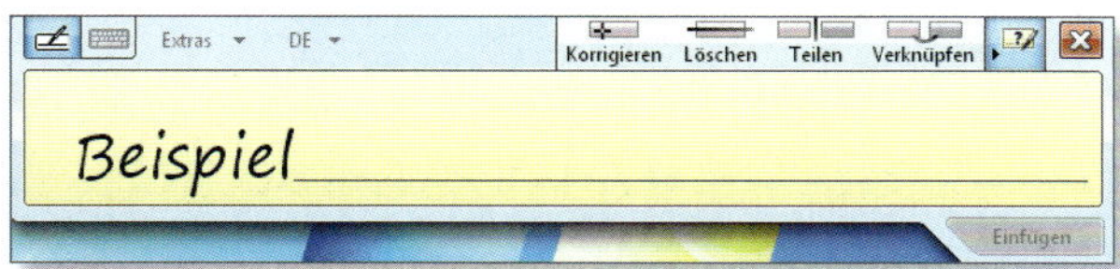

Abbildung 9.79 *Das Werkzeug erkennt die handgeschriebenen Wörter sehr gut.*

Über die Menüleiste können Sie Animationen abspielen lassen, die zeigen, wie Sie Eingaben korrigieren, löschen und verschiedene Eingabeteile zu einem Wort zusammensetzen. Auch der umgekehrte Fall ist möglich: Sie können also ein Wort trennen und daraus zwei machen.

Mit **Einfügen** wird das erkannte Wort in eine Anwendung eingetragen. so zum Beispiel in eine E-Mail, in eine Textverarbeitung oder in ein anderes Programm.

Klicken Sie auf das Wort, wird es auseinandergezogen, und Sie können es korrigieren. Das Programm zeigt Ihnen auch ähnliche Wörter an, die Sie mit der Maus oder dem Eingabestift einfach auswählen.

Klicken Sie auf das Kreuz in der rechten oberen Ecke, wird der Eingabebereich nicht etwa geschlossen, sondern nur über den Rand des Bildschirms hinausgeschoben. Nur ein kleines Stück vom Fenster bleibt auf dem Desktoprand sichtbar. Mit ihm wird das Werkzeug wieder eingeblendet.

Über das Symbol in der linken oberen Ecke blenden Sie die Bildschirmtastatur ein. Über **Extras** können Sie verschiedene Funktionen abrufen. So lassen sich Zeichen einzeln eingeben. Über **Handschriftenerkennung anpassen** rufen Sie den Dialog auf, den ich im Abschnitt zuvor beschrieben habe. Mit **Docking** wählen Sie, ob das Fenster nicht verankert wird oder ob es am oberen oder unteren Bildschirmrand angedockt wird.

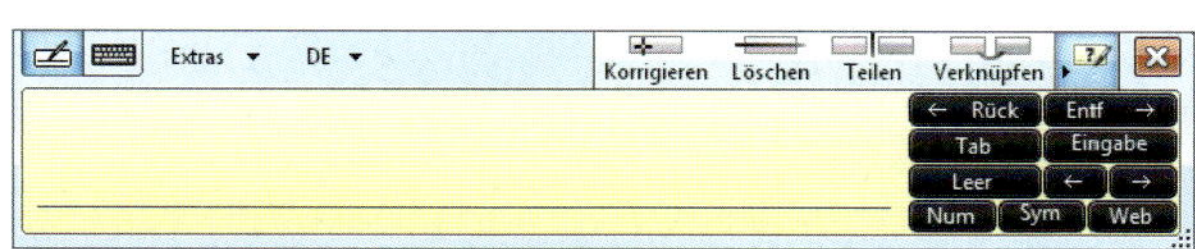

Abbildung 9.80 *Der TabletPC-Eingabebereich mit Zusatztasten. Mit* `Esc` *werden diese sichtbar.*

Schauen Sie sich einmal in dem Einstellungsdialog des Werkzeugs um. Sie können hier ein Symbol für das Tool in der Taskleiste einblenden. Hier lässt sich auch die Linienstärke einstellen. Viele andere Optionen sind in der Vorgabe bereits sinnvoll gewählt, sodass Sie keine Veränderungen vornehmen müssen.

Abbildung 9.81 *In der Taskleiste findet sich nun ein zusätzliches Symbol* ❶. *Ein Mausklick genügt, und der TabletPC-Eingabebereich wird eingeblendet.*

Das Windows-Journal

Mit dem Windows-Journal können Sie auf Ihrem TabletPC handgeschriebene Notizen festhalten. Beim ersten Start werden Sie gefragt, ob Sie den Druckertreiber für das Windows-Journal installieren möchten. Bestätigen Sie dies.

Im Windows-Journal sehen Sie die Eingabezeile für den Titel Ihrer Notiz. Ganz rechts wurde bereits das aktuelle Datum hinzugefügt.

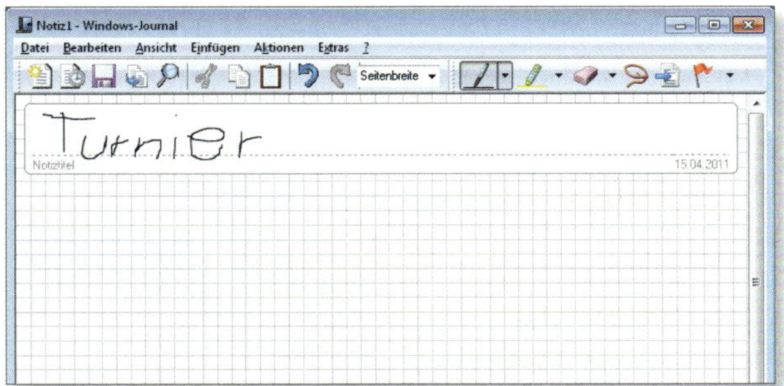

Abbildung 9.82 *Mit dem Windows-Journal können Sie handschriftliche Notizen eingeben.*

Geben Sie eine Überschrift ein. Tragen Sie dann Ihre Notiz ein, und halten Sie diese mit **Speichern** fest.

Über die Symbolleiste können Sie eine Stiftbreite wählen und auch einen Textmarker für farbige Markierungen und grobe Zeichnungen auswählen. Verwenden können Sie ebenfalls verschieden große Radiergummis und ein Auswahltool. Mit farbigen Fähnchen können Sie bestimmte Notizen markieren.

Über **Einfügen** können Sie Abstände definieren, Textbereiche einfügen und auch Bilddateien in Ihren Notizen integrieren.

9.5 Die Windows PowerShell

Die Windows PowerShell erweitert die Möglichkeiten der Standard-MS-DOS-Eingabeaufforderung.

Bekannte Befehle aus der Eingabeaufforderung können auch in der PowerShell verwendet werden. Rufen Sie einmal den folgenden Befehl auf:

```
get-psdrive
```

Die Ausgabe zeigt die Laufwerke an, auf die die PowerShell zugreifen kann. Neben den auf dem Rechner vorhandenen Laufwerken finden sich hier Windows PowerShell-Laufwerke. Sie enthalten die Inhalte der Sitzung, Registrierstrukturen und den Speicher für Zertifikate.

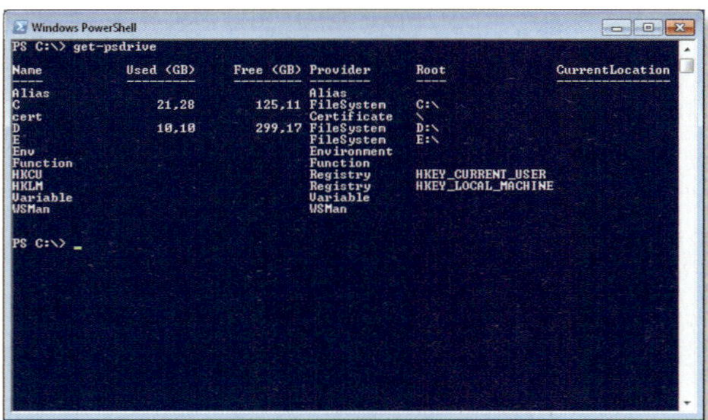

Abbildung 9.83 *Die Windows PowerShell in der Praxis*

Die Befehle in der PowerShell werden als *CMDlets* (sprich: »Commandlets«) bezeichnet. Mit `help` lassen sich der Hilfetext zu einem Befehl, Syntax und Beispiele abrufen.

Zur Windows PowerShell gehört eine integrierte Skriptumgebung. Mit ihr können Entwickler objektbasierte Funktionen ausführen.

9.6 Werkzeuge für die Wartung des Rechners

Einen Rechner zu benutzen ist eine Sache. Sicher macht das Schreiben von Briefen und Textdokumenten mit einem PC mehr Spaß als mit einer Schreibmaschine. Sie surfen im Internet, können Bilddateien verwalten, Webseiten erstellen und einiges mehr. Aber der Windows 7-Rechner muss auch gepflegt werden. Mit der Zeit sammelt sich Datenmüll an.

Ihr Windows 7-System bietet Ihnen verschiedene Werkzeuge, um das System zu warten und zu pflegen.

Die Wartungsprogramme werden in Kapitel 26, Abschnitt 26.1, »Das Betriebssystem warten und pflegen«, vorgestellt.

Hilfe und Support anfordern

Ich hoffe, dass viele Fragen zu Ihrem Rechner und zu Windows 7 mit meinem Buch geklärt werden und dass Sie viel über das Windows-Betriebssystem erfahren. Doch sicher kann ich nicht alles beschreiben, und ich kann auch nicht alle Probleme vorhersehen und ihre Lösung erklären.

Ab und zu kann es eben passieren, dass etwas nicht ganz so läuft, wie Sie es sich wünschen würden. Doch bevor Sie einen kostenpflichtigen Computertechniker anfordern, sollten Sie versuchen die Windows-Hilfe zu nutzen. Nachdem Sie sie aufgerufen haben, geben Sie in der Eingabezeile ein Stichwort ein.

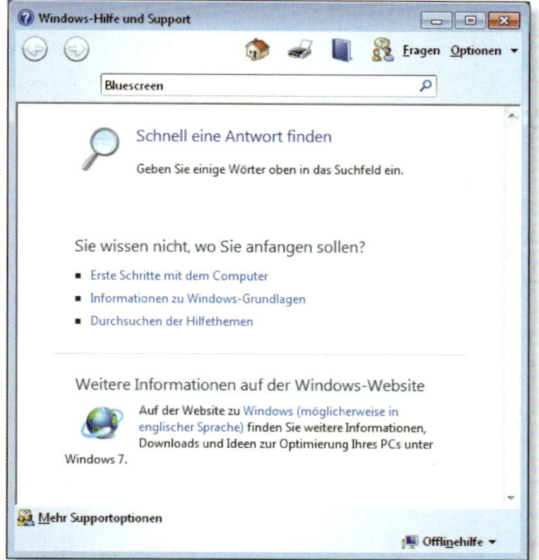

Abbildung 9.84 *Suchen Sie in der Hilfe von Windows 7.*

Nach dem Bestätigen mit [↵] sehen Sie passende Treffer. Als Beispiel habe ich `Bluescreen` eingegeben und erhalte sechs passende Hilfetexte.

Wenn Sie in der Symbolleiste des Hilfefensters auf das Buchsymbol klicken, wird der Inhalt der Hilfe angezeigt. Sie können verschiedene Themen durchsehen. Neben der Suche rechts unten können Sie von der Offline- zur Onlinehilfe umschalten.

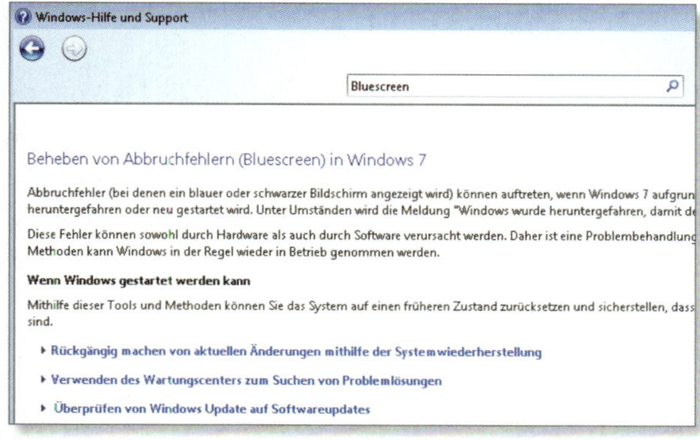

Abbildung 9.85 *Die Windows 7-Hilfe bietet viele Antworten auf bestimmte Probleme. Wenn Sie auf die Onlinehilfe umschalten, erhalten Sie oft bessere Treffer.*

Eine interessante Hilfequelle ist der Dienst *Microsoft Answers*. Hier werden häufig gestellte Fragen und passende Antworten festgehalten. Stöbern Sie einmal herum. Diesen Dienst erreichen Sie unter *http://answers.microsoft.com/de-de*.

In Abbildung 9.86 sehen Sie den Dienst in der Praxis. Er ist tatsächlich einen Besuch wert.

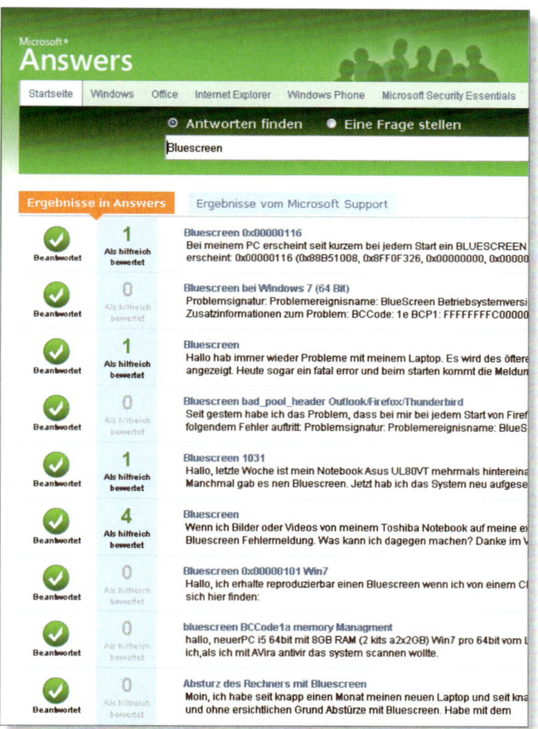

Abbildung 9.86 *Microsoft Answers bietet Fragen und Antworten »echter« Anwender.*

Daten sichern

Mit der Wartungsfunktion **Sichern und Wiederherstellen** lassen sich Systemabbilder und Sicherungen (Backups) erstellen. Diese können Sie bei Bedarf zurücklesen.

Es kann immer wieder einmal zu defekten Treibern sowie zu Problemem mit der Hard- und Software kommen. Auch ist man nie hundertprozentig vor Schadprogrammen gefeit. Mit einer regelmäßigen Sicherung können Sie dafür sorgen, dass Sie bei Problemen immer noch auf zuvor gesicherte Einstellungen und Daten zurückgreifen können.

Bitte beachten Sie, dass eine Sicherung viel Platz in Anspruch nimmt. Bevor Sie Ihre Daten wiederherstellen können, müssen Sie diese zuerst einmal sichern. Gehen Sie wie folgt vor:

1. Wählen Sie Alle **Programme** > **Wartung** > **Sichern und Wiederherstellen**. Im Dialog klicken Sie auf **Sicherung einrichten**.
2. Wählen Sie einen Datenträger, auf dem die Sicherung abgelegt werden soll. Windows 7 empfiehlt eine externe Festplatte. In meinem Fall wird die USB-Festplatte jedoch nicht angezeigt.
3. Im nächsten Fenster entscheiden Sie sich, was gesichert werden soll. Sie können Windows diese Auswahl überlassen oder aber eine eigene Auswahl treffen. In diesem Beispiel nutze ich die empfohlene Auswahl.

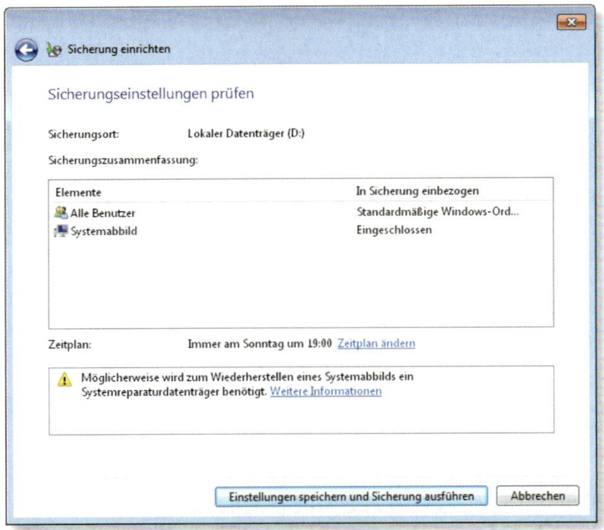

*^ **Abbildung 9.87** Nach wenigen Einstellungen kann die erste Sicherung erstellt werden.*

Das Erstellen der Datensicherung können Sie mit einem Balken verfolgen. Bis diese abgeschlossen ist, müssen Sie sich einen Augenblick gedulden. Je mehr Daten auf Ihrem Rechner vorhanden sind und je mehr Programme installiert sind, desto länger dauert das Erstellen eines solchen Backups. Haben Sie also ein wenig Geduld. Es ist sinnvoll investierte Zeit.

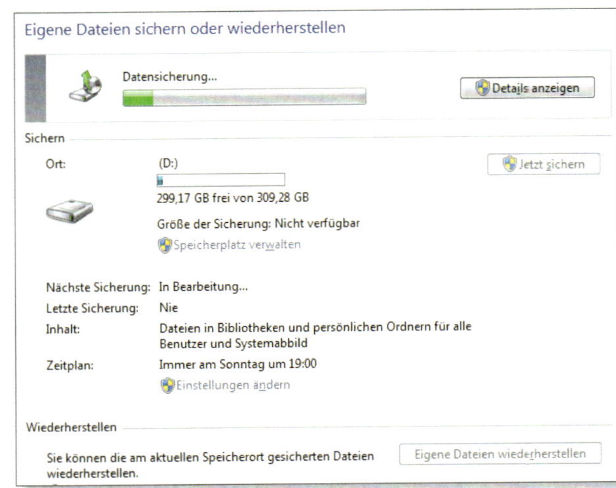

*^ **Abbildung 9.88** Eine Datensicherung wird erstellt. Ein grüner Balken zeigt, wie weit Windows 7 bei dieser Aufgabe bereits ist.*

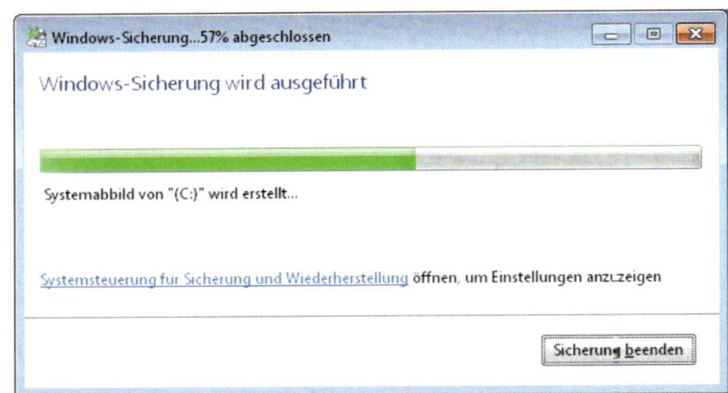

*^ **Abbildung 9.89** Nun ja: Die Anzeige der Details verrät leider nicht, welche Daten genau gesichert werden.*

Daten wiederherstellen

Um eine erstellte Sicherung wieder zurückzulesen, müssen Sie Folgendes tun:

1. Rufen Sie in der Systemsteuerung unter **System und Sicherheit** den Dialog **Sichern und Wiederherstellen** auf.
2. Wählen Sie **Eigene Daten wiederherstellen**.

3 Mit **Nach Ordnern durchsuchen** wählen Sie einen Ordner mit Sicherungsdaten aus.

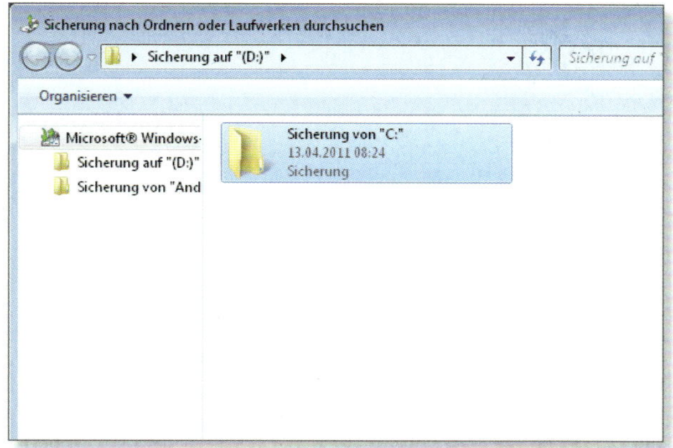

Abbildung 9.90 Eine Sicherung wird ausgewählt.

4 Der ausgewählte Ordner wird übernommen. Mit **Weiter** gelangen Sie in den nächsten Dialog des Assistenten. Hier wählen Sie, zu welchem Ziel die Sicherung zurückgelesen werden soll.

5 Die Vorgabe **Am Ursprungsort** ❶ ist die richtige Wahl. Sie möchten ja die Backupdaten dort nutzen, wo sie zuvor gewesen waren. Mit **Wiederherstellen** starten Sie schließlich das Zurücklesen der Datensicherung.

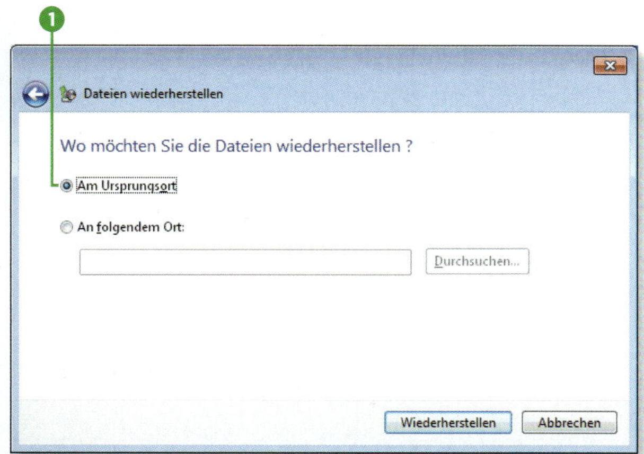

Abbildung 9.91 Die zuvor erstellte Datensicherung wird zurückgelesen.

INFO

Das komplette Windows 7-System sichern

Unter **Sichern und Wiederherstellen** können Sie auch ein komplettes Systemabbild erstellen. Unter einem Systemabbild versteht man eine 1:1-Kopie der Festplattenpartition, auf der das Betriebssystem Windows erstellt wurde. Wenn Ihre Festplatte beschädigt ist, zum Beispiel durch einen mechanischen Defekt, können Sie eine neue Festplatte in Ihren Rechner einbauen. Anschließend lesen Sie das Systemabbild zurück und stellen so Ihr Betriebssystem wieder her.

Eine solche Sicherung nimmt viel Platz weg. Einige GB müssen Sie investieren. Bedenken Sie aber: Die im Handel erhältlichen Festplatten mögen sicher sein. Es kann jedoch dennoch zu einem Festplattencrash kommen. Die Folge ist: Die aufgespielten Daten sind verloren. Anstatt Windows komplett neu installieren und einrichten zu müssen, lesen Sie eine Datensicherung der Systempartition einfach zurück.

Mit Windows 7 können Sie auch einen Systemreparaturdatenträger erstellen. Darunter versteht man einen Datenträger, mit dem der Rechner bei einem Problem neu gestartet werden kann. Der Datenträger enthält auch Werkzeuge zum Wiederherstellen von defekten Windows-Funktionen. Wie Sie einen solchen Systemreparaturdatenträger erstellen und wie ein Systemabbild von Windows 7 erstellt wird, erfahren Sie in Kapitel 26, Abschnitt 26.1, »Das Betriebssystem warten und pflegen«.

Die Windows-Remoteunterstützung

Stellen Sie sich vor, eines Ihrer Programme tut nicht das, was es tun soll. Sie wissen nicht, warum. Vielleicht liegt es an einem Treiberkonflikt. Vielleicht müssen Sie in der Windows-Systemsteuerung eine Einstellung verändern. Oder Sie haben eine Programmeinstellung vergessen. Was auch immer.

Nun gibt es ja verschiedene Möglichkeiten, um dieses Problem zu lösen. Man kann nach der Trial-and-Error-Methode so lange an seinem Computer »basteln«, bis sich eine Lösung findet. Manchmal löst man so Probleme. Manchmal schafft man neue. Man kann auf kostenpflichtige Computertechniker, auf Support-Foren, auf Newsgroups, FAQs (Frage-und-Antwort-Datenbanken), dicke Bücher und Support-Dienste zugreifen. Viele Wege führen nach Rom.

Aber vielleicht kennen Sie ja einen Freund, einen Bekannten oder Kollegen, der sich mit Windows 7 und dem streikenden Programm ganz gut auskennt. Den könnten Sie einladen zu Kaffee, Kuchen, Bier, PizzaÖ Ich sage Ihnen, wenn man etwas anbietet, kommen einen plötzlich die Leute besuchen. Aber vielleicht hat der Freund keine Zeit oder wohnt nicht gerade um die Ecke. Was nun?

Windows 7 bietet für diesen Fall eine Lösung an. Mit der Remoteunterstützung laden Sie einen anderen Anwender auf Ihren Rechner ein. Er kann auf Ihr Betriebssystem und Ihre Anwendungen und Dateien zugreifen. So kann der andere Anwender das Problem selbst lösen. Sie können am Computer verfolgen, was er tut, und beim nächsten Mal diese Aufgabe selbst ausführen. Voraussetzung dafür ist natürlich, dass Sie und der andere Anwender einen Rechner mit Windows besitzen und dass auf beiden Seiten eine Verbindung in das Internet möglich ist. Eine Firewall und eine Sicherheitssoftware sollte die Verbindungsaufnahme und den Zugriff von außen nicht blockieren.

HINWEIS

Vorsicht bei Remotezugriffen
Erlauben Sie einem Fremden nur dann Zugriff auf Ihren Rechner, wenn Sie ganz sicher sind, dass Sie ihm vertrauen können. Einen Bekannten oder Kollegen, den Sie erst kürzlich kennengelernt haben, um Hilfe zu bitten, ist in diesem Fall nicht empfehlenswert.

Achten Sie darauf, dass der Zugreifende auch wirklich im Umgang mit Windows-Rechnern erfahren ist. Er sollte wissen, was eine Remotesitzung ist und Ihnen glaubhaft nahebringen können, dass er das Problem lösen kann. Sprechen Sie mit ihm vorher ausführlich darüber. Das kann per Skype, Messenger oder Telefon geschehen. Vertrauen Sie nicht auf Versprechungen. Oft hört man so etwas wie: «Lass mich das mal machen. Ich hab auch Windows. Keine Sorge. Ich stell dir das ein.« Das genügt für eine Reparatur nicht. Schließlich kann der Helfende mehr kaputt machen, als zuvor defekt war. Und das soll auf keinen Fall geschehen.

Auch hier gilt wieder: Sichern Sie Ihre privaten Daten. Im Falle eines Falles können Sie eine Datensicherung wieder zurücklesen.

Die Windows-Remoteunterstützung starten sowohl Sie auf Ihrem Rechner wie auch der andere Anwender auf seinem Rechner, der auf den Ihrigen Zugriff erhalten soll. Beim Start wählen Sie, ob Sie den anderen einladen oder Ihre Hilfe angeboten haben.

In den nachfolgenden Dialogen geben Sie die Daten ein, die für einen Remotezugriff notwendig sind. Mehr zum Thema erfahren Sie in Kapitel 22, »Fernsteuerung und Fernwartung: Remotezugriff mit Windows 7«.

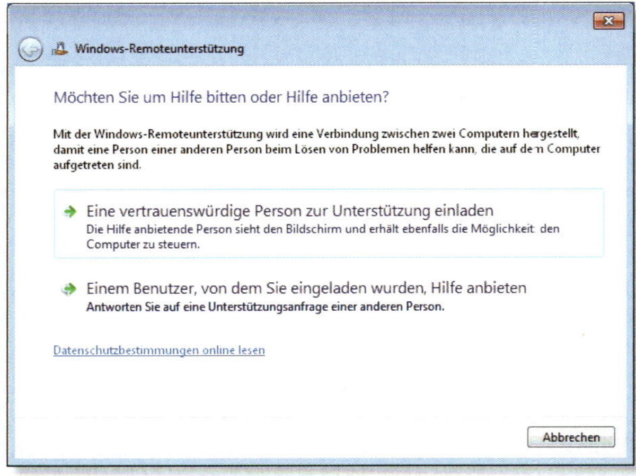

Abbildung 9.92 *Windows 7 erlaubt einen Remotezugriff auf einen anderen Rechner. So können Sie bei einem Computerproblem helfen oder sich helfen lassen*

9.7 Werkzeuge für die Verwaltung des Windows 7-Rechners

Windows 7 bietet Ihnen eine Reihe unterschiedlicher Werkzeuge für die Verwaltung an. Sie können Aufgaben automatisch zu einem bestimmten Zeitpunkt starten, Dienste verwalten, mit Datenquellen arbeiten und einiges mehr. Einige Tools werden Sie an späterer Stelle in diesem Buch noch näher kennenlernen. Sie sollen hier der Vollständigkeit halber nur kurz erwähnt werden.

Die Aufgabenplanung ist sowohl unter **Zubehör > Systemprogramme** als auch unter **Verwaltung** zu finden. Sie haben diese schon kennengelernt.

Die Computerverwaltung

Die **Computerverwaltung** fasst verschiedene Funktionen in einem Dialog zusammen. Sie haben so einen schnellen Zugriff auf wichtige Einstellungen. Unter einer Oberfläche finden Sie hier die Aufgabenplanung, die Ereignisanzeige, die Verwaltung der freigegebenen Ordner, eine Leistungsübersicht und den Geräte-Manager. Weiterhin können Sie hier die auf Ihrem Rechner vorhandenen und die angeschlossenen Datenträger verwalten und die aktiven Dienste und Anwendungen einsehen und bearbeiten.

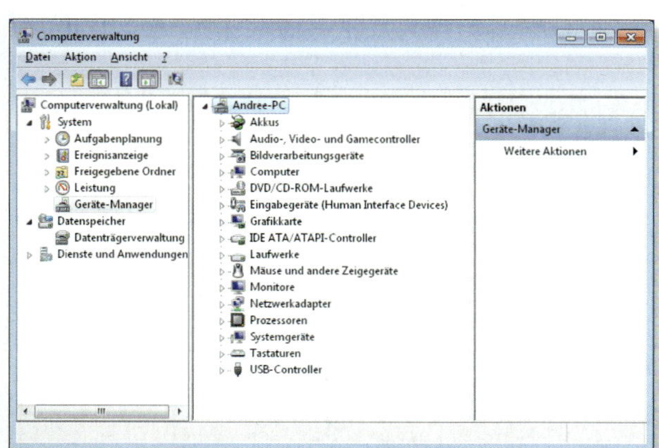

*^ **Abbildung 9.93** In der **Computerverwaltung** kommen mehrere Verwaltungsfunktionen zusammen.*

Schauen Sie sich einmal die **Datenträgerverwaltung** an. Sie sehen hier eine Übersicht über die Festplatten und Partitionen Ihres Rechners. In einer Tabelle können Sie verschiedene Informationen ablesen. Hier sehen Sie auch, wie hoch die Kapazität einer Partition ist, also wie viele Gigabyte an Daten auf diese passen. Sie sehen, wie viel Speicherplatz frei ist. Diese Angabe erfolgt sowohl mit einer Zahl in Gigabyte wie auch mit einer Prozentangabe.

Unter der Tabelle wird die Einteilung einer Festplatte grafisch dargestellt. Sie können so sehen, wie viele einzelne Partitionen zu einer Festplatte gehören und wie groß diese sind.

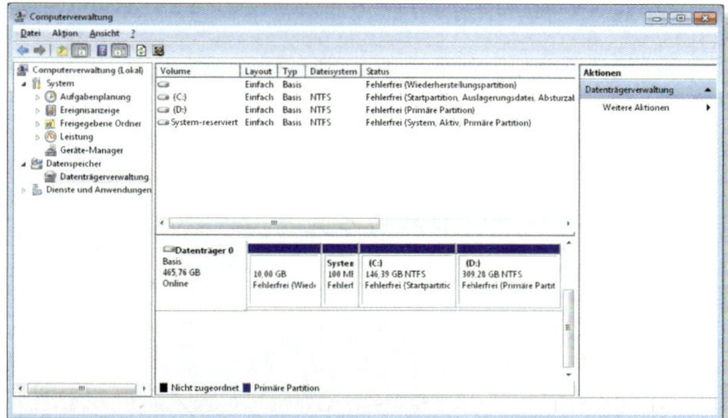

*^ **Abbildung 9.94** Die Datenträgerverwaltung von Windows 7*

Über das Kontextmenü können Sie nicht nur eine Partition nach Ordnern und Dateien durchsuchen oder sie im Windows-Explorer öffnen. Hierüber kann eine Partition auch als aktiv markiert werden, ihre die Laufwerksbezeichnungen können verändert werden, und Sie können sie formatieren. Vorsicht: Beim Formatieren gehen alle auf einer Partition befindlichen Daten verloren. Der Vorgang kann nicht mehr rückgängig gemacht werden!

Interessant ist, dass hier auch Partitionen verkleinert werden können. So lässt sich eine große Partition in zwei aufteilen. Zuvor wird die Partition defragmentiert, sodass genügend nicht benötigter Speicherplatz zur Verfügung steht.

Datenquellen (ODBC)

Wenn Sie über einen Datenprovider mit ODBC-Datenquellen arbeiten, können Sie diese in diesem Dialog einrichten und verwalten. Hier werden auch ODBC-Treiber eingerichtet.

Dienste

Wie der Name bereits verrät, werden hier die auf dem Rechner vorhandenen Dienste angezeigt. Neben einer kurzen Beschreibung sehen Sie in der Tabelle auch, ob ein Dienst automatisch gestartet wird oder ob dies manuell geschieht. »Automatisch« heißt, dass ein Dienst über das Betriebssystem oder die Autostart-Einstellung ohne Ihr Zutun aktiviert wird. »Manuell« bedeutet, dass Sie den Dienst eigenhändig starten müssen, indem Sie ein Programm oder eine Funktion aufrufen.

Dienste (Lokal)

Anmeldeinformationsverwaltung

Den Dienst starten

Beschreibung:
Ermöglicht das sichere Speichern und Abrufen von Anmeldeinformationen für Benutzer, Anwendungen und Sicherheitsdienstpakete.

Name	Beschreibung	Status	Starttyp	Anmelden als
ActiveX-Installer (...	Bietet eine Be...		Manuell	Lokales System
Adaptive Helligkeit	Überwacht U...		Manuell	Lokaler Dienst
Adobe Version Cu...	Adobe Versio...		Manuell	Lokaler Dienst
AMD External Eve...		Gestartet	Automa...	Lokales System
Anmeldedienst	Unterstützt ei...		Manuell	Lokales System
Anmeldeinformati...	Ermöglicht da...		Manuell	Lokales System
Anwendungserfah...	Verarbeitet An...		Manuell	Lokales System
Anwendungsident...	Bestimmt und...		Manuell	Lokaler Dienst
Anwendungsinfor...	Erleichtert das...	Gestartet	Manuell	Lokales System
Arbeitsstationsdie...	Erstellt und w...	Gestartet	Automa...	Netzwerkdienst
Aufgabenplanung	Ermöglicht ei...	Gestartet	Automa...	Lokales System
Automatische Ko...	Mit dem Dien...		Manuell	Lokales System
Automatische WL...	Der WLANSVC...	Gestartet	Automa...	Lokales System
Basisfiltermodul	Das Basisfilter...	Gestartet	Automa...	Lokaler Dienst
Benachrichtigung...	Überwacht Sy...	Gestartet	Automa...	Lokales System
Benutzerprofildienst	Dieser Dienst i...	Gestartet	Automa...	Lokales System
BitLocker-Laufwer...	BDESVC hoste...		Manuell	Lokales System
Blockebenen-Sich...	Der WBENGIN...		Manuell	Lokales System
Bluetooth-Unterst...	Die Erkennun...		Manuell	Lokaler Dienst
CNG-Schlüsselisol...	Der CNG-Schl...	Gestartet	Manuell	Lokales System

Abbildung 9.95 Die Übersicht der Dienste

Über das Kontextmenü können Sie Dienste starten, anhalten, beenden und neu starten. Sie können die Informationen eines Dienstes aktualisieren und die Eigenschaften einsehen.

Beachten Sie bitte: Beenden Sie einen Dienst nur dann, wenn Sie genau wissen, welche Aufgaben dieser durchführt und dass er keine wichtige Systemfunktion zur Verfügung stellt. Sie können sonst Ihr Windows 7 zum Absturz bringen oder gar beschädigen.

INFO

Was ist ein Dienst, und was tut er?
Ein Dienst stellt wichtige Funktionen des Betriebssystems zur Verfügung. So gibt es einen Dienst, der die Anmeldedaten der Benutzer sicher speichert, sie schützt und sie bei Gelegenheit abruft. Ein anderer Dienst sorgt dafür, dass Faxe mit Windows 7 gesendet und empfangen werden können. Es gibt Netzwerkdienste, lokale Dienste und lokale Systemdienste. Einige Dienste werden auch von Anwendungsprogrammen hinzugefügt. So findet sich zum Beispiel nach der Installation des Adobe CS-Pakets der Dienst *Adobe Version Cue* auf Ihrem Rechner.

Die Ereignisanzeige

Was bitte schön sind denn Ereignisse? Hierbei handelt es sich um Meldungen, die einem bestimmten Typ zugeordnet werden. Diese Meldungen können Sie mit der **Ereignisanzeige** einsehen. Das hilft Ihnen, Fehlerquellen zu erkennen und zu beheben.

Die Ereignisanzeige listet die Ereignisse der letzten Stunden, des letzten Tages und der letzten Woche auf. So können Sie auch immer wiederkehrende Ereignisse erkennen und deren Ursache beheben.

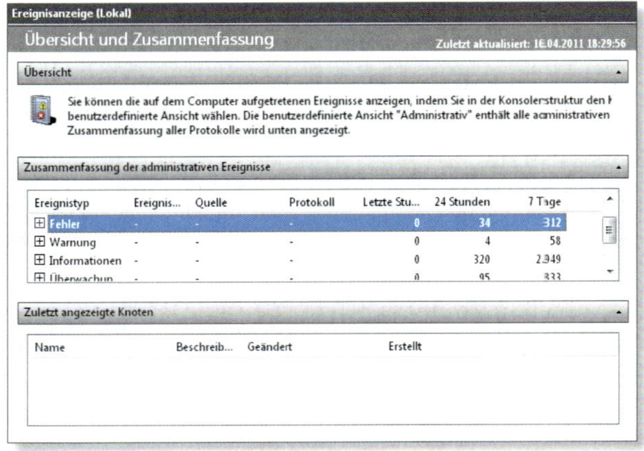

Abbildung 9.96 Der erste Eindruck nach dem Öffnen der Ereignisanzeige täuscht. Es sieht so aus, es gäbe es auf meinem Notebook keine Ereignisse.

Öffnen Sie die Baumansicht. Nun werden die Ereignisse aufgelistet. Zu jedem finden Sie eine Ereignisnummer, die Quelle des Ereignisses und einen Hinweis zum Protokoll. Diese Angaben helfen Fachleuten, die Probleme auf Ihrem Rechner zu erkennen. Supporttechniker und Entwickler können hier Fehler genau identifizieren.

Über das Menü lassen sich Windows-Protokolle aufrufen.

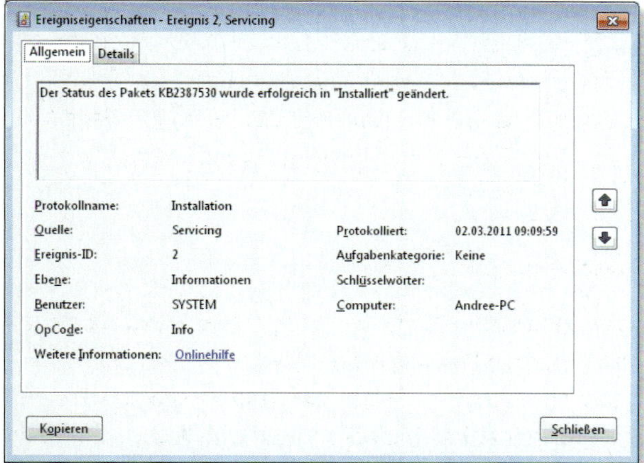

Abbildung 9.97 Ein Updatepaket konnte erst nach dem Neustart des Systems installiert werden. Im Protokoll wurde die erfolgreiche Installation des Pakets festgehalten.

Die Systemkonfiguration

Mit der **Systemkonfiguration** können Sie den Systemstart von Windows beeinflussen. Die Einstellungen werden in fünf Registern vorgenommen, die ich Ihnen im Folgenden vorstelle.

Allgemeine Einstellungen

Bei Problemen mit dem Systemstart von Windows 7 können Sie hier einen Diagnosesystemstart auswählen. Dabei werden nur die unbedingt notwendigen Geräte und Dienste geladen.

Per Vorgabeeinstellung wird ein **Normaler Systemstart** durchgeführt. Dabei werden alle Geräte und Dienste gestartet.

Möglich ist auch eine benutzerdefinierte Einstellung. Hierbei können Sie wählen, ob die Systemdienste und die Systemstartelemente geladen werden sollen. Mit einer Option kann die ursprüngliche Startkonfiguration verwendet werden. Es werden also die für den Betrieb von Windows notwendigen Geräte und Treiber geladen. Zusätzlich wählen Sie aus, welche Dienste und im Autostart eingetragenen Anwendungsprogramme gestartet werden.

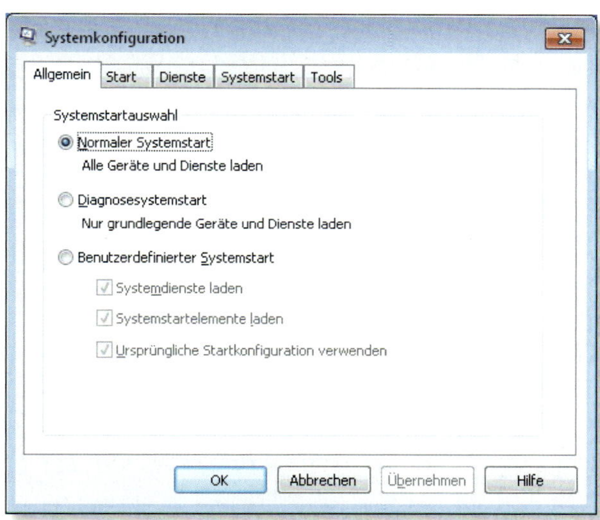

Abbildung 9.98 Mit der Systemkonfiguration wird der Start von Windows 7 beeinflusst.

Einen Systemstart mit Diagnose durchführen

Um einen Diagnosesystemstart durchzuführen, gehen Sie wie folgt vor:

1. Öffnen Sie die Systemkonfiguration. Wählen Sie dazu **Start** > **Alle Programme** > **Verwaltung** > **Systemkonfiguration**.
2. Schalten Sie im Register **Allgemein** den **Diagnosesystemstart** an. Bestätigen Sie mit **OK**.
3. Windows 7 weist Sie darauf hin, dass der Rechner neu gestartet werden muss, damit die geänderten Einstellungen verwendet werden. Klicken Sie auf **Neu starten**.

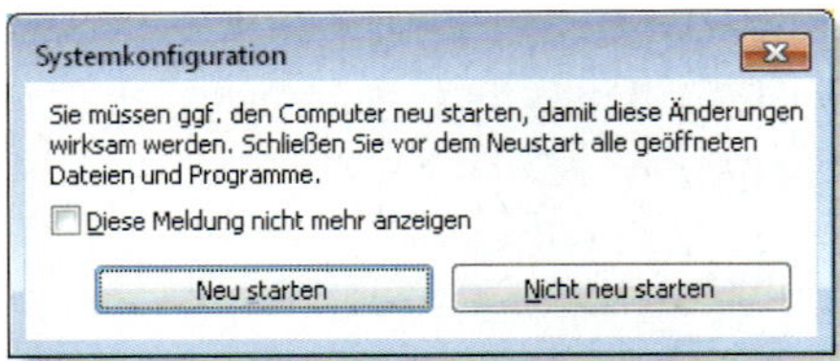

Abbildung 9.99 *Ein Diagnosesystemstart wurde eingerichtet. Nun muss der Rechner neu gestartet werden.*

Startoptionen des Betriebssystems festlegen

Im Register **Start** lassen sich die Startoptionen von Windows 7 beeinflussen. Sie können einen abgesicherten Start durchführen und dabei vier Startvarianten wählen. Über **Optionen** können Sie weitere Features an- oder auch ausschalten.

Im oberen Feld wird ein Betriebssystem als Standard ausgewählt. Das ist nur notwendig, wenn auf Ihrem Rechner mehrere Betriebssysteme installiert sind. Auf meinem Desktoprechner wie auch auf meinem Notebook habe ich nur Windows 7 installiert. Dieses wird dann automatisch zum Standardbetriebssystem.

Unter **Abgesicherter Start** sind vier Einstellungen möglich. Bei allen Einstellungen wird der abgesicherte Modus von Windows 7 verwendet. Nutzen Sie diesen, wenn beim Start des Betriebssystems Probleme auftreten. Die Einstellungen bedeuten:

- **Minimal** – Nur die unbedingt notwendigen Dienste von Windows 7 werden ausgeführt. Das Netzwerk ist in diesem Modus ausgeschaltet.
- **Alternative Shell** – Dieser abgesicherte Modus erweitert den Modus **Minimal**. Es werden nur unbedingt notwendige Systemdienste beim Start des Betriebssystems geladen. Das Netzwerk ist ausgeschaltet. Die grafische Oberfläche steht nicht zur Verfügung. Sie sehen nach dem Start die Einfgabeaufforderung.
- **Active Directory-Reparatur** – Neben notwendigen Systemdiensten startet bei diesem abgesicherten Modus das Active Directory.
- **Netzwerk** – Dieser Modus ähnelt dem Modus **Minimal**. Es werden beim Start von Windows 7 nur unbedingt notwendige Systemdienste ausgeführt. Zusätzlich werden Netzwerkeinstellungen und -dienste geladen.

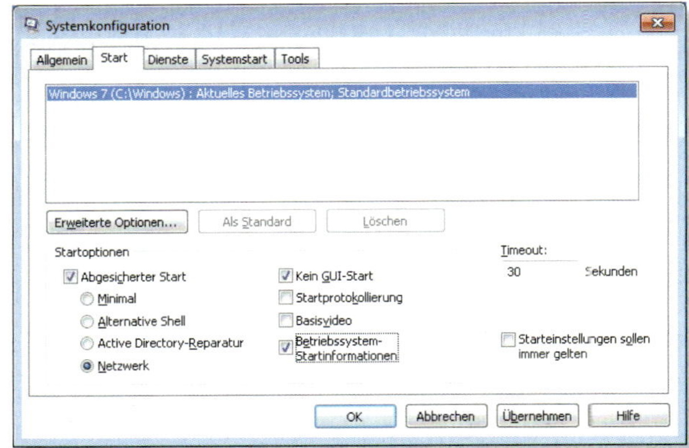

Abbildung 9.100 *Mit dieser Einstellung wird der abgesicherte Modus von Windows 7 verwendet.*

Die Option **Active Directory-Reparatur** benötigt man nicht, wenn man nur einen einzelnen Rechner hat.

Die Auswahl des abgesicherten Modus können Sie noch mit weiteren Einstellungen erweitern:

- **Kein GUI-Start** bedeutet, dass der Begrüßungsbildschirm von Windows 7 nicht eingeblendet wird.
- Mit der **Startprotokollierung** schreibt Windows 7 den Startvorgang in eine Logfiledatei. Sie finden diese unter dem Dateinamen *%System-Root%Ntbtlog.txt*.
- Die Option **Basisvideo** klingt nach dem Abspielen eines Begrüßungsvideos. Das ist hier aber nicht gemeint. Mit dieser Option verwendet Windows 7 die Standard-VGA-Treiber des Betriebssystems. Es wird ein einfacher VGA-Modus und nicht die Grafiktreiber der installierten Grafikkarte oder des Grafikchips verwendet.
- Schalten Sie die **Betriebssystem-Startinformation** an, um beim Start von Windows 7 Ausgaben auf dem Bildschirm zu erhalten. Sie sehen so, welche Treiber erfolgreich gestartet wurden.

Schalten Sie die Option **Starteinstellungen sollten immer gelten** an, wenn die Einstellungen, die Sie vorgenommen haben, immer verwendet werden sollen. Durch diese Option wird die Einstellung **Normaler Systemstart** im Register **Allgemein** der **Systemkonfiguration** ignoriert.

Dienste deaktivieren

Im Register **Dienste** sehen Sie eine Übersicht der Systemdienste. Neben Windows 7-eigenen Diensten finden Sie hier auch Dienste, die von Anwendungsprogrammen zur Verfügung gestellt werden.

Zu jedem Dienst wird der Name, der Hersteller und der Status angezeigt. Mit dem Status sehen Sie, ob ein Dienst ausgeführt wird oder beendet ist.

Mit Optionsschaltflächen lassen sich Dienste ausschalten. Doch Vorsicht dabei: Wichtige Systemdienste sollten nicht einfach deaktiviert werden. Schalten Sie Dienste nur dann aus, wenn Sie genau wissen, was ein Dienst tut.

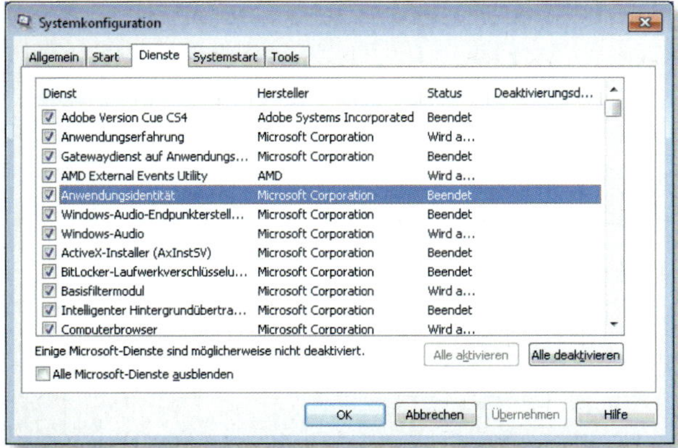

Abbildung 9.101 Die Systemkonfiguration zeigt die Dienste an, die Windows 7 verwendet.

Möchten Sie herausfinden, welche Dienste von Programmen und Treibern hinzugefügt wurden, schalten Sie die Option **Alle Microsoft-Dienste ausblenden** an. Nun sehen Sie nur die Dienste, die Nicht-Microsoft-Anwendungen bereitstellen.

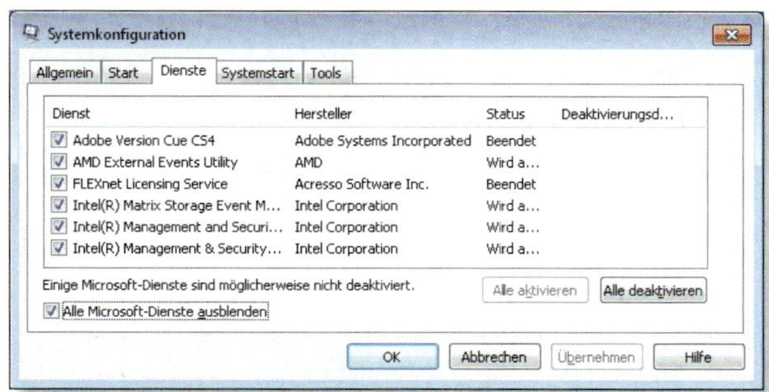

Abbildung 9.102 Immerhin sechs Dienste kommen von anderen Anwendungen.

Systemstartelemente einsehen

Die Systemstartelemente werden beim Start von Windows 7 gestartet. Einzelne Elemente können Sie im Register **Systemstart** ausschalten. Auf meinem Notebook finde ich hier immer wieder Adobe-Programme. Diese müssen beim Systemstart nicht unbedingt geladen werden. Ich verwende nicht jeden Tag meine Adobe-Anwendungen.

Einige Systemstartelemente sind für bestimmte Funktionen notwendig. Auch hier gilt: Schalten Sie nur dann einzelne Elemente aus, wenn Sie wissen, was diese tun, und wenn Sie sich sicher sind, dass diese nicht benötigt werden.

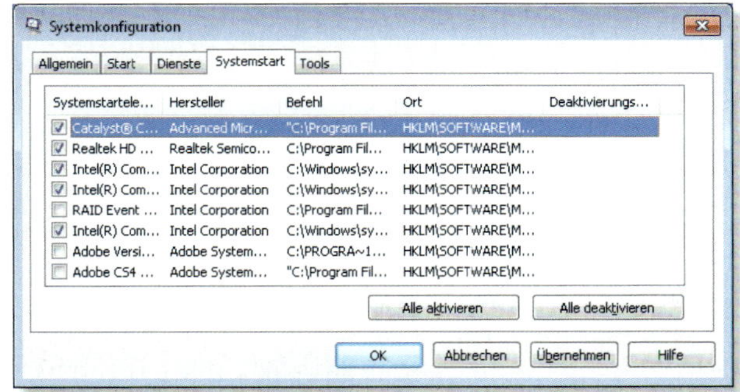

Abbildung 9.103 In diesem Beispiel habe ich zwei Adobe-Programme und den RAID-Event-Monitor aus den automatisch geladenen Systemstartprogrammen entfernt.

Die Werkzeuge nutzen

Im Register **Tools** finden Sie eine Auflistung verschiedener Funktionen und Werkzeuge. Zu jedem gibt es eine kurze Erklärung. Alle Tools sind auch auf anderem Weg aufrufbar. Einige kennen Sie sicherlich.

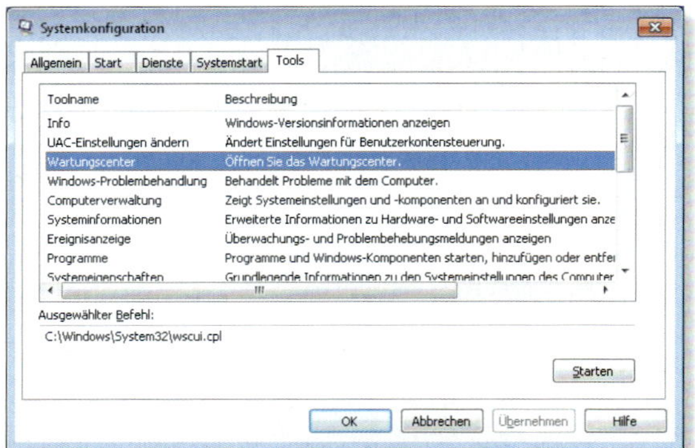

Abbildung 9.104 *Mit den Tools in der Systemkonfiguration lassen sich Konfigurationsdialoge aufrufen, Informationen anzeigen oder Einstellungen ändern.*

Die Windows-Speicherdiagnose

Mit der **Windows-Speicherdiagnose** können Sie Probleme mit dem Computerspeicher finden und deren Ursachen identifizieren.

Beim Aufruf wählen Sie, ob Sie den Rechner sofort neu starten wollen und das Diagnosetool ausführen möchten oder ob dies beim nächsten Start des Betriebssystems geschehen soll.

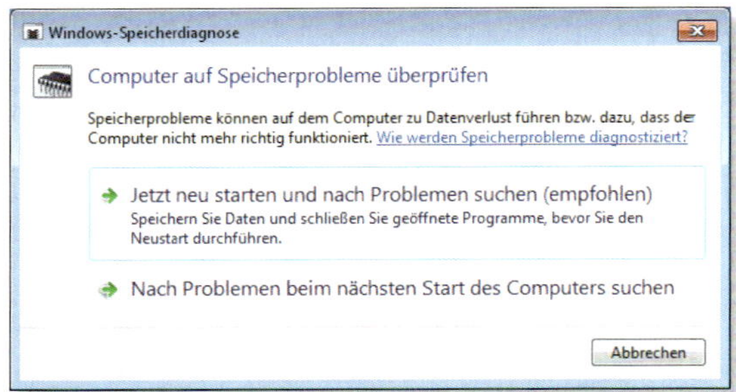

Abbildung 9.105 *Bevor es zu Datenverlusten kommt, prüfen Sie den Rechner auf einen einwandfrei funktionierenden Speicher.*

Nutzen Sie die erste Variante. Wenn Probleme beim Speichern von Daten auftreten, sollten diese sofort gefunden und behoben werden.

Kapitel 10
Drucken mit Windows 7

Eine der wichtigsten und am häufigsten genutzten Funktionen eines Betriebssystems ist das Drucken. Lesen Sie deshalb in diesem Kapitel, wie Sie Ihren Drucker einrichten und nutzen.

Wenn Sie mit Office-Dateien arbeiten, werden Sie diese irgendwann einmal auf Ihrem Drucker ausgeben wollen. Fotos auf qualitativ hochwertigem Papier eignen sich viel besser zum Aufheben und Herumzeigen. Einige Bücher sind nur als E-Books zu erhalten. Warum sie nicht auf Papier ausdrucken? Einige Dokumentationen, FAQs und Anleitungen stehen im Internet bereit und können von jedem auf seinen Rechner geladen und eingesehen werden. Wenn Sie diese Dateien ausdrucken, können Sie diese viel besser lesen.

Es gibt noch eine ganze Reihe weiterer Beispiele, bei denen ein Ausdruck sinnvoll ist. Nicht zu vergessen sind auch Briefe, Einladungen, Paketaufkleber und einiges mehr. Und das gilt natürlich auch für die Kapitel dieses Buches, die der Autor vor der Abgabe korrigieren muss: Auch sie werden zunächst ausgedruckt.

Drucken ist also eine selbstverständliche Tätigkeit. Sie werden diese sicher irgendwann einmal ausüben. Vielleicht werden Sie keine CMS-Website einrichten und keine Flash-Animation erstellen, aber Drucken werden Sie bestimmt einmal.

Sie lesen in diesem Kapitel, wie Sie einen Drucker unter Windows 7 einrichten. Dabei zeige ich Ihnen, wie Sie von Windows 7 mit einem Assistenten bei dieser Aufgabe unterstützt werden. Sie erfahren auch, wie Sie einen Druckertreiber manuell installieren. Manchmal ist es nämlich notwendig, einen Treiber aus dem Internet zu laden und auf dem Rechner zu installieren. Falls bei Ihnen einmal das Ergebnis, das der Drucker auf Papier ausgibt, nicht überzeugend ist, nutzen Sie die Wartungsfunktion. Mit ihr überprüfen Sie den Ausdruck und können bei Bedarf die Druckköpfe reinigen.

Im zweiten Teil dieses Kapitels zeige ich Ihnen, wie Sie Dokumente ausdrucken. Sie erfahren, wie Sie die Eigenschaften des Dokuments anpassen und die Reihenfolge verschiedener Ausdrucke beeinflussen. Ich stelle Ihnen die Druckerwarteschlange vor und verrate Ihnen auch, wie Sie Dokumente direkt aus dem Windows-Explorer heraus drucken können.

Am Ende dieses Kapitels erkläre ich Ihnen, wie Sie einen Netzwerkdrucker einrichten und was Sie dabei beachten müssen.

10.1 Drucker einrichten

Das Einrichten und die Verwaltung des Druckers unter Windows 7 sind sehr einfach. Mit einem Probedruck wird ausprobiert, ob die gewählten Einstellungen die richtigen sind.

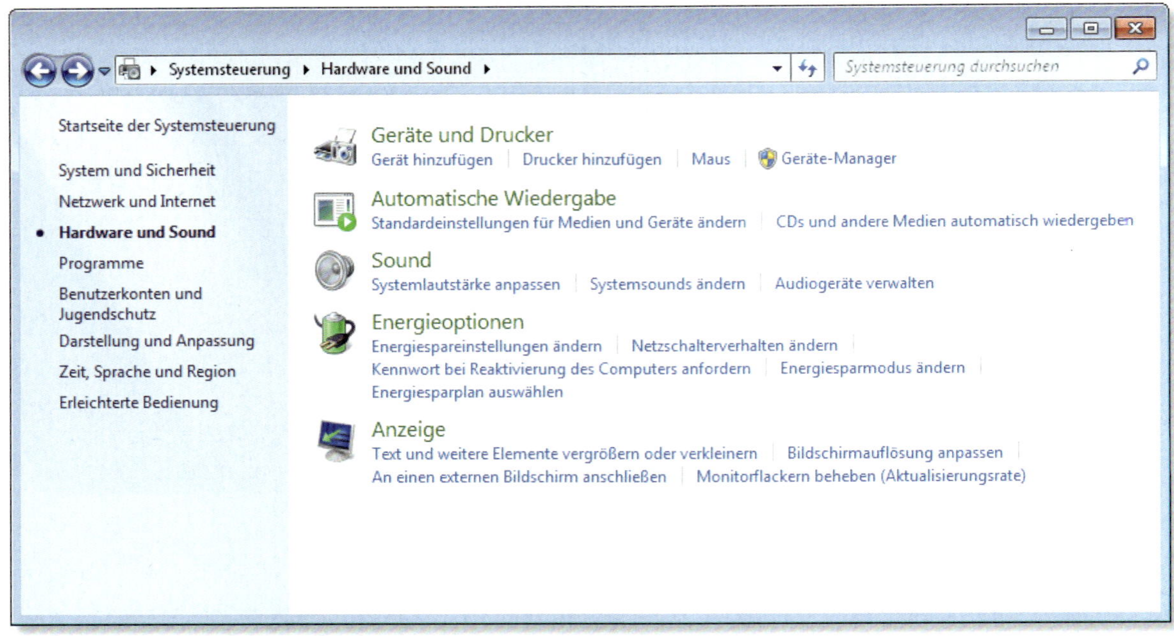

∧ ***Abbildung 10.1*** *Die oberste Kategorie führt Sie in den Dialog, in dem der Drucker eingerichtet und verwaltet wird.*

So richten Sie Ihren Drucker unter Windows 7 ein

Aktuelle Drucker werden mit einem USB-Kabel mit dem Rechner verbunden. Oft erkennt Windows 7 das Gerät und bindet es automatisch ein. Die automatische Hardwareerkennung sorgt dafür.

Beachten Sie bitte, dass Sie mit dem Treiber, der dem Drucker beiliegt, in der Regel mehr Funktionen und Möglichkeiten haben. Der Windows-eigene Druckertreiber bietet nicht alle Möglichkeiten.

Bei einem älteren Drucker kann es passieren, dass Windows keinen eigenen Treiber zur Verfügung stellen kann. Gehen Sie dann auf die Website des Herstellers, und schauen Sie, ob es hier einen geeigneten Druckertreiber gibt.

Es gibt bei jedem Hardwarehersteller auch einen Downloadbereich im Internet. Werden Sie hier nicht fündig, probieren Sie einen ähnlichen Treiber aus. Die Geräte sind im Allgemeinen abwärtskompatibel.

Den Drucker mit dem Assistenten schnell einrichten

In der Systemsteuerung finden Sie unter **Hardware und Sound** auch Ihren Drucker. Die oberste Kategorie zeigt Ihre Drucker, Faxgeräte und andere Geräte.

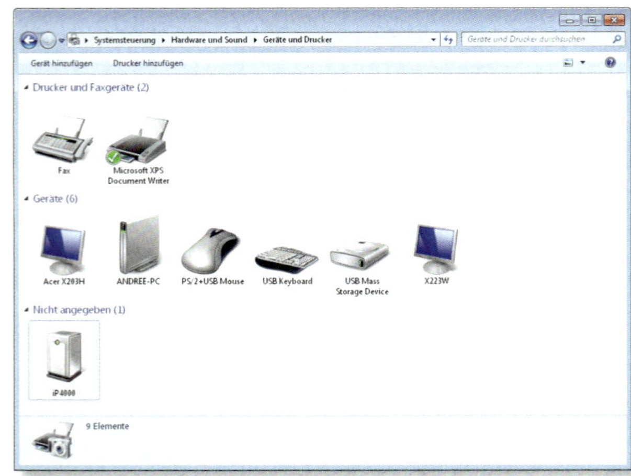

∧ ***Abbildung 10.2*** *Drucker, Monitor, Maus und Wechselfestplatten findet man in diesem Dialog.*

1 Klicken Sie auf **Drucker hinzufügen**, um einen solchen einzurichten.

2 Wählen Sie **Einen lokalen Drucker hinzufügen**.

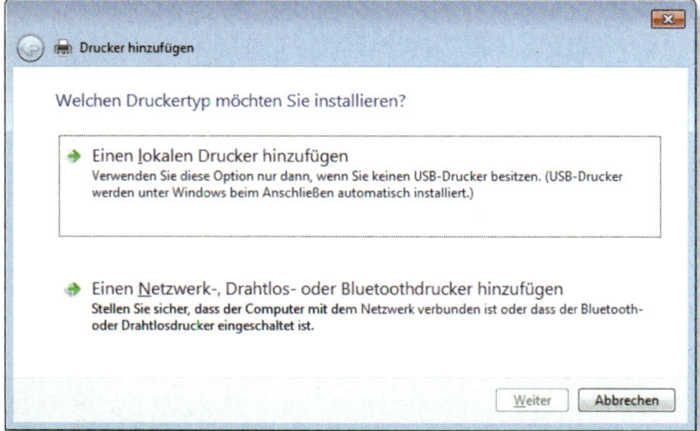

Abbildung 10.3 *In diesem Beispiel wird ein lokaler Drucker installiert.*

3 Öffnen Sie das Listenfeld, und wählen Sie den Druckerport. Meist ist **USB** die richtige Wahl.

4 Im nächsten Dialog wählen Sie den Hersteller auf der linken Seite. Ist das geschehen, wählen Sie rechts den passenden Druckertreiber aus. Liegt dem Drucker eine CD mit Treibern bei, klicken Sie auf **Datenträger** und legen diese ein. Folgen Sie den Anweisungen des Dialogs. Bestätigen Sie die Auswahl mit einem Mausklick auf die Schaltfläche **Weiter**.

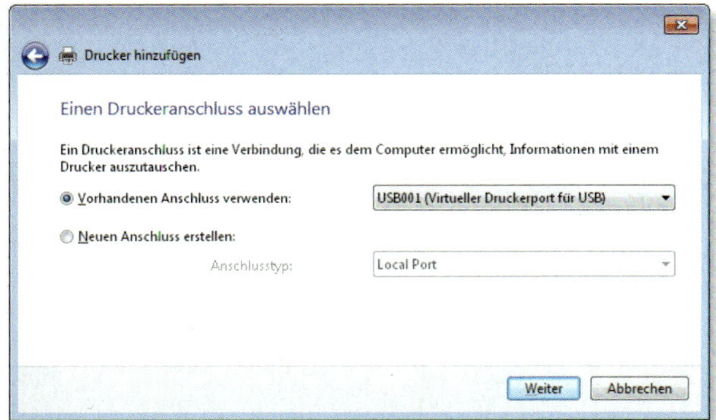

Abbildung 10.4 *In diesem Fenster müssen Sie den Druckeranschluss wählen.*

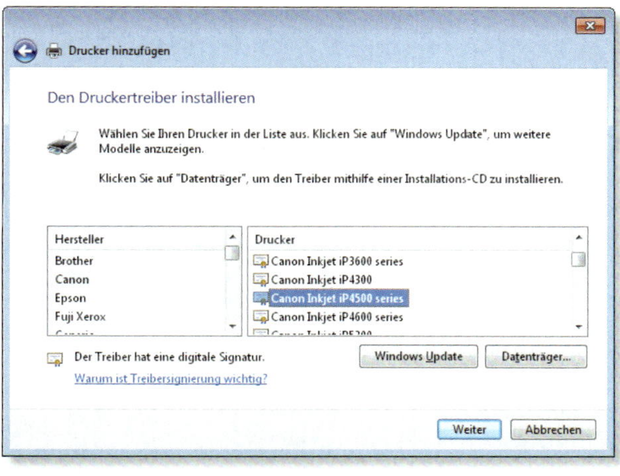

Abbildung 10.5 *Ich wähle in meinem Beispiel Canon und den Treiber der 4500-Serie aus.*

5 Das ausgewählte Modell wird als Bezeichnung für den neuen Drucker übernommen. Wenn Sie möchten, geben Sie eine eigene Bezeichnung ein. Das ist vor allem dann sinnvoll, wenn Sie mit mehreren Druckern arbeiten, die Sie sonst schwer wiedererkennen würden. In meinem Beispiel übernehme ich die Vorgabeeinstellung. Klicken Sie auf **Weiter**.

6 Der Druckertreiber wird installiert.

7 Ist dies geschehen, können Sie den Drucker für andere Anwender im Netzwerk verfügbar machen. In diesem Beispiel wähle ich aber **Drucker nicht freigeben**.

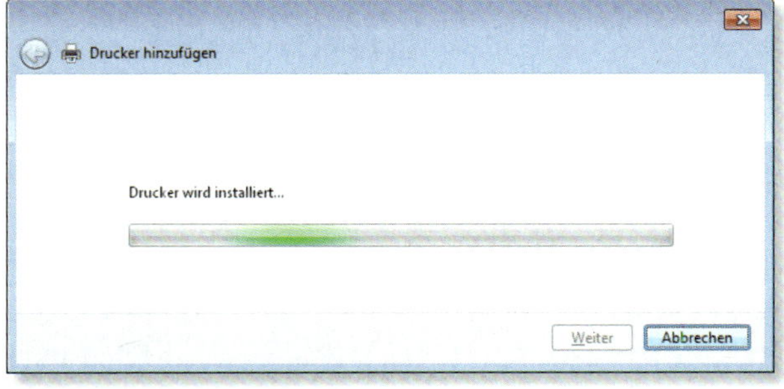

Abbildung 10.6 *Der ausgewählte Druckertreiber wird installiert.*

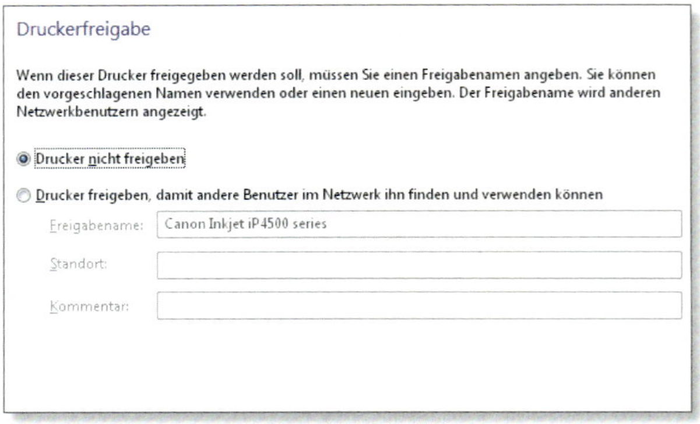

Druckerfreigabe

Wenn dieser Drucker freigegeben werden soll, müssen Sie einen Freigabenamen angeben. Sie können den vorgeschlagenen Namen verwenden oder einen neuen eingeben. Der Freigabename wird anderen Netzwerkbenutzern angezeigt.

Drucker nicht freigeben

Drucker freigeben, damit andere Benutzer im Netzwerk ihn finden und verwenden können

Freigabename: Canon Inkjet iP4500 series

Standort:

Kommentar:

Abbildung 10.7 Wenn Sie möchten, können Sie den Drucker im Netzwerk freigeben. In diesem Beispiel tue ich dies nicht.

8 Bevor Sie den Assistenten mit **Fertig stellen** verlassen, können Sie eine Testseite drucken. So überprüfen Sie, ob der Druckertreiber korrekt installiert ist und ob die Kommunikation zwischen PC und Drucker funktioniert. Außerdem stellen Sie mit einer Testseite fest, ob die Düsen einwandfrei arbeiten. Falls ein unklares Druckbild entsteht, einzelne Elemente verwaschen dargestellt werden oder Farben fehlen, müssen Sie die Düsen über den Einstellungsdialog des Druckers reinigen.

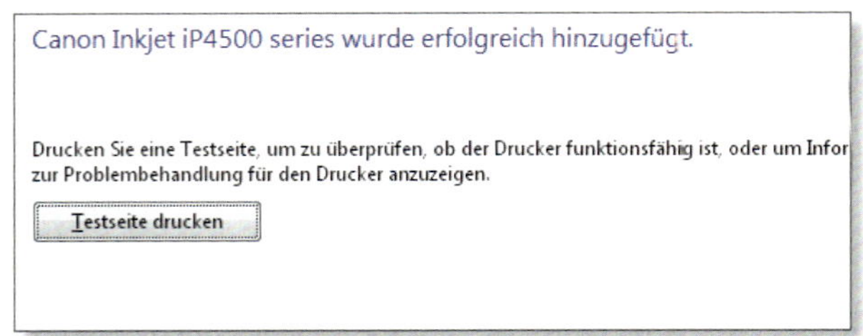

Abbildung 10.8 Zum Abschluss wird ein Testausdruck erstellt.

In der Systemsteuerung finden Sie nun den neu eingerichteten Drucker (siehe Abbildung 10.9). Über das Kontextmenü können Sie, wenn Sie mehrere Drucker eingerichtet haben, einen als Standard auswählen. Er wird dann verwendet, wenn ein Druckauftrag direkt an den Drucker gesendet wird. Sie kennen das aus einer Office-Anwendung als **Schnelldruck** oder **Sofort drucken**.

Über das Kontextmenü können Sie ebenfalls einen Blick in die Druckerwarteschlange werfen, die Druck-

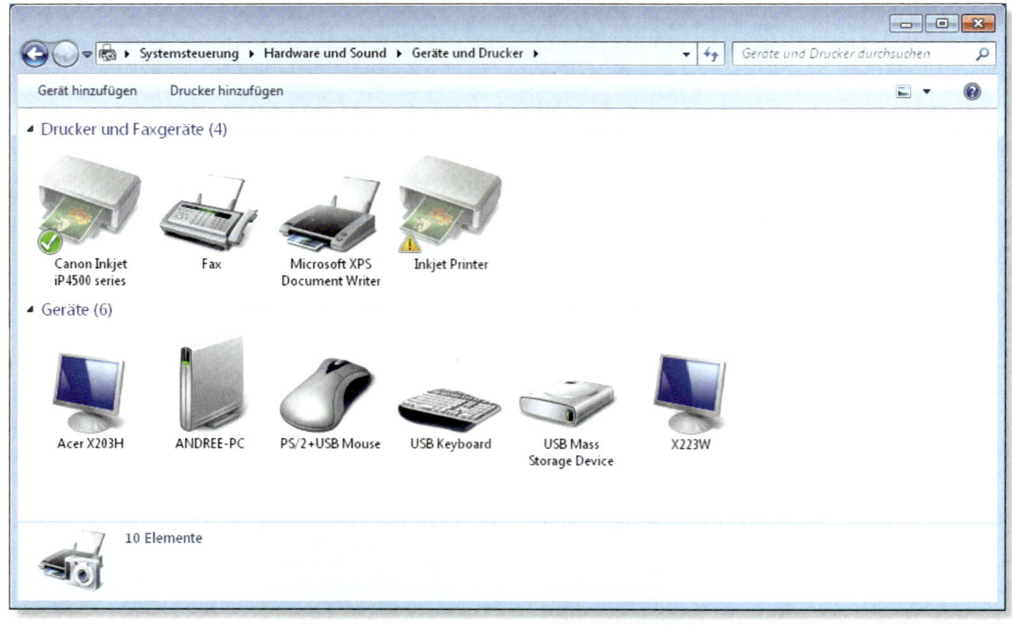

Abbildung 10.9 Mein neu eingerichteter Drucker wird in der Systemsteuerung gleich links oben angezeigt.

einstellungen und die Druckereigenschaften einsehen. Hier lässt sich bei Bedarf ein Drucker auch entfernen.

Wichtige Funktionen für die Verwaltung des Druckers werden auch in der Kopfzeile der Systemsteuerung im Dialog **Geräte und Drucker** angezeigt.

Den Druckertreiber manuell installieren

In einigen Fällen kann es geschehen, dass Windows nicht den passenden Druckertreiber bietet. Vielleicht möchten Sie ja auch den hauseigenen Treiber verwenden, haben aber die CD nicht mehr zur Hand, die zu Ihrem Drucker mitgeliefert wurde. In so einem Fall schauen Sie sich auf der Website des Herstellers um. Hier finden Sie im Download- oder Supportbereich Treiber für die Geräte des Herstellers.

Leider wird die Hardware nicht ewig unterstützt. Irgendwann gibt es keinen Treiber mehr für ein neues Betriebssystem. Ist dies der Fall, müssen Sie zu einem abwärtskompatiblen Treiber aus der Reihe greifen. Falls dies nicht gelingt und Sie keinen alternativen Treiber finden, sollten Sie über den Kauf eines neuen Geräts nachdenken.

Ich kann Ihnen an dieser Stelle leider keine allgemeingültige Anleitung für die Verwendung eines Treibers geben, den Sie aus dem Internet laden. Je nach Hersteller gibt es hier ein paar Unterschiede. In meinem Fall verwende ich ein Gerät aus dem Hause Canon.

Nach einem Blick auf die deutschsprachige Website des Herstellers, die ich unter der Webadresse *http://www.canon.de* finde, wähle ich hier **Support**.

Links oben gibt es ein Menü. Mit **Treiber & Software** gelange ich in das **Canon Download Centre**. Über Listenfelder wähle ich Land, Produktreihe und Modell. Neben einer Reihe von Zusatzprogrammen in allen möglichen Sprachen finde ich hier den passenden Treiber.

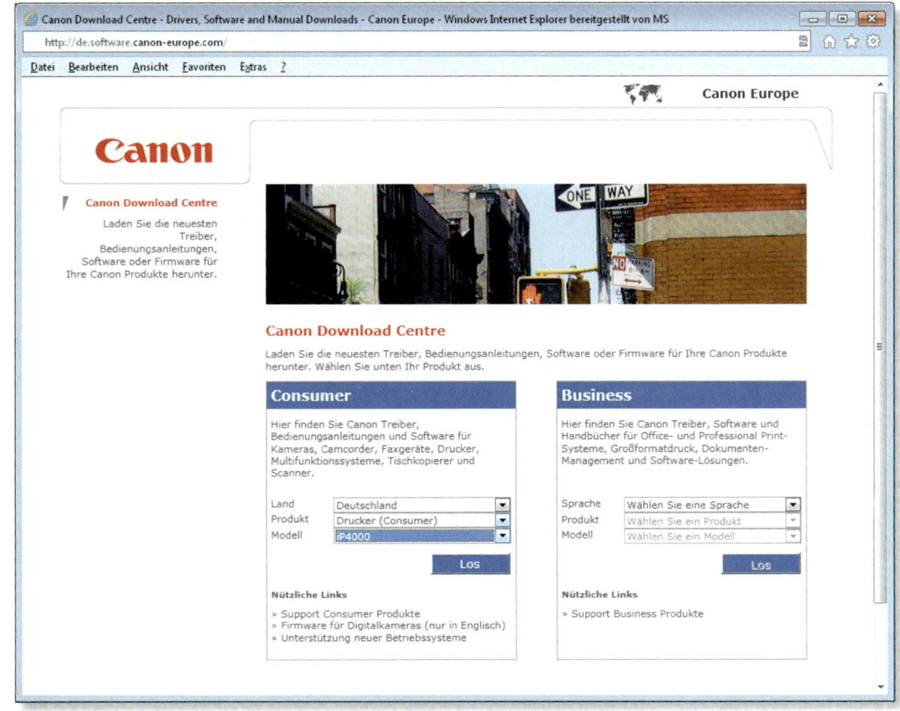

Abbildung 10.10 Die Treiberauswahl beim Hersteller Canon

Einen nicht mehr aktuellen Druckertreiber verwenden

Nicht in jedem Fall steht ein aktueller Treiber für den verwendeten Drucker zur Verfügung. Ist dies so, können Sie zu einem älteren Treiber greifen und diesen im Kompatibilitätsmodus installieren.

1 Laden Sie sich zuerst von der Website des Herstellers einen Treiber für Ihren Drucker herunter. Achten Sie darauf, dass dieser für ein Windows-Betriebssystem ist. Legen Sie den Treiber in einen neuen Ordner auf der Festplatte Ihres Rechners ab.

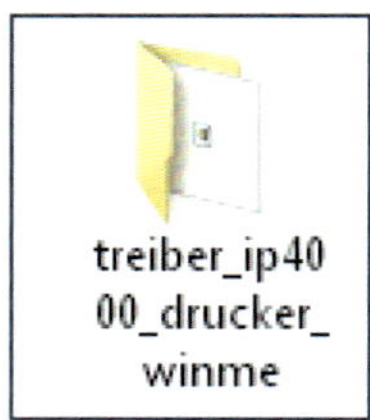

Abbildung 10.11 *In meinem Beispiel habe ich den Ordner so benannt, dass ich genau weiß, welcher Inhalt sich in ihm verbirgt.*

2 Wechseln Sie nun in den Ordner, in dem sich der Treiber befindet. Öffnen Sie diesen. Markieren Sie die Datei, und öffnen Sie das Kontextmenü. Wählen Sie **Eigenschaften**.

3 Begeben Sie sich in das Register **Kompatibilität**. Schalten Sie die Option **Programm im Kompatibilitätsmodus ausführen für** an. Wählen Sie aus dem Listenfeld darunter die Windows-Edition, für die der Treiber ist. In meinem Beispiel ist dies **Windows Me**. Schalten Sie ebenfalls im Register die Option **Programm als Administrator ausführen** an. Bestätigen Sie mit **OK**.

4 Installieren Sie nun den Treiber wie gewohnt.

Danach sollte Ihr Drucker funktionieren. Es ist schon eine praktische Sache, dass so etwas möglich ist. Sonst wäre man gezwungen, einen neuen Drucker mit dem neuen System zu kaufen.

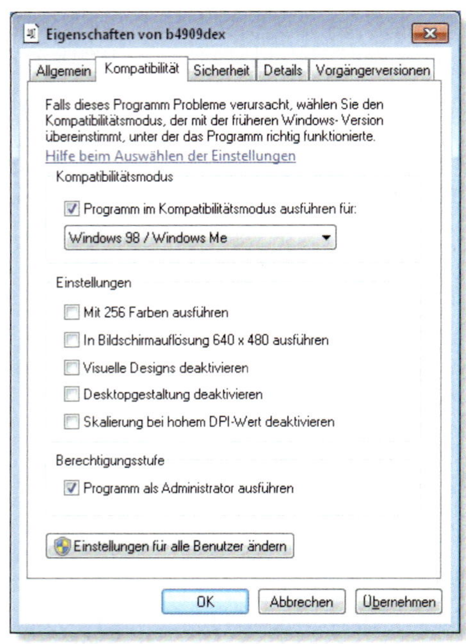

Abbildung 10.12 *Der Kompatibilitätsmodus macht es möglich: Sie können unbesorgt einen alten Druckertreiber verwenden.*

Was tun, wenn das Druckbild Fehler aufweist?

Es kann vorkommen, dass ein Ausdruck verwaschen ist. Die Schrift wird mit Streifen oder Schlieren dargestellt. Es fehlen Farben. Oder die Farben sind nicht richtig gemischt. Was ist hier zu tun?

Prüfen Sie zuerst den Füllstand der Tintenpatronen. Der Drucker meldet in der Regel, wenn eine Patrone leer ist. Aber auch dieses Verfahren kann einmal versagen.

Ist noch genug Farbe in den Patronen, liegt das Problem woanders. Um es zu lösen, gehen Sie wie folgt vor:

1 Öffnen Sie die **Systemsteuerung**. Gehen Sie nach **Hardware und Sound > Geräte und Drucker**.

2 Markieren Sie Ihren Drucker. Öffnen Sie das Kontextmenü, und wählen Sie **Druckereigenschaften**.

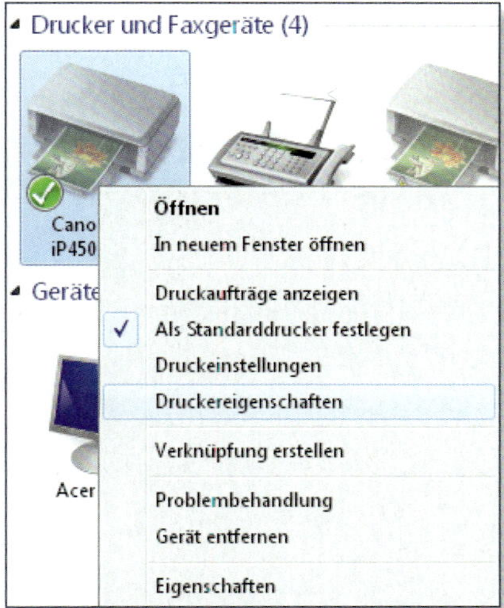

∧ ***Abbildung 10.13*** *Die **Druckereigenschaften** sehen Sie über das Kontextmenü des Druckers ein.*

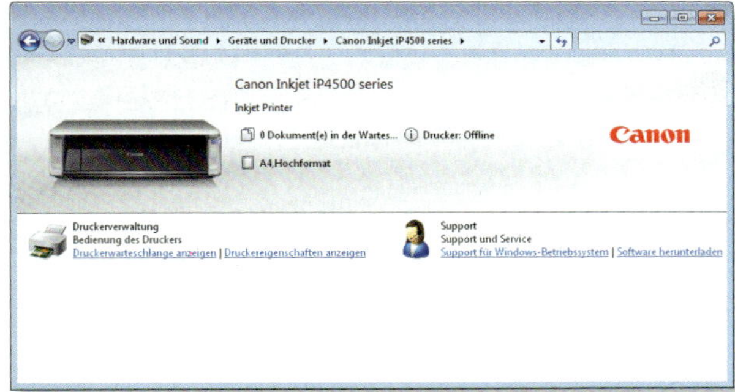

∧ ***Abbildung 10.14*** *Doppelklicken Sie auf den Drucker, sehen Sie Ihr verwendetes Gerät vor sich.*

3 Sie sehen nun ein Dialogfenster vor sich. Je nach Hersteller, Modell und verwendeten Treibern sieht der Dialog ein wenig anders aus. Wechseln Sie in das Register **Wartung**.

4 Wählen Sie im Dialog die **Reinigung**. So werden die Düsen geputzt. Bestätigen Sie die Meldung, und warten Sie ab, bis der Vorgang beendet ist.

Ich möchte hier noch einmal darauf hinweisen, dass dieser Dialog bei Ihrem Drucker vermutlich ein wenig anders aussieht. Die angebotenen Funktionen für Tintenstrahldrucker ähneln sich aber meist sehr.

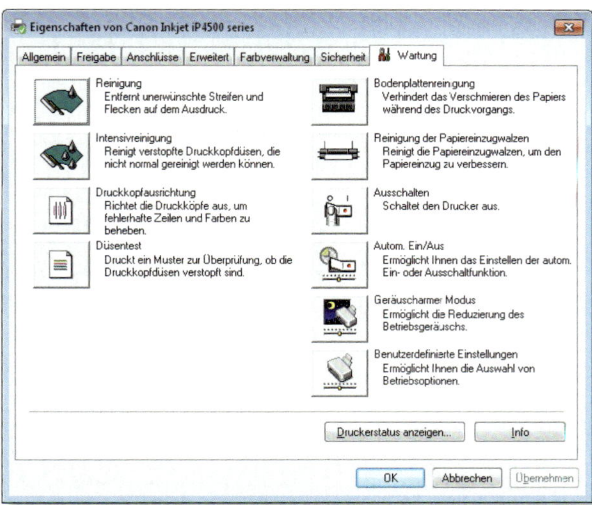

∧ ***Abbildung 10.15*** *Mit der Schaltfläche links oben wird hier die Reinigung und mit der links unten ein Düsentest durchgeführt.*

5 Die Funktion fragt, ob Sie die Druckfarben CMYK, die Farben Schwarz oder alle Farben prüfen wollen. Bestätigen Sie die Vorgabe **Alle Farben**.

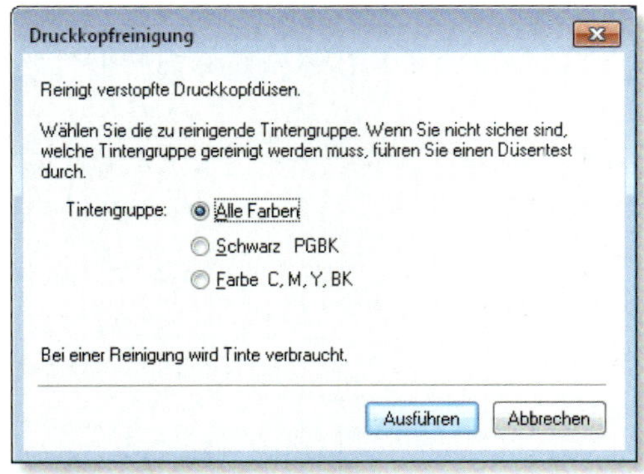

∧ ***Abbildung 10.16*** *Ich überprüfe in diesem Beispiel die Düsen aller Farbpatronen.*

6 Führen Sie nun einen **Düsentest** durch. Der Drucker druckt ein Muster auf Papier. Anhand dieses Musters können Sie überprüfen, ob der Druckkopf sauber ist und alle Farben einwandfrei auf Papier gebracht werden. In meinem Beispiel kann ich den Düsentest bereits nach der Reinigung der Druckpatronen über einen eingeblendeten Dialog durchführen.

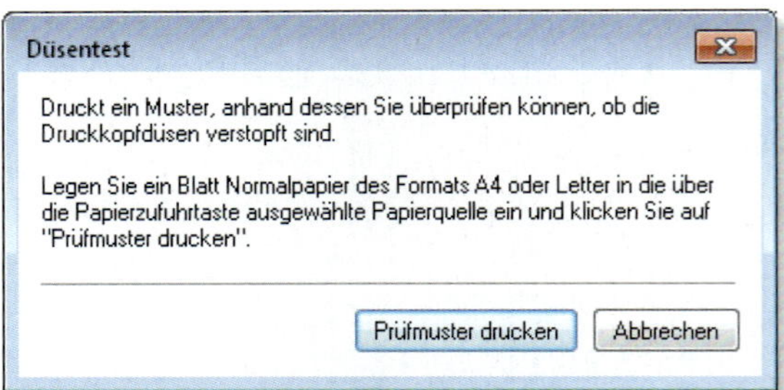

Abbildung 10.17 *Noch während der Reinigung der Druckköpfe sehe ich einen Dialog, mit dem ich ein Prüfmuster drucken kann.*

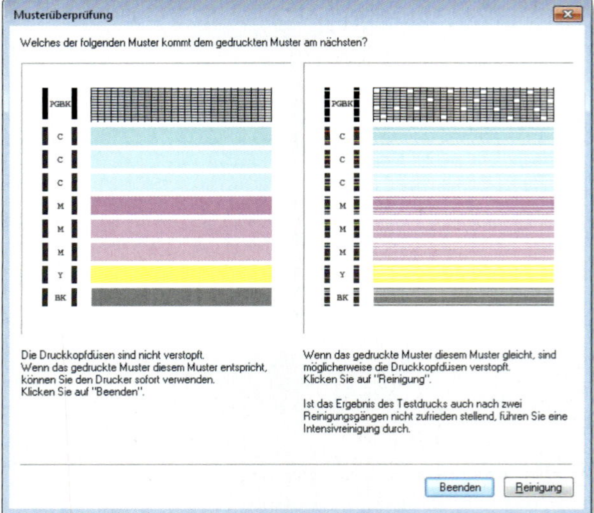

Abbildung 10.18 *In einem Dialogfenster wird mir angezeigt, wie der Ausdruck auszusehen hat.*

Ist das Druckbild nicht zufriedenstellend, wiederholen Sie die Reinigung und drucken noch einmal ein Prüfmuster.

Hilft dies immer noch nichts, führen Sie über den Register **Wartung** eine **Intensivreinigung** durch. Hierbei wird mehr Tinte verbraucht als bei einer normalen Reinigung. Dafür werden die Druckköpfe sorgfältiger und intensiver geputzt. Diesen Vorgang können Sie, falls notwendig, auch ein zweites Mal wiederholen. Dann sollte das Prüfmuster korrekt auf das Papier ausgegeben werden.

10.2 Dokumente drucken

Das Ausdrucken von Dokumenten ist eine einfache Sache. Im Allgemeinen starten Sie den Vorgang über ein Office- oder Bildbearbeitungsprogramm, über den Browser oder ein anderes Programm. Aber die Druckertreiber sind sehr vielseitig. Sie können einiges einstellen. Die folgenden Abschnitte zeigen nur einen kleinen Teil der Möglichkeiten.

Dokumente aus dem Explorer heraus drucken

Über das Kontextmenü können Sie ein Dokument direkt aus dem Windows-Explorer heraus auf den Drucker ausgeben. Markieren Sie z. B. ein Bild. Öffnen Sie das Kontextmenü, und wählen Sie **Drucken**.

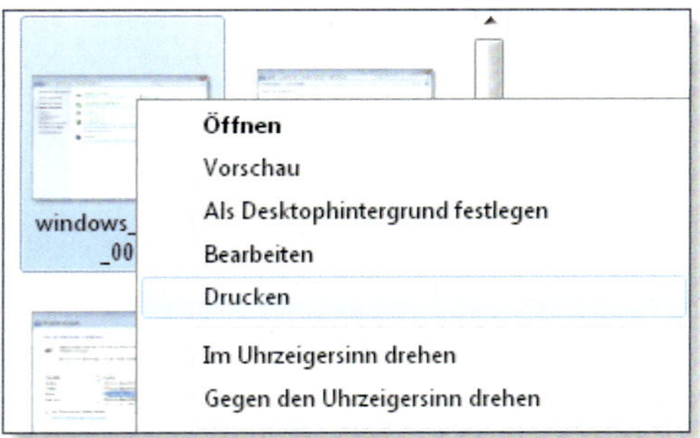

Abbildung 10.19 *Sie müssen kein Office-Programm öffnen, um eine Datei auf den Drucker auszugeben.*

Sie sehen nun den Windows 7-Dialog **Bilder drucken** vor sich (siehe Abbildung 10.20). Über die Listenfelder am oberen Rand können Sie die Papiergröße verändern. Möchten Sie schnell etwas ausdrucken, setzen Sie die Qualität herunter. Verändern können Sie auch den verwendeten Papiertyp.

Unter dem Vorschaubild können Sie mehrere Kopien auf Papier ausdrucken und das Bild an den Rahmen anpassen. Mit einem Mausklick auf die Schaltfläche **Drucken** wird es an den Drucker gesandt.

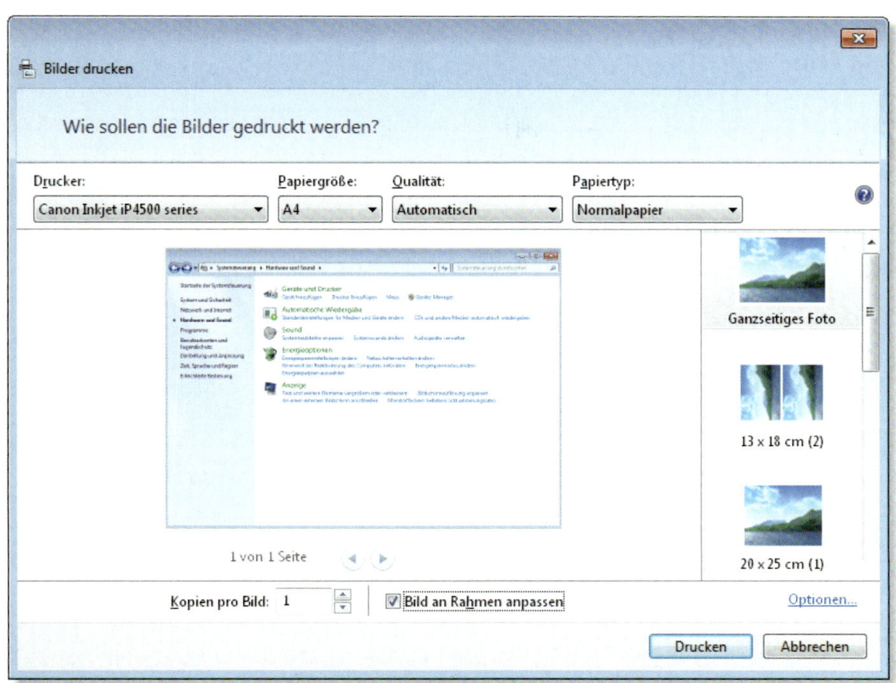

Abbildung 10.20 *In einem Dialogfenster können Sie einstellen, wie das ausgewählte Bild auf Papier gebracht werden soll.*

Interessant ist, dass Sie über das Listenfeld an der Seite verschiedene Einstellungen wählen können. So können Sie die Größe der Bilddatei ändern oder auch mehrere Bilddateien auf ein Blatt ausgeben.

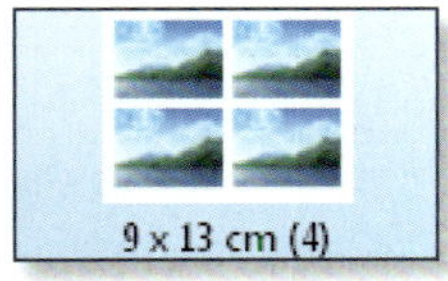

Abbildung 10.21 *Geben Sie doch einmal vier Bilddateien auf einem Blatt aus.*

Über **Optionen** können Sie dafür sorgen, dass Bilddateien etwas geschärft werden und dass der Dialog nur die Funktionen anzeigt, die bei dem verwendeten Druckermodell zur Verfügung stehen.

Bei der Auswahl eines Textdokuments wird der Dialog **Bilder drucken** nicht angezeigt. Ist ja auch logisch. Stattdessen wird das Dokument sofort auf den Drucker ausgegeben. Für den Ausdruck werden die als Standard festgelegten Einstellungen verwendet.

Druckereinstellungen und Druckereigenschaften einsehen

Über das Windows 7-Startmenü ist der Dialog der Systemsteuerung, in dem sich unter anderem der Drucker verbirgt, ein wenig schneller zu erreichen.

1 Öffnen Sie das Windows 7-Startmenü, und wählen Sie auf der rechten Seite **Geräte und Drucker**.

Abbildung 10.22 *Im Windows 7-Menü finden Sie eine Funktion, mit der Sie schnell den Dialog* ***Geräte und Drucker*** *aufrufen.*

2 Öffnen Sie über das Kontextmenü die **Druckereigenschaften**. Klicken Sie im Register **Allgemein** auf **Einstellungen**. Beachten Sie bitte, dass je nach Hersteller, Modell und Treiber der Dialog, seine Register und Optionen ein wenig anders aussehen können.

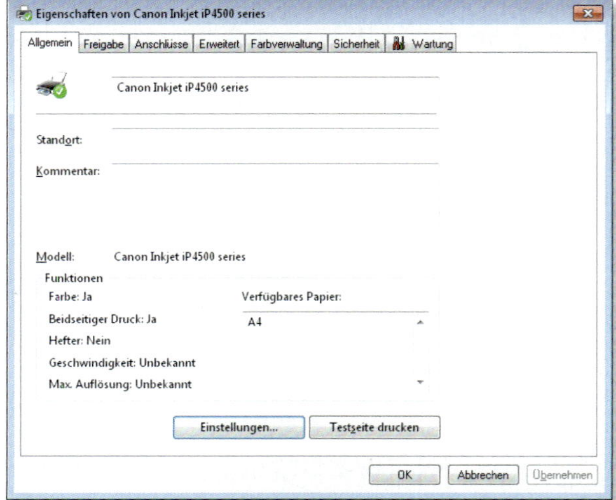

^ ***Abbildung 10.23*** *Im Dialog bringt Sie ein weiterer Mausklick auf eine Schaltfläche (unten links) an das gewünschte Ziel.*

Auch die Druckereinstellungen sehen von Druckermodell zu Druckermodell unterschiedlich aus. Sie finden mehrere Register vor. Sie können hier die Druckqualität auf **Hoch**, **Standard** oder **Schnelldruck** setzen. Letzteres empfiehlt sich, wenn Sie mal schnell etwas auf Papier ausgeben und probelesen wollen.

Ich verwende bei der Ausgabe meiner Buchkapitel den Druck in Graustufen. Das spart Farbe und genügt, um den Text zu lesen.

Im Register **Seite einrichten** können Sie zwischen Hoch- und Querformat wählen. Hier können Sie auch die Druckgröße verändern, einen Rand einstellen und eine bestimmte Anzahl Kopien zu Papier bringen. Wer mag, kann die Einstellungen auch in einem Profil festlegen und später wieder abrufen.

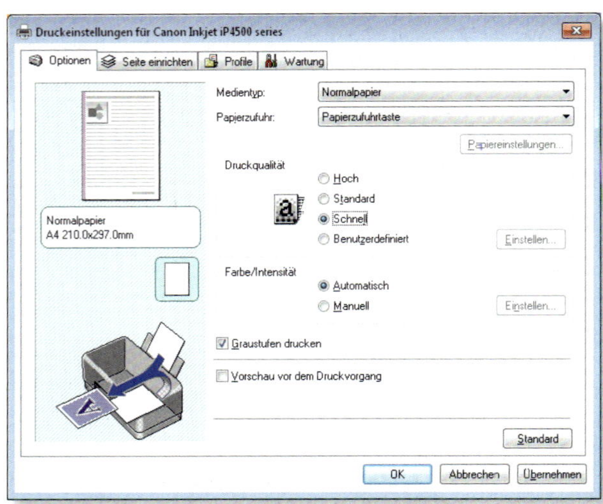

^ ***Abbildung 10.24*** *Hier habe ich die Druckgeschwindigkeit auf **Schnell** gesetzt und den Ausdruck in Graustufen eingestellt.*

Mit verschiedenen Druckverfahren können Sie unterschiedliche und interessante Ergebnisse erzielen. Beim Duplexdruck wird die Vorder- und die Rückseite eines Blattes bedruckt. Auf der Vorderseite des ersten Blattes wird die Seite 1 gedruckt. Auf der Rückseite wird die Seite 2 ausgegeben. Bei einigen Druckermodellen müssen Sie den Druck in zwei Arbeitsgängen ausführen. Das Papier muss nach dem Drucken der geraden Seiten aus dem Drucker genommen und in den zweiten Einschub eingelegt werden. Nicht jedes Modell beherrscht das Umdrehen des Blattes.

Beim Broschürendruck werden die Seiten verkleinert, und auf die Vorder- und Rückseite eines Blattes werden zwei Seiten aufgebracht. Das Ergebnis ähnelt dem eines Buches.

Der Posterdruck ermöglicht das Erstellen von Postern. Der Bildinhalt wird vergrößert und in vier Teilen ausgedruckt. Diese setzen Sie nach dem Ausdruck zu einem fertigen Poster zusammen.

Den Seitenlayoutdruck können Sie verwenden, um mehrere Bilddateien auf einem Papier unterzubringen.

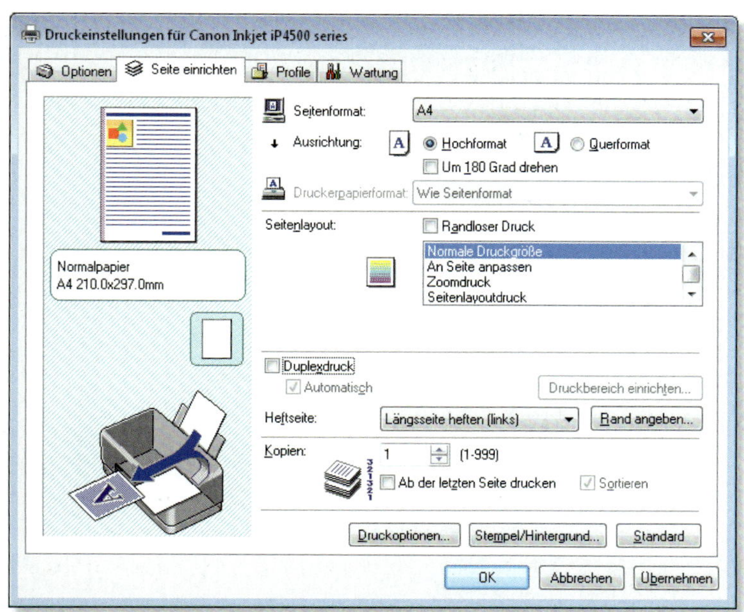

< ***Abbildung 10.25*** *In den Druckereinstellungen können Sie zwischen Hoch- und Querformat wechseln.*

Die Druckerwarteschlange überprüfen verwalten

In der Druckerwarteschlange werden alle Aufträge gesammelt, die Sie an den Drucker gesendet haben. Die Dokumente werden in der Reihenfolge ihres Eingangs an den Drucker gesendet und auf ihm ausgegeben.

Sie öffnen die Druckerwarteschlange über das Kontextmenü Ihres Druckers. Sie können alternativ auch unter **Geräte und Drucker** in der **Systemsteuerung** den zum Drucker gehörenden Dialog öffnen und hier **Druckerwarteschlange anzeigen** wählen.

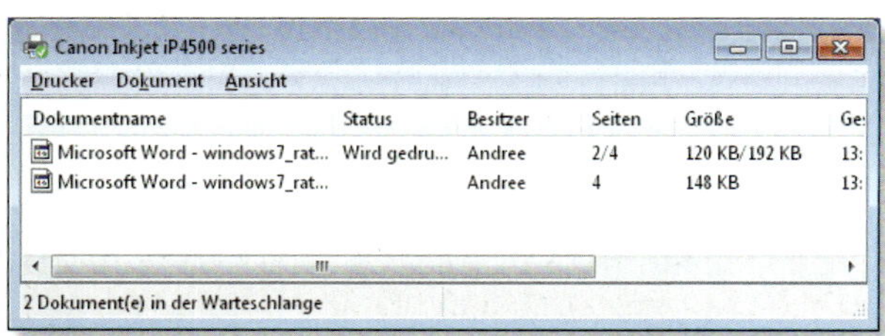

^ ***Abbildung 10.26*** *In diesem Beispiel befinden sich zwei Druckaufträge in der Druckerwarteschlange.*

Über das Kontextmenü und das Menü in der Druckerwarteschlange können Sie den Drucker anhalten und Druckaufträge abbrechen. Wurde der Ausdruck eines Dokuments angehalten, lässt er sich über das Kontextmenü wieder fortsetzen.

Wenn sich mehrere Dokumente in der Druckerwarteschlange befinden und Sie die Reihenfolge verändern möchten, in der diese auf dem Drucker ausgegeben werden, gehen Sie wie folgt vor:

1 Halten Sie zuerst den Drucker an. Es dauert einen Moment, bis der Drucker reagiert. Der Befehl muss zunächst an den Drucker gesendet werden.

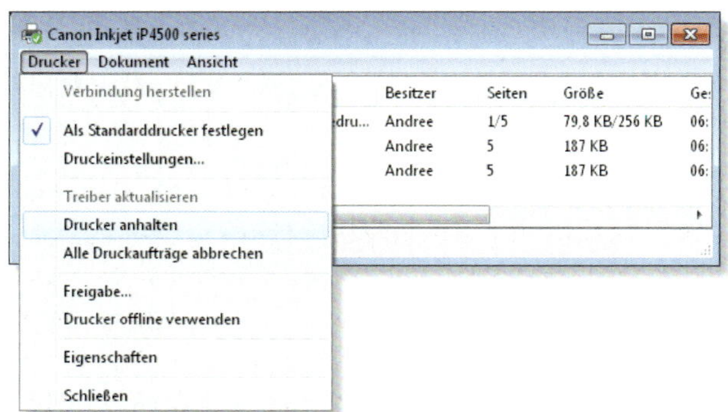

^ ***Abbildung 10.27*** *Über das Menü der Druckerwarteschlange können Sie den Drucker bei Bedarf anhalten.*

2 Markieren Sie nun das Dokument, das als Erstes ausgedruckt werden soll. Öffnen Sie das Kontextmenü, und wählen Sie **Eigenschaften**.

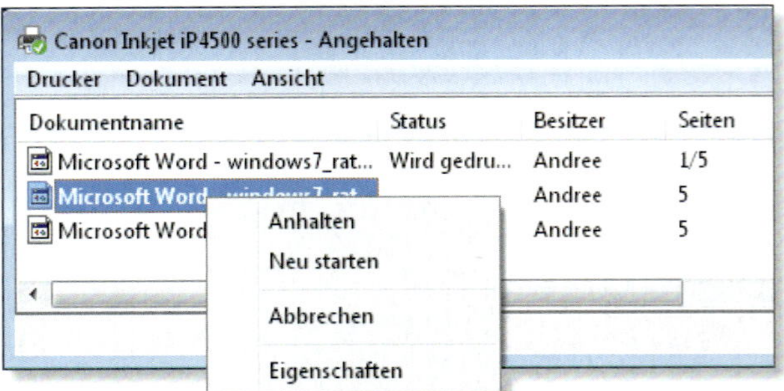

Abbildung 10.28 Im nächsten Arbeitsschritt werden die Eigenschaften des Dokuments bearbeitet.

Sie sehen nun den Dialog **Eigenschaften von [Programmname] [Dokumentenname]** vor sich. Einige Register gleichen denen in den Druckeinstellungen. Die Optionen hier sind jedoch deaktiviert. Interessant für unser Beispiel ist das Register **Allgemein**. Ganz unten in diesem Register können Sie einen Zeitplan festlegen und bestimmen, wann das Dokument gedruckt werden soll. Mit dem Schieberegler im Bereich **Priorität** können Sie die Wichtigkeit eines Ausdrucks verändern. In der Vorgabeeinstellung steht der Regler immer ganz links. Das entspricht der niedrigsten Priorität. Mit dieser werden Dokumente in der Reihenfolge ihres Eingangs bearbeitet.

3 Ziehen Sie mit der Maus den Schieberegler im Bereich **Priorität** ganz nach rechts. Vergeben Sie so für den Ausdruck des Dokuments die höchste Priorität. Bestätigen Sie mit **OK**.

4 Öffnen Sie in der Druckerwarteschlange das Menü **Drucken**. Entfernen Sie das Häkchen vor der Funktion **Drucker anhalten**. Nun wird der Ausdruck der Dokumente fortgesetzt, die sich in der Druckerwarteschlange befinden.

Beachten Sie bitte, dass zunächst der Ausdruck des Dokuments beendet wird, dessen Ausdruck vor dem Anhalten des Druckers begonnen wurde.

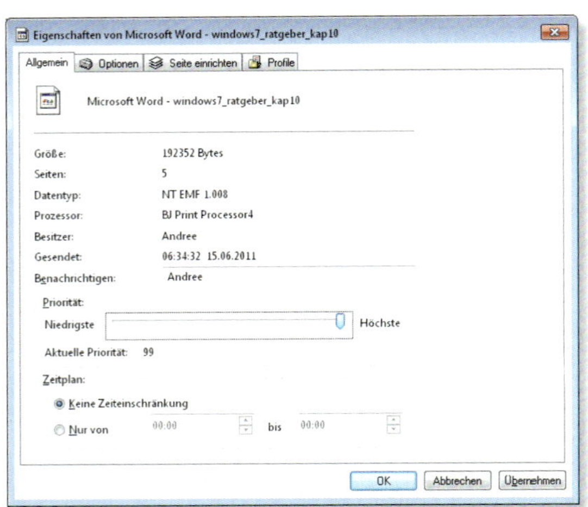

Abbildung 10.29 Hier habe ich für den Ausdruck des Dokumentes die Priorität »99« vergeben. Dies ist die höchste Stufe.

10.3 Drucken im Netzwerk

Einen Netzwerkdrucker einzurichten ist leichter, als man denkt. Vor allem bringt es viele Vorteile. Stellen Sie sich ein kleines Heimnetzwerk vor. Sie haben mehrere Rechner mit einem Netzwerk miteinander verbunden. Es ist nicht notwendig, für jeden Rechner auch einen Drucker zu kaufen. Sie richten einen Drucker als Netzwerkdrucker ein und greifen von jedem anderen Rechner aus darauf zu.

Beachten Sie bitte: Es gibt einige aktuelle Drucker, die eine integrierte WLAN-Schnittstelle besitzen. Diese können Sie direkt ansprechen. Wie bei einem Rechner müssen Sie nur die WLAN-Zugangsdaten eingeben. Wie Sie einen solchen Drucker einrichten, erfahren Sie aus der Dokumentation, die zu dem Gerät mitgeliefert wird.

Andere Druckermodelle besitzen eine integrierte Netzwerkkarte. Sie werden als lokaler Drucker eingerichtet und über die IP-Adresse des Druckers angesprochen.

Einen Netzwerkdrucker einrichten

Das Einrichten eines Netzwerkdruckers besteht aus zwei Schritten: Zuerst wird er auf dem Rechner eingerichtet, mit dem er verbunden ist. Anschließend wird die Netzwerkverbindung zu diesem Drucker von dem anderen Rechner aus erstellt.

1 Richten Sie zunächst den Drucker auf dem Rechner ein, mit dem er verbunden ist.

2 Wählen Sie dann in der **Systemsteuerung** unter **Hardware und Sound > Geräte und Drucker** das Gerät. Öffnen Sie über dem Drucker das Kontextmenü, und wählen Sie **Druckereigenschaften**.

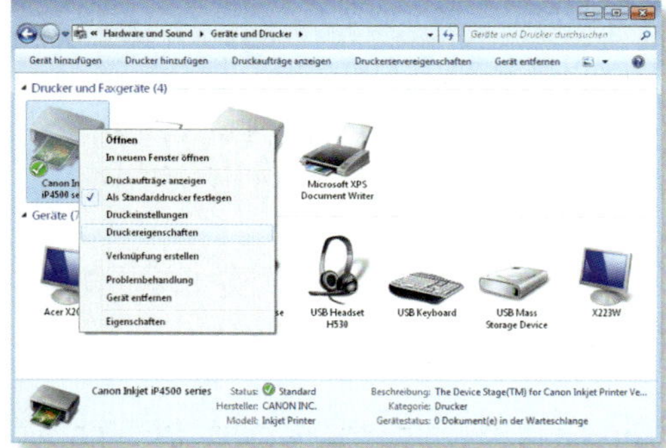

∧ ***Abbildung 10.30*** *Öffnen Sie mit der rechten Maustaste die **Druckereigenschaften**.*

3 Wechseln Sie in das Register **Freigabe**. Schalten Sie die Option **Drucker freigeben** an. Wenn Sie möchten, korrigieren Sie die Bezeichnung des Druckers. Bestätigen Sie mit **OK**.

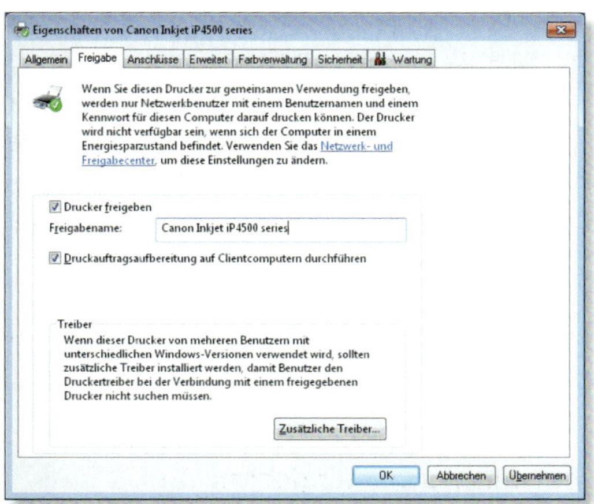

∧ ***Abbildung 10.31*** *Der Drucker wird für eine Verwendung im Netzwerk freigegeben.*

Nun zum Vorgehen auf dem anderen Rechner:

4 Öffnen Sie die Systemsteuerung. Wählen Sie **Hardware und Sound**. Entscheiden Sie sich hier für die Funktion **Drucker hinzufügen** ❶.

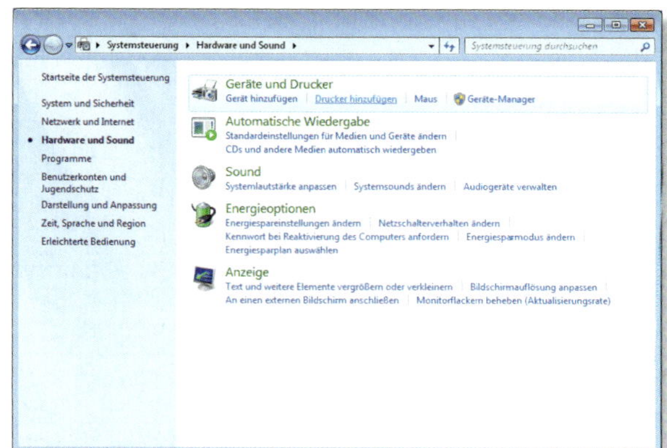

∧ ***Abbildung 10.32*** *Ganz oben in der Mitte finden Sie die Funktion zum Hinzufügen eines neuen Druckers.*

5 Nun wird ein Assistent gestartet. Wählen Sie hier **Einen Netzwerk-, Drahtlos- oder Bluetoothdrucker hinzufügen**.

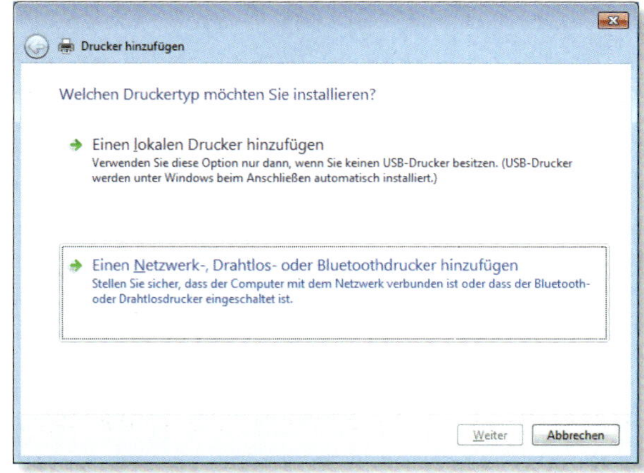

∧ ***Abbildung 10.33*** *Auch das Hinzufügen eines Netzwerkdruckers geschieht mit einem Assistenten.*

6 Windows 7 scannt das Netzwerk und sucht nach erreichbaren Druckern. Achten Sie darauf, dass das Gerät eingeschaltet ist und die Netzwerkverbindung funktioniert.

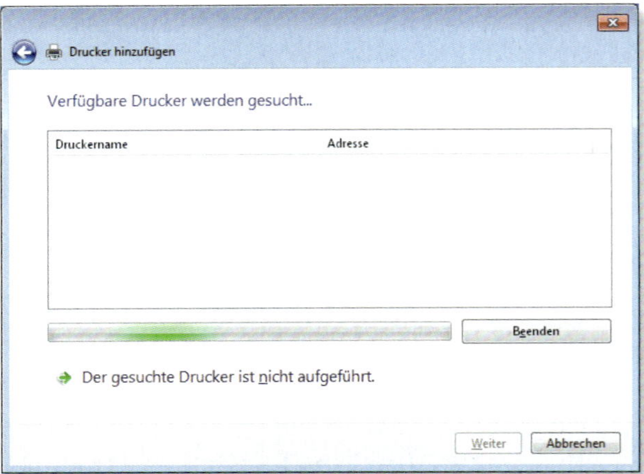

Abbildung 10.34 Windows 7 versucht, den Drucker zu finden. Gelingt dies, ist die weitere Einrichtung ein Klacks.

7 Der Drucker wird in der Regel sofort gefunden und angezeigt. Markieren Sie ihn. Wählen Sie **Weiter**.

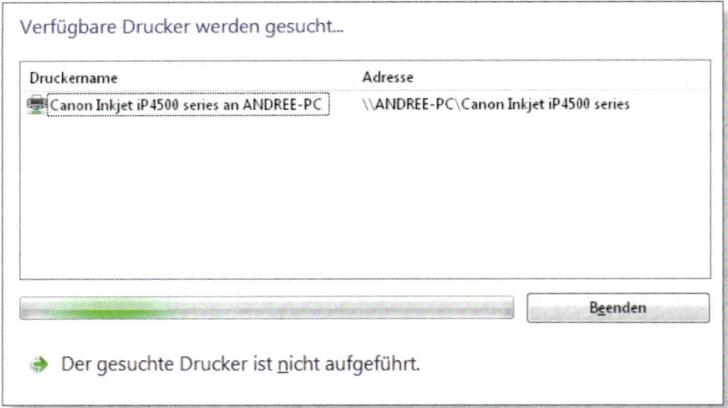

Abbildung 10.35 Der Drucker wurde gefunden. Ein gutes Zeichen. Jetzt nur noch den Assistenten beenden – und fertig.

8 Im nächsten Dialog wird der Name des Druckers angezeigt. Übernehmen Sie ihn einfach. Wählen Sie **Weiter**.

9 Im letzten Dialog des Assistenten sehen Sie die Meldung, dass der Drucker erfolgreich hinzugefügt wurde. Prüfen Sie die Verbindung mit **Testseite drucken**. Funktioniert dies, beenden Sie den Assistenten mit einem Mausklick auf die Schaltfläche **Fertig stellen**.

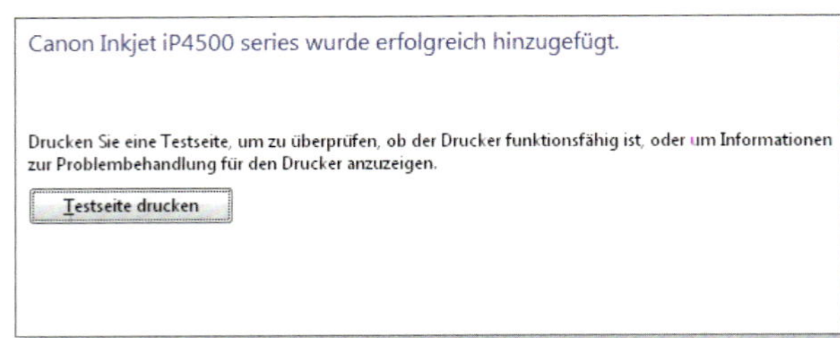

Abbildung 10.36 Schließen Sie die Einrichtung des Netzwerkdruckers ab.

HINWEIS

Was tun, wenn der Drucker nicht gefunden wird? Falls der Drucker von Windows 7 nicht gefunden wird, wählen Sie **Der gesuchte Drucker ist nicht aufgeführt**. Nun geben Sie den Drucker anhand des Namens im Netzwerk ein. Die Schreibweise dazu ist *Name_des_Computers**Druckername*. Möglich ist auch *http://Name_des-Computers/printers/Name_des_Druckers/.printer*.

Teil IV
Mit Windows im Internet und unterwegs

Kapitel 11
Grundlagen zum Thema Internet

Falls Sie mit dem Internet noch nicht so vertraut sind, finden Sie in diesem Kapitel einige einführende Hinweise. Vielleicht ist aber auch für fortgeschrittene Internetnutzer hier noch der eine oder andere interessante Hinweis dabei.

Das Internet ist ein weltweites Netzwerk. Hier kann man seine Nachrichten versenden, ohne eine Briefmarke zu brauchen oder zum Briefkasten gehen zu müssen. Sie können bequem einkaufen, und die bestellten Artikel werden bis an die Tür geliefert. Sie können sich informieren. Ganz egal, ob es um eine Zugverbindung von A nach B geht, das günstigste Angebot für einen Sommerurlaub an der Nordsee, das aktuelle Kinoprogramm in Ihrer Stadt oder um einen geeigneten digitalen Fotoapparat – Sie finden in der Regel die gewünschte Information im Internet. Sie können sich mit anderen Anwendern austauschen. Ganz egal, ob Sie einfach nur etwas plaudern, etwas zu Ihrem Hobby mitteilen oder Fragen loswerden wollen. In Foren und sozialen Netzwerken finden Sie andere Anwender, die Ihre Interessen teilen. Ich kann Ihnen noch viele Beispiele nennen. Das möchte ich aber nicht. Das Internet ist ein großes Netzwerk voller Informationen, Multimediadaten, Kontaktmöglichkeiten, Downloadangeboten und vielem mehr.

In diesem Kapitel stelle ich Ihnen einige Grundlagen zum Thema Internet vor. Diese sollen die nachfolgenden Kapitel einleiten. Sie erfahren von mir, was sich hinter der Abkürzung *WWW* verbirgt. Ich zeige Ihnen, wie eine Webadresse aufgebaut ist, und verrate Ihnen, wie man sich in Webforen, Chats und sozialen Netzwerken benimmt. Auch dort sind gewisse Umgangsformen zu beachten, damit man nicht verwarnt oder gar rausgeschmissen wird. Abschließend erfahren Sie, welche Smileys und Actions im Internet Anwendung finden und wie Sie damit Missverständnisse ausschließen und Gefühlsregungen ausdrücken.

11.1 Das World Wide Web und seine Möglichkeiten

WWW steht für *World Wide Web*. Hinter diesem Begriff verbirgt sich der grafische Teil des Internets. Die im Internet angebotenen Websites können Sie mit einem Webbrowser, wie zum Beispiel dem Internet Explorer von Microsoft, anschauen.

Eine Website besteht aus mehreren einzelnen HTML-Seiten. Auf diesen sind Textinhalte zu sehen. Oft gehören auch Bilddateien, Film- und Audiodateien zu einer HTML-Seite.

HTML (Hypertext Markup Language) ist eine sogenannte Dokumentenbeschreibungssprache. Eine einfache Textdatei enthält Anweisungen, die man HTML-*Tags* nennt. Sie bestimmen, wie Text und andere Inhalte dargestellt werden. Der Webbrowser übernimmt diese Darstellung.

Bitte entschuldigen Sie, wenn ich dies an dieser Stelle sehr grob und oberflächlich behandele. Aber ich möchte Ihnen nicht all das technische Grundwissen zum Thema Internet und HTML beibringen. Das ist an dieser Stelle gar nicht notwendig. Zusammenfassend: Das WWW ist der grafische Teil des Internets. Hier finden Sie Websites, auf denen Textinhalte und Multimediadateien dargestellt werden. Für das Betrachten benötigen Sie einen Webbrowser.

Verschiedene einzelne HTML-Seiten sind durch *Hyperlinks* miteinander verknüpft. Sie werden so zu einer ganzen Website zusammengefasst.

Hyperlinks werden auch verwendet, um eine Website zu erreichen. Oft führen diese Links auch von einer Website zu einer anderen. Diese »Adressen« sagen, wie eine Website zu erreichen ist. Stellen Sie sich eine solche Adresse als Hausnummer vor. Ohne die Straße und die Hausnummer wüsste niemand, wo Herr Mustermann wohnt.

Die Hyperlinks, die zu einer Website führen, werden als URLs bezeichnet. URL steht für *Uniform Resource Locator*. Wie so vieles, ist der Aufbau der Adressen genormt. Man kann also nicht einfach irgendeine Folge von Zeichen zu einer Website-Adresse zusammenwürfeln. Wie eine Webadresse aufgebaut ist, erfahren Sie im nächsten Abschnitt.

11.2 Wie eine Webadresse aufgebaut ist

Wie bereits gesagt, ist eine Webadresse die Hausadresse einer Website. Sie sagt, wo der Browser diese findet. Sie geben sie in der Adresszeile des Webbrowsers

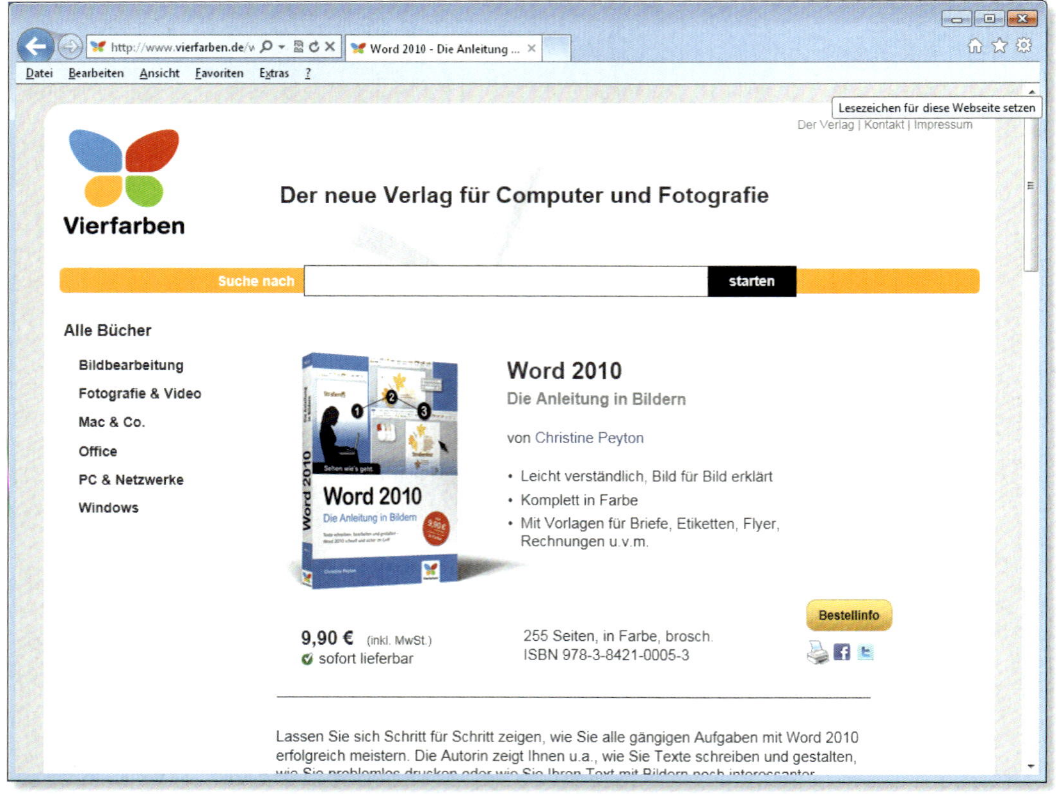

Abbildung 11.1 *Die Website meines Verlages*

Abbildung 11.2 *Bei der Denic kann man schauen, ob eine Domain noch erhältlich ist.*

ein. Einen kaum spürbaren Augenblick später wird die Website geladen und im Browser dargestellt.

»Geladen« heißt hier, dass der Browser die Inhalte der Website von dem Webserver, auf dem der Besitzer und Webadministrator die Website abgelegt hat, zu Ihrem Rechner überträgt. Es ist fast zu selbstverständlich, als dass ich es Ihnen extra sagen müsste: Sie benötigen zum Anschauen von Websites eine Verbindung in das Internet. Die einzige Ausnahme von dieser Regel ist gegeben, wenn eine Website lokal auf Ihrem Rechner oder einem Datenträger abgelegt ist. Die kann man so anschauen, ohne mit einem DSL-Modem oder auf eine andere Weise in das Internet gelangen zu müssen. In der Regel müssen Sie aber online sein, um eine Website anzusehen.

Schauen wir uns einmal eine typische Webadresse an:

http://www.vierfarben.de/word-2010/2474/titel

Diese Adresse führt zu einer HTML-Seite des Verlags *Vierfarben*, auf der ein Buch zur Textverarbeitung *Word* vorgestellt wird (siehe Abbildung 11.1). Zu Beginn kommt das Protokoll: *http*. Neben dem HTTP-Protokoll gibt es ja auch das FTP-Protokoll und einige andere. So weiß der Browser, was er mit der Adresse anfangen muss. Mit dem *www* wird mitgeteilt, dass es sich um eine Website im grafischen Teil des Internets handelt. Darauf folgt die Domain. Die Domain ist der Name des Webspeicherplatzes auf einem Server. Unter diesem Namen ist die Website abgelegt.

.de steht für die *Top Level Domain*. Es gibt eine ganze Reihe davon – so zum Beispiel *.de* für Deutschland, *.com* für kommerzielle US-Websites oder auch *.eu*. Auch mit dieser Erweiterung wird die Website adressiert. Neben der Website *vierfarben.de* kann es im Internet auch eine Website mit dem Namen *vierfarben.eu* geben.

Hinter der Domain und der Top Level Domain sehen Sie einen Schrägstrich. Danach folgen die Adressen der untergeordneten HTML-Seiten. Diese werden im Browser des Anwenders angezeigt.

∧ ***Abbildung 11.3*** *Bei United-Domains können Sie Domains abfragen und gleichzeitig aus einer Vielzahl an Top Level Domains wählen.*

11.3 Webforen, Chats und Co: Wie Sie sich hier verhalten sollten

In Webforen, in sozialen Netzwerken wie Facebook und in Chats kommen viele Anwender zusammen. Hier ist es wichtig, dass man miteinander auskommt. Zunächst wird dies – zumindest ist dies in der Regel so – mit einer Nutzungsregel festgelegt. Sie lesen, wie Sie sich verhalten müssen. Was dürfen Sie bei einem Anbieter? Was ist nicht erlaubt? Gibt es Administratoren, *Operators* oder Moderatoren, die das Forum oder den Chat leiten und überwachen?

Das allein genügt aber noch nicht. Darüber hinaus gibt es nämlcih noch eine Reihe ungeschriebener Regeln, die sogenannte *Netiquette*. Dazu gehören einfache Verhaltensweisen, die in allen Foren, Chats und Communitys gelten. Die wichtigsten habe ich für Sie zusammengestellt:

- Seien Sie nett zu allen anderen. Achten Sie auf einen höflichen, rücksichtsvollen Umgangston. Beleidigungen, grobe Ausdrucksformen, rassistische und sexistische Aussagen sollten Sie vermeiden.
- Achten Sie auf das Thema das Forums oder Chats. In einem Motorsportforum über Modelleisenbahn zu sprechen, bringt nur die anderen Anwender gegen Sie auf.
- Achten Sie auf die Gesetze Ihres Landes. Man muss es wohl nicht extra betonen. Aussagen, die gegen Gesetze verstoßen, sind zu unterlassen.
- Vermeiden Sie Großschreibung. HALLO WIE GEHT ES DIR? steht für Schreien. Und seine Mitmenschen anzuschreien ist äußerst unhöflich.
- Greifen Sie auf Smileys zurück, um Missverständnisse zu vermeiden. So können Sie ausdrücken, wenn Sie etwas nicht ganz so ernst und wortwörtlich meinen.

11.4 Keine Angst vor Smileys und Actions

Wie sorgt man in einem Chat oder einem Forum dafür, dass man nicht missverstanden wird? Ganz einfach: Man nutzt ein Zeichen oder eine Zeichenfolge, um so dem anderen verstehen zu geben, dass man es nicht ganz so ernst meint. Mit Smileys, Actions und Emoticons drückt man Gefühle aus. Ein Satz, hinter dem ein Augenzwinkern steht, wirkt gleich ganz anders.

Actions verwenden

Actions sind wohl die einfachsten Vertreter ihrer Art. Anstatt ein Zeichen zu verwenden, setzen Sie einfach etwas in eckige Klammern. Es gibt keine festgelegten Ausdrücke. Schreiben Sie zum Beispiel `<auf den Putz hauen>` oder `<Kopfschüttelnd>`.

In der Praxis werden Actions kaum noch verwendet. Der Vollständigkeit halber habe ich sie aber dennoch genannt.

Die häufigsten Smileys in Aktion

Das ein oder andere Smileys kennen Sie bestimmt. So steht `:-)` für ein Lächeln. Das umgekehrte `:-(` bedeutet »traurig sein«. Es gibt noch eine ganze Menge mehr Smileys, die sie aber nicht alle kennen müssen. Nur echte Experten kennen tatsächlich mehr als die Handvoll gängiger Varianten.

Setzen Sie Smileys ein, um dem Gegenüber zu zeigen, wie Sie etwas meinen. Sie können damit auch eine Gefühlsregung oder einen Gemütszustand beschreiben.

Smiley	Bedeutung
:-)	Lächeln
:-))	Lachen
:-c	Sich die Lippen lecken
:->	Teufliches Grinsen
:-&	Sprachlosigkeit
:-x	Einen Kuss geben
:-@	Schreien
:-(	Traurig sein
:-((	Am Boden zerstört sein
:-<	Sehr, sehr traurig sein
:-e	Enttäuscht sein
:-s	Den anderen nicht verstehen
:-\	Unentschlossenheit
:-7	Sich ein gequältes Lächeln abringen
:-D	Plappert zu viel
:-#	Die Lippen sind fest verschlossen
xD	Starkes Grinsen, Lachen

Tabelle 11.1 *Wichtige Smileys, mit denen Sie Gefühle ausdrücken können*

In der Tabelle oben habe ich Ihnen eine Auswahl wichtiger Smileys zusammengestellt. In einigen Systemen, wie zum Beispiel in Chat-Programmen wie dem *MSN Messenger*, können Sie diese bequem auswählen. Statt einer Zeichenkombination sehen Sie dort ein farbenfrohes kleines Bild.

Abbildung 11.4 *Im Internet finden Sie auch Sammlungen mit lustigen Smileys. Suchen Sie einmal mit Google oder Bing danach.*

Was bitte ist Netzjargon?

Netzjargon-Kürzel sind ein wenig aus der Mode gekommen. Gerade einmal `xD` für starkes Lachen oder breites Grinsen ist noch immer sehr weit verbreitet. Ebenso wie `lol` für Lachen (*laughing out loud*). Manchmal verwenden Jugendliche diese Abkürzungen auch im ganz normalen Smalltalk. Gerade mit `lol` habe ich dies schon häufig erlebt.

Aber wer weiß schon noch, was `ROFL` heißt? *Rolling on the Floor Laughing*, also vor Lachen über den Teppich rollen, wird kaum noch benutzt.

Diese Buchstabenkürzel drücken ebenso Gefühle aus. Mit ihnen werden auch häufig verwendete Sätze abgekürzt. So steht zum Beispiel `ASAP` für »Sobald wie möglich« (*As Soon As Possible*). Das Kürzel `FAQ` für eine Frage-Antwort-Sammlung ist eher bekannt. Schauen

Sie sich einmal die Liste der Abkürzungen bei Wikipedia an. Es ist sehr unterhaltsam, sich einmal durch diese Netzjargon-Kürzel zu blättern. Sie finden diese unter *http://de.wikipedia.org/wiki/Liste_von_Abk%C3%BCrzungen_%28Netzjargon%29*. Mit dem Suchbegriff `Netzjargon` kommen Sie auf den Seiten des Online-Lexikons ebenfalls zum Ziel.

11.5 Suchen im Internet

Sie kennen das sicherlich: Sie brauchen eine ganz bestimmte Information – eine Bahnverbindung, ein günstiger Urlaubsplatz, ein Sonderangebot oder die Information, wo sich ein bestimmtes Geschäft befindet. Natürlich können es auch Nachrichten sein, ein Stadtplan oder eine Karte, mit der Sie eine Autofahrt von A nach B planen können. Aber wo das Gesuchte finden? Das Internet ist ein riesengroßes Netzwerk. Es gibt Portale, Netzwerke, Plattformen, Übersetzungsdienste, Online-Lexika und, und, und ... Sich in diesem Wust an Informationen zurechtzufinden, ist nicht gerade einfach.

Die Suchmaschinen Google und Bing nutzen

Wenn Sie die Adresse eines Portals, einer bestimmten Suchmaschine, einer Handelskette oder was auch immer nicht kennen, suchen Sie diese mit Google (*http://www.google.de*), Bing (*http://www.bing.de*) oder einem anderen Suchdienst. Geben Sie einfach ein, was Sie suchen. Mit Saturn Berlin finden Sie die passenden Adressen dieses Elektronikanbieters. Möglich sind auch Bahnverbindungen, Busreisen Ungarn, Norwegen Familie, Flugticket günstig Spanien, Windows 7 Blue Screen ...

Was auch immer Sie suchen, versuchen Sie, das Gesuchte mit wenigen Worten stichpunktartig zu umschreiben. Ein einzelnes Wort bringt meist zu viele Ergebnisse. Hier landet selten die gesuchte Website auf der ersten Trefferseite. Gut, bei großen Anbietern gelingt auch dies. Mit *Bahn*, *Busreisen* oder *Jobbörse* werden Sie auch fündig.

Bei anderen Suchbegriffen erhalten Sie jedoch eine große Liste an Treffern. Allein das Suchwort Flug bringt bei Google 37.800.000 Treffer. Es ist unmöglich, diese Anzahl an Treffern zu durchforsten. Hier müssen Sie genau umschreiben, was Sie suchen. Flug Spanien Deutschland bringt noch immer über 9 Millionen Treffer. Doch passende Webportale, die Preisvergleiche verschiedener Billigfluganbieter führen, sind ganz oben aufgelistet.

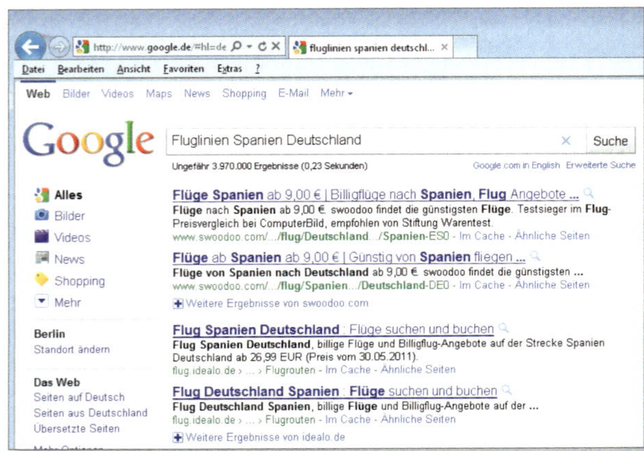

Abbildung 11.5 *Mit Google und Bing finden Sie viele Seiten, Anbieter und Informationsdienste.*

Leo

Das Portal LEO (*http://www.leo.org*, siehe Abbildung 11.6) ist nicht so bekannt. Es ist ein kleiner Geheimtipp. LEO gibt es schon eine Weile. Sie finden hier Wörterbücher, interessante Nachschlagewerke und Links zu allerlei Wissensdatenbanken und -portalen sowie verschiedene Unterhaltungsangebote und Hyperlinks zu Angeboten rund um München und Umgebung. Es macht Spaß, durch die Links zu schauen und hier etwas herumzusurfen. Sie finden auf untergeordneten Seiten auch Informationen zu IT-Grundlagen, zu Wissenschaft, Technik, Umwelt und vielen anderen Themen. Und – ganz wichtig – es gibt eine Sammlung von Cocktailrezepten. Allerdings ist dieser russische Cocktail, den ich in Köln in einer Gaststätte getrunken habe, nicht darunter (sieben Wodka-Sorten und zwei Eiswürfel).

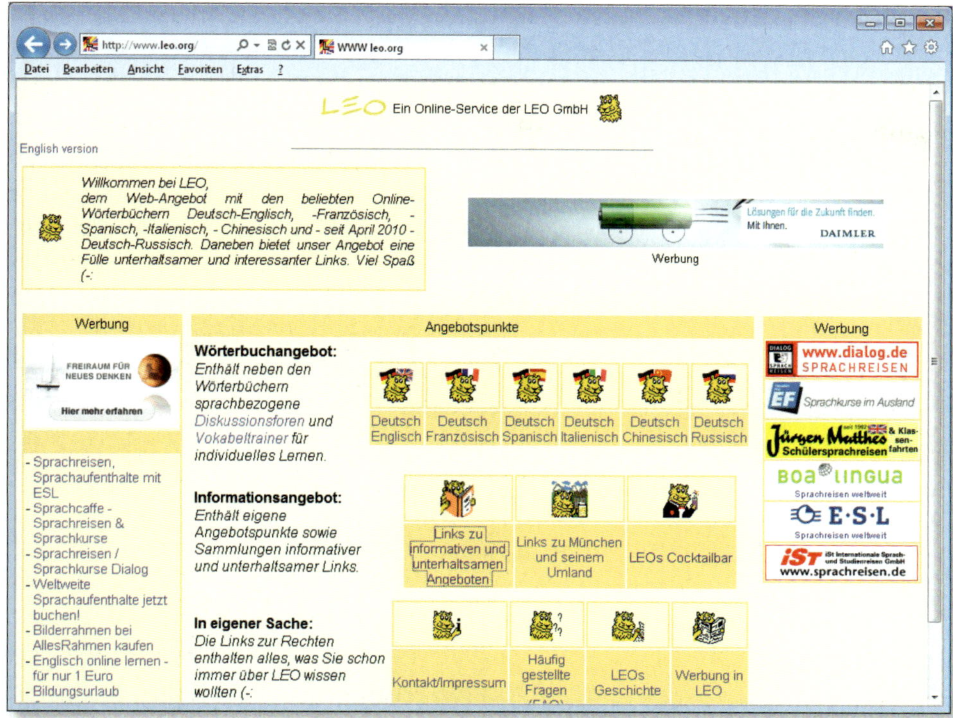

Abbildung 11.6 *Die Website von LEO sollten Sie sich unbedingt einmal ansehen.*

Wikipedia erklärt, was Sie wissen möchten

Das Lexikon Wikipedia (*http://www.wikipedia.de*) kennen sicher die meisten. Es ist ein Online-Lexikon mit einer Fülle von Informationen. Hier können Sie Informationen nachschlagen. Das Lexikon ist frei verfügbar. Die Nutzung kostet nichts. Als ich dieses Buch geschrieben habe, gab es sogar eine Petition, mit der Wikipedia zum Weltkulturerbe erklärt werden sollte.

Das Online-Lexikon lädt auch zum Herumstöbern ein. Auf der Hauptseite *http://de.wikipedia.org/wiki/Wikipedia:Hauptseite* finden Sie jeden Tag eine andere Auswahl interessanter Artikel. Über Links können Sie auch bestimmte untergeordnete Portale aufrufen, so Lexikonbereiche zu den Themen Geschichte, Kunst und Kultur, Sport oder Technik.

INFO

Was bitte ist ein Wiki?
Ein *Wiki* ist ein Website-Projekt, das mit einem Browser besucht und so gelesen werden kann. Als Basis wird ein spezielles *Wiki-Programm* genutzt. Dieses ermöglicht nicht nur das Lesen der Inhalte, sondern auch deren Veränderung. Der Benutzer kann also aktiv an einem Wiki mitarbeiten. Meist muss er sich zuvor registrieren.

Das bekannte Online-Lexikon Wikipedia verwendet das Programm *MediaWiki*. Die Software ist frei verfügbar und kann von jedem genutzt werden. Mit dieser Syntax entstehen oft auch neue interessante Wikis im Internet. Wollen Sie selbst einmal ein Wiki aufsetzen? Dann sollten Sie sich die Software anschauen. Sie finden MediaWiki unter *http://www.mediawiki.org/wiki/MediaWiki*.

Weitere Wikipedia-Ableger verwenden

Zur Wikipedia gibt es eine Reihe sogenannter »Schwesterprodukte«. Diese möchte ich Ihnen einmal vorstellen:

Wikimedia Commons

Auf dieser Plattform finden Sie freie Bild-, Audio- und Filmdateien. Es gibt sehr schöne Zeichnungen und viele interessante Fotos. Sie finden die Seite unter *http://commons.wikimedia.org/wiki/Hauptseite?uselang=de*.

Wiktionary

Wie der Name bereits andeutet, handelt es sich bei *Wiktionary* um ein Wörterbuch – besser gesagt, um eine ganze Reihe von Wörterbüchern. Sie können Begriffe, Redewendungen und ganze Sätze in verschiedenen Sprachen nachschlagen. Sie finden ein Übersetzungsforum auf der Plattform, Seiten mit Sprichwörtern und Information zu Thesaurus und Grammatik. Bisher gibt es 177.740 Einträge in 200 Sprachen. Und die Anzahl der Einträge wächst. Sicher ist die Zahl, wenn Sie diese Zeilen lesen, nicht mehr aktuell. Wiktionary finden Sie unter *http://de.wiktionary.org/wiki/Wiktionary:Hauptseite* (siehe Abbildung 11.7).

Wikibooks

Wikibooks (*http://de.wikibooks.org/wiki/Hauptseite*) ist eine Sammlung von freien Lehrbüchern. Hier können Sie, wenn Sie dies möchten, Ihr Fachwissen an andere weitergeben und natürlich in dem vorhandenen Fundus an Buchtiteln blättern. In den »Regalen« suchen Sie sich eine Rubrik aus und schauen, ob ein passendes Buch zu finden ist. Oder Sie verwenden die Suche.

Wikiversity

Den Namen dieses Wiki-Projektes finde ich sehr kreativ gelungen. Sie ist eine gute Ergänzung zu Wikibooks. *Wikiversity* ist eine Lernplattform. Hier finden Sie andere Studenten und Schüler und können mit diesen Lerngemeinschaften bilden und sich austauschen.

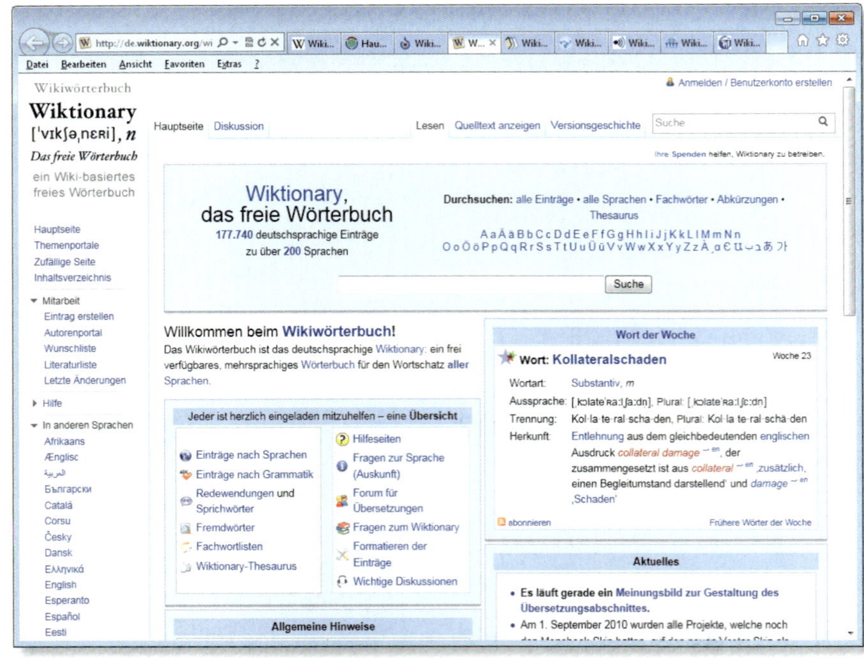

Abbildung 11.7 Das Online-Wörterbuch Wiktionary

Es gibt ein Forum, einen Kalender mit speziellen Terminen und eine Reihe Informationen für Schüler und Lehrer. Die Plattform unterhält einen eigenen Chat. Dort finden Sie interessante Diskussionen, und es werden auch Projekte gestartet. Im Campus-Bereich gibt es für spezielle Fachbereiche Anlaufpunkte. Nicht zu vergessen: Sie finden hier eine Bibliothek mit Links zu freien Dokumentationen und Nachschlagewerken. Die Wikiversity finden Sie unter *http://de.wikiversity.org/wiki/Hauptseite*.

Wikinews

Mit der Nachrichtenplattform Wikinews (*http://de.wikinews.org/wiki/Hauptseite*) müssen Sie nicht mehr an den Zeitungsstand und sich durch eine Sammlung an Papierseiten quälen. Sie finden auf dieser Plattform eine Reihe freier Artikel zu aktuellen Informationen. Von Infos der Bundesregierung, Verwaltungsthemen bis zu internationalen Nachrichtenthemen ist alles dabei. Auch hier macht es Spaß, ein wenig herumzustöbern.

Wikiquote

Wenn Sie sich für Kultur interessieren, gern lesen oder vielleicht sogar schreiben, sollten Sie einmal bei *http://de.wikiquote.org/wiki/Hauptseite* vorbeischauen. Hier finden Sie eine Fundgrube an interessanten Zitaten verschiedener Persönlichkeiten aus Kultur und Geschichte.

Vorhanden sind hier nur Zitate, die auch frei von den Nutzungsrechten Dritter sind. So muss jemand mindestens 70 Jahre tot sein, damit kein Verleger oder Hinterbliebener die Rechte an dem Gesagten oder Geschriebenen einer Person wahrnehmen bzw. in Anspruch nehmen kann. Von mir steht dort also noch nichts!

Wikisource

Auf *Wikisource* finden Sie viele Quelltexte, die frei von den Rechten eines Urhebers sind oder die unter einer freien Lizenz stehen. Es gibt dort bereits mehr als 20.000 Textdokumente. Wie bei anderen Wiki-Projek-

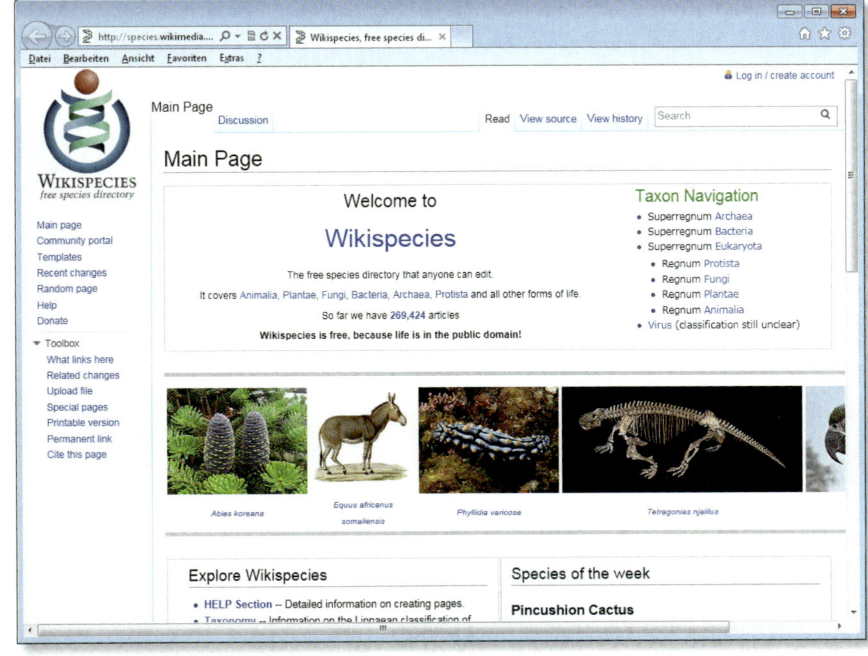

Abbildung 11.8 *Schauen Sie sich auf Wikispecies einmal um, was es auf der Erde so alles an Lebewesen gibt.*

ten steigt deren Anzahl immer weiter. Wikisource erreichen Sie unter *http://de.wikisource.org/wiki/Hauptseite*.

Wikispecies

Wikispecies finde ich sehr gelungen: Es ist ein modernes *Brehms Tierleben*. Sie finden hier eine Sammlung von Tieren und Pflanzen. Bisher wurden bereits fast 270.000 Arten erfasst. Zu allen gibt es wissenschaftlich fundierte Informationen. Sie finden diese Seiten unter der Webadresse *http://species.wikimedia.org/wiki/Main_Page* (siehe Abbildung 11.8).

Nachrichten finden Sie auch mit Google ganz einfach

Fast alle großen und kleinen Zeitungen und Magazine verwalten eine Webplattform. Sie können diese abgrasen und sich so über aktuelle und interessante Themen informieren. Mit *Google News* finden Sie jedoch einen zentralen Anlaufpunkt, auf dem Sie aktuelle Nachrichten lesen können (siehe Abbildung 11.9).

Sie finden diesen Dienst im Internet unter der Adresse *http://news.google.de*. Auf der Startseite sehen Sie aktuelle Nachrichten. Über das Menü können Sie auch ein Interessensgebiet wählen und so News zu Kultur, Wissenschaft und Technik, Sport, Gesundheit, Wirtschaft und anderen Themen abrufen.

INFO

Wie finde ich ein Wiki?

Sie können bei Wikipedia, Google oder Bing nach Wikis suchen. Es gibt aber auch Verzeichnisse, die verschiedene Wikis auflisten. Darunter sind auch sehr kreative Wiki-Projekte.

Schauen Sie einmal unter den Webadressen *http://www.wikiservice.at/gruender/wiki.cgi?* und *http://wikiindex.org/Welcome* nach. Eine Reihe von Wiki-Projekten, die Ableger von Wikimedia sind, finden Sie auf *http://meta.wikimedia.org/wiki/Wikimedia_projects*. Hier können Sie auch Vorschläge machen und finden verschiedene Testprojekte vor.

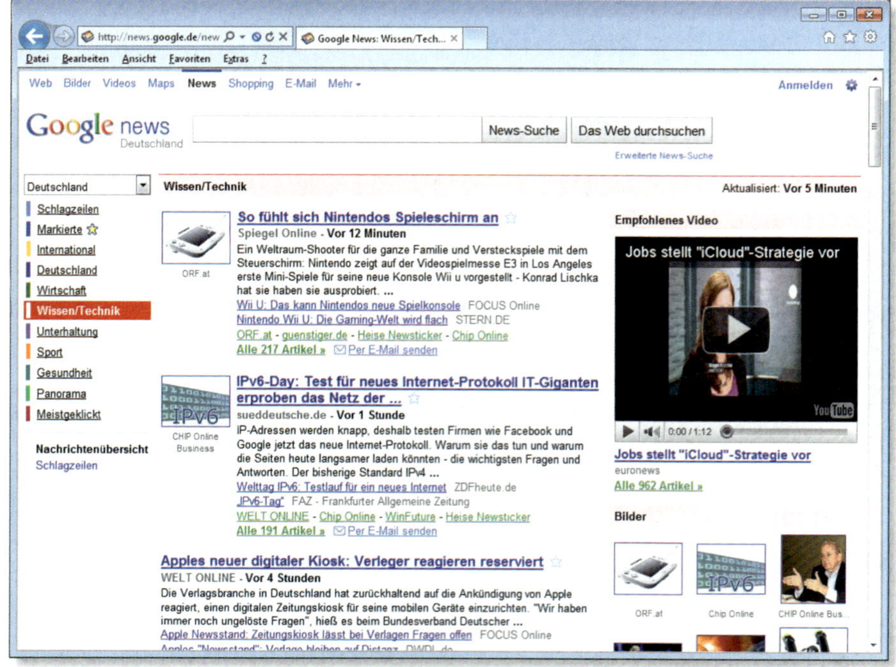

Abbildung 11.9 *Google bringt Nachrichten auf den Computerbildschirm.*

Die Nachrichten sind übrigens nicht selbst erstellt. Es gibt , so viel ich weiß, keine Reporter, die für Google unterwegs sind und journalistische Artikel schreiben. Vielmehr bringen die Links in den Überschriften Sie zu den Portalen von Magazinen, Zeitschriften und Zeitungen. So finden Sie bei einigen Themen auch verschiedene Beiträge von unterschiedlichen Medien vor.

Stadtplandienst: So finden Sie Ihre Ziele

Stadtplandienst habe ich schon immer gern genutzt. Ob München, Berlin, Hamburg, Köln oder Leipzig oder welche Stadt auch immer – ich finde hier schnell eine bestimmte Adresse, sehe die Verkehrsverbindungen, die mir verraten, wie ich da hinkomme, und kann auch auf eine Routenplanung zurückgreifen. Der Dienst ist kostenlos. Nur wenn Sie Karten in Ihre eigene Website integrieren möchten, müssen Sie die Lizenzbedingungen beachten.

Sehr praktisch ist, dass ich Karten und Routen auch ausdrucken kann und sie einfach mitnehme. Schauen Sie sich diesen Dienst einmal an.

Privat muss ich allerdings dazu sagen, dass ich dieses Portal kaum noch nutze. Mein neues Handy hat einen integrierten Routenplaner, und ich sehe dann auf einer Karte, ob ich die richtige Richtung eingeschlagen habe oder wieder einmal in die falsche laufe. Es sieht zwar etwas komisch aus, wenn man mit einem Handy in der Hand die Straße entlangläuft und ein unsichtbarer imaginärer Freund laut meint: »In 300 Metern rechts abbiegen.« Aber es funktioniert, und ich komme immer an.

Den Stadtplandienst finden Sie im Internet unter der Adresse *http://www.stadtplandienst.de*.

Mit Google Maps von A nach B kommen

Google Maps ist eine gute Alternative zu einem herkömmlichen Atlas und zu anderen Routenplanern im Web. Sie finden bestimmte Adressen, können auf einen Routenplaner zurückgreifen und auch verschiedene Geschäfte suchen. Karten lassen sich in Verbindung mit einem Account bei Google abspeichern. So kann man später darauf zurückgreifen. Sehr gelungen

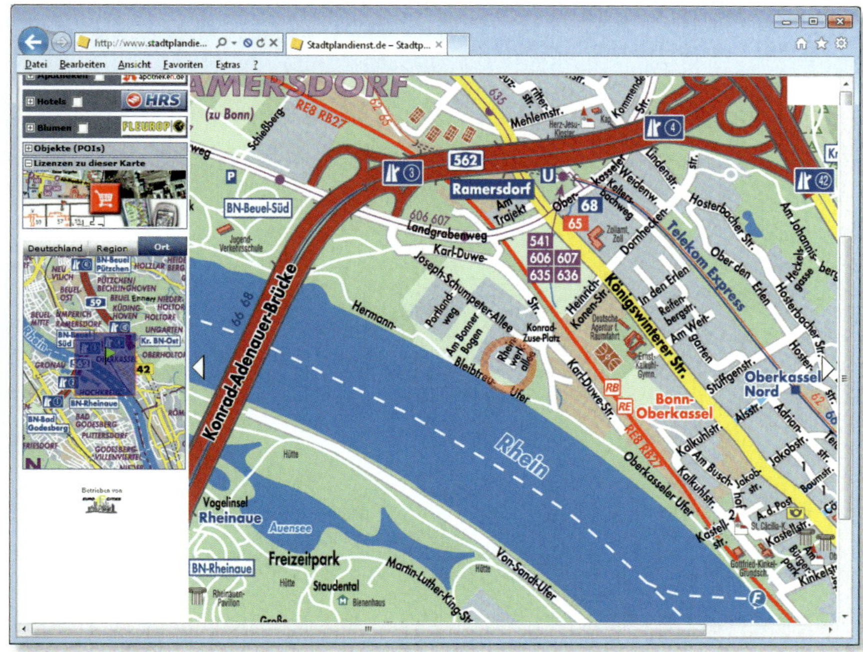

< **Abbildung 11.10** *Mit »Stadtplandienst« bin ich auch gut zum Verlagshaus in Bonn gekommen.*

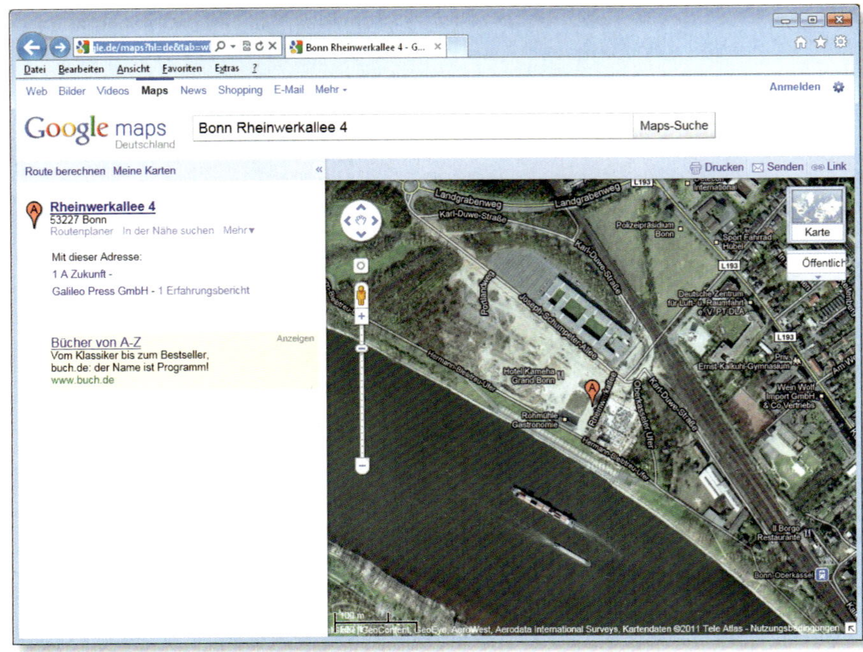

Abbildung 11.11 GoogleMaps lädt zum Herumstöbern ein. Machen Sie doch einmal eine Weltreise!

ist die Zoomfunktion. Sie können oft Karten so weit vergrößern, dass Sie erstaunlich viele Details erkennen. Den Dienst finden Sie unter *http://maps.google.de/maps?hl=de&tab=wl*.

Freie Texte vom Projekt Gutenberg

Das *Projekt Gutenberg* ist der erste Anlaufpunkt für alle Leseratten. Interessant ist dieses vom Spiegel ins Leben gerufene Projekt auch für Anwender, die sich mit Literatur und dem Handwerk Schreiben beschäftigen. Sie finden hier eine große Anzahl freier Texte, darunter viele Romane, Gedichte, Dramen, Erzählungen, Rätselsammlungen, Fabeln und auch Sachbücher. Bisher sind 5 500 Texte zusammengekommen. Sie finden diese Seiten unter *http://gutenberg.spiegel.de*.

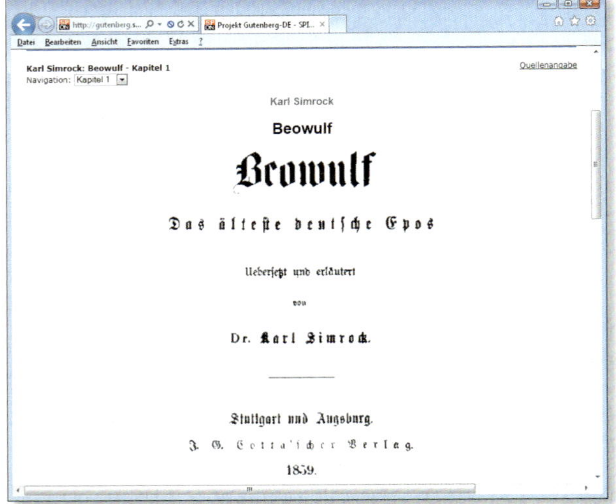

Abbildung 11.12 So viel Lesenswertes, wie Sie im Projekt Gutenberg finden, können Sie gar nicht lesen.

Kapitel 12
Netzwerk- und Internetverbindungen einrichten

Eine Verbindung ins Internet ist heutzutage schon fast ein Muss für einen PC. Mit einer solchen Verbindung können Sie Programme aktivieren, Updates für Anwendungen und das Betriebssystem einspielen, die Datenbank der Sicherheitssuite auf den neusten Stand bringen und natürlich die vielen Möglichkeiten des Internets nutzen.

Das Internet eröffnet eine unglaubliche Zahl an Möglichkeiten. Sicherlich wollen auch Sie mit Ihrem Rechner online gehen, um diese Möglichkeiten zu nutzen. Bevor Sie das tun können, müssen Sie eine Verbindung in das Internet einrichten.

In Windows 7 ist das Einrichten einer Verbindung zum Internet sehr einfach. In der Regel steht dem Anwender eine DSL-Verbindung zur Verfügung. Auf den Motherboards aktueller Rechner ist bereits ein Netzwerkinterface integriert. Eine zusätzliche Netzwerkkarte wird nur bei älteren Rechnern benötigt und dann, wenn die Netzwerkanschlüsse des Windows 7-Rechners nicht ausreichen. Das könnte der Fall sein, wenn Sie das Internet und ein internes Netzwerk nutzen möchten. Der PC und das DSL-Modem werden mit einem Netzwerkkabel verbunden. Manchmal steht auch ein Router zur Verfügung. Er steht dann zwischen beiden Geräten. Der Vorteil: Mit einem DSL-Anschluss können mehrere Rechner das Internet nutzen.

Um unter Windows 7 eine Netzwerkverbindung einzurichten, müssen Sie nicht mehr die Dialoge eines Assistenten durchlaufen und komplizierte Einstellungen in Dialogboxen vornehmen. Selbst wenn Sie im Umgang mit einem Windows-PC wenig erfahren sind, werden Sie diese Hürde schnell überwinden können.

Windows 7 bietet Ihnen darüber hinaus noch einiges mehr. Sie können eine Netzwerkverbindung verwalten und überwachen. Es lassen sich verschiedene Einstellungen festlegen. In diesem Kapitel möchte ich Ihnen einige dieser Möglichkeiten vorstellen.

Nach ein paar Grundlagen zum Thema zeige ich Ihnen in den folgenden Abschnitten, wie eine Netzwerkkarte mit einem DSL-Modem verbunden wird. Sie lernen das *Netzwerk- und Freigabecenter* und seine Möglichkeiten kennen. Sie werden den Dialog kennenlernen, mit dem Sie eine Verbindung herstellen oder auch trennen können. Ich zeige Ihnen, wie Sie den Status der aktuell aktiven LAN-Verbindung einsehen können und welche Möglichkeiten Sie mit dem Internetverbindungsassistenten haben. Sie werden lesen, wie eine Wählverbindung eingerichtet wird. Sie erfahren, wie Sie ein neues Netzwerk einrichten und so die Verbindung von Ihrem Rechner zu Ihrem DSL-Router klappt. Im zweiten Teil des Kapitels zeige ich Ihnen, wie Sie eine IP-Adresse selbst festlegen. Sie lernen, dass es beim Festlegen dieser Adresse Unterschiede zwischen den Internetprotokollen der Versionen 4 und 6 gibt. Abschließend lesen Sie, wie ein WINS- und ein DNS-Server festgelegt werden. Das Kapitel schließt mit einem Abschnitt zum Thema Routing und zu den Möglichkeiten, wie Sie Ihren Netzwerkverkehr überwachen können.

12.1 Eine Netzwerkverbindung aufnehmen und verwalten

Ich gehe im Folgenden davon aus, dass Sie über eine DSL-Verbindung verfügen und bereits ein DSL-Modem bei Ihnen vorhanden und betriebsbereit ist. Darüber hinaus sollten Sie ein Netzwerkkabel bereitlegen. Sie können ein solches im Elektronikhandel und in vielen Internetshops bestellen. Ob bei Amazon, Pollin Elektronik oder Conrad: Ein Netzwerkkabel gibt es hier immer. Es kostet nur wenige Euro.

Eine kleine Einführung zum Thema Netzwerk

Bei der Arbeit mit Netzwerken trifft man hier und da auf bestimmte Fachbegriffe. Nicht alle möchte ich Ihnen in diesem Kapitel vorstellen. Dazu ist das Thema »Netzwerk« viel zu umfassend. So werde ich nur ein wenig an der Oberfläche kratzen.

Verschiedene Typen von Netzwerken kurz vorgestellt

Man unterscheidet verschiedene Netzwerktypen voneinander. Einige werden Sie sicher kennen, andere sind Ihnen vielleicht weniger geläufig.

So spricht man von einem *verkabelten Netzwerk*, wenn die Netzwerkkarte des Rechners mit dem DSL-Modem oder dem Router über ein Netzwerkkabel verbunden werden.

Ein *Drahtlosnetzwerk* ist ein WLAN, oder auch Wireless LAN. Das haben Sie bereits in Kapitel 14, »Windows 7 auf einem Notebook betreiben«, kennengelernt.

Ein *Ad-hoc-Netzwerk* ist ein Netzwerk, bei dem zwei WLAN-Geräte miteinander verbunden werden und direkt miteinander kommunizieren.

Bei einer *VPN-Verbindung* wird ein Anwender, der sich in einem Netzwerk befindet, über eine Schnittstelle in ein anderes Netzwerk gebracht. Wie bei einer Bahnweiche gelangt man so von einer Strecke auf eine andere.

Wichtig ist in einem Netzwerk die *Datenübertragungsrate*. Das ist die Geschwindigkeit, mit der die Daten von A nach B gelangen. Sie wird zum einen von der Leistungsfähigkeit der DSL-Leitung bestimmt. Diese stellt Ihr Provider zur Verfügung. Beachten Sie, dass die maximal mögliche Geschwindigkeit durch andere Teilnehmer gebremst wird. Entscheidend sind auch die Datenübertragungsraten des Modems sowie die des Routers.

Windows 7 unterscheidet drei Netzwerkstandorte: *Heimnetzwerk*, *Arbeitsplatznetzwerk* und *öffentliches Netzwerk*. Das Heimnetzwerk ist in den meisten Fällen die richtige Wahl. Hier befinden sich die Geräte, die Sie zu Hause verwenden.

Das öffentliche Netzwerk wird für Cafés, Gaststätten, Bibliotheken, Flughäfen und Plätze verwendet. Ein solches Netzwerk steht jedem offen.

Das Arbeitsplatznetzwerk findet man in Büros, kleinen Firmen und größeren Unternehmen.

Einige weitere Begriffe, die im Umgang mit dem Netzwerk eine Rolle spielen, lernen Sie im Laufe dieses Kapitels näher kennen.

INFO

Was tun, wenn das Netzwerk ausfällt?
Es kann schon mal vorkommen, dass die Verbindung zum Netzwerk abbricht und Sie nicht mehr in das Internet gelangen. Überprüfen Sie in so einem Fall, ob die Steckverbindung vom Netzwerkkabel noch intakt ist.

Möglich ist auch, dass das Modem oder der Router abgestürzt ist. Dann schalten Sie es aus und wieder an. Dazu können Sie auch die Netzverbindung kurz trennen und neu aufnehmen.

Eine weitere Möglichkeit ist, dass der Router beim DSL-Provider abgestürzt ist oder dass die Verbindung aufgrund von Bauarbeiten getrennt wurde. Warten Sie in so einem Fall eine Weile. Dann sollte das Problem behoben sein.

So verbinden Sie Ihre Netzwerkkarte mit einem DSL-Modem

Das Netzwerksymbol in der Taskleiste ist mit einem roten Kreuz markiert ①. Windows 7 zeigt so an, dass keine Netzwerkverbindung besteht.

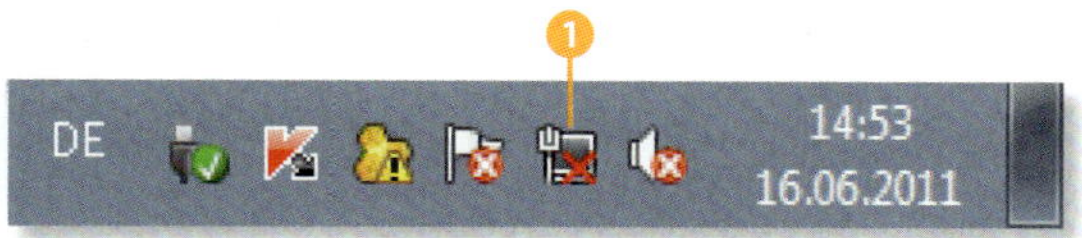

Abbildung 12.1 Es besteht keine Netzwerkverbindung.

Ist Ihr Router bereits angeschlossen, angeschaltet und die nötigen Kabel verbunden, müssen Sie nur noch Ihren Rechner anschließen.

Verbinden Sie den Netzwerkanschluss des Rechners mit der am DSL-Modem. In der Taskleiste von Windows 7 wird mit einem kleinen Symbol angezeigt, dass nun eine Netzwerkverbindung besteht ②.

Abbildung 12.2 Im Bild deutlich zu sehen: Das Kreuz ist nicht mehr sichtbar. Das kleine Bild zeigt einen Monitor und ein Netzwerkkabel.

Das Netzwerk- und Freigabecenter einsehen

Das *Netzwerk- und Freigabecenter* ist die Schaltzentrale für alle Ihre Verbindungen (siehe Abbildung 12.4). Hier werden sowohl lokale wie auch externe Netzwerke verwaltet. Es ist also Ihre wichtigste Anlaufstelle, wenn es darum geht, Netzwerkverbindungen herzustellen. Und dazu gehört natürlich auch die Verbindung ins Internet über ein DSL-Modem.

So erreichen Sie das Netzwerk- und Freigabecenter

Über das Kontextmenü des Netzwerksymbols in der Windows 7-Taskleiste gelangen Sie in das **Netzwerk- und Freigabecenter.**

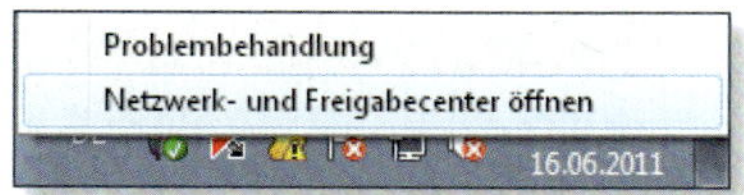

Abbildung 12.3 Im Kontextmenü des Netzwerksymbols finden Sie nur zwei Funktionen.

Diesen Dialog erreichen Sie auch über die Systemsteuerung mit **Netzwerk und Internet > Netzwerk- und Freigabecenter**. Über das Kontextmenü des Netzwerksymbols geht es aber schneller zum Ziel.

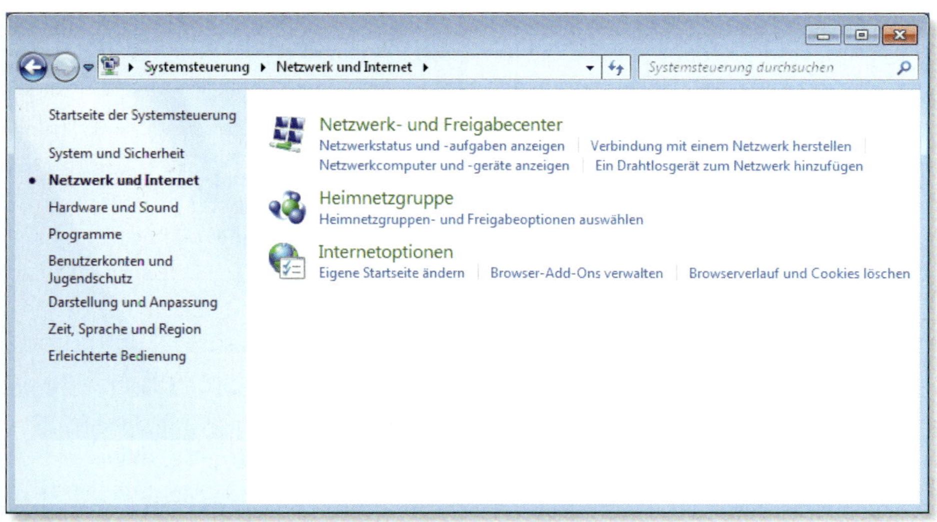

Abbildung 12.4 Das Netzwerk- und Freigabecenter von Windows 7

Über die Schaltfläche **Netzwerk** auf dem Windows 7-Desktop erreichen Sie zunächst nur eine Übersicht der Netzwerkgeräte. Diese wird in einer angepassten Ansicht des Windows-Explorers angezeigt.

Abbildung 12.5 Mit diesem Symbol, das Sie auf Ihrem Windows 7-Desktop finden, öffnen Sie zunächst eine besondere Ansicht im Windows-Explorer.

Die Netzwerkansicht im Windows-Explorer zeigt verschiedene Netzwerkgeräte und -ressourcen an. Sie können über die Menüleiste am oberen Rand des Dateimanagers einen Netzwerkdrucker hinzufügen, ein Drahtlosgerät einrichten und – da haben Sie es – das Netzwerk- und Freigabecenter öffnen.

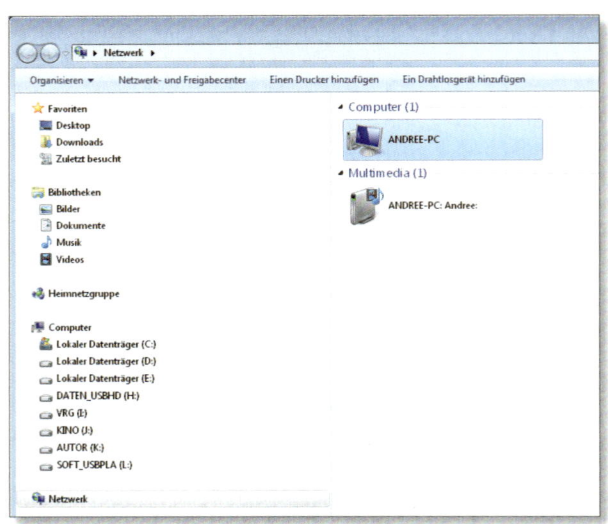

Abbildung 12.6 Die Netzwerkansicht des Windows-Explorers. In meinem Beispiel sieht sie ziemlich leer aus.

Das Netzwerk- und Freigabecenter verwenden

Das Netzwerk- und Freigabecenter besitzt zwei wichtige Funktionen: Zum einen erhalten Sie von hier aus einen Überblick über Ihr Netzwerk. Alle wichtigen Einstellungen sind von einem Punkt aus leicht erreichbar. Sie sehen mit einem Blick, ob das Netzwerk funktioniert und wer mit wem verbunden ist.

Zum Zweiten können Sie hier Freigaben erstellen. Das heißt, Sie legen von hier aus fest, wer bestimmte Möglichkeiten nutzen darf und wer nicht. Schauen wir uns einmal im Netzwerk- und Freigabecenter um.

Anhand einer schematischen Übersicht sehen Sie ganz oben in der Übersicht das Netzwerk. Der Name Ihres Computers wird hier angezeigt. Eine gerade Verbindungslinie führt zu einem kleinen Haus. Dieses zeigt an, dass es sich um ein privates Netzwerk handelt. Eine weitere Linie führt zu einem Internetsymbol. Die durchgehende Linie sagt also: Das Netzwerk ist aktiv und steht zur Verwendung bereit. Der Home-PC ist mit dem Internet verbunden (siehe Abbildung 12.7).

Darunter sehen Sie die aktiven Netzwerke. In meinem Beispiel wird nur ein Netzwerk angezeigt. Das **Heimnetzwerk** ist aktiv. Auf der rechten Seite werden der Zugriffstyp, der Name der Heimnetzgruppe und der Verbindungstyp aufgelistet. Als Zugriffstyp finde ich hier **Internet**. Es könnte auch ein lokales Netzwerk angezeigt werden. Bei Heimnetzgruppe sehe ich **Beigetreten** ①.

Unter der Anzeige der aktiven Netzwerke finden Sie eine Reihe von Funktionen, mit der sich die Netzwerkeinstellungen verändern lassen. Diese möchte ich Ihnen noch näher vorstellen. Folgende Funktionen gibt es:

- **Neue Verbindung oder neues Netzwerk einrichten** ②
- **Verbindung mit einem Netzwerk herstellen** ③
- **Heimnetzgruppen- und Freigabeoptionen auswählen** ④
- **Probleme beheben** ⑤

Über das Menü auf der linken Seite ⑥ können Sie die Adaptereinstellungen verändern und die erweiterten Freigabeeinstellungen bearbeiten. Über Menülinks in der linken unteren Ecke ⑦ des Dialogfensters erreichen Sie die Heimnetzgruppe, die Internetoptionen und die Windows-Firewall.

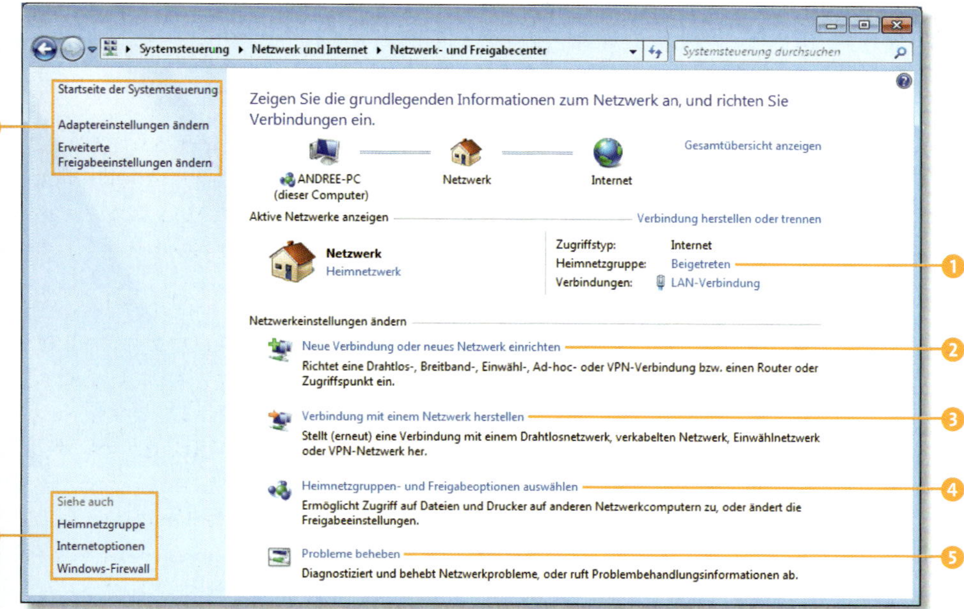

*Abbildung 12.7 Das **Netzwerk- und Freigabecenter** zeigt an, dass mein Windows 7-Rechner mit dem Internet verbunden ist. Meinen Rechner habe ich »Andree-PC« genannt. Eine LAN-Verbindung ist aktiv. Der Rechner gehört zu einem Heimnetzwerk.*

Eine Verbindung herstellen oder trennen

Diese Funktion im Netzwerk- und Freigabecenter blendet über dem Infobereich der Taskleiste von Windows 7 einen kleinen Infodialog ein. Sie sehen, mit welchem Netzwerk Sie verbunden sind. Den gleichen Dialog sehen Sie, wenn Sie auf das Netzwerksymbol in der Taskleiste klicken.

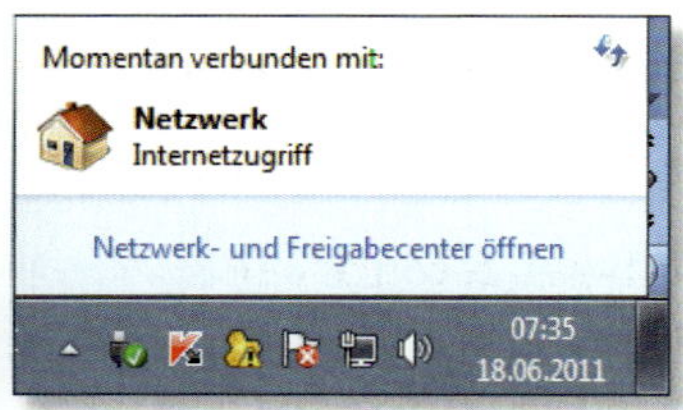

Abbildung 12.8 Mein Rechner ist verbunden.

Interessant wird der Dialog, wenn Sie auch ein WLAN nutzen können. Ist ein WLAN-Adapter in Ihrem Rechner vorhanden oder haben Sie ein entsprechendes Gerät an den Rechner angesteckt (zum Beispiel einen WLAN-USB-Adapter), so werden hier die erreichbaren Funknetze angezeigt. Über diesen Dialog können Sie eine Verbindung zu einem WLAN aufnehmen. Voraussetzung dafür ist natürlich, dass Sie die Zugangsdaten kennen. Mehr zu WLANs lesen Sie in Kapitel 14, »Windows 7 auf einem Notebook betreiben«.

Den Status der LAN-Verbindung einsehen

Im Netzwerk- und Freigabecenter sehen Sie auf der rechten Seite, im Bereich **Aktive Netzwerke anzeigen**, den Begriff **Verbindungen**. Dahinter steht in der Regel **LAN-Verbindung** – oder eben ein anderer Verbindungstyp, wenn Sie einen solchen verwenden. Klicken Sie nun darauf, wird das Fenster **Status von LAN-Verbindung** eingeblendet.

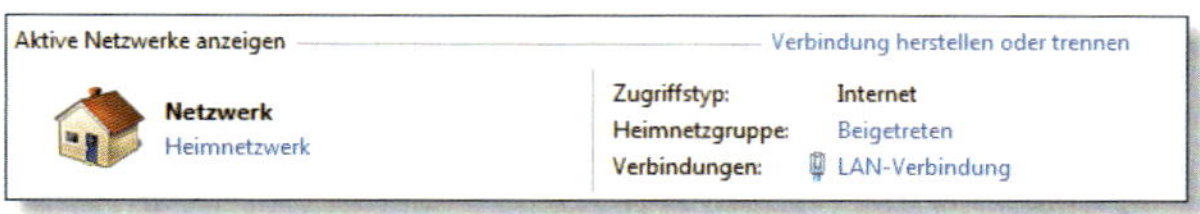

*Abbildung 12.9 Wählen Sie rechts **LAN-Verbindung**, um den Dialog **Status von LAN-Verbindung** aufzurufen.*

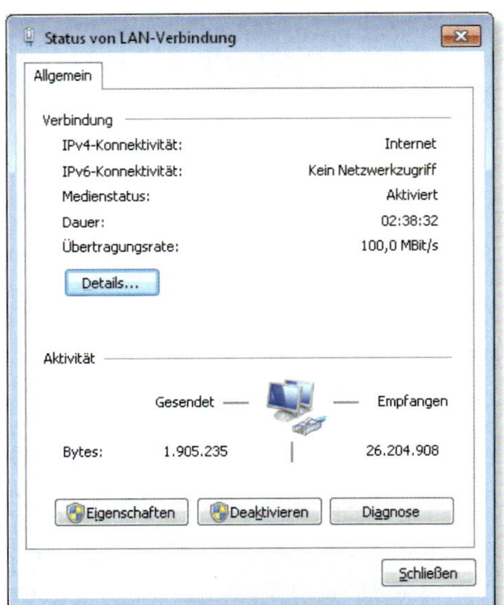

Abbildung 12.10 Der Dialog ***Status von LAN-Verbindung*** *ist recht praktisch. Sie sehen hier einige interessante Daten zu Ihrem Netzwerkzugang.*

Schauen Sie sich den Dialog **Status von LAN-Verbindung** einmal etwas genauer an. Sie sehen zunächst, welches Internetprotokoll verwendet wird. Darunter sehen Sie, ob der Zugriff aktiv oder nicht aktiv ist. Angezeigt werden die Dauer der Verbindung und die Übertragungsrate.

Im Bereich **Aktivität** sehen Sie, wie viele Bytes empfangen und wie viele gesendet wurden. Sie können hier also mitverfolgen, wie Daten von Ihrem Rechner aus in das Internet gesendet werden und umgekehrt. Machen Sie sich keine Gedanken darüber, wenn Daten in das Internet gesendet werden, obwohl Sie nichts dazu tun. Einige Anwendungen und Windows-Dienste überprüfen, ob Updates zur Verfügung stehen. Erst wenn viele Daten übertragen werden, obwohl Sie keine Aktion ausgeführt haben, die dafür verantwortlich sein könnte, sollten Sie sich Gedanken machen. In so einem Fall ist vielleicht ein Trojaner, ein Spyware- oder AdWare-Programm aktiv. Das muss nicht sein, kann aber darauf hindeuten. Untersuchen Sie mit einem aktuell gehaltenen Antivirusprogramm Ihre Festplatte.

Über Schaltflächen können Sie Details zu der aktiven Verbindung, die Eigenschaften und eine Diagnose aufrufen. Über eine weitere Schaltfläche in diesem Dialog können Sie die Verbindung deaktivieren. Das ist sinnvoll, wenn Sie keine Aktionen im Internet ausführen, sondern sich an Ihrem Rechner mit etwas anderem beschäftigen. Dann deaktivieren Sie für eine Zeit die Verbindung und schalten diese wieder an, sobald Sie sie wieder nutzen möchten.

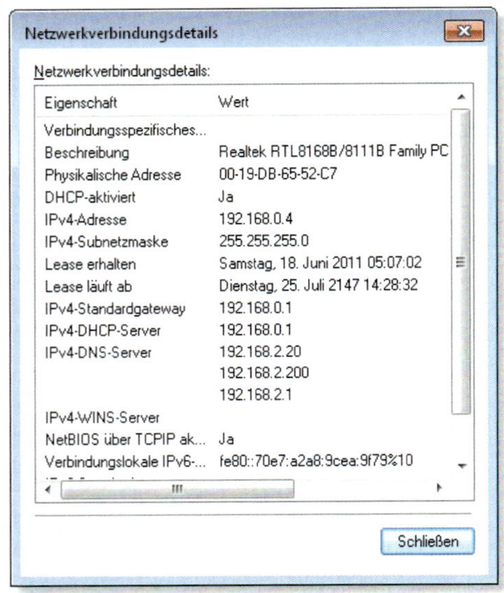

Abbildung 12.11 Die Netzwerkverbindungsdetails zeigen mir, welche IP-Adresse ich aktuell verwende. Bei manchen Programmen muss ich dies einstellen.

Die Details sind für erfahrene Anwender und Netzwerkspezialisten interessant. Sie können diese aber auch aufrufen, wenn Sie bestimmte Informationen brauchen. So finden Sie hier Ihre IP-Adresse. Der Name des Routers wird hier angezeigt, sofern ein solcher verwendet wird. Sie sehen, ob ein Gateway verwendet wird und welche Adresse es hat.

Die Schaltfläche **Eigenschaften** öffnet einen Dialog, der zum verwendeten Router oder DSL-Modem gehört. Welche Eigenschaften angezeigt werden, hängt von dem Gerät ab, mit dem Ihr Rechner per Netzwerkkabel verbunden ist. Hier wird aufgelistet, welche Elemente die Verbindung nutzt. Nehmen Sie an dieser

Stelle keine Veränderungen vor, es sei denn, Sie sind sich über die Auswirkungen einer Anpassung im Klaren. Im Dialog sehen Sie unter anderem die aktiven Internetprotokolle und Treiber.

Die **Diagnose** müssen Sie nur verwenden, wenn Sie Probleme mit der Netzwerkverbindung haben. Windows 7 versucht dann automatisch, diese Probleme zu finden und geeignete Maßnahmen vorzuschlagen.

Mit der Funktion **Zusätzliche Optionen durchsuchen** erhalten Sie ein Dialogfenster mit verschiedenen hilfreichen Links. Diese führen Sie zum Microsoft Online-Support, zu einer Datenbank mit häufig auftretenden Fragen und dazu passenden Antworten und zu Windows-Communitys. Ich frage mich an dieser Stelle jedoch, wie sinnvoll ein Link zu einer Internet-Community und einem Online-Support ist, wenn das Netzwerk eine Macke hat.

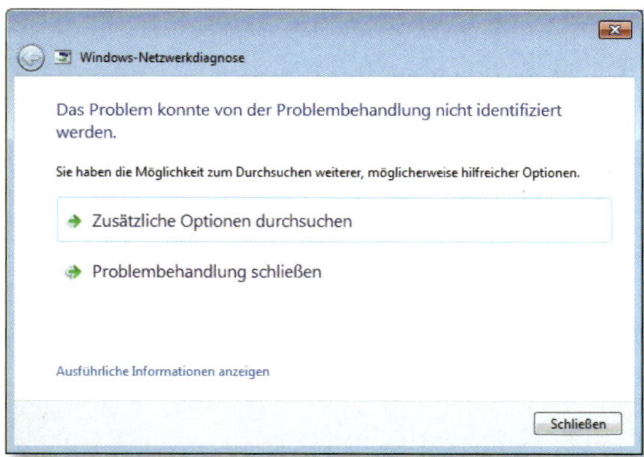

∧ ***Abbildung 12.12** Die Netzwerkdiagnose hat nichts gefunden. Kein Wunder! Bei mir funktioniert die Verbindung ja.*

Über weitere Funktionen können Sie auf einen Wiederherstellungspunkt zurückgreifen und so Ihr System auf einen älteren Stand zurücksetzen. Das ist sinnvoll, wenn es nach der Installation eines Programms, eines Treibers oder nach dem Einspielen eines Updates Probleme gibt. Achten Sie bitte darauf, dass Sie immer vorher Datensicherungen und Wiederherstellungspunkte erstellen. Sie werden diese Übervorsichtigkeit zu schätzen wissen, wenn doch einmal ein Problem auftaucht und Sie auf die zuvor erstellten Backups und Wiederherstellungspunkte zurückgreifen können. Und schließlich finden Sie im Dialog noch eine Remotefunktion, über die Sie Kontakt mit einem Freund aufnehmen und diesen um Hilfe bitten können.

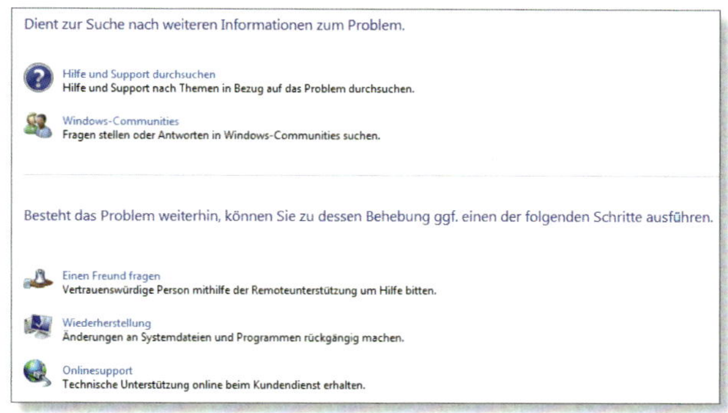

∧ ***Abbildung 12.13** Unter den Optionen verbergen sich Links zu Internetressourcen und verschiedene Hilfefunktionen.*

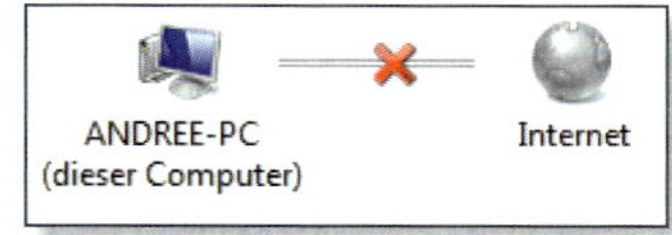

∧ ***Abbildung 12.14** Wird die Netzwerkverbindung deaktiviert, ist im Netzwerk- und Freigabecenter ein rotes Kreuz zu sehen.*

So verwenden Sie den Internetverbindungsassistenten

Ein Assistent von Windows 7 unterstützt Sie beim Erstellen einer neuen Netzwerkverbindung. Um ihn zu benutzen, gehen Sie wie folgt vor:

1 Öffnen Sie das Netzwerk- und Freigabecenter. Wählen Sie im Bereich **Netzwerkeinstellungen ändern** den Eintrag **Neue Verbindung oder neues Netzwerk einrichten**.

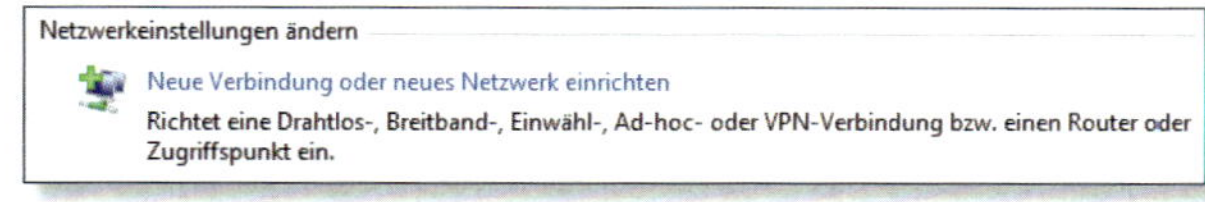

∧ ***Abbildung 12.15** Eine neue Verbindung wird eingerichtet.*

2 Wählen Sie eine der möglichen Verbindungsoptionen. Für die Einrichtung eines Netzwerks ist **Verbindung mit dem Internet herstellen** die richtige Wahl.

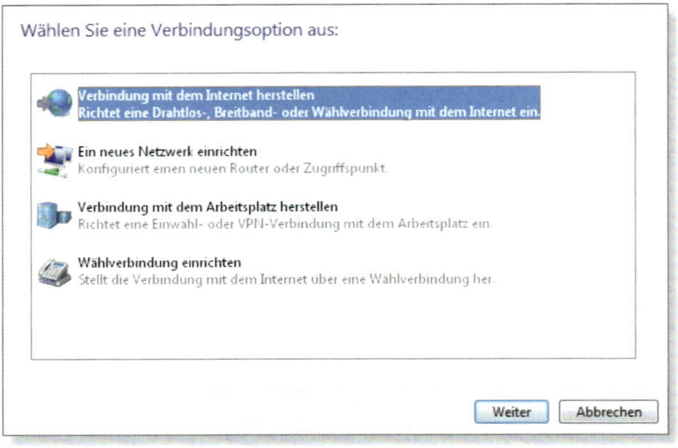

Abbildung 12.16 *Eine neue Internetverbindung wird eingerichtet.*

3 Der Assistent fragt Sie nun, wie die Verbindung hergestellt werden soll. Die Auswahl **Breitband (PPPoE)** ist für eine DSL-Verbindung die richtige Wahl.

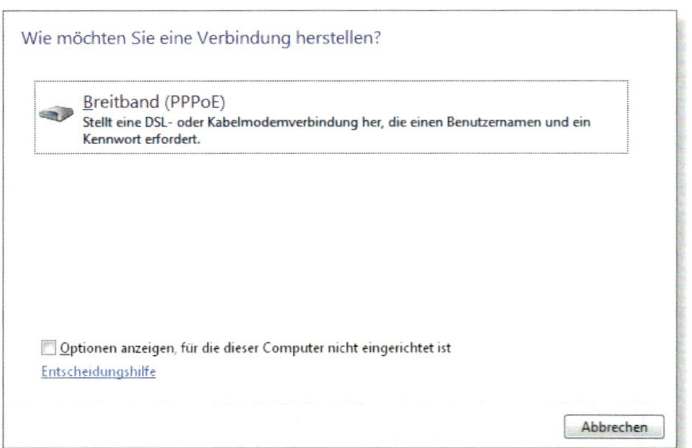

Abbildung 12.17 *In meinem Beispiel stellt mir Windows 7 nur eine Auswahl zur Verfügung.*

4 Im nächsten Fenster tragen Sie die Benutzerdaten ein, die Sie von Ihrem Provider erhalten haben. Dazu ergänzen Sie das zugehörige Passwort. Mit der Option **Dieses Kennwort speichern** müssen Sie es bei der nächsten Anwahl nicht noch einmal angeben. Geben Sie für die neue Verbindung eine Bezeichnung ein. Schalten Sie die Option **Anderen Benutzern erlauben, diese Verbindung zu verwenden** an – es sei denn, Sie möchten Nutzern, die an Ihrem Rechner arbeiten oder spielen, diese Möglichkeit verwehren. Bestätigen Sie mit **Verbinden**.

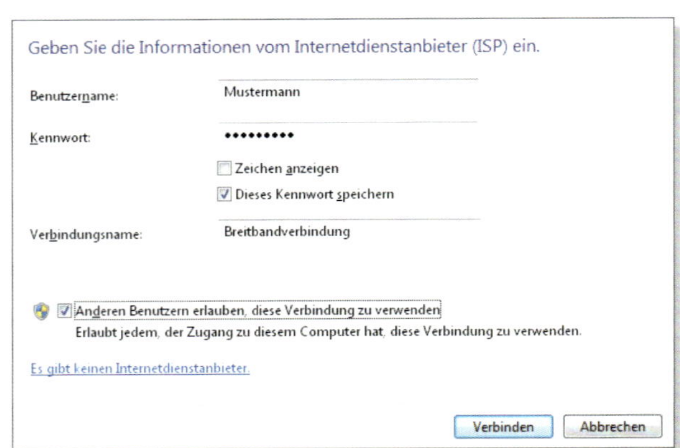

Abbildung 12.18 *Mit dem Eintragen der Zugangsdaten ist das Erstellen der neuen Verbindung beendet.*

TIPP

Wo bekomme ich die Zugangsdaten her?
Die Zugangsdaten für das Erstellen einer Verbindung in das Internet erhalten Sie von Ihrem Provider. Oft wird ein Handbuch mitgeliefert, das Schritt für Schritt alle notwendigen Einstellungen beschreibt. Manchmal liegt auch eine CD oder DVD bei. Auf Ihr finden Sie ein Programm, das viele der Einstellungen anpasst und Ihnen das Einrichten der Internetverbindung erleichtert.

Modem oder ISDN: Eine Wählverbindung einrichten

Nicht immer steht eine schnelle DSL-Verbindung zur Verfügung. Gerade in ländlichen Gegenden müssen Sie zu einem Modem greifen oder aber ein Funknetz verwenden.

Mit dem Netzwerkverbindungsassistenten können Sie auch ein Modem einrichten. Wählen Sie hier **Wählver-**

bindung einrichten. Windows 7 versucht nun, das angeschlossene Modem zu erkennen. Gelingt dies, geben Sie die Verbindungsdaten Ihres Providers an.

Bitte beachten Sie: Herkömmliche Modems sind in ihrer Leistungsfähigkeit sehr eingeschränkt. Große Datenmengen können Sie damit nicht übertragen. Im WWW dauert es lange, bis einzelne Webseiten aufgebaut werden. Als Alternative sollten Sie sich informieren, ob an Ihrem Wohnort ein Funknetzwerk zur Verfügung steht.

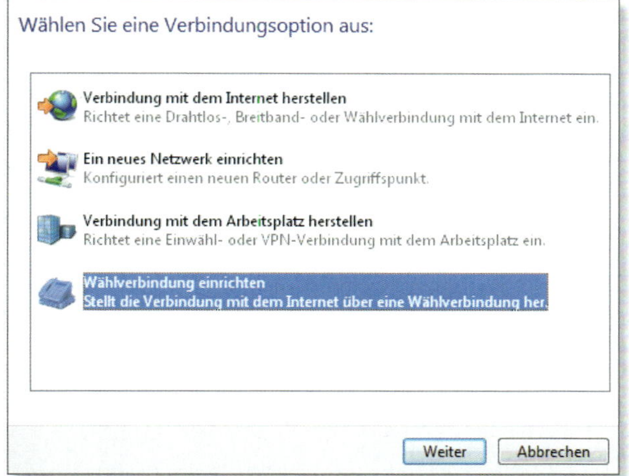

Abbildung 12.19 *Manchmal muss noch ein Modem verwendet werden.*

Eine Verbindung mit einem Desktopsymbol aufnehmen und trennen

Wie bereits erwähnt, können Sie über den Dialog **Status von LAN-Verbindung** eine Verbindung trennen und wieder aufnehmen. Wäre es nicht viel bequemer, wenn man diesen Dialog mit einem Symbol auf dem Windows 7-Desktop aufrufen könnte? Jedes Mal für das Trennen einer Netzwerkverbindung und ebenso für die wiederholte Aufnahme zuerst die Systemsteuerung aufzurufen und dann diesen Dialog, das ist doch ein wenig umständlich. Natürlich geht das! Und es ist sogar ziemlich simpel:

1 Rufen Sie die **Systemsteuerung** auf, und begeben Sie sich in das **Netzwerk- und Freigabecenter**.

2 Wählen Sie links oben die Funktion **Adaptereinstellungen ändern**.

Abbildung 12.20 *Im Netzwerk- und Freigabecenter finden Sie die Adaptereinstellungen.*

3 Sie sehen nun im Windows-Explorer die aktive Verbindung. Ziehen Sie diese per Drag & Drop auf den Desktop.

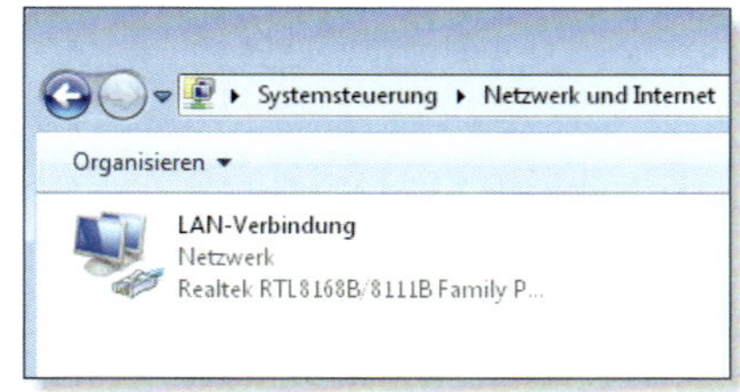

Abbildung 12.21 *Die Adapatereinstellungen enthalten hier nur die Einstellungen meiner LAN-Verbindung.*

Abbildung 12.22 *Nun gibt es auf dem Desktop ein Symbol, das den Dialog* ***Status von LAN-Verbindung*** *öffnet.*

Die Heimnetzgruppen-Einstellungen einsehen und anpassen

Aus dem Netzwerk- und Freigabecenter heraus erreichen Sie die Einstellungen zur Heimnetzgruppe. Wählen Sie **Heimnetzgruppen- und Freigabeoptionen auswählen**.

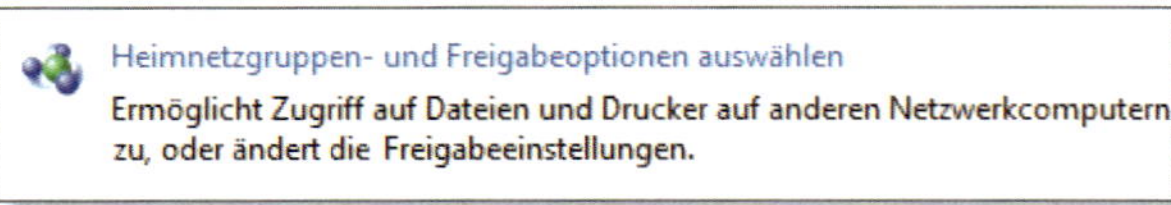

Abbildung 12.23 Über diese Funktion können Sie die Einstellungen zur Heimnetzgruppe verändern.

Sie gelangen zunächst in ein Dialogfenster, in dem Sie eine Reihe verschiedener Optionen wählen können. So lassen sich von hier aus freizugebende Elemente wählen. Sie können das Kennwort für die Heimnetzgruppe anpassen und die Heimnetzgruppe verlassen. Von hier aus erreichen Sie die erweiterten Freigabeeinstellungen und können einen Diagnoseassistenten starten.

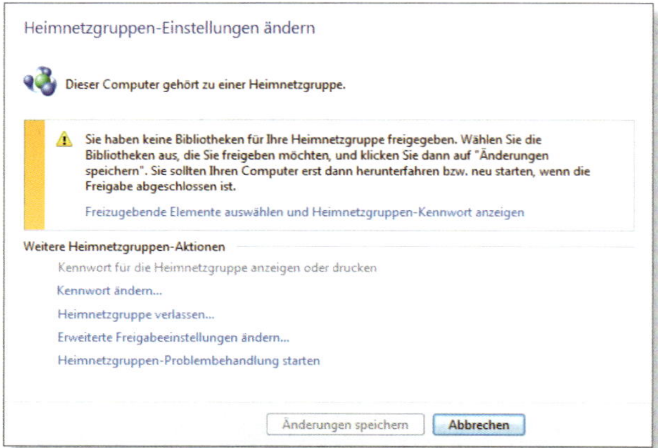

Abbildung 12.24 Es gibt nicht besonders viele Einstellungen zur verwendeten Heimnetzgruppe.

Auf den DSL-Router zugreifen

Mit Windows 7 können Sie auch auf den Router selbst zugreifen und seine Eigenschaften anzeigen lassen, ihn einrichten oder die Einstellungen anpassen. Wählen Sie in dem Netzwerk- und Freigabecenter die Funktion **Neue Verbindung oder neues Netzwerk einrichten**.

1 Den Assistenten, der nun gestartet wird, kennen Sie bereits. Wählen Sie hier die zweite Funktion von oben **Ein neues Netzwerk einrichten**.

2 Folgen Sie den Anweisungen des Assistenten.

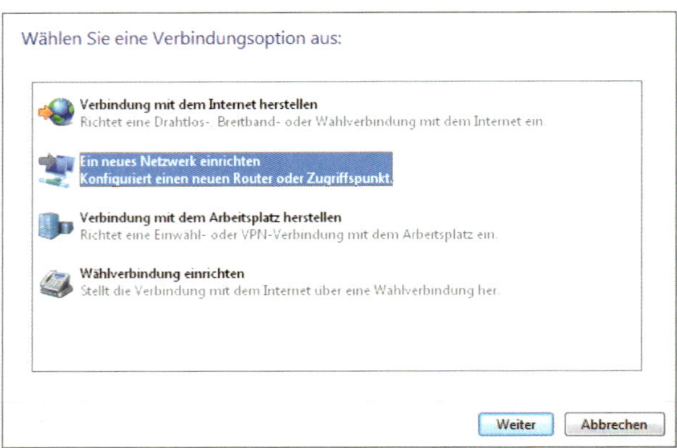

Abbildung 12.25 Mit dem Assistenten können Sie auch einen Router einrichten.

Um die Eigenschaften eines bereits betriebsbereiten Routers einzusehen und – sofern notwendig – anzupassen, wählen Sie im Netzwerk- und Freigabecenter die Funktion **Adaptereinstellungen ändern**.

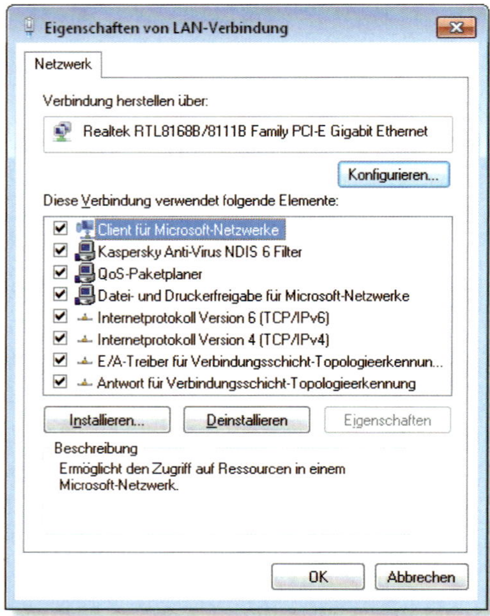

Abbildung 12.26 Die Eigenschaften des von mir verwendeten Realtek-Routers

In der Regel können Sie Routereinstellungen über ein Webfrontend anpassen und ändern. Starten Sie dazu den Internet Explorer, und geben Sie die Adresse des

Routers ein. In meinem Beispiel ist dies 192.168.0.1. Ein kleines Fenster klappt auf. Hier müssen Sie nun den Benutzernamen des Administrators und das zugehörige Kennwort eingeben.

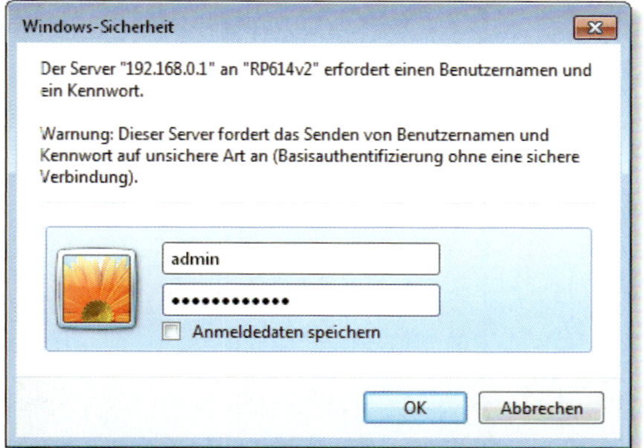

Abbildung 12.27 *Mit dem Browser lassen sich viele Einstellungen des Routers festlegen.*

Ich kann Ihnen leider nicht sagen, welche Einstellungen Sie bei Ihrem Router festlegen können. Je nach Modell, Hersteller und Geräteversion gibt es hier Unterschiede. Ich verwende z. B. einen Router von NETGEAR der Marke RP614v2 (siehe Abbildung 12.28).

Hier legen Sie unter anderem fest, ob Sie eine dynamische IP-Adresse von Ihrem Provider verwenden oder ob Sie eine feste Adresse nutzen. Sie tragen hier die Subnetzmaske ein. Diese ist meist 255.255.255.0. Auch die Gateway-Adresse kann hier festgelegt werden.

Sehr wichtig ist die integrierte Firewall. Sie können bestimmte Websites und Domains sperren. Ich trage hier zum Beispiel Hersteller von Anwendungsprogrammen ein und blockiere so das Übertragen von Logfiles und das automatische Abrufen von Updates. Erst wenn ich nach Updates suchen möchte, entferne ich den Eintrag. Auf diese Weise kann ich bestimmen, wenn ein

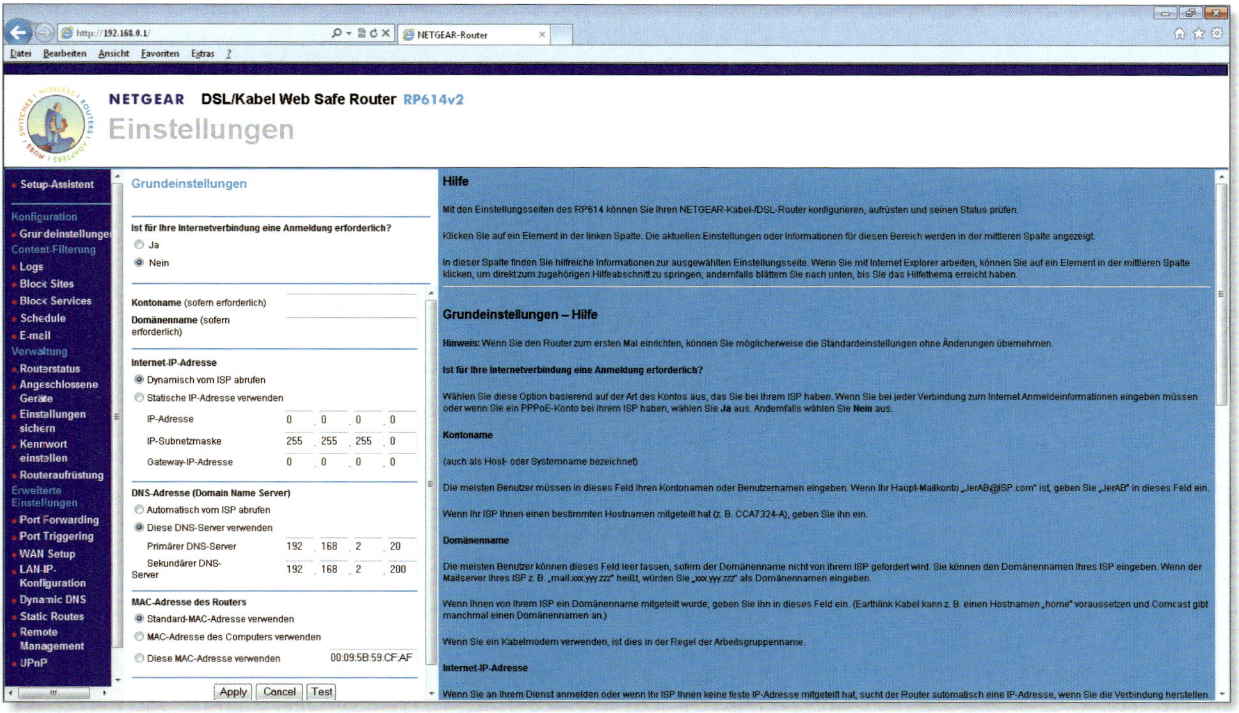

Abbildung 12.28 *Der Router wird sehr bequem über den Browser eingerichtet. Es gibt zu jeder Funktion eine deutschsprachige Hilfe.*

Programm nach Aktualisierungen schaut und diese auf meinen Rechner lädt.

Sie können auch bestimmte Portadressenbereiche blockieren bzw. freigeben. Mein DSL-Kabel-Router ermöglicht auch das Festlegen der Zeitzone. Ich kann bestimmen, dass diese synchronisiert wird. Den Eintrag ignoriere ich aber. Die Synchronisierung lässt sich bequemer über die Systemsteuerung einrichten. Warnmeldungen und Protokolle können an eine E-Mail-Adresse gesandt werden. Auch diese Funktion verwende ich nicht. Bei Bedarf kann ich auch die Logfiles einsehen.

Die Einstellungen des Routers können mit einem Passwort gesichert werden. In den erweiterten Einstellungen finden erfahrene Anwender viele interessante Funktionen. Dazu gehören unter anderem Einstellungen zum Port-Forwarding und -Triggering, Adressreservierungen, Einstellungen zum dynamischen DNS und mehr. Auch eine Remote-Konfiguration ist vorhanden, sofern ich den Router aus der Ferne verwalten möchte.

INFO

Was versteht man unter einem ISP?
ISP steht für *Internet Service Provider*. Das ist der Anbieter Ihres Internetzugangs. Ich habe in diesem Buch oft auch nur vom *Provider* gesprochen.

12.2 IP-Einstellungen festlegen

Windows 7 bietet jede Menge Einstellungen für Anwender, Netzwerk von Hand einrichten möchten. Sicher, Sie können das Netzwerkkabel zwischen Ihrem DSL-Modem und dem Netzwerkinterface des Rechners spannen, die Grundeinrichtung durchlaufen lassen und alles andere Windows 7 überlassen. Dank DHCP ist dies möglich.

In den folgenden Abschnitten werde ich Ihnen aber nicht nur verraten, was DHCP ist, sondern Ihnen auch zeigen, wie Sie verschiedene Netzwerkeinstellungen festlegen. Das ist allerdings nur eine kleine Einleitung zum Thema Netzwerk. Mehr möchte ich an dieser Stelle nicht zu Papier bringen, denn das würde sonst den Rahmen des Buches sprengen und weniger Platz für all die anderen interessanten Themen rund um Windows 7 lassen.

Grundlagen zu den IP-Einstellungen

In einem Netzwerk werden verschiedene Protokolle angewandt. Eines der wichtigsten ist TCP/IP (*Transport Control Protocol/Internet Protocol*). Das Protokoll sorgt dafür, dass alles, was der Anwender von seinem Rechner aus sendet, in kleine Datenpakete unterteilt wird. Diese werden auf der Seite des Empfängers wieder zu einem Ganzen zusammengefügt. Auf die gleiche Weise werden auch die Daten, die Sie empfangen, in Datenpakete aufgeteilt und am Ziel wieder zusammengesetzt.

TCP/IP besitzt eine weitere wichtige Funktion. Das Protokoll vergibt für jeden Teilnehmer in einem Netzwerk eine IP-Adresse. Jeder Rechner in einem Netzwerk erhält eine solche IP-Adresse. In der Regel erfolgt diese Vergabe über DHCP (*Dynamic Host Configuration Protocol*). Die IP-Adresse wird durch einen sogenannten DHCP-Server vergeben. Der Rechner des Anwenders erhält also automatisch eine IP-Adresse. Der DHCP-Server ist dafür verantwortlich, die im Augenblick nicht verwendeten Adressen neuen Teilnehmern im Netzwerk zuzuteilen. Man spricht hier auch von einer dynamischen Vergabe der IP-Adresse. Windows 7 unterstützt dieses Verfahren. Sie müssen sich nicht darum kümmern.

Neben der automatischen Vergabe kann auch eine feste IP-Adresse zugeteilt werden. Das ist wichtig, wenn eine Netzwerkverbindung zwischen zwei Geräten erstellt werden soll. Ich habe das zum Beispiel getan, um den Festplatten-Receiver Dreambox mit meinem Notebook zu verbinden. Ein Netzwerkkabel zwischen beide Geräte zu schließen, reichte nicht aus.

Hier muss jeder wissen, zu wem er seine Daten schicken soll.

Eine IP-Adresse ist so etwas wie eine Postanschrift. Sie bezeichnet ein Gerät und kann innerhalb eines Netzwerks nur einmal verwendet werden.

INFO

Die IP-Adresse ist wie eine Anschrift
Der Vergleich mit der Hausadresse hinkt allerdings ein wenig. In Berlin gibt es einige Straßen und Hausnummern zwei- oder sogar dreimal. Ergänzt man jedoch den Stadtbezirk und/oder die Postleitzahl, wird die Adresse eindeutig.

Die IP-Adresse besteht aus einer Anzahl von Zahlengruppen, die mit Punkten voneinander getrennt werden. Verwendet werden vier Zahlengruppen. In der Regel sind diese dreistellig. In der Regel tragen die Wikinger auch rote Bärte.

Warum sage ich »in der Regel«? Es genügt auch eine ein- oder zweistellige Zahl. So müssen Sie keine 008 schreiben. Es genügt eine 8.

Eine IP-Adresse ist nach dem Muster XXX.XXX.XXX.XXX aufgebaut. Als Zahlengruppe sieht das wie folgt aus: 192.164.171.200.

Beachten Sie, dass jede Zahlengruppe nicht höher als 254 sein darf. Die komplette IP-Adresse muss diese vier Zahlengruppen beinhalten. Sie kann nicht aus drei, fünf oder zwei Zahlengruppen bestehen. Sie müssen darauf auch achten, dass jede Zahlengruppe mit einem Punkt von der anderen getrennt wird. Jedoch steht vor der ersten und nach der letzten Zahlengruppe kein solcher Punkt.

Schauen wir uns diese Grundregeln noch einmal in einer kleinen Zusammenfassung an:

- Eine IP-Adresse besteht aus vier Zahlengruppen.
- Die Zahlengruppen werden durch Punkte voneinander getrennt.
- Jede Zahlengruppe muss ein-, zwei- oder dreistellig sein.
- Jede Zahlengruppe darf eine Zahl im Bereich von 0 bis 254 sein.

Sie können eine IP-Adresse ganz nach Belieben festlegen. Es gibt jedoch drei Adressbereiche, die extra für die Verwendung von Anwendern freigehalten wurden. Ich empfehle Ihnen, diese zu nutzen. Es handelt sich um die folgenden Bereiche:

10.0.0.1 bis 10.254.254.254

172.16.0.1 bis 172.31.254.254

192.168.0.1 bis 192.168.254.254

IP-Adresse, Subnetzmaske und Standardgateway festlegen

Windows 7 unterstützt zwei Versionen des TCP/IP-Protokolls: Version v4 und die aktuellere v6. Version v6 wird nicht überall unterstützt. Deshalb findet sich auch die v4 in den Adaptereinstellungen.

Die IP-Adresse für das Internetprotokoll Version 4 festlegen

1. Begeben Sie sich in die **Systemsteuerung**. Öffnen Sie das **Netzwerk- und Freigabecenter**.
2. Wählen Sie links oben **Adaptereinstellungen ändern**.
3. Markieren Sie die **LAN-Verbindung**. Öffnen Sie das Kontextmenü, und wählen Sie **Eigenschaften**.
4. Markieren Sie den Eintrag **Internetprotokoll Version 4 (TCP/IPv4)**. Klicken Sie auf die Schaltfläche **Eigenschaften**.
5. Schalten Sie die Option **Folgende IP-Adresse verwenden** an. Tragen Sie in das Dialogfeld die Adresse ein, die Sie nutzen möchten. In meinem Beispiel ist dies 192.168.179.25. Als Subnetzmaske verwenden Sie 255.255.255.0. Sie müssen diese Adresse nicht

eintragen. Bei einem Mausklick in das Feld wird die Nummernfolge von Windows 7 automatisch eingetragen. In das Feld **Standardgateway** tragen Sie 192.168.179.24 ein. Bestätigen Sie mit **OK**. Schließen Sie alle geöffneten Fenster.

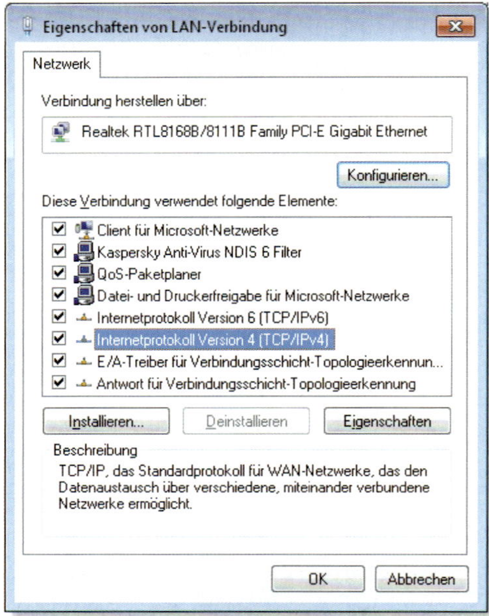

Abbildung 12.29 *Achten Sie darauf, dass das Internetprotokoll, das Sie verwenden möchten, angeschaltet ist.*

Beachten Sie bitte, dass die Gatewayadresse nicht die gleiche Zahlenfolge aufweist wie die IP-Adresse. Einer der Zahlenblöcke muss sich von denen der IP-Adresse unterscheiden. In meinem Beispiel habe ich bei dem letzten Zahlenblock eine 24 statt einer 25 verwendet.

Der Gateway hilft dem Rechner bei der Kommunikation mit einem anderen Rechner im Netzwerk. Werden zwei Geräte miteinander verbunden, so gibt man als Gateway die IP-Adresse des Rechners 1 an. Bei der Konfiguration des Rechners 2 wird die IP-Adresse des Rechners 1 als Gateway festgelegt.

Bei einem Home-Rechner wird als Standardgateway die IP-Adresse des verwendeten Routers eingetragen. Ein Gateway ist so etwas wie eine Weiche. Es bringt die Daten, die aus einem lokalen Netzwerk in das Internet geleitet werden, an das richtige Ziel.

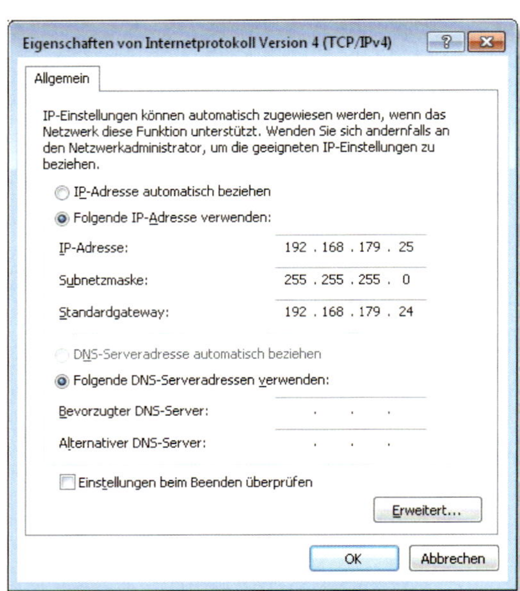

Abbildung 12.30 *Um eine feste IP-Adresse zu verwenden, genügen eine Option und drei Zahlenfolgen.*

Die Subnetzmaske gehört zur IP-Adresse. Sie bezeichnet die Adresse des Netzwerks, zu dem Ihr Rechner gehört. Gibt es in Ihrem Netzwerk mehrere Rechner und Geräte, verwenden alle die gleiche Subnetzmaske.

Eine kleine Einführung in das Internetprotokoll Version 6

Im Unterschied zu IPv4 wird bei IPv6 die Adresse in acht Blöcken geschrieben. Jeder Block wird mit einem Doppelpunkt vom nächsten Block getrennt. Zur Verwendung kommen hier auch Kleinbuchstaben. Subnetzmasken werden bei IPv6 nicht verwendet.

Mit IPv6 können mehr Adressen vergeben werden. Bei IPv4 sind nur 4 Milliarden IP-Adressen möglich. Das klingt nach überaus viel. Aber weltweit sind viele Rechner im Internet vertreten – sehr, sehr viele. Schon jetzt sind die Adressen knapp, und es kommen immer neue Rechner und Server hinzu.

Mit IPv6 können Router Datenpakete außerdem schneller weiterleiten. Die Einrichtung ist einfach. Und viele der Sicherheitsprobleme, die bei der Version 4 des

Internetprotokolls auftreten, sind bei IPv6 kein Thema mehr.

Sie müssen sich nicht entscheiden, ob Sie IPv4 oder IPv6 verwenden. Wenn ein älteres Gerät die neue Version des Internetprokolls nicht unterstützt, greift es automatisch auf die ältere Version zurück.

TIPP

Die IP-Adresse mit einem Befehl ausgeben
Geben Sie auf der Eingabeaufforderung den Befehl `ipconfig` ein, um die IP-Adresse zu sehen.

Die IP-Adresse für das Internetprotokoll Version 6 festlegen

1 Die Vorgehensweise gleicht der zum Festlegen der IP-Adresse für das Internetprotokoll Version 4. Nur markieren Sie jetzt den Eintrag **Internetprotokoll Version 6 (TCP/IPv6)** und klicken auf **Eigenschaften**. Der Dialog zum Festlegen der Adressen sieht ein wenig anders aus. Sie müssen hier die Option **Folgende IPv6-Adresse verwenden** anschalten und tragen dann die gewünschten Adressen ein.

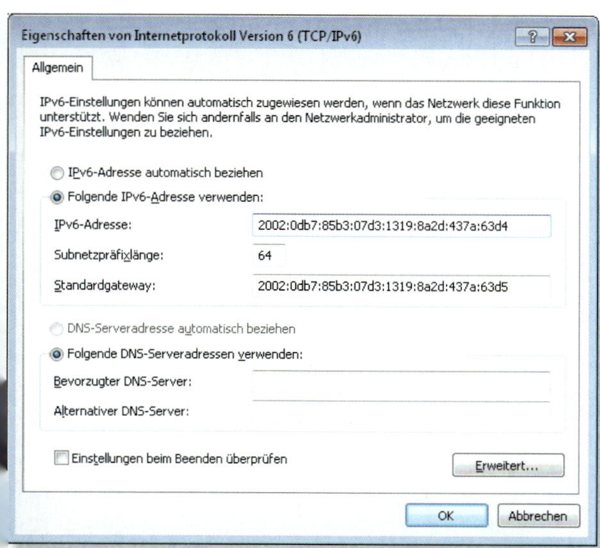

^ *Abbildung 12.31 Legen Sie die IP-Adresse für das Internetprotokoll der Version 6 fest.*

2 Tragen Sie die IP-Adresse ein. Ein Beispiel für eine Adresse der Version 6 ist 2002:0db7:85b3:07d3:1319:8a2d:437a:63d4. Setzen Sie die Maus in das Feld **Subnetzpräfixlänge**. Windows 7 ergänzt den Eintrag automatisch. In gleicher Weise geben Sie das Standardgateway ein. Bestätigen Sie mit **OK**. Schließen Sie die geöffneten Fenster.

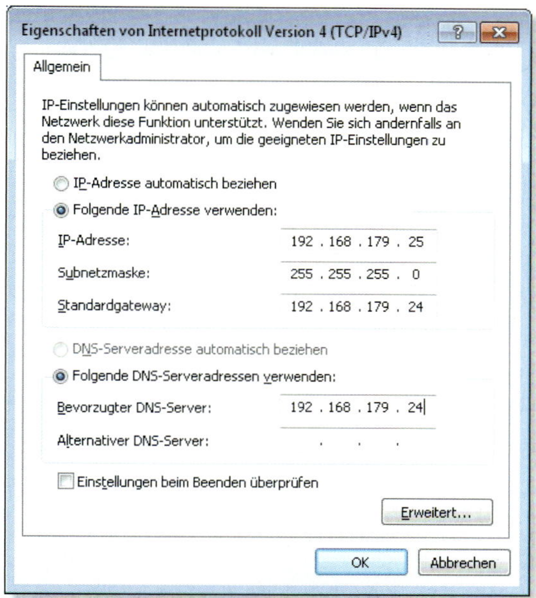

^ *Abbildung 12.32 Die IPv6-Adresse ist ein wenig länger. Überlassen Sie diese Adressierung Ihrer Hardware.*

DNS-Server bestimmen

Der *Domain Name Service* (DNS) sorgt für die richtige Verbindung von IP-Adressen. Tragen Sie in der Windows 7-Systemsteuerung die IP-Adresse Ihres Routers ein.

Jede Website hat Ihre eigene Adresse. So erreichen Sie die Website von Herrn Mustermann unter *http://www.mustermann-privat.de*. Der Internet Explorer allein weiß jedoch mit der Eingabe einer Webadresse noch nicht, wo sich diese befindet. Diese Vermittlung übernimmt der DNS-Server.

Abbildung 12.33 *Tragen Sie als bevorzugten DNS-Server die gleiche Adresse ein, die Sie auch als Standardgateway eingegeben haben.*

WINS-Server festlegen

In einem Firmennetzwerk wird ein Rechner in eine Windows-Domain eingetragen. Dazu brauchen Sie Windows 7 Professional, Enterprise oder die Ultimate Edition.

Alle wichtigen Einstellungen finden Sie über die erweiterten TCP/IP-Einstellungen. Hier können Sie auch einen DNS-Server und einen WINS-Server eintragen. Die Abkürzung WINS steht für *Windows Internet Name Service*.

1. Legen Sie zuerst IP-Adresse, Subnetzmaske und Standardgateway fest. Wählen Sie nun **Erweitert**.
2. Wechseln Sie in den Register **WINS**. Tragen Sie nun die Adresse des verwendeten WINS-Servers ein.

Manuelle IP-Routen mit Befehlen festlegen

In der Systemsteuerung legen Sie die Konfiguration für das Internetprotokoll Version 4 und 6 fest. Hier tragen Sie auch das Standardgateway ein. Möchten Sie Datenpakete aus dem Subnetz heraus senden, muss ein Routing festgelegt werden. Hier kommt das RIP (*Routing Information Protocol*) zum Einsatz. Sie müssen zunächst den RIP-Listener anschalten und können anschließend verschiedene IP-Routings festlegen.

HINWEIS

Eine Route bei IPv6 festlegen
Das IP-Routing wird nach dem Anschalten des RIP-Listeners nur für TCP/IPv4 festgelegt. Für IPv6 müssen Sie zur Eingabeaufforderung wechseln. Mehr dazu lesen Sie unten im Abschnitt »Mit dem Befehl *netsh.exe* IPv6 auf der Befehlszeile einrichten«.

Den RIP-Listener anschalten

Zuerst einmal müssen Sie aber, wie oben schon erwähnt, den RIP-Listener anschalten. Gehen Sie dazu wie folgt vor:

1. Öffnen Sie die Systemsteuerung. Wählen Sie hier **Programme**. Oben im Bereich **Programme und Funktionen** entscheiden Sie sich für **Windows-Funktionen aktivieren oder deaktivieren**.

2 Es dauert einen kleinen Moment. Die angeschalteten und die verfügbaren Windows-Funktionen werden in ein kleines Fenster eingelesen. Scrollen Sie ein wenig nach unten. Schalten Sie den **RIP-Listener** an. Bestätigen Sie mit **OK**.

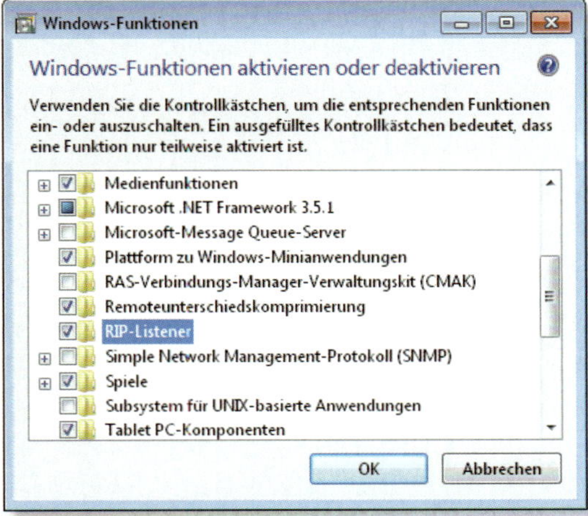

Abbildung 12.34 Rechts oben finden Sie die Funktion zum An- und Ausschalten von Windows-Funktionen.

Beachten Sie bitte: Der verwendete Router muss das Protokoll RIP unterstützen. Ist dies nicht der Fall, bekommen Sie den RIP-Listener nicht zu Gesicht.

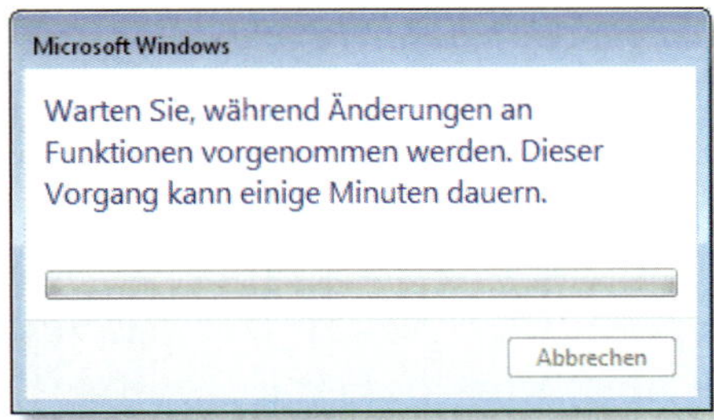

Abbildung 12.35 Der RIP-Listener muss zunächst einmal aktiviert werden.

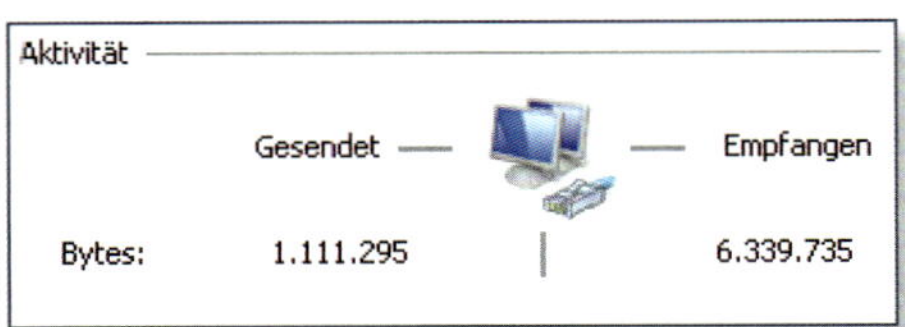

Abbildung 12.36 Windows 7 richtet die Änderung ein.

INFO

Das Standardgateway bei mehreren Netzwerkkarten

Die Anzahl der Netzwerkkarten in einem Rechner erhöht nicht die Anzahl der Gatewayadressen. Sie können bei jedem Rechner nur eine Gatewayadresse eintragen.

Mit dem Befehl »netsh.exe« IPv6 auf der Befehlszeile einrichten

Einige Aufgaben erfordern noch immer den Griff zur Befehlszeile. So zum Beispiel das Einrichten eines Routings beim Verwenden des Internetprotokolls Version 6. Geben Sie hier den Befehl

```
netsh interface ipv6 add route
```

ein. Anschließend legen Sie die Route fest.

Die Befehlszeile wird recht lang. Sie geben als Optionen die IP-Adresse an, ergänzen die Schnittstelle und das Gateway. Es folgen die Präfixlänge für die Website und die Route. Danach folgt die Routenankündigung. Mit einer weiteren Option können Sie die Gültigkeit des Routings definieren.

Hier sehen Sie die Syntax des Befehls mit allen Optionen und Parametern:

```
netsh interface ipv6 add
route ##prefix=<IP-Adresse>
interface=<Interfacename> nexthop=##<IPv6-
Adresse> siteprefixlength=<Zahl>
metric=<Zahl> publish=<publish-
Wert> validlifetime=<Zeit> |infinite
preferedlifetime=<zahl> store=<Wert>
```

Okay. Schöne Befehlszeile. Bin ich froh, dass ich das nicht so oft brauche!

Nun zeige ich Ihnen noch einmal alle Optionen und Parameter. Sie sehen, was sie bedeuten und welche Inhalte Sie angeben können:

- ##prefix=<IP-Adresse> – Hier tragen Sie die IP-Adresse ein, für die eine Route festgelegt werden soll. Sie können auch ein Subnetz angeben.
- interface=<Interfacename> – Die Bezeichnung der Schnittstelle wird an dieser Stelle angegeben.
- nexthop=##<IPv6-Adresse> – Hier geben Sie eine Gatewayadresse an.
- siteprefixlength=<Zahl> – Hier tragen Sie die Präfixlänge für die Website ein.
- metric=<Zahl> – Hinter dieser Option wird die metrische Route angegeben.
- publish=<publish-Wert> – Hier wird einer der Werte no, age oder yes eingesetzt. Damit wird die Routenankündigung bestimmt. Die drei Optionen werden im Folgenden beschrieben.
- no – In der Routenankündigung wird die Gültigkeitsdauer der Route nicht vermerkt. Daneben wird die Route automatisch gelöscht, wenn das Datum erreicht wird, bis zu dem die Route laut Gültigkeitsdauer verwendet wird. Diese Option ist als Vorgabeeinstellung aktiviert.
- age – In der Routenankündigung wird die Gültigkeitsdauer vermerkt. Wie bei no wird die Route beim Erreichen des Gültigkeitsdatums gelöscht.
- yes – Die Routenankündigung enthält die Gültigkeitsdauer. Ist das Datum erreicht, bis zu dem die Route gültig ist, bleibt diese erhalten. Die Route wird nicht automatisch gelöscht.
- validlifetime=<Zeit> |infinite – Mit dieser Option geben Sie die Gültigkeit einer Route an. Verwendet wird nicht die Schreibweise von »XX bis XX«. Hier tragen Sie die Zeit in Tagen, Minuten und Sekunden ein. Das korrekte Format seht beispielsweise wie folgt aus: 14d5h25s. Als Vorgabewert wird infinite verwendet.
- preferedlifetime=<zahl> – An dieser Stelle kann eine zweite Gültigkeitsdauer angegeben werden. In der Regel entspricht dieser Wert dem bei validlifetime. Die Option preferedlifetime wird in ihrer Rangfolge vor validlifetime verwendet.
- store=<Wert> – Hier können Sie festlegen, bis wann die Angaben gelten. Es gibt zwei Parameter: active und persistent:
- active – Die festgelegte Route wird nur genutzt, bis der Rechner bzw. das Gerät das nächste Mal neu gestartet wird.
- persistent – Die Angaben gelten dauerhaft. Sie werden, sofern angegeben, von einer Gültigkeitsdauer beschränkt. Dieser Parameter wird als Vorgabeeinstellung verwendet.

12.3 Den Internetzugang überwachen

Vielleicht möchten Sie ja einen besseren Überblick über die Daten haben, die in das Internet übertragen werden – und natürlich über die Daten, die aus dem Internet auf Ihren Rechner gelangen. Dazu bietet Ihnen Windows 7 verschiedene Möglichkeiten an.

Den Netzwerkverkehr überwachen

Um zu sehen, wie viele Daten gesendet und empfangen werden, nutzen Sie den Dialog **Status von LAN-Verbindung**. Sie können ihn über das Netzwerk- und Freigabecenter anschalten.

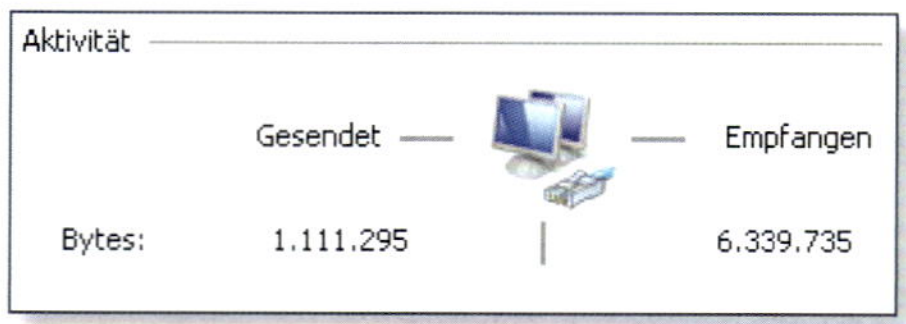

*^ **Abbildung 12.37** Im Dialogfenster **Status von LAN-Verbindung** sehen Sie, wie viele Daten empfangen und versendet wurden.*

Ein weiteres Hilfsmittel für diese Aufgabe ist der Ressourcenmonitor von Windows 7. Er zeigt Ihnen in einem eigenen Register alle Programme und Prozesse, die Netzwerkaktionen durchführen.

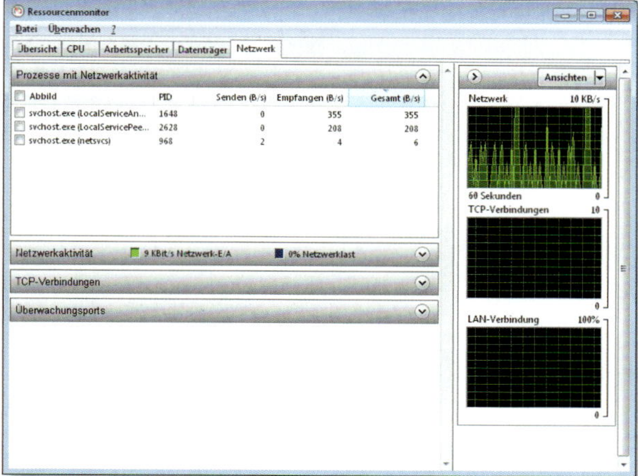

Abbildung 12.38 *Der Ressourcenmonitor ist ideal für die Überwachung des Netzwerks.*

In einer Tabelle werden auch die empfangenen und die gesendeten Daten aufgelistet. Sie sehen in einem Diagramm die Auslastung des Netzwerks. TCP- und LAN-Verbindungen werden in einem eigenen Diagramm dargestellt.

Die Internetprotokollkonfiguration einsehen

Windows 7 schreibt viele Vorgänge in Protokollen mit. Auf diese Weise lassen sich diese Vorgänge überwachen und leichter Fehler und Probleme finden und bereinigen.

Öffnen Sie einmal das Windows 7-Startmenü, und geben Sie den Befehl `eventvwr` ein. Bestätigen Sie mit [↵]. Sie sehen nun die Ereignisanzeige vor sich (siehe Abbildung 12.39). Das Tool richtet sich an erfahrene Systemadministratoren und erfordert eine gewisse Einarbeitungszeit. Etwas übersichtlicher sieht es in der **Computerverwaltung** aus.

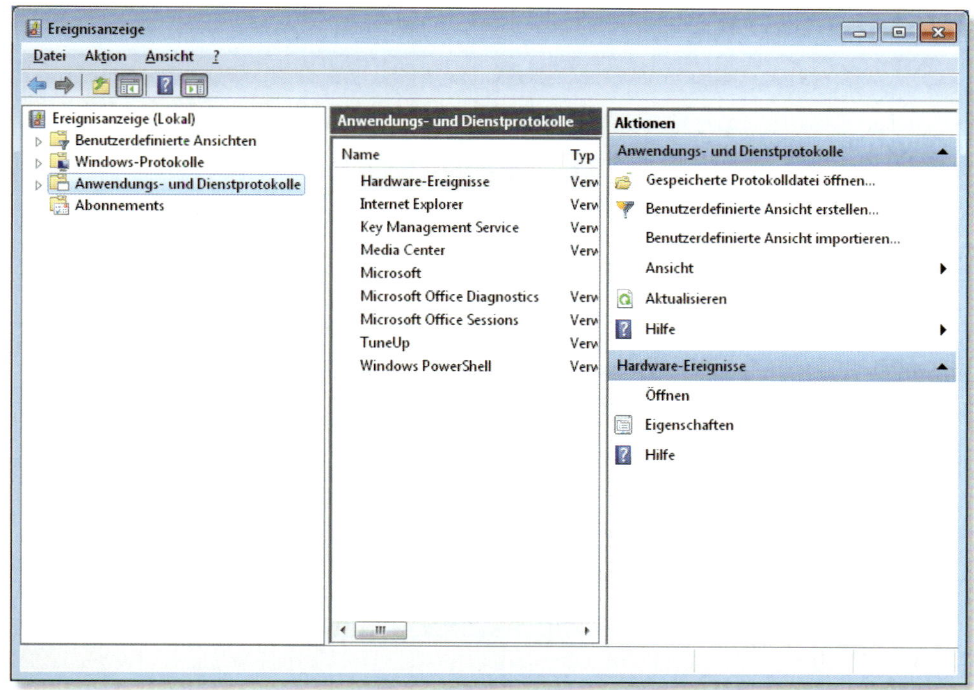

Abbildung 12.39 *Die Ereignisanzeige von Windows 7*

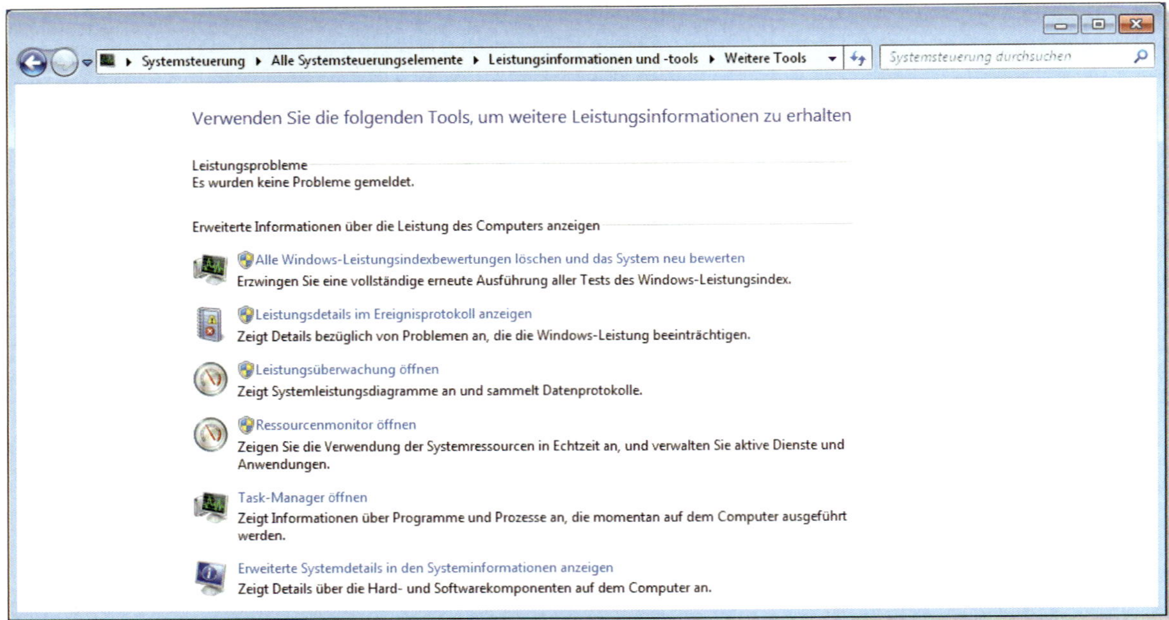

Abbildung 12.40 *In der Systemsteuerung finden Sie einen Dialog, in dem alle wichtigen Tools, die für die Anzeige von Leistungsinformationen und für die Pflege des Systems wichtig sind, an einem Ort zusammengefasst sind.*

Auch in der Computerverwaltung lassen sich Protokolle abrufen und einsehen. Dazu wählen Sie **Systemsteuerung > Alle Systemsteuerungselemente > Leistungsinformationen und -tools > Weitere Tools > Leistungsdetails im Ereignisprotokoll anzeigen**. Unter **Anwendungs- und Dienstprotokolle** findet sich auch der **Internet Explorer**.

TIPP

Wichtige Systemtools aufrufen

Einige Werkzeuge sind recht versteckt und müssen über Befehle aufgerufen werden. Andere müssen Sie erst in der Systemsteuerung suchen. Hier klickt man sich durch die Menüstruktur, bis man fündig wird. Es geht aber auch einfacher: Öffnen Sie die **Systemsteuerung**. Wechseln Sie über **System und Sicherheit** in das **Wartungscenter**. Wählen Sie nun **Leistungsinformationen**. Im Menü links oben wählen Sie den untersten Eintrag: **Weitere Tools**. Sie sehen nun auf einer Seite der Systemsteuerung alle wichtigen Werkzeuge.

Kapitel 13
Unterwegs im Internet

Der Internet Explorer ist ein Browser von Microsoft. Er ist Ihr Fenster zum Internet; mit ihm bewegen Sie sich durchs Web. In diesem Kapitel erfahren Sie, wie Sie ihn benutzen.

In diesem Kapitel stelle ich Ihnen den Webbrowser *Internet Explorer* aus dem Hause Microsoft vor. Ich zeige Ihnen, wie Sie das Programm auf Ihre Festplatte bringen und wie Sie die neuste Version verwenden. Sie erfahren, wie Sie eine Website aufrufen, auf Vorschläge von Bing zurückgreifen und den Verlauf und Favoriten verwenden können. Bereits mit diesem kleinen Grundwissen können Sie die Weiten des World Wide Web erforschen. Sie werden sehen, es gibt viel zu entdecken, und es macht einen ungeheuren Spaß.

Ich verrate Ihnen weiterhin, wie Sie mit dem Verlauf die zuletzt besuchten Websites aufrufen können und sich so Tipparbeit ersparen. Ich zeige Ihnen, wie Sie die eingestellten Suchanbieter bearbeiten und eine andere Suchmaschine eintragen. Nachdem ich Ihnen etwas zum Drucken von Websites verraten habe, lernen Sie Schnellinfos kennen. Sie erfahren, wie eine Website gespeichert und so auf der lokalen Festplatte festgehalten wird. Sie lernen Feeds kennen. Mit diesen Nachrichten sind Sie immer gut informiert und sehen zunächst keine riesigen Seiten mit Text- und Bildinhalten, sondern erst einmal nur eine Sammlung von Schlagzeilen zu Ihrem Lieblingsthema.

Im zweiten Teil dieses Kapitels zeige ich Ihnen, wie Sie den Internet Explorer anpassen. Sie werden eine Reihe wichtiger Einstellungen kennenlernen.

Der dritte Teil widmet sich Themen für fortgeschrittene Anwender. So lesen Sie hier, was sich hinter einem Tracking-Schutz verbirgt und warum diese Option nützlich ist. Ich zeige Ihnen, wie Sie die Symbolleisten und Erweiterungen des Browsers verwalten, und Sie lernen den Web-Slices-Katalog kennen. Diese Alternative zu RSS-Feeds ist eine optisch gelungene Sache. In der Praxis sind aber RSS-Feeds verbreiteter. Ich zeige Ihnen, wie Sie die Funktion *angeheftete Websites* nutzen und wie Sie die Entwicklertools einblenden können. Dabei erfahren Sie gleich, wie Sie mit dem Internet Explorer in den Quellcode einer HTML-Seite schauen können und was sich hinter dem Begriff *Ranking* verbirgt. Auf den letzten Seiten dieses Kapitels stelle ich Ihnen verschiedene Toolbars vor und zeige Ihnen, wie Sie mit Tastaturkommandos noch schneller durch Ihre Lieblingswebsites navigieren können. Das Kapitel schließt mit einer kurzen Vorstellung verschiedener interessanter Webdienste.

13.1 Mit dem Internet Explorer das World Wide Web besuchen

Windows 7 bietet Ihnen mit der **Browserwahl** die Möglichkeit, zwischen verschiedenen Webbrowsern zu wählen. Sie müssen sich nicht unbedingt für das

Microsoft-Programm entscheiden. Sie können auch *Opera, Firefox, Google Chrome* oder ein anderes Programm wählen. Bitte haben Sie Verständnis dafür, dass ich in diesem Buch nur auf den Internet Explorer von Microsoft eingehe. Um alle Browser vorzustellen, reicht leider der Platz nicht aus.

Den Internet Explorer installieren und aktualisieren

Die Browserwahl erscheint auf Ihrem Desktop nur, wenn Sie Windows 7 mit aktuellen Updates auf den neusten Stand gebracht haben oder wenn Ihre Version bereits aktuell genug ist, sodass dieses Feature enthalten ist. Bei einigen älteren Windows 7-Versionen ist es noch nicht vorhanden. Das ist aber nicht weiter schlimm.

Mit einem Doppelklick auf das entsprechende Symbol starten Sie die Browserwahl. Wählen Sie dann **Installieren** unter dem Internet Explorer von Microsoft.

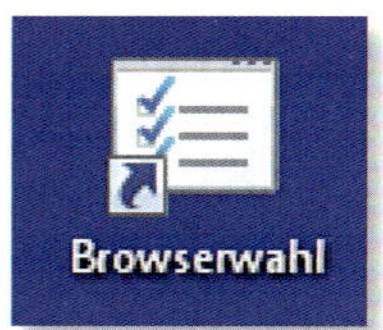

Abbildung 13.1 *Hier starten Sie die Browserwahl.*

Die aktuelle Version des Internet Explorers finden Sie auch unter *http://ie.msn.de/ie9/* und unter *http://windows.microsoft.com/de-DE/internet-explorer/products/ie/home*.

Zum Internet Explorer 9 gehört das Installationsprogramm für die *Bing Bar*. Hiermit wird das Microsoft-Update aktiviert, und die Suchmaschine Bing wird für eine Suchanfrage im Internet verwendet. Daneben wird MSN als Startseite festgelegt, und Sie stimmen zu, dass Daten zur verwendeten Systemkonfiguration, den Suchanfragen, den besuchten Websites und zur Verwendung der Microsoft-Websiten übertragen werden. Sie können einzelne Optionen ausschalten oder aber auch dieses Installationsprogramm abbrechen.

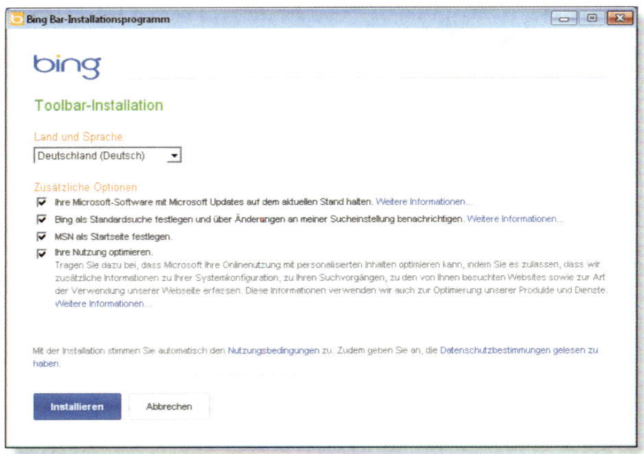

Abbildung 13.2 *Die Installation der Bing-Toolbar*

Leider müssen Sie nach der Installation des Browsers den Rechner neu starten. Tun Sie dies.

Im Startmenü von Windows 7 finden Sie den Internet Explorer ganz oben.

Abbildung 13.3 *Der Internet Explorer wird nicht in ein extra Menü einsortiert. Sie finden ihn an oberster Stelle der Programmliste.*

In der rechten oberen Ecke des Browsers finden Sie drei kleine Schaltflächen. Mit einem Mausklick auf das

Zahnradsymbol öffnen Sie ein Menü. Ganz unten finden Sie in diesem Menü die Internetoptionen, also den Einstellungsdialog des Browsers.

∧ ***Abbildung 13.4*** *Die Einstellungen des Browsers öffnen Sie mit der Schaltfläche, die ein kleines Zahnrad zeigt.*

Zunächst erscheint ein Menü. Hier führt der unterste Eintrag Sie zum Ziel: **Internetoptionen**

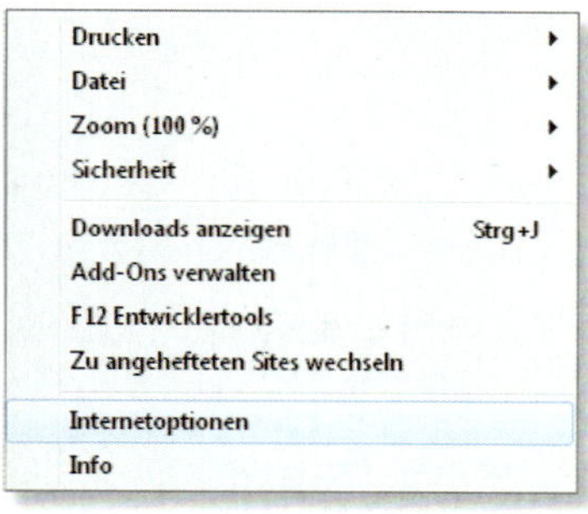

∧ ***Abbildung 13.5*** *In diesem Bild sehen Sie das Menü, mit dem Sie die Einstellungen erreichen.*

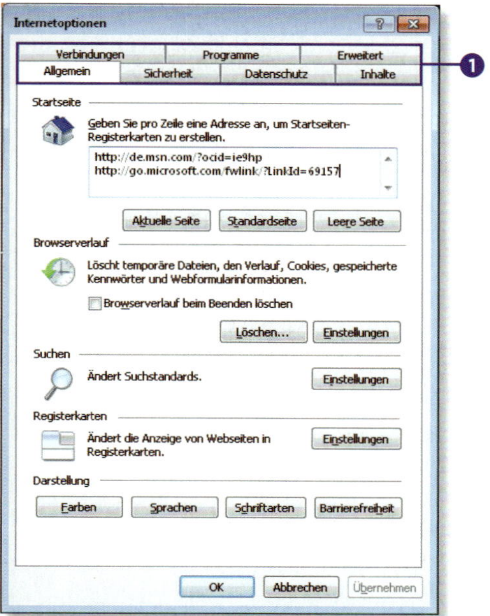

∧ ***Abbildung 13.6*** *Der Konfigurationsdialog für den Microsoft Browser ist in mehrere Register* ❶ *eingeteilt.*

So rufen Sie den Internet Explorer auf und surfen

Öffnen Sie das Startmenü von Windows 7. Wählen Sie **Alle Programme**. Ganz oben in der Liste finden Sie den Microsoft Browser.

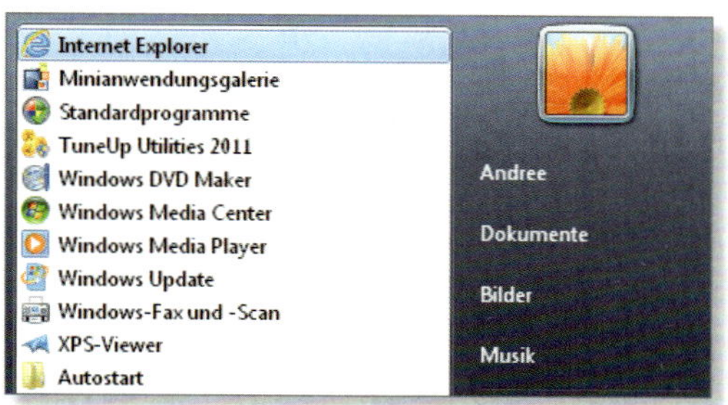

∧ ***Abbildung 13.7*** *Der Microsoft-Browser befindet sich an oberster Stelle der Programmliste.*

Verwenden Sie den Browser öfter, empfiehlt es sich, ein Schnellstartsymbol auf dem Desktop abzulegen. Markieren Sie dazu den Internet Explorer im Startmenü. Klicken Sie die rechte Maustaste. Wählen Sie **Senden an > Desktop**. Nun finden Sie ein Symbol auf dem Windows-Desktop. Ein Doppelklick genügt, und der Browser wird geöffnet.

∧ ***Abbildung 13.8*** *Mit einem Symbol auf dem Desktop ist der Browser noch schneller zu starten.*

Haben Sie einen weiteren Browser installiert, fragt der Internet Explorer Sie nach dem Start, ob Sie das Programm als Standardbrowser verwenden wollen, also alle Links automatisch mit diesem Banner öffnen möchten. Sie können hier mit **Ja** oder **Nein** antworten. Über die rechte Schaltfläche lässt sich auch ein kleines Listenmenü öffnen. Mit diesem sorgen Sie dafür, dass Sie beim nächsten Start des Programms diese Frage nicht mehr zu sehen bekommen.

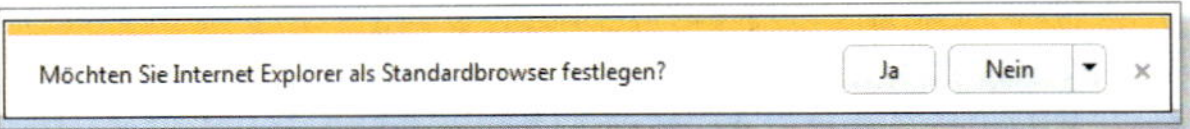

Abbildung 13.9 *Standardbrowser oder nicht?*

Nichts spricht dagegen, auch mehrere Browser auszuprobieren und nach Lust und Laune zu verwenden.

Mit der Grundeinstellung des Internet Explorers wird die Website von MSN geöffnet. Sie können natürlich eine eigene Website als Startseite festlegen. Sie können den Browser auch so einstellen, dass nach dem Start zunächst eine leere Seite angezeigt wird.

Links oben finden Sie die Adresszeile. Tragen Sie hier die Adresse der Website ein, die Sie anschauen möchten. Für die Suchmaschine Google ist dies *http://www.google.de*. Es genügt auch, *www.google.de* einzugeben.

Die Eingabe kompletter Webadressen ist nicht notwendig

Die Funktion *AutoVervollständigen* macht Ihnen die Eingabe von langen und komplizierten Webadressen einfacher. Sie ist eine Hilfe und nimmt Ihnen eine ganze Menge Tipparbeit ab. Der Browser versucht, zu »erkennen«, was für eine Webadresse Sie eingeben wollen. Bereits nach einigen Buchstaben bietet er Ihnen mögliche Webadressen an. Stimmt eines der gefundenen Angebote mit der Webadresse überein, die Sie im Browser anzeigen wollen, müssen Sie diese nur auswählen und übernehmen.

Aber: Der Browser lernt schrittweise dazu und kennt zunächst nicht alle Webadressen. Die Arbeit der Funktion AutoVervollständigen wird deshalb von Mal zu Mal besser. Es wird aber auch oft vorkommen, dass Ihnen die Funktion keine passenden Treffer anzeigen kann. Dann müssen Sie die Webadresse ganz einfach komplett eingeben.

Der Internet Explorer vergleicht die Eingaben mit dem Verlauf und den Favoriten und kann Vorschläge von der Suchmaschine Bing erhalten und anzeigen. Die letztgenannte Möglichkeit ist zunächst ausgeschaltet. Dazu komme ich gleich noch.

Abbildung 13.10 *Die Suchmaschine Google habe ich schon einmal besucht. Bereits nach einem »www.go« wird die Adresse von Google deshalb in der Adressleiste angezeigt.*

Der Vorschlag wird blau unterlegt angezeigt. Mit [↵] übernehmen Sie diesen. Weitere Vorschläge werden in einem Listenfeld angezeigt, sofern das Programm welche gefunden hat. Mit der Pfeiltaste wählen Sie einen Vorschlag aus, und mit [↵] wird dieser bestätigt und übernommen.

Nun kann ich in einem Beispiel leider nicht gleich zeigen, wie die Funktion *AutoVervollständigen* funktioniert. Ich weiß ja nicht, welche Seiten Sie mit dem Internet Explorer bereits besucht haben und welche Webadressen sich bei Ihnen im Verlauf und in den Favoriten befinden. Aber ein kleiner Umweg ist möglich. Er zeigt gut, wie die Funktion arbeitet.

Öffnen Sie den Internet Explorer. Geben Sie einmal die Adresse *http://www.vierfarben.de* ein, und klicken Sie auf der Website auf **Windows**. Geben Sie anschließend die Adresse *http://www.galileo-press.de* ein. Schauen Sie sich nun einmal die Facebook-Seite von Galileo Press an. Sie finden diese unter *http://www.facebook.com/GalileoPressVerlag*. Abschließend wechseln Sie zu *www.google.de*.

Wenn Sie nun auf die Webseite des Verlages *Vierfarben* zurück möchten, geben Sie in der Adresszeile des Browsers v ein und drücken [↵].

Ganz richtig! Sie lassen selbst hier das `www.` weg. Es genügt ein Buchstabe, und die richtige Webseite wird vorgeschlagen.

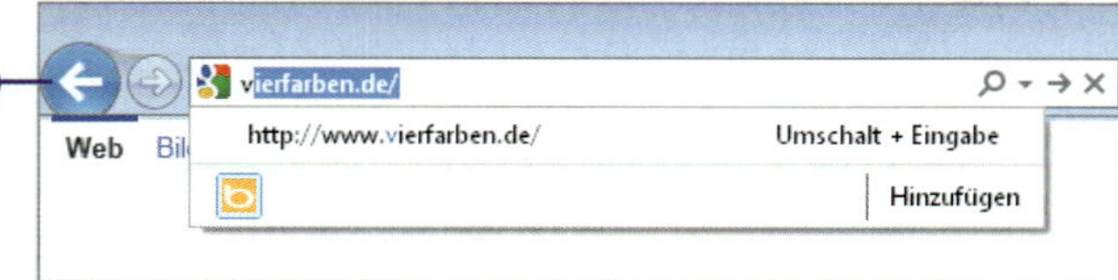

Abbildung 13.11 *Einfacher geht es nicht. Ein Buchstabe, und die Eingabe-Taste genügen, und wir landen auf der gewünschten Website.*

Probieren Sie dies einmal mit der Webseite von Galileo Press und mit der Facebook-Adresse.

Gebe ich in die Adresszeile ein `v` ein, erhalte ich zwar die Adresse des Verlags Vierfarben, aber die Unterseite mit den Windows-Buchtiteln wird nicht angezeigt. Sie erscheint erst, wenn ich zuerst mit der Pfeiltaste [→] oder [Ende] die vorgeschlagene Webadresse in die Adresszeile übernehme und dann die Zurück-Taste **1** drücke. Nun kann ich die Adresse aus der Vorschlagsliste übernehmen.

TIPP

Adresse aus der Vorschlagsliste auswählen
Es gibt mehrere Möglichkeiten, eine der von der Funktion *AutoVervollständigen* vorgeschlagenen Webadressen auszuwählen. Sie können die Pfeilschaltfläche nutzen und mit [↵] bestätigen. Sie können die gewünschte Adresse mit der Maus auswählen. Oder Sie nutzen die Tastenkombination [⇧] + [↵].

Bitte entschuldigen Sie, dass ich Sie jetzt ein wenig durchs Internet gescheucht habe. Ich wollte Ihnen nur die Funktion AutoVervollständigen vorführen.

Es gibt kein Menü und keine Favoritenleiste, die das Browserfenster verkleinern würden. Nur die Adress-

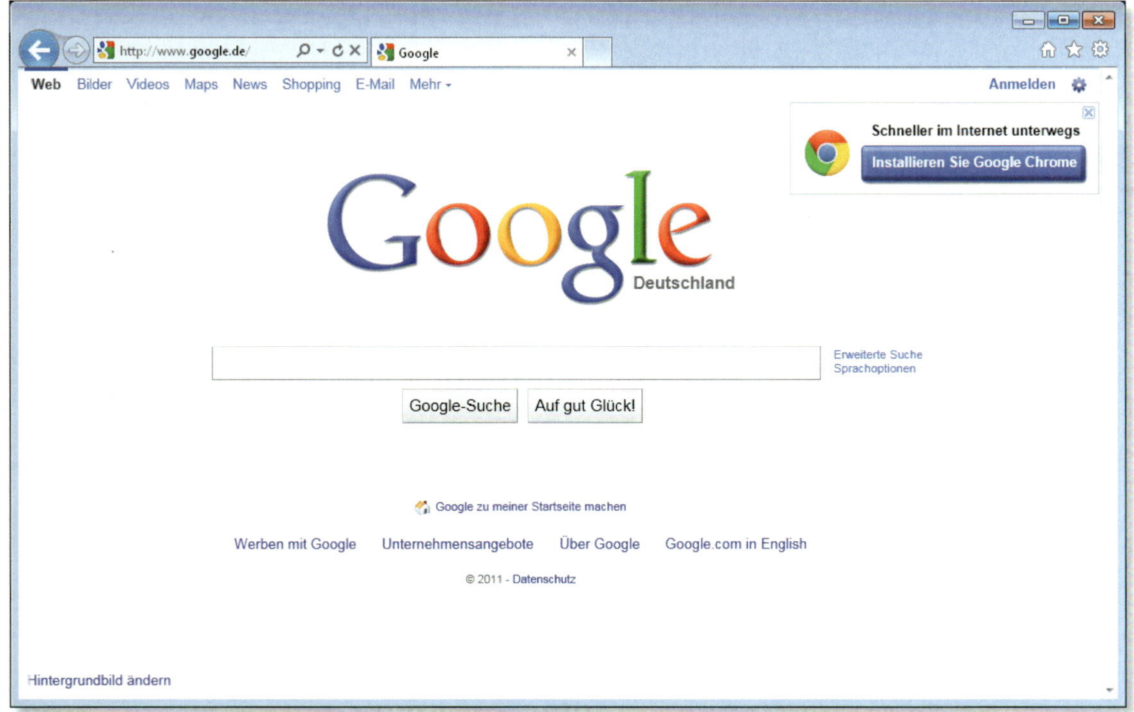

Abbildung 13.12 *Die Website von Google im Internet Explorer*

zeile und eine Auswahl ganz weniger Symbolschaltflächen sind vorhanden. Der maximal mögliche Platz wird für die Darstellung der HTML-Seiten genutzt.

Vorschläge von Bing erhalten

Vorschläge können Sie auch von der Suchmaschine Bing erhalten. Dabei werden die Tastaturanschläge, die Sie in die Adresszeile eingeben, an Bing geschickt. Dort werden sie mit dem Inhalt der Suchdatenbank abgeglichen, und passende Seitenvorschläge werden an Sie zurückgesandt. Probieren wir das einfach einmal aus:

1 Tragen Sie in die Suchleiste vom Internet Explorer `www.kost` ein.

2 Ein Listenfeld klappt auf. Wählen Sie hier mit der Maus **Vorschläge einschalten (Tastaturvorschläge an Bing senden)**.

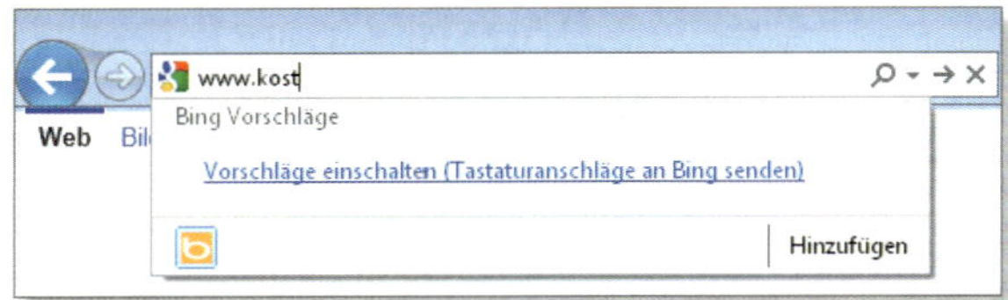

∧ ***Abbildung 13.13*** *Suchvorschläge kommen nun auch von der Microsoft-Suchmaschine.*

3 Fast sofort kommt eine Antwort zurück, und Sie erhalten eine Liste passender Treffer. Wählen Sie aus der Liste *www.kostenlos.de* aus.

4 Die ausgewählte Webadresse wird nicht sofort angezeigt. Sie sehen zunächst im Browser die dazu passenden Suchmaschineneinträge. Hier können Sie nun die gewünschte Website auswählen.

Der Umweg über die Suchmaschine Bing ist etwas störend und verbessert die Funktion nicht wirklich. Aber

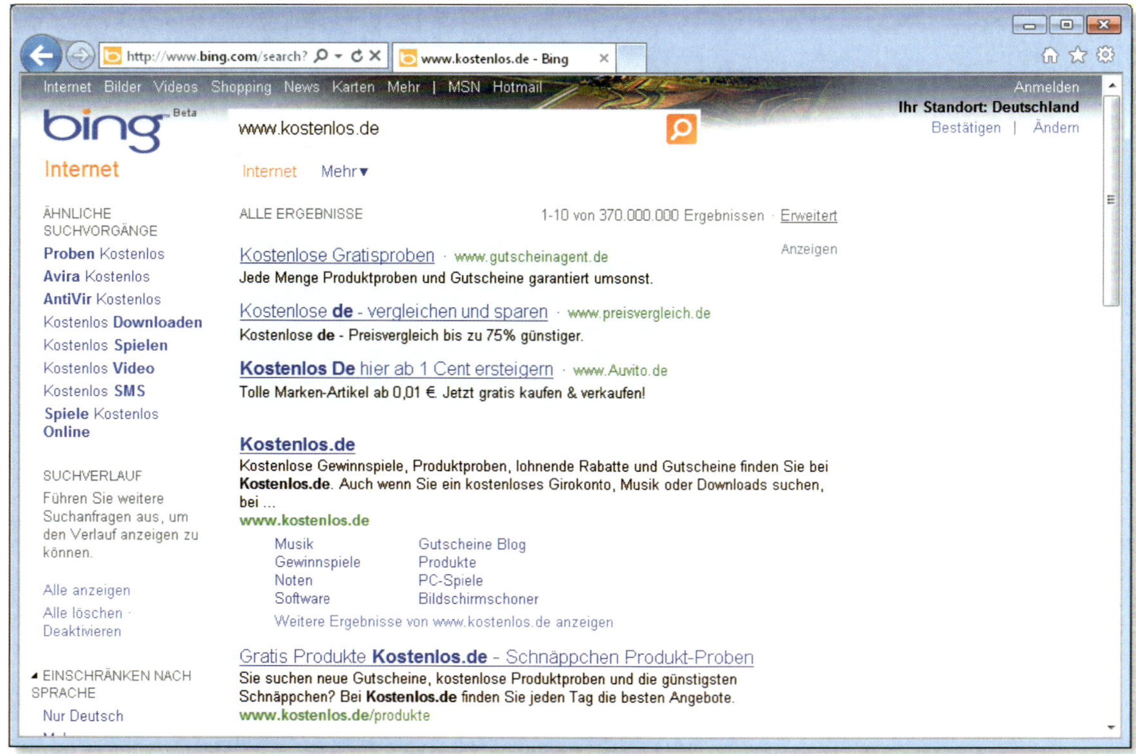

∧ ***Abbildung 13.14*** *Zuerst sehen Sie eine Liste von Suchmaschinentreffern und ähnlicher Webadressen.*

auf diese Weise können Sie Webadressen finden, deren Name Ihnen entfallen ist.

Über eine Eingabe in der Adresszeile lässt sich die Funktion jederzeit wieder abstellen. Wählen Sie einfach **Vorschläge ausschalten**.

Den Verlauf verwenden

Der Verlauf zeigt übrigens nicht nur die besuchten Websites der letzten Tage. Sie können hier einen Tag oder Zeitraum auswählen. Auf diese Weise lassen sich die Webadressen anzeigen, die Sie heute, an einem bestimmten Wochentag, vorige Woche oder auch vor drei Wochen angeschaut haben.

Öffnen Sie einmal die Favoriten. Wechseln Sie nach **Verlauf**, und wählen Sie den gewünschten Zeitraum aus.

Abbildung 13.15 *Der Verlauf zeigt die besuchten Webadressen nach Zeiträumen an.*

Über das Listenfeld am oberen Rand können Sie statt dieser Zeiträume auch auswählen, dass die Webadressen in einer langen Liste aufgereiht werden (**Nach Site anzeigen**). Auch nach der Anzahl der Zugriffe und in der Zugriffsreihenfolge von **Heute** lässt sich der Inhalt des Verlaufs anzeigen. Wer mag, kann den Verlauf auch nach bestimmten Inhalten durchsuchen.

Wenn Sie den Verlauf löschen möchten, können Sie das unter **Internetoptionen > Browserverlauf > Löschen**.

Die Favoriten

Die Adresse einer oft besuchten Website möchten Sie sicher nicht immer wieder neu eintragen. Viel besser wäre es, wenn diese einfach abgerufen werden könnte. Dazu wird die Adresse als *Favorit* abgelegt. Dann genügt es, das Favoritenfenster zu öffnen und die gewünschte Adresse mit einem Mausklick abzurufen.

Abbildung 13.16 *Mit dem kleinen Stern erreichen Sie die Favoriten.*

In der rechten Ecke des Browsers sehen Sie drei kleine Symbolschaltflächen. Der Stern in der Mitte öffnet die Favoritenleiste. Mit der Tastenkombination [Alt] + [C] können Sie das Fenster auch einblenden.

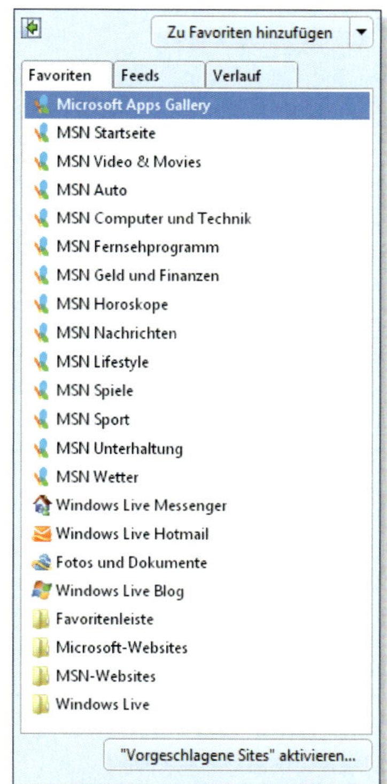

Abbildung 13.17 *Eine Reihe von Favoriten sind bereits vorgegeben. Hauptsächlich handelt es sich um MSN-Seiten.*

Lieblingsseiten als Favoriten ablegen

Es ist ganz leicht, die Adresse Ihrer Lieblingswebsite in die Favoriten aufzunehmen. Machen wir das doch einmal mit der Adresse von *Vierfarben.de*:

1. Geben Sie zunächst einmal die Adresse *www.vierfarben.de* ein. Nutzen Sie hier ruhig die *AutoVervollständigen*-Funktion.
2. Öffnen Sie die Favoriten mit einem Klick auf das Stern-Symbol.
3. Klicken Sie im Fenster auf **Zu Favoriten hinzufügen**. Sie können dies auch mit Alt + Z tun.
4. In einem kleinen Fenster bestimmen Sie, unter welcher Bezeichnung und in welchem Ordner der Eintrag erfolgen soll. Der Name der Website wird aus deren HTML-Tag übernommen. Ohne eine Veränderung wird kein Ordner verwendet. Bestätigen Sie einmal die Vorgaben mit **Hinzufügen**.

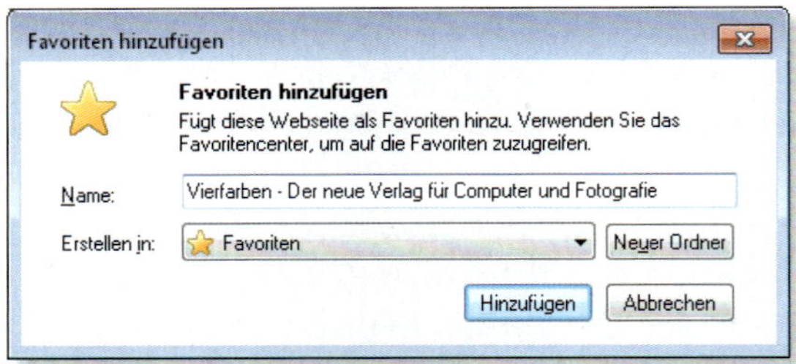

Abbildung 13.18 Die Website des Vierfarben Verlages wurde in die Favoritenleiste übernommen.

Favoriten in einem eigenen Ordner ablegen

In einem zweiten Beispiel soll ein Ordner erstellt und der Name der Website etwas angepasst werden. Der Einfachheit halber nehme ich hierzu noch einmal die Webadresse von Vierfarben.

1. Wiederholen Sie die Schritte aus der vorigen Übung. Geben Sie zuerst die Adresse der Website ein.
2. Öffnen Sie das Favoritenfenster.
3. Wählen Sie **Zu Favoriten hinzufügen**.
4. Nun entfernen Sie einfach mal den Eintrag im Eingabefeld **Name** und tragen Folgendes ein: »Der Verlag Vierfarben«
5. Klicken Sie auf **Neuer Ordner**, und geben Sie »Computerbuch-Verlage« ein. Bestätigen Sie mit **Erstellen**.

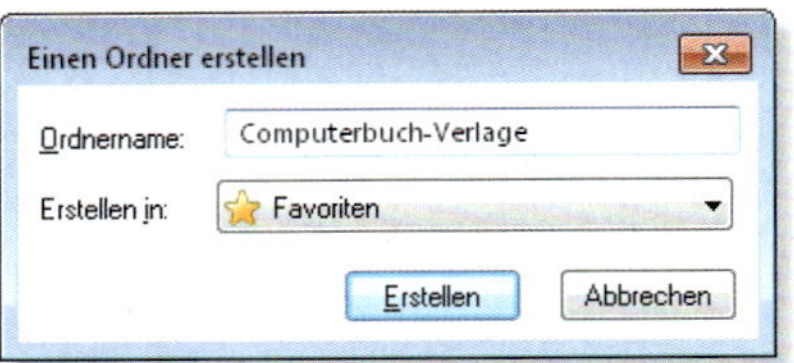

Abbildung 13.19 Ein neuer Ordner für den Link zur Website des Verlages Vierfarben wird erstellt.

6. Der Name des Ordners wird in das darunter liegende Fenster übernommen. Bestätigen Sie.

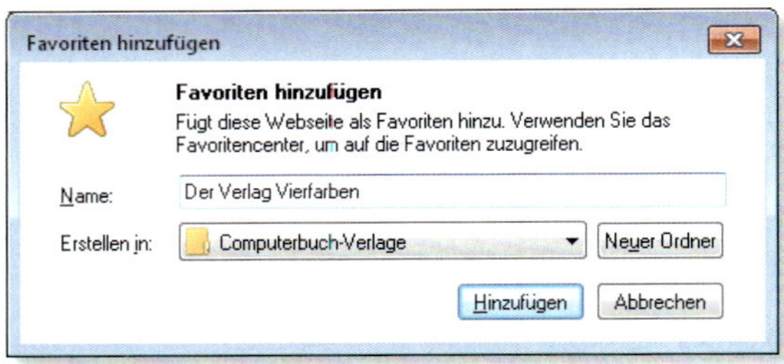

Abbildung 13.20 Der Name der Website wurde in diesem Beispiel ein klein wenig angepasst.

Zusätzlich wurde ein Ordner erstellt. In diesem wird nun die Adresse abgelegt.

Abbildung 13.21 Der neu erstellte Ordner und der neue Favoriteneintrag ohne Ordner sind in der Favoritenleiste ganz unten zu finden.

Die Favoritenleiste verwenden

Neben dem Fenster **Favoriten** gibt es im Internet Explorer eine Favoritenleiste. Möchten Sie hier einen Eintrag hinzufügen, gehen Sie dazu wie folgt vor:

1 Rufen Sie zuerst die gewünschte Webadresse im Browser auf.

2 Blenden Sie das Fenster **Favoriten** ein.

3 Öffnen Sie das Listenfeld hinter **Zu Favoriten hinzufügen**, und wählen Sie **zu Favoritenleiste hinzufügen**.

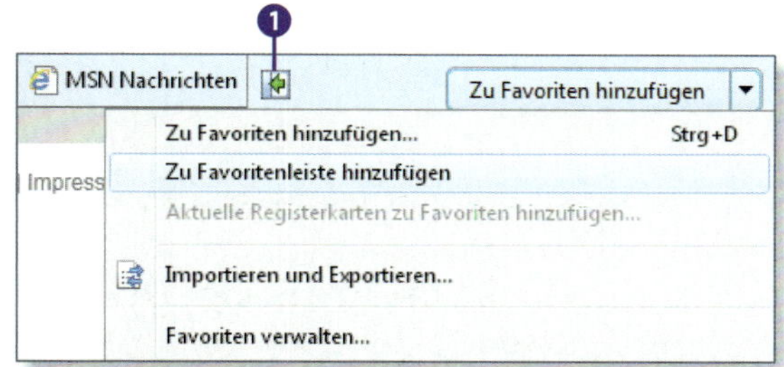

Abbildung 13.22 Eine Webadresse wird in die Favoritenleiste übernommen.

So bearbeiten Sie Ihre Favoritenliste

Nach und nach sammeln Sie Favoriten. Einige davon brauchen Sie später nicht mehr, andere sind nicht mehr aktuell. Die Webadressen haben sich geändert, oder es gibt sie nicht mehr. Manchmal sollen auch Favoriten in ihrer Position verändert werden. Es ist vielleicht schöner, wenn die Adressen der Lieblingswebsites ganz oben in der Liste stehen. Andere sollen in einem passenden Ordner abgelegt werden. Das schafft Ordnung. Wie auch immer – irgendwann möchten Sie die Favoritenliste bearbeiten.

1 Öffnen Sie die Favoriten, und heften Sie diese an.

2 Klicken Sie die MSN-Favoriten der Reihe nach an, und drücken Sie die Taste `Entf`. Sie werden so aus der Liste gelöscht. Manchmal reagiert der Browser nicht. Dann markieren Sie den Eintrag. Öffnen Sie mit der rechten Maustaste das Kontextmenü, und wählen Sie **Löschen**. Beachten Sie bitte: Der Eintrag wird sofort entfernt. Es erfolgt keine Rückfrage.

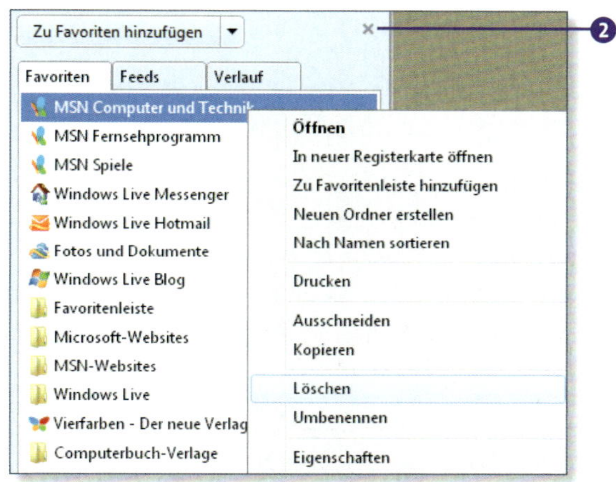

Abbildung 13.23 Ein Favoriteneintrag wird gelöscht.

> **TIPP**
>
> **Das Favoritencenter anheften**
>
> Blenden Sie die Favoriten ein, und klicken Sie auf die grüne Pfeilschaltfläche ❶. Nun wird das Favoritencenter »angeheftet«. Es wird fest am linken Rand des Browserfensters angehängt. In der Regel werden Sie aber vermutlich nicht einen Favoriten nach dem anderen aufrufen wollen, so dass das angeheftete Favoritencenter wohl eher stört.
> Es bleibt dort so lange, bis Sie es mit der Kreuz-Schaltfläche ❷ wieder ausblenden.

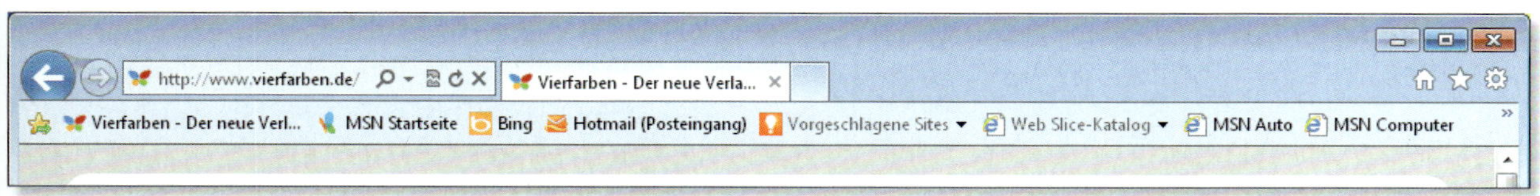

Abbildung 13.24 Beim Hinzufügen wird die Favoritenleiste eingeblendet. Der neue Eintrag ist ganz rechts zu finden.

Favoriten verschieben

Um einen Eintrag zu verschieben, markieren Sie diesen. Drücken Sie die linke Maustaste. Halten Sie die Taste gedrückt, und ziehen Sie die Maus nach oben. Ein schwarzer Balken markiert die Position, an der der Eintrag eingefügt werden würde, wenn Sie die Maus loslassen.

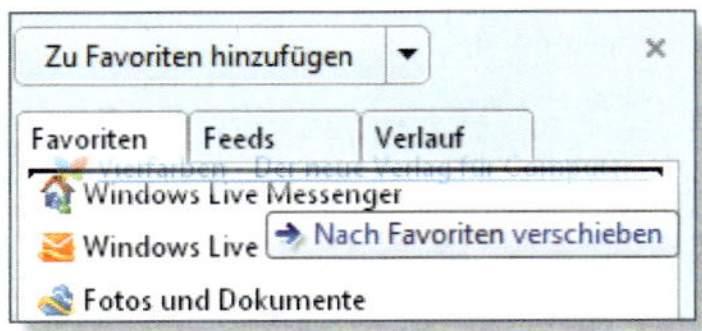

Abbildung 13.25 *Der Favoriteneintrag wird nach ganz oben verschoben.*

In gleicher Weise verschieben Sie einen Eintrag in einen Ordner. Bei gedrückt gehaltener linker Maustaste ziehen Sie ihn auf den gewünschten Ordner.

Mit einem Mausklick auf einen Ordner machen Sie dessen Inhalt sichtbar. Sie können diesen auf die gleiche Weise bearbeiten, wie eben beschrieben. Auch hier lassen sich Einträge verschieben und löschen. Gleiches gilt auch für die Favoritenleiste. Sie wird in der Favoritenliste wie ein Ordner angezeigt.

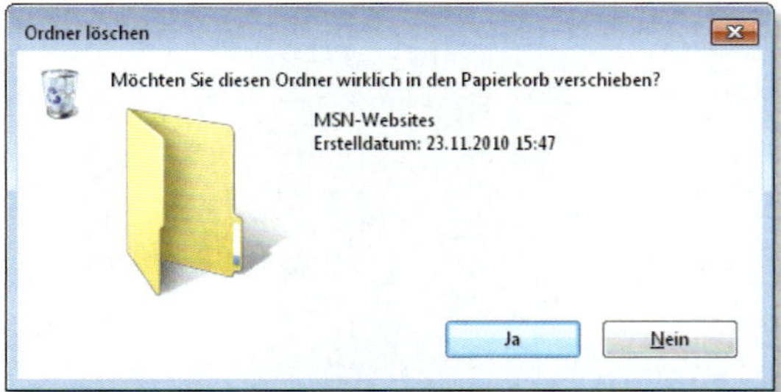

Abbildung 13.26 *Beim Löschen eines Ordners fragt der Internet Explorer, ob Sie die Aktion tatsächlich durchführen wollen.*

Über das Kontextmenü können Sie, wenn Sie das möchten, auch den Namen eines Eintrags verändern. Wählen Sie **Umbenennen**. Geben Sie eine neue Bezeichnung ein, und bestätigen Sie.

Abbildung 13.27 *Die Favoritenliste ist um einige Einträge geschrumpft. Nun können Sie sie mit eigenen Inhalten füllen.*

Eine bereits besuchte Webseite schnell wieder aufrufen

Die *History*, also der Verlauf der bisher besuchten Websites, hält die zuletzt besuchten Websiten fest. Sie können auf diese Liste zurückgreifen und eine Site mit einem Mausklick auswählen. So müssen Sie die Adresse nicht noch einmal eingeben.

Am rechten Rand der Adresszeile finden Sie eine Reihe von Symbolschaltflächen. Klicken Sie auf den nach unten zeigenden Pfeil, um die History zu öffnen. Schauen Sie sich die Einträge an, und wählen Sie die gewünschte Webadresse mit der Maus aus.

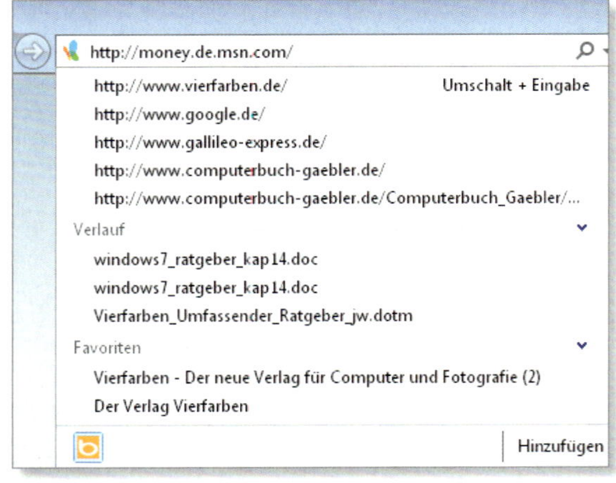

Abbildung 13.28 *Die History enthält in meinem Beispiel bereits einige Einträge.*

Anzeige, Schriftarten und Formatierungen anpassen

Klicken Sie am rechten oberen Rand auf das Zahnrad. Über **Zoom** können Sie die Anzeige der besuchten Website vergrößern oder auch verkleinern. Mit einer Tastenkombination geht dies auch. Mit Strg + + wird die Site vergrößert. Um sie zu verkleinern, drücken Sie Strg + -. Möchten Sie wieder die Anzeige auf 100 % schalten, drücken Sie Strg + 0.

Über die Internetoptionen können Sie im Register **Allgemein** eine andere Schriftart wählen und auch die Farbdarstellung verändern.

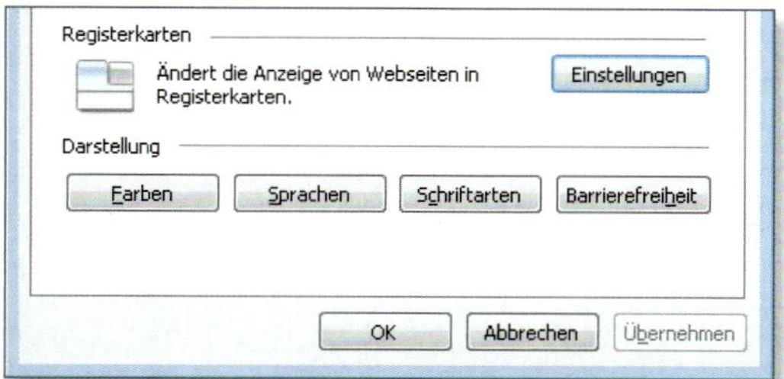

*Abbildung 13.29 Unter **Darstellung** lassen sich Farben und Schriftarten anpassen.*

Aber: In der Regel legt der Webdesigner die Darstellung der Website fest. Für jede einzelne HTML-Seite oder eben alle Seiten wird festgelegt, welche Schriftarten und -farben verwendet werden. So wird eine einheitliche Darstellung erreicht.

Die beliebtesten Sites

Hinter einer Registerkarte finden Sie eine kleine Schaltfläche. Mit diesem grauen Knopf öffnen Sie eine neue, zunächst leere Registerkarte. In dieser können Sie eine weitere Website laden.

Die zuerst leere Registerkarte enthält eine kleine Auswahl von Webadressen. Diese oft besuchten Websiten werden unter der Bezeichnung »Ihre beliebtesten Sites« geführt. Mit einem Mausklick wählen Sie eine davon aus.

Mit der Schnellsuchleiste das Web durchsuchen

Früher musste ich die Webadresse einer Suchmaschine eingeben. Danach wurde der Suchbegriff in das Eingabefeld eingetragen und geschaut, ob die Suchmaschine dazu etwas in ihrer Datenbank hatte. Ab und zu war es notwendig, noch eine weitere Suchmaschine um Rat zu fragen.

Der Internet Explorer besitzt bereits eine Funktion, mit der Sie direkt eine Suchmaschine »befragen« können. Sie müssen also nicht erst die Webadresse des Suchportals aufrufen, sondern können gleich im Browser eintragen, wonach Sie suchen möchten. Und so geht das:

1. Klicken Sie im Internet Explorer auf das kleine Lupensymbol in der Adresszeile.
2. Tragen Sie ein, wonach Sie suchen möchten. Als Beispiel gebe ich einmal `Bücher` ein. Bestätigen Sie mit ↵.

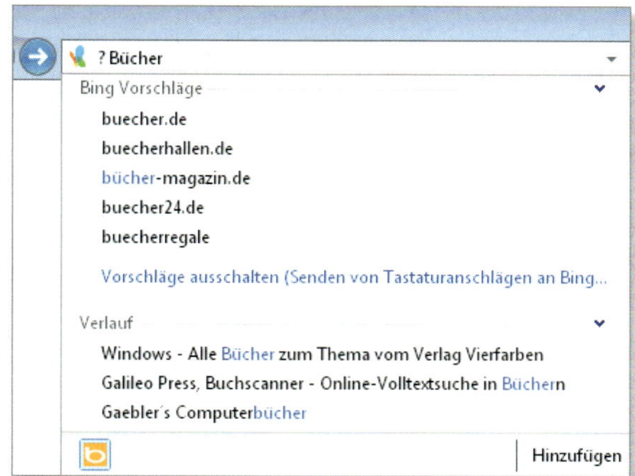

Abbildung 13.30 Die Adresszeile enthält nun am Anfang ein Fragezeichen. Das zeigt an, dass Sie sich im Suchmodus befinden.

3. Der Browser zeigt nun eine Seite der Suchmaschine Bing an. Hier sehen Sie eine Liste passender Treffer. Schauen Sie sich diese an. Wählen Sie mit der Maus eine Webadresse aus.

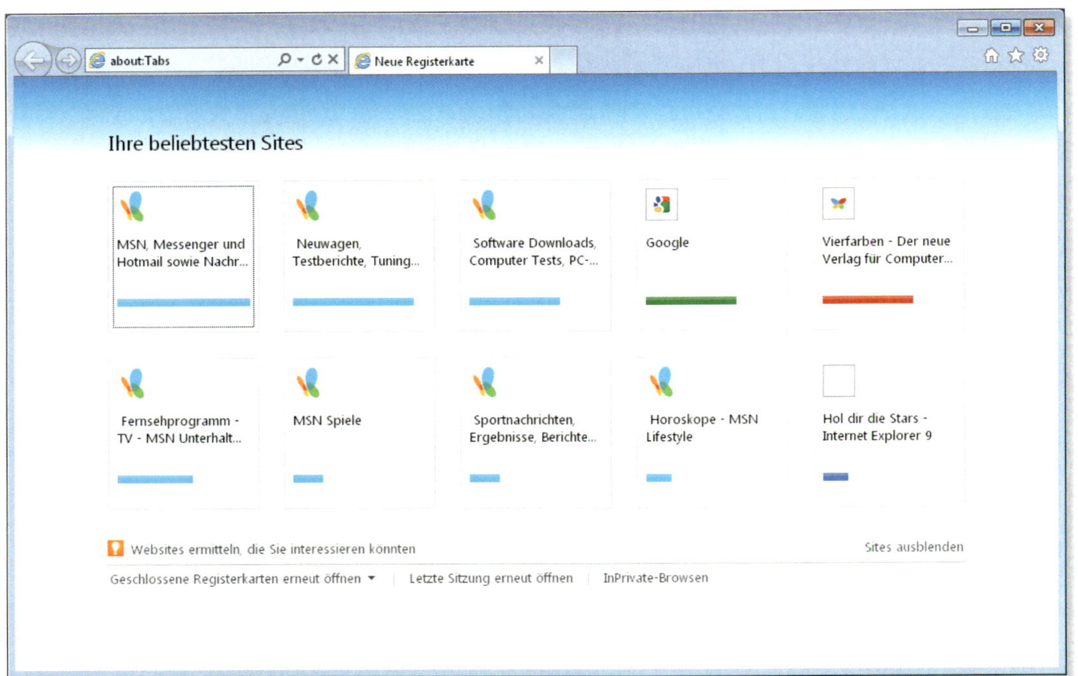

Abbildung 13.31 *Die Übersicht der beliebtesten Sites zeigt eine Reihe Webadressen an. Der Browser versucht Ihnen hier sinnvolle Vorschläge zu machen, die Ihren Interessen entsprechen.*

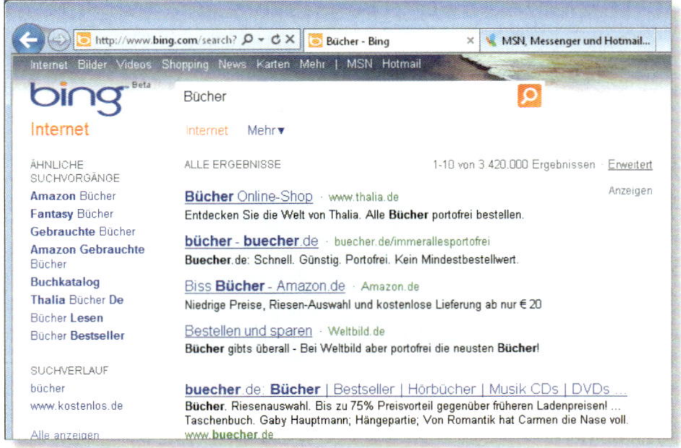

Abbildung 13.32 *»Bücher« ist ein sehr allgemeiner Begriff. Die Suchmaschine bietet mir dazu über 3 Millionen Treffer an.*

Versuchen Sie, nicht zu allgemeine Suchbegriffe einzugeben. Ergänzen Sie Suchanfragen mit zwei oder mehr Begriffen. So könnte ich zum Beispiel statt »Bücher« auch »Fantasy Bücher« eingeben.

TIPP

Treffer in einer neuen Registerkarte öffnen
Wenn Sie einen Treffer, den die Suchmaschine gefunden hat, mit der Maus anklicken, wird die verlinkte Seite im gleichen Fenster geöffnet. Wenn Sie aber eine Suchanfrage markieren, das Kontextmenü öffnen und **In neuer Registerkarte öffnen** wählen, wird ein weiteres Fenster genutzt. Der Vorteil: Sie können sich die gefundene Seite anschauen und zu der Seite der Suchmaschine wechseln, ohne zurückblättern zu müssen. So lassen sich mehrere gefundene Seiten nacheinander anschauen und die Treffer einer Suchmaschine durchstöbern.

Die eingetragenen Suchanbieter bearbeiten

Im Internet Explorer ist die Microsoft-Suchmaschine Bing eingetragen. Diese ist noch relativ neu, besitzt aber eine sehr gute Datenbank. Oft finden sich hier bei Suchanfragen passende Websites.

TIPP

Noch schneller suchen
Haben Sie in der Adressleiste die Bing-Vorschläge eingeschaltet (Funktion **Vorschläge einschalten (Tastaturanschläge an Bing senden)**), sehen Sie einige Treffer zur Ihrer Suchanfrage direkt unter dem Eingabefeld des Browsers. Findet sich hier bereits eine passende Website, können Sie diese mit der Maus auswählen und müssen nicht die Treffer der Suchmaschine durchstöbern.

Natürlich können Sie die eingetragene Suchmaschine verändern und eine andere wählen. Am Beispiel von Google möchte ich Ihnen dies zeigen:

1 Öffnen Sie die Internetoptionen des Internet Explorers.

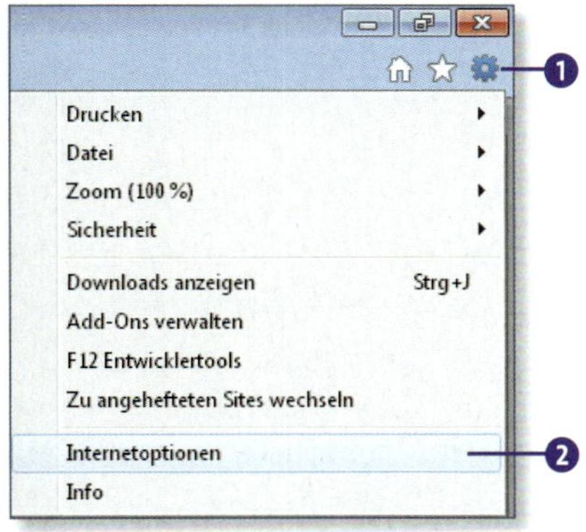

^ *Abbildung 13.33 Über ein Icon gelangen Sie zu den Einstellungen des Browsers. Klicken Sie auf das Zahnradsymbol* ❶*, und wählen Sie im Menü* ***Internetoptionen*** ❷.

2 Das Register **Allgemein** wird angezeigt. Hier sind Sie auch bereits am richtigen Ort. Im Bereich **Suchen** klicken Sie auf **Einstellungen** ❸.

3 Sie sehen nun den Dialog **Add-Ons verwalten**. **Suchanbieter** ist bereits ausgewählt. Hier findet sich zunächst nur die Suchmaschine Bing. Ändern Sie dies mit einem Mausklick auf die Funktion **Weitere Suchanbieter suchen...**. Sie finden diese Funktion ganz unten links im Dialog.

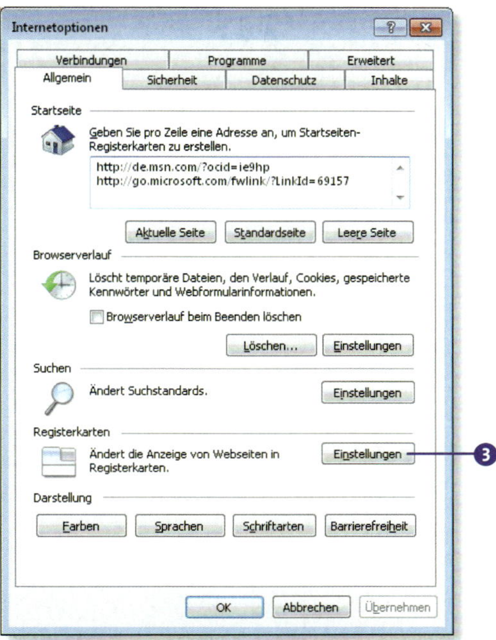

^ *Abbildung 13.34 In den Internetoptionen des Browsers erwarten Sie verschiedene Funktionen in sieben Registern.*

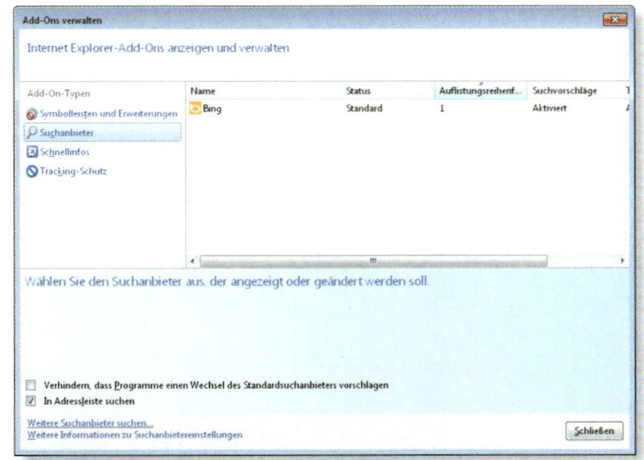

^ *Abbildung 13.35 Der Internet Explorer kennt nur eine Suchmaschine. Weitere können aber ganz leicht hinzugefügt werden.*

4 Jetzt öffnet sich ein Browserfenster. Sie landen in der *Internet Explorer Galerie* und sehen eine Liste verschiedener Suchanbieter. Wenn Sie die Maus

an den rechten oder linken Rand setzen, scrollt der Bildschirm ein Stück in die jeweilige Richtung. Scrollen Sie den Bildschirm einmal in beide Richtungen, und schauen Sie sich ein wenig um. Wählen Sie dann mit der Maus **Google** aus.

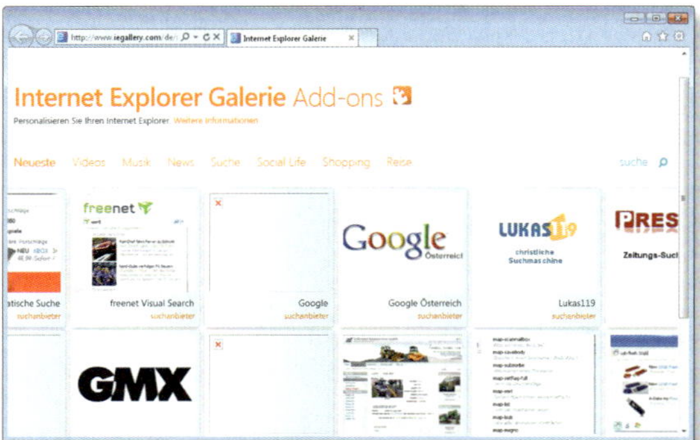

Abbildung 13.36 *Die Suchanbieter in der Übersicht*

Stören Sie sich nicht daran, wenn nicht bei jedem Suchanbieter ein Vorschaubild geladen wird. Die Vorschau ist nicht so wichtig. Wichtig ist der Link zum Suchanbieter und dass dieser korrekt in den Browser übernommen wird.

5 Im nächsten Fenster sehen Sie eine kurze Beschreibung des ausgewählten Suchanbieters, ein weiteres Vorschaubild, eine Bewertung der Nutzer und einen Link zum Suchanbieter. Mit **Click to Install** übernehmen Sie **Google**.

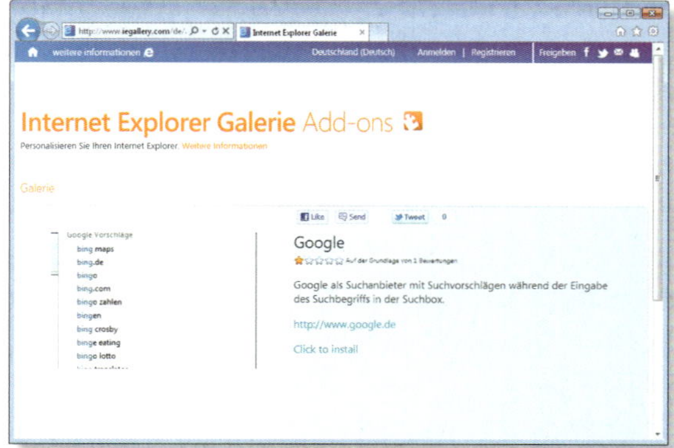

Abbildung 13.37 *Suchmaschinen werden als Add-Ons in einer Galerie aufgelistet und dann auf Ihren Rechner geladen und installiert.*

6 Im Dialog **Suchanbieter hinzufügen** werden Sie gefragt, ob Sie den ausgewählten Anbieter verwenden wollen. Schalten Sie die Option **Als Standardsuchanbieter festlegen** an. Bestätigen Sie mit **Hinzufügen**.

Abbildung 13.38 *Das Add-On wird auf Ihren Rechner geladen und ersetzt nun die Microsoft-Suchmaschine Bing.*

7 Schließen Sie das Fenster. Es erfolgt leider keine Rückmeldung. Das Add-On wird installiert, aber nicht gleich im Dialog **Add-Ons verwalten** angezeigt. Schließen Sie auch diesen Dialog.

8 Schließen Sie den Browser, und starten Sie ihn neu. Nun wird bei einer Suche Google verwendet. Über eine Schaltfläche können Sie auf Bing oder einen anderen Suchanbieter umschalten. Auf die beschriebene Art und Weise können Sie, wenn Sie möchten, weitere Suchanbieter hinzufügen.

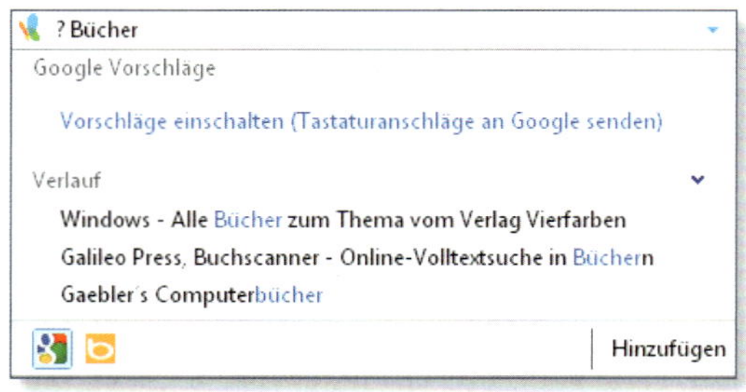

Abbildung 13.39 *Hier wurde Google als Standard-Suchmaschine verwendet. Vorschläge können nun auch von Google genutzt und im Browser angezeigt werden.*

So passen Sie die Startseite im Internet Explorer an

Die MSN-Site sehen Sie jedes Mal, wenn Sie den Microsoft-Browser neu starten. Natürlich können Sie auch eine andere Website eintragen.

1. Geben Sie zuerst im Browser die Adresse der Website ein, die als Startseite festgelegt werden soll. Im Beispiel mache ich dies einmal mit *http://www.vierfarben.de*.
2. Öffnen Sie die **Internetoptionen**.
3. Löschen Sie die Einträge unter **Startseite**.
4. Übernehmen Sie mit einem Mausklick auf die Schaltfläche **Aktuelle Seite** die Adresse der Website, die zuvor geladen wurde.
5. Schließen Sie den Dialog mit **OK**.

Abbildung 13.40 *Ein Mausklick auf* ***Aktuelle Seite*** *genügt, und die aktuell geöffnete Website wird zur Startseite.*

Die neue Startseite ausprobieren

Um nun einmal auszuprobieren, ob die Einstellung wirklich funktioniert, gehen Sie wie folgt vor:

1. Geben Sie eine beliebige Webadresse ein, zum Beispiel *www.google.de*.
2. Klicken Sie nun auf das kleine Haussymbol in der rechten oberen Ecke des Browsers. Damit wird die Startseite geladen.

TIPP

Eine leere Seite als Startseite verwenden
Manche Leute möchten nicht immer die gleiche Website beim Öffnen des Webbrowsers sehen. Sie können hier auch eine leere Seite anzeigen lassen. Wählen Sie in den Internetoptionen des Browsers einfach **Leere Seite**. Nun erscheint hier ein `about_blank`. Mit dieser Anweisung zeigt das Programm eine leere Seite an.

Übrigens: Es ist auch möglich, mehrere Websiten anzuzeigen. Geben Sie die gewünschten Webadressen einfach untereinander im Eingabefeld des Bereichs **Startseite** ein.

Webseiten drucken

Natürlich können Sie auch die Inhalte einer Website drucken. Beachten Sie aber, dass eine einzelne Website aus mehreren HTML-Seiten besteht. Manche Seiten sind auch so groß, dass sie nicht auf ein A4-Blatt passen. Zum Glück können Sie sich ja vor der Ausgabe auf den Drucker eine Druckvorschau anzeigen lassen.

1. Öffnen Sie zunächst das Menü **Extras**, in dem Sie auch die Internetoptionen finden.
2. Wählen Sie **Drucken > Seite einrichten**.

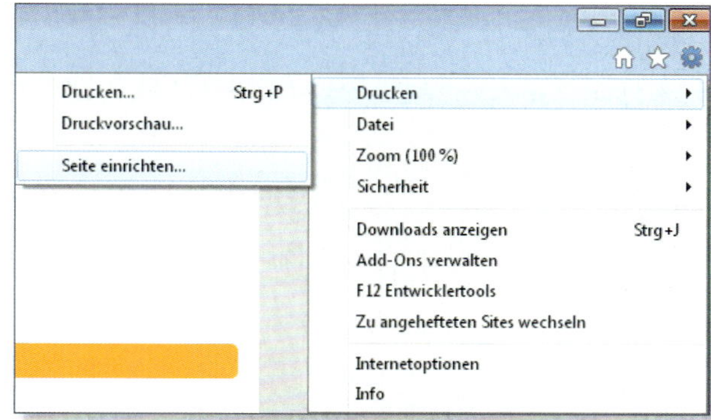

Abbildung 13.41 *Bevor Sie das erste Mal eine Webseite drucken, schauen Sie sich die Einstellungen im Dialog* ***Seite einrichten*** *an.*

3 Überprüfen Sie, ob die Einstellungen zu Ihrem Drucker und der verwendeten Papiergröße passen. Falls nötig, nehmen Sie Korrekturen vor.

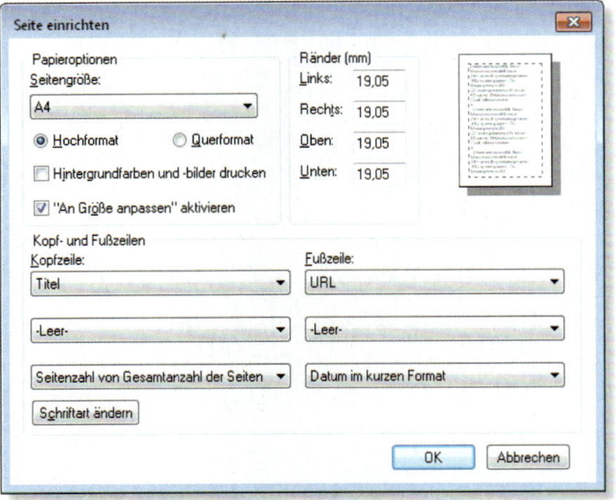

Abbildung 13.42 *In meinem Beispiel nehme ich keine Veränderungen vor. Die Vorgabe zur Größe einer Druckseite passt hervorragend.*

Interessant am Dialog **Seite einrichten** ist, dass Sie hier mit einer Option auch den Hintergrund einer Website mitdrucken können. Meist ist dies nicht notwendig. Rechts oben geben Sie an, wie groß der Rand sein soll. Mit der Vorgabeeinstellung bin ich hier ganz zufrieden. Über die Auswahlfelder im unteren Bereich legen Sie fest, welche Inhalte Kopf- und Fußzeilen haben sollen. Mit **leer** werden keine Inhalte gedruckt. Auch der Wechsel zwischen Hoch- und Querformat ist in diesem Dialog möglich.

Nun kann eigentlich eine HTML-Seite ausgedruckt werden. Laden Sie diese zuerst im Browser, und wählen Sie dann **Extras > Drucken > Druckvorschau**.

Sie sehen nun, wie die Seite auf dem Ausdruck aussehen wird.

In der Kopfzeile finden Sie eine kleine Symbolleiste. Von links nach rechts sehen Sie hier die folgenden Schaltflächen (siehe Abbildungen 13.43 und 13.44):

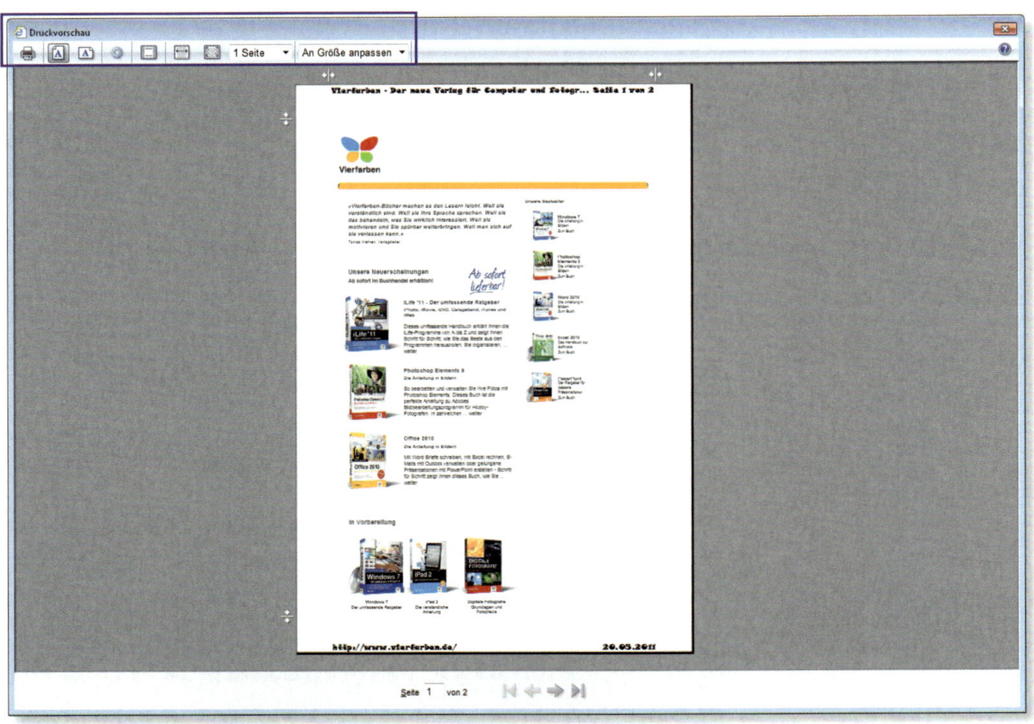

Abbildung 13.43 *Die Druckvorschau zeigt, wie die Seite nach dem Ausdruck auf dem Papier aussehen wird.*

Über die erste Schaltfläche ❶ können Sie das Dokument drucken. Vorher können Sie aber noch entscheiden, ob Sie im Hoch- ❷ oder Querformat ❸ drucken möchten, die Seite einrichten ❹ sowie Kopf- und Fußzeilen ein- und ausschalten ❺.

Mit **Gesamte Breite anzeigen** ❻ wird die Seite so vergrößert, dass sie genau auf das Papier passt. **Gesamte Seite anzeigen** verkleinert die Ansicht dagegen so, dass Sie die gesamte Website sehen.

Mit **Mehrere Seiten anzeigen** ❼ können Sie auf einem Blatt Papier zwei HTML-Seiten oder auch 3, 6 oder 12 Seiten ausgeben. So erhalten Sie eine Übersicht verschiedener HTML-Seiten.

Mit **Druckgröße ändern** ❽ wird die Seite vergrößert oder verkleinert. Probieren Sie einfach verschiedene Einstellungen aus dem Listenfeld aus.

Viele Veränderungen sind hier nicht mehr möglich. Sie können die Breite der Ränder anpassen und zwischen Hoch- und Querformat wechseln.

Sind Sie mit allen Einstellungen zufrieden, geben Sie die HTML-Seite auf Ihrem Drucker aus. Klicken Sie auf **Dokument drucken** ❶, oder drücken Sie [Strg] + [P]. Je nach verwendetem Drucker und installiertem Treiber sind unterschiedliche Einstellungen möglich.

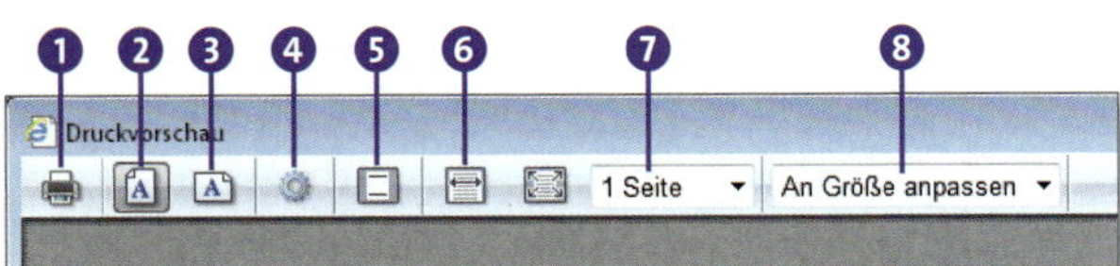

∧ ***Abbildung 13.44*** *Die Symbolleiste im Detail*

Schnellinfos verwenden

Über das Kontextmenü können Sie die Schnellinfos **Mit Bing übersetzen** und **Mit Windows-Live E-Mails verfassen und versenden** nutzen.

Wenn Sie den Übersetzungsservice wählen, klappt ein Fenster auf, und Sie können die Sprache bestimmen und die Funktion starten.

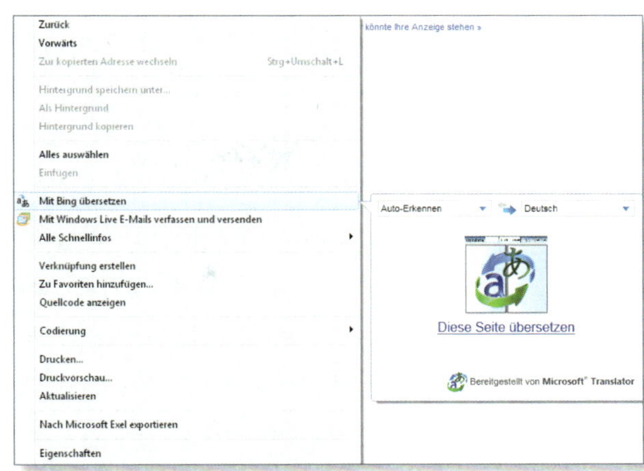

∧ ***Abbildung 13.45*** *Die Schnellinfos des Internet Explorers*

Über das Kontextmenü und **Alle Schnellinfos > Weitere Schnellinfos suchen** kommen Sie wieder auf die Galerie des Internet Explorers. Hier sehen Sie eine Auswahl von Add-Ons, die als Schnellinfos genutzt werden können. Es finden sich hier Übersetzungstools, eBay, Google, ein Facebook-Add-On, ein Routenplaner und einiges mehr. Schauen Sie sich ruhig einmal um. Die Auswahl und Installation entspricht der weiterer Suchmaschinen (siehe Abbildung 13.46).

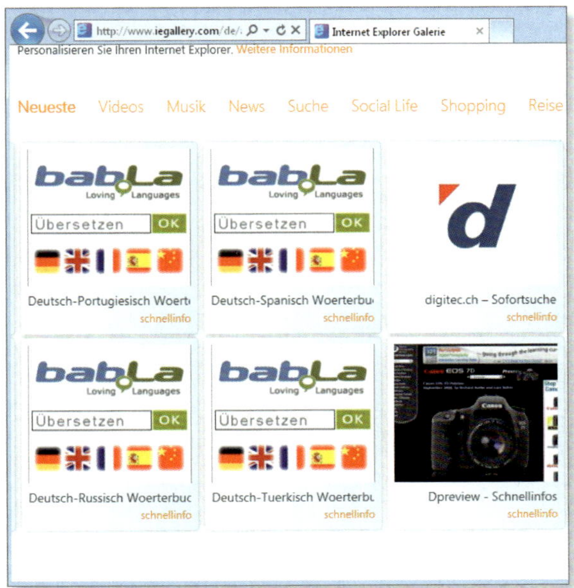

∧ ***Abbildung 13.46*** *Eine Reihe weiterer Schnellinfos stehen für den Microsoft-Browser zur Verfügung.*

Empfehlen Sie Webseiten per E-Mail Ihren Freunden

Voraussetzung für das Versenden einer Webseite oder eines Links zu einer Website ist natürlich, dass Sie auf dem Rechner ein E-Mail-Programm installiert haben. Dieses muss eingerichtet sein. Nur so gelangt die Nachricht an ihr Ziel.

Die Funktion zum Versenden von Webseiten ist im Menü verborgen. Das muss zunächst einmal sichtbar gemacht werden:

1. Führen Sie die Maus auf den oberen Rand des Browsers, und öffnen Sie das Kontextmenü.
2. Wählen Sie **Menüleiste**.

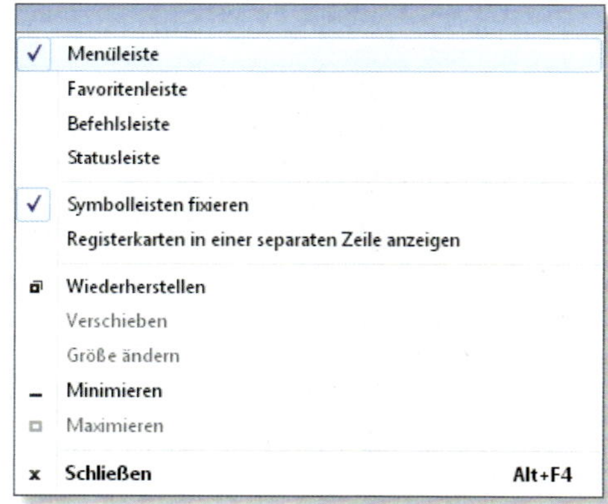

∧ ***Abbildung 13.47*** *Die Menüleiste wird angeschaltet.*

3. Wählen Sie nun **Datei > Senden > Link durch E-Mail**.
4. Ihr E-Mail-Programm wird geöffnet. Sie sehen eine neue Nachricht. Der Link ist bereits eingetragen. Ergänzen Sie die Adresse des Empfängers, und verschicken Sie die Nachricht.

In gleicher Weise gehen Sie vor, wenn Sie eine HTML-Seite versenden wollen. Wählen Sie hier **Datei > Senden > Seite durch E-Mail**. Ergänzen Sie auch hier die Adresse des Empfängers, und verschicken Sie die Nachricht (siehe Abbildung 13.48).

So speichern Sie eine Webseite ab

1. Um eine Webseite zu speichern, wählen Sie **Extras > Datei > Speichern unter**.
2. Wählen Sie das Verzeichnis, in dem die Website abgelegt werden soll. Wenn Sie möchten, passen Sie den Namen der Website an. Bestätigen Sie mit **Speichern**.

Nun können Sie die abgelegte Website auch ohne Verbindung zum Internet betrachten. Sie schauen sich diese *offline* an.

Nicht immer kann eine Website gespeichert und offline betrachtet werden. Das liegt daran, dass manchmal Inhalte aus Datenbanken bezogen werden. Sie werden geladen, wenn Sie die Webseite aufrufen. Andere inter-

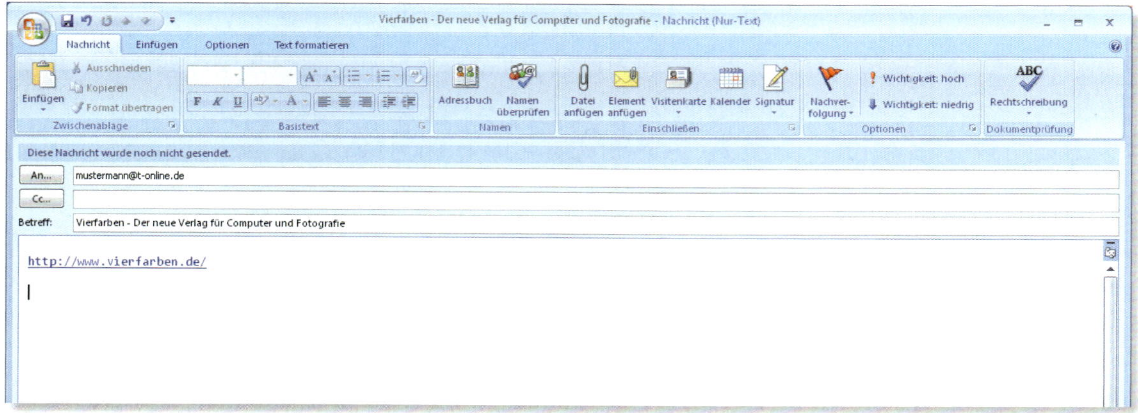

∧ ***Abbildung 13.48*** *Ein Link zu der geöffneten Website wird verschickt.*

aktive Elemente oder ein Content-Management-System verhindern auch das Speichern von Websites.

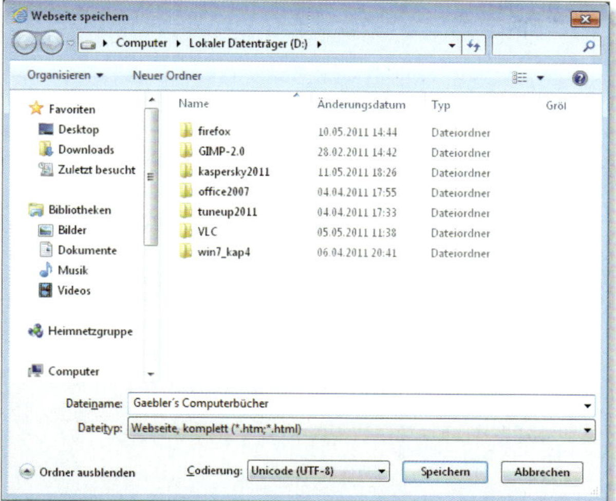

Abbildung 13.49 *Eine Website wird gespeichert.*

Feeds mit dem Internet Explorer abonnieren

Feeds sind Schlagzeilen, die Sie mit dem Browser abrufen können. Öffnen Sie einmal das Fenster **Favoriten**. Verankern Sie es am linken Bildschirmrand. Wechseln Sie nach **Feeds**. Sie sehen, dass bereits einige Feeds vorhanden sind. Probieren wir diese einfach mal aus.

Abbildung 13.50 *Eine kleine Auswahl an Feeds ist bereits im Internet Explorer vorhanden.*

Klicken Sie einen der Feeds einmal an. Nun sehen Sie die dazu gehörenden Schlagzeilen im Fenster des Browsers. Angezeigt wird eine Überschrift, ein kurzer Inhalt zur Nachricht und Links zu ausführlichen Nachrichten. Ein Bild wird ebenfalls als Link angezeigt. Möchten Sie dieses oder den kompletten Nachrichtentext sehen, wie auf Abbildung 13.51 zu erkennen, klicken Sie mit der Maus darauf. Bilder werden manchmal als Link, manchmal direkt angezeigt. Es macht Spaß, so durch die Schlagzeilen zu blättern. Die Texte sind meist kurz und knapp gehalten.

Abbildung 13.51 *Ein Mausklick zeigt die Schlagzeilen im Fenster des Internet Explorers an.*

Möchten Sie die Feeds immer nutzen, dann klicken Sie auf **Automatische Aktualisierungen von Feeds einschalten** ❶. So erhalten Sie immer aktuelle und neue Nachrichten.

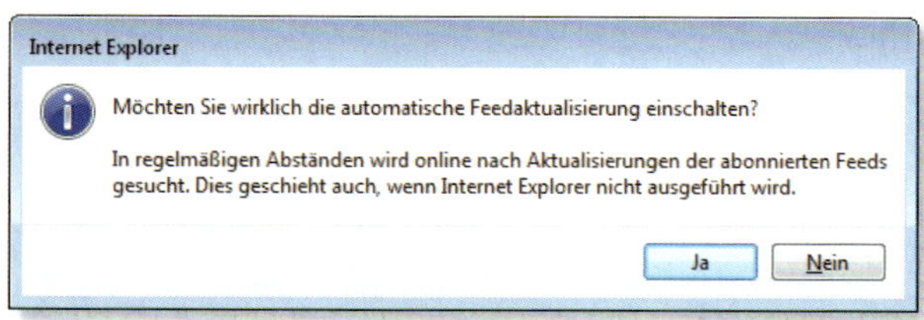

Abbildung 13.52 *Möchten Sie dies wirklich tun? Wahrscheinlich schon.*

Mit **Feedeigenschaften anzeigen** können Sie bei Bedarf auch festlegen, in welchem Zeitraum der abonnierte Feed auf aktuelle Inhalte überprüft werden soll. Mit der Vorgabeeinstellung geschieht dies einmal am Tag. Das genügt ja eigentlich auch.

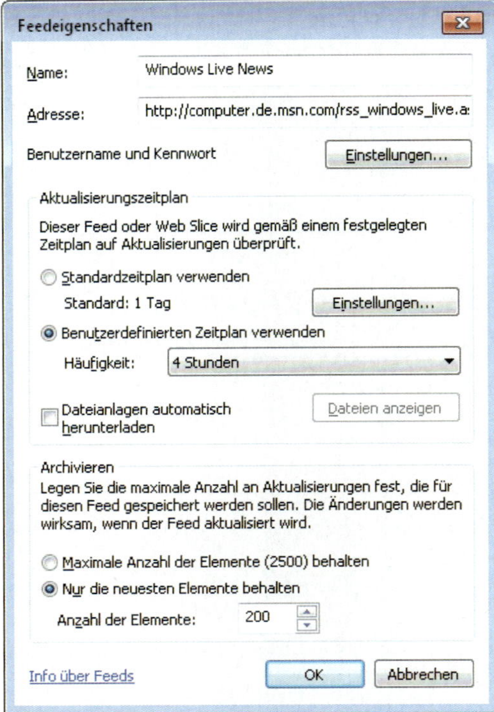

Abbildung 13.53 Mit dieser Einstellung wird der Feed alle 4 Stunden aktualisiert.

Anlagen sollten zuerst auf eine Infektion überprüft werden. Daneben sind Dateianlagen bei Newsfeeds nicht notwendig. Hier geht es um Schlagzeilen, also um kurze und aussagekräftige Informationen zu einem bestimmten Thema.

Wie finden Sie nun weitere Feeds? Auf vielen Websites werden aktuelle Meldungen und Informationen im Feed-Format angeboten. So zum Beispiel beim Verlag Galileo Press.

1 Geben Sie die Adresse *http://www.galileo-press.de* in Ihrem Browser ein.

2 Auf der Startseite finden Sie rechts ein kleines Kästchen mit der Überschrift **Folgen Sie uns**. Klicken Sie auf das zweite Zeichen von rechts, um den Feed zu abonnieren.

Abbildung 13.54 Das orange Symbol weist auf einen Newsfeed hin.

3 Der Feed wird nun im Browser angezeigt. Bestätigen Sie mit **Feed abonnieren**.

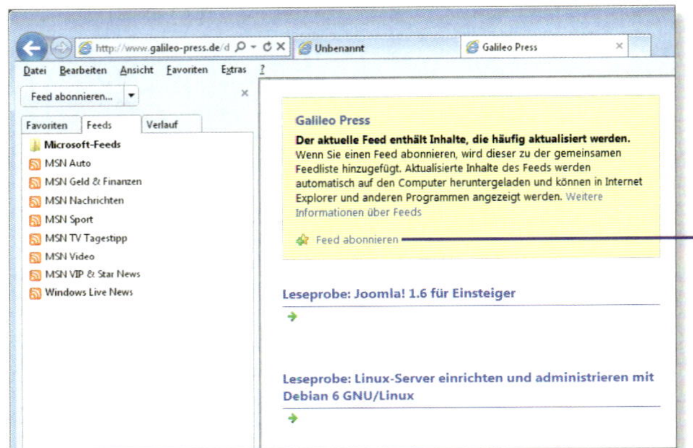

*Abbildung 13.55 Der Feed wird zuerst im Browser angezeigt. Über **Feed abonnieren** (1) abonnieren Sie ihn später.*

4 Ein Dialog wird angezeigt. Nun können Sie, wenn Sie das möchten, den Namen des Feeds anpassen. Sie können auch auswählen, in welchem Ordner der Feed abgelegt wird. Beides müssen Sie nicht tun. Die Vorgaben passen schon. Bestätigen Sie mit **Abonnieren**.

Es gibt ein paar interessante Suchmaschinen, die sich auf RSS-News spezialisiert haben. Sie finden diese unter den folgenden Adressen:

- *http://www.rss-verzeichnis.de*
- *http://www.rss-suche.eu*
- *http://www.rss-scout.de*
- *http://www.rss-nachrichten.de*

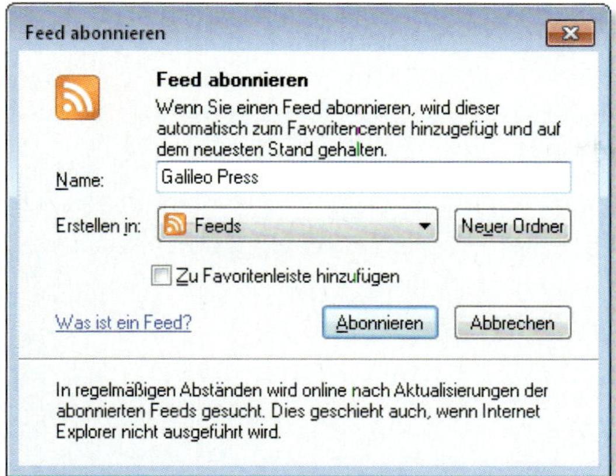

Abbildung 13.56 *Der Feed wird nun abonniert.*

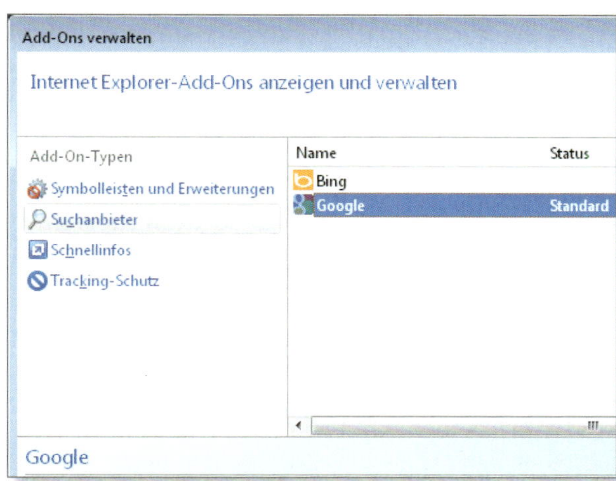

Abbildung 13.57 *Google findet sich nun auch in der Liste der Suchmaschinen im Internet Explorer.*

13.2 Den Microsoft-Browser einstellen und anpassen

Natürlich können Sie viele Einstellungen des Internet Explorers verändern. Bei einigen ist dies sinnvoll. Bei anderen sind die Vorgabeeinstellungen gut gewählt und müssen nicht verändert werden. In den folgenden Abschnitten zeige ich Ihnen einige Beispiele, mit denen Sie den Browser anpassen und einrichten können.

Die Einstellungen im Register Allgemein

Über **Extras > Internetoptionen** öffnen Sie den Einstellungsdialog des Browsers. Sie finden im Dialog sieben Register vor. Einige wenige Optionen haben Sie bereits kennengelernt. Dazu zählt die Möglichkeit, die Startseite zu verändern, den Browserverlauf zu löschen und die Darstellung der Webseiten anzupassen. Die Suchstandards kennen Sie auch bereits. Hiermit sind die Einstellungen für die direkt mit dem Internet Explorer zu verwendenden Suchmaschinen gemeint.

Über eine Option können Sie verhindern, dass Programme den Standardsuchanbieter verändern. Sie können hier auch Suchanbieter als Standard eintragen oder entfernen.

Die Einstellungen im Register Inhalte

Im Register **Inhalt** finden Sie Einstellungen zum Jugendschutz, zum Inhaltsratgeber und den Zertifikaten. Hier können Sie auch die Funktion **AutoVervollständigen** und die Feeds einstellen.

AutoVervollständigen anpassen

Über einen Dialog mit einer Reihe von Optionen bestimmen Sie, wo die Funktion AutoVervollständigen verwendet wird. In der Vorgabeeinstellung ist dies bei dem Browserverlauf und den Favoriten der Fall. Auch bei *Windows Search* wird sie verwendet. Hinzufügen können Sie die Funktion bei dem Umgang mit Feeds. Hier ist sie aber nicht unbedingt notwendig.

Genutzt werden kann die Funktion auch bei Webformularen. Über eine weitere Option legen Sie fest, ob Benutzernamen und Kennwörter bei Webformularen gespeichert werden sollen und ob hierfür zuvor eine Rückfrage erfolgen soll. Die Vorgabeeinstellung ist sinnvoll gewählt und muss nicht verändert werden.

Über eine Schaltfläche können Sie den Verlauf der Funktion löschen ❶. Damit werden alle Inhalte entfernt, und die Funktion muss »neu lernen«.

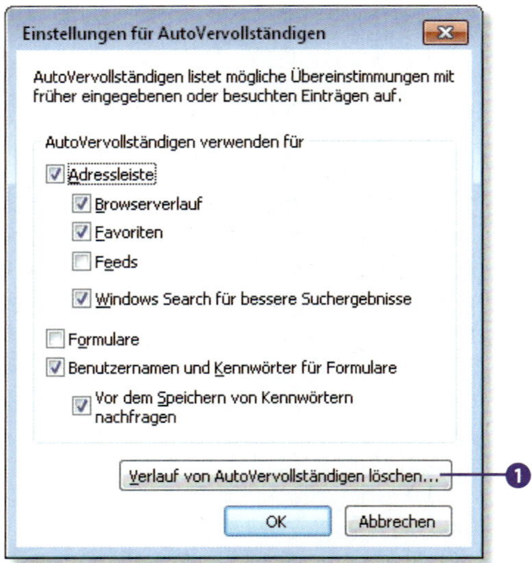

∧ ***Abbildung 13.58*** *Die Einstellungen für die Funktion* ***AutoVervollständigen****.*

Die Einstellungen zur Barrierefreiheit des Internet Explorers

Die Einstellungen für die Barrierefreiheit des Browsers sind für Anwender mit Sehbehinderungen wichtig. Hier stellen Sie ein, dass immer ein Alternativtext angezeigt wird. Bei Bildern wird dieser Text angezeigt und beschreibt, was zu sehen ist. Sie können hier Systemsounds wiedergeben und die Tastaturnavigation anschalten. Die Textgröße lässt sich mit einer Option auf den Wert **Mittel** ❷ setzen (bei neuen Fenstern und neuen Tabs). Probieren Sie die verschiedenen Optionen einmal aus, falls Sie sie benötigen.

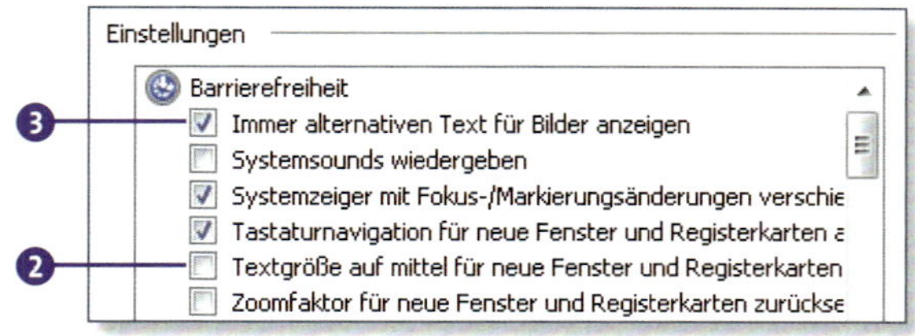

∧ ***Abbildung 13.59*** *Hier habe ich den alternativen Text für Bilder angeschaltet* ❸*, den Systemzeiger und die Tastaturnavigation.*

Die Einstellungen im Register »Erweitert«

Im Register **Erweitert** finden Sie jede Menge Optionen. Mit diesen passen Sie die Barrierefreiheit des Browsers an und stellen bestimmte Optionen ein. Dank der Optionskästchen müssen Sie keine untergeordneten Dialoge öffnen. Sie scrollen durch die Liste und schalten mit einem einfachen Mausklick die Option an, die Sie gern verwenden möchten. Der Nachteil: Es sind jede Menge Optionen.

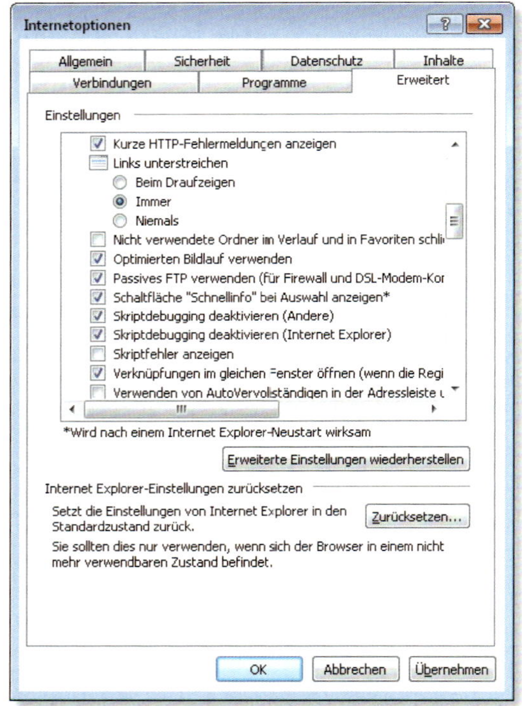

∧ ***Abbildung 13.60*** *Im Register* ***Erweitert*** *des Internet Explorers finden Sie eine lange Liste von Optionen.*

Die Einstellungen zum Browsen im WWW

Schauen Sie sich die Optionen der Reihe nach an. Auf den ersten Blick wirkt die Fülle der Optionen etwas erschlagend. Aber es werden ja nicht alle wirklich benötigt. Und einige sind bereits in der Vorgabeeinstellung angeschaltet. Diese Auswahl ist sinnvoll.

Ich möchte an dieser Stelle und in den folgenden Abschnitten nicht jede Option ausführlich und einzeln vorstellen. Viele Optionen sind selbsterklärend. Der Name verrät, wozu diese gut sind.

In dem Abschnitt **Browsen** können Sie die Funktion **Vorgeschlagene Sites** anschalten. Mit **Aktuelle Reihenfolge beim Umschalten zwischen Registerkarten...** steht Ihnen hierfür die Tastenkombination Strg + Tab zur Verfügung. Mit den vorgegebenen Optionen wird die zuletzt geladene Website nach einem Systemabsturz wiederhergestellt. Seitenlayoutfehler werden automatisch korrigiert, sofern dies möglich ist. Die Benachrichtigung beim Ende eines Downloads können Sie auch ausschalten. So klappt hierbei nicht extra ein Fenster auf. Ich empfehle Ihnen auch, die Browsererweiterung von Drittanbietern auszuschalten. Es sei denn, Sie verwenden solche und vertrauen den Anbietern.

Die angeschaltete FTP-Ansicht, die außerhalb des Browsers verwendet wird, ist sehr praktisch. Die Eingabe eines einzelnen Wortes in der Adresszeile führt Sie zu einer Intranetseite. Diese Option müssen Sie nur anschalten, wenn Sie ein Intranet eingerichtet haben und hier lokale Websites erreichbar sind.

Das angeschaltete passive FTP sorgt für eine Kompatibilität mit vielen Firewalls und DSL-Modems. Der optimierte Bildlauf ist ebenfalls per Vorgabe angeschaltet. Eine sehr praktische Funktion.

Anschalten können Sie außerdem die Funktion **Auto-Vervollständigen** und das **Skriptdebugging**. Letzteres ist besonders für Entwickler interessant.

Die Einstellungen unter »International«

Die Optionen im Bereich **International** sind bei Websites mit nichteuropäischen Zeichenkodierungen interessant. Es wird eine Benachrichtigungsleiste für codierte Adressen angezeigt. Wenn Sie möchten, können Sie mit einer Option dafür sorgen, dass codierte Adressen immer angezeigt werden.

Die Multimedia-Einstellungen im Internet Explorer

Im Bereich **Multimedia** ist bereits die Anzeige von Bildern angeschaltet. Ohne diese Option sehen die WWW-Sites ziemlich trist aus. In Websites vorhandene Soundelemente und animierte Objekte werden wiedergegeben. Angeschaltet ist die automatische Anpassung von Bildgrößen. Mit ihr wird die Größe der HTML-Seite an die Auflösung des Monitors angepasst.

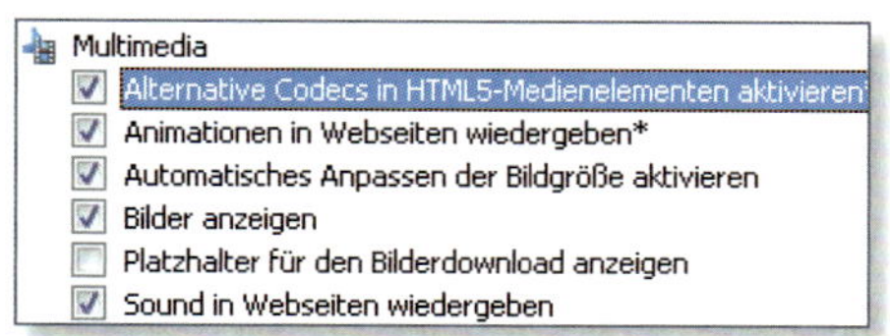

^ ***Abbildung 13.61*** *Die Einstellungen im Bereich* ***Multimedia***

Die Sicherheitseinstellungen

Im Abschnitt **Sicherheit** werden Websiten zunächst auf gesperrte Zertifikate überprüft. Ist ein Zertifikat vorhanden, gibt der Browser eine Meldung aus. In der Vorgabeeinstellung werden aktive Inhalte blockiert, die über Websiten und CDs geladen werden und auf Ihrem Rechner ausgeführt werden. Über zwei Optionen können diese zugelassen werden. Das sollten Sie jedoch nicht tun. Nur im Browserfenster sollte sich »etwas bewegen«. Skripte zum Beispiel, die auf einer HTML-Seite versteckt sind, führen unsaubere Aktionen im Schilde. Hier stecken in der Regel Hackertools dahinter.

Im Abschnitt **Sicherheit** finden Sie auch eine Option, mit der beim Schließen des Browsers der Ordner mit den temporären Internetdateien geleert wird. Dieses automatische Entfernen der Daten beim Schließen des Programms ist eine sehr praktische und empfehlenswerte Option.

Der Internet Explorer überprüft beim Herunterladen von Programmen und Add-ons diese auf gültige Signaturen. Sind die Signaturen nicht mehr gültig, wird eine Meldung ausgegeben.

Angeschaltet ist ebenfalls der Schutz des Speichers. Mit dieser Option werden Online-Angriffe verhindert, die über besuchte Websiten gestartet werden. Die Verwendung des SmartScreen-Filters ist bereits angeschaltet.

Anschalten können Sie auch das Blocken von ungesicherten Bilddateien, die gemischte Inhalte beinhalten. Das sind Bilddateien, die in HTML-Seiten integriert sind und die weitere Multimediainhalte besitzen. Das Programm gibt per Vorgabeeinstellung bereits eine Warnung aus, wenn die Adresse in einem Zertifikat fehlerhaft ist, was auf ein nicht mehr gültiges Zertifikat oder ein gefälschtes Zertifikat hinweist.

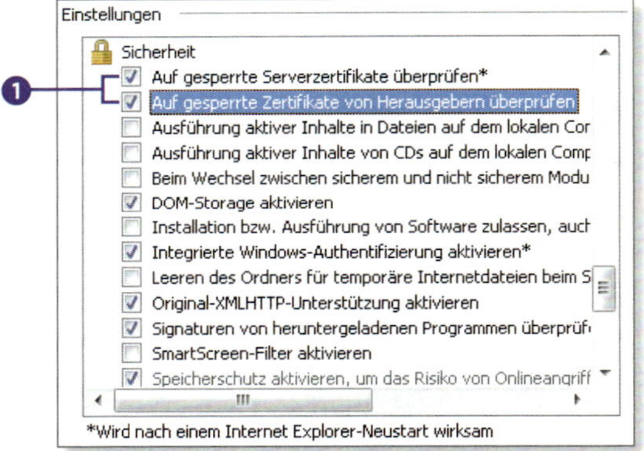

Abbildung 13.62 *Mit dieser Option prüfen Sie auf gesperrte Zertifikate* ❶.

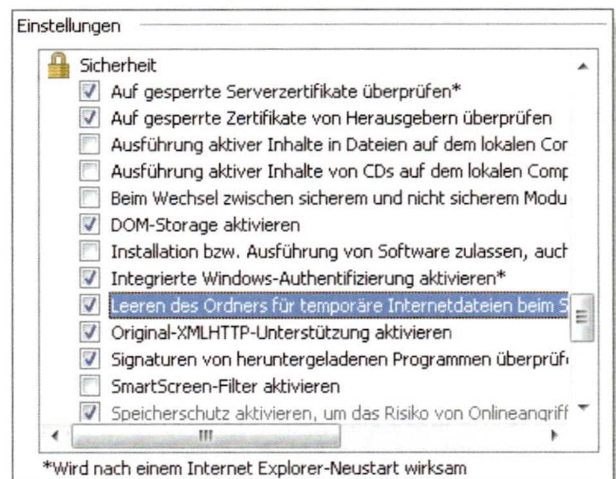

Abbildung 13.63 *Mit dieser Option werden die temporären Dateien beim Beenden des Internet Explorers automatisch gelöscht.*

HINWEIS

Was bedeutet das Sternchen hinter Optionen?
Ein kleines Sternsymbol am Ende einer Option weist darauf hin, dass eine veränderte Einstellung bei dieser Option erst nach einem Neustart des Browsers wirksam wird. Sie müssen also die Option wählen und die Veränderung speichern. Anschließend müssen Sie noch das Programm beenden und neu starten.

Die Einstellungen im Register »Programme«

In diesem Register können Sie den Internet Explorer zu Ihrem Standardbrowser machen. Es genügt ein Mausklick auf die Schaltfläche **Als Standard**. Webadressen und HTML-Dateien werden dann immer mit dem Microsoft-Browser geöffnet.

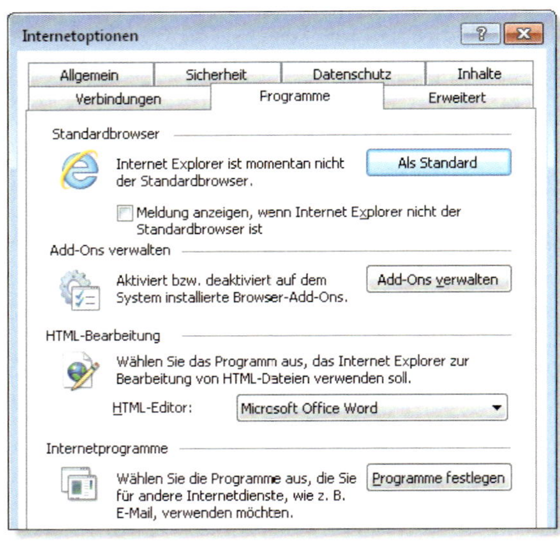

Abbildung 13.64 *Im Register* ***Programme*** *können Sie den Internet Explorer zu Ihren Standardbrowser machen.*

Arbeiten Sie mit HTML-Code, können Sie über ein Listenfeld das für diese Aufgabe bevorzugte Programm auswählen. Nach der Installation von Microsoft Office finden Sie hier die Textverarbeitung Word. Geeigneter ist ein Editor, wie zum Beispiel UltraEdit (*http://www.ultraedit.com*).

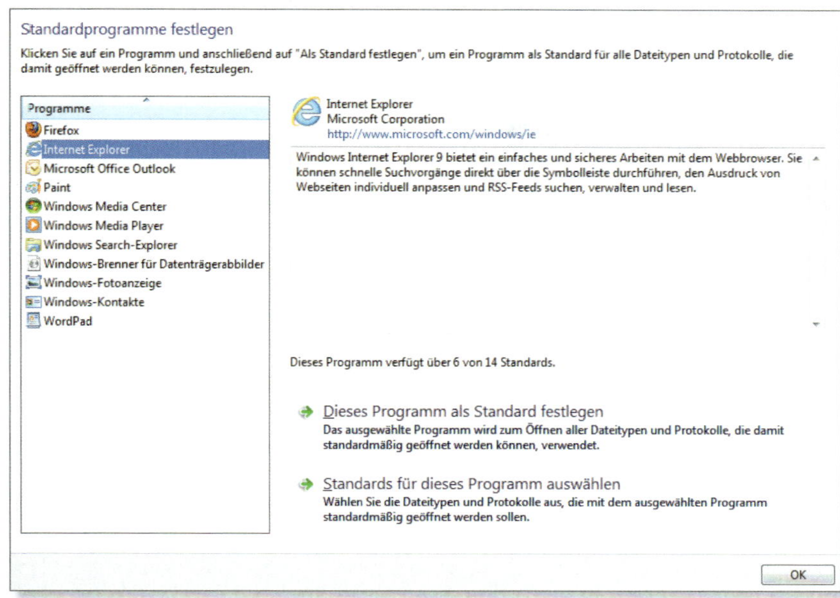

< ***Abbildung 13.65*** *In der Systemsteuerung lässt sich auch der Internet Explorer als Standard festlegen.*

Die Schaltfläche **Programme festlegen** im Bereich **Internetprogramme** führt Sie in die Systemsteuerung. Hier können Sie für bestimmte Aktionen Standardprogramme festlegen und bestimmten Dateitypen geeignete Anwendungen hinzufügen. Beim Internet Explorer wäre das jedoch »doppelt gemoppelt«. Sie können ja im Einstellungsdialog des Browsers gleich auf **Als Standard verwenden** klicken.

13.3 Der Internet Explorer für fortgeschrittene Anwender

Im Internet Explorer verbergen sich noch einige weitere Funktionen, Möglichkeiten und Einstellungen. Nicht alle benötigen Sie wirklich. Wie bei anderen Anwendungsprogrammen auch Es kommt es immer darauf an, welche Anforderungen Sie an das Programm stellen. Was wollen Sie damit machen? Was ist für Sie persönlich wichtig?

Interessant ist es, wenn man viele Möglichkeiten kennt und sich die ein oder andere zunutze machen kann. Schauen Sie sich ruhig einmal um! Entscheiden Sie selbst, was für Ihre Bedürfnisse notwendig ist.

Den Tracking-Schutz verwenden

Mittels *Tracking* fragt eine Website bestimmte Informationen ab. So kann der Besitzer der Website herausfinden, wie Ihr Surfverhalten so ist. Das kann genutzt werden, um Ihnen angepasste Werbeinformationen einzublenden. Man versucht also herauszufinden, wo Ihre Interessen liegen, und entsprechende Produktwerbung einzublenden. Dadurch soll der Erfolg von Werbung steigen.

Auf der Anwenderseite ist diese technische Maßnahme nicht gewollt. Ihre Interessen werden ausspioniert und ungefragt genutzt.

Der Internet Explorer bietet Ihnen eine Möglichkeit, etwas gegen Tracking zu tun. Ihre Interessen müssen nicht abgefragt und protokolliert werden. Tracking wird verhindert, und dazu passende Werbebanner werden blockiert. Realisiert wird das durch einen Webseitenfilter. Sie laden eine oder mehrere der möglichen Listen herunter. Die Liste wird dann jede Woche einmal aktualisiert und so auf dem neusten Stand gehalten. Die Einträge weisen auf Tracking-Seiten hin.

Den Tracking-Schutz erstmalig einrichten

Den Tracking-Schutz müssen Sie zunächst einschalten und aktivieren. Möchten Sie dies tun, gehen Sie wie folgt vor:

1 Öffnen Sie die Internetoptionen des Browsers. Wechseln Sie in das Register **Programme**, und klicken Sie auf die Schaltfläche **Add-Ons verwalten**.

2 Sie landen nun im gleichnamigen Dialog. Ganz links ist ein kleines Menü. Wählen Sie hier **Tracking-Schutz**. Der Dialog ist noch leer. Klicken Sie auf **Liste für den Tracking-Schutz online abrufen**.

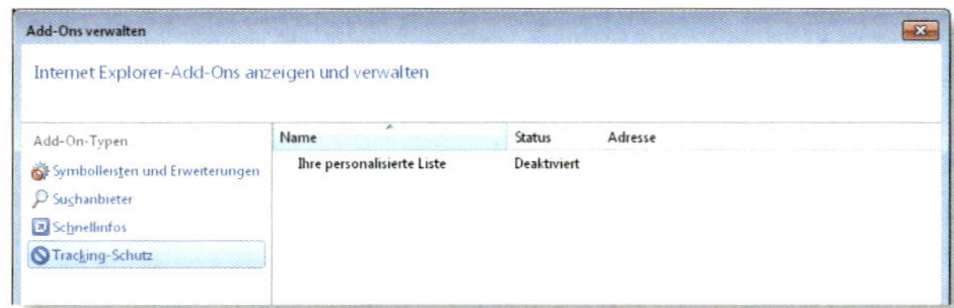

Abbildung 13.66 Das Dialogfenster ***Tracking-Schutz*** *ist zunächst noch leer. Sie müssen erst eine Liste von Microsoft herunterladen.*

3 Auf einer Website werden verschiedene Trackingschutz-Listen angezeigt. Sie werden als Add-Ons installiert und verwendet. Wählen Sie die erste Liste mit **Add** ❶ aus.

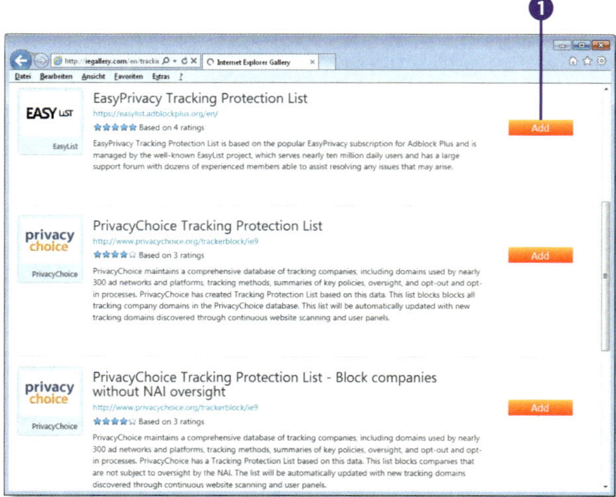

Abbildung 13.67 Der Tracking-Schutz steht in Form mehrerer Listen zur Verfügung.

4 In einem kleinen Fenster werden Sie über den Tracking-Schutz des Internet Explorers informiert. Mit **Liste hinzufügen** wird die ausgewählte Liste auf Ihren Rechner geladen und installiert.

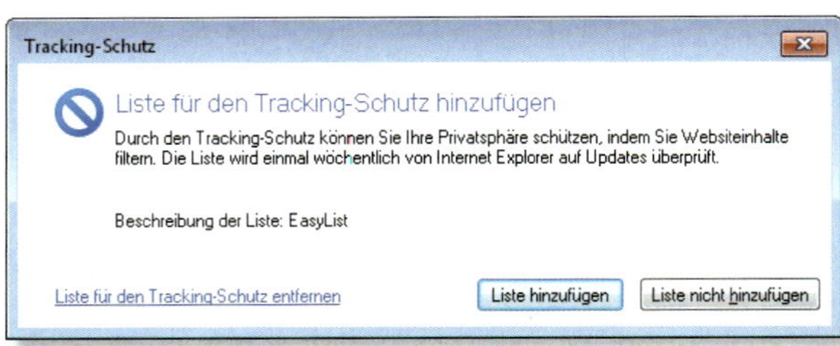

Abbildung 13.68 Eine Tracking-Liste wird hinzugefügt.

5 Wiederholen Sie die letzten beiden Schritte mit allen anderen Tracking-Listen auf der IE-Galerieseite.

6 Schließen Sie die Internetseite, den Dialog **Add-Ons verwalten** und die **Internetoptionen**.

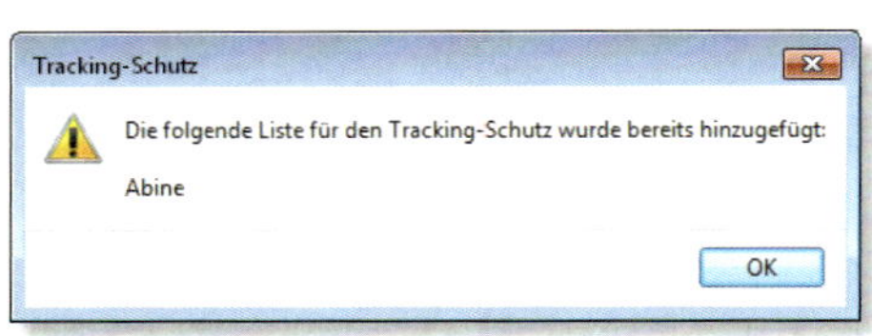

Abbildung 13.69 Klicken Sie aus Versehen zweimal auf eine Schaltfläche, weist der Browser Sie darauf hin.

Sehr spannend finde ich den Link **Weitere Informationen zum Tracking-Schutz** im Dialogfenster. Ein Mausklick darauf lässt mich hoffen, dass ich ein paar zusätzliche Informationen zur Funktion und den angewandten Techniken erhalten kann. Aber stattdessen bekomme ich die Meldung: »Das von Ihnen gesuchte Thema ist in dieser Version von *Windows* nicht verfügbar.« Aha.

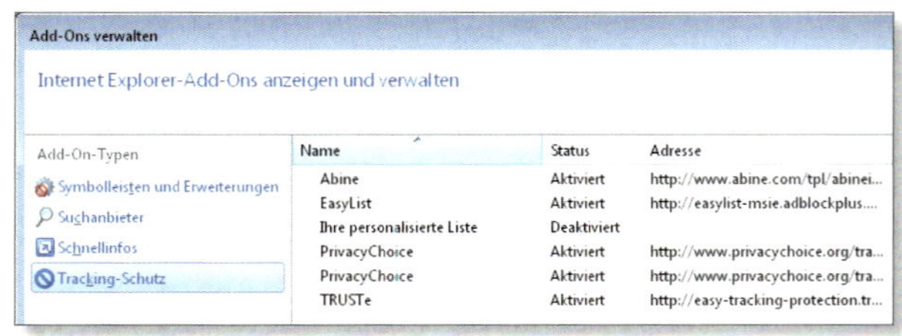

Abbildung 13.70 Erst nach einem erneuten Öffnen des Dialogs werden die hinzugefügten Tracking-Listen sichtbar.

Den Tracking-Schutz verwalten

Wenn Sie den Dialog **Add-Ons verwalten** öffnen und nach **Tracking-Schutz** wechseln, können Sie einzelne Listen deaktivieren oder auch löschen. Markieren Sie dazu einfach eine der Listen, und wählen Sie die gewünschte Funktion. Über **Weitere Informationen** wird der Inhalt der Liste sichtbar.

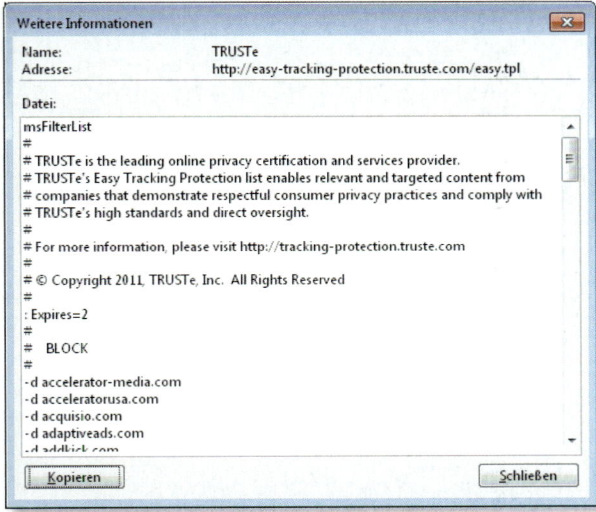

Abbildung 13.71 *Werfen Sie doch einmal einen Blick in die Tracking-Listen.*

Die personalisierte Liste verwenden

Die personalisierte Liste ist eine Tracking-Liste, deren Inhalt Sie selbst bestimmen. Wenn Sie Websites blockieren, zum Beispiel weil verschiedene Websites gleiche Inhalte enthalten und so einen Betrugsversuch vermuten lassen, werden diese in die Tracking-Liste eingefügt. *Blocken* heißt nichts anderes, als dass Sie in der Windows-Firewall eine Regel erstellen und mit dieser eine oder mehrere Websites blockieren.

In Abbildung 13.72 sehen Sie, dass die personalisierte Tracking-Liste zunächst noch leer ist. Wenn Sie hier Seiten **Blocken**, sind sie nicht mehr abrufbar. Sie können diese Seiten nachträglich aber auch wieder **Zulassen.**

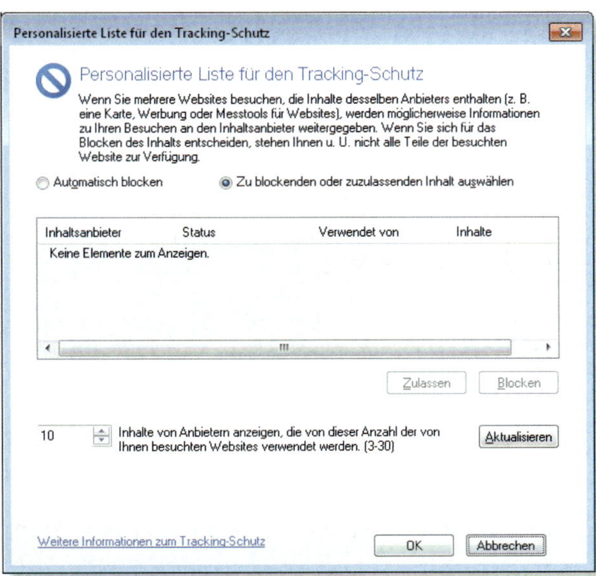

Abbildung 13.72 *Die personalisierte Tracking-Liste ist zunächst noch leer.*

Symbolleisten und Erweiterungen verwalten

Im Dialog **Add-Ons verwalten** finden Sie unter **Symbolleisten und Erweiterungen** selbige. Viele Programme, die Sie hier und da installieren, bringen kleine Symbolleisten oder Erweiterungen mit. Oft schleichen sie sich unbemerkt auf den Rechner. Es gibt keinen Dialog, in dem Sie lesen: «Hey, Sie haben *Kaspersky Suite* installiert. Vielen Dank. Mit dem Programm erhalten Sie die Erweiterungen **Links untersuchen** und die **Virtuelle Tastatur**.« Genau aus diesem Grund sollten Sie ab und zu einmal in diesen Dialog schauen – am besten immer, nachdem Programme installiert wurden. Gehen Sie die Liste einfach einmal durch.

Wenn Sie eine Erweiterung markieren, können Sie diese deaktivieren, aktivieren und löschen. Mit **Weitere Informationen** erhalten Sie eine Kurzbeschreibung und eine Reihe verschiedener Informationen zu einem Add-On.

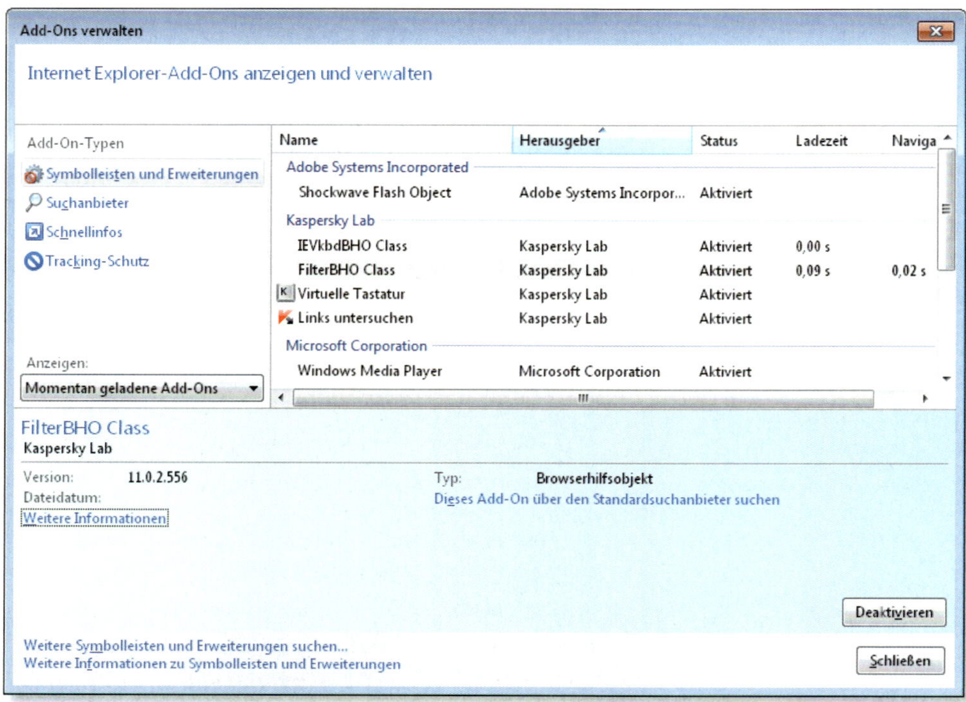

Abbildung 13.73 *Im Dialog werden alle Erweiterungen für den Internet Explorer angezeigt.*

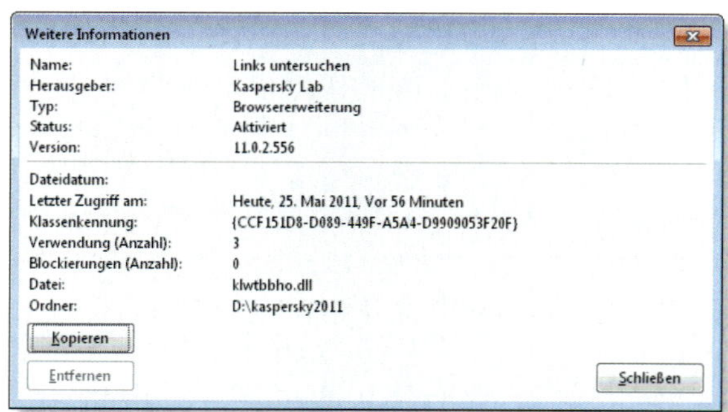

Abbildung 13.74 *Mit den Informationen erfahre ich, dass es sich bei dem markierten Add-On um ein Browserhilfsobjekt handelt.*

Lassen Sie sich benachrichtigen, wenn ein Link verändert wurde

Web Slices ist eine relativ junge Internettechnologie, mit der eine Website auf Veränderungen überprüft wird. Rufen Sie über ein Portal Nachrichten, aktuelle News, Wetterinformationen, Aktienkurse, Sportergebnisse oder andere Informationen ab, zeigt Ihnen Web Slices die neusten Beiträge. Das erinnert ein wenig an RSS-Feeds und soll wohl auch eine Eigenentwicklung sein, die etwas Bekanntes besser macht.

Web Slices können Sie nur nutzen, wenn die besuchte Website dies auch anbietet. Ein spezielles Symbol weist darauf hin.

Auf der Website *http://ieaddons.com/de/addons/?feature=webslices* sehen Sie eine Liste verschiedener Anbieter.

In einem Beispiel soll einmal ein Web Slice abonniert werden. Gehen Sie wie folgt vor:

1. Öffnen Sie im Internet Explorer die Seite *http://ieaddons.com/de/addons/?feature=webslices*.
2. Scrollen Sie durch das Angebot. Bewegen Sie dazu die Maus an den rechten und linken Rand. Klicken Sie auf **Das Wetter von wetter.com**.

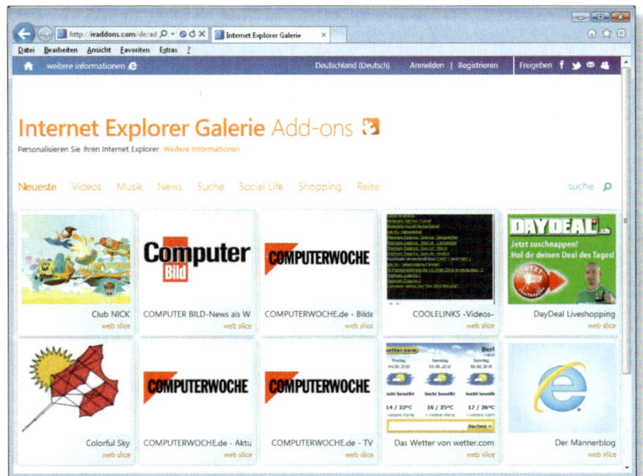

Abbildung 13.75 *Web Slices finden Sie in der Erweiterungsgalerie des Internet Explorers.*

3 Im nächsten Fenster sehen Sie eine Kurzinformation zum gewählten Add-On. Mit **Click to install** ❶ geht es weiter.

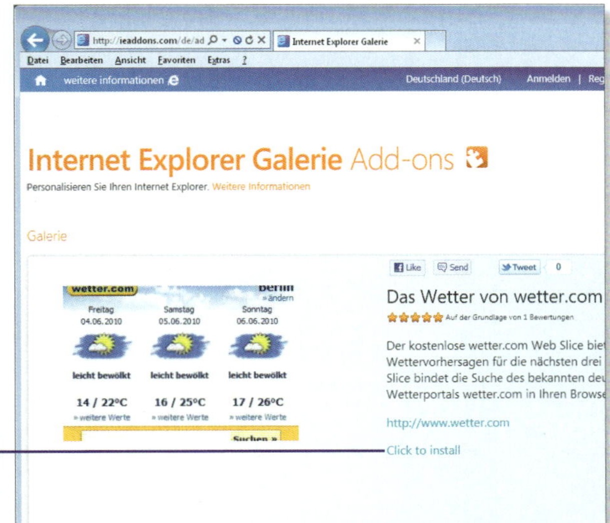

Abbildung 13.76 *Auf einer untergeordneten Webseite finden sich ein paar Zeilen zu den von mir gewählten Web Slices.*

4 Nun werden Sie gefragt, ob das gewählte Web Slice zur Favoritenleiste des Internet Explorers hinzugefügt werden soll. Bestätigen Sie dies.

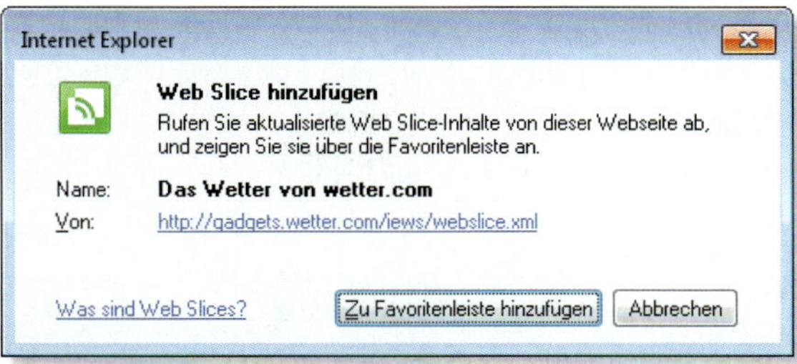

Abbildung 13.77 *Wäre es nicht einfacher, wenn das Add-On mit einem Mausklick gewählt und installiert würde?*

Das Web Slice wird nun in die Favoritenleiste eingefügt. Diese wird zugleich, falls dies nicht bereits geschehen ist, im Browser eingeblendet.

Klicken Sie auf den schwarzen nach unten zeigenden Pfeil hinter einem Web Slice. Ein kleines Fenster wird eingeblendet und zeigt aktuelle Meldungen an. Über Links in diesem Fenster gelangen Sie zum Anbieter und können sich ausführliche Meldungen anschauen.

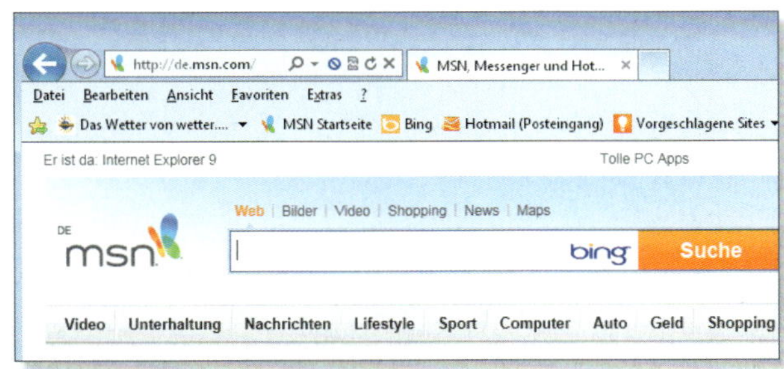

Abbildung 13.78 *Das Web Slice von »Wetter.com« findet sich nun bei mir ganz links in der Kopfzeile des Browsers.*

Bei der Darstellung der Web Slices gibt es auf meinem Rechner Probleme. Das Web Slice »flackert« und wird nicht immer angezeigt. Hier muss Microsoft noch ein wenig nachbessern.

Gefällt Ihnen die Darstellung von News über die Favoritenleiste, steht es Ihnen frei, weitere Web Slices auszuwählen und zu nutzen. Überladen Sie jedoch den Browser nicht. Wählen Sie nur die Erweiterungen, die Sie wirklich interessieren und die Sie auch nutzen werden.

Über das Kontextmenü eines Web Slice können Sie dieses löschen, aktualisieren und weitere Einstellungen vornehmen. Über **Einstellungen** sehen Sie eine Kurzinformation zum Anbieter, können bei Bedarf Ihren Benutzernamen und ein Kennwort eintragen und legen fest, in welchem Zeitraum die Informationen aktualisiert werden sollen.

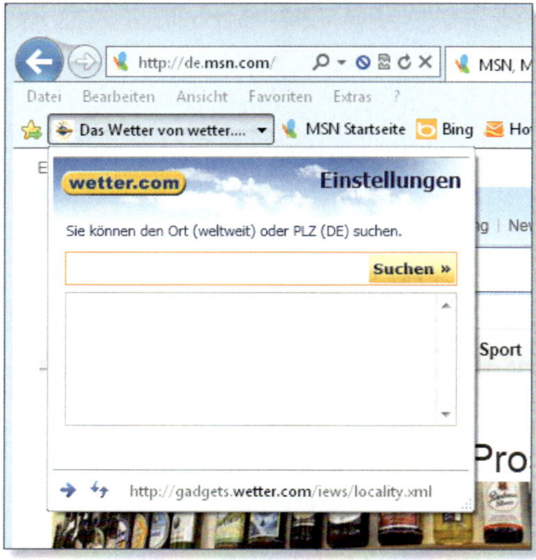

^ ***Abbildung 13.79*** *Im Web Slice von »Wetter.com« gebe ich nun eine Postleitzahl ein und erhalte dazu passende Wetterdaten.*

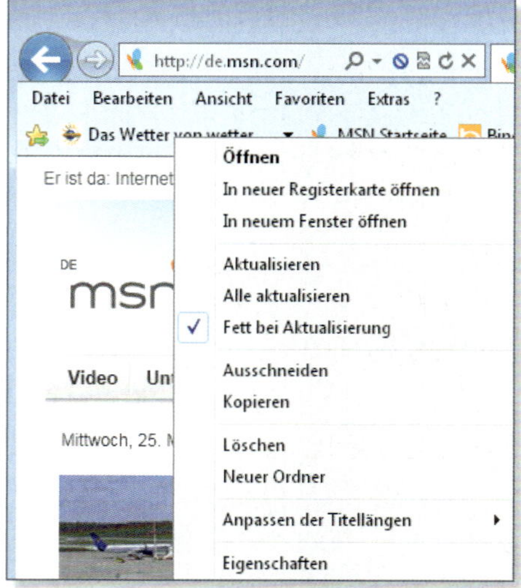

^ ***Abbildung 13.80*** *Aktualisierungen stellt das Web Slice entsprechend der Vorgabeeinstellung in fetter Schrift dar.*

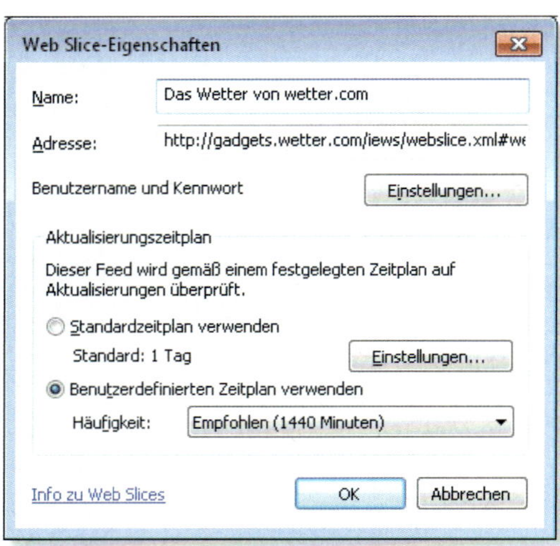

^ ***Abbildung 13.81*** *Die Eigenschaften eines Slices zeigen und wie oft die verknüpfte Webseite auf neue Meldungen überprüft wird.*

Eine unsichere Website melden

Wenn Sie auf eine Website stoßen, auf der versteckte ActiveX-Elemente, Skripte und andere Tools angeboten werden, sollten Sie diese melden. Gleiches trifft auf Websites zu, die andere seriöse Portale nachahmen. Oft werden hier Benutzerdaten abgefragt oder »kostenlose« Tools angeboten.

1 Um eine Website zu melden, wählen Sie **Sicherheit > SmartScreen-Filter > Unsichere Website melden**.

2 Ein Browserfenster klappt auf. Die Adresse der zuvor besuchten Website, also der, bei der Sie die Funktion aufgerufen haben, wird übernommen. Sie sehen sie als »Gemeldete Website«.

   Wählen Sie mit einer Option, ob Sie denken, dass es sich um eine Malware-Site oder eine Phishingwebsite handelt. Geben Sie die Zeichen aus dem Grafikfeld ein. Sie dienen der Sicherheit. So kann das Formular nicht mit einem automatischen Skript ausgefüllt werden. Ihre persönlichen Daten müssen Sie nicht eintragen. Mit **Absenden** geht die Meldung an Microsoft und wird dort ausgewertet.

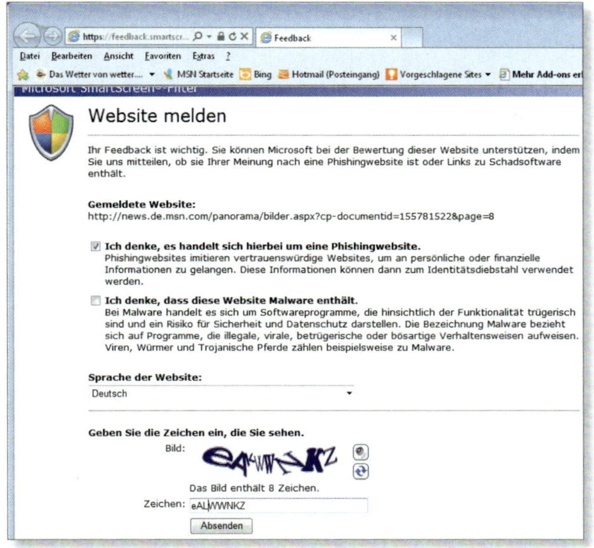

Abbildung 13.82 *Eine Website melden.*

Angeheftete Websites nutzen

Mit dem Add-On **Angeheftete Websites** wird ein Symbol in die Windows 7-Taskleiste eingefügt. Die Website muss nicht im Internet Explorer aufgerufen werden. Sie klicken auf das Symbol. Der Browser wird geöffnet und die Website geladen.

1 Öffnen Sie im Internet Explorer die Adresse *http://www.iegallery.com/de/*. Schauen Sie sich die Liste der Websites an, die Sie anheften können. Möchten Sie eine verwenden, klicken Sie auf die Auswahlschaltfläche.

2 Ziehen Sie das Symbol auf die Taskleiste.

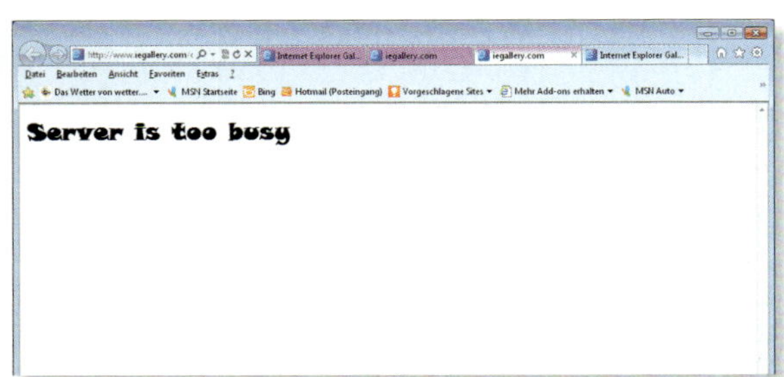

Abbildung 13.83 *Das kann natürlich auch passieren. Der Server ist gerade ausgelastet.*

3 Diesmal müssen Sie nichts installieren. Sie ziehen nur ein Symbol aus einer **Webseite** auf die Windows 7-Taskleiste.

Abbildung 13.84 *Das Symbol wird auf die Taskleiste gezogen.*

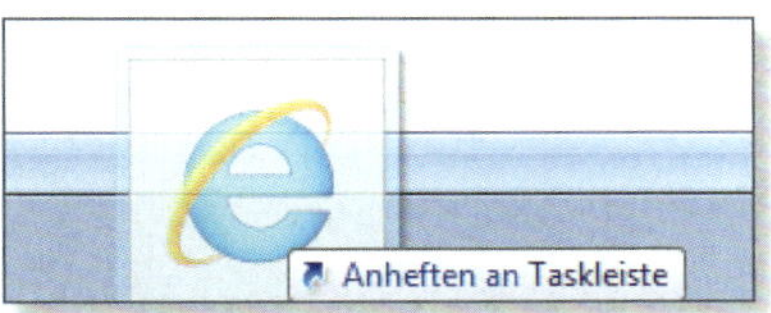

Abbildung 13.85 *Das Symbol wird an die Taskleiste »angeheftet«.*

Nun sehen Sie ein neues Symbol in der Taskleiste. Klicken Sie darauf, wird sofort ein neues Browserfenster geöffnet und die mit dem Symbol verknüpfte Website wird geladen. Sie sehen sofort die aktuellsten Meldungen.

Abbildung 13.86 *Das kleine »e« ganz rechts in der Taskleiste bringt mich zur MSN-Seite.*

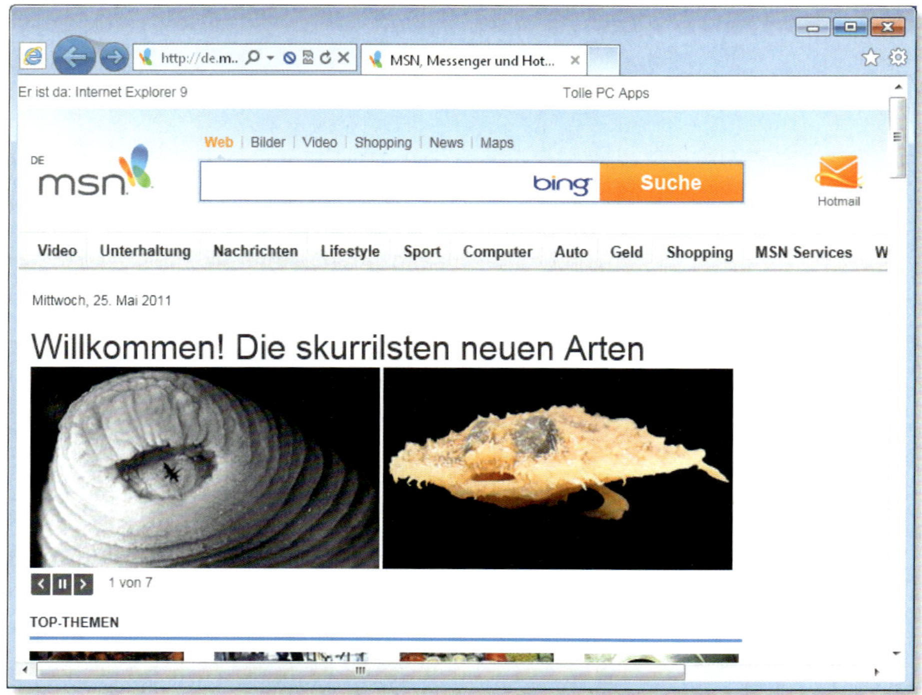

Abbildung 13.87 *Der Browser erhält eine weitere Leiste. Sie finden diese am unteren Rand.*

Die Entwicklertools aufrufen und nutzen

In den Entwicklertools finden sich jede Menge interessante Funktionen, die sich vor allem an Webentwickler richten. Um diese anzuzeigen, wählen Sie in der Menüleiste **Extras > Entwicklertools**. Oder drücken Sie die Taste F12.

Nun wird der Browser um eine Menüleiste erweitert. Diese wird am unteren Rand eingeblendet.

Im Menü **Datei** legen Sie fest, ob der Quellcode (siehe Abbildung 13.89) in einem Editor, über die Standardanzeige oder auf eine andere Weise angezeigt werden soll.

Deaktivieren ermöglicht das Ausschalten des Popupblockers, von CSS-Inhalten und Skripten. Den Weg über Einstellungsdialoge müssen Sie hier nicht nehmen. Um sich bestimmte Inhalte einer erstellten Webseite anzuschauen, können Sie über **Ansicht** Elemente kennzeichnen lassen, zum Beispiel Linkpfade, Klassen und andere Elemente.

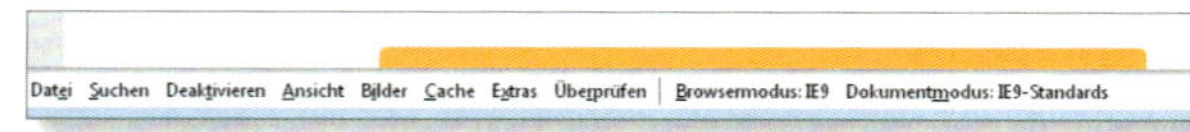

Abbildung 13.88 *In den einzelnen Menüs der Entwicklertools verbergen sich viele interessante Funktionen.*

Über den Menüpunkt **Bilder** können Sie selbige deaktivieren. Sie werden dann auf der besuchten HTML-Seite nicht angezeigt. Neben der Anzeige des Alternativtextes und der Bildpfade kann der Internet Explorer auch die Größe eines Bildes ausgeben.

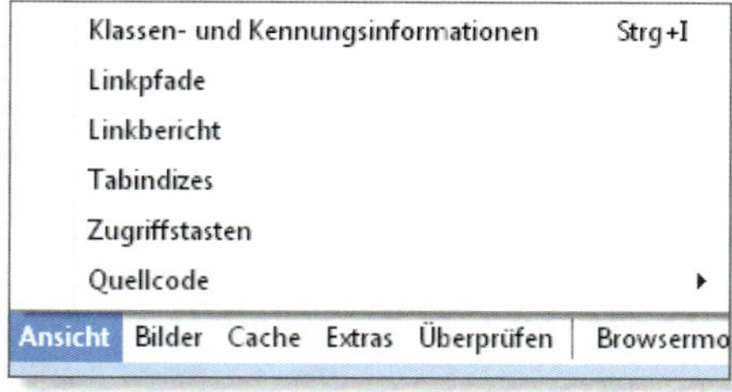

Abbildung 13.89 *Über* ***Ansicht*** *legen Sie fest, welche Elemente Sie sehen wollen.*

Sowohl die Abmessungen als auch die Größe der Dateien lassen sich anzeigen. Letzteres ist besonders wichtig. Kleine Bilddateien werden schneller geladen. Das mag vielleicht bei den aktuellen Datentransferraten nicht so wichtig erscheinen. Jedoch sorgen bessere Ladezeiten für bessere Rankings bei Google und Co.

Wenn Sie sich intensiver mit diesem Thema auseinandersetzen möchten, sollten Sie sich nach Fachliteratur umsehen. Unter dem Stichwort »Suchmaschinenoptimierung« finden Sie entsprechende Bücher, die sich mit der Beeinflussung des Rankings beschäftigen.

Über einen weiteren Menüpunkt können Sie den Cache verwalten. Für Webentwickler interessant ist der Menüpunkt **Überprüfen**. Hier können Sie den HTML- und CSS-Code auf Fehler checken. Feeds und Links können überprüft werden. Gerade bei großen Websites finden Sie so schnell verwaiste, nicht mehr aktuelle und defekte Links. Überprüft werden kann hier auch die Barrierefreiheit einer Site. Über einen Dialog können Sie mehrere Prüfungen »in einem Rutsch« ausführen.

INFO

Was versteht man unter einem Ranking?
Das Ranking beeinflusst die Position Ihrer Website bei einer Suchmaschine. Je besser das Ranking ist, umso weiter oben wird Ihre Website in den Ergebnissen einer Suchmaschine gelistet. Natürlich müssen die eingegebenen Suchbegriffe auf Ihre Website zutreffen. Aber treffen diese auf mehrere Sites zu, was in der Regel immer der Fall ist, möchten Sie natürlich trotzdem weit oben zu sehen sein, denn auf diese Weise erhalten Sie mehr Besucher.

Das Ranking beeinflusst man mit schnellen Ladezeiten und durch die Anzahl von Links auf Ihre Website. Man spricht hier auch von einer *Linkpopularität*. Diese können Sie nur indirekt beeinflussen. Wichtig ist auch, dass die Website oft gepflegt und aktualisiert wird und dass die Suchbegriffe mit dem Inhalt der Website übereinstimmen.

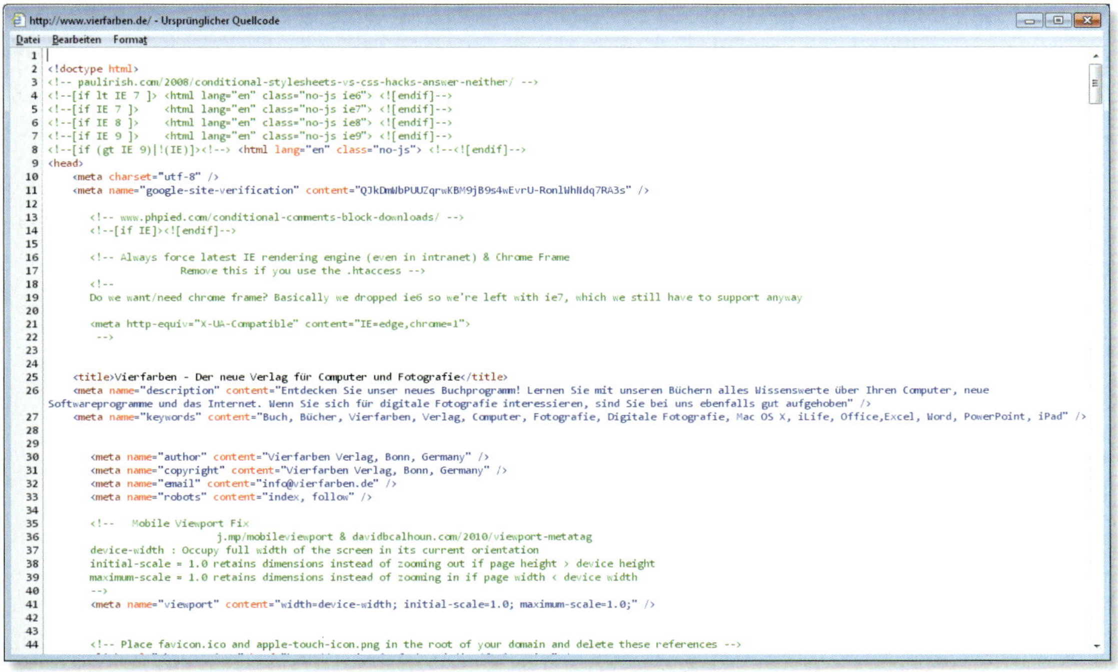

http://www.vierfarben.de/ - Ursprünglicher Quellcode

Datei Bearbeiten Format

```

<!doctype html>
<!-- paulirish.com/2008/conditional-stylesheets-vs-css-hacks-answer-neither/ -->
<!--[if lt IE 7 ]> <html lang="en" class="no-js ie6"> <![endif]-->
<!--[if IE 7 ]>    <html lang="en" class="no-js ie7"> <![endif]-->
<!--[if IE 8 ]>    <html lang="en" class="no-js ie8"> <![endif]-->
<!--[if IE 9 ]>    <html lang="en" class="no-js ie9"> <![endif]-->
<!--[if (gt IE 9)|!(IE)]><!--> <html lang="en" class="no-js"> <!--<![endif]-->
<head>
    <meta charset="utf-8" />
    <meta name="google-site-verification" content="QJkDmWbPUUZqrwKBM9jB9s4wEvrU-RonlWhNdq7RA3s" />

       <!-- www.phpied.com/conditional-comments-block-downloads/ -->
       <!--[if IE]><![endif]-->

       <!-- Always force latest IE rendering engine (even in intranet) & Chrome Frame
                    Remove this if you use the .htaccess -->
       <!--
       Do we want/need chrome frame? Basically we dropped ie6 so we're left with ie7, which we still have to support anyway

       <meta http-equiv="X-UA-Compatible" content="IE=edge,chrome=1">
        -->


    <title>Vierfarben - Der neue Verlag für Computer und Fotografie</title>
    <meta name="description" content="Entdecken Sie unser neues Buchprogramm! Lernen Sie mit unseren Büchern alles Wissenswerte über Ihren Computer, neue
Softwareprogramme und das Internet. Wenn Sie sich für digitale Fotografie interessieren, sind Sie bei uns ebenfalls gut aufgehoben" />
    <meta name="keywords" content="Buch, Bücher, Vierfarben, Verlag, Computer, Fotografie, Digitale Fotografie, Mac OS X, iLife, Office,Excel, Word, PowerPoint, iPad" />


       <meta name="author" content="Vierfarben Verlag, Bonn, Germany" />
       <meta name="copyright" content="Vierfarben Verlag, Bonn, Germany" />
       <meta name="email" content="info@vierfarben.de" />
       <meta name="robots" content="index, follow" />

       <!--   Mobile Viewport Fix
                           j.mp/mobileviewport & davidbcalhoun.com/2010/viewport-metatag
       device-width : Occupy full width of the screen in its current orientation
       initial-scale = 1.0 retains dimensions instead of zooming out if page height > device height
       maximum-scale = 1.0 retains dimensions instead of zooming in if page width < device width
       -->
       <meta name="viewport" content="width=device-width; initial-scale=1.0; maximum-scale=1.0;" />


       <!-- Place favicon.ico and apple-touch-icon.png in the root of your domain and delete these references -->
```

Abbildung 13.90 *Mit der Quellcodeansicht sehen Sie sich den Code einer HTML-Seite an.*

Abbildung 13.91 *Mit den Funktionen im Menü* ***Überprüfen*** *checken Sie den HTML-Code, den CSS-Code, die Links und mehr.*

Über den **Browsermodus** können Sie feststellen, ob die Website auch mit einer älteren Version des Internet Explorers betrachtet werden kann.

So rufen Sie den Quelltext der besuchten Webseite ab

Mit **Ansicht > Quellcode** können Sie einen Blick in die Codezeilen der aktuell geöffneten HTML-Seite werfen. Die verschiedenen Codeelemente werden mit unterschiedlichen Farben dargestellt. So sehen Sie den Head-Abschnitt, Textelemente, den Meta-Bereich, Codedefinitionen, CSS-Tags und andere wichtige Codeelemente auf einen Blick.

Sehr schön zu sehen sind die Kennzeichnungen unterschiedlicher Elemente. Verschiedene Farben lassen Sie bestimmte Codeelemente leicht finden.

Toolbars für Google & Co.

Einige Anbieter bieten Ihnen Toolbars an, die den Browser um nützliche Funktionen erweitern. Beispiele dafür sind *Google*, *eBay* und *Yahoo!*.

Die Google Toolbar verwenden

Sie finden die Google Toolbar unter *http://www.google.com/intl/de/toolbar/ie/index.html*. Installieren Sie diese über **Google Toolbar installieren**.

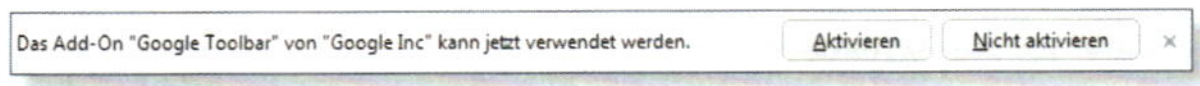

Abbildung 13.92 *Hier schalten Sie die Toolbar an.*

Nach der Installation werden Sie aufgefordert, den Browser neu zu starten. Bestätigen Sie dies. Nun wird ein Fenster eingeblendet, das Sie darauf hinweist, dass die Toolbar jetzt verwendet werden kann. Klicken Sie auf **Aktivieren**.

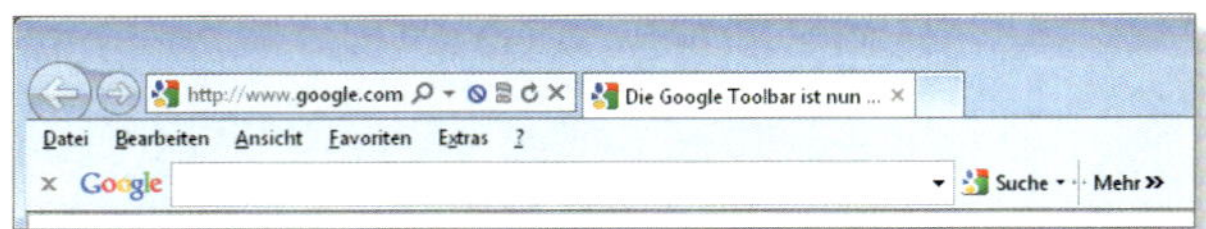

Abbildung 13.93 *Die Toolbar ist nun einsatzbereit. Welche Schaltflächen Sie sehen möchten, können Sie einstellen.*

Schauen wir uns einmal an, was die Google Toolbar so alles kann:

- Die Google Toolbar fügt dem Browser ein Suchfeld hinzu.
- Sie können Websiten zur Toolbar hinzufügen und diese über ein Listenfeld abrufen.
- Sie können mit *Sidewiki* Informationen zu jeder Website hinzufügen. Das ist fast so, als ob Sie Notizen hinterlegen würden. Diese sind für alle Mitglieder der Sidewiki-Community zugänglich. Sie können sich hier über Webseiten austauschen.
- Google-Lesezeichen werden im Web abgelegt und können über die Toolbar auch auf anderen Rechnern genutzt werden. Ich persönlich habe auf jeder Festplatte andere Lesezeichen.
- Die Toolbar ermöglicht eine Rechtschreibprüfung von Websiten. Das ist dann interessant, wenn Sie eine eigene Website erstellen und überprüfen wollen.
- Mit einer weiteren Schaltfläche kann eine besuchte Website übersetzt werden. Diese automatische Übersetzung ist nicht perfekt und bringt oft lustige Ergebnisse. Jedoch zeigt sie ungefähr die Inhalte einer fremdsprachigen Site.

- Mit **AutoFill** können Sie Formulare automatisch ausfüllen lassen. Wenn Sie oft Webformulare nutzen, ist diese Funktion sehr praktisch und nimmt Ihnen etwas Arbeit ab.

Die Suchfunktion bietet Ihnen verschiedene Suchmodi an. So können Sie nach bestimmten Inhalten wie Bildern, Office-Dateien oder YouTube-Videos suchen. PageRank-Daten können abgerufen werden. Über ein Menü in der Toolbar greifen Sie auf Blogger, Google News oder andere Webdienste zu. Über die Schaltflächengalerie lassen sich Google-Dienste als Symbolschaltflächen zur Toolbar hinzufügen – eine ziemlich coole und gelungene Funktion, wie ich finde.

Das ist auch für Google-fremde Dienste möglich, wie für die Fahrplanauskunft der Deutschen Bahn oder *Handy-Locator.de*.

Abbildung 13.94 *Über die Google Toolbar können Sie Schaltflächen ergänzen, die zu bestimmten Webdiensten führen.*

Die Yahoo! Toolbar nutzen

Auch von *Yahoo!* gibt es eine Toolbar. Sie finden diese unter *http://de.toolbar.yahoo.com*. Auch wenn der Suchmaschine nur noch untergeordnete Bedeutung zukommt, so finden Sie bei Yahoo! doch interessante Dienste. Auf diese greifen Sie mit der Toolbar zu. Mit ihr können Sie auf Ihre Yahoo!-E-Mails schnell zugreifen, verschiedene Informationen abrufen und den Suchserver nutzen. Es lassen sich AntiSpyWare-Funktionen verwenden und Popups blockieren.

Die Toolbar von eBay

Die Toolbar des Online-Auktionshauses finden Sie unter *http://anywhere.ebay.de/browser/internet-explorer/9*. Sie können mit dieser eBay schnell aufrufen, über Symbole flott auf bestimmte eBay-Seiten zugreifen und sehen das Angebot des Tages.

Weitere interessante Toolbars

Die Microsoft-Suchmaschine Bing kann natürlich hinter anderen Portalen und Suchmaschinen nicht zurückbleiben. Sie bietet daher eine eigene Toolbar. Diese finden Sie unter *http://toolbar.discoverbing.com/toolbar/de-DE.html*.

Die Toolbar von Bing beinhaltet einen Routenplaner und den Zugriff auf einen Wetterdienst. Sie können über eine Schaltfläche auf Ihr E-Mail-Konto schauen und feststellen, ob neue Post eingetroffen ist. Facebook ist über eine weitere Schaltfläche erreichbar. Ebenso wie die Suchmaschine Bing. Dazu gibt es einen Übersetzungsdienst.

Das Portal *Web.de* bietet mit seiner Toolbar (*https://produkte.web.de/mailcheck*) einen schnellen Zugriff auf den Posteingang des Anbieters, auf aktuelle News und Wetterdaten. Bei dem Mail-Zugriff handelt es sich nicht nur um eine Schaltfläche, die Sie zum Posteingang bringt. Vielmehr wird Ihr E-Mail-Konto bei Web.de auf neue Nachrichten geprüft. Sind welche eingetroffen, wird in der Toolbar ein Briefsymbol angezeigt: eine Toolbar mit einem Echtzeit-Mailcheck. Das ist eine sehr praktische Sache – sofern man E-Mails bei Web.de schreibt und mit der dort herrschenden Flut an Spam und Werbung klarkommt.

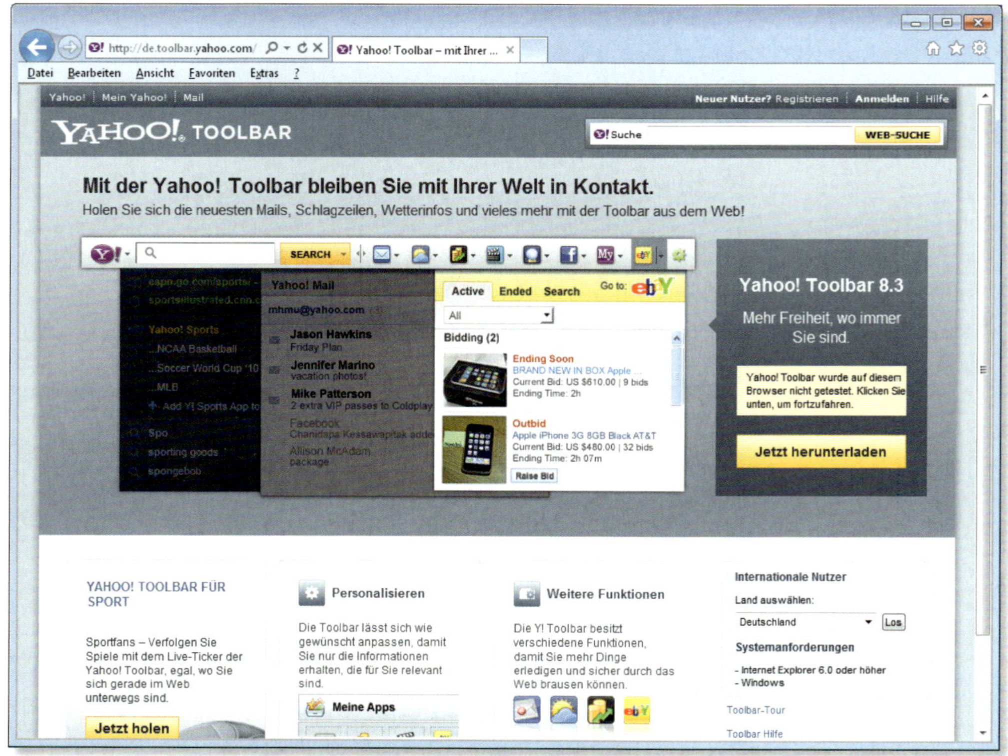

Abbildung 13.95 *Auch von Yahoo! gibt es eine Toolbar.*

Nutzen Sie GMX für Ihre Nachrichten, so schauen Sie sich einmal die *GMX Toolbar* an. Die Adresse lautet: *http://service.gmx.net/de/cgi/g.fcgi/products/mailcheck?mc=extern@presse.gmx_produkte@mailcheck*. Sie bietet, ähnlich wie Web.de, einen Mailcheck, News und Wetterdaten an. Die Ähnlichkeit mit Web.de ist verblüffend. Bei einem Klick auf das Impressum beider Anbieter zeigt sich, warum das so ist. Web.de und GMX gehören zur gleichen Firma.

Weitere Toolbars finden Sie über Google und Co. Bitte beachten Sie: In Toolbars können sich auch AdWare- und SpyWare-Programme verbergen. Nutzen Sie nur Erweiterungen von Anbietern, denen Sie bedenkenlos vertrauen können. Überprüfen Sie die Erweiterungen vor der Installation und der Nutzung auf Viren und andere gefährliche Inhalte.

So navigieren Sie mit Tastaturkommandos durch Ihre Lieblingsseiten

Sie können viele Funktionen des Internet Explorers mit Tastenkombinationen abrufen. Auf diese Weise müssen Sie bei oft benötigten Funktionen keine Schaltfläche anklicken und auch nicht den Weg über das Menü nehmen. Mit Alt + ← gelangen Sie zur vorhergehenden Seite zurück. Mit – Sie werden es erahnen – Alt + → geht es auf die nächste Seite. Strg + T öffnet eine neue Registerkarte. Strg + W schließt die aktuell geöffnete Registerkarte. Mit Strg + P wird eine Webseite gedruckt.

Bevor ich Ihnen in einem ellenlangen Text verschiedene interessante Tastenkombinationen nenne, zeige ich Ihnen lieber eine Auswahl in einer Tabelle. Sie benötigen sicher nicht alle diese Tastenkombinationen. Doch für Funktionen, die Sie sehr oft verwenden, können Sie zu einer solchen Hilfe greifen.

Funktion	Tastenkombination
Zurück zur zuvor besuchten Website	Alt + ←
Wechsel zur nächsten besuchten Website	Alt + →
Die Startseite aufrufen	Alt + Pos1
Aktuell angezeigte Seite vergrößern	Strg + +
Seite verkleinern	Strg + -
Zoomstufe auf 100 % stellen	Strg + 0
Auf Vollbild umschalten	F11
Vollbilddarstellung schließen	F11
Suchen	Strg + E
Den Inhalt der angezeigten HTML-Seite aktualisieren	F5
Stopp (Laden der Webseite beenden)	Esc
Neue Registerkarte öffnen	Strg + T
Registerkarte kopieren	Strg + K
Registerkarte schließen	Strg + W
Neues Fenster öffnen	Strg + N
Website speichern unter	Strg + S
HTML-Seite drucken	Strg + P
Ausschneiden	Strg + X
Kopieren	Strg + C
Einfügen	Strg + V
Alles auswählen	Strg + A
Auf dieser Seite suchen	Strg + F
Favoriten einblenden.	Strg + ⇧ + I
Verlauf einblenden	Strg + ⇧ + H
Feeds einblenden	Strg + ⇧ + G
Browserverlauf löschen	Strg + ⇧ + Entf
InPrivate-Browsen	Strg + ⇧ + P
Downloads anzeigen	Strg + J
Entwicklertools anzeigen	F12
Internet Explorer-Hilfe aufrufen	F1

Tabelle 13.1 Die wichtigsten Tastenkombinationen für die Arbeit mit dem Internet Explorer

13.4 Internet-Angebote für Fortgeschrittene: FTP, Skype und mehr

Das World Wide Web ist nur ein Teil des Internets. Dieser grafische Teil ist sicherlich am bekanntesten und wird am meisten benutzt. Daneben gibt es noch viele interessante Programme und Dienste, die sich im Internet verbergen. Sie machen die Arbeit mit dem Windows 7-Rechner einfacher und bieten neue, interessante Möglichkeiten.

Windows Live nutzen

Windows Live beinhaltet eine ganze Reihe verschiedener Dienste. Dazu zählen der E-Mail-Dienst *Hotmail*, der *Messenger* von Microsoft und der Internetspeicherplatz *SkyDrive*. Es gibt ein Programm, mit dem Sie schneller und einfacher ein Weblog mit Inhalten füttern. Sie finden hier ein E-Mail-Programm und einen Kalender, ein Programm zum Verwalten von Fotos und eines zum Bearbeiten von Videos.

Schauen Sie sich unter *http://www.windowslive.de/blog* einmal die Möglichkeiten von Windows Live an. Sie müssen ja nicht alle verwenden. Picken Sie sich das heraus, was Ihren Interessen am meisten entspricht. Schauen Sie ab und zu einmal vorbei. Es kommen immer mal wieder neue Programme hinzu.

Webdienste von Google nutzen

Google bietet ebenfalls eine Fülle von Internetdiensten und Programmen an. Eine Übersicht finden Sie unter *http://www.google.de/intl/de/options*. Die Tools können Sie auch einzeln anschauen. Interessant ist das Bildbearbeitungsprogramm *Picasa* (*http://picasa.google.de/intl/de/#utm_source=de-all-more&utm_campaign=de-pic&utm_medium=et*). Mit ihm ist die Online-Fotogalerie von Google verknüpft. Termine ver-

∧ ***Abbildung 13.96*** *Windows Live stellt eine Sammlung guter und kostenloser Programme und Internet-Dienste bereit.*

walten Sie mit *Kalender*. *Blogger* ist ein guter, interessanter Weblogdienst. Mit *Text & Tabellen* lassen sich Office-Dokumente online erstellen und mit anderen tauschen. Mit dem *Pack* erhalten Sie gleich ein ganzes Paket kostenloser Software inklusive Freeware-Virenscanner.

Skype

Skype möchte ich an dieser Stelle einmal extra erwähnen. Mit diesem Programm bleiben Sie mit Freunden in Kontakt. Sie können nicht nur Textnachrichten und Dateien versenden, sondern auch mit Freunden sprechen. Sie brauchen dazu nur ein Headset. Diese »Internet-Telefon«-Software ist kostenlos. Auch die Kommunikation kostet nichts. Wenn Sie möchten, können Sie auch eine Webcam verwenden. Dann sehen Sie Ihren Gesprächspartner.

Skype können Sie unter *http://www.skype.com/intl/de/home/* auf Ihren Rechner laden.

∧ ***Abbildung 13.97*** *Mit Skype bleiben Sie mit Freunden in Kontakt.*

FTP nutzen

FTP steht für *File Transfer Protocol*. Es handelt sich um ein spezielles Internetprotokoll. Es wird verwendet, um Daten schnell und einfach von A nach B zu übertragen.

Auf speziellen FTP-Servern können Sie Dateien auswählen und auf Ihren Rechner laden. FTP wird auch verwendet, um den Inhalt einer Website (die Homepage) in das Internet zu übertragen.

Sie benötigen für das Nutzen von FTP einen FTP-Client, also ein Programm, das FTP unterstützt und mit dem Sie auf den Server zugreifen können. Sie brauchen außerdem die Adresse des FTP-Servers, den FTP-Zugangsnamen und ein zugehöriges Passwort.

Der FTP-Server von Microsoft bietet Ihnen einen einfachen Zugriff. Sie benötigen keine Anmeldedaten. Es genügt, die Adresse *ftp://ftp.microsoft.com* in der Adresszeile des Browsers einzugeben.

Das funktioniert nicht nur im Internet Explorer. Auch im Windows-Explorer ist ein FTP-Client vorhanden. Geben Sie in der Navigationszeile *ftp://ftp.microsoft.com* ein. Nach einem kurzen Augenblick sehen Sie die Struktur des Servers im rechten Fenster. Nun können Sie hier so durch die Ordner navigieren wie bei einer lokalen Festplatte.

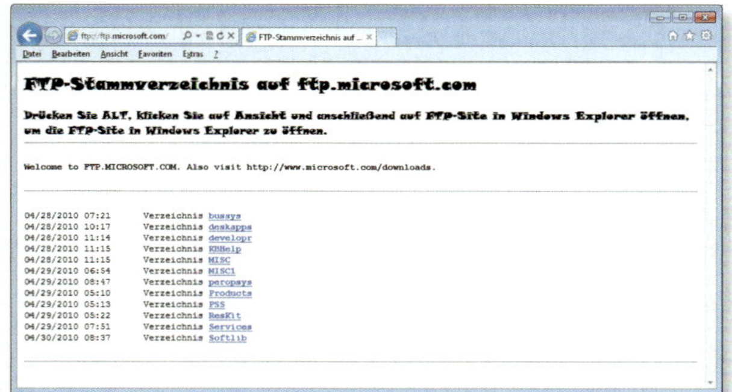

Abbildung 13.98 *Mit dem Internet Explorer können Sie dank dem integrierten FTP-Client auf FTP-Server zugreifen.*

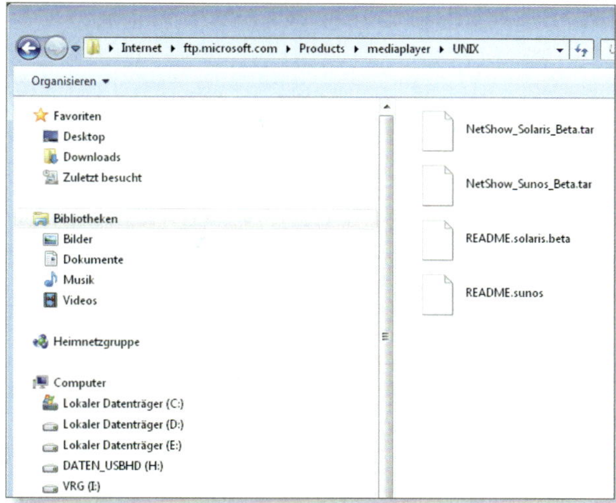

Abbildung 13.99 *Auch mit dem Windows-Explorer können Sie auf einen FTP-Server zugreifen.*

In Kapitel 16, »FTP mit Windows 7«, erfahren Sie mehr zum Thema.

13.5 Coole Tipps für Ihren Besuch im Internet

In einigen Kapiteln dieses Buches lesen Sie etwas über das Internet. Sie lernen interessante Websites kennen, erfahren etwas über den Browser Internet Explorer und lesen, auf was Sie beim Thema Sicherheit so achten müssen. Im Folgenden möchte ich diese Themen noch um eine kleine Auswahl von Tipps erweitern. Ich zeige Ihnen, wie Sie eine Internetsuchanfrage direkt über das Windows-Startmenü stellen, und führe Ihnen die Sprungliste des Internet Explorers vor. Sie erfahren, wie Sie schnell und einfach Termine auf dem Online-Kalender von Windows Live erstellen. Anschließend lesen Sie, wie Sie mit SkyDrive Daten auf einem Webspeicherplatz veröffentlichen und für andere Anwender freigeben. Zum Schluss lernen Sie den Google-Dienst *Sites* kennen. Mit seiner Hilfe können Sie mit Ihrem Browser ganz leicht eine Website erstellen und anderen Internetsurfern zugänglich machen.

Inhalte direkt über das Windows-Startmenü im Internet suchen

Es ist ganz simpel. Anstatt den Internet Explorer aus dem Startmenü von Windows 7 aufzurufen, in die Adresszeile `www.google.de` einzugeben und auf der Suchseite zum Beispiel nach `Elektroautos` zu suchen, geben Sie doch gleich in die Suchleiste von Windows `Elektroautos` ein.

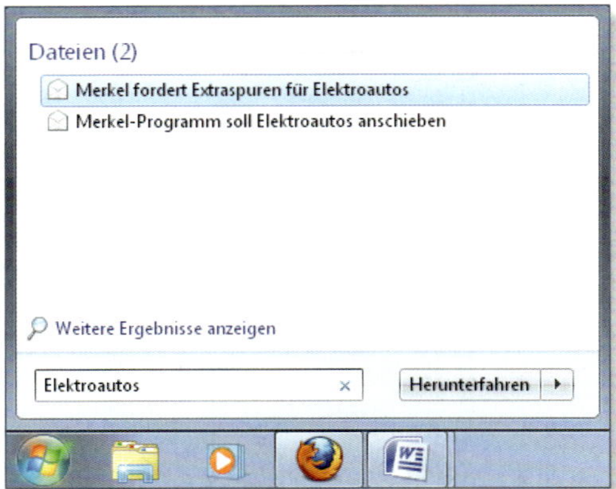

Abbildung 13.100 *Ich gebe zu, ich war ein wenig skeptisch. Aber es funktioniert. Windows zeigt Treffer im Startmenü an.*

Sind Sie mit dem Ergebnis nicht zufrieden, wählen Sie einfach **Weitere Ergebnisse anzeigen**. Klicken Sie auf **Internet**.

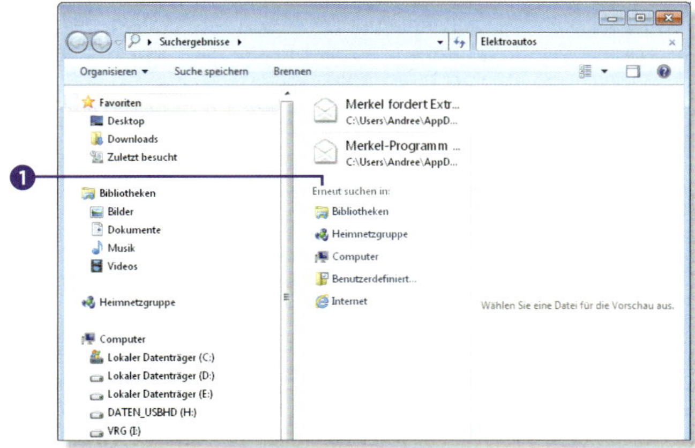

Abbildung 13.101 *Es gibt keine lokalen Treffer. Mit einer Funktion rechts unten* ❶ *wird die Suche fortgesetzt.*

Sie landen auf dem Suchserver von Google. Das, wonach Sie suchen, wird hier übernommen. Geeignete Treffer werden angezeigt. Wählen Sie passende Seiten aus der Trefferliste aus.

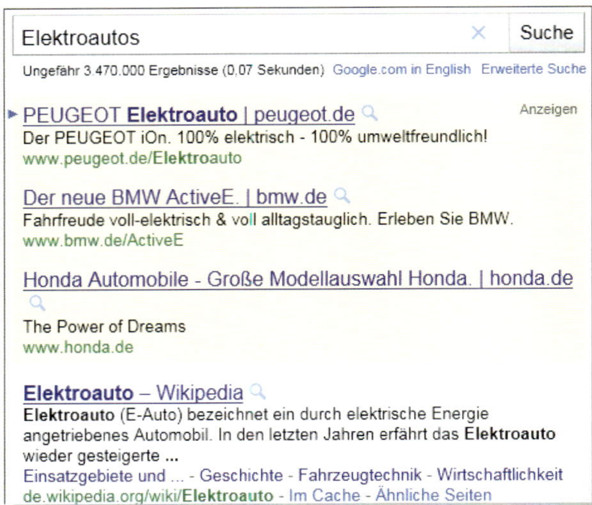

Abbildung 13.102 *Ein paar Mausklicks später sehen Sie eine Trefferliste bei Google.*

Ist Bing als Standardsuchmaschine eingestellt, so sehen Sie Ergebnisse von dieser Seite.

Die Sprungliste des Internet Explorers verwenden

Die Websites, die Sie in letzter Zeit oft besucht haben, listet der Internet Explorer in seiner Sprungliste auf. Solche Sprunglisten werden im Startmenü zu jedem Programm angeboten. Gezeigt werden immer die zuletzt geöffneten Dokumente.

1. Öffnen Sie das Windows 7-Startmenü.
2. Suchen Sie den Internet Explorer. Setzen Sie die Maus auf dessen Eintrag. Nun klappt die Sprungliste auf. Wählen Sie die gewünschte Webadresse aus.

Unter der Sprungliste finden Sie außerdem die zwei Funktionen **InPrivate-Browsen starten** und **Neue Registerkarte öffnen**.

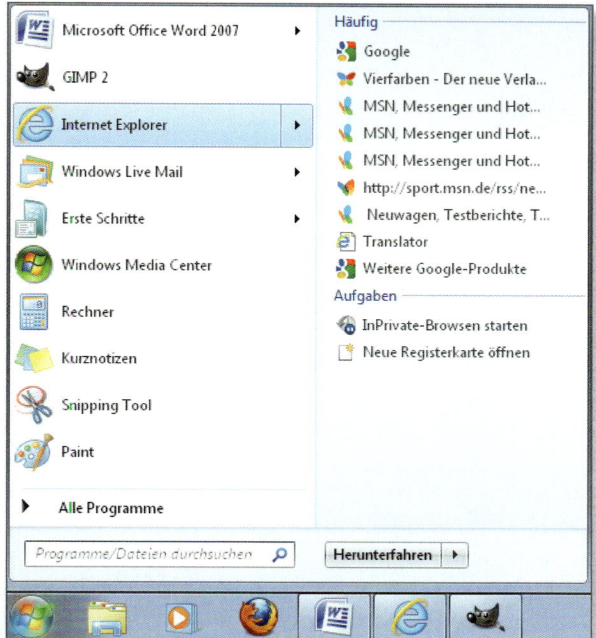

Abbildung 13.103 *Meine Sprungliste enthält neun verschiedene Einträge.*

Windows Live Kalender: Termine online

Mit dem *Windows Live Kalender* können Sie im Internet Termine erstellen. Sie können Aufgaben festhalten und einiges mehr. Sie müssen dazu keine Anwendung aus dem Internet auf Ihren Rechner laden. Der Windows Live Kalender ist ein Webprogramm. Der Kalender ist in den E-Mail-Dienst *Hotmail* integriert.

Ein erster Blick auf den Online-Kalender

Sie benötigen zunächst eine Windows Live ID und ein Konto bei Hotmail. Wie Sie ein solches Konto einrichten, erfahren Sie in Kapitel 15, »Windows Live Mail«.

Geben Sie die Adresse *http://calendar.live.com* in Ihren Browser ein. Melden Sie sich an.

Feiertage sind bereits eingetragen. Sie sind mit einer roten Markierung hervorgehoben. Private Termine werden dagegen mit der Farbe Grün gekennzeichnet.

Eine Besonderheit an diesem Online-Kalender ist, dass Sie über kleine Links das aktuelle Wetter und die Wettervorhersage für die nächsten drei Tage anschauen können.

Abbildung 13.104 *Zuerst müssen Sie sich bei dem Hotmail Kalender im Internet anmelden.*

Abbildung 13.105 *Über den Kalender rufen Sie das aktuelle Wetter ab. Das ist doch mal eine coole Idee.*

Einen Termin erstellen

Ein neuer Termin ist sehr schnell erstellt. Gehen Sie wie folgt vor:

1 Wählen Sie über das Kalenderblatt in der linken oberen Ecke den Monat, für den ein neuer Termin erstellt werden soll. In meinem Beispiel wähle ich den **Juli 2011**.

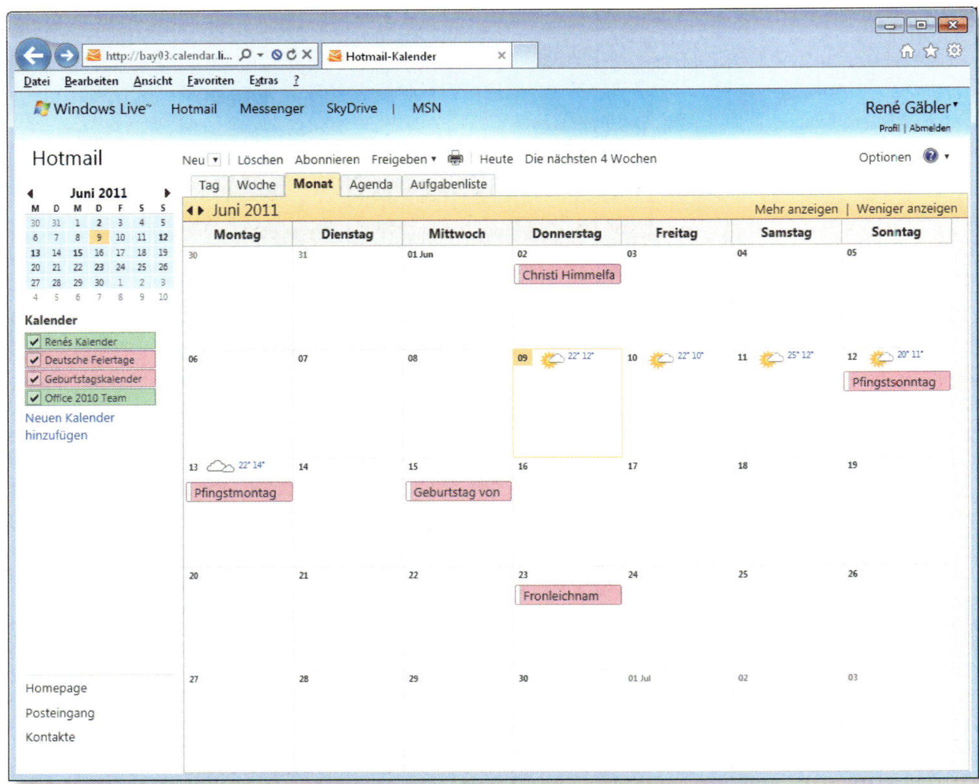

Abbildung 13.106 *Der Kalender ist sehr übersichtlich gestaltet. Über die Kopfzeile können Sie zu einer anderen Ansicht wechseln. Die Monatsansicht ist vorausgewählt. Eine Tages- oder Wochenansicht ist auch möglich. Daneben gibt es eine Aufgabenliste und eine Agenda.*

Abbildung 13.107 *Zuerst wählen Sie den richtigen Monat. Dank dem Kalenderblatt ist das ganz schnell gemacht.*

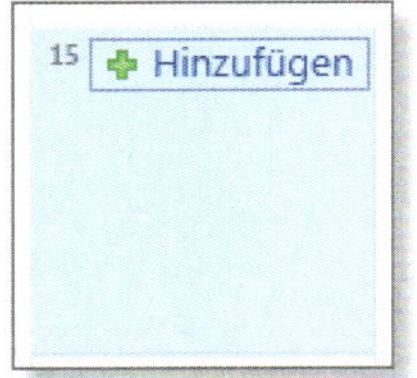

Abbildung 13.108 *Die Symbolschaltfläche zum Hinzufügen eines Termins wird direkt im Kalender eingeblendet.*

2 Falls nicht bereits geschehen, wechseln Sie in die Ansicht **Monat**.

3 Markieren Sie nun im Kalender den Tag, für den ein Termin erstellt werden soll. Das Datum wird grau hinterlegt, und die Schaltfläche **Hinzufügen** erscheint. Klicken Sie diese mit der Maus an.

4 Tragen Sie in den Formularfeldern eine kurze Beschreibung des Termins ein. Ergänzen Sie einen Ort. Sie können die Zeit auswählen oder die Option **Ganztägig** verwenden.

5 Bestätigen Sie mit **Speichern**.

Abbildung 13.109 *Ein Termin wird erstellt.*

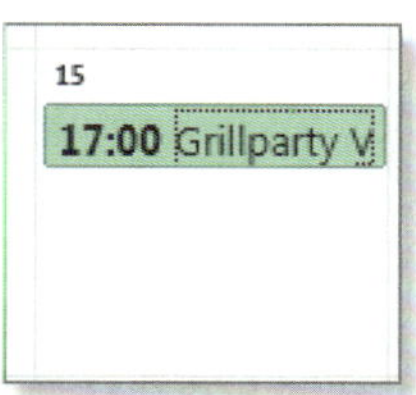

Abbildung 13.110 *Der neue Termin erscheint nun im Kalender.*

SkyDrive: Sichern Sie Daten online

Mit SkyDrive können Sie Office-Dokumente, Videodateien, Audio- und Bilddateien im Internet ablegen. Sie können anderen Benutzern Zugriffsrechte einrichten. Das ist ein unglaublich praktischer Service, z. B., wenn Sie Ihre Urlaubsbilder mehreren anderen Menschen zeigen, aber sie auch nicht für jeden sichtbar ins Internet stellen möchten. Die Oberfläche von SkyDrive wirkt sehr vertraut. Sie ist an die Ansicht im Windows-Explorer angelehnt. So findet sich jeder Anwender gleich zurecht. Sie müssen sich auch nicht einarbeiten und umschauen. Es gibt nur sehr wenige Funktionen. Diese genügen aber auch.

Auch für das Ablegen von Datensicherungen ist ein solcher Online-Speicherplatz eine gute Idee. Bei Rechnerproblemen, wie einem Festplattencrash oder einem anderen Hardwaredefekt, kann ein Datenverlust die Folge sein.

Sie können mit regelmäßigen Backups diesem Risiko entgegenwirken. Warum also nicht eine solche Datensicherung im Internet ablegen? Hier werden Daten mit Serverbackups gesichert. Der Provider sorgt so dafür, dass es zu keinen Datenverlusten kommt. Achten Sie jedoch darauf, dass Sie sensible Daten mit einem Verschlüsselungsprogramm vor dem Zugriff Dritter schützen müssen.

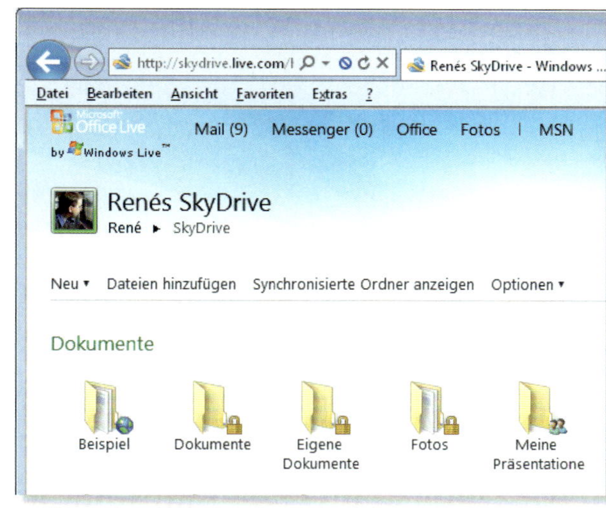

Abbildung 13.111 *Die Oberfläche von SkyDrive*

Ein erster Blick auf den Online-Speicherplatz SkyDrive

Auch hier benötigen Sie, wie beim Hotmail Kalender, eine Windows Live ID. Haben Sie eine solche, können Sie sich unter *http://www.windowslive.de/Skydrive/* anmelden.

Ihnen stehen auf SkyDrive 25 GB an Speicherplatz zur Verfügung. Rechts oben sehen Sie einen Diagrammbalken. Dieser zeigt Ihnen an, wie viel Speicherplatz Sie verbraucht haben und was Sie noch nutzen können. Die Ordnerstruktur können Sie um eigene Inhalte erweitern.

Mit **Neu** können Sie nicht etwa eine Datei hochladen, vielmehr wird hier eine sogenannte *WebApp* in den Browser geladen. Mit dieser erstellen Sie in Ihrem

Browser ein Office-Dokument. Dabei stehen Ihnen einige der Funktionen zur Verfügung, die Sie auch in Microsoft Office finden.

Öffnen Sie einen Ordner, und wählen Sie die Funktion **Dateien hinzufügen**, um eine Datei zu übertragen. In dem geöffneten Ordner können Sie auch Freigaben erstellen und die Inhalte sortieren.

Dokumente mit SkyDrive anderen Anwendern zugänglich machen

Nehmen wir einmal an, Sie kommen aus dem Urlaub zurück und möchten nun Ihre Aufnahmen den Mitreisenden oder Freunden zeigen. Dazu können Sie nun SkyDrive nutzen. Und das ist gar nicht so kompliziert.

In dem folgenden Beispiel zeige ich Ihnen, wie Sie einige Bilddateien auf den Online-Speicherplatz übertragen und anderen Anwendern zugänglich machen.

1 Loggen Sie sich auf der Website des Dienstes SkyDrive ein.

2 Klicken Sie auf **Dateien hinzufügen**.

∧ ***Abbildung 13.112*** *Mit dem Hinzufügen der Dateien geht es los.*

3 Wählen Sie **Neuer Ordner**.

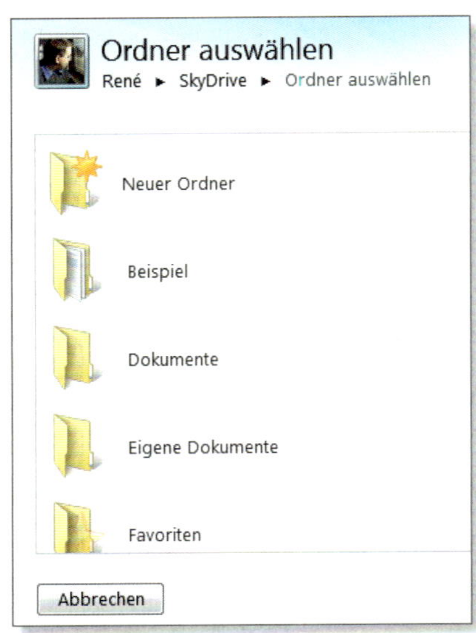

∧ ***Abbildung 13.113*** *Ein neuer Ordner wird erstellt.*

4 Im nächsten Schritt geben Sie eine Bezeichnung für den neuen Ordner ein. Im Beispiel entscheide ich mich für Beispielordner. Hier können Sie bereits bestimmen, wer den Inhalt dieses Ordners einsehen und verwenden darf. In der Vorgabeeinstellung ist dies nur der Besitzer. Wählen Sie hinter **Nur ich** den Link **Ändern**.

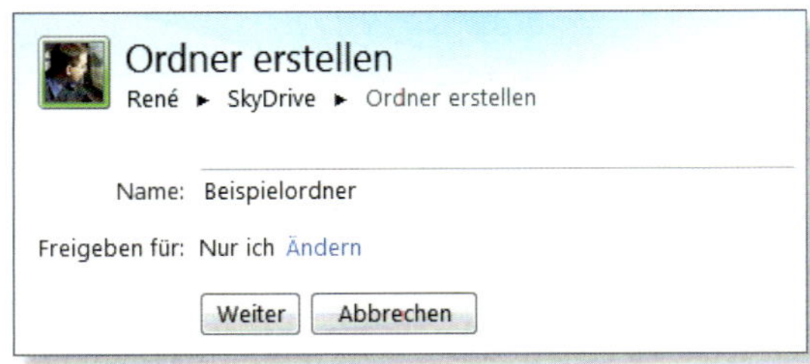

∧ ***Abbildung 13.114*** *Der neue Ordner erhält einen Namen. Danach wird die Freigabe editiert.*

5 Sie können nun mit einem Schieberegler bestimmen, wer den Ordner einsehen darf. Möglich sind **Einige Freunde**, **Freunde**, **Meine Freunde und Ich** und **Jeder (öffentlich)**. Bei **Einige Freunde** wählen Sie, wer aus Ihrer Freundesliste Zugriff auf den Ordner erhalten soll und wer nicht. Schieben Sie den Schieberegler auf **Freunde**. Verändern Sie die An-

zeige im Listenfeld rechts daneben nicht. Hier sollte **Dateien anzeigen** stehen. Alternativ sind auch **Details hinzufügen und bearbeiten** und **Dateien löschen** möglich. Bestätigen Sie die Einstellung mit einem Mausklick auf **Weiter**.

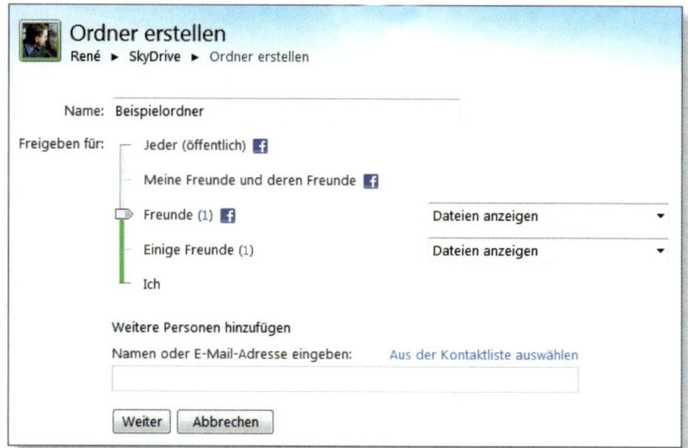

Abbildung 13.115 *Nun wird bestimmt, für wen die Dateien freigegeben werden.*

6 Öffnen Sie den Windows-Explorer. Begeben Sie sich zu dem Ordner, in dem sich die Dateien befinden, die Sie hochladen wollen. Markieren Sie die Dateien, und ziehen Sie diese in das SkyDrive-Fenster.

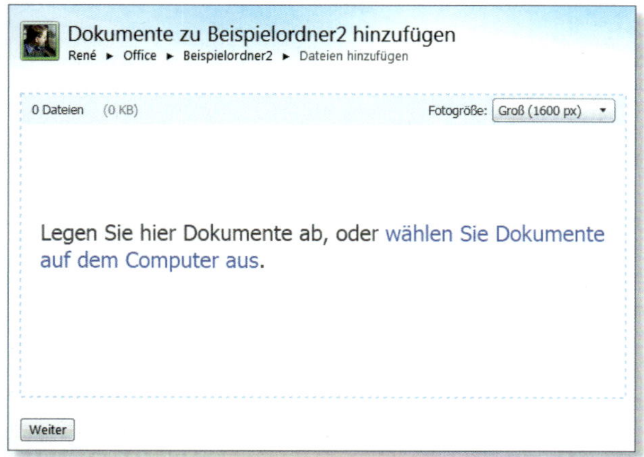

Abbildung 13.116 *Sie können die Dateien auch aus dem Windows-Explorer in das SkyDrive-Fenster ziehen.*

Abbildung 13.117 *Bis zu drei Dateien werden parallel in das Internet geladen.*

7 Warten Sie, bis alle Dateien hochgeladen sind. Mit Fortschrittsbalken wird dies angezeigt. Klicken Sie dann auf **Weiter**.
Wenn Sie möchten, können Sie auch noch weitere Dateien in das Internet übertragen. Beachten Sie bitte: Ordner lassen sich nicht per Drag & Drop auf einem SkyDrive-Speicherplatz ablegen.

8 Im nächsten Fenster sehen Sie die übertragenen Dateien und die erstellte Freigabeoption. Nun können Sie SkyDrive verlassen.

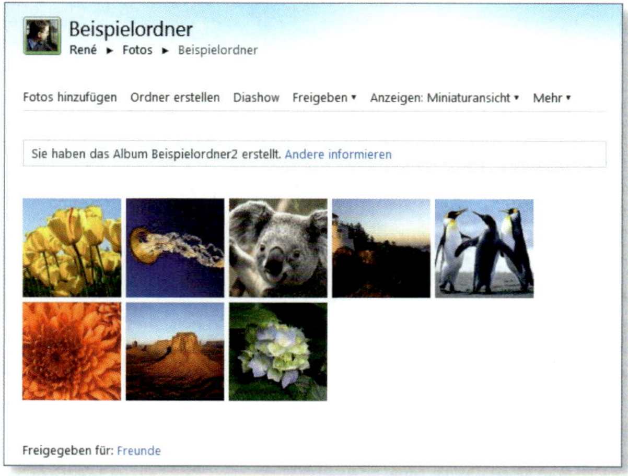

Abbildung 13.118 *Hier habe ich die Windows 7-Beispielbilder auf meinen SkyDrive-Ordner gepackt.*

INFO

Was bedeutet das kleine »f« hinter drei der Freigabeoptionen?
Wählen Sie die Freigabeoptionen **Jeder (öffentlich)**, **Meine Freunde und deren Freunde** oder **Freunde**, so wird die erstellte Freigabe bei Facebook mit einer Mitteilung gekennzeichnet.

Erstellen Sie eine kleine Website ohne ein teures HTML-Programm

Google bietet Ihnen die Möglichkeit an, eine einfache kleine Website zu erstellen. Dazu ist kein Webspeicherplatz bei einem Provider notwendig. Es entstehen keine Kosten durch einen solchen Speicherplatz oder durch eine Domain. Sie benötigen lediglich ein Konto bei dem Webdienst Google.

Google Sites finden Sie unter *https://www.google.com/sites*. Sie können über Ihren Webbrowser schnell eine kleine Website erstellen. Auch das Pflegen der Seiten erfolgt mit dem Browser. Ein FTP-Client ist nicht notwendig.

Erwarten Sie von Google Sites keine großen Designwunder. Sie sind in Ihren Möglichkeiten etwas eingeschränkt. Sie benötigen dafür aber keinen HTML-Editor.

Google stellt Ihnen 10 GB für eine Website zur Verfügung. Sie können mit Freigabeoptionen bestimmen, wer auf Ihre Website zugreifen darf und wer nicht. Anhand eines vorgefertigten Designs geben Sie Ihrer Website ein professionelles Layout.

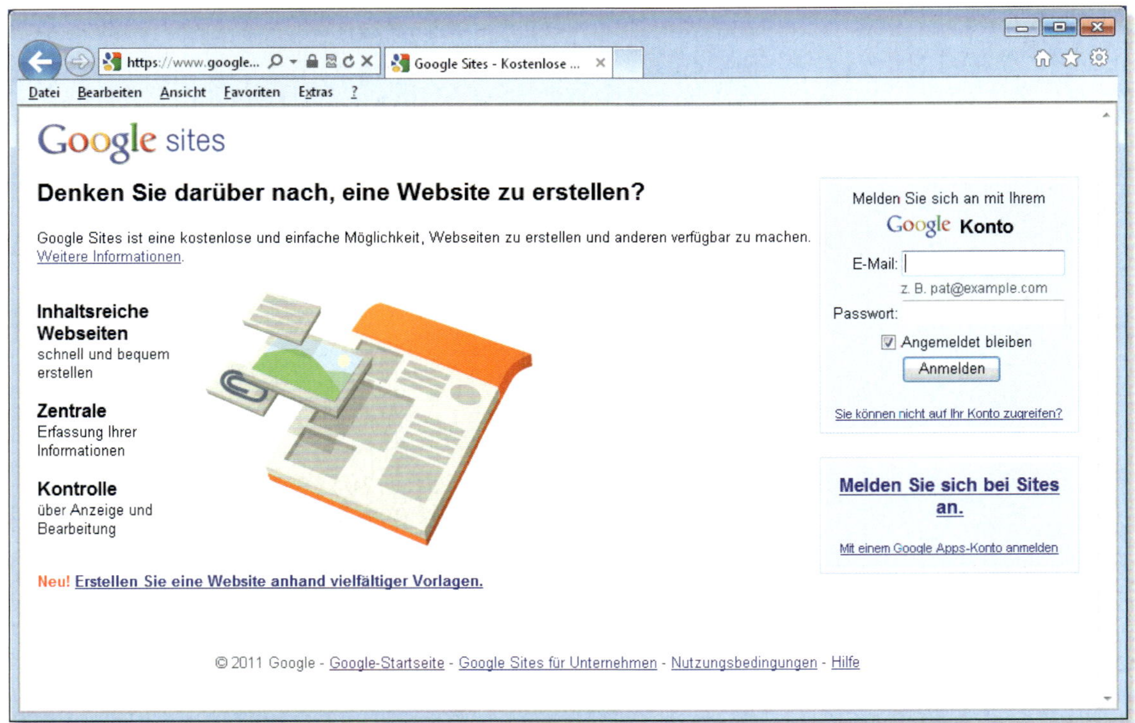

Abbildung 13.119 *Erstellen Sie mit Google Sites eine kleine Internetpräsenz.*

Kapitel 14
Windows 7 auf einem Notebook betreiben

Die Zeit, in der Notebooks nur von Geschäftsleuten verwendet wurden, ist längst vorbei. Notebooks sind leistungsfähiger und auch erschwinglicher geworden. Nutzen Sie auch schon ein Notebook, auf dem Windows 7 läuft? Dann finden Sie in diesem Kapitel nützliche Informationen.

Ein Notebook ist kein Desktop-PC: So hat der integrierte Akku, wie stark er auch sein mag, seine Grenzen. Nach einigen Stunden Dauerbetrieb ist auch die Energie eines leistungsfähigen Akkus verbraucht und der kleine mobile Helfer muss wieder aufgeladen werden.

Zu viel Hitze oder Kälte verträgt ein Notebook nicht. Sie können das Notebook auch nicht so erweitern wie einen Desktop-PC.

Auch ist nicht immer und überall ein WLAN-Netzwerk vorhanden. Gerade in ländlichen Gegenden oder in ostdeutschen Kleinstädten finden Sie eine schlechte Netzabdeckung. Ich besuche ab und zu meine Mutter in Zittau, in Südostsachsen. Hier habe ich die Wahl, mit dem Handy ins Internet zu gehen – sofern ich Glück habe und das Netz stabil ist. Oder ich muss eine halbe Stunde bis zu einem Café in der Innenstadt laufen und kann dort für ein Getränk eine Stunde surfen. Mehr geht dort leider nicht.

Um Sie mit den Tücken und Besonderheiten eines Notebooks vertraut zu machen, möchte ich Ihnen in diesem Kapitel das Windows-Mobilitätscenter und seine Möglichkeiten vorstellen. Mit ihm können Sie wichtige Eigenschaften Ihres Notebooks überwachen. Ein weiterer Schwerpunkt, den ich Ihnen näher erläutern will, sind die Energiesparfunktionen von Windows 7. Sie können viele Funktionen einschränken und so dafür sorgen, dass Sie länger mit Ihrem mobilen Rechner unterwegs sein können, ohne an eine Steckdose zu müssen. Abschließend zeige ich Ihnen, wie Sie WLAN-Zugänge suchen und sicher mit Ihrem Notebook surfen.

14.1 Das Windows-Mobilitätscenter nutzen

Im Windows-Mobilitätscenter können Sie wichtige Einstellungen für Ihr Notebook vornehmen. Das Mobilitätscenter starten Sie mit einem Rechtsklick auf das Akkusymbol in der Symbolleiste ①. Hier wählen Sie es aus dem Kontextmenü. Dieses Symbol der Windows-Taskleiste zeigt gleichzeitig den Ladezustand Ihres Notebooks.

Abbildung 14.1 *Das Akkusymbol in der Tastleiste*

Ist es nicht sofort sichtbar, müssen Sie es mit der Pfeilschaltfläche ② sichtbar machen.

Abbildung 14.2 So machen Sie die Akkuanzeige sichtbar.

Öffnen Sie mit der rechten Maustaste das Kontextmenü, und wählen Sie das Mobilitätscenter aus.

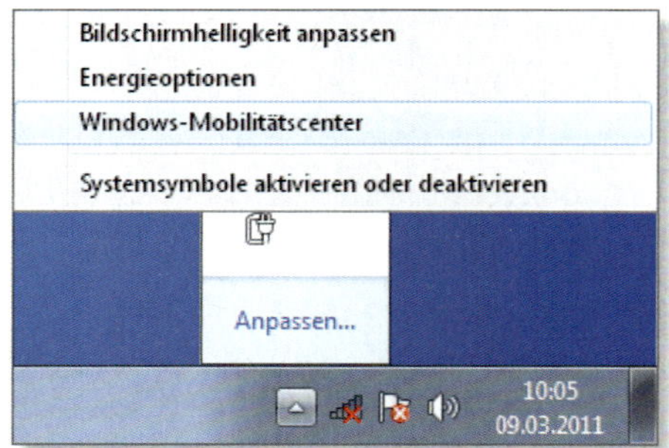

Abbildung 14.3 Das Kontextmenü der Akkuanzeige.

Die Bedienung ist sehr einfach. Auch weniger erfahrene Anwender finden sich hier schnell zurecht. Über Schaltflächen öffnen Sie Einstellungsdialoge, und mit Schiebereglern und Listenmenüs lassen sich schnell einige Dinge einstellen.

Die Schaltflächen, die bei jedem Modul links oben zu sehen sind, erfüllen einen doppelten Zweck. Sie öffnen einen Dialog und zeigen zusätzlich eine bestimmte Einstellung oder einen Zustand an.

Eine weitere Möglichkeit, um das Windows-Mobilitätscenter zu starten, besteht darin, einen Befehl einzugeben. Öffnen Sie das Windows-Startmenü, und wählen Sie den Befehl **Ausführen**. Sie finden ihn rechts unten über der Schaltfläche **Herunterfahren**. Geben Sie

```
mblctr
```

ein, und bestätigen Sie mit **OK**.

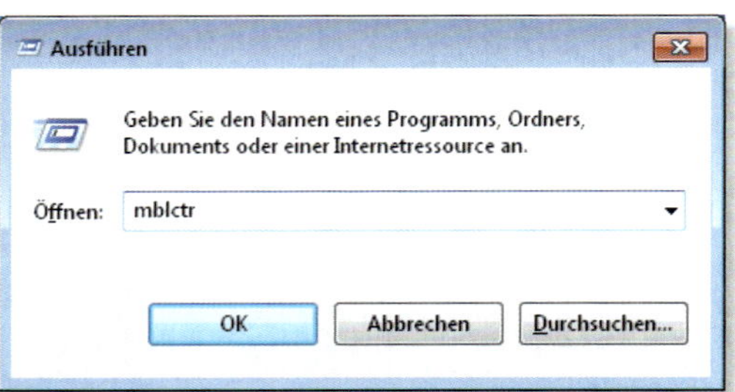

Abbildung 14.4 So starten Sie das Mobilitätscenter mit einem Befehl.

TIPP

Windows 7 merkt sich Ihre Befehle
Die zuletzt eingegebenen Befehle werden von Windows 7 festgehalten. Öffnen Sie später wieder den Dialog **Ausführen**, finden Sie bereits den Befehl `mblctr` in der Eingabezeile. Haben Sie zwischenzeitlich mehrere Befehle eingegeben, finden Sie den Befehl zum Aufruf des Windows-Mobilitätscenters im Listenmenü.

Die Möglichkeiten des Windows-Mobilitätscenters

Das Windows-Mobilitätscenter enthält sechs verschiedene Module. Sie können die Helligkeit des Monitors einstellen, die Lautstärkeeinstellung verändern und auch die Tonausgabe ausschalten. Das Energieverhalten des Rechners lässt sich einstellen, ebenso wie die Verbindung zu einem Drahtlosnetzwerk. Die beiden letzten Module nutzen Sie, wenn Sie einen externen Monitor anschließen und die Synchronisierung von Daten starten wollen. Bei der Synchronisierung ist es notwendig, zuvor eine sogenannte Synchronisationspatenschaft zu erstellen. Ich komme bei der Beschreibung des Moduls noch einmal darauf zurück. Sie finden diese in Abschnitt 14.4 unter »Offline-Dateien nutzen«.

Im folgenden Beispiel sehen Sie, dass Helligkeit und Ton auf dem Notebook bis zum Maximum aufgedreht sind. Der Akku des mobilen Rechners ist zu 100% auf-

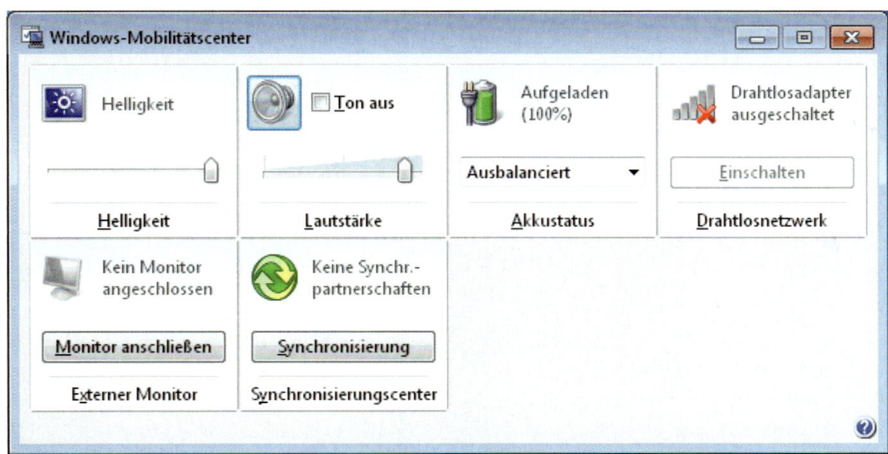

Abbildung 14.5 Das Windows-Mobilitätscenter enthält sechs verschiedene Module. Verstehen Sie das Windows-Mobilitätscenter als eine Art Schaltzentrale für Ihren mobilen Rechner.

geladen. Der Stecker neben dem grünen Akkusymbol verrät, dass der Rechner im Netzbetrieb läuft. Der Drahtlosadapter ist ausgeschaltet. Ein externer Monitor ist nicht angeschlossen. Das letzte Symbol links unten zeigt, dass keine Synchronisationspatenschaften definiert sind.

Die Module im Mobilitätscenter nutzen

Im Mobilitätscenter finden Sie sechs verschiedene Module: **Helligkeit**, **Lautstärke**, **Akkustatus**, **Drahtlosnetzwerk**, **Externer Monitor** und **Synchronisierungscenter**.

Helligkeit

Mit dem ersten Modul ändern Sie die Helligkeit des Bildschirms. In 10er-Schritten können Sie diesen Wert von 20 bis zu 100 % einstellen. Ein Mausklick auf das Monitorsymbol führt Sie in die Energiespareinstellungen in der Systemsteuerung.

Abbildung 14.6 Stellen Sie die Helligkeit Ihres Bildschirms mit diesem Regler ein.

Lautstärke

Mit diesem Modul ändern Sie die Lautstärkeeinstellung von Windows 7. Ziehen Sie den Regler einfach nach rechts oder links, um den Ton lauter oder leiser einzustellen. Mit einer Optionsschaltfläche schalten Sie den Ton komplett aus. Ein weiterer Klick in das Optionskästchen aktiviert wieder die Ausgabe der Lautstärke.

Ein Mausklick auf das Lautsprechersymbol öffnet den Dialog **Sound**.

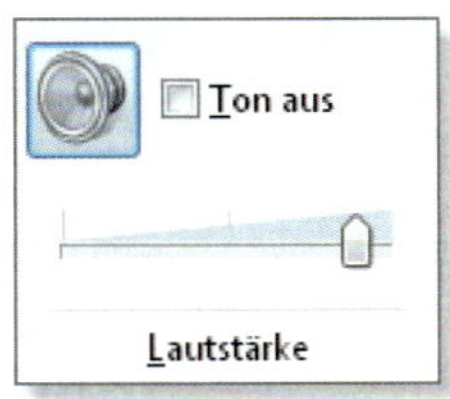

Abbildung 14.7 Einen Lautstärkeregler finden Sie im Dialog Sound, aber auch rechts unten auf Ihrem Bildschirm in der Taskleiste.

Akkustatus

Mit einer Textanzeige und einem Prozentwert wird hier der Ladestand des Akkus angezeigt. Über ein Listenfeld wählen Sie eines der möglichen Energieverhalten.

Ein Mausklick auf das Batteriesymbol bringt Sie in die **Energieoptionen** in der Windows-Systemsteuerung. Hier können Sie einen Energiesparplan auswählen.

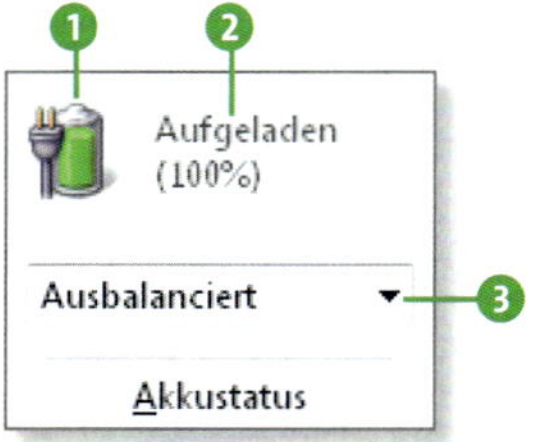

Abbildung 14.8 Das Notebook wird über ein Netzkabel betrieben 1. Der Akku ist aufgeladen 2. Der Rechner wird mit dem Energieverhalten »Ausbalanciert« 3 betrieben.

In Abschnitt 14.2, »Das Energieverhalten auf einem Notebook verwalten«, komme ich noch einmal darauf zurück.

Drahtlosnetzwerk

Ist ein Drahtlosnetzwerk verfügbar und der Drahtlosadapter eingeschaltet, können Sie hier die Datenübertragung verfolgen. Über eine Schaltfläche kann der Drahtlosadapter ein- oder auch ausgeschaltet werden. Klicken Sie auf die Schaltfläche in diesem Modul, wird die WLAN-Verbindungsinformation in der Windows-Taskleiste geöffnet.

Abbildung 14.9 In diesem Beispiel wird kein Drahtlosadapter verwendet. Das Notebook ist über ein Netzwerkkabel mit dem Internet verbunden.

Wie Sie den Drahtlosadapter einschalten und verwenden, lesen Sie in Abschnitt 14.3, »Mit dem Windows 7-Notebook ins Internet«.

Externer Monitor

Dieses Modul zeigt Ihnen an, ob ein externer Monitor an das Notebook angeschlossen ist. Auf den ersten Blick ist nicht gleich erkennbar, inwieweit dieses Modul sinnvoll ist. Ich brauche sicher keine Informationsanzeige, um zu sehen, dass ein Monitor mit dem Notebook verwendet wird.

Abbildung 14.10 In diesem Beispiel ist kein anderer Monitor an den Rechner angeschlossen.

Wenn Sie nun auf **Monitor anschließen** klicken, kommt nicht etwa eine Hand aus dem Notebook gefahren und stellt einen passenden Monitor nebst Kabelverbindung auf Ihren Schreibtisch. Die Bezeichnung der Schaltfläche ist also ein wenig irreführend. Vielmehr können Sie hier eine Auswahlleiste einblenden und einen Betriebsmodus wählen:

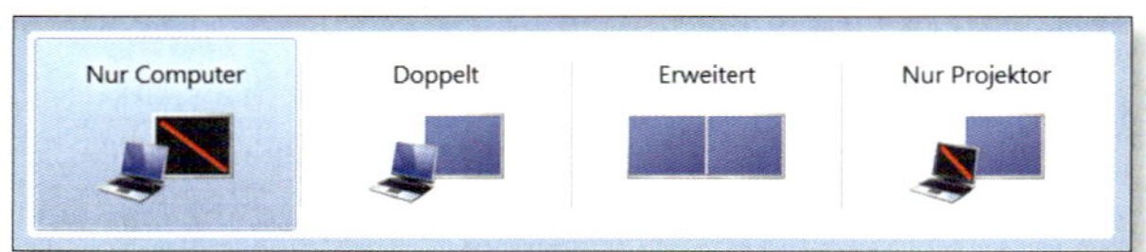

Abbildung 14.11 Wählen Sie, welchen der beiden Monitore Sie verwenden wollen. Sie können auch beide zugleich nutzen.

- Ist ein zweiter Monitor mit dem Notebook verbunden, legen Sie mit **Nur Computer** fest, dass der Bildschirm des Notebooks verwendet wird.
- **Doppelt** nutzt den Bildschirm des Notebooks und den extern angeschlossenen Monitor.
- Mit **Erweitert** werden auch beide genutzt. Sie können jedoch die Fenster und Windows-Elemente von dem rechten auf den linken Monitor schieben und umgekehrt. Es lassen sich so mehrere Fenster auf beide Anzeigegeräte verteilen. Das ist eine ziemlich

coole Sache. (Verzeihen Sie mir den Ausdruck.) Ich arbeite so seit einiger Zeit an meinen Computerbüchern – kann ich doch so Anwendungsprogramme auf dem einen Bildschirm laufen lassen und auf dem anderen das Manuskript mit Word erstellen und bearbeiten.

- Die letzte Funktion, die Sie auswählen können, heißt **Nur Projektor**. Damit wird nur der externe Monitor verwendet. Statt eines Monitors kann natürlich auch ein Beamer verwendet werden, der eine Präsentation auf eine Leinwand ausgibt. Dann können Sie mit dem Windows-Mobilitätscenter vom Notebook-Bildschirm zum Wiedergabeprojektor umschalten.

Nach dem Anschließen eines externen Monitors ändert sich auch der angezeigte Inhalt im Modell des Mobilitätscenters (siehe Abbildung 14.5). Sie sehen, dass ein Monitor angeschlossen wurde. Dank der Schaltfläche wissen Sie das nun! Klicken Sie auf **Anschluss für Monit...**, sehen Sie die gleiche Leiste, die auch zuvor über dieses Modul eingeblendet werden konnte.

Abbildung 14.12 Ein externer Monitor ist angeschlossen.

Als Standard wird übrigens der Modus **Doppelt** verwendet. Das auf dem Bildschirm des Notebooks ausgegebene Bild wird auch auf dem externen Monitor angezeigt.

Wenn Sie einen der Modi auswählen, wird leider auch das Windows-Mobilitätscenter ausgeblendet. Bei Bedarf müssen Sie es erneut über die Taskleiste oder den Befehl einblenden.

Synchronisierungscenter

Wenn Sie einen Datenspeicherort festgelegt haben, mit dem Sie bestimmte Daten abgleichen können, so lässt sich dieser Abgleich mit diesem Modul bewerkstelligen. Die Schaltfläche führt Sie in die Systemsteuerung. Hier können Sie Synchronisierungspartnerschaften erstellen und verwalten.

> **HINWEIS**
>
> **Notebooks mit der Windows Starter Edition**
> Auf Notebooks, die mit der *Windows Starter Edition* betrieben werden, fehlt das Windows-Mobilitätscenter. Sie müssen hier leider darauf verzichten. Nachrüsten können Sie es nicht, es sei denn, Sie steigen auf eine andere Windows-Edition um.

Abbildung 14.13 Ohne eine Synchronisierungspartnerschaft kann dieses Modul nicht verwendet werden.

In Abschnitt 14.2, »Das Energieverhalten auf einem Notebook verwalten«, zeige ich Ihnen, wie Sie eine Synchronisierungspartnerschaft anlegen.

Das Mobilitätscenter per Schnellstartsymbol starten

Verwenden Sie das Windows-Mobilitätscenter öfter, können Sie es über die Registrierung dauerhaft anschalten. Wie dies geht, erfahren Sie im nächsten Abschnitt. Eine weitere Möglichkeit ist das Anlegen eines Schnellstartsymboles. Mit einem Doppelklick können Sie dann das Mobilitätscenter aufrufen.

1 Öffnen Sie dazu mit der rechten Maustaste auf dem freien Desktop das Kontextmenü. Wählen Sie **Neu > Verknüpfung**.

2 Tragen Sie in die Eingabezeile den Befehl `mblctr` ein. Klicken Sie auf **Weiter**.

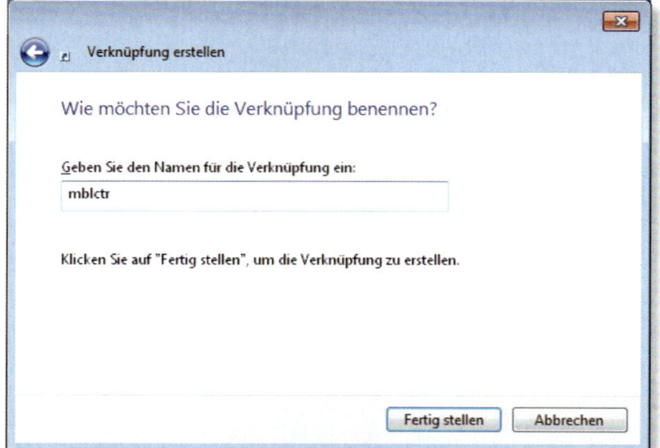

^ ***Abbildung 14.14*** *Eine Verknüpfung wird sehr einfach erstellt. Sie geben nur den Befehl ein und bestimmen eine Bezeichnung.*

3 Geben Sie eine Bezeichnung für die Verknüpfung ein, zum Beispiel `Windows-Mobilitätscenter`. Beenden Sie den Assistenten mit **Fertig stellen**.

Ein Doppelklick auf das Desktopsymbol genügt, und das Windows-Mobilitätscenter wird gestartet.

^ ***Abbildung 14.15*** *Dieses Symbol startet nun das Windows-Mobilitätscenter.*

Sie können das Mobilitätscenter auch in die Taskleiste einfügen. Wenn Sie häufig darauf zugreifen, können Sie es so schneller und einfacher starten. Möchten Sie dies tun, gehen Sie wie folgt vor:

1 Starten Sie das Windows-Mobilitätscenter.

2 Sie finden das Programmsymbol des Mobilitätscenters in der Taskleiste. Öffnen Sie auf diesem das Kontextmenü. Wählen Sie **Dieses Programm an Taskleiste anheften**.

^ ***Abbildung 14.16*** *»Anheften« heißt, dass die Schaltfläche auch nach dem Schließen des Programms auf der Taskleiste bleibt.*

Sie können das Windows-Mobilitätscenter auch mit der Tastenkombination [Win] + [X] öffnen.

^ ***Abbildung 14.17*** *Mit dem dritten Symbol (von links gesehen) starten Sie das Windows-Mobilitätscenter.*

Das Mobilitätscenter im Registrierungs-Editor aktivieren

Auf einem Desktop-Rechner steht das Windows-Mobilitätscenter nicht zur Verfügung.

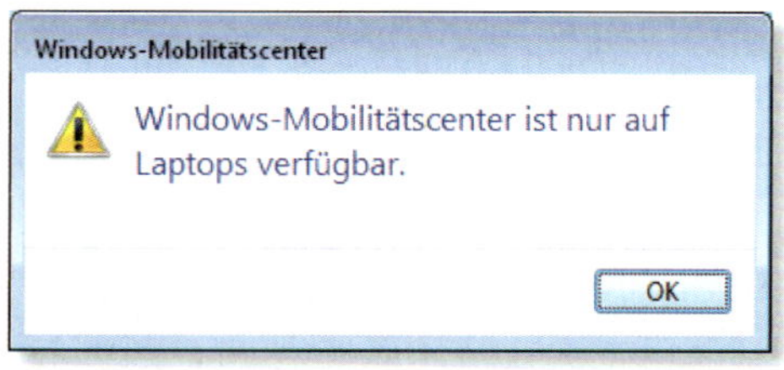

^ ***Abbildung 14.18*** *Das Windows-Mobilitätscenter kann auf einem Desktop-Rechner nicht gestartet werden. Erst mit einem Eintrag in der Registrierungsdatenbank ist dies möglich.*

Um das Mobilitätscenter auch auf einem Desktop-PC nutzen zu können, müssen Sie mit einem kleinen Kniff das Mobilitätscenter auch auf dem Desktop-Rechner anschalten. Dazu müssen Sie nur einen Eintrag in der Registrierung von Windows 7 anpassen. So geht's:

1 Öffnen Sie mit dem Befehl `regedit` den Registrierungs-Editor. Bestätigen Sie die Rückfrage der Benutzerkontensteuerung.

2 Suchen Sie den Knoten *HKEY_CURRENT_USER\Software\Microsoft*. Öffnen Sie im Menü des Editors die Inhalte von **Bearbeiten**. Mit **Neu > Schlüssel** wird ein neuer Schlüssel erstellt. Nennen Sie diesen *Notebook*.

3 Legen Sie nun den Unterschlüssel *AdaptableSettings* an. Nun müssen Sie zu diesem ein neues DWORD hinzufügen. Dies geschieht mit **Bearbeiten > Neu > DWORD-Wert**. Tragen Sie `SkipBatteryCheck` ein. Fügen Sie den Wert `1` hinzu.
Öffnen Sie dazu über dem Namen das Kontextmenü, und wählen Sie **Ändern**. Alternativ führen Sie auf dem Namen einen Doppelklick aus. Geben Sie den Wert `1` ein, und bestätigen Sie.

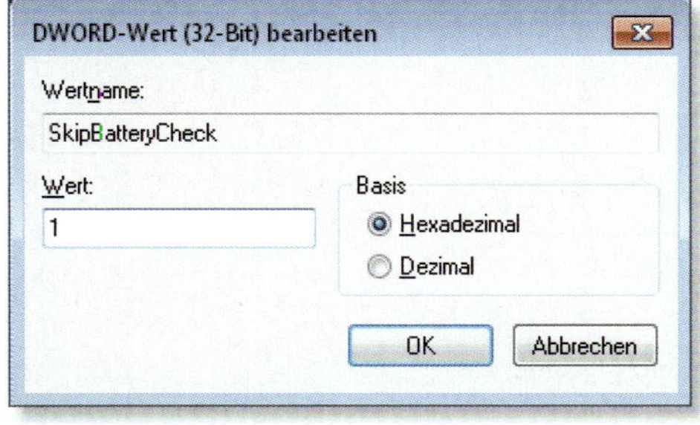

^ ***Abbildung 14.19*** *So wird ein DWORD-Wert eingetragen.*

4 Erstellen Sie einen zweiten Unterschlüssel. Geben Sie diesem die Bezeichnung Mobility-Center. Fügen Sie ein DWORD mit der Bezeichnung RunOnDesktop hinzu, und tragen Sie den Wert `1` ein.

5 Beenden Sie den Editor. Die Eingaben und Veränderungen werden dabei automatisch gespeichert. Starten Sie danach den Rechner neu. Nun lässt sich das Windows-Mobilitätscenter mit einem Befehl aufrufen.

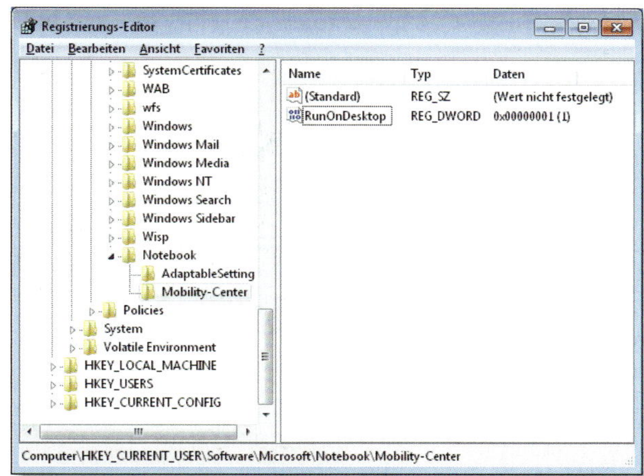

^ ***Abbildung 14.20*** *Zwei Registry-Einträge machen es möglich, das Mobilitätscenter auch auf einem Desktop-PC zu nutzen.*

14.2 Das Energieverhalten auf einem Notebook verwalten

Bei einem Notebook ist es wichtig, dass Sie den Stromverbrauch im Auge behalten. Sparen Sie Strom, können Sie den mobilen Rechner länger verwenden. Sie können das Energieverhalten anhand bestimmter Vorlagen auswählen oder auch ganz genau einstellen.

Den Stromverbrauch ermitteln

Mit einem kleinen Tool können Sie den Energieverbrauch einzelner Komponenten herausfinden. Windows 7 überprüft bestimmte Komponenten und legt die Ergebnisse in einem HTML-Bericht ab.

1 Öffnen Sie die Eingabeaufforderung. Sie finden diese unter **Start > Alle Programme > Zubehör**. Achten Sie darauf, dass Sie die Eingabeaufforderung als Administrator ausführen. Wählen Sie dies über das Kontextmenü aus.

2 Geben Sie Folgendes ein: `powercfg /energy`

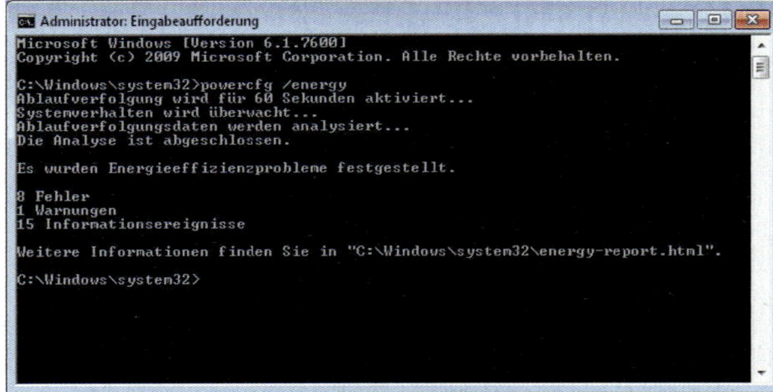

Abbildung 14.21 Mit einem Befehl wird der Stromverbrauch bestimmter Komponenten ermittelt.

TIPP

Schonen Sie Ihren Akku

Nutzen Sie, so oft es geht, einen Anschluss an das Stromnetz. So müssen Sie nicht darauf achten, wie lange Sie an Ihrem Notebook arbeiten, und es ist nicht notwendig, auf den Batteriestatus zu achten. Außerdem schonen Sie den Akku.

3 Es dauert einen Moment, bis der Rechner geprüft wurde. Das Ergebnis wird in einer HTML-Datei abgelegt. Sie finden diese unter *C:\Windows\system32\energy-report.html*. Schauen Sie sich diese Datei mit einem Webbrowser an (siehe Abbildung 14.22).

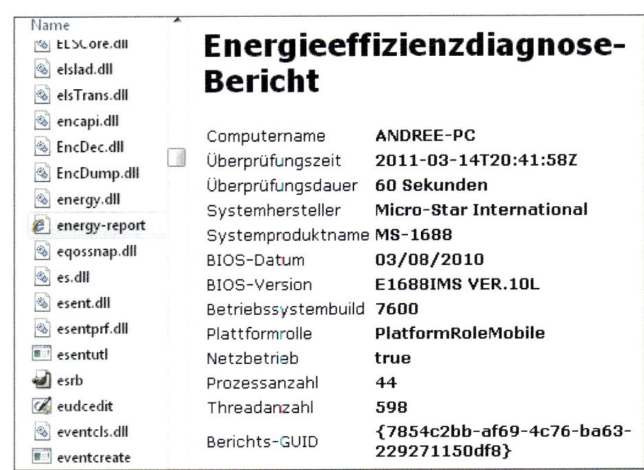

Abbildung 14.22 Das Ergebnis der Untersuchung wird in einem HTML-Bericht ausgegeben. Diesen können Sie bereits im Explorer ansehen. Besser geht es mit einem Webbrowser. Sie sehen hier, wie sparsam Ihr Notebook mit der Ressource Strom umgeht.

Grundlagen zum Thema Energiesparplan

Der Energiesparplan unterscheidet zwischen zwei Grundeinstellungen:

- Ausbalanciert
- Energiesparmodus

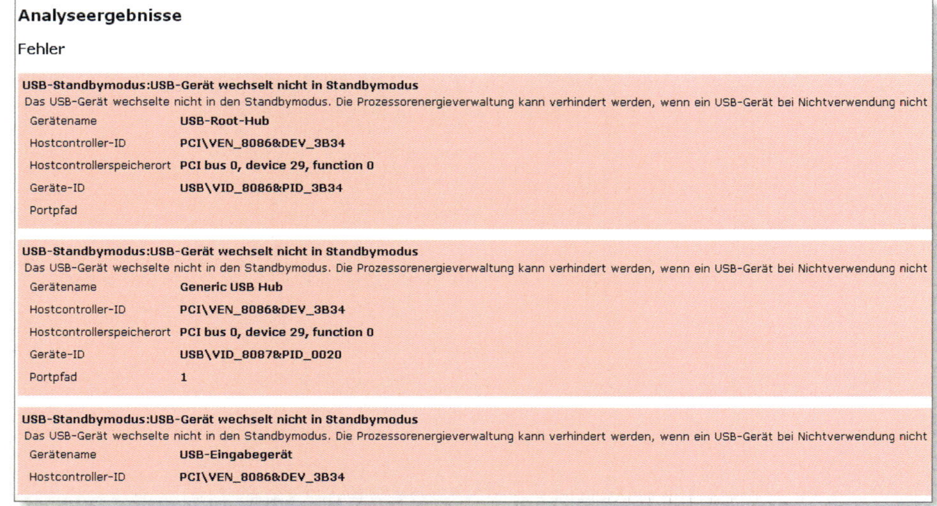

Abbildung 14.23 Der Bericht listet auch einige Fehler auf. So z. B., wenn USB-Geräte nicht in den Standbymodus wechseln.

Mit der empfohlenen Einstellung **Ausbalanciert** wird die Leistung des Notebooks mit dem Stromverbrauch abgeglichen. Im **Energiesparmodus** wird der Verbrauch an Strom so weit, wie es nur geht, verringert.

Keine Angst vor Stromausfall

Ein Problem, das Sie bei einem Desktop-PC haben, haben Sie nicht bei einem auf Netzbetrieb laufenden Notebook. Bei einem Stromausfall geht das Notebook nicht aus. Es springt auf Akkubetrieb um. Sie können also ohne Angst vor Datenverlust weiterarbeiten.

Nehmen wir an, der Strombetreiber hat ein Problem, und plötzlich fällt kurzfristig das Stromnetz aus. Vielleicht sind Reparaturarbeiten am Netz notwendig und es wird für einige Minuten oder Stunden abgeschaltet. Oder die Sicherung am Hausanschluss ist überlastet und sorgt für einen Stromausfall in Ihrer Wohnung oder im Büro. Oder ein Gewitter sorgt für einen Netzausfall. All das stellt bei einem Notebook kein Risiko dar. Der mobile Rechner springt einfach von Netz- auf Akkubetrieb, und Sie können weiter arbeiten.

TIPP

Die Lebensdauer eines Akkus ist begrenzt
Denken Sie daran, dass die Lebensdauer eines Notebook-Akkus nicht unbegrenzt ist. Nach etwa zwei bis vier Jahren werden Sie bemerken, dass die Leistung nachlässt. Sie können Ihr Notebook nicht mehr so lange mit dem Akku betreiben. Schauen Sie sich im Fachhandel nach einem geeigneten Ersatz um. Sofern Sie sich nicht von Ihrem Notebook trennen wollen, spricht nichts dagegen, sich einen neuen Akku zu kaufen. Achten Sie jedoch darauf, dass dieser für Ihr Notebook geeignet ist.

Einstellungen für den Energiesparplan

Die Einstellungen für den Energiesparplan Ihres Windows 7-Notebooks können Sie auf verschiedenen Wegen vornehmen. Einer davon ist das Windows-Mobilitätscenter.

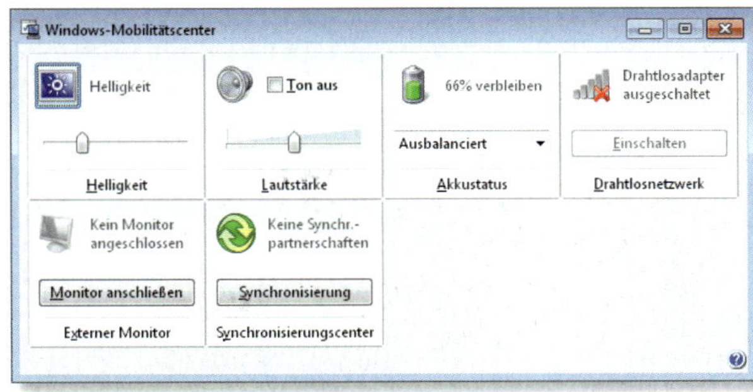

*^ **Abbildung 14.24** Das Mobilitätscenter bei meinem Notebook. Der Akku besitzt noch eine Aufladung von 66 %.*

INFO

Die einzelnen Energiesparplan-Typen
Windows 7 bietet Ihnen drei Energiesparpläne an. Bei der empfohlenen Einstellung **Ausbalanciert** wird versucht, ein gesundes Mittelmaß zwischen der Leistung und dem Stromverbrauch der Hardware zu finden. Im **Energiesparmodus** wird der Stromverbrauch des Notebooks gesenkt. Das spart Energie, und das Notebook kann länger im Akkubetrieb genutzt werden. Mit **Höchstleistung** wird, wie der Name dieser Einstellung vermuten lässt, die Leistung des Rechners hochgefahren. Dadurch ist auch der Verbrauch an Energie größer. Diese Einstellung ist gut geeignet, wenn das Notebook am Netz hängt.

Öffnen Sie im Modul **Akkustatus** das Listenfeld, und wählen Sie eine der drei Möglichkeiten **Ausbalanciert**, **Energiesparmodus** oder **Höchstleistung**.

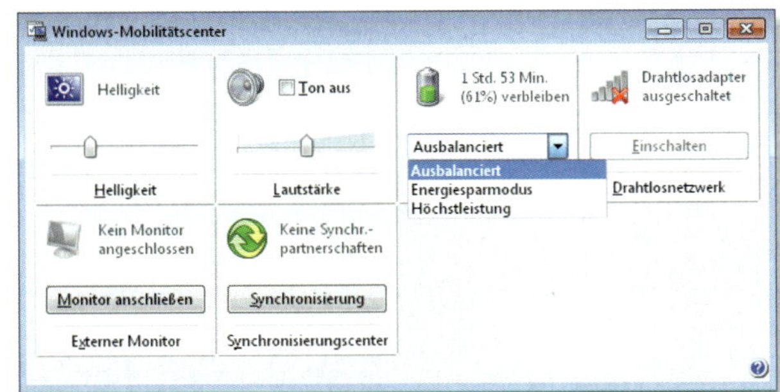

*^ **Abbildung 14.25** Über ein Listenfeld wählen Sie, welches Energieverhalten Sie nutzen möchten.*

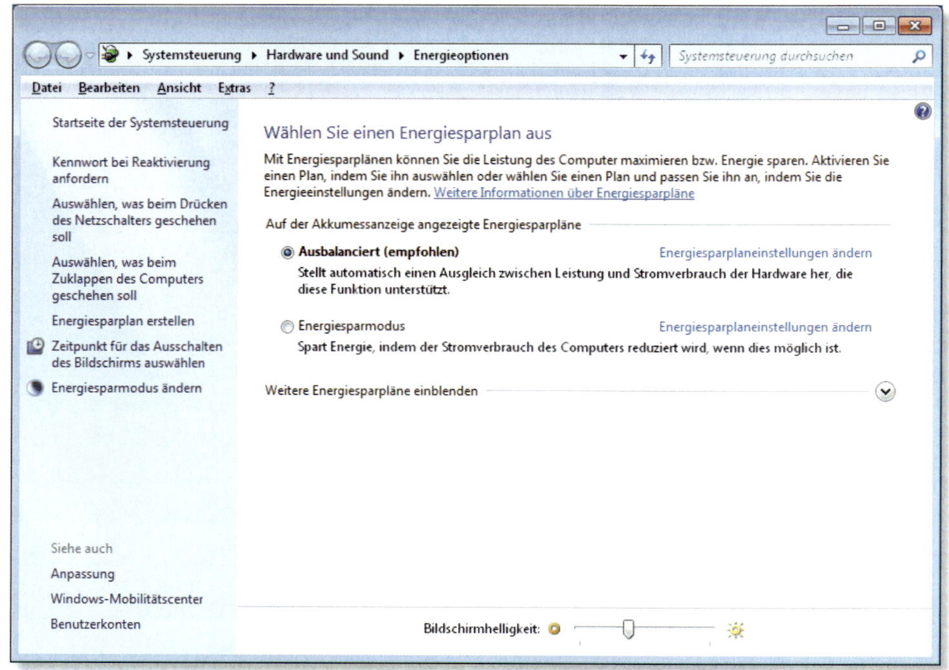

Abbildung 14.26 *Sie können zwischen zwei Energiespareinstellungen wählen.*

Den Energiesparplan können Sie ebenfalls über die Systemsteuerung festlegen. Unter **Hardware und Sound > Energieoptionen** wählen Sie, welche Möglichkeit Sie nutzen wollen (siehe Abbildung 14.26). Die Option **Höchstleistung** steht erst zur Verfügung, wenn Sie auf **Weitere Energiesparpläne einblenden** klicken.

Wenn Sie nun unter dem oben genannten Dialog auf **Energiesparplaneinstellungen bearbeiten** klicken, können Sie in einem Dialog die Einstellungen für verschiedene Energieoptionen einstellen. Zu diesen Optionen gehören die Angabe, nach welchem Zeitraum ohne Aktion die Bildschirmhelligkeit heruntergeregelt wird, der Zeitraum ohne Aktion, nach dem der Bildschirm ausgeschaltet wird und die Angabe, nach wie vielen Minuten ohne Aktion das Notebook in den Energiesparmodus schaltet.

Unter einem »Zeitraum ohne Aktion« versteht man die Zeit, während der keine Mausbewegungen und keine Eingaben über die Tastatur erfolgen. Sie klicken weder etwas an noch geben Sie Text oder Zahlen ein.

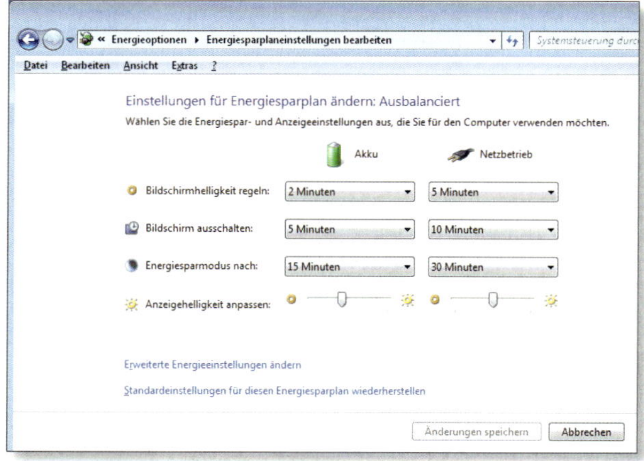

Abbildung 14.27 *Wählen Sie, nach wie vielen Minuten bestimmte Energieeinstellungen angewandt werden.*

Es gibt jeweils eine Einstellung für den Akkubetrieb des Notebooks und eine für den Netzbetrieb. Daneben können Sie mit einem Schieberegler die Helligkeit des Bildschirms einstellen.

HINWEIS

Viele Wege führen zum Ziel

Wie immer bei Windows 7 erreichen Sie den Dialog, in dem Sie die Einstellungen für den Energiesparplan ändern können, auf verschiedene Weise. So führt Sie ein Klick auf **Energiesparplaneinstellungen ändern** unter **Hardware und Sound > Energieoptionen** zum Ziel. Sie können in diesem Dialog aber auch links im Menü **Energiesparmodus ändern** wählen.

Ähnlich sieht es bei den Energieoptionen aus. Hier gibt es gleich drei Möglichkeiten:

1. Sie erreichen den Dialog über das Windows-Mobilitätscenter.
2. Sie können den Weg über das Windows-Menü wählen.
3. Oder Sie können das Kontextmenü der Akkuladestandsanzeige nutzen und hier die Energieoptionen direkt ansteuern.

Energiespareinstellungen verändern

An einem Beispiel möchte ich Ihnen einmal zeigen, wie Sie die Energiespareinstellungen bei Ihrem Notebook verändern:

1 Öffnen Sie die Systemsteuerung. Wählen Sie **Hardware und Sound** und danach **Energieoptionen**.

2 Klicken Sie auf **Energiesparplaneinstellungen ändern**.

3 Beginnen Sie zunächst mit den Einstellungen in der Spalte **Akku**. Öffnen Sie das Listenfeld **Bildschirmhelligkeit ändern**, und wählen Sie *1 Minute* aus.

4 Bei **Bildschirm ausschalten** wählen Sie *3 Minuten*.

5 Im letzten Feld, **Energiesparmodus ändern**, geben Sie *10 Minuten* ein.

6 Den Regler **Anzeigehelligkeit anpassen** schieben Sie ein kleines Stück nach links.

7 Nun passen Sie die Einstellungen in der Spalte **Netzbetrieb** an. Wählen Sie bei **Bildschirmhelligkeit regeln** eine Einstellung von *3 Minuten*. Tragen Sie bei **Bildschirm ausschalten** *5 Minuten* ein. Den **Energiesparmodus** verwenden Sie nach *20 Minuten*.

8 Bestätigen Sie alle gemachten Angaben mit **Änderungen speichern**.

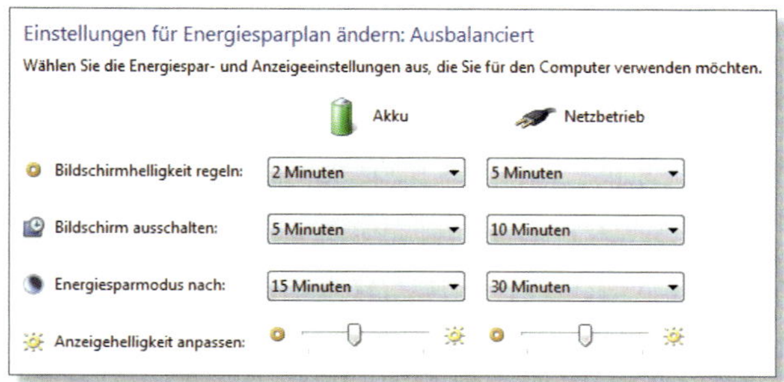

Abbildung 14.28 *Im Vergleich zur Vorgabe wurden alle Energiespareinstellungen ein wenig nach unten reguliert.*

Was soll bei einem kritischen Akkustand geschehen?

Windows 7 erlaubt Ihnen natürlich nicht nur zu bestimmen, wann die Bildschirmhelligkeit heruntergeregelt wird oder der Bildschirm ausgeschaltet wird. Sie können für viele verschiedene Situationen auch ganz unterschiedliche Verhaltensweisen festlegen. Praktisch alle Funktionen, die vom Betriebssystem angesteuert werden können und die für ein Sparen von Energie sorgen, lassen sich vom Benutzer anpassen.

Für die folgenden Elemente lassen sich Einstellungen festlegen:

- das Verhalten der Festplatte
- die Einstellungen des Desktophintergrundes
- das Verhalten des Drahtlosadapters
- das Verhalten der USB-Verbindungen
- die Grafikeinstellungen

- die Aktionen beim Zuklappen des Rechners und beim Bedienen des Netzschalters
- das Verhalten der PCI Express-Schnittstelle
- das Verhalten des Prozessors
- die Energiespareinstellungen beim Bildschirm
- die allgemeinen Einstellungen zum Akku
- die Einstellungen der ATI-Grafikkarten
- die allgemeinen Stromspareinstellungen

Die Optionen des Energiesparmodus sind voreingestellt. Sie können diese Einstellungen auch als Vorlage verstehen. Mit ihnen werden Einstellungen für alle anderen Energiesparoptionen festgelegt.

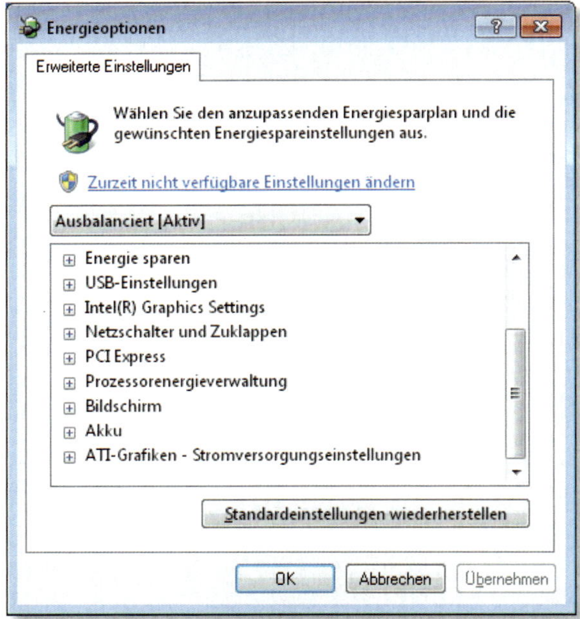

Abbildung 14.29 *In den erweiterten Einstellungen der* ***Energieoptionen*** *können Sie Einstellungen zum Energiesparen vornehmen.*

Wer möchte, kann exakt festlegen, wie sich das Notebook verhält und wo Energie gespart wird.

HINWEIS

Einstellungen des Energiesparplans korrigieren
Die richtigen Einstellungen für den Energiesparplan festzulegen, ist gar nicht so leicht. Die Helligkeit des Bildschirms soll nicht zu schnell heruntergeregelt werden. Auch soll der Bildschirm Ihres Notebooks nicht so schnell ausgehen. Aber zugleich möchten Sie Energie sparen, sodass der Akku so lange wie möglich den mobilen Rechner in Betrieb hält. Sind Sie mit den Einstellungen nicht zufrieden, experimentieren Sie ein wenig. Verändern Sie die Zeiten in kleinen Schritten nach oben oder unten. Schauen Sie sich an, wie sich Ihr Notebook in der Praxis verhält. So finden Sie die Einstellungen, die für Ihre Arbeit optimal sind. Im Dialog **Energiesparplaneinstellungen bearbeiten** finden Sie ganz unten eine Option. Wenn Sie auf **Standardeinstellungen für diesen Energiesparplan wiederherstellen** klicken, werden die Vorgabeeinstellungen wieder zurückgeholt.

An einem Beispiel möchte ich Ihnen zeigen, wie Sie festlegen, was bei einem kritischen Akkustand geschehen soll:

1. Öffnen Sie die **Energieoptionen** in der Systemsteuerung. Wählen Sie weiter **Energiespareinstellungen ändern** und **Erweiterte Energieeinstellungen ändern**.
2. Ganz oben über dem Dialog finden Sie die Option **Zurzeit nicht verfügbare Einstellungen ändern**. Klicken Sie darauf. Das ist eine Schutzfunktion, die verhindert, dass jemand aus Neugier wichtige Einstellungen am Notebook bearbeitet. Mit dieser Option kann auch »aus Versehen« keine Änderung vorgenommen werden.
3. Scrollen Sie durch die Liste. Fast am Ende finden Sie den Eintrag **Akku**. Klicken Sie auf das Kreuz, um die untergeordneten Funktionen und Optionen sichtbar zu machen.
4. Öffnen Sie auf gleiche Weise den oberen Baum, **Aktion bei kritischer Akkukapazität**.

5 Windows 7 unterscheidet, ob sich das Notebook im Netzbetrieb befindet oder mit dem Akku versorgt wird. Klicken Sie auf **Akku**. Wählen Sie **Energie sparen**.

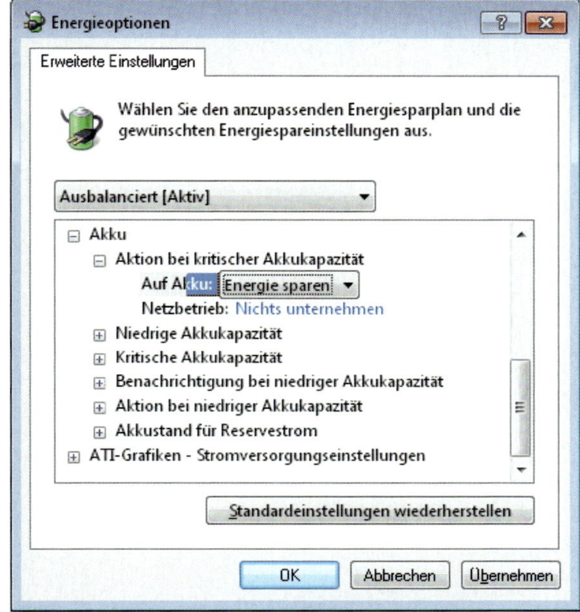

^ ***Abbildung 14.30*** *Bei niedriger Akkukapazität Energie zu sparen ist sicher eine sinnvolle Einstellung.*

Wird die Aktion durchgeführt, ist das für Sie ein Warnsignal. Speichern Sie alle Daten, und versuchen Sie, so schnell wie möglich das Notebook an das Stromnetz anzuschließen.

Nun bleibt natürlich die Frage, wann die Akkukapazität kritisch ist. Aber auch dafür können Sie etwas festlegen. Gemessen wird die Akkukapazität in Prozent. 100 % ist volle Kapazität. Bei 0 % geht gar nichts mehr. Sie müssen also eine Aktion vor diesem Gar-nichts-mehr ausführen lassen.

Öffnen Sie den Anzeigebaum **Kritische Akkukapazität**. Klicken Sie die Option **Auf Akku** an, und ändern Sie den Vorgabewert auf *3 %*.

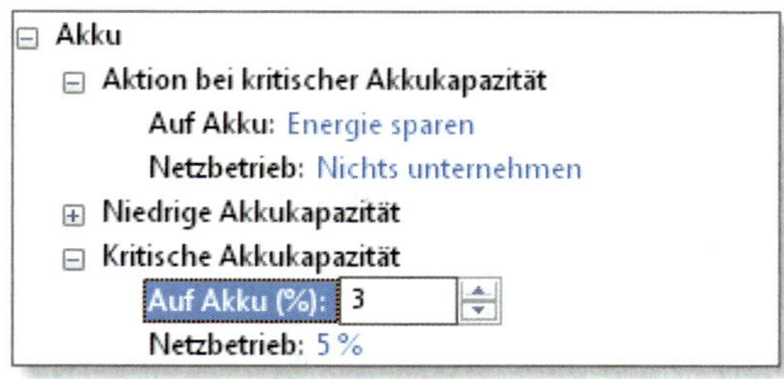

^ ***Abbildung 14.31*** *Legen Sie selbst fest, wann für Windows 7 der Akkustand kritisch ist.*

In gleicher Weise können Sie auch eine Aktion bei niedriger Akkukapazität festlegen und bestimmen, bei welchem Prozentwert dies geschehen soll. Sinnvoll ist dies nur, wenn die Einstellungen der kritischen und der niedrigen Akkukapazität miteinander harmonieren. Anstatt eine Aktion auszuführen, können Sie sich aber auch eine Warnung ausgeben lassen.

1 Öffnen Sie dazu den Anzeigebaum **Benachrichtigung bei niedriger Akkukapazität**.

2 Klicken Sie die Option **Auf Akku** an. Wählen Sie hier **Ein**.

3 Öffnen Sie den Anzeigebaum **Niedrige Akkukapazität**. Tragen Sie bei **Auf Akku** *6 %* ein.

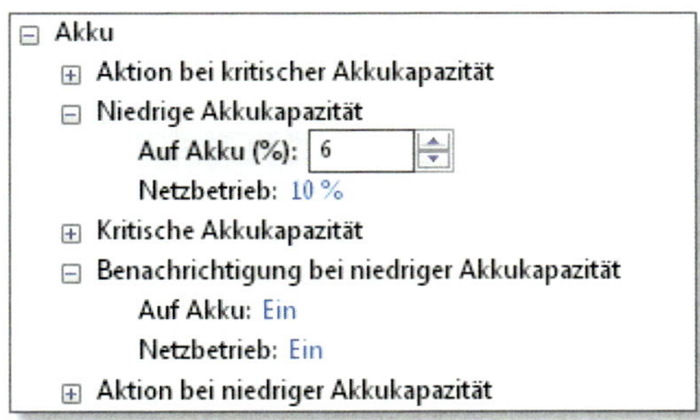

^ ***Abbildung 14.32*** *Bestimmen Sie, wann die Akkukapazität als »niedrig« bewertet wird. Lassen Sie sich beim Erreichen einer niedrigen Akkukapazität eine Warnmeldung ausgeben.*

Windows 7 hat eine weitere Funktion integriert, die Sie bei einem niedrigen Akkustand warnt. Das ist der Reservestrommodus.

HINWEIS

Was ist der Reservestrommodus?
Sobald der Ladestand des Akkus den Reservestrommodus erreicht, gibt Windows 7 eine Meldung aus. Weiter werden keine Aktionen ausgeführt.

Es handelt sich also um eine zusätzliche Schutzfunktion, die Ihnen sagt, dass die Kapazität des Akkus langsam dem Ende zugeht und es Zeit wird, alle wichtigen Daten zu sichern und den mobilen Rechner an eine Steckdose anzuschließen.

Natürlich muss sich der Reservestrom zwischen den Einstellungen **Niedrige Akkukapazität** und **Kritische Kapazität** befinden. Nur so macht die Warnmeldung Sinn.

Erinnern Sie sich: Sie haben die Aktion für die niedrige Akkukapazität bei 6 % ausführen lassen. Die Aktion für die kritische Akkukapazität liegt bei 3 %.

4 Öffnen Sie den Baum **Akkustand für Reservestrom**. Klicken Sie auf **Auf Akku**. Ändern Sie diesen Wert auf *5%*.

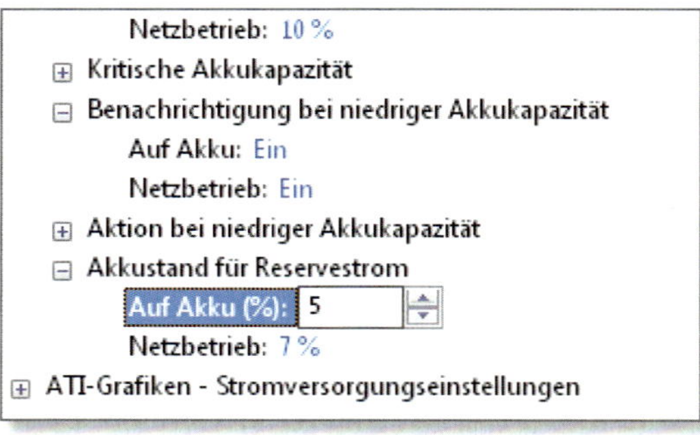

Abbildung 14.33 *Abschließend legen Sie fest, wann Windows 7 in den Reservestrombetrieb wechselt und eine Warnmeldung ausgibt.*

5 Schließen Sie den Dialog mit **OK**. Schließen Sie ebenfalls die geöffneten Fenster der Systemsteuerung.

Den Akkuladestand in der Taskleiste überwachen

In der Taskleiste von Windows 7 können Sie sehen, wie stark der Akku Ihres Notebooks geladen ist. Ein Symbol zeigt die Kapazität an.

Wenn Sie die Maus auf das Symbol führen (ohne zu klicken), wird die Kapazität des Akkus in Prozent angezeigt.

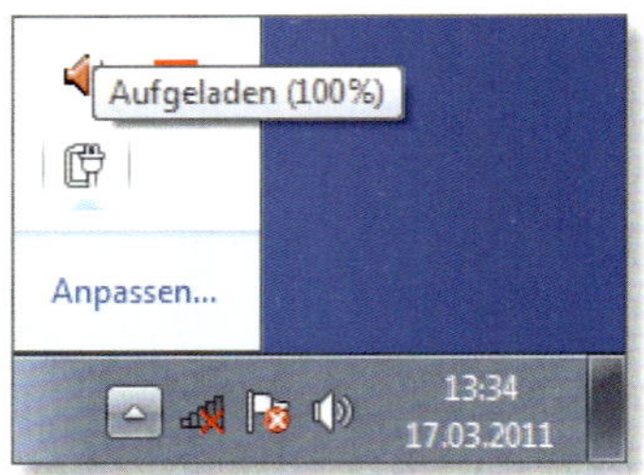

Abbildung 14.34 *Mein Notebook ist an das Stromnetz angeschlossen. An dem kleinen Steckersymbol ist das gut zu sehen. Natürlich ist in diesem Fall der Ladestand bei 100%.*

Abbildung 14.35 *Hier wurde das Notebook vom Netz genommen. Das Steckersymbol verschwindet, und nur eine kleine Batterie ist zu sehen.*

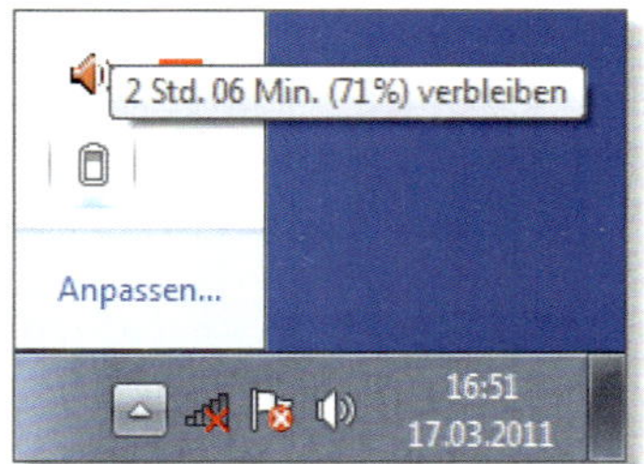

Abbildung 14.36 *In diesem Beispiel verbleiben nur noch 71 %. Angezeigt wird auch, wie viel Zeit Sie noch mit dem Notebook arbeiten können.*

Einen eigenen Energiesparplan erstellen und speichern

Sie können nicht nur die Einstellungen für den Energiesparplan optimieren, sondern auch einen Energiesparplan erstellen und unter einem bestimmten Dateinamen ablegen. Damit haben Sie die Möglichkeit, verschiedene Einstellungen festzulegen. Bei Bedarf laden Sie einfach den Energiesparplan, den Sie in der jeweiligen Situation eben benötigen.

Möchten Sie einen eigenen Energiesparplan erstellen, gehen Sie wie folgt vor:

1. Öffnen Sie die Systemsteuerung. Wählen Sie **Hardware und Sound > Energieoptionen**. Klicken Sie links auf **Energiesparplan erstellen**.
2. Nun wählen Sie eine der Vorgaben **Ausbalanciert**, **Energiesparmodus** oder **Höchstleistung**. Im Beispiel entscheide ich mich für den **Energiesparmodus**. Geben Sie im Eingabefeld einen möglichst sprechenden Namen für den Energiesparplan ein. Klicken Sie danach auf **Weiter**.

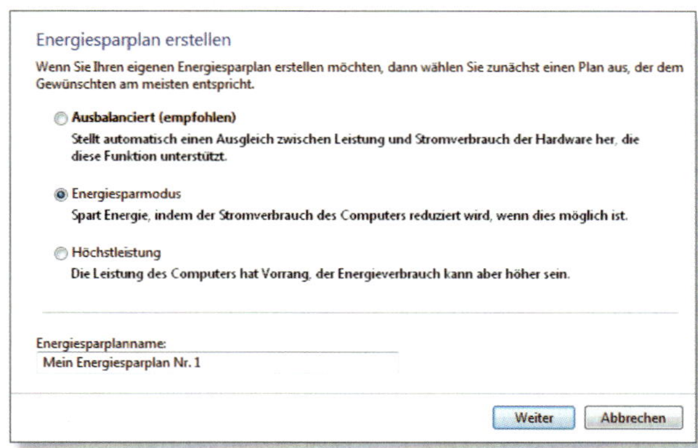

Abbildung 14.37 Ein Energiesparplan wird gewählt. Im Beispiel wähle ich eine der vorgegebenen Einstellungen.

3. Wählen Sie nun im nächsten Dialog die Einstellungen für Ihren Energiesparplan aus. Bestimmen Sie, wann die Bildschirmhelligkeit nach unten geregelt wird und wann der Bildschirm ausgeschaltet wird. Legen Sie fest, nach wie vielen Minuten ohne Aktion der Rechner in den Energiesparmodus wechselt. Bestimmen Sie ebenfalls die Einstellungen für den Akkubetrieb und den Netzbetrieb. Bestätigen Sie mit **Erstellen**.

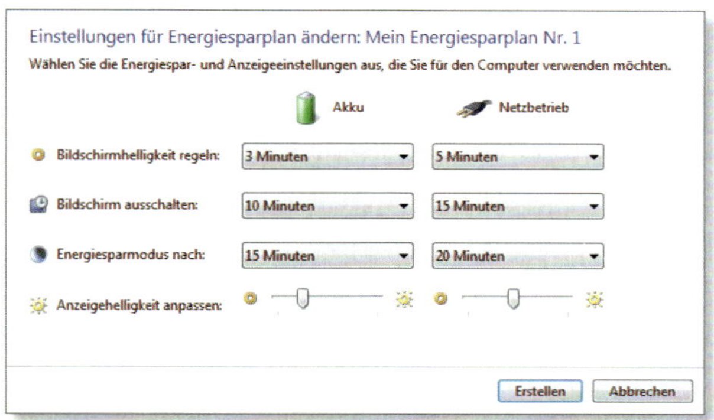

Abbildung 14.38 Die Einstellungen sind wichtig. Sie bestimmen, wie lange Ihr Akku hält.

In diesem Beispiel sind die Einstellungen recht großzügig festgelegt.

Auf die beschriebene Art und Weise können Sie weitere Energiesparpläne festlegen. In der Systemsteuerung wählen Sie unter **Hardware und Sound > Energieoptionen**, welchen Energiesparplan Sie nutzen möchten.

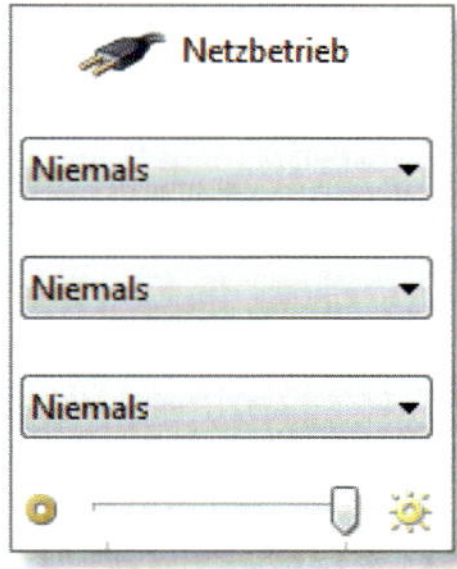

*Abbildung 14.40 Wählen Sie in den Energiesparplaneinstellungen **Niemals**, wenn der Rechner den Stromverbrauch nicht herunterregeln soll.*

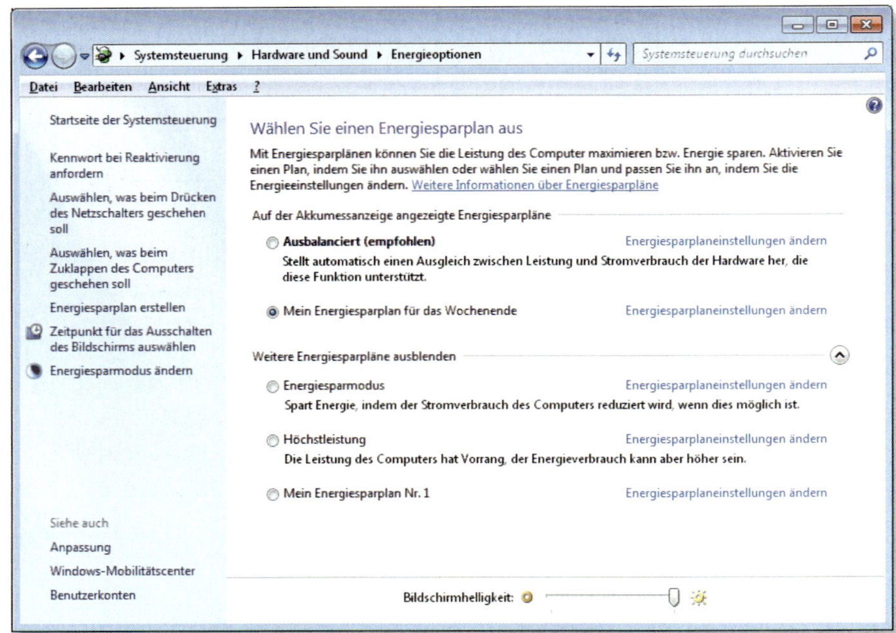

< ***Abbildung 14.39*** *In diesem Beispiel habe ich zwei Energiesparpläne erstellt: einen für den Akkubetrieb und einen für einen Wochenend-Netzbetrieb. Auf diese Weise kann ich das unterschiedliche Benutzerverhalten in den Stromverbrauch des Notebooks einfließen lassen.*

Verhalten des Notebooks beim Drücken des Netzschalters und Zuklappen

Wenn ich meine Arbeit unterbreche und am Notebook nicht weiterarbeite, dann klappe ich es zu. Es wäre doch eine gute Idee, wenn bei einer solchen Aktion das Notebook automatisch Strom sparen würde.

Gleiches kann man zwar auch im Netzbetrieb tun. Aber: Bei meinem Rechner habe ich eher das Problem, dass ich bei hektischen *World of Warcraft*-Gefechten schon einmal aus Versehen auf den Netzschalter komme. Anstatt dem feindlichen Ork eins drüberzubraten, geht der Rechner plötzlich aus. In so einem Fall schreie ich schon einmal. Aber auch hier kann eine Einstellung dafür sorgen, dass Windows 7 genau das macht, was ich gern hätte – und was dafür sorgt, dass ich weiter den Ork vermöbeln kann.

1. Öffnen Sie die Systemsteuerung. Wählen Sie **Hardware und Sound > Energieoptionen**. Auf der linken Seite finden Sie den Eintrag **Auswählen, was beim Zuklappen des Computers geschehen soll**.
2. Wählen Sie zunächst, was im Akkubetrieb beim Drücken des Netzschalters und beim Zuklappen des Notebooks geschehen soll. In meinem Beispiel entscheide ich mich für den Ruhezustand beim Drücken des Netzschalters. In der Zeile **Beim Zuklappen** wähle ich **Energie sparen**.
3. Geben Sie nun an, was beim Netzbetrieb geschehen soll. Entscheiden Sie ganz so, wie Sie es für Ihre Arbeit für richtig halten. In meinem Fall sorge ich mit **Nichts unternehmen** dafür, dass beim Drücken des Netzschalters nicht versehentlich der Rechner ausgeht. Beim Zuklappen wird Energie gespart.
4. Mit **Änderungen speichern** übernehmen Sie die gemachten Einstellungen.

Wenn Sie möchten, können Sie ein Kennwort für die Reaktivierung des Notebooks vergeben. Mit dieser Funktion sorgen Sie dafür, dass kein Unbefugter mit dem Rechner arbeiten kann. Ganz egal, ob Sie nicht möchten, dass in Ihrem Büro Kollegen auf Ihre Daten schauen oder dass zu Hause mal jemand schnell durch das Internet surft – ohne das Kennwort ist der Zugang nicht möglich.

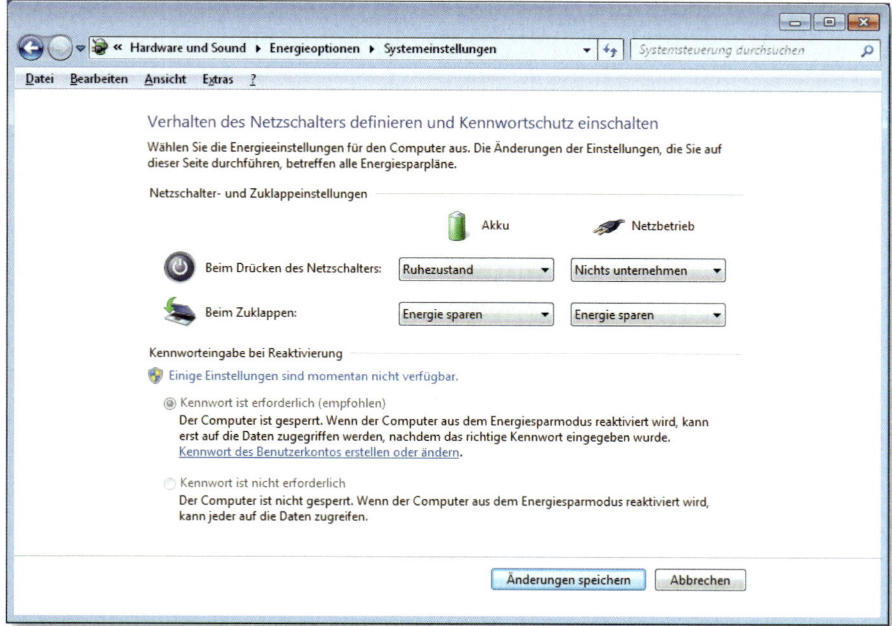

< ***Abbildung 14.41*** *Legen Sie fest, was beim Drücken des Netzschalters geschehen soll und wie der Rechner reagiert, wenn das Notebook zugeklappt wird. Sie sorgen mit diesen Einstellungen dafür, dass Ihr Notebook nicht »aus Versehen« ausgeht.*

1 Möchten Sie ein Kennwort für die Reaktivierung vergeben, gehen Sie wie oben beschrieben zunächst in den Dialog, in dem das Verhalten des Notebooks beim Drücken des Netzschalters festgelegt wird.

2 Mit einem Klick auf **Einige Einstellungen sind momentan nicht verfügbar** werden dieselben zugänglich.

3 Überprüfen Sie, ob die Option **Kennwort ist erforderlich** angeschaltet ist. In der Vorgabeeinstellung ist dies der Fall. Trifft dies bei Ihnen nicht zu, aktivieren Sie diese Option.

4 Wählen Sie **Kennwort des Benutzerkontos erstellen oder ändern**.

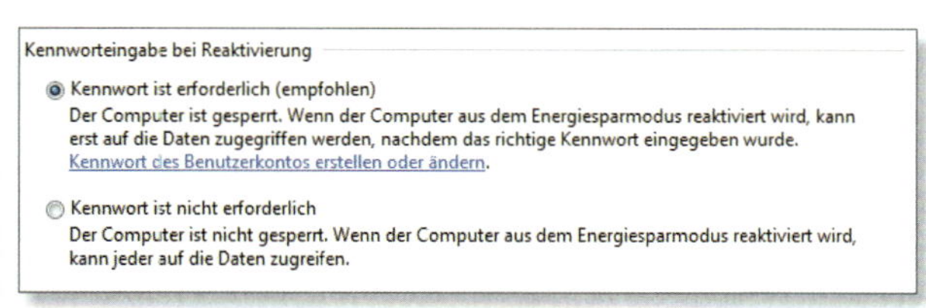

∧ ***Abbildung 14.42*** *Mit dieser Einstellung müssen Sie ein Kennwort eingeben, damit das Notebook wieder verwendbar wird.*

TIPP

Sind Sie einziger Nutzer des Notebooks?
Wenn Sie allein Ihren mobilen Rechner verwenden und in einem 1-Personen-Haushalt leben, müssen Sie natürlich kein Kennwort für die Reaktivierung des Notebooks aus dem Ruhezustand vergeben. Hier können Sie getrost auf diese Option verzichten. Aber vielleicht ist es sinnvoll, die Benutzerkontensteuerung zu aktivieren, wenn Freunde und Kumpels zu Besuch kommen. So kann Ihnen niemand im leicht angesäuselten Zustand einen Streich spielen. Wahrscheinlich werden Sie bei einer Party in den eigenen vier Wänden das Notebook ohnehin irgendwo verstauen. Jedoch empfehle ich die Verwendung der Benutzerkontensteuerung, wenn Sie den Rechner im Urlaub und auf Geschäftsreisen bei sich tragen. Hier sollte auch ein Kennwort eingegeben werden, wenn der Rechner aus dem Ruhezustand zurückgeholt werden soll.

Natürlich können Sie das bisherige Kennwort des Benutzerkontos verwenden. In diesem Beispiel

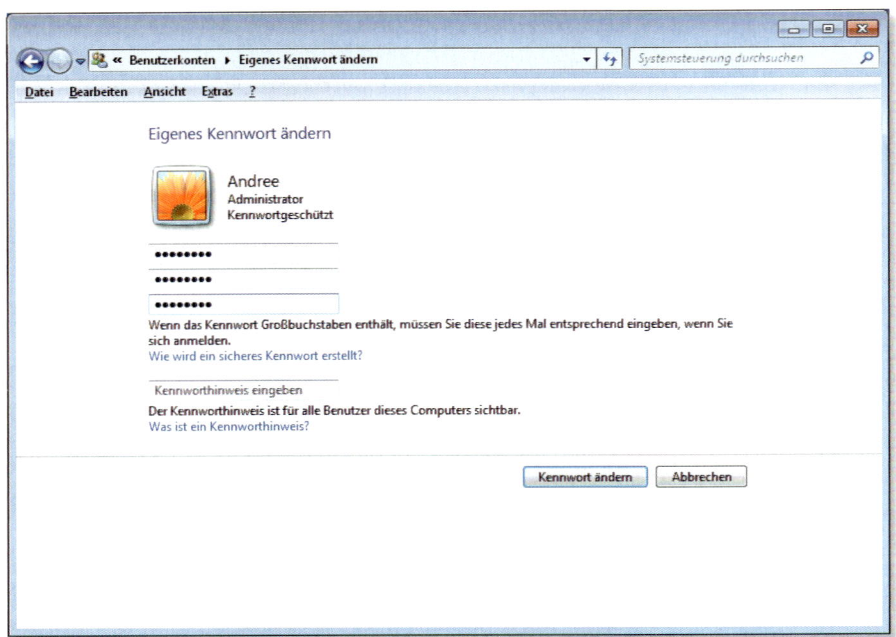

< ***Abbildung 14.43*** *Die Eingabe des Kennworts für die Benutzerkontensteuerung erfolgt verdeckt. Jemand, der Ihnen zufällig über die Schulter schaut, sieht nicht die Ziffern und Buchstaben, die Sie als Kennwort verwenden.*

möchte ich aber ein neues Kennwort erstellen. Dieses wird dann für das Benutzerkonto verwendet. Das Kennwort muss also nicht nur eingegeben werden, um den Rechner aus dem Ruhezustand zu holen, sondern auch, wenn er angeschaltet oder neu gestartet wird.

HINWEIS

Ein Kennwort muss sicher sein

Das richtige Kennwort zu finden, ist gar nicht so einfach. Zum einen müssen Sie es sich merken. Wenn Sie es vergessen, sitzen Sie plötzlich vor Ihrem Notebook oder auch vor einem Desktop-PC und haben sich selbst ausgesperrt. Kennworte, die leicht zu erraten sind, stellen jedoch ein Sicherheitsrisiko dar. Namen aus Ihrem Bekannten- und Freundeskreis, aus Ihrer Familie und von Haustieren sind ebenso ungeeignet wie Geburtstage oder Ziffernkombinationen wie 123456 oder 987654. Ein solches Kennwort müssen Sie erst gar nicht erstellen. Es lässt auch unliebsame Besucher, die nur etwas herumprobieren, schnell an Ihr Notebook.

5 Nun muss ein Kennwort eingegeben werden. Tun Sie dies mit **Eigenes Kennwort ändern**. Geben Sie zunächst das bisherige Kennwort ein. Nun tragen Sie ein neues Kennwort in die Eingabezeile ein. Mit der erneuten Eingabe bestätigen Sie dieses Kennwort. Wenn Sie möchten, können Sie einen Hinweis zu dem Kennwort angeben. Das ist eine Art Knoten im Taschentuch, der Ihnen hilft, sich an das Kennwort zu erinnern. Mit einem Mausklick auf die Schaltfläche **Kennwort ändern** bestätigen Sie die Eingabe. Schließen Sie die geöffneten Dialoge der Systemsteuerung.

14.3 Mit dem Windows 7-Notebook ins Internet

Ein Vorteil eines Notebooks ist, dass Sie es überall mit hinnehmen können. Aktuelle Notebooks sind mit WLAN ausgerüstet. Sofern ein Hotspot zur Verfügung steht, können Sie so in das Internet gehen.

HINWEIS

Was bedeutet WLAN?
WLAN steht für *Wireless Local Area Network*. Das kann man mit »drahtloses lokales Netzwerk« übersetzen. Oft wird auch von einem *Funknetzwerk* gesprochen.

Ein *Router* oder ein *Access Point* (Zugangsmodem) verbindet den Client mit einem Netzwerk. In der Regel sind Access Points bereits in einem DSL-Modem integriert. Der Client besitzt einen WLAN-Adapter. Dieser ist entweder bereits in das Motherboard integriert oder kann über eine Einsteckkarte nachgerüstet werden.

Zu Hause bringt ein Funknetzwerk auch einige Vorteile. Viele DSL-Modems werden über ein Netzwerkkabel mit dem Rechnern verbunden, besitzen aber auch eine WLAN-Funktionalität. So können Sie in der Küche, auf dem Balkon oder im Garten surfen, ohne dass Sie ein überlanges Kabel quer durch das Haus legen müssen.

Natürlich ist die Reichweite eines WLAN-Signals begrenzt. Auch kann es durch verschiedene Einflüsse, wie elektrische Leitungen, Geräte und Metalle, gestört werden. Innerhalb einer Wohnung oder eines Hauses sollte die Reichweite aber immer ausreichend sein. Haben Sie Probleme mit der Erreichbarkeit, sollten Sie andere Standorte des Routers ausprobieren.

Um WLAN nutzen zu können, müssen Sie entweder den Zugang zu einem freien Hotspot verwenden können, oder Ihnen müssen die Zugangsdaten bekannt sein. Sie finden diese in der Regel bei der Dokumentation Ihres WLAN-Modems oder des Internetproviders. Die Zugangskennung ist meist auf der Rückseite des Modems zu finden.

Um zu verhindern, dass nahe Mitbewohner Ihren Hotspot benutzen und vielleicht etwas im Internet tun, das Ihnen Kosten verursacht, sind WLAN-Zugänge mit einem Passwort verschlüsselt.

HINWEIS

Warum man WLAN-Zugänge verschlüsselt
Sicher stört es Sie nicht, wenn ein Nachbar Ihren WLAN-Zugang nutzen würde, um mal schnell zu schauen, welche Zugverbindung von Kassel nach Wien am günstigsten ist. Wenn über Ihren Zugang aber Aktionen durchgeführt werden, die Kosten verursachen, müssen Sie dafür aufkommen. Es ist Ihr Zugang, und Sie sind für diesen verantwortlich. Gleiches trifft zu, wenn Ihr WLAN-Zugang für illegale Aktivitäten, zum Beispiel für das Verbreiten von Computerviren, verwendet wird. Sie tragen dann an den eintretenden Schäden eine gewisse Mitschuld. Daher müssen Sie Ihren WLAN-Zugang sichern.

Um die Sache einfacher zu machen, sind aktuelle WLAN-Modems mit einer Verschlüsselung und einer Zugangskennung versehen. Diese ist in der Vorgabeeinstellung aktiviert.

WLAN-Zugänge suchen und verwenden

Sorgen Sie zunächst dafür, dass die WLAN-Funktion in Ihrem Modem angeschaltet ist. Meist finden Sie auf der Rückseite eine Taste. Drücken Sie diese ein paar Sekunden, bis die grüne Lampe mit der Bezeichnung WLAN blinkt.

Anschalten müssen Sie auch den WLAN-Adapter Ihres Notebooks. Dazu finden Sie an der Seite des Gerätes eine Taste. Oder Sie verwenden die Taste Fn plus eine der F-Tasten. Ein Satellitensymbol oder ein WLAN-Symbol, in der Regel in der Farbe Blau, zeigt an, welche Taste Sie verwenden müssen.

Abbildung 14.44 *Das WLAN-Symbol ist mit einer gelben Kugel markiert: Der WLAN-Adapter ist aktiv, und Netzwerke sind erreichbar.*

Abbildung 14.45 Der WLAN-Adapter ist deaktiviert. Es steht kein Zugang zu einem Funknetzwerk zur Verfügung.

Es ist nicht notwendig, die Systemsteuerung oder ein spezielles Tool aufzurufen, um die erreichbaren WLAN-Netzwerke zu suchen. Führen Sie die Maus auf das WLAN-Symbol in der Systemsteuerung. Führen Sie nun einen Linksklick mit der Maus aus. Eine Liste klappt auf. Hier werden die verschiedenen WLAN-Verbindungen angezeigt, die für Ihr Notebook verfügbar sind.

Neben dem Namen der Netzwerkverbindung sehen Sie das Balkensymbol der Netzwerkverbindung. Die Anzahl der grün gefärbten Balken steht für die Qualität der Netzwerkverbindung bzw. die Signalstärke. Im besten Fall sind alle fünf Balken grün gefärbt.

Abbildung 14.46 Die Liste zeigt die in meiner Nähe verfügbaren WLAN-Zugänge an.

Ist die Signalqualität schlecht, kann die Datenübertragung oft stocken.

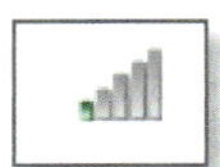

Abbildung 14.47 Schlechte Signalqualität.

Sind alle fünf Balken markiert, wird es keine Probleme geben, diesen Zugang zu nutzen.

Abbildung 14.48 Dieser WLAN-Zugang ist sehr gut erreichbar.

INFO

Warum ist die Signalstärke wichtig?
Gerade wenn Sie große Datenmengen übertragen, ein Onlinespiel machen oder einen Webdienst nutzen, muss die Datenverbindung eine gute bis sehr gute Qualität haben. Zu viele kurze Unterbrechungen und zu viele Fehler sorgen dafür, dass die Verbindung abreißt und neu aufgebaut werden muss.

Zu jeder WLAN-Verbindung können Sie eine kleine Liste von Informationen abrufen. Dazu führen Sie die Maus auf einen der Verbindungsnamen und warten einen kleinen Augenblick. Angezeigt werden der Name der Verbindung, die Signalstärke, der Sicherheits- und der Funktyp sowie die SSID.

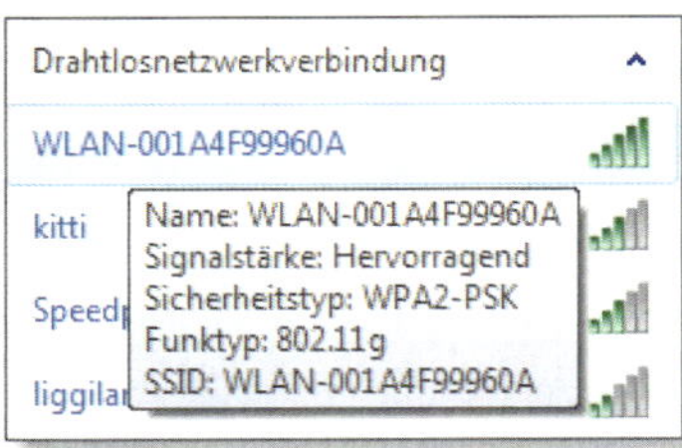

Abbildung 14.49 Zu jeder WLAN-Verbindung stehen verschiedene Informationen zur Verfügung.

Nun müssen Sie herausfinden, welches WLAN-Netzwerk zu Ihrem Modem gehört. Wenn Sie die Bezeichnung Ihres WLAN-Netzwerks nicht genau kennen, schauen Sie auf Ihr Modem. Oft sind der Typ des Modems und der Herstellername Teil des Netzwerknamens. Haben Sie bei der Einrichtung des WLAN-Netzwerks eine eigene Bezeichnung festgelegt, so erkennen Sie nun an dieser auch den richtigen WLAN-

Zugang. Notieren Sie sich das Zugangspasswort. Sie finden es auf der Rückseite des Modems.

Nun können Sie natürlich die Systemsteuerung aufrufen und über einen Assistenten die Verbindung einrichten. Doch es geht auch ein wenig einfacher:

1. Klicken Sie auf die richtige Verbindung im Listenfeld der Taskleiste.
2. Klicken Sie auf **Verbinden**.
3. Ein kleines Dialogfenster klappt auf. Hier müssen Sie das Zugangspasswort eintragen. Geben Sie Ihren WLAN-Sicherheitsschlüssel im Eingabefeld ein. Bestätigen Sie mit **OK**.

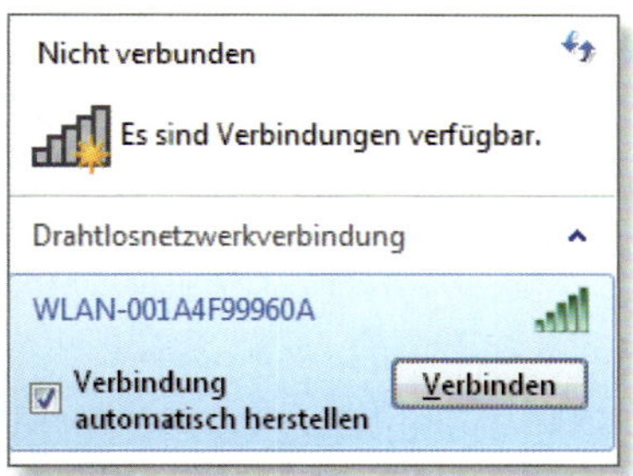

Abbildung 14.50 *Hinter der WLAN-Verbindung finden Sie eine Schaltfläche. Ein Mausklick auf* ***Verbinden*** *genügt.*

Klicken Sie auf **Zeichen ausblenden**, wird der Zugangsschlüssel nur mit Punkten angezeigt. Jemand, der mir über die Schulter schauen würde, könnte damit nichts anfangen.

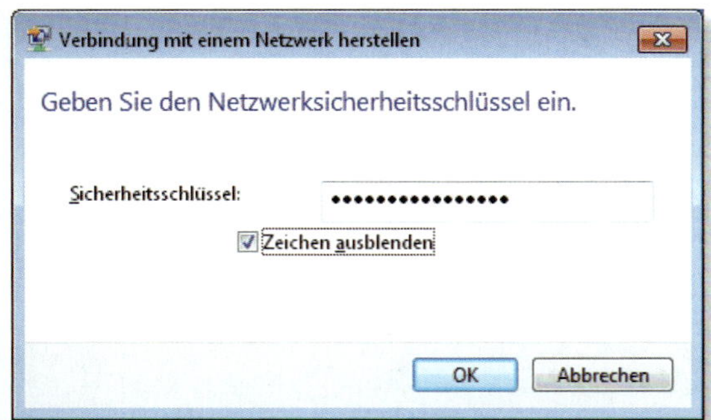

Abbildung 14.51 *In diesem Beispiel habe ich die Option* ***Zeichen ausblenden*** *angeschaltet.*

Stimmt der Schlüssel, werden Sie verbunden.

Abbildung 14.52 *Die Verbindung wurde erfolgreich hergestellt.*

Sie sehen die erfolgreiche Verbindung auch in der Liste der WLAN-Zugänge.

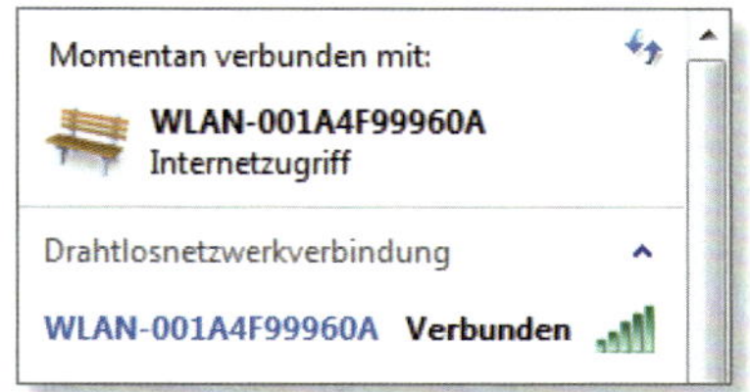

Abbildung 14.53 *Ich bin mit dem Internet über das WLAN-001A4F99960A verbunden.*

Möchten Sie die Verbindung wieder lösen, klicken Sie die Verbindung in der Windows-Taskleiste an. Klicken Sie auf die Schaltfläche **Trennen**. Um sich danach wieder zu verbinden, gehen Sie vor wie ab Schritt 1 beschrieben.

Nach einem kurzen Moment öffnet Windows 7 einen Dialog, der Sie darum bittet, einen Standort des Netzwerks zu wählen. Dieser wird für verschiedene Netzwerkeinstellungen und auch für die Einstellungen der Windows Firewall verwendet.

Heimnetzwerk ist die richtige Wahl, wenn Sie sich zu Hause befinden. Für ein Netzwerk in einem Büro verwenden Sie **Arbeitsplatznetzwerk**. Die Einstellung **Öffentliches Netzwerk** ist nur in Internetcafés, Gaststätten oder bei anderen WLAN-Zugängen interessant, die an öffentlichen Plätzen vielen Besuchern zur Verfügung stehen.

Im nächsten Dialog wird die Auswahl noch einmal angezeigt. Dazu bietet Ihnen Windows 7 eine kurze Beschreibung an. Bestätigen Sie sie einfach.

Abbildung 14.54 *Ordnen Sie die neu erstellte Verbindung einem Netzwerkort zu.*

Möchten Sie eine WLAN-Verbindung lieber über den Assistenten erstellen, gehen Sie wie folgt vor:

1 Öffnen Sie die Systemsteuerung. Wählen Sie **Netzwerk und Internet > Netzwerk- und Freigabecenter**. Sie erreichen dieses auch direkt über das Kontextmenü des WLAN-Symbols in der Windows 7-Taskleiste.

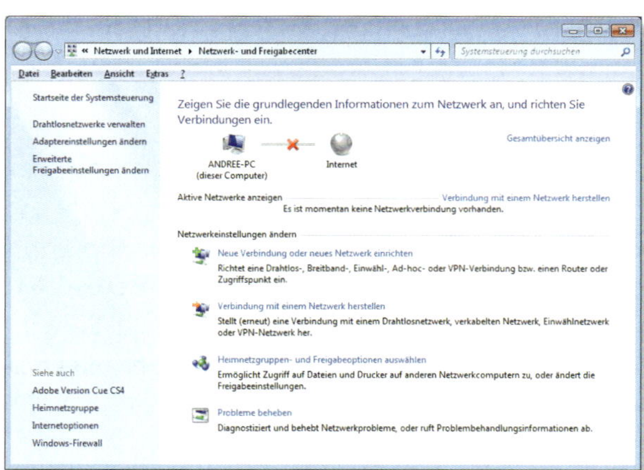

Abbildung 14.55 *Im* ***Netzwerk- und Freigabecenter*** *können Sie Verbindungen erstellen und verwalten.*

2 Wählen Sie **Neue Verbindung oder neues Netzwerk einrichten**.

3 Die Auswahl **Verbindung mit dem Internet herstellen** (erste Funktion gleich ganz oben) ist die richtige. Mit **Weiter** geht es in den nächsten Dialog.

4 Wählen Sie **Drahtlosverbindung**.

5 Nun landen Sie wieder in der Verbindungsliste, die über das WLAN-Symbol in der Windows-Taskleiste eingeblendet wird. Gehen Sie vor, wie zuvor beschrieben.

Der Weg, direkt über die Verbindungsliste in der Windows-Taskleiste zu gehen, ist etwas schneller. Das Netzwerk- und Freigabecenter in der Systemsteuerung ist eher ein Umweg.

HINWEIS

Eine Verbindung automatisch herstellen

Die Option **Verbindung automatisch herstellen** beim Einrichten einer WLAN-Verbindung besagt nichts anderes, als dass Windows den Zugangsschlüssel behält. Sie müssen diesen nur bei der ersten Einrichtung eingeben und können sich dann später einfach mit einem Mausklick verbinden lassen.

Diese Option stellt natürlich ein Sicherheitsrisiko dar. Sollen andere Familienmitglieder den Zugang nicht nutzen oder nehmen Sie den Rechner mit auf die Arbeit, kann so ein Dritter Ihren WLAN-Zugang nutzen. Von außen geht dies jedoch nicht. Der Nachbar muss auch den Zugang zum WLAN einrichten, und er kennt (hoffentlich) nicht Ihren Zugangsschlüssel.

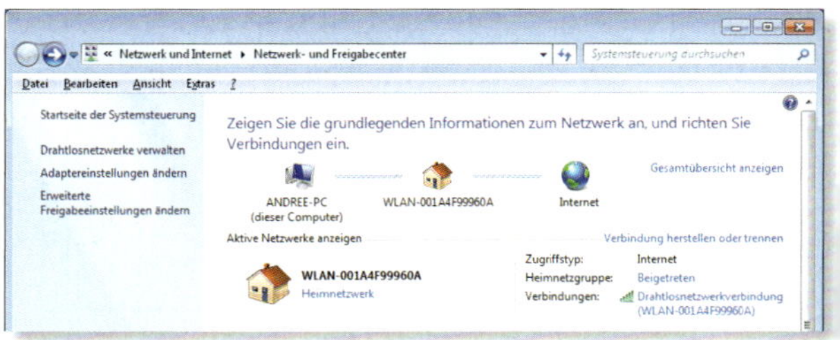

Abbildung 14.56 *Die Verbindung in das WLAN-Netzwerk wird im Netzwerk- und Freigabecenter angezeigt.*

Hotspots suchen und verwenden

Ein Hotspot ist ein öffentlicher Zugang, den interessierte Anwender nutzen können. Hotspots befinden sich an großen Plätzen, in Cafés oder Restaurants oder auch in Universitäten. Es gibt sie auch an Bahnhöfen und auf Flughäfen. Meist sind Hinweisschilder aufgestellt, die einen solchen öffentlichen Zugang kenntlich machen.

Einige Internet-Provider bieten auch ein Netz aus Hotspots an, so zum Beispiel die Telekom. Hier ist ein besonderer Tarif notwendig, um Zugang zu allen Hotspots des Providers zu erhalten. Informationen dazu finden Sie unter *http://www.hotspot.de*. Zugangspunkte anderer Provider finden Sie über die folgenden Webadressen: *http://mobileaccess.de/wlan*, *http://www.hotspot-locations.de* und *http://www.freie-hotspots.de*.

Die Qualität der Hotspots und die Reichweite sind in der Regel größer als die des heimischen Access Points. Die Anbieter verkaufen den Zugang gegen eine kleine Gebühr. Meist wird nach der Zeit der Nutzung abgerechnet. In Zittau gibt es zum Beispiel ein Café, in dem der Zugang kostenlos ist. Ich muss lediglich pro Stunde ein Getränk zu mir nehmen.

Der Zugang zu einem Hotspot erfolgt genauso wie bei einem Access Point. Sie müssen nur vorher die Zugangsdaten erfragen.

Grundlagen zur Nutzung von WLANs

Microsoft hat das Erstellen und Verwalten von Netzwerkverbindungen wesentlich vereinfacht. In Windows 7 sind bereits Funktionen integriert, mit denen Sie eine WLAN-Verbindung aufnehmen, verwalten und benutzen können. Sie müssen lediglich den WLAN-Adapter aktivieren, nach dem richtigen Funknetzwerk suchen, eine Verbindung aufnehmen und den Zugangsschlüssel eingeben.

Die Voraussetzung für das Nutzen von WLANs ist also, dass eine nutzbare Verbindung zur Verfügung steht. Diese wird mit aktuellen DSL-Modems oder öffentlichen Hotspots zur Verfügung gestellt. Ihr Rechner muss eine WLAN-Netzwerkkarte besitzen. Aktuelle Desktop-Rechner und Notebooks sind bereits damit ausgerüstet. Ist dies nicht der Fall, müssen Sie eine solche Karte nachrüsten.

INFO

WLAN mit Windows 7
In Windows 7 werden WLAN-Netzwerke als *Funknetzwerke* bezeichnet.

Windows 7 erkennt selbstständig, um was für einen WLAN-Typ es sich handelt. Sie müssen also nicht über Optionen auswählen, was für einen Typ Sie nutzen.

Der WLAN-Adapter kann zwei verschiedene Übertragungsmodi nutzen. Einer dieser Modi ist der *Infrastruktur-Modus*. Hier verbindet man sich mit einem Access Point. Das kann zum Beispiel der WLAN-Empfänger des heimischen DSL-Modems sein.

Der zweite Betriebsmodus ist der *Ad-hoc-Modus*. Über diesen können zwei Rechner oder Geräte, die über einen WLAN-Adapter verfügen, direkt verbunden werden und Daten austauschen. So können Sie zum Beispiel mit dem Notebook im Wohnzimmer auf den Desktop im Arbeitszimmer zugreifen und schnell ein paar Office-Dateien »rüberziehen«. Ich komme auf Adhoc-Netzwerke noch einmal zurück.

Ein Access Point ist mit einer SSID versehen. Diese *Service Set Identification* ist eine Bezeichnung, ein Name für den Access Point. An diesem Namen wird er erkannt. In der Vorgabeeinstellung werden hier der Hersteller und der Typ der Hardware verwendet. Sie können dies aber auch verändern und einen eigenen Namen vergeben. Die verschiedenen SSIDs können Sie in Abbildung 1.45 sehen. Neben den Produktnamen wie *Fritz! Box Fon WLAN 7320* hat ein naher Nachbar die Vorgabe in *nochsoeinwlan* verändert. Wie Sie selbst hier verfahren, bleibt Ihnen überlassen. Die Bezeichnung des Access Points hat keinen Einfluss auf dessen Betrieb.

Die erste Konfiguration des Access Points geschieht in der Regel über ein Webinterface. Sie öffnen einen Webbrowser, schalten das WLAN ein und geben eine bestimmte Adresse ein. Je nach Gerät ist dies ganz unterschiedlich. Schauen Sie dazu in die Dokumentation Ihrer Hardware bzw. Ihres Providers.

Sicherheit in WLAN-Netzwerken

Als Modems mit WLAN-Adapter noch neu auf dem Markt waren, hatten die Hersteller die Verschlüsselung oft noch nicht aktiviert. Der Benutzer musste dies nachträglich tun. Die Folge war, dass viele Otto-Normal-Anwender Ihre Access Points ohne Verschlüsselung nutzten. Die Zugänge wurden von Dritten missbraucht, und der Anwender wunderte sich dann oft über Kosten bei zwielichtigen Webanbietern.

Um diese Probleme zu umgehen, sind heutzutage die Sicherheitsprotokolle vorkonfiguriert. Die Datenübertragung erfolgt verschlüsselt. Sie müssen bei der ersten Aufnahme einer Funknetzverbindung über Ihren Access Point eine Zugangskennung eingeben.

Beachten Sie aber, dass sowohl Windows ebenso wie die verschiedenen Anwendungsprogramme als auch die Hardware mit Fehlern behaftet sind. Es gibt hier und da Sicherheitslücken, die ein Dritter ausnutzen kann. Achten Sie unbedingt darauf, eine für Dritte unzugängliche Verbindung in das Internet aufzunehmen. Schützen Sie sich mit einer aktiven Firewall. Nutzen Sie Antivirenscanner. Halten Sie diese immer auf einer aktuellen Version, und untersuchen Sie regelmäßig Ihren Rechner auf gefährliche Viren und Schadprogramme. Schließen Sie Sicherheitslücken im Betriebssystem und in den Anwendungsprogrammen mit dem Einspielen von Updates und Patches.

Man unterscheidet drei Protokolle, die Funknetzwerke gegen Eindringlinge absichern:

- das WEP-Protokoll
- das WPA-Protokoll
- das WPA2-Protokoll

HINWEIS

Spezialisierte Hacker
Es gibt bereits Cyberkriminelle, die sich auf das Einbrechen in ungeschützte WLAN-Verbindungen spezialisiert haben. Das ist nicht nur eine kleine Marotte einiger weniger Hacker. Es ist so weit verbreitet, dass es dafür bereits einen eigenen Namen gibt: *Wardriving*.

Hackergruppen suchen dabei unverschlüsselte Funknetzwerke. Haben sie solche gefunden, werden diese auf mögliche Angriffspunkte untersucht. Ist ein solcher Angriffspunkt gefunden, verbindet sich ein Hacker mit dem Netzwerk und versucht, Daten zu stehlen, zu verändern, Viren oder Spyware zu hinterlassen oder auch Konfigurationen umzuschreiben.

Das WEP-Protokoll

WEP steht für *Wired Equipment Privacy*. Hier wird ein Verschlüsselungscode aus einer Reihe von Zeichen und Ziffern verwendet.

Der WEP-Key ist nicht besonders sicher. Er kann nur die Buchstaben *a* bis *f* und die Ziffern 0 bis 9 enthalten. Der Anwender kann ihn in regelmäßigen Abständen ändern und so die Sicherheit seines Access Points erhöhen. Auch kann die Sicherheit durch eine Kombination aus Zeichen, die kein lesbares Wort oder keine Datumsangabe ergeben, erhöht werden. Dennoch gibt es Hackertools, die einen WEP-Key in recht kurzer Zeit ermitteln.

Das WPA-Protokoll

WPA steht für *Wi-Fi Protected Access*. Hier wird ein automatisierter Schlüsselwechsel verwendet. Diesen führt der Access Point (also die Hardware) selbstständig durch. Dem Anwender steht ein Schlüssel zur Verfügung. Dieser sogenannte *Pre-Shared-Key* wird als Basis für die Änderung der Verschlüsselung aufseiten der Hardware verwendet.

Auch hier können Sie die Datensicherheit mit einer Zahlen- und Zeichenkette erhöhen, die keinen lesbaren Sinn ergibt. Verwendet werden 20 oder mehr Zeichen.

Das WPA2-Protokoll

Das WPA2-Protokoll ist eine Weiterentwicklung von WPA. Hier wurde durch ein noch besseres Verschlüsselungsverfahren die Sicherheit des Access Points weiter erhöht.

Achten Sie beim Kauf von DSL-Modems oder Hardware mit WLAN-Adaptern darauf, dass sie das Protokoll WPA 2 beherrschen. Auf diese Weise erreichen Sie die bestmögliche Sicherheit Ihres Funknetzwerkzugangs.

> **INFO**
>
> **Sichern Sie Ihr WLAN**
> Ich wiederhole mich an dieser Stelle gern: Achten Sie darauf, dass Ihr WLAN sicher vor dem Zugriff Dritter ist. Halten Sie unliebsamen und nicht eingeladenen Besuch draußen. Nutzen Sie eine Firewall und eine aktuelle Antivirensoftware.

Ändern Sie nach dem Kauf Ihres WPA3-Geräts auch die SSID. Ein Beobachter, der die Umgebung nach erreichbaren Access Points scannt, muss nicht wissen, welche Hardware Sie verwenden. Das hat nicht nur den Grund, Neugierige ins Leere laufen zu lassen, sondern soll vor allem vermeiden, dass jemand aus dem Namen der Hardware auf die verwendeten Verschlüsselungstechniken schließen kann.

Schalten Sie die Funktion **SSID Broadcast** aus. Tun Sie dies, nachdem Sie Ihren Access Point erstmals mit Windows 7 eingerichtet haben. So vermeiden Sie, dass der Name des Access Points für andere sichtbar wird. Ist sie ausgeschaltet, wird Ihr Access Point im Netzwerk nicht mehr angezeigt. Ein Dritter kann also nicht mehr so einfach einen Zugang zu Ihrem Access Point versuchen.

Überprüfen Sie das Zugangskennwort Ihres Access Points. Es muss aus einer Reihe von Buchstaben und Ziffern bestehen, die keinen lesbaren Sinn ergeben. Damit vermeiden Sie, dass Hacker eine Wörterbuchattacke (einen sogenannten Brute-Force-Angriff) ausführen. Bei so einem Angriff gleicht ein Programm automatisch verschiedene Wörter aus einer Wörterbuchdatenbank mit Ihrem Kennwort ab, bis die richtige Zeichenkombination gefunden ist.

WLAN-Ad-hoc-Netzwerke

Mit einem Ad-hoc-Netzwerk können Sie zwei Rechner verbinden, die über einen WLAN-Adapter verfügen. Sie können dann Daten austauschen. Ein Rechner kann auch den Internetzugang des anderen Rechners nutzen. Sender und Empfänger können bis zu 30 Meter voneinander entfernt sein. Sie brauchen für eine Ad-hoc-Verbindung keinen Access Point. Es genügen die WLAN-Karten bzw. -Chips der Rechner. Unterschieden wird zwischen dem Quell- und dem Zielcomputer.

So erstellen Sie ein Ad-hoc-Netzwerk

Beginnen Sie mit der Einrichtung einer Ad-hoc-Verbindung auf dem Quellrechner:

1. Öffnen Sie das **Netzwerk- und Freigabecenter**. Sie können dies über das Symbol **Netzwerk** auf Ihrem Desktop tun. Möglich ist dies auch über die Menüzeile am oberen Rand des Windows-Explorers. Oder Sie öffnen die **Systemsteuerung**. Unter **Netzwerk und Internet** finden Sie den gesuchten Einstellungsdialog.
2. Links oben im Menü wählen Sie **Drahtlosnetzwerke verwalten**.

^ ***Abbildung 14.57*** *Im Netzwerk- und Freigabecenter gelangen Sie in den Dialog* ***Drahtlosnetzwerke verwalten****.*

3 Der Dialog ist noch leer, es sei denn, Sie haben bereits ein Drahtlosnetzwerk eingerichtet. Wählen Sie **Hinzufügen**.

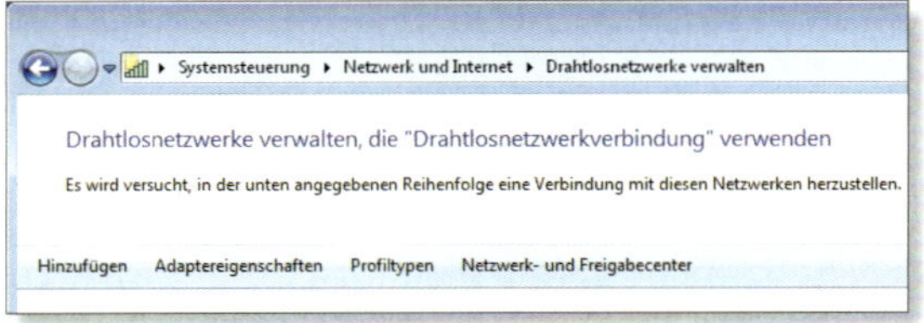

∧ ***Abbildung 14.58*** *In diesem Beispiel ist die Tabelle noch leer. Ein Drahtlosnetzwerk muss zunächst hinzugefügt werden.*

4 Ein Dialogfenster mit dem Titel **Manuell mit einem Drahtlosnetzwerk verbinden** wird geöffnet. Wählen Sie hier **Ad-hoc-Netzwerk erstellen**.

∧ ***Abbildung 14.59*** *Ein Ad-hoc-Netzwerk wird nun eingerichtet.*

5 Im Assistenten sehen Sie nun einen Informationsdialog. Er führt in das Thema Ad-hoc-Netzwerke ein. Klicken Sie auf die Schaltfläche **Weiter**.

6 Geben Sie nun einen Namen für das neue Netzwerk ein. Wählen Sie einen Sicherheitstyp, und legen Sie einen Sicherheitsschlüssel fest. Mit dem Sicherheitsschlüssel muss der andere Rechner oder das andere Gerät sich bei Ihnen anmelden. Schalten Sie die Option **Dieses Netzwerk speichern** an. Aktivieren Sie die Option **Zeichen ausblenden**, wenn Sie möchten, dass das eingegebene Passwort nicht im Klartext, sondern mit Sternchen angezeigt wird. So bleiben die Einstellungen dauerhaft verfügbar, und Sie müssen das nächste Mal kein neues Ad-hoc-Netzwerk erstellen. Klicken Sie auf **Weiter**.

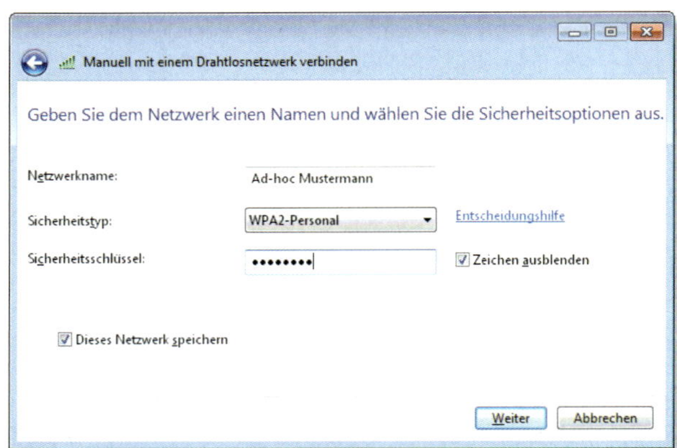

∧ ***Abbildung 14.60*** *Mit einer Bezeichnung und einem Sicherheitsschlüssel wird die Netzwerkverbindung erstellt.*

7 Im letzten Dialog des Assistenten sehen Sie, dass das Drahtlosnetzwerk einsatzbereit ist. Der Name des Netzwerks und der Netzwerkschlüssel werden angezeigt. Notieren Sie sich beides. Schließen Sie den Dialog.

∧ ***Abbildung 14.61*** *Das Netzwerk ist fertig eingerichtet. Dass in diesem Fall das Passwort angezeigt wird, ist nicht so gut.*

INFO

Wie lang muss der Sicherheitsschlüssel sein?
Ein WPA2-Kennwort besteht aus 8 bis 63 Zeichen. Sie können Ziffern und Buchstaben verwenden. Beim Sicherheitsschlüssel wird zwischen Groß- und Kleinschreibung unterschieden. Alternativ kann der Sicherheitsschlüssel aus 64 Zeichen bestehen. Diese enthalten die Ziffern 0 bis 9 oder die Buchstaben A bis F.

Ein WEP-Kennwort kann eine der folgenden 4 Aufbauanordnungen besitzen. Es besteht aus 5 Zeichen oder aus 13 Zeichen. Bei beiden Varianten wird zwischen Groß- und Kleinschreibung unterschieden. Möglich sind auch 10 oder 26 Hexadezimalzeichen. Diese enthalten die Zeichen 0 bis 9 und A bis F. Hier wird nicht zwischen Groß- und Kleinschreibung unterschieden.

Eine Verbindung zu einem Ad-hoc-Netzwerk aufnehmen

Das Netzwerk ist nun einsatzbereit. Der andere Rechner sollte das neu eingerichtete Ad-hoc-Netzwerk sehen. Es wird bei einem Mausklick auf das Netzwerksymbol in der Windows 7-Taskleiste angezeigt. Ist dies nicht der Fall, schalten Sie auf dem Start- und dem Zielrechner die Netzwerkerkennung an. Dies tun Sie im Netzwerk- und Freigabecenter.

Im nächsten Schritt muss eine Verbindung zu dem Ad-hoc-Netzwerk aufgenommen werden. Gehen Sie dazu wie folgt vor:

1 Öffnen Sie auf dem zweiten Rechner das **Netzwerk- und Freigabecenter**. Wählen Sie hier **Neue Verbindung oder neues Netzwerk einrichten**.

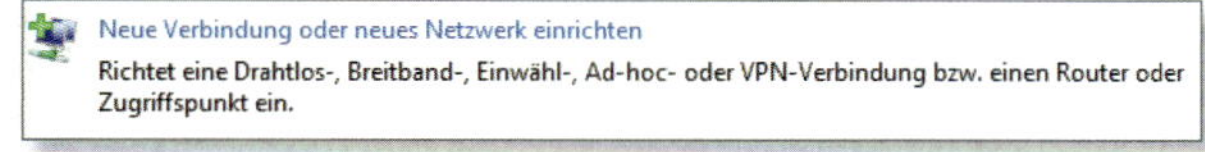

Abbildung 14.62 Über diese Funktion wird auch die Verbindung zu einem zuvor eingerichteten Ad-hoc-Netzwerk hergestellt.

2 Wählen Sie die Funktion **Manuell mit einem Netzwerk verbinden**.

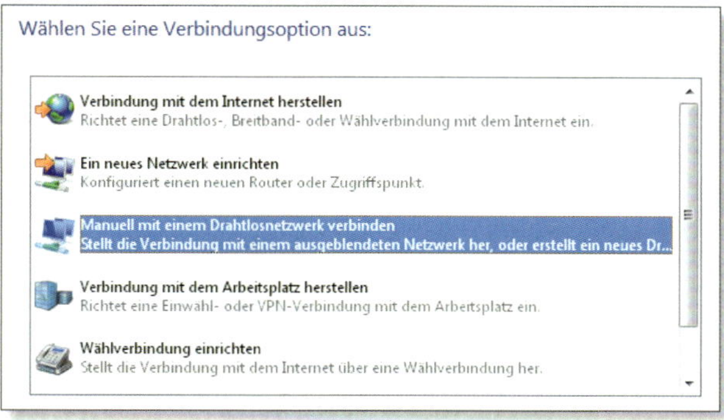

Abbildung 14.63 Mit der mittleren Funktion sind Sie genau richtig beraten.

3 Im nächsten Fenster tragen Sie den Namen des Netzwerks und den zugehörigen Sicherheitsschlüssel ein. Wählen Sie dazu die richtige Verschlüsselungsmethode. Diese Angaben haben Sie zuvor beim Erstellen des Ad-hoc-Netzwerks angegeben. Achten Sie darauf, dass die Option **Verbindung automatisch aufbauen** angeschaltet ist. Als Datenverschlüsselungsstandard wählen Sie **DES** (*Data Encryption Standard*).

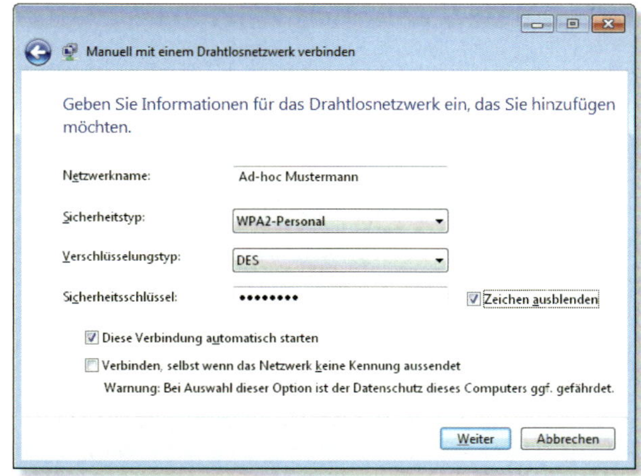

Abbildung 14.64 Nun werden die Verbindungsdaten eingetragen. Sie gleichen denen, die Sie zuvor festgelegt haben.

Das eingerichtete Ad-hoc-Netzwerk sehen Sie auch in der Anzeige der erreichbaren WLAN-Netzwerke. Klicken Sie mit der linken Maustaste auf das Netzwerksymbol, das sich in der Taskleiste befindet.

Ein weiterer Linksklick blendet die Schaltfläche **Verbinden bei diesem Netzwerk** ein. Klicken Sie darauf. Geben Sie den Sicherheitsschlüssel ein, und bestätigen Sie mit **Verbinden**.

^ ***Abbildung 14.65*** *Das neu erstellte Ad-hoc-Netzwerk wird in der Taskleiste von Windows 7 angezeigt.*

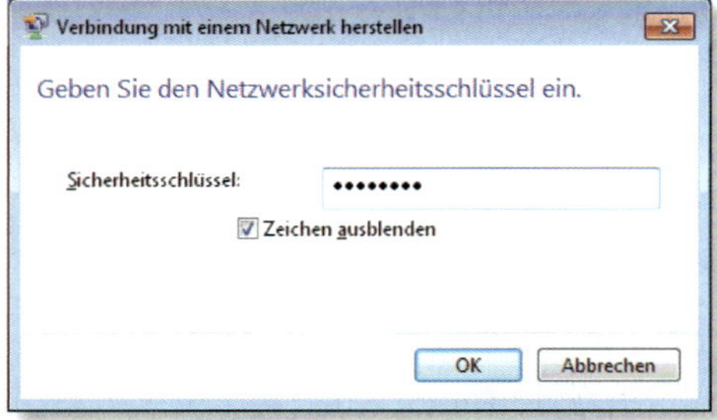

^ ***Abbildung 14.66*** *Geben Sie den Sicherheitsschlüssel ein. Bestätigen Sie, und die Verbindung zu dem Netzwerk wird aufgebaut.*

Öffnen Sie den Windows-Explorer. Klicken Sie auf **Netzwerk**. Windows 7 meldet Ihnen nun am oberen Rand, dass Sie Netzwerkerkennung und Freigabe von Dateien für alle öffentlichen Netzwerke aktivieren sollen. Bestätigen Sie diese Funktion.

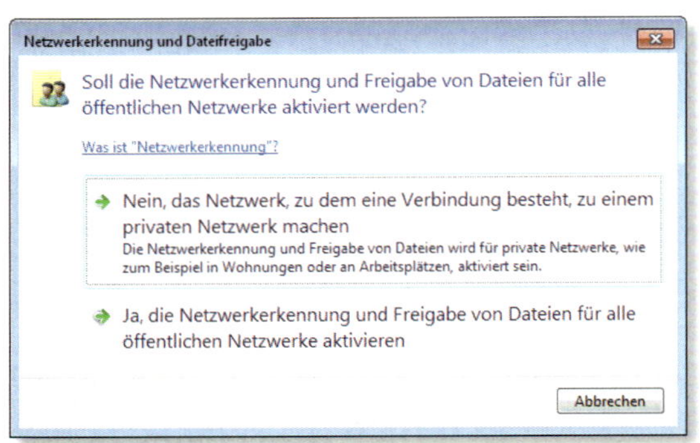

^ ***Abbildung 14.67*** *Die Netzwerkerkennung und die Freigabe von Dateien wird angeschaltet.*

14.4 Offlinedateien nutzen

Man spricht von einer Offlinedatei, wenn eine Datei, die sich im Netzwerk befindet, lokal auf einem Rechner abgelegt wird. So können Sie diese Datei nutzen, auch wenn keine Netzwerkverbindung zur Verfügung steht. Die Offlinedatei kann ergänzt und verändert werden. Später wird sie einfach mit der im Netzwerk abgelegten Datei abgeglichen (*synchronisiert*).

INFO

Was sind Offlinedateien?
Nicht immer steht eine Verbindung in das Internet zur Verfügung. Nicht immer können Sie auf einen Dateiserver zugreifen. In so einem Fall wird eine Offlinedatei erstellt. Sie ist eine Kopie der im Netzwerk abgelegten Datei. Mit ihr können Sie arbeiten und sie zu einem späteren Zeitpunkt mit der im Netzwerk abgelegten Datei abgleichen.

Windows 7 verwaltet die Offlinedatei über das **Synchronisierungscenter**. Hier werden sogenannte *Synchronisierungspartnerschaften* erstellt. Sie können hier die Offlinedateien mit den im Netzwerk abgelegten Dateien abgleichen. In einzelnen Dialogen sehen Sie auch eine Übersicht der bisherigen Verbindungen. Auch Konflikte werden aufgelistet und können von Ihnen ausgewertet werden.

Ein Konflikt entsteht, wenn die Datei auf dem Server verändert wurde und die Offlinedatei ebenfalls bearbeitet wurde. In so einem Fall können Sie die überarbeitete Offlinedatei verwenden. Alternativ kann die Datei auch unter einer neuen Bezeichnung abgelegt werden.

Im Unterschied zu älteren Windows-Versionen lassen sich in Windows 7 nicht nur Ordner, sondern auch einzelne Dateien und ganze Netzlaufwerke offline verfügbar machen. Dies geschieht über eine Freigabe und die Einstellungen derselben.

Dateien von einem Netzwerkspeicherort holen

Um eine Datei oder einen Ordner offline verfügbar zu machen, sind nur wenige Arbeitsschritte notwendig:

1 Öffnen Sie im Windows-Explorer die Netzwerkverbindung. Begeben Sie sich zu dem Ordner, in dem sich die Datei oder der Ordner befindet, den Sie offline verfügbar machen wollen.

2 Markieren Sie diesen Ordner oder diese Datei. Öffnen Sie ihn mit der rechten Maustaste, und wählen Sie **Immer offline verfügbar machen**.

Abbildung 14.68 *Über das Kontextmenü machen Sie eine Datei oder einen Ordner offline verfügbar.*

Je nach Größe der Datei oder des Ordners dauert es einen Augenblick, bis Windows 7 diese bzw. diesen vorbereitet und offline verfügbar gemacht hat. Einen Dialog müssen Sie nicht bestätigen.

Klicken Sie im Windows-Explorer auf **Offlinebetrieb**. Sie finden die Funktion in der Menüzeile des Dateimanagers.

Die Netzwerkverbindung wird getrennt. Sie sehen jetzt nur noch den Ordner oder die Datei, die offline verfügbar gemacht wurde.

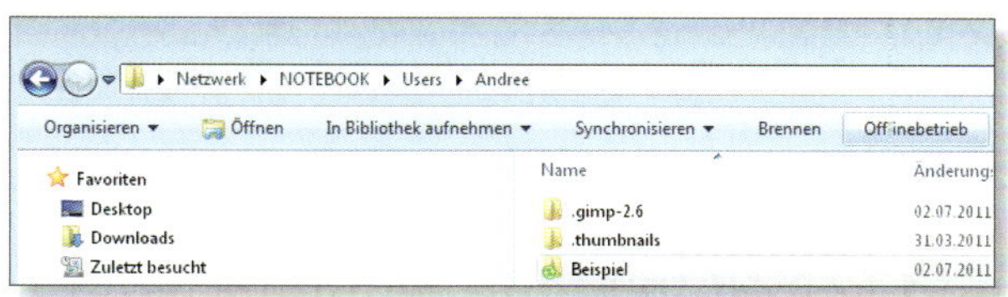

Abbildung 14.69 *Über eine Funktion in der Menüzeile wechseln Sie in den Offlinebetrieb.*

Nach dem Trennen der Verbindung werden alle nicht mehr verfügbaren Dateien und Ordner mit einem Kreuz markiert.

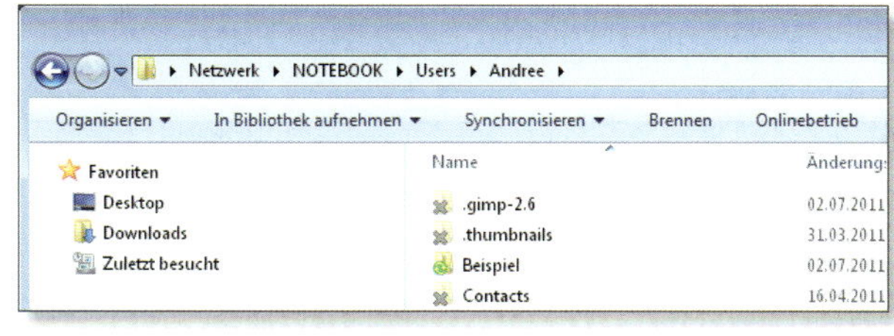

Abbildung 14.70 *Nicht mehr verfügbare Dateien werden mit einem Kreuz markiert.*

Klicken Sie auf **Onlinebetrieb**, wenn die Verbindung wieder aufgenommen werden soll. Die offline verfügbar gemachten Dateien und Ordner können ganz normal eingesehen und bearbeitet werden.

Nach einer Veränderung sollten Sie diese unbedingt mit der anderen Version synchronisieren. Tun Sie dies nicht, haben Sie zwei verschiedene Versionen.

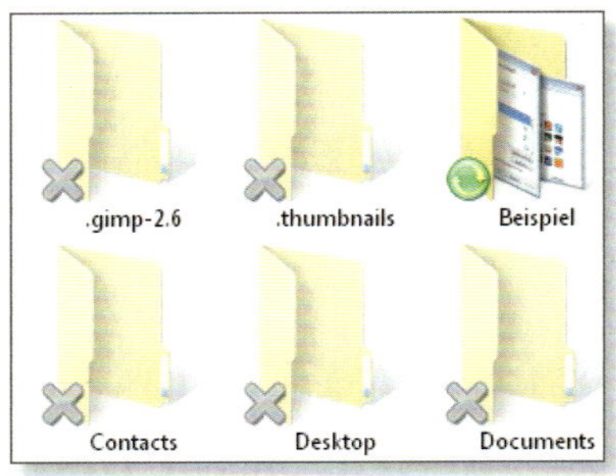

Abbildung 14.71 *Bei der Ansicht **Große Symbole** sehen Sie noch einmal sehr schön die Kennzeichnung des offline verfügbar gemachten Ordners.*

Bearbeitete Dateien mit dem Synchronisierungscenter abgleichen

Nach dem Bearbeiten einer Datei nehmen Sie die Verbindung wieder auf. Im Kontextmenü wählen Sie **Synchronisierung > Ausgewählte Offlinedateien synchronisieren**.

Im Synchronisierungscenter sehen Sie die Synchronisierungspartnerschaften. Sie finden dieses in der **Systemsteuerung** unter **Alle Systemsteuerungselemente**. Oder suchen Sie danach im Suchfeld der Systemsteuerung.

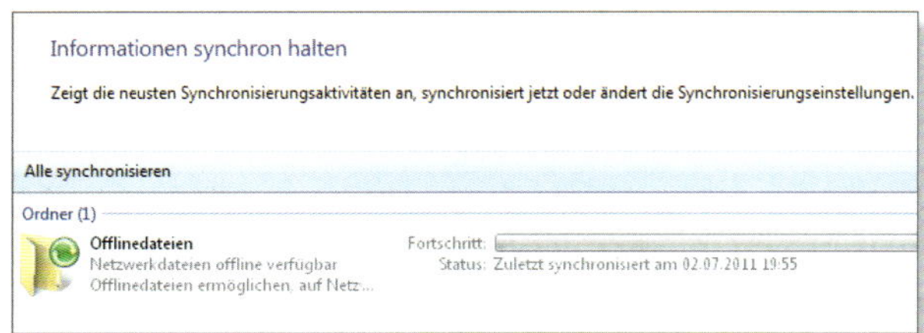

Abbildung 14.72 *Das Synchronisierungscenter zeigt nun die Offlinedatei.*

Über das Kontextmenü im Synchronisierungscenter können Sie die Offlinedateien synchronisieren. Ein Fortschrittsbalken zeigt an, wie weit Windows 7 bei dieser Aufgabe bereits ist.

Interessant ist, dass Sie über das Kontextmenü auch einen Zeitplan festlegen können. So lassen sich Offlinedateien immer zu einem bestimmten Zeitpunkt automatisch synchronisieren.

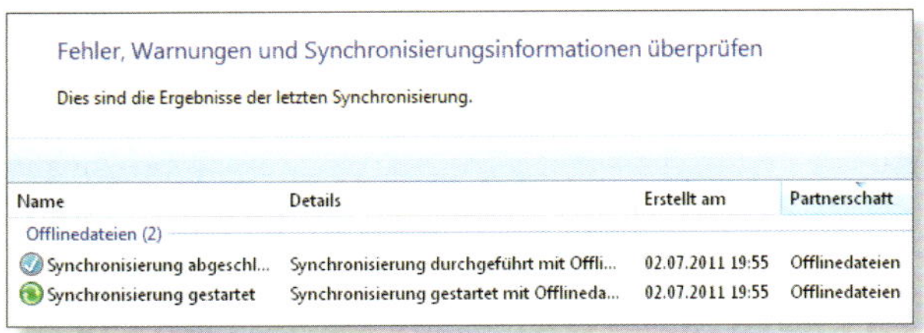

Abbildung 14.73 *Die Synchronisierungsergebnisse zeigen, wann die Daten und Ordner abgeglichen wurden.*

Mit **Offlinedateien verwalten** öffnen Sie einen Dialog. Im Register **Datenträgerverwendung** sehen Sie, wie viel Speicherplatz die Offlinedateien und die zwischengespeicherten Dateien belegen. Mit **Limits ändern** können Sie die maximal verfügbare Größe anpassen.

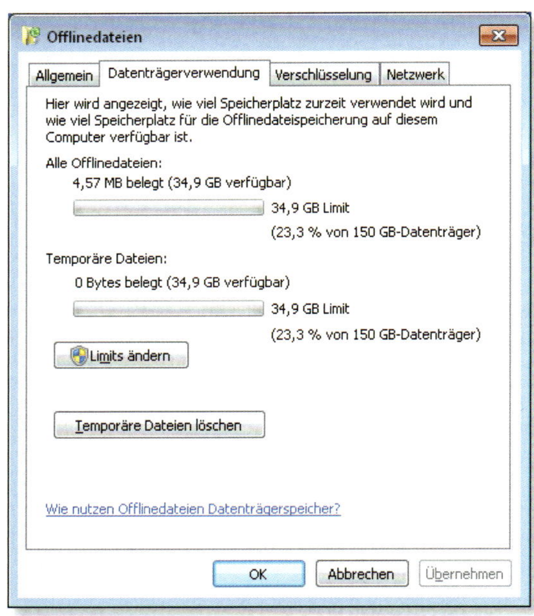

Abbildung 14.74 *35 GB können die Offlinedateien auf meinem Rechner belegen. Das genügt vollauf.*

14.5 Die Windows 7 Starter Edition auf einem Notebook nutzen

Die Starter Edition von Windows 7 ist mit einer ganzen Reihe Einschränkungen versehen. Ich empfehle Ihnen, auf eine andere Edition umzusteigen. Achten Sie beim

Kauf eines Notebooks oder Rechners darauf, dass eine bessere Windows 7-Edition mitgeliefert wird.

Das soll jedoch nicht heißen, dass Sie mit der Starter Edition nicht arbeiten können. Das ist durchaus möglich. Nur müssen Sie auf einige Funktionen und Möglichkeiten verzichten.

Die Einschränkungen der Windows 7 Starter Edition

Die Aero-Oberfläche steht bei der Windows 7 Starter Edition nicht zur Verfügung. Sie müssen das Basisdesign verwenden und können keine speziellen Aero-Effekte nutzen. Aero Peek steht damit ebenso wenig zur Verfügung wie die Echtzeitvorschau geöffneter Dokumente in der Windows 7-Taskleiste.

Leider ist es auch nicht möglich, das vorgegebene Design zu verändern. Es lassen sich weder das Hintergrundbild noch die Farbeinstellungen anpassen.

Sie können auch nicht mehrere Monitore mit einem Rechner verwenden. Gerade bei der Arbeit mit Office-Dateien, im Multimediabereich, aber auch bei DTP-Arbeiten und im Webdesign ist die Arbeit mit mehreren Monitoren eine Möglichkeit, effizienter zu arbeiten. Ich geb's ja zu – ich nutze den zweiten Monitor auch oft zum Chatten oder Videosschauen.

Die Starter Edition kann keine Blu-ray-Medien abspielen. Auch die Wiedergabe von DVDs mit den Tools des Betriebssystems ist nicht möglich. Hier müssen Sie auf andere Anwendungen zurückgreifen. Das allerdings sollte weniger das Problem sein. Den verschiedenen DVD- und Blu-ray-Laufwerken liegt meist ein Softwarepaket bei.

Sie können in der Starter Edition verschiedene Benutzer einrichten, aber nicht aus dem laufenden System heraus den Benutzer wechseln. Sie müssen sich abmelden und neu anmelden.

Der Starter Edition liegt das Windows Media Center nicht bei. Möchten Sie Ihren Rechner zur Wiedergabe von Videos, als Streamingserver oder zum TV-Schauen nutzen, müssen Sie auf Anwendungen Dritter zurückgreifen. Das Mobilitätscenter ist ebenfalls nicht vorhanden. Auch bei Notebooks, die im Handel mit der Windows 7 Starter Edition angeboten werden, finden Sie es nicht.

Der XP-Kompatibilitätsmodus steht auf einem Rechner mit der Windows 7 Starter Edition nicht zur Verfügung. Dadurch können Sie ältere Programme und Spiele, die Ihren Dienst unter Windows 7 verweigern, nicht nutzen.

Es ist bei einem Rechner mit der Starter Edition nicht möglich, über eine Internetverbindung auf die eigene Musiksammlung zuzugreifen.

Domänen werden ebenfalls nicht unterstützt. Diese fehlende Funktion ist allerdings für den Homeanwender weniger interessant. Sie spielt nur eine wichtige Rolle bei Rechnern, die in einem geschäftlichen Umfeld genutzt werden.

In der folgenden Auflistung finden Sie noch einmal alle Features, auf die Sie bei der Nutzung der Windows 7 Starter Edition verzichten müssen:

- Die Aero-Oberfläche steht nicht zur Verfügung.
- Es gibt keine Individualisierung der Desktopumgebung.
- Die Nutzung mehrerer Monitore mit einem Rechner ist nicht möglich.
- Der schnelle Benutzerwechsel ist nicht möglich.
- Das Mobilitätscenter ist nicht vorhanden.
- DVDs und Blu-ray-Medien können nicht mit Windows 7-Tools wiedergegeben werden.
- Das Windows Media Center ist nicht vorhanden.
- Eine Streamingverbindung auf die eigene Musiksammlung wird nicht unterstützt.
- Der XP-Kompatibilitätsmodus kann nicht genutzt werden.
- Domänen werden nicht unterstützt.

Darüber hinaus gibt es Einschränkungen bezüglich der Hardware des Rechners. So wird nur ein physikalischer Prozessor unterstützt. Die 64-Bit-Unterstützung steht nicht zur Verfügung. Die Windows 7 Starter Edition bietet keine Dolby-Digital-Unterstützung. Das Dekodieren von MPEG2-Inhalten ist nicht möglich.

Einer vorhandenen Heimnetzgruppe kann nur beigetreten werden. Sie können eine solche Gruppe nicht erstellen. Die Internetverbindungsfreigabe und die Netzwerküberbrückung sind nicht vorhanden. Auch ist die Arbeit mit Offlinedateien mit der Windows 7 Starter Edition nicht möglich. Funktionen für Tablet PCs und eine Unterstützung von Multi-Touch-Geräten ist ebenso nicht vorhanden.

Einige Tools wie die Windows-Premium-Spiele, das Snipping Tool für das Erstellen von Bildschirmfotos (Screenshots) und das Windows-Journal sind nicht vorhanden. Der Windows DVD Maker gehört auch nicht zum System.

Alles in allem kann ich sagen, dass viele nützliche Funktionen und Werkzeuge auf einem Rechner mit der Windows 7 Starter Edition nicht zur Verfügung stehen. Einige davon können über Anwendungsprogramme nachgerüstet werden. Dennoch werden Sie mit einer besseren Windows-Edition mehr Spaß und Freude an Ihrem Rechner haben.

Kapitel 15
Windows Live Mail

Ein E-Mail-Programm fehlt leider in Windows 7. Das heißt aber nicht, dass Sie Geld ausgeben müssen, um elektronische Nachrichten zu versenden, zu schreiben und zu beantworten. Mit dem Windows Live-Paket können Sie fehlende Anwendungsprogramme nachrüsten. Dieses Paket ist kostenlos. Ein E-Mail-Programm gehört auch dazu.

In den nächsten Abschnitten zeige ich Ihnen, welche Programme im Windows Live-Paket enthalten sind und wie Sie diese auf den heimischen Rechner holen. Sie erfahren, welche Möglichkeiten Sie mit dem E-Mail-Programm *Windows Live Mail* haben und wie Sie ein E-Mail-Konto einrichten. Ich zeige Ihnen, wie Sie Nachrichten schreiben, lesen und beantworten. Sie erfahren, wie Sie mit Spam und Phishing-Mails umgehen und den Junk-E-Mail-Filter nutzen.

Ein zusätzlicher Vorteil von Windows Live Mail ist, dass Sie wie in Outlook Aufgaben, Termine und Adressen verwalten können. Sie müssen somit kein dickes Notizbuch bei sich tragen, sondern können für diese Aufgaben das Programm nutzen. Auch diese Möglichkeiten möchte ich Ihnen in diesem Kapitel zeigen.

15.1 Ein paar Grundlagen zu Windows Live

Geben Sie in der Adresszeile Ihres Browsers *http://www.windowslive.de* ein. Sie gelangen auf eine Website, auf der Sie die einzelnen Programme sehen, die zu Windows Live gehören. Unter **Windows Live > Alle Dienste im Überblick** können Sie sich über alle Komponenten ein Bild machen. Hier finden Sie auch Informationen zu den Webdiensten, die zu Windows Live gehören.

Diese Programme gehören zu Windows Live

Die Programme und Dienste von Windows Live werden in verschiedene Gruppen und Themen eingeteilt. Diese sind:

- Kommunikation
- Gemeinsam nutzen
- Sicherheit
- Weitere Dienste
- MSN

Zu dem Paket *Kommunikation* gehören die folgenden Programme:

Windows Live Messenger

Mit dem Messenger bleiben Sie mit Ihren Freunden in Kontakt. Sie sehen, wenn Freunde online gehen und können mit diesen chatten. Sie können Videos und Dateien tauschen oder auch Videochats durchführen, sofern Sie eine Webcam Ihr Eigen nennen.

Ziemlich praktisch ist die Verknüpfung von Facebook zum Messenger. Alle Kontakte, Nachrichten und Informationen, die Sie bei Facebook sehen, können auch im Windows Live Messenger angezeigt werden. So lassen

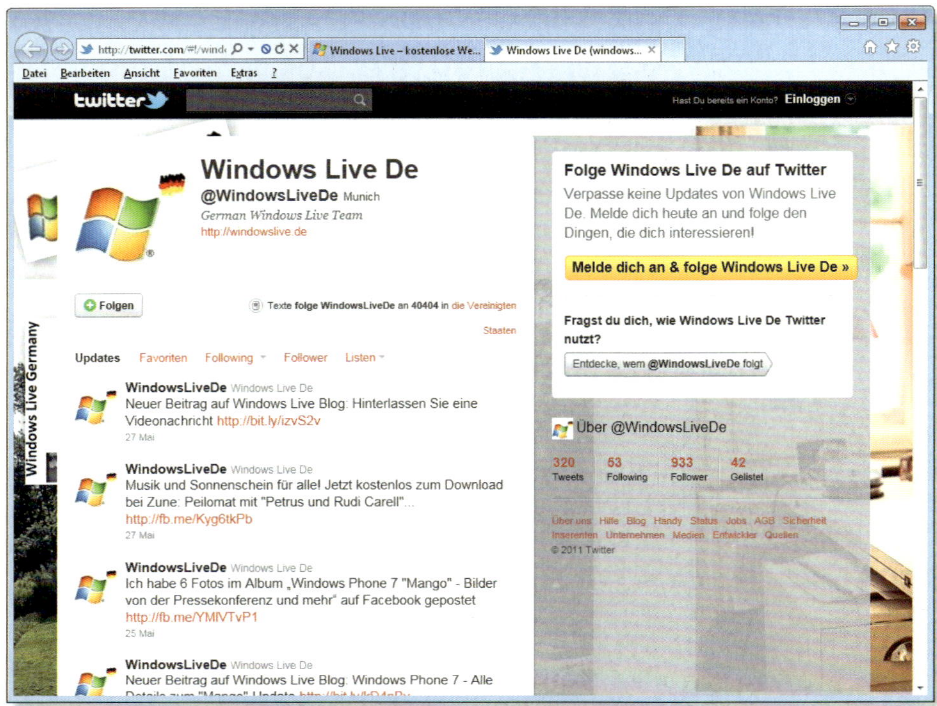

Abbildung 15.1 *Windows Live gibt es auch bei Twitter. Ein Blick hierauf lohnt sich allemal. Es gibt immer mal wieder aktualisierte Programme und neue Komponenten im Windows Live-Paket.*

sich zwei Netzwerke miteinander verbinden. Sie müssen sich nicht entscheiden, welches der beiden sozialen Netzwerke Sie nutzen wollen, Facebook oder Windows Messenger. Auch müssen Sie nicht beide parallel betreiben. Sie sehen im Messenger, wenn Ihre Facebook-Freunde online sind.

Abbildung 15.2 *Bevor Sie den Messenger nutzen können, müssen Sie sich mit Ihrer Windows Live ID anmelden.*

Windows Live Hotmail

Hotmail ist der E-Mail-Service von Windows Live. Sie erstellen ein Konto und können hier online oder mit einem E-Mail-Programm Nachrichten lesen, schreiben und beantworten. Sie erhalten 5 GB Speicherplatz. Das ist mehr als genug Platz für sehr viele Nachrichten auf dem Server. Es gibt eine Schutzfunktion, die Sie vor Spam und Phishingnachrichten schützt. Unsichere Nachrichten versucht Hotmail zu erkennen und auszusortieren. Oft erwischt es aber auch Nachrichten, die kein Spam sind. Daher müssen Sie von Hand die echten Spammails markieren. Das tun Sie einmal, und beim nächsten Mal gelangt eine Nachricht vom markierten Empfänger automatisch in den Spamordner.

Windows Live Kalender

Der *Windows Live Kalender* ist ein Online-Dienst, der in Hotmail integriert ist. Sie können Termine erfassen und vergessen keine Meetings und Treffen mehr. Sie werden mit einer automatischen Funktion an Termine und Aufgaben erinnert. Sehr praktisch ist das bei Geburtstagen. Einige vergisst man doch immer wieder einmal. Der Windows Live Kalender kann auch auf einem Handy genutzt werden. Natürlich ist dafür ein Handy mit Windows Phone 7 ideal.

Windows Live Mail

Ich werde Ihnen *Windows Live Mail* in den nächsten Abschnitten etwas genauer vorstellen. An dieser Stelle möchte ich nur kurz sagen, dass Sie damit Ihre elektronischen Nachrichten schreiben, lesen und beantworten können. Es ist nicht zu verwechseln mit *Windows Live Hotmail* (siehe oben), das der E-Mail-Service von Microsoft ist, kein Programm also, sondern ein Online-Service wie z. B. *Google Mail* oder *GMX*.

Ein kleines Adressbuch gehört natürlich zu diesem Programm dazu. Es gibt Funktionen, mit denen Sie sich vor Spam, Phishing und anderen nervigen Nachrichten schützen können, die ungefragt bei Ihnen eintrudeln.

Mit Windows Live Mail können Sie offline Ihre Nachrichten in aller Ruhe durcharbeiten. Eine Verbindung in das Internet ist nur notwendig, wenn Sie Ihre neusten Nachrichten abholen und natürlich dann, wenn Sie die Antworten und geschriebenen Nachrichten auf den Weg schicken wollen – beim Senden also.

Sie können mit dem Programm alle E-Mail-Konten verwalten. Sie müssen kein Konto bei Hotmail anlegen. Sie können auch eines bei *GMX, Freemail, Freenet, Arcor, T-Online* oder einem anderen Provider besitzen. Im Vergleich zu älteren Programmen ist die Einrichtung eines E-Mail-Kontos einfacher geworden. Es ist nicht mehr notwendig, jede Einstellungsoption zu kennen, die ein E-Mail-Server verwendet. Das Programm versucht die notwendigen Einstellungen zu ermitteln. Das gelingt in der Regel auch.

Sehr interessant ist die Funktion **Foto E-Mails**. Hiermit können Sie Bilddateien an Freunde senden, die ein Konto bei Hotmail besitzen. Die Bilddateien lassen sich so sehr einfach austauschen.

Webmessenger

Der *Webmessenger* bietet Ihnen die *Live Messenger*-Funktionen, ohne dass Sie ein Programm installieren und einrichten müssen. Sie melden sich mit Ihrer Live ID an und können mit anderen Freunden chatten.

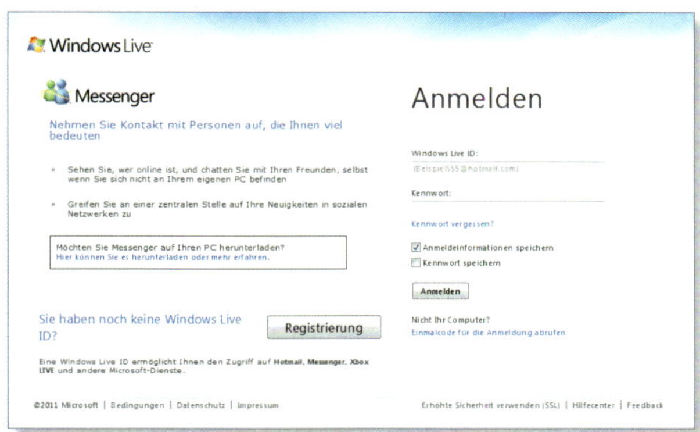

Abbildung 15.3 *Um den Webmessenger nutzen zu können, müssen Sie sich zunächst mit einer Windows Live ID einloggen.*

INFO

Die Windows Live ID
Mit der *Windows Live ID* können Sie sich bei allen Online-Diensten des Windows Live-Programms anmelden. Sie müssen sich einmal registrieren und können dann mit nur einem Benutzernamen und dem dazugehörigen Passwort *SkyDrive, Hotmail, Windows Live Profil* und andere Internet-Dienste nutzen.

Windows Live Profil

Verwenden Sie viele Online-Dienste von Windows Live, so können Sie ein Profil online ablegen. Mit diesem können Freunde und Interessierte verschiedene Informationen über Sie abrufen. Auf einen Blick sehen Sie alles, was auf Ihrem Windows Live-Konto so alles passiert. Sie können sich mit anderen Windows Live-Konten verbinden und so kleine Freundschaftsnetzwerke bilden. Angezeigt werden auch aktuelle Neuigkeiten von *Facebook, YouTube* und dem Bilder-Online-Dienst *flickr*.

Ein Vorteil von Windows Live ist es, dass Sie andere Netzwerke und Dienste verknüpfen können.

Abbildung 15.4 *Über eine Oberfläche haben Sie Zugriff auf verschiedene soziale Netzwerke.*

Bevor Sie das Windows Live Profil nutzen, sollten Sie sich alle Möglichkeiten und Einstellungen dazu in aller Ruhe anschauen. Sie bestimmen, welche Informationen Sie an andere übermitteln und wer was von Ihnen erfährt. Natürlich können Sie Windows Live-Programme und -Dienste nutzen, ohne das Windows Live Profil zu nutzen.

Windows Live Gruppen

Es gab einmal eine Zeit, da waren *Yahoo! Groups* groß in Mode. Etwas Ähnliches können Sie bei Windows Live erstellen. Sie gründen eine Gruppe, laden Freunde, Bekannte und Anwender mit dem gleichen Interesse ein und tauschen sich aus. Eine Gruppe ist eine Art Austauschplattform zu einem bestimmten Thema, egal ob Fußball, Firmengründung, World of Warcraft oder was auch immer.

In einer Windows Live Gruppe tauschen Sie Nachrichten aus, können einen Gruppen-Kalender nutzen und Fotos und Dateien tauschen. Zugang erhalten nur die

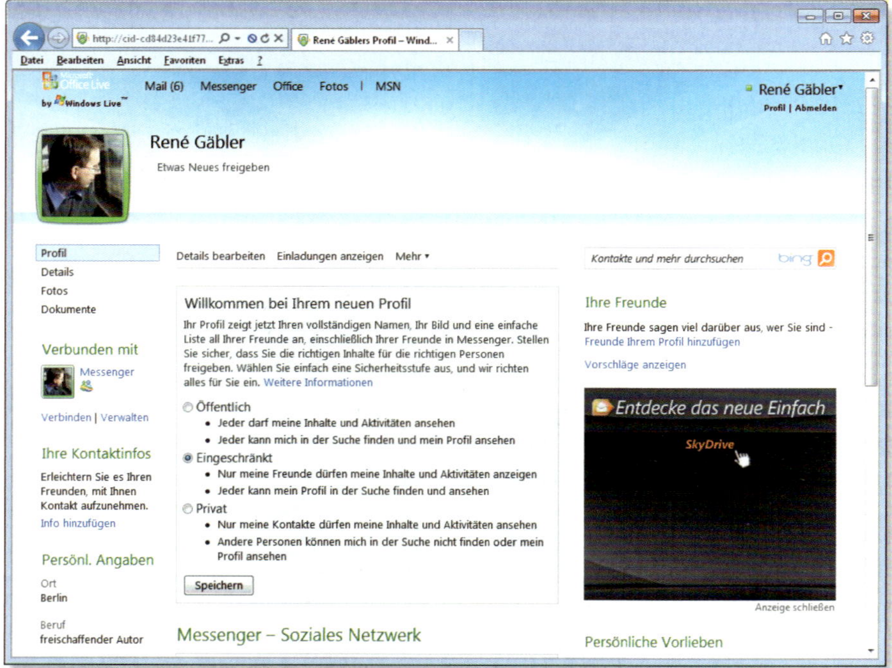

Abbildung 15.5 *Das Windows Live Profil sieht im ersten Augenblick etwas überladen aus. Man findet sich aber schnell zurecht.*

Mitglieder der Gruppe. Und wenn Sie die Gruppe gegründet haben, können Sie entscheiden, wer Mitglied werden darf. So schützen Sie die diskutierten Inhalte vor dem Zugriff Dritter.

Windows Live Writer

Windows Live Writer ist ein Editor, mit dem Sie ein Weblog mit Inhalten füttern können. Sie müssen nicht den Online-Editor Ihres Weblogs nutzen, sondern arbeiten bequem offline. Die Oberfläche ähnelt einem Office-Programm und ist sehr leicht zu bedienen. Sie erstellen die Beiträge für Ihr Weblog und übertragen die fertigen Texte mit wenigen Mausklicks. Die Anmeldedaten zum Weblog müssen einmalig eingetragen werden.

Nutzen können Sie hier auch eine Blogvorschau. Das ist sehr praktisch, sehen Sie doch so, wie der fertige Beitrag im Browser des Besuchers aussehen wird. Neu ist die Integration der Suchmaschine *Bing*. Hier können sogar Karten mit dem Weblog verbunden werden. Ebenfalls neu sind eine Auto-Wiederherstellungsfunktion und eine Verbindung zu Twitter. Es gibt eine automatische Rechtschreibprüfung. Sie können sehr einfach Fotos und Videos in Blogbeiträge einbauen. Dank der Windows Live-Bildbearbeitungsfunktionen können Sie in Live Writer auch auf einfache Fotobearbeitungsfunktionen zurückgreifen. Ein extra Programm brauchen Sie dafür nicht.

Wenn Sie ein Weblog erstellen wollen oder bereits eines betreiben, sollten Sie sich Windows Live Writer unbedingt ansehen. Es ist ein Top Editor, der Ihnen das Erstellen von Blogbeiträgen vereinfacht. Dabei ist es nicht von Belang, wo sich Ihr Weblog befindet. *TypePad*, Googles *Blogger*, *WordPress* und andere Dienste werden unterstützt.

Windows Live Mobile

Besitzen Sie ein Windows-Handy und eine entsprechende Flatrate, so können Sie mit diesem Windows Live-Tool Ihre Kontakte verwalten, Bilder sehr einfach in Live-Dienste übertragen und verschiedene aktuelle Informationen abrufen.

Die in den folgenden Abschnitten vorgestellten Anwendungen sind über die Funktion **Gemeinsam nutzen** erreichbar.

Windows Live SkyDrive

SkyDrive ist ein Online-Speicherplatz, den Sie kostenlos nutzen können. Es stehen Ihnen ganze 25 GB an Speicherplatz zur Verfügung. Sie können hier Datensicherungen, Fotos, Office-Dokumente, Musik- und Videodateien ablegen. Es lassen sich Kontakte angeben, die auf Ihre Dateien zugreifen können. Sie können so Dateien mit Freunden tauschen.

Die Programme *Windows Live Fotogalerie, Movie Maker* und *Office 2010* besitzen Funktionen, die Ihnen das direkte Ablegen von Dateien auf SkyDrive ermöglichen. Sie müssen also nicht erst Dateien offline auf Ihrer Festplatte speichern und dann umständlich übertragen.

Die Datenübertragungsrate des SkyDrive-Servers ist in der Regel nicht besonders flott. Große Dateien und umfangreiche Datensicherungen sollten Sie hier nicht übertragen.

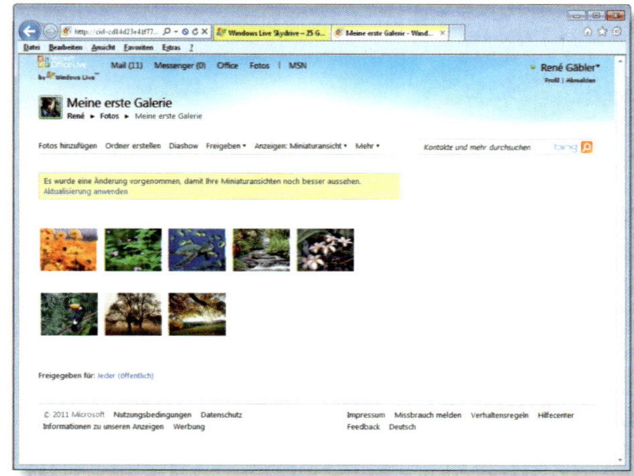

^ **Abbildung 15.6** *SkyDrive ist ein einfach zu bedienender und sehr praktischer Online-Speicherplatz.*

Windows Live Mesh

Windows Live Mesh erlaubt das Synchronisieren (Abgleichen) von Dateien verschiedener Websites. So müssen neue und geänderte Daten nicht auf einem Datenträger zwischengespeichert und umständlich auf eine weitere Website übertragen werden. Abgeglichen werden Bilddateien, Musikdaten und Office-Dateien. Das Tool kann bis zu 100.000 Dateien in 30 Ordnern parallel verwalten.

Auch hier lassen sich sogenannte *Shared Folders* erstellen und Dateien für Freunde und Bekannte freigeben. Eine Remoteverbindung erlaubt das Ausführen von Programmen über eine Internetverbindung.

Abbildung 15.7 *Windows Live Mesh ist ein Dienst, der Inhalte verschiedener Rechner und Websites miteinander synchronisiert.*

Windows Live Movie Maker

Ein professionelles Videoschnittprogramm ist recht teuer. Kleinere, kostengünstigere Lösungen bringen meist nicht den notwendigen Funktionsumfang mit.

Windows Live Movie Maker ist kostenlos und eignet sich hervorragend, um kleine Urlaubsvideos und Hobbyschnipsel zu bearbeiten. Sie können Videos schneiden und zusammensetzen sowie mit Übergängen, Effekten und Titelbildern arbeiten.

Das Programm enthält Funktionen, mit denen Sie Ihre Videos direkt auf *SkyDrive*, *YouTube*, *Facebook* und anderen Plattformen veröffentlichen können. Wenn Sie Spaß am Filmen haben, sollten Sie dieses Programm unbedingt einmal ausprobieren. Es ist ein echter Geheimtipp.

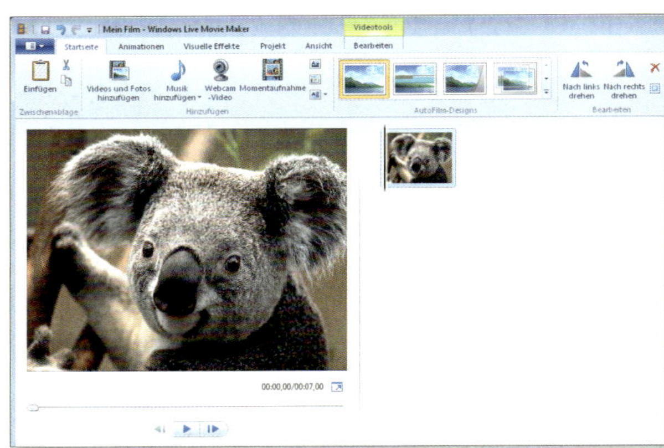

Abbildung 15.8 *Das kostenlose Programm Movie Maker besitzt alle wichtigsten Funktionen zur Videobearbeitung.*

Windows Live Fotos

Natürlich fehlt ein Programm zum Bearbeiten und Erstellen von Fotos nicht in diesem Paket. Bilddateien lassen sich hier einfach verwalten. Kleine Bildbearbeitungsfunktionen ermöglichen es, Bildfehler zu beseitigen oder Bilddateien zu verändern. Sie können die fertigen Bilddateien auf SkyDrive veröffentlichen oder auch auf der *Live Fotogalerie*.

Ich persönlich nutze gern *Picasa* von Google oder auch *iPhoto* auf meinem MiniMac. Beide Programme erfordern Einarbeitungszeit, und oft habe ich anfangs schimpfend irgendwelche Funktionen gesucht. Windows Live Fotos ist hingegen einfach zu bedienen. Erwarten Sie keine Fülle von Funktionen und keine riesigen verschachtelten Menüs. Es sind jedoch alle wichtigen Bearbeitungsfunktionen für den Otto-Normalanwender vorhanden.

Windows Live Fotogalerie

Windows Live Fotogalerie ergänzt das Programm *Windows Live Fotos*. Hier lassen sich Bilddateien verwalten und sortieren. Sie können Fotos für Freunde freigeben und auch an angebundene Fotolabore senden. Das kostet natürlich etwas. Die Preise sind jedoch ähnlich wie bei herkömmlichen Fotolaboren.

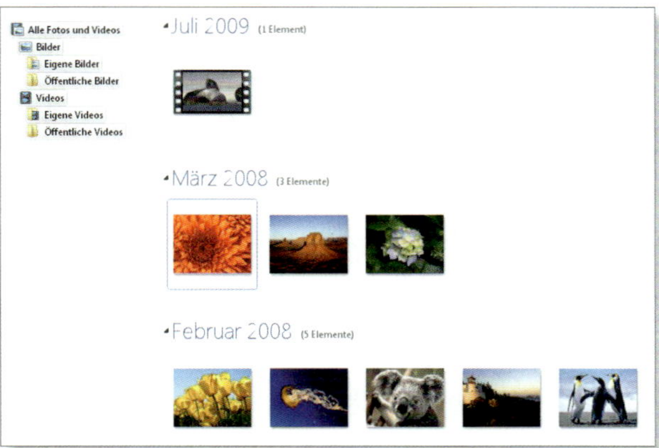

∧ ***Abbildung 15.9*** *Gleich nach dem Start bietet mir die Fotogalerie an, die auf meinem Rechner vorhandenen Bilder zu verwalten.*

Anhand von *Tags* lassen sich Bilddateien bestimmten Themen und Stichpunkten zuordnen. Das hilft, große Bildersammlungen leicht zu verwalten und bestimmte Fotos schnell zu finden. Dank verschiedener *Addons* kann die Fotogalerie bei Bedarf erweitert werden. So können Sie zum Beispiel mit HD-Fotos arbeiten und eindrucksvolle Ergebnisse erzielen.

Unter **Sicherheit** finden Sie die beiden folgenden Programme:

Windows Live Family Safety

Nutzen Sie Ihren PC mit Kindern zusammen, können Sie Filter und Freigaben nutzen, um nur bestimmte Internetinhalte zugänglich zu machen. Sie bestimmen, was ein Kind am PC tun und sehen darf und was nicht. Neben Webinhalten lassen sich auch Spiele, Kontakt-

∧ ***Abbildung 15.10*** *Bereits die Portalseite von »Windows Live für Kids« sieht knallbunt aus. Hier werden kindgerechte Unterhaltung und Kinderschutz großgeschrieben.*

daten und Anwendungsprogramme freigeben oder auch sperren. Mit Aktivitätsberichten werden die Aufgaben überwacht, die ein Kind am PC ausführt. Sie können nachschauen, was das Kind den wirklich getan hat, als Sie nicht neben ihm saßen. Die Einrichtung dieses Sicherheitspakets ist sehr einfach.

Persönlich finde ich dieses Paket nicht so gut. Mein Patenkind bekommt von seiner Mutter immer Verbote. Er ist mit 12 zu jung zum Fernsehen, darf nicht an den Computer und Spiele regen ihn auf. Ich muss mich als Pate zwar daran halten, aber kann mir immer von dem Jungen anhören, wie er alles, was er zu Hause nicht darf, bei Freunden gemacht hat. Ein Paket, das Möglichkeiten einschränkt und verbietet, ist meiner Meinung nach keine gute Lösung. Ein Kind sollte bewusst Programme und Internetdienste nutzen. Und es sollte vor allem schrittweise an diese Möglichkeiten herangeführt werden, wobei man gezielt auf Interessen eingehen sollte. Was man verbietet, reizt Kinder ja sowieso. Durch ein Verbot wird es recht interessant.

Windows Live Messenger für Kids

Den Messenger gibt es in einer speziellen Kids-Form. Hier sind einfache Bedienung und kindgerechte Unterhaltung angesagt. Neben der Chatterei mit anderen Kids werden auf einem zugehörigen Portal Nachrichten für Kinder und Eltern, lustige Spiele und Surftipps angeboten. Es gibt außerdem einen Elternbereich mit Informationen zu Angeboten und zum Kinderschutz.

Weitere Dienste enthält unter anderem die *Bing Toolbar*, die *Office Web Apps* und das Portal *Microsoft Studenten*. Unter dem Link **Mehr...** finden Sie zum Beispiel die *MSN Apps Galerie*, Downloads, eine Wettervorhersage, das MSN-Verzeichnis und ein Musikportal.

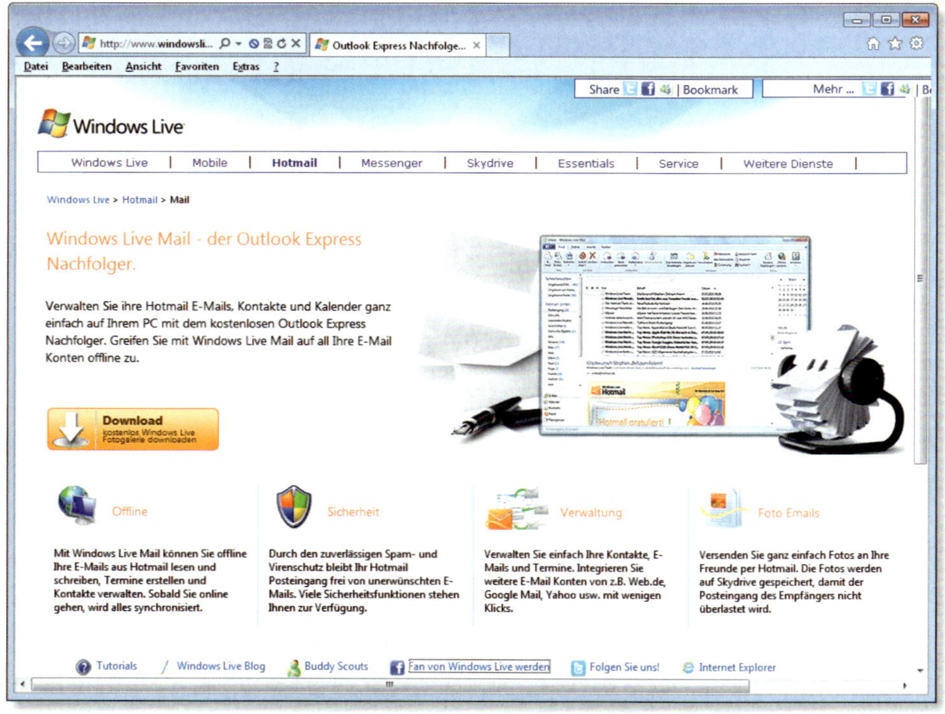

Abbildung 15.11 *Ein Mausklick auf eine gelbe Schaltfläche genügt, und der Download und die Installation des Programms werden gestartet.*

Windows Live-Programme finden und installieren

1 Geben Sie im Internet Explorer die Adresse *http://www.windowslive.de/default.aspx* ein.

2 Wählen Sie links unten unter **Kommunikation** das Programm **Windows Live Mail**.

Abbildung 15.12 *Wählen Sie auf der Übersichtsseite von Windows Live zuerst das Mailprogramm des Pakets.*

3 Auf der nächsten Seite sehen Sie ein paar Infos zu dem Programm. Klicken Sie auf die Schaltfläche **Download**.

4 Auf der nächsten Website sehen Sie eine kurze Zusammenfassung, welche Komponenten zu dem Programmpaket gehören. Das Paket heißt **Windows Live Essentials 2011**. Klicken Sie auf **Kostenlos herunterladen**.

5 Bestätigen Sie, dass das Programm ausgeführt werden kann. Bestätigen Sie ebenfalls die Meldung der Benutzerkontensteuerung.

6 Der Installationsassistent des Pakets wird gestartet. Er bietet Ihnen an, das Paket vollständig zu installieren oder auszuwählen, welche Komponenten auf Ihre Festplatte geladen werden sollen. Möchten Sie dies tun, klicken Sie auf **Wählen Sie die Programme aus, die Sie installieren möchten**. Entfernen Sie das Häkchen aus den Optionskästchen vor den Programmen, die Sie nicht verwenden wollen.

7 Starten Sie den Vorgang mit einem Mausklick auf **Installieren**. Alternativ wählen Sie **Windows Live vollständig installieren**. Ich entscheide mich in diesem Beispiel für die komplette Installation des Pakets.

Abbildung 15.13 *Hier können Sie auswählen, welche Programme installiert werden.*

8 Zunächst werden die Programmpakete auf Ihren Rechner geladen. Diese werden sofort installiert. Mit einem Fortschrittsbalken können Sie mitverfolgen, wie weit der Assistent bei dieser Aufgabe bereits ist. Mit **Details einblenden** sehen Sie, welche Komponente eben auf Ihre Festplatte aufgespielt wird. Der Fortschritt des Assistenten wird hier zusätzlich mit einer Prozentanzeige gezeigt.

Abbildung 15.14 *Das Gratis-Paket von Microsoft wird nun auf meinen Rechner geladen und installiert.*

9 Nach der Installation erhalten Sie eine Meldung. Auf altmodische Weise müssen Sie nun Ihren Rechner neu starten. Tun Sie dies.

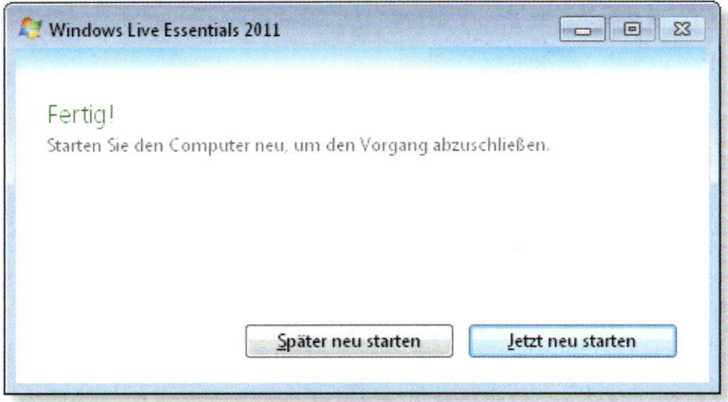

Abbildung 15.15 *Jetzt ist ein Neustart nötig.*

10 Nach dem Neustart des Rechners erhalten Sie im Internet Explorer die Meldung, dass mehrere Add-Ons jetzt verwendet werden können. Mit **Add-Ons auswählen** sehen Sie, um welche es sich handelt. Sie können diese einzeln aktivieren oder aber alle in einem Rutsch anschalten – ganz wie Sie möchten. Für die Verwendung von Windows Live Mail sind die Erweiterungen weniger wichtig.

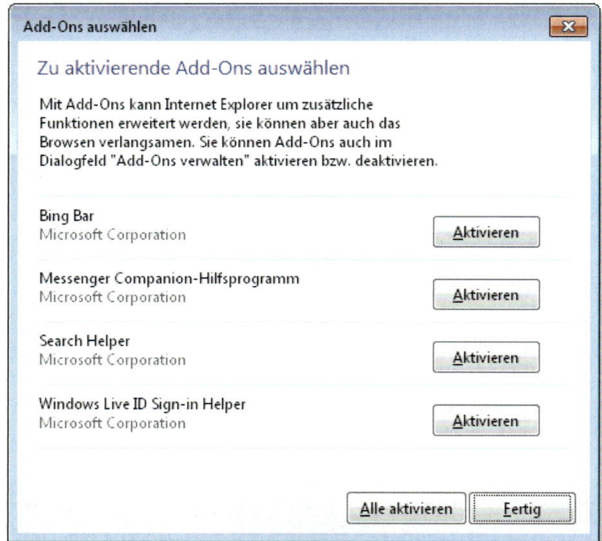

Abbildung 15.16 *Nach dem Neustart können Sie die zum Programmpaket gehörenden Erweiterungen anschalten.*

Ein erster Überblick über das Programm

Die neu installierten Windows Live-Programme finden Sie nun in Ihrem Windows-Startmenü. *Windows Mail, Fotogalerie, Messenger* und *Movie Maker* sind im Startmenü angeheftet. Einen eigenen Ordner für alle Programme des Pakets gibt es außerdem.

Beim Start von Windows Live Mail wird ein kleines Einrichtungsfenster geöffnet. Mit nur wenigen Angaben ist ein E-Mail-Konto eingerichtet.

Haben Sie mit dem Internet Explorer Feeds abonniert, werden diese in das Programm eingelesen. Sie müssen also nicht den Browser starten. Sie können die Feeds auch mit Windows Live Mail abholen und lesen.

Wenn Sie den Einrichtungsassistenten wegklicken, sind viele Funktionen des Programms noch nicht nutzbar. Das ist auch klar. Sie benötigen einen Zugang zu einem E-Mail-Konto und erste Nachrichten im Programm.

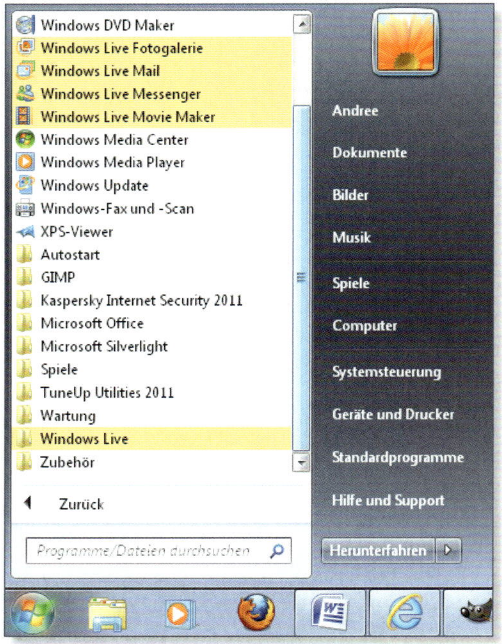

Abbildung 15.17 *Nach der Installation finden Sie eine Reihe neuer Programme und einen neuen Ordner im Windows 7-Startmenü.*

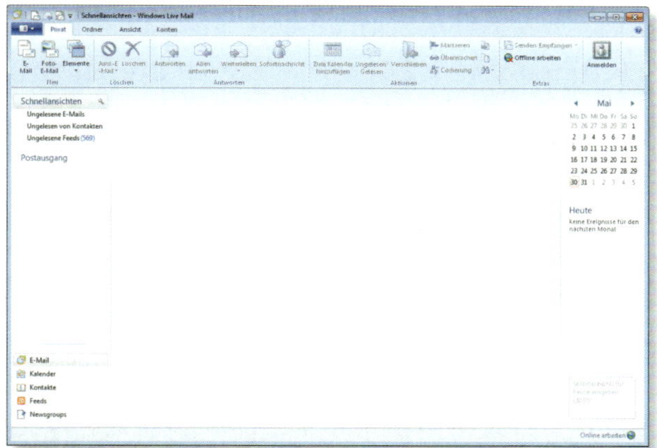

Abbildung 15.18 Ohne ein eingerichtetes E-Mail-Konto sieht die Programmoberfläche recht verlassen und leer aus.

In der linken oberen Ecke öffnen Sie das Startmenü. Hier lassen sich neue Nachrichten erstellen und Ereignisse festhalten. Erstellen können Sie auch Newsbeiträge und Kontakteinträge. Über das Menü lassen sich Nachrichten importieren, exportieren und das Einstellungsmenü öffnen.

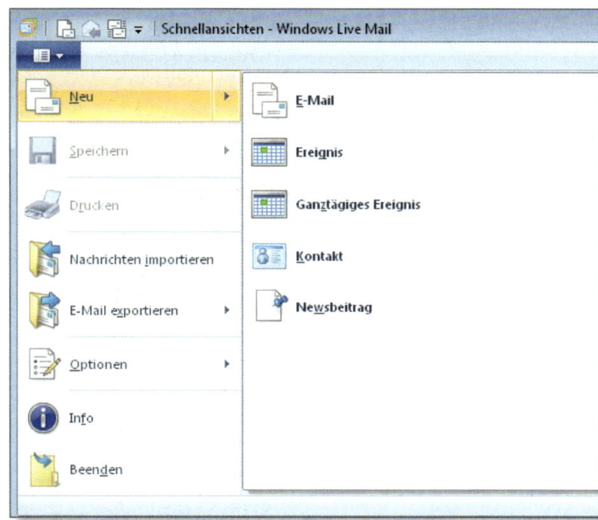

Abbildung 15.19 Über das Menü erreichen Sie eine kleine Anzahl wichtiger Funktionen.

Wie bei Office 2007 und 2010 verfügt das Programm über eine Multifunktionsleiste, ein sogenanntes Ribbon. Es ähnelt ein wenig den Registerkarten in Dialogboxen. Es gibt vier Ribbons mit den Bezeichnungen **Privat**, **Ordner**, **Ansicht** und **Konten**. In jedem Register sind die Funktionen in Gruppen sortiert. So finden Sie unter **Privat** die Gruppen **Neu**, **Löschen**, **Antworten**, **Aktionen** und **Extras**. In so einer Funktionsgruppe sehen Sie Symbolschaltflächen. Deren Bezeichnungen verraten bereits, wofür die Funktionen gut sind.

Bei einigen Funktionen finden Sie eine kleine nach unten zeigende Pfeilschaltfläche. Klicken Sie darauf, wird ein Listenmenü sichtbar.

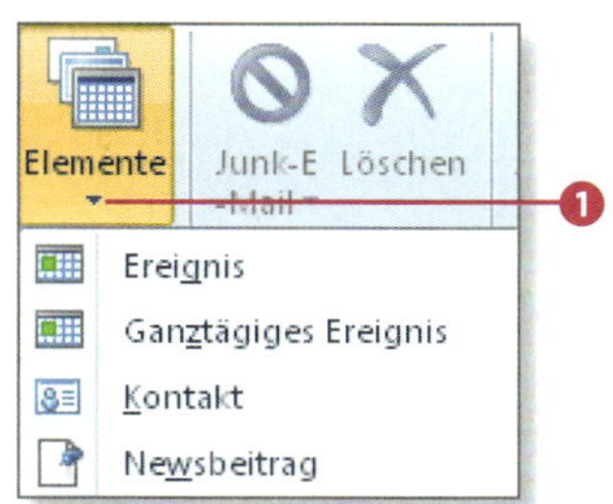

Abbildung 15.20 Ein kleiner nach unten weisender Pfeil ❶ *öffnet ein Menü.*

In der linken unteren Ecke des Programmfensters finden Sie ein kleines Menü. Hier wechseln Sie vom E-Mail-Fenster zum Kalender, zum Adressbuch, zu den Feeds oder den Newsgroups. In der rechten oberen Ecke sehen Sie ein Kalenderblatt. Wichtige Ereignisse sind markiert. Über das Kontextmenü können Sie neue Einträge erstellen.

15.2 Windows Live Mail einrichten und nutzen

Ein E-Mail-Konto ist schnell eingerichtet. Sie benötigen die E-Mail-Adresse und das zugehörige Passwort. Gelingt das Ermitteln der Einrichtungsdaten nicht, schauen Sie sich auf dem Server des E-Mail-Anbieters um. Hier finden Sie alle Konfigurationsdateien, insbesondere die Namen und Zugangsdaten vom Posteingangs- und Postausgangsserver.

In nur wenigen Schritten ein E-Mail-Konto einrichten

1 Öffnen Sie das **Startmenü**. Wählen Sie **Optionen > E-Mail-Konten**.

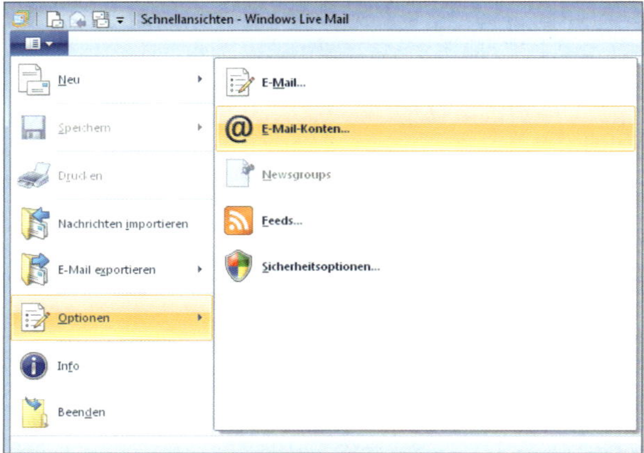

^ *Abbildung 15.21 So richten Sie ein neues Nachrichtenkonto ein.*

2 Der Dialog **Konten** ist noch leer. Mit **Hinzufügen** ändern Sie dies.

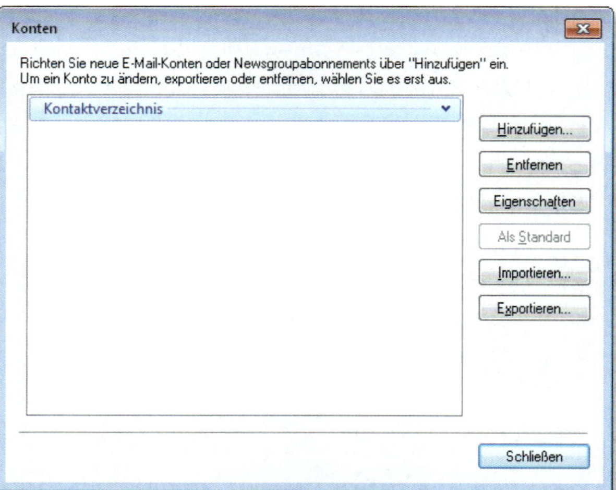

^ *Abbildung 15.22 Noch gibt es kein E-Mail-Konto. Ein solches muss zuerst eingerichtet werden.*

3 Mit dem Assistenten können Sie verschiedene Kontotypen und Verzeichnisse einrichten. Achten Sie darauf, dass **E-Mail-Konto** ausgewählt ist. Mit **Weiter** geht es zum nächsten Schritt.

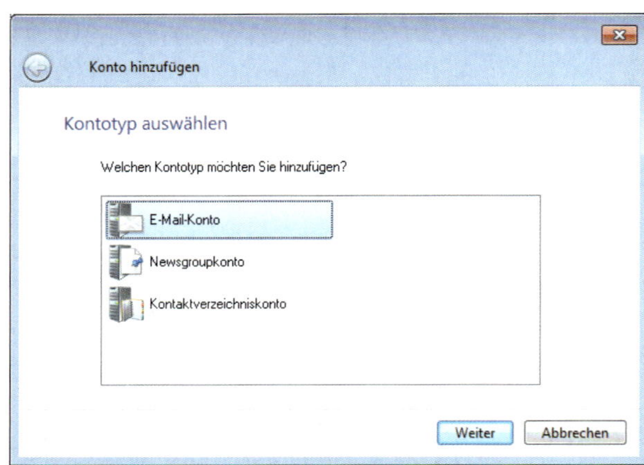

^ *Abbildung 15.23 Wählen Sie hier als Kontotyp **E-Mail-Konto** aus.*

4 Tragen Sie im nächsten Fenster Ihre E-Mail-Adresse, das dazu gehörende Passwort und Ihren Namen ein. Klicken Sie auf **Weiter**.

5 Im nächsten Fenster beenden Sie den Assistenten mit **Fertig stellen**. Schließen Sie das Fenster **Konten**.

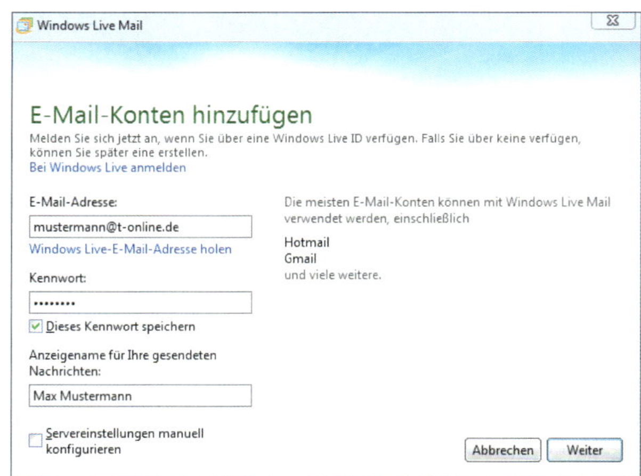

^ *Abbildung 15.24 Mit nur wenigen Angaben wird ein E-Mail-Konto eingerichtet.*

Das Programm versucht, die Servereinstellungen automatisch zu ermitteln.

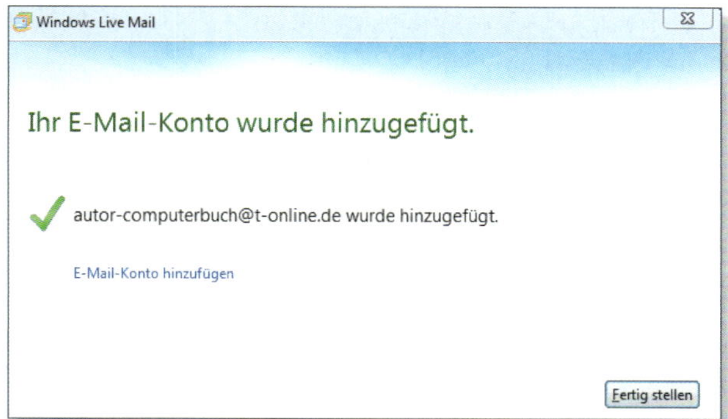

Abbildung 15.25 *Fertig. Ich war überrascht, dass es keine weiteren Dialoge gab.*

Das neu eingerichtete Konto finden Sie nun im Dialog. Wenn Sie möchten, können Sie nun ein weiteres E-Mail-Konto erstellen.

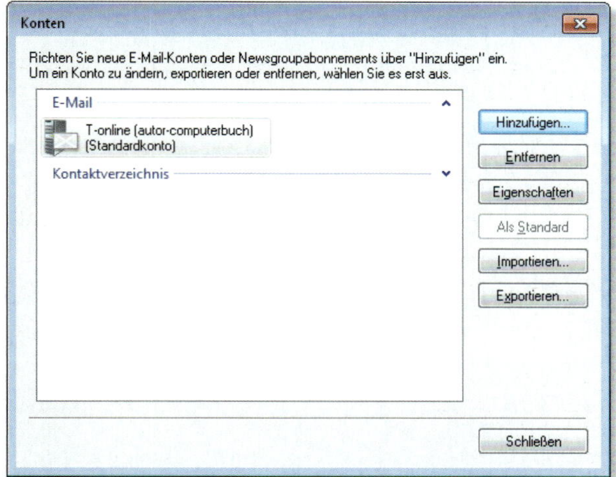

Abbildung 15.26 *Hier sehen Sie das neu eingerichtete Konto.*

HINWEIS

Mehrere Konten einrichten

Haben Sie mehrere E-Mail-Konten eingerichtet, können Sie über eine Option im Dialog **E-Mail-Konten hinzufügen** eines zu Ihrem Standard-E-Mail-Konto machen.

Das neue E-Mail-Konto testen

Um herauszufinden, ob Windows Live Mail die Servereinstellungen richtig ermittelt und einrichtet, sollten Sie das neu eingerichtete Konto testen. Natürlich stellen Sie so auch fest, ob die eigenen Einrichtungsangaben korrekt sind.

Haben Sie mehrere Konten eingerichtet, wählen Sie im Register **Privat** unter **Senden/Empfangen > Kontoname** das richtige Konto. Haben Sie, so wie ich bei diesem Beispiel, nur ein Konto eingerichtet, genügt ein Mausklick auf diese Schaltfläche.

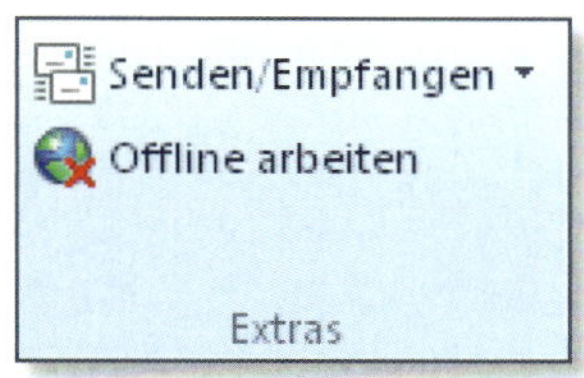

Abbildung 15.27 *Im Bereich* ***Extras*** *des Ribbonregisters* ***Privat*** *finden Sie die Funktion, mit der Sie Ihre Nachrichten vom E-Mail-Server abholen.*

Ein kleines Dialogfenster klappt auf. Es zeigt die Anmeldedaten. Dazu gehören der Name des E-Mail-Servers, Ihr Benutzername für das E-Mail-Konto bei diesem Provider und das zugehörige Passwort. Mit der Option **Kennwort speichern** können Sie dafür sorgen, dass Sie das Passwort beim nächsten Besuch nicht mehr eingeben müssen. Mit **OK** bestätigen Sie.

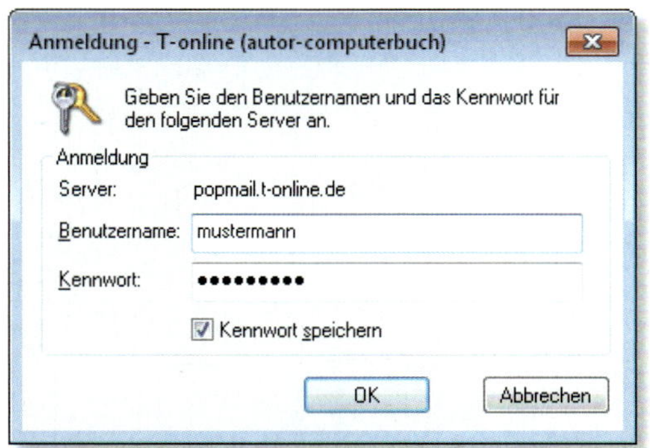

Abbildung 15.28 *Im Anmeldefenster sehen Sie die Adresse des Servers, Ihren Benutzernamen und Ihr Passwort.*

Abbildung 15.29 *Das kann natürlich passieren: Die Anmeldung schlägt fehl. Überprüfen Sie Ihre Daten.*

Windows Live Mail holt aktuelle und neue Nachrichten automatisch ab. Sie sehen auf der linken Seite des Programms die verschiedenen E-Mail-Konten. Mit einer blauen, in Klammern stehenden Zahl wird die Anzahl der neuen Nachrichten angezeigt.

In der Schnellansicht (scrollen Sie das Menü nach oben) werden alle neuen Nachrichten aller E-Mail-Konten angezeigt. Das ist eine Art Zusammenfassung Ihrer E-Mail-Konten.

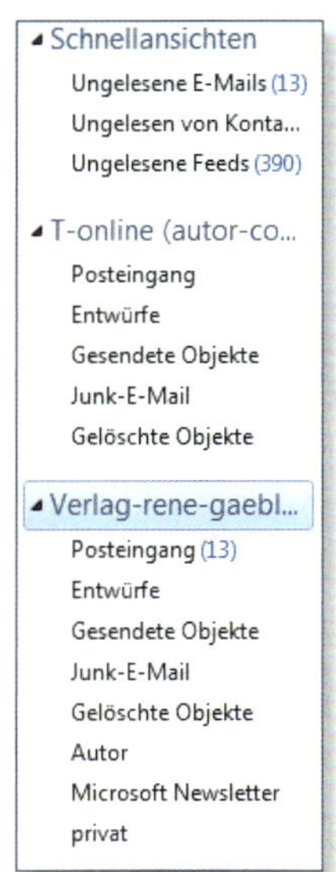

Abbildung 15.30 *Auf der linken Seite des Programms sehen Sie, ob in einem Postfach neue Nachrichten liegen.*

Möchten Sie nun einmal sehen, wer Ihnen alles geschrieben hat und welche Nachrichteninhalte so in Ihrem Postfach eingetroffen sind, klicken Sie auf **Postfach**. Nun werden die Kopfzeilen der Nachrichten aufgelistet. Mit einem weiteren Mausklick wählen Sie eine davon aus. Sie sehen nun im Anzeigefenster den Inhalt der Nachricht.

TIPP

Was tun, wenn die automatische Einrichtung nicht funktioniert?
Nicht in jedem Fall gelingt es Windows Live Mail, die notwendigen Einstellungen automatisch zu ermitteln. In meinem Beispiel funktioniert dies bei T-Online nicht. Ist das bei Ihnen auch der Fall, überprüfen Sie zunächst die Daten, die Sie bei der Einrichtung angegeben haben. Vielleicht haben Sie sich ja beim Benutzernamen oder dem Passwort verschrieben. Ist dies so, korrigieren Sie dies und versuchen es erneut. Schlägt die Anmeldung wieder fehl, greifen Sie zur manuellen Einrichtung. Alle dafür notwendigen Daten finden Sie auf der Website Ihres Providers.

In Abbildung 15.31 ist die Struktur von Windows Live Mail sehr schön zu sehen. Ganz links werden die verschiedenen E-Mail-Konten aufgelistet. Wählen Sie einen Nachrichtenordner aus, sehen Sie in der zweiten Spalte von links die Kopfzeilen.

Da die automatische Einrichtung eines E-Mail-Kontos nicht bei jedem Provider gelingt, habe ich Ihnen einmal eine Auswahl verschiedener Provider mit den zugehörigen Servereinstellungen zusammengestellt. Zuerst einmal lesen Sie, wie Sie ein E-Mail-Konto bei T-Online einrichten.

1. Wählen Sie im Startmenü **Optionen > E-Mail-Konten**.
2. Klicken Sie auf **Hinzufügen**.
3. Wählen Sie **E-Mail-Konto**. Mit **Weiter** geht es in den nächsten Dialog.

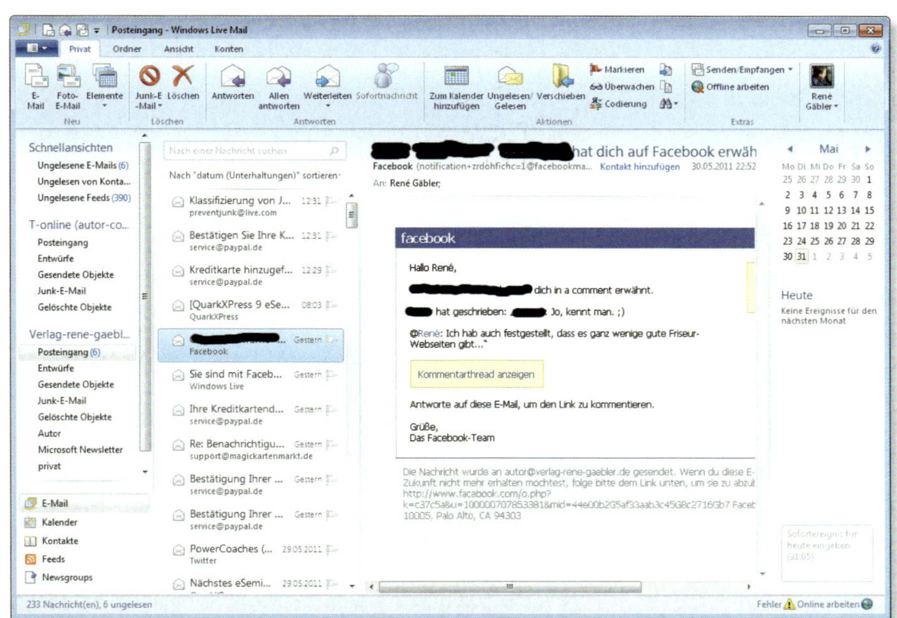

*< **Abbildung 15.31** Ein Mausklick auf eine Kopfzeile genügt, und der Inhalt der Nachricht wird sichtbar. Ein Konto manuell einrichten*

4 Tragen Sie Ihre E-Mail-Adresse und das zugehörige Kennwort ein. Schalten Sie die Option **Servereinstellung manuell konfigurieren** an. Wählen Sie **Weiter**.

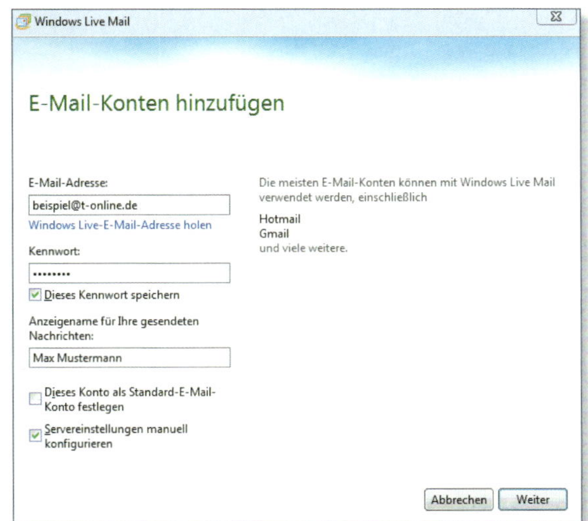

*∧ **Abbildung 15.32** Bis auf die Option, dass die Serverkonfiguration per Hand eingerichtet wird, ist bisher alles gleich.*

5 Als Servertyp wählen Sie **POP**. In das Formularfeld für die Adresse des Posteingangsservers tragen Sie `popmail.t-online.de` ein. Die Adresse des Postausgangsservers ist `smtpmail.t-online.de`. Schalten Sie die Option **Erfordert Authentifizierung** an. In das Feld **Anmeldebenutzername** tragen Sie Ihre komplette E-Mail-Adresse ein. Dazu gehört auch das `@t-online.de`. Mit **Weiter** geht's in den nächsten Dialog.

*∧ **Abbildung 15.33** So wird ein E-Mail-Konto bei T-Online eingerichtet.*

6 Im nächsten Fenster erhalten Sie eine Bestätigung, dass das neue E-Mail-Konto eingerichtet wurde. Bestätigen Sie mit **Fertig stellen**, und schließen Sie die geöffneten Dialoge.

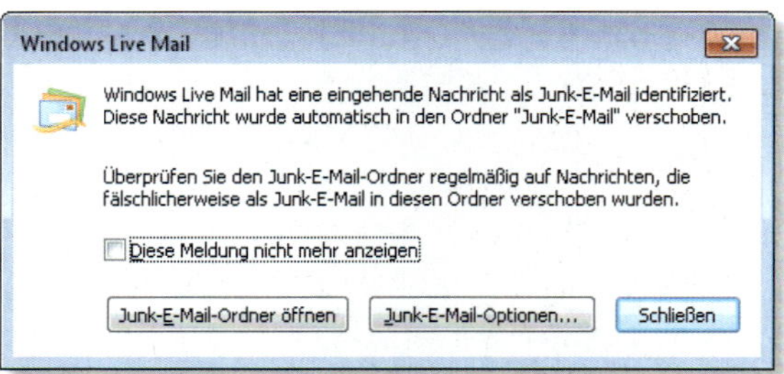

▲ ***Abbildung 15.34*** *Das Programm versucht, Spam und Phishing automatisch zu erkennen und auszusortieren.*

Ein GMX-Konto einrichten

Möchten Sie Ihre Nachrichten sicher übertragen und dazu das SSL-Protokoll nutzen, müssen Sie für den Posteingangsserver den Port 995 eintragen. Beim Postausgangsserver ist der Port 465 richtig.

Der Posteingangsserver von GMX hat die Adresse `pop.gmx.net`. Als Postausgangsserver tragen Sie `mail.gmx.net` ein. Der Server erfordert eine sichere Verbindung. Schalten Sie die entsprechende Option an. Schalten Sie ebenfalls die Option an, mit der der Server eine verschlüsselte Verbindung (SSL) nutzt. Als Verbindungstyp wählen Sie SSL.

Ein Konto bei Hotmail einrichten

Mit der Angabe der E-Mail-Adresse weiß das Programm nicht immer, um welchen Server es sich handelt. In meinem Beispiel verwende ich eine eigene Domain. Diese endet nicht auf *hotmail.de*.

Das Programm erkennt dies und erweitert den Einrichtungsdialog. Im nächsten Dialogfenster wähle ich unter **Servertyp** die Option **Windows Live Hotmail**. Jetzt muss noch der Benutzername überprüft werden, der zur Anmeldung dient. Eventuell müssen Sie diesen korrigieren.

INFO

Was bitte ist ein Port?

Bei dem oben erwähnten Port ist nicht der Anschluss an Ihrem Rechner gemeint, an dem Sie einen USB-Stick, einen Kopfhörer oder ein anderes Gerät anstöpseln. Auch das ist ein Port (Hardware-Anschluss).

Hier ist aber eine Schnittstelle im Rechner gemeint, die über eine sogenannte Portadresse verwendet wird. Über diese Portadresse greift eine Software auf die Schnittstelle zu. Portadressen werden für Kommunikationsprogramme genutzt, so zum Beispiel für FTP.

Bei der Einrichtung eines E-Mail-Kontos ist es wichtig, die Portadressen zu kennen, die der Postausgangs- und der Posteingangsserver nutzen. Ohne diese Angabe können die Nachrichten nicht empfangen oder gesendet werden.

Bei einer Firewall können Sie Portadressen blockieren. So sorgen Sie dafür, das bestimmte Programme und Programmfunktionen, die diesen Port nutzen, nicht mehr arbeiten können.

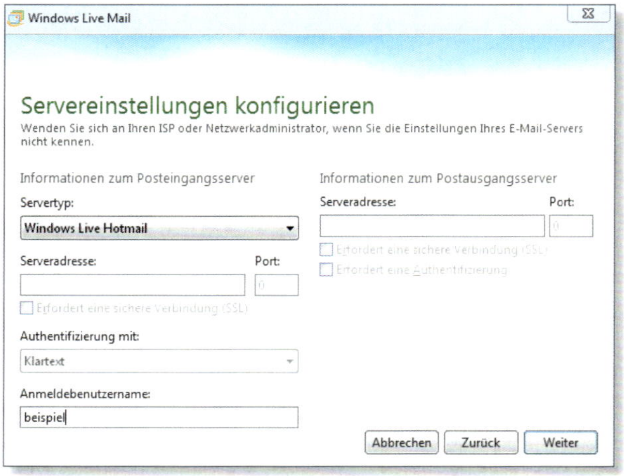

▲ ***Abbildung 15.35*** *Wählen Sie den richtigen Servertyp, und das Programm ermittelt alle wichtigen Daten.*

Im nächsten Fenster werden Sie gefragt, ob Sie sich tatsächlich mit dem angegebenen Benutzernamen anmelden möchten. Dabei wird der Anmeldename aus dem Anmeldebenutzernamen, dem @ und der E-Mail-Domain gebildet. Bestätigen Sie dies.

Noch einmal, um zu zeigen, wie das Programm auf den Anmeldebenutzernamen und die E-Mail-Adresse kommt:

Die E-Mail-Adresse heißt *beispiel@test.de*. Der Anmeldebenutzername ist hier also *beispiel*. Ganz einfach. Oder?

Weitere Angaben müssen hier nicht gemacht werden. Das Programm holt alle Einstellungen vom Hotmail-Server und trägt diese automatisch ein.

INFO

Was versteht man unter SSL?
SSL ist ein Datenübertragungsprotokoll, mit dem Daten verschlüsselt und im Internet von A nach B übertragen werden. Die Verschlüsselung sorgt dafür, dass die Daten nicht von Dritten abgehört und genutzt werden können. Es ist also immer ein Vorteil, wenn Ihr Provider mit SSL arbeitet.

Ein E-Mail-Konto bei Arcor einrichten

Nutzen Sie ein E-Mail-Konto bei *Arcor*, tragen Sie als Posteingangsserver `pop3.arcor.de` und als Postausgangsserver `mail.arcor.de` ein. Als Benutzername verwenden Sie die Zeichenfolge, mit der Sie sich auf den Seiten von Arcor anmelden. Dazu geben Sie das Kennwort an, das Sie auch bei Arcor verwenden.

Ein E-Mail-Konto bei Freenet einrichten

Besitzen Sie ein E-Mail-Konto bei dem Anbieter *Freenet*, so tragen Sie als Postausgangs- und Posteingangsserver `mx.freenet.de` ein. Schalten Sie die Option **Postausgangsserver erfordert Authentifizierung** an. Geben Sie den Benutzernamen und das Passwort ein, das Sie bei Freenet verwenden.

TIPP

Wo finde ich die Daten, die ich bei der Einrichtung meines E-Mail-Anbieters benötige?
Ich habe Ihnen in den vorangegangenen Abschnitten nur einige Beispiele von einigen ausgesuchten Webmail-Anbietern beschrieben. Natürlich gibt es viel mehr E-Mail-Provider. Zu jedem Internet-Account, zu vielen Homepages und selbst bei einigen Handys gibt es E-Mail-Accounts. Die für die Einrichtung notwendigen Daten finden Sie in einer Online-Hilfe. Suchen Sie auf dem Portal nach »Hilfe«, und schauen Sie nach einem Themenpunkt, der die Einrichtung eines E-Mail-Programms beschreibt. Selbst wenn dort andere Programme und nicht Windows Live Mail 2011 beschrieben werden, finden Sie die richtigen Einstellungsdaten. Bei einigen Providern, wie zum Beispiel *Host Europe*, müssen Sie sich in den Online-Bereich einloggen, wo Sie die gesuchten Daten in einer umfangreichen FAQ (Frage-Antwort-Datenbank) finden.

Die Kontoeinstellungen überprüfen und korrigieren

Es kann vorkommen, dass Sie sich einmal bei der Einrichtung eines E-Mail-Kontos vertun. In so einem Fall müssen Sie die Einstellungen öffnen, durchsehen und korrigieren.

Ein kleines Beispiel, das mir eben über den Weg gelaufen ist: Ich habe eben beschrieben, wie ich mit Windows Live Mail meinen T-Online-Account eingerichtet habe. Schritt für Schritt – alles wunderbar. Aber es hat verflixt nochmal nicht funktioniert. Die Verbindung zum Server kam nicht zustande. In dem Anmeldefenster habe ich die E-Mail-Adresse und das Passwort korrigiert – das half auch nicht. Warum? Das Programm hat die Korrektur im Eingabefenster ignoriert und nur die Anmeldedaten verwendet, die ich bei der Einrichtung angegeben hatte – also die, die sich im Einrichtungsdialog des E-Mail-Kontos von T-Online befanden. Hm … Und wo lag der Fehler? Ganz einfach: Hier stand als Anmeldename noch *Mustermann@t-online.de*. Der Screenshot für das Buch sollte ja keine echten Zugangsdaten zeigen. Sie sehen also, eine kleine Unaufmerksamkeit oder auch ein Vertipper kann schnell passieren. Prüfen Sie also Ihre Eingaben immer lieber zweimal.

Die Lösung dieses Problems ist ganz einfach. Ich musste den Anmeldenamen und damit auch die E-Mail-Adresse im Einrichtungsdialog korrigieren. Gedacht, gemacht … und schon hat es funktioniert.

Dieses kleine Beispiel zeigt: Oft schummeln sich kleine Fehler ein, und die Einrichtung eines Programms bringt dann nicht das erhoffte Ergebnis. Meist sind es kleine Tippfehler. Diese müssen Sie finden und beheben. Und schon funktioniert alles wie gedacht.

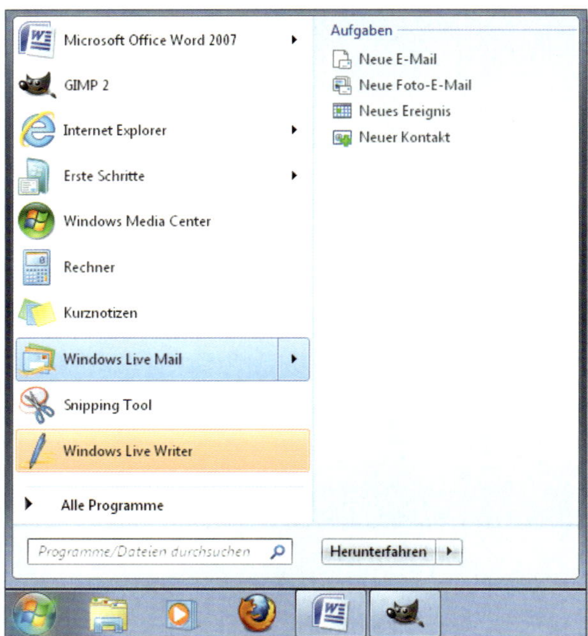

Abbildung 15.36 *Bereits über das Windows-Startmenü können Sie eine kleine Auswahl von Funktionen aufrufen.*

Beim Start über das Windows Startmenü (siehe Abbildung 15.36) fragt das Programm, ob es als Standardanwendung für E-Mail verwendet werden soll.

Abbildung 15.37 *Schalten Sie die Option aus, wenn Windows Live Mail diese Überprüfung nicht mehr durchführen soll.*

1. Öffnen Sie mit **Optionen > E-Mail-Konten** den Dialog **Konten**.
2. Sie sehen im Dialog alle eingerichteten E-Mail-Konten. Um die Einstellungen einzusehen und zu korrigieren, markieren Sie ein Konto und wählen **Eigenschaften**.
3. Schauen Sie sich die einzelnen Register im Dialog **Eigenschaften** an. Nehmen Sie die Korrekturen vor. Klicken Sie auf **OK**.

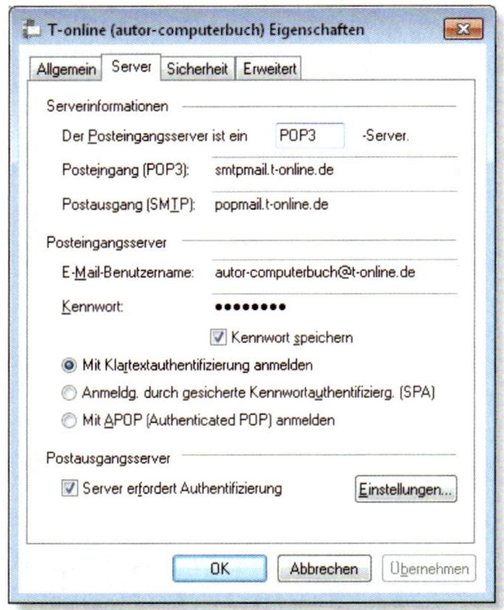

Abbildung 15.38 *In vier Registern können Sie ein E-Mail-Konto einrichten und anpassen.*

4. Schließen Sie den Dialog **Konten**. Testen Sie, ob die Einstellungen, die Sie vorgenommen haben, funktionieren.

15.3 So bewältigen Sie den E-Mail-Alltag

Der Umgang mit den Nachrichten ist dank der leicht zugänglichen und sehr übersichtlichen Oberfläche kein Problem. Schauen Sie sich zuerst einmal um. Sie finden in allen Registern Symbolschaltflächen, an denen gleich zu erkennen ist, wozu diese gut sind. Zudem steht ja auch die Funktion unter dem Symbol.

Neben dem einfachen Lesen, Schreiben und Beantworten ist es auch interessant, Nachrichten zu kennzeichnen und in Ordner zu sortieren. Gerade bei sehr vielen Nachrichten im Posteingang verliert man schnell die Übersicht.

Nachrichten abholen, lesen, schreiben und beantworten

Mit einem Klick auf **Senden und Empfangen** holen Sie die aktuellen Nachrichten ab. Dies geschieht bereits, wenn Sie das Programm starten.

Im Fenster **Privat** finden Sie die Funktionen zum Antworten und Weiterleiten einer Nachricht. Hier wird der Adressat als Empfänger übernommen. Wenn Sie möchten, ergänzen Sie Text und Bilder.

Weiterleiten können Sie nutzen, wenn Sie eine Nachricht an eine Ihrer anderen E-Mail-Adressen senden wollen. Über das Listenmenü dieser Funktion kann eine Nachricht auch als Anlage weitergeleitet werden.

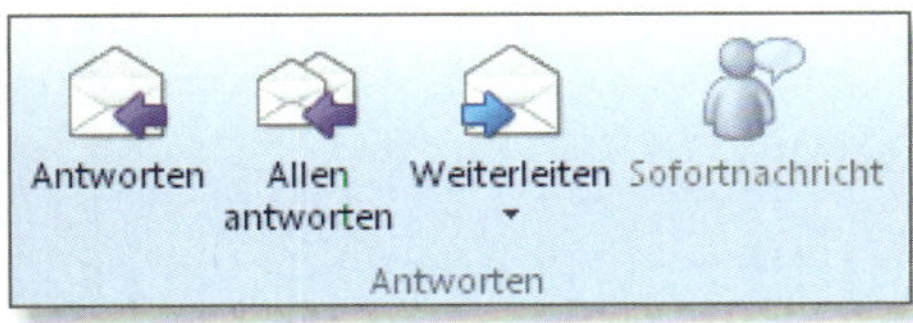

*Abbildung 15.39 Im Bereich **Antworten** finden Sie alle Funktionen, die Sie für eine Beantwortung einer Nachricht benötigen.*

In der linken oberen Ecke des Programmfensters finden Sie die »Symbolleiste für den Schnellzugriff«. Hier sind Symbolschaltflächen aus allen Registern abgelegt. Der Vorteil ist: Diese Schaltflächen haben Sie immer im Blick. Sie können immer darauf zugreifen, ganz egal, welches Register Sie geöffnet haben. In der Vorgabeeinstellung finden Sie hier die folgenden Funktionen (von links nach rechts gesehen):

- **Neu** ❶ – Mit dieser Funktion schreiben Sie eine neue Nachricht.
- **Antworten** ❷ – Beantworten Sie eine erhaltene Nachricht.
- **Alles aktualisieren** ❸ – Damit bringen Sie Ihre RSS-Feeds, Nachrichten-Ordner, Kalender und abonnierte Newsgroups auf einen aktuellen Stand.

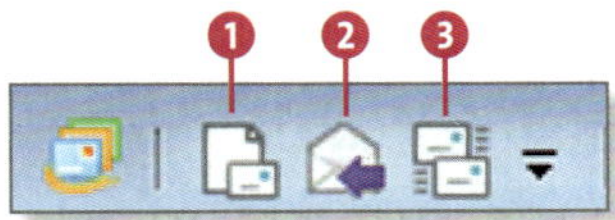

Abbildung 15.40 Die Symbolleiste für den Schnellzugriff enthält nur drei Funktionen.

Wählen Sie **Neu** in der Symbolleiste für den Schnellzugriff, klicken Sie auf **E-Mail** im Register **Privat** (die Schaltfläche ganz an der linken Seite), oder drücken Sie [Strg] + [N], um eine neue Nachricht zu erstellen. Sie finden die Funktion zum Erstellen einer neuen Nachricht auch im Optionsmenü unter **Neu > E-Mail** und im Windows-Startmenü.

Eine neue Nachricht schreiben

Im vorhergehenden Abschnitt haben Sie bereits erfahren, wie Sie das Fenster für das Erstellen einer neuen Nachricht aufrufen. Schauen wir uns das Nachrichtenfenster einmal an (siehe Abbildung 15.41).

Den größten Teil nimmt der Bereich ein, in dem Sie den Text Ihrer Nachricht eingeben. Darüber finden Sie zwei Eingabefelder. In das Feld **An** ❹ tragen Sie die E-Mail-Adresse des Empfängers Ihrer Nachricht ein. Darunter, in das Feld **Betreff** ❺, geben Sie der Nachricht eine kurze Titelzeile. Mit ihr sieht der Empfänger in seinem Posteingang gleich, worum es sich handelt. Es genügen wenige Worte. »Ihre Mitteilung vom 12. Juni«,

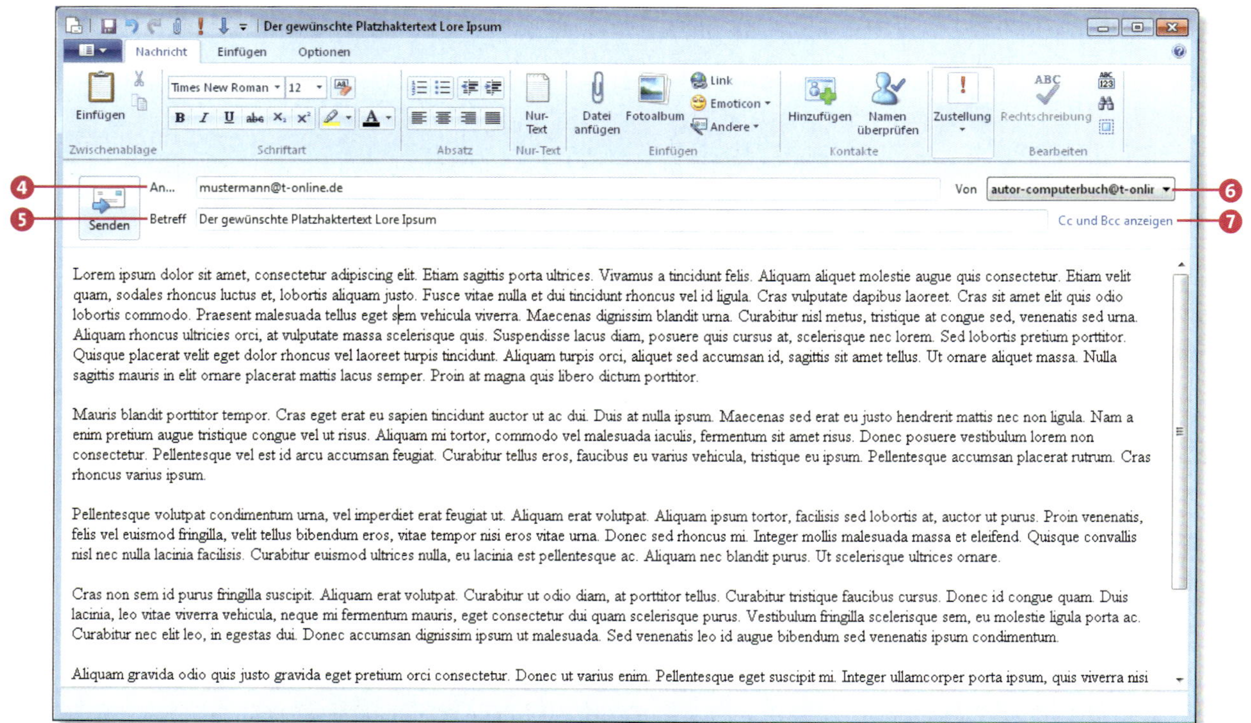

^ **Abbildung 15.41** *Das Nachrichtenfenster enthält alles, was Sie brauchen, um eine E-Mail zu schreiben. Die Funktionen erschließen sich beim ersten Blick. Wenn Sie die Multifunktionsleiste aus Office 2007/2010 kennen, werden Sie sich hier schnell zurechtfinden.*

»Unser Grillabend«, »Geburtstagsparty bei Otto«, »Mein Computer streikt« oder »Das Seminar vom Sonntag« sind mögliche Beispiele.

Stellen Sie sich die Titelzeile wie den Titel eines Buches vor. Mit einem Blick soll der Leser wissen, worum es sich handelt. Bei kommerziellen Newslettern muss diese Titelzeile sogar Neugier wecken und dafür sorgen, dass der Leser die Nachricht öffnet und nicht gleich in den Papierkorb befördert.

Rechts finden Sie ein Auswahlfeld für Ihre E-Mail-Adressen 6. Mit dieser Auswahl bestimmen Sie, von welchem E-Mail-Konto aus eine Nachricht gesendet werden soll. Voraussetzung dafür ist natürlich, dass Sie mit Windows Live Mail mehrere E-Mail-Konten nutzen. So können Sie ganz leicht über dieses Listenfeld bestimmen, dass die Nachricht von Ihrem T-Online-, GMX- oder Freemail-Konto aus gesendet wird.

Unter diesem Feld sehen Sie in Blau die Funktion **Cc und Bcc anzeigen** 7. Das steht für *Carbon Copy* und *Blind Carbon Copy*. Mit **Cc** können Sie die Nachricht an einen oder mehrere andere Absender senden. Verschiedene E-Mail-Adressen werden mit einem Komma voneinander getrennt. Sie kennen das sicher: Sie sehen im Empfängerfeld einer E-Mail einen riesigen Brocken an E-Mail-Adressen. »In einem Rutsch« haben all diese Empfänger dieselbe Nachricht erhalten. Die Empfänger im Feld **Cc** sind von jedem, der die Nachricht erhält, zu lesen. Anders ist es mit **Bcc**.

Wenn Sie in das Feld **Bcc** eine Adresse eintragen, wird die Nachricht auch an diesen Adressaten gesendet. Sie können natürlich auch hier mehrere E-Mail-Adressen eingeben. Jedoch sehen die anderen Empfänger der Nachricht nicht, an wen Sie mithilfe des **Bcc**-Feldes die Nachricht sonst noch geschickt haben.

Nachrichten formatieren

Sie können den Text einer Nachricht auch formatieren wie bei einem Office-Programm. Verwenden Sie dazu die Funktionen in den Bereichen **Schriftart** und **Absatz**. Markieren Sie den Text, den Sie formatieren wollen, und wählen Sie dann die gewünschte Funktion.

Sie können die verwendete Schriftart auswählen, deren Größe und Farbe bestimmen und die Attribute **Fett**, **Kursiv** und **Unterstrichen** nutzen. Möglich sind auch die Varianten **Durchgestrichen**, **Tiefgestellt** und **Hochgestellt**. Interessant ist, dass es mit dem kleinen Radiergummisymbol auch eine Funktion gibt, mit der Sie eine Formatierung löschen können.

Abbildung 15.42 *Formatieren Sie Ihre Nachrichtentexte so, wie Sie es von einer Textverarbeitung kennen.*

In Windows Live Mail stehen Ihnen auch Aufzählungen und Funktionen zum Einrücken zur Verfügung.

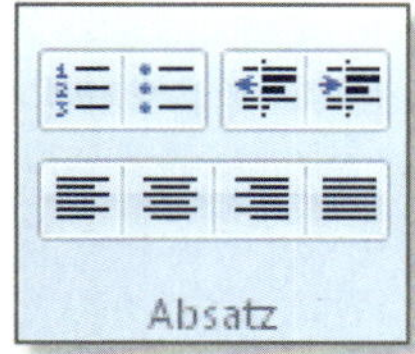

Abbildung 15.43 *Mit diesen Schaltflächen können einen Textabsatz so ausrichten, wie es Ihnen gefällt.*

Wie bei Textverarbeitungen lässt sich nicht nur die Farbe der Schrift, sondern auch die des Hintergrundes anpassen. Sie können bestimmen, ob der markierte Text links, rechts oder mittig gesetzt wird. Sie können nummerierte Listen und Aufzählungszeichen verwenden, Auch das Einrücken (Einzug verkleinern oder vergrößern) ist möglich.

In der Regel werden Sie eine einfache Textnachricht schreiben und nicht groß formatieren. Warum auch? Sie möchten dem Empfänger der Nachricht eine Mitteilung übermitteln. Zur besseren Lesbarkeit sollte der Text in Absätze unterteilt sein. Es empfiehlt sich auch, auf korrekte Rechtschreibung und Grammatik zu achten. Aber »großartige Formatierungsfaxen« – bitte entschuldigen Sie diesen Ausdruck – macht man hier nicht.

Natürlich gibt es Situationen, in denen sich das Gestalten einer Nachricht durchaus lohnt. Vielleicht wollen Sie Kollegen zu einem besonderen Seminar einladen. Vielleicht steht eine Geburtstagsfeier oder Grillparty an. Vielleicht möchten Sie einen Newsletter mit einer Produktvorstellung an verschiedene Empfänger senden. In solchen Fällen ist eine durchdachte Formatierung sinnvoll.

Wie bei Office-Dokumenten gilt auch bei Nachrichten: Nutzen Sie das Formatieren dosiert und durchdacht. Machen Sie keine kreativen Kunstwerke aus Ihren Nachrichten, bei denen der Empfänger kopfschüttelnd versucht, die Nachricht zu entschlüsseln.

Leider gibt es in Windows Live Mail nicht die Live-Vorschau einer Formatierung, so wie sie in Office 2010 vorhanden ist. Gerade bei den Schriftarten wäre es sehr nützlich, bereits bei der Auswahl einer Schriftart zu sehen, wie diese den Text verändert und wie sie wirkt. So müssen Sie entweder wissen, welche Schriftart für Ihren Textabsatz die richtige ist, oder Sie probieren verschiedene nacheinander aus. Sie können auch Microsoft Word nutzen, um vorher zu probieren, welche Schrift und welche Formate Ihren Wünschen entsprechen.

Übrigens: Den Titel einer Nachricht (Subject) und die Adresse können Sie nicht formatieren. Beachten Sie bitte auch, dass einige Anwender Nachrichten nur im TXT-Format lesen und empfangen. Warum dies so ist, erfahren Sie im Abschnitt »E-Mails im Format HTML oder Text?«, auf Seite 454.

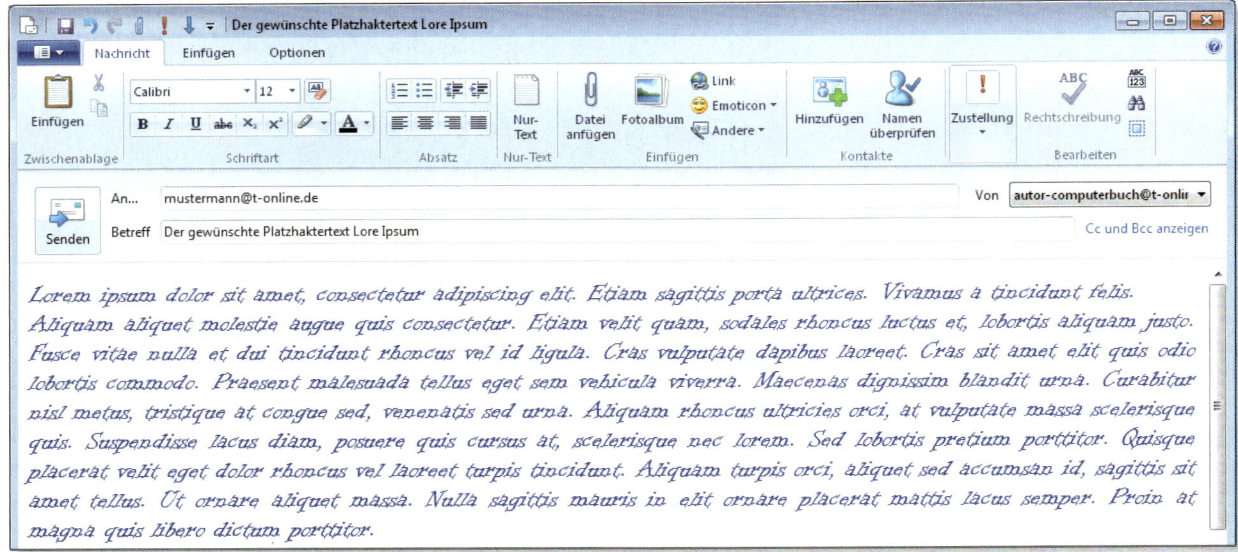

^ **Abbildung 15.44** *In diesem Beispiel habe ich den ersten Absatz meiner Nachricht mit der Schriftart Calibri formatiert. Die Größe habe ich auf 12 gestellt. Außerdem habe ich die Schrift blau gefärbt und als Blocksatz formatiert.*

Smileys verwenden

Mit Smileys können Sie Gefühle ausdrücken. So lassen sich Missverständnisse vermeiden. Der Leser weiß, wann Sie etwas augenzwinkernd und lächelnd meinen oder dass etwas Sie traurig und nachdenklich macht. In Abschnitt 11.4, »Keine Angst vor Smileys und Actions«, haben Sie bereits etwas zu der Verwendung dieser kleinen Symbole und Zeichen erfahren. Mit Windows Live Mail ist das sehr einfach. Über ein Listenmenü wählen Sie, welches Smiley Sie verwenden wollen. Es wird als kleine Grafik in den Nachrichtentext eingefügt.

Wie bei anderen Dingen gilt auch hier: Setzen Sie Smileys wohldosiert ein. Eine Nachricht, in der jeder Satz mit einem solchen Symbol endet, sieht nicht besonders toll aus. Außerdem lässt sie sich schwer lesen.

1 Um ein Smiley einzufügen, öffnen Sie im Register **Nachricht** das Listenfeld **Emoticon**.

2 Wählen Sie das gewünschte Zeichen mit einem Mausklick aus.

Wenn Sie nicht wissen, wofür ein Smiley steht, führen Sie die Maus auf das Zeichen und warten Sie einen kleinen Augenblick. Mit einer Quickhilfe zeigt das Programm Ihnen an, welcher Gemütszustand bzw. welche Gefühlsregung gemeint ist. Hinter einigen verbirgt sich kein Gefühl. Stattdessen finden Sie als Erklärung hier *Teufel, Ninja, Schaf* und *Blitz*.

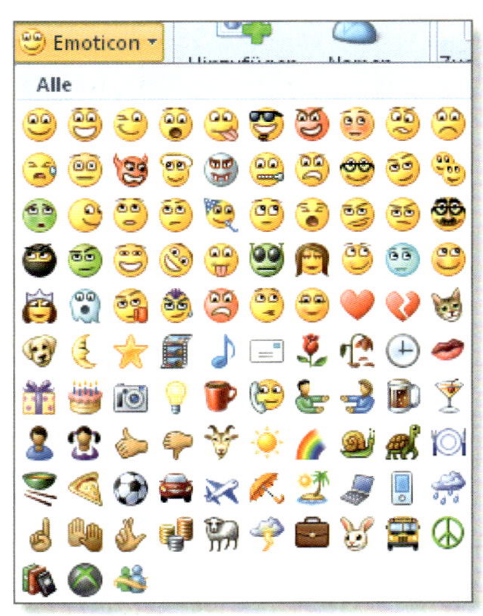

^ **Abbildung 15.45** *Die Smileys in Windows Live Mail*

Einen Hyperlink in eine Nachricht einfügen

Über eine Schaltfläche können Sie einen Hyperlink in den Nachrichtentext einfügen. So lässt sich eine Webadresse dem Leser nicht nur mitteilen, er kann mit einem Mausklick gleich die Website besuchen.

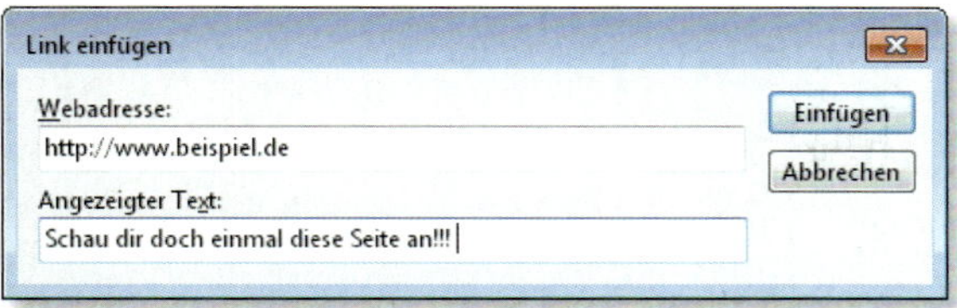

Abbildung 15.46 Einen Link zu einer Website in eine Nachricht einfügen.

Neben dem eigentlichen Hyperlink zu einer Website geben Sie auch einen beschreibenden Text oder eine Überschrift an. Dieser erscheint dann in der E-Mail.

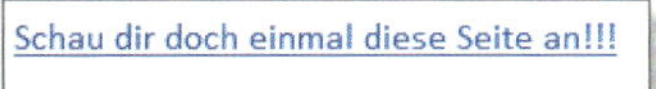

Abbildung 15.47 Und so sieht der Link in der Nachricht dann aus.

So verwenden Sie eine persönliche Signatur

Mit dem Listenfeld **Andere** können Sie eine horizontale Linie, eine Visitenkarte oder eine Signatur anfügen. Mit der Linie lassen sich verschiedene Elemente einer Nachricht voneinander trennen. Es ist nichts weiter als eine gerade grafische Linie.

Die Signatur ist eine Unterschrift. Um diese zu verwenden, müssen Sie zuerst eine erstellen. Dazu gehen Sie wie folgt vor:

1. Wählen Sie im Startmenü **Optionen > E-Mail**.
2. Im Einstellungsdialog wechseln Sie zu **Signaturen**. Das Feld ist noch leer. Ändern Sie dies mit einem Mausklick auf **Neu**.
3. Im Feld **Signatur** wird eine Bezeichnung eingefügt. Windows Live Mail bezeichnet die erste Signatur als Signatur #1. Der eigentliche Inhalt kommt in das Feld **Text**. Geben Sie hier ein, was in der Signatur stehen soll. Im Beispiel trage ich ein: Max Mustermann. Der beste Freund, den man haben kann! Mit **Übernehmen** wird dieser Text zum Inhalt der Signatur.

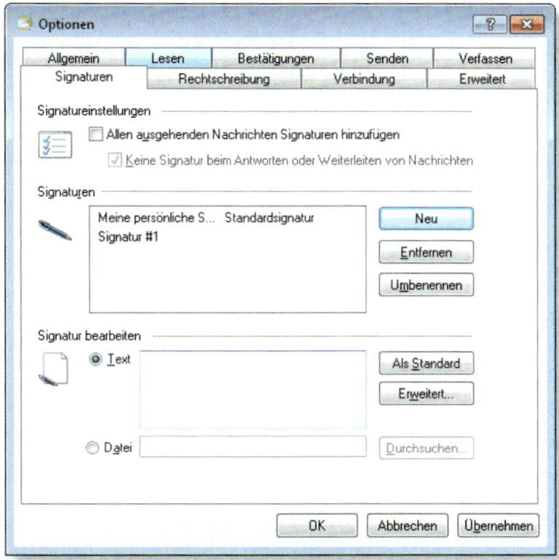

Abbildung 15.48 In der Vorgabeeinstellung ist noch keine Signatur vorhanden.

4. Markieren Sie die Signatur, und wählen Sie **Umbenennen**. Tragen Sie Meine persönliche Signatur ein.

   Möchten Sie eine Signatur verwenden, müssen Sie zunächst eine erstellen.

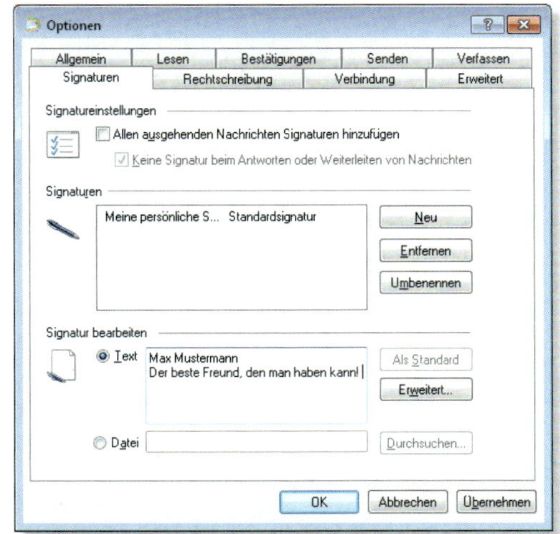

Abbildung 15.49 Meine Signatur ist nun fertig und einsatzbereit.

5 Verlassen Sie den Dialog mit **OK**.

Natürlich können Sie die vorgegebene Bezeichnung beibehalten. Ich persönlich finde es aber schöner, wenn man der Signatur einen passenden Namen gibt.

Selbstverständlich können Sie verschiedene Signaturen mit unterschiedlichen Inhalten erstellen. Wählen Sie dann beim Einfügen einfach, welche Signatur Sie verwenden möchten. Das ist sogar sehr empfehlenswert. So haben Sie eine private Signatur und eine für den Verein, die kleine Firma oder die E-Mail-Kommunikation mit Ihren Kollegen.

Mit **Erweitert** können Sie eine Signatur zu einem bestimmten E-Mail-Konto erstellen. So ist es möglich, zum Beispiel für T-Online eine andere Signatur als bei GMX zu verwenden.

Mit **Andere > Signatur > Name der Signatur** fügen Sie dann selbige in Ihre Nachricht ein.

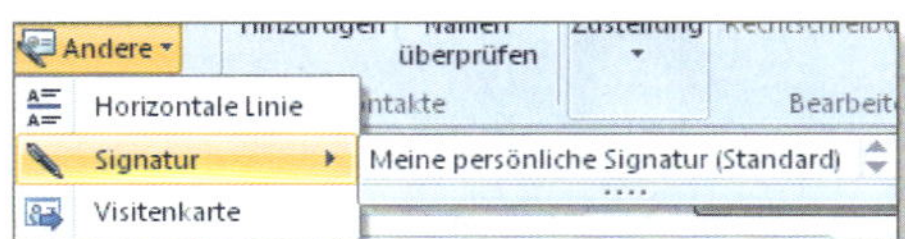

Abbildung 15.50 Eine Signatur wird eingefügt.

HINWEIS

Beachten Sie bitte
Eine Signatur ist ein persönliches Markenzeichen. Auch eine Unterschrift oder ein Slogan passt hier gut. Sie können auch Adress- und Kontaktdaten, die Adresse Ihrer Webseite oder andere Inhalte ablegen. Achten Sie jedoch darauf, dass der Inhalt der Signatur keine Rechtschreibfehler enthält.

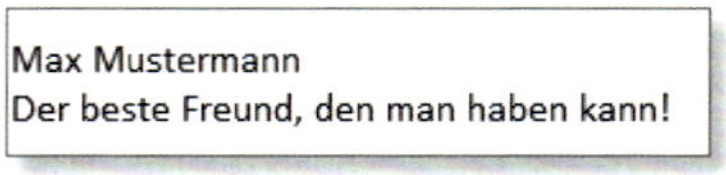

Max Mustermann
Der beste Freund, den man haben kann!

Abbildung 15.51 Und so sieht meine fertige Signatur in der E-Mail aus.

Der richtige Platz für eine Signatur ist immer am Ende der E-Mail. Ganz unten steht die Signatur.

Visitenkarten verwenden

Statt einer Signatur können Sie auch eine Visitenkarte an eine Nachricht anhängen. Diese elektronische Form der beliebten kleinen Pappkärtchen enthält Ihre Adressdaten, E-Mail- und Kontaktdaten. Sie kann nicht nur von den Anwendern eingesehen werden, sondern die Daten können auch sehr einfach in das Adressbuch übernommen werden.

Auch hier müssen Sie zuerst eine Visitenkarte erstellen, bevor Sie eine solche nutzen können:

1 Wählen Sie im Startmenü **Optionen > E-Mail**.

2 Wechseln Sie im Dialog **Optionen** in das Register **Verfassen**. Ganz unten finden Sie den Bereich **Visitenkarten**. Wenn Sie möchten, können Sie für Newsgroups und E-Mails verschiedene Visitenkarten verwenden. In diesem Beispiel möchte ich dies einmal tun. Schalten Sie die Option **Visitenkarten** an, und wählen Sie **Bearbeiten**.

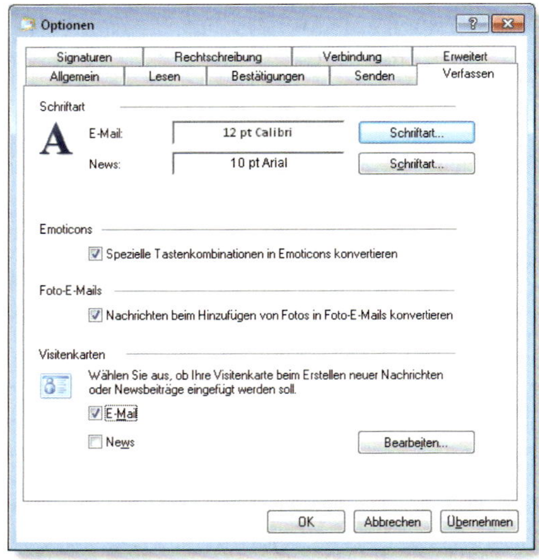

Abbildung 15.52 Im Einstellungsdialog können Sie eine Visitenkarte erstellen.

3 Sie sehen nun ein Fenster, das zeigt, wie Ihre Visitenkarte aussehen wird. Ihr Name, Ihre E-Mail-Adresse und die Handy-Nummer sind bereits vorhanden. Wechseln Sie zu **Kontakt**. Ergänzen Sie die vorhandenen Einträge. Wenn Sie nicht möchten, dass Ihre Handy-Nummer in der Visitenkarte erscheint, entfernen Sie diese.

4 Gehen Sie nacheinander alle Register durch. Geben Sie in den Formularfeldern die Daten ein, die in Ihrer Visitenkarte zu sehen sein sollen.

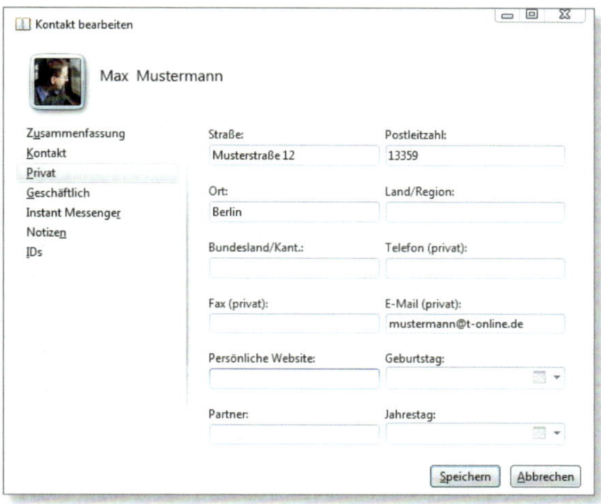

Abbildung 15.53 *Tragen Sie nur in den Formularfeldern etwas ein, die dann auch tatsächlich in Ihrer Visitenkarte angezeigt werden sollen.*

5 Schauen Sie sich in der **Zusammenfassung** an, wie die Visitenkarte aussehen wird. Wenn notwendig, korrigieren und ergänzen Sie die Einträge. Halten Sie mit einem Mausklick auf **Speichern** alle Einträge fest.

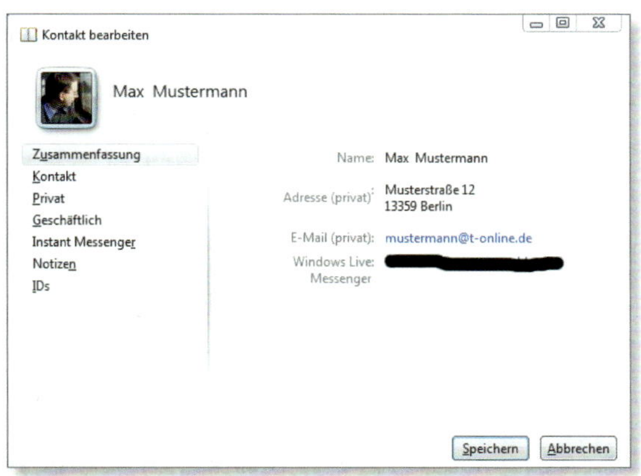

Abbildung 15.54 *In der Zusammenfassung sehen Sie, wie die fertige Visitenkarte aussehen wird.*

6 Schließen Sie den Dialog **Optionen**.

Mit **Andere > Visitenkarte** wird der Nachricht die erstellte Visitenkarte hinzugefügt.

Bilddateien einfügen

Übrigens: Sie finden die Elemente, die Sie in Ihre Nachricht einfügen können, auch in einem ganz eigenen Register. Wie Sie sicher schon im Programm gesehen haben, heißt dieses Register **Einfügen**. Einen kleinen Unterschied gibt es jedoch: Die Funktion zum Einfügen eines einzelnen Fotos finden Sie nur in diesem Register.

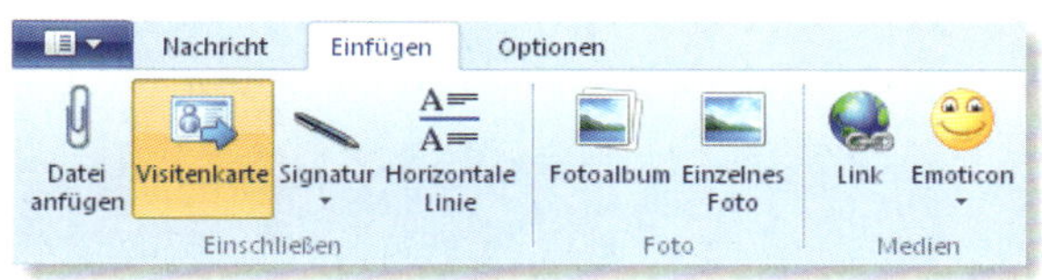

Abbildung 15.55 *Das Register **Einfügen** enthält eine kleine Auswahl an Funktionen, die es Ihnen ermöglichen, verschiedene Inhalte in eine E-Mail zu integrieren.*

Nun möchte ich Ihnen zeigen, wie Sie ein einzelnes Bild in eine E-Mail einfügen.

1 Um eine einzelne Bilddatei in eine neue Nachricht einzufügen, wechseln Sie in das Register **Einfügen**.

2 Klicken Sie auf **Einzelnes Foto**. Wählen Sie die Bilddatei aus, und bestätigen Sie.

Abbildung 15.56 *Klicken Sie auf diese Schaltfläche, um eine Bilddatei in eine neue E-Mail einzufügen.*

Die Nachricht wird als HTML-E-Mail gesendet. Das Bild erscheint in der E-Mail genau so wie auf einer Webseite.

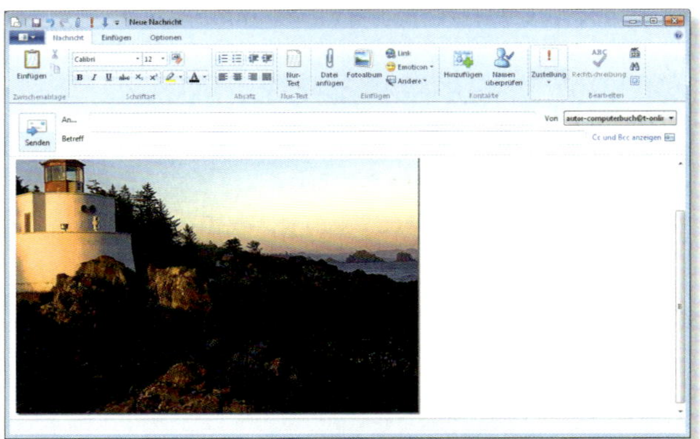

Abbildung 15.57 *Die Bilddatei in einer E-Mail. Fügen Sie Text hinzu. Sie können auch weitere Bilder einfügen.*

Wenn Sie die Bilddatei markieren, werden Anfasser an den Rändern hinzugefügt. Sie können nun das Bild mit der Maus vergrößern und verkleinern.

Um es an eine andere Position zu verschieben, setzen Sie die Maus auf die Bilddatei und drücken die linke Maustaste. Halten Sie die Taste fest, und ziehen Sie nun die Maus in eine Richtung, bis sich die Bilddatei an der gewünschten Position befindet.

Interessant ist, dass das E-Mail-Programm auch Funktionen zum Bearbeiten einer Bilddatei besitzt. Sie müssen hierzu kein weiteres Programm bemühen. Markieren Sie eine in eine Nachricht eingefügte Bilddatei, wird die Multifunktionsleiste um das Register **Bildtools** ergänzt. Wechseln Sie in dieses. Sie finden hier Funktionen zum Zuschneiden eines Bildes, zum Verändern der Größe und zum Drehen der Bilddatei. Sie können Bildeigenschaften verändern, auf Effekte zugreifen, Ränder zum Bild hinzufügen und einen Hyperlink auf das Bild legen.

Erwarten Sie keine Fülle von Filtern oder Bildbearbeitungsfunktionen wie in *Adobe Photoshop, Corel Draw* oder *Paintshop Pro*. Es sind nur wenige, aber sehr nützliche Funktionen. Es gibt zwar keine kreativen Filter, die irgendwelche coolen Sachen mit dem Bild machen, aber Sie können die Farben des Bildes verändern und es schärfen. Sie können einen Weichzeichner benutzen, es in ein Relief verwandeln und den Kontrast verändern. Es ist auch möglich, ein aus Textelementen bestehendes Wasserzeichen auf das Bild aufzubringen.

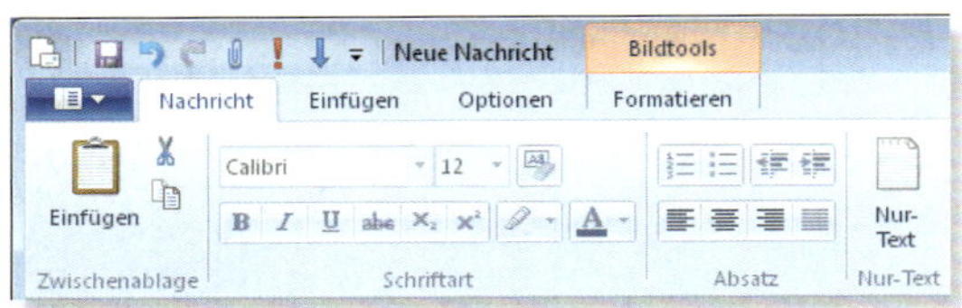

Abbildung 15.58 *Wenn Sie eine Bilddatei markieren, die in eine E-Mail eingefügt ist, wird die Multifunktionsleiste um ein Register erweitert.*

Ziemlich praktisch ist es, dass Ihnen in der E-Mail-Anwendung verschiedene Bildbearbeitungsfunktionen zur Verfügung stehen.

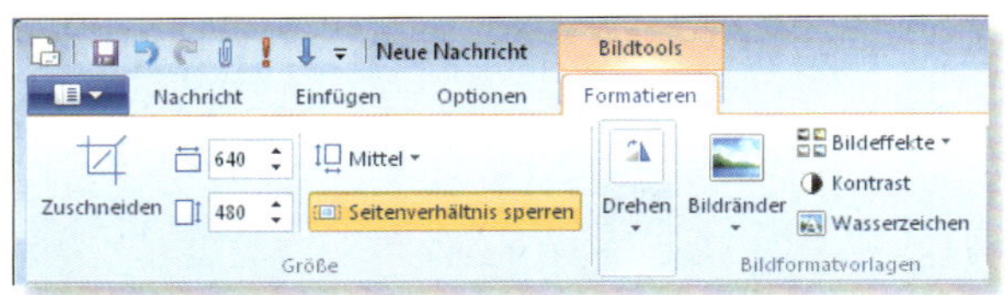

Abbildung 15.59 *Die Bildbearbeitungsfunktionen*

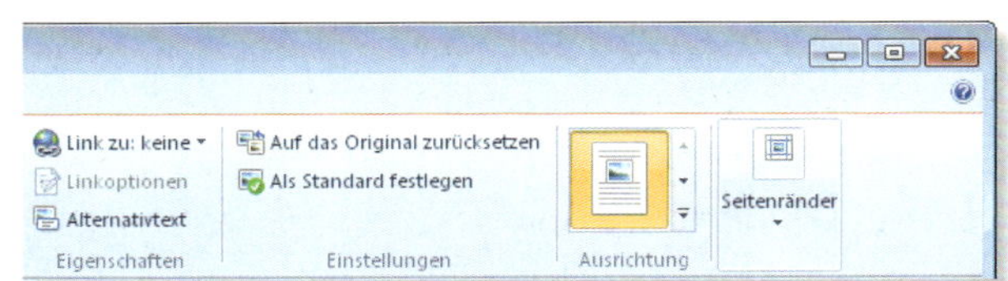

Abbildung 15.60 *Zur besseren Übersicht habe ich das Register einmal in zwei Bildteile geteilt.*

Dateien anfügen

Mehrere Bilddateien lassen sich auch direkt in eine E-Mail einfügen, vorausgesetzt, die Nachricht wird im HTML-Format erstellt. Der Empfänger sieht auf einen Blick alle Ihre Fotos. Bei sehr vielen Bildern entsteht jedoch so eine überlange Nachricht. Das ist nicht sehr schön. Besser ist es, Sie fassen alle Bilder in einer Zip-Datei zusammen. Diese fügen Sie dann als Datei an. Das geht so:

1 Wählen Sie im Register **Privat** oder **Einfügen** die Funktion **Datei einfügen**.

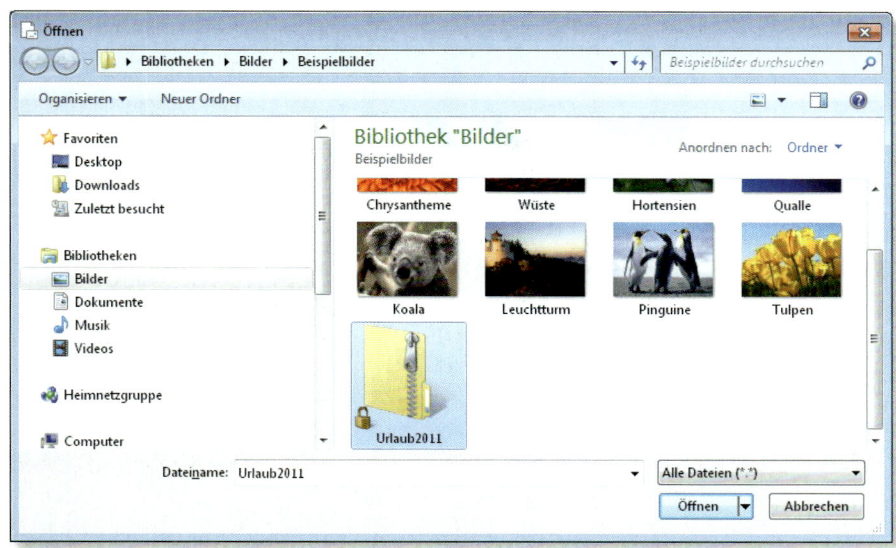

‹ **Abbildung 15.61** *Eine Datei wird an eine E-Mail angefügt.*

2 Wechseln Sie zu dem Ordner, in dem sich die einzufügende Datei befindet. Markieren Sie diese. Bestätigen Sie die Auswahl mit **Öffnen**.

Die Datei wird als Anhang an die E-Mail angefügt. Sie finden sie unter der Betreffzeile. Sie können, wenn Sie dies möchten, weitere Dateien anfügen. Beachten Sie jedoch: Jeder Provider beschränkt die Größe von E-Mails auf eine bestimmte Anzahl an Megabyte. Sie können also nicht unendlich große oder viele Dateien anhängen.

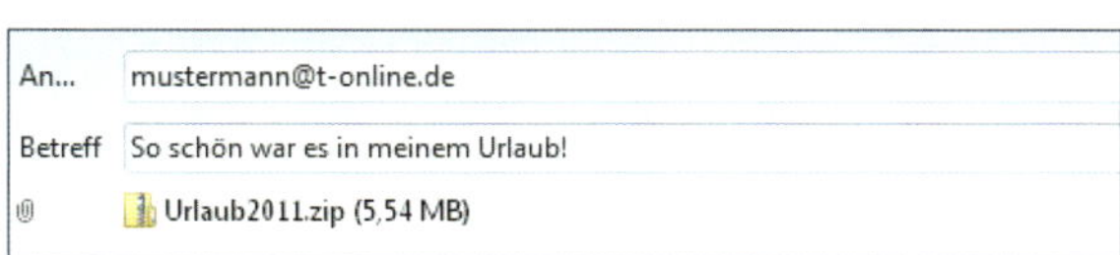

^ **Abbildung 15.62** *Der Anhang wird unter der Betreffzeile eingefügt. Hier wird auch die Größe der Datei angezeigt.*

Beachten Sie bitte, dass sich die Größe der gesamten E-Mail noch etwas erhöht. Mit einem Dateianhang von 5,54 MB ist die E-Mail nicht etwa 5,54 MB groß. Sie wird ein klein wenig größer. Das liegt am Format der E-Mail und den zusätzlich versendeten Informationen.

HINWEIS

Vorsicht vor unbekannten Dateianhängen
In ausführbaren Dateianhängen unbekannter Absender verbergen sich oft Computerviren. Sie sollten deshalb Anhänge aus Nachrichten unbekannter Absender niemals öffnen. Bereits bei Zip-Dateien, Dateien mit den Endungen **.exe*, **.bat* und **.com* sowie Office-Dateien ist Achtung geboten.

Kennen Sie den Absender und vertrauen Sie ihm, sollten Sie dennoch den Dateianhang auf eine Infektion mit Computerviren untersuchen. Es kann sich ja durchaus einmal etwas unbemerkt einschleichen.

TIPP

Nachrichten erst später versenden
Sie müssen eine erstellte oder beantwortete Nachricht nicht sofort senden. Sie können diese auch speichern und später versenden. Klicken Sie dazu auf die **Speichern**-Schaltfläche in der Symbolleiste für den Schnellzugriff. Sie finden sie auch im Startmenü des Nachrichtenfensters.

Wenn Sie das Nachrichtenfenster schließen, fragt das Programm Sie, ob Sie die geänderte Nachricht speichern möchten. Bestätigen Sie.

Die Symbolleiste für den Schnellzugriff anpassen

Wie bereits gesagt, haben Sie mit der Symbolleiste für den Schnellzugriff immer die Funktion zur Hand, die Sie oft verwenden. Sie müssen sie nicht erst in einem der Register suchen.

Sie können auf einfache Weise eine Schaltfläche oder einen Katalog (ein Listenfeld) der Symbolleiste für den Schnellzugriff hinzufügen:

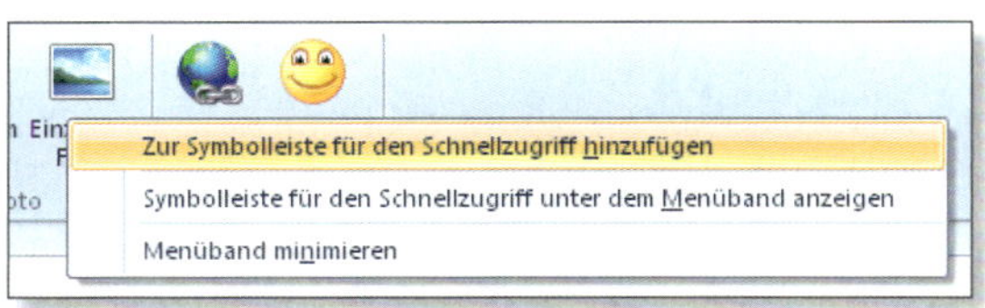

Abbildung 15.63 *Eine Funktion wird zur Symbolleiste für den Schnellzugriff hinzugefügt.*

Markieren Sie die Funktion. Öffnen Sie mit der rechten Maustaste das Kontextmenü. Wählen Sie **Zur Symbolleiste für den Schnellzugriff hinzufügen**.

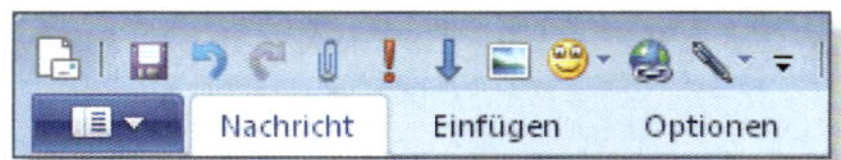

Abbildung 15.64 *In diesem Beispiel habe ich die Symbolleiste für den Schnellzugriff um vier Funktionen ergänzt.*

Bei Listenfeldern wird das Listenfeld, das Programm bezeichnet diese Felder als *Kataloge*, zur Symbolleiste hinzugefügt.

Über das Kontextmenü können Sie eine Schaltfläche wieder aus der Symbolleiste für den Schnellzugriff entfernen.

Im Fenster **Neue Nachricht** finden Sie übrigens eine angepasste Symbolleiste für den Schnellzugriff. Hier sehen Sie in der Leiste die Funktionen **Speichern**, **Rückgängig**, **Wiederholen**, **Datei anfügen** und Funktionen, um etwas als wichtig zu markieren oder als nicht so wichtig zu markieren (**Hohe Priorität** oder **Niedrige Priorität**).

Die passende Schnellansicht verwenden

Die Schnellansicht bietet Ihnen auf einen Blick wichtige Informationen. Die vorgegebene Schnellansicht zeigt die ungelesenen E-Mails, alle Nachrichten, die von einem gespeicherten Kontakt an Sie gesendet wurden, und die ungelesenen Feeds.

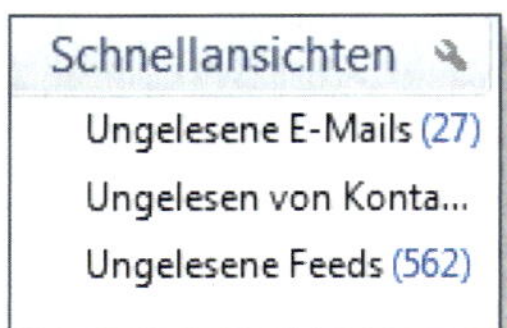

Abbildung 15.65 *Die vorgegebene Schnellansicht zeigt drei oft benötigte Informationen.*

Sie können wählen, welche Informationen in der Schnellansicht zu sehen sind. Dazu wählen Sie aus einem Dialog mit Optionskästchen, was in der Schnellansicht angezeigt werden soll und was nicht.

Die folgenden Schnellansichten stehen in Windows Live Mail zur Verfügung:

- **Ungelesene E-Mails** – Mit dieser Schnellansicht werden die ungelesenen Nachrichten aus allen eingerichteten E-Mail-Konten angezeigt. Diese Schnellansicht ist in der Vorgabeeinstellung ausgewählt. Es ist die einzige Schnellansicht, die nicht abgewählt werden kann.
- **Ungelesen von Kontakten** – Zeigt die Nachrichten von Absendern an, deren E-Mail-Adresse im Adressbuch abgelegt wurde.
- **Gekennzeichnete Elemente** – Zeigt die Elemente an, die in den E-Mail-Ordnern, in den Newsgroups und Feeds von Ihnen gekennzeichnet worden.
- **Gesamter Posteingang** – Wie der Name dieser Schnellansicht verrät, wird hier der komplette Posteingang angezeigt.
- **Alle Entwürfe** – Auch zu dieser Schnellansicht ist keine Erläuterung notwendig.

- **Alle gesendeten Entwürfe** – Diese Schnellansicht kommt mir wie eine Ergänzung der zuvor beschriebenen vor. Sie zeigt die Entwürfe, die Sie nicht nur abgespeichert, sondern auch versandt haben.
- **Alle Junk-E-Mails** – Zeigt den Inhalt des Junk-E-Mail-Ordners an.
- **Alle E-Mails** – Nun ja, eben alles, was an Nachrichten da ist.
- **Ungelesene Feeds** – Alle Feeds, die Sie noch nicht in Augenschein genommen haben.
- **Alle Feeds** – Hier werden nicht nur die ungelesenen Feeds angezeigt, sondern einfach alle.
- **Ungelesene beachtete News** – Zeigt alle diejenigen Beiträge einer Newsgroup an, die Sie zur Beachtung bzw. Beobachtung markiert haben.
- **Alle News** – Das ist der komplette Inhalt der Newsgroups.

In einem kleinen Beispiel möchte ich Ihnen nun zeigen, wie Sie die Schnellansicht ganz nach Ihren Bedürfnissen anpassen können.

1 Klicken Sie auf das kleine Maulschlüsselsymbol hinter **Schnellansichten**.

Schnellansichten

^ ***Abbildung 15.66*** *Über eine kleine, unauffällige Symbolschaltfläche werden die Schnellansichten ausgewählt.*

2 Entfernen Sie das Häkchen aus dem Optionskästchen vor der Schnellansicht **Ungelesen von Kontakten**.

3 Schalten Sie die Schnellansicht **Ungelesene beachtete News** an. Verlassen Sie den Dialog mit **OK**.

Die Schnellansichten **Alle Feeds** und **Alle News** finde ich nicht sonderlich kreativ. Um alle Elemente anzuschauen, kann man sie ja auch direkt in der Menüleiste auswählen. Eine Schnellansicht braucht es dazu nicht.

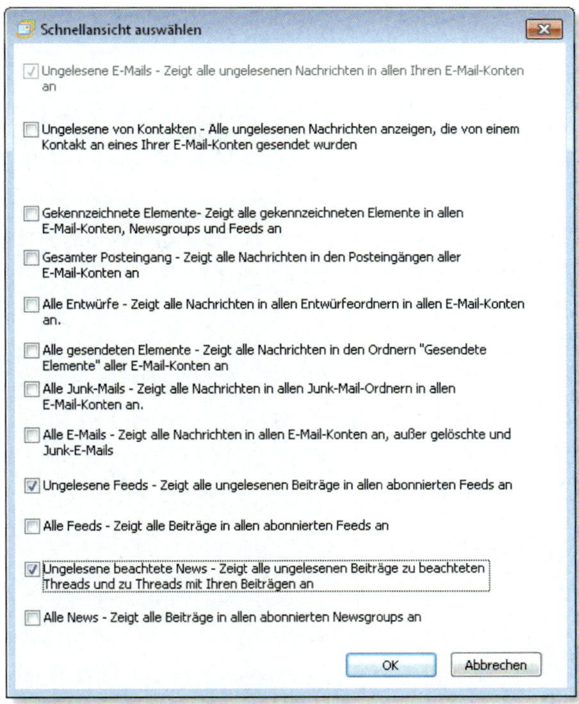

^ ***Abbildung 15.67*** *Über Optionsschaltflächen wählen Sie die gewünschte Schnellansicht aus.*

^ ***Abbildung 15.68*** *Die neuen Schnellansichten machen Ihnen das Leben mit Windows Live Mail etwas bequemer.*

15.4 Wichtige Kontakte im Adressbuch festhalten

Das Adressbuch in Windows Live Mail erfasst die Adressen Ihrer Freunde, wichtiger Bekannter und Kollegen und aller anderen, denen Sie oft eine Nachricht schreiben.

Haben Sie Facebook oder ein anderes soziales Netzwerk mit Ihrem Windows Live-Account verknüpft, finden Sie die als Freunde gespeicherten Kontakte im Adressbuch des Programms.

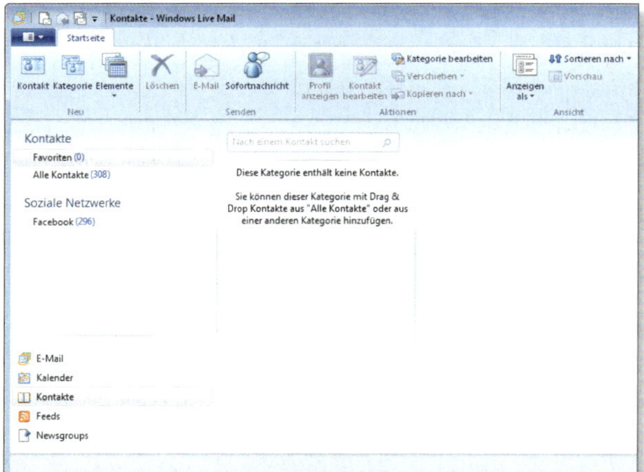

Abbildung 15.69 *Mit Ausnahme der Facebook-Freunde gibt es im Adressbuch von Windows Live Mail noch keine Einträge.*

Eine neue Adresse eingeben

E-Mail-Adressen sind noch keine vorhanden. Möchten Sie eine eintragen, gehen Sie wie folgt vor:

1 Wählen Sie in der Menüzeile **Kontakt** aus.

Abbildung 15.70 *Ein Mausklick auf* ***Kontakt****, und Sie können eine neue E-Mail-Adresse eingeben.*

2 Sie landen nun im Adressbuch des Programms. Die Multifunktionsleiste wird entsprechend angepasst. Klicken Sie auf die Schaltfläche **Kontakt**. Es ist gleich die erste Symbolschaltfläche von links.

3 Zuerst sehen Sie das Register **Schnell hinzufügen**. Hier finden Sie alle Eingabefelder, die für einen Adressbucheintrag notwendig sind. Alle weiteren Daten sind optional. Das heißt, Sie können mehr Daten eingeben, müssen dies aber nicht tun. Tragen Sie einen Namen und eine E-Mail-Adresse ein. Bestätigen Sie mit einem Mausklick auf die Schaltfläche **Kontakt hinzufügen**.

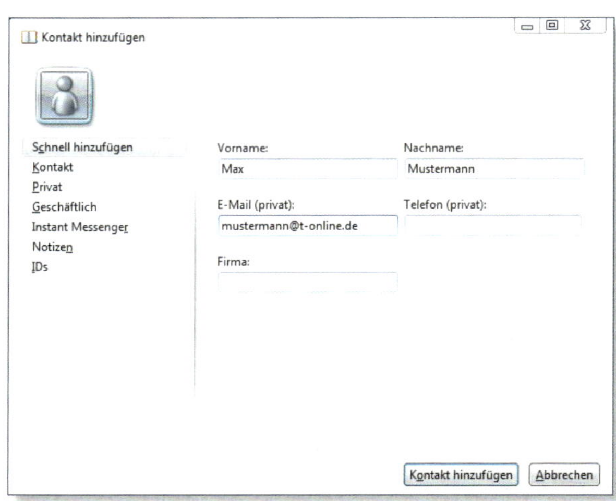

Abbildung 15.71 *Ein neuer Eintrag im Adressbuch wurde erstellt.*

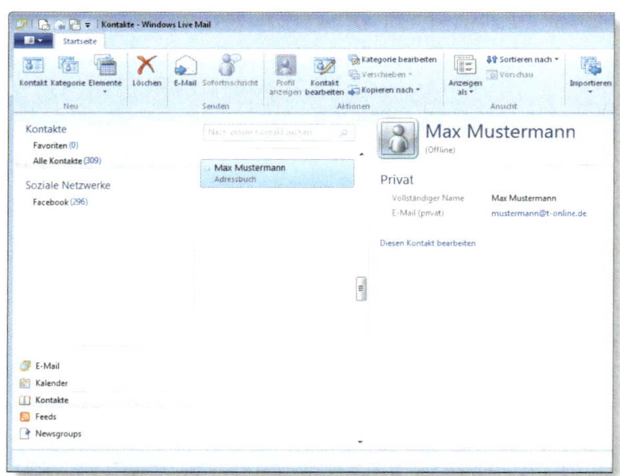

Abbildung 15.72 *Der neue Eintrag erscheint im Adressbuch. Ohne weitere Daten sieht er etwas dünn und verloren aus. Das soll aber nicht weiter stören.*

Es genügt auch, nur einen Vor- oder Nachnamen plus die E-Mail-Adresse des Kontakts einzugeben. Telefonnummer und Firmenname müssen Sie nicht unbedingt eingeben. Diese Formularfelder können Sie auch frei lassen. Sie können die Formularfelder natürlich später noch füllen, wenn Sie weitere Details ergänzen möchten.

Einen umfangreichen Adressbucheintrag erstellen

Sie können, wie ich schon erwähnt habe, viele Daten zu einem Adressbucheintrag ergänzen. So sparen Sie es sich, per Kugelschreiber ein dickes Notizbuch mit langen Informationen zu füllen. Schauen Sie sich einmal die verschiedenen Register an. Blättern Sie diese durch. Tragen Sie dann die Daten ein, die Sie gern festhalten möchten.

Sie können Telefonnummern eintragen und diese nach **geschäftlich** und **privat** trennen. Sie können auch eine weitere E-Mail-Adresse eintragen. Es gibt ein Register für die privaten Kontaktdaten und ein eigenes für die geschäftlichen Kontaktdaten. Im Adressbuch des Programms können Sie die Windows Live Messenger-Adresse eines Kontakts eintragen und weitere Adressen anderer Nachrichtendienste. Wenn Sie möchten, hinterlegen Sie zu Ihren Kontakten eine Notiz. Gerade bei sehr vielen Kontaktdaten im Adressbuch des Programms haben Sie so einen »Knoten im Taschentuch«.

Mit wenigen Zeilen hinterlegen Sie eine Information, welche Person hinter einer Kontaktadresse steht und welche Aufgaben diese hat. Abschließend können Sie auch eine digitale ID hinterlegen.

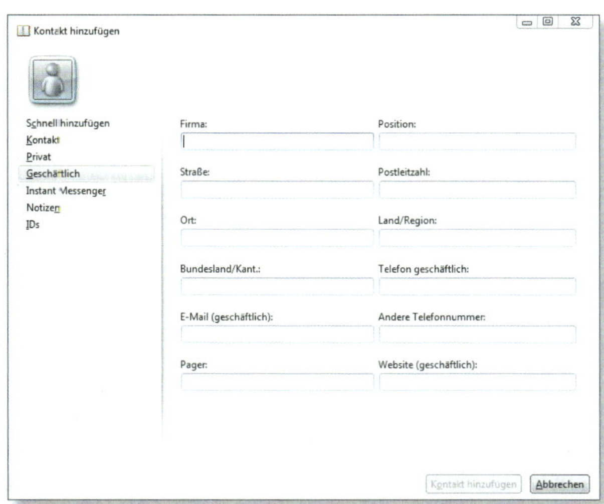

Abbildung 15.73 *Es gibt jede Menge Formularfelder, die nur darauf warten, viele Daten aufzunehmen.*

Über das Kontextmenü eines Kontakts können Sie diesen löschen und bearbeiten. Auf die letztgenannte Weise lassen sich Daten korrigieren und ergänzen.

INFO

Was ist eine digitale ID?
Eine digitale ID bestätigt, dass die Kontaktadresse eines Absenders auch richtig ist. Eine solche Identifikation verhindert, dass eine Nachricht und eine Absenderadresse verändert wurden.

Die digitale ID ist der erste Schritt. Haben Sie eine solche erhalten, können Sie eine Nachricht mit einer digitalen Signatur »unterschreiben«. Die digitale Signatur ist so etwas wie eine Unterschrift unter einer Nachricht. ID und Signatur bestätigen die Echtheit des Absenders.

Eine E-Mail an einen vorhandenen Kontakt senden

Es gibt mehrere Möglichkeiten, eine E-Mail-Adresse auszuwählen:

- Wenn Sie in die Empfängerzeile die ersten Buchstaben eines Empfängers eintragen, schlägt Windows Live Mail Ihnen eine Reihe passender Empfänger vor. Mit einem Mausklick übernehmen Sie die gewünschte Adresse.
- Im Register **Nachricht** klicken Sie auf **Hinzufügen**. Ein Fenster wird geöffnet und zeigt verschiedene Kontaktadressen. Wählen Sie die gewünschte aus.

Wundern Sie sich nicht, dass hier eventuell mehr Einträge sind, als Sie im Kontaktordner eingetragen haben. Das Programm übernimmt auch Daten, die Sie online auf den Seiten von Hotmail festgehalten haben.

- Wechseln Sie nach **Kontakte**. Scrollen Sie durch die Liste, und suchen Sie den Namen des Empfängers, an den Sie eine Nachricht senden wollen. Markieren Sie diesen, und klicken Sie im Register der Multifunktionsleiste auf **E-Mail**.

- Wechseln Sie nach **Kontakte**. Markieren Sie die gewünschte Adresse. Öffnen Sie das Kontextmenü, und wählen Sie **E-Mail senden** und dann die E-Mail-Adresse des Empfängers.

INFO

Einen weiteren Empfänger hinzufügen

Leider können Sie nicht mit der Taste Strg mehrere Empfänger auswählen und an diese eine Nachricht schreiben. Sie müssen die Empfänger nacheinander wählen. Fügen Sie mit **Hinzufügen** im Nachrichtenfenster weitere Empfänger hinzu.

Abbildung 15.74 *Wählen Sie eine Adresse aus, und senden Sie an diese eine neue Nachricht.*

HINWEIS

Wo befindet sich die Kontaktadresse eines Empfängers?

Unter der Namensliste in den Kontakten finden Sie einen Hinweis darauf, wo sich der Kontakt oder der Name befindet. Hier steht zum Beispiel **Adressbuch** oder **Facebook**.

Eine E-Mail-Adresse per Klick in das Adressbuch eintragen

Eine Adresse aus einer erhaltenen Nachricht zu übernehmen ist schnell erledigt. Das hat den Vorteil, dass die Adresse in das Adressbuch übernommen wird und später schnell wiederverwendet werden kann.

1 Klicken Sie auf **Kontakt hinzufügen** hinter der E-Mail-Adresse des Absenders einer Nachricht.

Abbildung 15.75 *Mit einer Funktion wird die Adresse des Absenders einer Nachricht in die Kontakte übernommen.*

2 Ergänzen Sie den Eintrag, wenn Sie dies möchten. Speichern Sie alle Angaben.

Eine komplette Visitenkarte in die Kontakte übernehmen

Bei einigen Absendern finden Sie in der Kopfzeile der Nachricht den Hinweis auf eine angehängte Visitenkarte. Dies macht die Übernahme der Kontaktdaten noch einfacher. Hier wird nicht nur die E-Mail-Adresse, sondern hier werden alle auf der Visitenkarte enthaltenen Daten in die Kontakte übernommen.

1 Klicken Sie auf **Visitenkarte**.

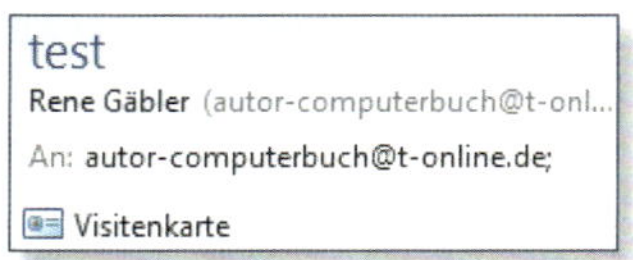

Abbildung 15.76 *Ein kleiner Hinweis zeigt: Hier wurde eine Visitenkarte an die Nachricht angehängt.*

2 Ein kleiner Hinweisdialog wird angezeigt. Bestätigen Sie diesen mit einem Mausklick auf **Öffnen**.

Abbildung 15.77 *Die Visitenkarte wird in Outlook, dem E-Mail-Programm von Microsoft Office, geöffnet.*

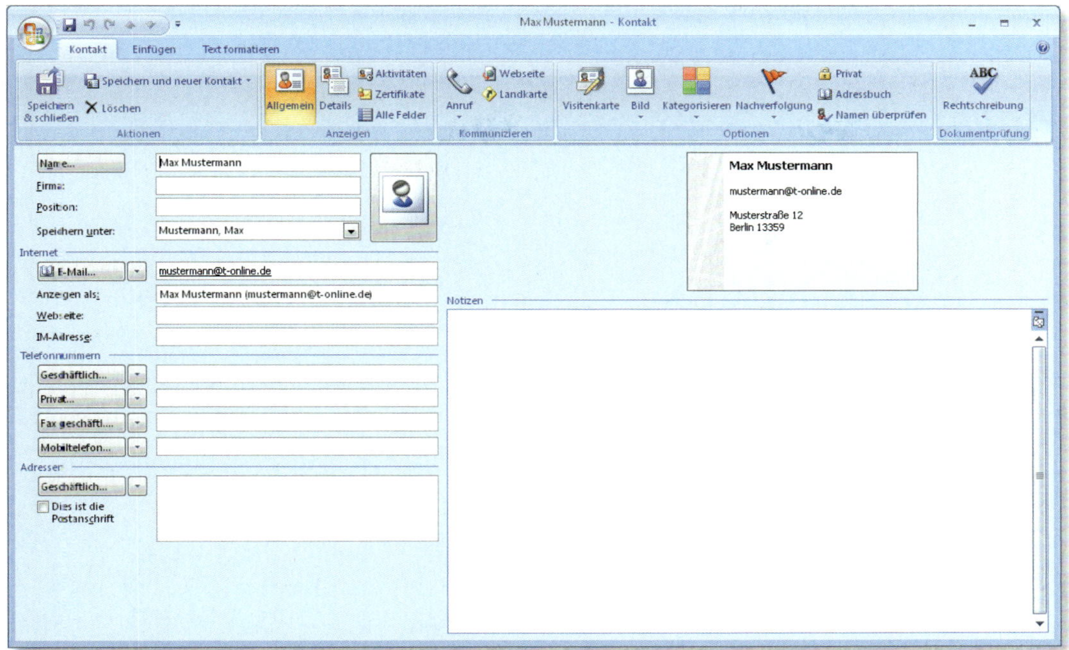

∧ ***Abbildung 15.78*** *Die Visitenkarte wird in Outlook geöffnet und dort im Ordner »Kontakte« abgelegt.*

3 Outlook 2007/2010 wird geöffnet. Im Programm sehen Sie den Inhalt der Visitenkarte. Bestätigen Sie mit **Speichern und schließen**.

Sie sehen, der Import einer Visitenkarte hat einen kleinen Haken: Der Inhalt landet in Outlook und nicht in Windows Live Mail. Das ist leider nicht besonders sinnvoll gelöst. Denn warum sollten Sie Adressdaten nach Outlook importieren, wenn Sie Windows Live Mail für Ihre Nachrichten verwenden?

HINWEIS

Warum warnt mich Windows Live Mail, wenn ich eine Visitenkarte öffnen möchte?
Windows Live Mail gibt einen Hinweisdialog aus. Sie werden darüber informiert, dass eine Anlage gefährliche Dateien enthalten kann. Beachten Sie: Auch eine Visitenkarte kann Viren, AdWare, Spyware oder andere Hackertools enthalten. Öffnen Sie eine solche Visitenkarte nur, wenn Sie dem Absender der Nachricht vertrauen können.

15.5 Mit Ordnern Nachrichten sortieren

Bei vielen Nachrichten lohnt es sich, Ordner zu erstellen und so bestimmte E-Mails auszusortieren. Die Nachrichten vom besten Freund, die von der Arbeit oder die Newsletter mit Computerthemen sortieren Sie in einen Ordner. Das ist ganz so, als gäbe es plötzlich einen Karteikasten, der nur einem bestimmten Zweck dient und der natürlich, wenn Sie ihn öffnen, immer das Gewünschte parat hat. Sie müssen sich nicht mehr durch die Flut der anderen Nachrichten kämpfen.

Einen neuen Ordner erstellen

Ein neuer Ordner ist schnell erstellt:

1 Markieren Sie das E-Mail-Konto, für das ein neuer Ordner erstellt werden soll.

2 Wechseln Sie in der Multifunktionsleiste in den Register **Ordner**.

Abbildung 15.79 *Die Registerkarte* ***Ordner*** *enthält alles, was Sie brauchen, um Ihre Nachrichten ein wenig zu sortieren.*

3 Klicken Sie auf die Schaltfläche **Neuer Ordner** ❶. Sie finden sie hier ganz links.

4 Geben Sie einen Namen für den neuen Ordner ein.

5 Wählen Sie im Dialog mit der Maus den Ordner aus, dem der neue Ordner untergeordnet sein soll. Bestätigen Sie mit **OK**.

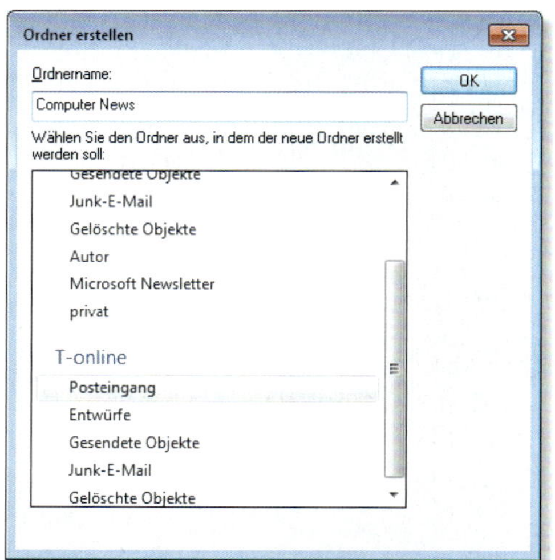

Abbildung 15.80 *Bestimmen Sie, welchem vorhandenen Ordner der neue Ordner untergeordnet werden soll.*

Der neue Ordner wird etwas eingerückt dargestellt.

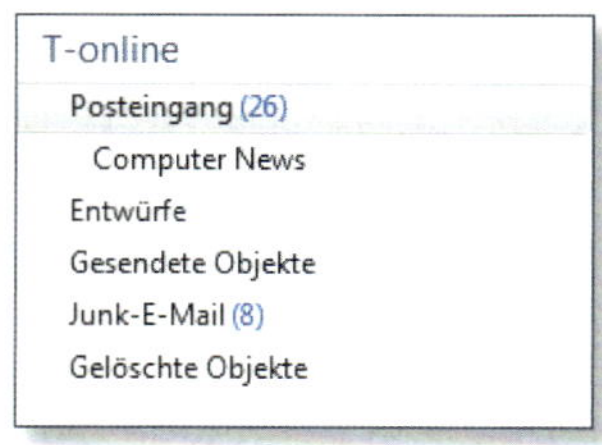

Abbildung 15.81 *Hier sieht man deutlich, dass der neue Ordner dem Ordner »Posteingang« untergeordnet ist.*

Nachrichten in einen Ordner verschieben

Das Verschieben von Nachrichten in einen Ordner geschieht einfach per Drag & Drop. Markieren Sie eine Nachricht, und ziehen Sie diese bei gedrückt gehaltener rechter Maustaste in den jeweiligen Ordner.

Abbildung 15.82 *Die Funktionen* ***Verschieben*** *und* ***Kopieren nach*** *können Sie auch aus der Multifunktionsleiste wählen.*

Über das Kontextmenü und das Register **Ordner** können Sie auch die Funktionen **Kopieren nach** und **Verschieben** wählen. Haben Sie dies getan, wählen Sie den Ordner, in dem die Aktion durchgeführt werden soll, über ein Dialogfenster.

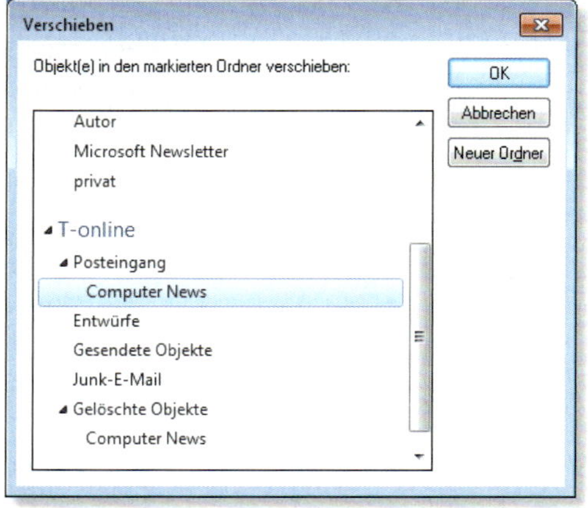

Abbildung 15.83 *Die markierte Nachricht wird in den neu erstellten Ordner verschoben.*

Einfacher und bequemer ist es, wenn Sie eine Regel erstellen. Wie das geht, zeige ich Ihnen im nächsten Abschnitt.

Bestimmte Nachrichten mit Bedingungen aussortieren

Mit einer Nachrichtenregel können Sie Ihre elektronische Post von Windows Live Mail sortieren lassen. Sie können Nachrichten von unerwünschten Adressaten herausfiltern lassen. Sie können aber auch die Nachrichten ganz bestimmter Absender in einen Ordner einordnen lassen.

Eine Regel wird sehr einfach erstellt. Sie wählen eine Voraussetzung und bestimmen, was dann passieren soll: »Wenn sich diese Nachricht im Posteingang befindet, dann tue das mit ihr.« Man spricht hier von *Bedingungen* und *Aktionen*.

Sie können die folgenden Bedingungen in Windows Live Mail auswählen:

- **Wenn die »Von«-Zeile den Absender enthält**
- **Wenn die Betreffzeile den angegebenen Text enthält**
- **Wenn die Nachrichtenzeile den angegebenen Text enthält**
- **Wenn die »An«-Zeile den Absender enthält**
- **Enthält den Adressaten »Adressaten« in der »CC:«-Zeile**
- **Enthält den Adressaten »Adressaten in der »An:«- oder »CC:«-Zeile**
- **Wenn die Nachricht mit »folgender Priorität« markiert ist**
- **Wenn die Nachricht vom angegebenen Konto stammt**
- **Wenn die Nachricht größer als die »Nachrichtengröße« ist**
- **Wenn die Nachricht eine Anlage enthält**
- **Wenn die Nachricht »sicher« ist**
- **Für alle Nachrichten**

Sie sehen bereits, dass die Regelbedingungen leicht verständlich sind. Mit einigen sind noch nähere Angaben verknüpft. So müssen Sie noch einen Text angeben, den die Nachricht enthalten soll. Auch das Auswählen eines Adressaten, einer bestimmten Nachrichtengröße oder einer Markierung ist eine dieser Möglichkeiten.

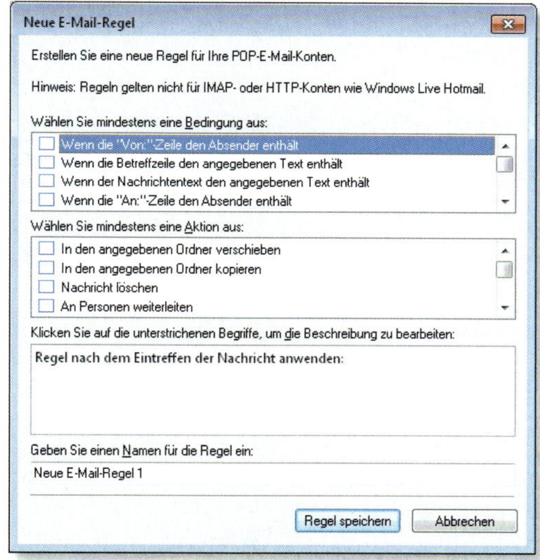

Abbildung 15.84 *In diesem Dialog erstellen Sie eine Nachrichtenregel.*

Aktionen in Nachrichtenregeln verwenden

Schauen wir uns nun die Aktionen an, die Sie im Programm mit einer Bedingung verknüpfen können. Die folgenden Aktionen können Sie auswählen:

- **In den angegebenen Ordner verschieben**
- **In den angegebenen Ordner kopieren**
- **Nachricht löschen**
- **An Personen weiterleiten**
- **Mit der Farbe hervorheben**
- **Markieren**

- **Alle E-Mails als gelesen markieren**
- **Nachricht als beachtet oder ignoriert markieren**
- **Mit Nachricht antworten**
- **Keine weiteren Regeln ausführen**
- **Nicht vom Server herunterladen**
- **Vom Server löschen**

Auch bei den Aktionen sehen Sie bereits, was mit der herausgefischten Nachricht geschehen soll. Sie wird markiert, verschoben, kopiert oder auch gelöscht.

Natürlich können Sie mehrere Regeln erstellen. Diese können automatisch oder bei der Auswahl mit der Maus gestartet werden. An einem Beispiel zeige ich Ihnen im nächsten Abschnitt, wie eine Nachrichtenregel in Windows Live Mail erstellt wird.

So erstellen Sie eine Nachrichtenregel

Das Erstellen einer Nachrichtenregel ist relativ einfach. Machen Sie sich zunächst einmal Gedanken darüber, was geschehen soll. Welche Nachrichten sollen gesucht werden? Was soll mit diesen passieren? Ist eine Regel überhaupt sinnvoll?

Eine Regel für Nachrichten, die Sie nur alle paar Wochen erhalten, müssen Sie nicht erstellen. Trifft eine bestimmte Nachricht oder vielleicht auch ein Newsletter öfter ein, ist eine Nachrichtenregel durchaus sinnvoll.

In meinem Fall sollen die Microsoft Newsletter aus der Nachrichtenflut heraussortiert werden. Diese sollen in den neu erstellten Ordner **Computer News** verschoben werden. Um dies zu tun, gehen Sie wie folgt vor:

1. Fügen Sie zuerst den Kontakt, von dem die Nachricht kommt, zu Ihren Kontakten hinzu. Suchen Sie dazu eine der Nachrichten. Öffnen Sie diese. Wählen Sie in der Kopfzeile der Nachricht **Kontakt hinzufügen**.
2. Wechseln Sie in das Register **Ordner**. Klicken Sie auf die Schaltfläche **Nachrichtenregeln**.

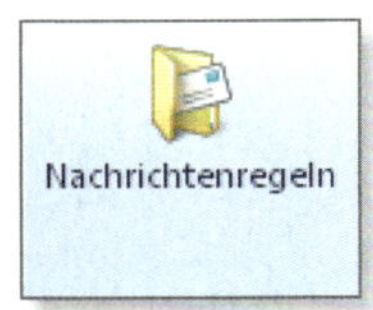

Abbildung 15.85 *Ein Mausklick auf diese Schaltfläche bringt Sie in den Dialog zum Auswählen der Bedingungen und Aktionen.*

3. Schalten Sie die Bedingung **Wenn die »Von:«-Zeile den Absender enthält** an.

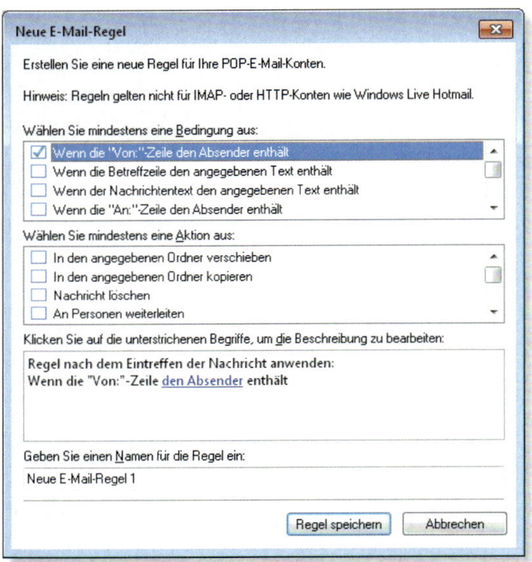

Abbildung 15.86 *Eine neue Nachrichtenregel wird erstellt. Gleich die oberste Bedingung wird ausgewählt.*

Die Bedingung wird in das untere Feld im Dialog eingefügt. In ihr ist **»den Absender«** blau hervorgehoben. Diesen Parameter müssen Sie noch ergänzen. Sie müssen also bestimmen, welcher Absender gemeint ist.
Hier sehen Sie in einer vergrößerten Darstellung das Feld mit der Beschreibung der Regel.

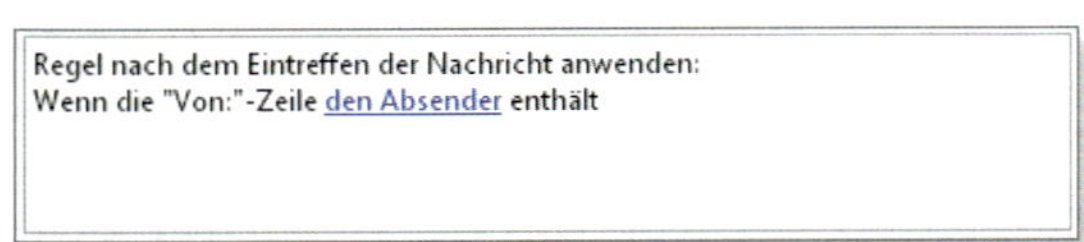

Abbildung 15.87 *Deutlich zu sehen: die Bedingung, die nun durch einen Absender ersetzt werden muss.*

4 Klicken Sie auf den Absender im unteren Feld des Dialogs.

5 Der Dialog **Personen auswählen** klappt auf. Hier können Sie nun eine E-Mail-Adresse oder einen Namen direkt eingeben. Mit **Kontakte** öffnen Sie bitte Ihr Adressbuch. Markieren Sie hier **Microsoft**, und bestätigen Sie mit **An** und **OK**.

6 Schließen Sie den Dialog **Personen auswählen** mit **OK**.

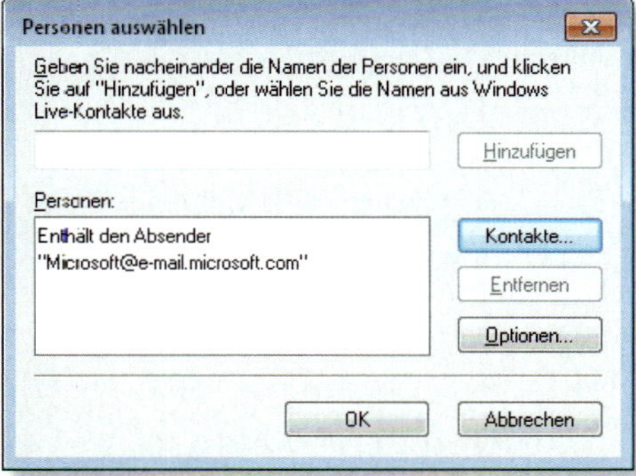

^ ***Abbildung 15.88*** *Microsoft wird als Absender ausgewählt. Die Regel soll alle Nachrichten dieses Absenders aussortieren.*

7 Schalten Sie die Aktion **In den angegebenen Ordner verschieben** an.
Diese Aktion wird in das Regelfeld übernommen. Auch hier ist ein Parameter blau hervorgehoben, nämlich **In den angegebenen Ordner verschieben**. Sie müssen nun auswählen, welcher Ordner das Ziel sein soll.

^ ***Abbildung 15.89*** *Die Aktion, die für diese Nachrichtenregel verwendet werden soll, wird ausgewählt.*

8 Klicken Sie im unteren Feld auf das blau hervorgehobene **In den angegebenen Ordner verschieben**. Das Fenster **Verschieben** wird geöffnet. Wählen Sie hier den Ordner **Computer News**.

Regel nach dem Eintreffen der Nachricht anwenden:
Wenn die "Von:"-Zeile "Microsoft@e-mail.microsoft.com" enthält
In den angegebenen Ordner verschieben

^ ***Abbildung 15.90*** *Die ausgewählte E-Mail-Adresse ist in der Beschreibungszeile vorhanden. Die Aktion muss nun hinzugefügt werden.*

9 Der ausgewählte Ordner wird in das Feld **Beschreibung** übernommen. Entfernen Sie abschließend den vorgegebenen Namen, und ersetzen Sie ihn durch eine passende Beschreibung. In meinem Beispiel gebe ich Folgendes ein: Regel Microsoft News verschieben. So weiß ich anhand des Namens gleich, was die Regel tut.

10 Halten Sie die Regel mit einem Mausklick auf **Regel speichern** fest.

11 Schließen Sie den Dialog mit **OK**.

Die erstellte Regel erscheint nun im Dialog **Regeln**. Hier können Sie die Regel bearbeiten und auch bei Bedarf löschen.

HINWEIS

Das Adressbuch zur Auswahl der Adressen
Beachten Sie bitte: Sie müssen bei der Auswahl einer Adresse den Kontakt mit der Maus markieren und ihn mit **An ->** in das Feld übernehmen. Erst dann wählen Sie **OK**.

HINWEIS

Mehrere Bedingungen und Aktionen
Eine Regel kann mehrere Bedingungen und Aktionen enthalten. Diese sollten jedoch sinnvoll gewählt sein. Sie können so zum Beispiel den Newsletter eines Absenders in einen Ordner kopieren und mit einer zweiten Aktion als wichtig markieren. Im Allgemeinen genügen eine Bedingung und eine Aktion.

Das Löschen einer Regel ist aber nicht unbedingt notwendig. Mit einem Optionskästchen wird eine Regel »aktiviert«. Auf die gleiche Art und Weise kann sie auch deaktiviert werden. Entfernen Sie einfach das Häkchen aus dem Optionskästchen, um eine Regel für eine Weile nicht zu verwenden.

Regel nach dem Eintreffen der Nachricht anwenden:
Wenn die "Von:"-Zeile "Microsoft@e-mail.microsoft.com" enthält
In den Computer News Ordner verschieben

Geben Sie einen Namen für die Regel ein:
Regel Microsoft News verschieben.

*^ **Abbildung 15.91** Unsere Regeln, mit der die Microsoft Newsletter in den neu erstellten Ordner verschoben werden, sind im Dialog aufgeführt.*

HINWEIS

Nachrichtenregeln können nicht immer verwendet werden

Eine Nachrichtenregel kann nur bei einem POP-E-Mail-Konto genutzt werden. In den meisten Fällen wird bei Nachrichtenkonten dieses Übertragungsprotokoll genutzt. Bei einem IMAP-Konto oder einem HTTP-Konto kann eine Nachrichtenregel nicht verwendet werden. Für einen News-Account können Sie eigene Regeln erstellen.

Eine Nachrichtenregel anwenden

Ich bin eigentlich davon ausgegangen, dass die erstellte Regel automatisch angewandt wird. Oder dass es irgendwo eine Option oder eine Symbolschaltfläche gibt, bei der ich diese Aktion auswählen kann. In der Praxis muss man sich noch durch einige Dialoge klicken. Das wäre sicher auch etwas unkomplizierter möglich gewesen.

1 Wählen Sie im Register **Ordner** die Schaltfläche **Nachrichtenregeln**.

2 Haben Sie mehrere Regeln erstellt, wählen Sie die gewünschten aus. Sie können einzelne Regeln auch deaktivieren. Klicken Sie auf **Übernehmen**.

3 Markieren Sie im nächsten Fenster eine Regel. Wählen Sie **Jetzt übernehmen**.

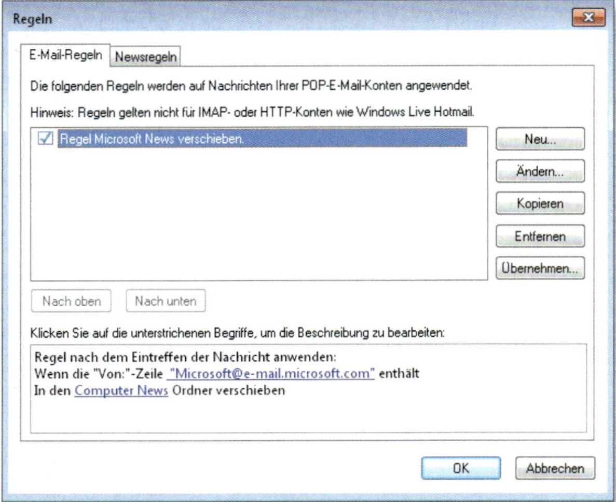

*^ **Abbildung 15.92** Die Regel wird nun für die Ausführung ausgewählt. Manche Funktionen sind bei Microsoft noch etwas umständlich.*

4 Windows Live Writer führt die Regel aus und gibt, wenn dies geschehen ist, einen Infodialog aus. Bestätigen Sie diesen, und schließen Sie die geöffneten Dialoge.

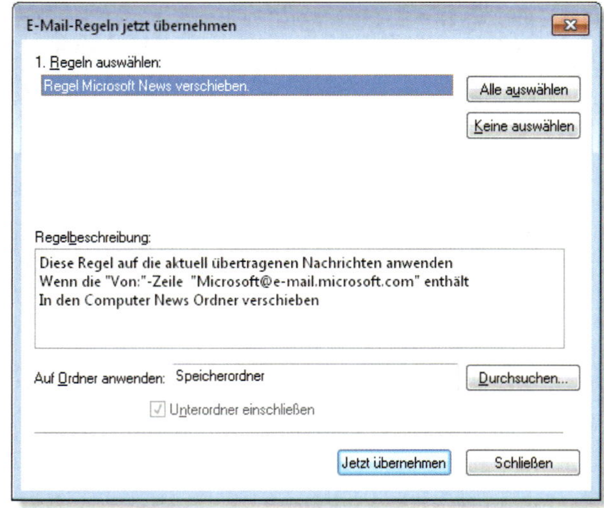

*^ **Abbildung 15.93** Das Programm sagt brav, dass die Regel ausgeführt wurde.*

Schauen Sie ruhig einmal nach, ob die Nachrichtenregel korrekt ausgeführt wurde.

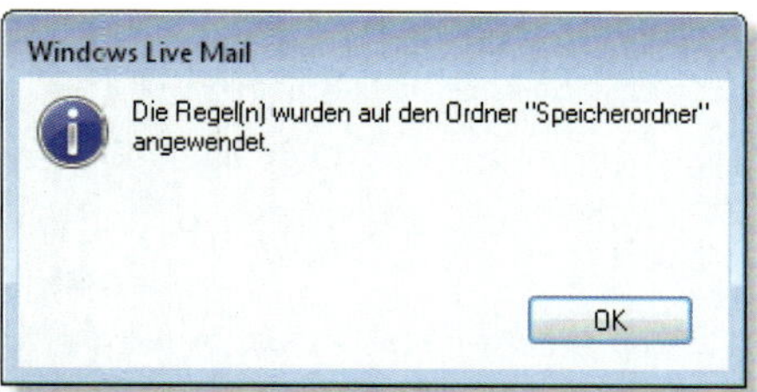

Abbildung 15.94 *Windows Live Mail meldet, dass die Regel angewendet wurde.*

Beachten Sie bitte, dass Bedingung und Aktion im gleichen E-Mail-Konto angewendet werden müssen. Wenn Sie also einen Newsletter aus Ihrem T-Online-Posteingang in einen neu erstellten Ordner verschieben möchten, muss sich dieser Ordner im gleichen E-Mail-Konto befinden.

Sie können alternativ natürlich Nachrichten von einem Ordner eines E-Mail-Ordners aus Konto 1 in den Ordner von Konto 2 kopieren. Auch Verschieben geht. Sollte es dennoch nötig sein, müssten Sie die Mails zunächst per Regel in den Posteingang des anderen Kontos verschieben, um dann weitere Regeln anzuwenden.

INFO

Eine Regel auf einen Ordner anwenden
Mit **Auf Ordner anwenden** können Sie im Dialog **E-Mail-Regel jetzt übernehmen** eine solche Regel auf einen ganz bestimmten Ordner anwenden. So ist es möglich, nur die Nachrichten des Posteingangs eines E-Mail-Kontos zu filtern. Mit der Vorgabe **Speicherordner** wird der Inhalt aller Ordner gefiltert.

15.6 Der richtige Umgang mit Spam- und Virenmails

Schauen Sie sich die Nachrichten, die Sie erhalten genau an. Anhänge von unbekannten Absendern sollten Sie niemals öffnen! Auch wenn in einer angehängten Zip-Datei ein noch so tolles Spezialangebot verborgen ist.

Computerviren werden oft per E-Mail verbreitet. Einige »moderne« Viren sind sehr fies und verbergen sich vor Antivirenprogrammen. Man spricht hier von *Rootkits*. Es gibt auch *Bootkits*, die sich im Bootsektor der Festplatte verbergen.

Mit Trojanern werden Sie ausspioniert. Hackertools versuchen, Zugriff auf Ihren Rechner zu erhalten. Ad-Ware versorgt Sie mit Werbung, die Sie gar nicht angefordert haben. Das Internet ist voller zwielichtiger Anwender und Hacker, die böswillige Späße treiben. Mit wenigen Sicherheitsregeln können Sie sich vor denen schützen. Einige dieser Regeln habe ich vielleicht schon einmal in diesem Buch genannt. Ich möchte sie, da sie sehr wichtig sind, an dieser Stelle noch einmal wiederholen:

- Nutzen Sie ein Antivirenprogramm! Halten Sie dieses mit Updates immer auf dem aktuellen Stand.
- Untersuchen Sie regelmäßig Ihren Rechner auf eine Infektion mit Computerviren.
- Nutzen Sie eine Firewall.
- Öffnen Sie keine E-Mail-Anhänge von Absendern, die Sie nicht kennen. Wenn Sie dem Absender vertrauen, untersuchen Sie vor dem Öffnen die angehängte Datei mit einem Antivirenprogramm.
- Nutzen Sie einen Filter, um unerwünschte Spamnachrichten auszusortieren.
- Geben Sie nicht leichtfertig im Internet Ihre E-Mail-Adresse preis. Newsletter sollten Sie bei Bedarf einfach wieder abbestellen können.
- Nehmen Sie nicht an Internetgewinnspielen teil. Oder beschränken Sie zumindest die Teilnahme auf seriöse und bekannte Anbieter. Bei vielen Gewinnspielen wird Ihre Adresse an andere weitergegeben.

Wirklich sicher sind auch seriöse Anbieter nicht. Die Datenbank von Neckermann wurde nach Angaben der

Firma im Mai 2010 gehackt, und zahlreiche Kundendaten wurden gestohlen. Kreditkartendaten sind bereits abhanden gekommen. Der Diebstahl von Kundendaten des Playstation-Netzwerks ging vor einer Weile durch die Presse.

Lassen Sie sich aber nicht »meschugge« machen. Ein kleines Restrisiko bleibt. Im Fall des Falles helfen auch eine Rechtsberatung und ein Gang zum Verbraucherschutz und zum Rechtsanwalt.

TIPP

Was tun, wenn Sie zu viel Spam erhalten?
Bei meinem T-Online-Account bekomme ich viel zu viele Werbenachrichten: tolle Schnäppchen, die mich nicht die Bohne interessieren und vieles mehr. Bei Freemail von Web.de sieht es noch schlimmer aus, ebenso bei Arcor. Da schaue ich schon gar nicht mehr nach. Einige Hundert Nachrichten sammeln sich an. Nur paar wenige interessante Newsletter sind darunter.

Wenn es Ihnen genauso geht, versuchen Sie doch einmal Folgendes: Nutzen Sie einen zweiten E-Mail-Account bei einem Webmail-Anbieter. Richten Sie sich dort eine neue E-Mail-Adresse ein. Geben Sie diese E-Mail-Adresse an alle Dienste, Freunde, Portale und Newsletterversender weiter, von denen Sie auch weiterhin Nachrichten erhalten wollen. Und dann ändern Sie die E-Mail-Adresse, bei der Sie zu viel Spam bekommen. Schon gehen diese Nachrichten ins Leere. Bedenken Sie aber: Bei dieser »Holzhammermethode« können Sie auch den einen oder anderen vergessen. Sie müssen genau schauen, wer die neue Adresse erhalten soll und wer nicht. Nehmen Sie sich für diese Aufgabe genügend Zeit.

E-Mails im Format HTML oder Text?

HTML-E-Mails haben ihre Vorteile: Bild- und Musikdateien, Flash-Animationen und Videos lassen sich direkt einbetten. Links in der Nachricht bringen Sie auf interessante Websites. Sie können Überschriften und zahlreiche Formatierungen nutzen. Eine HTML-E-Mail bietet die gleichen Gestaltungsmöglichkeiten wie eine Webseite.

In einer HTML-Nachricht können aber auch Skripte versteckt sein, die Viren und Hackertools laden. Diese Skripte können auch Adware einschleusen und Daten ausspionieren. Mit einem aktuellen Antivirenprogramm und einer Firewall können Sie das Risiko minimieren.

Eine E-Mail soll in den meisten Fällen Textinformationen enthalten. Sie schreiben etwas an einen Freund oder Kollegen. Sie tauschen sich aus, fragen dies und das und berichten von Urlaub, Hobby und Arbeit. Was auch immer. In der Regel muss eine solche Nachricht nicht aufwendig gestaltet sein. In einer E-Mail im Text-Format kann nichts versteckt sein. Das ist einfach nur eine Textdatei mit einem E-Mail-Header (Kopf der Nachricht). Mit einer Textnachricht sind Sie auf der sicheren Seite. Ich empfehle Ihnen daher, im Zweifel Ihre Mails immer im Text-Format zu senden.

INFO

Was ist ein Header?
Der Header ist der Kopf einer Nachricht. Er enthält wichtige Informationen, durch die das E-Mail-Programm (der *E-Mail-Client*) und der E-Mail-Server des Providers wissen, wohin eine Nachricht gehen soll. Im Header sind der Absender enthalten sowie die Zieladresse, die Überschrift, Informationen zu einem vorhandenen Dateianhang und zur Kodierung der Nachricht.

Spamnachrichten aussortieren

Windows Live Mail erkennt einige Spamnachrichten selbstständig und sortiert sie in den Junk-E-Mail-Ordner. Nachrichten, die nicht aussortiert werden, aber Spam enthalten, markieren Sie.

1 Setzen Sie die Maus auf die Nachricht, die als Spam gekennzeichnet werden soll.

2 Wählen Sie im Register **Privat > Junk-E-Mail > Absender zur Liste blockierter Absender hinzufügen**.

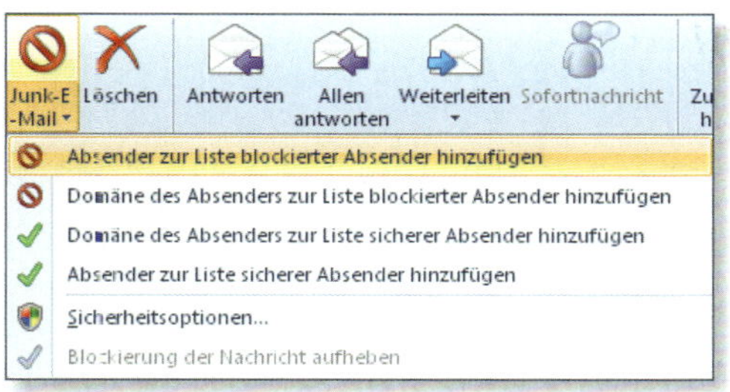

Abbildung 15.95 *Der Absender einer Nachricht wird als Spamversender markiert.*

Die Nachrichten von diesem Absender werden nun automatisch aussortiert. Sie können auch eine Domain als Junk-E-Mail markieren.

Eine Junk-E-Mail-Kennzeichnung entfernen

Es kann natürlich geschehen, dass eine Nachricht aus Versehen im Junk-E-Mail-Filter landet. Dann markieren Sie dies im Junk-E-Mail-Ordner und klicken auf die Schaltfläche **Dies ist keine Junk-E-Mail**.

Abbildung 15.96 *Ein Mausklick auf diese Schaltfläche genügt, und die Markierung als Spamnachricht wird entfernt.*

Über das Menü hinter dieser Schaltfläche können Sie einen Absender oder eine Domain auch als sicher markieren.

Die Sicherheitsoptionen richtig einstellen.

Wählen Sie einmal **Junk-E-Mail > Sicherheitsoptionen**, und schauen Sie sich in den Registern dieses Dialogs um.

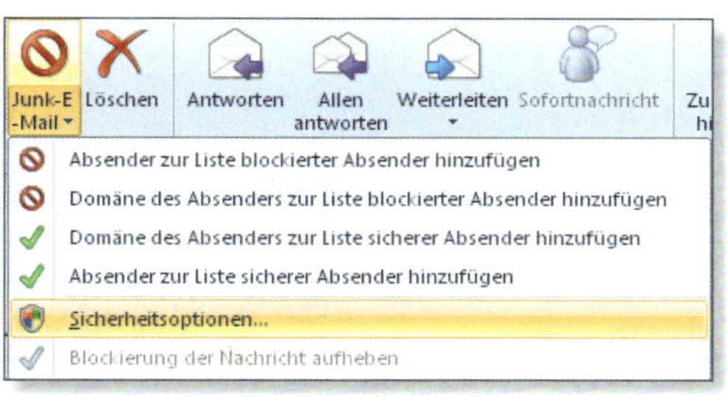

Abbildung 15.97 *So öffnen Sie die Sicherheitsoptionen.*

Im Dialog können Sie die Listen der sicheren und der blockierten Absender einsehen. Einzelne Einträge können hier entfernt oder bei Bedarf auch hinzugefügt werden.

Im Register **Optionen** bestimmen Sie, wie stark der Junk-E-Mail-Schutz von Windows Live Mail ist. Folgende Optionen stehen hier zur Auswahl:

- **Keine automatische Filterung**
- **Niedrig** – Hiermit werden nur wenige Junk-E-Mails automatisch erkannt.
- **Hoch** – Die Vorgabeeinstellung. Diese Option bietet eine gute Erkennung von potenziellen Junk-E-Mails.
- **Nur sichere Absender** – Mit dieser Einstellung werden alle Nachrichten von Absendern, die nicht in der Liste der sicheren Absender vorhanden sind, in den Junk-E-Mail-Ordner verschoben. Damit werden relativ viele Nachrichten aussortiert, die keinen Spam enthalten. Der Anwender muss auch den Inhalt des Junk-E-Mail-Ordners sorgfältig in Augenschein nehmen. Diese Option ist für Firmen interessant. Sie können für einen ersten Kontakt ein Kontaktformular anbieten oder eine Service-Telefonnummer.
- **Als Junk-E-Mail identifizierte Nachrichten nicht in den Junk-E-Mail-Ordner verschieben, sondern endgültig löschen** – Diese Option ist nicht zu empfehlen, da auch die aus Versehen als Junk-E-Mail eingestuften Nachrichten automatisch gelöscht werden. Sie können hiermit den Junk-E-Mail-Ordner nicht mehr durchsehen und Korrekturen vornehmen.
- **Junk-E-Mail bei Microsoft und Partnern melden** – Na ja. Hier steht »empfohlen«. Aber warum soll ich

meine Daten an Microsoft und andere Partner weitergeben? Was sind das für Partner, und was geschieht mit den Daten? – Entscheiden Sie selbst.

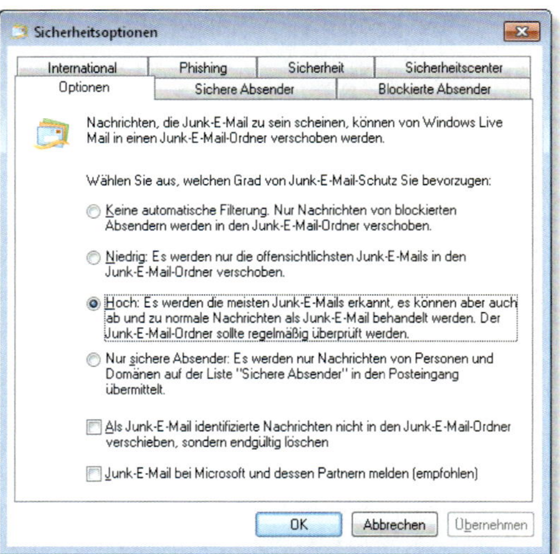

Abbildung 15.98 Die vom Programm bereits voreingestellte Option ist eine sehr gute Wahl.

Übrigens: Unter **Sicherheit** finden Sie eine Option, mit der eine sichere Internetzone gewählt wird. Hier wird auch verhindert, dass Nachrichtenanhänge gespeichert werden, die Viren enthalten können. Bilder und externe Inhalte werden mit einer weiteren Option blockiert. Nur wenn sie von Absendern kommen, die in der Liste der sicheren Absender enthalten sind, werden sie angezeigt. Tragen Sie Ihre Freunde in diese Liste ein, so können Sie mit diesen auch Urlaubsbilder und andere Fotos hin- und her mailen.

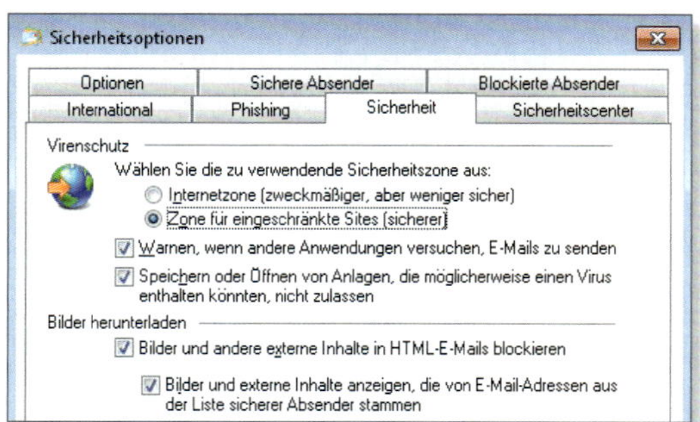

Abbildung 15.99 Windows Live Mail macht es Hackern und anderen zwielichtigen Gestalten schwer. Gut so!

Was ist eine Phishing-E-Mail, und wie geht man damit um?

In einer Phishing-Nachricht werden Sie nach Anmeldedaten, Passwörtern, Adressdaten oder Kontoinformationen gefragt. Seriöse Anbieter fragen diese Daten nicht per E-Mail oder auf Websites ab, auf denen sie eigentlich nichts zu suchen haben. Die einzige und beste Möglichkeit, auf eine solche Nachricht richtig zu reagieren, ist, sie zu ignorieren.

Sind Sie sich nicht sicher, rufen Sie die Servicenummer des Anbieters an – allerdings nicht die, die in der Nachricht steht. Sofern Sie in der verdächtigen Nachricht eine Telefonnummer oder eine Website zur Information finden, ist diese möglicherweise gefälscht.

Windows Live Mail besitzt eine Sicherheitsoption, mit der mögliche Phishing-Nachrichten automatisch gefunden und aussortiert werden. Diese Option ist per Vorgabe angeschaltet. Sie finden sie in den **Sicherheitsoptionen** im Register **Phishing**.

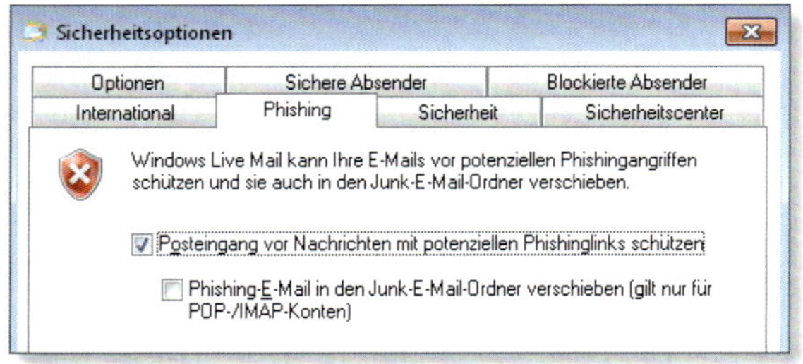

Abbildung 15.100 Windows Live Mail schützt Sie vor Phishing-Nachrichten.

15.7 So richten Sie Ihr E-Mail-Konto bei Hotmail ein

Hotmail bietet eine Möglichkeit, kostenlos ein E-Mail-Konto zu erstellen. Sie können dies online mit einem Webbrowser wie dem Microsoft Internet Explorer nutzen. Natürlich können Sie das Konto auch mit Windows Live Mail nutzen.

Ein E-Mail-Konto bei Hotmail einrichten

1 Geben Sie in Ihrem Browser die Adresse *http://www.hotmail.de* ein.

2 Klicken Sie auf die Schaltfläche **Kostenlos registrieren**.

3 Füllen Sie die Formularfelder aus. Geben Sie die gewünschte Adresse ein, die Sie mit Hotmail nutzen möchten. Wählen Sie eine der möglichen Domains **hotmail.de**, **live.de** oder **hotmail.com**. Mit **Verfügbarkeit prüfen** stellen Sie fest, ob die gewünschte E-Mail-Adresse von jemand anderem genutzt wird oder ob Sie diese verwenden können.
Geben Sie ein Kennwort ein. Wiederholen Sie die Eingabe. Geben Sie eine alternative E-Mail-Adresse an. Falls Sie Ihre Anmeldedaten vergessen, wird diese Adresse verwendet, um sie Ihnen zukommen zu lassen. Tragen Sie Ihren Vornamen, Nachnamen, die Postleitzahl Ihres Wohnortes und Ihr Geburtsjahr ein. Geben Sie abschließend die Buchstaben und Ziffern aus der Grafik ein. Sie dient als Sicherheit, sodass das Formular nicht mit einem Skript automatisch ausgefüllt werden kann. Beenden Sie die Eingabe mit einem Mausklick auf die Schaltfläche **Ich stimme zu**.

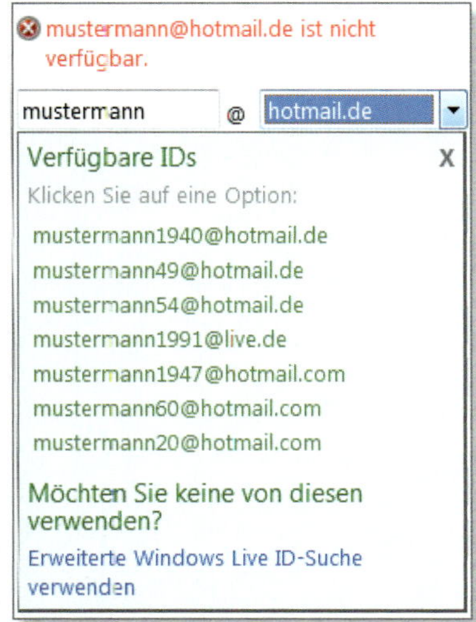

Abbildung 15.101 *Ist eine E-Mail-Adresse bereits vergeben, erhalten Sie einige alternative Vorschläge.*

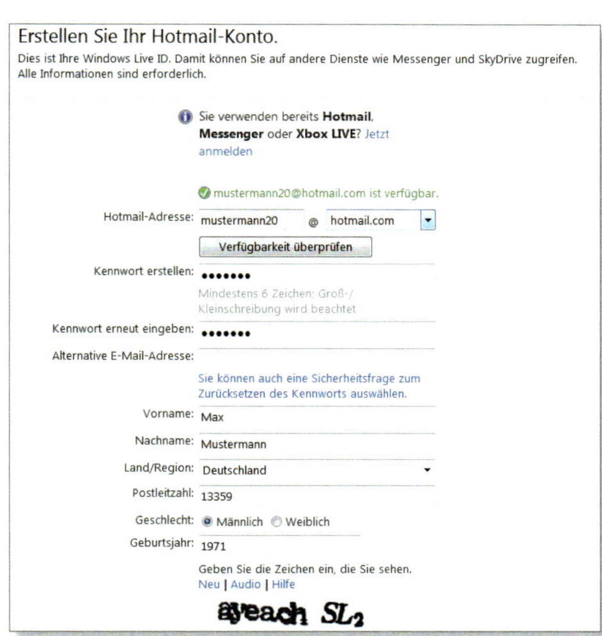

Abbildung 15.102 *So erstellen Sie ein Windows Live Hotmail-Konto.*

Junk-E-Mails bei Hotmail

Hotmail versucht, automatisch Spamnachrichten zu erkennen. Sie erhalten eine Nachricht und können über eine Schaltfläche wählen, ob es eine Junk-E-Mail ist oder ob dies nicht der Fall ist. Tun Sie dies.

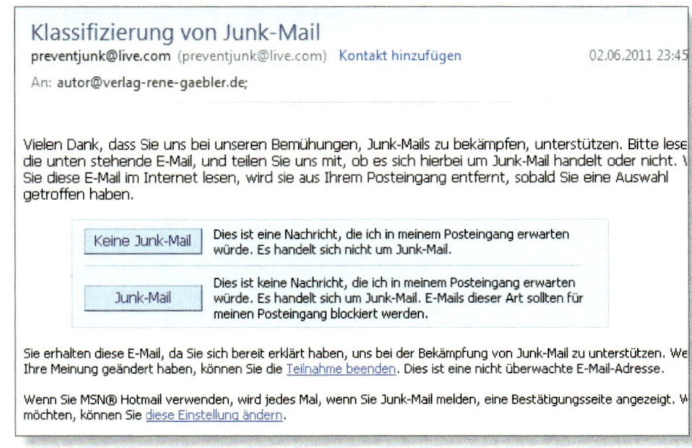

Abbildung 15.103 *Markieren Sie eine Nachricht als Junk-E-Mail. Sie können dies online oder in Windows Live Mail tun.*

15.8 Termine mit Windows Live Mail erfassen

Windows Live Mail enthält mehrere Programmmodule. Das Modul für die Verwaltung von E-Mails und das Adressbuch kennen Sie bereits. Weiterhin gibt es ein Modul für den Umgang mit Feeds, eines für News und einen Kalender.

Ein erster Blick auf den Kalender

Wechseln Sie über das Menü in den Kalender. In der Multifunktionsleiste ❶ können Sie eine Ansicht wählen. Wechseln Sie einmal zur Wochenansicht.

Deutsche Feiertage sind bereits angezeigt. Daneben werden Geburtstage und ein persönlicher Kalender angezeigt. Alles in allem zeigt sich der Kalender von Windows Live Mail aufgeräumt und übersichtlich.

So erstellen Sie einen Termin im Kalender von Windows Live Mail

1. Markieren Sie im Kalender Tag und Uhrzeit.
2. Klicken Sie in der Multifunktionsleiste auf **Ereignis**.
3. Das Fenster **Neues Ereignis** klappt auf. Hier können Sie Datum, Start- und Endzeit bei Bedarf noch korrigieren. Geben Sie dem Ereignis in der Zeile **Betreff**

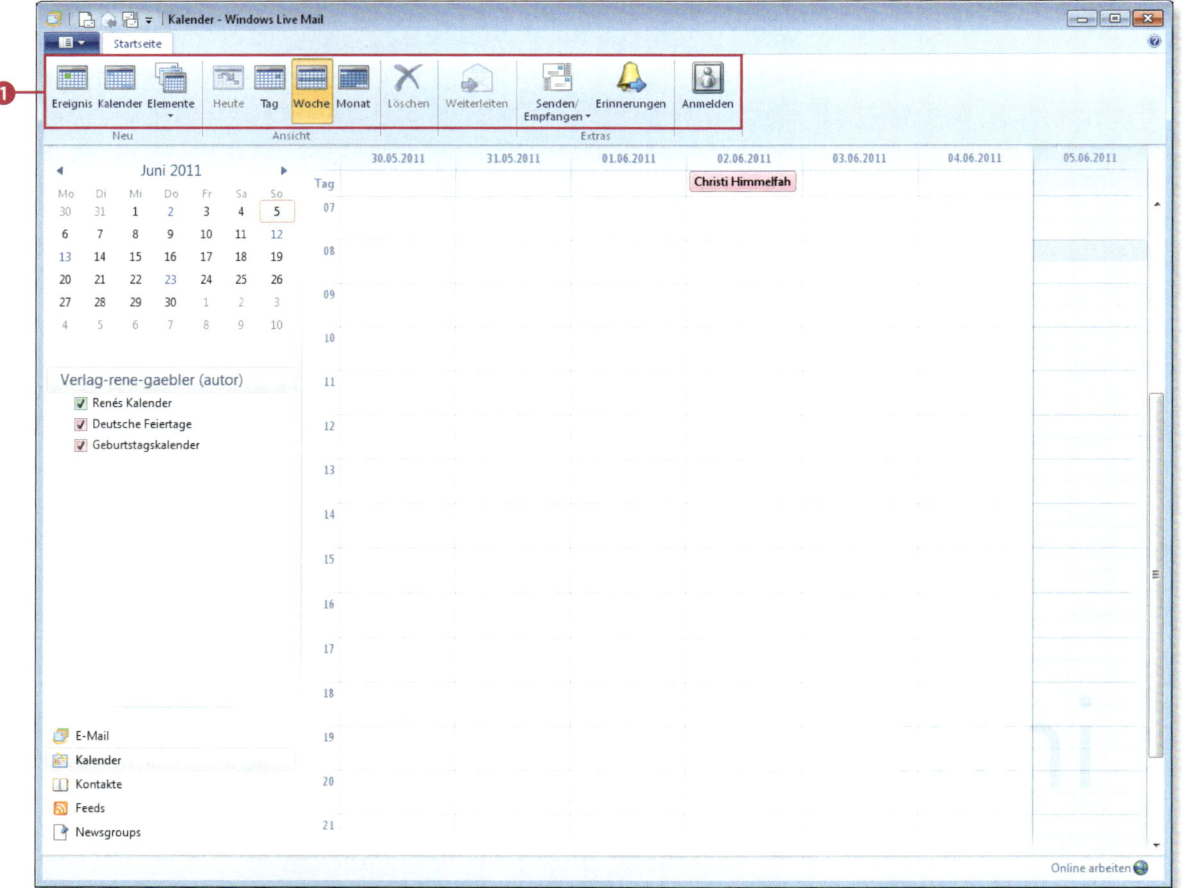

*^ **Abbildung 15.104** Der Kalender von Windows Live Mail ist einfach und übersichtlich gehalten. Wichtige Feiertage sind bereits eingetragen. In der Multifunktionsleiste ❶ wählen Sie eine der möglichen Ansichten.*

eine passende, kurze und umschreibende Überschrift. Wenn Sie möchten, ergänzen Sie einen Ort. Geben Sie im großen Eingabefeld des Dialogs eine Beschreibung des Ereignisses ein. Bestätigen Sie mit **Speichern und schließen**.

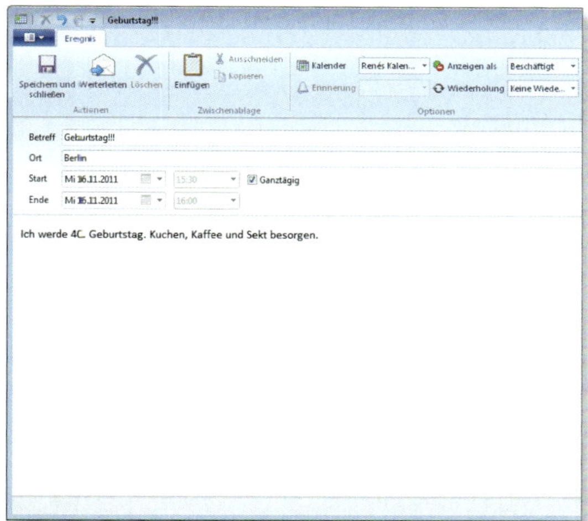

Abbildung 15.105 *Ein Ereignis wird erstellt.*

Das erstellte Ereignis wird im Kalender angezeigt.

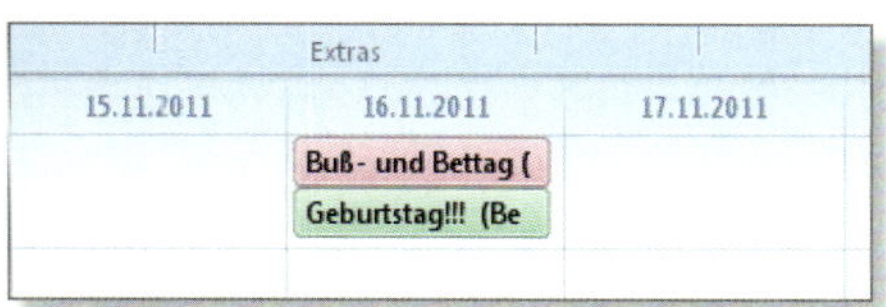

Abbildung 15.106 *Das Ereignis im Kalender*

So erstellen Sie eine Ereigniswiederholung

Einige Ereignisse tauchen immer wieder einmal auf, z. B. das Kartenspiel in der Runde der Freunde oder die Vereinstreffen. Sie müssen hier nicht das Ereignis mehrfach erstellen. Windows Live Mail bietet dafür eine einfachere Lösung an:

1 Gehen Sie so vor wie beim Erstellen eines einfachen Ereignisses.

2 Über das Listenfeld können Sie wählen, ob das Ereignis täglich, an jedem Wochentag, alle zwei Wochen oder jährlich auftritt. Mit **Jährlich** können Sie zum Beispiel Geburtstage eintragen. Wählen Sie bitte in diesem Beispiel **Benutzerdefiniert**.

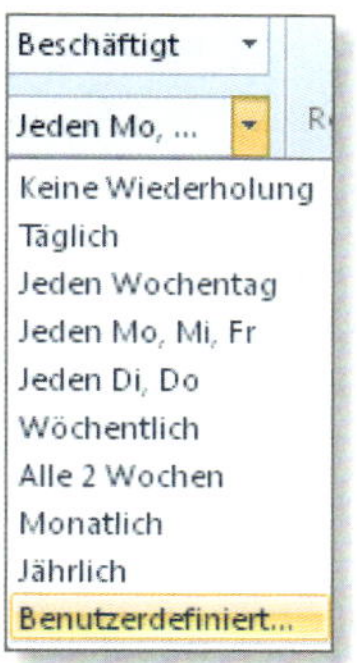

Abbildung 15.107 *Ein mehrfach auftretendes Ereignis wird erstellt.*

3 Wählen Sie nun im Dialog, wann das Ereignis auftritt: täglich, wöchentlich, monatlich oder jährlich. Bestimmen Sie, an welchem Datum es stattfindet. Tragen Sie im unteren Bereich des Dialogs ein, ob der Termin irgendwann nicht mehr wiederholt wird. Das ist bei einigen Projekten, die beispielsweise drei Wochen lang laufen, die richtige Wahl. Bestätigen Sie abschließend mit **OK**.

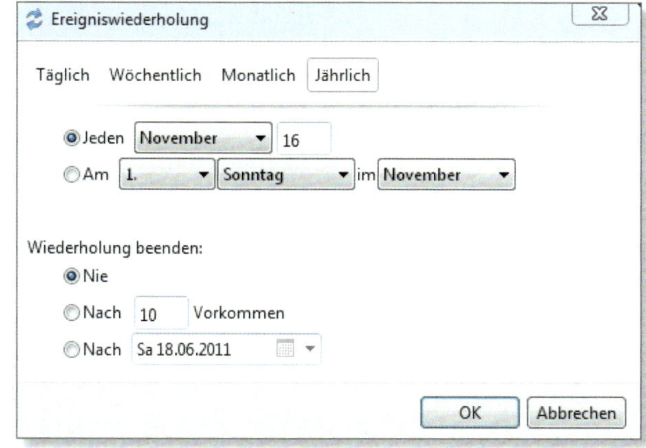

Abbildung 15.108 *Nun habe ich dafür gesorgt, dass mein Geburtstag jedes Jahr im Kalender auftaucht.*

4 Ergänzen Sie, wie beim Erstellen eines einfachen Termins, eine Überschrift und die Beschreibung des Termins. Beenden Sie die Eingabe mit **Speichern und schließen**.

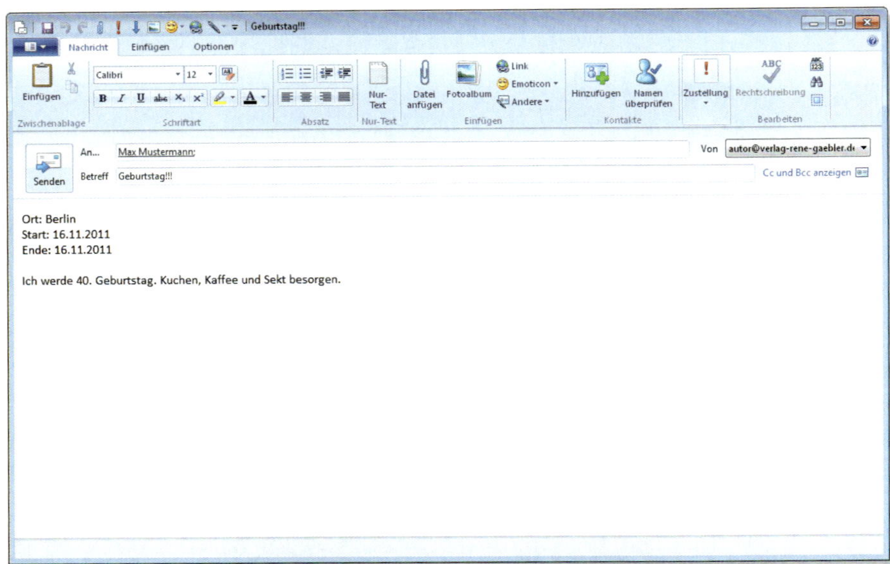

< ***Abbildung 15.110*** *Der Termin wird nicht etwa als Anhang gesendet, sondern in Form von Text in eine E-Mail eingetragen*

Jemanden per E-Mail zu einem Termin einladen

Viele Termine macht man mit anderen Menschen. Man hat ein Meeting oder trifft sich privat zu Unternehmungen. D.h., Sie wollen nicht nur einen Termin festlegen, sondern gleichzeitig auch jemanden darüber in Kenntnis setzen, ihn vielleicht einladen. Sie müssen nicht beides getrennt tun, Sie können direkt aus dem Kalender heraus Einladungen versenden. Möchten Sie einen Termin jemandem mitteilen, gehen Sie wie folgt vor:

1 Markieren Sie zunächst das Ereignis im Kalender.

2 Wählen Sie in der Multifunktionsleiste **Weiterleiten**.

^ ***Abbildung 15.109*** *Ein Mausklick auf diese Schaltfläche genügt, und ein Termin wird per E-Mail an einen anderen gesandt.*

3 Tragen Sie die E-Mail-Adresse des Empfängers ein. Sie können diese auch aus dem Ordner **Kontakte** entnehmen. Wenn Sie möchten, ergänzen Sie noch etwas.

4 Klicken Sie auf **Senden**.

Kapitel 16
FTP mit Windows 7

Sie haben eine Website im Internet? Einen kleinen oder großen Webspace bei einem Provider? Dann müssen Sie auf irgendeine Weise die Daten Ihrer Website, die einzelnen HTML-Seiten und Multimediadateien in das Internet übertragen. Das können Sie mit FTP tun.

Mit FTP können Sie Daten schneller durchs Netz schicken als Sie es über den Browser könnten. Wollen Sie größere Dateimengen verschicken, ist es sinnvoll, sich mit dieser Technik zu befassen.

16.1 Datenübertragung leicht gemacht – FTP im Einsatz

Brauchen Sie eigentlich FTP? Diese Frage kann ich nicht mit Sicherheit beantworten. Es kann durchaus sein, dass Sie mit FTP nicht in Kontakt kommen. Sofern Sie jedoch beabsichtigen, eine Website bei einem Provider zu erstellen, macht FTP Ihnen das Leben ein wenig leichter. Vielleicht sind Sie auch neugierig auf einen der Downloadserver, auf denen Sie verschiedene Anwendungsprogramme, Spiele, Demos, Werkzeuge und Treiber finden.

Was ist eigentlich FTP?

FTP steht für *File Transfer Protocol*. Es bezeichnet ein standardisiertes Netzwerk-Übertragungsprotokoll, mit dem Daten von A nach B versandt werden. Neben dem Übertragen von Dateien können auch Dateieigenschaften verändert werden. Sie können Ordner erstellen, die Bezeichnungen von Dateien verändern und Dateien auf dem Server löschen.

Professionelle Webdesigner greifen oft zu einer CMS-Lösung. CMS steht für *Content Management System*. Ein solches CMS ist zum Beispiel *Joomla!* (*http://www.joomla.de*). Das Einpflegen von neuen Textinhalten ist hier sehr einfach, ebenso das Erweitern der Funktionen einer solchen Website und der Umgang mit Multimediainhalten. Was hat das mit FTP zu tun?

Ganz einfach: Bevor ein CMS verwendet werden kann, müssen die Installationsdateien auf den Webserver übertragen werden. Das geschieht mit einem FTP-Client. Gleiches wird gemacht, wenn Erweiterungen zum Einsatz kommen.

Selbst die Textdateien, die ich für dieses Buch erstellt habe, werden mit einem kleinen FTP-Programm an den Verlag übertragen. Der Projektleiter schaut sie durch, korrigiert und kommentiert sie. Auch die Korrekturen lädt der Projektleiter per FTP auf den Server.

Eine FTP-Verbindung mit dem Internet Explorer aufnehmen

Es ist nicht unbedingt ein spezielles FTP-Programm notwendig. Sie können auch den Internet Explorer oder einen Dateimanager verwenden. In Browsern und Windows-Dateimanagern ist das Protokoll bereits integriert – so eben auch im Internet Explorer von Microsoft.

Einen FTP-Server erkennen Sie an seiner Adresse. Sie beginnt mit *ftp://*.

Als Beispiel verwende ich einmal den FTP-Server von Microsoft. Geben Sie in der Adresszeile `ftp.microsoft.com` ein. Es dauert nur einen kurzen Augenblick, und Sie sehen die Verzeichnisstruktur des FTP-Servers im Browser.

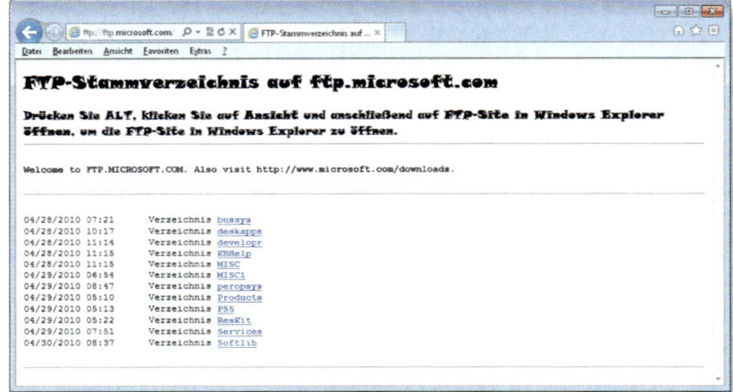

∧ ***Abbildung 16.1*** *Mit einem Webbrowser ist der Zugang zu einem FTP-Server sehr schnell realisiert.*

Sofern Sie einen Anmeldenamen und einen Benutzernamen angeben müssen, wird dieser in einem kleinen Dialogfenster abgefragt.

FTP mit dem Freeware-Dateimanager FreeCommander

Mit dem kostenlosen Windows-Dateimanager *FreeCommander* können Sie auch eine Verbindung zu einem FTP-Server aufnehmen. Möchten Sie diese Möglichkeit nutzen, gehen Sie wie folgt vor:

1 In der Symbolleiste des Freeware-Dateimanagers FreeCommander finden Sie ein kleines FTP-Symbol. Klicken Sie darauf.

2 Sie sehen nun den Eintrag **Neue FTP-Verbindung**. Doppelklicken Sie darauf.

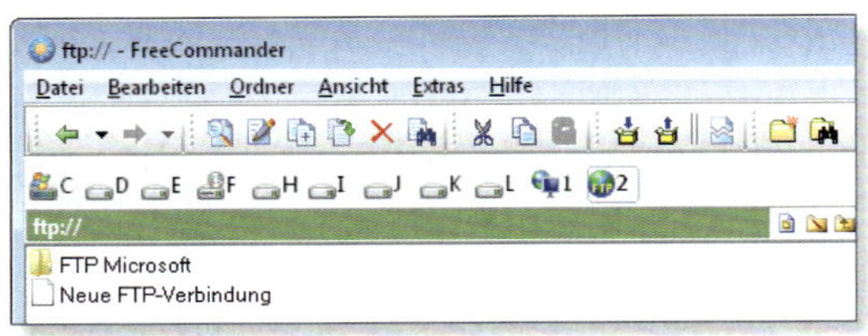

∧ ***Abbildung 16.2*** *Der Weg bis zur heruntergeladenen Datei ist mit FreeCommander etwas weit und umständlich.*

Hier sehen Sie die Funktion zum Erstellen einer neuen FTP-Verbindung in einer vergrößerten Abbildung.

3 Nun erscheint ein Dialogfenster. Geben Sie einen Namen für die neue FTP-Verbindung ein. Tragen Sie die Adresse des Servers und, sofern notwendig, die Zugangsdaten ein. Bestätigen Sie danach durch Klicken auf **OK**.

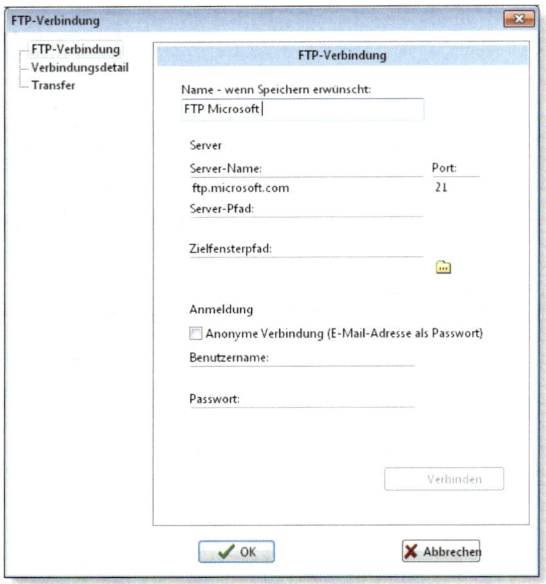

∧ ***Abbildung 16.3*** *Die Verbindung wird im Dateimanager eingetragen. Sie kann jetzt immer wieder verwendet werden.*

4 Die Verbindung erscheint im linken Fenster des Dateimanagers. Doppelklicken Sie darauf, um diese zu benutzen.

5 Beim FTP-Server von Microsoft erscheint nun ein Dialogfenster, in dem Sie die Benutzerdaten eingeben.

Hier wird ein anonymer Benutzer verwendet. Geben Sie anonymous ein. Als Passwort verwenden Sie `wsftp605@`. Bestätigen Sie.

6 Die Verbindung wird aufgenommen, und Sie sehen im linken Fenster den Inhalt des FTP-Ordners. Rechts sehen Sie die Ordnerstruktur Ihres Rechners. Wählen Sie auf der linken Seite den Ordner, in dem sich die herunterzuladende Datei befindet. Markieren Sie diese.

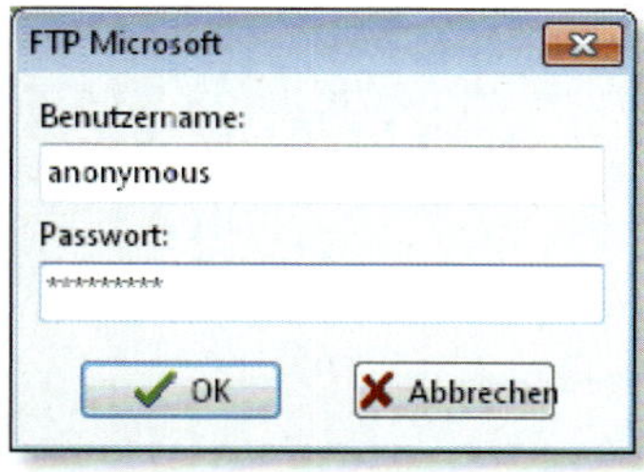

Abbildung 16.4 *Der Benutzername »anonymous« wird für viele FTP-Server verwendet.*

7 Öffnen Sie mit der rechten Maustaste das Kontextmenü, und wählen Sie **Kopieren**. In einem Dialog wählen Sie nun den Zielordner. Klicken Sie auf **OK**. Klicken Sie im nächsten Fenster auf **Starten**. Die Übertragung der ausgewählten Datei wird gestartet. Mit einem Fortschrittsbalken können Sie verfolgen, wie weit der Download bereits ist.

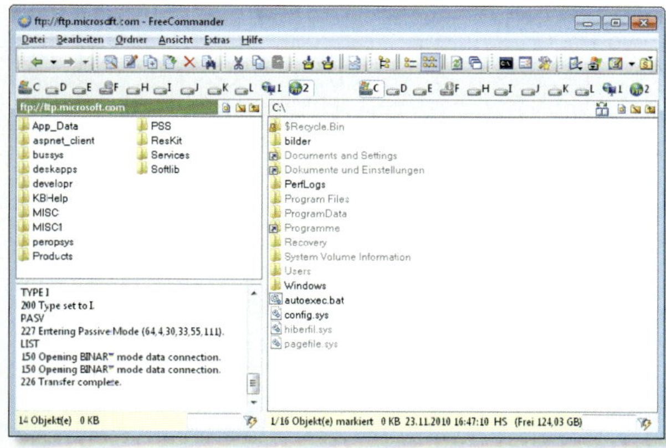

Abbildung 16.5 *Eine Datei wird von einem FTP-Server auf den Rechner geladen.*

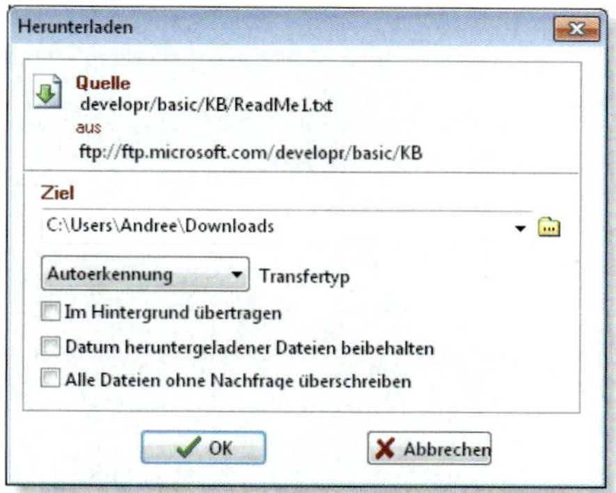

Abbildung 16.6 *Über einen kleinen Dialog wählen Sie das Ziel und starten den Download.*

16.2 Eine gute Alternative: WS_FTP

Von der Firma IPSwitch kommt das Programm *WS_FTP*. Mit diesem sogenannten FTP-Client erhalten Sie einen einfachen Zugang auf einen FTP-Server. Sie müssen dafür nur wenige Daten eingeben. Diese Zugangsdaten sind die gleichen wie beim Zugriff mit einem Webbrowser oder dem Dateimanager.

WS_FTP herunterladen und installieren

Bevor Sie WS_FTP nutzen können, müssen Sie das Programm auf Ihren Rechner laden und installieren. Die kostenlose Variante des FTP-Clients ist etwas versteckt. Sie finden sie auf vielen Downloadseiten, wo es auch andere gute Windows-Programme gibt. Achten Sie darauf, dass Sie die kostenlose *Lite*-Variante des Programms erwischen. Diese genügt vollauf. *WS_FTP Professional* ist für das Übertragen von Dateien nicht notwendig.

Das Programm finden Sie zum Beispiel im Downloadbereich des Online-Portals von *Chip.de*.

1 Geben Sie in Ihrem Browser die Adresse *http://www.chip.de/downloads* ein. Tragen Sie im Suchfeld WS_FTP Lite ein. Unten sehen Sie zwei Treffer. Sie sind mit **2 Treffern bei Chip Online** überschrieben. Wählen Sie hier **WS_FTP Lite 5.0 Englisch**.

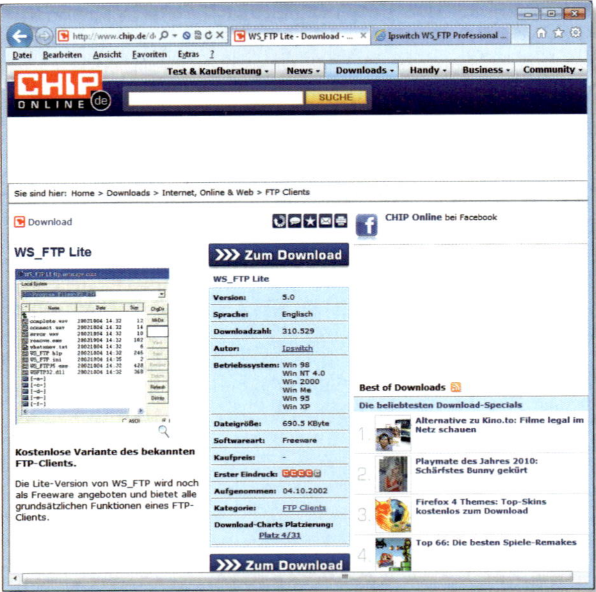

Abbildung 16.7 *Das Freeware-FTP-Programm finden Sie auf den Seiten von Chip.de.*

2. Mit **Zum Download** und **Download-Server von Chip-Online** gelangen Sie zur Software. Bestätigen Sie, dass Sie das Programm auf Ihren Rechner laden wollen. Bestätigen Sie ebenfalls die Benutzerkontensteuerung.
3. Das Installationsprogramm wird gestartet. Sie werden gefragt, wer Sie sind und für was Sie das Programm nutzen wollen. Mit **other** oder **student** und **home** sind Sie ganz gut beraten.
4. Bestätigen Sie den Lizenztext. Die Vorgaben des Installationspfades und des Downloadpfades für die Daten, die Sie aus dem Internet beziehen, bestätigen Sie. Sie können Letzteres noch später verändern.

Das Programm legt einen Eintrag im Windows 7-Menü an. Sie können es über diesen einfach starten.

Obwohl es auf der Downloadseite nicht als Windows 7-Anwendung gekennzeichnet ist, läuft es auch auf dem aktuellen Windows-Betriebssystem ohne Probleme.

WS_FTP verwenden

1. Wählen Sie **New**. Geben Sie eine Bezeichnung ein. Tragen Sie im Register **General** des FTP-Clients die Zugangsdaten zum FTP-Server ein. Mit **OK** wird eine Verbindung zum eingetragenen Server aufgenommen.

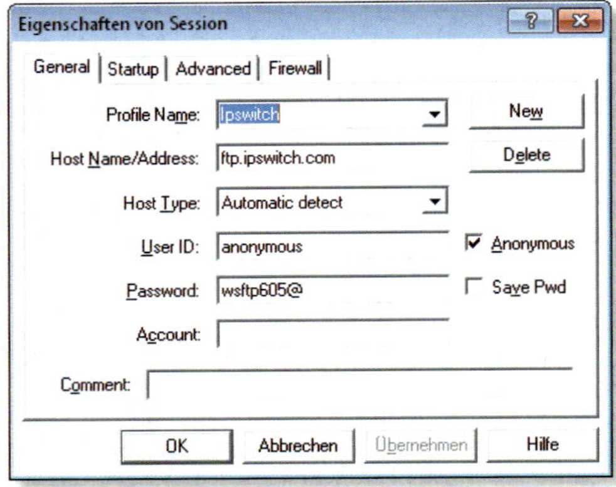

Abbildung 16.8 *Im Dialog* ***Eigenschaften von Session*** *geben Sie die Zugangsdaten des FTP-Servers ein.*

2. Das Fenster des FTP-Programms ist zweigeteilt. Wählen Sie rechts eines der Verzeichnisse auf dem Server. Auf der linken Seite wählen Sie das Verzeichnis auf Ihrem Rechner, in das die Daten übertragen werden sollen.
3. Wählen Sie einzelne Dateien aus, oder markieren Sie mehrere. Mit einem Mausklick auf den nach links zeigenden Pfeil übertragen Sie die Dateien vom FTP-Server auf Ihren Rechner.

Genauso können Sie Dateien von Ihrem Rechner auf den FTP-Server hochladen. Hier markieren Sie die Dateien und wählen rechts das Zielverzeichnis. Klicken Sie dann auf die nach rechts zeigende Pfeilschaltfläche.

Teil V

Multimedia und Zubehör

Kapitel 17
Bilder und Videos

Zu den wichtigsten Eigenschaften eines PCs gehört es, Programme und Tools bereitzustellen, mit denen der Anwender seine Urlaubs- und Hobbyfotos anschauen und verwalten kann. Windows 7 bietet bereits einige integrierte Funktionen, mit denen Sie Bilddateien suchen und betrachten können.

In diesem Kapitel zeige ich Ihnen, wie Sie mit dem Dateimanager von Windows 7 Bilddateien anzeigen und die Größe des Vorschaubildes ganz an Ihre Wünsche anpassen können. Sie erfahren, wie Sie die Dateierweiterung einblenden. So sehen Sie auf einen Blick im Windows-Explorer, um was für einen Bilddateityp es sich handelt. Ich zeige Ihnen, wie Sie nach einem Bild suchen. Sie müssen dabei keine Menüfunktion aufrufen und sich auch nicht durch einen Dialog oder Assistenten klicken. Ein bestimmtes Bild ist auch in einer großen Bildersammlung schnell gefunden.

Im zweiten Teil dieses Kapitels stelle ich Ihnen die *Windows-Fotoanzeige* vor. Das kleine Programm, das zu Windows 7 gehört, zeigt schnell per Mausklick eine Bilddatei an. Sie erfahren, wie Sie mehrere Bilder anschauen, die sich in einem Ordner befinden. Ich zeige Ihnen auch, wie Sie durch diese Bilddateien navigieren und sie in einer Slideshow bewundern. Sie lesen, wie Sie Bilder direkt aus dem Programm heraus drucken und per E-Mail versenden können. Das Kapitel schließt mit einer kleinen Liste von alternativen Bildbetrachtungsprogrammen.

Kreative Anwender werden sich über das Programm *Paint* freuen. Mit diesem einfachen Zeichenprogramm lassen sich schnell kleine Kunstwerke erstellen. Ich stelle Ihnen die wichtigsten Zeichenwerkzeuge vor und verrate Ihnen, welche Möglichkeiten Sie mit Paint haben. Das Programm ist sicher kein *Corel Draw*, aber es liegt dem Betriebssystem bei und bietet alles, was man für das Zeichnen kleiner Bilder so braucht.

Um eine Fotosammlung zu organisieren und die mit der eigenen Digitalkamera aufgenommenen Fotos zu verbessern, finden Sie leider kein Programm. Das ist jedoch nicht weiter schlimm. In dem Gratis-Paket von *Microsoft Windows Live* findet sich mit der *Windows Live Fotogalerie* das richtige Programm. Mit diesem lassen sich sowohl kleine wie auch große Bildersammlungen sehr gut organisieren und verwalten. Ich stelle Ihnen dieses Programm vor und zeige Ihnen, wie Sie eine Bilddatei mit den verschiedenen Bildbearbeitungsfunktionen retuschieren. So lassen sich schnell Bildfehler entfernen, aber auch unnötige Bildelemente »aus dem Bild« nehmen. Sie lernen das Zuschneidewerkzeug und die verschiedenen Filter kennen, mit denen Sie das Bild verfremden und so in etwas ganz anderes verwandeln können.

Im letzten Teil dieses Kapitels lernen Sie das Videobearbeitungsprogramm *Windows Live Movie Maker* kennen. Es eignet sich ideal, um Urlaubsvideos zu bearbeiten. Sie können mehrere Filmdateien zu einem kompletten kleinen Film zusammensetzen und auf YouTube & Co. veröffentlichen. An einem kleinen Beispiel zeige ich Ih-

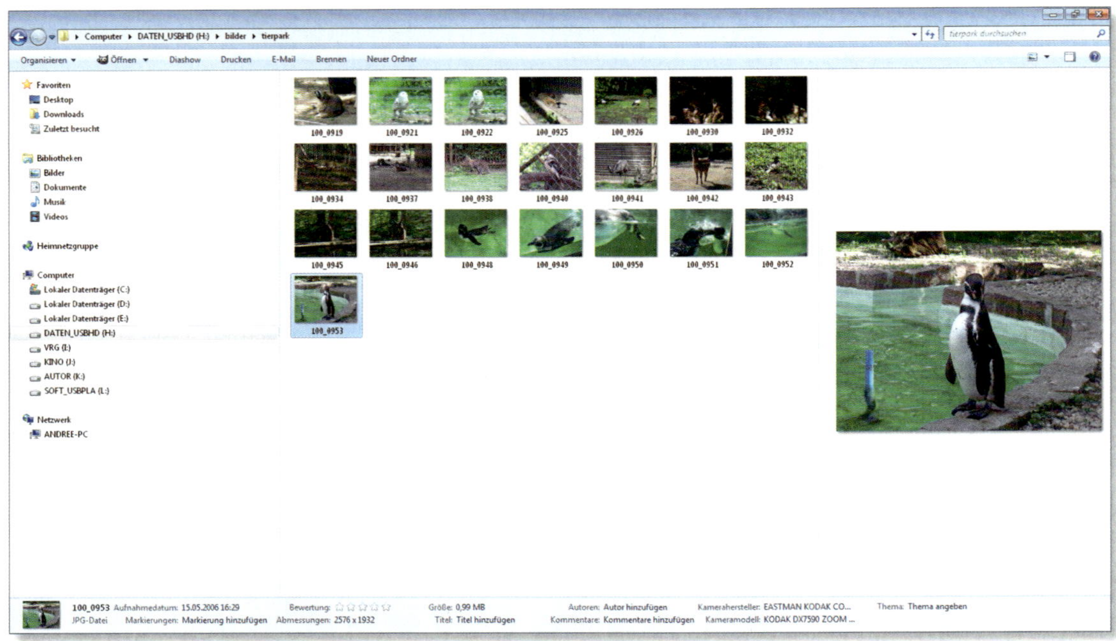

^ ***Abbildung 17.1** Windows 7 zeigt Ihre Bilddateien in Form von Vorschaubildern an. Sie können sich so bereits einen ersten Überblick über die Inhalte eines Ordners verschaffen. Klicken Sie auf ein Bild, wird es vergrößert im Vorschaubereich angezeigt.*

nen, wie Sie dabei vorgehen müssen. Sie erfahren, wie ein Filmtitel hinzugefügt wird, wie Sie dafür sorgen, dass eine Musikdatei das Video untermalt, und wie Sie Überblendeffekte schnell einfügen.

17.1 Bilder finden und verwalten

Im Windows-Explorer (siehe Abbildung 17.1) finden Sie eine Reihe von Funktionen, mit denen Sie Ihre Bilddateien suchen, verwalten und anzeigen lassen können. Einige davon möchte ich Ihnen vorstellen.

Wählen Sie die richtige Vorschaugröße für Ihre Bilddateien

1 Öffnen Sie im Windows-Explorer das Listenfeld **Weitere Optionen**. Wählen Sie eine der möglichen Symbolgrößen. Mit **Extra große Symbole** sehen Sie die Vorschaubilder in der höchstmöglichen Vergrößerung. So können Sie bereits bei den Vorschaubildern genau sehen, welche Inhalte die Bilder haben. Für diese Option entscheide ich mich bei diesem Beispiel.

^ ***Abbildung 17.2** Ein Mausklick auf diese Schaltfläche öffnet das Listenfeld zum Verändern der Symbolbilder.*

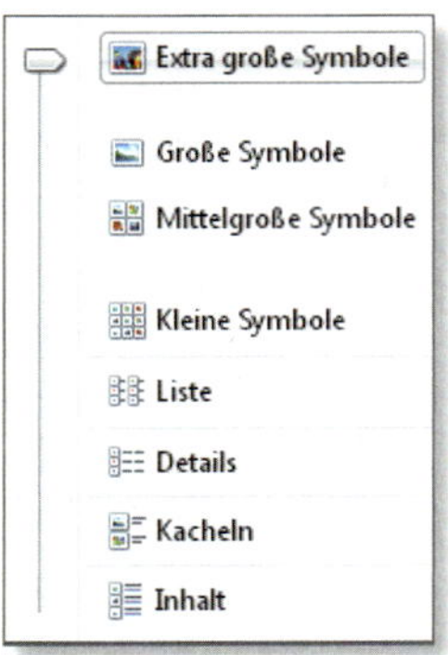

^ ***Abbildung 17.3** Wählen Sie über einen Schieberegler, wie groß die Symbole sein sollen.*

2 Die Größe des Vorschaubildes hängt von der Größe des Vorschaubereichs ab. Sie sehen zwischen dem Dateibereich und dem Vorschaubereich eine senkrechte graue Linie. Führen Sie die Maus darauf, bis sich der Mauscursor in einen Doppelpfeil verwandelt. Drücken Sie die linke Maustaste. Halten Sie die Taste gedrückt. Bewegen Sie die Maus nach links. Der Vorschaubereich vergrößert sich. Auch die Größe der angezeigten Vorschaubilder nimmt zu. Ziehen Sie die graue Markierungslinie bis zu einem Punkt, an dem die Größe der Vorschaubilder Ihnen zusagt.

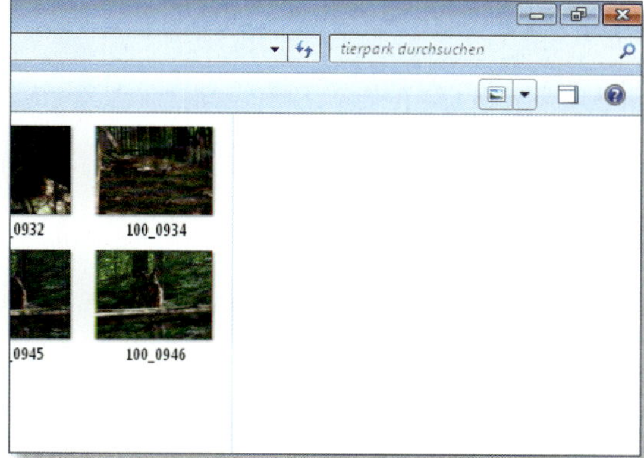

Abbildung 17.4 *Rechts neben den Ordnerinhalten sehen Sie die Linie, mit der Sie den Vorschaubereich vergrößern können.*

Mit der Vorschaugröße **Große Symbole** sind die Bildinhalte auch noch sehr gut zu erkennen. Sie sehen mehr Bilder auf einer Seite des Dateimanagers. Für mehr verwenden Sie die Vorschau im Dateimanager.

So sehen Sie, um welchen Bildtyp es sich handelt

Der Ansichtstyp **Details** zeigt Ihnen nur den Namen der Dateien eines Ordners, nicht aber die Dateierweiterung. Um dies zu ändern, gehen Sie wie folgt vor:

1 Wählen Sie **Organisieren › Ordner- und Suchoptionen**.

2 Öffnen Sie das Register **Ansicht**. Entfernen Sie das Häkchen aus dem Optionskästchen **Erweiterungen bei bekannten Dateitypen ausblenden**.

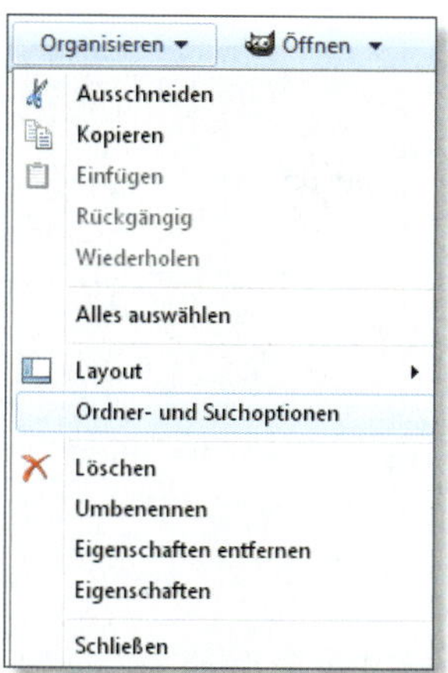

Abbildung 17.5 *In den Ordner- und Suchoptionen schalten Sie die Anzeige der Dateierweiterungen an.*

3 Klicken Sie auf die Schaltfläche **Für Ordner übernehmen**. So wird Ihre neue Einstellung für alle Ordner verwendet und nicht nur für den geöffneten Ordner.

4 Windows 7 fragt Sie, ob Sie die Aktion wirklich für alle Ordner durchführen wollen. Bestätigen Sie mit **Ja**. Schließen Sie den Dialog mit **OK**.

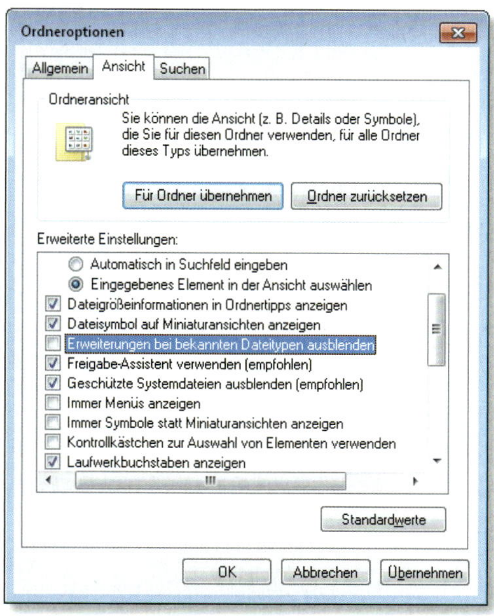

Abbildung 17.6 *Schalten Sie eine Option aus, um die Erweiterungen der Dateien im Windows-Explorer sichtbar zu machen.*

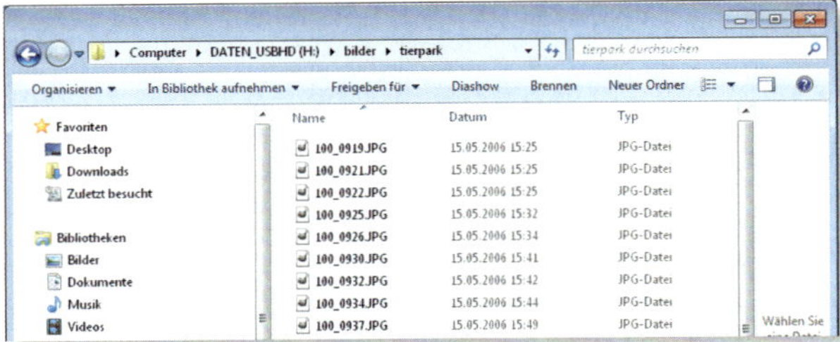

Abbildung 17.7 Die Dateierweiterung der Bilddateien ist nun im Windows-Explorer sichtbar.

Der Dateiname nebst der Dateiendung wird nun auch in anderen Ansichtsmodi angezeigt. Sie müssen dazu nicht den Modus **Liste** oder **Details** verwenden.

Bilddateien suchen

Um Bilddateien zu suchen, geben Sie den Dateinamen in das Suchfeld des Windows-Explorers ein. Bestätigen Sie mit [↵]. Es dauert einen Augenblick, dann werden passende Treffer im Dateimanager angezeigt.

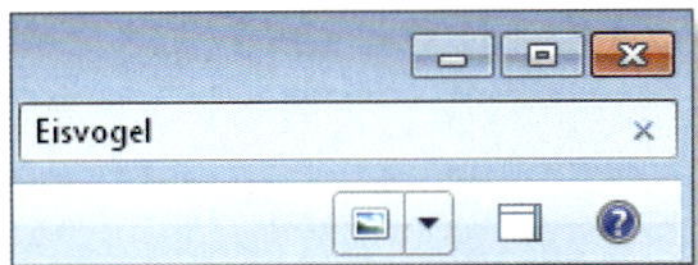

Abbildung 17.8 Um eine ganz bestimmte Bilddatei zu suchen, geben Sie den Dateinamen im Suchfeld des Explorers ein.

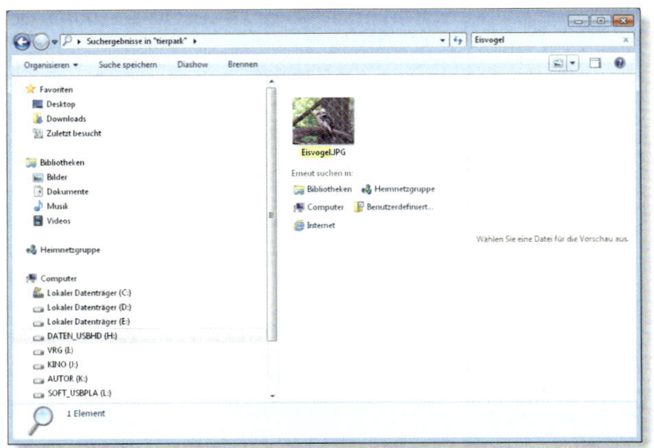

Abbildung 17.9 Es geht recht flott. Der Windows-Explorer zeigt schon nach einem Moment das gesuchte Bild an.

Mehr zum Umgang mit Bilddateien im Dateimanager von Windows 7 finden Sie in Kapitel 7, »Der Windows-Explorer: Dateien und Ordner im Griff«. Schauen Sie hier in den Abschnitt »Die Diashow direkt aus dem Explorer heraus«, ab Seite 222. Werfen Sie ebenfalls einen Blick in Abschnitt »Bilddateien von einer Digitalkamera importieren«, ab Seite 212.

17.2 Bilder in der Windows-Fotoanzeige

Die Windows-Fotoanzeige finden Sie nicht im Startmenü von Windows 7. Sie öffnen sie über den Windows-Explorer. Das kleine Programm besitzt alle Funktionen, die zum Anschauen Ihrer Bilddateien notwendig sind.

Sie können sich durch die Bilddateien bewegen, eine Slideshow starten, Bilddateien drucken, per E-Mail versenden und einiges mehr. Bildbearbeitungsfunktionen finden Sie hier jedoch nicht.

Bilddateien aus dem Explorer heraus anzeigen lassen

Doppelklicken Sie auf eine Bilddatei im Windows-Explorer. Sie wird in dem Standardprogramm geöffnet, das dem Dateityp zugeordnet ist.

Ist ein anderes Programm als Standardanwendung zugeordnet, verwenden Sie das Kontextmenü. Wählen Sie **Öffnen mit > Windows-Fotoanzeige**.

Natürlich können Sie auch das Standardprogramm anpassen. Dann genügt später ein Doppelklick auf die Datei, und diese wird in der Windows-Fotoanzeige geöffnet. Möchten Sie diese Änderung vornehmen, gehen Sie wie folgt vor:

1. Markieren Sie eine Bilddatei mit der Dateierweiterung, für die Sie ein anderes Programm einsetzen wollen. Öffnen Sie das Kontextmenü. Wählen Sie **Öffnen mit > Standardprogramm auswählen**.

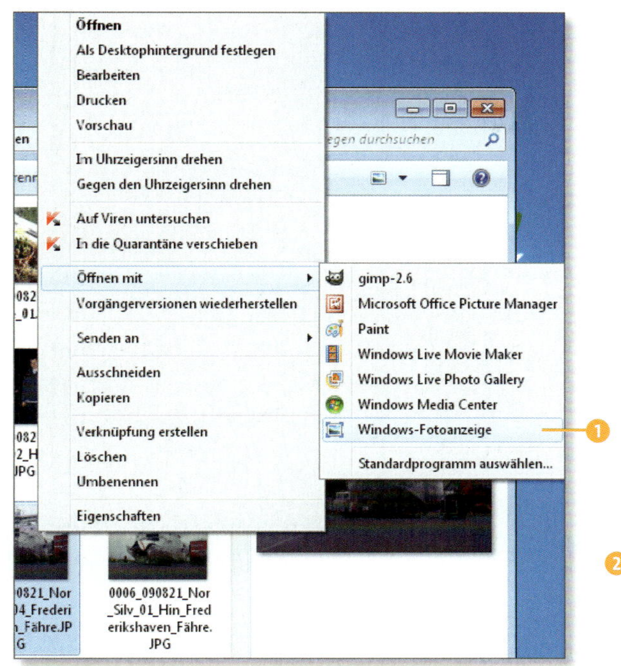

^ Abbildung 17.10 *Über das Kontextmenü öffnen Sie eine Bilddatei in der Windows-Fotoanzeige.*

2 Markieren Sie die **Windows-Fotoanzeige** ①. Schalten Sie die Option **Dateityp immer mit dem ausgewählten Programm öffnen** ② an. Bestätigen Sie mit einem Mausklick auf die Schaltfläche **OK**.

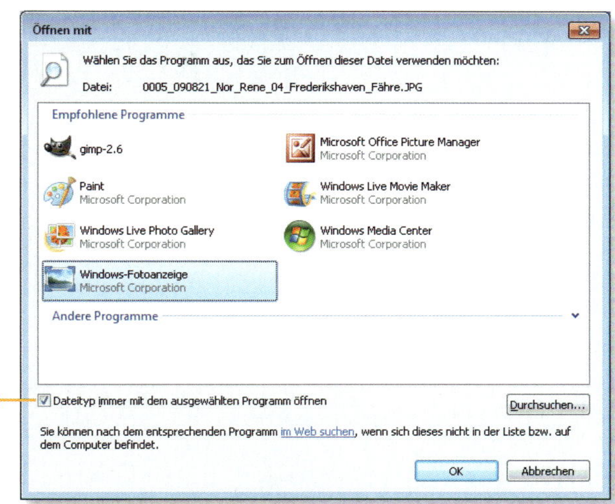

^ Abbildung 17.11 *Ändern Sie das Standardprogramm eines Dateityps.*

< Abbildung 17.12 *Die Windows-Fotoanzeige ist ein Bildbetrachter. Mehr soll das Tool nicht sein.*

Navigation in der Windows-Fotoanzeige

Den größten Bereich in der Windows-Fotoanzeige nimmt das Bild ein. Am oberen Rand finden Sie eine kleine Menüzeile. Unter dem Bild finden Sie eine Leiste mit verschiedenen Schaltflächen. Diese nutzen Sie, um durch Ihre Bildersammlung zu navigieren.

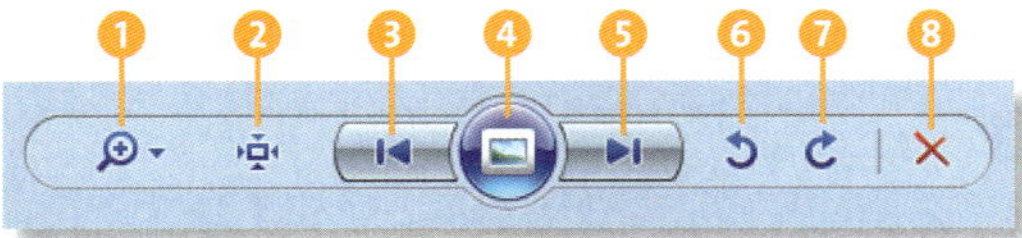

Abbildung 17.13 *Mit dieser Navigationsleiste sichten Sie Ihre Bilder und rufen wichtige Funktionen ab.*

Von links nach rechts finden Sie die folgenden Funktionen in der Navigationsleiste der Windows-Fotoanzeige:

1. Vergrößern
2. Bild an Fenstergröße anpassen (alternativ: Strg + Alt + 0); tatsächliche Größe anzeigen (Strg + 0)
3. Ein Bild zurück blättern ↵
4. Diashow starten F11
5. Ein Bild nach vorn blättern →
6. Gegen den Uhrzeigersinn drehen Strg + ,
7. Im Uhrzeigersinn drehen Strg + +
8. Bild löschen Entf

In dieser Übersicht habe ich Ihnen gleich die Tastenkombinationen hinzugefügt, mit denen Sie die einzelnen Funktion auch aufrufen können. Wenn Sie das Programm öfter verwenden, ist eine Tastenkombination viel schneller gedrückt, als Sie auf eine Schaltfläche im Programmfenster klicken können.

Bilddateien vergrößern und drehen

Für das Vergrößern einer Bilddatei nutzen Sie den Schieberegler. Sie finden diesen ganz links in der Leiste.

Passt das vergrößerte Bild nicht ins Fenster, können Sie das Bild mit gedrückter linker Maustaste verschieben. Nutzen Sie für das schnelle Umschalten der Bildgröße

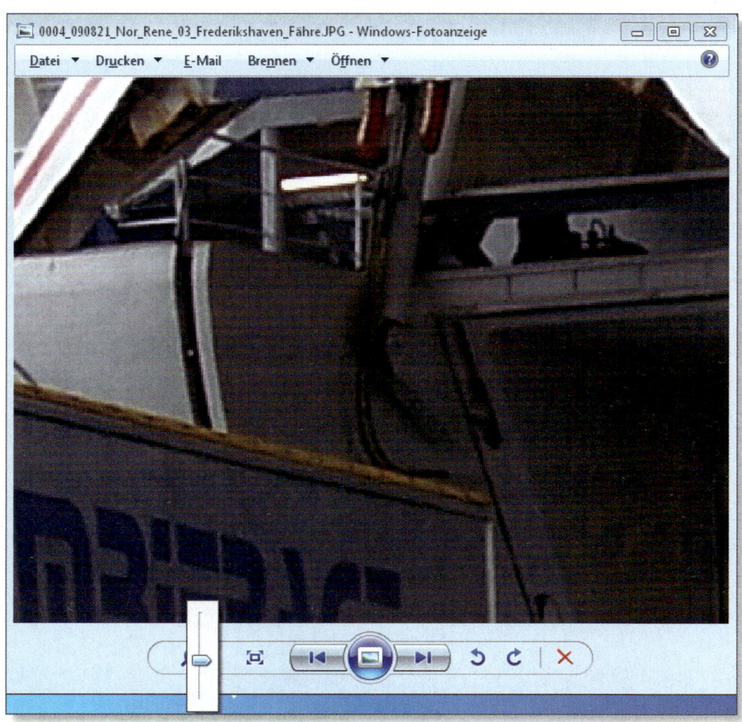

Abbildung 17.14 *Mit dem Schieberegler wird ein Bild vergrößert. Details, die man sonst schnell übersieht, werden so schnell sichtbar.*

die Funktion **Tatsächliche Größe**. Sie passt das Bild genau an die eingestellte Fenstergröße an. Für das Drehen eines Bildes nutzen Sie die beiden Schaltflächen. Sie erkennen sie an den Pfeilen, die im Uhrzeigersinn oder gegen diesen zeigen.

Abbildung 17.15 Mit diesen beiden Schaltflächen kann eine Bilddatei gedreht werden.

Bilder besser wiederfinden: Eigenschaften einsehen und ergänzen

Um die Eigenschaften der angezeigten Bilddatei zu sehen, wählen Sie **Datei > Eigenschaften**. Alternativ können Sie zum Aufruf dieser Funktion auch die Tastenkombination Alt + ↵ nutzen.

*Abbildung 17.16 Die Eigenschaften einer Bilddatei werden in drei Registern angezeigt: **Allgemein**, **Details** und **Vorgängerversion**.*

Sie können hier unter anderem die Größe der Datei, den Speicherort, den Dateityp und das Datum der letzten Bearbeitung einsehen.

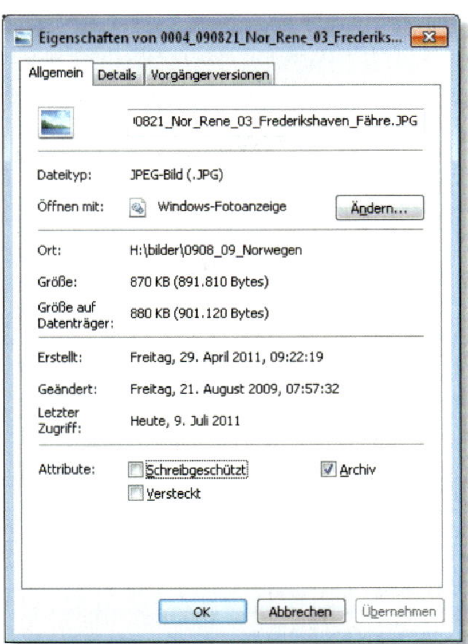

Abbildung 17.17 Die allgemeinen Eigenschaften einer Bilddatei werden in diesem Dialogfenster angezeigt.

Wurde das Bild mit einer Digitalkamera aufgenommen, finden Sie unter **Details** auch Informationen zur verwendeten Kamera.

Im Register **Details** finden Sie nicht nur die Abmessungen des Bildes; hier können Sie auch einen Titel, eine Beschreibung und eine Bewertung eingeben. Öffnen Sie dieses Register einmal. Geben Sie einen **Titel** ein. Tragen Sie in die Zeile **Thema** ein passendes Genre ein. In das Feld **Kommentare** geben Sie eine ergänzende Zeile oder eine Reihe von Stichwörtern ein. Wenn Sie möchten, verwenden Sie die Sternsymbole für eine Bewertung des Bildes. Beenden Sie die Ergänzung der Eigenschaften mit **OK**.

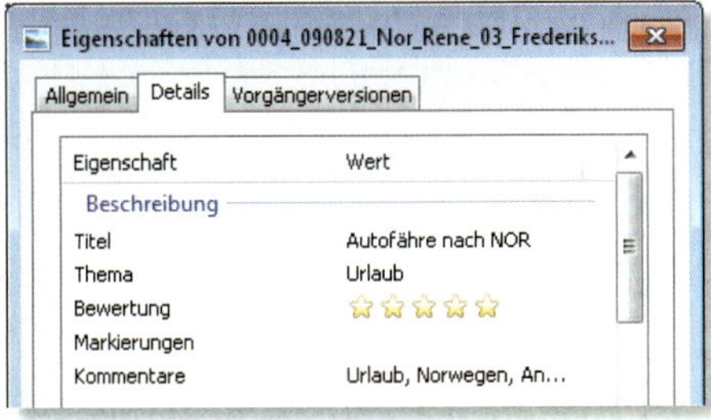

Abbildung 17.18 Ergänzen Sie ein Bild um weitere Informationen.

Abbildung 17.19 *Das angezeigte Bild wird auf dem angezeigten Drucker ausgegeben.*

Bilder drucken und per E-Mail versehen

Die Windows-Fotoanzeige enthält bereits Funktionen, mit denen Sie schnell ein Bild auf dem Drucker ausgeben können.

1. Möchten Sie das angezeigte Bild auf dem Drucker ausgeben, wählen Sie **Drucken > Drucken**.
2. Wählen Sie über die Listenfelder am oberen Rand des Programms einen Drucker, die Papiergröße, die Papierqualität und den Papiertyp. Bei den ersten beiden Feldern müssen Sie in der Regel keine Änderungen vornehmen. Für den Ausdruck eines Fotos auf hochwertigem Papier wählen Sie einen entsprechenden Papiertyp, zum Beispiel **Foto Glanzpapier**. Stellen Sie die Qualität auf **Hoch**. Starten Sie den Vorgang mit **Drucken**.

Wer mag, kann über ein angeschlossenes Fotolabor Abzüge eines Bildes bestellen. In meinem Fall sind jedoch nur drei Fotolabore verfügbar. Der Gang zum nächsten Drogeriemarkt oder der Kauf von passendem Fotopapier ist hier eine bessere Wahl.

Sie können das angezeigte Bild auch zusammen mit einer E-Mail versenden. Klicken Sie dazu auf **E-Mail**. Wählen Sie in dem Fenster, das anschließend angezeigt wird, wie groß das Bild sein soll, und bestätigen Sie mit **Anfügen**. Das Bild wird entsprechend angepasst. Das Standard-E-Mail-Programm wird geöffnet, und die Bilddatei wird als Anlage angefügt. Ergänzen Sie die Adresse des Empfängers. Fügen Sie ein paar Zeilen hinzu, und versenden Sie die Nachricht.

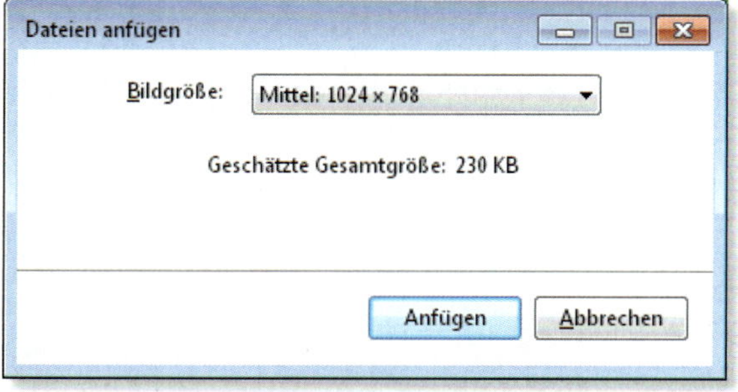

Abbildung 17.20 *Vor dem Versenden eines Bildes per E-Mail legen Sie fest, wie groß die eingefügte Bilddatei sein soll.*

HINWEIS

Eine Foto-DVD erstellen
Die Funktion **Brennen > Video-CD** öffnet den *Windows DVD Maker*. Mit diesem werden mehrere Bilder auf einen Datenträger geschrieben, der mit einem herkömmlichen DVD-Player auf einem Fernsehgerät wiedergegeben werden kann. Dieses Verfahren haben Sie bereits in Kapitel »Mit dem Windows DVD Maker eine DVD erstellen«, kennengelernt.

Alternativen zur Windows-Fotoanzeige

Es gibt eine ganze Reihe guter und interessanter Bildbetrachtungsprogramme, so zum Beispiel das Freeware-Programm *IrfanView*. Sie finden es im Internet unter der Adresse *http://www.irfanview.de*.

Ein sehr guter Bildbetrachter ist das kommerzielle *ACDSee*. Die Pro-Version ist mit 175 EUR recht teuer. Aber die Funktionen und Möglichkeiten sind durchaus überzeugend.

Der *Foto Manager* kostet nur knapp 50 EUR und ist auf die Ansprüche eines Heimanwenders ausgerichtet. Werfen Sie auch einen Blick auf den *Foto Editor* aus dem gleichen Hause. Sie finden mehr Informationen zu ACDSee und dessen Ablegern unter *http://de.acdsee.com*.

Schauen Sie sich auch einmal Googles Bildbetrachtungs- und -verwaltungsprogramm *Picasa* an. Es ist ein Freeware-Tool, das interessante Möglichkeiten bietet. Das Programm arbeitet sehr gut mit den Online-Diensten von Google zusammen. So lassen sich Bilddateien recht einfach auf einer Google-Online-Galerie veröffentlichen. Mehr zu Picasa finden Sie unter *http://picasa.google.com*.

Für die Verwaltung von Bilddateien ist auch das Adobe-Programm *Photoshop Elements* eine interessante Lösung. Informationen dazu finden Sie unter *http://www.adobe.com/de/products/photoshopel/*.

17.3 Für Kreative: Paint

Paint ist ein Zeichenprogramm, das viele Features in sich vereint. Es gehört zum Lieferumfang von Windows 7. Sie finden es in der Kategorie **Zubehör**. Paint richtet sich an kreative Anwender, die kleine Bilder zeichnen wollen.

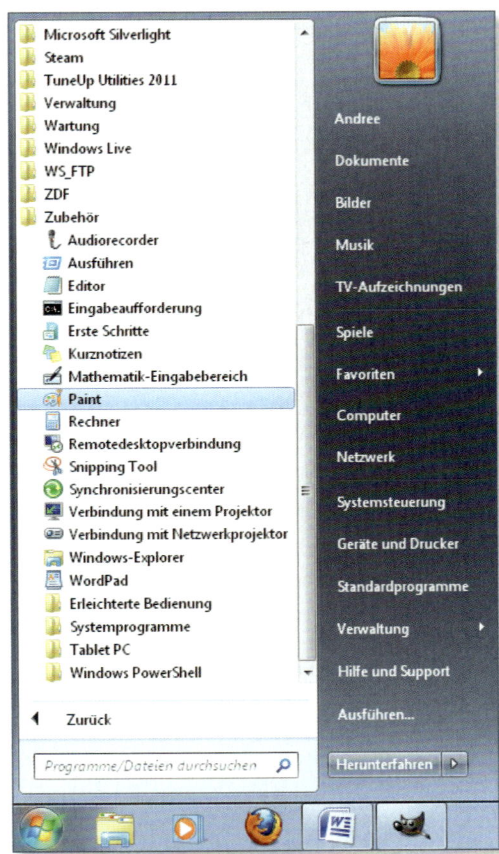

Abbildung 17.21 *Das Zeichenprogramm Paint finden Sie in der Kategorie* ***Zubehör****.*

Diese Möglichkeiten haben Sie mit Paint

Mit Paint können Sie Bilder zeichnen. Dafür stehen Ihnen verschiedene Pinseleffekte zur Verfügung. Mit Formen sind kleine Zeichnungen schneller erstellt. Die Auswahl von Strichstärken und Farben ist mit dem Programm sehr einfach. Bildinhalte lassen sich auswählen und entfernen.

Die erstellten Kunstwerke und veränderten Bilder können Sie auf dem Drucker ausgeben, per E-Mail versenden oder auch als Hintergrund für den Windows-Desktop verwenden.

Eine einfache Zeichnung mit Paint erstellen

1 Beginnen Sie eine Zeichnung mit dem Befehl **Neu**. Wählen Sie eine Form. Im Beispiel wähle ich ein Herz.

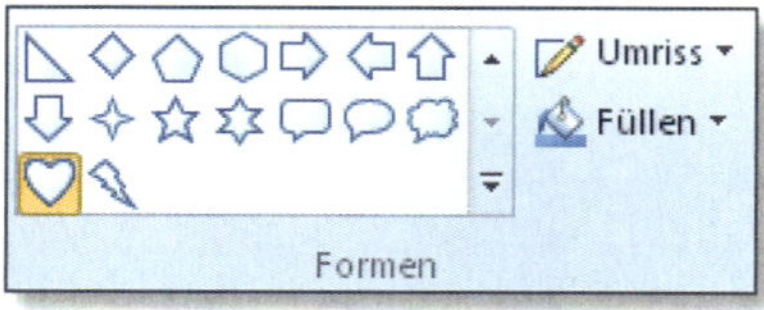

Abbildung 17.22 *Zuerst wird eine Form ausgewählt.*

2 Wählen Sie die Farbe **Rot**. Sie passt zur gewählten Form.

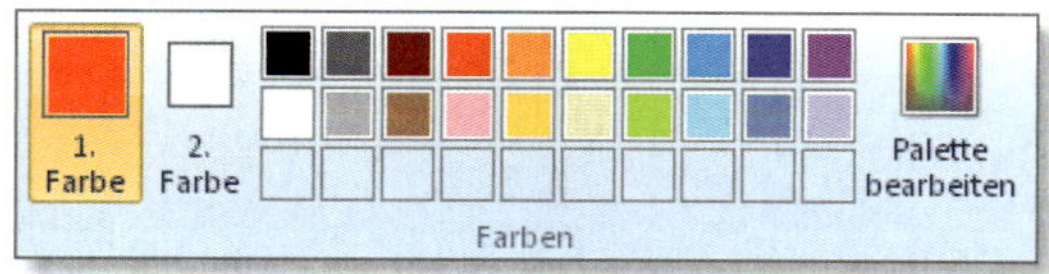

Abbildung 17.23 *Nun wähle ich eine passende Farbe.*

Setzen Sie den Mauscursor in das Bearbeitungsfenster. Drücken Sie die linke Maustaste. Halten Sie diese gedrückt. Ziehen Sie die Maus in eine beliebige Richtung, bis das die gewünschte Form zu sehen ist. Lassen Sie die Maustaste los.

Abbildung 17.24 *Das Herz erscheint im Fenster von Paint.*

3 Wählen Sie das Tool **Farbeimer**, und klicken Sie in die Form. Sie wird nun mit Farbe gefüllt.

4 Arbeiten Sie so weiter. Probieren Sie aus, was das Programm kann.

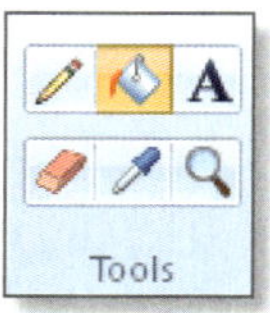

Abbildung 17.25 *Mit dem Farbeimer wird eine Form oder eine Auswahl mit Farbe gefüllt.*

Abbildung 17.26 *Das Objekt sieht nun viel schöner aus als zuvor.*

Strichstärken und Pinsel verwenden

Nach der Auswahl des Zeichenstiftes wählen Sie über das gleichnamige Listenfeld eine der möglichen Strichstärken.

Abbildung 17.27 *Der Zeichenstift befindet sich in den* ***Tools*** *in der linken oberen Ecke.*

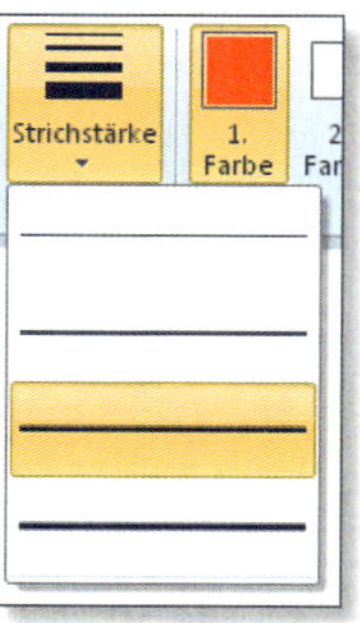

Abbildung 17.28 *Das Programm stellt Ihnen vier verschiedene Strichstärken zur Verfügung.*

Paint stellt Ihnen für Ihre kreativen Arbeiten neun Pinsel zur Verfügung. Am leichtesten lernen Sie die Wirkung und Bedienung dieser Pinsel, wenn Sie sie einfach einmal ausprobieren:

1. Pinsel
2. Kalligrafiepinsel 1
3. Kalligrafiepinsel 2
4. Airbrush
5. Ölpinsel
6. Buntstift
7. Textmarker
8. Bleistift
9. Aquarellpinsel

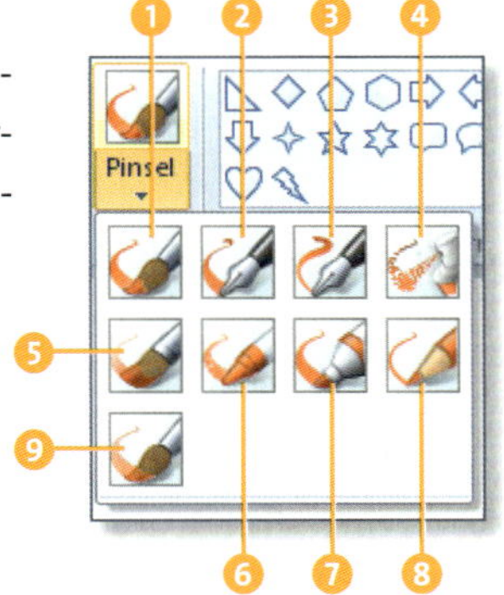

Abbildung 17.29 *Welcher Pinsel soll es denn sein?*

17.4 Fotos verwalten und sortieren mit der Windows Live Fotogalerie

Ein kleines Bildbearbeitungsprogramm fehlt in Windows 7. Ich meine damit ein Programm, mit dem Sie eine Bildersammlung sortieren und verwalten können. Ein solches finden Sie im Windows Live-Paket.

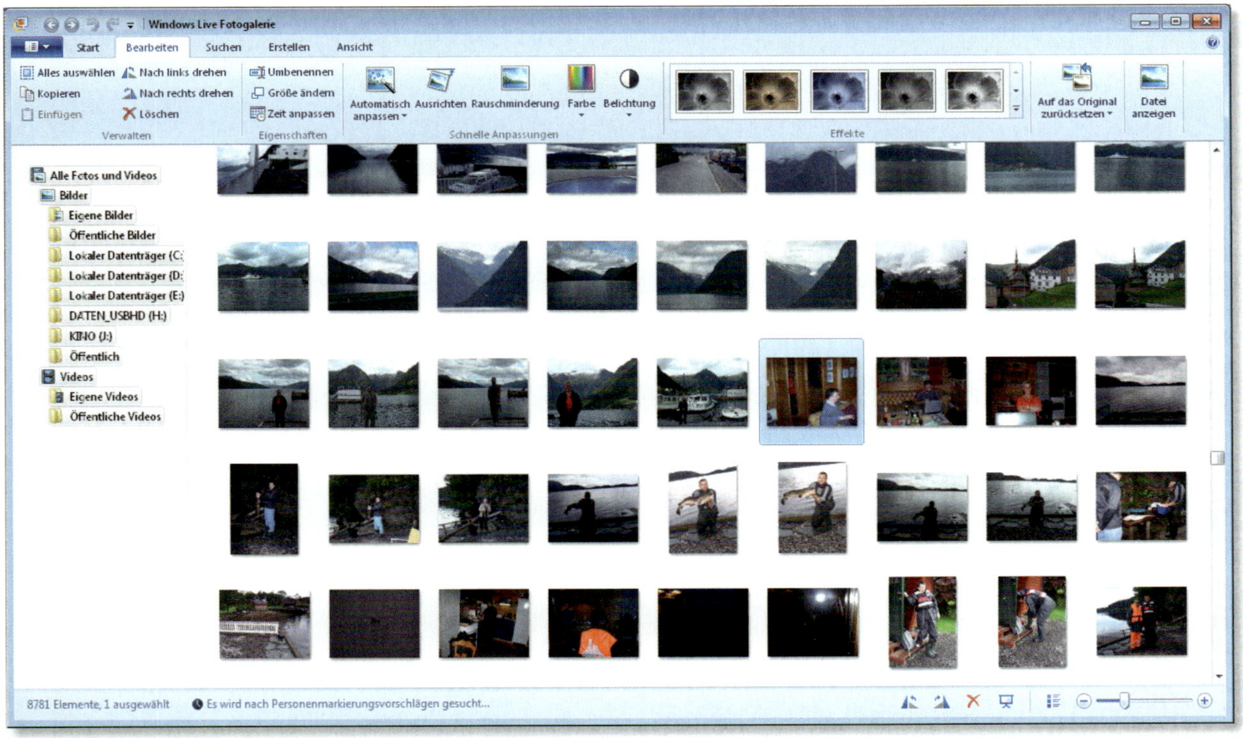

Abbildung 17.30 *Die Windows Live Fotogalerie bietet eine Reihe verschiedener Bildbearbeitungsfunktionen.*

Diese Funktionen finden Sie in der Windows Live Fotogalerie

Windows Live Fotogalerie bietet für ein kostenloses Programm eine erstaunliche Anzahl von Bildbearbeitungsfunktionen. Bereits beim Start werden die auf Ihrem Rechner vorhandenen Bilddateien eingelesen. Sie müssen sie nicht suchen, sondern finden Sie bereits im Programmfenster. Das spart Arbeit. Scrollen Sie ein wenig, und Sie sehen den gesuchten Ordner vor sich.

Mit dem Programm können Sie Bilddateien mit Beschreibungen, Bewertungen und Kennzeichnungen versehen. Anhand besonderer Merkmale sind bestimmte Bilddateien auch in großen Bildersammlungen schnell gefunden. Sie können Personen und Orte kennzeichnen.

Windows Live Fotogalerie unterstützt die einfache Wiedergabe von Diashows. Interessant sind das Verbinden mehrerer Fotos zu einem Panorama-Bild und das »Fusionieren« von zwei oder mehr Fotos zu einem Bild. Das Programm bietet eine Reihe von Filtern, mit denen sich Bildfehler beseitigen und Bilder in ihrer Qualität verbessern lassen. Auch das Verfälschen von Bilddateien ist möglich.

Aus der Windows Live Fotogalerie lassen sich Bilddateien sehr einfach auf *SkyDrive*, in *Facebook*, bei *YouTube*, *Flickr* und in den *Windows Live Groups* veröffentlichen. Unterstützt werden auch Weblogs.

Ich möchte Ihnen in den folgenden Abschnitten nur einige ausgewählte Funktionen vorstellen. Schauen Sie sich das Programm einmal in Ruhe an. Sie finden jede Menge interessanter Möglichkeiten, mit denen Sie Ihre Bilddateien verwalten und bearbeiten können.

Eine Bilddatei bearbeiten

Ein Doppelklick auf eine Datei öffnet diese im Bearbeitungsfenster. Über die Funktionen im Register **Bearbeiten** können Sie verschiedene Funktionen abrufen, mit denen eine Bilddatei bearbeitet werden kann.

1 Wählen Sie zunächst **Automatisch anpassen**. Windows Live Fotogalerie versucht, die Bilddatei ohne Ihr Zutun zu verbessern.

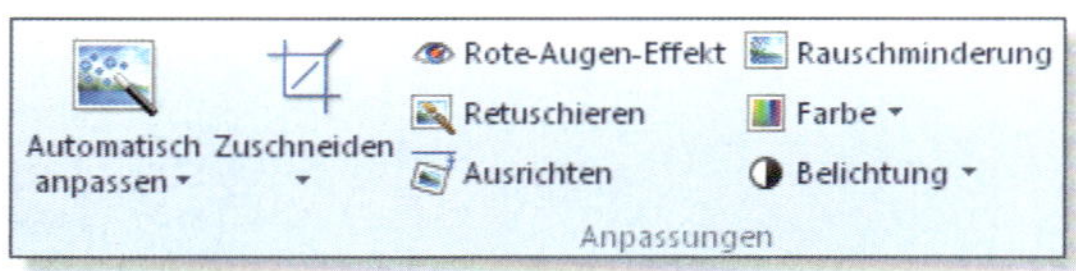

Abbildung 17.31 Im Bereich ***Anpassen*** *finden Sie die automatische Bildanpassung.*

Abbildung 17.32 Das Foto wirkt nach der automatischen Anpassung kontrastreicher, geschärft und farbstärker.

2 Mit dem Werkzeug **Zuschneiden** entfernen Sie nicht notwendige Bildbereiche. Wählen Sie das Werkzeug aus. Es schneidet nicht einfach Bildabschnitte weg, sondern richtet sich nach bestimmten Proportionsabschnitten aus.
Über das Listenfeld **Zuschneiden** können Sie diese wählen. In diesem Beispiel verwende ich die Programmvorgabe. Ein Bereich in der Mitte des Bildes wird markiert. Der markierte Bereich ist mit Anfassern versehen. Ziehen Sie diese an eine Position, an der alle Bildinhalte, die im Bild verbleiben sollen, innerhalb der Markierung liegen. Bestätigen Sie mit einem weiteren Mausklick auf **Zuschneiden**.

3 Sind Sie mit dem Ergebnis der Bearbeitung zufrieden, wählen Sie **Datei schließen** und bestätigen, dass das veränderte Bild gespeichert werden soll.

Abbildung 17.33 *Das Zuschneidewerkzeug ist einfach zu verwenden. Ich sehe genau, was im Bild verbleibt.*

Die verschiedenen Bildbearbeitungsfunktionen nutzen

Im Bereich **Anpassung** des Registers **Bearbeiten** finden Sie alle Möglichkeiten, die Sie zum Bearbeiten des Bildes in der Windows Live Fotogalerie haben.

Der **Rote-Augen-Effekt** entfernt die Rotfärbung der Pupillen von fotografierten Personen und Tieren. Wählen Sie die Funktion. Markieren Sie den Augenbereich, und klicken Sie noch einmal auf die Funktion. Auf die gleiche Art und Weise werden auch alle anderen Bearbeitungsfunktionen genutzt.

Mit **Retuschieren** werden kleine Bildfehler entfernt, zum Beispiel Schatten von Fusseln, Kratzer, Flecken und andere Fehler. Viele davon können beim Scannen von Bildvorlagen durch Staub und Kratzer im Scanner entstehen.

Mit **Ausrichten** wird die horizontale Lage eines Bildes verändert. Das ist zum Beispiel dann interessant, wenn Sie beim Fotografieren die Digitalkamera nicht ganz gerade gehalten haben.

Die **Rauschminderung** verringert Bildrauschen und schärft dadurch das Bild.

Mit **Farbe** können Sie die Farbeigenschaften der Bilddatei anpassen. Dazu wählen Sie aus einem Listenfeld einen von neun Farbfiltern. Die Wirkung wird in einer Livevorschau direkt auf dem Bild gezeigt. So können Sie alle Möglichkeiten nacheinander ausprobieren und sich dann für eine davon entscheiden.

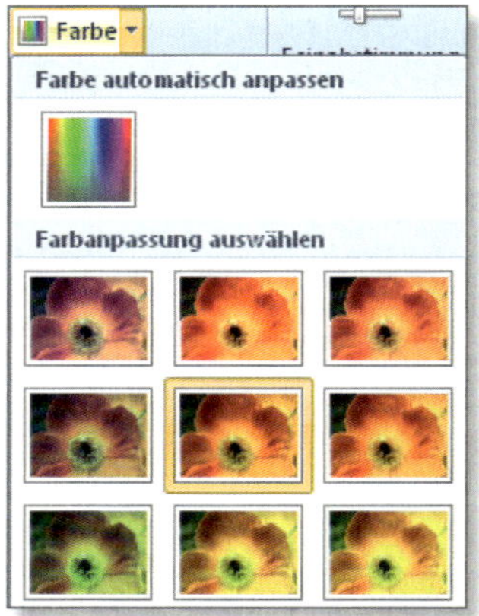

Abbildung 17.34 *Um die Farbe eines Bildes zu bearbeiten, stellt Ihnen das Programm eine Reihe von Vorlagen zur Verfügung.*

In ähnlicher Weise funktioniert **Belichtung**. Wählen Sie einen der Lichteffekte aus, und verändern Sie so die Wirkung Ihres Bildes. Die Schaltfläche links oben in den Listenfeldern **Farbe** und **Belichtung** nimmt die Veränderung automatisch vor.

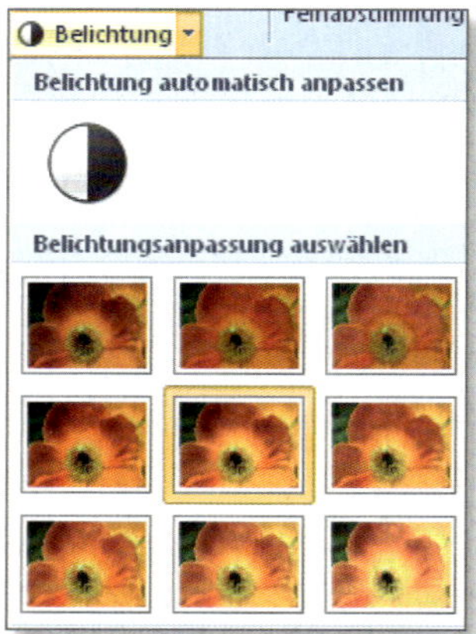

Abbildung 17.35 *Verändern Sie die Belichtung anhand vorgefertigter Filtervorlagen.*

Mit der **Feinabstimmung** können Sie die Einstellungen direkt vornehmen. Mit Schiebereglern können Sie Helligkeit, Kontrast und die Verteilung von hellen und dunklen Flächen anpassen. Sie können das Bild schärfen, drehen, die Farbeigenschaften anpassen und einiges mehr. Verschieben Sie dazu die Regler nach links oder rechts. Probieren Sie ein wenig mit den Einstellungen herum, um ein Gefühl dafür zu bekommen.

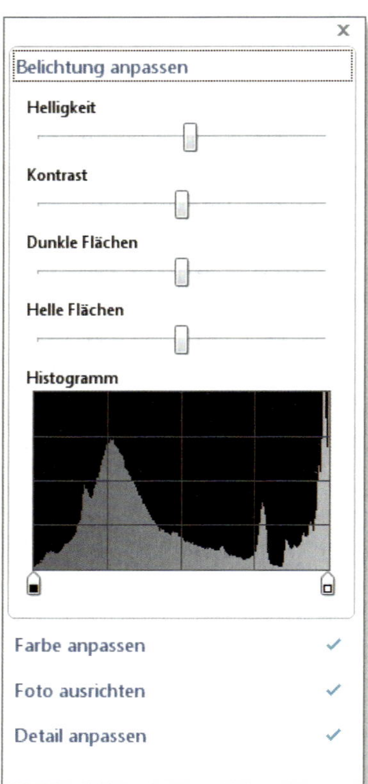

Abbildung 17.36 *Mit der Feinabstimmung können Sie die Eigenschaften des Bildes mithilfe von Reglern verändern.*

Filtereffekte anwenden

Über das Feld **Effekte** können Sie sechs verschiedene Farbfilter abrufen. Auch hier sehen Sie dank einer Livevorschau, wie ein Filter wirkt. Probieren Sie einfach alle nacheinander einmal aus.

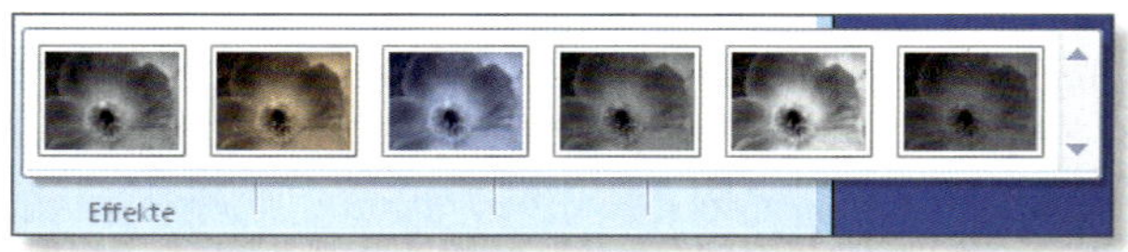

Abbildung 17.37 *Sepia- oder Schwarzweißbild? Was möchten Sie verwenden?*

Abbildung 17.38 Mit dem Filter ***Sepia*** *sieht das Bild wie aus einem alten Fotoalbum aus. Das wäre doch was für die Website.*

TIPP

Plug-Ins verwenden

Die Windows Live Fotogalerie kann mit Plug-Ins erweitert werden. Wechseln Sie in das Register **Erstellen**. Öffnen Sie das Listenfeld **Weitere Tools**, und wählen Sie hier **Weitere Fototools herunterladen**.

Sie gelangen auf die Windows Live Photo Gallery. Hier finden Sie Erweiterungen für das Bildbearbeitungsprogramm, für Movie Maker und für Writer.

17.5 Videobearbeitung ganz einfach: Windows Live Movie Maker

Mit dem *Windows Live Movie Maker* können Sie Ihre Urlaubsvideos bearbeiten. Das Ergebnis können Sie zum Beispiel auf YouTube, Facebook, SkyDrive, Flickr und in den Windows Live Groups veröffentlichen.

Das Programm besitzt jede Menge interessanter Funktionen. Allerdings kann ich Ihnen nicht alle in diesem Kapitel vorstellen. Dafür würde der Platz nicht reichen. Schauen Sie sich das Programm einmal an! Mit jeder Digitalkamera können Sie Videoaufnahmen machen. Warum sollten Sie diese nicht bearbeiten und dann herumzeigen? Versuchen Sie es einmal!

Das Videobearbeitungsprogramm installieren

Windows Live Movie Maker arbeitet mit sogenannten Projekten. Haben Sie eine neue Projektdatei begonnen, können Sie Videodateien und Bilder importieren und zu einem ganzen Film zusammenfügen. Sie können auch Direktaufnahmen von einer Webcam machen. Die Filme können Sie mit einer Musikdatei hinterlegen.

Sie können die Filmdateien schneiden, verschiedene Videos zu einem zusammenfassen und mit Übergängen versehen. Für das Verändern von Bildern und Bilderfolgen können Sie Effekte nutzen. Mit einem Auto-Film-Design beginnt Ihr Film auch mit einem schönen Titel.

Ein neues Projekt beginnen und Videodateien importieren

1. Starten Sie Windows Live Movie Maker. Ein neues Projekt wird automatisch begonnen. Sie können dies auch über das Startmenü tun.
2. Wählen Sie **Videos und Fotos importieren**. Begeben Sie sich zu dem Ordner, in dem sich die Videodatei befindet, die Sie in das Projekt einfügen wollen.

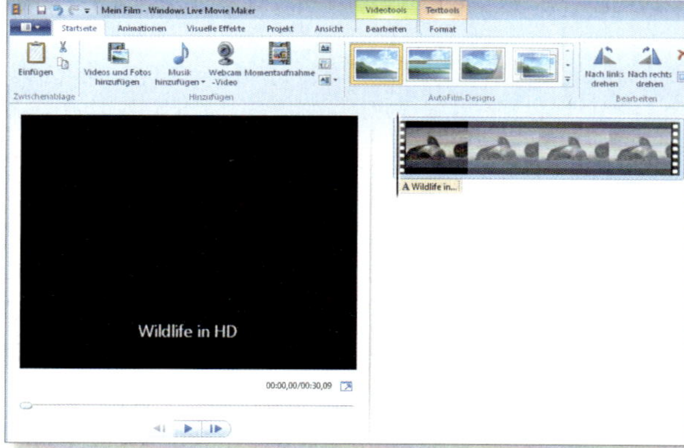

Abbildung 17.39 Die Bedienung von Windows Live Movie Maker ist recht einfach

3. Doppelklicken Sie auf den vorgegebenen Titel, und geben Sie einen eigenen ein.
4. Ergänzen Sie, wenn Sie möchten, ein weiteres Video.
5. Fügen Sie eine Musikdatei hinzu.

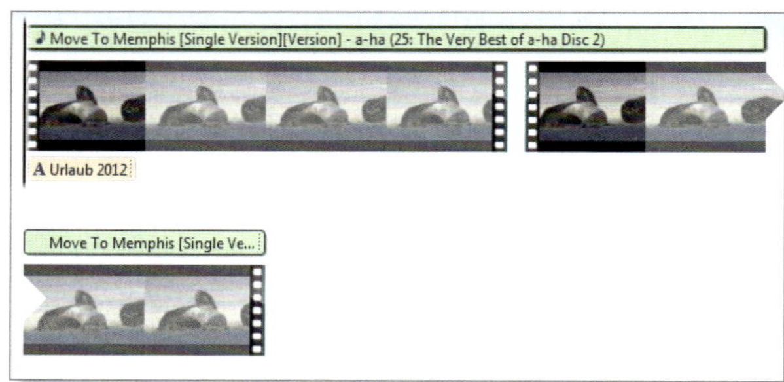

Abbildung 17.40 Die eingefügten Videos habe ich mit Musik unterlegt.

Effekte und Übergänge verwenden

Mehrere Videos und Bilddateien werden einfach hintereinander gesetzt. Aber das wirkt ein wenig lieblos. Es fehlt noch ein wenig Animation, etwas Videospielerei.

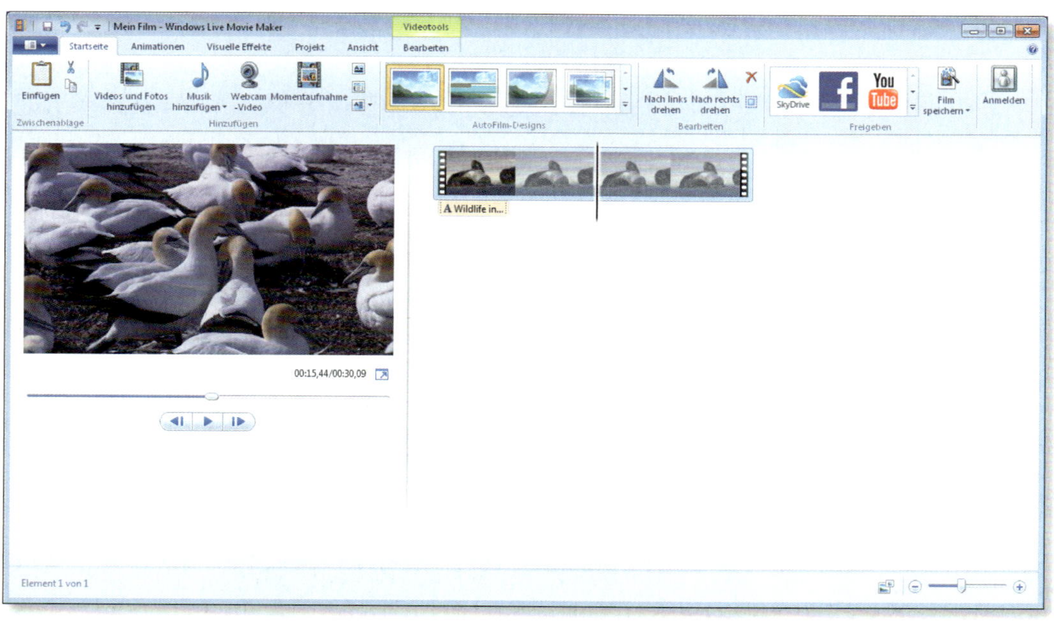

Abbildung 17.41 Mit dem Windows Live Movie Maker können Sie schnell kleine Filmaufnahmen zusammensetzen.

1 Schauen Sie sich die verschiedenen AutoFilm-Designs an. Wenn Sie die Maus auf eines davon setzen, können Sie dieses Design sofort im Vorschaufenster anschauen. Mit dem AutoFilm-Design beginnt der Film. Es fügt ein Titelbild und einen Bildeffekt vor dem Film ein. Wählen Sie eines der AutoFilm-Designs ganz nach eigenem Geschmack.

Abbildung 17.42 *Wählen Sie eines der möglichen AutoFilm-Designs.*

2 Ersetzen Sie den vorgegebenen Text. Ihr Name und präsentiert wären eine gute Idee. Sie können diesen Text auch löschen – ganz wie Sie möchten.

3 Platzieren Sie den Mauscursor zwischen die beiden Filmschnipsel. Wechseln Sie in das Register **Animationen**. Wählen Sie einen der möglichen Übergänge aus. Auch hier können Sie die verschiedenen Möglichkeiten in der Live-Vorschau zuvor ansehen.

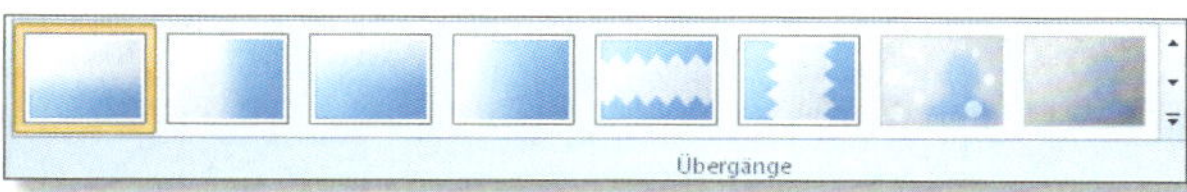

Abbildung 17.43 *Von einem Filmschnipsel zum nächsten wechseln Sie mit einem Übergang.*

4 Haben Sie weitere einzelne Videodateien eingefügt, platzieren Sie auch zwischen diesen einen der Übergänge.

5 Sie finden im Programm noch eine Anzahl an Animationen und Übergängen, die Sie verwenden können.

6 Schauen Sie sich mit dem Vorschaufenster die fertige Filmdatei an. Sind Sie zufrieden, speichern Sie das Ergebnis ab. Mit **Film veröffentlichen** können Sie die Datei auch direkt auf YouTube oder einer anderen Internetplattform ablegen.

Kapitel 18
Der Windows Media Player

Mit dem Windows Media Player können Sie Ihre Musiksammlung genießen. Sie können Filme schauen und natürlich Multimediainhalte aus dem Internet nutzen. Es gibt sogar Videoanbieter, die auf diesen Windows-Player setzen. In diesem Kapitel möchte ich Ihnen dieses Programm vorstellen.

Der Windows Media Player ist ein wichtiger Teil von Windows 7 und gehört dazu, wenn man von Multimedia spricht. Weil Multimediainhalte und Unterhaltung heute einen guten Teil der privaten Computernutzung ausmachen, ist dieses Kapitel auch ein wenig umfangreicher als manch andere in diesem Buch geworden.

Der Windows Media Player ist kostenlos. Das Programm ist Bestandteil von Windows 7. Aktuelle Versionen erhalten Sie über ein Update oder direkt über einen Internetdownload.

Folgende Inhalte erwarten Sie in diesem Kapitel: Ich stelle Ihnen zunächst die Funktionen des Windows Media Players vor. Sie erfahren, was Sie mit dem Programm tun können und wie Sie es vor der ersten Verwendung einrichten. Ich zeige Ihnen dabei alle wichtigen Grundeinstellungen. Dazu gehört auch das Einrichten der Medienbibliothek.

Selbstverständlich gehe ich auch hier auf die Datenschutz- und Sicherheitseinstellungen ein. Sie lernen die verschiedenen Elemente des Media Players kennen und lesen, wie Sie das Layout des Programms an Ihre persönlichen Wünsche anpassen. Das Verwenden von Designs verwandelt das Programm von einem Standard-Windows-Programm in einen wahren Hingucker.

Im zweiten Teil des Kapitels widme ich mich dem Thema »Musik und Videos wiedergeben«. Sie werden dort lesen, wie einfach der Windows Media Player zu bedienen ist. Eine Musikdatei, eine CD oder auch einen Videofilm wiederzugeben ist supersimpel. Das muss auch so sein. Wer will sich lange durch Menüs und Funktionen hangeln, wenn er seine Alben oder Filme genießen möchte? In diesem Abschnitt zeige ich auch, wie Sie dank einer Internetverbindung Titelinformationen ergänzen. Ich zeige Ihnen, wie Wiedergabelisten erstellt und verwaltet werden. In einer kleinen Anleitung lesen Sie auch, wie direkt aus dem Programm heraus eine CD gebrannt werden kann.

Danach geht es um das Streamen von Audio- und Videotiteln. Ich zeige Ihnen, wie Sie den Player für diese Funktion einrichten müssen und Streaminginhalte bereitstellen bzw. abrufen. Hier lesen Sie auch, wie Sie über das Internet auf Ihre Medienbibliothek zu Hause zugreifen können.

Anschließend gebe ich Ihnen einen kleinen Überblick über weitere Funktionen, die Sie mit dem Windows Media Player nutzen können. Sie lernen hier den *Windows Media Guide* kennen und erfahren, wie Sie Visualisierungen nutzen können. Ich stelle Ihnen die Jugendschutzeinstellungen vor und zeige Ihnen, wie Medien synchronisiert werden. Sie lernen Plug-Ins kennen und

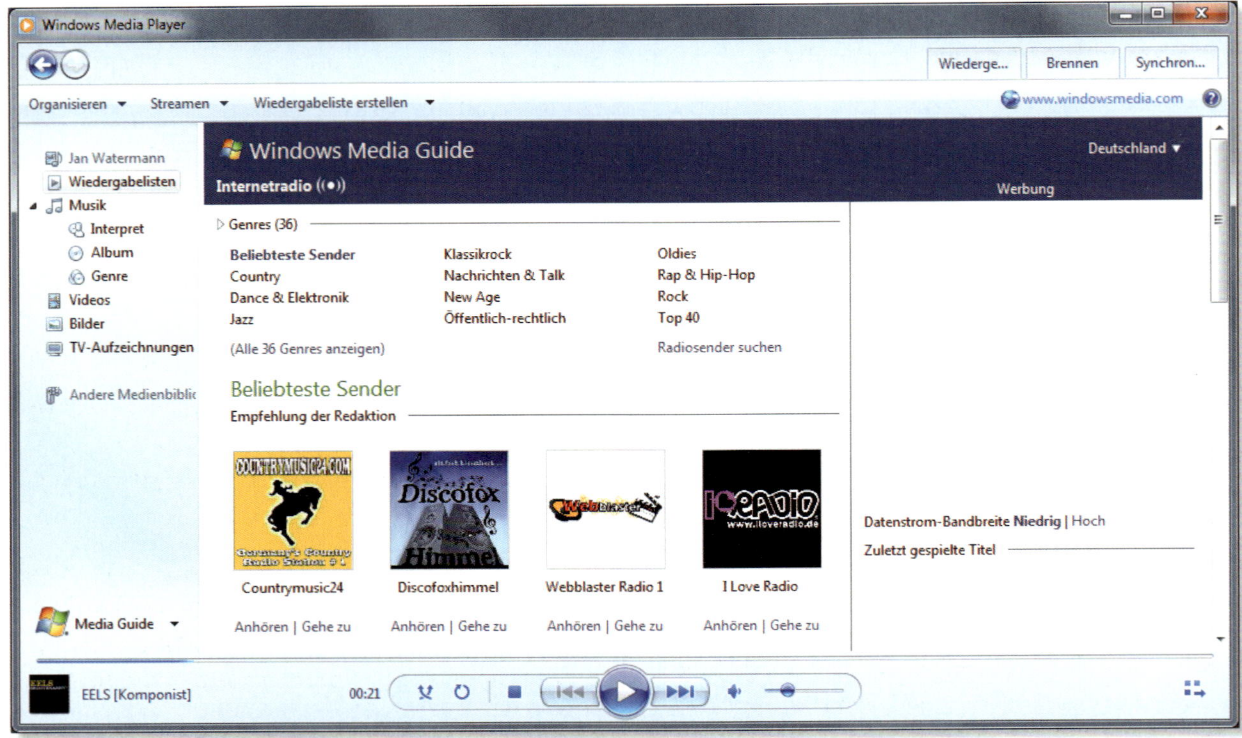

Abbildung 18.1 Der Windows Media Player

erfahren, wo Sie weitere im Internet finden und wie diese installiert werden.

Ein weiterer Schwerpunkt ist der Umgang mit dem *Windows DVD Maker*. Sie erfahren, wie Sie mit diesem Programm verschiedene Videos zu einem ganzen und vorzeigbaren Video zusammenstellen können. Dazu gehört auch das Verwenden eines Videotitels, von Übergängen und Audioelementen.

Sie lernen in einem weiteren Abschnitt das *Windows Media Center* kennen. Hier stelle ich Ihnen zunächst die Möglichkeiten vor und zeige Ihnen, wie Sie das Media Center einrichten und bedienen können. Ich zeige Ihnen, wie Sie mit dem Media Center Musikinhalte und DVDs wiedergeben können und welche Möglichkeiten Sie mit dieser Multimediaanwendung noch haben. Hier lernen Sie auch Streaming-Web-TV und -Radiosender kennen.

Alternativen

Natürlich gibt es Alternativen, die Sie verwenden können. Mit *WinAmp* lassen sich MP3-Dateien gut wiedergeben, und Sie können Internetradiosender genießen. *VLC* ist ein wahrer Alleskönner und kommt mit vielen Video- und Audioformaten zurecht.

18.1 Erste Schritte mit dem Windows Media Player 12

Zu Beginn möchte ich Ihnen einmal zeigen, was der Media Player kann und wie Sie den Player einrichten.

Diese Funktionen beherrscht der Media Player

Mit dem Media Player können Sie Musikdateien wiedergeben. Es lassen sich Playlisten erstellen und Informationen zu Musikalben aus dem Internet laden. Sie können Videos schauen. Mit einer Verbindung in das Internet können Sie Streaminginhalte beziehen. Die Nutzung von Internetradio und Web-TV ist eine tolle Sache.

Bei Video-on-Demand-Anbietern können Sie Blockbuster am heimischen PC genießen. Natürlich ist, mit einem entsprechenden Kabel, auch eine Ausgabe auf dem Fernseher möglich.

Der Media Player kann in vielerlei Hinsicht an die Wünsche des Anwenders angepasst werden. Mit Designs verändern Sie die Optik des Players. Mit Visualisierungen wird die Ausgabe der Audioinhalte in bunten und farbenfrohen Animationen dargestellt. Die sind ein Hingucker auf jeder Party und allemal viel besser als jeder herkömmliche Bildschirmschoner. Mit einer Reihe von Plug-Ins können Sie die Optik des Players verändern und eine Reihe Zusatzfeatures hinzufügen. Dazu gehören Audioeffekte und die Möglichkeit, DVDs wiederzugeben.

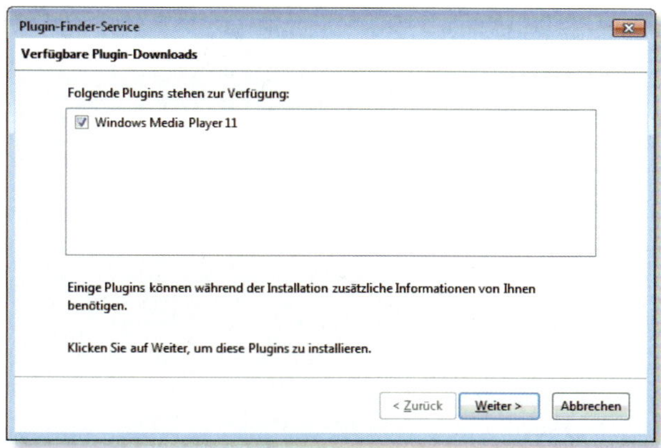

Abbildung 18.2 Für einige Webbrowser gibt es Windows Media Player-Plug-Ins. Hier sehen Sie ein Plug-In für den Browser Firefox.

Der Media Player unterstützt eine Reihe von Video- und Audioformaten. Dazu zählen unter anderem AAC, 3GP, AVCHD, MPEG-4, WMV und WMA. Wiedergegeben werden können auch die meisten AVI-, DivX-, MOV- und Xvid-Dateien.

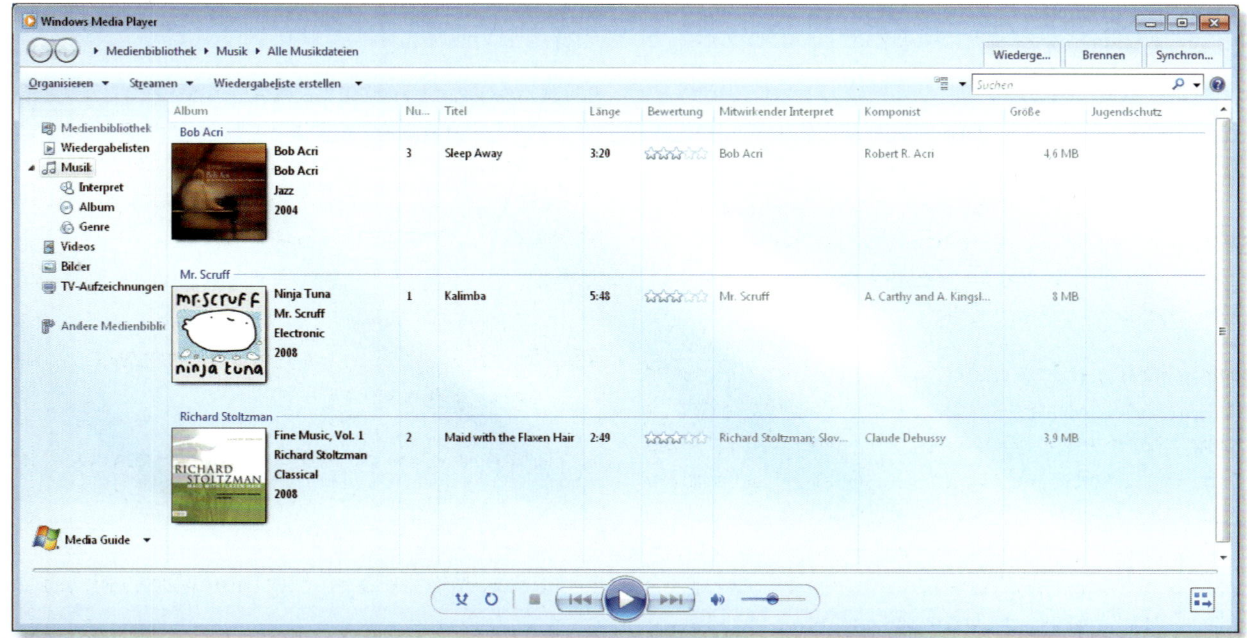

Abbildung 18.3 Der Windows Media Player bietet eine einfache, übersichtliche Oberfläche. Die Bedienung erschließt sich auf den ersten Blick. Links im Menü wählen Sie, was Sie tun möchten, und starten die Wiedergabe.

Die aktuelle Version unterstützt nun auch das Streamen von Musik- und Videodateien. Damit haben Sie die Möglichkeit, Multimediainhalte in einem Netzwerk zu einem anderen PC zu übertragen. Möglich ist auch eine Remotestreamingfunktion, mit der der Media Player ferngesteuert wird, wodurch Sie unterwegs Musik und Videos genießen können.

Mit dem neuen Wiedergabemodus **Aktuelle Wiedergabe** wird der Windows Media Player minimiert. Nur die wirklich notwendigen Funktionen sind sichtbar. Die DVD-Wiedergabe wurde gründlich überarbeitet. Es macht jetzt noch mehr Spaß, mit dem Player eine DVD zu genießen. Sie können in Musikdateien mit einer 15 Sekunden langen Vorschau hineinhören und so die passende Musik oder Ihren Lieblingstitel suchen. Ihre Lieblingstitel stellen Sie in Sprunglisten zusammen.

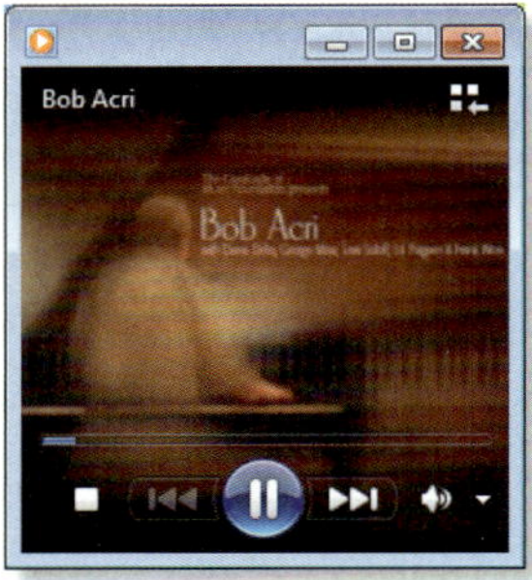

∧ ***Abbildung 18.4*** *Mit dem Modus* ***Aktuelle Wiedergabe*** *wird der Player verkleinert.*

Unter der Adresse *http://windows.microsoft.com/de-DE/windows/downloads/windows-media-player* können Sie den Windows Media Player bei Bedarf auf Ihren Rechner laden. Der Player ist jedoch in *Windows 7 Starter, Home Premium, Professional, Ultimate* und *Enterprise* bereits vorhanden.

Die Grundeinrichtung des Programms

Beim ersten Start des Windows Media Players wird ein Einrichtungsassistent gestartet. In einzelnen Dialogen werden die wichtigsten Einstellungen festgelegt. Schauen wir uns einmal an, welche Einstellungen dies sind und wofür diese gut sind:

1 Starten Sie das Programm.

2 Der Einrichtungsassistent heißt Sie willkommen. Im ersten Dialog können Sie wählen, ob Sie die **Empfohlenen Einstellungen** oder die **Benutzerdefinierten Einstellungen** wählen. Bitte entscheiden Sie sich für die zweite Variante. Nur so können Sie Einfluss nehmen und selbst bestimmen, welche Optionen an- bzw. ausgeschaltet sind.

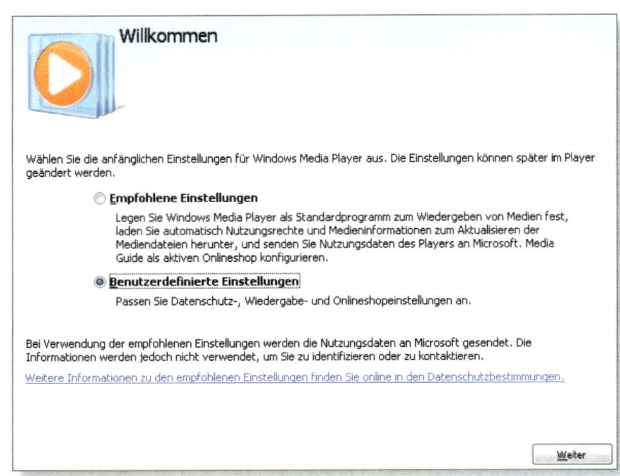

∧ ***Abbildung 18.5*** *Nach dem Start des Assistenten entscheiden Sie sich dafür, die Einstellungen selbst festzulegen.*

3 Die Funktionen sind selbsterklärend. Bestimmen Sie zuerst die Datenschutzoptionen.

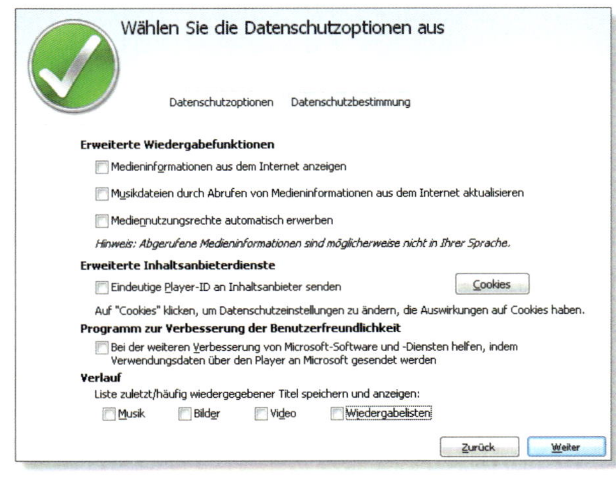

∧ ***Abbildung 18.6*** *Ich habe alle Datenschutzoptionen ausgeschaltet.*

In meinem Beispiel habe ich alle Optionen ausgeschaltet. Bei Bedarf können einzelne Optionen später wieder aktiviert werden.

4 Im Register **Datenschutzbestimmung** können Sie über zwei Schaltflächen selbige anzeigen lassen und sich diese in Ruhe durchlesen.

5 Mit **Weiter** gelangen Sie in den nächsten Dialog.

6 Schalten Sie mit einer Option den Media Player als Standardprogramm für die Wiedergabe von Multimediadateien an. Wählen Sie dazu **Windows Media Player als Standard für Musik- und Videoplayer verwenden**.

^ **Abbildung 18.7** *Wird der Media Player nicht als Standard verwendet, können Sie einzelne Dateitypen auswählen.*

7 Mit dem Media Player können Sie Musik einkaufen. Dazu können Sie eine Verbindung zu einem Onlineshop einrichten. Dies können Sie jedoch auch an späterer Stelle tun, sofern Sie diese Möglichkeit nutzen wollen. Wählen Sie hier **Jetzt keinen Shop einrichten**. Beenden Sie die Grundeinrichtung mit einem Mausklick auf die Schaltfläche **Fertig**.

Wichtige Einstellungen festlegen

Das Programm starten Sie über das Symbol in der Taskleiste. Sie finden es auch im Startmenü von Windows 7. Hier ist es über den Kategorien angeordnet. Sie müssen sich also nicht durch einen verzweigten Menübaum klicken.

^ **Abbildung 18.8** *Ein Klick auf dieses Symbol genügt, und der Windows Media Player wird gestartet.*

Starten Sie den Player zum ersten Mal, wird ein Assistent geladen, und es erfolgt eine Grundeinrichtung des Programms. Sie können alle Funktionen auch später einstellen und Korrekturen vornehmen.

HINWEIS

So rüsten Sie den Media Player nach
In den Versionen Windows 7 N und kN ist kein Windows Media Player enthalten. Um ihn nachträglich zu installieren, gehen Sie auf die Website *http://windows.microsoft.com/de-DE/windows7/products/features/windows-media-player-12*. Scrollen Sie nach unten bis zum Hinweis **Verfügbar nur in Windows 7**. Klicken Sie hier auf den Link **Media Feature Pack für Windows 7 N und Windows 7 kN**. Sie landen auf einer Downloadseite. Laden Sie hier das Installationspaket des Media Players herunter. Es gibt je eine Datei für 32- und eine für 64-Bit-Systeme. Mit einem Doppelklick starten Sie die Installation. Folgen Sie den Anweisungen im Dialog.

Ich nehme an dieser Stelle einfach einmal an, dass Sie die Grundeinrichtung schnell durchgeklickt haben. Aus diesem Grund werfen wir einen Blick auf die wichtigsten Einstellungen.

Mit **Organisieren > Optionen** rufen Sie den Einstellungsdialog auf. Sie finden sich in einem Dialogfenster mit 11 verschiedenen Registern wieder. An dieser Stelle möchte ich nicht auf alle diese Einstellungen und Möglichkeiten eingehen. Vielmehr soll das Programm schnell eingerichtet werden.

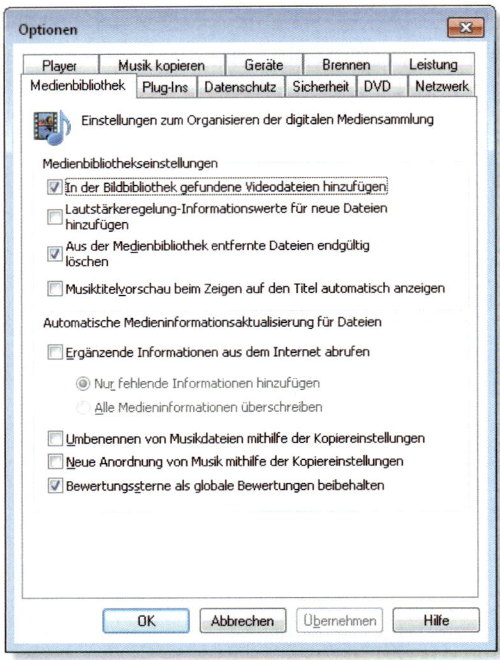

Abbildung 18.9 *Auf den ersten Blick sind viel zu viele Einstellungen vorhanden. Aber keine Sorge – wir brauchen hier nicht gleich alle.*

Die Medienbibliothek einrichten

Schauen Sie sich zuerst das Register **Medienbibliothek** an. Im Bereich **Automatische Medieninformationsaktualisierung für Dateien** können Sie Daten aus dem Internet abrufen. So sehen Sie zu einem Musiktitel das Bild des Albums, den Albentitel, die Kategorie, Informationen zum Erscheinungsjahr der Single oder des Albums und weitere Daten. Ob Sie diese Möglichkeit nutzen, bleibt Ihnen überlassen. Ich persönlich bin immer etwas skeptisch und möchte nicht, dass ohne mein Zutun Daten aus dem Internet geladen und ergänzt werden.

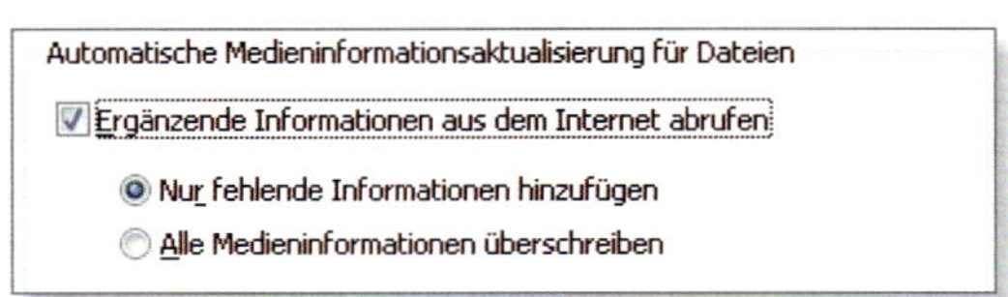

Abbildung 18.10 *In diesem Beispiel habe ich die Option einmal angeschaltet.*

Möchten Sie die Mediendaten über eine Internetdatenbank automatisch ergänzen lassen, so schalten Sie die Option **Ergänzende Informationen aus dem Internet abrufen** an. Wählen Sie hier **Nur fehlende Informationen hinzufügen**. Die alternative Option, **Alle Medieninformationen überschreiben**, ersetzt vorhandene Daten durch neue, sofern solche vorhanden sind. Bestätigen Sie die Veränderungen mit einem Mausklick auf die Schaltfläche **Übernehmen**. Tun Sie dies immer, nachdem Sie die Einstellungen in einem Register verändert haben und zu einem anderen Register wechseln.

Die Datenschutz-Einstellungen

Wechseln Sie nun bitte in das Register **Datenschutz**. Bei diesem Register frage ich mich, was es mit Datenschutz zu tun hat, wenn meine Musikdaten automatisch überprüft werden und das Programm im Hintergrund überprüft, ob geschützte Dateien aktualisiert werden müssen. Ist das der Fall, tut das der Player.

Schalten Sie die Option **Musikdateien durch Medieninfoabruf aus dem Internet aktualisieren** ❶ aus. Gleiches tun Sie bitte mit den Optionen **Automatisch überprüfen, ob geschützte Dateien aktualisiert werden müssen** und **Uhr für Geräte automatisch stellen**.

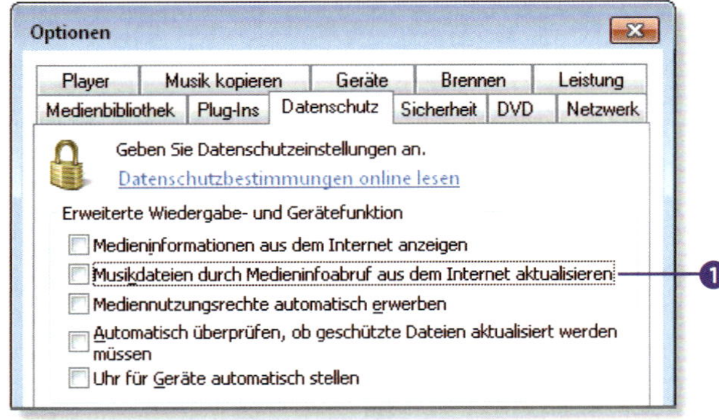

Abbildung 18.11 *Nix da mit automatischem Aktualisieren, Ergänzen und Überprüfen.*

Im unteren Bereich des Registers können Sie dafür sorgen, dass Listen kürzlich wiedergegebener Dateien gespeichert und angezeigt werden. Über zwei Schaltflächen können Sie den Verlauf und den Zwischenspeicher (Cache) löschen. Möchten Sie mit Titeln arbeiten, die Sie oft hören bzw. anschauen, so lassen Sie die Optionen angeschaltet. So können Sie Ihre Lieblingsmusik und Ihre Lieblingsvideos schnell abrufen. In puncto Datenschutz ist es aber besser, die Optionen zu deaktivieren. Obwohl – stört es Sie, wenn irgendjemand mitbekommt, was Sie so an Musik und Videos konsumieren? Im Grunde kann man doch so keinem wehtun, und irgendwie ist es doch egal. Entscheiden Sie selbst.

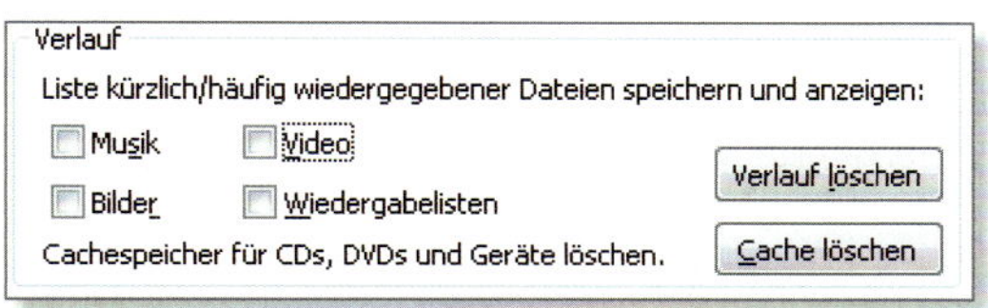

Abbildung 18.12 *Bei mir muss der Rechner nicht speichern, was ich an Musik höre oder an Videos anschaue.*

Die Sicherheitseinstellungen korrigieren

Wechseln Sie in das Register **Sicherheit**, und schalten Sie die Option **Skriptbefehle ausführen, wenn der Player auf einer Webseite ist** aus. Skripte von Webseiten sollten nicht ausgeführt werden.

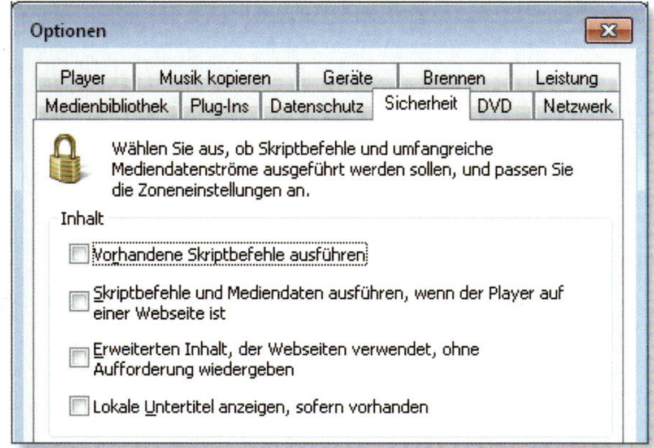

Abbildung 18.13 *Schalten Sie die Ausführung von Skripten auf Internetseiten aus.*

Die Update-Einstellungen des Players einsehen und anpassen

Wechseln Sie in das Register **Player**. Bestimmen Sie, wann der Player automatisch nach Updates suchen soll. Leider lässt sich dieses Feature nicht ganz ausschalten.

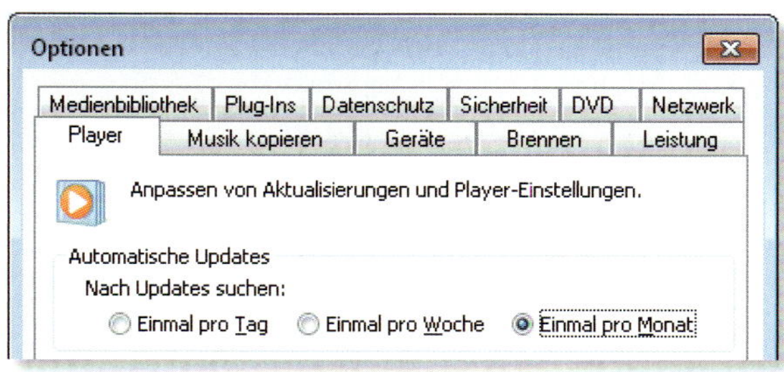

Abbildung 18.14 *Ich finde es schade, dass die automatischen Updates dem Anwender hier aufgedrückt werden.*

Sie können in den verschiedenen Registern die Einstellungen an Ihre Wünsche und Bedürfnisse anpassen. Wir tun das im nächsten Abschnitt mit den Einstellungen, die das Layout verändern. Verschiedene andere Optionen schauen Sie sich an, wenn Sie bestimmte Arbeiten ausführen wollen, so zum Beispiel das Brennen von DVDs, das Erstellen einer Streamingbibliothek oder das Kopieren von Musikdateien. Ich komme in den jeweiligen Abschnitten auf die passenden Einstellungen zurück.

Das Layout und die sichtbaren Elemente anpassen

Der Media Player von Microsoft ist nicht besonders schick. Die verschiedenen Elemente befinden sich in einem einfachen Dialogfenster. Dessen Aussehen wird durch die Einstellungen im Windows-Dialog bestimmt.

Sie haben dennoch eine ganze Reihe an Möglichkeiten, die Optik des Players und die angezeigten Informationen und Elemente zu verändern.

Den Navigationsbereich anpassen

Den Navigationsbereich finden Sie auf der linken Seite des Players. So sehen Sie zum Beispiel unter **Musik** die Kategorien **Interpret**, **Album** und **Genre**. Ein Mausklick zeigt die Musiktitel nach diesen Elementen geordnet und ermöglicht es so zum Beispiel, Titel Ihrer Lieblingsgruppe abzurufen.

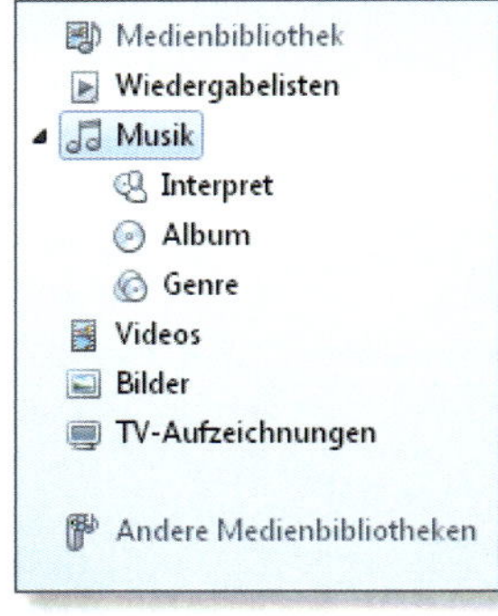

Abbildung 18.15 Der Navigationsbereich des Media Players

Sie können diesen Navigationsbereich auch nach Ihren Bedürfnissen anpassen. Gehen Sie dazu wie folgt vor:

1 Wählen Sie **Organisieren > Navigationsbereich anpassen**.

2 Schauen Sie sich die Liste an, und schalten Sie die Elemente an, die Sie interessieren und die Sie im Player sehen wollen. Weniger interessante Elemente, die bereits angeschaltet sind, wählen Sie mit einem Mausklick ab.

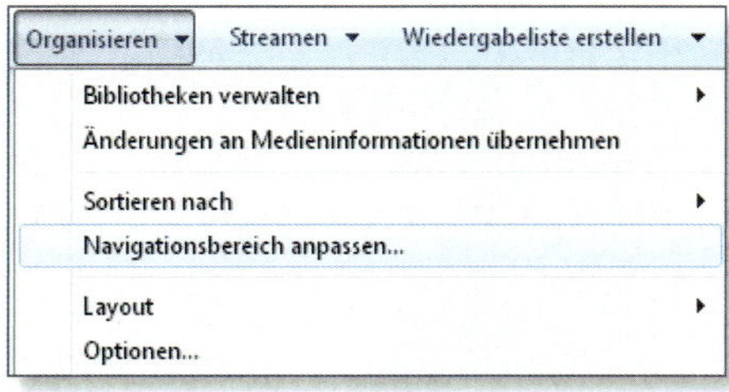

Abbildung 18.16 Über das Menü wählen Sie die Funktion zum Anpassen des Navigationsbereichs.

3 Führen Sie die Einstellungen für den Bereich **Musik**, **Wiedergabelisten**, **Videos**, **Bilder** und **TV-Aufzeichnungen** durch.

4 Bestätigen Sie mit **OK**.

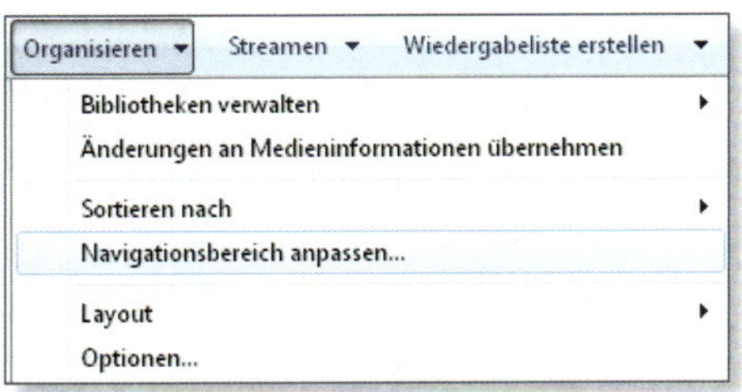

Abbildung 18.17 Der Navigationsbereich wird angepasst.

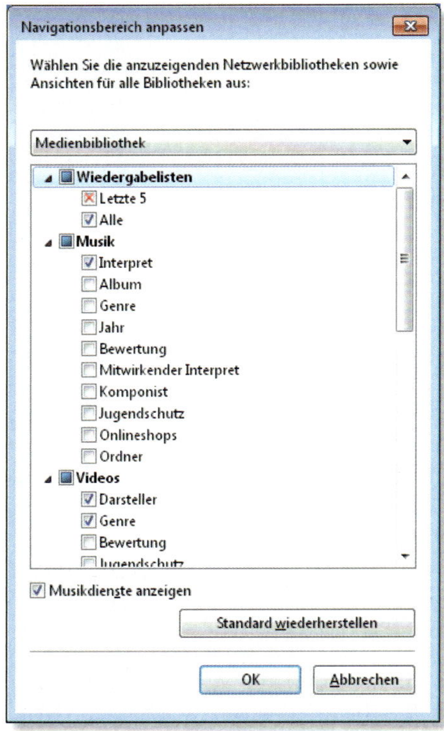

Abbildung 18.18 So sieht der Navigationsbereich nach meiner Veränderung aus.

Layouteinstellungen wählen

Mit den Layouteinstellungen wählen Sie, ob die Liste am rechten Rand angezeigt wird oder nicht. Sie können die Spalten auswählen, die im Player zu sehen sind, und Sie können auch die Reihenfolge der Spalten verändern. Außerdem lässt sich hier die Menüleiste einblenden oder auch wieder deaktivieren.

Die Liste am rechten Rand zeigt in drei Registern Wiedergabelisten an. Sie sehen in einem Register den Status des Programms beim Brennen einer DVD. Und Sie können hier einen tragbaren und kompatiblen Musikplayer synchronisieren. Ich empfehle Ihnen, die Liste nur anzuschalten, wenn Sie eine dieser Funktionen benötigen.

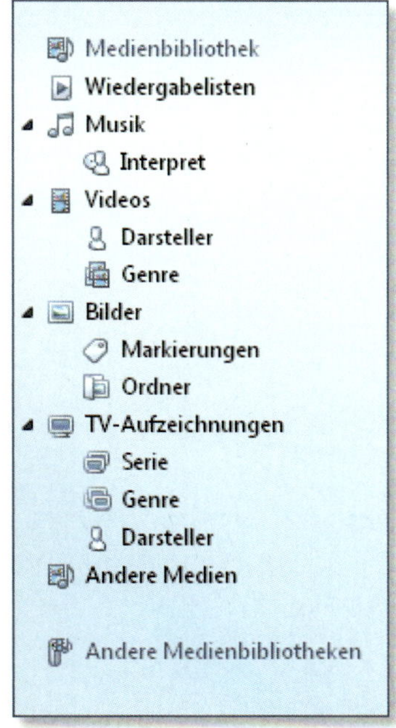

Abbildung 18.19 *Die Medienbibliothek mit ihren Wiedergabelisten und Kategorien*

Auch die Menüleiste ist für die normale Arbeit mit dem Player nicht notwendig. Da hier aber einige Funktionen enthalten sind, mit denen Sie das Layout des Players verändern können, schalten Sie diese einmal an.

Viele der vorausgewählten Spalten sind nicht notwendig. Sie brauchen zum Beispiel im Player nicht die Bewertung und den mitwirkenden Interpreten. Schauen Sie sich die Liste an, und schalten Sie nicht notwendige Elemente aus.

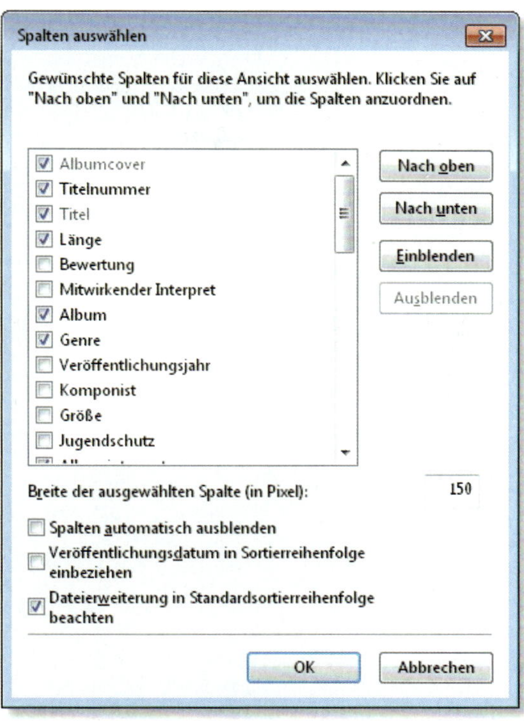

Abbildung 18.20 *Wählen Sie aus, was im Media Player zu sehen ist.*

Ein Design auswählen

Zunächst finden sich nur zwei Designs im Media Player. Mit **Extras > Herunterladen > Designs** gelangen Sie auf eine Website, auf der Sie jede Menge farbenfroher Designs finden. Mit ihnen können Sie das Aussehen des Media Players verändern.

Weitere Skins finden Sie unter *http://www.customize.org/wmp* und *http://www.skinz.org/skins.phtml?category=23*.

Und so verwenden Sie ein Design:

1 Wählen Sie **Extras > Herunterladen > Designs.**

2 Schauen Sie sich auf der Website um, und entscheiden Sie sich für eines der Designs. Klicken Sie bei diesem auf **Herunterladen**. Bestätigen Sie die Sicherheitsmeldung, dass Sie die gewählte Datei öffnen und speichern möchten.

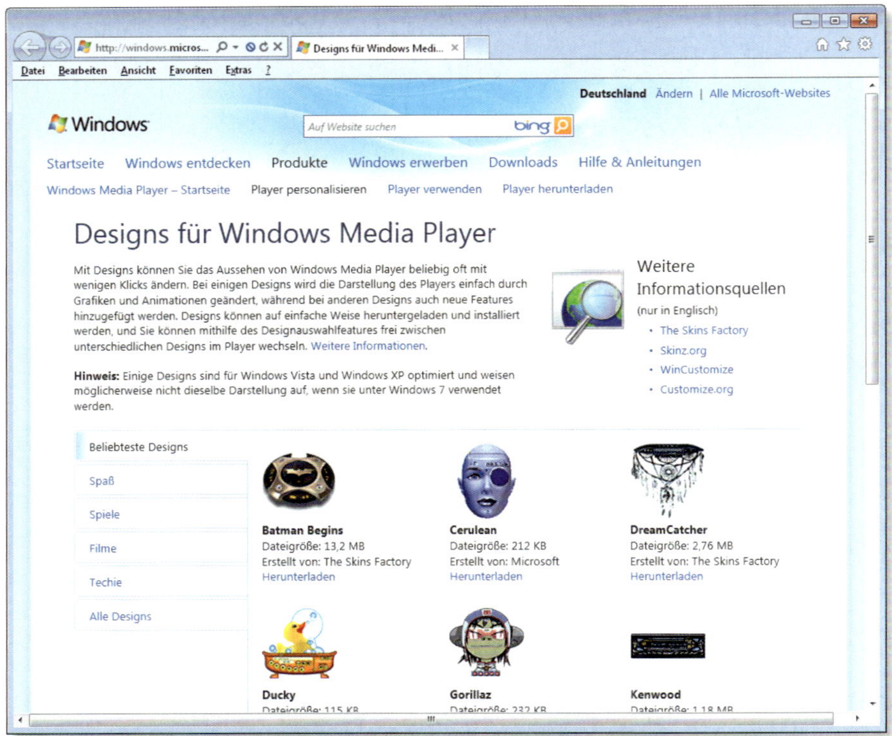

< ***Abbildung 18.21*** *Es gibt eine Reihe bunter Designs, mit denen Sie die Optik des recht trist aussehenden Media Players verändern.*

3 Eine Warnmeldung besagt, dass Sie eine Datei herunterladen, die potenziell gefährlich sein kann und womöglich Skripte enthält. Bestätigen Sie, dass Sie die Datei auf Ihren Rechner laden und öffnen wollen.

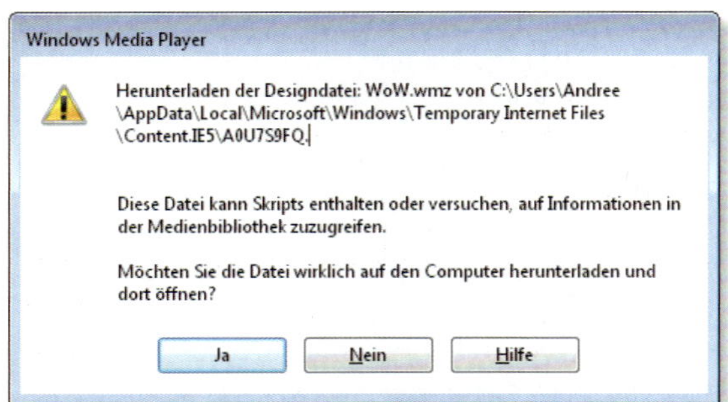

^ ***Abbildung 18.22*** *Windows 7 warnt Sie mehrfach. Bei Skins von einer Microsoft-Website besteht allerdings nur geringe Gefahr.*

4 Warten Sie, bis der Download abgeschlossen ist, und klicken Sie auf **Jetzt zeigen**. Das Design wird installiert und sofort angewendet.

^ ***Abbildung 18.23*** *Cool. Der Windows Media Player im »World of Warcraft«-Design.*

Befindet sich der Player im Modus **Wiedergabeliste**, wird das Design bzw. Skin angewendet. Die wichtigsten Funktionen sind über Schaltflächen und Regler erreichbar. Mit **Zurück zu ...** erreichen Sie die Standardansicht des Players.

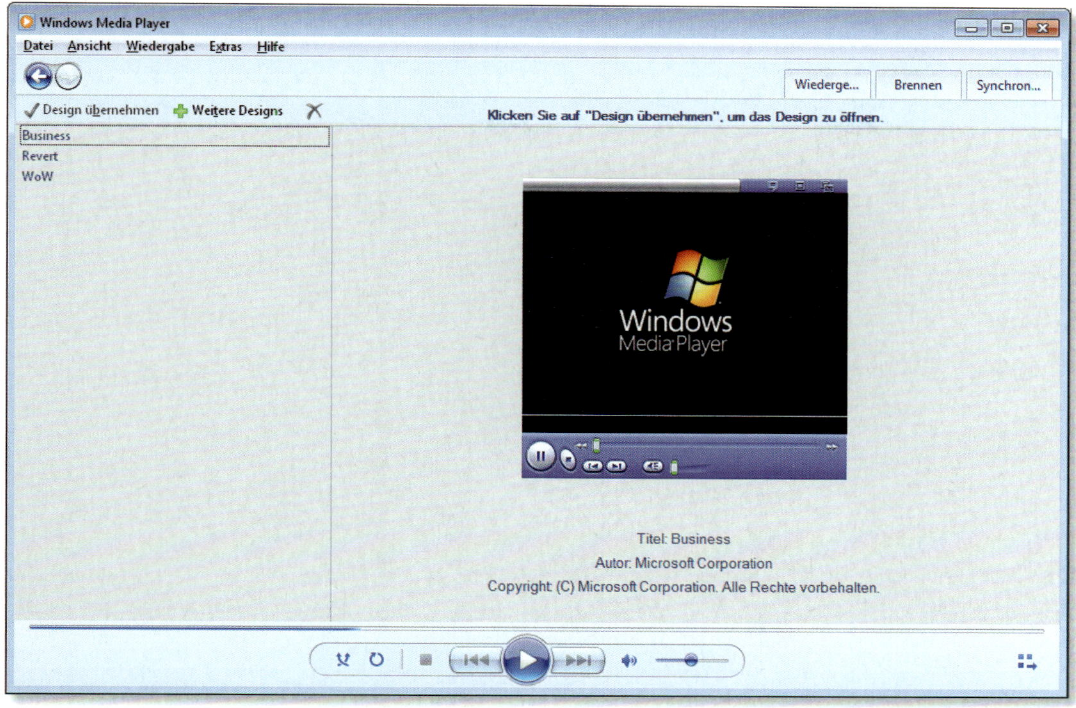

*Abbildung 18.24 Das Design **Business** sieht unkreativ, schlicht und absolut nicht farbenfroh oder kreativ aus.*

Sie können, wenn Sie dies möchten, mehrere Designs herunterladen und ganz nach Belieben mal diese Oberfläche und mal jene verwenden. Über **Ansicht > Designauswahl** gelangen Sie in den Dialog, in dem Sie wählen, welche Oberfläche Sie im Augenblick bei dem minimierten Player verwenden wollen.

Bestimmen Sie, wie die angezeigten Inhalte sortiert werden

Mit **Organisieren > Sortieren nach** bestimmen Sie, wie die Titel angeordnet werden. Entscheiden Sie sich dabei für eine der folgenden Varianten:

- **Titel**
- **Albuminterpret**
- **Album**
- **Veröffentlichungsdatum**
- **Aufzeichnungsdatum**
- **Bewertung**
- **Dateiname**

Für welches dieser Sortiervarianten Sie sich entscheiden, bleibt ganz Ihnen überlassen.

Die Steuer- und Bedienelemente des Media Players

Viele Bedienelemente erschließen sich auf den ersten Blick. Sie werden keine großen Probleme haben, einen Musiktitel oder ein Video auszuwählen und mit dem Microsoft Media Player wiederzugeben. Hier und da werden im Buch auch einmal die verschiedenen Bedienelemente genannt. Oder Sie lesen an anderer Stelle, vielleicht in dem Online-Handbuch oder auf Webforen und in FAQs, davon. Der Vollständigkeit halber möchte ich aber an dieser Stelle einmal alle Bedienelemente auflisten und Ihnen so sagen, wo Sie was finden.

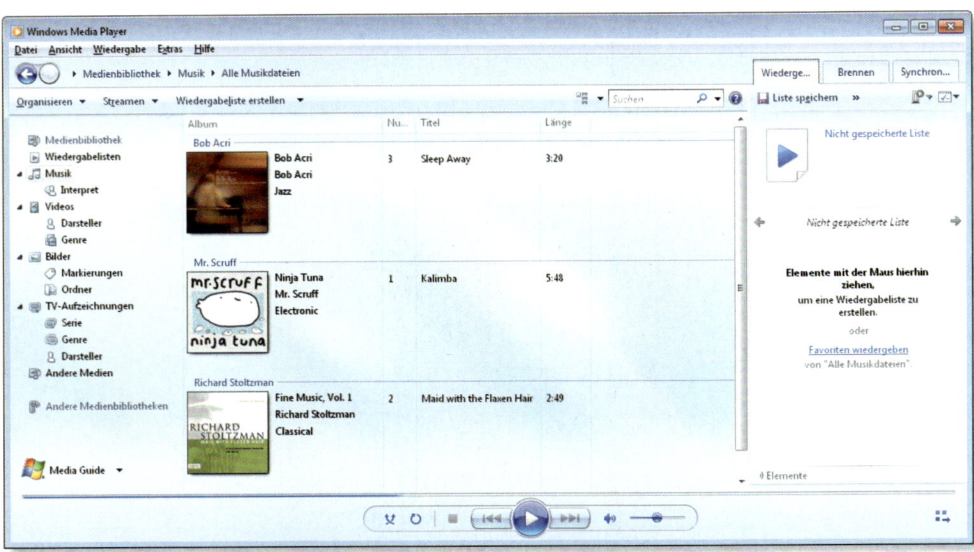

Abbildung 18.25 *Der Media Player besitzt einen einfachen, klaren Aufbau.*

Im Kopf des Players finden Sie die Adressleiste und die Menüzeile. Die Menüzeile können Sie ausschalten. Sie enthält die Menüs **Datei**, **Ansicht**, **Wiedergabe**, **Extras** und **Hilfe**.

Den Navigationsbereich auf der linken Seite des Programms kennen Sie bereits. Hier wählen Sie, welche Medien Sie wiedergeben möchten. Je nach Ihrer Einstellung lassen sich hier auch **Genre**, **Künstler**, **Alben** oder andere Auswahlmöglichkeiten treffen. Auch die erstellten Wiedergabelisten sind hier zu finden.

Der Detailbereich nimmt den größten Teil der Oberfläche ein. Hier sehen Sie die Albumcover, die Titel der Musik- und Videodateien sowie weitere Elemente zu diesen. Hier können Sie auswählen, was Sie sehen und hören möchten.

Rechts befindet sich der Listenbereich. Hier sehen Sie die Listen **Wiedergabe**, **Brennen** und **Synchronisieren**. Sie können den Listenbereich über **Organisieren > Layout** aktivieren, Sie können ihn aber auch mit einer der Schaltflächen am rechten oberen Rand einschalten.

Ganz am unteren Rand sehen Sie den *Wiedergabesteuerungs-Bereich*. Der Begriff ist etwas kompliziert gewählt. Sagen wir einfach einmal, hier sehen Sie die Steuerelemente. Sie starten und pausieren hier die Wiedergabe. Sie können einen Titel zurück oder nach vorn springen. Halten Sie die Maustaste gedrückt, so können Sie den schnellen Vorlauf bzw. Rücklauf nutzen. Hier finden Sie einen Lautstärkeregler und können bei Bedarf auch den Ton ausstellen. Sie können hier die Wiedergabe stoppen, die zufällige Wiedergabe der Titel einschalten und den Schleifenmodus wählen. Bei Letzterem werden die gewählten Titel wiederholt, bis Sie die Wiedergabe unterbrechen.

Abbildung 18.26 *Mit diesen Elementen wird der Player gesteuert.*

Schalten Sie in den Modus **Aktuelle Wiedergabe**, sind weniger Elemente zu sehen. In der linken oberen Ecke wird die Medieninformation angezeigt. Sie sehen hier den Namen des Films oder den Titel des Songs. In der rechten oberen Ecke ist eine Schaltfläche zu sehen. Mit dieser wechseln Sie in den Bibliotheksmodus zurück. Im unteren Bereich sehen Sie den Wiedergabesteuerungs-Bereich.

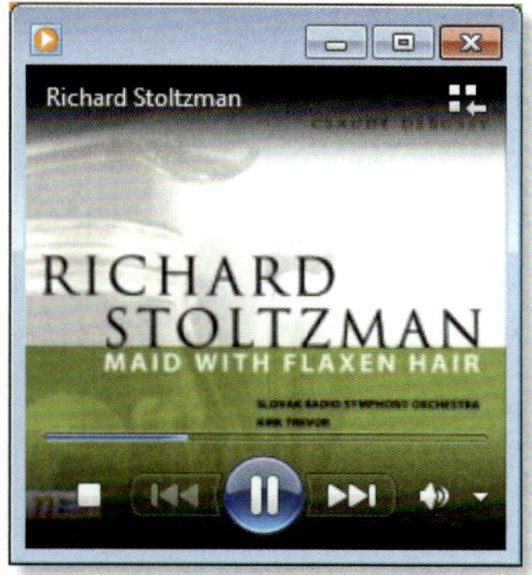

Abbildung 18.27 Die Bedienelemente des minimierten Media Players

18.2 Musik und Videos mit dem Media Player wiedergeben

Die Wiedergabe von Musiktiteln und Videos ist eine der wichtigsten Aufgaben eines Media Players. Und es ist äußert bequem, sich die Musik per Maus auszusuchen. Sie schließen einen Kopfhörer an, wählen die gewünschte Musik aus und lehnen sich zurück. Sie stellen eine kleine Soundanlage auf oder verbinden den Rechner mit der Stereoanlage. Dann legen Sie eine Film-DVD ein, flätzten sich auf das Sofa, stellen ein Glas Wein vor sich hin und genießen einen Klassiker oder auch einen Blockbuster.

Bei diesen Aufgaben ist es wichtig, dass der Player einfach zu bedienen ist. Gut, wenn Sie etwas streamen wollen, müssen Sie sich näher mit dem Player und den technischen Grundlagen beschäftigen. Aber wer will sich schon in ein Programm einarbeiten, wenn er nichts weiter vorhat, als ein paar Videos aus der Videothek auszuleihen und sie anzuschauen? Sie werden in den folgenden Abschnitten sehen, dass viele Funktionen des Media Players einfach zugänglich sind und Sie diese ohne große Schwierigkeiten nutzen können. Ich stelle Ihnen aber auch erweiterte Möglichkeiten vor. Sie können eine Musik-CD einlegen und starten. Aber Sie können auch aus mehreren Musik-CDs eine Wiedergabeliste machen und diese wiederholt abrufen.

Eine Musik-CD mit dem Media Player wiedergeben

Legen Sie die CD ein. Windows 7 erkennt, dass Sie eine CD eingelegt haben und bietet Ihnen im Fenster **Automatische Wiedergabe** an, diese mit dem Media Player abzuspielen.

Abbildung 18.28 Ein Mausklick genügt, und die Musik-CD wird wiedergegeben.

Haben Sie den Zugriff auf die Internetdatenbank ausgeschaltet, werden das Cover, die Namen der Titel und der Interpreten nicht ergänzt. Die CD wird einfach wiedergegeben.

So ergänzen Sie die Albuminformationen

Es stört mich ein wenig, dass die Titel so lieblos mit Titelnummer 1, Titelnummer 2 usw. angezeigt werden (siehe Abbildung 18.30). Um das zu ändern, müssen Sie ein paar Mausklicks ausführen:

1 Markieren Sie das Bild mit dem Notenschlüssel. Öffnen Sie mit der rechten Maustaste das Kontextmenü. Wählen Sie **Albuminformationen suchen**.

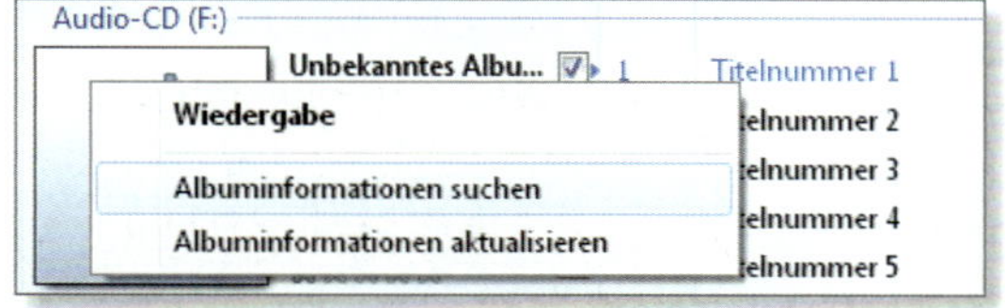

Abbildung 18.29 Über das Kontextmenü werden die Daten zu einem Album ergänzt. Die Basis dafür ist eine Internetdatenbank.

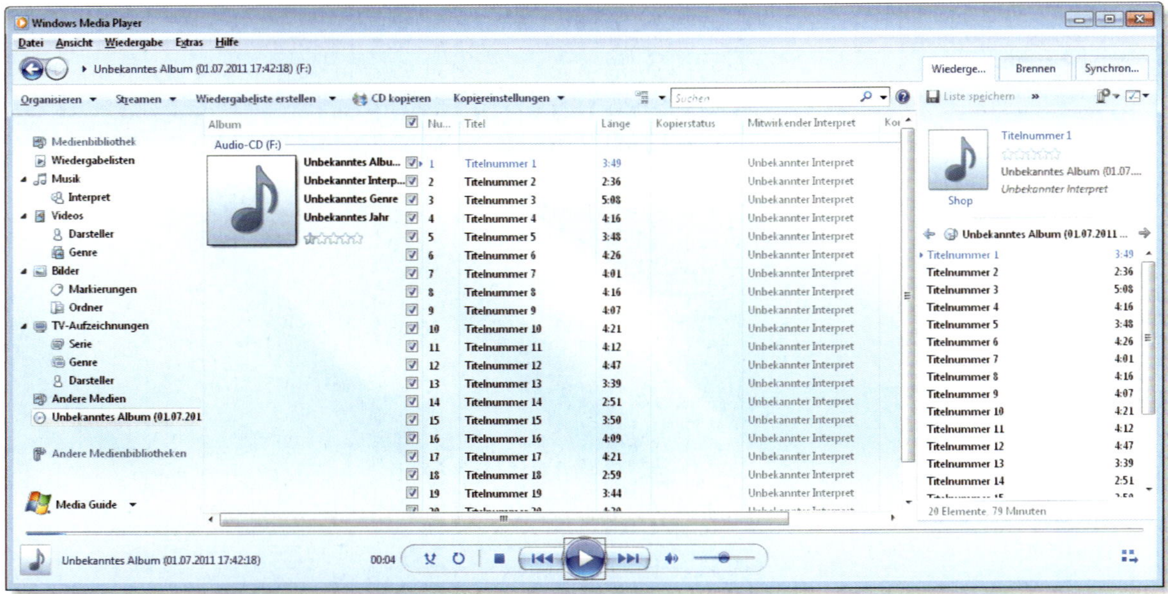

∧ ***Abbildung 18.30*** *Ohne den Zugriff auf die Internetdaten werden Titelnummer und »Unbekannter Interpret« angezeigt.*

2 Da Sie ja sicher die CD neben sich liegen haben, können Sie das Cover und das Coverbild mit dem vergleichen, was das Programm im Internet findet. Gesucht wird auf *fai-music.metaservices.microsoft.com*. Wird das passende Album oder die passende Single nicht gefunden, geben Sie diese im Eingabefeld ein.

3 Markieren Sie das Cover, und wählen Sie **Weiter**.

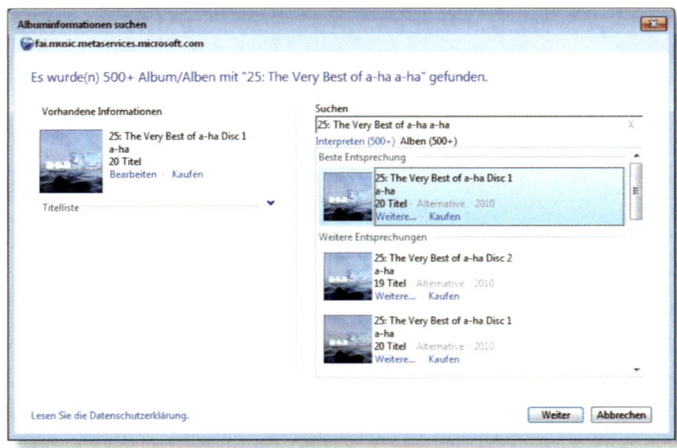

∧ ***Abbildung 18.31*** *Das Album wurde im Internet gefunden. Bin ich froh, dass ich nicht jeden Titel einzeln eintippen muss.*

4 Nun wird die Titelliste geladen. Sie sollte mit der der eingelegten CD übereinstimmen. Klicken Sie auf die Schaltfläche **Fertig stellen**, um diese Daten zu übernehmen.

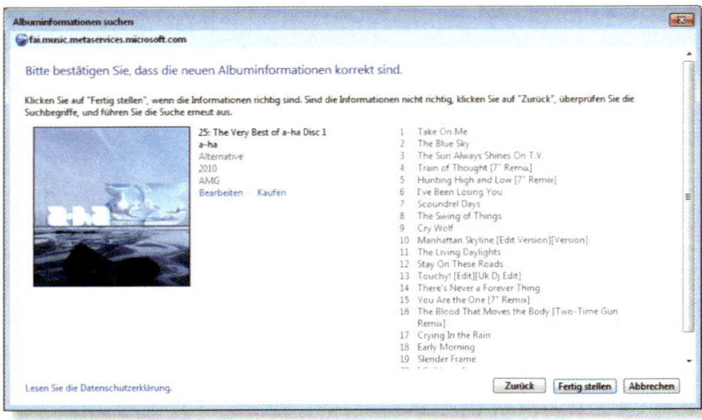

∧ ***Abbildung 18.32*** *Die Titelliste wurde gefunden und wird nun mit einem Mausklick übertragen und übernommen.*

Schalten Sie in den Optionen das Herunterladen von Medieninformationen an. Das können Sie im Register **Medienbibliothek** und dort im Register **Datenschutz** tun.

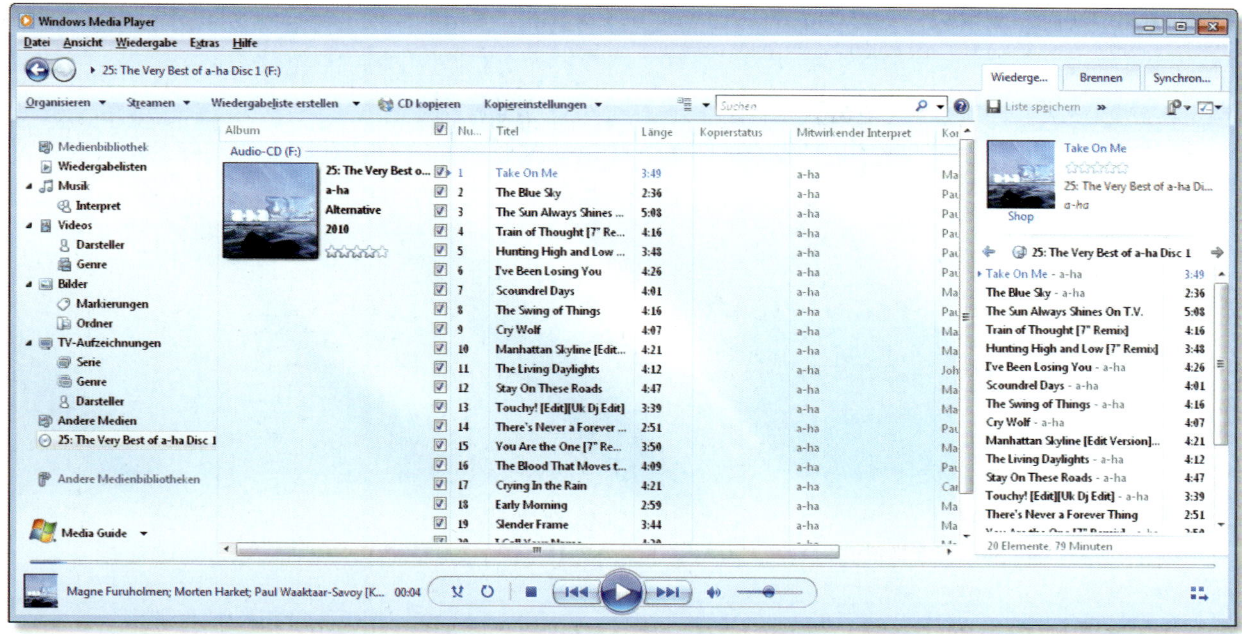

Abbildung 18.33 *Albumcover und Titelliste wurden nun ergänzt. So sieht das Ganze etwas ansprechender aus.*

Titelinformationen selbst erstellen oder verändern

Können die Albuminformationen nicht automatisch ergänzt werden, können Sie die Bezeichnungen von Titeln auch selbst eingeben.

1 Gehen Sie vor, wie im vorhergehenden Abschnitt beschrieben. Suchen Sie zuerst nach den passenden Albumdaten in der Internetdatenbank.

2 Wählen Sie im Fenster **Albuminformationen suchen** auf der linken Seite, gleich neben der Abbildung des Covers, **Bearbeiten** ❶.

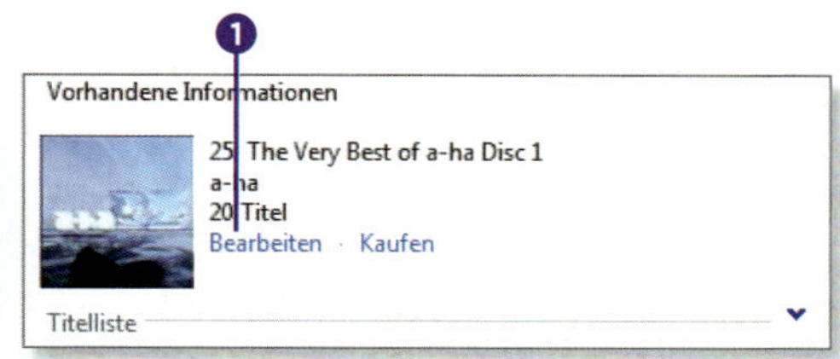

Abbildung 18.34 *Eine Funktion ermöglicht das Editieren der Albumdaten.*

3 Im nächsten Fenster tragen Sie den Namen des Albums, den Namen des Interpreten oder der Gruppe ein. Wählen Sie im Listenfeld, um welches Musikgenre es sich handelt. Geben Sie nun die Namen der Titel ein. Haben Sie diese Aufgabe beendet, wählen Sie **Fertig**. Die Daten werden dann in den Media Player übernommen.

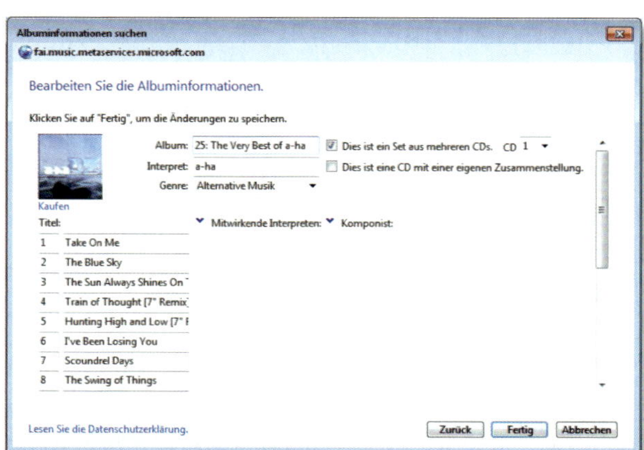

Abbildung 18.35 *In diesem Fenster kann ich die Daten verändern.*

Wiedergabelisten erstellen, verwalten und nutzen

Mit einer Wiedergabeliste stellen Sie Ihre Lieblingstitel zusammen. Eine Auswahl verschiedener Musiktitel in einer bestimmten Reihenfolge erfasst. Diese Liste wird gespeichert und kann immer wieder abgerufen werden.

Die Musikinhalte, die Sie in eine Wiedergabeliste einfügen wollen, müssen zunächst als Datei vorliegen. Möchten Sie die Titel Ihrer Lieblings-CDs verwenden, müssen Sie diese erst auslesen. Der Windows Media Player spricht hier von »CD kopieren«.

1 Legen Sie die CD in Ihren Rechner ein. Öffnen Sie die **Kopiereinstellungen**, und wählen Sie **Format > MP3**. Möglich ist auch **WMA** und **WAV**.

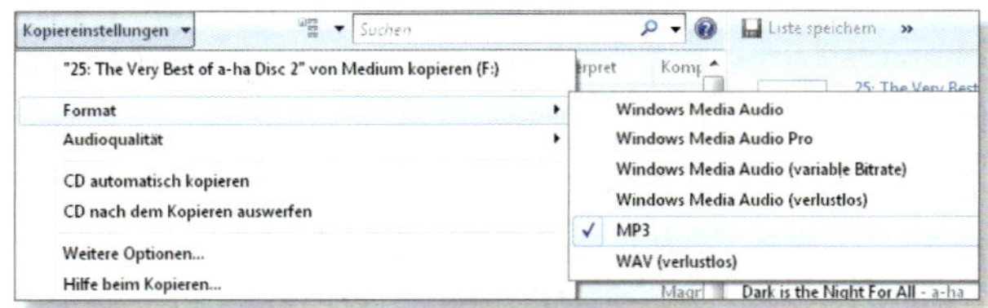

Abbildung 18.36 Das MP3-Fornat ist eine gute Wahl. Es ist weit verbreitet und wird von vielen Playern unterstützt.

2 Aktuelle Datenträger bieten genug Platz, um auch Musikdateien mit einer guten Qualität aufzunehmen. Eine niedrige Qualität spart zwar Speicherplatz. Da dieser jedoch ausreichend vorhanden ist, können wir durchaus die Qualität hochsetzen. Wählen Sie **Kopiereinstellungen > Audioqualität > Optimale Größe**.

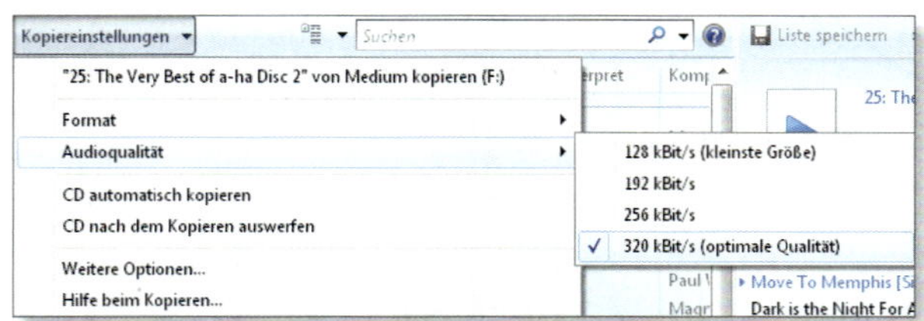

Abbildung 18.37 Stellen Sie die Qualität auf ***optimale Qualität****. So können Sie die Musik am besten genießen.*

Abgelegt werden die Dateien im Verzeichnis C:\Users\Benutzername\Music. Der Dateiname wird aus dem Titel und dem Interpreten gebildet. Beides können Sie verändern. Wählen Sie dazu **Kopiereinstellungen > Weitere Optionen**. Bei **WAV** und **WMA** können Sie einen Kopierschutz hinzufügen. Dazu schalten Sie die Option **Kopierschutz für Musik** an. Für mich spricht diese Möglichkeit eher gegen diese Formate. Lesen Sie oft den Inhalt einer CD aus und wandeln den Inhalt in Musikdateien um, so können Sie mit einer Option auch dafür sorgen, dass eine eingelegte Musik-CD automatisch ausgelesen wird. In meinem Beispiel habe ich die Einstellungen auf den Vorgaben belassen. Das Format der Musikdatei und deren Qualität habe ich bereits zuvor gewählt.

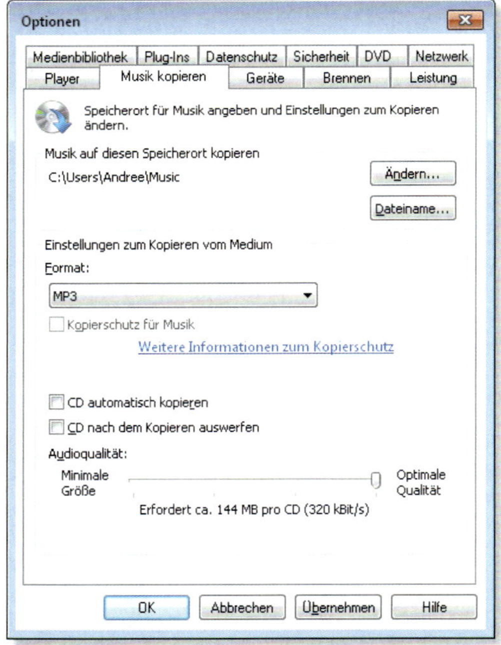

Abbildung 18.38 Lesen Sie oft Musikinhalte einer CD aus, können Sie die Einstellungen festlegen und wiederverwenden.

3 Starten Sie das Auslesen der Musikinhalte mit einem Mausklick auf die Schaltfläche **CD kopieren**. Je nach gewähltem Format und Leistung Ihres Rechners dauert es mehr oder weniger lange. Anhand kleiner Fortschrittsbalken können Sie verfolgen, wie weit der Windows Media Player bei dieser Aufgabe ist. Der Kopiervorgang sollte in wenigen Minuten abgeschlossen sein.

4 Wählen Sie **Wiedergabeliste erstellen > Wiedergabeliste erstellen**.

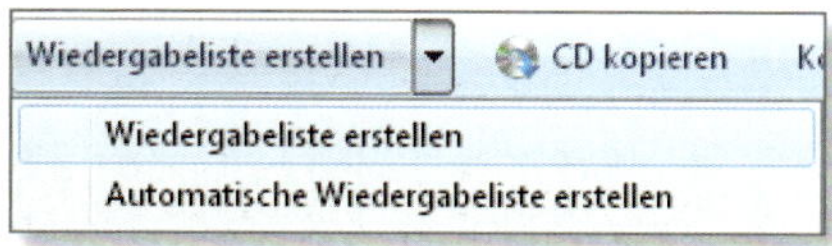

^ ***Abbildung 18.39*** *Der Name der Funktion taucht doppelt auf. Es gibt hier auch eine automatische Wiedergabeliste.*

5 Auf der linken Seite wird das Menü um einen Eintrag erweitert. Hier wird die Wiedergabeliste eingefügt. Geben Sie eine Bezeichnung für diese ein, und bestätigen Sie mit [↵].

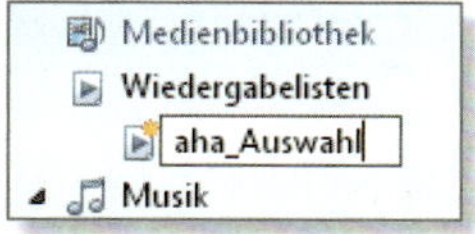

^ ***Abbildung 18.40*** *Die neue Wiedergabeliste erhält einen Namen.*

6 Mit **Musik > Interpret** erreichen Sie Ihre Medienbibliothek. Neben den 3 Vorgabe-Titeln finden Sie hier nun auch die eingelesene CD. Öffnen Sie diese mit einem Doppelklick. Markieren Sie alle Titel, die Sie in die Wiedergabeliste einfügen möchten, und ziehen Sie diese per Drag & Drop auf die Liste.

7 Wechseln Sie nun zur Wiedergabeliste. Verändern Sie die Reihenfolge der Titel wie gewünscht. Um einen Titel zu verschieben, markieren Sie ihn und ziehen ihn bei gedrückt gehaltener linker Maustaste an die gewünschte Position. Um einen Titel zu löschen, markieren Sie ihn und drücken [Entf].

Beachten Sie bitte, dass eine Rückfrage nicht erfolgt. Der Titel wird jedoch nur aus der Wiedergabeliste gelöscht, nicht aus der Medienbibliothek. Der Song bleibt Ihnen also in jedem Fall erhalten.

Fügen Sie auf die beschriebene Art und Weise weitere Titel hinzu. Über **Wiedergabe > Zufällige Wiedergabe** können Sie beim Anhören die Titel noch mischen. Speichern müssen Sie die neu erstellte Wiedergabeliste nicht. Diese Aufgabe erledigt der Windows Media Player automatisch.

^ ***Abbildung 18.41*** *In meinem Beispiel habe ich alle Titel kopiert. Sortieren und löschen kann ich sie immer noch.*

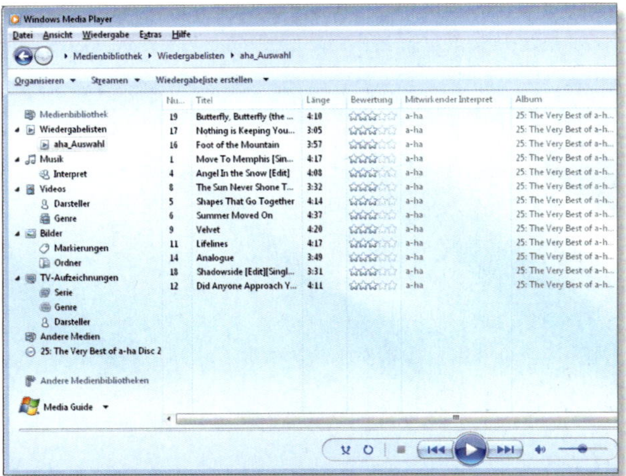

Abbildung 18.42 *Ich bin zufrieden. Die Wiedergabeliste ist fertig. Die besten Titel sind am Beginn eingefügt.*

TIPP

Die automatisch erstellte Wiedergabeliste
Der Windows Media Player kann auch eine automatische Wiedergabeliste erstellen. Beim Öffnen des Programms wird die Wiedergabeliste immer wieder aktualisiert. Sie geben einmal bestimmte Filterkriterien an. Das Programm nutzt diese dann und nimmt anhand Ihrer Musikbibliothek eine Auswahl an passenden Musikdateien vor. Mit **Wiedergabeliste erstellen > Automatische Wiedergabeliste erstellen** rufen Sie die Funktion auf. Wählen Sie nun die Filterkriterien, zum Beispiel **Genre**, **Bewertung** und **Interpret**. Den Rest erledigt der Windows Media Player.

So schauen Sie sich mit dem Media Player eine Video-DVD an

Die Wiedergabe einer Video-DVD mit dem Windows Media Player ist denkbar einfach:

1 Legen Sie die DVD in das DVD-Laufwerk Ihres Rechners ein.

2 Windows erkennt die eingelegte DVD. Das Fenster **Automatische Wiedergabe** wird geöffnet. Es bietet Ihnen an, die DVD mit dem Media Player wiederzugeben. Klicken Sie auf diese Funktion, und schon geht es los.

Abbildung 18.43 *Die Film-DVD wird von Windows 7 erkannt. Sie müssen nur mit der Maus die Wiedergabe bestätigen.*

Wird die Film-DVD beim Einlegen in den PC nicht erkannt, wählen Sie im Programm **Wiedergabe > DVD, VCD oder Audio**. Das Programm überprüft, um was für einen Medientyp es sich handelt, und startet die Wiedergabe (siehe Abbildung 18.44).

Musik und Videos direkt aus dem Media Player heraus brennen

Das Brennen einer Musiksammlung auf CD ist recht einfach:

1 Legen Sie einen CD-Rohling in das Brenner-Laufwerk Ihres Rechners.

2 Öffnen Sie die Wiedergabeliste. Klicken Sie auf das Register **Brennen**. Ziehen Sie nun per Drag & Drop die Titel in den Bereich **Brennliste**, die Sie auf der CD haben möchten (siehe Abbildung 18.45).

3 Wiederholen Sie den Vorgang mit weiteren Wiedergabelisten. Der Windows Media Player zeigt Ihnen an, wie viel Speicherplatz noch auf der CD frei ist. Sie können die Reihenfolge der Titel mit der Maus verändern, wenn Sie dies möchten.

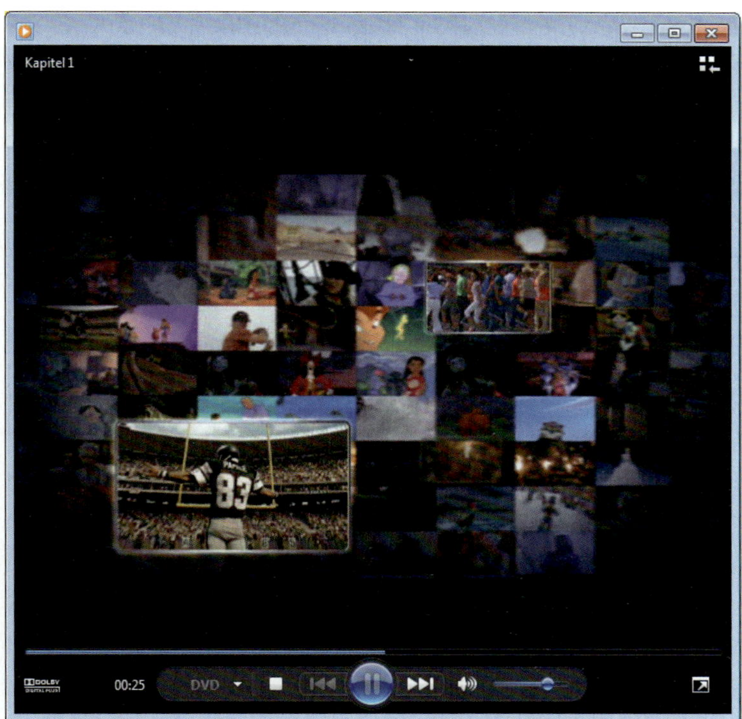

< ***Abbildung 18.44*** *Im Media Player wird eine DVD abgespielt. Lehnen Sie sich zurück und genießen Sie den Film.*

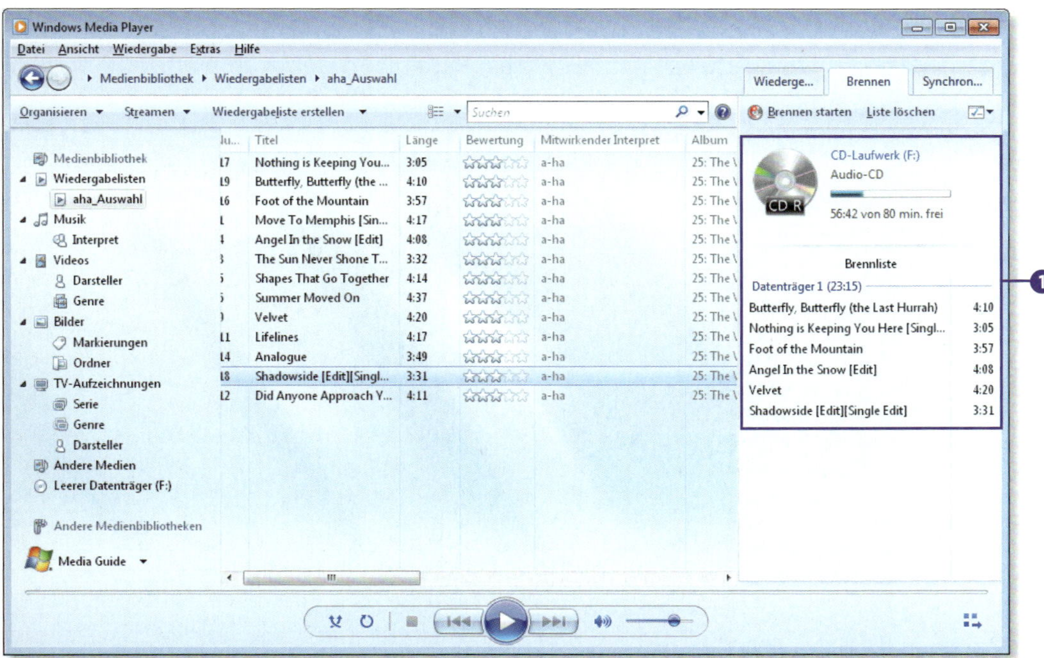

∧ ***Abbildung 18.45*** *Das Brennen einer Musik-CD ist mit dem Windows Media Player ganz einfach. Sie ziehen einfach mit der Maus die gewünschten Musiktitel auf das Register* ***Brennen*** *1, legen eine leere CD ein und starten den Brennvorgang.*

Haben Sie alle Titel zusammen, die Sie auf CD brennen wollen, klicken Sie auf **Brennen starten**.

Abbildung 18.46 Die Audio-CD wird gebrannt.

INFO

Kein lückenloses Brennen möglich: Was nun?
Nicht jeder DVD-Brenner unterstützt das lückenlose Brennen von Daten. Ist das bei Ihnen der Fall, so gibt der Windows Media Player eine entsprechende Meldung aus. Wenn Sie diese bestätigen, wird die Funktion ausgeschaltet. Die Daten landen dennoch auf CD und können ohne Probleme wiedergegeben werden.

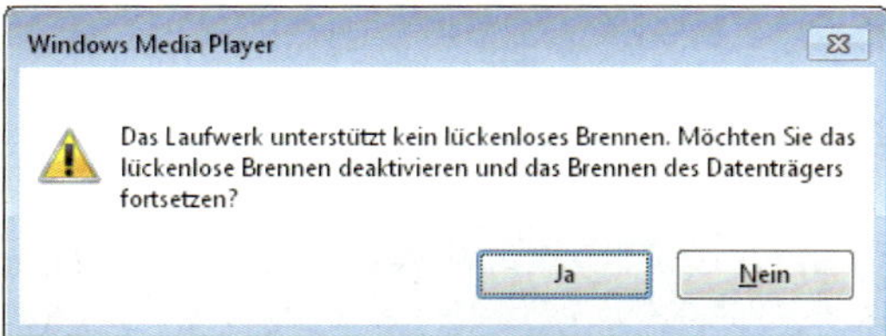

Abbildung 18.47 Kein lückenloses Brennen möglich? – Es geht auch ohne dieses Feature.

18.3 Audio- und Videoinhalte streamen

Streaming ist eine coole Sache. Besonders in kleinen Heimnetzwerken können Sie so Musik und Videos genießen. Stellen Sie sich vor, der Rechner mit Ihrer Musikbibliothek befindet sich in Ihrem Arbeitszimmer. Sie möchten aber gern im Wohnzimmer die Musik hören – am besten auf der Stereoanlage ausgegeben. Das geht. Ein Netzwerk, ein Windows 7-Rechner an einem Ende und ein weiterer auf der anderen Seite genügen bereits. Genauso können Sie auch Videos abrufen.

Streaming heißt nichts anderes, als dass Sie über eine Netzwerkverbindung von einem Rechner Musik- oder Videodaten abrufen und sie auf dem Zielrechner wiedergeben. Dabei werden die Musik oder die Videos in einem Datenstrom übertragen. Es handelt sich also um eine Echtzeitdatenübertragung, bei der immer Daten von A nach B fließen. Die Daten werden *kontinuierlich* übertragen.

Streaming wird bei Web-TV und Webradio verwendet. Aber auch bei einigen Videoanbietern, wie zum Beispiel *iTunes* oder *maxdome* kommt Streaming zum Einsatz. Um hier ein Abreißen der Wiedergabe zu vermeiden, was geschehen kann, wenn die Leitung schlecht oder zu stark belastet ist, wird ein Teil der Videodaten im Voraus zum Nutzer gesendet. Hier wird dieser erste Teil zwischengespeichert. Während Sie das Video anschauen, werden die restlichen Daten geladen. Bei Audiodaten ist dies nicht notwendig. Hier ist die Datenmenge nicht so groß, dass ein Vorabdownload notwendig wäre.

Noch einmal als grobe Zusammenfassung: Beim Streaming werden gleichzeitig Daten gesendet und empfangen. Voraussetzung sind ein vorhandenes Netzwerk und je ein Rechner mit einem Programm, das das Streamen von Mediendaten unterstützt. Man spricht hier von einem *Streaming-Server*. Auf der Empfängerseite ist ein Player notwendig, der Streaming-Daten empfangen und wiedergeben kann. Das ist der *Streaming-Client*.

Der Windows Media Player kann die Aufgabe eines Clients übernehmen. Ein Streaming-Server ist nicht notwendig. Die Daten werden einfach im Netzwerk freigegeben. Es genügen im Regelfall also zwei Rechner mit Windows 7 und dem Windows Media Player.

Der zweite Rechner muss nicht unbedingt ein Windows 7-Rechner mit dem Windows Media Player sein. Der Player kann auch auf eine Musikbibliothek von iTunes zugreifen. In den folgenden Abschnitten gehe ich jedoch davon aus, dass beide Rechner mit Windows 7 betrieben werden und dass auf beiden der Media Player vorhanden ist.

Eine Besonderheit besteht bei der aktuellen Version des Windows Media Players: Sie können die Mediendaten auch für einen Internetzugriff freigeben. Beide Möglichkeiten möchte ich in den folgenden Abschnitten vorstellen.

Streamingzugriff auf die Medienbibliothek vorbereiten

Nur wenige Mausklicks sind notwendig, und Sie können auf die Daten per Netzwerk zugreifen:

1 Wählen Sie im Windows Media Player **Streamen > Medienstreaming für Heimnetzwerke aktivieren**.

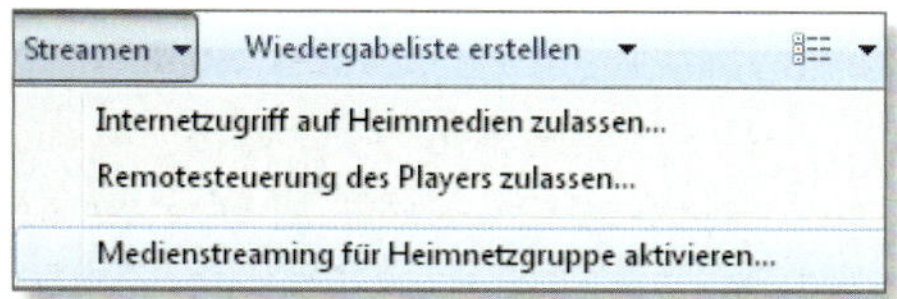

Abbildung 18.48 *Schalten Sie zuerst die Streamingfunktion an.*

2 Im nächsten Fenster wählen Sie, welche Medientypen freigegeben werden. Es genügt, Bilder, Musik und Videos freizugeben. Schalten Sie diese Möglichkeiten an, und klicken Sie auf **Weiter**.

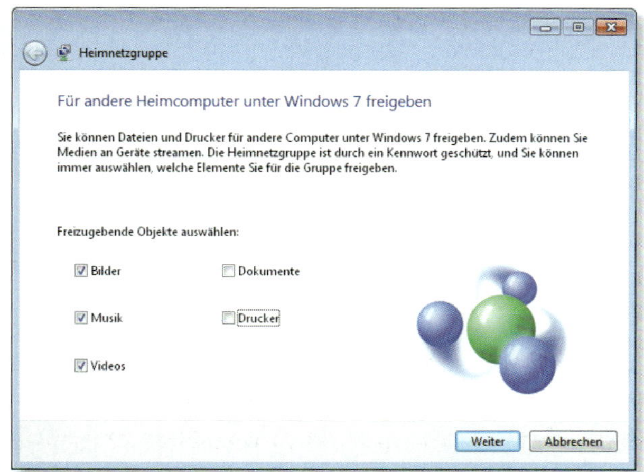

Abbildung 18.49 *Mit diesem Optionskästchen wird bestimmt, welche Medien für andere Anwender im Netzwerk erreichbar sind.*

3 Sie sehen nun ein Passwort. Das ist notwendig, damit Sie diesen Computer der Heimnetzgruppe hinzufügen können. Notieren Sie sich dieses Kennwort. Mit **Kennwort und Anweisungen drucken** können Sie das Kennwort auch auf Ihrem Drucker ausgeben. Entscheiden Sie sich für eine dieser Möglichkeiten. Beenden Sie den Assistenten mit **Fertig stellen**.

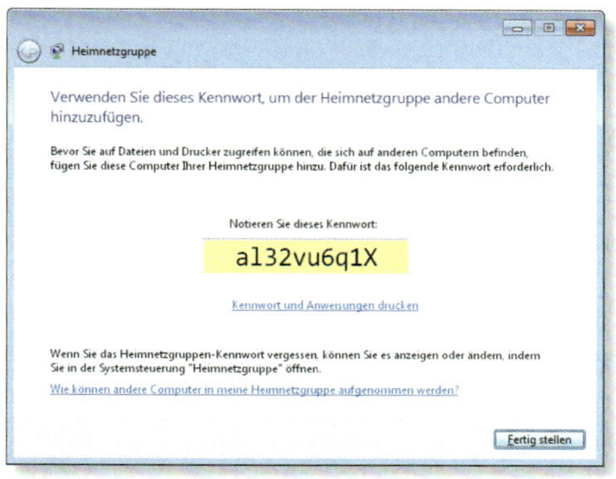

Abbildung 18.50 *Windows 7 generiert ein Passwort. Mit ihm können Sie den Rechner in die Heimnetzgruppe aufnehmen.*

4 Geben Sie im nächsten Fenster einen Namen für die Medienstreamingbibliothek ein. Tragen Sie diesen Namen in die Eingabezeile ein. Bei **Geräte anzeigen in** lassen Sie die Vorgabeeinstellung **Lokales Netzwerk** bestehen. Hinter **Medienprogramme auf diesem PC und Remoteverbindungen** finden Sie eine Schaltfläche. Hier ist bereits **Zugelassen** ausgewählt. Auch diese Vorgabe lassen Sie stehen. Bestätigen Sie diese Angaben mit einem Mausklick auf die Schaltfläche **Alle zulassen**.

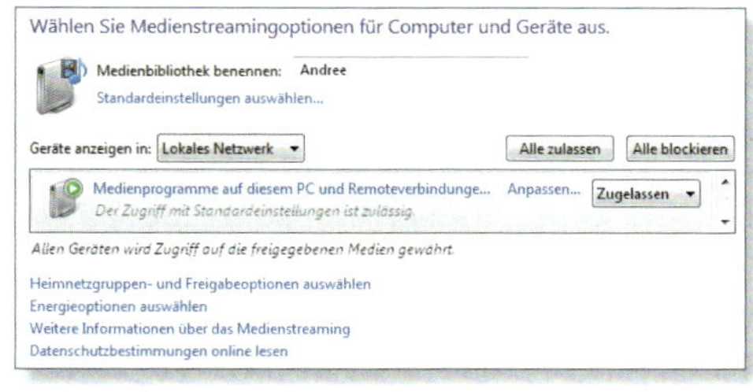

Abbildung 18.51 *Für die Medienbibliothek wird ein Name festgelegt. Der Zugriff darauf wird per Mausklick erlaubt.*

5 Windows 7 warnt und fragt Sie in einen weiteren Dialog, ob Sie den Zugriff tatsächlich erlauben wollen. Bestätigen Sie mit **Alle Computer und Medienzugriffe zulassen**.

6 Schließen Sie den geöffneten Dialog der Systemsteuerung.

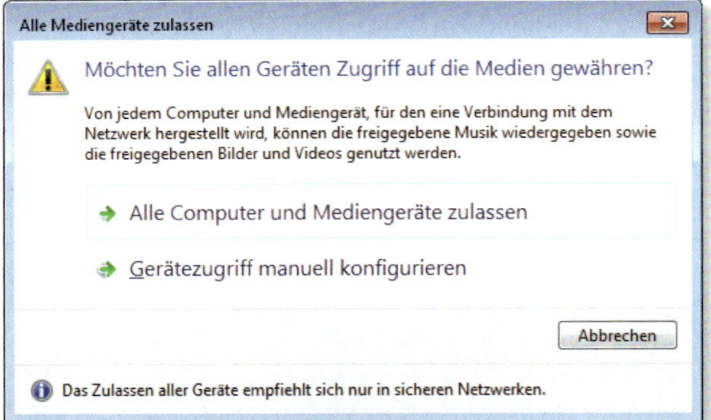

Abbildung 18.52 *Typisch für Windows: Der Zugriff muss noch einmal bestätigt werden.*

Auf die Multimediadateien im Netzwerk zugreifen

Der Zugriff auf die Multimediadateien ist sehr einfach. Sie müssen keine weiteren Einstellungen vornehmen.

Auf dem ersten Rechner haben Sie die Streamingfunktion angeschaltet. Im vorhergehenden Abschnitt habe ich diesen Vorgang beschrieben. Dieser Rechner ist nun über ein Netzwerkkabel mit einem anderen Windows 7-Rechner verbunden. Hier sollen nun die Audiodateien abgerufen werden. Gehen Sie dazu wie folgt vor:

1 Öffnen Sie den Windows-Explorer. Wählen Sie hier mit einem Doppelklick **Netzwerk**. Alle Netzwerkressourcen werden angezeigt.

Mit zwei Symbolen wird die Multimediaverbindung angezeigt. Ein Doppelklick auf das Festplattensymbol mit dem grünen Pfeil ❶ zeigt die Eigenschaften der Streamingverbindung. Ein Doppelklick auf die Festplatte mit dem Filmstreifen ❷ öffnet den Windows Media Player und zeigt die Multimediadateien, die Sie abrufen können.

2 Doppelklicken Sie auf das Festplattensymbol mit dem Filmstreifen ❷. Der Windows Media Player wird geöffnet.

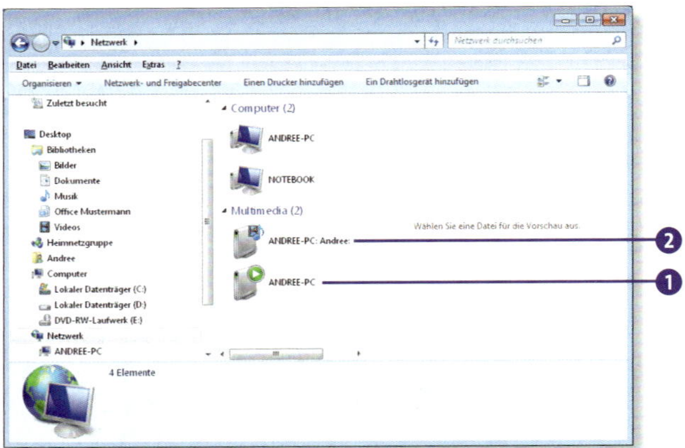

Abbildung 18.53 *Die Streamingverbindung ist einfach über den Windows 7-Dateimanager abzurufen.*

3 Unter **Andere Wiedergabeliste** finden Sie die Verbindung zum Rechner, von dem die Daten abgerufen werden. Doppelklicken Sie darauf. Die Inhalte werden nach den Kategorien **Musik**, **Videos**, **TV-Aufzeichnungen**, **Bilder** und **Wiedergabelisten** sortiert. Um die Musikdateien abzurufen, die Sie zuvor von Ihren Lieblings-CDs eingelesen haben, wählen Sie **Wiedergabelisten**.

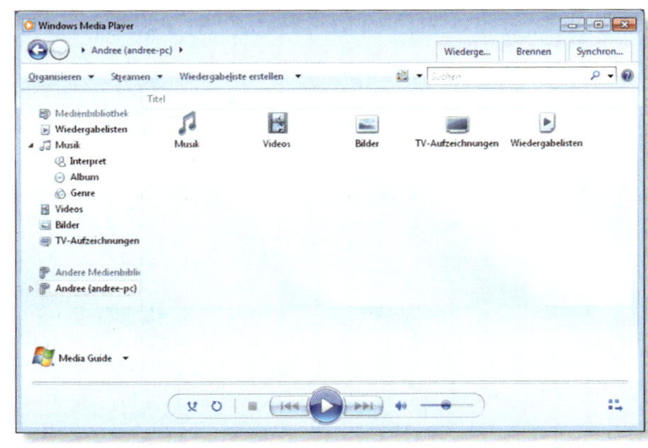

Abbildung 18.54 *Der Zugriff auf die Mediendateien auf dem zweiten Windows 7-Rechner ist extrem einfach.*

4 Schauen Sie sich den Inhalt der Wiedergabeliste an, und starten Sie die Wiedergabe. Gehen Sie genauso mit anderen Medien vor, die Sie mit einer Streamingverbindung vom Windows Media Player abrufen können.

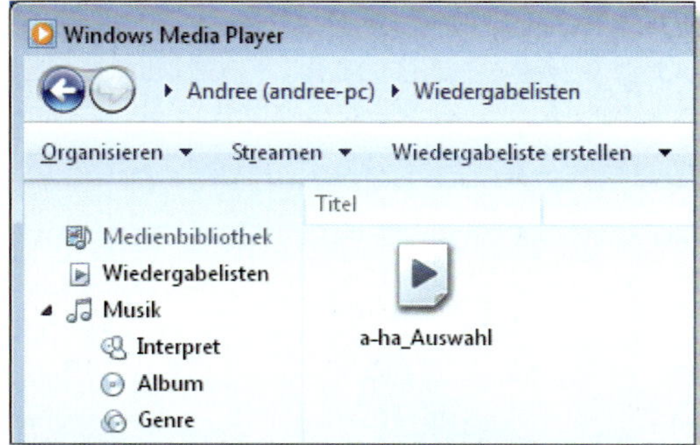

Abbildung 18.55 *Die zuvor ausgelesene CD mit den »a-ha«-Titeln kann ich nun per Streaming abrufen.*

Für den Zugriff auf Musikdaten eine Online-ID erstellen

Möchten Sie über eine Internetverbindung auf Ihre Multimediadaten zugreifen, müssen Sie zuvor einige Einstellungen vornehmen:

1 Wählen Sie im Media Player **Streamen > Internetzugriff auf Heimmedien zulassen**.

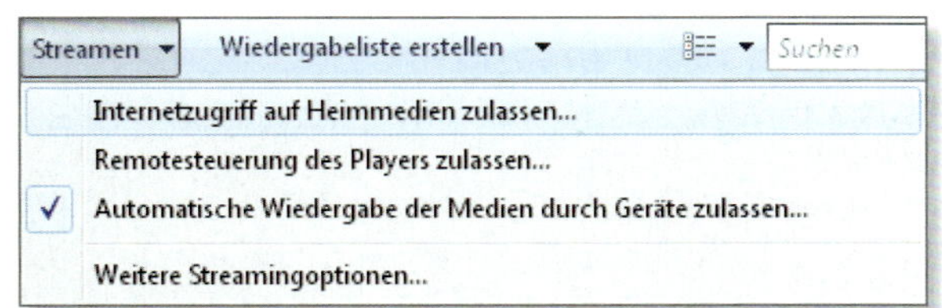

Abbildung 18.56 *Über das Menü richten Sie den Internetzugriff auf Ihre Multimediadateien ein.*

2 Zuerst müssen Sie eine Online-ID mit dem Windows Media Player verbinden. Wählen Sie im Dialog **Online-ID verknüpfen**.

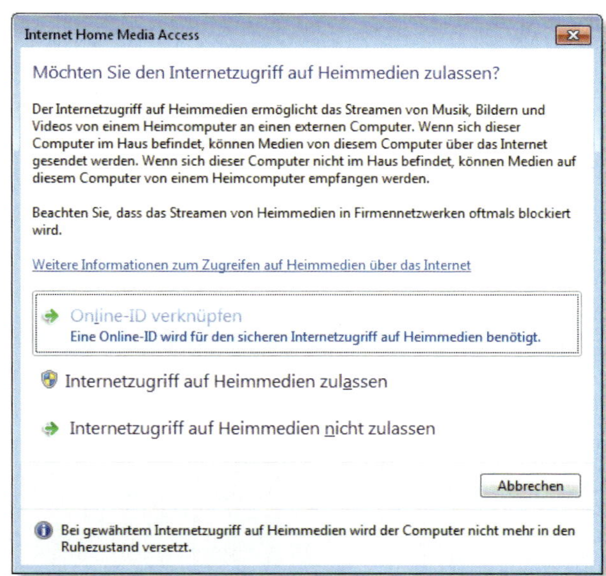

Abbildung 18.57 *Eine Online-ID muss mit dem Player verknüpft werden.*

3 Das Windows-Benutzerkonto wird aufgelistet. Als **Online-Anbieter** ist **Windows Live** aufgeführt. Klicken Sie auf **Online-ID verknüpfen**.

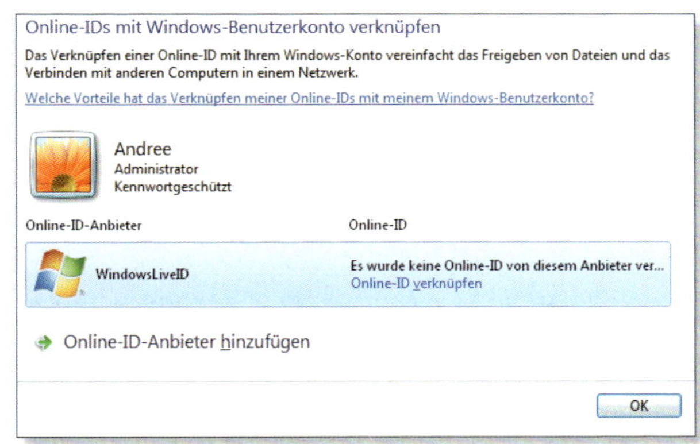

Abbildung 18.58 *Nun gilt es, das Benutzerkonto mit dem Windows Live-Konto zu verknüpfen.*

4 Sie sehen nun einen Anmeldedialog vor sich. Geben Sie Ihren Windows Live-Benutzernamen und das zugehörige Passwort ein. Bestätigen Sie.

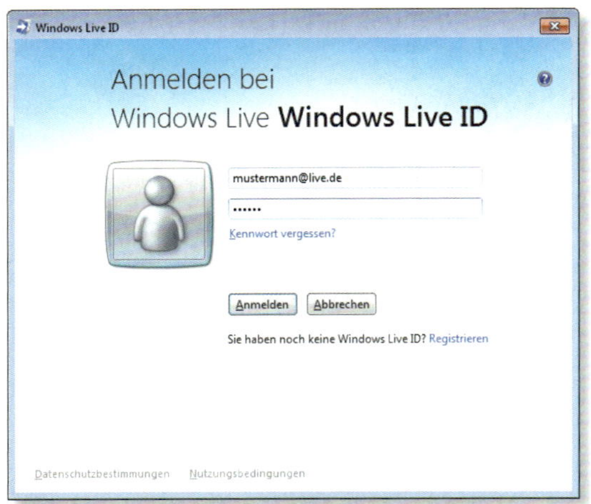

Abbildung 18.59 *Für die Verknüpfung müssen Sie sich zunächst bei Ihrem Windows Live-Konto anmelden.*

5 Es dauert einen kleinen Augenblick. Dann erscheint die E-Mail-Adresse, mit der Sie sich bei Windows Live anmelden, im Fenster **Online-IDs verknüpfen** der Systemsteuerung. Bestätigen Sie mit einem Klick auf **OK**.

6 Zurück im Dialog **Internet Home Media Access** wählen Sie **Internetzugriff auf Heimmedien zulassen**. Die Benutzerkontensteuerung blockiert diesen Zugriff. Deshalb müssen Sie dies mit der genannten Funktion einrichten.

7 Bestätigen Sie die Benutzerkontensteuerung.

8 In einem Dialog informiert Windows 7 Sie darüber, dass nun der Internetzugriff auf Ihre Medien eingerichtet wurde. Bestätigen Sie.

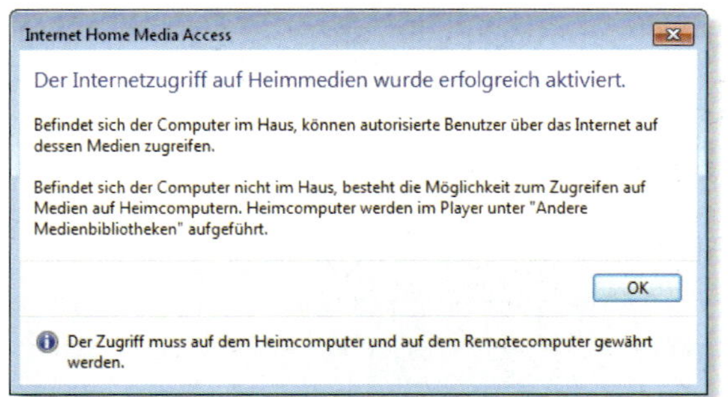

Abbildung 18.60 *Windows 7 bestätigt, dass der Zugriff per Internet nun eingerichtet und verwendbar ist.*

Eine Funktion des Media Players erlaubt die Remotesteuerung des Players. Das Programm wird also »ferngesteuert«. Mehr zu diesem Feature und zum Thema Remote lesen Sie in Kapitel 22, »Fernsteuerung und Fernwartung: Remotezugriff mit Windows 7«.

18.4 Was der Media Player noch so alles kann

Im Windows Media Player stecken mehr Funktionen, als Sie auf den ersten Blick sehen. Nicht alle werde ich an dieser Stelle vorstellen. Aber auf einige möchte ich Sie in den nächsten Abschnitten noch aufmerksam machen.

Den Windows Media Guide aufrufen

Links unten im Windows Media Player finden Sie den **Media Guide**. Ein Mausklick öffnet ein kleines Menü, und Sie können in dieses wechseln. Eigentlich habe ich einen Shop, ähnlich dem *iTunes Store* von Apple erwartet. Das ist aber nicht der Fall.

Abbildung 18.61 *Rufen Sie über ein kleines Menü in der linken unteren Ecke des Players den Media Guide auf.*

Wählen Sie **Media Guide > Media Guide**. In meinem Beispiel ist die Verknüpfung nicht mehr aktuell. Ein Link wird im Programm angezeigt. Ein Klick darauf führt auf die richtige Seite.

Sie sehen eine Seite mit einer Auflistung verschiedener Internetradios. Wählen Sie ein Genre, und suchen Sie sich einen der Sender aus. Und schon steht dem Musikgenuss nichts mehr in Wege.

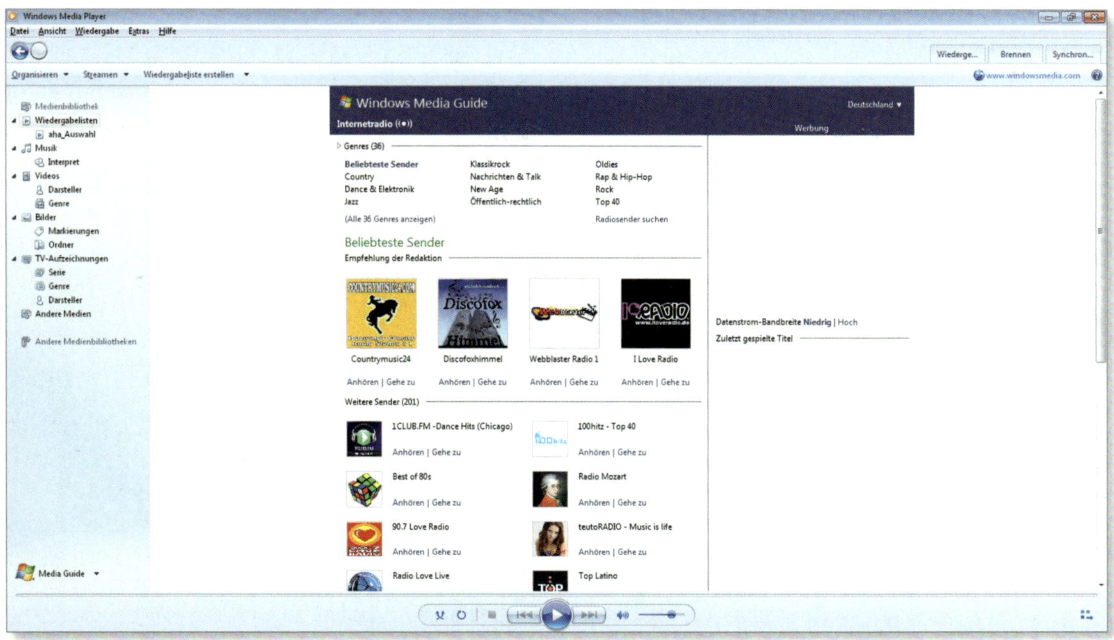

Abbildung 18.62 *Der Media Guide führt Sie in eine Auswahl von Internetradiosendern. Die Sender sind nach Genre geordnet. Es gibt für jeden Geschmack einen passenden Radiosender.*

Abbildung 18.63 *Der gewählte Internetradiosender wird am unteren Rand des Players angezeigt.*

INFO

Livestreams auf Websites finden

Viele Radiosender unterhalten Websites. Hier finden Sie nicht nur Informationen zu den Sendungen, zu Aktionen, Gewinnspielen und zur Moderatorencrew. Auf der Website können Sie auch einen Livestream des aktuellen Radioprogramms abrufen. Dieser nutzt in der Regel ebenfalls den Windows Media Player. Der Link, mit dem sich der Livestream starten lässt, ist nicht zu übersehen. Sie finden ihn auf der Startseite der Website oder über das Menü. Schließlich möchte ja der Sender, dass Sie die Sendungen genießen.

Die Visualisierung verwenden

Wechseln Sie mit **Ansicht > Design** in den Designmodus. Nun werden Visualisierungen verwendet. Sie stellen mit geometrischen Figuren und Bewegungen die abgespielte Musik grafisch dar.

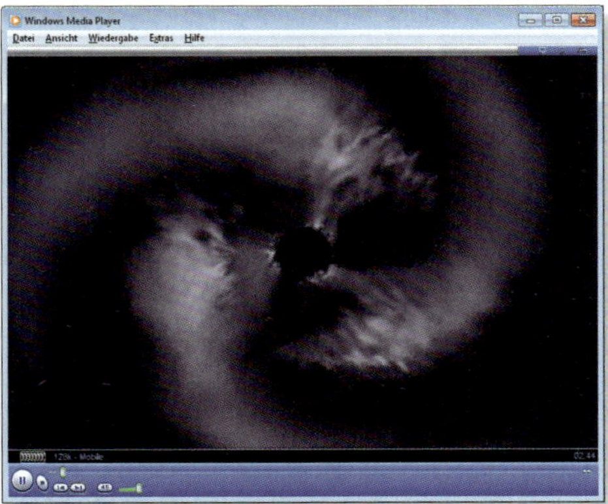

Abbildung 18.64 *Jeder Ton wird mit einer Animation dargestellt.*

Über das Kontextmenü können Sie eine andere Visualisierung wählen. Hier erreichen Sie auch eine Funktion, mit der weitere Visualisierungen aus dem Internet geladen werden können. Bei einigen Designs finden Sie auch Schaltflächen direkt auf dem Player, mit denen Sie zur nächsten Visualisierung wechseln können. Auch eine zufällige Auswahl ist möglich.

Die Jugendschutzeinstellungen im Media Player

Wer die Jugendschutzeinstellungen von Windows 7 und die Internetzugriffsbeschränkungen von **Windows Family Safety** nutzt, der findet etwas in dieser Art auch im Media Player. Sie können die Wiedergabe von DVDs auf eine bestimmte FSK-Freigabe beschränken. Öffnen Sie das Register **Optionen**. Wechseln Sie zu **DVD**, und klicken Sie im Bereich **DVD-Wiedergabeeinschränkung** auf **Ändern**. Wählen Sie aus dem Listenfeld aus, welche FSK-Beurteilung Sie verwenden wollen, und bestätigen Sie.

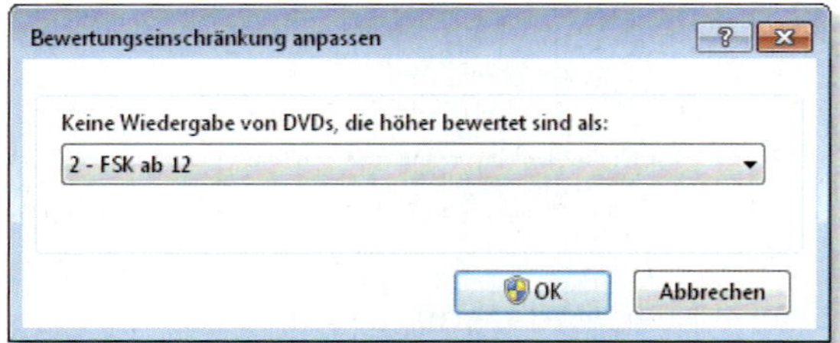

*^ **Abbildung 18.65** Wer mag, kann im Media Player eine FSK-Beschränkung festlegen.*

Medien synchronisieren

Das Synchronisieren von Medien funktioniert mit tragbaren MP3- und Audio-Playern, die den Windows Media Player unterstützen. Es funktioniert aber auch mit USB-Sticks.

1 Verbinden Sie den Player oder den USB-Stick mit dem PC.

2 Öffnen Sie den Windows Media Player. Klicken Sie auf das Register **Synchronisierungsliste**. Hier werden die Größe des Mediums und der freie Speicherplatz angezeigt. Wählen Sie eine Wiedergabeliste, und ziehen Sie die gewünschte Musik auf die Synchronisierungsliste. Starten Sie die Übertragung der Dateien mit einem Mausklick auf die Schaltfläche **Synchronisierung starten**.

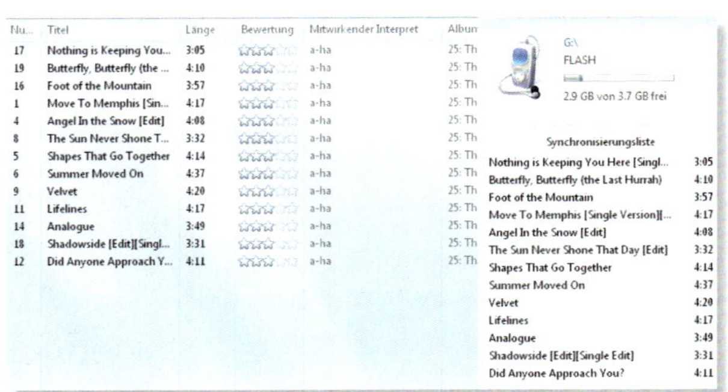

*^ **Abbildung 18.66** Meine Titel habe ich auf den USB-Stick kopiert. Besser wäre ein MP3-Player, der den Media Player gut leiden kann.*

Plug-Ins verwenden

Einige Plug-Ins sind bereits im Media Player vorhanden. Möchten Sie diese einsehen und verwalten, öffnen Sie unter **Organisieren** den Dialog **Optionen**. Wechseln Sie in das Register **Plug-Ins**. Hier finden Sie das Gesuchte.

INFO

Was sind eigentlich Plug-ins?
Plug-Ins sind Erweiterungen, die verschiedene zusätzliche Funktionen bereitstellen. so zum Beispiel für die Visualisierung der Audioausgaben oder bestimmte Signalprozessoren (DSPs).

Im Windows Media Player sind bereits Plug-Ins für die Visualisierung vorhanden. Haben Sie den Windows Live Messenger installiert, bringt auch dieser ein Plug-In für den Player mit.

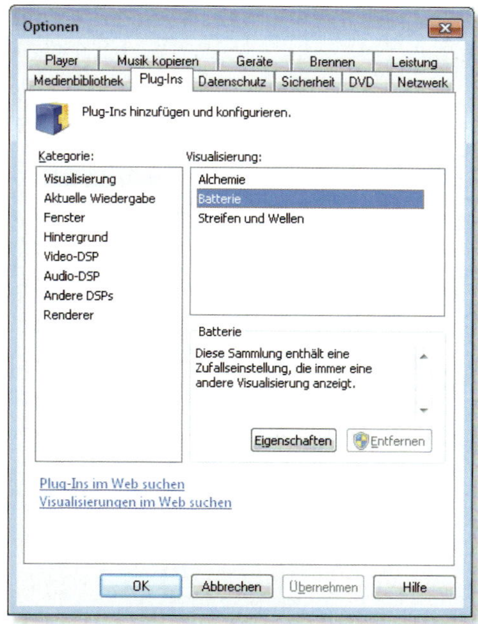

Abbildung 18.67 *Zu jedem Plug-In gibt es eine kleine Beschreibung.*

Im Internet finden Sie eine große Auswahl weiterer Erweiterungen. Schauen Sie sich einmal um:

1 Wählen Sie **Extras > Plug-ins > Plug-Ins herunterladen**.

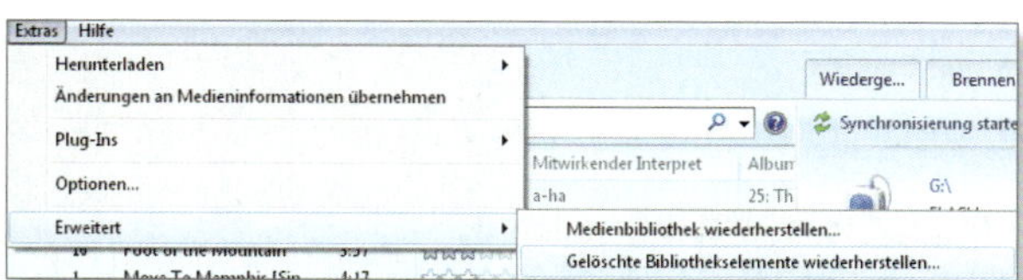

Abbildung 18.68 *Über das Menü des Players können Sie gelöschte Bibliotheksinhalte zurückholen.*

HINWEIS

Gelöschte Bibliothekselemente wiederherstellen
Bibliotheksinhalte, die Sie entfernt haben, die aber noch als Mediendaten vorhanden sind, können über eine Funktion wiederhergestellt werden. Möchten Sie dies tun, wählen Sie **Extras > Erweitert > Gelöschte Bibliothekselemente wiederherstellen**.

2 Das Programm gibt einen Infodialog heraus. Wenn Sie den Vorgang fortsetzen möchten, klicken Sie auf **Ja**. Mehr ist nicht zu tun.

TV-Inhalte festhalten und wiedergeben

Mit dem Windows Media Player können Sie auch TV-Beiträge aufzeichnen. Die Aufzeichnungen lassen sich dann sehr einfach mit dem Media Player abrufen.

Sie benötigen für diese Aufgabe einen leistungsfähigen Rechner. Das ist notwendig, weil zum einen die TV-Beiträge empfangen und sie zum anderen auf der Festplatte Ihres Rechners wiedergegeben werden müssen. Für die Aufzeichnungen muss genügend Platz auf Ihrer Festplatte vorhanden sein. Sie können auch eine USB-Festplatte verwenden. Jede Aufzeichnung umfasst einige Gigabyte. Abhängig ist dies von der Länge der Sendung. So können zum Beispiel bei einem aufgenommenen Film 4 GB an Speicherplatz notwendig sein. Eine weitere Voraussetzung ist eine TV-Karte oder ein TV-Stick, der vom Windows Media Player unterstützt wird.

Schauen Sie sich einmal die verschiedenen Produkte aus dem Hause *Hauppauge* an. Sie finden diese im Internet unter *http://www.hauppauge.de/de/index.htm*. Das Win TV-HVR-1700/2200 MC-Kit wird in Verbindung mit dem Windows Media Center verwendet.

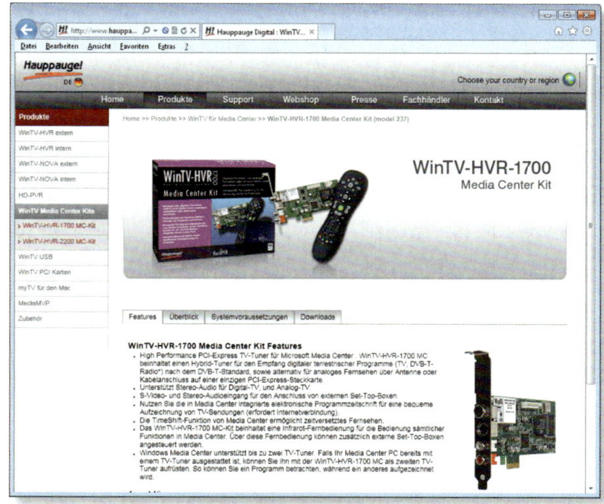

Abbildung 18.69 *WinTV von Hauppauge.*

Es gibt inzwischen neue Alternativen zu dieser Lösung, die sehr interessant sind. So gibt es mit dem MediaMVP-Center eine Hardware, die Rechner, Empfänger und Streaming-Server in einem ist. MediaMVP erlaubt die Wiedergabe der Multimediadaten auf dem heimischen Fernseher. Die HD PVR-Serie erlaubt die HD-Aufnahme von TV-Inhalten.

Produkte anderer Anbieter finden Sie im Fachhandel. Auch hier lohnt es sich, einen Blick auf aktuelle Hardware zu werfen. Die Hersteller präsentieren immer wieder neue Produkte, die mit interessanten und modernen Features aufwarten.

Beachten Sie bitte, dass viele TV-Inhalte abrufbereit im Internet liegen. Sie müssen dafür keine TV-Karte erwerben. Diese empfangen Sie über einen Webbrowser oder das Windows Media Center. Sie werden dieses Angebot in einem der folgenden Abschnitte kennenlernen.

18.5 Mit dem Windows DVD Maker eine DVD erstellen

Der *Windows DVD Maker* ist Bestandteil des kostenlosen Windows Live-Pakets. In Kapitel 15, »Windows Live Mail«, haben Sie bereits erfahren, wie Sie dieses aus dem Internet laden, wie es installiert wird und welche Inhalte zu dem Paket gehören. Hier noch einmal der Hinweis dazu: Das Programm ist kostenlos und bietet damit einige nützliche Funktionen, die Sie als Windows 7-Anwender nutzen können, ohne dasss Sie Geld für ein Anwendungsprogramm ausgeben müssen.

Mit dem Windows DVD Maker können Sie Fotos und Videos zu einer Video-DVD zusammenfassen. Das Ergebnis können Sie auf dem Fernseher oder einem anderen PC anschauen. Mein Tipp: So eine DVD eignet sich z. B. auch wunderbar als Geschenk. Warum nicht Ihre Freunde, Familie oder Bekannte mit einer selbstgestalteten DVD überraschen?

Bilder und Videos auswählen, die auf DVD gebrannt werden sollen

Das Programm ist sehr einfach zu bedienen. In wenigen Schritten haben Sie die Medien ausgewählt, die auf DVD gebannt werden sollen.

1 Starten Sie das Programm über die Programmliste im Windows-Startmenü. Sie finden es dort ganz weit oben.

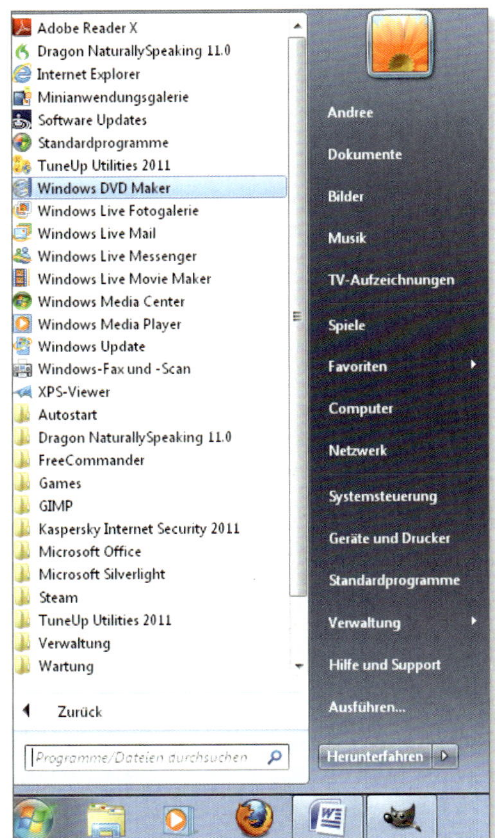

^ ***Abbildung 18.70*** *Sie sehen hier sehr schön, wo sich der Windows DVD Maker befindet.*

2 Der Startdialog weist auf den Zweck des Programms hin. Lassen Sie die Option **Diese Seite nicht mehr anzeigen** ❶ angeschaltet. Sie finden die Option links unten im Begrüßungsfenster. Mit ihr wird der Hinweis- und Begrüßungsdialog nicht mehr angezeigt. Klicken Sie auf **Fotos und Videos auswählen** ❷.

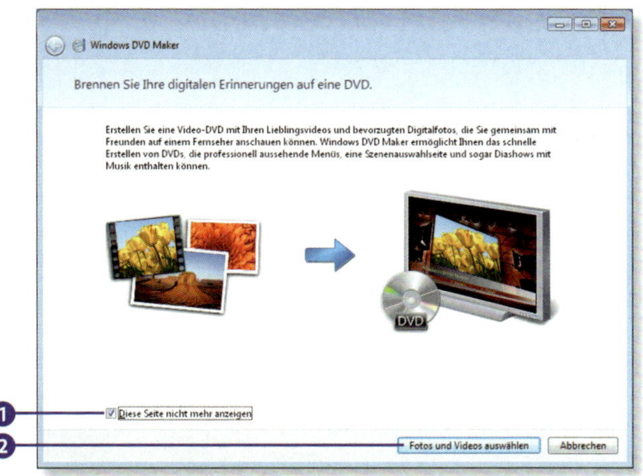

Abbildung 18.71 *Der Begrüßungsdialog weist noch einmal auf die einfache Bedienung des Programms hin.*

3. Öffnen Sie den Windows-Explorer. Begeben Sie sich in das Verzeichnis, in dem sich die Dateien befinden, die Sie auf DVD brennen wollen. Markieren Sie diese, und ziehen Sie sie bei gedrückt gehaltener linker Maustaste in das Fenster von Windows DVD Maker.

4. Fügen Sie auf die beschriebene Art und Weise weitere Bilddateien und Videos in das Fenster des DVD Makers ein. Sie können dazu auch auf **Elemente hinzufügen** im Programm klicken.

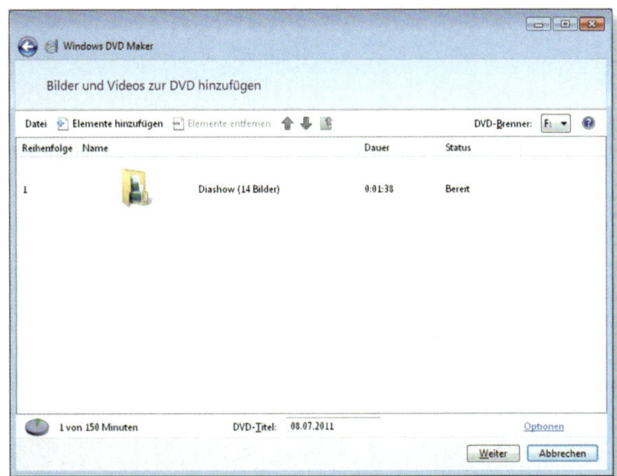

Abbildung 18.72 *In meinem Beispiel habe ich eine kleine Auswahl von Bilddateien gewählt. Eine Diashow wird automatisch daraus.*

Die Video-DVD mit einem Menü versehen

Die auf DVD gebrachten Bilder und Videos wiederzugeben, ist ein wenig zu einfach. Ein schickes Menü wäre viel schöner. Keine Sorge, auch das gehört zu den Funktionen des Windows DVD Makers.

Im Fenster des Windows DVD Makers sehen Sie nun die hinzugefügten Dateien. Im unteren Teil wird angezeigt, wie viel Platz noch auf dem Datenträger verfügbar ist. Beim Ergänzen weiterer Dateien können Sie sich an dieser Anzeige orientieren.

Neben der Anzeige können Sie eine Bezeichnung für die DVD vergeben. In der Vorgabe steht hier das Datum.

1. Entfernen Sie den vorgegebenen Titel. Geben Sie eine passende Bezeichnung in das Eingabefeld ein. Klicken Sie auf **Weiter**.

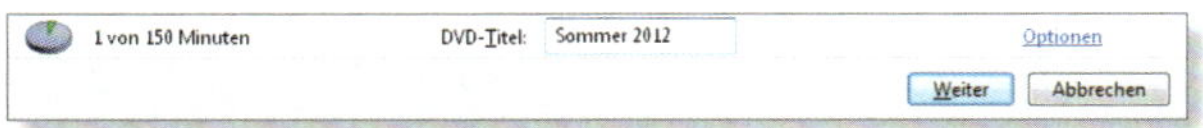

Abbildung 18.73 *Nun habe ich einen Titel für die DVD eingegeben.*

2. Auf der rechten Seite finden Sie eine Reihe Menüstile. Scrollen Sie durch die Liste, und wählen Sie einen der Stile aus, den Sie verwenden möchten. Sie können auch nacheinander die Stile ausprobieren und mit einem Mausklick schauen, wie sie aussehen.

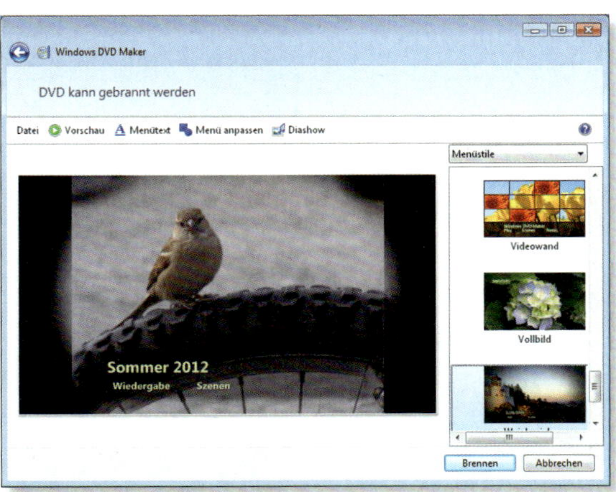

Abbildung 18.74 *Für eine Bilder-DVD mit den schönsten Sommerfotos sieht das doch schon recht schick aus.*

3 Klicken Sie auf **Menütext**, wenn Sie den Titel der DVD und die Beschriftung der Schaltflächen verändern möchten. Wählen Sie eine passende Schriftart. Geben Sie einen **Titel** und eine Beschreibung der Schaltflächen **Wiedergabe**, **Szenen** und **Hinweise** an. Letztere sind zunächst nicht auf dem Titel vorhanden. Möchten Sie der DVD einen Text hinzufügen, tragen Sie diesen in das große Eingabefeld ein, das die Bezeichnung **Hinweise** trägt. Wenn Sie möchten, können Sie auch eine andere Schriftart wählen, deren Farbe ändern und das Attribut **Kursiv** nutzen. Jede Veränderung sehen Sie im Vorschaubild. So können Sie beurteilen, ob Sie das gewählte Feature wirklich nutzen möchten. Haben Sie alle Anpassungen eingegeben und sind Sie mit diesen zufrieden, klicken Sie auf **Text ändern**. Sie gelangen wieder in den zuvor eingeblendeten Dialog zurück.

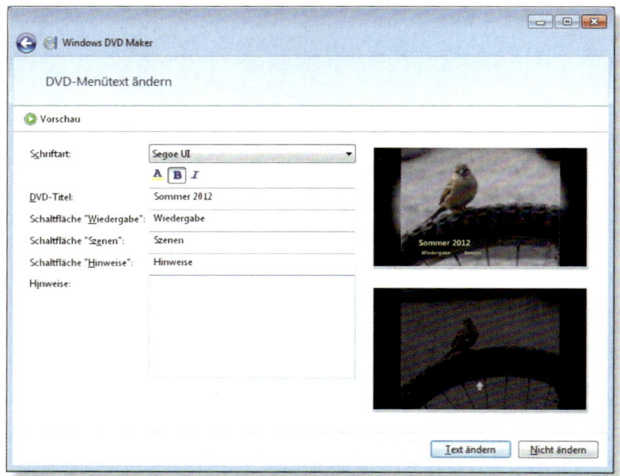

Abbildung 18.75 *Ich möchte keine Änderungen vornehmen. Mir gefällt das Menübild und dessen Stil ganz gut.*

4 Verändern können Sie ebenfalls noch den Stil des Menüs. Dazu klicken Sie auf **Menü anpassen**. Nun lässt sich ein Vorder- und ein Hintergrundvideo einfügen. Sie können ebenfalls eine Audiodatei hinzufügen, mit der das Menü vertont wird. Verändern lassen sich hier auch die Szenenschaltflächen. Verschiedene Typen dieser Schaltflächen wählen Sie über ein Listenfeld aus. Bestätigen Sie die Veränderungen mit **Stil ändern**. Da für eine Diashow Videos auf dem Titelbild nicht notwendig sind, überspringe ich bei meiner DVD diesen Arbeitsschritt.

5 Klicken Sie auf **Diashow**. Wählen Sie mit **Musik hinzufügen** eine Hintergrundmusik. Sie können hier auch auf Ihre Wiedergabeliste aus dem Windows Media Player zurückgreifen. Wenn Sie möchten, wählen Sie mehrere Musiktitel aus. Über eine Optionsschaltfläche kann die Länge der Diashow an die Wiedergabezeit der Musik angepasst werden. Diese Option wähle ich nicht. Ich möchte nicht, dass die Diashow abgeschnitten wird, damit die Musik drauf passt. Öffnen Sie das Listenfeld **Bildlänge**, und wählen Sie, wie lange die einzelnen Bilder angezeigt werden sollen. In diesem Beispiel entscheide ich mich für **5 Sekunden**. Mit **Übergang** wählen Sie einen passenden Bildübergang aus. Die Option **Zoom- und Schwenkeffekte für Bilder verwenden** lassen Sie angeschaltet. Bestätigen Sie alle Angaben mit einem Mausklick auf die Schaltfläche **Diashow ändern**.

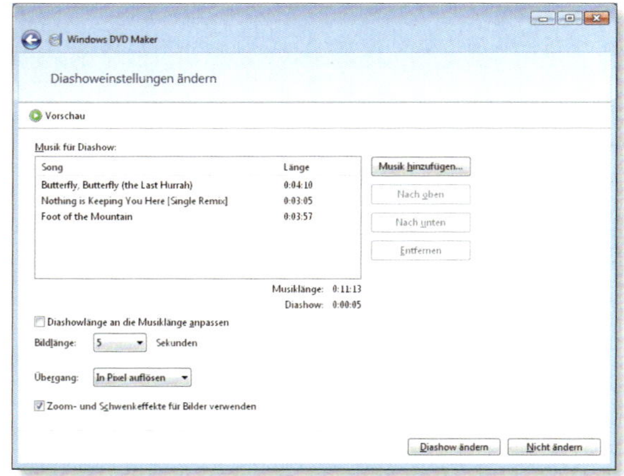

Abbildung 18.76 *Nun sind alle wichtigen Diashoweinstellungen festgelegt.*

6 Schauen Sie sich mit **Vorschau** an, wie die DVD aussieht und wie die Diashow wiedergegeben wird.

7 Sind Sie mit Ihrer Arbeit zufrieden, bringen Sie diese mit **Brennen** auf DVD. Legen Sie einen leeren Datenträger ein. Schließen Sie am Ende Windows DVD Maker.

TIPP

Ein DVD-Projekt speichern
Wenn Sie **Abbrechen** wählen oder nach dem Brennen das Programm schließen, bietet Ihnen Windows DVD Maker an, das Projekt zu speichern. Tun Sie dies, können Sie später darauf zurückgreifen und eine weitere Video- oder Diashow-DVD erstellen. Dabei werden alle Einstellungen festgehalten. Sofern Sie nichts ändern wollen, können Sie diese sofort brennen. Diese Möglichkeit ist insbesondere dann interessant, wenn Sie mehrere DVDs erstellen und vielleicht verschenken wollen.

18.6 Das Windows Media Center

Mit dem Windows Media Center erhalten Sie eine Oberfläche, mit der Sie Ihre Multimediadaten verwalten und betrachten können. Sie können mit dieser Oberfläche Videos betrachten, Wiedergabelisten abrufen und Musik hören und Ihre Bilder betrachten. Sie können Webradiosender abrufen und genießen. Mit dem Windows Media Center können Sie Streaming-TV-Inhalte abrufen. Befindet sich in Ihrem Rechner eine TV-Karte, können Sie mit dem Media Center Fernsehen schauen, Sendungen aufnehmen und Aufnahmen wiedergeben. Das Windows Media Center ist eine Oberfläche, die viele verschiedene Funktionen zusammenfasst.

So richten Sie das Media Center ein

Der Aufruf des Media Centers erfolgt über das Windows-Startmenü. Es ist in keine der vorhandenen Kategorien einsortiert. Sie müssen es also nicht lange suchen.

In dem folgenden Abschnitt zeige ich Ihnen, wie Sie das Media Center erstmals aufrufen und es einrichten.

1 Öffnen Sie den Windows-Programmbaum. Sie finden das **Media Center** über den Kategorien.

2 Beim ersten Start werden Sie von einem Einrichtungsassistenten willkommen geheißen. Er fragt verschiedene Einstellungen ab. Klicken Sie auf **Weiter**.

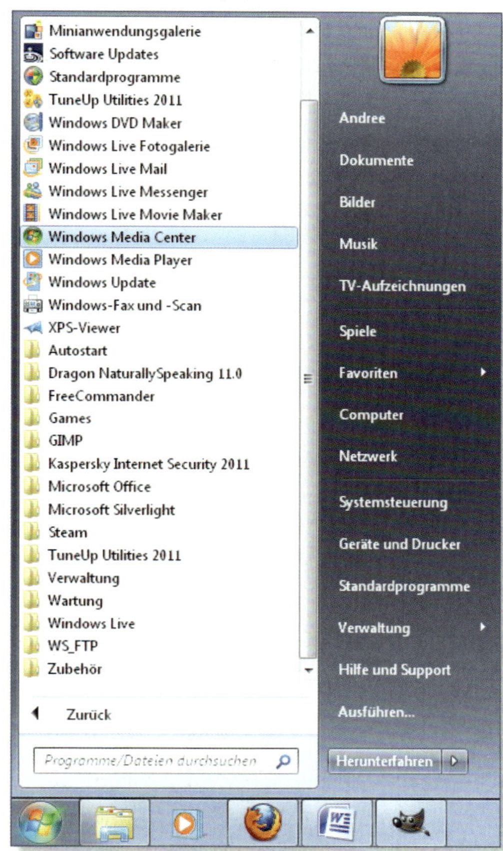

Abbildung 18.77 Rufen Sie das Media Center über das Startmenü von Windows 7 auf.

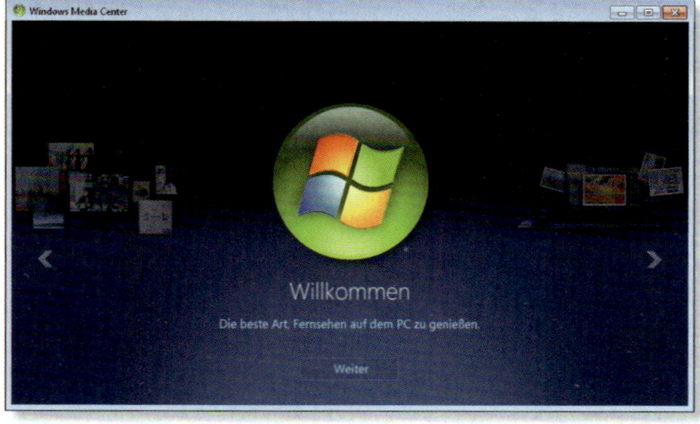

Abbildung 18.78 Das Media Center heißt Sie willkommen.

3 Nun sehen Sie den Dialog **Erste Schritte**. Wie bei anderen Anwendungen können Sie die Einrichtung dem Programm überlassen. Mit einem Klick auf den nach rechts zeigenden Pfeil werden die empfohlenen Einstellungen angewandt. Zu empfehlen ist dies nicht. Entscheiden Sie sich für **Benutzerdefiniert**.

4 Der nächste Dialog ist rein informativ. Er sagt Ihnen, dass das Programm die Netzwerkverbindung überprüft und einrichtet. In einem folgenden sogenannten »optionalen Setup« können Sie weitere Einstellungen vornehmen. Ich stelle Ihnen im Folgenden beide Schritte vor. Mit einem Mausklick auf **Weiter** erreichen Sie jeweils den nachfolgenden Dialog.

5 Wenn Sie möchten, können Sie Microsoft helfen, seine Programme zu verbessern. Möchten Sie dies, müssen Sie nichts weiter tun. Die Option zur Teilnahme an diesem Verfahren ist bereits in der Vorgabeeinstellung ausgewählt. Mit ihr werden regelmäßig Berichte über die Funktion des Programms an Microsoft übertragen. Ich entscheide mich dagegen und wähle hier **Nein, ich möchte nicht teilnehmen**. Wer mag, kann hier einen Blick in die Onlinedatenschutzbestimmungen werfen.

^ ***Abbildung 18.79*** *Ich mag meine Daten nicht übermitteln, auch wenn es für einen guten Zweck ist.*

6 Wie der Media Player kann auch das Media Center Albumcover aus dem Internet laden, daneben auch Informationen zu Musik-CDs, Film-DVDs und TV-Programmlisten. Möchten Sie diese Möglichkeit nutzen, schalten Sie **Ja** an.

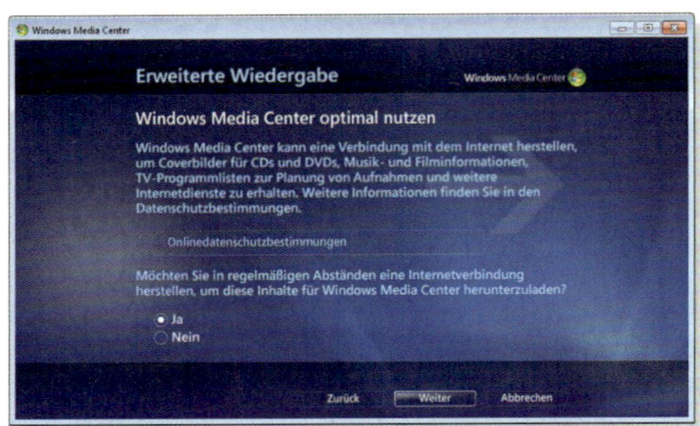

^ ***Abbildung 18.80*** *Diesmal entscheide ich mich für diese Möglichkeit.*

7 Damit haben Sie bereits alle wichtigen Angaben gemacht. Ein weiterer Mausklick auf **Weiter** bringt Sie in die erweiterte Einrichtung des Programms.

8 Wählen Sie im nächsten Fenster, was Sie einrichten wollen. Ich gehe einfach einmal alle Möglichkeiten der Reihe nach durch. Beginnen wir mit **Bildschirmdarstellung von Windows Media Center optimieren**.

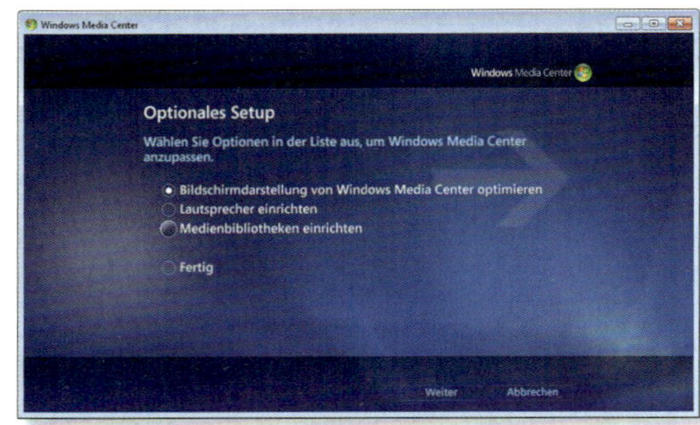

^ ***Abbildung 18.81*** *Drei Funktionen lassen sich noch einrichten. Wir schauen uns alle an.*

9 Sie sehen zunächst einen einführenden Dialog. Im nächsten Fenster werden Sie darüber informiert, dass Windows Media Center optimal im Vollbildmodus läuft. Mit einem Mausklick können Sie diese Möglichkeit anschalten. Tun Sie dies.

10 Einen Dialog weiter werden Sie gefragt, ob der Assistent auf dem bevorzugten Bildschirm angezeigt wird. Bestätigen Sie dies. Interessant ist dies nur, wenn Sie mehrere Bildschirme besitzen. Dann können Sie hier auswählen, welchen Sie für Windows Media Center verwenden wollen.

11 Wählen Sie den Typ des Bildschirms. In meinem Fall ist **Flachbildschirm** die richtige Wahl. Der Assistent passt die Darstellung an diesen Bildschirmtyp an.

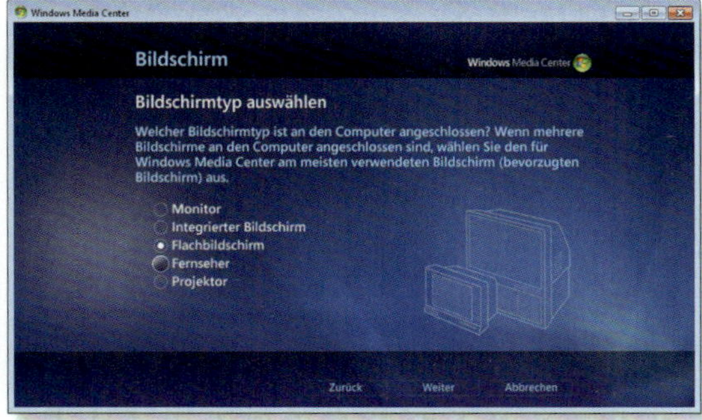

^ ***Abbildung 18.82*** *Ich verwende einen TFT-Monitor.* ***Flachbildschirm*** *ist hier die richtige Wahl.*

12 Nun werden Sie gefragt, mit welchem Kabeltyp der gewählte Monitor mit dem Rechner verbunden ist. Zur Verdeutlichung sehen Sie grafische Darstellungen der Kabel. Wenn Sie nicht sicher sind, schauen Sie einfach einmal nach. In meinem Fall ist **DVI, VGA oder DisplayPort** korrekt.

13 Entscheiden Sie sich für eines der Seitenverhältnisse **4:3** oder **16:9**.

14 Sie werden gefragt, ob Sie die aktuell eingerichtete Bildschirmauflösung auch für das Media Center verwenden wollen. Bestätigen Sie dies.

15 Das Programm bietet Ihnen an, die Einstellungen des Bildschirms an die Verwendung des Media Centers anzupassen. Bestätigen Sie dies mit **Bildschirmregler anpassen**.

16 Wählen Sie die verschiedenen Optionen. Sind Sie mit der Darstellung zufrieden, können Sie diesen Schritt auch überspringen.

17 Damit ist die Einrichtung des Bildschirms abgeschlossen. Als Nächstes folgt die Einrichtung der Lautsprecher. Wählen Sie diese Funktion. Überspringen Sie den Dialog mit den grundlegenden Informationen dazu. Geben Sie an, wie viele Lautsprecher Sie verwenden. In meinem Fall sind **2 Lautsprecher** korrekt.

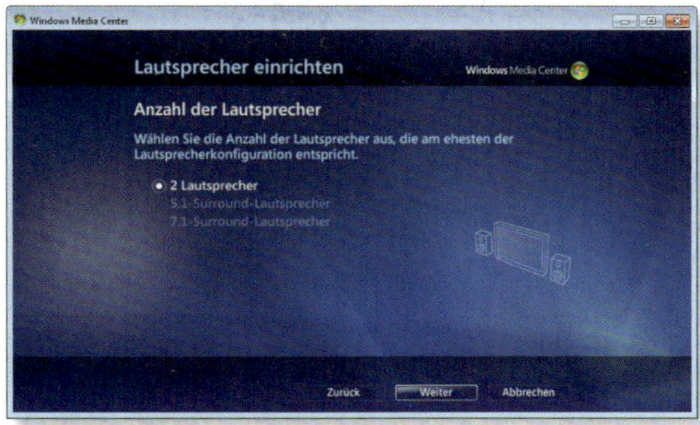

^ ***Abbildung 18.83*** *Ich habe Kopfhörer angeschlossen. Das ist genauso wie 2 Lautsprecher.*

18 Probieren Sie aus, ob die Einstellung genutzt werden kann und Sie etwas hören. Klicken Sie auf **Testen**. Ist dies der Fall, bestätigen Sie und beenden die Einrichtung der Lautsprecher mit **Fertig stellen**.

19 Im nächsten Schritt wird die Medienbibliothek eingerichtet. Sie können Ordner für jede Medienbibliothek einrichten. Wählen Sie zuerst **Musik**.

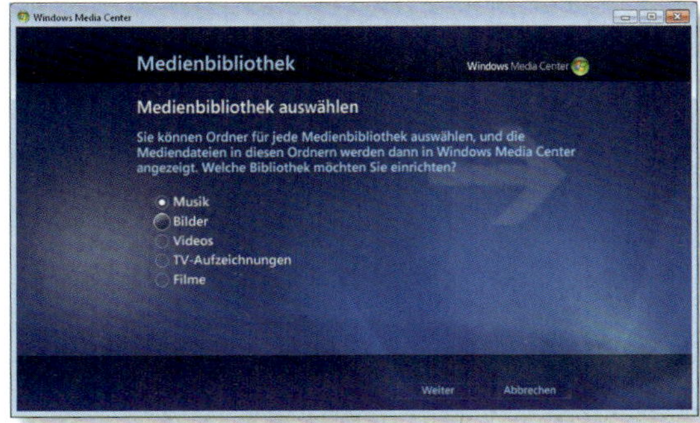

^ ***Abbildung 18.84*** *Wählen Sie eine der Medienbibliotheken aus, und legen Sie für diese wichtige Einstellungen fest.*

20 Wählen Sie **Ordner zur Bibliothek hinzufügen**. Nun können Sie freigegebene Ordner auswählen oder diese Aufgabe dem Programm überlassen. Ich entscheide mich für Letzteres und wähle **Auf diesem Computer (einschließlich zugeordnete Laufwerke)**.

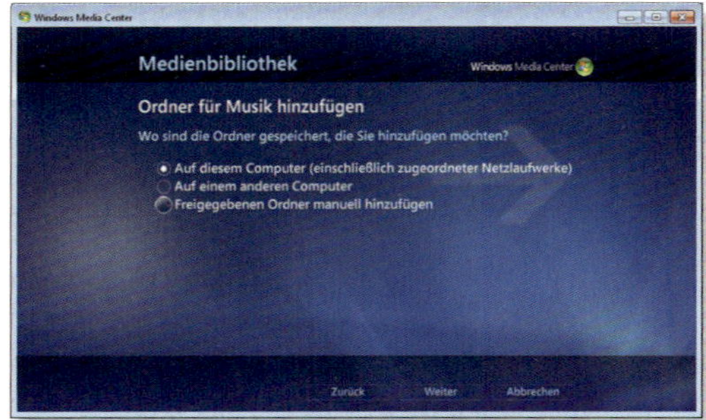

∧ ***Abbildung 18.85*** *Geben Sie an, wo die Ordner gespeichert sind, die zur Medienbibliothek hinzugefügt werden sollen.*

21 Setzen Sie ein Häkchen in das Optionskästchen vor den Ordnern, die Musik enthalten.

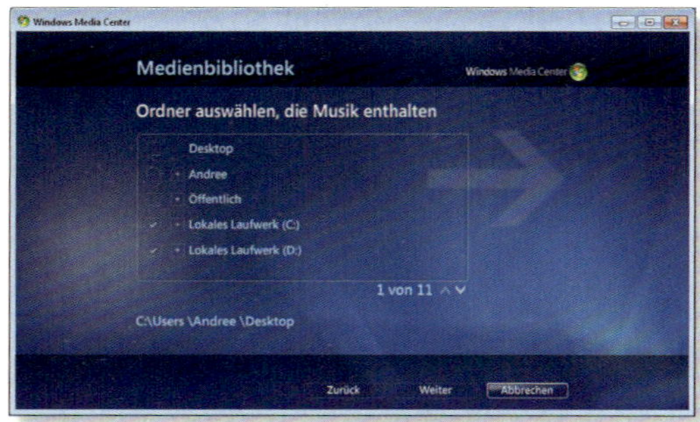

∧ ***Abbildung 18.86*** *Teilen Sie dem Programm alle Ordner mit, in denen sich Musikdateien befinden.*

22 Der Windows Media Player zeigt Ihnen an, in welchen Ordnern er Musikdateien gefunden hat. Bestätigen Sie mit **Ja, diese Ordner verwenden**. Klicken Sie auf **Fertig stellen**.

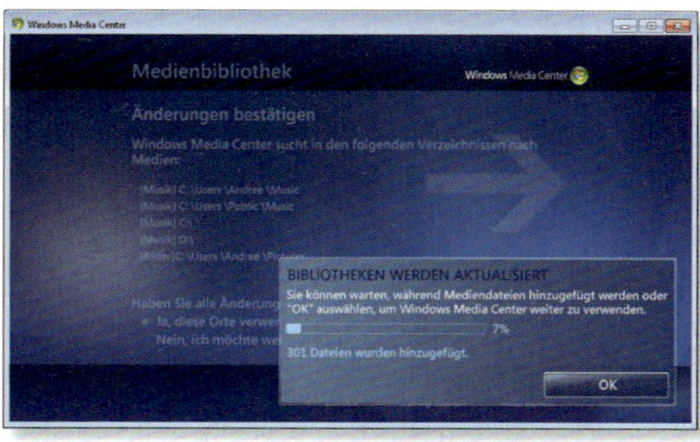

∧ ***Abbildung 18.87*** *Anhand Ihrer Angaben werden nun die Bibliotheken aktualisiert.*

Damit ist die Grundeinrichtung abgeschlossen. Einzelne Einstellungen können Sie auch an späterer Stelle vornehmen.

Durch Ihre Medien navigieren

Das Windows Media Center wird mit der Maus oder den Pfeiltasten bedient. Es gibt auch Fernbedienungen, die Ihnen die Navigation vom heimischen Sofa aus ermöglichen.

Von links nach rechts erreichen Sie die folgenden Inhalte:

- **MSN Video**
- **TV-Programm**
- **Suchen**
- **Aufzeichnungen**
- **Live-TV Setup**

Bewegen Sie die Maus nach oben und unten, erreichen Sie weitere Menüpunkte:

- **Aufgaben**
- **TV**
- **Filme**
- **Musik**
- **Bilder + Videos**
- **Extras**

Zu jedem Menüpunkt, den Sie zuerst mit der ↑-Taste erreichen, finden Sie waagerecht weitere Funktionen. Probieren Sie dies einmal aus.

Hinter **Filme** verbergen sich die **Filmbibliothek** und die Funktion **DVD wiedergeben**. Unter **Musik** finden Sie die **Musikbibliothek**, **Favoriten wiedergeben**, **Radio** und die Funktion **Suchen**. Unter **Bilder und Videos** finden Sie die **Bildbibliothek**, die Funktion **Favoriten wiedergeben** und die **Videobibliothek**. **Extras** enthalten die **Extras-Bibliothek** und die **Galerie**.

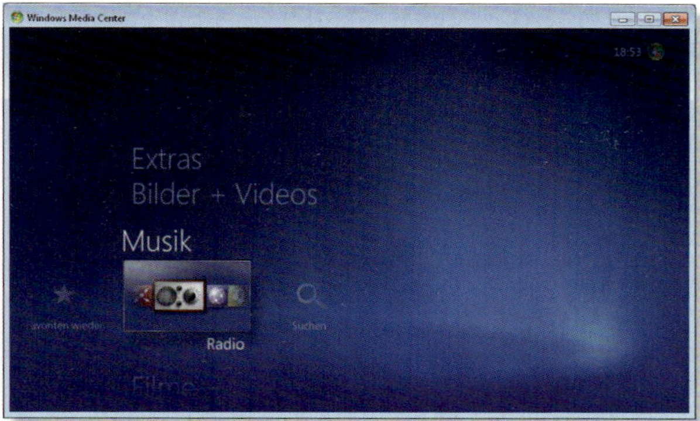

∧ *Abbildung 18.88 An die eigenwillige Navigation muss man sich zunächst erst einmal gewöhnen.*

Führen Sie die Maus auf den Bildschirm, wird die Navigationsleiste sichtbar.

Musik mit dem Media Center wiedergeben

Die Wiedergabe von Musik ist sehr einfach. Zunächst greifen wir einmal auf die eigene Musik zu:

1 Drücken Sie die [↑]- oder [↓]-Taste, bis Sie **Musik** erreichen.

2 Wählen Sie die Musikbibliothek. Bestätigen Sie diese Auswahl mit [↵].

∧ *Abbildung 18.89 Meine »a-ha«-Titel sind auch hier vorhanden.*

3 Wählen Sie ein Album, eine Wiedergabeliste oder eines der Genres.

∧ *Abbildung 18.90 Sehr schön. Meine Lieblingsband ist auch hier ganz einfach abrufbar.*

4 Sie sehen nun den Inhalt des Albums. Sie können einzelne Titel auswählen. Ich entscheide mich für **Album wiedergeben**.

Über das Menü auf der linken Seite können Sie die Titelliste anzeigen, die Visualisierung starten oder parallel zur Musikwiedergabe eine Slideshow starten. Die Musiktitel lassen sich über eine Funktion zufällig wiedergeben. Sie können einen Titel wiederholen und Musik käuflich erwerben. Weitere Funktionen können Sie über das Kontextmenü abrufen.

Leider können Sie keine Webradiosender mit dem Programm abrufen. Die Funktion Radio erfordert einen im Rechner eingebauten Radio-Tuner. Gleiches gilt für die TV-Sender. Auch hierfür ist ein Tuner notwendig.

MSN Streaming-Video nutzen

1 Rufen Sie im Menü des Windows Media Centers **MSN Video** auf.

2 Lesen und bestätigen Sie die Nutzungs- und Datenschutzbedingungen. Klicken Sie auf **Installieren**.

Abbildung 18.91 *»MSN Video« bietet kostenloses Streaming-Video an.*

3 Rufen Sie nach erfolgter Installation die Clips über das Menü auf. Sie können Nachrichten, kuriose Meldungen und verschiedene andere Videos anschauen.

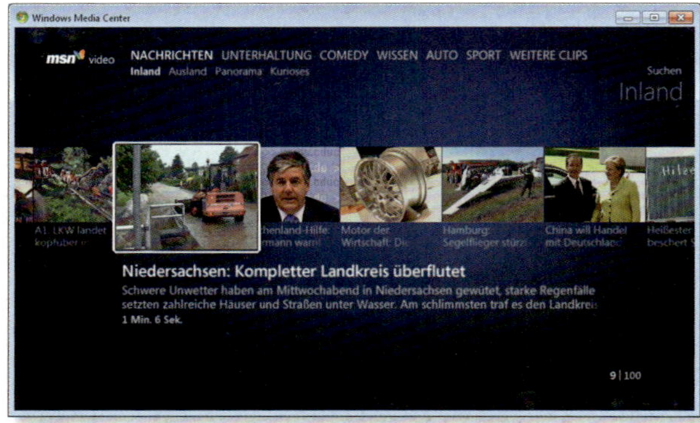

Abbildung 18.92 *Mit »MSN Video« können Sie eine Reihe von Clips abrufen.*

Weitere Web-TV- und -Radiosender abrufen

MSN Video ist nicht der einzige TV-Streamingsender, den Sie mit dem Windows Media Center nutzen können. Gehen Sie mit der Taste [↑] bis zum Menü **Extras**. Begeben Sie sich hier einen Schritt nach rechts, und öffnen Sie die **Galerie**. Hier finden Sie 15 weitere Sender, die Sie empfangen können.

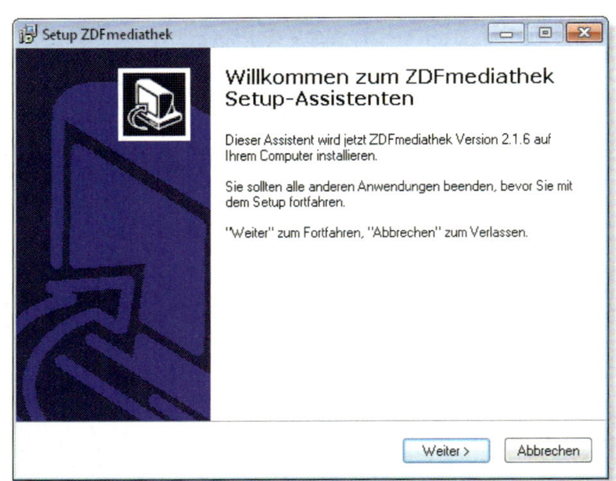

Abbildung 18.93 *Bei einigen Streamingsendern müssen Sie zunächst ein kleines Programm installieren.*

Das aktuelle Programm abrufen

Unter **TV > TV-Programm** können Sie ein Programm der Internet-TV-Sender abrufen. Leider ist dies nur eine Übersicht von MSN Video. Daher ist die Bezeichnung »TV-Programm« auch falsch.

Abbildung 18.94 *Eine Anzahl weiterer Sender finden Sie in der Galerie.*

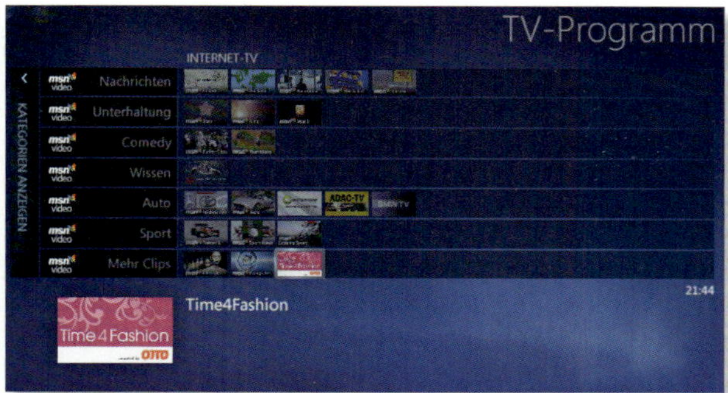

Abbildung 18.95 *TV-Programmübersicht oder eine MSN-Infoseite? Werfen Sie einen Blick darauf, und entscheiden Sie selbst.*

Abbildung 18.96 *Flasche Bier oder anderen Alk her. Dann Werner gucken.*

DVD-Filme mit dem Windows Media Center sehen

Haben Sie bereits Filme in Ihrer Medienbibliothek, so können Sie deren Ordner dem Windows Media Center mitteilen. Über die **Filmbibliothek** rufen Sie dann diese Videodateien ab.

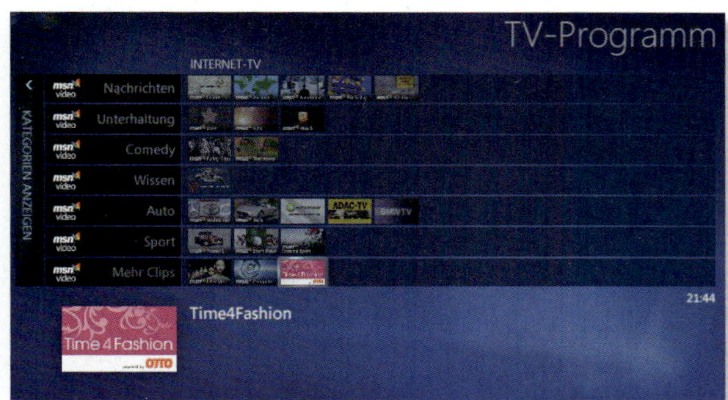

Abbildung 18.95 *TV-Programmübersicht oder eine MSN-Infoseite? Werfen Sie einen Blick darauf, und entscheiden Sie selbst.*

Um einen DVD-Film wiederzugeben, gehen Sie wie folgt vor:

1 Legen Sie die Film-DVD ein.

2 Wählen Sie **Filme > DVD wiedergeben**. Und schon geht's los. Mehr ist nicht notwendig.

Bilder und Videos wiedergeben

1 Wählen Sie **Bilder und Videos**. Öffnen Sie mit [↵] die **Bildbibliothek**.

2 Wählen Sie den Datenträger und den Ordner, in dem sich die Bilddateien befinden, die Sie betrachten wollen

Abbildung 18.97 *Das Windows Media Center eignet sich auch als Bildbetrachtungsprogramm.*

Über das Kontextmenü können Sie Details zu dem angezeigten Bild abrufen. Sie können ein Bild drehen und es direkt auf CD/DVD brennen. Für Letzteres würde ich nicht das Windows Media Center bemühen. Das können Sie über den Windows-Explorer, den Media Player oder ein Brennprogramm besser tun. Auch der DVD Maker ist für diese Aufgabe eine gute Wahl.

Außerdem lässt sich parallel zu den angezeigten Bilddateien eine Musik abspielen. Wer mag, kann auch verschiedene Einstellungen vornehmen.

Die Navigation erfolgt mit den Pfeiltasten. Auf diese Weise wechseln Sie zum nächsten Bild. Möchten Sie den Bildwechsel dem Programm überlassen, richten Sie über das Einstellungsmenü eine Diashow ein.

Für die Wiedergabe von Videos verwenden Sie die Videobibliothek. Die Bedienung und Navigation ist ähnlich einfach wie bei der Bild- und Musikbibliothek.

Kapitel 19
Spielen mit Windows 7

Windows 7 eignet sich hervorragend, um sich mit kleinen und großen Spielen die Zeit zu vertreiben. Sie finden bereits eine kleine Auswahl an Games in Ihrem Windows 7-Betriebssystem.

Wenn Sie Computerspiele mögen, bei denen Sie länger Spaß haben und sich langsam mit dem Spiel vertraut machen können, so können Sie diese im Handel erwerben. In diesem Kapitel möchte ich vor allem die Spiele vorstellen, die dem Betriebssystem bereits beiliegen.

Im zweiten Teil des Kapitels zeige ich Ihnen, wie Sie mit den Jungendschutzeinstellungen von Windows 7 festlegen können, was Ihr Kind spielen kann und was nicht. Ich zeige Ihnen, wie Sie sowohl Spiele wie auch Anwendungen freigeben oder auch blockieren können. Sie lesen, wie Sie ein Zeitlimit für die Nutzung des Rechners definieren und so die Zeit einschränken, in der ein Anwender den Windows-Rechner nutzen kann.

Zum Ende des Kapitels erfahren Sie, wie Sie den Inhaltsratgeber des Internet Explorers und die Datenausführungsverhinderung nutzen.

19.1 Windows-Spiele: Unterhaltung für Zwischendurch

Von den kleinen Spielen, die Windows 7 bereits beiliegen, sollten Sie keine tiefgründige Unterhaltung erwarten. Sie werden hier kein *Might & Magic*, kein *Skrym, Starcraft* oder *Civilisation* vorfinden. Dennoch kann mit dem einen oder anderen Spielchen eine lange Zugfahrt oder ein regnerischer Urlaubstag überbrückt werden.

Im Startmenü finden Sie einen eigenen Eintrag für alle Windows 7-Spiele.

Abbildung 19.1 *Eine kleine Anzahl von Spielen ist bereits in Windows 7 enthalten.*

Enthalten sind hier die folgenden Games und Inhalte:

- Chess Titans
- FreeCell
- Hearts
- Internet-Backgammon
- Internet-Dame
- Internet-Spades
- Mahjong Titans
- Minesweeper
- Purble Place
- Solitär
- Spider Solitär
- Spielexplorer
- Weitere Spiele von Microsoft

Chess Titans

Schach kennen Sie sicherlich. Sie müssen sich nicht *Chessmaster* oder *Fritz* kaufen, sondern finden bereits ein kleines Schachspiel in Windows 7. Wie spielstark das ist, kann ich leider nicht beurteilen. Für ein kleines Spiel zwischendurch wird es sicherlich genügen.

Über das Menü wählen Sie, ob Sie gegen den Computer oder einen anderen Mitspieler spielen wollen. In der Statistik sehen Sie, wie viele Spiele Sie in einer Spielstufe gespielt haben. Angezeigt wird, wie viele davon gewonnen, wie viele unentschieden und wie viele verloren waren. Es gibt hier auch Infos zu den Glücks- und Pechsträhnen und der längsten Unentschieden-Phase. Die Statistik ist ein gutes Hilfsmittel, wenn Sie öfter spielen und sich durch die einzelnen Spielstufen spielen.

Chess Titan bietet Ihnen zehn verschiedene Spielstufen. Wenig erfahrene Spieler beginnen mit der Stufe 1. Mit einem Schieberegler können Sie im Dialog **Optionen** die Spielstufe verändern. In den unteren Spielstufen macht der Rechner viele Fehler, und es ist durchaus möglich, zu gewinnen.

Einen Schieberegler verwenden Sie ebenfalls, um die Grafikqualität nach oben oder unten zu regulieren. Über Optionsschaltflächen legen Sie fest, ob Animationen angezeigt und Soundelemente wiedergegeben

< ***Abbildung 19.2*** *Wie wäre es mit einer Partie Schach?*

werden. Sie können, wenn Sie möchten, die Tipps ausschalten. Das Speichern der Spiele beim Beenden des Programms ist in der Vorgabeeinstellung nicht angeschaltet. Das gilt auch für die Möglichkeit, unterbrochene Spiele fortzusetzen. Beide Optionen sollten Sie auswählen. Für wenig erfahrene Spieler und Gelegenheitsschachspieler zeigt Chess Titans gültige Züge an. Ebenso wird der letzte Zug angezeigt.

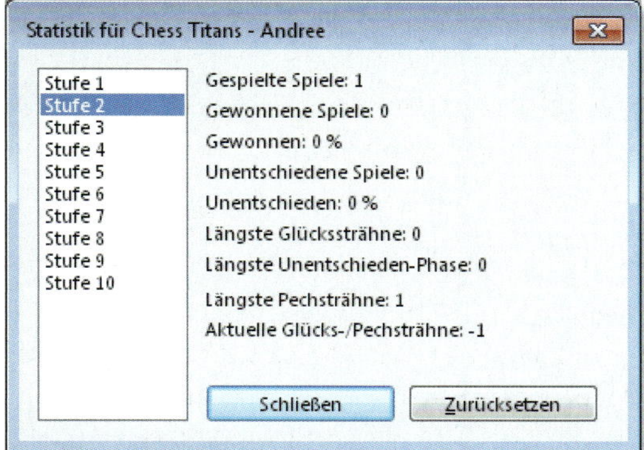

Abbildung 19.3 Die Statistik zeigt, wie gut Sie spielen und welche Fortschritte Sie machen.

In den **Optionen** wählen Sie auch, ob Sie bei einem Spiel gegen den Computer die weißen oder die schwarzen Figuren nehmen.

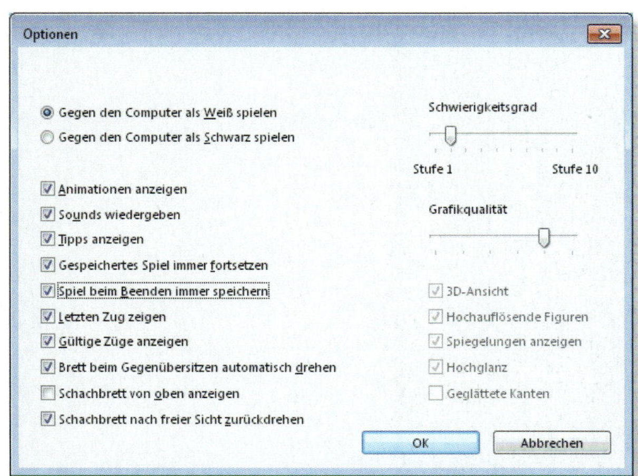

Abbildung 19.4 In diesem Dialog richten Sie das Schachprogramm ein.

Über **Darstellung ändern** können Sie zwischen den Figurenstilen **Porzellan**, **Milchglas** und **Holz** wählen. Spielbretter stehen in den Typen **Porzellan**, **Marmor** und **Holz** zur Verfügung. Wer mag, kann über eine Option die Auswahl auch dem Computer überlassen.

Über die Tastenkombination Strg + Z oder das Menü **Spiel** können Sie übrigens den letzten Zug rückgängig machen.

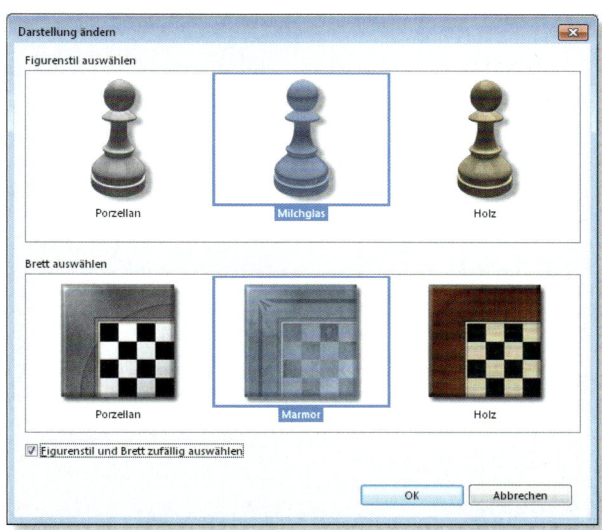

Abbildung 19.5 Für Figuren und Schachbretter gibt es je drei unterschiedliche Darstellungsweisen.

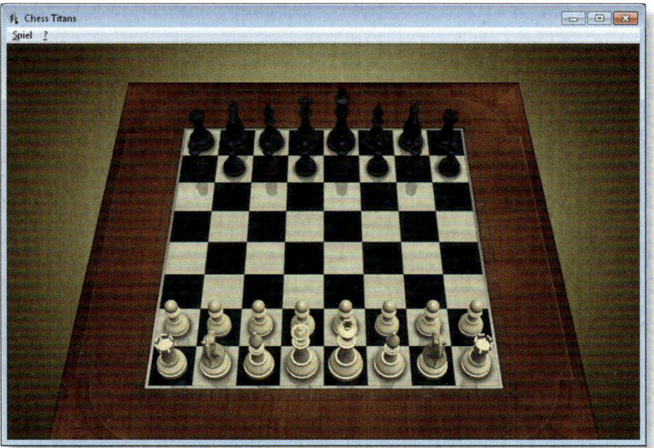

Abbildung 19.6 Das Holzbrett mit den Figuren aus dem gleichen Material wirkt klassisch und robust.

FreeCell

FreeCell ist ein Kartenspiel. Dieses Patience-Spiel ist sehr einfach. Zu Beginn mischt der Computer die Karten und gibt sie offen, in acht Stapeln aus. Sie müssen diese Karten umlegen. Es geht darum, zuerst die Asse auf die vier Felder oben rechts zu schaffen und darauf die Karten von Zwei bis König zu stapeln. Die vier Felder links sind Reserveplätze, auf denen Sie einzelne Karten zwischenparken können. Einzelne Karten oder auch ganze Stapel können verschoben und woanders angelegt werden. Dabei muss der Kartenstapel aber eine absteigende Reihenfolge haben, und die Farben Rot und Schwarz müssen sich abwechseln.

Über das Menü kann ein Spiel anhand einer Nummer ausgewählt werden. Sie können sich Tipps geben lassen, eine Statistik einsehen und verschiedene Optionen einstellen: Sie können Animationen und Sound an- oder abschalten. Sie können wählen, ob Tipps verfügbar sind oder nicht. Wenn Sie möchten, können Sie das Programm dazu veranlassen, dass ein Spiel beim Beenden festgehalten wird und dass die Möglichkeit besteht, gespeicherte Spiele fortzusetzen.

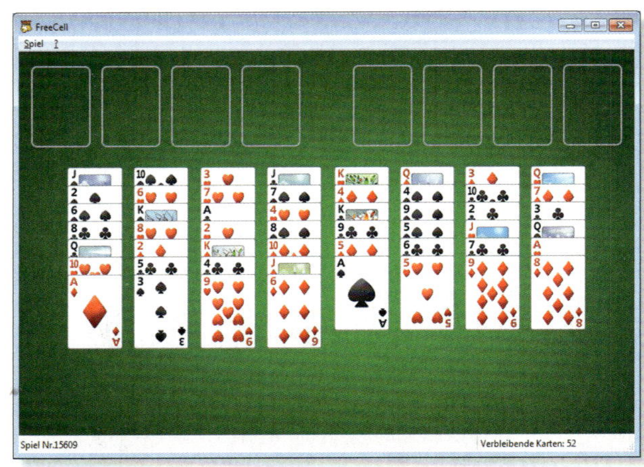

Abbildung 19.7 *Sortieren Sie diese Karten um.*

Auch bei diesem Spiel lässt sich die Darstellung verändern. So können Sie zwischen fünf Hintergrundmotiven wählen. Möglich ist klassischer Filz, rote Herzen, grüne Natur, roter Filz und brauner Filz. Auch bei den Karten gibt es verschiedene Gestaltungen. Sie wählen zwischen **Klassischen Karten**, **Herzkarten**, **Jahreszeitenkarten**, und **Grußdruckkarten**. Wer möchte, kann die Auswahl des Hintergrundes und der Karten dem Programm überlassen.

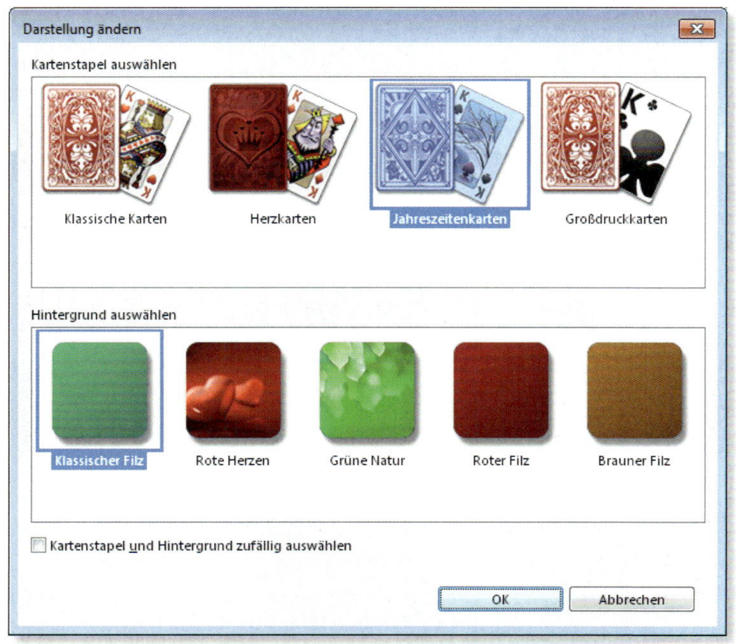

Abbildung 19.8 *Wenn Sie möchten, können Sie den Hintergrund und die Gestaltung der Karten verändern.*

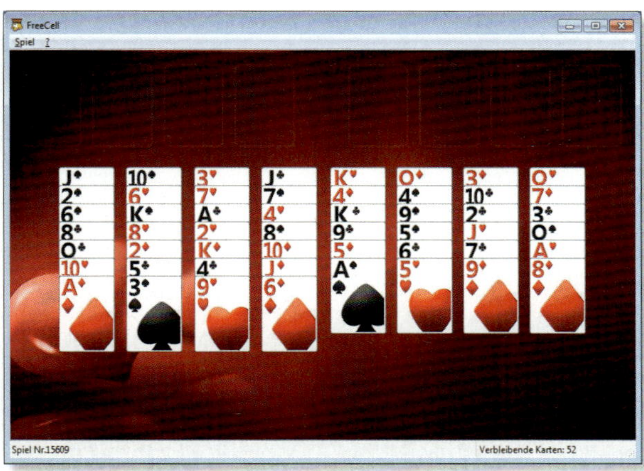

Abbildung 19.9 *Na ja. Das gefällt mir eigentlich nicht so besonders.*

Hearts

Bei diesem Spiel verteilt der Computer die Karten in vier Zonen. Ihre Karten sehen Sie am unteren Rand aufgedeckt. Das Spiel ist eigentlich ziemlich einfach. In jeder Runde muss die gelegte Farbe gespielt werden. Die höchste Karte gewinnt die Runde. Man sagt, sie macht den Stich. Das heißt, sie bekommt alle Karten dieser Runde. Das Ziel des Spieles ist es, so wenig Punkte wie nur möglich zu haben.

In der ersten Runde entscheiden Sie sich für einige Karten, die Sie nicht behalten wollen. Klicken Sie diese mit der Maus an. Anschließend wählen Sie die Pfeilschaltfläche und geben so die gewählten Karten an den Nachbarn weiter. Es werden je drei Karten weitergegeben. Eine Ausnahme ist die vierte Runde. Hier werden keine Karten weitergereicht.

Der Spieler mit der Kreuzzwei beginnt anschließend mit dem Ausspielen der Karte. Die Kreuzzwei wird ausgespielt. Nun müssen die anderen Spieler ebenfalls eine Karte ausspielen. Sie müssen eine Karte mit der gleichen Farbe ausspielen wie der Spieler, der die Runde begonnen hat. Nur dann, wenn Sie keine Karte mit der gleichen Farbe haben, können Sie eine andere spielen. Dabei gilt es darauf zu achten, dass Sie beim ersten Stich die Farben Herz oder die Pikdame nicht spielen.

Die Einstellungen im Menü des Spiels ähneln denen von FreeCell. Zusätzlich können Sie die Namen der Computerspieler verändern. In der vorgegebenen Einstellung heißen diese **West**, **Nord** und **Ost**. Am Ende gewinnt der Spieler, der die wenigsten Punkte erhalten hat.

Abbildung 19.10 *Hearts ist ein einfaches, sehr schnelles Spiel.*

Internet-Backgammon

Wenn Sie dieses Spiel starten, erhalten Sie zunächst eine Information. Sie spielen hier nicht gegen den Computer, sondern es werden Mitspieler über eine Internetverbindung gesucht. Dabei werden einige Computerinformationen und eine eindeutige Identifikationsnummer an Microsoft gesendet.

In einem weiteren Hinweis erfahren Sie, dass keine Informationen dazu verwendet werden, um Sie zu identifizieren oder einen Kontakt mit Ihnen aufzunehmen. Wenn Sie mit diesen Voraussetzungen einverstanden sind, steht dem Spielspaß nichts mehr im Wege. Entfernen Sie das Häkchen aus dem Optionskästchen **Jedes Mal anzeigen**, um diesen Hinweisdialog nicht mehr zu erhalten, und klicken Sie auf die Schaltfläche **Spielen**.

Abbildung 19.11 *Zu Beginn erhalten Sie eine kurze Information.*

Natürlich ist eine Voraussetzung für dieses Spiel, dass eine Verbindung ins Internet besteht. Das Spiel eignet sich daher nicht dazu, sich die Zeit während einer Zug- oder Busfahrt zu vertreiben, bei der die Qualität der Internetverbindung schwankt oder bei der sie stellenweise nicht verfügbar ist.

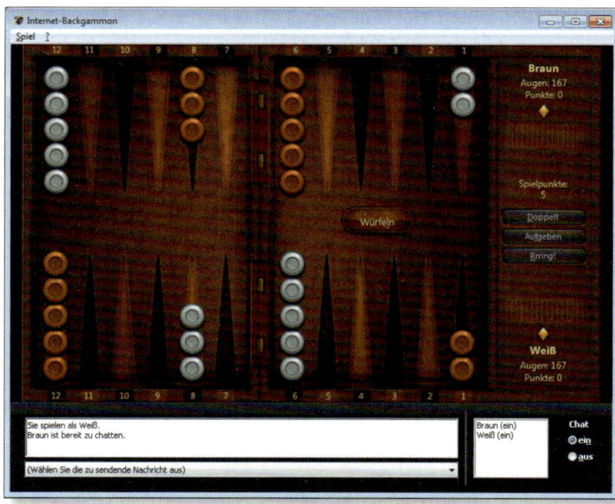

Abbildung 19.12 *Spielen Sie ein bekanntes, klassisches Spiel über das Internet gegen einen anderen Mitspieler.*

Ihr Rechner stellt eine Verbindung zu einem Server her und startet ein neues Spiel. Am unteren Rand sehen Sie, welche Farbe Sie spielen. In der Eingabezeile können Sie Chat-Nachrichten an Ihren Spielpartner senden.

Über das Menü können Sie einen von drei Schwierigkeitsgraden wählen. Auch hier stehen verschiedene Gestaltungen für die Spielsteine und das Spielbrett zur Verfügung. Die Auswahl gleicht dabei der beim Schachspiel.

Internet-Dame

Wie der Name dieses Spiels verrät, handelt es sich hierbei um eine Internetversion des bekannten Spiels Dame. Ähnlich wie bei Backgammon erhalten Sie zunächst einen Informationsdialog, der Sie darüber informiert, dass für das Spiel eine Internetverbindung notwendig ist und dass eine eindeutige Identifikationsnummer an Microsoft übertragen wird. Anschließend nimmt Ihr Rechner Kontakt mit einem Spieleserver auf und sucht einen geeigneten Spielpartner. Auch bei diesem Spiel können Sie verschiedene Varianten der Spielsteine und dss Spielbretts wählen. Die Auswahl gleicht hier der des Schachspiels.

Abbildung 19.13 *Das Spiel stellt eine Verbindung mit dem Spieleserver her und sucht einen Mitspieler.*

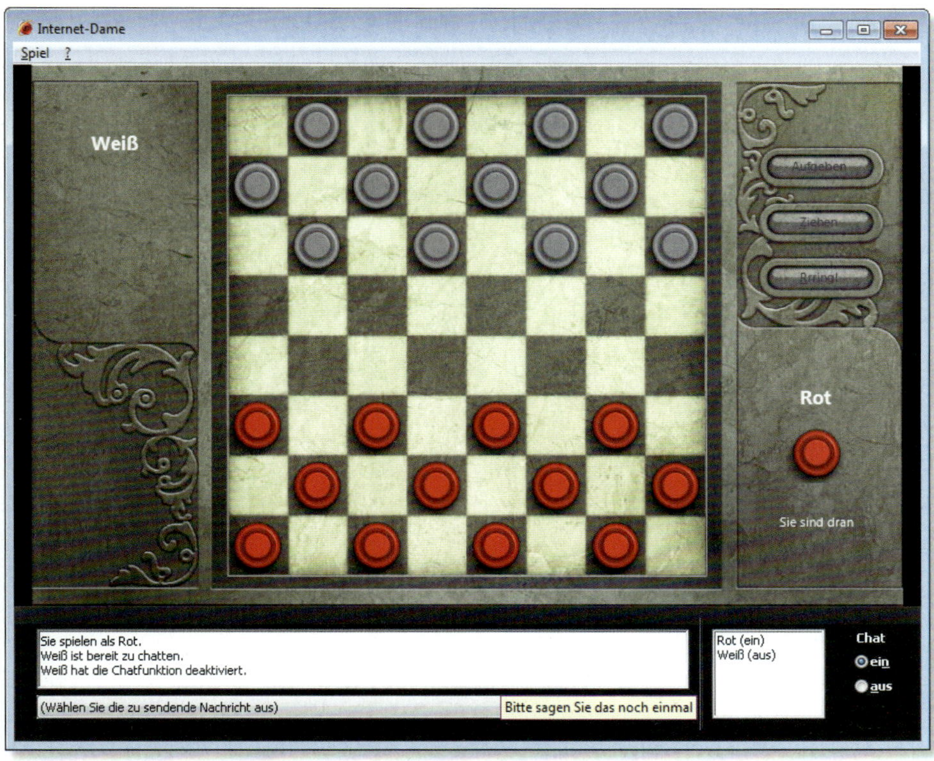

Abbildung 19.14 *Wer mag, kann mit einem Spielpartner von irgendwoher eine Runde Dame spielen.*

Es gibt sicherlich anspruchsvollere Internetspiele, bei denen Sie fantasievolle Schlachten schlagen und Ihr strategisches Geschick mit einem anderen Spieler messen können. Dennoch findet sich bei dem Microsoft-Game fast immer ein Spielpartner, mit dem Sie eine kleine Runde spielen können.

Internet-Spades

Bei Internet-Spades Spiel handelt es sich um ein Kartenspiel, das Sie mit einem anderen Partner über eine Internetverbindung spielen können.

Achten Sie beim Nutzen der Internetspiele darauf, dass eine aktive Firewall eine Verbindung und das Übertragen der notwendigen Spieledaten auch zulässt.

Abbildung 19.15 *Auch das kann passieren: Ein Fehler sorgt dafür, dass eine Verbindung nicht möglich ist.*

Mahjong Titans

Dieses chinesische Spiel kennen Sie vielleicht. Spielsteine mit unterschiedlichen asiatischen Zeichen müssen nacheinander entfernt werden, bis die Figur aufgelöst ist und kein Spielstein mehr auf dem Feld vorhanden ist. Zu Beginn erhalten Sie die Auswahl zwischen sechs verschiedenen Layouts. Was auf den ersten Blick einfach und langweilig klingt, ist durchaus ein langwieriges und spannendes Spiel. Sie müssen die Figuren genau betrachten, um die Spielsteine zu finden, die entfernt werden können. Es ist notwendig, auch etwas vorauszudenken. Tut man das nicht, gelangt man leicht in eine Position, in der das Spiel nicht mehr zu gewinnen ist.

Entfernt werden können immer zwei identische Spielsteine. Diese müssen freiliegen. Die asiatischen Zeichen auf den Spielsteinen machen das Finden der Steine, die Sie wegnehmen können, nicht gerade leicht. Doch das ist auch gut so. Auf diese Weise finden Sie ein anspruchsvolles Spiel vor. Ein guter Nebeneffekt dieses Games ist, dass man hier kostenlos Aufmerksamkeit und Orientierungsvermögen trainieren kann. Da es kein Zeitlimit gibt, können Sie sich in aller Ruhe das Spielbrett anschauen und die zu entfernenden Steine suchen. Mit diesem Spiel finden Sie auch etwas Ruhe. Gerade bei einem hektischen Arbeitsleben lohnt es sich, sich einmal eine Stunde Ruhe zu gönnen. Womöglich war das auch ein Grund dafür, dass die Chinesen sich vor langer Zeit dieses Spiel ausgedacht haben.

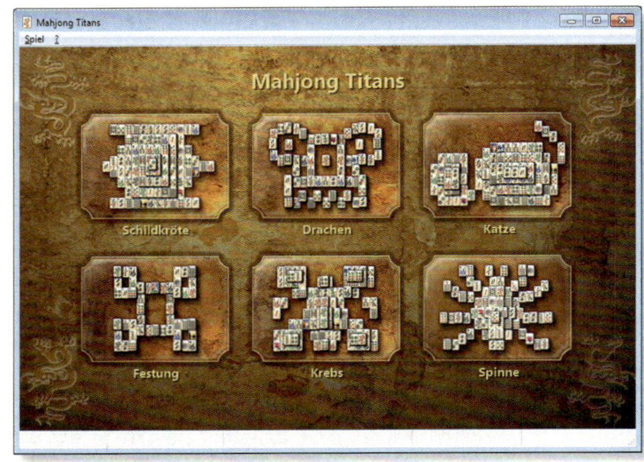

Abbildung 19.16 *Hier spielen Sie nicht Domino, sondern ein anstrengendes asiatisches Spiel.*

Abbildung 19.17 *Da die Steine jedes Mal neu angeordnet werden, ist kein Spiel wie das andere.*

Wer möchte, kann sich über das Menü Tipps geben lassen. Sie können den letzten Spielzug rückgängig machen. Wenn Sie mehr wissen möchten, zum Beispiel, wie oft Sie verloren oder gewonnen haben, können Sie einen Blick in die Statistik des Spiels werfen.

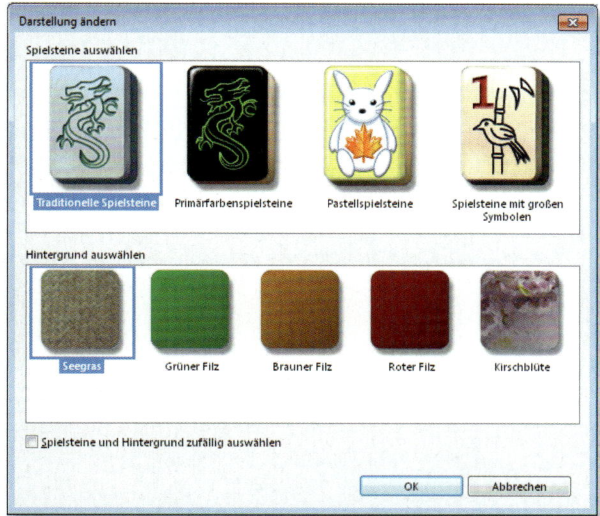

Abbildung 19.18 *Sie können zwischen vier verschiedenen Spielsteinen und fünf Untergründen wählen.*

Bei Mahjong Titans stehen selbstverständlich auch verschiedene Motive für die Gestaltung der Spielsteine und des Hintergrundes zur Verfügung.

Abbildung 19.19 *Pastell-Spielsteine mit dem Hintergrund »Kirschblüte« und dem Layout »Katze«.*

Minesweeper

Minesweeper kennen Sie vielleicht aus den Anfangstagen von Windows. Es ist und war Bestandteil einer jeden Windows-Edition. Zu Beginn wählen Sie einen von drei Schwierigkeitsgraden. Je höher der Schwierigkeitsgrad ist, umso mehr Minen lauern auf einem umso größeren Spielfeld .

Das Prinzip dieses Spiels ist ziemlich einfach: Auf einem rasterförmigen Spielfeld sind Minen versteckt. Sie wissen nicht, auf welchen Feldern eine Mine liegt und auf welchen keine Gefahr besteht. Klicken Sie mit der Maus auf eines der Felder, zeigen Ziffern an, wie viele Minen sich im Umkreis befinden. Aus diesen Informationen müssen Sie schlussfolgern, auf welchem Feld sich höchstwahrscheinlich eine Mine befindet. So gilt es nach und nach die Felder, die frei von Minen sind, aufzudecken. Wenn Sie ein Feld mit einer Miene erwischen, gilt das Spiel als verloren.

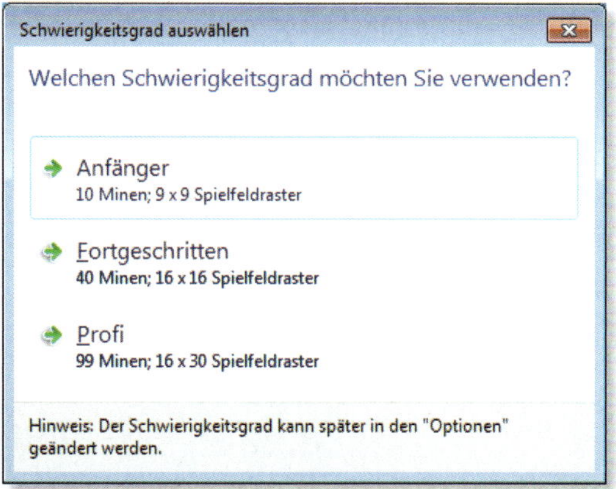

Abbildung 19.20 *Drei Schwierigkeitsgrade stehen zur Verfügung.*

Diese Spielregeln sind sehr einfach, unterhalten jedoch durchaus für einige Zeit.

Über die Einstellungen können Sie zwischen zwei verschiedenen Darstellungen wählen. Beim Layout **Blumengarten** werden die Minen mit kleinen Blümchen dargestellt. Blumen hin oder her – auch hier müssen Sie darauf achten, dass Sie nicht auf eines der Felder mit einer Blume klicken.

Abbildung 19.21 *Eckpunkte mit Minen lassen sich sehr leicht finden.*

Purble Place

Hinter Purble Place verbergen sich drei kleine Spiele, die sich vor allem an jüngere Anwender richten. Bei *Comfy Cakes* übernehmen Sie die Aufgabe, in einer Bäckerei einen Kuchen zu backen, der von einem Kunden bestellt worden ist. Sie müssen genau die richtigen Zutaten auswählen und so aus Formen, Füllungen, Glasuren und Dekorationen den bestellten Kuchen zusammenstellen.

Bei *Purble Shop* geht es um das Kombinieren. In einem Regal finden Sie Haare, Augen, Nasen und Lippen. Dies alles müssen Sie verwenden, um ein Gesicht zu formen. Ein Purble ist zu sehen. Ein weiterer versteckt sich hinter einem Vorhang.

Beim letzten Spiel, mit dem Namen *Purble Pairs,* geht es darum, zwei gleiche Bilder zu finden. Sie kennen dieses Spiel vielleicht unter dem Namen *Memory*. Sie sehen eine Anzahl verdeckter Bilder vor sich und müssen diese umdrehen. Haben Sie zwei gleiche Bilder gefunden, werden diese entfernt. Sind die Bilder unterschiedlich, müssen Sie sich einfach merken, wo sich welches Bild befand, um es beim nächsten Mal richtig zu machen.

In diesen bunten und sehr einfachen Spielen geht es darum, verschiedene Dinge miteinander zu kombinieren und sich einige Sachen zu merken. Einstellmöglichkeiten gibt es in diesen Spielen nur wenige. Sie können zwischen drei Schwierigkeitsgraden wählen und die Statistik einsehen. Aber wer will sich beim Spielen schon mit zahllosen Einstellungsmöglichkeiten beschäftigen?

Abbildung 19.22 *Knallbunt, so präsentiert sich dieses Spiel.*

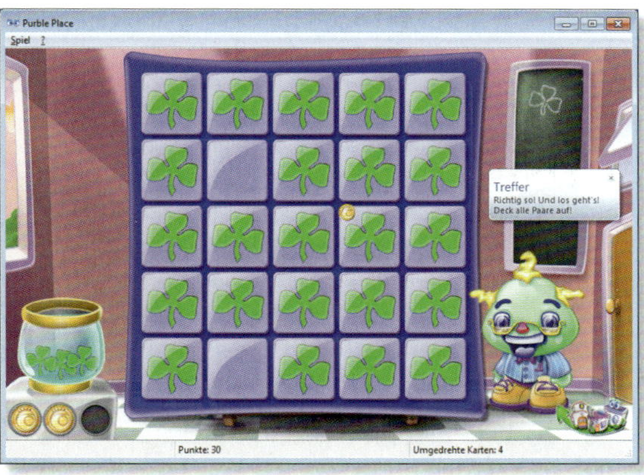

Abbildung 19.23 *Purple Pairs – zwei hab ich schon gefunden.*

Solitär

Das Kartenspiel *Solitär* kennen Sie bestimmt. Der Computer legt alle Karten in acht Stapeln ab, und Sie müssen diese nun umlegen. In den markierten Feldern beginnen Sie mit dem Ass. In den einzelnen Kartenstapeln werden die Karten von hohen zu niedrigen Werten umsortiert. Dabei ist zu beachten, dass hier jeweils die Farbe Rot und Schwarz wechselt. Das Spielprinzip ist ziemlich einfach. Dennoch braucht es ein wenig Übung und Geschick, um die Karten so zu verschieben, bis das Spiel aufgelöst wird und Sie gewonnen haben.

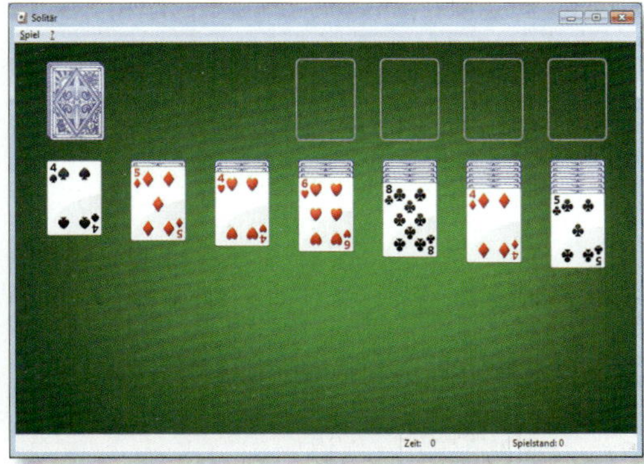

Abbildung 19.24 *Solitär gehörte schon immer zu Windows dazu.*

Über den Einstellungsdialog können Sie sich entscheiden, ob Sie eine oder drei Karten ziehen. Auf Wunsch zählt das Programm die Punkte und stoppt die Zeit, die Sie zum Spielen benötigen. Sie können sich Tipps anzeigen lassen und Animationen und Sounds an- oder abschalten. Wer mag, kann ein gespeichertes Spiel später wieder fortsetzen und eine Option wählen, mit der ein Spiel beim Beenden automatisch gespeichert wird. Die Darstellung der Karten und des Untergrundes gleicht der anderer Windows 7-Kartenspiele.

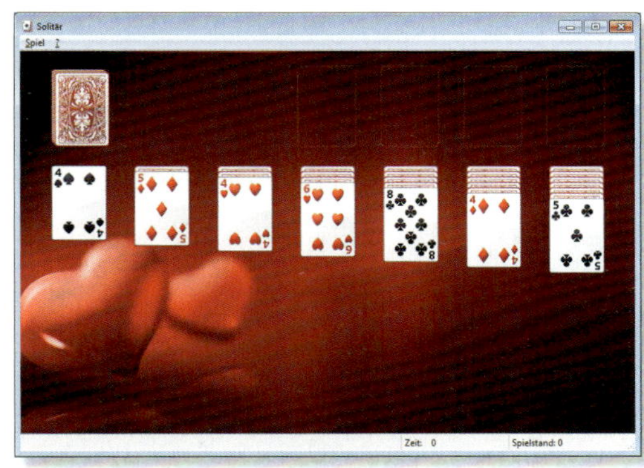

Abbildung 19.25 *Klassische Karten mit einem roten Herzchen-Untergrund*

Spider Solitär

Bei dieser Solitär-Variante stapeln Sie die Karten von König nach Ass. Zu Beginn wählen Sie einen von drei Schwierigkeitsgraden. Einstellungen und Möglichkeiten entsprechen denen des Standard-Solitärs. Auch hier werden die Karten per Drag & Drop bewegt. Und auch hier müssen Sie vorausschauend spielen.

Abbildung 19.26 *Solitär auf eine andere Art*

Der Spieleexplorer

In dieser angepassten Variante des Windows-Dateimanagers werden die Windows 7-Games und weitere installierte Spiele aufgelistet. Der Vorteil: Sie können über einen übersichtlichen Dialog verschiedene Spiele abrufen.

Über das Menü erreichen Sie die Jungendschutzeinstellungen von Windows und verschiedene weitere Bereiche der Systemsteuerung, die für die Nutzung von Windows-Games interessant sind. Rechts unten wird der Windows-Leistungsindex angezeigt.

Markieren Sie ein Spiel, bekommen Sie den empfohlenen und notwendigen Leistungsindex angezeigt. In zwei weiteren Registern werden ein Hinweis zur Altersbeschränkung und eine Statistik angezeigt.

Nicht jedes Spiel wird in diese Übersicht eingefügt. Einige müssen Sie nach wie vor über das Menü starten.

Über Optionen können Sie festlegen, ob Grafiken zu den installierten Spielen aus dem Internet geladen werden können. Sofern Sie die Möglichkeit nicht ausschalten, werden Updates und Neuigkeiten automatisch gesucht. Wird Windows 7 fündig, erhalten Sie eine entsprechende Mitteilung.

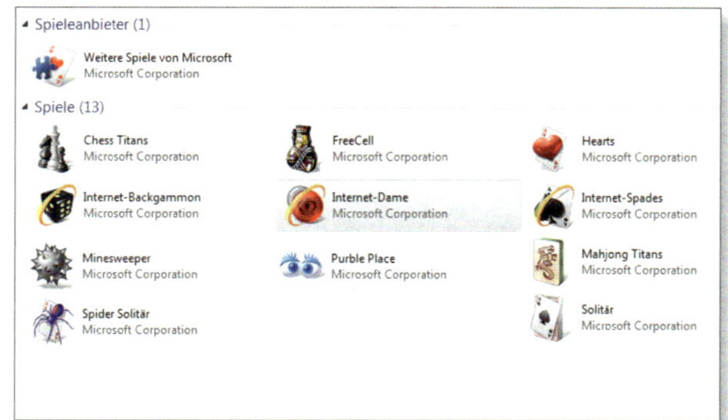

Abbildung 19.27 *Der Spieleexplorer von Windows 7.*

Der Spieleexplorer ist ein nettes Feature. Begeisterung kommt bei mir jedoch nicht auf. Für seine Lieblingsspiele kann man auch ein Schnellstartsymbol auf dem Desktop ablegen.

Weitere Spiele von Microsoft

Diese Funktion lässt auf eine Sammlung von netten Spielen hoffen. Leider gibt es hier nur drei kleine Games und einen Hinweis auf den Microsoft Messenger, mit dem weitere Spiele gefunden werden können.

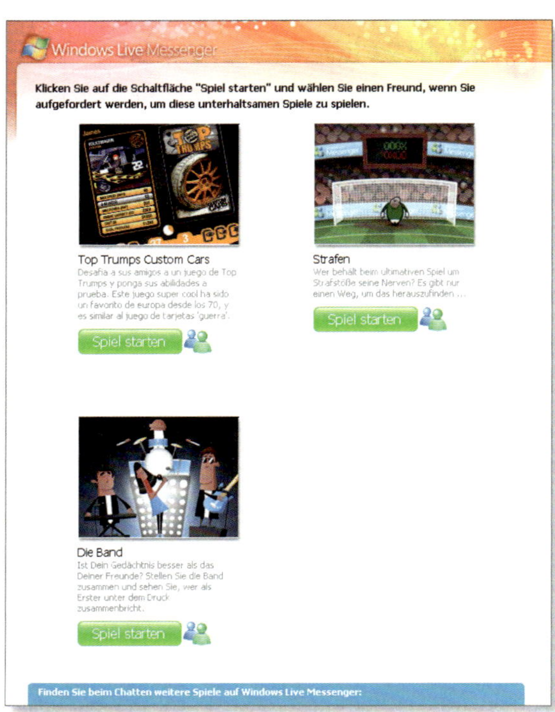

Abbildung 19.28 *Das Ganze ist eher eine Werbeseite für den Messenger von Microsoft als eine ernstzunehmende Seite mit Spielen.*

19.2 Jugendgefährdende Spiele blockieren

Ich finde, die einfachste Möglichkeit, mit jugendgefährdenden Inhalten umzugehen, ist, den angemessenen Umgang mit diesen Inhalten zu lernen. Sie müssen bedenken, dass nicht zugängliche und verbotene Inhalte erst recht interessant werden. Ich kenne das von meinem Patenkind.

Auf der anderen Seite sieht es natürlich so aus, dass dann, wenn Sie den Rechner für ein Kind nicht absichern, hier und da auch Inhalte über den Bildschirm flimmern werden, die für das Kind nicht geeignet sind. Sie müssen selbst einen geeigneten Weg finden, die jugendgefährdenden Inhalte auszusperren, aber gleichzeitig dem Kind die Möglichkeiten des Rechners und die Freiheiten des Internets zu zeigen. Bedenken Sie bitte, dass gerade beim Entdecken des Internets viele spannende Inhalte auf den Anwender warten.

Neue Dinge sorgen dafür, dass man andere wichtige Sachen vergisst und vernachlässigt. Dieser anfängliche Hunger nach dem Unbekannten lässt jedoch schnell nach. Es ist nicht meine Aufgabe, an dieser Stelle Erziehungstipps zu geben. Den richtigen Weg müssen Sie selbst finden. Überlegen Sie in aller Ruhe, wie Sie richtig vorgehen, um das Kind sowohl zu schützen als ihm auch die Möglichkeit zu geben, das eine oder andere im Internet zu entdecken.

Sprechen Sie mit Ihrem Kind, und versuchen Sie, ohne allzu altklug zu klingen, dem Kind auch die Gefahren des Internets vor Augen zu führen. So finden sich in vielen Internetforen und Chatrooms andere Kinder mit gleichen und ähnlichen Interessen. Oft verbergen sich aber auch hier schwarze Schafe, die Dummheiten oder kriminelle Aktivitäten im Sinn haben.

Gerade für jüngere Kinder gibt es eine Menge Websites, die sowohl Spiel, Spaß und Unterhaltung wie auch das Lernen fördern. Versuchen Sie, die Interessen Ihres Kindes zu füttern und ihm gleichzeitig Möglichkeiten zu geben, das ein oder andere auszuprobieren.

Bevor ich Ihnen zeige, wie Sie mit den Jugendschutzeinstellungen von *Windows Safety* umgehen, möchte ich an dieser Stelle noch erwähnen, dass Sie mit diesen Funktionen auch Mitarbeiter in kleinen Unternehmen überwachen können. Auch hier lassen sich PC- und Internetaktivitäten einschränken.

Die Jugendschutzeinstellung festlegen

In der **Systemsteuerung** finden Sie unter **Benutzerkonten und Jugendschutz > Jugendschutz** die richtigen Einstellungen. Als Anbieter ist hier *Windows Live Family Safety* vorgegeben.

Zuerst müssen Sie ein neues Konto erstellen. Mit diesem Benutzernamen und dem zugehörigen Passwort loggt sich später das Kind oder der Jugendliche ein. Auf diesen Benutzeraccount sind die Einstellungen angepasst.

Um ein neues Benutzerkonto zu erstellen, gehen Sie wie folgt vor:

1 Öffnen Sie die **Systemsteuerung**. Wechseln Sie nach **Benutzerkonten und Jugendschutz**. Wählen Sie **Benutzerkonten hinzufügen/entfernen**.

Abbildung 19.29 Ein neues Benutzerkonto wird erstellt. Dafür sind die Rechte eines Administrators notwendig.

2 Wählen Sie **Neues Konto erstellen**.

Abbildung 19.30 Unter dem Fenster mit den Konten befindet sich die Option zum Erstellen eines neuen Kontos.

3 Geben Sie eine Bezeichnung für das neue Konto ein. Lassen Sie die Option **Standardbenutzer** angeschaltet. Bestätigen Sie mit einem Mausklick auf **Konto erstellen**.

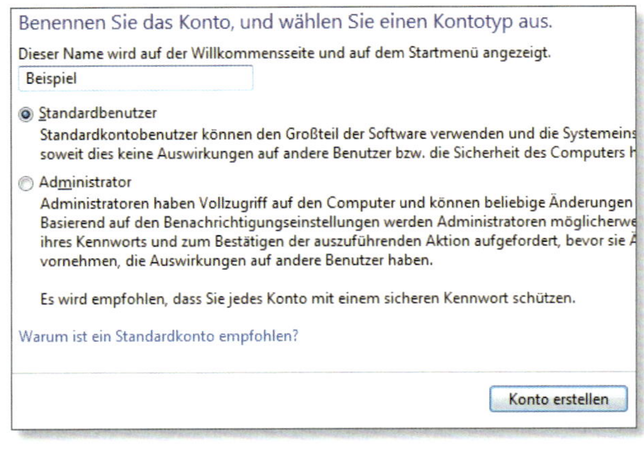

∧ ***Abbildung 19.31*** *Das neue Konto wird benannt.*

4 Zurück im Fenster **Konto verwalten** klicken Sie auf das neu erstellte Konto. Mit **Kennwort erstellen** legen Sie selbiges fest.

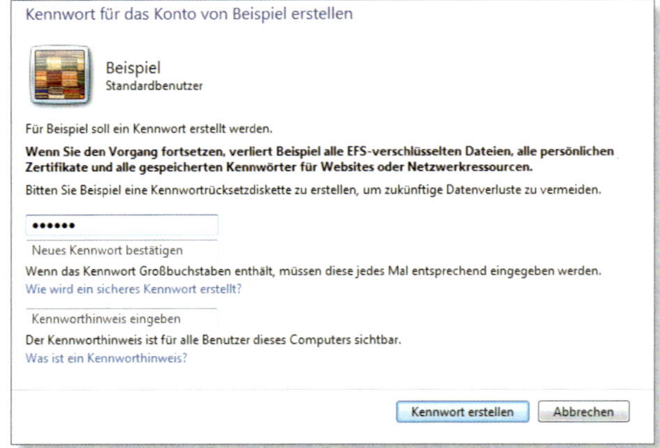

∧ ***Abbildung 19.32*** *Das Konto wird nun mit einem Passwort geschützt.*

5 Nach dem Bestätigen landen Sie wieder im Dialog **Änderungen am Konto von Kontoname durchführen**. Wählen Sie nun **Jugendschutz einrichten**.

Im Dialog **Jugendschutz** der **Systemsteuerung** wählen Sie noch einmal das Konto mit der Maus aus.

Wie Sie sehen, manchmal ist es einfach so, dass Sie bestimmte Aktionen mehrfach auswählen müssen, um zum Ziel zu gelangen.

∧ ***Abbildung 19.33*** *In manchen Dialogen von Windows 7 müssen einige Dinge mehrmals ausgewählt werden.*

6 Sie sehen nun einen Anmeldedialog vor sich. Er ähnelt dem, mit dem Sie sich bei Hotmail oder SkyDrive anmelden. Das Jugendschutzprogramm *Windows Live Family Safety* gehört ebenfalls zur Windows Live-Familie. Geben Sie Ihren Anmeldenamen und das zugehörige Passwort ein.

∧ ***Abbildung 19.34*** *Für das Nutzen des Windows 7-Jungendschutzes müssen Sie sich bei einem Windows Live-Dienst anmelden.*

7 Nach dem Einloggen sehen Sie in einem Dialog die Konten auf Ihrem Rechner. Sie entscheiden mit einem Optionskästchen, welches Sie überwachen wollen. Wählen Sie hier das Konto, was Sie zuvor erstellt haben.

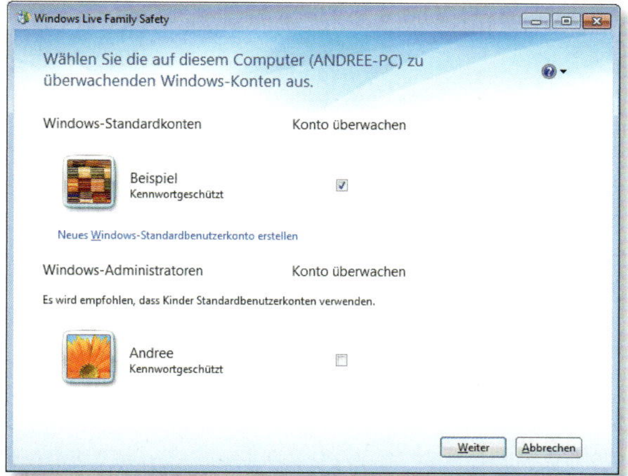

∧ ***Abbildung 19.35*** *Das erstellte Konto wird noch einmal gewählt.*

8 Über das Listenfeld wählen Sie ein vorhandenes Mitglied, das Sie bereits bei Family Safety eingerichtet haben. Gibt es ein solches nicht, wie in meinem Beispiel, ist der unterste Eintrag **Name hinzufügen** die richtige Wahl. Der gewählte Name entspricht dann dem Windows-Konto, das überwacht und geschützt werden soll. Mit **Speichern** beenden Sie den Assistenten.

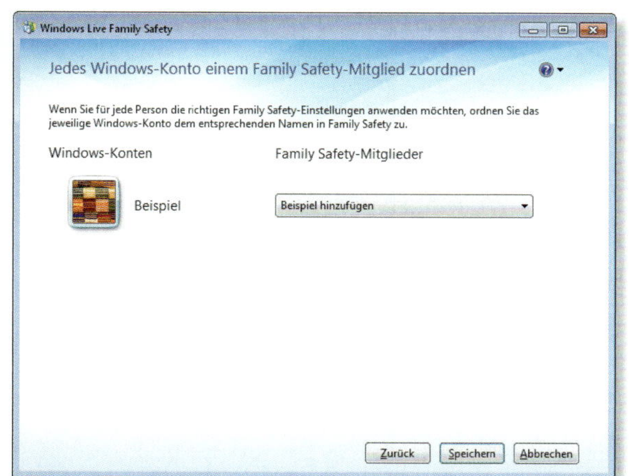

∧ ***Abbildung 19.36*** *Ein Mitglied wird ausgewählt und zu Windows Family Safety hinzugefügt.*

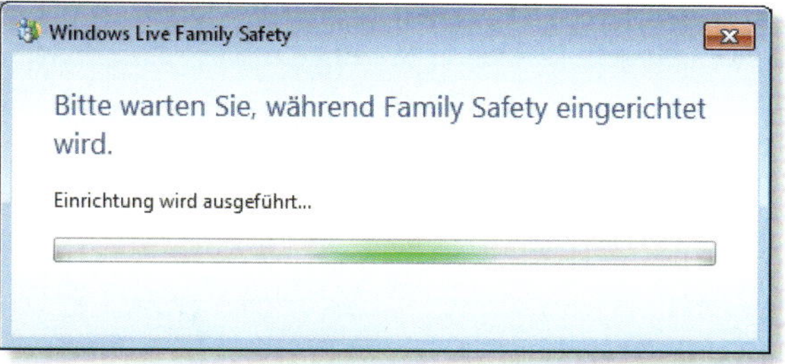

∧ ***Abbildung 19.37*** *Es dauert einen kleinen Augenblick, bis die Einstellungen erstellt worden sind.*

9 Warten Sie, bis die Kontoeinstellungen erstellt worden sind. Schließen Sie anschließend den Dialog.

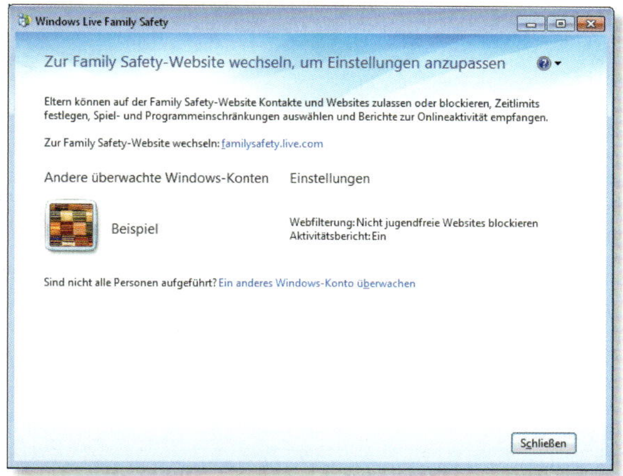

∧ ***Abbildung 19.38*** *In einem Abschlussdialog sehen Sie noch einmal eine Zusammenfassung über die Kontoeinstellungen.*

Die Einstellungen zu Windows Family Safety korrigieren

In der Systemsteuerung finden Sie unter **Benutzerkonten und Jugendschutz > Jugendschutz** alle Benutzerkonten, für die ein Jugendschutzfilter eingerichtet wurde.

Klicken Sie auf das neu eingerichtete Konto, wird Ihr Browser gestartet. Melden Sie sich bei Windows Live an. Sie gelangen auf die Family Safety-Website.

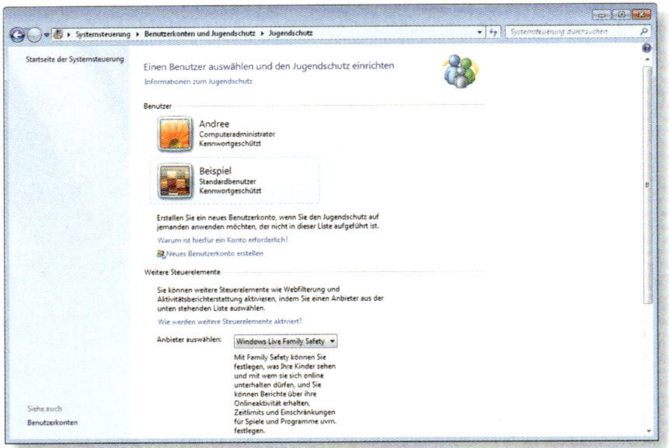

Abbildung 19.39 *Das neue Benutzerkonto erscheint nun auch in der Systemsteuerung von Windows 7.*

Sie sehen nun eine Reihe von Funktionen, die Sie nutzen können:

- **Webfilterung**
- **Aktivitätsbericht**
- **Kontaktverwaltung**
- **Anfragen**
- **Zeitlimits**
- **Spieleeinschränkungen**
- **Programmeinschränkungen**

Hinter jedem Menüpunkt sehen Sie, ob dieser angeschaltet oder ausgeschaltet ist. Schauen wir uns die einzelnen Funktionen der Reihe nach einmal an.

Webfilterung

Mit der Webfilterung werden nicht jugendfreie Websites blockiert. Microsoft vergleicht damit die aufgerufene Webadresse mit einer Datenbank. Ist in dieser eine Website enthalten, wird der Zugang gestoppt.

Die Einstellung in diesem Bereich erfolgt mit einem Schieberegler. In der Vorgabeeinstellung steht der Regler auf **Onlinekommunikation**. Hierbei ist der Zugang zu Social Communitys, Internetchats und Web-E-Mail-

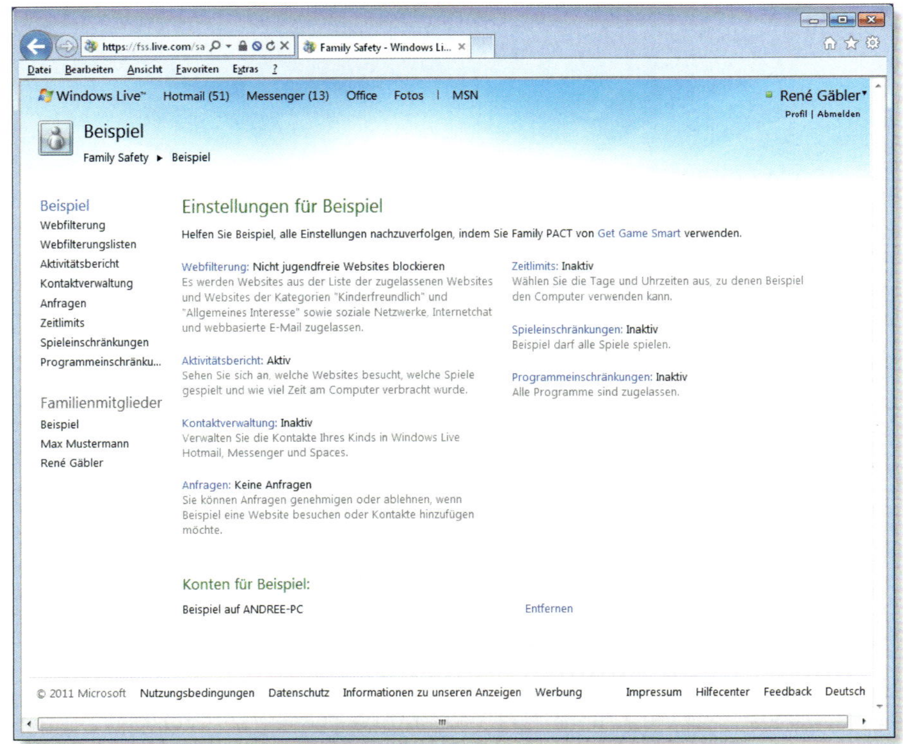

Abbildung 19.40 *Die Webfilterfunktionen sind über den Microsoft-Dienst Family Safety abrufbar. Einige Möglichkeiten ähneln den Jugendschutzfunktionen, die Sie bereits in Windows 7 finden.*

Anbietern möglich. Websites mit nicht jugendfreiem Inhalt werden blockiert.

Die unterste Stufe gibt bei nicht jugendfreien Inhalten lediglich eine Warnung aus.

Durch **Allgemeines Interesse** werden Websites mit nicht jugendfreien Inhalten blockiert. Websites, die von allgemeinem Interesse sind, werden zugelassen. Die Einschätzung, was darunter fällt, wird von diesem Dienst vorgenommen.

In der Stufe **Kinderfreundlich** werden Websites mit nicht jugendfreiem Inhalt blockiert. Websites, die von Family Safety als kinderfreundlich eingestuft werden, werden zugelassen.

Die oberste Stufe heißt **Nur Liste »Zulassen«**. Wenn Sie diese auswählen, werden alle Websites blockiert, die nicht in der Liste **Zulassen** enthalten sind.

Webfilterungslisten

Einige Funktionen finden Sie nicht auf der Startseite des Dienstes. Sie sind jedoch in dem Menü zu sehen, das Sie auf der linken Seite finden.

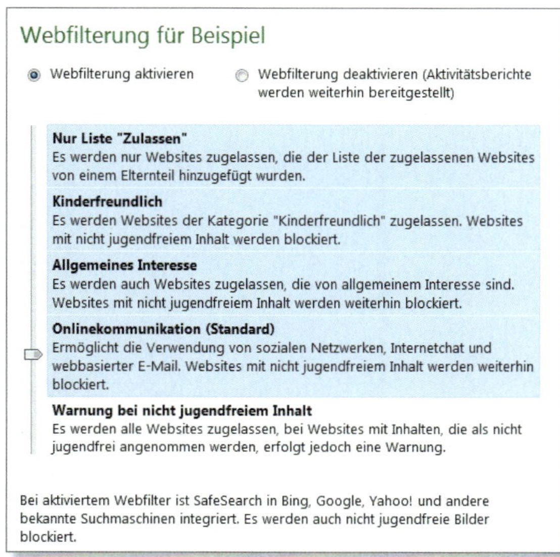

Abbildung 19.41 Die Webfilterung wird mit einem einfach zu bedienenden Schieberegler eingestellt.

Mit der Webfilterungsliste können Sie Websites zulassen oder auch blockieren. Zu Beginn ist kein Eintrag vorhanden. Sie müssen zunächst einen erstellen. Dazu tragen Sie eine Adresse in das Formularfeld und wählen **Zulassen** oder auch **Blockieren**. Im Listenfeld am Ende der Zeile können Sie wählen, ob die Website nur für eine Person zugelassen werden soll oder ob der Eintrag für alle Kinder gilt. Auch **alle Benutzer** ist möglich.

Aktivitätsbericht

In diesem Fenster sehen Sie, welche Aktionen der überwachte Benutzer ausgeführt hat. Sie sehen, ob Websites blockiert wurden, welche Internetadressen der Benutzer aufgerufen hat und wie viel Zeit er im Internet verbracht hat.

Kontaktverwaltung

Die Kontaktverwaltung zeigt an, mit wem das überwachte Kind chattet und E-Mails tauscht. Dabei werden alle Kontakte aus Windows Live Hotmail, Messenger und Spaces erfasst und aufgelistet.

Abbildung 19.42 Zwei Websites habe ich eingetragen.

Anfragen

Websiten, die blockiert wurden, können vom überwachten Benutzer angefragt werden. Stellen Sie sich dies wie einen Antrag vor: »Ich kann die Website YXZ nicht öffnen, weil sie nicht zugelassen ist. Bitte erlaube mir dies.«

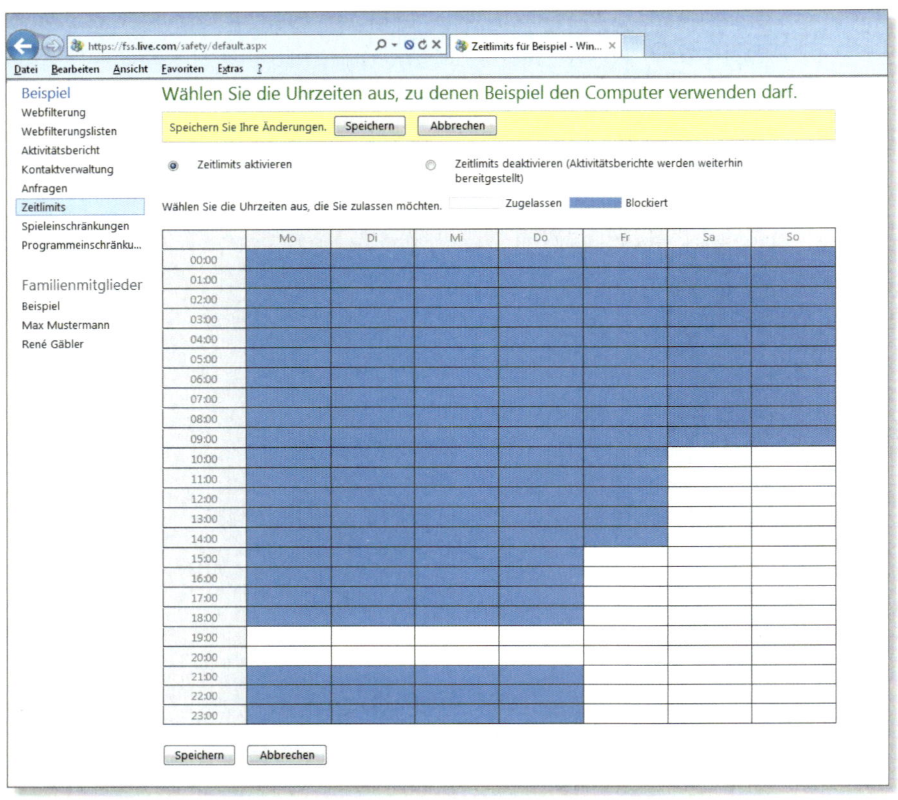

Abbildung 19.43 Klare Zeitlimits für die Nutzung des Internets sorgen dafür, dass keine »Internetsucht« entsteht, durch die Hausaufgaben und häusliche Pflichten liegenbleiben. Versuchen Sie auch, ein Belohnungs- und Bestrafungssystem umzusetzen. Schlechte Noten, weniger Internetzeit. Gute Noten, mehr Freiheiten.

Das hat vor allem auch den Vorteil, dass jugendfreie Websites, die aus Versehen vom Webfilter erfasst und als nicht jugendfrei eingestuft wurden, freigegeben werden können.

Zeitlimits

Die Zeitlimits sind zunächst ausgeschaltet. Mit der Option **Zeitlimits aktivieren** ändern Sie dies. Dies schaltet einen Stundenplan frei. Klicken Sie in jedes der Felder, die für den Internetbesuch nicht zugelassen sind. Sie werden farbig markiert. Haben Sie aus Versehen in ein Feld geklickt, hebt ein weiterer Mausklick die Markierung wieder auf.

Sie müssen natürlich nicht jedes einzelne Feld markieren. Bei gedrückt gehaltener linker Maustaste können Sie einen größeren Bereich »in einem Rutsch« markieren. Auf diese Weise blockieren Sie den Zugriff auf das Internet während der Nachtstunden. Bestätigen Sie Ihre Einstellungen mit einem Mausklick auf **Speichern**.

Spieleeinschränkungen

Die Spieleeinschränkungen sind in der Vorgabe ausgeschaltet. Schalten Sie diese an. Nun können Sie mit einem Schieberegler einstellen, welche Spiele gespielt werden dürfen. Maßgebend dafür ist die Altersbeschränkung.

Beachten Sie, dass einige Games mit einer EU-Altersbeschränkung versehen sind, die von diesem System nicht erfasst wird.

Über ein Optionskästchen können nicht bewertete Spiele zugelassen werden. Lassen Sie die Option ausgeschaltet, werden Spiele blockiert, die nicht geprüft worden sind.

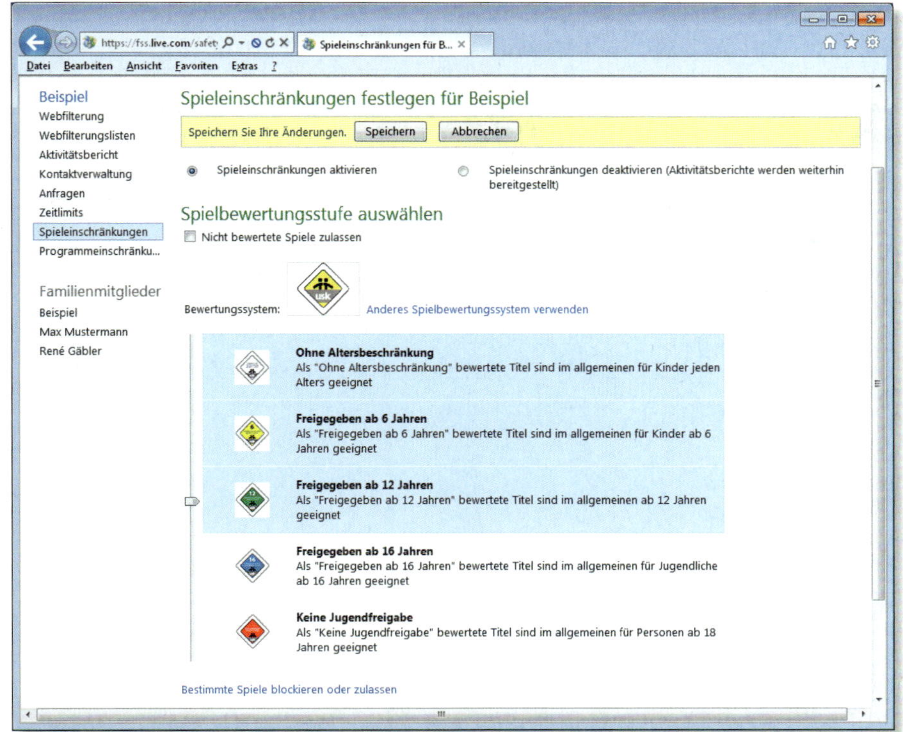

*< **Abbildung 19.44** Legen Sie fest, welche Spiele auf dem Rechner gespielt werden dürfen.*

Über einen Menülink unter dem Regler können Spiele zugelassen oder blockiert werden. Diese Funktion ist jedoch nicht wirklich sinnvoll. Es werden lediglich die Games aufgelistet, die bereits in Windows 7 enthalten sind. Diese können blockiert oder zugelassen werden, andere nicht.

Programmeinschränkungen

Auch die Programmeinschränkungen sind zunächst ausgeschaltet. Aktivieren Sie die Option, sehen Sie eine Liste mit den Anwendungsprogrammen, die auf Ihrem Rechner installiert sind. Sie finden vor jeder Anwendung ein Optionskästchen. Schalten Sie es an, wird die Anwendung blockiert. Die Liste wird beim Löschen von Anwendungsprogrammen entsprechend aktualisiert.

Beachten Sie, dass zu einer Auswahl manchmal mehrere untergeordnete Programme gehören. Sie können diese auf einmal oder einzeln blockieren.

Nach dem Bestätigen sehen Sie ein Fenster mit einer Liste der gewählten Programme.

*^ **Abbildung 19.45** In diesem Beispiel habe ich DVD Maker, GIMP und den Dateimanager FreeCommander erlaubt.*

Bestimmte Spieletypen freigeben oder blockieren

Windows 7 besitzt bereits integrierte Jugendschutzfunktionen. Auch hier können Sie Zeitlimits festlegen und die Verwendung von Spielen und Anwendungen einschränken.

Erstellen Sie zunächst ein neues Benutzerkonto. Öffnen Sie dann die **Systemsteuerung**, und begeben Sie sich mit **Benutzerkonten und Jugendschutz > Jugendschutz** in das gleichnamige Fenster. Wählen Sie ganz unten im Auswahlfeld **Anbieter auswählen** den Eintrag **(Keine)**.

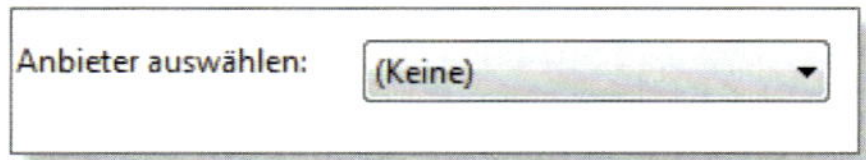

Abbildung 19.46 Um die Windows-eigenen Jugendschutzfunktion nutzen zu können, müssen Sie den vorgegebenen Internet-Anbieter deaktivieren.

Nun wird das Menü um den Eintrag **Spielefreigabe** erweitert. Wenn Sie auf den Benutzer klicken, für den der Jugendschutz eingerichtet werden soll, werden weitere Funktionen sichtbar.

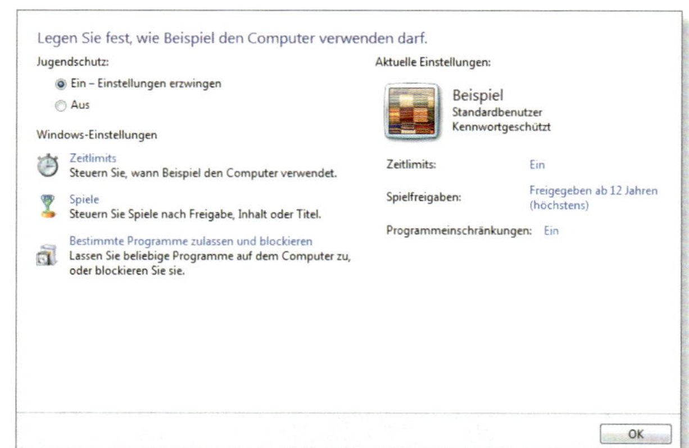

*Abbildung 19.47 Unter **Jugendschutz > Benutzersteuerung** finden Sie eine Zusammenfassung.*

So wählen Sie eine der möglichen Spielefreigaben

Wählen Sie links oben **Spielefreigabe**. Nun sehen Sie eine Liste verschiedener Altersfreigabesysteme. Mit einer Optionsschaltfläche wählen Sie, nach welchem System sich die Einstellungen auf dem Rechner richten sollen. Im deutschsprachigen Raum sind die USK und die europäische PEGI üblich.

Neuerdings finden Sie auf jedem im Handel erhältlichen Spiel Aufdrucke von beiden Freigabesystemen. Die USK finden Sie ganz unten in der Liste. Sie ist bereits in der Vorgabeeinstellung ausgewählt.

Abbildung 19.48 Wählen Sie, nach welchem Freigabesystem sich die Windows 7-Jungendschutzeinstellungen richten sollen.

Informationen zu den Jugendschutz- und Freigabesystemen

Über Links können Sie die Websites der Jugendschutzsysteme besuchen und sich näher über diese informieren. Wenn Sie sich nicht sicher sind, welches System Sie verwenden wollen, dann nutzen Sie diese Möglichkeit. Schauen Sie sich in aller Ruhe die Internetseiten der Anbieter an. Wenn Sie ein wenig Englisch können, dann schauen Sie sich auch einmal die Beurteilungssysteme auf den folgenden Websites an:

http://www.esrb.org/

http://www.classification.gov.au

∧ ***Abbildung 19.49*** *Es stehen Jugendschutzsysteme für verschiedene Regionen zur Verfügung.*

Legen Sie fest, wann ein Spiel auf dem Rechner gespielt werden darf

1 Begeben Sie sich zunächst in das Fenster **Jugendschutz** in der **Systemsteuerung**. Klicken Sie auf das Benutzerkonto, für das Sie die maximale Spielefreigabe festlegen möchten.

2 Auf der rechten Seite sehen Sie die aktuellen Einstellungen. In der Zeile **Spielefreigaben** klicken Sie auf die dort zu sehende Freigabe.

∧ ***Abbildung 19.50*** *Über die gewählte Spielefreigabe können Sie diese verändern.*

3 Im nächsten Fenster können Sie bestimmen, ob der Benutzer, der zu dem Benutzeraccount gehört, überhaupt Computerspiele spielen darf. Sie können hier die Freigabe festlegen und bestimmte Spiele zulassen oder auch blockieren. Wählen Sie mit der Maus **Spielefreigabe festlegen**.

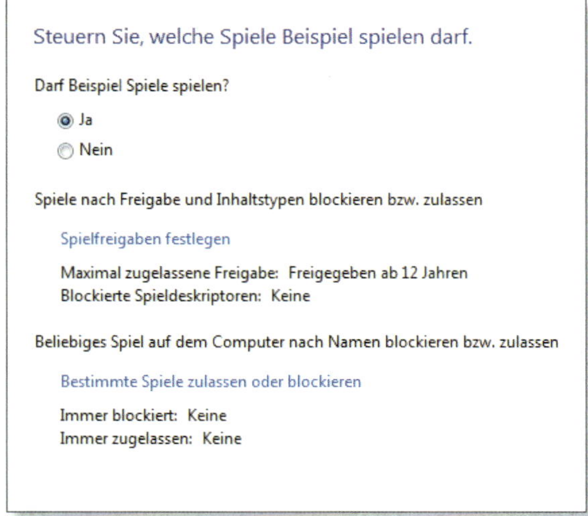

∧ ***Abbildung 19.51*** *Mit ein paar einfachen und schnell gemachten Einstellungen können Sie bestimmen, welche Spiele ein Anwender spielen darf.*

4 Wählen Sie im oberen Teil des Fensters eine der Funktionen **Spiele ohne Freigabe blockieren** oder **Spiele ohne Freigabe zulassen**.

5 Entscheiden Sie sich für eine der Freigaben. Im Beispiel habe ich **Freigegeben ab 6 Jahren** gewählt. Bestätigen Sie. Schließen Sie die geöffneten Dialoge.

Abbildung 19.52 Wählen Sie eine der Freigabebeschränkungen.

Einzelne Spiele zulassen oder auch blockieren

Unter **Jugendschutz > Benutzersteuerungen > Spielesteuerungen** können Sie **Bestimmte Spiele zulassen oder blockieren** wählen. Im nächsten Fenster sehen Sie eine Liste der Microsoft-Games und können über ein Optionsfeld diese immer zulassen oder blockieren. Leider finden sich hier keine anderen Spiele, selbst wenn diese auf dem Rechner installiert wurden.

Steuern Sie, welche Spieltypen Beispiel spielen bzw. nicht spielen darf.

Zugelassene Freigaben: 6 - Freigegeben ab 6 Jahren, Jeder - Ohne Altersbeschränkung
Verweigerte Deskriptoren: Keine

Titel/Freigabe	Status	Benutzerfreigabe	Immer zulassen	Immer blockieren
Chess Titans Jeder	Zugelassen	◉	○	○
FreeCell Jeder	Zugelassen	◉	○	○
Hearts Jeder	Zugelassen	◉	○	○
Internet-Backgammon Jeder	Zugelassen	◉	○	○
Internet-Dame Jeder	Zugelassen	◉	○	○
Internet-Spades Jeder	Zugelassen	◉	○	○
Mahjong Titans Jeder	Zugelassen	◉	○	○
Minesweeper Jeder	Zugelassen	◉	○	○
Purble Place Jeder	Zugelassen	◉	○	○
Solitär Jeder	Zugelassen	◉	○	○
Spider Solitär Jeder	Zugelassen	◉	○	○
Weitere Spiele von Microsoft Nicht bewertet	Nicht zugelassen	◉	○	○

Abbildung 19.53 Wählen Sie, welche Spiele gespielt werden dürfen und welche nicht.

So legen Sie fest, welche Programme ein Benutzer starten darf

1. Öffnen Sie die **Systemsteuerung**. Wählen Sie hier **Benutzerkonten und Jugendschutz > Jugendschutz**. Klicken Sie auf das Symbol des Benutzerkontos, für das eine Einstellung vorgenommen werden soll.
2. Wählen Sie **Bestimmte Programme zulassen oder blockieren**.
3. Windows 7 liest nun die installierten Anwendungen ein und listet diese auf. Scrollen Sie durch die Liste, und setzen Sie ein Optionshäkchen vor die Programme, die der Benutzer verwenden darf. Beachten Sie: Zu vielen Programmen gehören mehrere Einträge. Windows listet auch Dienste, Toolbars und andere kleine Programme auf. Bestätigen Sie mit **OK**.

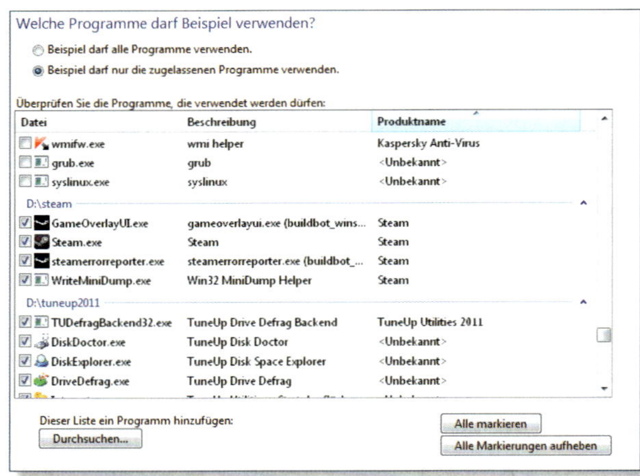

Abbildung 19.54 In diesem Beispiel habe ich das Onlinetool »Steam« angeschaltet.

Ein Zeitlimit für einen Benutzer festlegen

1. Öffnen Sie, wie im vorhergehenden Abschnitt beschrieben, die **Benutzersteuerungen**.
2. Klicken Sie hier auf **Zeitlimits**.
3. Klicken Sie mit der Maus in die Felder, die die Zeiten kennzeichnen, in denen eine Benutzung des Rechners nicht möglich sein soll. Ein weiterer Mausklick entfernt den Eintrag wieder. Bei gedrückt gehalte-

ner linker Maustaste können Sie einen größeren Bereich markieren. Beenden Sie das Festlegen der Zeitlimits mit **OK**.

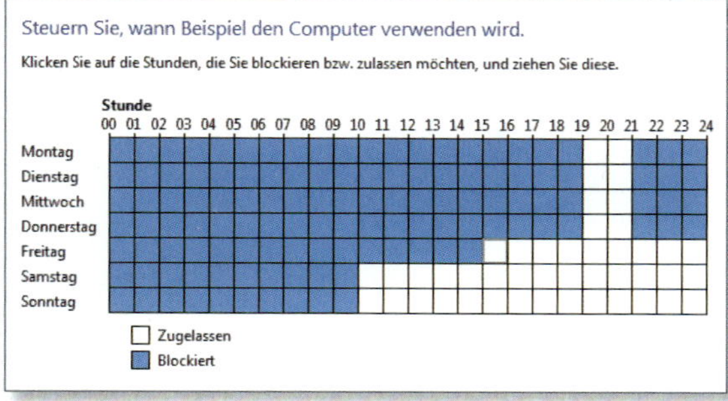

Abbildung 19.55 *Legen Sie fest, wann der Rechner benutzt werden darf.*

Den Inhaltsratgeber im Internet Explorer aktivieren und einrichten

Mit dem Inhaltsratgeber können Sie bestimmte Websites und Internetdienste blockieren. Dabei werden sowohl Filter genutzt, die mit Kategorien arbeiten, als auch blockierte Sites und verschiedene Einstelloptionen. Zu Beginn muss der Ratgeber angeschaltet werden.

Den Inhaltsratgeber aktivieren

1 Öffnen Sie mit **Extras > Internetoptionen** den Konfigurationsdialog des Browsers.

2 Wechseln Sie in das Register **Inhalte**, und klicken Sie in der Zeile **Inhaltsratgeber** auf **Aktivieren**.

Abbildung 19.56 *In den Optionen des Internet Explorers finden Sie auch den Inhaltsratgeber.*

3 Bestätigen Sie die Benutzerkontensteuerung.

Sie sehen nun vier Register vor sich. Schauen wir uns diese der Reihe nach einmal an:

Die allgemeinen Einstellungen des Inhaltsratgebers einrichten

Das Register **Allgemein** sollte eigentlich an erster Stelle stehen. Bevor Sie den Inhaltsratgeber verwenden, überprüfen und korrigieren Sie, sofern dies nötig ist, die verschiedenen grundlegenden Einstellungen.

In der Vorgabeeinstellung ist der Zugang zu ungefilterten Websites blockiert. Der Administrator (der in diesem Register als *Supervisor* bezeichnet wird) kann Benutzern den Zugang zu blockierten Websites gewähren. Möchten Sie diese Möglichkeit nutzen, richten Sie ein Kennwort ein.

Mit **Filtersysteme suchen** landen Sie auf der Website von Microsoft und sind dann sich selbst überlassen. Ein System ist jedoch bereits vorgegeben. Eine Änderung muss hier nicht vorgenommen werden.

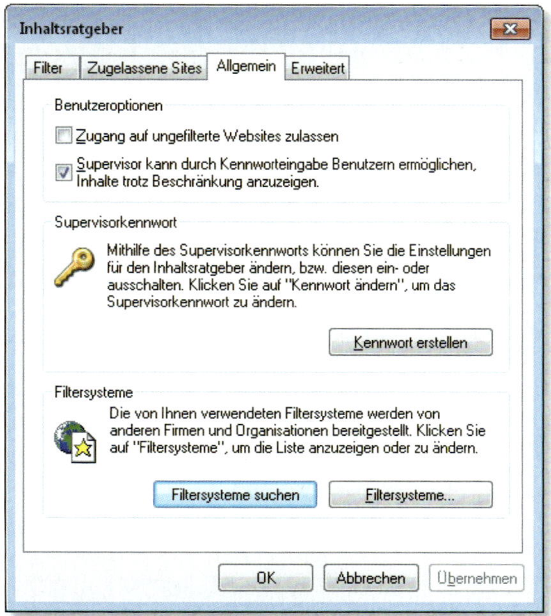

Abbildung 19.57 *Überprüfen Sie zunächst die allgemeinen Einstellungen des Inhaltsratgebers.*

Die Kategoriefilter des Inhaltsratgebers benutzen

Wechseln Sie nun in das Register **Filter**, und wählen Sie zuerst einen der Filter aus. Danach stellen Sie den Filtergrad mit dem Schieberegler ein. Hier können Sie zwischen **Kein**, **Begrenzt** und **Uneingeschränkt** wählen. Im unteren Bereich des Registers sehen Sie eine Beschreibung zum gewählten Filter und zur Reglereinstellung.

Die folgenden, selbsterklärenden Filter stehen zur Auswahl in diesem Register bereit:

- **Anstachelung zu oder Darstellung von Diskriminierung oder Gewalt**
- **Benutzergenerierte Inhalte**
- **Darstellung des Gebrauchs von Waffen**
- **Darstellung von Alkoholkonsum**
- **Darstellung von Tabakkonsum**
- **Darstellung von Drogenkonsum**
- **Gewalt**
- **Glücksspiel**
- **Inhalte, die Angstgefühle, Einschüchterung usw. verursachen**
- **Inhalte, die Kindern schlechtes Vorbild sind**
- **Nacktdarstellungen**
- **Sexuelles Material**
- **Sprache**

Diese Filter sind tatsächlich fast alle selbsterklärend. Zwei will ich Ihnen aber doch genauer erläutern:

Benutzergenerierte Inhalte sind zum Beispiel Chatrooms und Forenboards.

Unter **Sprache** fallen Beleidigungen, ordinäre Ausdrücke, Flüche, Gotteslästerung und Kraftausdrücke.

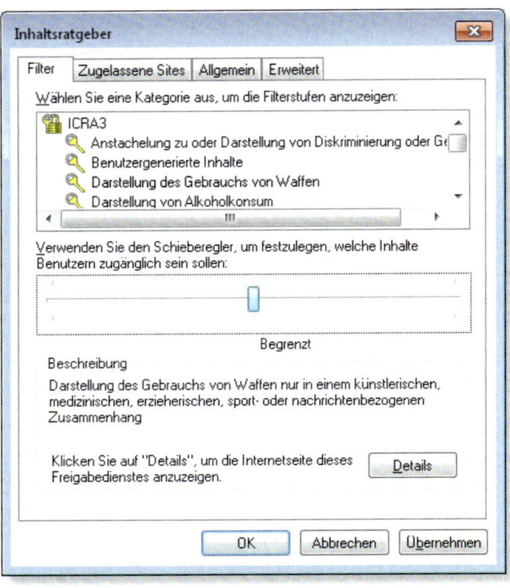

*^ **Abbildung 19.58** Eine Begrenzung lässt nur die Darstellung im künstlerischen, Nachrichten- und im Sportbereich zu.*

Websites zulassen oder sperren

In diesem Register können Sie einzelne Websites zulassen oder auch sperren. Tragen Sie die Adresse der Website ein, und klicken Sie auf **Immer** oder **Niemals**.

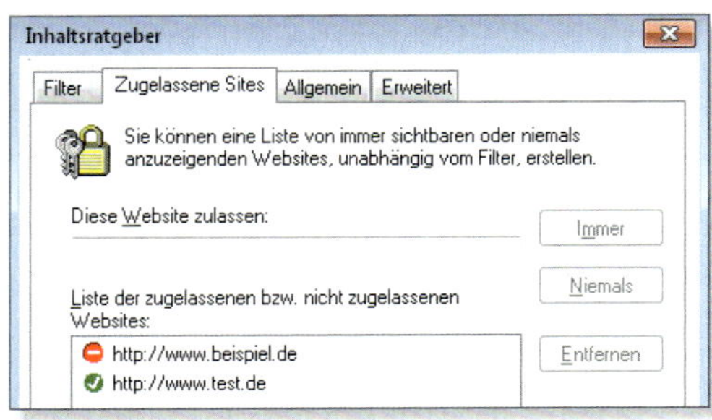

*^ **Abbildung 19.59** Sperren Sie Webadressen, oder lassen Sie diese zu.*

Zum Kennwort des Supervisors müssen Sie einen Hinweis eintragen. Vergessen Sie den, weist Windows 7 Sie darauf hin, dass diese Angabe »strengstens empfohlen« wird. Ein Hinweis hilft jedoch auch anderen, das Kennwort zu erraten. Sie umgehen dieses Problem mit einem Punkt oder einem anderen beliebigen Zeichen.

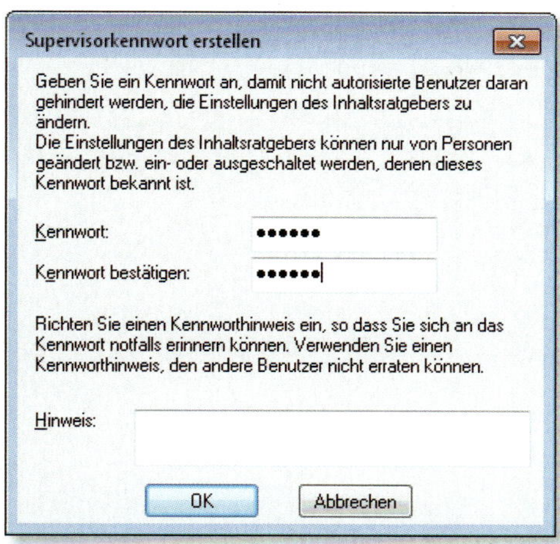

Abbildung 19.60 *Wenn Sie den Inhaltsratgeber zum ersten Mal verwenden, müssen Sie ein Supervisorkennwort eingeben.*

Wenn Sie den Inhaltsratgeber deaktivieren, müssen Sie das Kennwort des Supervisors eingeben. Ohne dieses ist ein Ausschalten der Funktion nicht möglich.

Im Register **Erweitert** lassen sich *PICSRules*-Dateien importieren und verwenden, um die Inhalte zu steuern. Dabei handelt es sich um Filterdateien, die von verschiedenen Anbietern zur Verfügung gestellt werden. Sie laden diese aus dem Internet auf Ihren Rechner und importieren sie einfach.

Die Datenausführungsverhinderung einsehen und bearbeiten

Mit der Funktion **Datenausführungsverhinderung** wird die Aktivität von Computerviren und anderen Schadprogrammen eingeschränkt. Zugriffe auf Windows 7-Dienste, Registrierungseinstellungen und Speicherzugriffe werden gestoppt. Zugleich werden Warnmeldungen ausgegeben. Die Funktion muss zunächst angeschaltet werden:

1. Öffnen Sie dazu die **Systemsteuerung**. Wechseln Sie zu **System und Sicherheit**. Wählen Sie hier **System**. Im Menü links oben wählen Sie die **Erweiterten Systemeinstellungen**.

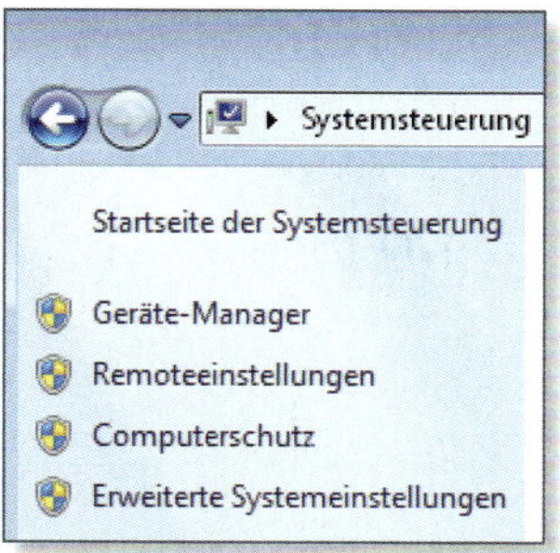

Abbildung 19.61 *Öffnen Sie über das kleine Menü im Fenster* **System und Sicherheit** *die erweiterten Einstellungen.*

2. Der Dialog **Systemeigenschaften** wird geöffnet. Sie finden sich im Register **Erweitert** wieder. Im oberen Bereich, der mit **Leistung** betitelt ist, klicken Sie auf die Schaltfläche **Einstellungen**.

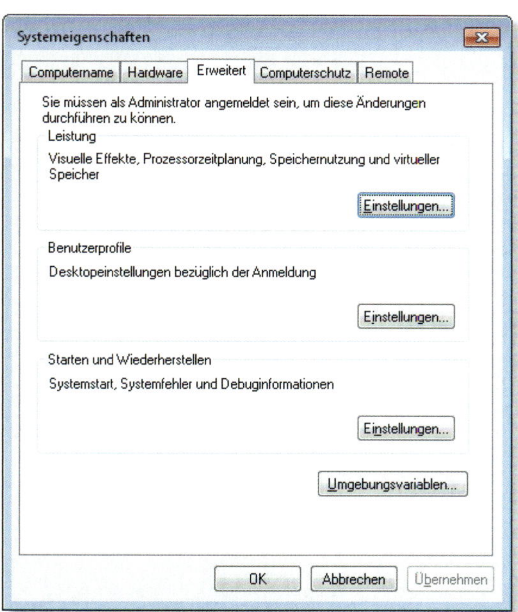

Abbildung 19.62 *Die erweiterten Systemeinstellungen kann nur der Administrator durchführen.*

3. Dadurch wird der Dialog **Leistungsoptionen** geöffnet. Wechseln Sie zu **Datenausführungsverhinderung**. Schalten Sie die Option **Datenausführungsverhinderung für alle Programme und Dienste mit Ausnahme der ausgewählten einschalten** an. Bestä-

tigen Sie mit **OK**. Schließen Sie die geöffneten Fenster und Dialoge.

4 Bestätigen Sie die Meldung, und starten Sie den Rechner neu.

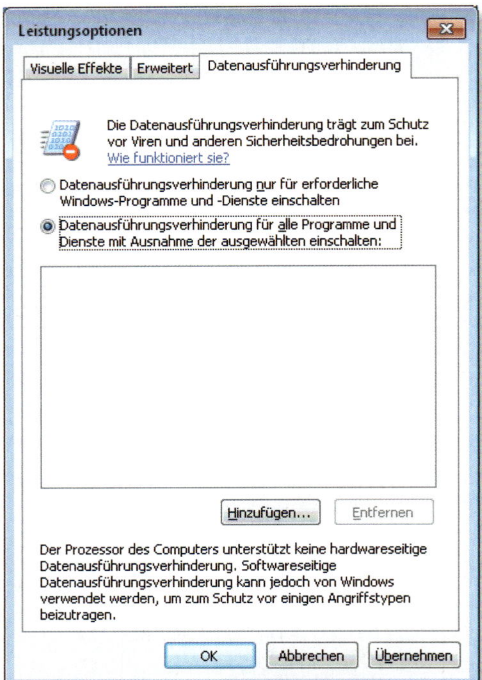

Abbildung 19.63 Die Datenausführungsverhinderung überwacht nun alle Programme.

Möchten Sie bestimmte Programme nicht überwachen, tragen Sie diese mit **Hinzufügen** ein.

Kapitel 20
Die Windows-Spracherkennung

Ein moderner Rechner ist für viele Multimediafunktionen vorbereitet. Wäre es nicht super, wenn Sie darüber hinaus auch Texte über ein Mikrofon eingeben könnten? Eine solche Funktion ist in Windows 7 bereits vorhanden.

Spracherkennung bedeutet nichts anderes, als dass eine über ein Eingabegerät gemachte Audioeingabe vom Rechner verstanden und umgesetzt wird. Betrachten Sie dies als Hilfe, nicht als Allheilmittel. Sie werden keine Office-Dokumente nur noch per Mikrofon erstellen können. Die Spracherkennung arbeitet nicht perfekt. Immer noch ist die Arbeit per Tastatur schneller und einfacher. Dennoch ist es Spracherkennung interessante Lösung.

20.1 Einführung in das Thema Spracherkennung

Um die Spracherkennung zu nutzen, brauchen Sie ein Mikrofon oder ein Headset. Ich verwende gern ein USB-Headset. Es wird einfach mit dem Rechner verbunden und kann sofort verwendet werden. So sparen Sie sich den komplizierteren Anschluss über die Soundkarte. Solche USB-Headsets gibt es bereits zu günstigen Preisen, wenn Sie keinen allzu großen Wert auf Profi-Soundqualität legen.

In Windows 7 ist bereits eine Spracherkennungsfunktion enthalten. Noch mehr Möglichkeiten haben Sie mit dem Programm *Dragon NaturallySpeaking*. Dieses Programm gibt es in verschiedenen Editionen.

Welche Möglichkeiten haben Sie mit einer Spracherkennung?

Folgende Möglichkeiten haben Sie mit der Spracherkennung auf einem Windows 7-PC:

- Mit einer Spracherkennungssoftware können Sie sich Texte vorlesen lassen. Die Stimme klingt fremdartig und etwas metallisch – ein wenig wie von einem Roboter.
- Sie können Textdateien mit Spracheingaben erstellen. Dabei müssen Sie die Software trainieren. Ihre Stimme wird erkannt, und die Eingaben werden mit einer Datenbank verglichen.
- Computeraktionen können Sie über Sprachbefehle steuern. Das heißt, Sie steuern Anwendungen und Betriebssystem per Spracheingabe.

Windows-Tool oder Extra-Programm? Was ist die bessere Lösung?

Die Windows 7-Spracherkennung gehört zum Betriebssystem. Sie können diese einmal ausprobieren. Zusätzliche Kosten entstehen hier nicht.

Das Programm *Dragon NaturallySpeaking* müssen Sie kaufen. Sie haben mit dem Programm mehr Möglichkeiten. Es gibt eine *Home-*, eine *Premium-*, eine *Professional-* und eine sogenannte *Legal*-Edition. Die Professional-Edition ist für den Einsatz in Unternehmen gedacht. Die Version Legal richtet sich an Mitarbeiter in der Rechtsbranche. Es gibt auch eine Version für den medizinischen Bereich. Schauen Sie sich die verschiedenen Versionen unter *http://www.nuance.de/naturallyspeaking/products/premium.asp* genauer an.

Dragon Premium kann auch mit einem Diktiergerät verwendet werden. Sie sprechen unterwegs oder im Büro Inhalte in ein Diktiergerät und können zu Hause oder im Büro diese Inhalte mit der Software in Ihre Dokumente übernehmen.

Eine interessante Lösung ist die *Speak&SEESuite* von Nuance. Diese Lösung richtet sich an Menschen mit einer Rechtschreibschwäche und an Menschen, für die Deutsch keine Muttersprache ist.

Die Grenzen einer Spracherkennung

Ich tippe in der Regel schneller Text per Tastatur ein, als ich per Sprachbefehl umsetzen kann. Gerade bei meinen Computerbüchern kommen immer wieder Fremdwörter vor, die das Programm nicht kennt. An dieser Stelle muss nachkorrigiert werden. Die Spracherkennungssoftware muss aufwendig trainiert werden. Das kostet Zeit und etwas Geduld.

Wenn Sie erkältet sind, werden Sie Probleme mit der Spracherkennung bekommen. Das Programm wird unter Umständen Ihre Stimme nicht erkennen. Sie können dann nicht mit der Spracherkennung arbeiten. Auch ein anderer Anwender, ein Freund oder Kollege kann nicht mit dem Programm arbeiten. Seine Stimme muss erst erkannt werden, und das Programm muss mit ihr neu trainiert werden.

20.2 Befehle per Sprache eingeben

Ein Headset kostet nicht die Welt, und einen Befehl per Sprachkommando einzugeben, ist eine coole Sache. Sie müssen nicht mehr im Windows-Startmenü nach einer Anwendung oder einem Werkzeug suchen. Auf den Desktop zu klicken, ist nicht notwendig. Mehrere Sprachbefehle können verknüpft werden.

Natürlich hat die Spracheingabe Grenzen. Es gibt noch immer Arbeiten am Windows-PC, die mit dem guten alten Keyboard und der Maus viel schneller und bequemer erledigt sind. Auch wenn die Werbung für diverse Spracherkennungsprogramme Ihnen da etwas anderes erzählt.

Vorarbeiten: Das Headset anschließen und prüfen

Verbinden Sie Ihr Headset mit dem PC. Nutzen Sie dazu entweder die Buchsen für den Klinkenstecker auf der Rückseite des Rechners: einmal den für das Mikrofon und einmal den Ausgang für den Kopfhörer. Oder nutzen Sie einen der USB-Anschlüsse.

Ein Headset, das per USB mit dem PC verbunden wird, ist ein wenig teurer als sein Verwandter mit den Klinkensteckern. Ich habe mich für die USB-Variante entschieden. Es hat ein paar Vorteile, diese Art der Headsets zu verwenden. Das Gerät wird von Windows sicher erkannt, und der notwendige Treiber wird eingerichtet. Es gibt keine Probleme bei der Erkennung des Headsets, zumindest sind mir keine bekannt. Sie können auch einen Kopfhörer, der über einen Klinkenstecker an den Rechner angeschlossen wird, und ein USB-Headset parallel verwenden.

Im Register **Aufnahme** des Windows-Dialogs **Systemsteuerung > Hardware und Sound > Sound** sehen Sie, ob das Headset erkannt wird und verwendet werden kann. Die Pegelanzeige schlägt bei jedem Geräusch aus. Hier können Sie auch zu einem anderen Gerät wechseln. Im Register **Wiedergabe** sollte der passende Kopfhörer zu finden sein.

Den Dialog **Sound** können Sie alternativ auch über das Kontextmenü der Lautstärkeanzeige im Infobereich der Taskleiste öffnen.

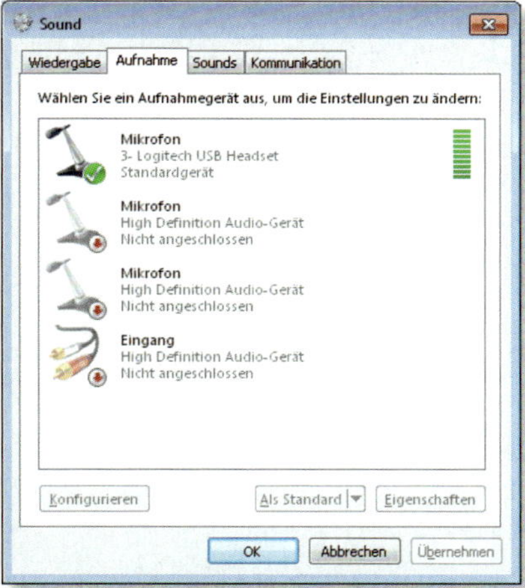

∧ Abbildung 20.1 *Die Pegelanzeige im Register* ***Aufnahme*** *schlägt bei jedem Geräusch deutlich aus. Das Mikrofon funktioniert.*

Um zu testen, ob der Kopfhörer auch etwas ausgibt, gehen Sie wie folgt vor:

1 Öffnen Sie die Systemsteuerung. Wählen Sie **Hardware und Sound > Sound**.

2 Wechseln Sie in das Register **Wiedergabe**, sofern dieses nicht bereits angezeigt wird. Markieren Sie den Lautsprecher Ihres Headsets, und wählen Sie **Konfigurieren**.

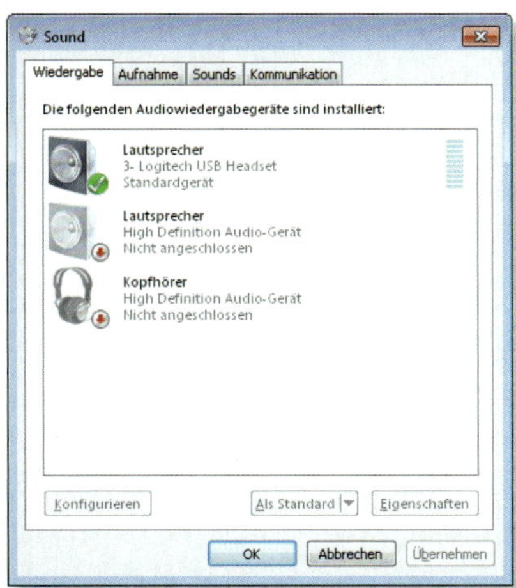

∧ Abbildung 20.2 *Im Register* ***Wiedergabe*** *zeigt ein grünes Häkchen, dass die Kopfhörer meines USB-Headsets verwendet werden.*

3 Wählen Sie aus, ob die Ausgabe in **Stereo** oder **Mono** erfolgen soll. Klicken Sie auf **Testen**. Wählen Sie anschließend im Dialog **Weiter**.

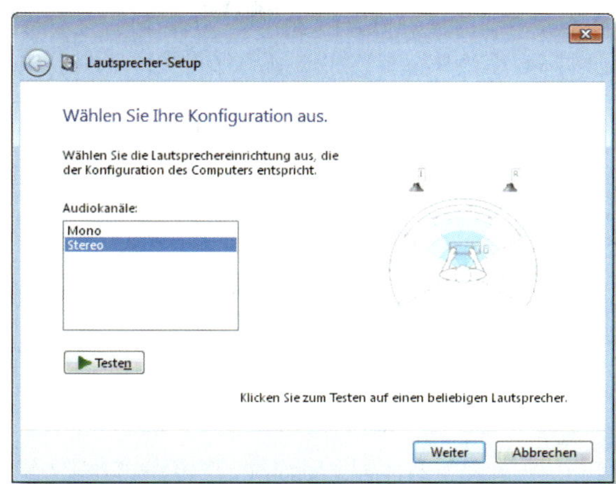

∧ Abbildung 20.3 *Das* ***Lautsprecher-Setup*** *bietet mir die Wahl zwischen Stereo und Mono.*

4 Je nach verwendetem Gerät können sich Unterschiede in den Möglichkeiten ergeben. Im nächsten Dialog wählen Sie zwischen den Lautsprechertypen **Vorne links und rechts** und **Surround-Lautsprechern**. Tun Sie dies, und wechseln Sie in den nächsten Dialog.

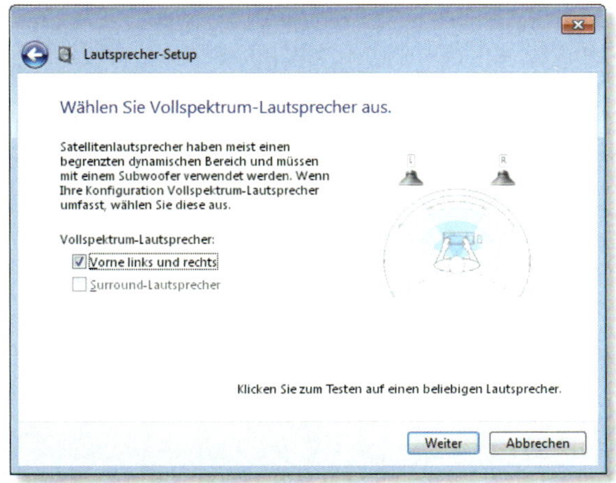

∧ Abbildung 20.4 *Ich schalte eine Option an, und die Lautsprecher werden etwas vergrößert dargestellt.*

5 Beenden Sie die Einrichtung mit **Fertig stellen**.

So geben Sie Windows-Befehle per Spracherkennung ein

Eigentlich ist es ja einfach und ein wenig so wie bei Star Trek: »Computer. Datensatz Max Mustermann suchen. Vergleiche Suchergebnisse bei Google und Bing. Defragmentiere im Hintergrund. Virenscan komplett starten um 12.00.«

Oder? Na ja, so einfach ist es natürlich nicht. Windows 7 muss verstehen, was Sie von dem Betriebssystem möchten. Dazu wird in einer Datenbank die akustische Eingabe einer Befehlszeile zugeordnet. Es gibt vorgegebene Befehlszeilen, die den Einstieg mit der Spracheingabe vereinfachen. Und es gibt natürlich die Möglichkeit, eigene Befehle zu definieren. Diese müssen auch als Befehle vorhanden sein. Sie können also dem Rechner nicht sagen: »Freundchen, räum mal den Datenmüll uff, und bau mal 'ne neue Website für mein Hobby.« Die Festplatte aufräumen ist als Befehlszeile durchführbar. Aber die Eingabe sollte deutlich formuliert werden. Es sei denn, Sie wollen den Rechner mit Slang- und Dialekt-Eingaben trainieren.

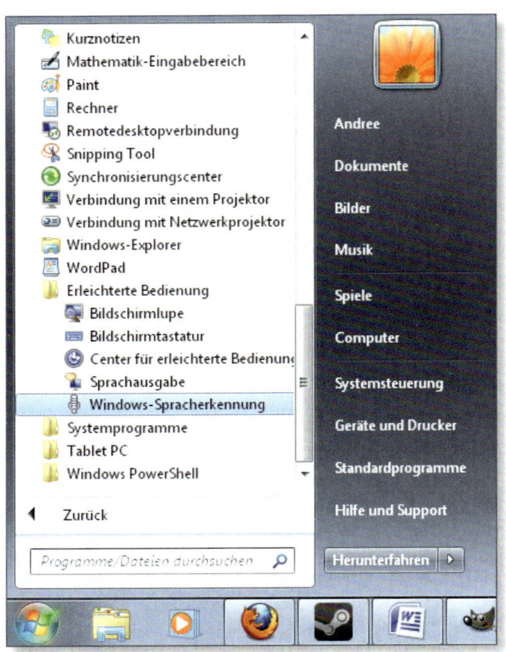

Abbildung 20.5 *Die Windows-Spracherkennung ist etwas verschachtelt im Startmenü zu finden.*

Hier finden Sie die Funktionen der Windows-Spracherkennung

Um den Dialog mit den Funktionen der Windows-Spracherkennung aufzurufen, öffnen Sie das Windows-Startmenü. Wählen Sie hier **Alle Programme > Zubehör > Erleichterte Bedienung > Windows-Spracherkennung**. Wenn Sie einige der Funktionen oft verwenden, empfiehlt es sich, diese auf dem Desktop als Schnellstart-Icon abzulegen.

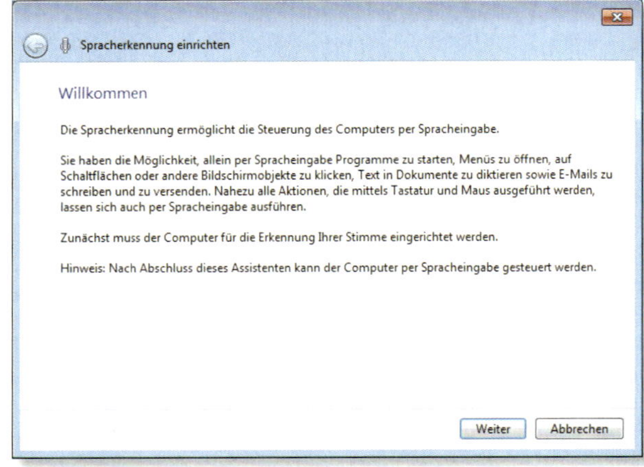

Abbildung 20.6 *Mit einem Assistenten richten Sie die Spracherkennung ein.*

Beim ersten Aufruf wird ein Assistent gestartet. Mit ihm wird die Spracherkennung eingerichtet.

1. Rufen Sie die Spracherkennung wie oben beschrieben auf. Im ersten Dialog des Assistenten werden Sie willkommen geheißen. Mit **Weiter** gelangen Sie jeweils in den nächsten Dialog.

2. Wählen Sie, ob Sie ein **Kopfhörermikrofon**, ein **Tischmikrofon** oder ein **Anderes Mikrofon** verwenden. In der Regel hat Windows 7 Ihr Mikrofon aber bereits richtig erkannt und die betreffende Option vorausgewählt.

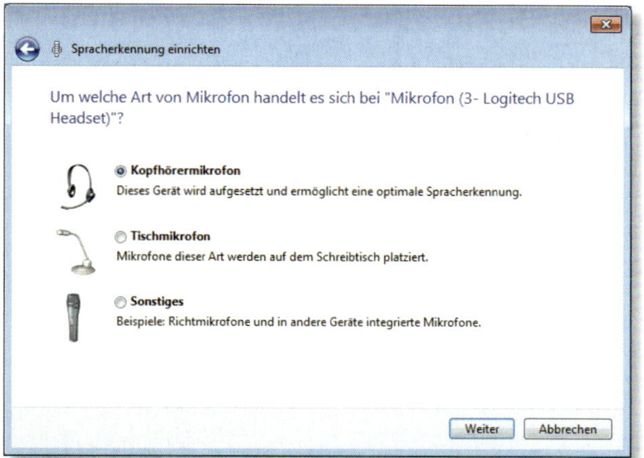

Abbildung 20.7 *Wählen Sie den Typ des Mikrofons, das Sie verwenden.*

3 Im nächsten Fenster bekommen Sie einen Hinweis dazu, wie Sie das Mikrofon optimal ausrichten. Lesen Sie sich den Text durch, und richten Sie das Mikrofon aus.

4 Nun lesen Sie die Sätze, die im Dialog angezeigt werden, laut und deutlich vor.

5 Der Assistent bietet Ihnen einen Dialog weiter an, die **Dokumentenüberprüfung** anzuschalten. Damit werden Ihre E-Mails und Office-Dateien untersucht. Aus dem Suchindex lernt die Spracherkennung. Im Beispiel habe ich diese Funktion einmal aktiviert.

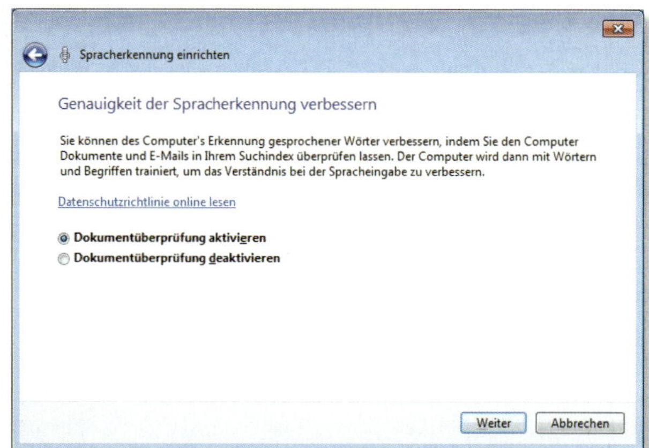

Abbildung 20.8 *Mit dem Vorlesen einfacher Sätze passen Sie Windows 7 an Ihre Stimme an.*

6 Entscheiden Sie sich für den **Manuellen Aktivierungsmodus** oder den **Stimmaktivierungsmodus**. Bei Ersterem beenden Sie die Arbeit mit der Spracherkennung, indem Sie »Zuhören beenden« in das Mikrofon sprechen. Um die Funktion wieder anzuschalten, müssen Sie die Mikrofonschaltfläche anklicken oder die Tastenkombination `Strg` + ⊞ drücken. Im Stimmaktivierungsmodus geschieht die Aktivierung mit dem Sprachbefehl »Zuhören starten«. In diesem Beispiel möchte ich einmal den Stimmaktivierungsmodus wählen.

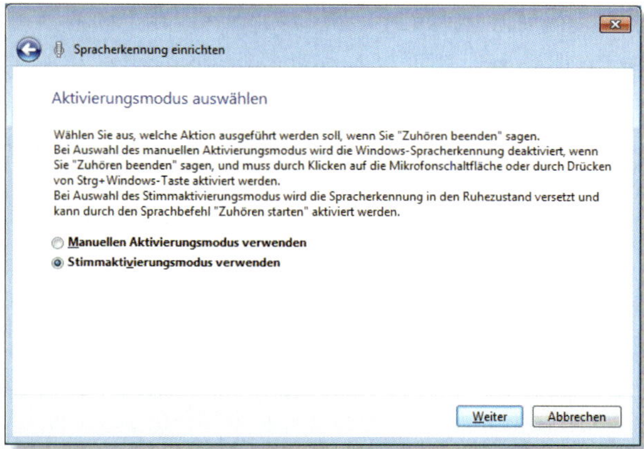

Abbildung 20.9 *Der gewählte Modus startet die Windows-Spracherkennung mit einem gesprochenen Befehl.*

7 Nun bietet Ihnen der Assistent an, das Referenzblatt einzusehen. Auf ihm finden Sie alle vom Betriebssystem vorgegebenen Befehle. Da Sie diese Übersicht auch später aufrufen können und natürlich in diesem Buch finden (einige Abschnitte weiter), überspringen Sie bitte diese Möglichkeit.

8 Auf Wunsch können Sie die Spracherkennung beim Systemstart von Windows 7 ausführen. Das sollten Sie erst tun, wenn Sie mit der Funktion zufrieden sind und sie oft verwenden. Zum Reinschnuppern und Ausprobieren schalten Sie die Option bitte aus. Sie kann jederzeit in den Einstellungen der Spracherkennung angeschaltet werden.

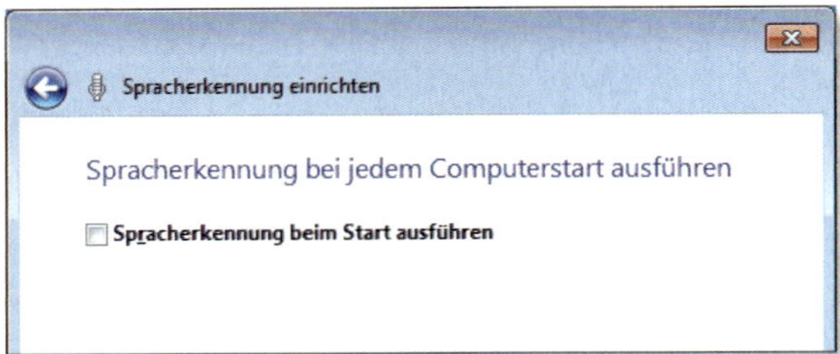

Abbildung 20.10 Wer mag, kann die Spracherkennung beim Start von Windows 7 mit starten lassen.

9 Nun empfehlt Ihnen der Assistent »super-dringend« das Sprachlernprogramm zu starten. Überspringen Sie diesen Vorschlag mit **Lernprogramm überspringen**. Wir wollen am Ende der Grundeinrichtung die Funktion ausprobieren. Dann werden wir das Lernprogramm starten.

Nun habe ich eigentlich einen Dialog erwartet, der mir bzw. Ihnen sagt: »Damit ist die Einrichtung der Windows 7-Spracherkennung beendet.« Und ich habe einen Mausklick auf **Fertig stellen** erwartet. Unerwarteterweise startet die Funktion sofort, und der Assistent wird geschlossen. Hier ist aber auch auf gar nichts mehr Verlass.

Die Spracherkennung verwenden

Dass die Spracherkennung aktiv ist, sehen Sie an einem kleinen Fenster, das am oberen Rand des Bildschirms eingeblendet ist. Es wird nicht von Programmfenstern verdeckt, sondern wird immer darüber eingeblendet.

Im Textfenster der Spracherkennung sehen Sie den Hinweis **Ruhezustand**. Das Werkzeug befindet sich also in der Warteposition. Wird ein Geräusch wahrgenommen oder sagen Sie etwas, mit dem die Spracherkennung aber nichts anfangen kann, weist das Tool Sie mit gelber Schrift auf den richtigen Befehl hin. Ohne diesen »Startbefehl« passiert gar nichts. Sie können also unbesorgt skypen oder sich mit jemandem unterhalten.

Starten können Sie die Spracherkennung auch mit einem Mausklick auf das Mikrofon-Symbol.

Abbildung 20.11 Die Spracherkennung wartet auf eine Eingabe.

Auf der rechten Seite des kleinen Spracherkennungsfensters finden Sie das Schließen-Kreuz und das Symbol zum Minimieren der Anwendung.

Über das Kontextmenü des Anwendungsfensters können Sie verschiedene Funktionen abrufen. Unter anderem erreichen Sie auf diesem Weg auch die **Spracherkennungs-Systemsteuerung**. Diese finden Sie auch über **Systemsteuerung > Erleichterte Bedienung > Spracherkennung**.

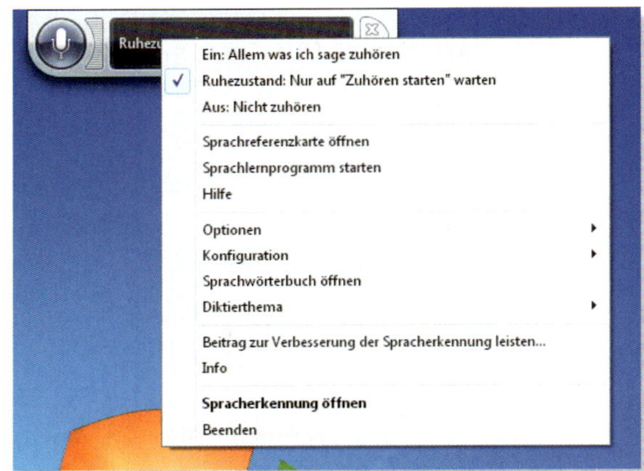

Abbildung 20.12 Alle wichtigen Funktionen der Spracherkennung finden Sie im Kontextmenü des Tools wieder.

So nun aber genug der Vorrede. Lassen Sie uns einmal die Sprachsteuerung ausprobieren:

1 Sagen Sie in das Mikrofon: »Zuhören starten.«

2 Sagen Sie: »Desktop anzeigen.«

Hat das Tool den ersten Befehl nicht verstanden, klicken Sie mit der Maus auf die Schaltfläche der Windows-Spracherkennung. In meinem Beispiel musste ich dies tun. Dies ist kein Fehler. Vielmehr muss die Windows-Spracherkennung erst lernen, Ihre Stimme zu erkennen.

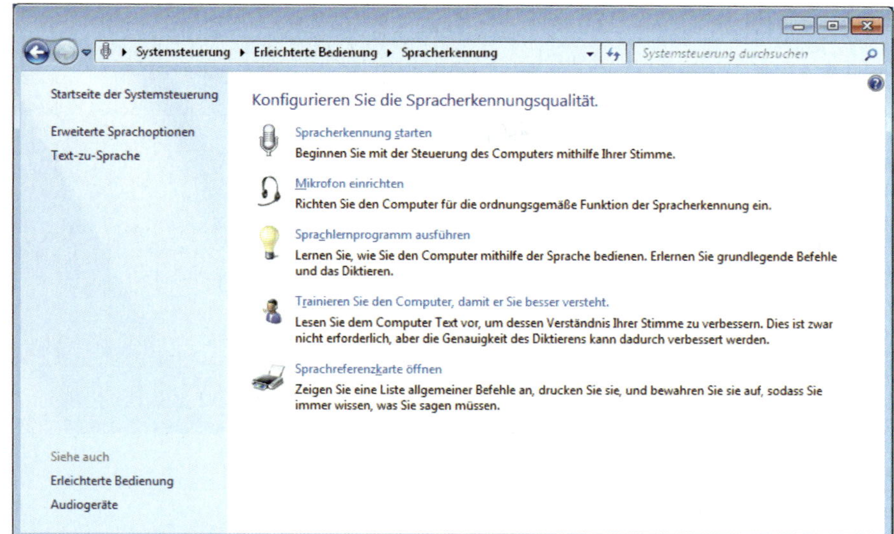

< ***Abbildung 20.13*** *In der Systemsteuerung finden Sie einen eigenen Bereich zum Thema Spracherkennung.*

Nun sehen Sie den Windows-Desktop vor sich.

1 Sagen Sie: »Zu Word wechseln.«

2 Sagen Sie: »Zuhören beenden.«

Wenn die Spracherkennung Sie nicht richtig versteht, wird ein Dialog mit einer Liste von Vorschlägen eingeblendet. Ist der Befehl dabei, sagen Sie die davor stehende Ziffer.

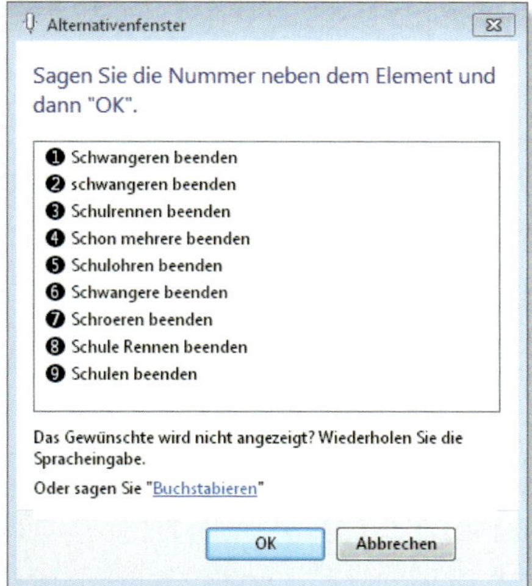

^ ***Abbildung 20.14*** *Statt »Zuhören beenden« versteht Windows 7 »Schulrennen beenden« oder »Schwangeren beenden«. Okay ...*

INFO

Was die Spracherkennung noch kann
Sie können mit der Windows 7-Spracherkennung einfache Windows-Befehle verwenden. Sie können die Spracherkennung als Unterstützung für Ihre Arbeit nutzen. So zum Beispiel, um schnell etwas in einer Textverarbeitung zu markieren, um zu einem Programm zu wechseln oder auch um den Desktop anzuzeigen. Darüber hinaus können Sie auch mit der Spracherkennung Texte und Textinhalte diktieren. Fremdwörter müssen Sie dem Programm beibringen. Lange Texte müssen korrigiert werden. Besser gesagt, Sie müssen das Programm parallel lernen lassen und so den Wortschatz der Spracherkennung erweitern.

Das Lernprogramm aufrufen und nutzen

Mit dem Lernprogramm trainieren Sie die Spracherkennung. Sie wird dadurch Ihre Eingaben besser erkennen. Wenn Sie die Spracherkennung nutzen möchten, sollten Sie gerade aus diesem Grunde das Lernprogramm verwenden.

1 Öffnen Sie die Systemsteuerung. Wechseln Sie nach **Erleichterte Bedienung > Spracherkennung**.

2 Wählen Sie hier **Sprachlernprogramm ausführen**.

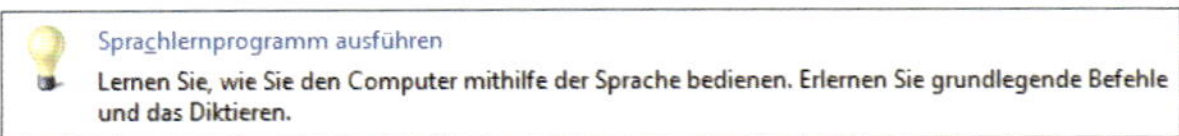

^ ***Abbildung 20.15*** *Mit dieser Funktion starten Sie das Sprachlernprogramm.*

^ ***Abbildung 20.16*** *Diese freundliche Dame heißt Sie bei dem Lernprogramm willkommen.*

Damit das Programm Sie noch besser versteht, können Sie ein Trainingsprogramm absolvieren. Das ist insbesondere dann wichtig, wenn Sie Text mit der Spracherkennung diktieren.

1 Öffnen Sie die **Systemsteuerung**. Wählen Sie **Erleichterte Bedienung**. Entscheiden Sie sich hier für **Spracherkennung**.

2 Wählen Sie hier **Trainieren Sie den Computer, damit er Sie besser versteht**. Folgen Sie den Anweisungen auf dem Bildschirm.

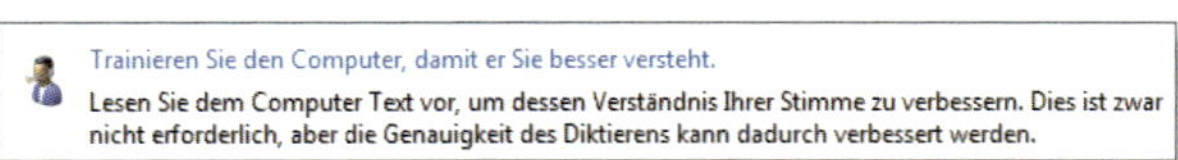

^ ***Abbildung 20.17*** *Führen Sie am besten das Trainingsprogramm gleich nach dem Sprachlernprogramm aus.*

Die Spracherkennung wird minimiert. Ein kleines Symbol in der Taskleiste zeigt, dass sie noch aktiv ist.

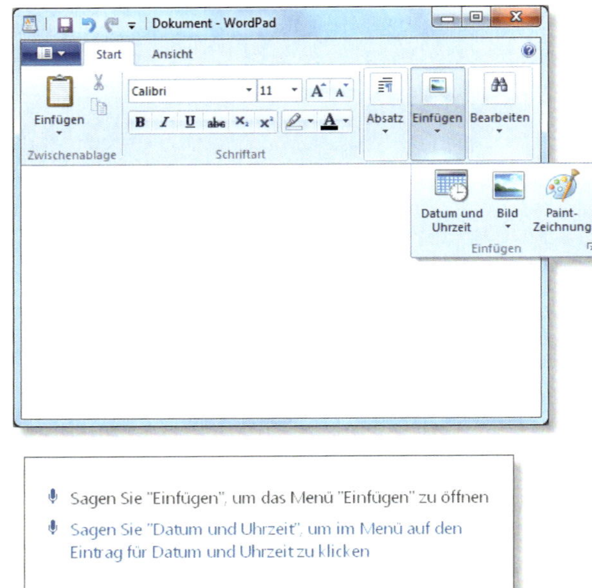

Sagen Sie "Einfügen", um das Menü "Einfügen" zu öffnen

Sagen Sie "Datum und Uhrzeit", um im Menü auf den Eintrag für Datum und Uhrzeit zu klicken

^ ***Abbildung 20.18*** *Das Lernprogramm zeigt Ihnen, wie die Spracherkennung arbeitet. Sie erfahren genau, mit welchen Sprachbefehlen Sie Dialoge und Funktionen ausführen.*

3 Ein Begrüßungsdialog heißt Sie willkommen. Mit **Weiter** wechseln Sie in den nächsten Dialog. Lesen Sie die Inhalte laut und deutlich vor.

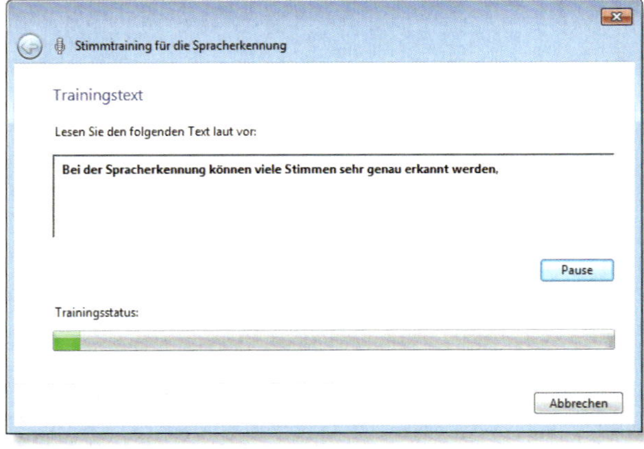

^ ***Abbildung 20.19*** *Mit einem langen Trainingstext, der stückchenweise vorgelesen wird, trainieren Sie die Spracherkennung von Windows 7.*

Wenn Sie mit dem Trainingstext durch sind, verschnaufen Sie kurz. Feuchten Sie mit einem Schluck Saft, Cola oder Tee die Stimmbänder an. Es geht gleich weiter.

1. Klicken Sie auf die Schaltfläche **Training fortsetzen**. Lesen Sie den Test vor. Achten Sie auf eine laute und deutliche Aussprache.

2. Wenn Sie sich durch diese vielen Dialogfenster gearbeitet haben, beenden Sie den Assistenten mit **Weiter** und **Nicht senden**. Wählen Sie **Senden**, wenn Sie Ihre Sprachdatei an Microsoft senden möchten.

   Sie wird dann zur Optimierung des Programms genutzt. Wundern Sie sich nicht über die Fehler in den nächsten Absätzen. Ich habe den Test zum Test mit der Spracherkennung diktiert:

Bieren sie in einer Textverarbeitung aus, ob die Spracherkennung von Windo sieben ob die Spracherkennung von Windo sieben richtig erkennt. Sie werden sehen, dass sie die Spracherkennung noch weiter trainieren müssen. Oft werden Worte Fall Tisch geschrieben, weil das Programm ihre Stimmen nicht richtig erkennt. Es werden viele Worte in ähnlich klingende Worte verändert. Einige Sätze werden jedoch richtig verstanden. Sie sehen das, an diesen Absatz. Ich habe ihn mit der Spracherkennung von Windo sieben in Wort eingegeben.

Probieren Sie auch einmal einige schwierige Texte aus. Sie werden sehen, dass so Auch lustige Ergebnisse entstehen. De und da finden Sie auch in ihren Office Programm ein Kuddelmuddel aus verschiedenen Wörtern vor. Vielleicht entsteht daraus eine neue Art der Kunst!? Gestern war ich mit meinem Patenkind in einem Spielerladen und habe ihnen gezeigt, was ist dort alles zu kaufen und zu spielen gibt. So kann man sie ihr phantasievolle Figuren und Modelle bauen, in der Welt von war immer angesiedelt sind. Ein Schwerpunkt von solchen Spielerladen, die es in großen Städten hier und da geht, sind die Sammlerkartenspielen Machwerk und Worth of War Craft.

Sie sehen an diesem kleinen Beispiel, dass insbesonders Fremdwörter besser per Hand eingegeben werden. Achten Sie aber auch darauf, ihre zuerst der Spracherkennung eingegebenen Texte, auf richtige Rechtschreibung und Grammatik zu untersuchen. Durch das das Programm nicht jeder Eingabe wichtig versteht, ergeben sich leicht auch Fehler. Diese müssen sie nachträglich per Hand korrigieren. Jedoch können Sie durch das Training des Programmes die Anzahl der Fehler verringern.

So, nun schreibe ich aber per Hand weiter. Sie sehen an diesem Beispiel, dass die Spracherkennung nicht wirklich einwandfrei arbeitet. Durch ein Training können Sie die Fehlerhäufigkeit allerdings minimieren. Sie müssen, wollen Sie die Spracherkennung ernsthaft verwenden, dieses Training mehrmals durchlaufen.

Diese Sprachbefehle kennt Windows 7 bereits

Windows 7 kennt bereits eine ganze Reihe von Sprachbefehlen. Einige wichtige Befehle möchte ich Ihnen nun vorstellen. Eine komplette Übersicht finden Sie in der Systemsteuerung.

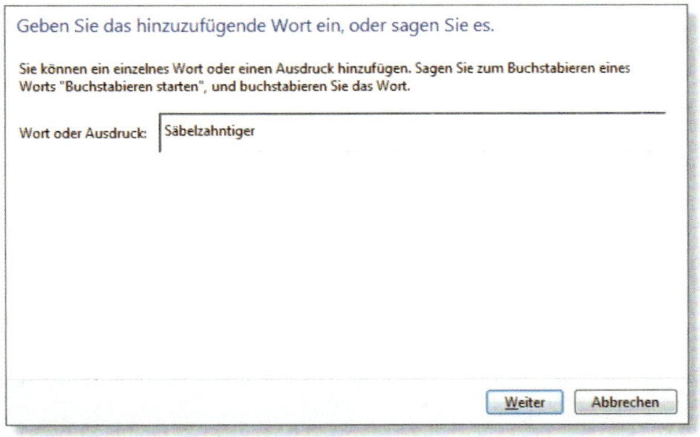

Abbildung 20.21 *Das Wort wird im Eingabefeld des Dialogs eingetragen.*

Nachdem Sie zum ersten Mal ein Wort in das Sprachwörterbuch eingefügt haben, wird das Menü um eine Funktion erweitert. Nun können die eigenen Einträge aus dem Wörterbuch auch wieder entfernt werden.

Gesprochener Befehl	Ausgeführte Aktion
»Klick auf <Datei>.«	Die Datei wird angeklickt. Statt »Datei« sagen Sie deren Bezeichnung. Statt »Datei« können Sie auch einen Menübefehl, wie zum Beispiel »Ansicht« sagen. Ebenso »Start«, »Computer«, »Papierkorb« usw.
»Doppelklick auf <Datei>.«	Führt einen Doppelklick auf die angegebene Datei aus. Auch hier sagen Sie deren Namen.
»Zu <Programmname> wechseln.«	Wechselt zu dem geöffneten Programm.
»Neuer Absatz.« »Neue Zeile«	Setzt einen neuen Absatz. Beginnt mit einer neuen Zeile.
»<Wort> auswählen.« »<Wort> korrigieren.« »<Wort> löschen.«	Bei der Arbeit mit Text können Sie so ein Wort auswählen, korrigieren oder löschen.
»Zum Satzanfang wechseln«. / »Zum Satzende wechseln.« »Zum Absatzanfang wechseln«. / »Zum Absatzende wechseln.« »Zum Dokumentenanfang wechseln.« / »Zum Dokumentenende wechseln	Wechselt zum Anfang eines Satzes, Absatzes oder zum Beginn des Dokuments. Auf die gleiche Weise können Sie auch zum Satzende, Absatzende oder Dokumentenende wechseln.
»<Wort> bis <Wort> markieren.«	Markiert den Bereich von Wort 1 bis Wort 2. Sagen Sie die Wörter.
»Alles markieren.	Markiert den gesamten Dokumenteninhalt.
»Das hier markieren.	Markiert das Wort, auf dem der Cursor steht.
»Markieren der nächsten 20 Wörter. »Markieren der ersten 20 Wörter.	Markiert die angegebene Anzahl Wörter rechts vom Cursor bzw. links vom Cursor.
»Vorherigen Satz löschen.« »Vorherigen Absatz löschen.« »Nächsten Satz löschen.« »Nächsten Absatz löschen.«	Löscht den vorherigen oder nächsten Satz oder Absatz.
»Das hier löschen.«	Löscht den Satz, in dem sich der Cursor befindet.
»Komma.« »Punkt.« »Semikolon.«	Setzt das gesprochene Satzzeichen. In gleicher Weise können andere Zeichen gesprochen werden.
»Datei.« »Bearbeiten.« »Ansicht.«	Öffnet das jeweilige Element in der Menüzeile des aktiven Programms.
»Desktop anzeigen.«	Minimiert alle geöffneten Fenster und zeigt den Windows 7-Desktop an.
»Nummern anzeigen.«	Öffnet ein Auswahlfenster mit verschiedenen Sprachbefehlen.

Gesprochener Befehl	Ausgeführte Aktion
»7 Okay.«	Wählt das Element mit der Nummer 7 aus. Möglich ist auch »Doppelklick auf 19«, »Rechtsklick auf 19« oder »Klick auf 19«.
»Öffnen <Programmname>.«	Öffnet ein bestimmtes Programm.
»Schließen <Programmname>.«	Schließt das angegebene Programm.
»Minimieren.« »Maximieren.« »Wiederherstellen.« »Rückgängigmachen.«	Führt den entsprechenden Befehl aus.
»Kopieren.« »Einfügen.« »Ausschneiden.«	Die entsprechenden Befehle für die Arbeit mit der Zwischenablage. Ein Element muss vorher markiert sein.
»Löschen.«	Löscht ein markiertes Element.

Tabelle 20.1 Die wichtigsten Befehle für die Arbeit mit der Spracherkennung von Windows 7

Nicht immer reicht es aus, ein Wort nur einzutippen. Die Spracherkennung erkennt nicht automatisch jedes Wort. Es empfiehlt sich daher, das Wort nicht nur einzugeben, sondern auch seine Aussprache aufzunehmen. An einem Beispiel möchte ich Ihnen zeigen, wie dies geht:

1 Öffnen Sie das Kontextmenü der Spracherkennung. Wählen Sie **Sprachwörterbuch öffnen**. Entscheiden Sie sich für **Neues Wort hinzufügen**.

2 Tragen Sie in das Eingabefeld `Velociraptor mongoliensis` ein. Klicken Sie auf **Weiter**.

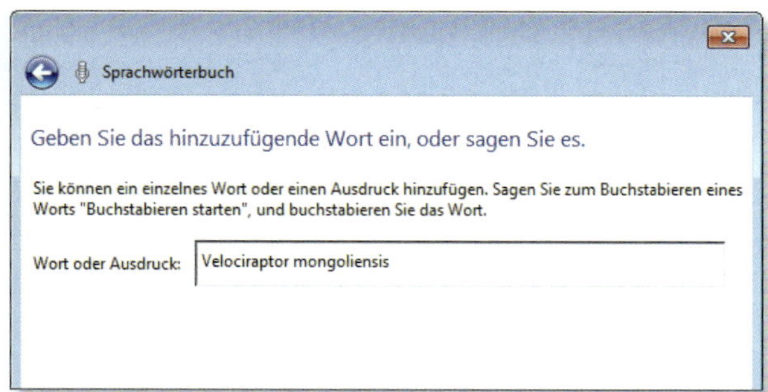

Abbildung 20.22 *Da habe ich mir vielleicht was ausgedacht!*

3 Schalten Sie die Option **Nach dem Fertigstellen eine Aussprache aufzeichnen** an. Wählen Sie **Fertig stellen**.

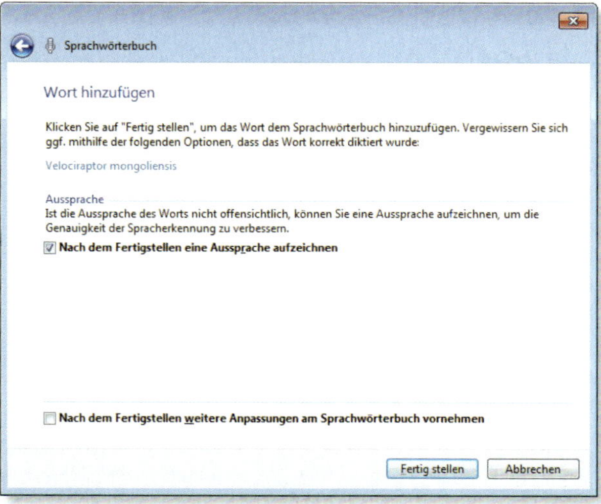

Abbildung 20.23 *Es genügt, eine Option anzuschalten, und der Assistent wird um einen Dialog erweitert.*

4 Klicken Sie nun auf die Schaltfläche **Aufzeichnen**. Sprachen Sie das Wort laut und deutlich in das Mikrofon. Klicken Sie auf **Fertig stellen**.

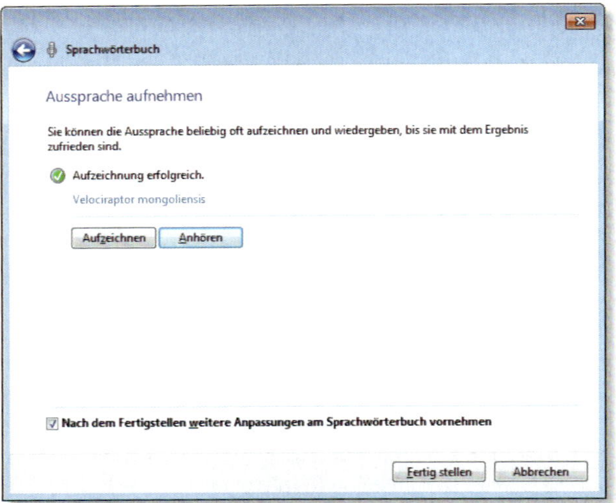

Abbildung 20.24 *Ich empfehle Ihnen unbedingt, die eigene Aussprache anzuhören. Haben Sie nicht deutlich gesprochen, wiederholen Sie die Eingabe einfach wieder.*

5 Es dauert einen kleinen Moment, bis die Spracheingabe verarbeitet wird. Ist dies geschehen, erscheinen zwei Schaltflächen. Wählen Sie **Anhören**. Beurteilen Sie, ob die eigene Spracheingabe deutlich und verständlich ist. Haben Sie undeutlich gesprochen, sich verhaspelt, Buchstaben verwurschtelt oder sind Sie in Ihren Dialekt gefallen, wiederholen Sie den Vorgang. Mit **Fertig stellen** beenden Sie den Assistenten.

Ebenfalls im Sprachwörterbuch finden Sie die Möglichkeit, ein Wort vom Diktat auszuschließen.

20.3 Die Windows-Sprachausgabe verwenden

Windows 7 besitzt nicht nur eine Möglichkeit, Texte und Befehle mit einem Mikrofon einzugeben, Sie können sich auch Textinhalte vorlesen lassen. Aber: Es gibt nur eine Stimme, die an die englische Sprache angepasst ist. Das Ergebnis ist schwer zu verstehen.

Microsoft weist darauf hin, dass der Anwender eine deutsche Stimme nachinstallieren muss. Eine solche wird aber im Microsoft Download Center nicht angeboten. Das heißt aber nicht, dass es für dieses kleine Problem keine Lösung gibt.

Eine deutsche Stimme installieren

Obwohl Microsoft kein Stimmpaket anbietet, ist ein solches schnell gefunden und nachgerüstet. Gehen Sie wie folgt vor:

1 Öffnen Sie Ihren Browser. Geben Sie die Adresse *http://www.cross-plus-a.com/de/balabolka.htm* ein.

2 Es öffnet sich die Seite von Balabolka. Sie sehen hier ein Freeware-Programm, das Textinhalte vorlesen kann. Sie benötigen hiervon nur das Sprachpaket. Scrollen Sie etwas nach unten, bis Sie den Abschnitt **RealSpeak TTS Engine** erreicht haben. Wählen Sie hier das Paket **Deutsch** aus. Laden Sie es auf Ihren Rechner. Entpacken Sie es. Mit einem Doppelklick auf die entpackte Datei starten Sie die Installation. Folgen Sie den Anweisungen im Dialog.

Abbildung 20.25 *Auf der Website des Freeware-Programms Balabolka führt ein Downloadlink Sie zu einem deutschen Sprachpaket.*

Nun muss die Stimme noch ausgewählt werden. In der Vorgabeeinstellung verwendet Microsoft ja »Microsoft Anna – English«. Das muss korrigiert werden.

3 Öffnen Sie die Systemsteuerung. Wählen Sie **Erleichterte Bedienung > Spracherkennung**. Im Menü links oben entscheiden Sie sich für **Text-zu-Sprache**.

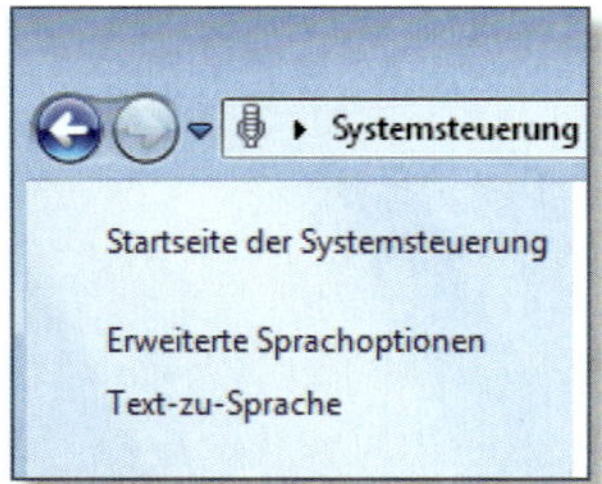

∧ ***Abbildung 20.26*** *Mit Text-zu-Sprache gelangen Sie in den richtigen Dialog.*

4 Sie landen im Register **Text-in-Sprache** des Dialogs **Spracheigenschaften**. Klicken Sie auf das Listenfeld **Stimmauswahl**, und wählen Sie **Scan Soft Steffi**.

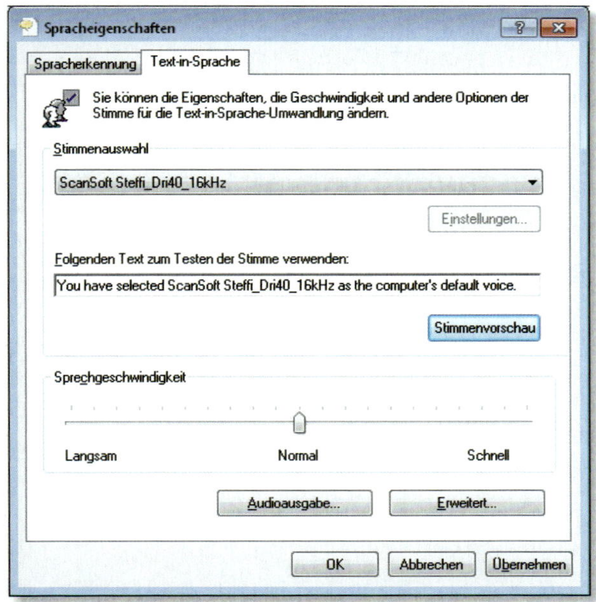

∧ ***Abbildung 20.27*** *Ja, die Steffi kann deutsche Texte sehr gut wiedergeben.*

5 Gleich nach Auswahl der Stimme liest Steffi den Text im Eingabefeld vor. Da dies ein englischer Text ist, ist sie kaum zu verstehen. Löschen Sie den Text, und tragen Sie Folgendes ein: Hallo, liebe Steffi. Schön, dass du da bist und mir meine Texte vorliest.

6 Verändern Sie die **Sprechgeschwindigkeit**. Schieben Sie den Regler zwei Striche nach links. Klicken Sie auf **Stimmvorschau**.

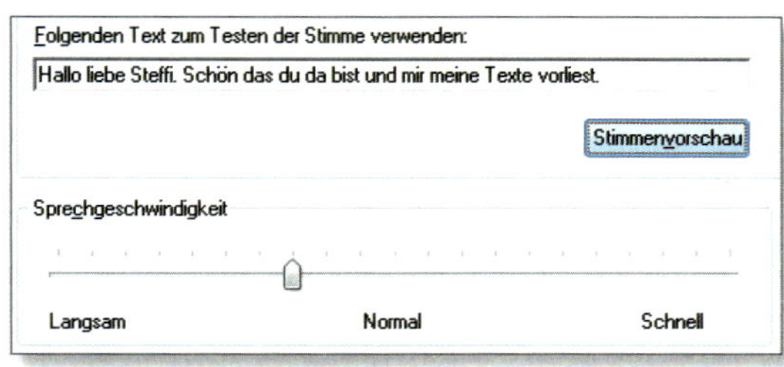

∧ ***Abbildung 20.29*** *Mit einem neuen Text und einer etwas angepassten Sprechgeschwindigkeit wird die elektronische Stimme gut verständlich.*

Mit **Erweitert** können Sie die Qualität an ein Ausgabegerät anpassen. In der Regel ist dies nicht notwendig. Tun Sie es dennoch, wird nach dem Klicken auf **Übernehmen** oder **OK** der Text für die Stimmvorschau auf die englische Vorgabe zurückgesetzt. Da er jedoch nur zum Testen der Stimme gedacht ist, stört dies nicht weiter.

Übrigens: Verändern Sie einmal die Sprechgeschwindigkeit radikal. Schieben Sie den Regler jeweils ganz nach rechts und ganz nach links. Ein Tipp für jede Party!

So verwenden Sie die Sprachausgabe von Windows 7

Starten Sie die Sprachausgabe mit **Alle Programme > Zubehör > Erleichterte Bedienung > Sprachausgabe**. Verwenden Sie das Programm öfter, sollten Sie ein Symbol dafür auf dem Desktop ablegen.

Deaktivieren Sie im Fenster **Microsoft-Sprachausgabe** die Optionen **Tastatureingabe des Benutzers wiederholen** und **Systemmeldungen ankündigen**. Das Werkzeug wiederholt sonst nur einzelne Tasteneingaben. Mit dem schnellen Tippen des Anwenders kommt das Tool nicht zurecht, weshalb man oft »Leertaste« und Unverständliches hört. Das ist etwas nervig und auch nicht besonders sinnvoll.

Tastenkombination	Funktion
Strg + ⇧ + ↵	Information zum aktuellen Element
Strg + ⇧ + Leertaste	Ausgabe des Inhalts zum gewählten Element
Strg + Alt + Leertaste	Ausgabe des markierten Elements im aktuellen Fenster
Einfg + Strg + G	Ausgabe einer Beschreibung der Elemente, die an das ausgewählte Element angrenzen
Strg	Beenden der Ausgabe von Text durch die Sprachausgabe
Einfg + Q	Bewegt den Cursor an den Anfang des nachfolgenden Textes bis zu einem Textelement mit fetter Formatierung.
Einfg + W	Bewegt den Cursor an den Beginn des nachfolgenden Textes bis zu einem Element mit anderer Formatierung.
Einfg + E	Bewegt den Cursor zurück an den Beginn des Dokuments mit der gleichen Formatierung.
Einfg + R	Bewegt den Cursor an das Ende eines Textes mit der gleichen Formatierung.
Einfg + F2	Markiert den gesamten Text mit der gleichen Formatierung wie das Zeichen, auf dem der Cursor positioniert ist.
Einfg + F3	Gibt das aktuelle Zeichen aus.
Einfg + F4	Gibt das aktuelle Wort aus.
Einfg + F5	Gibt die aktuelle Zeile aus.
Einfg + F6	Gibt den aktuellen Absatz aus.
Einfg + F7	Gibt die aktuelle Seite aus.
Einfg + F8	Gibt das aktuelle Dokument aus.

Tabelle 20.2 Mit diesen Tastaturkommandos wird die Sprachausgabe von Windows 7 verwendet.

Für das Lesen des Bildschirminhalts werden Tastaturkombinationen verwendet. Beachten Sie, dass die Sprachausgabe auch die Taste Einfg nutzt. Während das Werkzeug aktiv ist, können Sie mit Einfg nicht in einer anderen Anwendung arbeiten. Um die Taste dennoch zum Einfügen von Zeichen zu verwenden, drücken Sie Einfg + 1.

In Tabelle 20.2 sehen Sie alle Tastenkombinationen, die für die Bedienung der Windows 7-Sprachausgabe verwendet werden:

Eine bessere Ausgabe der Sprachqualität erhalten Sie mit kommerziellen Paketen. Sie können sich auf den folgenden Seiten über verschiedene Produkte und Angebote dazu informieren. Beachten Sie bitte, dass viele der aufgezählten Websites in englischer Sprache gehalten sind. Eine gute Alternative ist das Programm *Dragon NaturallySpeaking*, das ich Ihnen im folgenden Abschnitt noch vorstellen möchte.

Unter den folgenden Webadressen finden Sie kommerzielle Stimmpakete und Sprachausgabeanwendungen:

http://www.acapela-group.com/index.html

http://www2.research.att.com/~ttsweb/tts

http://www.cepstral.com

http://www.loquendo.com/de

http://www.neospeech.com

http://www.nuance.de

http://www.svox.com

http://www.ivona.com

Unter der letztgenannten Adresse finden Sie bereits auf der Startseite eine deutsche Stimme, die Sie ausprobieren können. Geben Sie im Eingabefeld einen beliebigen Text ein, und klicken Sie auf **Play**. Unter *For You Text-to-Speech Voice* findet sich auch eine deutsche Stimme. Mit knapp 70 Euro ist diese zwar relativ teuer, aber Sie erhalten eine qualitativ hochwertige und professionelle Stimme.

HINWEIS

Bitte beachten Sie
Um ein Stimmpaket verwenden zu können, müssen Sie die *Microsoft Speech-API* und das **Microsoft Speech-Control Panel** installieren. Beide Pakete sind recht klein – unter 1 MB.

Sie finden diese unter *http://download.microsoft.com/download/speechSDK/Install/4.0a/WIN98/EN-US/spchapi.EXE* und *http://download.microsoft.com/download/c/9/e/c9ee5f5d-7631-4ee7-aee4-dbd22b2b1439/SpchCpl.exe*.

20.4 Die Spracherkennung Dragon NaturallySpeaking verwenden

Die Firma Nuance bietet mit der Software *Dragon NaturallySpeaking* eine kommerzielle Spracherkennung an. Es gibt dieses Programm in verschiedenen Versionen. Sie können mit Dragon NaturallySpeaking Texteingaben einsprechen, Befehle per Spracheingabe machen und sich Texte vorlesen lassen. Mehr zu diesen Anwendungen finden Sie unter der Webadresse *http://www.nuance.de*.

Die verschiedenen Versionen von Dragon NaturallySpeaking

Mit der Version *Home* können Sie bereits Textdokumente oder Nachrichten, die Sie mit einem Messenger versenden, per Spracheingabe erstellen. Sie können Windows 7 und Anwendungsprogramme mit Sprachbefehlen steuern. Mit *Nuance Text-to-Speech* lassen sich Texte vorlesen. Die Home-Version lag mir für die Arbeit an diesem Buch auch vor. Ich werde sie im nächsten Abschnitt näher vorstellen.

Mit *Dragon NaturallySpeaking Premium* können Sie Texte unterwegs auf ein zertifiziertes Diktiergerät sprechen und später am PC in Textinhalte umwandeln lassen. Es ist möglich, für das Einsprechen von Befehlen und Texten ein Bluetooth-Mikrofon zu verwenden. Das Programm Microsoft Excel wird unterstützt und kann mit Spracheingaben gesteuert werden. Die Prüf- und Korrekturfunktion macht es leichter, die per Sprache eingegebenen Inhalte am Bildschirm zu korrigieren.

Bei der Premium-Version ist die Genauigkeit der Spracherkennung deutlich erhöht. Ein Grund dafür ist die Verwendung umfangreicher Wortlisten. Ein weiteres besonderes Merkmal dieser Edition ist die Möglichkeit, eigene Befehle zu definieren und mit diesen bestimmte Ausdrücke und Grafikdateien abzurufen.

Die Version *Professional* richtet sich an Unternehmen. Hier gehören neben den Funktionen der Premium-Version verschiedene administrative Einstellungs- und Sicherheitsfunktionen zum Programm. Wortlisten, benutzerdefinierte Befehle und Vokabeln können über eine Remoteverbindung gewartet werden. Hier können auch Benutzerprofile eingerichtet und verwaltet werden.

Eine weitere Version mit der Bezeichnung *Legal* richtet sich an Juristen und ist speziell auf deren Arbeit und Vokabular ausgerichtet.

Die *Nuance Speak & See Suite* beinhaltet Dragon NaturallySpeaking und richtet sich vor allem an Schüler, Studenten und Anwender, für die Deutsch nicht die Muttersprache ist. Auch sehbehinderte Anwender und Anwender mit einer Lese-/Rechtschreibschwäche können dieses Paket nutzen, um einfacher mit dem PC arbeiten zu können. Auch hier werden Texte und Bedienungselemente vorgelesen, Windows- und Programmbefehle eingegeben und Textinhalte per Spracheingabe diktiert.

Dragon NaturallySpeaking Home einrichten

Nach der Installation und der Aktivierung des Programms müssen Sie zunächst die Software anpassen.

Dazu wird zunächst ein Profil erstellt. Sie geben Ihren Namen, die Sprachregion und Ihr Alter an. Ebenso wählen Sie aus, wie das Mikrofon mit dem Windows 7-Rechner verbunden ist.

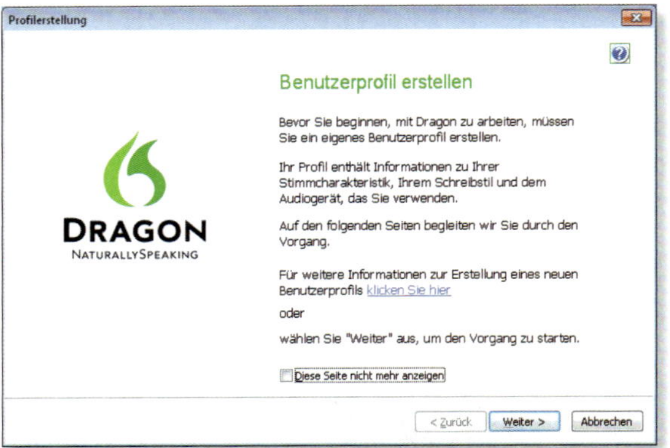

Abbildung 20.30 *Zuerst wird Dragon NaturallySpeaking eingerichtet.*

Im nächsten Schritt zeigen ein Bild und ein Informationstext, wie das Mikrofon richtig positioniert wird. Es folgt die Anpassung der Lautstärke des Mikrofons. Klicken Sie auf **Lautstärke prüfen**, und lesen Sie den angezeigten Text vor, bis ein Signalton ertönt.

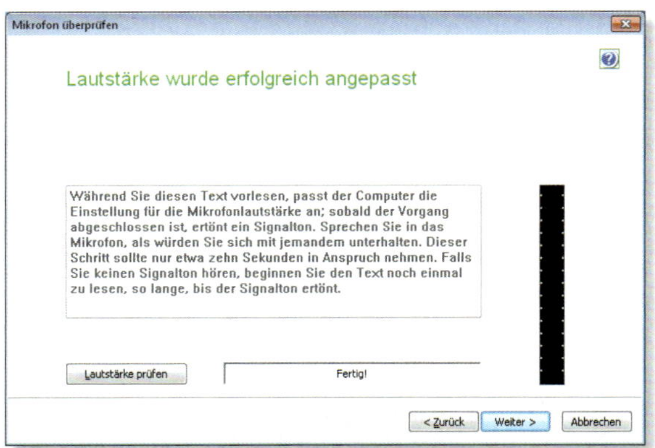

Abbildung 20.31 *Geschafft. Die Lautstärke wurde korrekt angepasst. Nur die Hälfte des Textes musste ich dazu laut vorlesen.*

In gleicher Weise wird einen Dialog weiter die Qualität des Mikrofons überprüft.

Es folgt ein Text, mit dem Sie das Programm trainieren. Diesen Vorgang können Sie, wenn Sie dies möchten, auch später durchführen. Es dauert etwa 4 Minuten und erhöht die Qualität der Spracherkennung. Ich empfehle Ihnen, dies gleich zu tun, wenn Sie mit dem Programm arbeiten möchten.

Sie können anschließend das Programm nach E-Mails und Textdateien suchen lassen. Dragon passt so die Wortdatenbank an ein Vokabular an, das Sie oft bei Ihrer Arbeit verwenden. Die automatische Anpassung sollten Sie ausschalten. Starten Sie diese Funktion manuell. Zum Schluss können Sie die Profildaten an Dragon übermitteln oder diesen Schritt überspringen.

So verwenden Sie Dragon NaturallySpeaking

Haben Sie das Programm gestartet, finden Sie am oberen Rand des Windows 7-Desktops eine Programmleiste. Zunächst ist das Programm nicht aktiv. Mit einem Klick auf das Mikrofonsymbol ändern Sie dies.

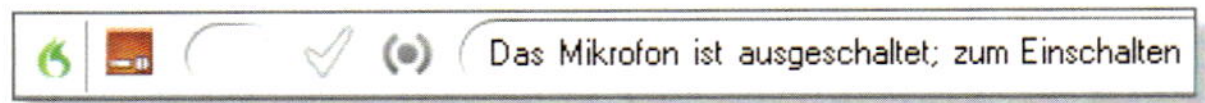

Abbildung 20.32 *In der Programmleiste können Sie die Spracherkennung anschalten.*

Auf der rechten Seite der Programmleiste können Sie die verschiedenen Menüs öffnen.

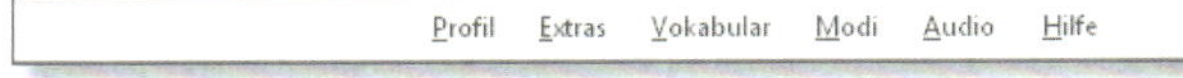

Abbildung 20.33 *Auf der rechten Seite der Leiste finden Sie das Menü.*

Die folgenden drei Absätze habe ich mit Dragon NaturallySpeaking Home diktiert. Das Ergebnis überrascht mich ein wenig.

Mit diesem Programm können Sie auf einfache Weise Texte in ihre Dokumente eingeben. Wenn Sie sich für dieses Programm entscheiden, werden Sie feststellen, dass es sehr einfach und bequem ist mit einem Headset oder einem herkömmlichen Mikrofon Dokumente zu sprechen anstatt sie zu tippen. Die Qualität der Spra-

cherkennung ist bei einem kommerziellen Programm höher, als bei der Windows eigenen Lösung. Natürlich kommen auch hier Fehler vor. Es kommt ein wenig darauf an, welche Art von Texten sie mit Trägern diktieren möchten. Gerade mit Fremdworten und spezifischen Fachbegriffen hat das Programm Probleme. Sie können das an einem Beispiel leicht ausprobieren.

Wenn Sie feststellen, dass bei ihrem Diktat häufig Fehler auftreten, dann trainieren Sie das Programm. Mit einem intensiven Training können Sie die Qualität deutlich verbessern.

Wichtig ist vor allem auch die richtige Positionierung des Mikrofons und eine deutliche Sprechweise. Aber auch mit schnellen sprechen hat das Programm weniger Probleme sofern sie deutlich reden. Auch hier gilt, Dialekt, undeutliche Aussprache oder laute Nebengeräusche mindern die Qualität des Diktats.

Auf der rechten Seite des Windows-Desktops finden Sie die **Dragon-Randleiste**. In dieser werden Ihnen verschiedene Hilfetexte angezeigt, die für den Umgang mit dem aktiven Programm angepasst wurden.

Abbildung 20.34 *Die Dragon-Randleiste enthält eine Liste der aktuell verfügbaren Sprachbefehle.*

In meinem Beispiel sehe ich hier Informationen zum Umgang mit Word. Außerdem kann ich in diesem Fenster Informationen zum Umgang mit dem Programm, der Maus und dem Erstellen eigener Befehle abrufen.

Die Hilfe zeigt natürlich keine Tastenkombinationen, sondern vielmehr sehen Sie hier Sprachbefehle, die bestimmte Funktionen aufrufen. So zum Beispiel »Zeige mir Hilfe«, »Befehlscenter öffnen«, »Nächste Zeile«, »Streich das« und »Änderungen speichern«. Es ist außerdem auch nicht notwendig, einige Hilfeseiten mit Sprachbefehlen aus dem Drucker auszugeben. Arbeiten Sie eine Zeit lang mit dem Programm, werden Ihnen die Sprachbefehle in Fleisch und Blut übergehen.

Teil VI

Windows mit mehreren Benutzern

Kapitel 21
Benutzerkonten erstellen, verwenden und verwalten

Oft arbeiten mehrere Personen an einem Rechner. Aber nicht nur dann, sondern auch aus Sicherheitsgründen kann es sinnvoll sein, mehrere Benutzer anzulegen. Wie das funktioniert, zeige ich Ihnen in diesem Kapitel.

Bestimmt ist Ihnen die neue Benutzerkontensteuerung schon einmal aufgefallen. Bestimmte Aktionen müssen Sie mit einem Mausklick bestätigen. Sie erfordern erweiterte Rechte. Diese Funktion ist jedoch nicht in Windows 7 integriert worden, um den Anwendern auf die Nerven zu gehen. Sie sollen auch nicht durch gelegentlich aufklappende Fenster am Einschlafen gehindert werden. Vielmehr handelt es sich um eine wichtige Sicherheitsfunktion.

Sie erfahren in diesem Kapitel, wie Sie mit der Benutzerkontensteuerung (UAC) Ihren Windows 7-Rechner sicherer machen. Sie erfahren, wozu diese Funktion gut ist und worin der Unterschied zwischen Benutzer und Administrator besteht. Ich zeige Ihnen, wie Sie die Benachrichtigung der UAC ganz einfach mit einem Schieberegler anpassen. Ich stelle Ihnen die Gruppenrichtlinien der Benutzerkontensteuerung vor und verrate Ihnen, was hinter jeder einzelnen Richtlinie steckt. Danach weise ich besonders auf drei Richtlinien hin, mit denen Sie die Rückfragen der Benutzerkontensteuerung ganz ausschalten.

Da es sich bei dem Kontotyp »Administrator« von Windows 7 nicht um einen wirklichen Admin handelt, verrate ich Ihnen, wie Sie den in der Vorgabeeinstellung deaktivierten Administrator anschalten. Dazu sind nur wenige Schritte notwendig. Danach haben Sie ein »echtes« Admin-Konto, das über alle notwendigen Rechte für Systemverwaltungsaufgaben verfügt.

Der zweite Teil dieses Kapitels widmet sich dem Thema »Benutzerkonten verwalten«. Sie erfahren, wie Sie ein Benutzerkonto bearbeiten können und wie ein nicht mehr gebrauchtes Konto vom Rechner entfernt wird. Ich zeige Ihnen, wie Sie eine *Kennwortrücksetzungsdiskette* erstellen und so dafür sorgen, dass Sie auch dann an die Daten Ihres Benutzerkontos kommen, falls Sie Ihr Passwort vergessen. Sie lesen, wie Sie Ihre mit Windows 7-verknüpfte Online-ID und die dazu gehörenden Daten in der Systemsteuerung einsehen, und Sie lernen den *Windows-Tresor* kennen. Am Ende des Kapitels zeige ich Ihnen, wie Sie das Speichervolumen eines Anwenders anhand von Kontingenten einschränken.

21.1 User Account Control: Die Benutzerkontensteuerung in Windows

Microsoft kürzt die Funktion, um die es in diesem Kapitel geht, mit UAC ab. Diese Abkürzung steht für *User Account Control*, auf deutsch *Benutzerkontensteuerung*. In diesem ersten Abschnitt verrate ich Ihnen, was UAC ist und wozu diese Funktion gut ist.

Wozu ist die Benutzerkontensteuerung wichtig?

Aufgrund der Benutzerkontensteuerung können Programme nicht einfach Veränderungen am Windows-System vornehmen. Um dennoch bestimmte Einstellungen festzulegen, muss der Anwender die Rechte eines Administrators besitzen und die Aktion bestätigen. Das kann nicht automatisch erfolgen. Ein Vorteil dieses Systems ist, dass Sie mitverfolgen können, wenn ein Programm derartige Aufgaben durchführt. Es kann also nicht jemand still und heimlich im Hintergrund an Ihrem Windows 7 »herumschrauben«.

Wenn Sie als Benutzer mit den dazu gehörenden Rechten arbeiten und eine Aufgabe ausführen wollen, die von der Benutzerkontensteuerung gesperrt ist, geschieht Folgendes:

- Über einen Dialog müssen Sie sich die Rechte eines Administrators aneignen. Dazu loggen Sie sich als Admin mit dem dazu gehörenden Passwort ein.
- Bevor die Aktion ausgeführt wird, klappt ein Hinweisdialog auf. Dieser fragt, ob Sie die Aktion tatsächlich durchführen wollen.

Falls Sie bereits mit den Rechten eines Administrators arbeiten, entfällt der erste Schritt. Dann müssen Sie die Aktion nur bestätigen.

Der Benutzerkontensteuerung kommt eine weitere wichtige Rolle zu: Sie schützt auch das Administratorkonto. Es kann nicht so einfach jemand Änderungen an den Einstellungen des Systemadministrators durchführen. Das ist eine nicht zu unterschätzende Sicherheitsfunktion. Der Administrator kann wichtige Systemeinstellungen vornehmen. Diese Aufgabe sollte nicht von einem Programm oder irgendeinem Anwender durchgeführt werden.

Was darf ein Benutzer, und was darf ein Administrator?

Ein Benutzer kann Programme aufrufen, ebenso Werkzeuge und Spiele und mit diesen arbeiten. Zusätzlich gibt es weitere Möglichkeiten, die er nutzen darf. Diese Aufgaben verändern keine wichtigen Systemeinstellungen. Windows 7 wird dadurch nicht gefährdet, selbst wenn ein fremder Benutzer diese Aufgaben ausführt.

Zu den erweiterten Möglichkeiten eines Benutzers gehören:

- die Installation und Einrichtung von Fonts (Schriften)
- das Nutzen des Kalenders und der Uhr
- das Einstellen der Zeitzone, die für den Ort gilt, an dem er sich befindet
- die Installation von WEP, das für den Aufbau und das Nutzen einer Funknetzverbindung notwendig ist (WLAN)
- die Einrichtung der Energiespareinstellungen
- die Einrichtung von Hardwaregeräten und den dazu notwendigen Treiberprogrammen
- das Einrichten von VPNs
- das Einspielen von Updates

Ein Administrator besitzt zunächst die Rechte eines einfachen Benutzers. Erst bei bestimmten Aufgaben werden ihm die Rechte eines Administrators zugeteilt. Dies ist eine Schutzfunktion von Windows 7. Auch hier funktioniert dies nach dem gleichen Prinzip, das ich zuvor schon erwähnt habe: Die Aktion, für die erweiterte Administratorrechte notwendig sind, wird abgefragt. Mit dem Bestätigen werden die Rechte eines Administrators erteilt. Dies gilt für das Ausführen der Aufgabe.

Die Benachrichtigungen über Änderungen einrichten

In der Systemsteuerung können Sie einstellen, wenn Sie benachrichtigt werden wollen. Mit der Vorgabeeinstellung werden Meldungen ausgegeben, wenn ein Anwendungsprogramm Änderungen am Rechner vornimmt. Sie erreichen den Dialog unter **System und Si-**

cherheit > Wartungscenter. Nehmen *Sie* eine Veränderung vor, wird keine Meldung ausgegeben.

Erhöhen Sie die Stufe, werden auch Meldungen ausgegeben, wenn Sie selbst eine Veränderung vornehmen. Dies ist aber nicht notwendig.

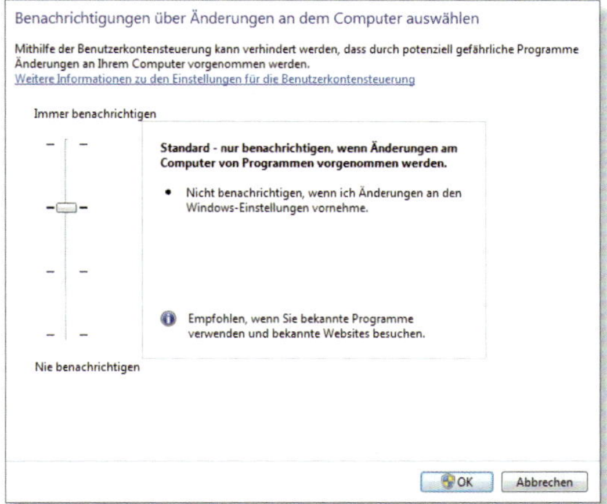

Abbildung 21.1 *Die Benachrichtigungen zur Benutzerkontensteuerung müssen Sie nicht ändern. Die Vorgabeeinstellung ist eine gute Wahl.*

In der niedrigsten Stufe werden keine Benachrichtigungen ausgegeben. Auch wenn ein Programm eine Änderung am Windows 7-System vornimmt, gibt es keine Meldung. Ebenso, wenn Sie selbst eine Einstellung vornehmen. Wenn ein Programm etwas installieren möchte, erhalten Sie ebenfalls keine Meldung. Diese Einstellung ist nicht empfehlenswert.

Gruppenrichtlinien für die Benutzerkontensteuerung

Die Benutzerkontensteuerung können Sie anpassen. Dies ist jedoch nur in den Windows-Editionen *Ultimate, Enterprise* und *Professional* möglich.

Gruppenrichtlinien der Benutzerkontensteuerung ändern

1. Öffnen Sie die Systemsteuerung. Wählen Sie **System und Sicherheit > Verwaltung**. Klicken Sie hier auf **Lokale Sicherheitsrichtlinie**.
2. Öffnen Sie links den Funktionsbaum **Lokale Richtlinien**. Markieren Sie die **Sicherheitsoptionen**. Nun finden Sie im Richtlinienfenster die Einstellungen der Benutzerkontensteuerung. Die ersten zehn Einstellungen (von oben gesehen) betreffen diese.

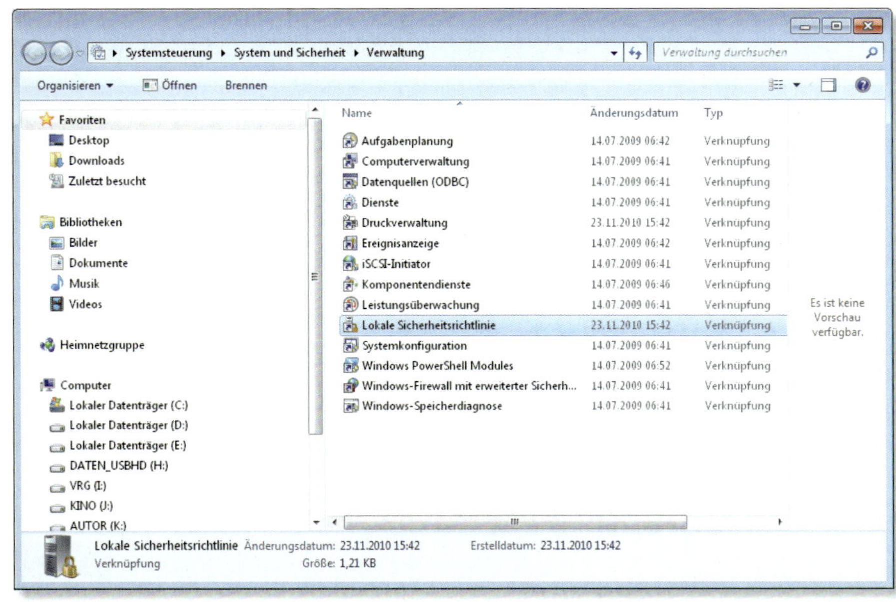

Abbildung 21.2 *Die* **Lokale Sicherheitsrichtlinie** *wird in der Systemsteuerung geöffnet.*

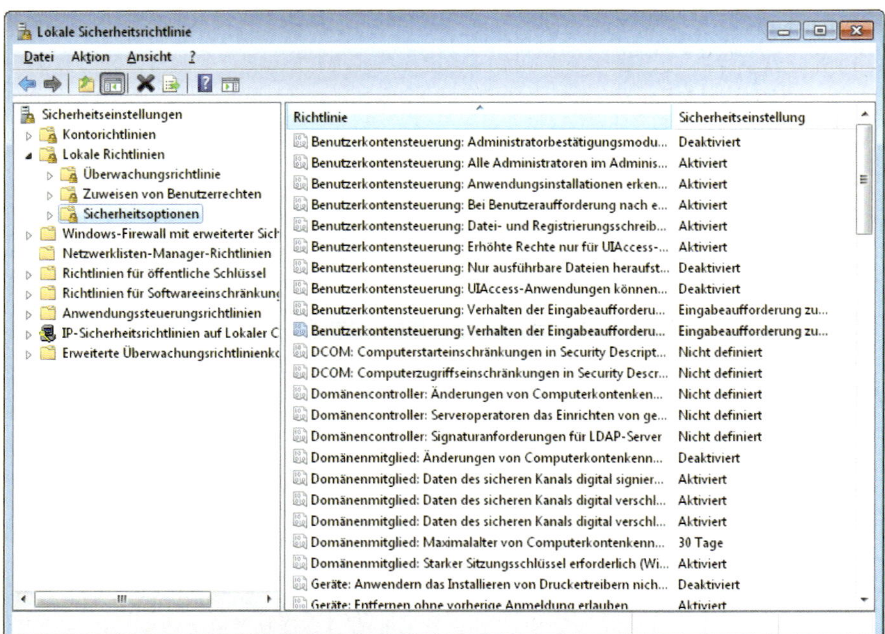

< ***Abbildung 21.3*** *Die Benutzerkontensteuerung passen Sie in dem Editor für die Sicherheitsrichtlinien an.*

3 Passen Sie die Einstellungen an. Markieren Sie dazu einen Eintrag. Öffnen Sie das Kontextmenü. Wählen Sie **Eigenschaften**. Aktivieren oder deaktivieren Sie eine Einstellung. Bei einigen Einstellungen treffen Sie eine Auswahl über ein Listenfeld. Bestätigen Sie den Dialog. Schließen Sie den Editor und alle geöffneten Dialoge.

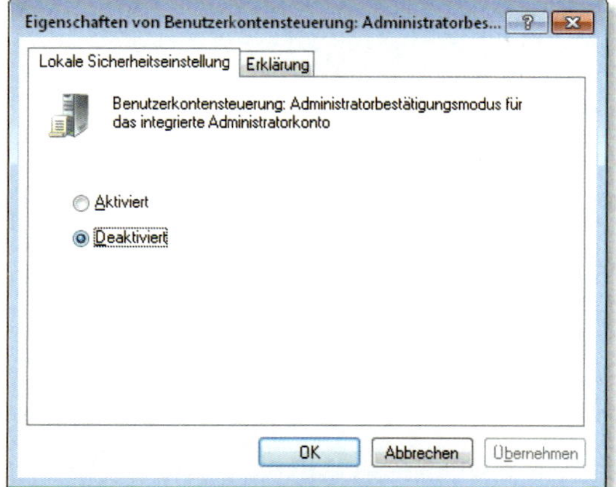

^ ***Abbildung 21.4*** *Eine Einstellung der Benutzerkontensteuerung wurde ausgeschaltet.*

Die einzelnen Richtlinien und ihre Bedeutung

Im Folgenden möchte ich Ihnen die einzelnen Gruppenrichtlinien erläutern:

- **Administratorbestätigungsmodus für das integrierte Administratorkonto**

  Diese Richtlinie beeinflusst den Genehmigungsmodus für das Administratorkonto. Ist die Richtlinie aktiviert, wird der Anwender bei einer Aktion, die erweiterte Rechte voraussetzt, zur Genehmigung der Aktion aufgefordert. Ist die Richtlinie ausgeschaltet, werden alle Aktionen mit vollständigen Administratorrechten ausgeführt. Die letzte Variante ist in der Vorgabeeinstellung gewählt.

- **Alle Administratoren im Administratorbestätigungsmodus ausführen**

  Hierbei handelt es sich um eine wichtige Sicherheitseinstellung. Gesteuert wird das Verhalten der Richtlinieneinstellungen der Benutzerkontensteuerung. Die Richtlinie ist in der Vorgabeeinstellung angeschaltet. Der Administratorgenehmigungsmodus ist somit aktiviert. Ist die Richtlinie ausgeschaltet, sind der Administratorgenehmigungsmodus und alle dazugehörigen Richtlinieneinstellungen der Benutzerkontensteuerung ausgeschaltet. Windows 7 informiert Sie in diesem Fall, dass sich die Sicherheit des Betriebssystems auf einem geringen Niveau befindet.

- **Anwendungsinstallation erkennen und erhöhte Rechte anfordern**

  Mit dieser Richtlinie wird die Installation von Anwendungsprogrammen gesteuert. Ist die Richtlinie angeschaltet, wird der Anwender zur Eingabe des Benutzernamens des Administrators und des zugehörigen Kennworts aufgefordert. Kommt er dieser Aufforderung nach, wird die Installation der Software fortgesetzt. Ist die Richtlinie nicht angeschaltet, werden Installationspakete nicht als solche erkannt, und es werden bei der Installation derselben keine Administratordaten abgefragt.

- **Bei Benutzeraufforderung nach erhöhten Rechten zum sicheren Desktop wechseln**

  Die Anforderung für die Rechte eines Administrators kann auf dem interaktiven Benutzerdesktop oder auf einem sicheren Desktop angezeigt werden. Diese Richtlinie steuert, welche der beiden Möglichkeiten verwendet wird. Ist die Richtlinie aktiviert, werden die Anforderungen für erweiterte Rechte auf dem sicheren Desktop angezeigt. Die Richtlinie für das Eingabeaufforderungsverhalten für Administratoren wird bei dieser Einstellung nicht beachtet. Ist die Richtlinie ausgeschaltet, werden die Anforderungen für erweiterte Rechte auf dem interaktiven Desktop des Benutzers angezeigt.

- **Datei- und Registrierungsschreibfehler an Einzelbenutzerstandorten virtualisieren**

  Diese Richtlinie bestimmt, ob Schreibfehler in Anwendungen an bestimmte Orte in der Registrierung oder/und im Dateisystem umgeleitet werden. Die Einstellung zu dieser Richtlinie fängt Programme ab, die unter dem Konto eines Administrators ausgeführt werden. Ist die Richtlinie angeschaltet, werden Schreibfehler in Programmen zur Laufzeit an bestimmte Benutzerorte für das Dateisystem und die Registrierung umgeleitet. Ist die Richtlinie ausgeschaltet, wird eine Fehlermeldung zurückgegeben.

- **Erhöhte Rechte nur für UIAcess-Anwendungen, die an sicheren Orten installiert sind**

  Diese Richtlinie bestimmt, ob UIAccess-Anwendungen erhöhte Rechte erhalten, wenn sie an sicheren Orten installiert sind. *UIAccess* ist die Bezeichnung für die Benutzeroberfläche des Rechners. Gemeint sind nur bestimmte Anwendungen, die Eingabehilfen enthalten. Sichere Orte sind die Verzeichnisse \Programme\, \Windows\system32\ und \Programme\[x86]\. Ist die Richtlinie angeschaltet, bedeutet dies, dass die Anwendung mit einer UIAcess-Integrität ausgeführt wird, falls sie sich an einem sicheren Ort. Ist sie ausgeschaltet, muss die Anwendung nicht an einem sicheren Ort installiert sein. Sie wird so oder so mit UIAcess-Integrität ausgeführt.

- **Nur ausführbare Dateien heraufstufen, die signiert und überprüft sind**

  Diese Richtlinie bestimmt, ob nur ausführbare Dateien heraufgestuft werden, wenn sie signiert und überprüft worden sind. Ist die Richtlinie aktiviert, wird eine Zertifizierung erzwungen. Wenn die Richtlinie nicht aktiviert ist, wird die Zertifizierung nicht überprüft.

- **UIAcess-Anwendungen können erhöhte Rechte ohne sicheren Desktop anfordern**

  Diese Richtlinie sagt bereits, worum es hier geht. Ist die Richtlinie aktiviert, wird der sichere Desktop für die Benutzeranmeldung ausgeschaltet. Ist die Richtlinie ausgeschaltet, was die Vorgabeeinstellung ist, so kann der sichere Desktop nur vom Benutzer des interaktiven Desktops ausgeschaltet werden – oder auch wenn die Option **Bei Eingabeaufforderung zum sicheren Desktop wechseln** in der **Benutzerkontensteuerung** ausgeschaltet wird.

- **Verhalten der Eingabeaufforderung für erhöhte Rechte für Administratoren im Administratorbestätigungsmodus**

  Hier gibt es kein An- oder Ausgeschaltet. Stattdessen wird eine der Möglichkeiten über ein Listenfeld gewählt. Die Richtlinie bestimmt, wie sich die Eingabeaufforderung bei Aktionen mit Administratorrechten verhält.

Aus folgenden Möglichkeiten können Sie wählen:

- **Erhöhte Rechte ohne Eingabeaufforderung**
- **Eingabeaufforderung zu Anmeldeinformationen auf dem sicheren Desktop**
- **Eingabeaufforderung zur Zustimmung auf den sicheren Desktop**
- **Eingabeaufforderung zu Anmeldeinformationen**
- **Eingabeaufforderung zur Zustimmung**
- **Eingabeaufforderung zur Zustimmung für Nicht-Windows-Binärdateien**
- **Verhalten der Eingabeaufforderung für erhöhte Rechte für Standardbenutzer**

Diese Richtlinie entspricht der zuvor genannten Richtlinie. Nur ist diesmal das Verhalten beim Nutzen höherer Rechte für den Otto-Normalanwender gemeint. Die Auswahlmöglichkeiten entsprechen denen der Richtlinie für Administratoren.

Nutzen Sie die beiden letztgenannten Richtlinien, um die Rückfragen der Benutzerkontensteuerung auszuschalten. Wenn Sie bei der Richtlinie **Verhalten der Eingabeaufforderung für erhöhte Rechte für Administratoren im Administratorbestätigungsmodus** die Einstellung **Erhöhte Rechte ohne Eingabeaufforderung nutzen** wählen, wird die Rückfrage nicht mehr eingeblendet. Diese Einstellung kann auch für normale Benutzer gesetzt werden. Dies sollten Sie jedoch nicht tun. Die Rückfrage dient der Sicherheit und schützt Ihren Rechner.

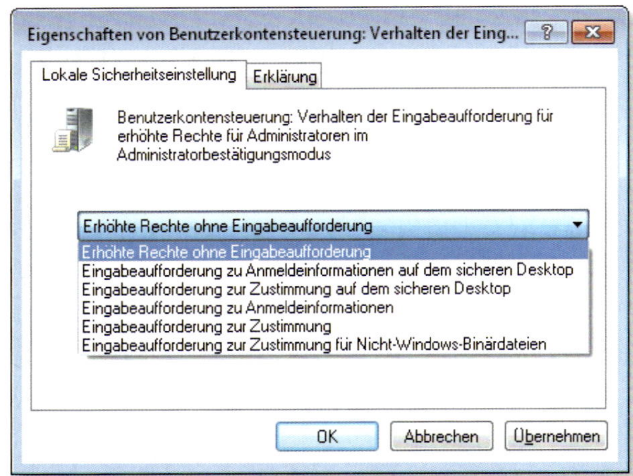

^ ***Abbildung 21.5*** *Bei dieser Richtlinie wählen Sie die Einstellung über ein Listenfeld.*

Mit einer anderen Richtlinie können Sie dafür sorgen, dass bei der Installation von Anwendungsprogrammen keine Administratorrechte notwendig sind. Diese Richtlinie heißt **Anwendungsinstallation erkennen und erhöhte Rechte anfordern**. Deaktivieren Sie die Richtlinie, wird die Installation eines Programms nicht erkannt. Es müssen keine Administratorrechte für diese Aktion erworben werden.

Den Administrator anschalten

In Windows 7 finden Sie die normalen Benutzerkonten und das Administratorkonto. Bei Letzterem müssen bestimmte Aktionen bestätigt werden, die höhere Rechte erfordern.

In den Windows-Editionen *Ultimate, Enterprise* und *Professional* können Sie das Konto **Administrator** anschalten. Es ist in der Vorgabeeinstellung ausgeschaltet. Mit diesem Konto können Sie Systemverwaltungsaufgaben ausführen, ohne diese extra bestätigen zu müssen. Möchten Sie dies tun, gehen Sie wie folgt vor:

1 Öffnen Sie die **Systemsteuerung**. Wählen Sie **System und Sicherheit**. Wechseln Sie in die **Verwaltung**. Öffnen Sie hier die **Computerverwaltung**.

2 Markieren Sie den obersten Eintrag in der linken Spalte. Er trägt die Bezeichnung **Computerverwaltung**. Doppelklicken Sie in der rechten Seite auf **System**.

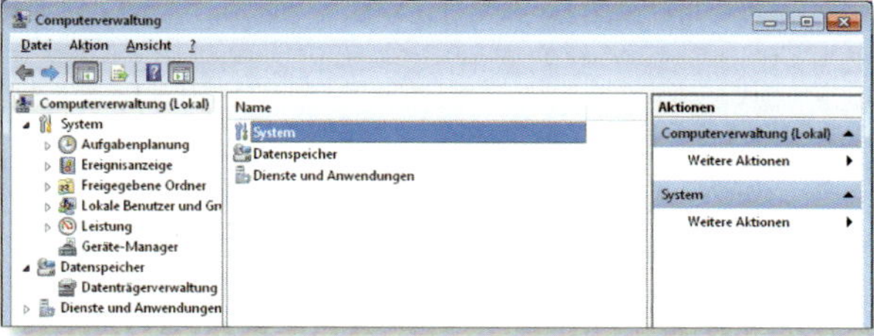

Abbildung 21.6 In der Computerverwaltung können Sie das Administratorkonto anschalten.

3 Doppelklicken Sie anschließend auf **Lokale Benutzer und Gruppen**.

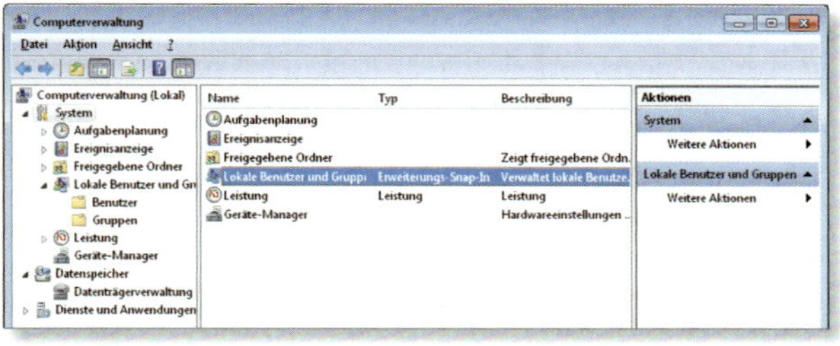

Abbildung 21.7 Der Weg zum Ziel ist weit. Sie müssen einige Male doppelklicken.

4 Doppelklicken Sie auf **Benutzer**.

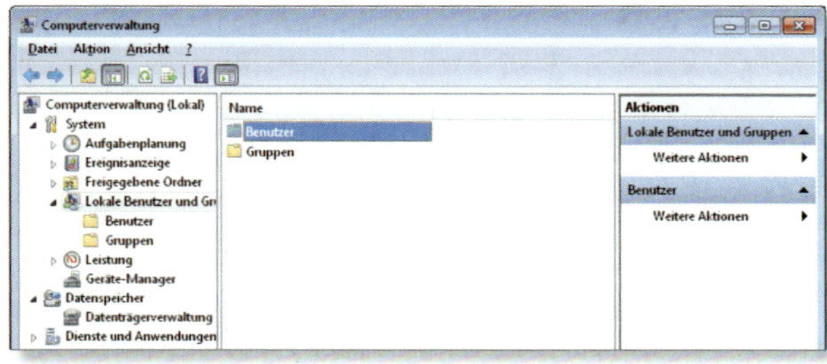

Abbildung 21.8 Wählen Sie Benutzer aus.

5 In der Liste ganz oben sehen Sie den **Administrator**. Doppelklicken Sie auf diesen.

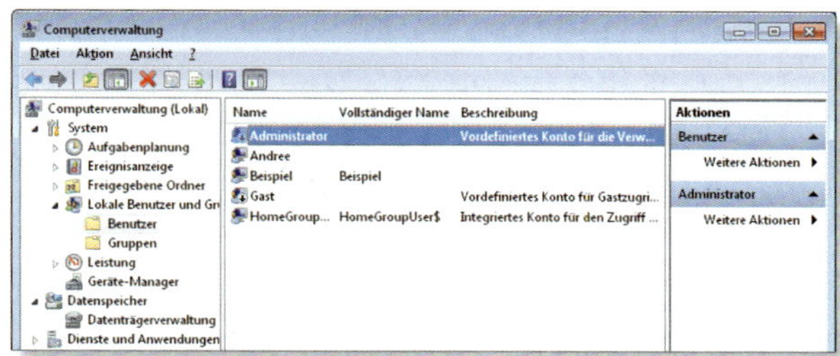

Abbildung 21.9 Unter den Benutzerkonten auf Ihrem Windows 7-Rechner finden Sie auch den Administrator.

6 Ein Dialogfenster wird geöffnet. Im unteren Teil ist die Option **Konto ist deaktiviert** angeschaltet. Entfernen Sie das Häkchen aus diesem Optionskästchen. Bestätigen Sie mit **OK**. Schließen Sie alle geöffneten Fenster.

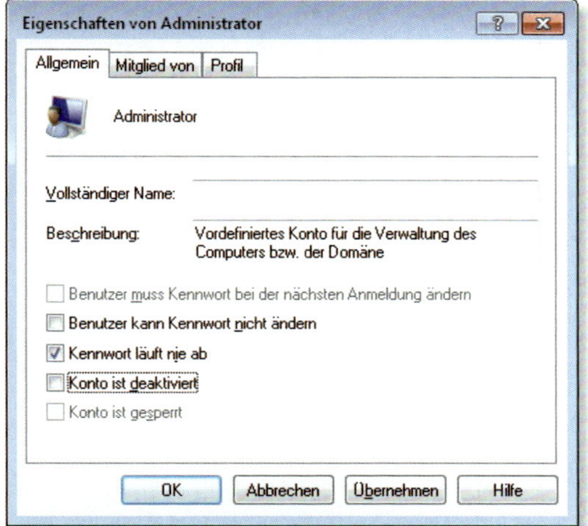

Abbildung 21.10 Das Administratorkonto wird aktiviert.

Nun können Sie sich als Administrator anmelden und haben gleich danach alle entsprechenden Rechte.

21.2 Benutzerkonten verwalten

Zum Thema Benutzerkonten haben Sie schon die grundlegenden Dinge erfahren. Sie wissen, wie Sie ein neues Benutzerkonto erstellen und das zu diesem gehörende Kontobild anpassen. Natürlich wissen Sie auch, wie Sie sich mit Ihrem Benutzernamen am Windows 7-System anmelden. Diese grundlegenden Informationen möchte ich an dieser Stelle ergänzen.

Ein Benutzerkonto bearbeiten

In der **Systemsteuerung** können Sie unter **Benutzerkonten** selbige einsehen und verändern. Sie können das zugeordnete Bild ändern und ein neues Kennwort festlegen. Der Name des Kontos lässt sich korrigieren. Wenn Sie möchten, können Sie mit **Eigenen Kontotyp ändern** aus einem Benutzerkonto ein Administratorkonto machen.

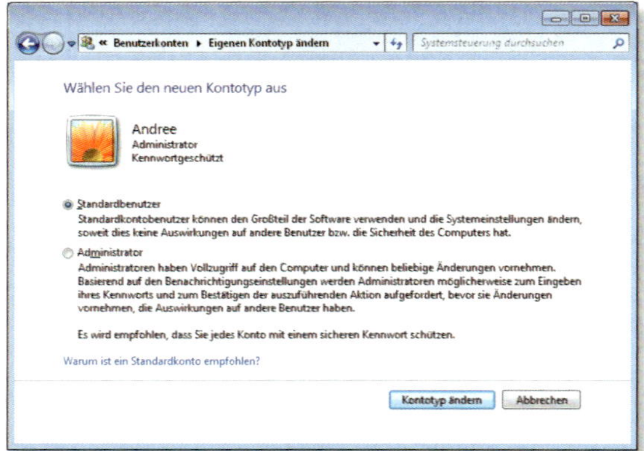

*^ **Abbildung 21.11** Machen Sie aus Ihrem Benutzerkonto ein Administratorkonto.*

Ein nicht mehr notwendiges Benutzerkonto entfernen

Manchmal verwendet ein eingerichteter Benutzer Windows nicht mehr, so dass Sie das Konto eigentlich nicht mehr brauchen. Es belegt unnötigerweise Speicherplatz.

Wird ein Konto nicht mehr gebraucht, können Sie es auch löschen. Und das geht so:

1. Öffnen Sie die **Systemsteuerung**. Gehen Sie zu **Benutzerkonten**. Wechseln Sie zu **Anderes Konto verwalten**.

*^ **Abbildung 21.12** Die zweite Funktion von unten führt Sie in die Verwaltung der anderen Konten.*

2. Sie sehen nun eine Übersicht aller auf dem Rechner vorhandenen Konten. Wählen Sie mit der Maus das Konto, das Sie entfernen wollen.

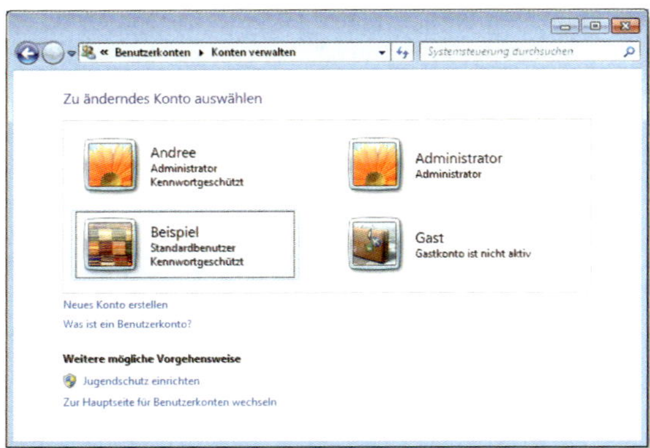

*^ **Abbildung 21.13** Unter **Konten verwalten** werden alle auf dem Rechner verfügbaren Konten aufgelistet.*

3. Wählen Sie **Konto löschen**.

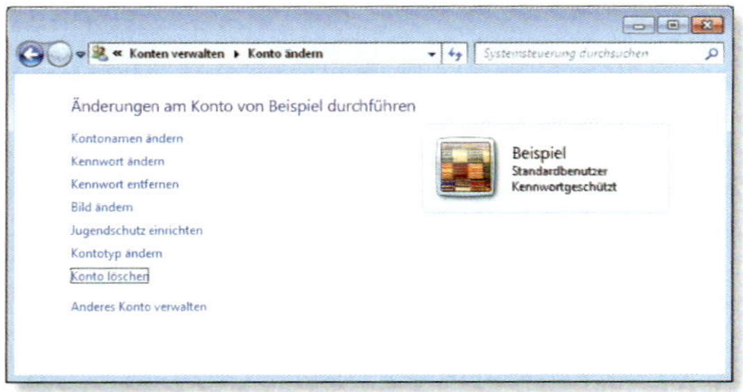

*^ **Abbildung 21.14** Und wieder ist es die zweite Funktion von unten.*

4. Windows 7 fragt Sie, ob Sie die Dateien von diesem Konto behalten oder löschen wollen. In diesem Beispiel wollen wir das Konto komplett entfernen. Klicken Sie auf die Schaltfläche **Dateien löschen**.

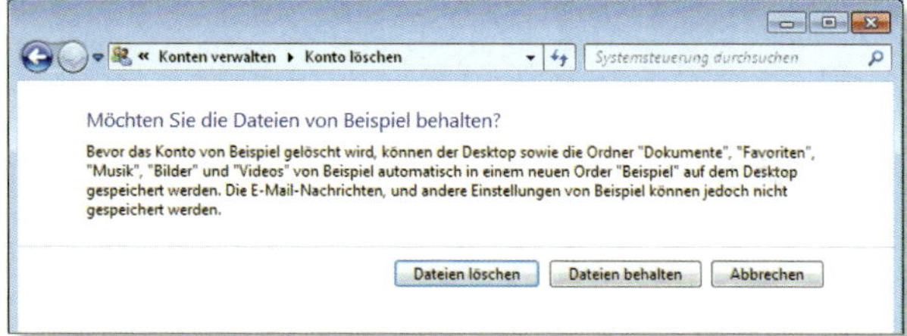

Abbildung 21.15 Die zu diesem Benutzerkonto gehörenden Dateien werden ebenfalls entfernt.

5 Nun werden Sie noch einmal gefragt, ob Sie die Aktion wirklich durchführen wollen. Windows 7 informiert Sie, dass alle Dateien und das Konto entfernt werden. Bestätigen Sie mit **Konto löschen**.

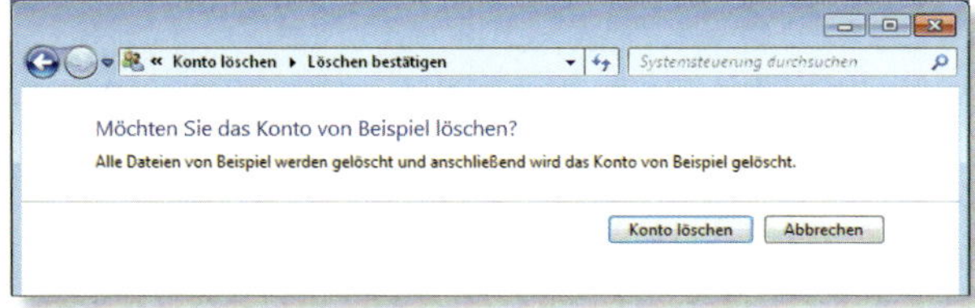

Abbildung 21.16 Natürlich gibt es wieder eine Frage nach dem Muster »Wollen Sie das wirklich tun?«.

Es erfolgt nun keine Rückfrage mehr. Das Benutzerkonto und die dazugehörenden Einstellungen werden vom Rechner entfernt. Bitte beachten Sie, dass Sie diesen Vorgang nicht mehr rückgängig machen können – es sei denn, Sie erstellen das Konto neu.

Eine Kennwortrücksetzungsdiskette erstellen

Das Kennwort, das zu einem Windows 7-Benutzerkonto gehört, sollte sicher sein. Vor allem sollte der Anwender es sich merken. Aufschreiben ist zwar eine Lösung, senkt aber die Sicherheit des Kontos.

Was aber, wenn man such das Kennwort nicht aufgeschrieben hat und es dann vergessen hat? Sind dann das Benutzerkonto und alle dazugehörenden Einstellungen und Daten verloren? Das wäre wirklich eine üble und sehr ärgerliche Sache.

Für den Fall des Falles hat Microsoft in Windows 7 eine Funktion implementiert, mit der das Passwort zurückgesetzt werden kann. Die *Kennwortrücksetzungsdiskette* tut dies. Nun müssen Sie keine Diskette verwenden, wie die Bezeichnung eigentlich vermuten lässt, sondern können auf einen USB-Stick zurückgreifen. Diesen nutzen Sie allein für diese Aufgabe. Es genügt ein kleiner Stick, der nicht viel Speicherplatz bietet. Gehen Sie zum Erstellen wie folgt vor:

1 Suchen Sie sich einen USB-Stick, den Sie nicht mehr für andere Zwecke benötigen, oder kaufen Sie einen neuen. Es genügt ein USB-Stick mit wenig Speicherplatz.

2 Überprüfen Sie den Stick. Sind Daten vorhanden, die Sie doch noch benötigen, verschieben Sie diese an eine andere Stelle. Formatieren Sie den Stick neu.

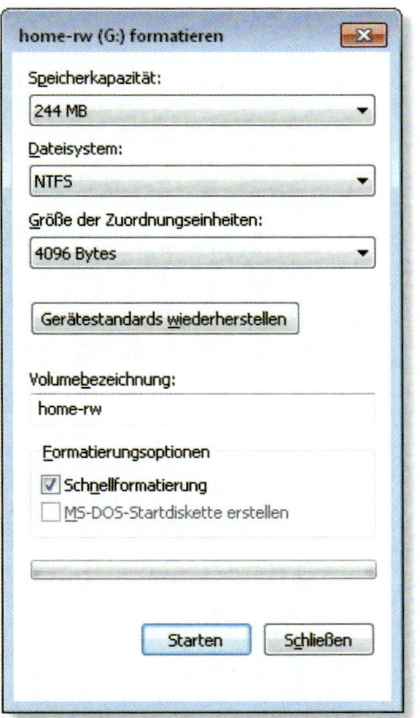

Abbildung 21.17 Der USB-Stick, den ich in diesem Beispiel verwende, besitzt eine Kapazität von 244 MB. Das genügt vollauf.

3 Begeben Sie sich in der **Systemsteuerung** in den Dialog **Benutzerkonten**. Wählen Sie links im Menü **Kennwortrücksetzungsdiskette erstellen**.

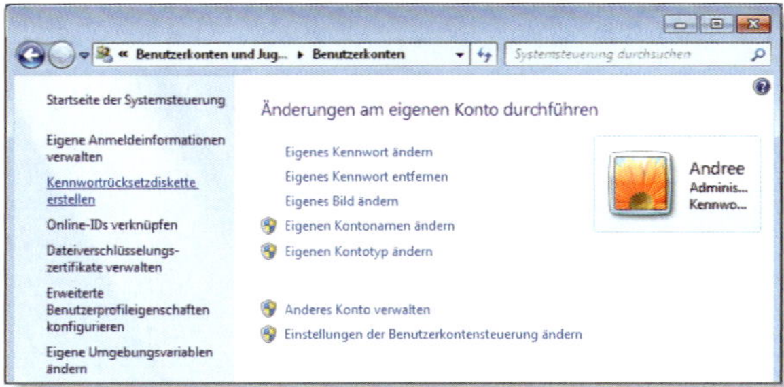

Abbildung 21.18 Die Kennwortrücksetzungsdiskette ist eine sehr gute und wichtige Sicherheitsfunktion.

4 Nun wird der *Assistent für vergessene Kennwörter* gestartet. Was es nicht alles gibt. ☺ Überspringen Sie den ersten Dialog mit dem erklärenden Text mit einem Mausklick auf die Schaltfläche **Weiter**.

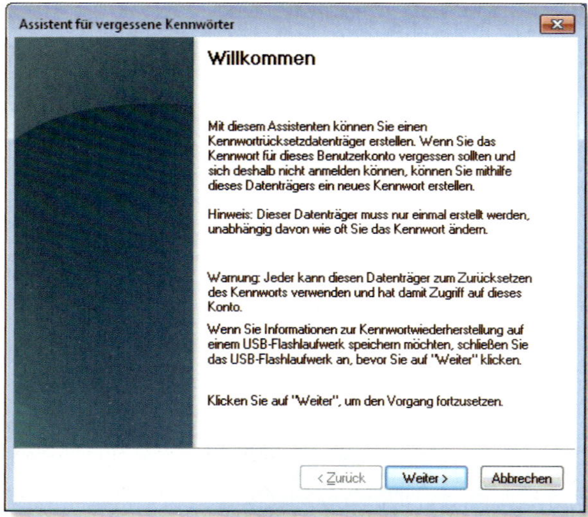

Abbildung 21.19 Eigentlich müsste es ja »Assistent für die Verhinderung von Kennwortvergessensvorkommnissen« heißen.

5 Nun wird das Laufwerk angezeigt, das als Kennwortrücksetzungsdiskette verwendet werden soll. Über das Listenfeld können Sie bei Bedarf ein anderes Laufwerk wählen. Überprüfen Sie, dass der Assistent auch wirklich das richtige Laufwerk gewählt hat. Schauen Sie sich im Windows-Explorer an, ob es sich um den zuvor formatierten USB-Stick handelt. Ist das der Fall, klicken Sie auf **Weiter**.

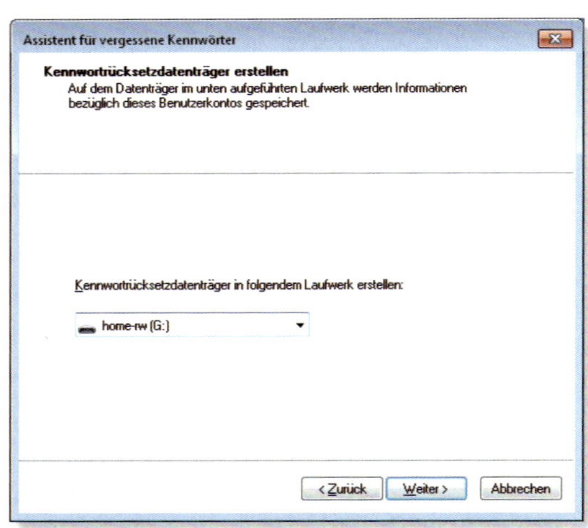

Abbildung 21.20 Über ein Listenfeld wählen Sie das Laufwerk mit Ihrem USB-Stick aus.

6 Tragen Sie das aktuelle Passwort Ihres Benutzerkontos ein. Tun Sie dies und wechseln Sie anschließend in den nächsten Dialog.

Abbildung 21.21 Im Assistent gibt es nicht viele Dialoge und Optionen.

7 Windows 7 überprüft das Passwort und schreibt die Daten, die für das Zurücksetzen des Passworts notwendig sind, auf den USB-Stick. Anhand eines Fortschrittsbalkens können Sie verfolgen, wie weit das Betriebssystem bei dieser Aufgabe ist. Es geht relativ flott. Steht der Balken bei 100 %, wechseln Sie in den nächsten Dialog.

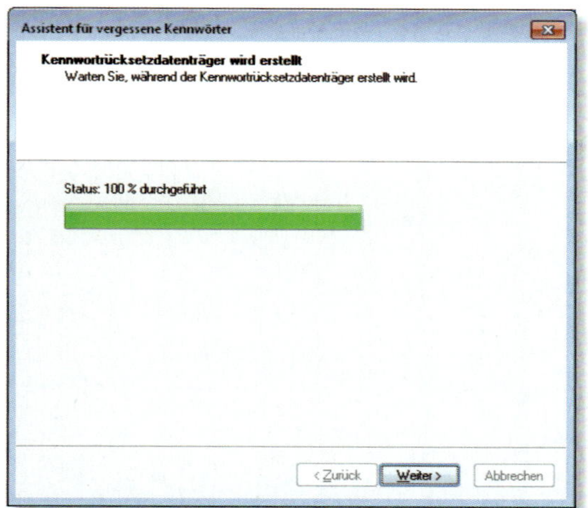

Abbildung 21.22 Die Daten, die für das Zurücksetzen des Passwortes notwendig sind, wurden auf den Stick geschrieben.

8 Beenden Sie den Assistenten mit **Fertig stellen**. Entfernen Sie den Stick von Ihrem Rechner. Bewahren Sie ihn an einem sicheren Ort auf.

Die Online-IDs einsehen und verwalten

Wenn Sie Ihre Windows Live ID in der Windows 7-Systemsteuerung eingegeben haben, so finden Sie hier einen zusätzlichen Menüpunkt vor. Unter **Online-IDs verknüpfen** sehen Sie die abgelegte Identifikation. Sie können hier die Verknüpfung zu dieser aktualisieren oder sie, sofern dies notwendig ist, auch löschen (siehe Abbildung 21.23).

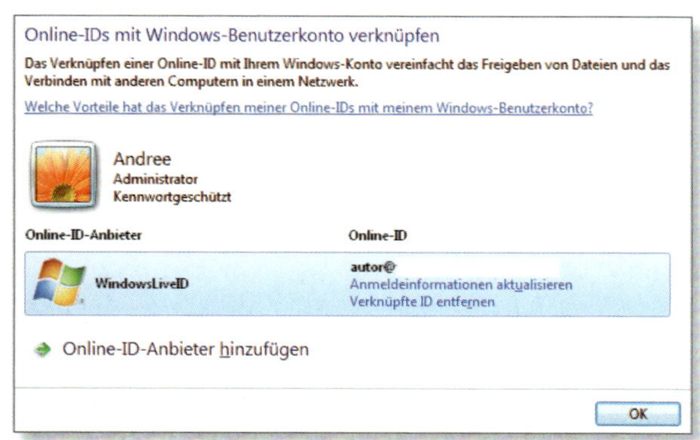

Abbildung 21.23 Die Windows Live ID ist in der Systemsteuerung abgelegt.

Der Windows-Tresor

Mit **Eigene Anmeldeinformation verwalten** gelangen Sie aus dem Fenster **Benutzerkonten** der **Systemsteuerung** zum Windows-Tresor. Hierbei handelt es sich um einen abgeschotteten Speicherbereich, in dem Benutzernamen und Passwörter abgelegt werden. Hier finden Sie auch noch einmal die Windows Live ID.

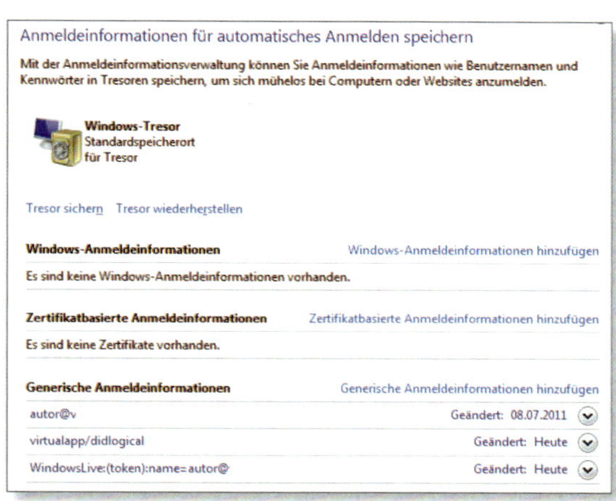

Abbildung 21.24 Der Windows-Tresor

Mit den nach unten zeigenden Pfeilschaltflächen schauen Sie sich die abgelegten Daten an. Hier können bei Bedarf auch Anmeldedaten hinzugefügt werden.

Mit Kontingenten arbeiten

Der Administrator kann jedem Anwender ein bestimmtes Datenvolumen zuteilen. So können Sie auf Rechnern, die Sie mit anderen Benutzern teilen, genau festlegen, wie viel Speicherplatz jemand nutzen darf. Solche Festlegungen nennt Windows 7 »Kontingente«. Um zu vermeiden, dass ein Benutzer zu viel Speicherplatz belegt und so einen höheren Wartungsaufwand erzeugt, sind solche Kontingente absolut sinnvoll.

1 Markieren Sie im Windows-Explorer ein Laufwerk. Wählen Sie **Eigenschaften**. Wechseln Sie in das Register **Kontingent**. Klicken Sie auf **Kontingenteinstellungen anzeigen**. Bestätigen Sie die Meldung der Benutzerkontensteuerung.

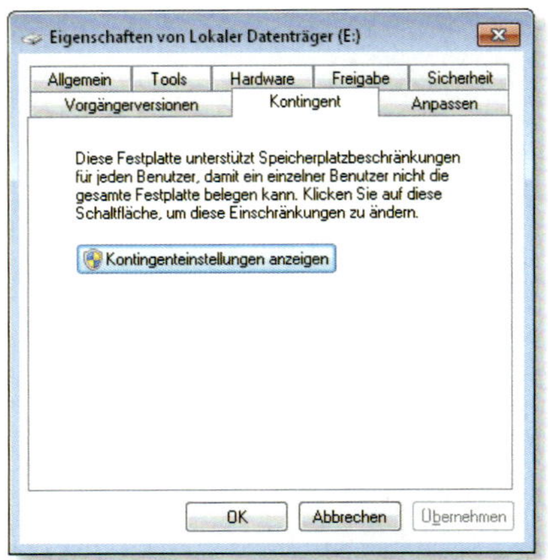

∧ ***Abbildung 21.25*** *Unterstützt die Festplatte den Umgang mit Kontingenten, finden Sie ein entsprechendes Register in den Eigenschaften.*

2 Schalten Sie mit **Kontingentverwaltung aktivieren** selbige an. Aktivieren Sie ebenfalls die Option **Speicherplatz bei Überschreitung der Kontingentgrenze verweigern**. Schalten Sie **Speicherplatz beschränken auf** ein. Wählen Sie eine Angabe für ein Speicherplatzvolumen. Legen Sie ein zweites, niedrigeres Volumen für die Ausgabe einer Warnmeldung fest. Schalten Sie ebenfalls die beiden Protokollfunktionen am unteren Rand des Dialogs an. Bestätigen Sie, und schließen Sie den Dialog.

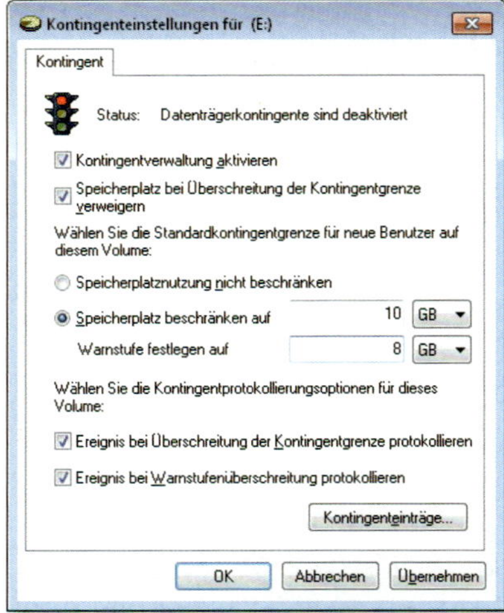

∧ ***Abbildung 21.26*** *Mit den Kontingenteinstellungen beschränken Sie den Speicherplatz eines Benutzers.*

Mit **Kontingenteinträge** können Sie später überprüfen, ob das Kontingent ausgeschöpft wird. Hier sehen Sie, wie viel Platz noch zur Verfügung steht. Sie können so einschätzen, ob das Kontingent nicht vielleicht zu klein festgelegt wurde, und entsprechende Maßnahmen ergreifen, falls dies notwendig sein sollte.

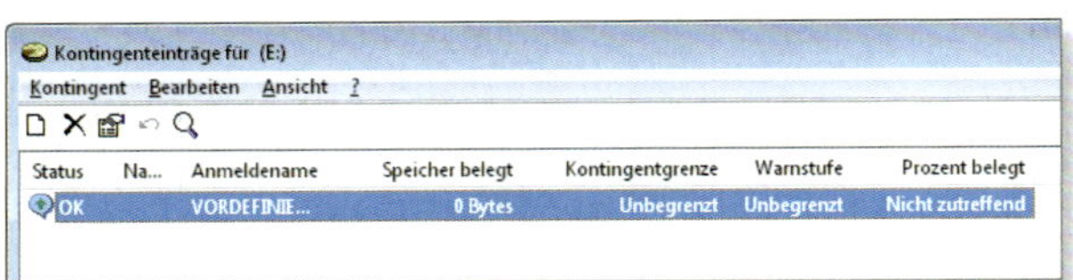

∧ ***Abbildung 21.27*** *Vor dem Festlegen eines Kontingents ist die Übersicht ohne Bedeutung. Später sollten Sie immer mal wieder einen Blick hineinwerfen.*

Kapitel 22
Fernsteuerung und Fernwartung

Bei kleinen und großen Firmen ist das Durchführen von Remotesitzungen ein wichtiges Mittel, um auf entfernte Rechner zuzugreifen. Sie müssen nicht zu Ihrer Zweigstelle in Hamburg fahren, um auf Ihre Daten zuzugreifen. Mit einer Fernsteuerung können Sie den entfernten Rechner so bedienen, als säßen Sie davor. Was sich kompliziert anhört, ist in der Praxis sehr einfach. Daher kann auch der Home-Anwender dieses Verfahren nutzen.

Jetzt fragen Sie sich vielleicht, wozu Sie einen Zweitrechner fernbedienen sollten. Braucht man das? Ob Sie das brauchen, müssen Sie selbst entscheiden. Interessant ist das Thema allemal. Sie können in einem Netzwerk auf Anwendungsprogramme und Daten zugreifen, die sich auf einem anderen Rechner befinden. Sie können einen Freund um Hilfe bei einem Computerproblem bitten. Er kann Ihnen nicht nur helfen, sondern die Einstellung an Ihrem Rechner selbst vornehmen. Und dabei spielt es keine Rolle, wo er wohnt. Sie können den Media Player per Fernbedienung steuern und so Musik, Videos und andere Inhalte abrufen. Und das sind nur einige der interessantesten Möglichkeiten.

Nach einigen einleitenden Grundlagen zeige ich Ihnen, wie Sie eine Remote-Sitzung durchführen. Die Anfrage nach einer Remoteunterstützung ist sehr einfach und wird über einen Windows 7-Dialog durchgeführt. Auf die gleiche Weise wird diese auf der anderen Seite des Netzwerks bestätigt. Dank *Easy Connect* müssen Sie keine Datei per E-Mail versenden. Steht diese Funktion nicht zur Verfügung, können Sie immer noch die Verbindung mit einer Datei erlauben.

Im dritten Teil dieses Kapitels zeige ich Ihnen, wie Sie den Windows Media Player fernbedienen. Was nach professioneller Computer-Konfiguration klingt, wird einfach über eine Menüfunktion abgerufen.

Im letzten Teil stelle ich Ihnen den Remotedesktop vor. Mit dieser Funktion können Sie eine Desktop-Oberfläche auf einem entfernten Rechner aufrufen und diesen fernbedienen. So haben Sie Zugriff auf die Daten und Programme, die auf dem entfernten Rechner liegen.

22.1 Grundlagen zum Thema Remoteverbindung

Wozu eine Remoteverbindung gut ist, ist nicht jedem Anwender bekannt. Warum sollte man seinen Rechner fernbedienen? Warum auf einen anderen Rechner zugreifen? Office-Anwendungen, Multimediaprogramme und Spiele kann man vor dem Monitor seines eigenen Rechners viel besser spielen. Das stimmt schon. Aber sobald Sie eine kleine Firma mit einigen Büros oder Partnerfirmen haben, wird eine Remoteunterstützung interessant. Auch in einem Hausnetzwerk ist eine Remoteverbindung eine spannende Sache. Und für einen Anwender, der sich nicht so professionell mit der Einrichtung und Konfiguration seines Rechners auskennt, ist Remoteunterstützung ein Geheimtipp. Also tun Sie mir einen Gefallen, und überblättern Sie dieses Kapitel nicht. Die Möglichkeiten, die Ihnen eine Remoteverbindung bringt, sind äußerst interessant.

Die Möglichkeiten des Remotezugriff

Der Remotezugriff ermöglicht die Bedienung eines entfernten Rechners. Die Verbindung wird dabei über eine interne oder externe Netzwerkverbindung hergestellt. Der Anwender am entfernten Rechner muss der Verbindung zustimmen.

Mit Remotezugriff haben Sie die folgenden Möglichkeiten:

- Sie können sich Daten von einem entfernten Rechner holen. Die Aufnahme der Verbindung, deren Bestätigung, das Suchen und Übertragen der Daten nimmt nur wenig Zeit in Anspruch. Die Alternative wäre, die Daten per E-Mail oder auf einem Datenträger per Post zu verschicken. Diese Möglichkeiten würden einige Zeit mehr beanspruchen. Daneben wären sie auch keineswegs sicher.
- Sie können eine Anwendung benutzen, die nicht auf Ihrem Rechner verfügbar ist, die aber auf dem entfernten Rechner installiert ist. Das spart Kosten und Zeit.
- Es ist möglich, mit einem anderen Anwender zusammen an einem Dokument zu arbeiten. Ohne Zeitverlust, der durch eine Übertragung des Dokuments oder einen Versand per Kurier entstehen würde, schauen Sie sich das Dokument des entfernten Anwenders an. Sie können es korrigieren, ergänzen und beurteilen.
- Multimediaanwendungen können Sie per Remoteverbindung fernsteuern. Warum sollten Sie den Weg in Kauf nehmen und eine Wiedergabeliste in den Windows Media Player laden, wenn das auch per Fernsteuerung geht? Diese Funktion ist äußerst bequem und praktisch. Das Programm muss nur einmal für eine Remoteverbindung vorbereitet werden, und danach kann diese immer wieder mit wenigen Mausklicks genutzt werden.
- Sie können einem Anwender bei einem PC-Problem helfen, auch wenn der sich gerade völlig woanders befindet. Während Sie auf den Rechner des Anwenders zugreifen, sieht er, was Sie tun. Sie zeigen ihm also, welche Einstellung Sie auf welche Art vornehmen. Und Sie führen diese Einstellung durch. Schneller kann man einem Freund, Kollegen oder Bekannten nicht mit einem Computerproblem helfen. Bitte beachten Sie jedoch: Lassen Sie sich nur helfen, wenn Sie sicher sind, dass der andere Anwender auch über die notwendige Erfahrung verfügt.

Arten einer Remoteverbindung

Es gibt zwei verschiedene Arten der Remoteverbindung. Man unterscheidet:

- eine Remoteverbindung mithilfe des *Remotedesktops*
- eine Remoteverbindung mit der *Remoteunterstützung*.

Bei der Remoteunterstützung senden Sie einen Einladungslink an einen anderen Anwender. Das Versenden geschieht über eine interne oder externe Netzwerkverbindung. Der entfernte Anwender bestätigt und wird so »eingeladen«. Er kann nun auf Ihren Rechner zugreifen.

Mit dem Remotedesktop können Sie auf einen entfernt liegenden Rechner zugreifen. Verbindung und Annahme der Verbindung müssen einmalig eingerichtet werden. Greifen Sie später auf den Remotedesktop zu, muss sich kein Anwender am entfernt liegenden Rechner befinden.

HINWEIS

Nur für vertrauenswürdige Personen!
Laden Sie nur Freunde, Bekannte und Kollegen zu einer Remotesitzung ein, wenn Sie diesen auch vertrauen. Sie müssen sich sicher sein, dass diese Personen keinen Schaden an Ihrem Rechner anrichten oder Daten entwenden. Voraussetzung für eine Remoteverbindung ist also die Vertrauenswürdigkeit des anderen Rechners und seines Benutzers!

22.2 Eine Remotesitzung durchführen

Es gibt eine Reihe Programme, mit denen Sie eine Remoteverbindung realisieren können. Sie müssen diese aber eigentlich gar nicht verwenden. Windows 7 besitzt alles, was Sie für die Einrichtung, das Genehmigen und die Durchführung einer Remoteverbindung brauchen.

Ich empfehle Ihnen, erst die Remoteverbindung mit Windows-Mitteln zu testen, bevor Sie Software Dritter ausprobieren. Oft ist das nämlich gar nicht nötig.

Die Remoteunterstützung zulassen

Schalten Sie zunächst auf dem entfernten Rechner die Remoteunterstützung an:

1 Öffnen Sie die **Systemsteuerung**. Gehen Sie nach **System und Sicherheit > System**. Wählen Sie rechts oben in dem kleinen Menü die **Remoteeinstellungen** aus.

*Abbildung 22.1 Als Erstes rufen Sie die **Remoteeinstellungen** in der Systemsteuerung auf.*

2 Sie sehen nun das Register **Remote** im Dialog **Systemeigenschaften** vor sich. Bei den Einstellungen wird zwischen Remoteunterstützung und Remotedesktop unterschieden. Ersteres finden Sie im oberen Teil des Registers. Schalten Sie die Option **Remoteunterstützungsverbindungen mit diesem Computer zulassen** an.

3 Bestätigen Sie. Schließen Sie die Systemsteuerung.

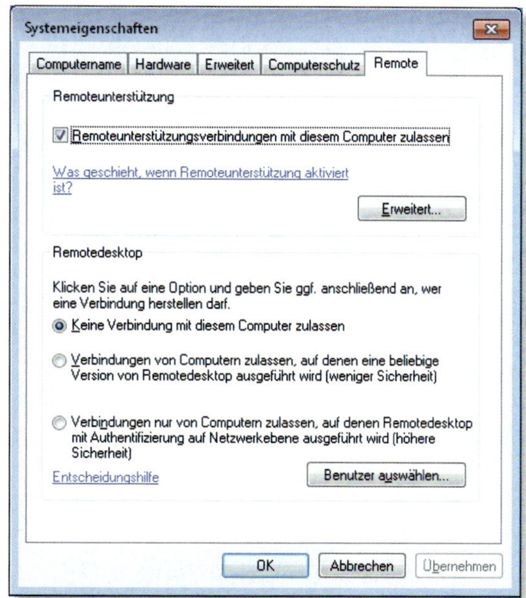

Abbildung 22.2 Schalten Sie zunächst die Remoteunterstützung an.

So laden Sie jemanden zu einer Remotesitzung ein

Nun gilt es, eine Remoteunterstützung anzufordern. Dazu wird ein Befehl verwendet. Dieser ruft einen Dialog auf.

1 Öffnen Sie das Windows-Startmenü. Wählen Sie hier **Ausführen**.

2 Geben Sie msra ein. Bestätigen Sie mit [↵].

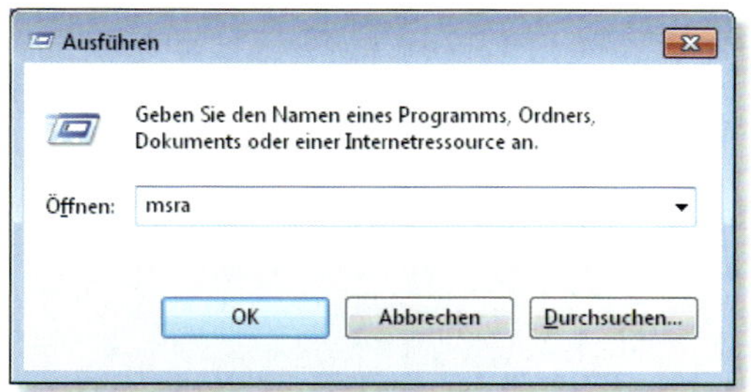

Abbildung 22.3 Vier Buchstaben genügen, und Sie können um eine Remoteunterstützung bitten.

3 Klicken Sie auf **Eine vertrauenswürdige Person zur Unterstützung einladen**.

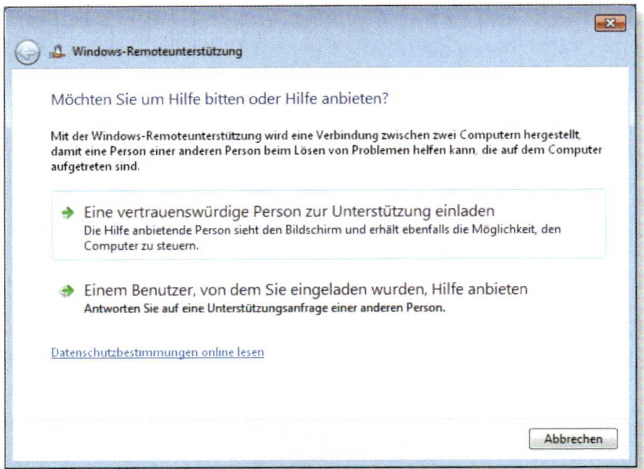

Abbildung 22.4 *Hier können Sie jemanden einladen oder auch Ihre Hilfe anbieten.*

4 Sie haben nun drei Möglichkeiten, Ihre Einladung zu versenden. In diesem Beispiel entscheide ich mich für **Easy Connect verwenden**.

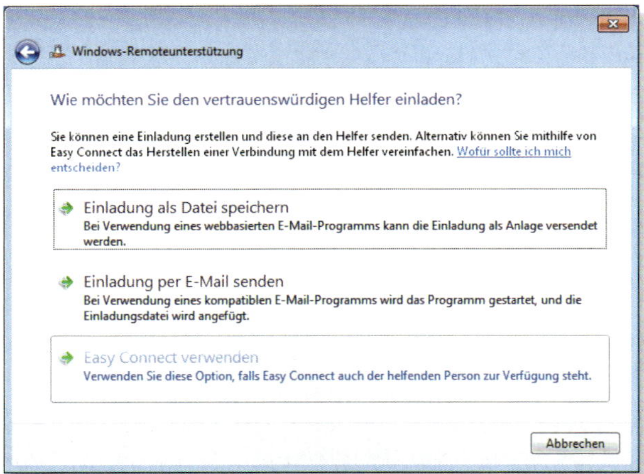

Abbildung 22.5 *In diesem Beispiel wird die Remoteunterstützung mit Easy Connect aufgebaut.*

5 Windows 7 überprüft die Netzwerkverbindung. Ist alles in Ordnung, wird ein Kennwort ausgegeben. Notieren Sie sich dieses, und geben Sie es zu dem Anwender am anderen Ende der Leitung weiter. Er muss das Kennwort dort eingeben.

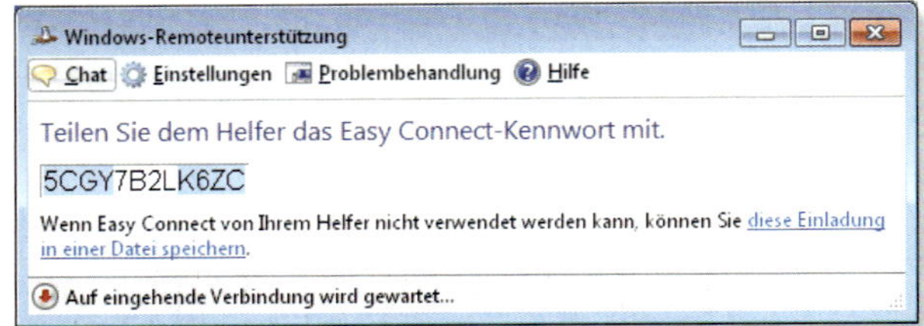

Abbildung 22.6 *Das ausgegebene Kennwort geben Sie an den Anwender weiter, der an dem Rechner sitzt, den Sie fernbedienen wollen.*

HINWEIS

Easy Connect

Easy Connect ist eine schnelle Methode, um eine Remoteunterstützung zwischen zwei Rechnern aufzubauen. Verwendet werden dazu die Protokolle IPv6 und PNRP (Microsoft *Peer Name Resolution Protocol*). Dieses Verfahren steht nur zur Verfügung, wenn Windows 7-Rechner miteinander verbunden werden sollen. Läuft auf einem der Rechner ein anderes Windows-System, können Sie diesen Verbindungstyp nicht nutzen.

6 Legen Sie zugleich wichtige Einstellungen für die Remoteunterstützung fest. Klicken Sie dazu auf **Einstellungen** in dem kleinen Fenster, in dem das Passwort angezeigt wird. Schalten Sie die Option Esc**-Taste zum Beenden der Freigabeeinstellungen verwenden** an. Die Optionen **Protokoll dieser Sitzung speichern** und **Kontaktinform. bei Verwendung von Easy Connect austauschen** lassen Sie angeschaltet. Sofern es Ihre Verbindung zulässt, schieben Sie den Schieberegler **Bandbreitenverbindung** nach oben. Er ist zuvor nur auf niedrig gestellt. Damit wird nur ein 16-Bit-Farbmodus für die Anzeige des Windows-Desktops und aller Programmfenster verwendet. Die Schriftartenglättung und die Darstellung des Hintergrundes sind ausgeschaltet. Fenster können nicht an eine andere Stelle gezogen und nicht durch Ziehen vergrößert werden. Bereits die Einstellung **Mittelhoch** ist eine gute Wahl. Hier ist nur noch das Ziehen der Fenster ausgeschaltet.

Im Beispiel entscheide ich mich für **Hoch**. So fällt die Bandbreitenoptimierung komplett weg. Wenn Sie Probleme bei dieser Einstellung haben, versuchen Sie eine geringere. Bestätigen Sie mit **OK**.

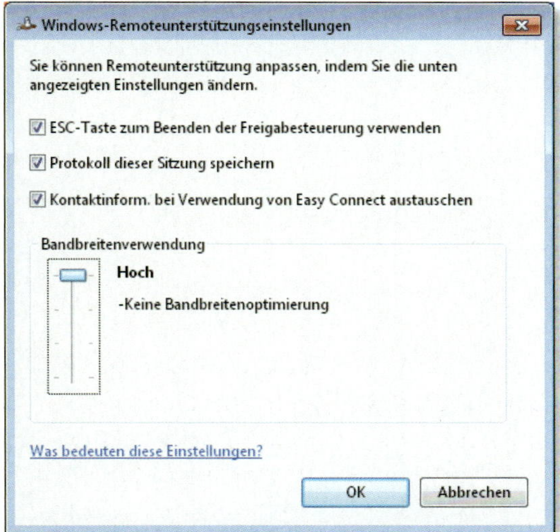

Abbildung 22.7 *Die Bandbreite der Verbindung habe ich auf das Maximum gestellt.*

Eine Remoteunterstützung annehmen

Bevor nun die Remoteunterstützung genutzt werden kann, muss der Anwender auf der anderen Seite der Netzwerkverbindung sie auch annehmen. Und das geschieht so:

1. Öffnen Sie das Windows 7-Startmenü. Wählen Sie **Ausführen**.
2. Geben Sie `msra` ein. Bestätigen Sie mit [↵].
3. Im Dialog wählen Sie nun **Einem Benutzer, von dem Sie eingeladen wurden, Hilfe anbieten**. Mit dieser Funktion antworten Sie auf eine Einladung.
4. Im nächsten Dialog entscheiden Sie sich für **Easy Connect verwenden**. Möglich wäre auch das Verwenden einer Datei. Darauf komme ich noch zurück.
5. Geben Sie das Easy Connect-Kennwort ein. Bestätigen Sie.
6. Nun kommt eine Rückmeldung bei dem anderen Anwender an. Sie werden gefragt, ob Sie dem Benutzer erlauben wollen, eine Verbindung aufzunehmen. Nach der Bestätigung steht diese zur Verfügung.

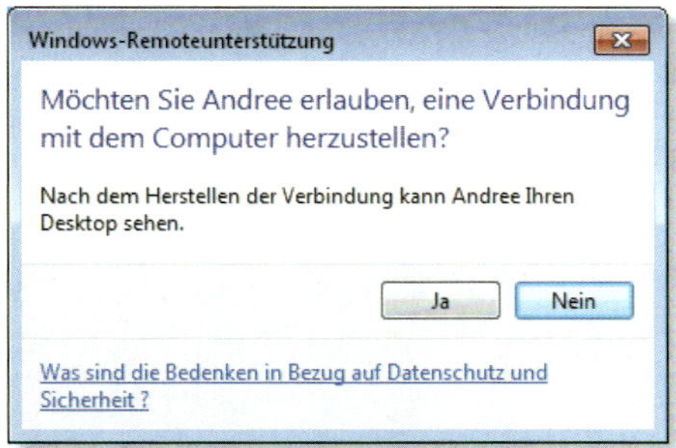

Abbildung 22.8 *Die Verbindung muss noch erlaubt werden.*

Sie sehen dann den Inhalt des Rechners vor sich, der fernbedient wird. Der Mauscursor auf dem entfernten Rechner wird verkleinert dargestellt.

Die Dialoge der Windows-Remoteunterstützung werden angepasst. Auf dem einen sehen Sie die Meldung **Ihr Desktop wird dem Helfer jetzt angezeigt**. Über Schaltflächen können Sie die Fernbedienung anhalten oder einen Chat starten.

Abbildung 22.9 *In der Windows-Remotesteuerung wird Ihnen angezeigt, dass die Verbindung nun steht.*

Auf dem anderen Rechner können Sie die Steuerung anfordern, das Fenster in einer tatsächlichen Größe anzeigen und auch hier den Chat starten.

Einladen ohne Easy Connect

Steht Easy Connect nicht zur Verfügung, können Sie die Einladung als Datei speichern. Die Datei lassen Sie dann dem Anwender am anderen Rechner zukommen.

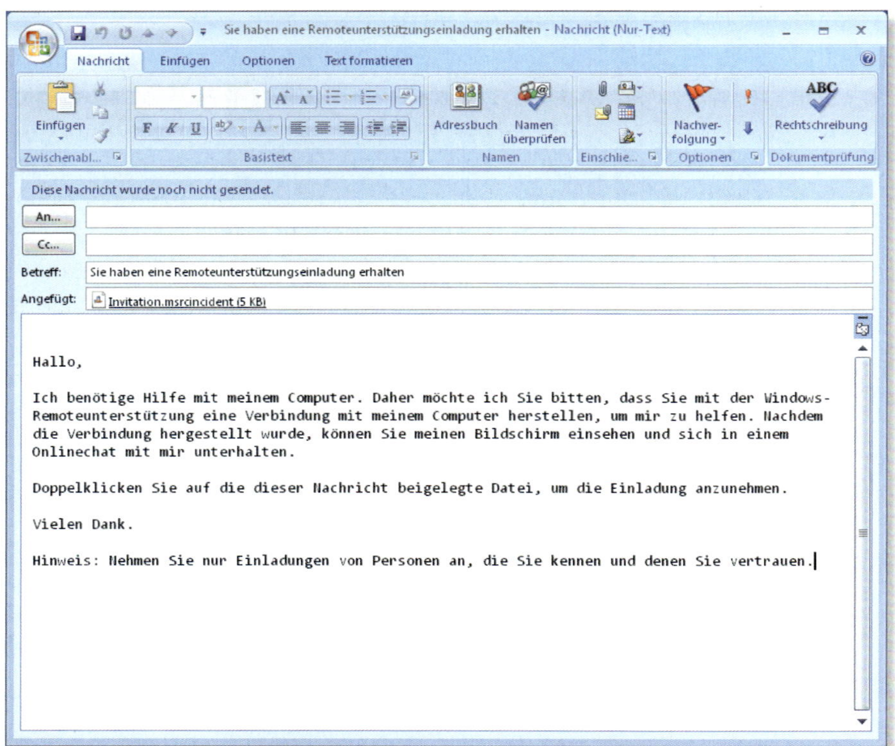

Abbildung 22.10 Die Einladung wird mit einer Nachricht versendet.

Mit **Einladung per E-Mail versenden** wird das als Standard eingerichtete E-Mail-Programm gestartet. Die Einladung wird in eine E-Mail gepackt und als Anlage an die Nachricht angehängt. Sie müssen nur noch den Empfänger ergänzen und die Nachricht versenden. Windows 7 generiert bereits einen Text und fügt ihn in die E-Mail ein.

Die Einladung ist sehr nett geschrieben. Ich möchte Ihnen dies an dieser Stelle einmal zeigen:

```
Hallo,
Ich benötige Hilfe mit meinem Computer.
Daher möchte ich Sie bitten, dass Sie
mit der Windows-Remoteunterstützung eine
Verbindung mit meinem Computer herstellen,
um mir zu helfen. Nachdem die Verbindung
hergestellt wurde, können Sie meinen
Bildschirm einsehen und sich in einem
Online-Chat mit mir unterhalten.
Doppelklicken Sie auf die dieser Nachricht
beigelegte Datei, um die Einladung
anzunehmen.
Vielen Dank.
Hinweis: Nehmen Sie nur Einladungen von
Personen an, die Sie kennen und denen Sie
vertrauen.
```

Diese Nachricht sagt bereits alles aus. Eigentlich muss sie nicht ergänzt werden. Die angehängte Datei hat eine Größe von 5 KB.

Textnachrichten während einer Remotesitzung austauschen

Im Fenster **Remote-Unterstützung** wählen Sie **Chat**. Nun klappt ein Nachrichtenfenster auf. Mit ihm können Sie Textnachrichten versenden. Der Anwender auf der anderen Seite des Netzwerks empfängt diese Nachrichten und kann seinerseits welche an Sie schicken.

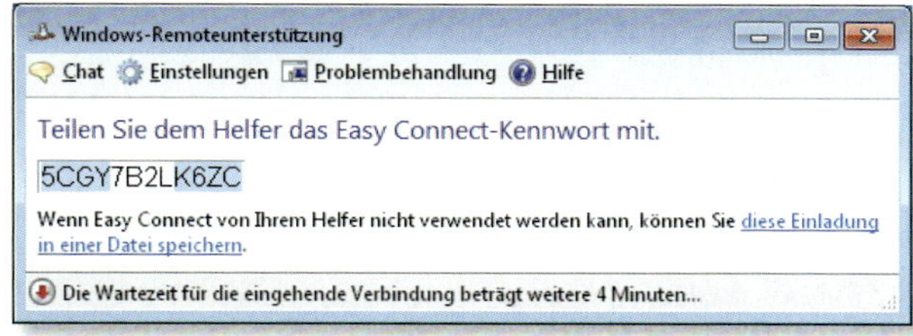

Abbildung 22.11 Mit der Funktion rechts oben in der Menüleiste öffnen Sie das Chatfenster.

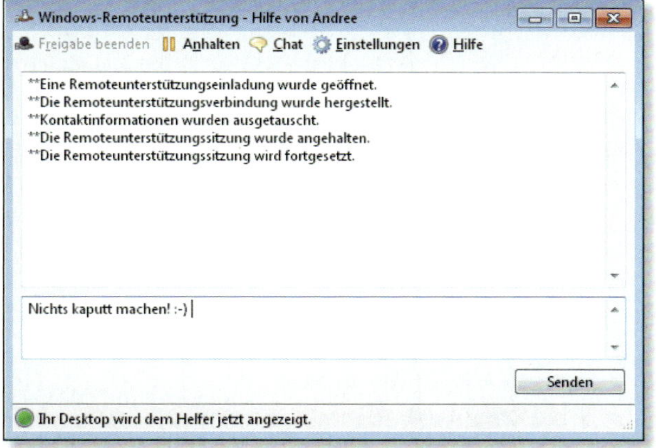

Abbildung 22.12 Nun können Sie Textnachrichten austauschen.

Die Remoteunterstützung einschränken

Über eine Option können Sie die Remotesteuerung des eigenen PCs erlauben. Einschränken lässt sich außerdem die Zeit, für die eine Einladung gilt. Wer mag, kann mit einer weiteren Option auch bestimmen, dass nur für Rechner mit Windows Vista oder höher eine Remoteunterstützung möglich ist.

Um diese Einstellungen festzulegen, gehen Sie wie folgt vor:

1. Öffnen Sie die **Systemsteuerung**. Gehen Sie nach **System und Sicherheit > System**. Wählen Sie rechts oben in dem kleinen Menü die **Remoteeinstellungen** aus.
2. Klicken Sie auf die Schaltfläche **Erweitert**.
3. Überprüfen Sie, ob die Option **Remotesteuern dieses Computers zulassen** angeschaltet ist. Senken Sie die Zeitdauer im Listenfeld auf einen niedrigeren Wert. Das Feld ist betitelt mit: **Legen Sie die maximal zugelassene Zeitdauer fest, für die Einladungen gelten**. Vorgegeben sind **6 Stunden**. In meinem Beispiel wähle ich **3 Stunden**. Schalten Sie die Option **Einladungen erstellen, die nur auf Computern verwendet werden können, auf denen Windows Vista oder höher ausgeführt wird**. Bestätigen Sie mit einem Klick auf die Schaltfläche **OK**. Schließen Sie dem Dialog und die **Systemsteuerung**.

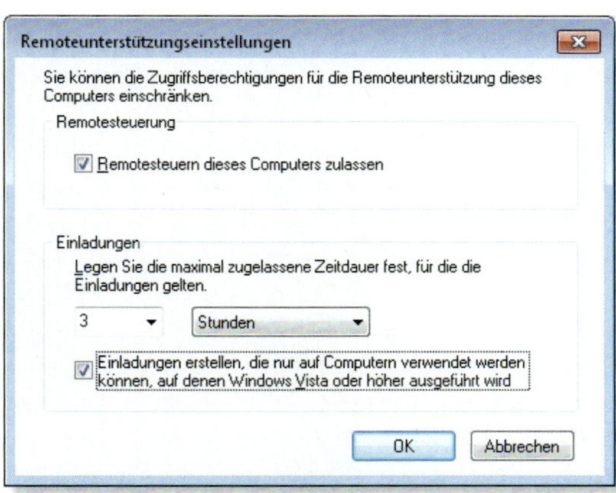

Abbildung 22.13 Die Zeitdauer, für die eine Einladung gilt, habe ich auf 3 Stunden gesenkt.

Die Remoteunterstützung beenden

Das Beenden einer laufenden Sitzung ist sehr einfach. Drücken Sie [Esc], oder schließen Sie das Fenster **Windows-Remoteunterstützung**. Bestätigen Sie die Aktion.

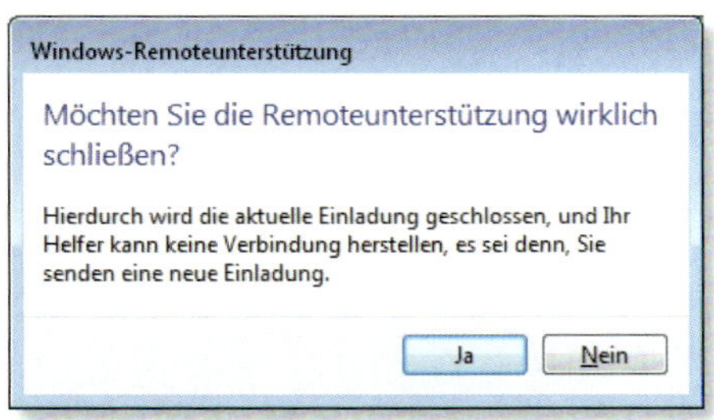

Abbildung 22.14 Bestätigen Sie, dass Sie die Remoteunterstützung tatsächlich beenden wollen.

HINWEIS

Neue Sitzung nur nach Beenden der laufenden
Beachten Sie bitte, dass eine neue Remoteunterstützung nur möglich ist, wenn eine aktive Verbindung auf beiden Seiten beendet wurde.

Das gilt auch, wenn eine Verbindung nicht angenommen werden konnte, zum Beispiel weil eine Firewall den Zugriff blockierte oder das Passwort nicht korrekt eingegeben wurde.

22.3 Remotezugriff auf den Windows Media Player

Mit dem Remotezugriff auf den Media Player können Sie über die Netzwerkverbindung Wiedergabelisten abrufen und einzelne Musik- und Videotitel wählen. In kleinen Heimnetzwerken ist das von Vorteil. Sie müssen sich nicht vor den anderen Rechner setzen. Das ist bequem, schnell und unkompliziert.

Den der Multimediaplayer per Remoteverbindung steuern

Die Remotesteuerung ist sehr schnell eingerichtet:

1 Öffnen Sie den Windows Media Player. Wählen Sie **Streamen > Remotesteuerung des Players zulassen**.

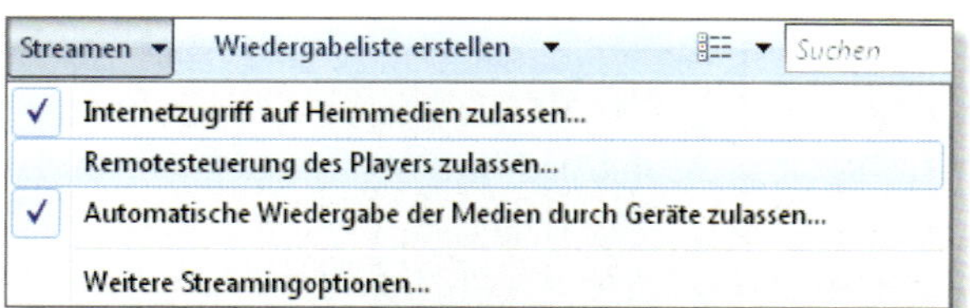

Abbildung 22.15 Die Remotesteuerung wird über das Menü des Programms angeschaltet.

2 In einem Dialog werden Sie gefragt, ob Sie die Remotesteuerung zulassen wollen. Bestätigen Sie mit **Remotesteuerung in diesem Netzwerk zulassen**.

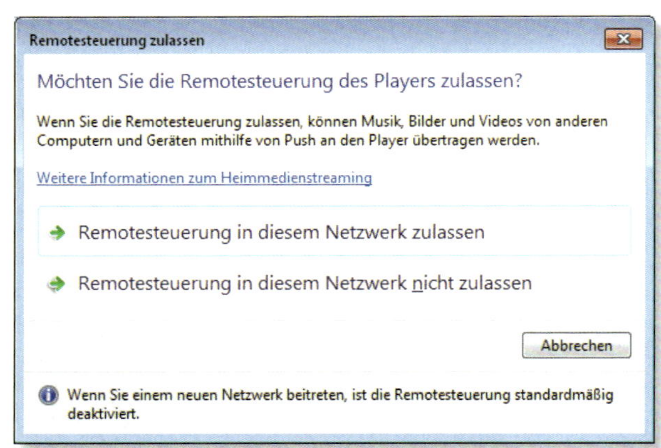

Abbildung 22.16 Bestätigen Sie die Zulassung der Fernsteuerung.

Die Option bleibt angeschaltet. Ab diesem Moment können Sie den Windows Media Player per Remoteverbindung fernsteuern.

22.4 Den Remotedesktop verwenden

Der Remotedesktop wird über das Windows 7-Startmenü aufgerufen. Bevor Sie die Verbindung aufnehmen, legen Sie in einem Dialogfenster alle wichtigen Einstellungen fest.

Remotedesktopbenutzer einrichten

Die Grundeinstellung für den Remotedesktop legen Sie zunächst wie folgt fest:

1 Öffnen Sie die **Systemsteuerung**. Gehen Sie nach **System und Sicherheit > System**.

2 Im Bereich **Remotedesktop** schalten Sie die Option **Verbindungen nur von Computern zulassen, auf denen Remotedesktop mit Authentifizierung auf Netzwerkebene ausgeführt wird** an. Diese Option gibt Ihnen, wie Sie bereits an dem hinter der Option stehenden Vermerk sehen, eine höhere Sicherheit. Alternativ steht Ihnen auch **Verbindungen von Computern zulassen, auf denen eine beliebige Version von Remotedesktop ausgeführt wird** zur Ver-

fügung. Nutzen Sie die letztgenannte Möglichkeit nur, wenn die sichere Variante nicht funktioniert.

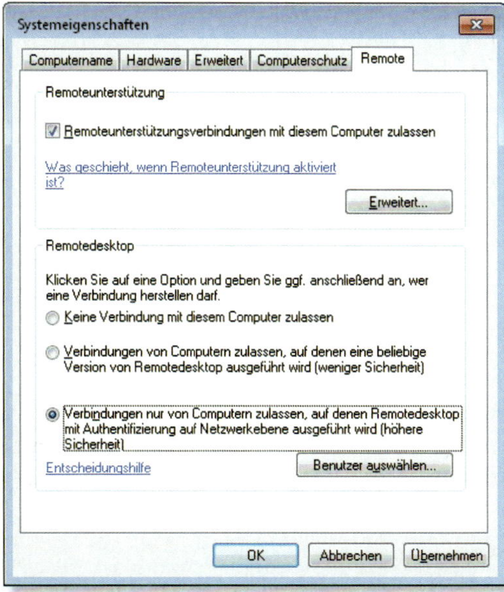

Abbildung 22.17 *Mit einer Option wird eine Remotedesktop-Verbindung zugelassen.*

3 Sollen nur bestimmte Benutzer die Verbindung nutzen, klicken Sie auf **Benutzer auswählen**. Geben Sie die Namen der Benutzer ein. Bestätigen Sie. Beachten Sie, dass der Benutzer Windows 7 bekannt sein muss. Es muss ein Benutzerkonto mit dem angegebenen Namen auf dem Rechner geben.

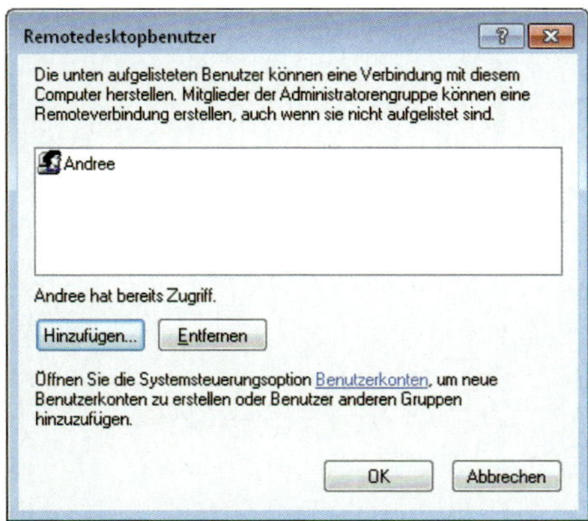

Abbildung 22.18 *Wählen Sie aus, wer den Remotedesktop nutzen darf.*

So führen Sie eine Remotedesktopverbindung durch

1 Um die eigentliche Remotedesktopverbindung herzustellen, wählen Sie **Start > Alle Programme > Zubehör > Remotedesktopverbindung**.

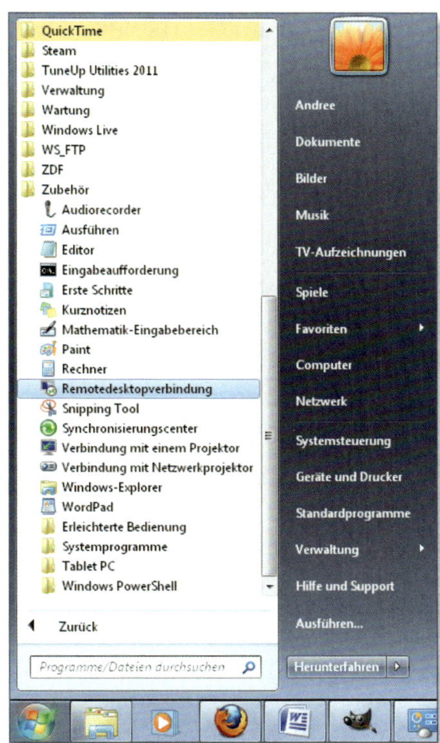

Abbildung 22.19 *Rufen Sie die Remotedesktopverbindung über das Windows 7-Startmenü auf.*

2 Erweitern Sie den Dialog, indem Sie auf den nach unten zeigenden Pfeil vor **Optionen** klicken.

Abbildung 22.20 *Zunächst wird der Dialog nur minimiert angezeigt. Ändern Sie dies.*

3 Tragen Sie die IP-Adresse des Rechners ein, mit dem Sie sich verbinden wollen. Geben Sie den Benutzernamen ein. Schalten Sie die Option **Speichern der Anmeldeinformation zulassen** an. Bestätigen Sie mit **Verbinden**.

Abbildung 22.21 Die Verbindung kann nun aufgenommen werden.

Wichtige Einstellungen für die Verwendung des Remotedesktops

Im Fenster **Remotedesktopverbindungen** finden Sie neben **Allgemein** fünf weitere Register. In diesen können Sie ganz unterschiedliche Einstellungen festlegen. Schauen wir uns diese Register einmal an:

Anzeige

Mit einem Schieberegler wählen Sie die Größe des Remotedesktops. In der Vorgabeeinstellung steht der Regler auf der ganz rechten Position. Das entspricht einer Vollbilddarstellung. Befinden sich mehrere Monitore an dem Rechner, können Sie mit einer Option alle davon verwenden. Über ein Listenfeld wählen Sie die Farbtiefe, die bei der Remotesitzung verwendet werden soll. Eine weitere Option schaltet die Verbindungsleiste im Vollbildmodus an.

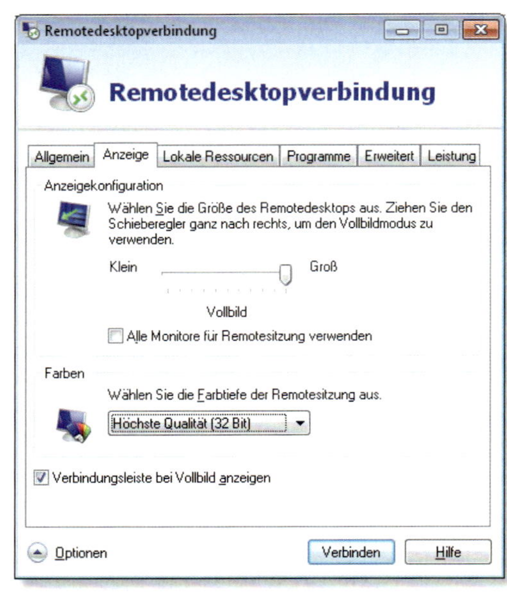

Abbildung 22.22 Legen Sie die Anzeigeeinstellungen der Remotedesktopverbindung fest.

Lokale Ressourcen

In diesem Register bestimmen Sie die Audioeinstellungen, die zu verwendende Tastatur und die Geräte.

Klicken Sie im Bereich **Remoteaudio** auf **Einstellungen...**, und bestimmen Sie, ob Audioinhalte bei einem Remotedesktop auf diesem Computer wiedergegeben werden sollen. Sie können die Soundausgabe auch ausschalten oder dafür sorgen, dass die Inhalte auf dem Remoterechner wiedergegeben werden. Wenn Sie möchten, können Audioinhalte auch aufgezeichnet werden. Dies ist in der Regel nicht notwendig.

Über ein Listenfeld legen Sie fest, ob Windows-Tastenkombinationen verwendet werden können. Mit der Vorgabeeinstellung geschieht dies nur, wenn Sie den Remotedesktop in einer Vollbilddarstellung sehen. Alternativ bestimmen Sie, ob die Windows-Tastenkombinationen auf dem eigenen Rechner oder dem Remotedesktop genutzt werden können. Ich empfehle Ihnen, letztere Möglichkeit zu nutzen. Beides geht leider nicht. Windows 7 kommt sonst ein wenig durcheinander.

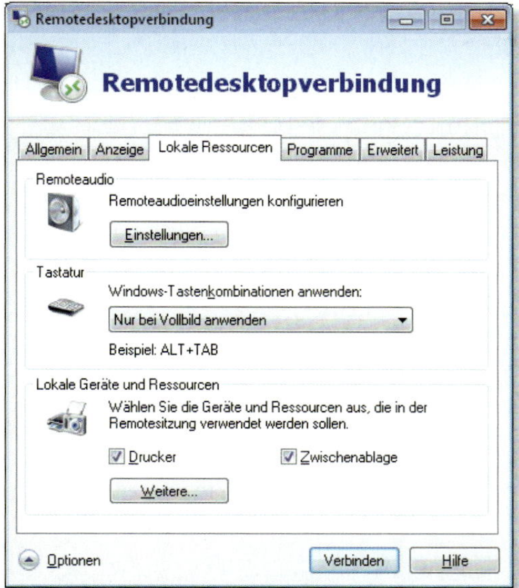

Abbildung 22.23 Bei einer Remoteverbindung werden mit dieser Einstellung Audioinhalte auf dem eigenen Rechner wiedergegeben.

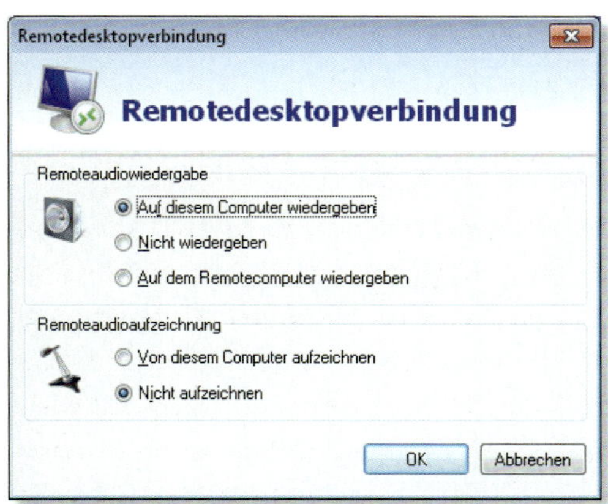

Abbildung 22.24 Hier legen Sie fest, wie mir Audioinhalte, Tastenkombinationen und Geräte umgegangen werden soll.

Wie der Name des Bereichs bereits verrät, bestimmen Sie unter **Lokale Geräte und Ressourcen**, auf welche Hardware der Remotedesktop zurückgreifen darf. **Drucker** und **Zwischenablage** sind bereits angeschaltet. Mit **Weitere** können Sie auch festlegen, dass eingelegte Smartcards verwendet werden können. Wenn Sie auf **Weitere unterstützte Plug&Play-Geräte** klicken, können auch Geräte verwendet werden, die erst später, während der Remotesitzung an den Rechner angeschlossen werden.

Über diese Option können Sie mit Optionskästchen bestimmte Laufwerke verwenden. Auch hier lassen sich Laufwerke verwenden, die erst später angeschlossen werden. Sie können also, während Sie den Remotedesktop nutzen, eine USB-Festplatte mit dem Rechner verbinden und darauf zurückgreifen.

Abbildung 22.25 Möchten Sie USB-Festplatten und -geräte nutzen, müssen Sie dies mit zwei Optionen festlegen.

Programme

Im Register **Programme** können Sie dafür sorgen, dass bestimmte Programme bei der Remotesitzung gestartet werden. Sie stehen dann sofort auf dem Remotedesktop zur Verfügung. Möchten Sie dies tun, gehen Sie wie folgt vor:

1. Öffnen Sie den Dialog **Remotedesktopverbindung**. Wechseln Sie in das Register **Programme**. Schalten Sie die Option **Folgende Programme bei Verbindung starten** an.

2 Tragen Sie den Namen des Programms ein, das gestartet werden soll. Im Beispiel gebe ich das Grafikbearbeitungsprogramm GIMP ein. Ergänzen Sie, wenn Sie möchten, den Pfad zu einem Ordner, in dem das Programm gestartet werden soll.

3 Legen Sie weitere Optionen fest, und bestätigen Sie mit **Verbinden**.

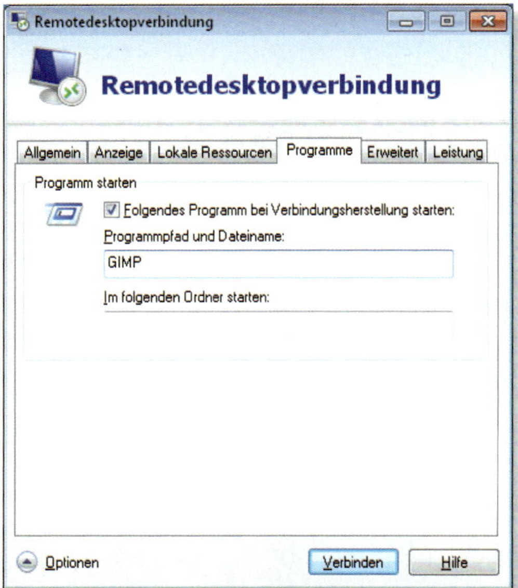

Abbildung 22.26 Wenn Sie möchten, können Sie sofort bei Aufnahme der Desktopverbindung ein Programm starten.

Erweitert

Im Register **Erweitert** können Sie die Übertragungsgeschwindgkeit der Datenverbindung begrenzen. In der Vorgabeeinstellung finde ich auf meinem Rechner die Auswahl **Breitband mit niedriger Übertragungsrate** vor. Wählen Sie nach Möglichkeit eine höhere Rate.

Schalten Sie über Optionskästchen verschiedene Features an, die im Remotedesktop zur Verfügung stehen. Beachten Sie bitte, dass beim Verwenden aller Optionen eine große Menge Daten übertragen werden muss. Kommt es zu Verbindungs- und/oder Darstellungsproblemen, schalten Sie einige der Möglichkeiten ab.

Folgende Elemente können Sie auswählen:

- **Desktophintergrund**
- **Schriftartglättung**
- **Desktopgestaltung**
- **Fensterinhalt beim Ziehen anzeigen**
- **Menü- und Fensteranimation**
- **Visuelle Stile**
- **Dauerhafte Bitmapzwischenspeicherung**

Über eine weitere Option sorgen Sie dafür, dass die Verbindung nach einem Abbruch automatisch wieder aufgebaut wird. So steht der Remotedesktop sofort wieder zur Verfügung, auch wenn ein »Wurm« in der Leitung war. Kommt es oft zu Verbindungsproblemen, schalten Sie einige der Features aus.

Im folgenden Beispiel habe ich alle Möglichkeiten angeschaltet und die Übertragungsrate auf ein hohes Level gesetzt.

Abbildung 22.27 Teilen Sie Windows mit, wie hoch die verfügbare Datenübertragungsrate für das Nutzen des Remotedesktops ist.

Leistung

Im Register **Leistung** legen Sie fest, was bei einem Fehler der Serverauthentifizierung geschehen soll. Windows 7 kann eine Warnung ausgeben. Alternativ kann eine Verbindung auch nicht aufgebaut werden, falls die Authentifizierung nicht gelingt. Möglich ist auch ein Aufbau einer Verbindung ohne Ausgabe einer Warnmeldung. Diese letztgenannte Option ist nicht aber zu empfehlen.

Abbildung 22.28 *Ich habe entschieden, dass bei einem Fehler der Serverauthentifizierung keine Verbindung hergestellt werden soll.*

INFO

Was ist die Serverauthentifizierung?
Die Funktion *Serverauthentifizierung* sorgt dafür, dass die Verbindung mit dem gewünschten Rechner zustande kommt. Sie landen genau auf dem Remotedesktop, den Sie auch öffnen wollten.

Klicken Sie im Register **Leistung** auf **Einstellungen**, können Sie einen Gatewayserver angeben. Hierzu tragen Sie die Adresse des Servers ein und wählen eine Anmeldemethode.

RD-Gatewayserver (*RD* steht für Remotedesktop) werden in einigen Unternehmensnetzwerken angewendet. Sie ermöglichen es, von irgendeinem Rechner aus über den Gatewayserver auf einen bestimmten Zielrechner zuzugreifen und dort den Remotedesktop zu verwenden. Dazu wird ein spezielles Protokoll verwendet (RDD, *Remotedesktopprotokoll*). Der Zugriff auf das Unternehmensnetzwerk kann über das Internet erfolgen. Das Erstellen eines VPN (also eines virtuellen privaten Netzwerks) ist dazu nicht notwendig. Ein weiterer Vorteil ist, dass eine Firewall die Verbindung nicht blockiert. Darüber hinaus können Netzwerkverbindungen für ausgewählte Anwendungsprogramme freigegeben werden. Das heißt, der Anwender muss nicht das Firmennetzwerk für das Abrufen und Senden von Daten nutzen, sondern greift auf die Internetverbindung eines Providers zurück.

RD-Gateways werden nur bei Firmennetzwerken genutzt. Für Privatanwender haben sie keine Bedeutung. Sie können in der Regel diesen Dialog ignorieren und müssen keine Einstellungen vornehmen.

Teil VII
Sicherheit

Kapitel 23
Laufwerke und Dateien verschlüsseln

Sichern Sie sensible Daten vor dem Zugriff Dritter. Verschlüsseln heißt, Unbefugten den Zugang zu wichtigen Daten zu verweigern. Je nach Bedarf können Sie mit Windows 7 einzelne Dateien, Verzeichnisse und ganze Festplatten verschlüsseln. Nutzen Sie diese Funktionen!

Die Benutzerkontensteuerung von Windows 7 sorgt bereits dafür, dass einige Funktionen und Möglichkeiten nur von bestimmten Anwendern genutzt werden können. Mit Zugriffsrechten, Berechtigungen und Freigaben können Sie diese Möglichkeiten ausbauen und erweitern. Für einige Daten genügt das jedoch nicht. Eine Office-Datei ist mit einem Schreibschutz nicht wirklich vor dem Zugriff Dritter geschützt. Sicherheitslücken ermöglichen geübten Hackern, auch in Bereiche vorzudringen, die nicht für den Zugriff Dritter gedacht sind. Was also tun?

Nutzen Sie die Kryptografiefunktion, die bereits in Windows 7 integriert ist. Mit ihr können Sie Daten, Verzeichnisse und Partitionen verschlüsseln. Nur wer den richtigen Zugangscode hat, kann die Daten einsehen und verwenden.

In diesem Kapitel lernen Sie die beiden Verschlüsselungsverfahren EFS und BitLocker kennen. Nachdem ich einige Grundlagen erklärt habe, zeige ich Ihnen, wie Sie Dateien und Ordner mit EFS verschlüsseln. Damit Sie eine EFS-Verschlüsselung im Notfall aufheben können, zeige ich Ihnen, wie Sie für eine Wiederherstellung sorgen. Ich stelle Ihnen den Befehl `cipher` vor und zeige Ihnen alle wichtigen Parameter, die Sie für den Umgang mit diesem Befehl benötigen. In einem weiteren Kapitel zeige ich Ihnen, wie Sie mit der TPM-Konsole herausfinden, ob sich in Ihrem Rechner ein TPM-Chipsatz befindet. Sie erfahren, wie Sie die BitLocker-Verschlüsselung anschalten und so Ihre Laufwerke verschlüsseln.

23.1 Eine Einführung in die Datenverschlüsselung

Kryptografie ist ein umfangreiches und nicht ganz einfaches Thema. Mit mathematischen Funktionen werden Daten geschützt. Der Grad der Verschlüsselung bestimmt, wie leicht oder schwer der Zugriff auf diese Daten ist.

Die Vorteile der Datenverschlüsselung

Mit einer Datenverschlüsselung erhalten Sie einen hohen Grad an Sicherheit. Mit einer Firewall, sorgsam gesetzten Freigaben und den Zugriffsrechten können Sie diese Sicherheit nicht erreichen.

Stellen Sie sich einmal das folgende kleine Denkexperiment vor: Sie möchten eine kleine Buchreihe schreiben. Sie erstellen dazu ein eigenes Benutzerkonto auf Ihrem Windows-System und legen hier die Daten ab. Ist das sicher? Mit einem Trojaner kann ein Einbrecher die Zugangsdaten zum Benutzerkonto abfragen. Jemand, der Ihnen unbemerkt über die Schulter schaut, kann sich Ihren Zugangsnamen merken und versuchen, das zugehörige Passwort herauszufinden. Vielleicht haben Sie es sich irgendwo notiert. Vielleicht haben Sie ja, trotz allen Hinweisen dazu, ein Passwort gewählt, das einen Bezug zu Ihrer Familie, Ihren Freunden oder Ihrem Umfeld hat. Es ist ja schließlich leichter zu merken als eine Kombination aus Buchstaben und Ziffern.

Okay. Was aber, wenn darüber hinaus die Daten mit einem verschlüsselten Filesystem gesichert sind? Der Fremde erhält keinen Zugang.

Mit einem Verschlüsselungssystem können Sie die folgenden Vorteile nutzen:

- Sie erhalten einen hohen Grad an Sicherheit. Daten können nicht ohne Weiteres von fremden Nutzern eingesehen werden.
- Ein zufälliges Ausspähen ist nicht möglich.
- Trojaner können nicht aktiv werden.

Allgemeines zum Verschlüsselungssystem EFS

EFS steht für *Encrypting File System*. Es handelt sich dabei um ein Dateisystem, mit dem Dateien und Verzeichnisse verschlüsselt werden können. Die Verwendung geschieht sehr einfach über eine Dialogbox.

Sie können EFS nur auf einem lokalen Datenträger nutzen. Netzwerkspeicherorte können nicht geschützt werden. Es ist jedoch möglich, Daten auf einer USB-Festplatte oder einem USB-Stick oder einem anderen Datenträger, der mit dem Rechner verbunden wird, zu schützen. Lesen Sie oder ein anderer Anwender die gesicherten Daten, muss auch hier EFS zur Verfügung stehen. Das heißt, der andere Rechner muss nicht unbedingt Windows 7 verwenden. Ab Windows XP Professional steht ESF zur Verfügung.

Verschlüsselt werden mit EFS:

- Office-, Text- und Multimediadateien
- alle in einem mit EFS geschützten Verzeichnis liegenden oder hinzugefügten Dateien
- untergeordnete Verzeichnisse eines mit EFS geschützten Verzeichnisses

Nicht gesichert werden Windows-Systemdateien, Bibliotheken und Programmdateien.

INFO

Wie arbeitet das Encryption File System?
Das Encrpytion File System (EFS) arbeitet, wie viele andere Kryptografiefunktionen auch, mit einem Schlüsselpaar. Dieses besteht aus einem öffentlichen und einem privaten Schlüssel. Notwendig ist auch ein EFS-Zertifikat. Dieses muss jeder Anwender besitzen, der die gesicherten Daten einsehen möchte. Aber keine Panik. Sie müssen nun nicht über einen kopstenpflichtigen Dienst auf komplizierte Art und Weise ein solches Zertifikat beziehen. Dieses wird automatisch mit Windows 7 erstellt.

Wichtig ist: Der Anwender muss mit einer Freigabe festlegen, ob auch jemand anderes die geschützten Dateien einsehen kann. Tut er dies nicht, hat nur er Zugriff auf die Daten.

Der private Schlüssel wird beim Verschlüsseln zur gesicherten Datei bzw. dem gesicherten Ordner hinzugefügt. Der öffentliche Schlüssel wird ausgegeben und kann an einen anderen Anwender gesandt werden. Dies kann beispielsweise auf einem USB-Stick oder als Anhang an eine E-Mail geschehen.

EFS wird über einen Dialog oder mit einem Befehl genutzt. Beide Varianten stelle ich Ihnen in Abschnitt 23.2, »Dateien mit EFS verschlüsseln«, ab Seite 599 vor.

EFS hat einige Nachteile. Mit speziellen Programmen kann ein privater Schlüssel wiederhergestellt und so eine verschlüsselte Datei zugänglich gemacht werden. Eine verschlüsselte Datei kann zwar nicht von jedem Anwender eingesehen und bearbeitet, jedoch gelöscht werden. Auch eine Veränderung der Bezeichnung ist möglich. Verzichten Sie aus diesem Grund nicht auf Datensicherungen!

Ein weiterer Nachteil ist, dass Sie sich entscheiden müssen, ob Sie eine Datei verschlüsseln oder die Windows-eigene Kompression nutzen wollen. Beides geht nicht. Deshalb nutzen Sie nur die EFS-Datenverschlüsselung.

EFS setzt eine Partition mit dem Dateisystem NTFS voraus. Partitionen und Datenträger, die mit FAT16 oder FAT32 formatiert sind, können nicht verschlüsselt werden.

HINWEIS

Ohne NTFS funktioniert EFS nicht
Hier ist ein weiterer Pferdefuss verborgen: Mit EFS geschützte Dateien können Sie nicht auf CD oder DVD brennen. Das Kopieren auf andere Datenträger, die nicht mit NTSF formatiert und mit EFS gesichert sind, funktioniert nicht. Sie können aber sehr wohl eine mit EFS gesicherte Datei auf eine andere Partition oder einen anderen Datenträger kopieren, wenn auf dem Ziel das NTFS-Dateisystem und ein mit EFS geschütztes Verzeichnis vorhanden sind. Jedoch wird beim Kopieren eine mit EFS gesicherte Datei erst entschlüsselt. Erst auf dem Ziellaufwerk wird die Datei wieder verschlüsselt. Dazu muss jedoch das Ziellaufwerk oder Zielverzeichnis mit EFS gesichert sein.

Sie sehen, der Umgang mit EFS mag zwar einfach und unkompliziert sein, setzt aber voraus, dass Sie die Schwächen kennen. Alternativ können Sie auch BitLocker nutzen. Mehr dazu erfahren Sie im nächsten Abschnitt.

Allgemeines zum Verschlüsselungssystem BitLocker

BitLocker ist ein Verschlüsselungssystem, das Ihnen in der Windows 7-Edition *Ultimate* und in Windows Server 2008 zur Verfügung steht. Sie verschlüsseln hiermit ein ganzes Laufwerk. Andere Benutzer können nicht darauf zugreifen.

Sofern vorhanden, verwendet BitLocker den TPM-Verschlüsselungschip, der auf der Hauptplatine Ihres Rechners vorhanden ist. Bei aktuellen Rechnern ist dieser Chip in der Regel vorhanden. Die Festplatte kann nur dann von einem Rechner mit einem solchen TPM-Chip gelesen werden.

Die Daten des TPM-Chips werden in den Boot-Prozess integriert. Der Schlüssel zum Lesen des verschlüsselten Laufwerks wird vom TPM-Chip ausgegeben und an den Bootloader weitergeleitet.

BitLocker funktioniert jedoch auch, wenn Sie keinen TPM-Chip in Ihrem Rechner haben. Mit dem Befehl `tpm.msc` wird die Verwaltungskonsole für das Trusted Platform Module (TPM) gestartet. Diese zeigt Ihnen beim Aufruf auch an, ob Sie einen TPM-Chip in Ihrem Rechner haben oder nicht.

Mit BitLocker können Sie keine einzelnen Dateien und Verzeichnisse schützen. Verschlüsselt wird hier die komplette Festplatte inklusive aller Windows-Daten. Andere Anwender können nicht zugreifen.

Das BitLocker-System ist interessant. Sie können es am heimischen PC nutzen. Der Schwerpunkt liegt aber im Einsatz von kleinen und großen Firmen. Für den privaten Bereich eignet sich eher der Einsatz von EFS oder eines Verschlüsselungsprogramms wie zum Beispiel *Truecrypt* oder *PGP*.

23.2 Dateien mit EFS verschlüsseln

EFS wird sehr einfach verwendet. Im Grunde genommen genügt es, eine Datei auszuwählen und die Funktion zum Verschlüsseln aufzurufen. In der folgenden Schritt-für-Schritt-Anleitung möchte ich Ihnen das einmal an einem Beispiel vorführen:

So wird eine Datei verschlüsselt

1 Öffnen Sie den Windows Explorer. Begeben Sie sich in das Verzeichnis, in dem sich die zu verschlüsselnde Datei befindet.

2 Markieren Sie die Datei oder das Verzeichnis. Öffnen Sie mit der rechten Maustaste das Kontextmenü, und wählen Sie **Eigenschaften**.

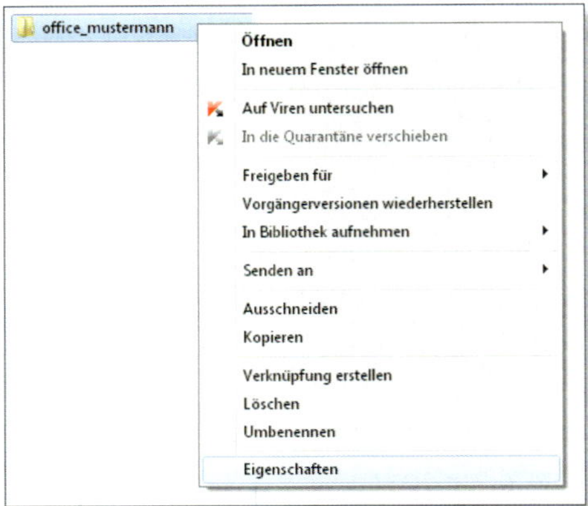

^ ***Abbildung 23.1*** *Rufen Sie zuerst die Eigenschaften einer Datei oder eines Verzeichnisses auf.*

3 Klicken Sie auf die Schaltfläche **Erweitert**.

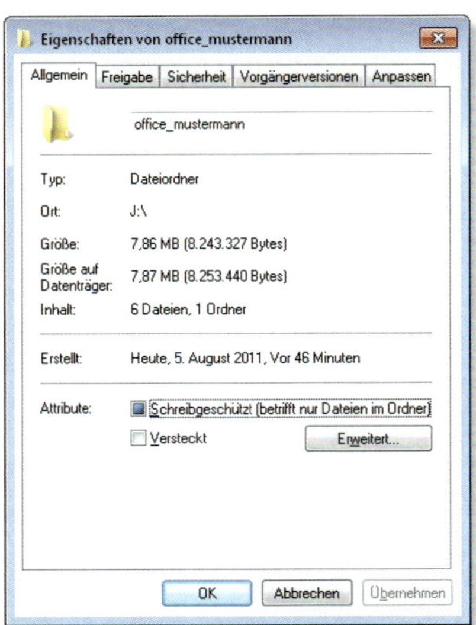

^ ***Abbildung 23.2*** *In den Eigenschaften findet sich noch keine Verschlüsselungsfunktion. Wir müssen noch einen Dialog weiter, indem wir auf **Erweitert** klicken.*

4 Schalten Sie die Option **Inhalt verschlüsseln, um Daten zu schützen** ❶ an. Deaktivieren Sie alle anderen Optionen im Dialog. Bestätigen Sie mit **OK**.

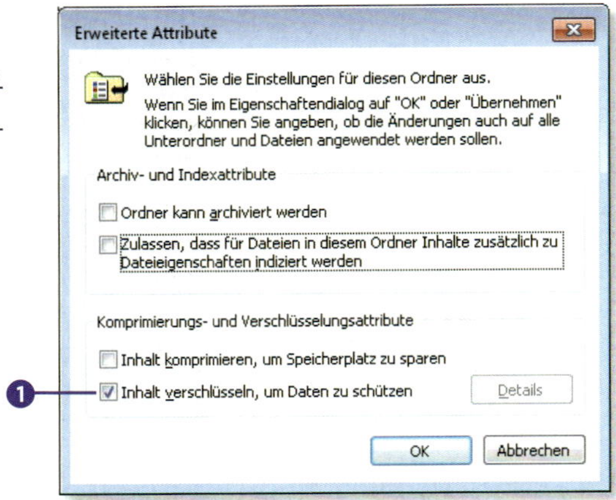

^ ***Abbildung 23.3*** *Hier aktivieren Sie die Verschlüsselung.*

5 Sie landen im untergeordneten Ordner. Klicken Sie auf **Übernehmen**.

6 Nun müssen Sie entscheiden, ob die Änderungen nur für den einen Ordner und die darin befindlichen Dateien gelten oder auch für alle untergeordneten Ordner. In diesem Beispiel wählen Sie bitte **Änderungen für diesen Ordner, untergeordnete Ordner und Dateien übernehmen** ❷. Mit **OK** bestätigen Sie dies.

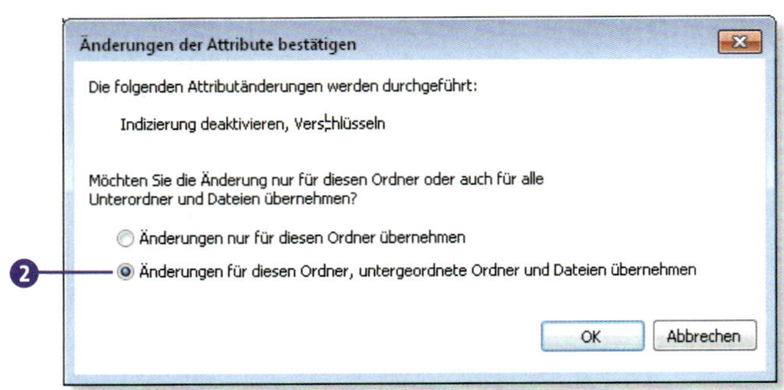

^ ***Abbildung 23.4*** *Mit dieser Einstellung gilt die Verschlüsselung auch für die untergeordneten Ordner.*

Windows 7 verschlüsselt die Dateien und setzt entsprechend die Attribute. Je nach Leistung des Rechners und Größe der Dateien und Verzeichnisse, die gesichert werden sollen, dauert dies mehr oder weniger lange.

Nach dem Verschlüsseln wird die Datei oder der Ordner mit grüner Farbe gekennzeichnet. Diese Farbe zeigt, dass die Datei oder der Ordner verschlüsselt ist.

Eine Verschlüsselung aufheben

Bevor Sie eine EFS-Verschlüsselung nutzen, müssen Sie für eine Wiederherstellung sorgen. Ist der Benutzer, zu dem eine verschlüsselte Datei oder ein verschlüsselter Ordner gehört, nicht mehr im System, können auch andere Anwender nicht darauf zugreifen. Es sei denn, auch Sie erhielten die Zugriffsrechte und Schlüssel für die betreffenden Daten.

Der Administrator des Windows-Systems kann EFS-verschlüsselte Daten wiederherstellen. Dazu verwendet er Richtlinien. Es gibt sowohl Richtlinien für das verschlüsselte Dateisystem als auch für die BitLocker-Laufwerksverschlüsselung auf Ihrem System.

Mit **Erweitert > Details** sehen Sie, wer eine Datei oder ein Verzeichnis wiederherstellen kann. Wiederherstellen heißt, dass Sie die Verschlüsselung lösen und Zugriff auf die Daten erhalten.

Um einen Benutzer oder den Administrator für die Wiederherstellung von EFS-gesicherten Daten einzurichten, gehen Sie wie folgt vor:

1 Öffnen Sie mit dem Befehl `gpedit.msc` den **Editor für lokale Gruppenrichtlinien**.

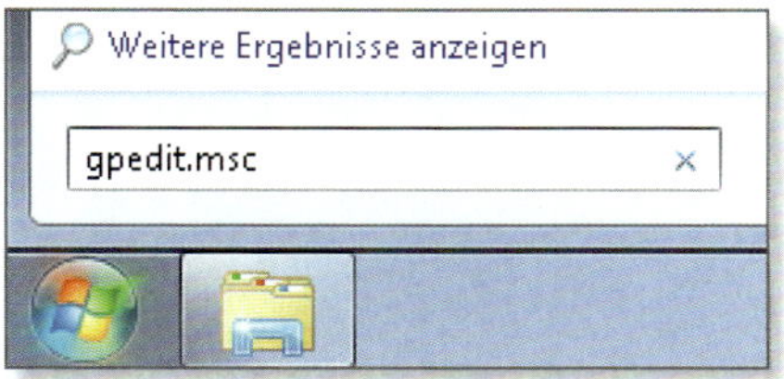

∧ ***Abbildung 23.5*** *So starten Sie den Editor.*

2 Nun wählen Sie die Windows-Einstellungen unter **Computerkonfiguration**. Klicken Sie weiter auf **Sicherheitseinstellungen** und **Richtlinien für öffentliche Schlüssel**. Hier wählen Sie das **Verschlüsselte Dateisystem** (siehe Abbildung 23.6).

3 Öffnen Sie das Kontextmenü, und wählen Sie **Dateiwiederherstellungs-Agent hinzufügen**.

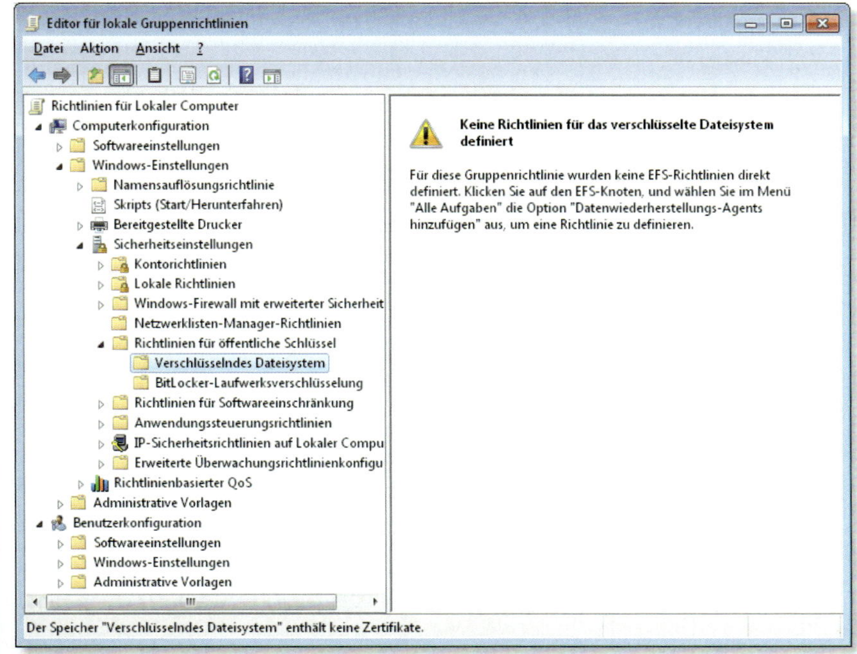

< ***Abbildung 23.6*** *Der Editor für lokale Gruppenrichtlinien.*

4 Nun wird ein Assistent gestartet. Den ersten, einführenden Dialog überspringen Sie mit einem Mausklick auf **Weiter**.

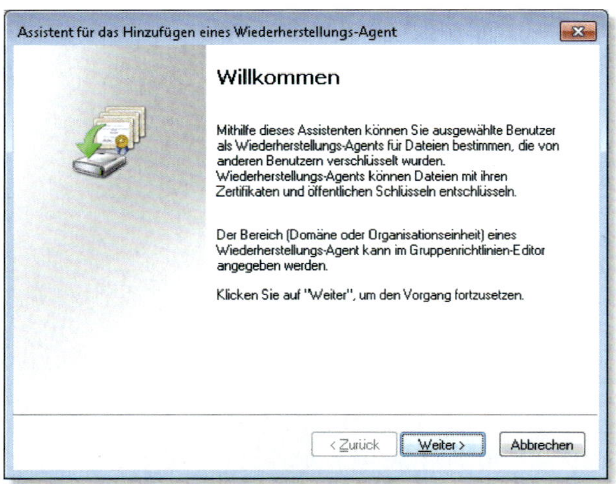

∧ ***Abbildung 23.7*** *Bei der Vorbereitung einer möglichen Wiederherstellung werden Sie von einem Assistenten unterstützt.*

5 Nun müssen Sie ein Zertifikat auswählen und verwenden. Wählen Sie **Ordner durchsuchen**. Ein Zertifikat erkennen Sie an der Dateierweiterung *.cer*. Wählen Sie es aus, und bestätigen Sie. Folgen Sie dem Dialog weiter.

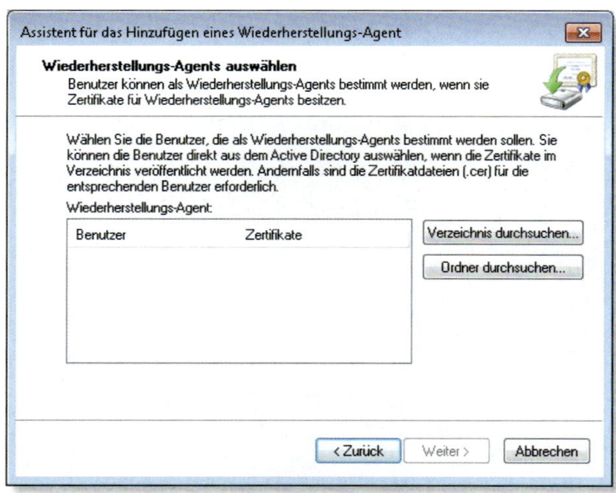

∧ ***Abbildung 23.8*** *Hier können Sie ein Zertifikat hinzufügen.*

Ist kein Zertifikat vorhanden, müssen Sie zunächst ein solches erstellen. Nutzen Sie dazu den Befehl `cipher`.

Einen Ordner mit einem Befehl verschlüsseln

Warum sollte man einen Befehl verwenden, wenn die Benutzung des Dialogs super einfach und bequem ist? Nun, einen Befehl können Sie über ein Skript verwenden. So lassen sich Verschlüsselungen auch automatisieren.

Für das Verschlüsseln einer Datei nutzen Sie den Befehl `cipher`.

Die wichtigsten Parameter und ihre Bedeutung habe ich Ihnen in Tabelle 23.1 auf Seite 603 festgehalten.

23.3 Eine Festplattenpartition mit BitLocker verschlüsseln

BitLocker müssen Sie zuerst anschalten. Danach lässt sich eine Festplatte mit BitLocker verschlüsseln.

Die TPM-Konsole verwenden

Öffnen Sie das Start-Menü von Windows 7, und geben Sie unten im Eingabefeld `tpm.msc` ein. Bestätigen Sie mit ↵.

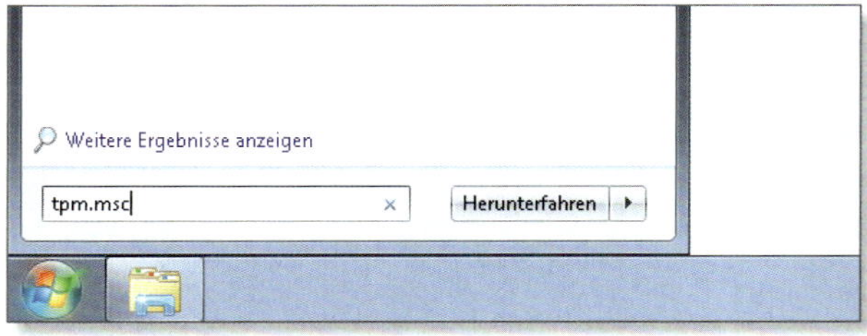

∧ ***Abbildung 23.9*** *Die TPM-Konsole starten Sie über das Eingabefeld im Startmenü.*

Mit **Ansicht > Anpassen** können Sie die Ansichtselemente wählen. In der Regel ist keine Veränderung der Einstellungen notwendig.

Parameter	Bedeutung
/B	Bricht die Ausführung des Befehls ab, sobald ein Fehler auftritt und als solcher erkannt wird. In der Vorgabeeinstellung wird ohne diese Option die Ausführung des Befehls fortgesetzt.
/C	Listet Informationen zur verschlüsselten Datei auf.
/D	Entschlüsselt die angegebene Datei oder das angegebene Verzeichnis.
/E	Verschlüsselt die Datei oder das Verzeichnis. Wird eine Datei hinzugefügt, wird diese automatisch verschlüsselt.
/H	Listet die Dateien mit den Attributen *Versteckt* und *System* auf. Diese Dateien werden beim Verschlüsseln übersprungen.
/K	Erstellt ein neues Zertifikat und einen Schlüssel. Beides orientiert sich an den Gruppenrichtlinien, die bei Verwendung der Option aktuell sind.
/K /ECC	Wie bei /K wird ein neues Zertifikat und ein neuer Schlüssel erstellt. Die Gruppenrichtlinien werden hierbei nicht beachtet. Das Zertifikat ist selbst signiert. Die Schlüsselgröße wird dem Parameter mit übergeben.
/K /ECC:256	Parameter wie /K /ECC. Zusätzlich ist hier die Schlüsselgröße angegeben. Möglich ist 256, 384 und 521.
/N	Verhindert die Aktualisierung des Schlüssels. Wird mit /U verwendet. So werden alle verschlüsselten Dateien auf einem Laufwerk aufgespürt.
/R	Erstellt einen Schlüssel und ein Zertifikat. Mit beidem kann eine EFS-verschlüsselte Datei bzw. ein EFS-verschlüsselter Ordner wiederhergestellt werden. Erstellt wird eine PFX-Datei. Sie enthält das erstellte Zertifikat und den privaten Schlüssel. Eine CER-Datei wird erstellt. In dieser ist das Zertifikat enthalten.
/S	Verschlüsselt das Verzeichnis, die darin enthaltenen Dateien und alle untergeordneten Verzeichnisse nebst der dort befindlichen Dateien.
/U	Mit diesem Parameter wird versucht, auf alle verschlüsselten Dateien auf einem Laufwerk zuzugreifen.
/W	Entfernt Daten aus einem Volume. Wird dieser Parameter verwendet, werden alle anderen Parameter ignoriert.
/X	Sichert ein Zertifikat und den EFS-Schlüssel in der angegebenen Datei. Gesichert werden das verwendete Zertifikat und die Schlüssel des Anwenders. Wird als Ziel eine EFS-verschlüsselte Datei angegeben, so werden nur die Zertifikate des Anwenders gesichert.
/Y	Gibt das gültige Zertifikat in einer verkleinerten Ansicht auf dem Computermonitor aus.
/ADDUSER	Ermöglicht es, einen Benutzer zu den verschlüsselten Dateien hinzuzufügen.
/REMOVEUSER	Entfernt einen Benutzer.
/REKEY	Aktualisiert die verschlüsselten Dateien. So wird ein neuer Schlüssel, der zuvor festgelegt wurde, auf diese verschlüsselten Dateien angewendet.

^ ***Tabelle 23.1*** *Die Parameter des Verschlüsselungsdienstprogramms »cipher«*

BitLocker anschalten

Starten Sie die TPM-Konsole so, wie im vorherigen Abschnitt beschrieben. Wählen Sie **Aktion**, und entscheiden Sie sich hier für **TPM initialisieren**. Mit einem Assistenten werden Sie durch die Einrichtung der Funktion geführt.

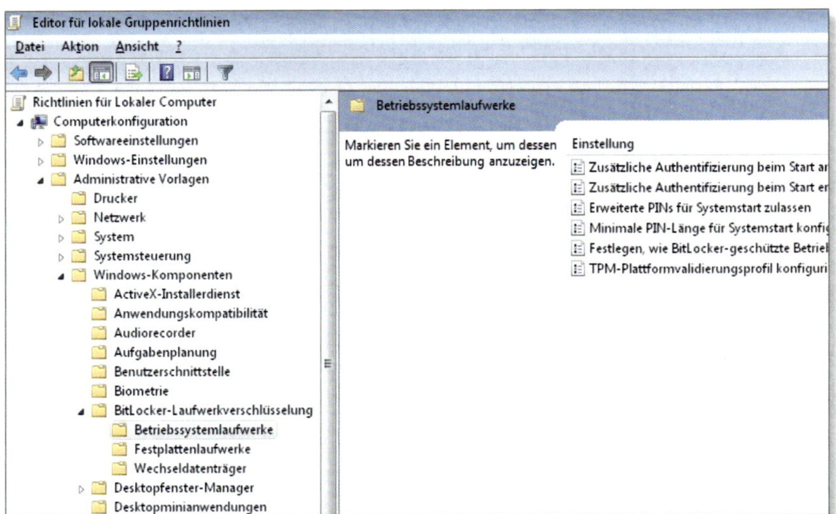

< ***Abbildung 23.10*** *Die BitLocker-Laufwerksverschlüsselung wird durch eine Anzahl von Richtlinien gesteuert.*

Die Funktion für das Anschalten des Trusted Platform Modules ist nur in der Konsole vorhanden, wenn Ihr Rechner über einen TPM-Chipsatz verfügt.

Schließen Sie die geöffneten Dialoge, und starten Sie Windows 7 neu.

Melden Sie sich auf Ihrem Rechner als Administrator an. Starten Sie die TPM-Konsole. Wählen Sie noch einmal **TPM initialisieren**. Im Assistenten erstellen Sie nun ein Kennwort für das Trusted Platform Module. Legen Sie dieses auf der Festplatte ab. Schreiben Sie es sich auf, oder geben Sie es an den Drucker aus.

Nun initialisieren Sie die TPM-Funktion. Das war es auch schon. Ihre Festplatte ist nun verschlüsselt, und Ihre Daten sind sicher.

BitLocker auf Rechnern ohne TPM-Chipsatz

Natürlich können Sie die TPM-Verschlüsselung auch nutzen, wenn das Motherboard Ihres Rechners keinen TPM-Chip besitzt. In der folgenden Anleitung zeige ich Ihnen, was Sie dazu tun müssen.

BitLocker setzt mindestens zwei Partitionen in Ihrem Rechner voraus. Bereiten Sie den PC vor der Aktivierung der Laufwerksverschlüsselung entsprechend vor.

1 Öffnen Sie den Editor für lokale Gruppenrichtlinien.

2 Klicken Sie sich nun bis zum Ziel durch. Dieses finden Sie unter **Computerkonfiguration > Administrative Vorlagen > Windows-Komponenten > BitLocker-Laufwerksverschlüsselung > Betriebssystemlaufwerke**.

3 Sie sehen nun rechts alle Komponenten, die zur Funktion gehören. Die einzelnen Optionen können nun eingeschaltet werden.

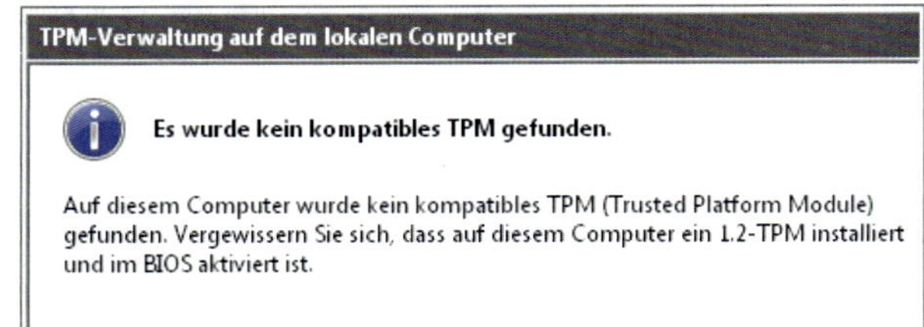

∧ ***Abbildung 23.11*** *BitLocker ist auf meinem Rechner noch nicht eingeschaltet. Für das Verschlüsselungssystem gibt es eine ganze Reihe an Richtlinien. Konfigurieren Sie diejenigen, die Sie für Ihren Anwendungsfall benötigen.*

Nehmen Sie sich genügend Zeit für die Arbeit mit den Richtlinien. Ein Doppelklick zeigt alle Einstellungen in einem Dialog. Jede Option und jede Richtlinie ist sehr gut beschrieben. Dennoch gehört etwas Erfahrung im Umgang mit Windows 7 und Kryptografie zu dieser Arbeit.

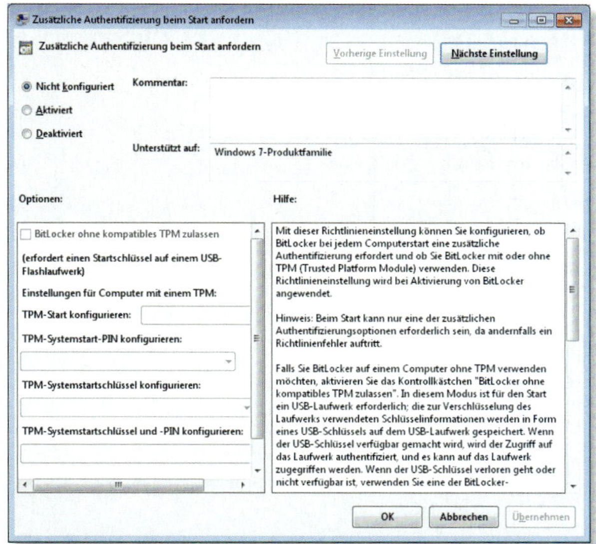

Abbildung 23.12 *Die Richtlinien und Ihre Optionen sind mit jeder Menge Hinweisen und Erklärungen versehen.*

Im nächsten Schritt wird BitLocker aktiviert. Öffnen Sie dazu die Systemsteuerung, und wählen Sie **System und Sicherheit > BitLocker-Laufwerksverschlüsselung**. Klicken Sie auf **BitLocker aktivieren**.

Sie finden sich nun in einem Assistenten wieder. Wählen Sie hier, wie die Laufwerksverschlüsselung arbeiten soll. Besitzt Ihr Rechner keinen TPM-Chip, können Sie lediglich **Bei jedem Start Systemschlüssel anfordern** auswählen.

Der Schlüssel wird auf einem USB-Stick abgelegt. Verbinden Sie einen solchen mit dem Rechner. Bestätigen Sie den Laufwerksnamen.

Abschließend wird ein Wiederherstellungsschlüssel erstellt und abgelegt. Sie können hier wählen, ob dieser auf dem USB-Stick abgelegt wird. Alternativ können Sie ihn auch als Datei speichern oder auf dem Drucker ausgeben. Empfehlenswert ist letztere Möglichkeit.

Nach dem Beenden des Assistenten wird der Rechner neu gestartet, und die Laufwerksverschlüsselung steht zur Verfügung.

Beachten Sie bitte, dass das Verschlüsseln der Daten einige Zeit in Anspruch nimmt. Sie können nebenher Ihren Rechner für andere Aufgaben nutzen.

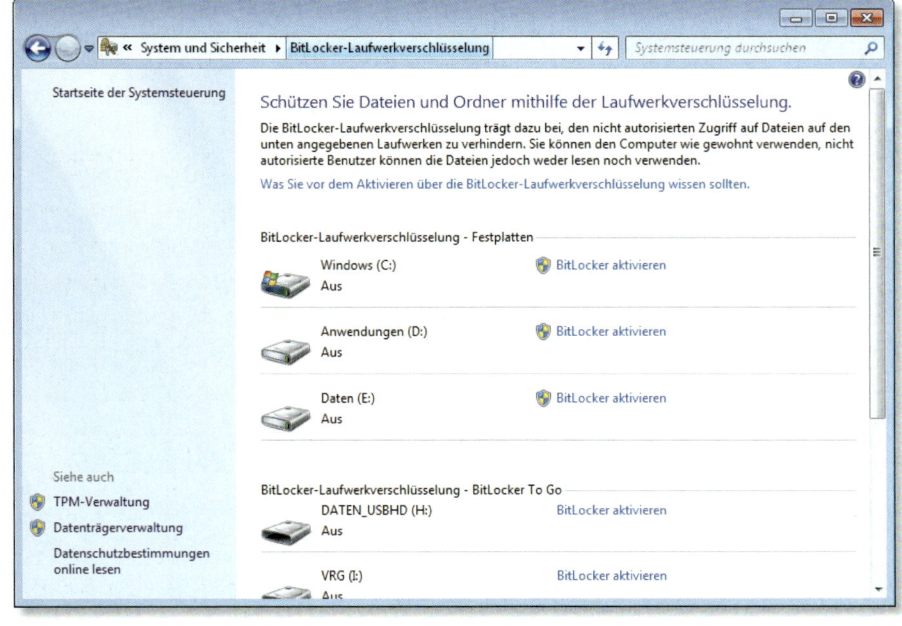

Abbildung 23.13 *Die BitLocker-Laufwerksverschlüsselung wird in der Systemsteuerung aktiviert.*

Kapitel 24
Daten sichern

Nicht ist ärgerlicher als der plötzliche Verlust von Daten. Und so etwas passiert leider oft schneller, als einem lieb ist. Ein Virus oder eine defekte Festplatte – so etwas kann schnell passieren. Besser ist es, wenn Sie dann vorbereitet sind. Schützen Sie sich also vor Datenverlust. Sichern Sie regelmäßig Ihre Daten, und halten Sie auch den Status des Betriebssystems mit einem Systembackup fest. So ist ein Verlust immer zu verschmerzen.

Das Sichern von Office-Dateien, Bildern, Videos und Musikdateien ist eine wichtige Sache. Sie sollten diese Aufgabe niemals vernachlässigen! Windows 7 bringt alle Funktionen mit, die Sie für diese Aufgabe brauchen. Sie können das System sichern und einzelne Dateien in einem Backup festhalten. Es lassen sich auch Datensicherungen planen und automatisch durchführen. Wem das nicht reicht, der greift zu den Lösungen anderer Anbieter.

In diesem Kapitel zeige ich Ihnen, wie Sie den Status des Betriebssystems mit einem Systemabbild festhalten. Natürlich erfahren Sie auch, wie Sie ein solches Systemabbild wieder zurücklesen können. Ich stelle Ihnen eine Möglichkeit vor, Daten auf einer Online-Plattform zu sichern. Daten im Internet ablegen heißt, mehr Aufwand betreiben. Ein wichtiger Vorteil ist, dass ein Festplattencrash oder ein anderes Computerproblem keine Auswirkung auf Ihre Daten hat. Sie können diese jederzeit wieder auf Ihren Rechner laden und verwenden.

In weiteren Kapiteln erfahren Sie, wie einfach es ist, Daten mit einer Sicherung festzuhalten. Ich zeige Ihnen, wie Sie eine Datensicherung wieder zurückspielen. Anschließend stelle ich Ihnen Anwendungen vor, mit denen Sie auf einfache Weise Datensicherungen erstellen können. Ich zeige Ihnen hier sowohl ein Freewareprogramm als auch zwei andere Anwendungsprogramme. Diese bieten ganz unterschiedliche Möglichkeiten. Eines aber haben sie gemeinsam: Sie helfen Ihnen dabei, Ihre Daten sicher aufzubewahren.

24.1 Das Windows-Betriebssystem mit einem Systemabbild sichern

Mit einem Backup haben Sie oft das Problem, dass nur wichtige Office- und Multimediadateien gesichert werden. Was aber ist mit dem Betriebssystem? Gerade bei Änderungen an der Registry, Einstellungen an Diensten und beim Ausprobieren von Konfigurationen kann es zu Problemen kommen. Dann muss Windows 7 in einen Zustand vor der Änderung versetzt werden. Mit einem Systemabbild wird genau das gemacht. Hier wird die Konfiguration von Windows 7 gespeichert und kann im Fall des Falles wieder zurückgelesen werden.

Die Einstellungen zum Computerschutz prüfen

Prüfen Sie zunächst, ob für die Partitionen das Erstellen von Wiederherstellungspunkten eingerichtet ist. Dies sollte vor allem auf die Partition zutreffen, auf der Windows 7 installiert ist. Auch auf der Partition, auf der Anwendungsprogramme und Spiele installiert sind, sollte diese Einstellung vorhanden sein.

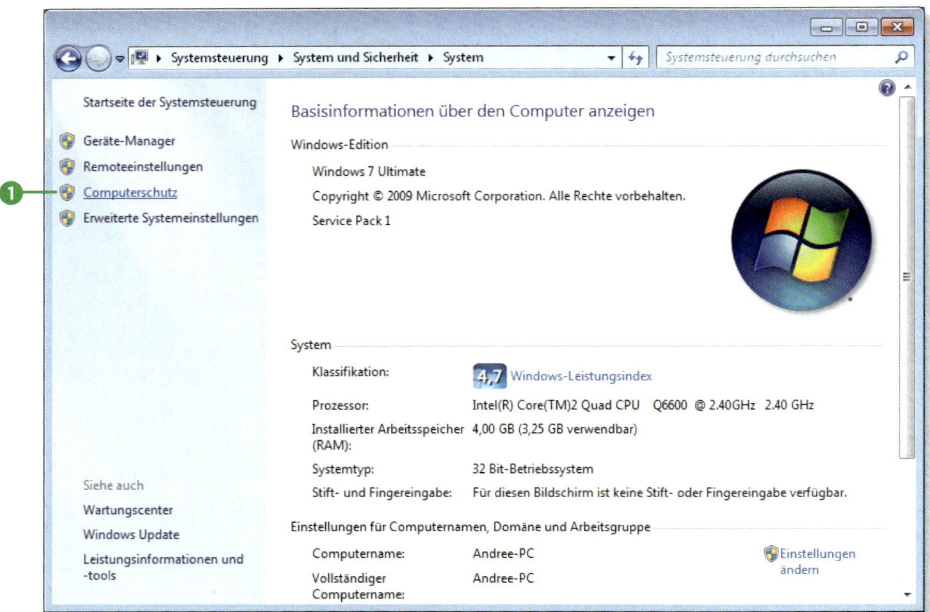

< ***Abbildung 24.1*** *In der Systemsteuerung finden Sie in der linken oberen Ecke ein kleines Menü. Wählen Sie hier* ***Computerschutz****.*

1 Öffnen Sie die Systemsteuerung. Wählen Sie **System und Sicherheit**. Wählen Sie links oben im Fenster die Funktion **Computerschutz** ❶.

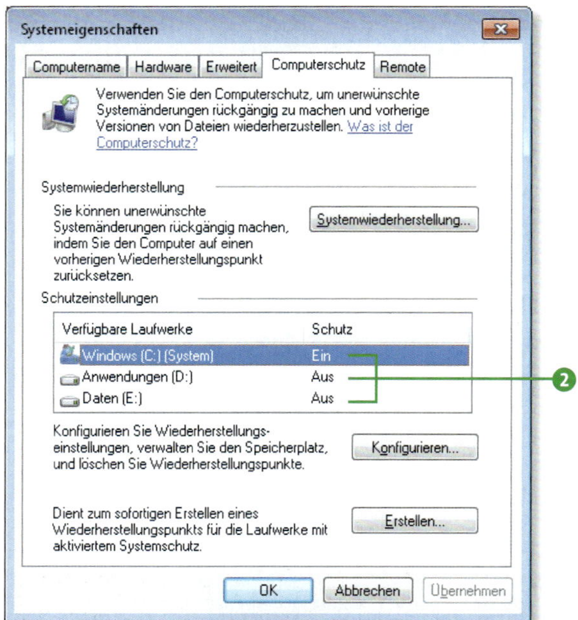

^ ***Abbildung 24.2*** *Im Register* ***Computerschutz*** *sehen Sie, ob für eine Partition automatisch Systemwiederherstellungspunkte erstellt werden.*

1 Schauen Sie sich in der Mitte des Dialogs an, ob der Computerschutz für die Windows-Partition und alle anderen zu schützenden Partitionen auf **Ein** geschaltet ist ❷.

In meinem Beispiel ist der Schutz nur für das Laufwerk C: eingeschaltet. Für die Laufwerke D: und E:, auf denen ich meine Daten und Programme speichere, ist der Schutz ausgeschaltet. Ist dies auch bei Ihnen bei einer zu schützenden Partition nicht der Fall, markieren Sie diese und klicken auf **Konfigurieren**.

2 Schalten Sie die Option **Systemeinstellungen und vorherige Dateiversionen wiederherstellen** an. Dies ist die oberste Option in der Liste. Im unteren Bereich können Sie mit einem Schieberegler bestimmen, wie groß die maximale Belegung des Datenträgers durch Systemwiederherstellungspunkte sein darf. Wählen Sie hier einen Wert von 5–10 %. Je nach Größe Ihrer Festplatte und dem freien Speicherplatz auf dieser müssen Sie dies selbst entscheiden. Bestätigen Sie mit **OK**.

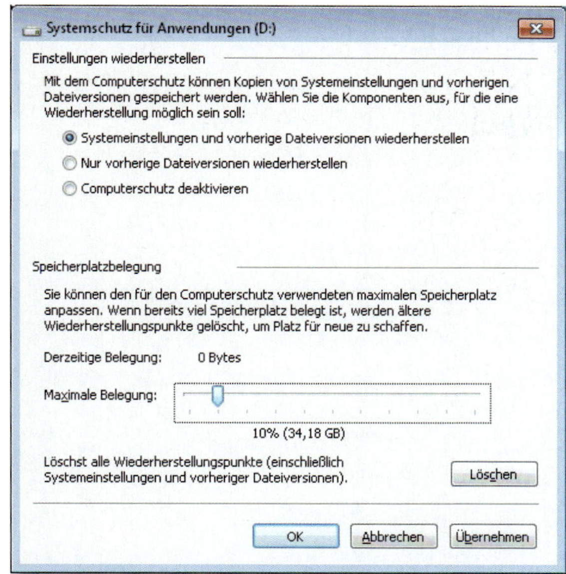

Abbildung 24.3 *Schalten Sie das automatische Erstellen von Systemwiederherstellungspunkten an.*

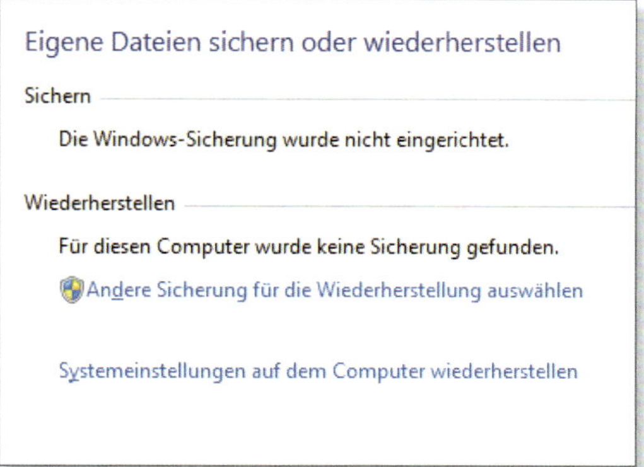

Abbildung 24.4 *Wählen Sie ein Laufwerk. Eine USB-Festplatte oder eine DVD eignet sich sehr gut.*

3 Wählen Sie in den Systemeigenschaften ebenfalls **OK**. Schließen Sie die Systemsteuerung.

Ein Systemabbild erstellen

Neben der Möglichkeit, Windows 7 automatisch Systemsicherungen erstellen zu lassen, können Sie ein Systemabbild auch über eine Funktion erstellen lassen. So können Sie ein Abbild manuell erstellen, wann immer Sie es für nötig halten. Das kann z. B. sinnvoll sein, bevor Sie größere Änderungen am System vornehmen oder neue Software installieren.

1 Öffnen Sie die Systemsteuerung. Begeben Sie sich nach **System und Sicherheit > Sichern und Wiederherstellen**.

2 Wählen Sie im Menü **Systemabbild erstellen**.

3 Wählen Sie eine geeignete Festplattenpartition ❶, und klicken Sie auf **Weiter**.

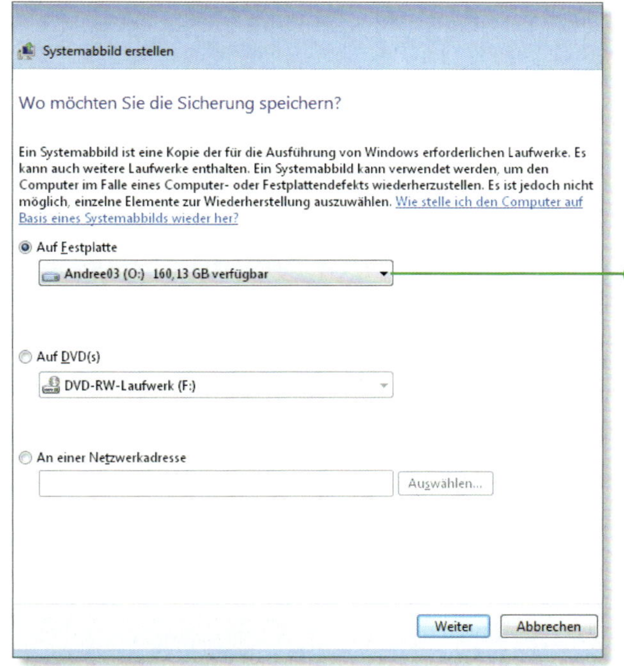

Abbildung 24.5 *Wählen Sie eine Festplatte oder Festplattenpartition, auf der die Datensicherung erstellt werden soll.*

4 Windows 7 wählt automatisch die Partitionen und Laufwerke, auf denen sich Windows 7 befindet und Anwendungen installiert sind. Mit Optionskästchen können Sie weitere Partitionen in die Datensicherung einbeziehen.

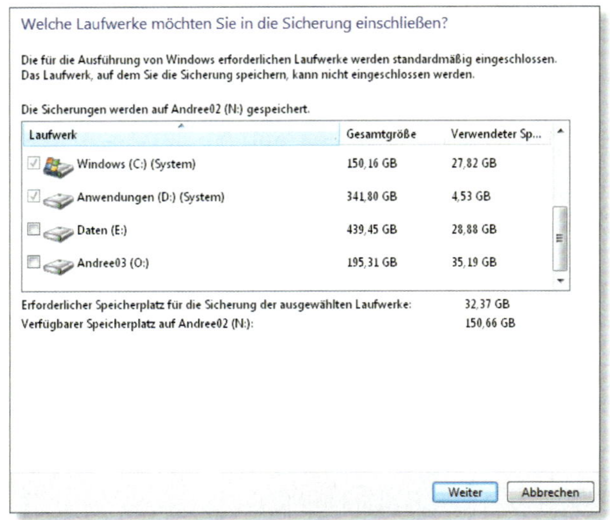

∧ ***Abbildung 24.6*** *Wählen Sie, welcher Laufwerksinhalt in das Systemabbild einfließen soll.*

5 Nach dem Mausklick auf die Schaltfläche **Weiter** erhalten Sie eine Zusammenfassung der Einstellungen, die Sie vorgenommen haben. Wählen Sie in diesem Dialogfenster **Sicherung starten**. Lehnen Sie sich zurück, und warten Sie, bis der Vorgang beendet ist.

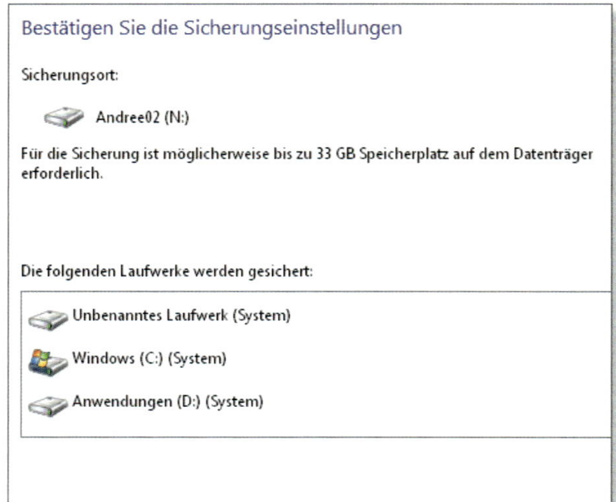

∧ ***Abbildung 24.7*** *Alle Einstellungen sind gemacht. Nun kann das Systemabbild erstellt werden.*

HINWEIS

Welche Datenträger eignen sich für eine Sicherung?

Für die Ablage eines Systemabbilds ist ein USB-Laufwerk ideal. Aber auch eine DVD, eine Blu-ray Disc oder ein Netzlaufwerk sind empfehlenswert. Ein unabhängiger Datenträger hat den Vorteil, dass er bei einem Problem mit der Festplatte im Rechner unbeschädigt bleibt.

Der Datenträger muss mit dem Dateisystem NTFS formatiert sein. Ist dies nicht der Fall, kann ein Systemabbild nicht auf ihm gespeichert werden.

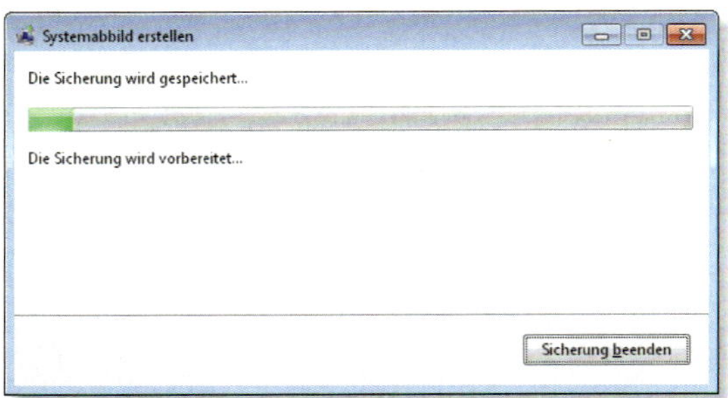

∧ ***Abbildung 24.8*** *Mit einem Fortschrittsbalken zeigt Windows 7 Ihnen an, wie weit das Erstellen des Systemabbildes bereits ist.*

Ist Windows 7 mit dem Erstellen des Systemabbildes fertig, werden Sie gefragt, ob Sie einen Systemreparaturdatenträger erstellen wollen. Wählen Sie hier **Nein**, und schließen Sie den Dialog **Systemabbild erstellen** und die Systemsteuerung.

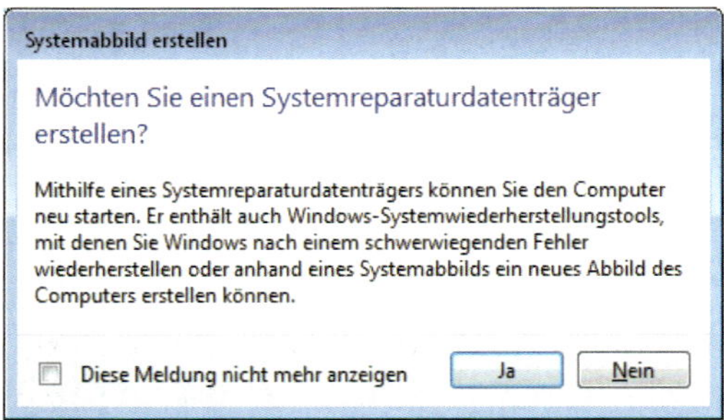

∧ ***Abbildung 24.9*** *Den Systemreparaturdatenträger erstellen wir im nächsten Abschnitt.*

Einen Systemreparaturdatenträger erstellen

Ein Systemreparaturdatenträger ist eine bootfähige DVD, mit der Sie im Notfall Windows 7 reparieren und wiederherstellen können. Gehen Sie in der **Systemsteuerung** nach **System** und **Sicherheit > Sichern und Wiederherstellen**. Wählen Sie **Systemreparaturdatenträger erstellen**. Legen Sie eine leere DVD in das DVD-Laufwerk Ihres Rechners ein. Ist dies geschehen, starten Sie den Vorgang mit **Datenträger erstellen**.

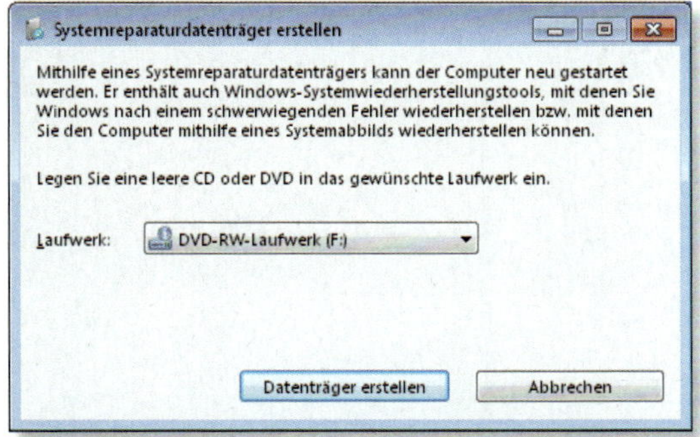

∧ ***Abbildung 24.10*** *Ein Systemreparaturdatenträger wird erstellt.*

Auch bei dieser Funktion können Sie anhand eines Fortschrittsbalkens sehen, wie weit Windows 7 bereits ist.

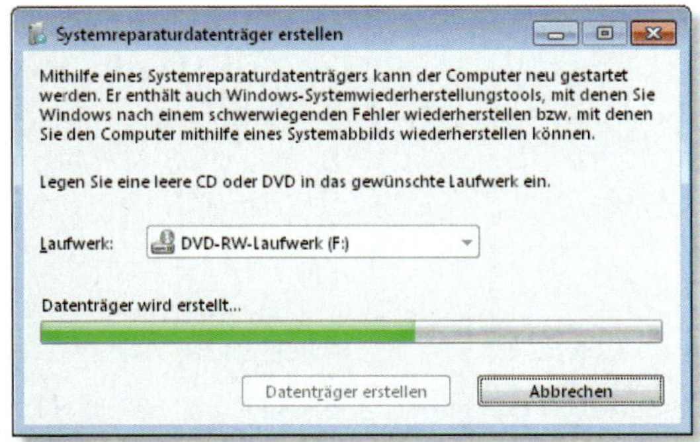

∧ ***Abbildung 24.11*** *Der Balken zeigt den Fortschritt bei der Erstellung des Datenträgers.*

Am Ende des Vorgangs erhalten Sie eine kleine Information zur Verwendung des erstellten Datenträgers. Bewahren Sie die DVD so auf, dass Sie diese jederzeit wiederfinden. Schreiben Sie auf die DVD das aktuelle Datum und »Windows 7, Systemreparaturdatenträger«. Wichtig ist, dass der Zweck des Datenträgers ersichtlich ist.

Alte Wiederherstellungspunkte löschen

Wiederherstellungspunkte nehmen viel Speicherplatz in Anspruch. Manchmal ist es notwendig, diese zu löschen. Einige wichtige können Sie zuvor auf einer externen Festplatte ablegen.

1. Öffnen Sie die **Systemsteuerung**. Unter **System und Sicherheit > System** wählen Sie **Computerschutz**.
2. Markieren Sie die Partition, von der Sie die Wiederherstellungspunkte löschen wollen. Wählen Sie **Konfigurieren**.
3. Im Dialog **Systemschutz für Anwendungen** wählen Sie **Löschen**. Sie finden diese Schaltfläche ganz unten rechts.

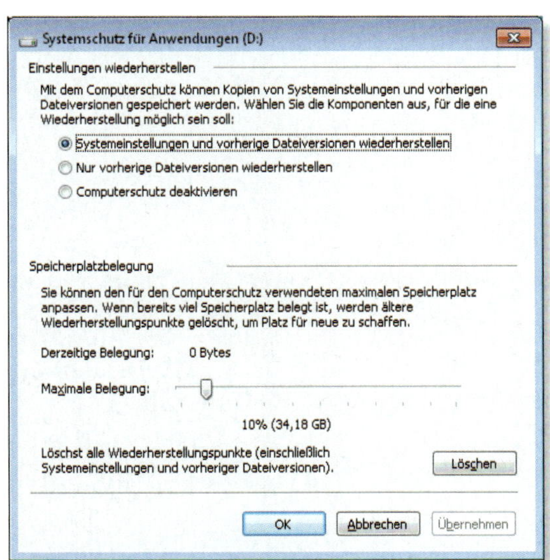

∧ ***Abbildung 24.12*** *Löschen Sie nicht mehr benötigte Wiederherstellungspunkte.*

4. Windows 7 blendet eine Warnmeldung ein. Sie werden darüber informiert, dass Sie nach dem Löschen von Wiederherstellungspunkten keine Systemwiederherstellung mehr durchführen können. Bestätigen Sie mit **Fortsetzen**.

24.2 Ein Systemabbild wiederherstellen

Ein Systemabbild erstellen ist eine Sache. Bei einem Problem mit dem Rechner müssen Sie diesen auch wiederherstellen können. Natürlich liefert Windows 7 Ihnen dazu eine Funktion. Sie müssen keine schwierigen Hürden überwinden. Ein Assistent unterstützt Sie bei dem Umgang mit den Systemwiederherstellungspunkten.

Ein automatisch erstelltes Systemabbild zurücklesen

Das Zurücklesen eines Systemabbildes ist sehr einfach. Gehen Sie dazu wie folgt vor:

1 Begeben Sie sich wieder in der **Systemsteuerung** zu **System und Sicherheit**. Wählen Sie **System**, und klicken Sie links auf **Computerschutz**.

2 Im Dialog **Systemeigenschaften** sehen Sie das Register **Computerschutz** vor sich. Im oberen Teil des Registers sehen Sie den Bereich **Systemwiederherstellung**. Wählen Sie hier die gleichnamige Schaltfläche.

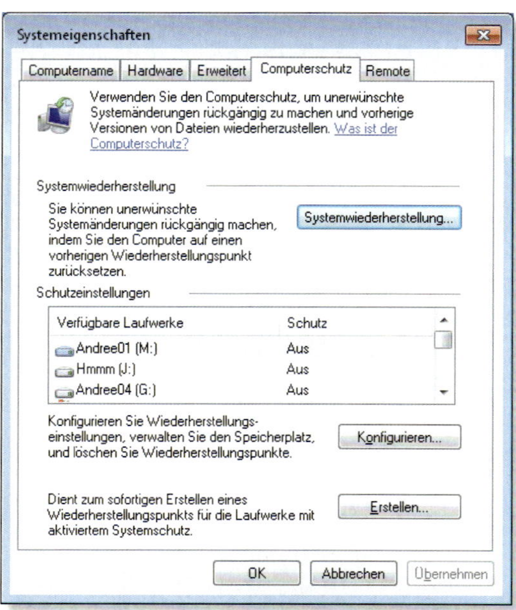

^ ***Abbildung 24.13*** *Die Systemwiederherstellung finden Sie im Register **Computerschutz** der Systemeigenschaften.*

3 Nun wird ein Assistent gestartet. Den ersten Dialog überspringen Sie mit **Weiter**.

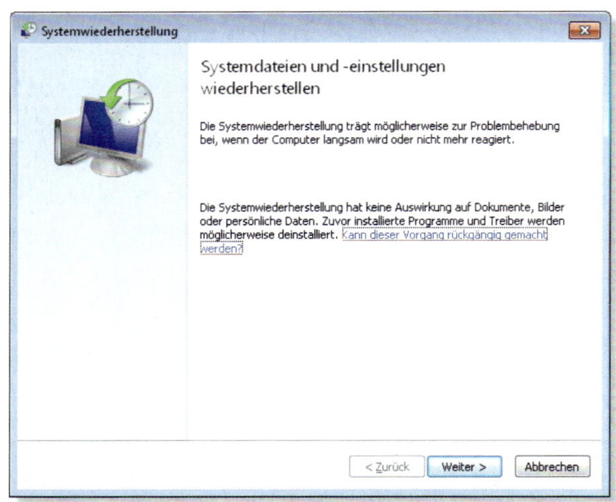

^ ***Abbildung 24.14*** *Die Systemwiederherstellung heißt Sie willkommen.*

4 Wählen Sie einen der angezeigten Wiederherstellungspunkte. Klicken Sie auf **Weiter**.

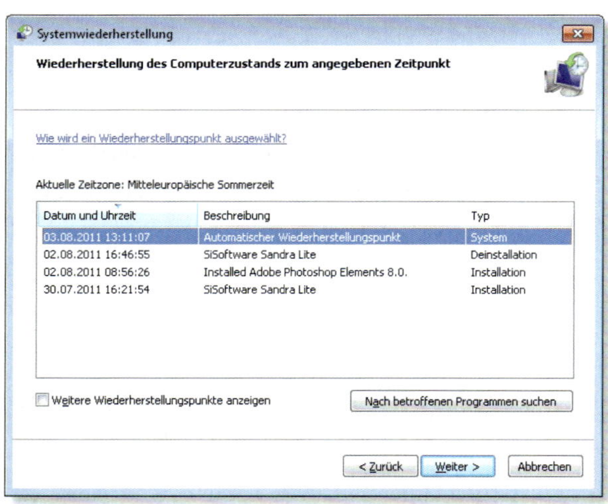

^ ***Abbildung 24.15*** *Ein Wiederherstellungspunkt wurde ausgewählt.*

5 Im letzten Fenster des Dialogs sehen Sie noch einmal eine Zusammenfassung. Mit einem Mausklick auf **Fertig stellen** wird die Aktion gestartet. Warten Sie, bis die Systemwiederherstellung abgeschlossen ist.

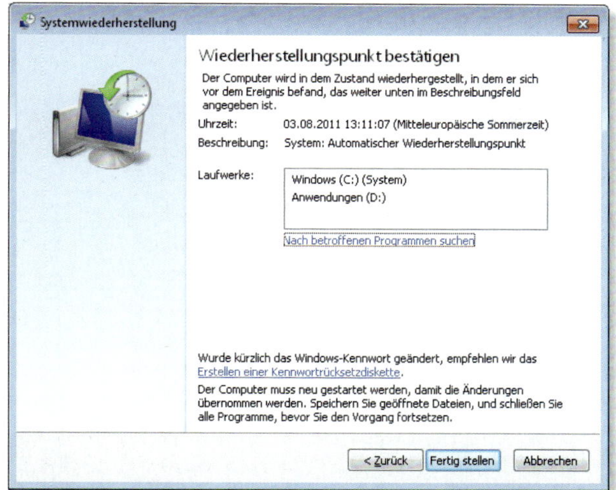

Abbildung 24.16 *Wie üblich bei Windows 7-Assistenten gibt es einen Willkommensgruß und eine Abschlussmeldung.*

Die Wiederherstellung verwenden

Wenn Sie im Fenster **Sichern und Wiederherstellen** der **Systemsteuerung** die Funktion **Systemeinstellungen auf dem Computer wiederherstellen** wählen, gelangen Sie in das Fenster **Wiederherstellung**. Hier können Sie mit einer Schaltfläche die Systemwiederherstellung öffnen.

Den Vorgang des Zurücklesens von Wiederherstellungspunkten kennen Sie bereits aus dem vorangegangenen Abschnitt.

Wenn Sie im Fenster **Wiederherstellung** die Funktion **Erweiterte Wiederherstellungsmethoden** wählen, können Sie sich entscheiden, ob Sie Windows neu installieren oder ein Systemabbild zurücklesen wollen.

Weitere Wiederherstellungspunkte suchen und verwenden

Nicht alle Wiederherstellungspunkte werden Ihnen im Dialog angezeigt. Ältere werden ausgeblendet. Um auch diese zu sehen und einen davon zu verwenden, schalten Sie die Option **Weitere Wiederherstellungspunkte anzeigen** an. Scrollen Sie durch die Liste. Markieren Sie den Wiederherstellungspunkt, den Sie zurücklesen wollen. Gehen Sie weiter so vor, wie im Abschnitt »Die Wiederherstellung verwenden« beschrieben.

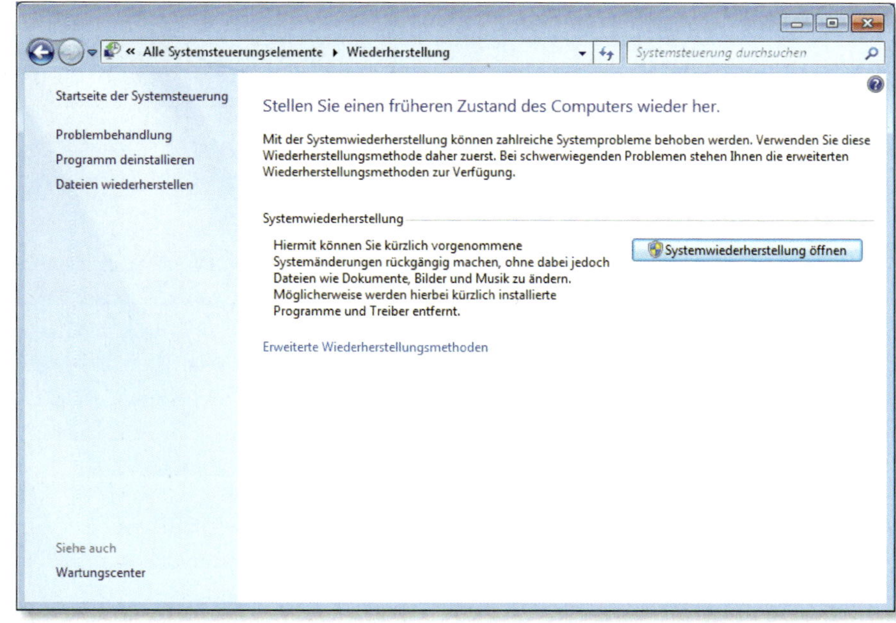

Abbildung 24.17 *Die Systemwiederherstellung lässt sich auch auf einem Umweg öffnen.*

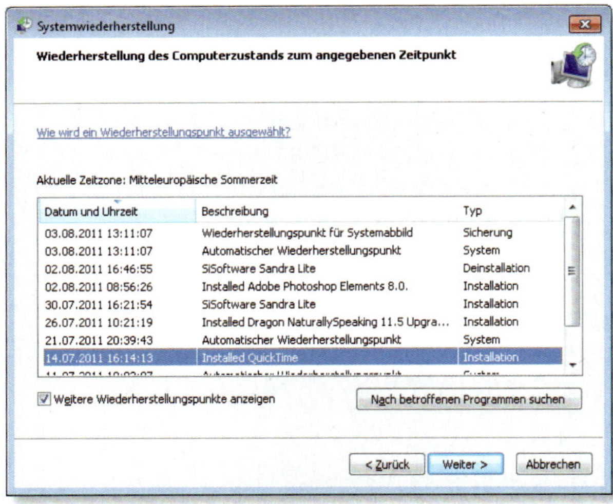

Abbildung 24.18 *Über eine Optionsschaltfläche blenden Sie ältere Wiederherstellungspunkte ein.*

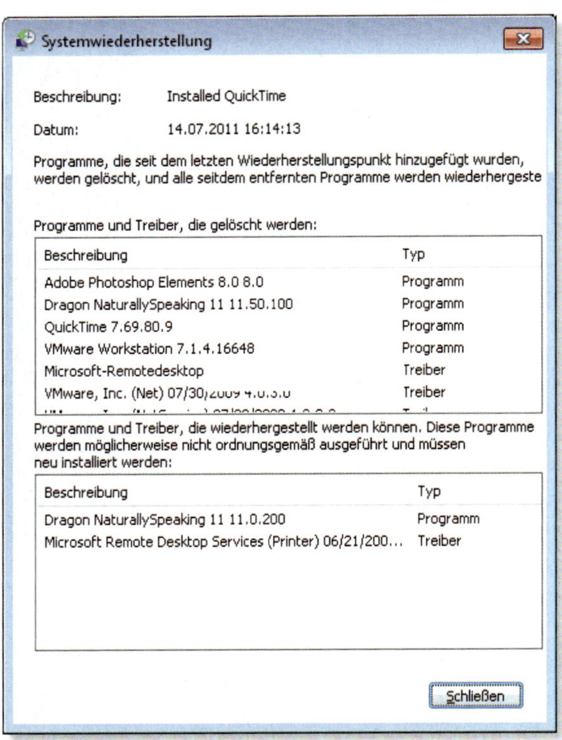

Abbildung 24.19 *Die Systemwiederherstellung zeigt auf Wunsch, welche Treiber und Programme verändert wurden.*

Interessant ist die Funktion **Nach betroffenen Programmen suchen**. Sie ermöglicht es Ihnen herauszufinden, welche Treiber, Systemänderungen und Programmkonfigurationen mit einem Wiederherstellungspunkt verändert wurden. Markieren Sie einen Wiederherstellungspunkt. Wählen Sie **Nach betroffenen Programmen suchen**.

Windows 7 untersucht den Wiederherstellungspunkt. Warten Sie, bis dieser Vorgang beendet ist.

Nun wird in einem Dialog angezeigt, welche Treiber und Programme von dem Wiederherstellungspunkt betroffen sind. Mit dieser Information können Sie, wenn Sie Probleme mit bestimmten Treibern und Programmen haben, einen bestimmten Wiederherstellungspunkt herausfiltern, der genau diese Probleme behebt.

Machen sich Schwierigkeiten bemerkbar, die genau nach einer solchen Installation auftreten, können Sie sofort reagieren. Nutzen Sie den Wiederherstellungspunkt, den Sie angelegt haben, bevor Sie einen Treiber verändert oder ein Programm installiert haben.

24.3 Die Windows-Sicherung verwenden

Mit der Windows-Sicherung lassen sich wichtige Daten sichern. Nach der einmaligen Einrichtung kann eine Sicherungseinstellung immer wieder verwendet werden.

Eine Datensicherung mit Windows 7 erstellen

Um die Windows-Sicherung erstmalig zu verwenden, gehen Sie wie folgt vor:

1 Öffnen Sie die **Systemsteuerung**. Wählen Sie **System und Sicherheit > Sichern und Wiederherstellen**. Wählen Sie hier **Sicherung einrichten**.

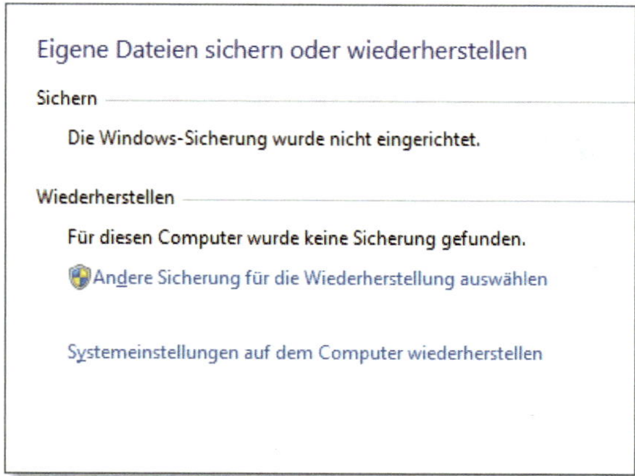

Abbildung 24.20 *In der Systemsteuerung wählen Sie die Funktion zum Einrichten einer Sicherung.*

2 Wählen Sie nun eine Festplatte aus, auf der die Sicherung abgelegt werden soll. Mit einem Mausklick auf **Weiter** gelangen Sie in den nachfolgenden Dialog.

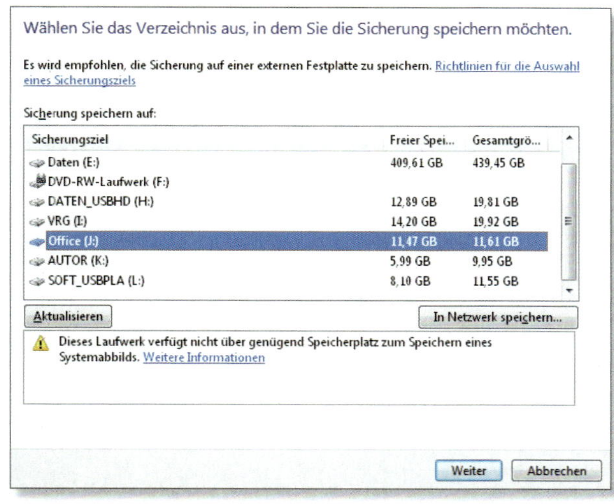

Abbildung 24.21 *Ich wähle die Partition »Office« für die Ablage der Datensicherung aus.*

3 Im nächsten Dialog können Sie sich entscheiden, ob Sie Windows 7 die Auswahl der zu sichernden Daten überlassen oder selbst eine Auswahl treffen. Wählen Sie **Auswahl durch Benutzer**. So können Sie genau die Daten sichern, die Ihnen wichtig sind.

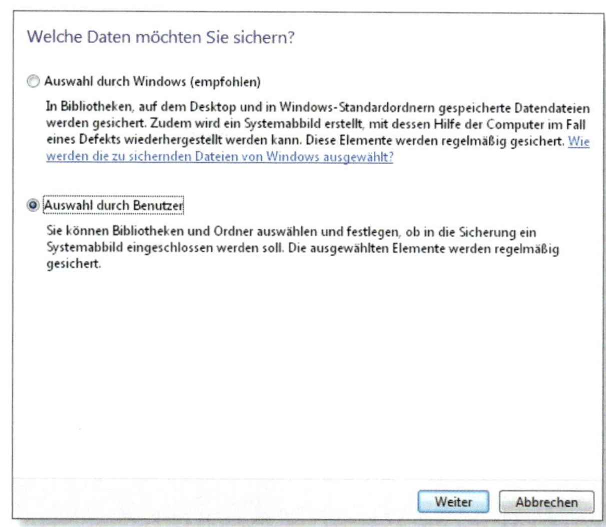

Abbildung 24.22 *Auch wenn Windows etwas anderes vorschlägt, empfehle ich Ihnen, die Daten selbst auszusuchen.*

4 Nun wählen Sie die Daten aus, die Sie sichern möchten. Um die Größe der Datensicherung zu verkleinern, schalten Sie die Erstellung des Systemabbilds aus. Klicken Sie in das Optionskästchen vor einer Partition bzw. Festplatte, wenn Sie deren Inhalt sichern möchten. Mit dem Pfeilsymbol öffnen Sie die Baumansicht und können einzelne Verzeichnisse auswählen.

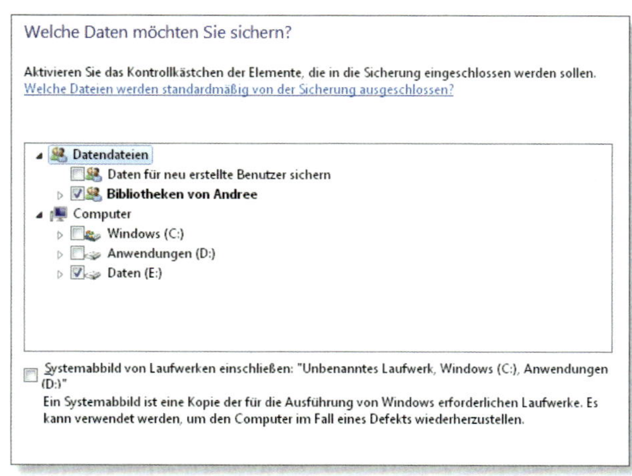

Abbildung 24.23 *Legen Sie fest, welche Daten Sie sichern möchten.*

5 Der letzte Dialog fasst alles zusammen. Schauen Sie sich noch einmal die Einstellungen an. Klicken Sie auf **Einstellungen speichern und Sicherung starten**. Warten Sie nun, bis Windows 7 fertig ist und alle Daten gesichert hat. Schließen Sie anschließend alle geöffneten Dialoge.

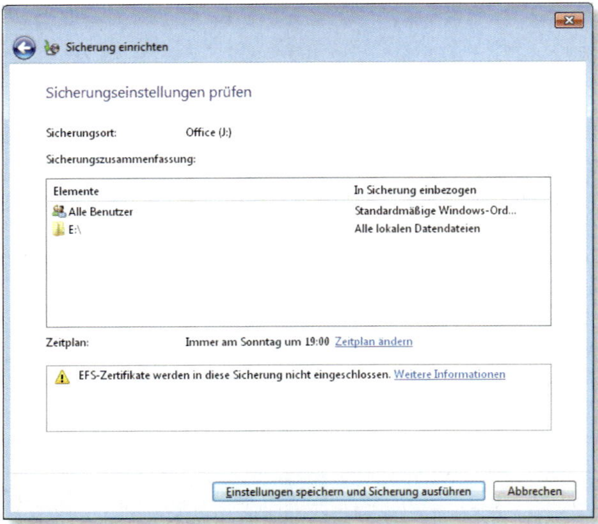

Abbildung 24.24 Nun können Sie die Sicherung ausführen.

Die Angaben zur Sicherung werden gespeichert. Sie können diese später erneut abrufen und die Sicherung noch einmal ausführen.

HINWEIS

Welche Daten sichert Windows7?

Wenn Sie eine Datensicherung mit Windows 7 erstellen, können Sie die Auswahl der zu sichernden Daten dem Betriebssystem überlassen oder selbst eine Auswahl treffen. Wenn Sie sich für die empfohlene Option entscheiden, überlassen Sie Windows die Auswahl der Daten. Gesichert werden dann die Bibliotheken und alle auf dem Desktop und in den Windows-Vorgabeordnern abgelegten Dateien. Zusätzlich wird ein Systemabbild erstellt. Ordner, die Sie selbst erstellt haben, werden in die Sicherung nicht mit einbezogen.

Das Sichern der Daten überwachen

Nach dem Start der Datensicherung sehen Sie in der Systemsteuerung, wie das Betriebssystem die Sicherung ausführt. Anhand eines Fortschrittsbalkens kön-

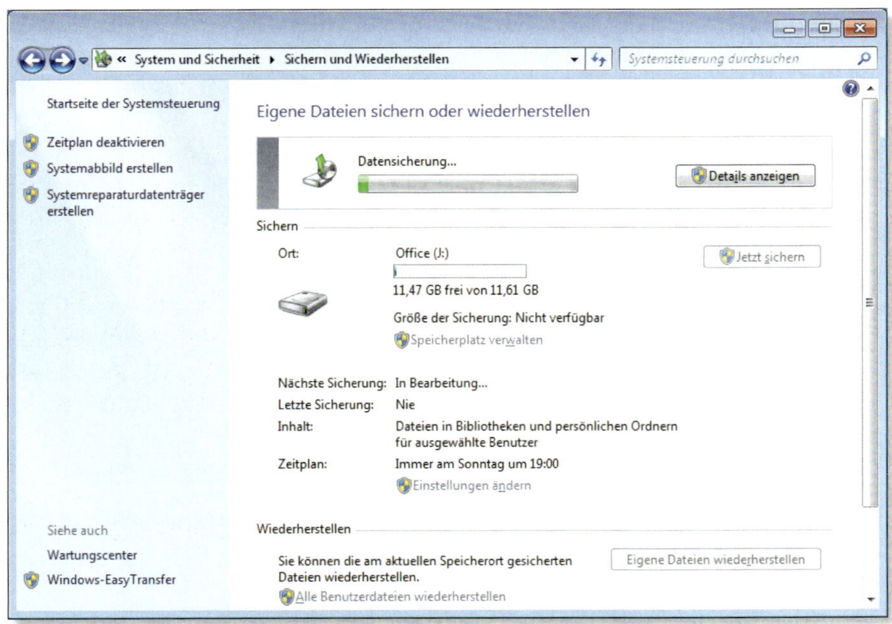

Abbildung 24.25 Schauen Sie dabei zu, wie Windows 7 Ihre Daten sichert.

nen Sie mitverfolgen, wie die Daten gesichert werden. Im Dialog wird ebenso angezeigt, wie viel Speicherplatz auf der ausgewählten Festplatte noch verfügbar ist. Sie sehen hier auch die Einstellung des Zeitplans.

Möchten Sie genau sehen, was Windows 7 sichert, klicken Sie auf die Schaltfläche **Details anzeigen**. Nun sehen Sie nicht nur einen Fortschrittsbalken, sondern auch die Daten, die das Betriebssystem der Reihe nach sichert.

Je nach Anzahl der Daten kann eine solche Datensicherung sehr lange dauern. Lassen Sie dem Betriebssystem diese Zeit. Ein Backup ist sehr wichtig. Man weiß nie, wann man es einmal brauchen kann.

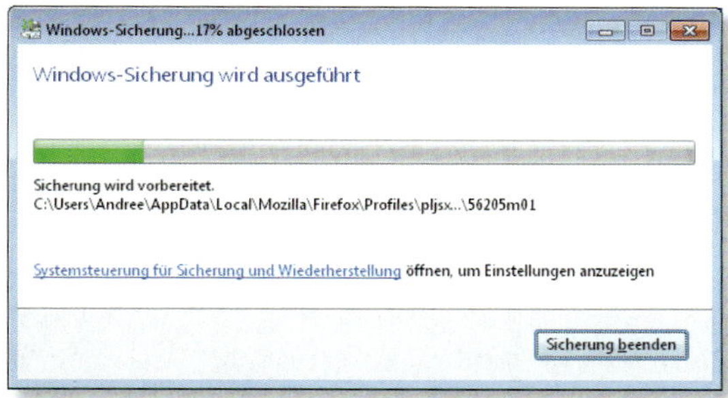

Abbildung 24.26 *Wer mag, kann sich auch genau anschauen, was für Dateien Windows gerade sichert.*

Die Einstellungen einer Datensicherung wiederverwenden

Rufen Sie den Dialog **Sichern und Wiederherstellen** auf. Wählen Sie **Jetzt sichern**, um erneut eine Datensicherung mit den bereits vorhandenen Einstellungen zu machen.

Ein Assistent wird nicht aufgeklappt. Die Datensicherung wird sofort mit den gegebenen Einstellungen erstellt.

Die Daten einer Sicherung zurücklesen

Um die Daten einer Sicherung zurückzulesen, öffnen Sie den Dialog **Sichern und Wiederherstellen**. Im unteren Bereich sehen Sie den Abschnitt **Wiederherstellen**. Klicken Sie hier auf **Eigene Daten wiederherstellen**. Im Assistent wählen Sie eine Sicherung aus. Bestätigen Sie die Auswahl, und starten Sie die Wiederherstellung.

24.4 Legen Sie wichtige Daten online ab

Eine Festplatte kann immer einmal einen Defekt aufweisen. Aktuelle Festplatten sind zwar recht ausfallsicher, aber eine hunterprozentige Garantie gibt es nicht.

Eine interessante Lösung ist es, wichtige Daten auf einer Online-Plattform abzulegen. Bei einem Defekt der Festplatte oder einem anderen Defekt am PC können Sie immer noch auf diese Daten zurückgreifen.

Für die Ablage großer Datenmengen eignen sich Online-Speicherplätze meist nicht. Die Datentransferrate ist nicht immer optimal. Sie müssen sich einloggen und umständlich über ein Webfronted Daten ins Netz laden oder aus diesem auf Ihren Rechner herunterladen.

Einige ausgewählte Anbieter stelle ich Ihnen im Folgenden vor:

GMX Media Center

Mit einem kostenlosen Account können Sie bereits das *Media Center* von GMX (*http://www.gmx.net*) nutzen. Damit können Sie sehr einfach Ordner erstellen und Daten online ablegen. Für Bilddateien lässt sich eine Miniaturansicht einstellen und eine Diashow starten. Wer mag, kann Freigaben erstellen und Freunde, Bekannte und Verwandte auf die abgelegten Daten zugreifen lassen.

Mit dem freien Account können Sie einen Speicherplatz von 1 GB nutzen und maximal je Monat 2 GB übertragen. Mit einem Plug-In lassen sich mehrere Dateien auf einmal übertragen.

Mit dem Tool *Upload-Manager* binden Sie das *Media Center* in den Windows-Explorer ein. Dort können Sie den Online-Speicherplatz wie ein eigenes Verzeichnis ansprechen. Die Logindaten geben Sie einmal ein. Danach können Sie per Plug&Play Daten in das Internet übertragen.

Falls Sie sich für die kostenpflichtigen Tarife von *GMX Pro Mail* oder *Top Mail* entscheiden, haben Sie 5 bzw. 10 GB Speicherplatz zu Ihrer Verfügung. Das Volumen für den Down- und Upload erhöht sich auf 10 bzw. 20 GB.

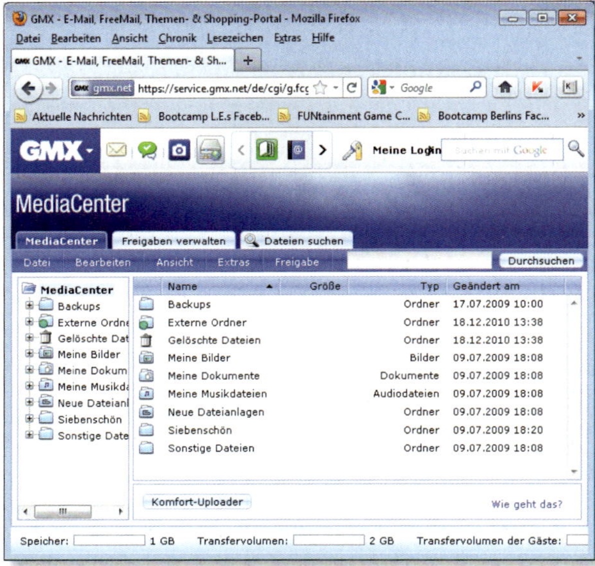

Abbildung 24.27 *Das GMX Media Center ist recht einfach zu bedienen.*

HINWEIS

Was versteht man unter WebDAV?

Mit *WebDAV* wird die Einbindung eines Online-Speichers in den Windows-Explorer bezeichnet. Dies geschieht in der Regel mit einem Zusatzprogramm. Die Anmeldedaten müssen einmalig eingegeben werden. Danach erfolgt der Zugriff über den Dateimanager von Windows.

SkyDrive

Den Online-Speicherplatz von *Windows Live* kennen Sie bereits. Sie finden ihn im Internet unter *skydrive.live.com*. Für den Zugang benötigen Sie eine Windows Live ID.

SkyDrive bietet Ihnen ganze 25 GB Speicherplatz. Auch hier lassen sich Freigaben erstellen. Interessant ist, dass Sie bei dem Windows Live-Dienst auch die Office-Applets finden. So lassen sich Word-, Excel- und PowerPoint-Dateien online betrachten und bearbeiten. Lesen Sie dazu auch den Abschnitt »SkyDrive: Sichern Sie Daten online«, ab Seite 377.

Alfadrive

Der Webhoster (Anbieter von Internetdienstleistungen) *Alfahosting.de* bietet einen Online-Speicherplatz mit bis zu 100 GB. Neben der Einbindung in den Windows-Dateimanager können Sie auf eine Backuplösung zugreifen, Fotos online bearbeiten und Benutzer erstellen. Das Angebot ist einen näheren Blick wert. Sie finden es unter *http://alfahosting.de*.

HINWEIS

Wofür steht die Abkürzung WebDAV?

Die Abkürzung steht für *Web-based Distributed Authoring and Versioning*. Damit wird eine Weiterentwicklung des HTTP-Protokolls bezeichnet. Mit diesem können Benutzer Daten im Internet ablegen und über den Dateimanager oder andere Programme darauf zugreifen.

Das Media-Center von T-Online

Auch T-Online bietet einen Online-Speicherplatz. 25 GB können Sie hier ablegen. Ein WebDAV-Client bindet den Online-Speicherplatz ein und erlaubt einen einfachen Zugriff darauf. Sie finden dieses Angebot unter *http://medien-center.t-online.de/sw*.

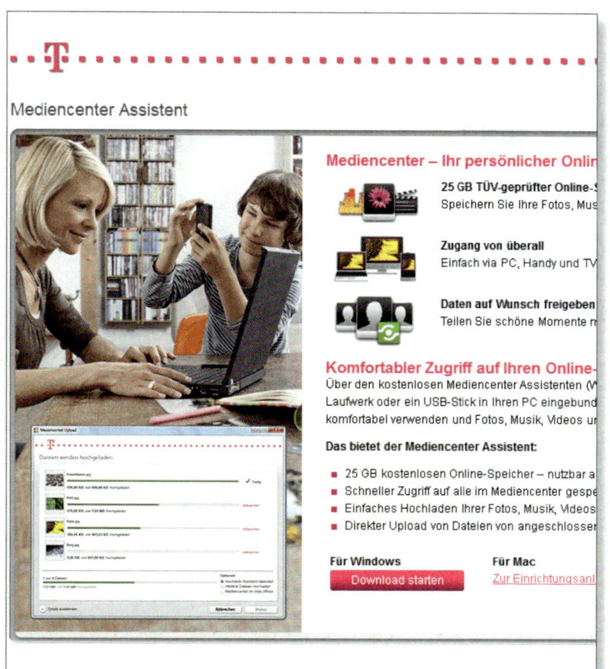

Abbildung 24.28 *Ich wusste gar nicht, dass es von T-Online einen WebDAV-Speicher gibt.*

24.5 Systemsicherungen und Datenbackups

Es gibt eine ganze Reihe verschiedener Datensicherungsprogramme. Mit ihnen lassen sich auf unterschiedliche Weise Datensicherungen erstellen und wiederherstellen. Ich möchte Ihnen an dieser Stelle das kostenlose *Personal Backup* vorstellen. Anschließend zeige ich Ihnen *Phoenix Backup* und *Norton Ghost*.

Backups mit Personal Backup

Eine Datensicherung benötigt nur Zeit, ein geeignetes Programm und einen Datenträger, auf dem Sie die gesicherten Daten ablegen. Zeit sollte kein Problem sein. Ein kostenloses Programm ist schnell gefunden. Als Datenträger empfiehlt sich eine oder mehrere CDs oder DVDs.

Ich empfehle Ihnen für eine Datensicherung das Programm *Personal Backup*. Es ist Freeware. Das Programm kann eine Datensicherung von einer ausgewählten Anzahl Dateien, von Verzeichnissen oder ganzen Festplatten erstellen. Das erstellte Backup wird als Datei abgelegt oder auf ein FTP-Verzeichnis hochgeladen. Es ist auch möglich, ein Auto-Backup zu erstellen. Dabei legen Sie ein Datum fest und wählen die zu sichernden Festplatten, Verzeichnisse oder Dateien. Die Datensicherung wird automatisch erstellt. Die Sicherung kann regelmäßig durchgeführt werden.

Sie finden Personal Backup auf der Webseite *http://www.ieap.uni-kiel.de/surface/ag-berndt/down-home.html*. Als ich dieses Buch geschrieben habe, war die Version 5.1.0.3 aktuell. Das Programm wird ständig weiterentwickelt, und zwar vom Institut für Experimentelle und angewandte Physik der Universität Kiel.

Wer mag, kann bestimmte Unterverzeichnisse ausschließen. Diese werden dann bei der Datensicherung nicht berücksichtigt. Zu einer erhöhten Sicherheit können die Backups verschlüsselt werden. Damit sind sie vor dem Zugriff durch Dritte geschützt. Erfahrene Anwender werden sich über die Möglichkeit freuen, inkrementelle und differenzielle Datensicherungen vorzunehmen.

Die Datensicherung wird komprimiert, das heißt, gepackt. Sie verbraucht so weniger Platz als die Original-Daten. Verwendet wird die Dateierweiterung **.gz*. Der Vorteil dieses Dateityps ist es, dass Sie die erstellten Dateisicherungen mit einem herkömmlichen Komprimierprogramm entpacken können. Bei anderen Backup-Tools sind die Datensicherungen nur mit dem Programm zu verwerten, mit dem sie auch erstellt wurden.

Haben Sie kein passendes Packprogramm zur Hand, können Sie zum Beispiel auf das Freeware-Tool *7Zip* zurückgreifen. Eine aktuelle Version des Programms finden Sie auf der Webseite *http://www.7-zip.org/*.

In der aktuellen Version des Backup-Tools kann auch auf eine Komprimierung verzichtet werden. Ob Sie dies tun, bleibt Ihrem Geschmack überlassen. Um mit Personal Backup eine Datensicherung vorzunehmen, gehen Sie wie folgt vor:

1 Öffnen Sie das Programm mit einem Doppelklick auf das auf dem Desktop abgelegte Symbol.

Abbildung 24.29 Ein Mausklick auf dieses Symbol startet das Datensicherungsprogramm.

2 Nun sehen Sie den Datensicherungs-Assistent. Wählen Sie hier **Starte Assistenten**.

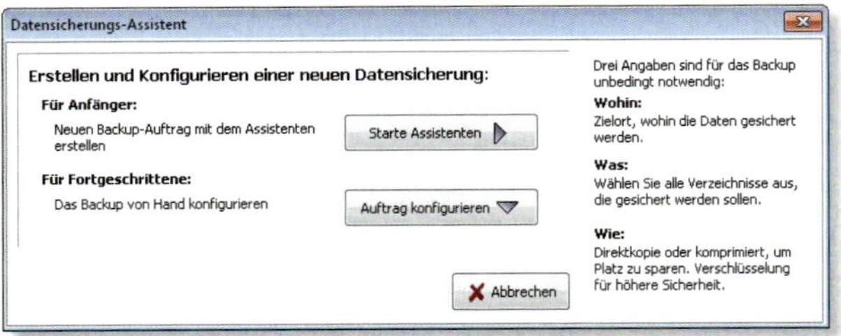

Abbildung 24.30 Mit einem Assistenten können Sie die Sicherung erstellen.

3 Mit **Ziel-Verzeichnis auswählen** wird selbiges gewählt. Mit **Weiter** wechseln Sie in den nächsten Dialog.

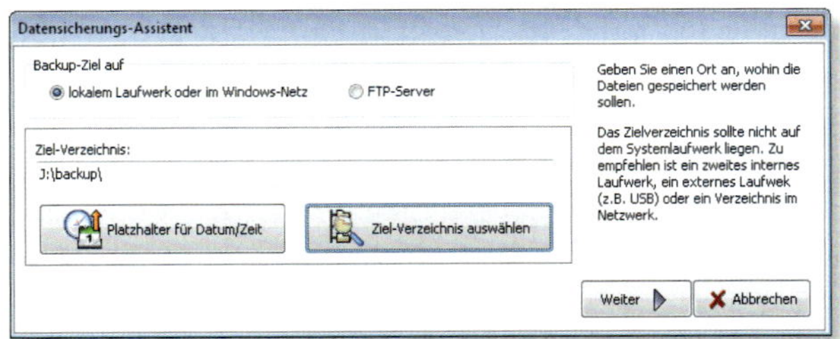

Abbildung 24.31 Bestimmen Sie zuerst, wo die Datensicherung abgelegt werden soll.

4 Nun wählen Sie, welche Daten gesichert werden sollen. Mit den Schaltflächen **Eigene Dateien** und **Anwendungsdaten** geht die Auswahl ein wenig schneller. Um ein weiteres Verzeichnis auszuwählen, nutzen Sie die Schaltfläche **Anderes Verzeichnis**.

Abbildung 24.32 Die Bedienung ist etwas gewöhnungsbedürftig, aber durchaus gut gelöst.

5 Nun können Sie wählen, ob die Datensicherung die Daten einzeln ablegt oder ob die Backupdaten komprimiert werden sollen. In meinem Beispiel wähle ich **In Zip-Dateien**. Als Dateiname für diese Zip-Datei verwende ich Sicherung plus eine Ziffernfolge, die das Datum beinhaltet.

Schalten Sie die Option **Getrennt nach Laufw. und Verzeichn.** an. Damit ist ein späteres Wiederherstellen der Daten einfacher möglich.

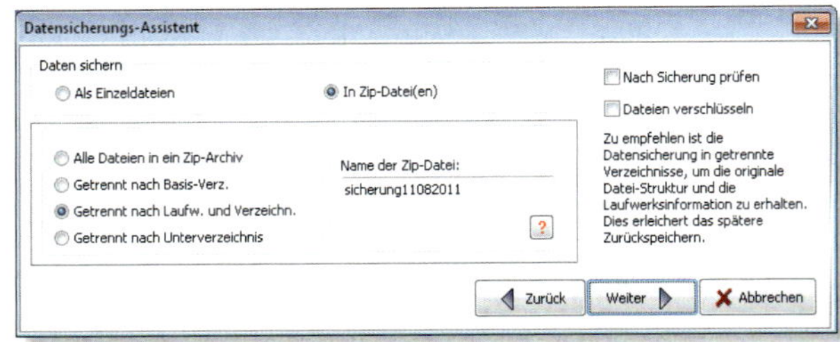

Abbildung 24.33 Meine Sicherung soll komprimiert werden. Das spart Platz.

6 Im letzten Dialog des Assistenten kann noch ein Zeitplan eingetragen werden. So kann der Auftrag bei Bedarf wiederholt werden.

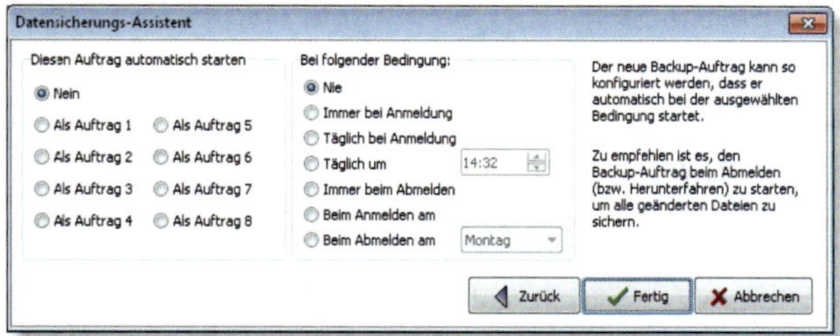

Abbildung 24.34 *Wer mag, kann auch einen Zeitplan festlegen.*

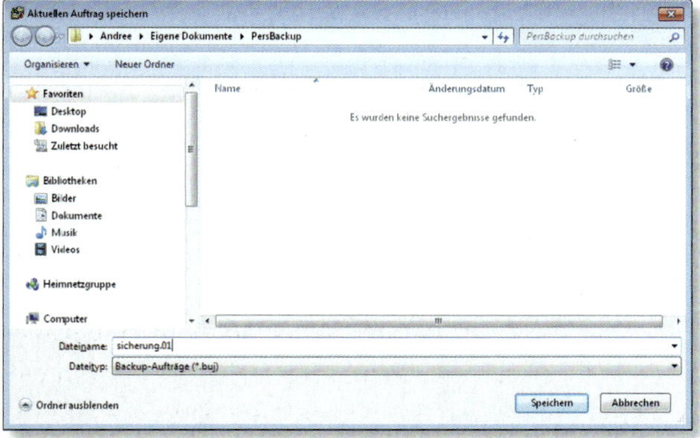

Abbildung 24.35 *Die Datensicherung wird nicht sofort erstellt. Erst werden die Einstellungen festgehalten.*

Mit **Fertig** werden die Einstellungen gespeichert. Das erfolgt im Verzeichnis Benutzername/Eigene Dokumente/PersBackup. Geben Sie einen Dateinamen für die Sicherungseinstellungen an, und bestätigen Sie.

Nun sehen Sie erst die eigentliche Programmoberfläche vor sich. Mit einem Mausklick auf die Schaltfläche **Starten** wird die Datensicherung erstellt. Später lässt sich diese sehr einfach mit **Restore** zurücklesen.

Lassen Sie sich nicht von der Vielzahl der Schaltflächen ins Bockshorn jagen. Personal Backup ist ein kleines Datensicherungsprogramm, das eine Unmenge von Möglichkeiten bietet. Die zu sichernden Daten können ergänzt werden. Sie können auch später nur die Daten sichern, die verändert wurden. Vor allem haben Sie die Wahl, ob die Sicherungsdaten gepackt werden sollen oder ob Sie diese einfach in ein anderes Verzeichnis kopieren. Sie können die Sicherungsdaten in einem Netzwerk ablegen. Sehr interessant ist auch die Möglichkeit, einen Zeitpunkt für eine automatische Datensicherung zu bestimmen.

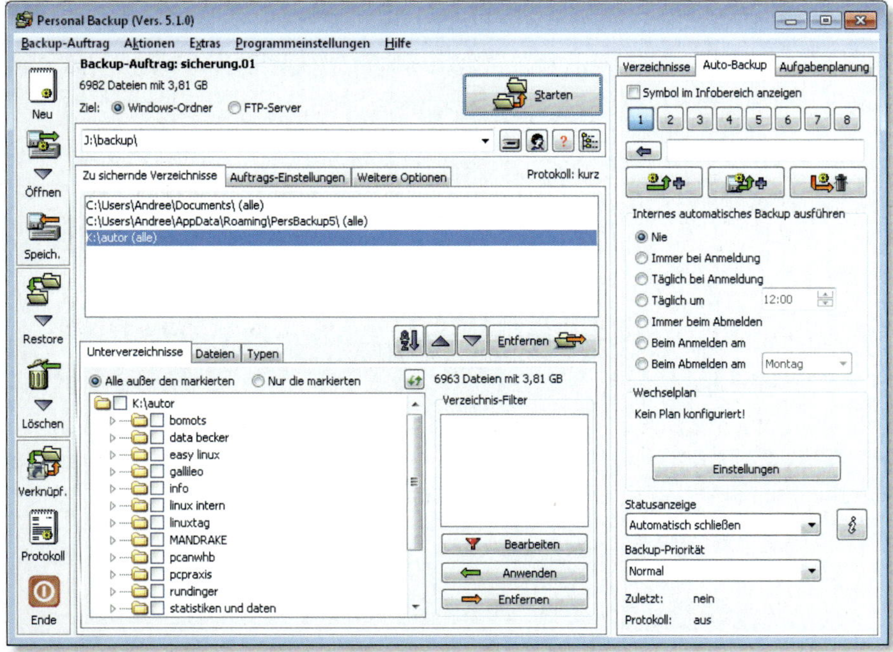

Abbildung 24.36 *Personal Backup bietet dafür, das es ein kostenloses Programm ist, eine Fülle von Möglichkeiten. Sie können sowohl ganz schnell ein Verzeichnis sichern wie auch eine geplante und umfangreiche Datensicherung vornehmen.*

Datensicherungen mit Phoenix Backup

Von Sydatec kommt ein Sicherungsprogramm, das auf einfache Bedienung setzt und zahlreiche Möglichkeiten bietet. Das Programm ist einen näheren Blick wert.

Was Phoenix Backup kann

Das Programm bietet eine einfache Oberfläche. Alle wichtigen Funktionen sind gut erreichbar. Sie können sowohl eine einfache, schnelle Datensicherung ausführen wie auch Backups planen. Erfahrene Anwender und Administratoren finden hier auch Lösungen für das automatisierte Sichern wichtiger Daten.

Es gibt verschiedene Sicherungsformate. Sie können Daten einfach spiegeln oder die Dateien mit Zip packen lassen.

Die Wiederherstellung der gesicherten Daten ist recht einfach. Mit wenigen Mausklicks wird eine einmal erstellte Sicherung zurückgelesen.

Das Programm bietet auch Vorlagen, mit denen Sie wichtige Office-Daten sichern können. So können Sie schnell die Daten aus Outlook oder Excel sichern. Mit weiteren Vorlagen können eigene Bilddateien, Word-Dateien und andere Daten gesichert werden.

Wenn Sie wichtige und sensible Daten sichern, die für andere Anwender nicht zugänglich sein sollen, können Sie die Datensicherung mit einer Verschlüsselung schützen. So können Sie sichergehen, dass niemand einen Blick in diese Daten wirft.

Der erste Start des Programms

Nachdem Sie das Programm auf die Festplatte Ihres Rechners installiert haben, starten Sie es. Sie finden es über allen anderen Anwendungen im Start-Menü von Windows 7. Einen eigenen Ordner für den Start des Programms legt Phoenix Backup nicht an.

Die Programmoberfläche ist sehr übersichtlich gestaltet. Sie erkennen die wichtigen Bereiche sofort. Im Startfenster verwalten Sie Ihre Aufträge, können Datensicherungen wiederherstellen und erreichen den Einstellungsdialog.

Abbildung 24.37 *Phoenix Backup setzt auf eine leicht zu bedienende Programmoberfläche.*

Zuerst sollten Sie einen Blick auf die Einstellungen werfen. Klicken Sie dazu auf **Optionen**.

Im oberen Bereich sehen Sie die drei Einrichtungsfunktionen **Allgemein**, **Verschlüsselung** und **Ausschlussliste**. Im unteren Teil haben Sie über große Symbole Zugriff auf die Einrichtung der verschiedenen Backupmedien. Bei jedem Typ können Sie auf Vorgabeeinstellungen zurückgreifen oder eigene Einstellungen vornehmen.

Unter den Medientypen finden Sie:

- Festplatte
- CD/DVD/Blu-ray
- Mobiler Speicher
- Netzlaufwerk
- FTP-Server

Nun müssen Sie nicht jede Einstellung überprüfen. Überlegen Sie, wie Sie Ihre Datensicherungen vornehmen möchten. Passen Sie dann die entsprechenden Einstellungen an.

In meinem Fall möchte ich meine Backups auf der USB-Festplatte ablegen. Also schaue ich mir die Einstellungen unter **Festplatte** an:

1. Öffnen Sie den Einstellungsdialog.
2. Klicken Sie in das Optionskästchen **Festplatte**.
3. Beim Mausklick auf den Medientyp wird der dazugehörige Einrichtungsdialog geöffnet. Wählen Sie mit der oberen Auswahlleiste, welches Laufwerk Sie dem Backuptyp zuteilen möchten ❶. In meinem Beispiel ist dies die Partition **J**.

   Im mittleren Auswahlfeld entscheiden Sie sich dafür, wie die Daten gesichert werden sollen ❷. Um Speicherplatz zu sparen, wähle ich **Zip-Tree**. Eine Verschlüsselung ist in meinem Fall nicht notwendig.

   Im unteren Feld können Sie wählen, ob Sie veränderte Daten oder alle Daten sichern möchten ❸. Ich entscheide mich für **Vollständig**. Mit einem Mausklick auf **Einstellungen speichern** werden die Angaben festgehalten ❹. Diese Funktion finden Sie in der linken unteren Ecke des Dialogs.

Sie haben sicher bemerkt, dass Sie die Auswahl des Formats der Datensicherung und des Mediums noch weiter bewegen können. Hier sind weitere Auswahlmöglichkeiten versteckt. Diese möchte ich Ihnen in den folgenden beiden Abschnitten vorstellen:

Formate für Ihre Datensicherung

Phoenix Backup bietet Ihnen unterschiedliche Formate für Ihre Datensicherung an:

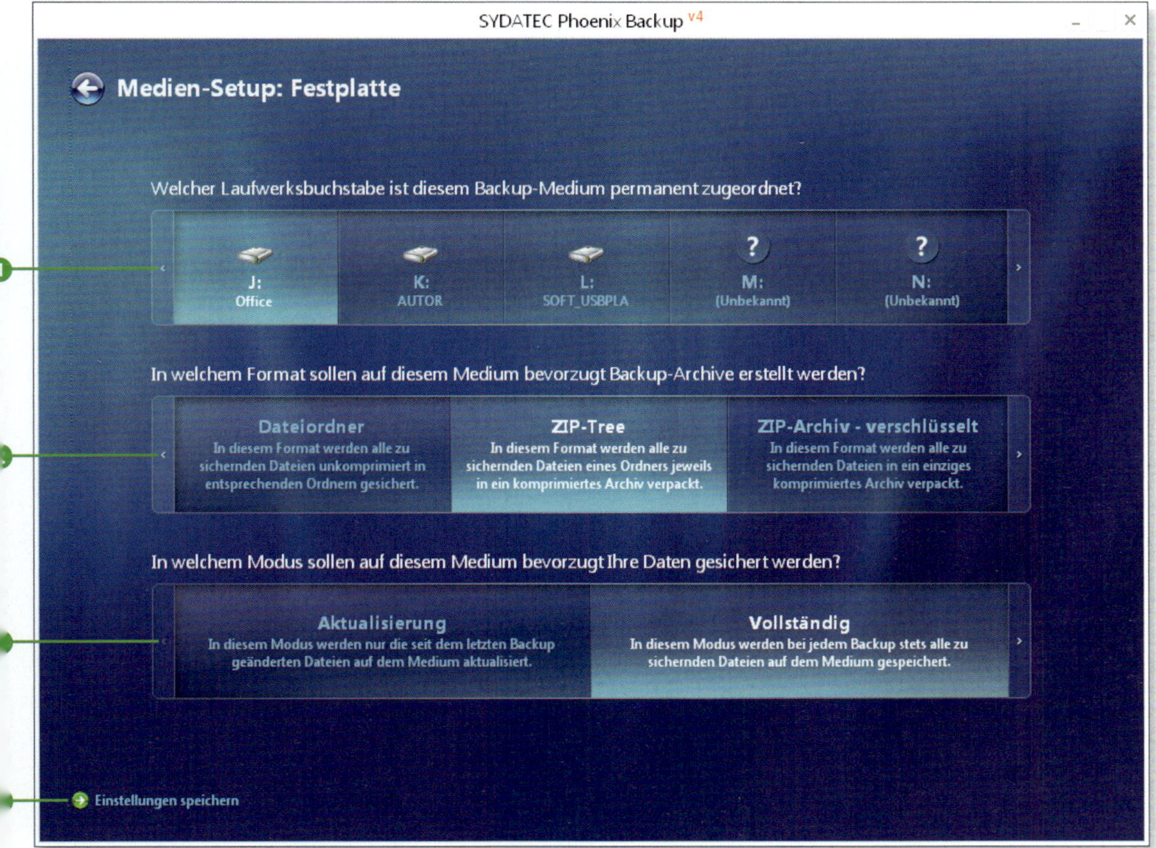

Abbildung 24.38 *In der Einstellung legen Sie fest, wie eine Sicherung der Daten erfolgen soll.*

< ***Abbildung 24.39*** *Die Funktionen von Phoenix Backup werden mit großen Symbolschaltflächen angezeigt. Über diese erreichen Sie die einzelnen Menüs.*

- **Dateiordner** – Die Daten werden 1:1 in verschiedene Ordner auf dem Zielmedium abgelegt. Diese Dateisicherung ist am einfachsten zurückzulesen. Jedoch nimmt das Backup auch viel Speicherplatz in Anspruch.
- **Zip-Tree** – Alle zu sichernden Dateien werden gepackt. Dazu wird das Kompressionsformat Zip verwendet. Jeder Ordner, der gesichert wird, wird in einem eigenen Zip-Archiv abgelegt. Die gesicherten Daten können auch ohne das Programm wiederhergestellt werden.
- **Zip-Archiv – verschlüsselt** – Neben der Kompression mit Zip werden die gesicherten Dateien durch eine Verschlüsselung geschützt. Alle Dateien, die Sie sichern, landen in einem Backuparchiv.
- **Dateiordner – verschlüsselt** – Die Dateien, die Sie sichern, werden 1:1 auf das Backupmedium übertragen. Danach werden sie mit einer Verschlüsselung geschützt.
- **Zip-Tree – verschlüsselt** – Die Dateien werden mit Zip gepackt. Für jeden zu sichernden Ordner wird ein komprimiertes Archiv erstellt. Diese Archive werden mit einem Kryptografieverfahren geschützt.

Die Modi der Datensicherung

Eine Datensicherung kann in verschiedenen Modi erstellt werden. Sie können alle Daten sichern oder nur die, die geändert wurden. Das Programm bietet die folgenden Modi an:

- **Vollständig** – Es werden alle Daten gesichert. Bei einem neuen Backup werden auch die bereits gesicherten Daten nochmals gesichert. Der Umgang mit einem solchen Datensicherungsauftrag ist einfach. Aber die einzelnen Backups nehmen viel Speicherplatz in Anspruch.
- **Aktualisierung** – Bei dieser Variante werden nur die Daten gesichert, die seit dem letzten Backupauftrag verändert wurden. Sie sichern einmal alle wichtigen Daten und später nur noch die Daten, die verändert wurden, und natürlich die Daten, die neu hinzugekommen sind. Diese Art der Datensicherung spart Platz. Sie eignet sich auch, wenn Sie täglich Daten sichern und viele Daten gesichert werden müssen.
- **Inkrementell** – In diesem Modus werden nur die seit dem letzten Backup veränderten Daten gesichert.

Eine Datensicherung auf einem FTP-Server ablegen

Die verschiedenen Einstellungen bei den unterschiedlichen Medien, auf denen ein Backup abgelegt werden kann, ähneln sich sehr. Nur wenn Sie eine Datensicherung auf einem FTP-Server ablegen möchten, gibt es Unterschiede.

Nach der Auswahl des Formats und des Modus für das Backup geben Sie die Adresse des FTP-Servers, den Benutzernamen und das Passwort ein. Zusätzlich ergänzen Sie einen Speicherpfad.

Dabei müssen Sie gar keinen extra Speicher bei einem Provider anfordern, um diese Möglichkeit der Datensicherung zu nutzen. Bei vielen Websites wird so viel Speicherplatz angeboten, dass für eine Datensicherung genug Speicher übrig bleibt. Erstellen Sie einen Ordner auf dem Webspace Ihres Providers. Nutzen Sie diesen für eine Datensicherung.

Sie sollten jedoch bei dieser Methode die Verschlüsselung der gesicherten Daten einstellen. So können Sie sicherstellen, dass der Speicherplatz nicht gehackt wird und Ihre Daten in die Hände Fremder gelangen.

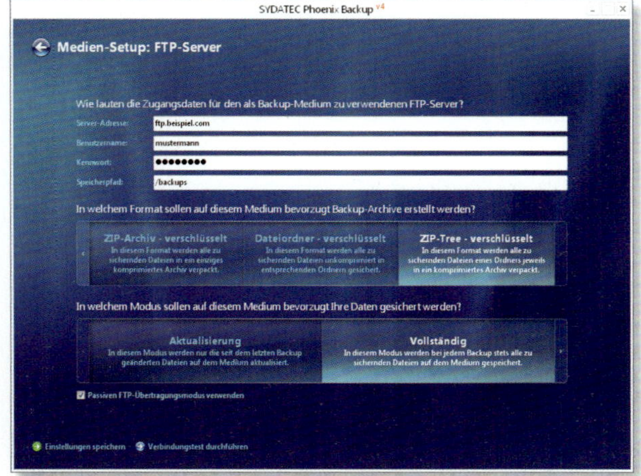

Abbildung 24.40 *Legen Sie eine Datensicherung auf Ihrem Webspace ab. Die Daten liegen dort sicher und werden direkt mit dem Backup-Tool übertragen.*

Einen neuen Backupauftrag erstellen

Ein neuer Datensicherungsauftrag ist schnell erstellt und durchgeführt:

1. Starten Sie das Programm.
2. Wählen Sie unter **Meine Aufträge** die Funktion **Neuer Auftrag** ❶.

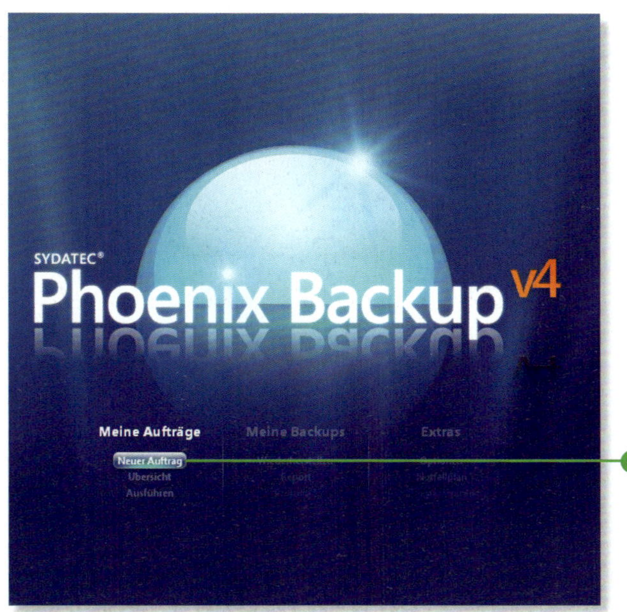

Abbildung 24.41 *Links unten im Startdialog finden Sie die Funktion zum Erstellen eines neuen Sicherungsauftrags.*

3. Geben Sie einen Dateinamen für die Datensicherung ein. Ich ergänze den Namen gern mit dem aktuellen Datum. So weiß ich auf einen Blick, von wann eine Datensicherung stammt. Ich gebe `Backup14082011` ein. Wählen Sie aus dem Listenfeld eine der möglichen Kategorien aus. In meinem Beispiel ist **Sonstiges** die richtige Wahl. Finden Sie keine passende Kategorie, entscheiden Sie sich für diese Kategorie. Sie können dem Programm entsprechend der Vorlage die Auswahl der zu sichernden Dateien überlassen. Die Vorgabeeinstellung **Nein, ich lege die zu sichernden Daten selbst fest** überlässt Ihnen die Wahl. Diese Einstellung wähle

ich ebenfalls aus. Bestätigen Sie alle Angaben mit **Auftrag sichern**.

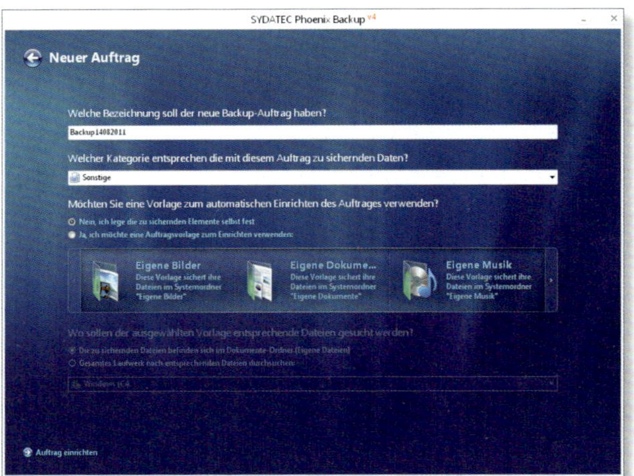

^ ***Abbildung 24.42*** *Ein neuer Auftrag wird eingerichtet.*

4 Nun haben Sie ja immer noch nicht ausgewählt, welche Dateien eigentlich gesichert werden sollen. Dies geschieht im nächsten Dialogfenster. Sie können bestimmte Dateien und Dateitypen wählen. Auch die Auswahl von Ordnern ist möglich. Die Übersicht bringt Sie in den zuvor angezeigten Dialog zurück. Entscheiden Sie sich für die Auswahl **Ordner**.

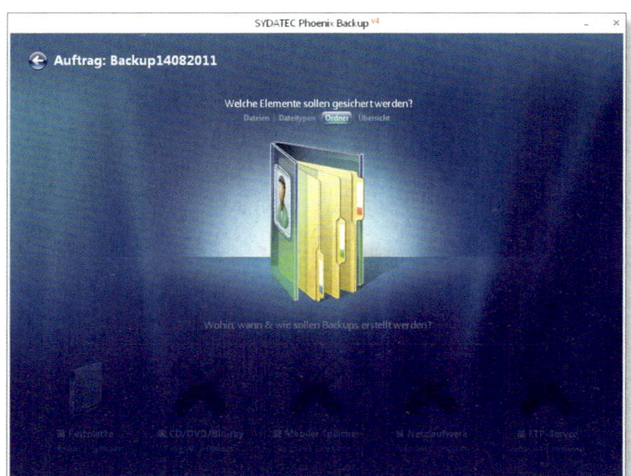

^ ***Abbildung 24.43*** *Mit einer Funktion wird bestimmt, dass es sich bei den zu sichernden Daten um einzelne Ordner handelt.*

5 Klicken Sie auf die Schaltfläche **Ordner auswählen**.

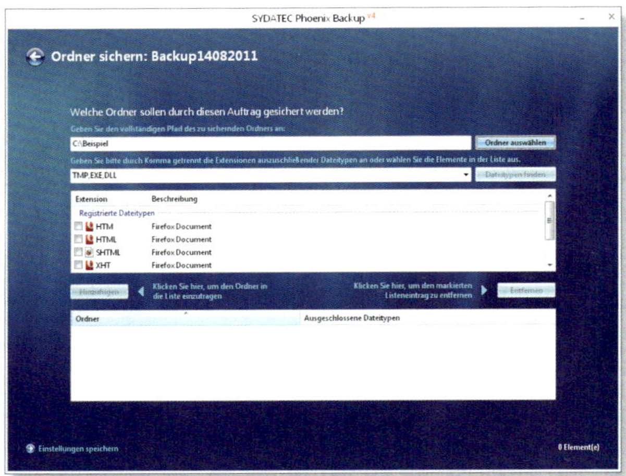

^ ***Abbildung 24.44*** *Mit der Vorgabe kann ich noch nicht viel anfangen. Zuerst muss ich wählen, welche Daten ich sichern will.*

6 Klicken Sie sich durch den Verzeichnisbaum Ihrer Partitionen und Ordner. Markieren Sie den Ordner, dessen Inhalt gesichert werden soll. Bestätigen Sie mit **OK**.

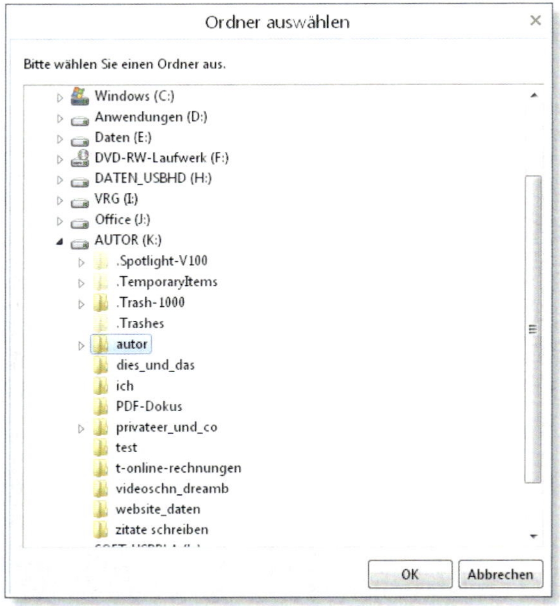

^ ***Abbildung 24.45*** *Meine Artbeitsdateien sind schnell gefunden und ausgewählt.*

7 Nun können Sie in der zweiten Zeile (von oben gesehen) des Dialogs bestimmte Dateitypen auswählen. Die dazu passenden Dateien werden dann gesichert.
Einige Dateitypen sind bereits vorgegeben. Wählen Sie unter dem Listenfeld mit den Dateityp die Schaltfläche **Hinzufügen**. Der ausgewählte Ordner wird übernommen. Wenn Sie möchten, können Sie einen weiteren Ordner auswählen. Mit **Einstellung speichern** halten Sie diesen Eintrag fest.

8 Zurück im Dialog **Wohin sollen Elemente gesichert werden** markieren Sie die Festplatte. Wählen Sie **Zeitpunkt** aus.

9 Nun bestimmen Sie, wann die Datensicherung durchgeführt werden soll. Ich wähle hier **Täglich**. Das Backup kann nach dem Systemstart, vor dem Herunterfahren und zu einem bestimmten Zeitpunkt durchgeführt werden. Ich entscheide mich für **Zur festgelegten Uhrzeit**. Mit den Listenfeld darunter wähle ich eine passende Uhrzeit.

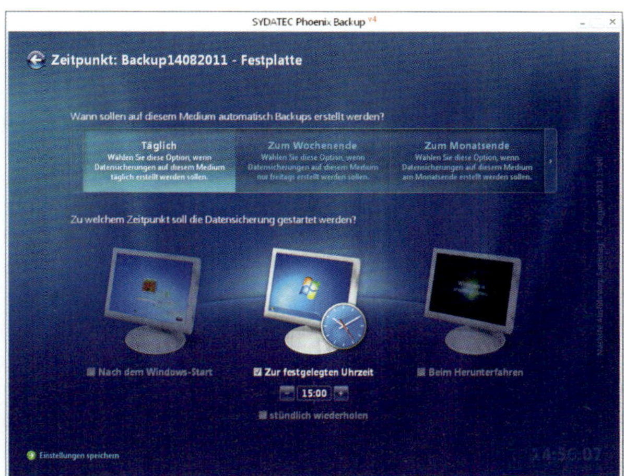

Abbildung 24.46 *Täglich um 15.00 Uhr werden meine Daten gesichert.*

Die eigentliche Datensicherung geschieht im Hintergrund. Einmal eingerichtet, werden die Daten zum festgelegten Zeitpunkt automatisch gesichert.

In der Auftragsliste finden Sie eine Übersicht aller Backupaufträge. Hier lässt sich auch ein Backupauftrag direkt ausführen.

Alle durchgeführten Aufträge werden protokolliert. So können Sie später kontrollieren, ob Ihre Daten gesichert wurden. Und Sie können sehen, ob die Datensicherung ohne Fehler abgelaufen ist.

Eine Datensicherung zurücklesen

Um eine Datensicherung zurückzulesen, gehen Sie wie folgt vor:

1 Starten Sie das Programm.

2 Wählen Sie im Startfenster unter **Meine Backups** die Funktion **Wiederherstellen**.

3 Wählen Sie aus der Liste die **Datensicherung** aus, und klicken Sie auf **Weiter**. Wenn Sie möchten, können Sie auch eine einzelne Datei auswählen und wiederherstellen.

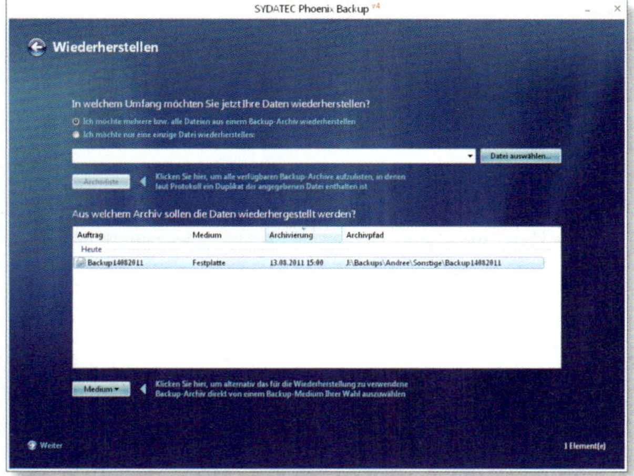

Abbildung 24.47 *Das Zurücklesen einer Datensicherung ist sehr einfach und schnell erledigt.*

4 Im nächsten Dialog können Sie, sofern mehrere Dateien oder Ordner zum gesicherten Archiv gehören, diese auswählen. Mit einem Mausklick auf **Wiederherstellung starten** wird das **Backup zurückgelesen**.

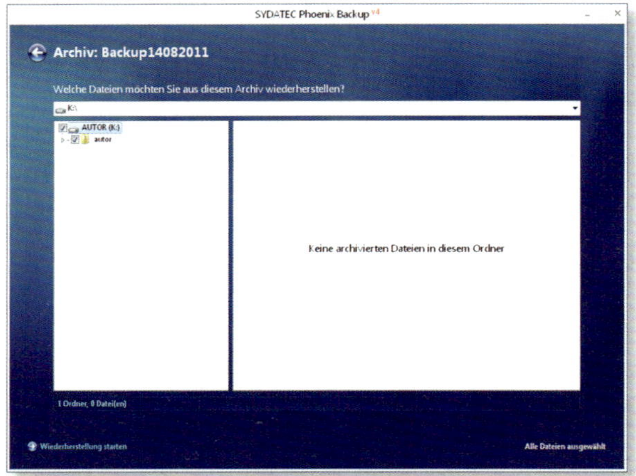

Abbildung 24.48 *Das Archiv ist ausgewählt und kann nun zurückgelesen werden.*

Backups mit Norton Ghost

Von Norton kommt eine Backuplösung, die eine Reihe interessanter Funktionen bietet.

Die wichtigsten Eigenschaften von Norton Ghost

Sie können Daten sichern, aber auch den kompletten Festplatteninhalt in einem Image festhalten. Das Programm unterstützt auch die Windows 7-BitLocker-Technologie.

Norton Ghost kann Wiederherstellungspunkte auf einem FTP-Speicherplatz ablegen und bei Systemausfällen auf diese Daten zurückgreifen. Wenn Sie möchten, können Sie Datensicherungen auch auf Blu-ray-Datenträgern ablegen. Gerade sehr große Backups mit wichtigen Daten lassen sich hier sichern. Das Verwenden von vielen einzelnen DVDs entfällt damit.

Sie können Sicherungen für bestimmte Dateitypen erstellen und so zum Beispiel nur Musik, Video- oder Office-Dateien sichern.

Datensicherungen können ereignisgesteuert sein. Tritt ein bestimmtes Ereignis ein, werden die gewählten Daten gesichert. Das kann zum Beispiel bei der Installation eines Anwendungsprogramms geschehen.

Netzwerkgeräte, sogenannte NAS, werden unterstützt. Hier können Sie Datensicherungen direkt ablegen.

In das Programm ist der Google Desktop integriert. Mit dessen Hilfe lassen sich bestimmte Backupdaten schnell finden und anschließend wiederherstellen.

Norton Ghost kann Backups zurücklesen, wenn das System beschädigt ist. Eine Datensicherung kann bei Bedarf in eine virtuelle Festplatte umgewandelt, in das Windows 7-System eingebunden und verwendet werden.

In einer Netzwerkumgebung kann Norton Ghost von einem anderen Rechner aus angesprochen und gesteuert werden. Die integrierte Fernverwaltung macht dies möglich.

Das Programm benötigt mindestens 430 MB Speicherplatz auf der Festplatte. Sie können es mit allen Windows-Editionen verwenden.

Für die Speicherung von Backups lassen sich USB-Festplatten, NAS (Netzwerk-Speicher), CDs, DVDs und Blu-ray-Medien verwenden. Auch Firewire-Geräte und die nicht mehr so verbreiteten Iomega Zip- und Jaz-Laufwerke können verwendet werden.

Ein erster Blick auf das Programm

Nach der Installation finden Sie das Programm im Windows 7-Start-Menü. Es hat während der Installation einen eigenen Programmordner angelegt. In diesem sind Norton Ghost, ein Handbuch im PDF-Format, der *Recovery Point Browser* und ein Sicherheitskonfigurationstool abgelegt.

Sie müssen nach der Installation des Programms Windows 7 neu starten. Achten Sie darauf, dass Sie hier die DVD mit den Installationsdaten aus dem Rechner nehmen. Dieses Medium ist bootfähig und enthält ein Mini-Windows. So können Sie das Programm auch dann starten, wenn Ihr System beschädigt ist.

INFO

Was ist der Recovery Point Browser?
Mit dem *Recovery Point Browser* können Sie sich Dateien anzeigen lassen, die sich in einem Windows 7-Wiederherstellungspunkt befinden. Darüber hinaus ist es möglich, einzelne Dateien aus einem solchen Wiederherstellungspunkt zurückzuspielen. Es muss also nicht der komplette Wiederherstellungspunkt zurückgelesen werden.

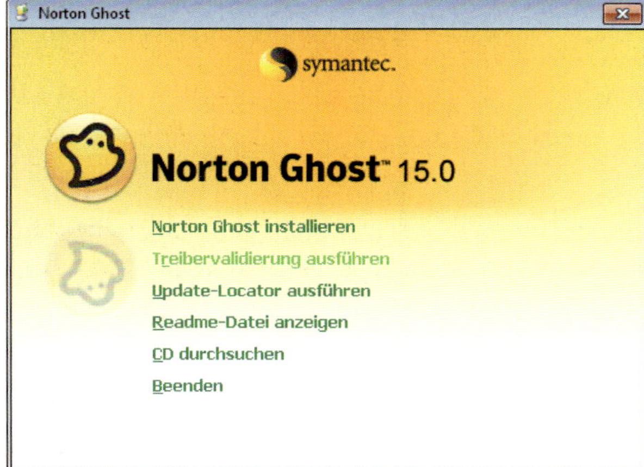

Abbildung 24.49 *Die Installation von Norton Ghost wird über einen freundlich aussehenden Dialog gestartet.*

INFO

Was ist das Sicherheitskonfigurationstool?
Hinter diesem langen Namen verbirgt sich nichts anderes als ein Dialog, mit dem Sie die Zugriffsrechte für Norton Ghost festlegen und editieren können. Sie bestimmen also, wer das Backupprogramm nutzen darf und wer nicht. Dabei ist es nur möglich, einen Vollzugriff zu erlauben, zu verweigern oder einem Benutzer nur zu erlauben, den Status von Norton Ghost einzusehen.

Nach dem Neustart von Windows wird ein kleiner Assistent gestartet. Er informiert Sie werbewirksam über die Vorteile des Programms. Lesen Sie sich durch, wie toll das Programm ist, und klicken Sie auf **Weiter**.

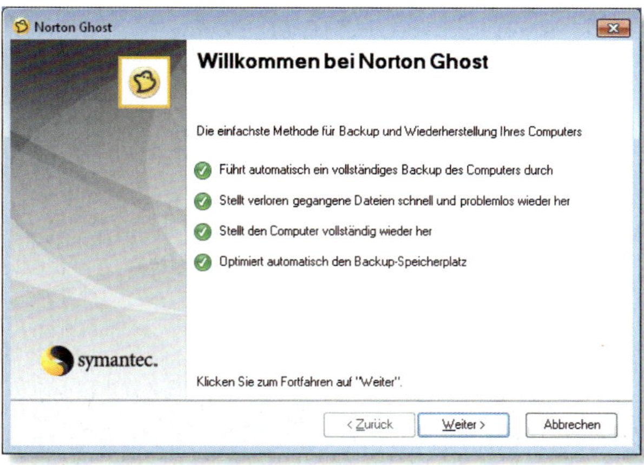

Abbildung 24.50 *Ein Assistent heißt Sie willkommen.*

Im nächsten Fenster geben Sie den Registrierungsschlüssel ein. Tun Sie dies nicht, können Sie das Programm für 30 Tage testen.

Über zwei Optionskästchen können Sie anschließend bestimmen, dass Norton Ghost ein Update ausführt. Außerdem können Sie ein Easy Setup starten. So werden Einstellungen abgefragt und wird eine erste Datensicherung durchgeführt.

Die Aktualisierung können Sie im Programm auch mit **Hilfe > LiveUpdate ausführen** starten.

Abbildung 24.51 *Ein Update sollten Sie ausführen. So erhalten Sie die aktuellste Programmversion auf Ihren Rechner.*

Die Programmoberfläche ist übersichtlich gestaltet. Am oberen Rand finden Sie eine Menüzeile und eine Symbolleiste. Darunter sehen Sie die Fenster **Backup-Status**, **Backup-Ziel**, **Tasks** und **Aktuelle ThreatCon-Stufe**.

In der Symbolleiste sehen Sie die Schaltflächen **Home**, **Status**, **Tasks**, **Tools** und **Erweitert** (siehe Abbildung 24.52). Ganz rechts finden Sie die Funktionen **Backup** und **Wiederherstellen**. Mit **Home** kommen Sie immer in den Startdialog zurück.

Im Fenster **Backup-Status** werden Sie darüber informiert, wenn keine Windows-Wiederherstellungspunkte vorhanden sind. Hier können Sie auch den **Assistent zum Festlegen von Backups** starten.

Tasks enthält bestimmte Funktionen, die mit einem Mausklick schnell aufgerufen werden können. Hier finden Sie **Backups ausführen und verwalten**, **Arbeitsplatz wiederherstellen** und **Eigene Dateien wiederherstellen**. Zur ThreatCon-Stufe und was sich dahinter verbirgt, komme ich im nächsten Abschnitt.

Die ThreatCon-Stufe

ThreatCon ist eine von Symantec entwickelte Technologie. Es handelt sich um eine Art Frühwarnsystem für Sicherheitsbedrohungen. Werden bestimmte Bedrohungen erkannt, wird die Sicherheitsstufe angepasst. Das hat den Sinn, dass Sie rechtzeitig informiert werden und entsprechend reagieren können.

Die ThreatCon-Risikostufe kann mit einer Datensicherung verknüpft werden. Bei einer bestimmten Stufe wird ein Backup automatisch ausgelöst. Es ist jedoch notwendig, dass der Rechner bei Erreichen oder Überschreiten einer bestimmten Stufe mit dem Internet verbunden ist. Sie können dann auf einen Wiederherstellungspunkt zurückgreifen und die Daten Ihres Systems zurücklesen.

ThreatCon überwacht Bedrohungen, die aus dem Internet kommen. Ohne eine Verbindung in das Internet kann Ihr Rechner auch keinen aus dem Internet kommenden Bedrohungen ausgesetzt sein – logisch.

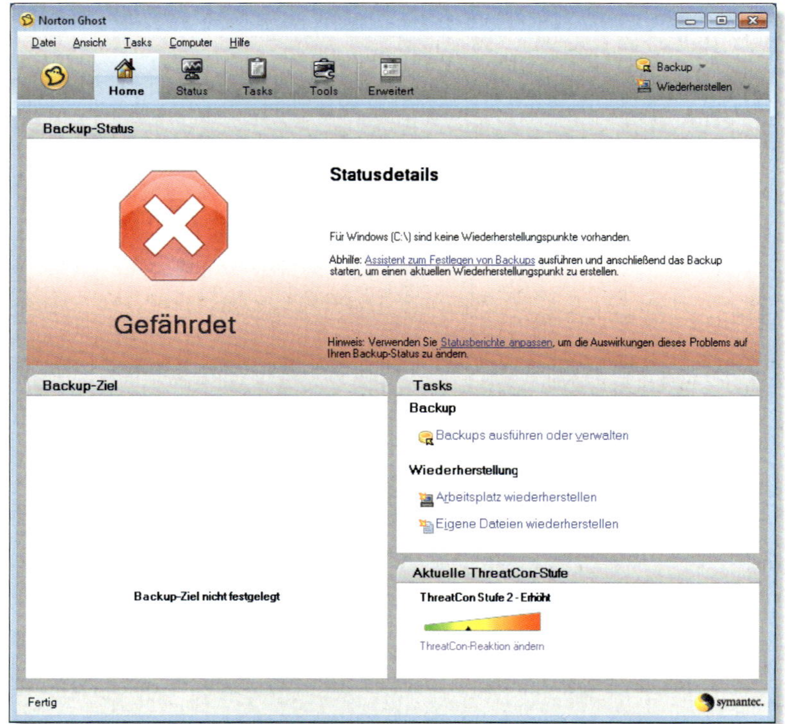

< ***Abbildung 24.52*** *Das Programmfenster von Norton Ghost. Der Hinweis auf das Fehlen eines Wiederherstellungspunkts wirkt etwas nervig. Die Symbolleiste bringt den Anwender an das jeweilige Ziel.*

ThreatCon wird daher automatisch deaktiviert, wenn Sie die Verbindung zum Internet lösen.

Das Programm schweigt sich darüber aus, was genau eine Gefahr ist, wie diese erkannt wird und welche Voraussetzungen notwendig sind, um die ThreatCon-Stufe zu erhöhen.

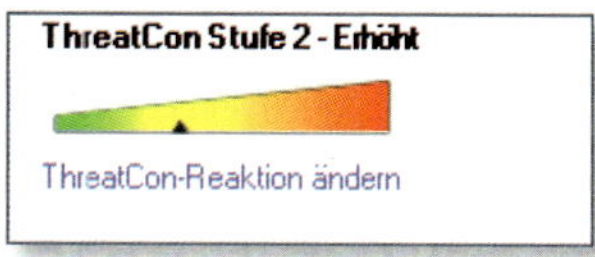

Abbildung 24.53 *Alles noch im gelben Bereich.*

Die aktuelle Stufe wird mit einem farbigen Balken im Fenster rechts unten angezeigt. Wenn Sie auf **ThreatCon-Reaktion ändern** klicken, können Sie bestimmen, was geschehen soll, wenn die Stufe 2, 3 oder 4 erreicht ist. In der Vorgabeeinstellung ist die Funktion ausgeschaltet.

»Was geschehen soll« heißt nichts anderes, als dass Sie einen vorhandenen Backup-Auftrag mit einer ThreatCon-Stufe verbinden. Ich möchte diese Funktion nicht empfehlen, denn ich kann nicht genau einschätzen, was eine Bedrohung ist, wie diese erkannt und kategorisiert wird. Möchten Sie dennoch ThreatCon nutzen, verwenden Sie die Stufe 2 oder 3.

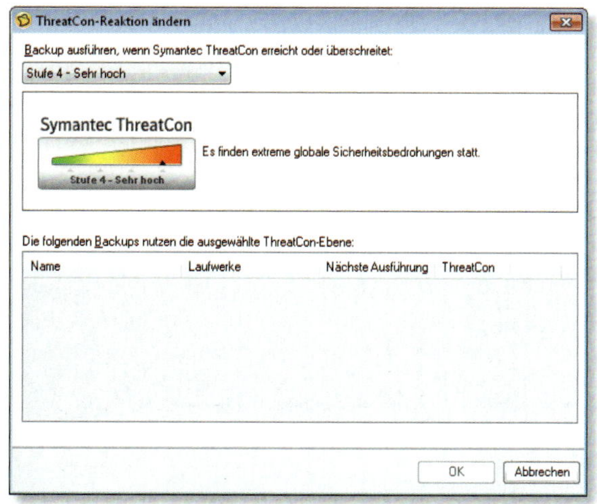

Abbildung 24.54 *Auf Stufe 4 finden »extreme globale Sicherheitsbedrohungen statt«.*

Eine Datensicherung ausführen

Nun möchte ich Ihnen zeigen, wie Sie mit Norton Ghost eine Datensicherung ausführen:

1. Starten Sie das Programm.
2. Wechseln Sie nach **Tasks**, und wählen Sie hier **Backups ausführen und verwalten.** Sie finden diese Funktion im Fenster gleich an oberster Stelle.

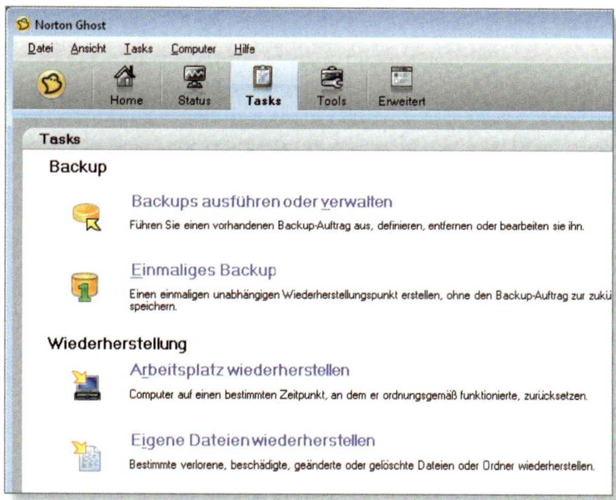

Abbildung 24.55 *Die Funktion für das Erstellen neuer Datensicherungen ist im Fenster* ***Tasks*** *ganz oben zu finden.*

Nun klappen zwei Fenster übereinander auf. Über das Fenster **Backups ausführen und verwalten** wird das **Easy Setup** eingeblendet. Norton Ghost hat Ihr System gescannt und schlägt im Fenster **Easy Setup** eine geeignete Backupmethode vor. Hier sind bereits die Ordner *Eigene Dokumente* und der *Arbeitsplatz* ausgewählt. Das Ziel der Datensicherung ist mit dem Verzeichnis */Norton Backups* ebenfalls bereits vorgegeben.

Wenn Sie jetzt bestätigen, ohne diese Einstellung zu kontrollieren und zu korrigieren, werden wichtige Daten, die sich in anderen Ordnern auf Ihrer Festplatte befinden, nicht gesichert! Auch die Auswahl des Ziels ist nicht ideal. Vielleicht möchten Sie ja die Datensicherung auf einer DVD, einer Blu-ray, einer Netzwerkfestplatte oder einem FTP-Speicherplatz ablegen.

3 Klicken Sie an dieser Stelle auf **Benutzerdefiniert**. Nun wird ein Assistent gestartet. Er unterstützt Sie bei der Auswahl der zu sichernden Daten.

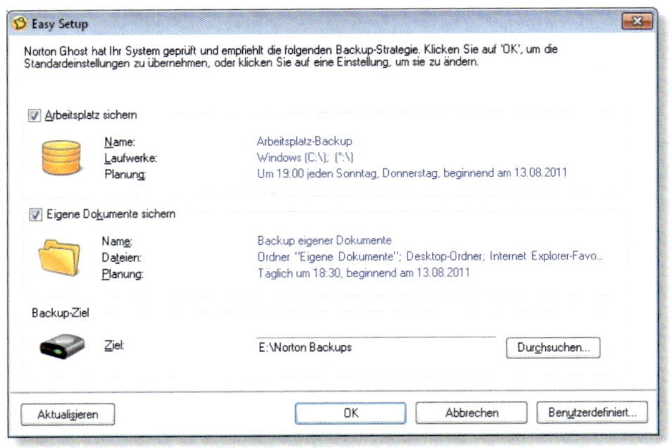

^ Abbildung 24.56 ***Easy Setup*** *bietet keine geeignete Auswahl für eine Datensicherung.*

4 Schalten Sie die Option **Ausgewählte Dateien und Ordner sichern** an. Mit einem Mausklick auf die Schaltfläche **Weiter** gelangen Sie in den nachfolgenden Dialog.

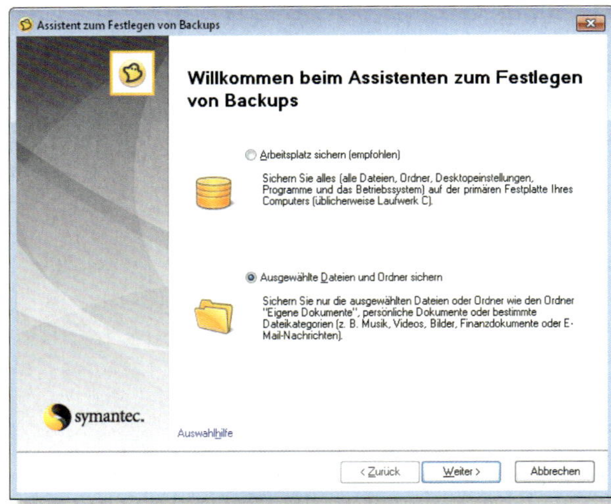

^ Abbildung 24.57 *Wählen Sie die zu sichernden Daten mit einem Assistenten.*

5 Im nächsten Fenster können Sie bestimmte Dateitypen auswählen. Einige Ordner, die von Windows 7 bereits vorgegeben sind, wurden hier bereits ausgewählt. Deaktivieren Sie diese. Wählen Sie **Ordner hinzufügen**.

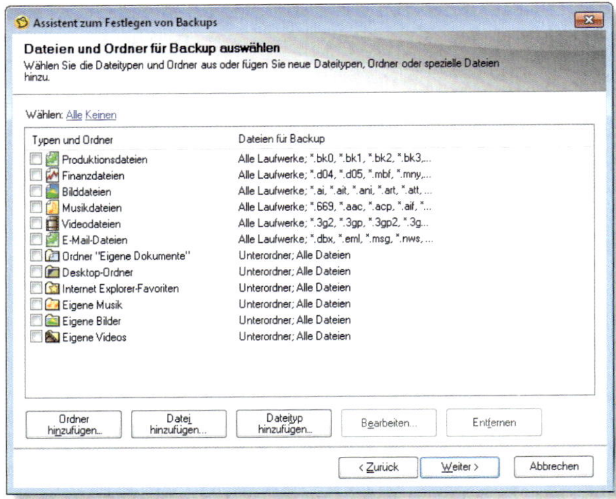

^ Abbildung 24.58 *Die zu sichernden Daten und Ordner wähle ich lieber selbst aus.*

6 Auch im nächsten Dialog lassen sich noch einmal bestimmte Datentypen auswählen. Klicken Sie hier auf **Durchsuchen**.

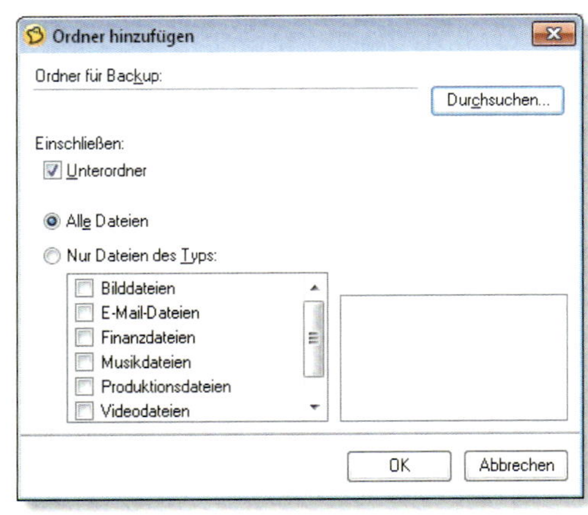

^ Abbildung 24.59 *Der Assistent vereinfacht nicht gerade die Auswahl der zu sichernden Dateien.*

7 Scrollen Sie durch den Menübaum, und wählen Sie den Ordner, dessen Inhalt Sie sichern wollen. Bestätigen Sie mit **OK**.

Abbildung 24.60 Suchen Sie sich den Ordner aus.

8 Sie gelangen in den Dialog **Ordner hinzufügen** zurück. Klicken Sie hier auf **OK**.

9 Der Ordner wird in den Dialog übernommen und in der Liste angezeigt. Möchten Sie weitere Ordner zur Sicherung hinzufügen, wiederholen Sie die Schritte 5 bis 8. Klicken Sie danach auf **Weiter**.

10 Geben Sie eine Bezeichnung für die Datensicherung ein. Die Vorgabe Datei-Backup ist ungenügend. Wenn Sie möchten, können Sie im mittleren Feld eine Beschreibung hinzufügen. In der Zeile **Backup-Ziel** bestimmen Sie, wo die Datensicherung abgelegt werden soll. Wählen Sie **Durchsuchen**, um die Vorgabe anzupassen.

11 Die Auswahl erfolgt wieder mit dem Dateifenster, mit dem Sie zuvor bereits den zu sichernden Ordner gewählt haben. Entscheiden Sie sich für ein Ziel, und bestätigen Sie.

Das ausgewählte Ziel ist nun in den Dialog übernommen worden. Wenn Sie möchten, können Sie mit **Erweitert** die Datensicherung mit einem Passwort verschlüsseln. Interessant ist, dass Sie dann nicht nur ein Passwort eingeben, sondern auch eine sehr sichere AES-Verschlüsselung wählen können. Hier lässt sich auch über ein Listenfeld die Verschlüsselungstiefe auf 256 Bit erhöhen. Das ist ein beachtliches Maß an Sicherheit.

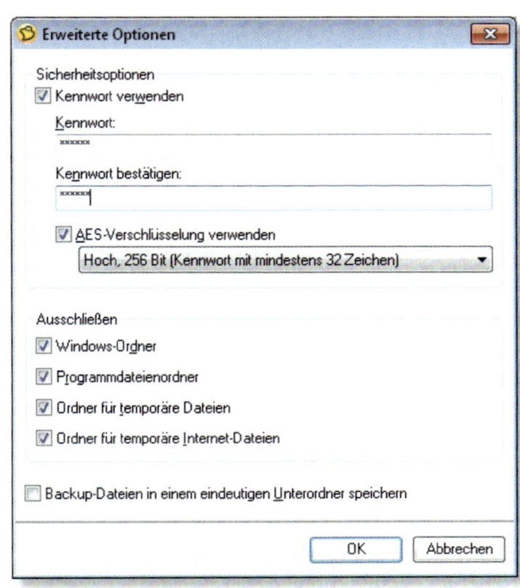

Abbildung 24.61 Auf Wunsch kann eine Datensicherung mit einem Passwort gesichert und stark verschlüsselt werden.

12 In unserem Beispiel sollen die Verschlüsselung und der Passwortschutz nicht verwendet werden. Nach der Eingabe der Bezeichnung und des Backup-Ziels wählen Sie **Weiter**.

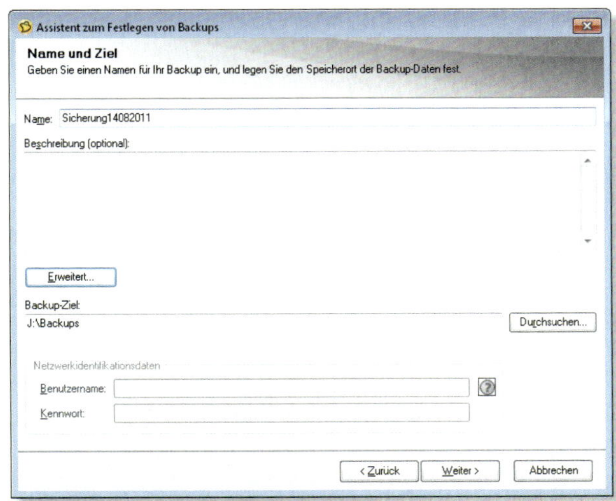

Abbildung 24.62 Nun kann die Sicherung erstellt werden.

13 Im nächsten Dialog legen Sie fest, wann das Backup erstellt werden soll. Schalten Sie die **Planung** an. Setzen Sie ein Häkchen bei **Fr** für »Freitag«, und stellen Sie die Uhrzeit auf **17.00** Uhr ein. Wechseln Sie dann in den nächsten Dialog.

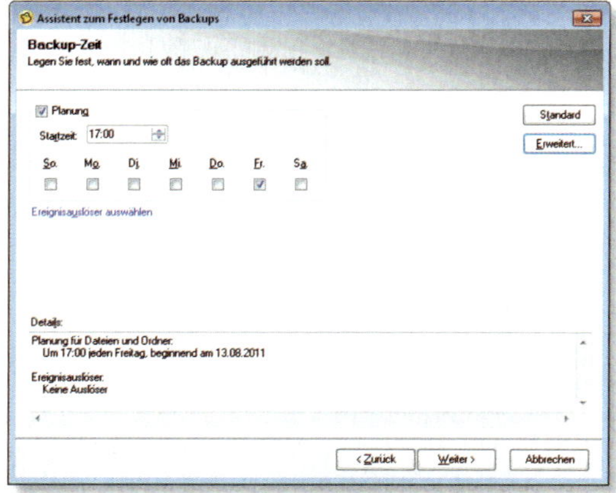

Abbildung 24.63 *Mein Backup wird freitags um fünf gestartet.*

14 Der letzte Dialog fasst, wie bei Assistenten so üblich, die Einstellungen zusammen, die Sie vorgenommen haben. Mit der **Vorschau** kann das Backup simuliert werden. Schalten Sie die Option **Backup jetzt starten** an, um die Datensicherung sofort durchzuführen. Beenden Sie den Assistenten mit **Fertig stellen**.

Abbildung 24.64 *Nun sind alle Angaben gemacht, und die Sicherung kann zum ersten Mal gestartet und ausgeführt werden.*

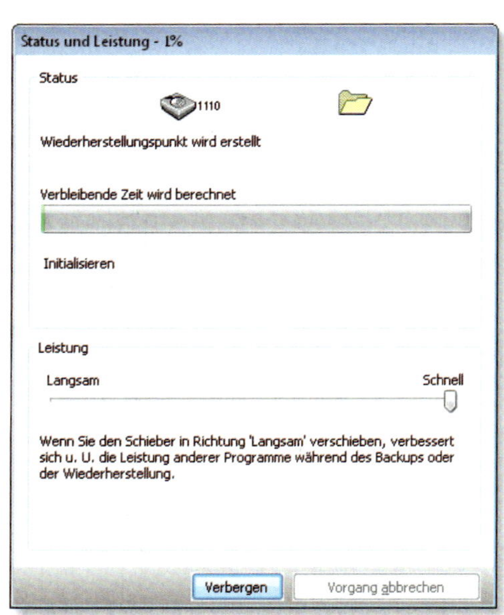

Abbildung 24.65 *Die Datensicherung wird ausgeführt.*

Ein erstelltes Backup wiederholt ausführen oder verändern

Mit **Tasks/Backups ausführen und verwalten** können Sie sich einen bereits erstellten Backupauftrag anschauen. In der Praxis werden Sie sicherlich einen bereits ausgeführten Auftrag oft auch mehrfach ausführen wollen.

In einer Liste sehen Sie alle bereits erstellten Aufträge. Markieren Sie einen, können Sie diesen direkt starten und ausführen. Wenn Sie möchten, können Sie mit **Planung ändern** den Zeitplan für eine Datensicherung bearbeiten.

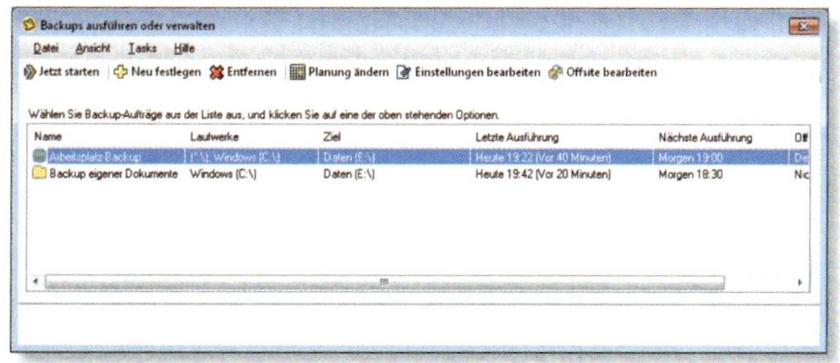

Abbildung 24.66 *Die Liste der Datensicherungen*

Backups zurücklesen

Mit **Tasks** können Sie den Arbeitsplatz und eigene Daten wiederherstellen. Der Vorgang ist einfach: Sie wählen eine Datensicherung und starten die Wiederherstellung.

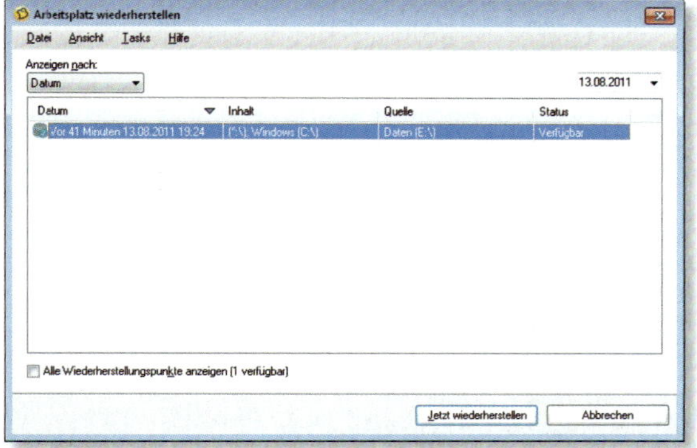

Abbildung 24.67 *Das Zurücklesen einer vorhandenen Datensicherung ist sehr einfach.*

Die Statusübersicht einsehen

Wenn Sie **Status** wählen, können Sie einsehen, welche Festplatten an welchen Tagen gesichert werden. Am unteren Rand werden die Backup-Aufträge aufgelistet.

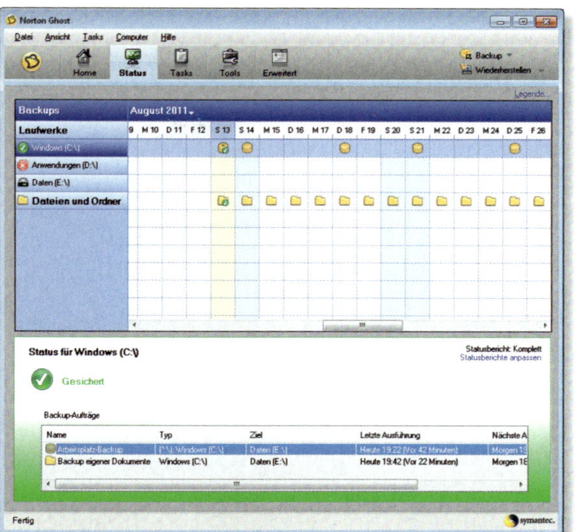

Abbildung 24.68 *Im Fenster* ***Status*** *sehe ich, wann welche Datenträger gesichert werden.*

Die Backup-Ziele verwalten

Wählen Sie unter **Tools** die Funktion **Backup-Ziel verwalten**. Sie können nun sehen, wo bereits **WiederherstellungspunktSätze** erstellt wurden. Angezeigt wird der belegte und der freie Speicher. Das Backup-Ziel kön-

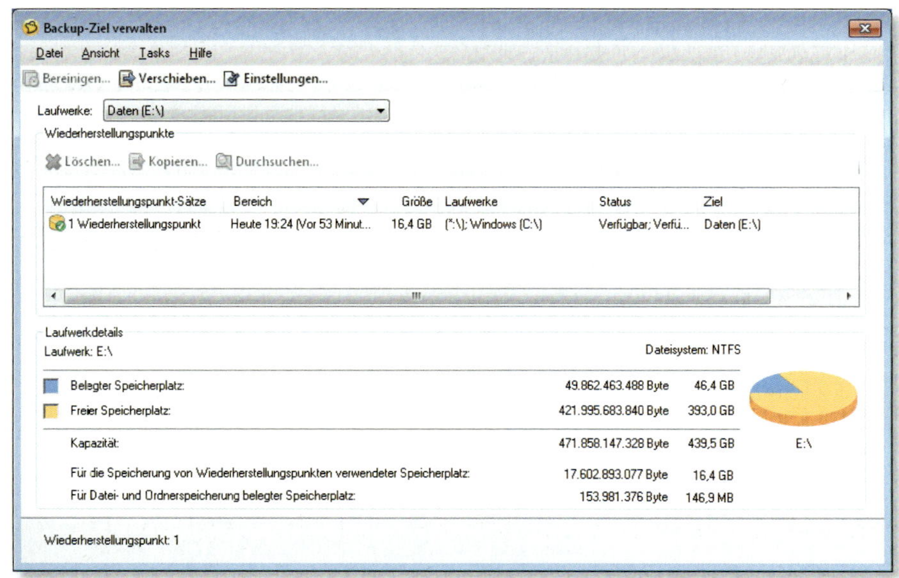

Abbildung 24.69 *Verwalten Sie das Backup-Ziel. Behalten Sie den genutzten und verfügbaren Speicherplatz im Auge.*

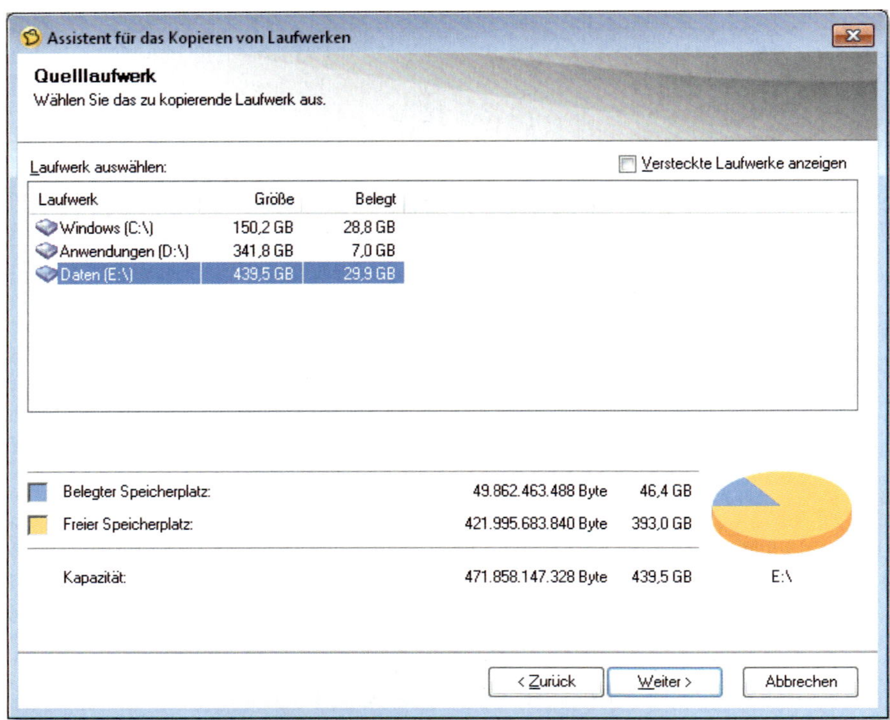

< ***Abbildung 24.70*** *Wählen Sie die Festplatte oder Partition aus, die gesichert werden soll.*

nen Sie auf Wunsch an einen anderen Ort verschieben. Mit **Einstellungen** sehen Sie, wie viel Speicherplatz für die Speicherung verwendet wird. Der verfügbare Speicher kann mit einem Schieberegler eingegrenzt werden. Das Programm warnt den Anwender, wenn dieser angegebene Schwellenwert überschritten wird.

Eine Festplatte spiegeln

Das Spiegeln einer kompletten Festplatte ist eine interessante Backuplösung. Sie müssen keine Dateien und Ordner auswählen.

1. Wählen Sie **Tools**, und entscheiden Sie sich für die Funktion **Eigene Festplatte kopieren**.
2. Auch hier führt ein Assistent Sie durch den Vorgang. Mit **Weiter** gelangen Sie, wie gewohnt, in den nächsten Dialog.
3. Wählen Sie das Quelllaufwerk, das gespiegelt werden soll.
4. Nun wählen Sie ein Ziel aus, auf dem die Daten abgelegt werden sollen.

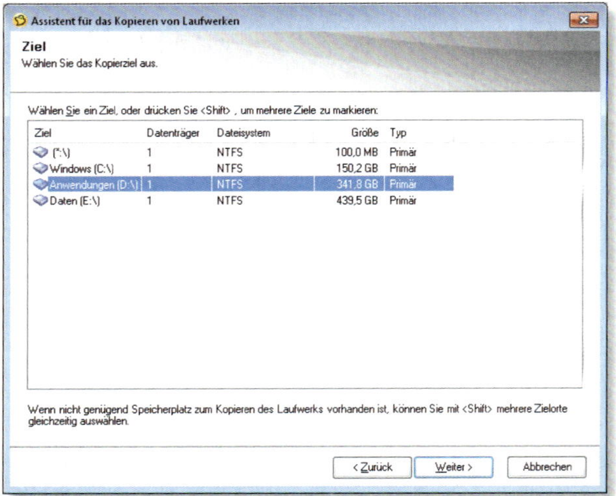

^ ***Abbildung 24.71*** *Entscheiden Sie sich für ein Ziel.*

In den **Erweiterten Optionen** können Sie Quelle und Ziel auf Fehler überprüfen lassen. Mit einer weite-

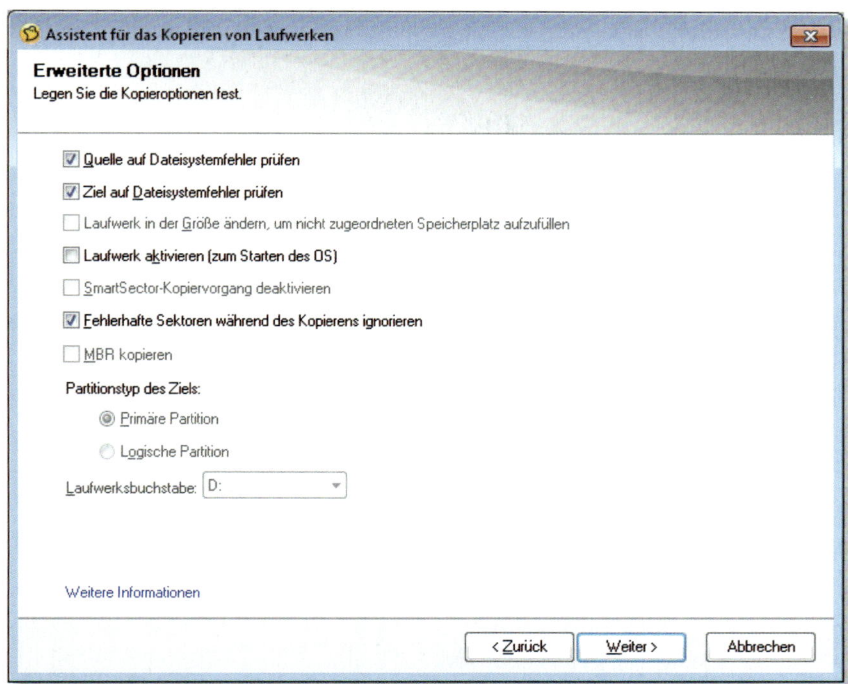

< ***Abbildung 24.72*** *Das Überprüfen auf Fehler ist eine nützliche Funktion.*

ren Option sorgen Sie dafür, dass fehlerhafte Sektoren beim Kopieren ignoriert werden (siehe Abbildung 24.72).

5 Im letzten Dialog sehen Sie eine Zusammenfassung. Mit **Fertig stellen** wird der Auftrag gestartet.

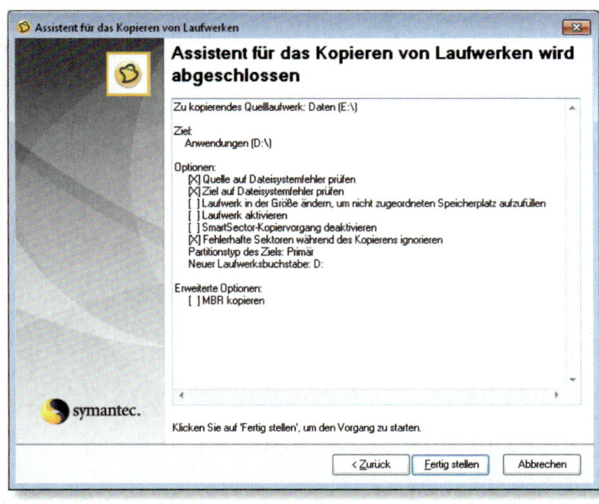

^ ***Abbildung 24.73*** *Starten Sie nun das Spiegeln der Festplatte.*

24.6 Daten sichern und schützen

In diesem Kapitel möchte ich Ihnen ein paar allgemeine Informationen zum Thema geben und Verhaltensweisen empfehlen. Sicher haben Sie bereits einiges zum Thema Datenschutz gelesen. Doch zum Thema Sicherheit kann man nicht genug wissen.

Im Internet können Sie sich auf den verschiedenen Websites der Hersteller von Antivirenlösungen über aktuelle Bedrohungen informieren. Hier erfahren Sie, welche Computerviren umgehen. Sie sehen, ob Würmer und trojanische Pferde aktiv sind. Wer mag, kann sich über diese auch weitergehende Informationen ansehen.

Norton präsentiert diese Informationen unter *http://de.norton.com/security_response/threatexplorer*.

Für den normalen Anwender sind die technischen Details zu den Würmern und Trojanern sicher weniger interessant. Viel wichtiger ist, dass Sie hier auch sogenannte *Removal-Tools* finden. Das sind kleine Programme, mit denen Sie diese lästigen Störenfriede loswerden können. Beachten Sie jedoch, dass es sich hier um keine Antivirenprogramme im eigentlichen Sinne handelt. Vielmehr sind es Tools, mit denen Sie diesen einen speziellen Virus entfernen können. In der folgenden Tabelle habe ich Ihnen typische Bedrohungen, ihre Merkmale und geeignete Gegenmaßnahmen zusammengestellt:

Bedrohung	Merkmal eines Angriffs	Gegenmaßnahme, Schutzmaßnahme
Malware	Infiziertes Programm. Meist als Download auf Websiten oder als Anhang an einer E-Mail. Auch gefälschte Programme (falsches OpenOffice) kann Malware enthalten.	Öffnen Sie nur Anhänge von Absendern, die Sie kennen. Scannen Sie Dateien auf eine Vireninfektion. Nutzen Sie E-Mail-Filter. Neugier hin oder her – löschen Sie Nachrichten, deren Absender Sie nicht kennen.
Spam	In den Nachrichtenfeldern **An** und **Cc** ist nicht Ihre E-Mail-Adresse enthalten, und die Werbenachricht ist nicht angefordert worden. In den Nachrichten sind unsinnige Produktwerbungen oder Links zu Erotikangeboten enthalten.	Fügen Sie die Absender störender und nerviger Nachrichten in einen E-Mail-Filter ein. Löschen Sie solche Nachrichten.
Phishing	Mit gefälschten Websites wird versucht, Anmeldedaten, Passwörter oder Kreditkartendaten abzufragen. Anfragen per E-Mail wirken seriös und vertraulich. Oft sind jedoch Rechtschreibfehler enthalten. Manchmal wird versucht, den Kunden einzuschüchtern.	Misstrauen ist gesund. Geben Sie vertrauliche Daten nie per E-Mail oder Website-Formular weiter. Wenn Sie sich nicht sicher sind, wenden Sie sich an den Kundenservice eines Unternehmens.
Spyware	Über Anhänge und Downloads werden Dateien verbreitet, die Sie ausspionieren sollen.	Hier gelten die gleichen Sicherheitsvorkehrungen wie bei den anderen Bedrohungen: keine Anhänge öffnen, eine Firewall nutzen, ein Antivirenprogramm aktuell halten und verwenden, wichtige Daten immer sichern.
Wurm	Ein Wurm ist ein Computervirus, der sich selbst kopiert. Er belegt Festplattenspeicher und blockiert diesen. Gelegentlich nutzt er auch die Möglichkeit, sich selbst an E-Mail-Adressaten zu versenden.	Würmer sind lästige kleine Biester, die jedoch einfach mit Antivirenprogrammen zu bekämpfen sind.
Bots	Crimeware. Der Versender kann einen infizierten Rechner fernsteuern und so spezielle Attacken ausführen, Daten stehlen und Konfigurationen verändern. Über verschiedene Techniken werden Angriffspunkte gesucht und genutzt. Eine Infektion ist schwer auszumachen.	Bringen Sie Ihr Antivirenprogramm immer auf einen aktuellen Stand. Führen Sie Virenscans und Datensichungen nicht aller paar Wochen, sondern täglich durch.
Pharming-Angriffe	Pharming findet auf Websites statt. Die Websites geben sich seriös, sind aber gefälscht. Die Anwender werden über verschiedene Methoden umgeleitet. Pharming wird auch in der Wirtschafts-Cyberkriminalität genutzt, um gezielt Firmen zu schädigen.	Nutzen Sie nur Internetangebote, die wirklich seriös sind.

Bedrohung	Merkmal eines Angriffs	Gegenmaßnahme, Schutzmaßnahme
Trojaner	Auch *trojanisches Pferd* genannt. Computervirus, der unerlaubt bestimmte Aufgaben ausführt und den Computer schädigt. Oft werden mit Trojanern Tastatureingaben abgefragt und protokolliert. Trojaner werden auch genutzt, um andere Schadprogramme wie *Keylogger*, *Backdoor*-Tools oder *Sniffer* zu installieren.	Ein aktuell gehaltenes Antivirenprogramm ist der beste Schutz. Weiterhin gilt: Öffnen Sie keine Dateianhänge unbekannter Absender.
Backdoors	Diese kleinen Programme öffnen Hintertürchen und erlauben Angreifern einen Zugriff auf den Rechner. Sie suchen nach Sicherheitslücken und Angriffspunkten.	Auch hier ist der Betrieb einer Firewall und eines Antivirenprogramms eine geeignete Maßnahme, um sich vor Angriffen zu schützen.
Rootkits	Gefährliches Programm, das Sicherheitsfunktionen und Schutzmechanismen des Rechners umgeht und sich unbemerkt auf dem Rechner des Anwenders breitmacht. Rootkits leiten manchmal auch die Suchalgorithmen von Antivirenprogrammen um. Sie sind schwer auszumachen und schwierig zu entfernen.	Auch bei Rootkits gilt: Firewall und Antivirenprogramm sind der beste Schutz.
Keylogger	Diese Schadprogramme haben nur eine Aufgabe: Sie sollten Anmeldedaten und Passwörter mitschreiben und an Hacker übermitteln.	Nutzen Sie sichere Passworteingaben. Verwenden Sie eine Firewall und ein Antivirenprogramm.
Sniffer	Dieses Schadprogramm fängt Daten im Netzverkehr ab und wertet sie aus. Sniffer werden zum Ausspionieren von Daten genutzt. Sie können jedoch auch zur Analyse des Netzwerkverkehrs verwendet werden und um Dateneinbrecher zu entdecken.	Um unliebsame Sniffer am Spionieren zu hindern, nutzen Sie eine Firewall.

^ ***Tabelle 24.1*** *Verschiedene Bedrohungen und ihre Merkmale*

24.7 RAID: Grundlagen

RAID steht für *Redundant Array of Independent Disks*. Diese Form der Datenspeicherung wird bei Servern und Firmenrechnern sehr oft verwendet. Mit Windows 7 können Sie einen RAID-Verbund auch am heimischen Rechner erstellen und verwenden.

Aber was genau heißt RAID? Bei einem RAID werden zwei oder mehrere Festplatten verbunden. Die Daten werden auf beiden Festplatten abgelegt. Bei einem Ausfall einer Festplatte liegen die Daten noch auf der zweiten Festplatte. Sie sind also sicherer vor einem Festplattencrash.

Es gibt verschiedene RAID-Level (siehe Tabelle 24.2). Bei diesen werden unterschiedlich viele Festplatten verbunden. Über einen Hardware-Controller werden die Festplatten angesteuert und wie eine einzelne Festplatte angesprochen. Das setzt jedoch voraus, dass in ihrem Rechner ein Motherboard vorhanden ist, das den jeweiligen RAID-Level unterstützt.

Ein RAID-System erstellen Sie über die Datenträgerverwaltung von Windows 7. Welche RAID-Level zur Verfügung stehen, hängt von Ihrem Rechner ab. Für den Home-Bereich ist wohl RAID 1 am interessantesten.

Die wichtigsten RAID-Level und ihre Bedeutung

RAID 0	RAID-Level 0 fasst zwei Festplatten zu einem sogenannten Stripeset zusammen. Der Rechner verteilt die Daten auf beide Festplatten. Das erhöht die Geschwindigkeit, mit der Daten gelesen und geschrieben werden können. Das Verfahren hat jedoch einen entscheidenden Nachteil: Die Daten sind auf beide Festplatten verteilt. Beim Ausfall einer Festplatte sind die Daten verloren. Dieser RAID-Level eignet sich nicht als Sicherung wichtiger Daten.
RAID 1	RAID-Level 1 arbeitet mit zwei Festplatten. Die Daten, die auf Festplatte 1 awbgelegt werden, werden auch auf Festplatte 2 kopiert. Bei einem Festplattendefekt können Sie immer noch auf die Daten der zweiten Festplatte zurückgreifen.
RAID 5	Bei diesem Verfahren werden drei oder vier Festplatten zu einem RAID-Verbund verknüpft. Die Daten werden auf allen Festplatten gleichzeitig verteilt. Beim Ausfall einer Festplatte ist die Wiederherstellung der Daten immer noch möglich, da auf allen Festplatten grundlegende Informationen zu den gespeicherten Daten abgelegt sind.
RAID 10	RAID-Level 10 kombiniert die RAID-Level 0 und 1 miteinander. Sie können damit beide Vorteile nutzen: sowohl einen Geschwindigkeitsvorteil beim Speichern und Abfragen von Daten als auch die Datensicherheit.

^ ***Tabelle 24.2*** *RAID-Level und ihre Bedeutung*

Kapitel 25
Sicher durchs Internet

Im Internet gibt es viel zu entdecken. Dabei sollten Sie aber immer aufpassen, denn es lauern dort auch einige Gefahren. Wenn Sie gut vorbereitet sind, werden diese aber nicht zum Problem.

Im Internet finden Sie Informationen, Auskünfte, Foren, Chat-Community, interessante Portale, Downloadseiten, freie und gute Software, Musik, Filme, Videoportale und vieles mehr… Es gibt für jedes Interessengebiet etwas zu entdecken. Darüber hinaus können Sie sich mit anderen austauschen, sich selbst verwirklichen und über eine eigene Homepage und soziale Netzwerke etwas über sich verraten und Ihre Interessen mit anderen teilen. Aber im Internet lauern auch Gefahren. Computerviren schleichen sich über infizierte Dateien oder Lücken im Betriebssystem ein. Trojaner versuchen, Daten auszuspionieren. Spyware-Programme verstecken sich auf dem Computer des Anwenders und versuchen, ebenfalls Daten auszuspionieren und unbemerkt über das Internet an Dritte zu senden. AdWare erkundet das Kaufverhalten von Kunden und versucht, sie gezielt zu bewerben. Rootkits legen den Rechner lahm und verbergen sich vor den Scanroutinen aktueller Antivirenprogramme.

Die Liste von möglichen Schädlingen ist lang. Doch Sie können etwas gegen Schadprogramme tun. Mit einem aktuellen Antivirenprogramm, einer Firewall und den richtigen Sicherheitseinstellungen schützen Sie sich vor Angriffen und Computerviren. Dazu gehören etwas Grundwissen und ein paar allgemeingültige Regeln. Die zu beachten, ist sehr einfach.

25.1 Die Grundregeln

Einige der Grundregeln haben Sie bereits kennengelernt. Sie sollen an dieser Stelle kurz wiederholt und zusammengefasst werden:

1. Nutzen Sie ein Antivirenprogramm. Halten Sie es immer auf dem aktuellen Stand. Scannen Sie Daten, die Sie aus dem Internet beziehen, bevor Sie diese benutzen.
2. Verwenden Sie eine Firewall. Sichern Sie damit Ihren Windows 7-PC vor Dritten.
3. Erstellen Sie regelmäßig Sicherungen Ihrer Daten. So haben Sie, falls nötig, die Möglichkeit, wichtige und sensible Daten wiederherzustellen. Es muss ja keine Schädigung durch einen Computervirus vorliegen. Auch ein Hardwaredefekt kann zu einem Datenverlust führen.
4. Fallen Sie nicht auf Webseiten und E-Mails herein, die Passwörter und Zugangsdaten abfragen. Bei diesen handelt es sich oft um gefälschte Webseiten und unseriöse Nachrichten.
5. Verwenden Sie sichere Passwörter. Das gilt für Webforen, Profile im Internet, Programmpasswörter und andere Daten, die mit Kennwörtern gesichert werden können.

6. Geben Sie Passwörter und Zugangsdaten nicht an Fremde weiter. Nicht jeder, der einen seriösen Eindruck macht, ist auch vertrauenswürdig.

INFO

Wenn sich doch ein Schädling eingeschlichen hat
Gehen Sie in so einem Fall schrittweise vor. Versuchen Sie, mit einem aktuellen Antivirenprogramm den Schädling zu identifizieren und zu isolieren.

Wenn das nicht funktioniert, löschen Sie die infizierten Daten. Tun Sie dies direkt in der **Eingabeaufforderung**. Die infizierten Daten gelangen so nicht in den Papierkorb von Windows.

Hilft alles nichts, müssen Sie die Hardcorevariante nutzen. Dann sollten Sie die Festplattenpartition formatieren und Windows 7 und Ihre Anwendungsprogramme neu installieren. Ist dies nötig, werden Sie sich über Datensicherungen und Systembackups freuen.

25.2 Windows Defender

Windows Defender wird mit Windows 7 mitgeliefert. Mit diesem Werkzeug können Sie Ihren Rechner nach Computerviren scannen. Ich möchte an dieser Stelle das Tool nur kurz vorstellen. Das ebenfalls kostenlose Programm *Microsoft Security Essentials* bietet mehr Möglichkeiten. Das Programm stelle ich im nächsten Abschnitt ausführlich vor.

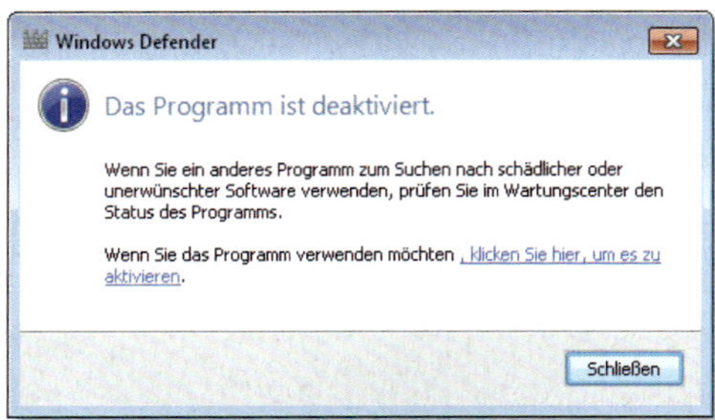

^ ***Abbildung 25.1*** *Ein Dialog weist daraufhin, dass Windows Defender derzeit deaktiviert ist. Über einen Link wird das Tool aktiviert.*

Defender finden Sie in der Systemsteuerung unter **System und Sicherheit**. Klicken Sie auf **Überprüfung**, um einen schnellen Scan Ihrer Windows-Partition vorzunehmen. Sie können hier auch einen ausführlichen Scan und eine benutzerdefinierte Überprüfung starten.

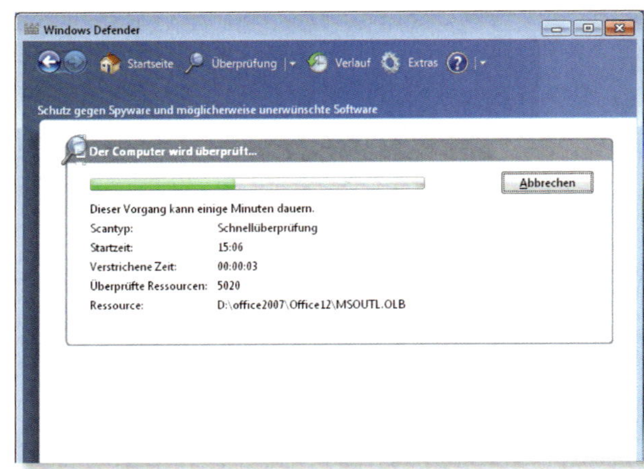

^ ***Abbildung 25.2*** *Eine Schnellüberprüfung wird durchgeführt. Der Scan geht ziemlich flott.*

Möchten Sie eine vollständige Überprüfung Ihres Rechners durchführen, gehen Sie wie folgt vor:

1. Starten Sie Windows Defender.
2. Öffnen Sie das Auswahlmenü hinter **Überprüfung**. Wählen Sie **Vollständige Überprüfung**.

INFO

Der Dienst des Programmes wurde angehalten
Windows Defender gibt unter Umständen diese Meldung aus. Gemeint ist der Windows-Dienst *WinDefend*. Er ist für den Betrieb des Programms notwendig.

Über das Dialogfenster von Windows Defender starten Sie den Dienst. Danach sollte das Programm funktionieren.

Beachten Sie aber: Verwenden Sie *OnCare* oder *Microsoft Security Essentials*, wird Windows Defender ausgeschaltet.

Es ist auch möglich, die Ordner und Laufwerke zu wählen, die das Programm durchsucht. Möchten Sie dies tun, gehen wie wie folgt vor:

1 Starten Sie den Windows Defender.

2 Wählen Sie **Überprüfung > Benutzerdefinierte Überprüfung**.

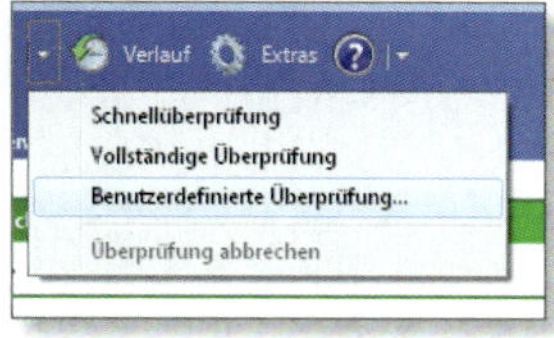

Abbildung 25.3 Die ***Benutzerdefinierte Überprüfung*** *wählen Sie über das Listenmenü.*

3 Im nächsten Fenster ist die Option **Ausgewählte Laufwerke und Ordner überprüfen** bereits ausgewählt. Klicken Sie dahinter auf **Auswählen**.

4 Wählen Sie im nächsten Fenster die Ordner, die durchsucht werden sollen. Vor jedem finden Sie ein Optionskästchen. Setzen Sie mit der Maus ein Häkchen in dieses, wenn der Ordner von Windows Defender untersucht werden soll. Öffnen Sie mit dem Pluszeichen die Baumansicht der untergeordneten Ordner.

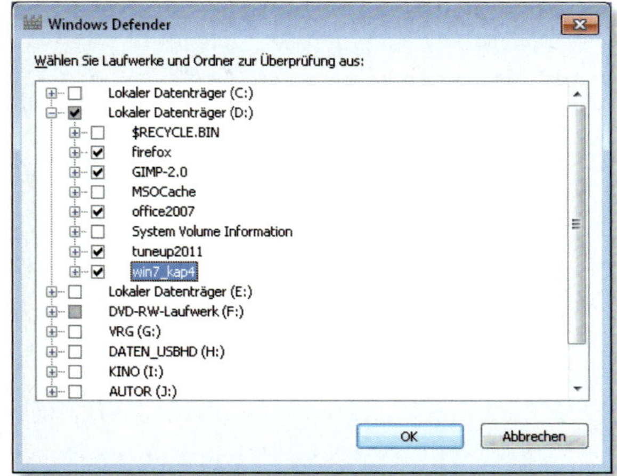

Abbildung 25.4 Als Beispiel habe ich verschiedene Programmordner und einen Ordner mit Bilddateien ausgewählt.

Bestätigen Sie mit **OK**.

5 Starten Sie den Scan mit **Jetzt überprüfen**.

6 Im Verlauf können Sie schauen, welche Aktionen das Programm durchgeführt hat. Zu jedem gefundenen Element können Sie den Namen, die zugeordnete Warnstufe und die ausgeführte Aktion sehen. Die Warnstufen und deren Bedeutung gleichen denen bei Microsoft Security Essentials. Mehr dazu lesen Sie im nächsten Abschnitt.

7 Wenn Sie nach **Extras** wechseln, können Sie sich die in Quarantäne befindlichen Programme anschauen. Werden »aus Versehen« Programme als Computerviren oder gefährliche Programme eingestuft, lassen diese sich im Dialog **Zugelassene Elemente** auflisten. Sie werden dann nicht noch einmal gemeldet. Stattdessen werden sie beim Untersuchen von Windows Defender ignoriert.

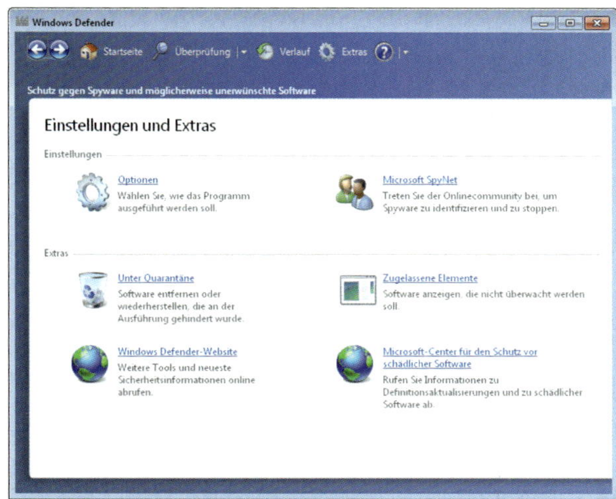

Abbildung 25.5 Über ***Einstellungen und Extras*** *sind verschiedene Dialoge zugänglich.*

8 Öffnen Sie die **Optionen**, und schalten Sie unter **Erweitert** die Überprüfung von E-Mails und Wechseldatenträgern an. Beide Funktionen sind in der Vorgabeeinstellung noch nicht aktiviert.

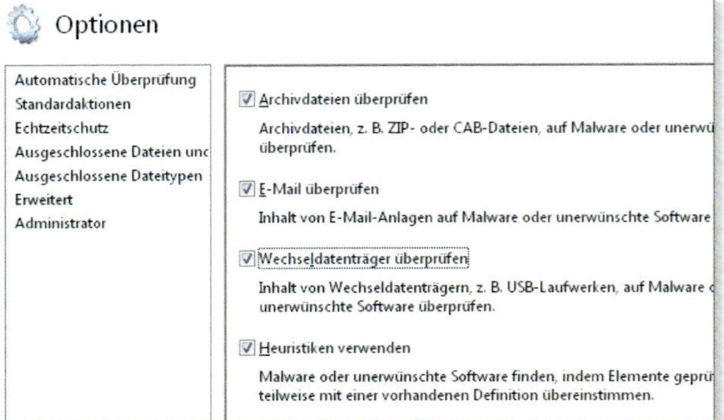

^ ***Abbildung 25.6*** *In diesem Beispiel habe ich auch die Überprüfung von E-Mails und von Wechseldatenträgern angeschaltet.*

25.3 Microsoft Security Essentials

Mit Microsoft Security Essentials bietet Microsoft ein kostenloses Antivirenprogramm an. Das Programm ist einfach zu bedienen und integriert sich gut in das Windows 7-System.

Die Möglichkeiten der Microsoft Security Essentials

Das Programm ist kostenlos. Sie müssen es lediglich aus dem Internet laden und auf Ihrem Rechner installieren (siehe den Abschnitt »Das Programm installieren und aktualisieren«, ab Seite 645). Die Bedienung ist sehr einfach. Es gibt keine verschachtelten Menüs oder versteckten Optionen. Das Tool holt sich aktuelle Virendefinitionen kostenlos aus dem Internet. Es wird automatisch aktualisiert.

Das Programm ist nicht nur für Privatanwender kostenlos. Auch kleine Unternehmen und Selbstständige dürfen das Programm auf bis zu zehn Rechnern verwenden. Mit dem Programm können Sie nicht nur eine schnelle Überprüfung des Rechners durchführen, es können auch einzelne Ordner auf eine Infektion mit Computerviren überprüft werden.

Anhand von Signaturen werden Malwareprogramme erkannt. Außerdem überprüft Microsoft Security Essentials, was Ihre Programme tun. Gerade neu installierte Anwendungen werden so auf verdächtige Aktionen überwacht. Geprüft werden Dateiaktivitäten, Zugriffe und Änderungen der Registrierungseinträge, Netzwerkaktionen und Systemaktionen. Verdächtige Aktionen, die nicht zum eigentlichen Programm gehören, werden erkannt. Auf diese Weise werden Schadprogramme gefunden.

INFO

Was ist Malware?
Ein Programm wird als Malware bezeichnet, wenn es nicht erwünschte Aktivitäten durchführt. So kann ein solches Programm sich vielfach kopieren, andere Daten löschen oder auch Sicherheitsfunktionen ausschalten. Mit Malwareprogrammen wird auch oft das Kauf- und Nutzungsverhalten von Anwendern ausspioniert. Die erhaltenen Daten werden unbemerkt über das Internet übertragen. Der Anwender kann dadurch später mit Werbeinformationen versorgt werden, die sich an den zuvor ermittelten Daten orientieren.

Wird ein Malwareprogramm nicht mit einem Antivirenprogramm ausgeschaltet, kann es passieren, dass es weiter aktiv bleibt, obwohl die zugehörige Anwendung bereits deinstalliert wurde. Der Anwender wird weiter ausspioniert.

Microsoft Security Essentials wertet die Inhalte einer Microsoft-Datenbank aus, in der zulässige und zertifizierte Anwendungen aufgelistet werden. So will man vermeiden, dass bekannte Anwendungsprogramme »aus Versehen« als Schadprogramme erkannt werden. Das Verfahren hat jedoch einen Nachteil: Nicht jedes Anwendungsprogramm wird in dieser Datenbank gelistet. So kann auch nicht jedes Programm überprüft werden.

Die aktuelle Version von Microsoft Security Essentials enthält ein sogenanntes Netzwerkinspektionssystem. Damit werden Exploits erkannt, wie zum Beispiel *Conficker*. Diese Funktion überwacht den Datenverkehr in und aus einem Netzwerk. Als Angriffe bekannte Aktionen werden durch das Programm abgewehrt. Sie müssen selbst keine Funktion aufrufen oder eine Meldung bestätigen. Microsoft Security Essentials führt die notwendige Aktion automatisch aus. Außerdem blockiert es Aktionen, die als Angriffe auf den Rechner erkannt werden.

INFO

Was sind Exploits?

Ein Exploit ist ein kleines Anwendungsprogramm, das Sicherheitslücken eines Betriebssystems oder Anwendungsprogramms nutzt. Sind die Lücken gefunden, versucht das Programm, die Rechte des Systemadministrators zu erhalten und Änderungen vorzunehmen.

Ein Exploit kann aus wenigen Befehlen bestehen. Es kann auch in einer anderen Datei, wie zum Beispiel einer Office-Datei oder einer Bilddatei versteckt sein.

Der Schaden, den ein Exploit anrichten kann, kann aber immens sein. Vor allem, wenn dabei persönliche Daten ausspioniert werden. Gut, dass die Security Essentials eine gute Prävention sind.

Microsoft Security Essentials schützt den Rechner des Anwenders vor gefährlichen Rootkits. Das Programm erkennt einige Rootkits und löscht diese oder bringt sie in Quarantäne. So werden verdächtige Aktionen und Veränderungen des Systemverhaltens erkannt. Sie weisen auf ein aktives Rootkit hin. Erkannt werden auch getarnte Rootkits. Ein Rootkit versucht, sich vor Antivirenprogrammen »zu verstecken«. Es agiert so, dass es nicht erkannt wird. Dieser Tarnkappenmodus wird aber durch Microsoft Security Essentials erkannt. Das Programm besitzt eine gute Funktion zum Entfernen von Rootkits.

INFO

Was sind Rootkits?

Ein Rootkit kann mit einem einfachen Antivirenprogramm nur schwer ausgemacht werden. Dieses kleine Schadprogramm verbirgt sich vor dem Antivirenprogramm. Es spioniert den Anwender aus oder schädigt seinen Rechner. Bei einem Bekannten hat ein solches Rootkit Teile der Festplatte als besetzt gekennzeichnet, sich mehrfach kopiert und so schrittweise den Rechner des Bekannten lahmgelegt. Am Ende blieb ihm nur noch das Formatieren der Festplatte und das Neuinstallieren der Programme übrig.

Beachten Sie bitte, dass ein gefährliches Programm nicht immer als solches erkannt wird. Antivirenprogramme werden zwar ständig weiterentwickelt. Dabei wird die Definitionsdatenbank des Programms, mit der Computerviren, Malware, Spyware und Rootkits erkannt werden, ständig verbessert und erweitert. Dennoch kann es vorkommen, dass neuartige Schadprogramme zunächst nicht als solche erkannt werden. Verlassen Sie sich daher nicht allein auf ein Antivirenprogramm, sondern schützen Sie Ihren Rechner mit einer Firewall. Sichern Sie regelmäßig wichtige Daten. Geben Sie Passwörter und Zugangsdaten nicht an Dritte weiter.

Das Programm installieren und aktualisieren

Wie bei anderen Antivirenlösungen auch, können Sie sich nur für eine Anwendung entscheiden. Befindet sich bereits ein Antivirenprogramm oder eine Sicherheitssuite auf Ihrem Rechner, müssen Sie diese entfernen. Erst danach können Sie Microsoft Security Essentials installieren.

Sie finden das Programm unter *http://www.microsoft.com/de-de/security_essentials/default.aspx*. Laden Sie es auf Ihren Rechner, und installieren Sie es. Ein Assistent führt Sie durch diesen Vorgang.

Beim ersten Start wird die Virendatenbank automatisch aktualisiert. Warten Sie, bis dies geschehen ist. Anschließend können Sie das Programm verwenden. Im **Windows Update** innerhalb der Systemsteuerung finden Sie unter den **Optionalen Updates** auch die Aktualisierungen für MS Security Essentials (siehe Abbildung 25.8).

Das Programm finden Sie im Windows-Programmmenü ganz oben. Es wird in keine Kategorie einsortiert und ist so sehr leicht zu finden und schnell zu öffnen.

Nach dem Start sehen Sie das Programmfenster mit seinen vier Registern **Startseite**, **Aktualisieren**, **Verlauf** und **Einstellungen** vor sich. Auf der Startseite sehen Sie eine Beurteilung Ihrer Computersicherheit. Von hier aus starten Sie auch einen Scan Ihres Rechners. Sie sehen hier auch, ob der Echtzeitschutz des Programms angeschaltet ist und ob die Virendatenbank aktuell ist.

Im unteren Bereich wird angezeigt, ob und wann ein automatischer Virenscan durchgeführt wird.

Startseite
Aktualisieren
Verlauf
Einstellungen
Sie haben seit einiger Zeit keinen Scanvorgang für den Computer durchgeführt. Dies kann ein Risiko für den Computer darstellen.
Echtzeitschutz: Ein
Viren- und Spywaredefinitionen: Aktuell
Jetzt scannen

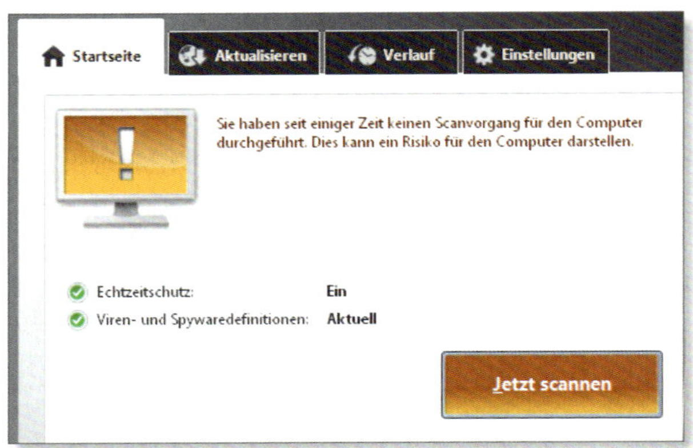

*^ **Abbildung 25.7** Im Startfenster von Microsoft Security Essentials werde ich darauf hingewiesen, dass es Zeit für einen Virenscan ist.*

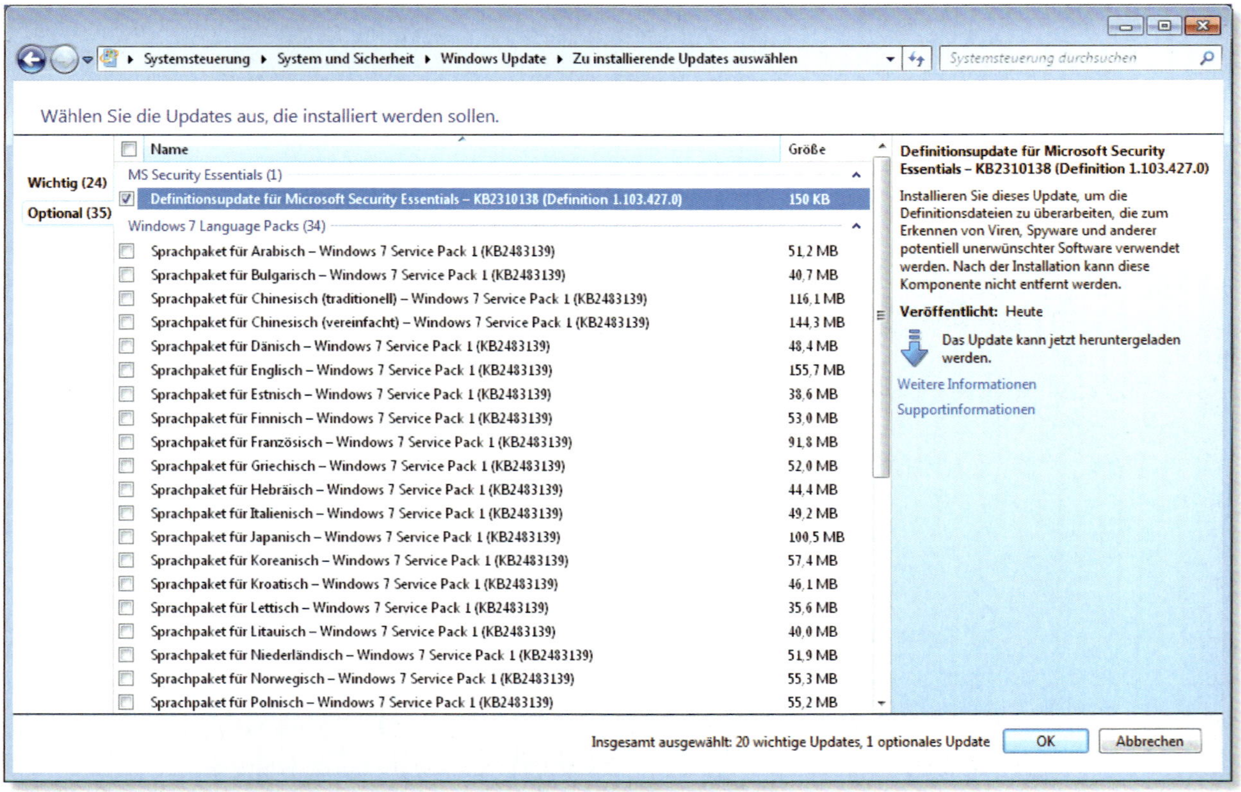

Systemsteuerung ▸ System und Sicherheit ▸ Windows Update ▸ Zu installierende Updates auswählen
Systemsteuerung durchsuchen
Wählen Sie die Updates aus, die installiert werden sollen.
Wichtig (24)
Optional (35)
Name
Größe
MS Security Essentials (1)
Definitionsupdate für Microsoft Security Essentials – KB2310138 (Definition 1.103.427.0) 150 KB
Windows 7 Language Packs (34)
Sprachpaket für Arabisch – Windows 7 Service Pack 1 (KB2483139) 51,2 MB
Sprachpaket für Bulgarisch – Windows 7 Service Pack 1 (KB2483139) 40,7 MB
Sprachpaket für Chinesisch (traditionell) – Windows 7 Service Pack 1 (KB2483139) 116,1 MB
Sprachpaket für Chinesisch (vereinfacht) – Windows 7 Service Pack 1 (KB2483139) 144,3 MB
Sprachpaket für Dänisch – Windows 7 Service Pack 1 (KB2483139) 48,4 MB
Sprachpaket für Englisch – Windows 7 Service Pack 1 (KB2483139) 155,7 MB
Sprachpaket für Estnisch – Windows 7 Service Pack 1 (KB2483139) 38,6 MB
Sprachpaket für Finnisch – Windows 7 Service Pack 1 (KB2483139) 53,0 MB
Sprachpaket für Französisch – Windows 7 Service Pack 1 (KB2483139) 91,8 MB
Sprachpaket für Griechisch – Windows 7 Service Pack 1 (KB2483139) 52,0 MB
Sprachpaket für Hebräisch – Windows 7 Service Pack 1 (KB2483139) 44,4 MB
Sprachpaket für Italienisch – Windows 7 Service Pack 1 (KB2483139) 49,2 MB
Sprachpaket für Japanisch – Windows 7 Service Pack 1 (KB2483139) 100,5 MB
Sprachpaket für Koreanisch – Windows 7 Service Pack 1 (KB2483139) 57,4 MB
Sprachpaket für Kroatisch – Windows 7 Service Pack 1 (KB2483139) 46,1 MB
Sprachpaket für Lettisch – Windows 7 Service Pack 1 (KB2483139) 35,6 MB
Sprachpaket für Litauisch – Windows 7 Service Pack 1 (KB2483139) 40,0 MB
Sprachpaket für Niederländisch – Windows 7 Service Pack 1 (KB2483139) 51,9 MB
Sprachpaket für Norwegisch – Windows 7 Service Pack 1 (KB2483139) 55,3 MB
Sprachpaket für Polnisch – Windows 7 Service Pack 1 (KB2483139) 55,2 MB
Definitionsupdate für Microsoft Security Essentials – KB2310138 (Definition 1.103.427.0)
Installieren Sie dieses Update, um die Definitionsdateien zu überarbeiten, die zum Erkennen von Viren, Spyware und anderer potentiell unerwünschter Software verwendet werden. Nach der Installation kann diese Komponente nicht entfernt werden.
Veröffentlicht: Heute
Das Update kann jetzt heruntergeladen werden.
Weitere Informationen
Supportinformationen
Insgesamt ausgewählt: 20 wichtige Updates, 1 optionales Update
OK
Abbrechen

*^ **Abbildung 25.8** Die Updates zu dem Programm können Sie über das **Windows Update** auswählen und installieren.*

INFO

Rechner nicht geschützt?
Meine Virendatenbank ist aktuell – dennoch meldet das Programm, dass mein Rechner nicht geschützt ist. Warum ist das so? Machen Sie sich keine Sorgen bei der Meldung *Computerstatus – Möglicherweise nicht geschützt*. Das Programm gibt diese auch aus, wenn Sie eine Zeit lang keinen Virenscan durchgeführt haben. Führen Sie eine Schnellüberprüfung durch. Nun sollte die Meldung verschwinden.

Eine Schnellüberprüfung des Rechners durchführen

Die Schnellüberprüfung macht ihrem Namen alle Ehre. Und so geht´s:

1 Starten Sie Microsoft Security Essentials.

2 Achten Sie darauf, dass im Register **Startseite** die Scanoption **Schnell** ausgewählt ist. Klicken Sie auf die Schaltfläche **Jetzt scannen**.

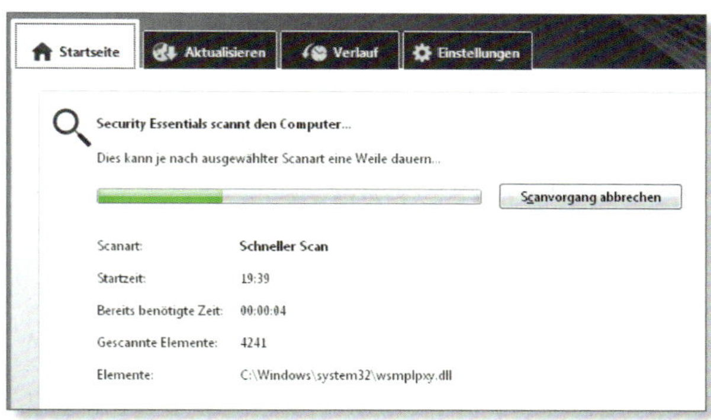

Abbildung 25.9 *Das Durchsuchen der Windows-Partition mit dieser Scanmethode geschieht recht schnell.*

Nach dem Scan ändert sich der Computerstatus in »Geschützt«. Außerdem meldet das Programm, wie viele Elemente überprüft worden sind und dass keine Bedrohungen gefunden wurden.

Die vollständige Überprüfung des Rechners

Sicherer ist natürlich eine vollständige Überprüfung des Rechners. Dazu gehen Sie so vor:

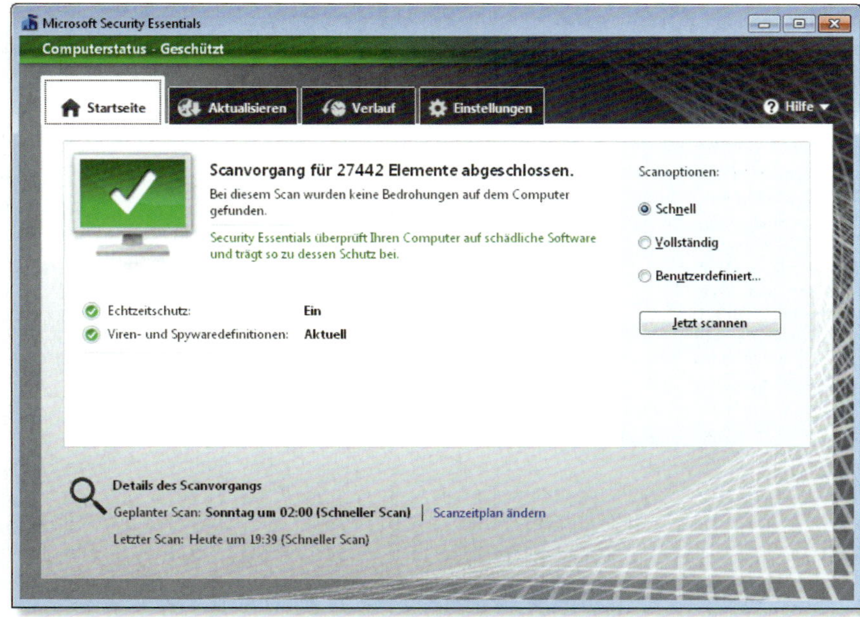

Abbildung 25.10 *Nach dem Abschluss des Scanvorgangs*

1 Starten Sie das Programm.

2 Schalten Sie im Register **Startseite** die Option **Vollständig** an.

3 Starten Sie den Scanvorgang mit einem Mausklick auf die Schaltfläche **Jetzt scannen**.

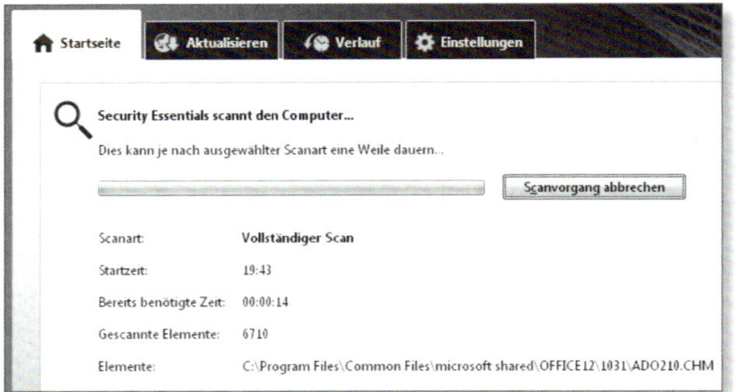

^ ***Abbildung 25.11** Für einen vollständigen Scan müssen Sie sich einige Zeit nehmen.*

So führen Sie eine benutzerdefinierte Überprüfung durch

Bei der benutzerdefinierten Überprüfung bestimmen Sie, welche Verzeichnisse untersucht werden. Damit können Sie einzelne Ordner scannen. So ist auch die Untersuchung einer einzelnen Partition, eines USB-Sticks oder einer angeschlossenen USB-Festplatte möglich. Die ersten Schritte entsprechen denen bei den anderen Scanmethoden:

1 Starten Sie das Programm.

2 Wählen Sie auf der Startseite **Benutzerdefiniert**, und klicken Sie auf **Jetzt scannen**.

3 Mit Optionskästchen wählen Sie aus, welche Datenträger und Ordner Sie untersuchen lassen möchten. Mit dem Kreuz vor einem Ordner oder einer Partition wird deren Inhalt sichtbar. Nun können Sie die enthaltenen Inhalte auswählen. Bestätigen Sie die Auswahl.

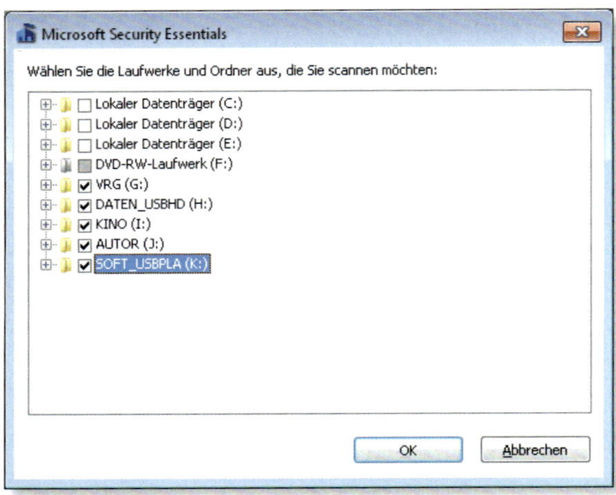

^ ***Abbildung 25.12** In diesem Beispiel habe ich alle Partitionen meiner USB-Festplatte gewählt.*

Ordner und Dateien direkt im Dateimanager untersuchen

Über das Kontextmenü können Sie auch einzelne Ordner im Windows-Explorer untersuchen. Sie müssen dazu nicht Microsoft Security Essentials starten.

1 Markieren Sie den Ordner, den Sie untersuchen möchten.

2 Öffnen Sie mit der rechten Maustaste das Kontextmenü. Wählen Sie **Scannen mit Microsoft Security Essentials**.

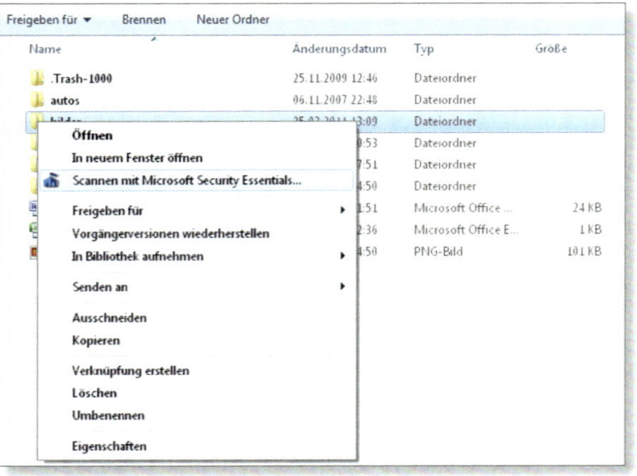

^ ***Abbildung 25.13** Über das Kontextmenü im Windows-Explorer untersuchen Sie einzelne Ordner und Dateien.*

Auf die genannte Art und Weise können Sie auch einzelne Dateien untersuchen.

Den automatischen Scan einstellen

Bei der Installation des Programms wird automatisch ein Zeitplan eingerichtet. Auf der Startseite sehen Sie im unteren Bereich, wenn Microsoft Security Essentials einen automatischen Scan vornimmt. Die Zeit ist nicht immer ideal gewählt. In meinem Beispiel findet der geplante Scan um 2.00 Uhr statt. Ob da mein Rechner noch an ist?

Die Korrektur dieses Zeitplans ist einfach und schnell erledigt:

1. Wählen Sie auf der Startseite des Programms **Scanzeitplan ändern**.
2. Die Einstellungen des Programms werden angezeigt. Wählen Sie die Scanart, den Tag und die Uhrzeit aus. In diesem Beispiel wählen Sie bitte **Vollständigen Scan**, **Freitag** und **15.00**. Bestätigen Sie mit **Änderungen speichern**.
3. Die Benutzerkontensteuerung von Windows 7 meldet sich. Wählen Sie **Ja**.

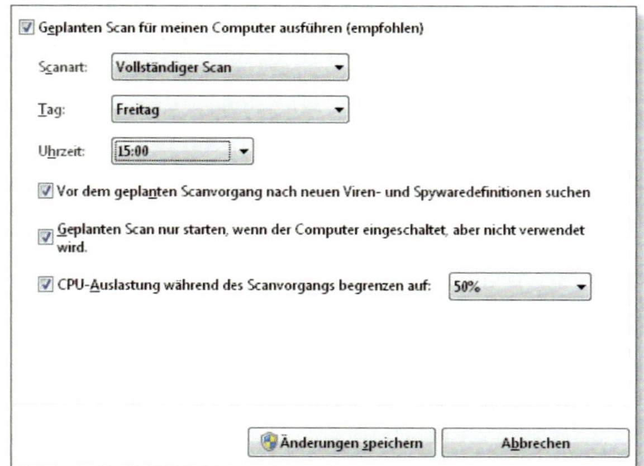

^ ***Abbildung 25.14*** *Freitag, so kurz vor Feierabend, ist sicher eine ganz gute Idee.*

Die Uhrzeit des automatischen Scans ist schnell korrigiert.

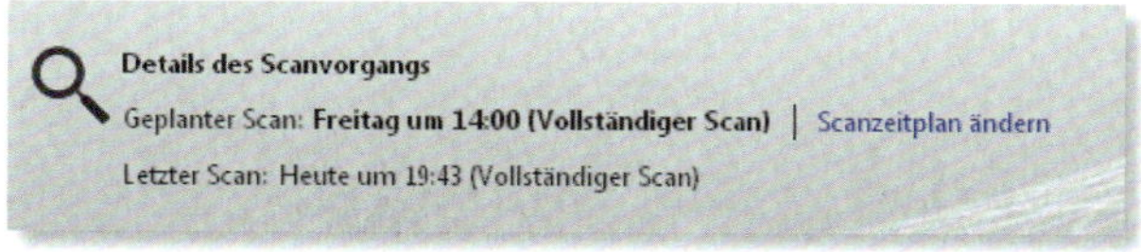

^ ***Abbildung 25.15*** *Die neue Zeitplanung wird auf der Startseite des Programms angezeigt.*

Wenn Sie den Virenscan lieber manuell durchführen möchten, können Sie den automatischen Scan auch ausschalten:

1. Klicken Sie auf der Startseite auf **Scanzeitplan ändern**.
2. Entfernen Sie das Häkchen aus dem Optionskästchen **Geplanten Scan für meinen Computer ausführen**.
3. Bestätigen Sie die Änderungen und die Benutzerkontensteuerung.

Um den automatischen Scan wieder anzuschalten, gehen Sie in gleicher Weise vor. Schalten Sie die Option an, und bestätigen Sie.

Die Echtzeitüberprüfung von Microsoft Security Essentials

Der Echtzeitschutz von Microsoft Security Essentials überprüft im Hintergrund alle Daten, die auf Ihren Rechner übertragen werden. Werden Viren, Spyware oder andere gefährliche Daten auf Ihren Rechner übertragen, meldet sich das Programm sofort.

Neben dem Aktivieren des Echtzeitschutzes bestimmen Sie auch, was das Programm überprüfen soll. So können Sie festlegen, dass alle Downloads überprüft werden, und ebenso, dass Microsoft Security Essentials die Arbeit der Anwendungsprogramme auf Ihrem Rechner überwacht. So können sich auch hier nicht unbemerkt Computerviren verbreiten und Schaden verursachen. Die **Verhaltensüberwachung** überprüft die Aktivitäten der Programme und die Internetdownloads. Werden andere Programme und Tools aktiv, die verdächtige Aktionen durchführen, meldet sich die

Software. Mit dem **Netzwerkinspektionssystem** wird, wie der Name schon sagt, das Netzwerk überwacht.

Ist der Echtzeitschutz von Microsoft Security Essentials ausgeschaltet, wird der Computerstatus auf »Gefährdet« gesetzt.

Abbildung 25.16 Ein rotes Symbol mit einem weißen Kreuz in der Mitte zeigt den Status »Gefährdet« in der Taskleiste von Windows 7.

In der Vorgabeeinstellung ist der Echtzeitschutz angeschaltet. In einem Beispiel habe ich ihn einmal ausgeschaltet. So kann ich Ihnen zeigen, wie Sie ihn aktivieren:

1. Wechseln Sie in Microsoft Security Essentials in das Register **Einstellungen**.
2. Schalten Sie die Option **Echtzeitschutz aktivieren** an. Überprüfen Sie, dass alle anderen Optionen in diesem Register ebenfalls angeschaltet sind.
3. Bestätigen Sie mit **Änderungen speichern**. Bestätigen Sie ebenfalls die Benutzerkontensteuerung.

Abbildung 25.18 Die Farbe des Infosymbols in der Windows-Taskleiste hat sich geändert. Nun findet sich hier ein grünes Symbol.

Die Quarantäne

Infizierte Dateien werden von Microsoft Security Essentials unter Quarantäne gestellt. Diesen Bereich können Sie sich wie einen Container vorstellen. Die Dateien werden so von allen anderen Daten auf Ihrem Rechner getrennt.

Microsoft Security Essentials teilt gefundene Computerviren und Schadprogramme in Warnstufen ein. Es gibt die Warnstufen *Schwerwiegend, Hoch, Mittel* und *Niedrig*. In den Einstellungen können Sie für jede Warnstufe auswählen, ob die gefundene Datei entfernt oder in der Quarantäne des Programms abgelegt werden soll. Bei den Warnstufen *Mittel* und *Niedrig* kann eine Anwendung auch zugelassen werden. Empfehlenswert ist es zwar, sie sofort zu entfernen. Beachten Sie aber, dass ein Antivirenprogramm nicht alles weiß und kennt. Es können auch Dateitypen als Com-

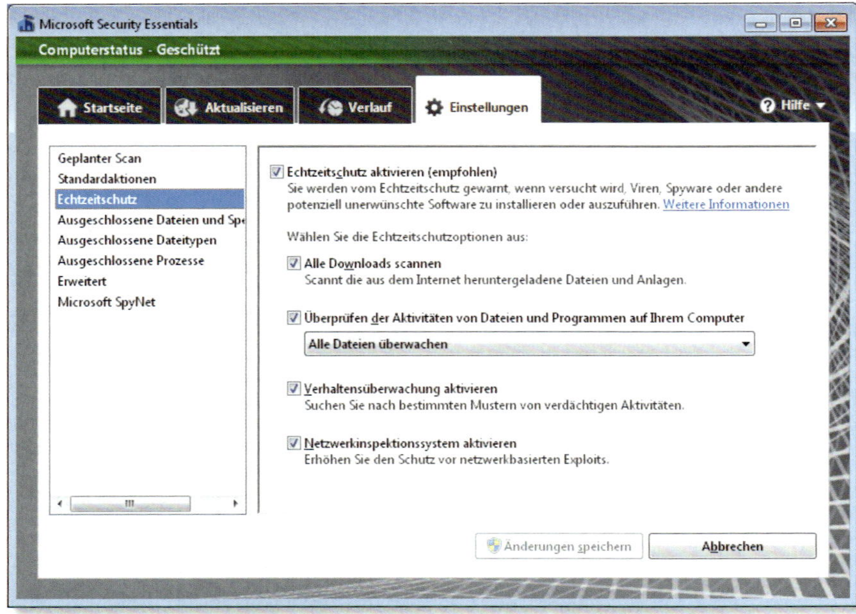

Abbildung 25.17 Der Echtzeitschutz wurde angeschaltet. Als Computerstatus wird nun wieder »Geschützt« angezeigt.

puterviren oder Schadprogramme gemeldet werden, die keine sind. Diese sollen natürlich nicht so einfach gelöscht werden.

In einer kleinen Übersicht habe ich Ihnen einmal die Warnstufen und deren Bedeutungen zusammengestellt:

- **Niedrig** – Zu dieser Warnstufe zählen unerwünschte Programme, die Informationen zu Ihrem Rechner oder über Sie selbst sammeln und die Funktionen am Rechner verändern. Das betreffende Programm hält sich an die Lizenzbedingungen, die es dem Anwender bei der Installation angezeigt hat.
- **Mittel** – Hierzu zählen Programme, die Ihre Privatsphäre verletzen und Funktionen am Rechner verändern. So kann es hier sein, dass der Anwender ausspioniert wird. Die erfassten Daten werden über das Internet an einen unbekannten Empfänger übertragen.
- **Hoch** – Ein Programm, das einer hohen Warnstufe zugeordnet wird, sammelt Informationen über den Anwender oder nimmt Veränderungen am Rechner vor.
- **Schwerwiegend** – Ein Programm, das der höchsten Warnstufe zugeordnet wird, verletzt die Privatsphäre des Anwenders oder nimmt Veränderungen am Betriebssystem des Rechners vor.

Alle Warnstufen von Microsoft Security Essentials sind recht allgemein beschrieben. Jedoch kann man sagen, dass ein Programm umso gefährlicher ist, je höher die zugeordnete Warnstufe ist.

In einem Beispiel möchte ich alle Bedrohungen löschen, die den Warnstufen *Schwerwiegend* und *Hoch* zugeordnet werden. Mittlere Bedrohungen sollen in Quarantäne kommen. Niedrige möchte ich ausführen lassen.

1. Wählen Sie in Microsoft Security Essentials die **Einstellungen**. Wählen Sie im Menü links **Standardeinstellungen**.
2. Öffnen Sie das Listenfeld unter der Warnstufe **Schwerwiegend**. Wählen Sie **Entfernen** aus.
3. In gleicher Weise stellen Sie bei **Hoch Entfernen** ein. Bei der Warnstufe **Mittel** entscheiden Sie sich für **Quarantäne**. Klicken Sie auf das unterste Listenfeld, und wählen Sie hier **Zulassen**.
4. Bestätigen Sie mit **Änderungen speichern**. Die Meldung der Benutzerkontensteuerung beantworten Sie mit **Ja**.

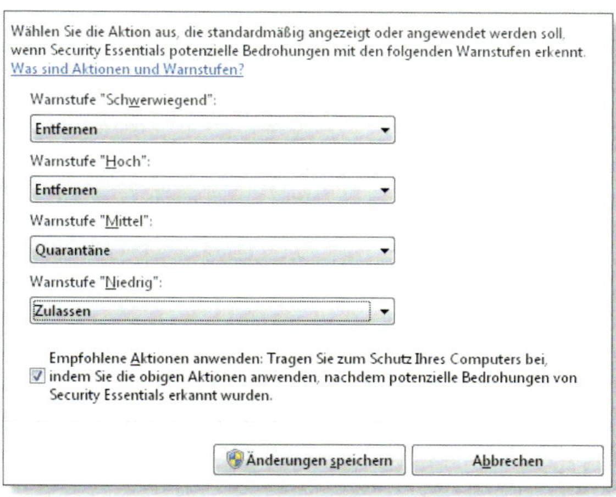

Abbildung 25.19 *Ordnen Sie jeder Warnstufe eine der möglichen Aktionen zu.*

Die in Quarantäne gesetzten Dateien sind so lange inaktiv, bis Sie diese wieder zulassen oder bis sie entfernt werden. Im Register **Erweitert** können Sie mit einer Option dafür sorgen, dass die Dateien nach einer bestimmten Zeit automatisch gelöscht werden. Das kann nach 1 bis 4 Tagen, ein oder zwei Wochen oder auch nach 1 oder 3 Monaten geschehen.

Im Verlauf sehen Sie die erkannten Elemente. Hier werden auch die Warnstufe und die ausgeführte Aktion aufgelistet.

Die Untersuchung beschleunigen

In den Einstellungen von Microsoft Security Essentials finden Sie drei Register, mit denen Sie bestimmte Elemente zulassen können. Diese Elemente werden dann

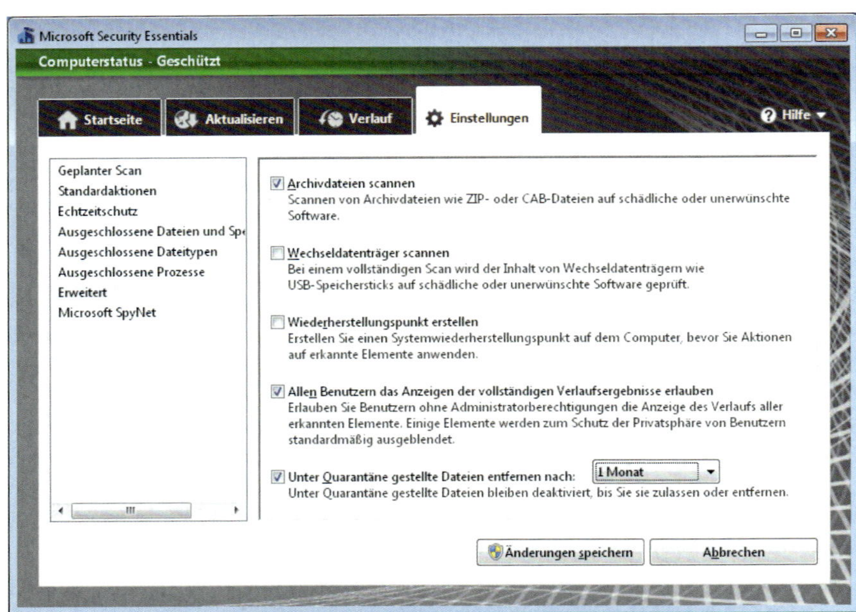

Abbildung 25.20 In diesem Beispiel habe ich dafür gesorgt, dass die Dateien, die sich in Quarantäne befinden, automatisch nach einem Monat gelöscht werden.

nicht als Bedrohung gemeldet und auch nicht als eine solche behandelt. Sinnvoll ist dies, wenn bestimmte Programme und Dateitypen nicht als sicher erkannt, sondern als Bedrohung eingestuft werden. Sie müssen sich allerdings sicher sein, dass das Objekt, das hinter einem Eintrag steht, auch wirklich unschädlich ist.

Microsoft Security Essentials unterscheidet nach Dateien und Speicherorten, nach Dateitypen und Prozessen. Für jeden dieser Elementtypen gibt es ein Register

Ein Ausschluss bestimmter Dateitypen kann einen Scanvorgang beschleunigen, aber gleichzeitig einen geringeren Schutz des Computers bedeuten. Wenn Sie mehrere Dateierweiterungen hinzufügen möchten, trennen Sie die Einträge im Textfeld durch ein Semikolon.

Dateierweiterungen:

Hinzufügen

Entfernen

Dateityp	Erweiterung
Textdokument	txt
GZ-Datei	gz
TGZ-Datei	tgz

Abbildung 25.21 In diesem Beispiel habe ich die drei Dateitypen ».txt«, ».gz« und ».tgz« eingetragen.

Die Optionen anpassen

Es gibt einige Einstellungen, die Sie vor der ersten Benutzung des Programms anpassen sollten. Einige sind nicht angeschaltet. Andere müssen Sie an Ihre Bedürfnisse anpassen. Auch zum Ausschalten gibt es etwas einzustellen.

1. Öffnen Sie das Register **Einstellungen**. Wählen Sie zuerst den Dialog **Geplanter Scan**. Sofern Sie eine automatische Suche nach Computerviren und anderen gefährlichen Programmen durchführen wollen, schalten Sie diese an. Korrigieren Sie die Zeit entsprechend Ihrem Nutzerverhalten. Wählen Sie die Scanart, den Tag und die Uhrzeit.
2. Wechseln Sie nach **Standardaktionen**, und legen Sie fest, was das Programm bei den einzelnen Warnstufen tun soll.
3. Schalten Sie als Nächstes den **Echtzeitschutz** an. Empfehlenswert ist es, hier alle Optionen anzuschalten.
4. Wechseln Sie zu **Erweitert**. Achten Sie darauf, dass hier das Scannen von Archivdateien angeschaltet ist. Dies ist die erste Option rechts oben. Das Scan-

nen von Wechseldatenträgern sollten Sie ebenfalls anschalten. Das Erstellen eines Wiederherstellungspunkts ist nicht empfehlenswert. Hier kann es durchaus passieren, dass im Wiederherstellungspunkt auch gefährliche Schadprogramme mitgesichert werden. Ob Sie allen Benutzern das Einsehen des Verlaufs erlauben oder nicht, hat keinen Einfluss auf die Programmaktivität. Diese Option können Sie ganz nach eigenem Wunsch wählen oder ausschalten.

5 Sind alle Einstellungen gemacht, bestätigen Sie. Tun Sie dies auch bei der Meldung der Benutzerkontensteuerung.

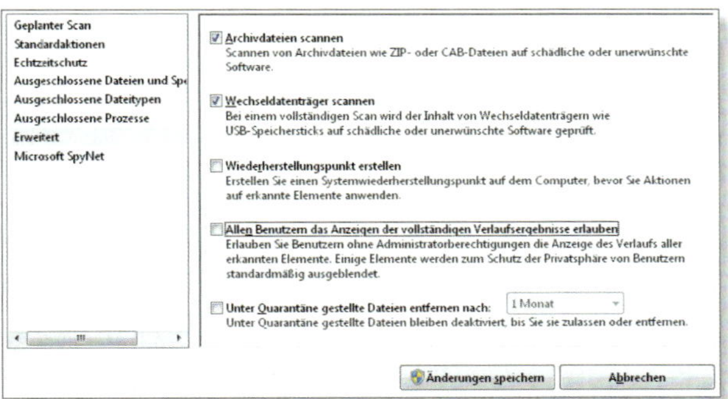

Abbildung 25.22 *Mit zwei Optionen habe ich dafür gesorgt, dass auch Archivdateien und Wechseldatenträger untersucht werden.*

Im letzten Dialog der Einstellungen können Sie die Mitgliedschaft im *SpyNet* ausschalten. Sie ist in der Vorgabe des Programmes angeschaltet. Mit ihr werden Informationen zu den erkannten Bedrohungen an einen von Microsoft betriebenen Server gesandt und dort ausgewertet. Das ist durchaus sinnvoll, da hier ja eine umfangreiche Datenbank mit den gefährlichen Programmen entsteht. Schalten Sie die Option aus, werden keine Daten an Microsoft gesendet. Es wird dann auch keine Meldung ausgegeben, wenn Programme gefunden wurden, die laut Microsoft SpyNet nicht klassifiziert sind.

Ich persönlich finde, diese Option sollte ausgeschaltet werden. In der mehrzeiligen Erklärung zur Basis-Mitgliedschaft findet sich nämlich auch der Hinweis, dass es in einigen Fällen zum ungewollten Übertragen von persönlichen Informationen kommen kann.

Scrollen Sie einmal nach unten, findet sich hier auch eine Premium-Mitgliedschaft. Bei dieser werden zusätzliche Daten an Microsofts Dienst SpyNet übertragen. Dazu gehören der Ort, an dem die gefährlichen Programme abgelegt wurden, die Namen der Dateien, Daten zur Funktion der Programme und Informationen zu der Beeinflussung des Rechners.

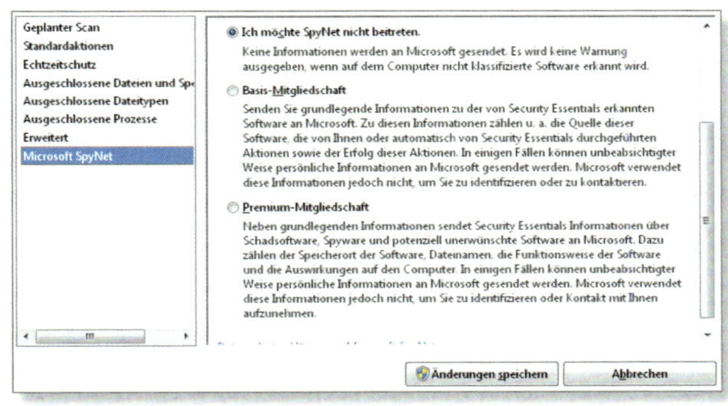

Abbildung 25.23 *Bereits nach der Installation erhalten Sie eine Basis-Mitgliedschaft im Microsoft-Dienst SpyNet.*

25.4 Alternative Sicherheitsprogramme

Es gibt auf dem Markt eine ganze Reihe alternativer Sicherheitsanwendungen. Ich möchte nicht sagen, dass diese besser oder schlechter sind als die kostenlosen Varianten Microsoft Security Essentials und Windows Defender. Jedoch erhalten Sie hier mehr Funktionen. In der Regel findet das Programm mehr Schadprogramme und Computerviren. Eine Aktualisierung erfolgt öfter. Auch neue Bedrohungen werden erkannt. Aber: Die Programme verfügen über viele Funktionen, von denen einige nicht für jeden Anwender notwendig sind. Oft wird ein Windows 7-Rechner durch die Nutzung eines solchen Programms langsamer. Das Schutz- und Antivirenprogramm verbraucht eine ganze Menge an

Arbeitsspeicher. Einige »Automatik-Funktionen« sind nicht wirklich sinnvoll, um den Schutz des Rechners zu erhöhen. So werden Windows-Dienste und -Programme automatisch als sicher eingestuft, obwohl gerade diese Dienste und Programme zu den ersten Angriffszielen von Hackern und Virenprogrammierern zählen. Sie können oft keine Firewall eines anderen Anbieters mit einer Antivirenlösung kombinieren. Bereits die Installation wird verweigert. Sie erhalten ein Update für einige Monate bis zu einem Jahr und müssen danach ein neues Update kaufen.

Ich möchte an dieser Stelle keine Kaufempfehlung abgeben. Sie müssen selbst entscheiden, ob Sie eine Antivirenlösung oder eine Sicherheitssuite kaufen und damit Ihren Rechner absichern.

INFO

Programm oder Suite?
Man unterscheidet zwischen einfachen Antivirenprogrammen und Sicherheitssuites. Bei einem Antivirenprogramm handelt es sich, wie der Name bereits verrät, um ein Programm, das nach Computerviren und gefährlichen Programmen sucht. Mit der Suite erhalten Sie zusätzlich eine Firewall. Oft gibt es weitere Funktionen, wie zum Beispiel Datensicherungen.

Wie bei den meisten Dingen und Entscheidungen im Leben gibt es Pros und Contras. Stellen wir die Vor- und Nachteile eines kommerziellen Antivirenprogramms bzw. einer Sicherheitssuite einmal zusammen:

Vorteile

- Aktuelle Bedrohungen werden erkannt.
- Es gibt häufige Updates.
- Viele Funktionen sichern den Rechner ab.

Nachteile

- Sie binden sich für eine Zeit an den Hersteller des Programms und müssen danach ein Update kaufen.
- Einige Automatik-Funktionen stufen Windows-Dienste und bekannte Programme als sicher ein, obwohl diese oft Angriffsziele von Computerviren und Hackern sind.
- Nicht jede Funktion wird wirklich benötigt. Gerade Sicherheitssuites sind mit vielen Funktionen überladen.
- Die Nutzung eines Sicherheitsprogramms schließt die Nutzung eines zweiten Sicherheitsprogramms von einem anderen Hersteller aus. So verträgt sich zum Beispiel die Freeware-Firewall ZoneAlarm nicht mit der Sicherheitssuite oder dem Antivirenprogramm von Symantec.
- Pro Rechner ist eine Lizenz notwendig. Es gibt jedoch auch Familien-Lizenzen und Lizenzen für die Nutzung auf mehr als einem Rechner.

Mit der letzten Option habe ich so meine Probleme. In der Praxis kann ich unmöglich für jedes Notebook, jeden Desktop-Rechner und jede Wechselfestplatte ein einzelnes Antivirenprogramm kaufen und bevorzuge daher freie Varianten.

Verschiedene Sicherheitsprogramme kurz vorgestellt

In der folgenden Übersicht möchte ich Ihnen verschiedene Antivirusprogramme und Sicherheitslösungen vorstellen. Die Liste ist nicht vollständig. Ich habe jedoch versucht, eine Auswahl verschiedener Programme und Sicherheitssuites zusammenzustellen.

Microsoft Safety Scanner

Microsoft Safety Scanner ist ein kostenloses Programm, mit dem Sie Ihren Rechner auf eine Infektion mit Computerviren durchsuchen können. Es sucht nach Viren, Spyware und anderen Schadprogrammen. Sie finden das Programm unter *http://www.microsoft.com/security/scanner/de-de/default.aspx*. 10 Tage nach dem Download läuft die Nutzungslizenz ab. Um es weiter verwenden zu können, müssen Sie es erneut herunterladen und installieren.

Das Tool ist eine Ergänzung zu Ihrem vorhandenen Antivirenprogramm. Neben dem kleinen Tool, das Sie installieren müssen, ist das eigentliche Virussuchtool ein Webdienst.

Tool zum Entfernen bösartiger Software

Das von Microsoft stammende Miniprogramm *Tool zum Entfernen bösartiger Software* ist ein Werkzeug, mit dem Sie ganz spezielle bösartige Programme von Ihrem Rechner entfernen können. Jeden zweiten Dienstag im Monat gibt es eine neue Version dieses Tools. Entfernt werden Programme wie zum Beispiel *Blaster*, *Sasser* und *Mydoom*. Dieses Programm ist ebenfalls kostenlos. Sie finden es im Microsoft Downloadcenter unter *http://www.microsoft.com/downloads/de-de/*.

INFO

Infoseiten zum Thema Sicherheit
Microsoft enthält einige Webseiten zum Thema Sicherheit. Das *Malware Protection Center* finden Sie unter *http://www.microsoft.com/security/portal/default.aspx*. Das *Safety & Security Center* ist unter der Adresse *http://www.microsoft.com/security/pc-security/malware-removal.aspx* zu erreichen. Die genannten Websites sind leider in englischer Sprache. Eine deutsche Version dieser Seiten gibt es nicht. Eine gute Alternative ist *https://www.microsoft.com/germany/protect/default.mspx*. Interessant ist auch der Blog *http://blogs.technet.com/b/michaelkranawetter*.

Beachten Sie bitte, dass es gelegentlich gefälschte Websites zum Thema »Sicherheit mit Windows/Microsoft« gibt. Über diese werden gefälschte Programmversionen und mit gefährlichen Programmen infizierte Dateien vertrieben.

AntiVir

Das Programm *AntiVir* gibt es in einer für Privatanwender kostenlosen Version. Sie finden es im Internet unter *http://www.avira.com/de/avira-free-antivirus*. Die kostenpflichtige Premium-Version untersucht auch E-Mails und den Datenverkehr einer Internetverbindung. Mit der *Security Suite* gibt es weitere Funktionen dazu. Diese sind für Anwender interessant, die ihren Rechner mit anderen Anwendern zusammen benutzen. Auch Geldgeschäfte werden abgesichert.

Sicherheitsprogramme von G Data

Von *G Data* gibt es ein Antivirusprogramm, eine Sicherheitssuite und weitere Programme zum Schutz des Rechners. Im Vergleich zu anderen Programmen sind diese recht günstig im Handel erhältlich. Da es jedoch 5 verschiedene Programme gibt, fällt die Auswahl des richtigen Programms nicht so leicht. *AntiVirus* oder *Internet Security* sollte die richtige Wahl sein. In *Total Care* finden Sie zusätzlich ein Backupprogramm, ein Datenrettungstool und eine Tuningfunktion. Mehr Informationen finden Sie unter *http://www.gdata.de/*.

Macht ein Antivirusprogramm den Rechner wirklich langsamer?

Diese Frage kann ich leider nicht genau beantworten. Hierzu müsste man auf dem gleich ausgerüsteten Rechner einen Geschwindigkeits- und Leistungstest durchführen. Der Windows-Leistungsindex beinhaltet nur wenige Tests und eine zu ungenaue Bewertung. Das Programm *SiSoft Sandra* (*http://www.sisoftware.net*) bietet eine bessere Bewertung. Seine »Benchmarks« sind ausführlicher.

Dennoch habe ich den Windows 7-eigenen Test vor dem Verwenden von *Norton 360* und während der Nutzung des Programms ausgeführt. Er ermittelt einen Bewertungsindex von 4,7.

Nach der Installation und dem Freischalten von Norton 360 habe ich den Leistungsindex noch einmal durchgeführt. Der Windows 7-eigene Benchmark brachte keine schlechteren Ergebnisse.

Es macht mich ein wenig skeptisch, aber anscheinend wirkt sich die Antivirussuite nur unwesentlich auf die Leistung des Rechners aus.

Antivirusprogramme von Kaspersky

AntiVirus und *Internet Security* aus dem Hause Kaspersky sind recht einfach zu bedienen. Es gibt die Programme auch mit Lizenzen für 3 oder 5 PCs. Die Programme schützen vor Viren, Würmern, Trojanern, Spy- und Adware. In der Sicherheitssuite ist eine Firewall vorhanden. Der Anwender kann Programme blockieren oder deren Anwendung erlauben. Links auf gefälschte Websiten und HTML-Seiten, von denen gefährliche Programme vertrieben werden, werden blockiert. Messenger-Verbindungen werden geschützt. Passwörter kann der Anwender über eine auf dem Bildschirm eingeblendete Tastatur eingeben.

Im Internet können Sie sich Informationen zu den verschiedenen Sicherheitsprogrammen unter der Adresse *http://www.kaspersky.com/de/* ansehen. Schauen Sie sich auch das Programm *PURE Total Security* an. Mit ihm können Online-Accounts geschützt werden.

Sicherheitsprogramme von Bitdefender und F-Secure

Bitdefender bietet ein Antivirusprogramm, eine Sicherheitssuite, ein umfangreiches Sicherheitspaket und ein Netbook-Tool. Informationen dazu finden Sie unter *http://www.bitdefender.de/*.

F-Secure bietet ebenfalls eine Sicherheitssuite an. Unter der Adresse *http://www.f-secure.com/de/web/home_de/home* finden Sie dazu nähere Informationen. Hier können Sie auch einen kostenlosen Online-Virenscanner nutzen.

Sicherheit von ZoneAlarm

Aus dem Hause *ZoneAlarm* kommt nicht nur eine gute Firewalllösung für Homeanwender. Hier finden Sie auch ein Antivirusprogramm und eine Sicherheitslösung. Wer richtig »viel« Sicherheit möchte, greift zur *Extreme Security-Edition*. Informationen dazu finden Sie unter *http://www.zonealarm.de/*.

Antivirenprogramme von McAfee

McAfee bietet Ihnen die Auswahl zwischen einem Antivirenprogramm, einer Sicherheitssuite und einer erweiterten Sicherheitssuite. Eine Übersicht dazu können Sie sich unter *http://home.mcafee.com/Default.aspx* anschauen.

Antivirenprogramme von Norton

Bei Norton gibt es ebenfalls eine einzelne Antivirenlösung und ein Sicherheitspaket. Mit *Norton 360* erhalten Sie zudem ein Programm, das auf eine einfache Bedienung setzt. Informationen zu diesen Programmen finden Sie unter *http://www.symantec.com/de/de/index.jsp*.

Welches Programm ist das richtige?

Für welches Programm soll ich mich entscheiden? – Diese Frage kann und will ich nicht beantworten. Die Sicherheitsfunktionen sind oft ähnlich. Alle Sicherheitsprogramme suchen nach Computerviren, Spyware, Malware und anderen gefährlichen Programmen. Es gibt bei allen Programmen regelmäßige Updates und eine übersichtliche Bedienoberfläche. Um die Vor- und Nachteile der Programme abzuwägen, müsste man auf mehreren gleich ausgerüsteten Rechnern alle Programme über einen längeren Zeitraum testen. Ein derartiges Testlabor steht mir jedoch nicht zur Verfügung. Ich möchte auch keine Kaufentscheidung beeinflussen. Welches Programm Sie verwenden, bleibt letztendlich Ihnen überlassen.

Jedoch – *eines* sollten Sie unbedingt verwenden. Nur mit einem aktuellen Antivirenprogramm und einer Firewall können Sie Ihren Rechner vor Schadprogrammen schützen.

25.5 Norton 360 in der Praxis

Norton 360 zeichnet sich durch eine einfache Bedienung und eine Reihe interessanter Funktionen aus. Das Programm beinhaltet ein Antivirusprogramm, Firewall- und Tuiningfunktionen. Der Version 5.0 habe ich mir für dieses Buch einmal näher angesehen.

Bevor Sie eine Sichrerheitssuite installieren, sollten Sie ein Systemabbild erstellen. So können Sie den gesicherten Zustand wiederherstellen, falls dies notwendig sein sollte.

Das Programm installieren und starten

Norton 360 besitzt keinen Installationsassistenten. Sie starten die Installation von Hand. Eine benutzerdefinierte Installationsvariante steht somit leider nicht zur Verfügung. Die Option zur Unterstützung von Norton, mit der Daten über bösartige Programme von Ihrem Rechner zu dem Server von Norton übertragen werden, ist in der Vorgabeeinstellung angeschaltet.

Nach der Installation startet das Programm die Aktivierung der Software. Sie müssen hier zusätzlich eine E-Mail-Adresse angeben und einen Account erstellen. Eine Adresse bei GMX oder einem anderen Freemail-Anbieter tut es auch.

Das Programm wird über einen übersichtlichen Startbildschirm gesteuert (siehe Abbildung 25.24). Hier sehen Sie, wie es um Ihre PC-Sicherheit steht und ob Ihre privaten Daten und Zugangsinformationen sicher vor dem Zugriff Dritter sind. Von hier aus werden Sie an das Erstellen einer Datensicherung erinnert und sehen, ob Ihr Rechner automatisch optimiert wird oder ob dies nicht der Fall ist.

Fahren Sie mit der Maus auf eine der vier Anzeigen, werden verschiedene Funktionen sichtbar. Weitere sind über die Menüleiste abrufbar. Im unteren Bereich sehen Sie, wie lange Sie das Programm nutzen können. Ist diese Zeit abgelaufen, müssen Sie das Abonnement verlängern.

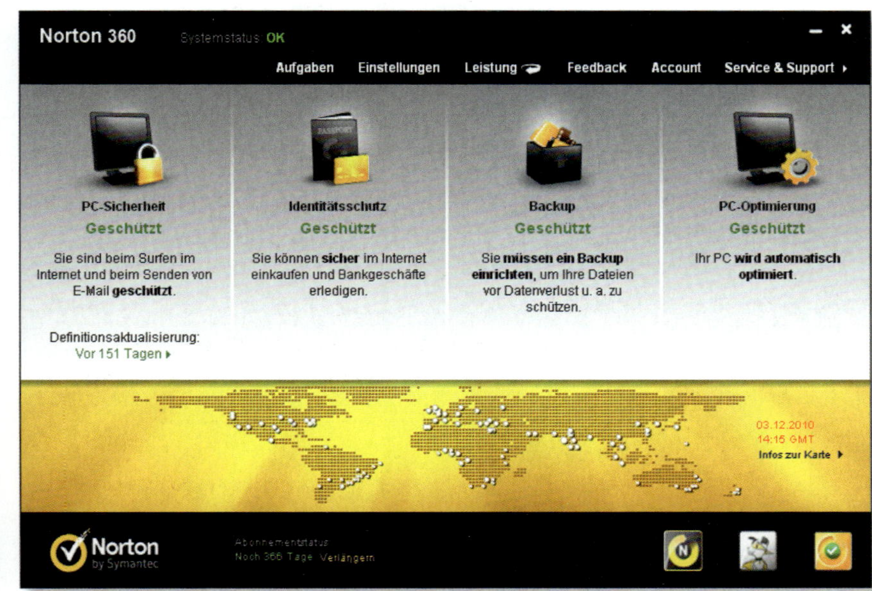

< ***Abbildung 25.24*** *Im Startbildschirm sehen Sie die verschiedenen Meldungen des Programms.*

Ein Blick in den Einstellungsdialog zeigt, dass das Programm alles andere als einfach zu bedienen ist. Es gibt eine wahre Flut an Einstellungsoptionen. Einige Funktionen sind nicht erklärt und erschließen sich dem Anwender nur schwer. Es gibt zudem eine ganze Reihe von Funktionen, deren Nutzen zweifelhaft ist. Wozu brauche ich eine »Benachrichtigung über Sonderangebote« in meiner Antivirussuite? Was genau tut der »Norton Produktmanipulationsschutz«? Warum ist ein mehrstufiges »Ressourcen-Schwellenwert-Profil für Warnmeldungen« nötig?

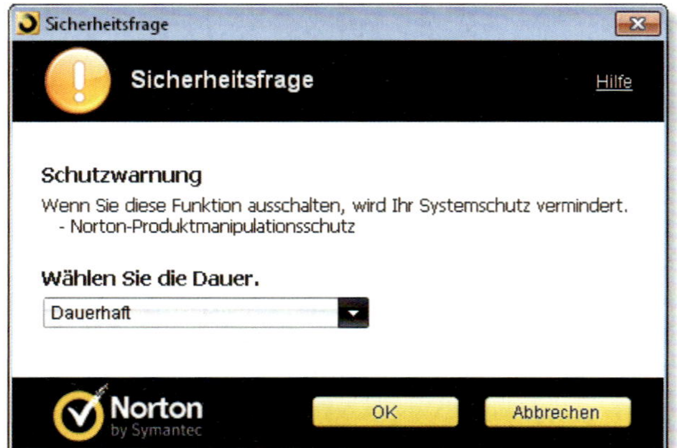

Abbildung 25.25 Beim Ausschalten bestimmter Funktionen klappt eine Warnmeldung auf. Ich kann wählen, wie lange die Funktion ausgeschaltet werden soll.

Eine kleine Karte im Startbildschirm zeigt weltweite Virenaktivitäten. Klicken Sie einmal auf **Infos zur Karte**, wird ein Laufband eingeblendet. Sie sehen nun aktuelle Bedrohungen und Warnmeldungen.

Die Virendatenbank aktualisieren

Wie bei allen Antivirenprogrammen und Sicherheitssuites sollten Sie zuerst die Virendatenbank aktualisieren.

Dazu führen Sie die Maus auf die Schaltfläche **PC-Sicherheit**. Wählen Sie unter den nun eingeblendeten Funktionen **Live-Update ausführen**.

Weiter ist keine Aktion notwendig. Sie müssen auch keine Meldung bestätigen. Das Programm lädt sofort die aktuellste Virendatenbank auf den Rechner und installiert diese.

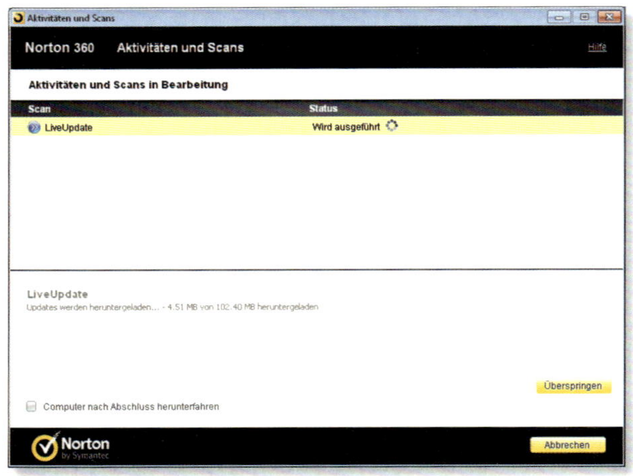

Abbildung 25.26 Norton 360 wird aktualisiert. Nach dem Aktualisieren ist ein Neustart notwendig.

Einen Virenscan ausführen

So starten Sie einen Virenscan mit Norton 360:

1. Führen Sie die Maus auf **PC-Sicherheit**. Wählen Sie **Scan durchführen**.
2. Schalten Sie die Option **Quick Scan** an. Starten Sie den Vorgang mit **Ausführen**.

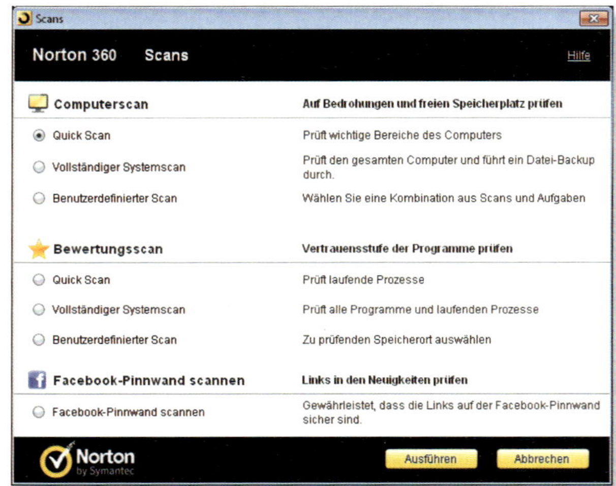

Abbildung 25.27 Ein schneller Virenscan wird ausgeführt.

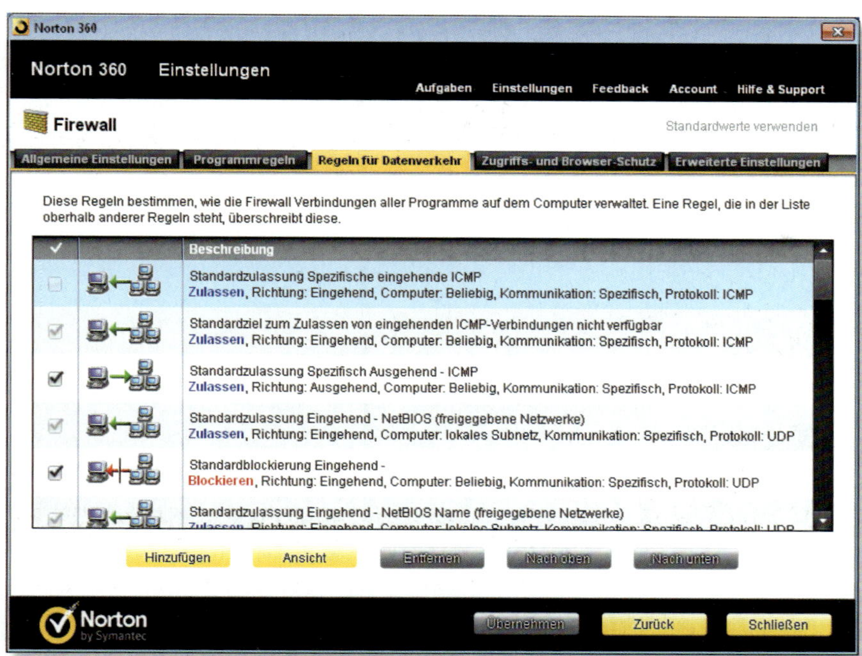

< ***Abbildung 25.28*** *Die Funktionen von Norton 360 erfordern eine gewisse Einarbeitungszeit und technisches Verständnis.*

Auf den gleichen Weg können Sie einen vollständigen und einen benutzerdefinierten Scan durchführen.

Eine Besonderheit von Norton 360 ist, dass Sie auch die Pinnwand einer Facebook-Seite überprüfen können. Daneben lässt sich auch ein sogenannter **Bewertungsscan** durchführen. Hierbei wird die Vertrauensstufe der Programme von Norton 360 überprüft und bewertet.

Die Firewall verwenden

Die Firewall versucht, Programme automatisch als Bedrohungen oder als vertrauenswürdig einzustufen. In den Programmregeln finden Sie wichtige Windows-Dienste und die installierten Programme. Die Firewallregeln sind auf **Automatisch** gesetzt. Sie können hier auch Anwendungen und Dienste blockieren oder auf **Zulassen** setzen.

Norton 360 versucht, Angriffe von außen automatisch zu erkennen und zu blockieren. Mit Regeln wird bestimmt, wie Norton 360 mit ein- und ausgehenden Verbindungen umgeht. Sie wählen eine Regel über ein Optionskästchen. Jedoch ist die Beschreibung einer Regel nicht einfach zu verstehen.

An dieser Stelle kann ich Ihnen leider die vielen Firewall- und Sicherheitsfunktionen nicht näher erklären. Das würde in diesem Buch zu weit führen. Mein Tipp: Nutzen Sie zunächst die Programmvorgaben. Arbeiten Sie sich schrittweise vor, und lesen Sie die Hilfstexte aufmerksam durch.

Der Silent Mode

Interessant ist der Ruhemodus, der *Silent Mode*. Er sorgt dafür, dass das Programm nicht »aus Versehen« eine Anwendung blockiert. Denn wenn das Programm eine Bedrohung erkennt, wird dieser Prozess unterbrochen und eine Meldung erscheint. Verwendet wird dies beim Brennen von CDs und DVDs, beim Nutzen einer Vollbilddarstellung und beim Aufzeichnen von Videos und Musikinhalten mit dem Media Center. Zusätzlich können Sie weitere Programme eintragen, bei denen dieser Silent Mode genutzt werden soll. Verwenden Sie ihn unbedingt auch bei Spielen.

Den Silent Mode einstellen

Ein solch ergänzender Beitrag ist einfach und schnell erstellt:

1. Wählen Sie im Hauptfenster des Programms **Einstellungen**.
2. Wechseln Sie nach **Verwaltungseinstellungen**. Scrollen Sie nach unten bis zu den **Silent-Mode-Einstellungen**. In der Zeile **Benutzerspezifische Programme** klicken Sie auf **Konfigurieren**.

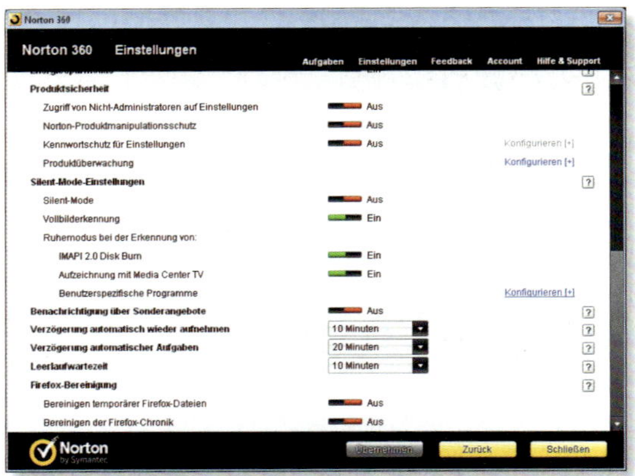

*^ **Abbildung 25.29** Ein Programm wird dem Silent-Mode hinzugefügt.*

3. Der Dialog ist noch leer. Mit **Hinzufügen** wählen Sie ein Programm. Markieren Sie die ausführbare Programmdatei, und bestätigen Sie.

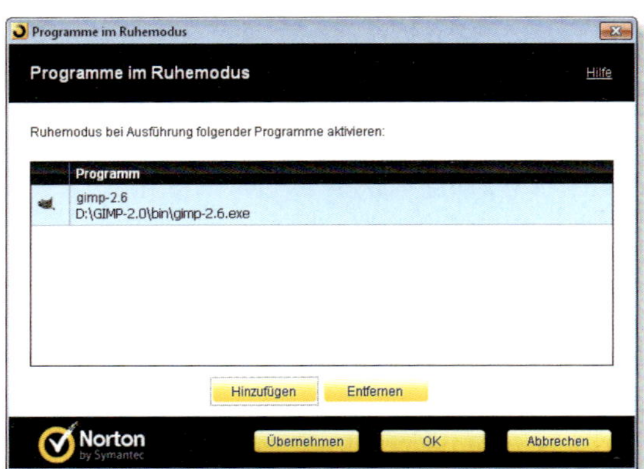

*^ **Abbildung 25.30** Tragen Sie ein Programm in Norton ein. Besonders Computerspiele sollten Sie eintragen.*

25.6 Kaspersky Internet Security

Auch *Kaspersky Internet Security* prüft den Rechner des Anwenders auf vertrauenswürdige Anwendungsprogramme. Dabei wird auf eine hauseigene Internetdatenbank zugegriffen. Darauf basierend teilt das Programm jeder Anwendung Rechte zu. So können Systemressourcen nicht unbemerkt genutzt werden.

Allgemeines zu Kaspersky Internet Security

Kaspersky Internet Security schützt vor Computerviren, Rootkits, Bootkits, Keyloggern, Malware, Spyware und vielen anderen gefährlichen Programmen. Es gibt eine Kindersicherung. Sie können eine Notfall-CD erstellen und einen Webfilter nutzen. Sehr »cool« kommt das für die Windows 7-Aero-Oberfläche geschaffene Desktop-Gadget daher. Mit ihm sehen Sie, ob das Sicherheitsprogramm aktiv ist, und können das Programm mit seinem Startfenster öffnen. Mit der Schaltfläche links unten öffnen Sie die Berichte des Programms. Mit der Schaltfläche rechts unten kann ein Programm »sicher vor Angriffen« gestartet werden.

*^ **Abbildung 25.31** Das kleine Gadget gehört zur Kaspersky Internet Security.*

Nach der Installation startet das Programm automatisch ein Update und einen ersten Virenscan. Im Schutz-Center, dem Hauptfenster des Programms, können Sie anhand einer Zahl rechts unten verfolgen, wie viele Objekte bereits untersucht wurden. Im oberen Teil des Dialogfensters sehen Sie den Hinweis darauf, dass die Datenbanken aktuell sind. Die Aktivität des Programms hat keinen allzu großen Einfluss auf die Leistung des Rechners. Der Windows-Leistungsindex vermindert sich durch Kaspersky Internet Security nicht.

Abbildung 25.32 *Das Startfenster*

Über das Startfenster sind alle Funktionen erreichbar. Hier sehen Sie auch, ob die Virusdatenbank auf einem aktuellen Stand ist, wie lange die Lizenz noch gültig ist und wie viele Objekte auf eine Infektion mit Viren oder anderen gefährlichen Programmen untersucht wurden.

Kaspersky wählt, sofern eine infizierte Datei gefunden wird, die passende Aktion selbst. In den Einstellungen können Sie dies ausschalten und stattdessen versuchen, das Objekt desinfizieren zu lassen (siehe Abbildung 25.33). Das heißt, das Programm versucht, das Computervirus aus der infizierten Datei zu entfernen. Mit einer zweiten Option wird die Datei gelöscht, falls eine Desinfektion nicht möglich ist. Beide Optionen ergänzen sich gut: So wird erst eine Desinfektion versucht. Gelingt dies nicht, wird die Datei gelöscht.

Kaspersky Internet Security nutzt den Leerlauf des Rechners für eine Untersuchung. Leerlauf heißt hier, dass sich ein Benutzer abmeldet oder den Computer schließt (d. h., er klappt den Bildschirm des Notebooks herunter). Die Untersuchung wird ebenfalls ausgeführt, wenn ein Bildschirmschoner länger als 5 Minuten läuft.

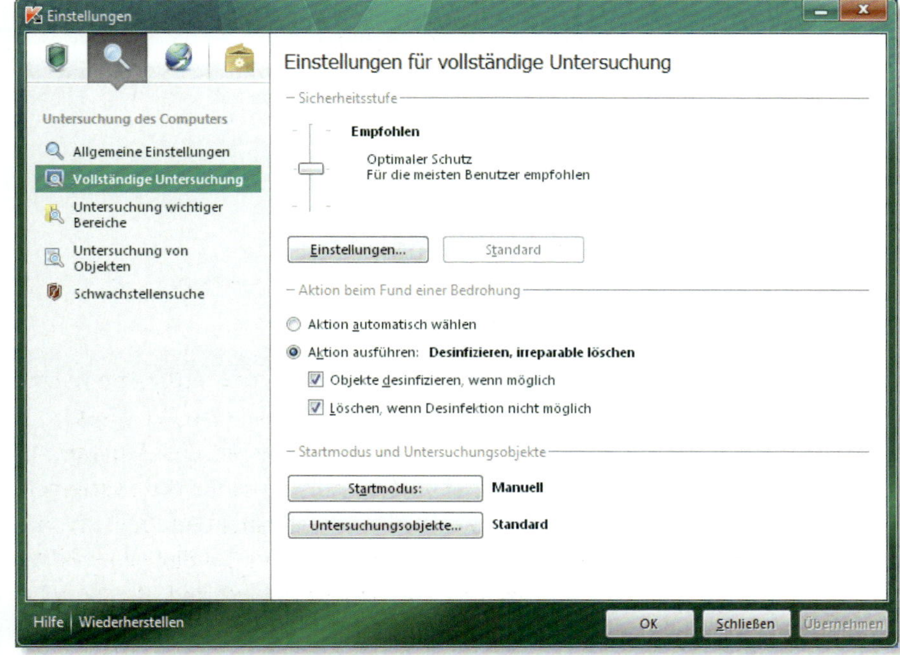

Abbildung 25.33 *Hier habe ich die automatische Auswahl der richtigen Aktion beim Finden einer infizierten Datei ausgeschaltet.*

Nach Viren und gefährlichen Programmen suchen

Bereits wenn Sie einen Wechseldatenträger per USB-Kabel mit Ihrem Rechner verbinden, meldet sich Kaspersky Internet Security. Es bietet Ihnen an, den Datenträger schnell oder vollständig auf Viren und gefährliche Programme zu untersuchen. Alternativ können Sie ihn auch nicht untersuchen.

Möchten Sie diese Meldung beim nächsten Mal nicht wieder haben, schalten Sie die Option **In ähnlichen Fällen immer anwenden** an.

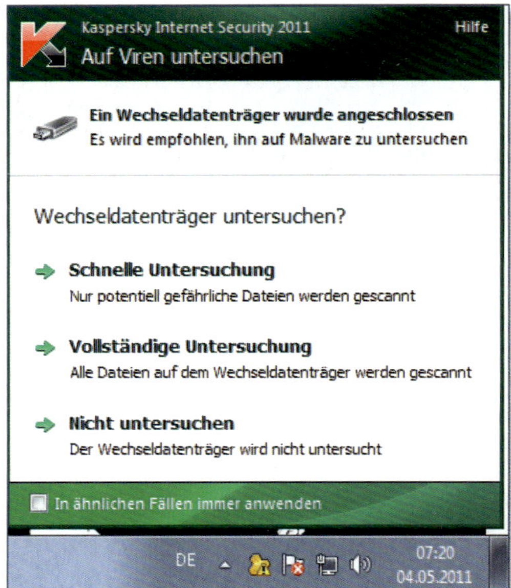

Abbildung 25.34 Kaspersky hat erkannt, dass ich meine USB-Festplatte angestöpselt habe, und bietet mir eine Untersuchung an.

Einen Virenscan durchführen

Um selbst einen Virenscan durchzuführen, gehen Sie wie folgt vor:

1 Öffnen Sie das Programmfenster von Kaspersky Internet Security. Das können Sie mit einem Mausklick auf das kleine K-Symbol im Gadget tun oder über das Kontextmenü des Symbols im Info-Bereich der Windows-Taskleiste. Natürlich können Sie das Programm auch über das Windows-Menü starten, wenn Sie dies möchten.

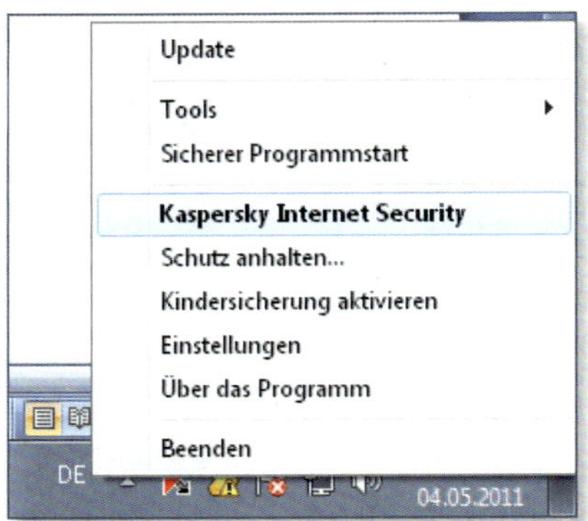

Abbildung 25.35 Über das Kontextmenü des Kaspersky-Symbols können Sie verschiedene Einstellungen und Funktionen ausführen.

2 Wählen Sie im Programmfenster **Untersuchung**, und entscheiden Sie sich für die Funktion **Vollständige Untersuchung ausführen**. Damit werden alle Bereiche der Festplatte und des Systems geprüft.

Abbildung 25.36 Drei Mausklicks genügen, und der Rechner wird vollständig und ausführlich untersucht.

Anhand einer Prozentangabe können Sie verfolgen, wie weit Kaspersky Internet Security mit seiner Arbeit bereits ist.

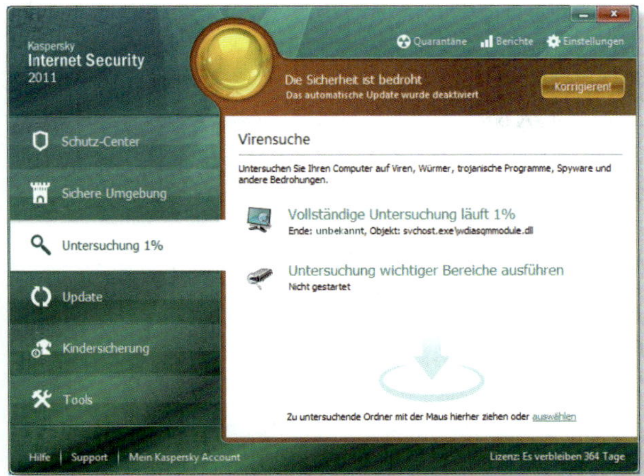

Abbildung 25.37 *Die Prozentanzeige bei Kaspersky*

Möchten Sie den Scan abbrechen, klicken Sie noch einmal auf **Vollständige Untersuchung ausführen**. Ein kleiner Dialog wird eingeblendet. Mit diesem lässt sich ein wenig besser verfolgen, was das Programm tut. Neben der Anzahl der untersuchten Objekte sehen Sie hier auch einen Fortschrittsbalken. Wählen Sie **Stopp** und bestätigen Sie mit **Ja**, wenn Sie die Untersuchung wirklich abbrechen wollen. Ich empfehle Ihnen aber, die Suche nach Viren und gefährlichen Programmen durchlaufen zu lassen. Das Programm arbeitet relativ schnell und kann seine Arbeit auch im Hintergrund verrichten. Sie können also nebenbei arbeiten – wenn auch ein wenig langsamer als sonst.

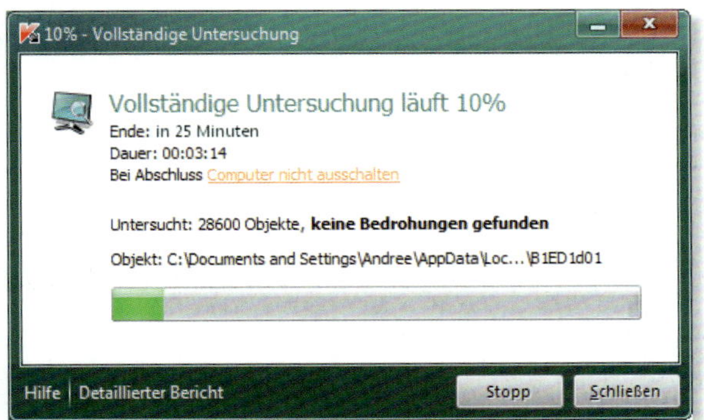

Abbildung 25.38 *Kaspersky Internet Security braucht eine knappe halbe Stunde für eine vollständige Untersuchung meines Rechners.*

Interessant ist, dass Sie mit Kaspersky eine abgebrochene Untersuchung an späterer Stelle fortsetzen können. Sie müssen den Virenscan nicht komplett neu starten. Nach einem Abbruch klicken Sie später einfach auf **Vollständige Untersuchung ausführen**. Das Programm bietet Ihnen nun an, den Scan neu zu starten oder fortzusetzen.

Einen schnellen Virenscan durchführen

Möchten Sie nur einen »schnellen« Virenscan durchführen, gehen Sie wie folgt vor:

1. Blenden Sie das Programmfenster ein.
2. Wählen Sie **Untersuchung > Untersuchung wichtiger Bereiche ausführen**.

Mehr ist nicht zu tun. Der Virenscan startet sofort. Der Scan nimmt nicht viel Zeit in Anspruch. Aber: Es werden wirklich nur wichtige Systembereiche untersucht. Ich empfehle Ihnen, von Zeit zu Zeit lieber eine vollständige Untersuchung durchzuführen.

Eine Funktion für einen benutzerdefinierten Virenscan fehlt? Nein, natürlich nicht. Zum einen können Sie die zu untersuchenden Ordner und Dateien aus dem Windows-Explorer auf das Programmfenster von Kaspersky Internet Security ziehen. Das, so finde ich, ist eine ziemlich coole Funktion.

Abbildung 25.39 *Ziehen Sie zu untersuchende Ordner aus dem Windows-Explorer auf dieses Zeichen im Fenster **Untersuchung von Objekten**.*

Alternativ wählen Sie **Auswählen** im Fenster **Untersuchung**. Setzen Sie ein Häkchen in das Optionskästchen vor den Datenträgern, die Sie auf Viren und gefährliche Programme untersuchen wollen. Bestätigen Sie anschließend mit **OK**.

Leider können Sie keine Baumansicht der Ordnerstruktur eines Datenträgers oder einer Partition einblenden und dann einzelne Ordner auswählen. Aber dazu gibt es ja die Möglichkeit, einzelne Ordner und Dateien auf das Fenster von Kaspersky Internet Security zu ziehen.

Abbildung 25.40 *Untersuchen Sie mit Kaspersky Internet Security einzelne Partitionen und Datenträger.*

Eine Notfall-CD erstellen

Es kann durchaus einmal passieren, dass ein Computervirus sich auf dem Rechner verbreitet und dass er nicht mehr zu entfernen ist. Was übrig bleibt, ist das Formatieren der Festplatte. Anschließend muss Windows 7 neu installiert werden. Ebenso müssen alle Programme neu aufgespielt und eingerichtet werden.

Mit einem Systembackup können Sie derartige Schwierigkeiten umgehen. Möglich ist dies auch mit der Notfall-CD, die Sie mit Kaspersky Internet Security erstellen können. Dabei wird eine Reihe von Konfigurationsdateien und Programm-Informationen auf eine bootfähige CD oder einen USB-Stick gespeichert. Diese können Sie bei Bedarf zurücklesen.

So eine Notfall-CD ist eine praktische Sache und die Erstellung dauert nicht lang. Ich empfehle Ihnen, sich die wenigen Minuten Zeit zu nehmen. Möchten Sie eine Notfall-CD erstellen, legen Sie einen Datenträger bereit. Wählen Sie in Kaspersky Internet Security **Tools > Notfall-CD**. Ein Assistent führt Sie durch alle weiteren Schritte.

Abbildung 25.41 *Eine Notfall-CD wird mit einem Assistenten erstellt. Folgen Sie einfach den Anweisungen im Dialog.*

25.7 Die Windows-Firewall

Die Windows-Firewall schützt Sie vor Angriffen. Sie können Programme blockieren, die von Ihrem Rechner auf das Internet oder ein internes Netzwerk zugreifen wollen. Sie verhindern mit einer Firewall, dass von außen auf Ihren Rechner zugegriffen wird. Es lassen sich bestimmte Webdienste, Domains und Adressen blockieren. Über eine *Whitelist* können Sie auch Anwendungsprogrammen erlauben, auf das Internet zuzugreifen und Daten zu übertragen.

Einige Programme müssen auf das Internet oder ein Netzwerk zugreifen. Ist dies nicht der Fall, können bestimmte Funktionen nicht ausgeführt werden. Ein Webbrowser muss auf eine Internetseite zugreifen. Geht das nicht, kann er diese nicht anzeigen. Das FTP-Programm muss auf einen Webserver zugreifen können. Nur so lässt sich eine Homepage in das Internet übertragen oder auch eine Datei herunterladen. Windows 7, Office 2010 oder ein Programm der Adobe Suite braucht die Internetverbindung, um die Aktivierung des Programms durchzuführen. Es gibt viele weitere Beispiele für Anwendungen, bei denen eine Internetverbindung notwendig ist: für das Streamen von Videoinhalten, für das Nutzen eines Webradios, zum Download von Vorlagen mit Office 2010 oder für das Update von Windows 7.

Aber manchmal tun Programme Dinge, die aie nicht tun sollen. Es werden ungefragt Nutzungsprotokolle übertragen. Es wird nach einem Update geschaut. Es wird eine Webseite auf tolle Werbeangebote geprüft. Das sind vielleicht noch die harmlosen Varianten. Trojaner greifen von außen auf Ihren Rechner zu und spionieren Ihre Nutzerdaten und Passwörter aus. Hackerprogramme schleusen Computerviren ein. Mit einer Firewall können Sie diese Attacken unterbinden.

Die Firewall von Windows 7 erlaubt ausgehende Verbindungen. Geblockt werden eingehende Verbindungen, wenn keine Anfrage oder Regel für diese vorhanden ist.

Eine Firewall ist aber keine Allwetterlösung. Sie schützt nicht vor allen möglichen Gefahren. Oft nutzen Hackertools Sicherheitslücken in Internetprogrammen oder Windows-Diensten. Kombinieren Sie Ihre Firewall mit einem aktuell gehaltenen Antivirenprogramm. Oder nutzen Sie alternativ eine Internet Security Suite. Sie enthält in der Regel eine Firewall.

Ein Firewallprogramm können Sie auch einzeln erwerben. Doch leider arbeiten einige Antivirenprogrammen nur mit den Firewalls aus dem eigenen Hause zusammen. In Zweifelsfall sollten Sie mit einer Testversion probieren, ob sich die Firewall mit dem Antivirentool verträgt.

Eine Internet Security Suite deaktiviert bei der Installation die Windows-Firewall. Das tut sie, damit die eigene Firewall genutzt werden kann.

So schalten Sie die Firewall von Windows 7 an

1. Öffnen Sie die Systemsteuerung. Wählen Sie **System und Sicherheit > Windows-Firewall**.
2. Klicken Sie auf **Windows-Firewall ein- oder ausschalten**.
3. Im nächsten Fenster schalten Sie die beiden Optionen **Windows-Firewall aktivieren** an und bestätigen.

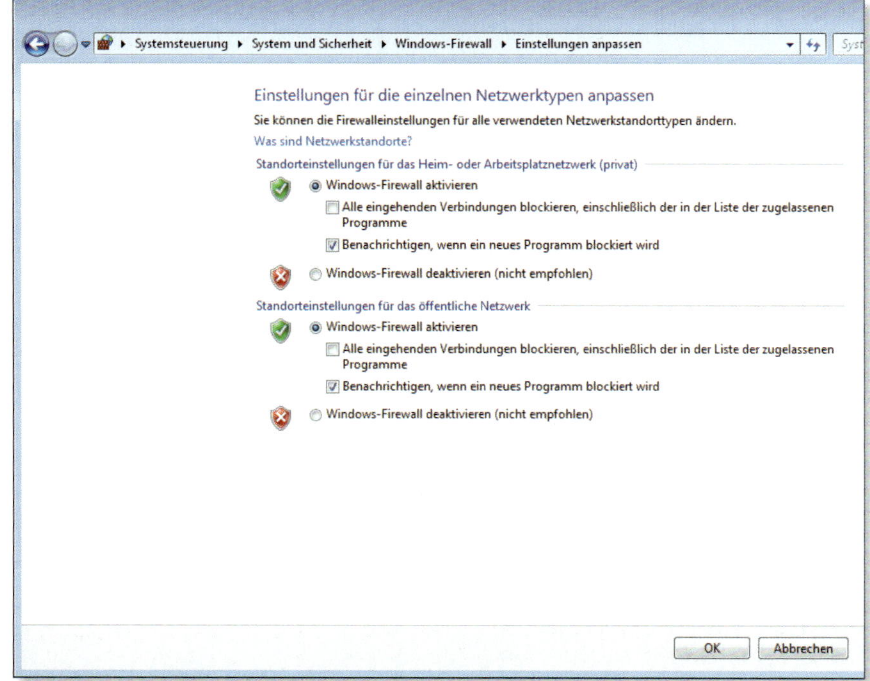

< ***Abbildung 25.42*** *Es gibt je eine Firewalleinstellung für das* ***Heim- und Arbeitsplatznetzwerk*** *und eine für das* ***öffentliche Netzwerk****.*

Den Status der Firewall überprüfen

Um zu überprüfen, ob die Firewall aktiv ist, gehen Sie wie folgt vor:

1. Öffnen Sie die Systemsteuerung. Wählen Sie **System und Sicherheit**.
2. Unter **Windows-Firewall** sehen Sie direkt die Funktion **Firewallstatus überprüfen**. Wählen Sie diese.
3. Im nächsten Fenster sehen Sie, ob die Firewall ein- oder ausgeschaltet ist.

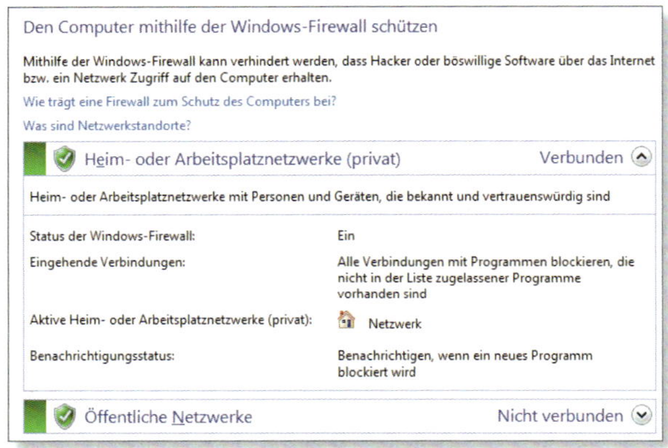

Abbildung 25.43 Die grüne Markierung zeigt, dass die Firewall von Windows 7 angeschaltet ist.

Programme zulassen

Einige Programme und Dienste sind bereits zugelassen. Das heißt, sie dürfen Daten in das Netzwerk oder das Internet übertragen. Dazu zählen die Folgenden:

- Datei- und Druckerfreigabe
- Heimnetzgruppe
- Kernnetzwerk
- Microsoft Office Outlook (sofern es installiert ist)
- Netzwerkerkennung
- Remoteunterstützung
- Windows Media Player
- Windows Media Player-Netzwerkfreigabedienst

Nur das Kernnetzwerk ist für die Netzwerkgruppen *Heim/Arbeit* und *Öffentlich* freigegeben. Alle anderen Programme und Dienste sind nur für den Bereich *Heim/Arbeit* freigegeben.

> **INFO**
>
> **Was ist ein Kernnetzwerk?**
> Das Kernnetzwerk beinhaltet grundlegende Netzwerkfunktionen und Übertragungsprotokolle. Dazu zählen auch die Firewalllregeln.

Ein Programm freigeben

In dem folgenden Beispiel möchte ich den Mediaplayer VLC für das Heimnetzwerk freigeben. So kann ich über eine Netzwerkverbindung darauf zugreifen und Audio- und Videoinhalte streamen.

1. Öffnen Sie die Systemsteuerung. Gehen Sie nach **System und Sicherheit**. Wählen Sie im Bereich **Windows-Firewall** die Funktion **Programm über die Windows-Firewall kommunizieren lassen**.

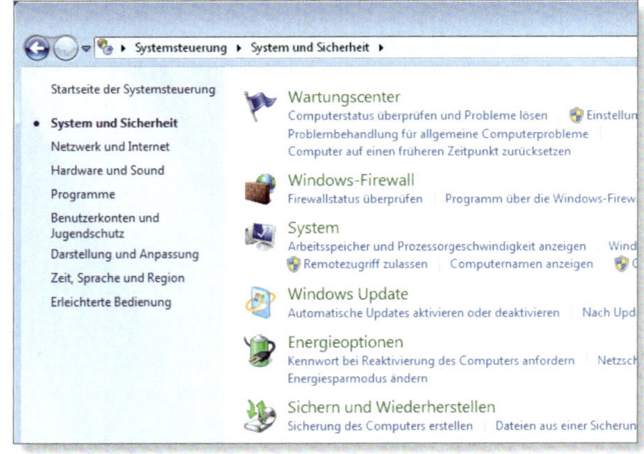

*Abbildung 25.44 Bereits unter **System und Sicherheit** können Sie die Funktion zum Hinzufügen eines Programms wählen.*

2 Im Fenster **Kommunikation von Programmen durch die Windows-Firewall zulassen** klicken Sie auf die Schaltfläche **Einstellungen ändern**. Sie finden diese im Fenster gleich oben rechts.

Die Benachrichtigungseinstellungen anpassen

Die Firewall gibt eine Meldung aus, wenn ein Programm blockiert wurde. Es ist sinnvoll, diese Meldung nicht auszuschalten. So wollen ja wissen, was Ihre Firewall tut. Und Sie möchten auch wissen, ob ein Programm auf Ihren Rechner zugreift oder ein anderes ungefragt in das Internet gehen will. Möchten Sie dennoch die Meldungen ausschalten, so finden Sie den dazu gehörenden Dialog in der Systemsteuerung unter **System und Sicherheit > Windows-Firewall > Einstellungen anpassen**.

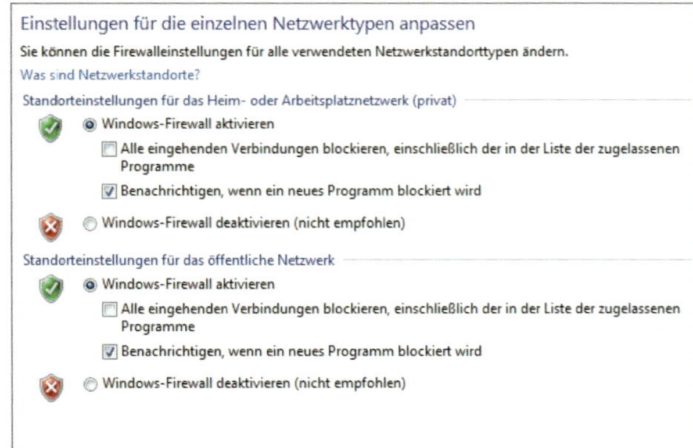

Abbildung 25.45 *In der Vorgabeeinstellung sind die Benachrichtigungen angeschaltet.*

Eine eingehende Regel erstellen

Mit einer Regel wird bestimmt, welche Programme und Programmfunktionen auf ein Netzwerk zugreifen dürfen und welche nicht. Auf die gleiche Weise bestimmen Sie, welche Anwendungen aus dem Netzwerk oder dem Internet (dieses ist ja auch ein Netzwerk) auf Ihren Rechner zugreifen dürfen.

Neben Programmen können auch Ports freigegeben oder geblockt werden. Diese Funktion sollten Sie nur nutzen, wenn Sie genau wissen, welcher Port wozu dient und was Sie mit einer Sperrung bewirken. Gehen Sie dazu folgendermaßen vor.

1 Öffnen Sie zunächst die Systemsteuerung, und begeben Sie sich in den Dialog **Windows-Firewall**. Wählen Sie links im Menü **Erweiterte Einstellungen**.

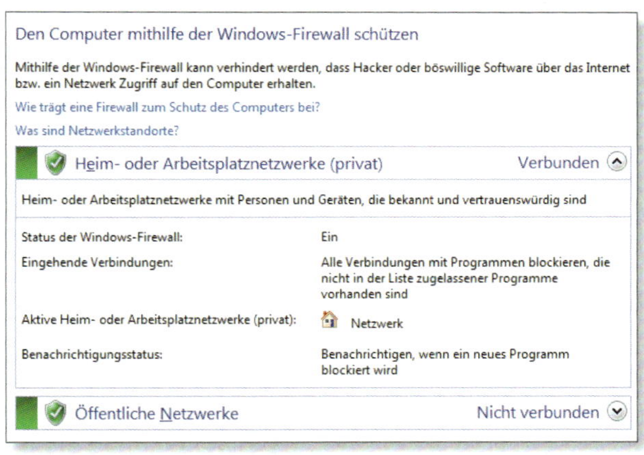

Abbildung 25.46 *Aus dem Firewall-Dialog heraus erreichen Sie die erweiterten Einstellungen.*

HINWEIS

Was sind Ports?

Der Port ist wie eine Tür zwischen dem Rechner des Anwenders und dem Netzwerk. Er macht eine Verbindung möglich oder kann sie verhindern. Bestimmte Funktionen nutzen bestimmte Ports. Das hat den Vorteil, dass sich eine klare Struktur ergibt: Bestimmte Protokolle nutzen bestimmte Ports. Dadurch entstehen keine Konflikte. Ein weiterer Vorteil ist: In der Firewall können Sie bestimmte Ports freigeben oder auch sperren. So kann ein Remotedesktop, der Port 3389 verwendet, sehr einfach gesperrt werden, während das HTTP-Protokoll (Port 80 und 55000) durchgelassen wird.

∧ ***Abbildung 25.47*** *Sobald die erweiterten Einstellungen geöffnet werden, wird in der Taskleiste das Symbol für* ***Windows-Firewall mit erweiterter Sicherheit*** *eingeblendet.*

Das Fenster teilt sich in drei Bereiche. Links oben lassen sich verschiedene Funktionen direkt aufrufen. Gleiches gilt für die **Aktionen** auf der rechten Seite. Im mittleren Fenster sehen Sie zunächst die Übersicht. Hier sehen Sie, ob für das Domänenprofil, das private und das öffentliche Profil die Windows-Firewall eingeschaltet ist. Es gibt also drei Profile, die einzeln verwaltet und eingerichtet werden. Im Fenster darunter werden verschiedene Regeln erstellt und die Überwachungsinformationen angezeigt.

2 Scrollen Sie im mittleren Fenster ein wenig nach unten. Im Bereich **Firewallregeln anzeigen und erstellen** finden Sie die Funktion **Eingehende Regeln**. Klicken Sie darauf.

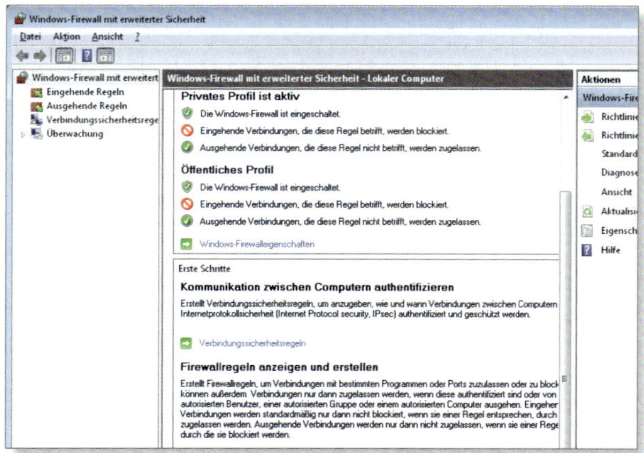

∧ ***Abbildung 25.48*** *Eine eingehende Regel wird erstellt.*

3 Im Fenster sehen Sie nun alle vorhandenen eingehenden Regeln. Ignorieren Sie die lange Liste, und wählen Sie rechts oben **Neue Regel**.

Windows 7 unterscheidet zwischen vier Regeltypen. Sie können zwischen **Programm**, **Port**, **Vordefiniert** und **Benutzerdefiniert** wählen. Möchten Sie einem bestimmten Anwendungsprogramm den Zugriff erlauben oder verweigern, so ist **Programm** die richtige Wahl. Mit **Port** können Sie zum Beispiel den Port 3389 sperren. Er wird vom Remotedesktop genutzt. Verschiedene Dienste nutzen unterschiedliche Ports. Die Ports 80 und 55000 werden zum Beispiel vom HTTP-Internetprotokoll verwendet. Mit **Vordefiniert** wählen Sie eine Regel-Vorlage, die bestimmte Windows 7-Dienste blockiert oder eben freigibt. Erfahrene Anwender können mit der letzten Option eine an ihre Wünsche angepasste Regel erstellen.

4 Lassen Sie die Vorgabe **Programm** angeschaltet; und wählen Sie **Weiter**.

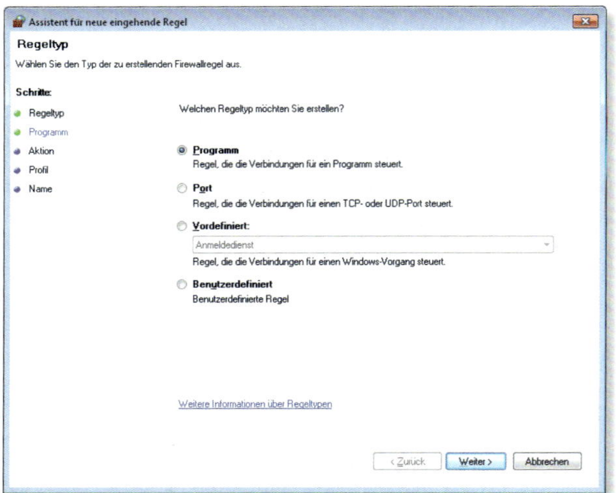

∧ ***Abbildung 25.49*** *Der Regeltyp* ***Programm*** *ist die richtige Auswahl in diesem Beispiel.*

5 Nun müssen Sie den Verzeichnispfad zum Programm und den Namen des Anwendungsprogramms angeben. Da Sie diese wahrscheinlich nicht im Kopf haben, klicken Sie auf **Durchsuchen**. Suchen Sie den Ordner, in dem das Programm installiert ist. Öffnen Sie ihn mit einem Doppelklick. Markieren Sie die ausführbare Datei, die das Programm startet, und bestätigen Sie mit **Öffnen**.

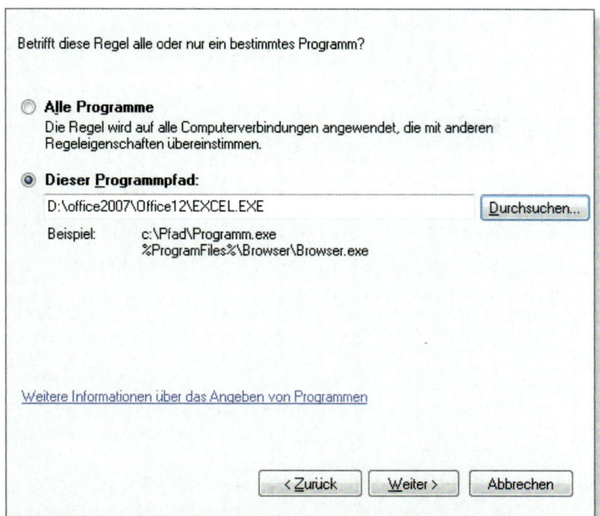

Abbildung 25.50 *In diesem Beispiel habe ich Microsoft Excel ausgewählt.*

6 Wechsel Sie in den nächsten Dialog. Nun müssen Sie festlegen, was durch diese Regel passieren soll. In meinem Beispiel entscheide ich mich für die letzte Möglichkeit, **Verbindung blockieren**. Alternativ können Sie auch die **Verbindung zulassen** und die **Verbindung zulassen, wenn sie sicher ist**.

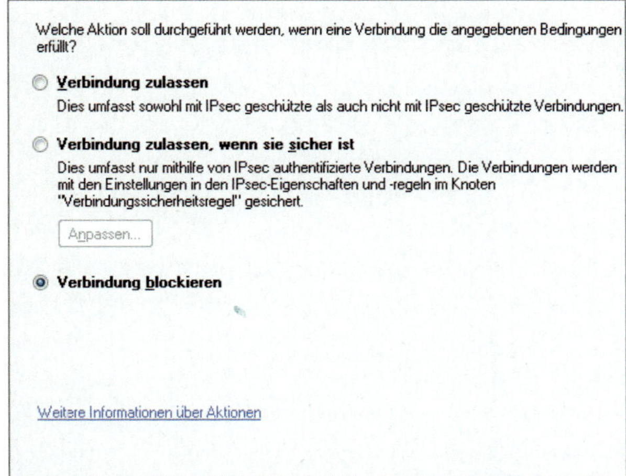

Abbildung 25.51 *Excel darf nicht mehr ins Internet.*

7 Einen Dialog weiter wählen Sie das **Profil**, bei dem die Regel angewandt wird. In der Vorgabeeinstellung sind alle drei Möglichkeiten angeschaltet. Lassen Sie dies so.

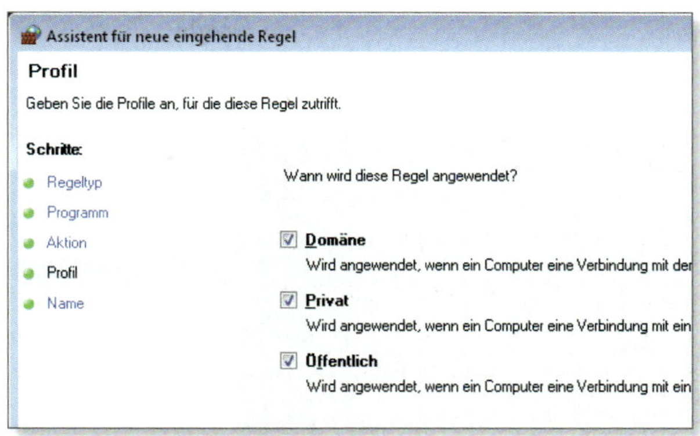

Abbildung 25.52 *Die Regel wird bei allen Netzwerktypen angewandt.*

8 Im letzten Dialog des Assistenten geben Sie der Regel einen Namen. Wenn Sie möchten, können Sie eine kurze Beschreibung anfügen. Schreiben Sie hier kurz und knapp, was die Regel tut und warum. Beschreiben Sie die Regel so, dass Sie auch zu einem späteren Zeitpunkt schnell wissen, mit welcher Regel Sie es zu tun haben. Mit **Fertig stellen** beenden Sie den Assistenten.

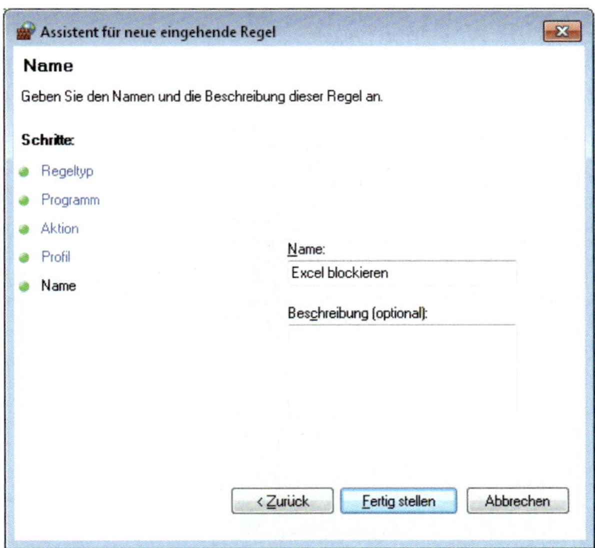

Abbildung 25.53 *Im letzten Dialog geben Sie eine Bezeichnung für die Regel ein und speichern sie ab.*

TIPP

Wann soll eine Regel angewendet werden?
Im Assistenten wählen Sie bei der Frage **Wann wird diese Regel angewendet? Domäne, Privat** oder **Öffentlich**. Mit **Domäne** wird die Regel angewendet, wenn der Rechner eine Verbindung mit einer Firmendomäne aufnimmt. Die anderen beiden Optionen entscheiden, dass die Regel in Ihrem privaten oder im öffentlichen Netzwerk angewandt wird.

Eine ausgehende Regel erstellen

Die ausgehende Regel wird auf gleiche Weise wie die eingehende erstellt:

1. Öffnen Sie die Systemsteuerung. Im Dialog **Windows-Firewall** wählen Sie die **Erweiterten Einstellungen**.
2. Scrollen Sie im mittleren Fenster etwas nach unten, und entscheiden Sie sich im Bereich **Firewallregeln anzeigen und erstellen** für **Ausgehende Regeln**.
3. Im nächsten Fenster rechts oben sehen Sie ein kleines Menü. Es ist mit **Aktionen** überschrieben. Wählen Sie hier **Neue Regel**.

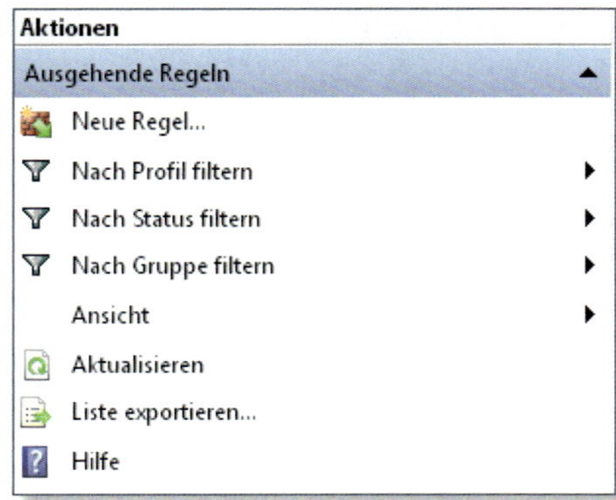

∧ ***Abbildung 25.54*** *Unter **Aktionen** finden Sie die Funktion zum Erstellen einer neuen Regel.*

4. Wie bei einer eingehenden Regel können Sie im nächsten Fenster zwischen **Programm**, **Port**, **Vordefiniert** und **Benutzerdefiniert** wählen. Ich entscheide mich auch hier für **Programm**.
5. Im nächsten Fenster wird mit **Durchsuchen** das Programm gewählt.
6. Danach entscheiden Sie sich, welche Aktion die Regel ausführen soll. Ich entscheide mich hier für **Verbindung blockieren**.
7. Lassen Sie alle Profile (**Domäne**, **Privat** und **Öffentlich**) ausgewählt. Für diese wird die neue Regel angewandt.
8. Im letzten Fenster geben Sie für die Regel eine Bezeichnung ein. Bestätigen Sie mit **Fertig stellen**.

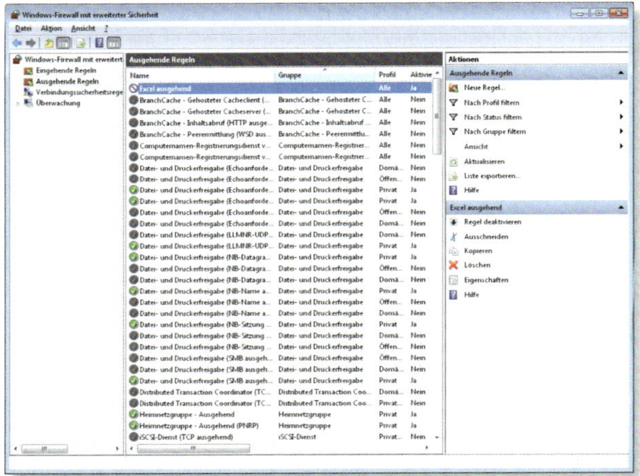

∧ ***Abbildung 25.55*** *Die neu erstellte Regel wird in der Übersicht ganz oben aufgelistet.*

Sie können neben dem Namen der Regel auch sehen, für welche Profile die Regel gilt und ob sie aktiv ist. Scrollen Sie ein wenig nach rechts, wird in der Tabelle das geblockte oder zugelassene Programm sichtbar. Die ausgeführte Aktion und einige weitere Informationen zu der erstellten Regel werden angezeigt. Über **Aktionen** lassen sich die Regeln nach Profilen, Status und Gruppen sortieren. Über **Ansicht** können Sie bei Bedarf auch nicht benötigte Tabellenspalten ausschalten.

Möchten Sie eine Regel löschen, markieren Sie diese und wählen unter **Aktionen** den Befehl **Löschen**. Anschließend bestätigen Sie die Sicherheitsfrage.

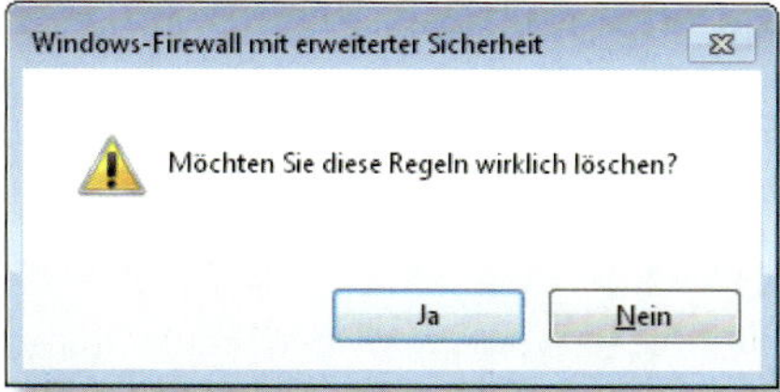

Abbildung 25.56 Eine Firewall-Regel wird gelöscht.

Eine gelöschte Regel kann nicht wiederhergestellt werden. Wenn Sie es sich anders überlegen, müssen Sie die Regel neu erstellen. Aber: Sie können alternativ eine Regel deaktivieren. Sie ist dann weiterhin vorhanden, wird aber nicht angewandt. Erst wenn Sie sie wieder aktivieren, kommt die Regel zum Einsatz. Auf diese Weise lassen sich Regeln für verschiedene Situationen erstellen und »bereitlegen«. Wird eine bestimmte Regel benötigt, wird sie einfach aktiviert.

Mit Verbindungssicherheitsregeln arbeiten

Mit einer Verbindungssicherheitsregel wird angegeben, auf welche Art und zu welchem Zeitpunkt Verbindungen zwischen zwei Computern erkannt und geschützt werden. Die Verbindung selbst wird mit dem IPsec-Protokoll als solche erkannt. Man sagt auch, sie wird »authentifiziert«. IPsec steht für *Internet Protocol Security*, auf Deutsch *Internetprotokollsicherheit*.

1 Um eine solche Verbindungsregel zu erstellen, wählen Sie im Dialog **Windows-Firewall mit erweiterter Sicherheit** die Funktion **Verbindungssicherheitsregel**.

2 Wählen Sie rechts oben **Neue Regel**.

3 Nun können Sie zwischen vier verschiedenen Regeltypen und einer benutzerdefinierten Regel wählen (siehe Abbildung 25.57). Entscheiden Sie sich für die oberste Auswahl, **Isolierung**. Damit wird die Verbindung zwischen zwei Rechnern eingeschränkt. Soll eine Verbindung zustande kommen, müssen bestimmte Voraussetzungen erfüllt sein. Wählen Sie **Weiter**.

4 Nun entscheiden Sie sich, wann eine Authentifizierung notwendig ist. Wählen Sie die unterste Möglichkeit, **Authentifizierung ist für eingehende und**

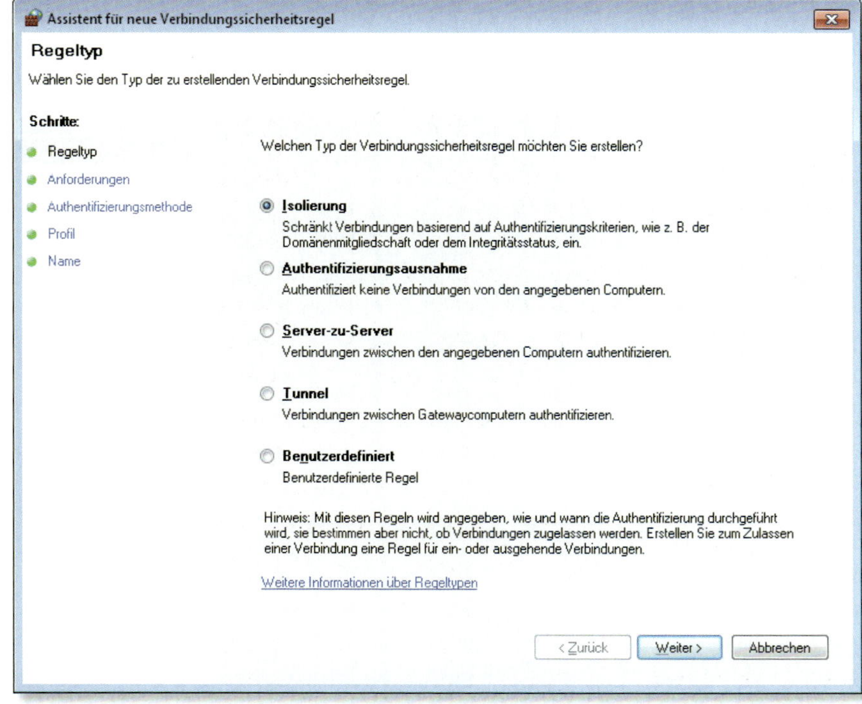

Abbildung 25.57 Windows 7 kennt fünf verschiedene Typen von Verbindungssicherheitsregeln.

ausgehende Verbindungen erforderlich. Mit einem Mausklick auf **Weiter** geht's in den nächsten **Dialog**.

Wann soll die Authentifizierung stattfinden?

Authentifizierung für eingehende und ausgehende Verbindungen anfordern
Authentifizierung möglichst immer durchführen. Authentifizierung ist jedoch nicht erforderlich.

Authentifizierung ist für eingehende Verbindungen erforderlich und muss für ausgehende Verbindungen angefordert werden
Eingehende Verbindungen müssen authentifiziert werden, um zugelassen zu werden. Ausgehende Verbindungen möglichst immer authentifizieren. Authentifizierung ist jedoch nicht erforderlich.

Authentifizierung ist für eingehende und ausgehende Verbindungen erforderlich
Eingehende und ausgehende Verbindungen müssen authentifiziert werden, um zugelassen zu werden.

Weitere Informationen über Authentifizierungsanforderungen

^ ***Abbildung 25.58*** *Mit dieser Einstellung ist eine Authentifizierung für eingehende und ausgehende Verbindungen notwendig.*

5 Im nächsten Fenster wählen Sie, welche Methode für die Authentifizierung verwendet werden soll. In diesem Beispiel lasse ich die Einstellung **Standard** ausgewählt. Mit **Weiter** geht es in den Dialog **Profil**.

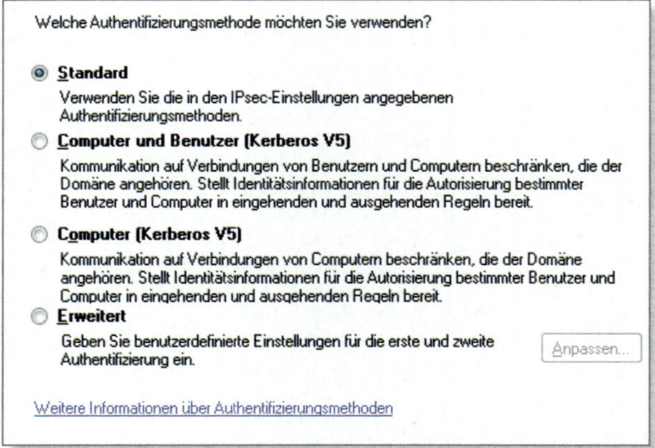

^ ***Abbildung 25.59*** *Mit der Authentifizierungsmethode wird bestimmt, ob die Verbindungen auf Computer und Benutzer eingeschränkt werden.*

6 Wie beim Erstellen der ein- und ausgehenden Regeln wählen Sie nun, für welche Profile die Verbindungssicherheitsregel gelten soll. Auch hier können Sie zwischen **Domäne**, **Privat** und **Öffentlich** wählen. Lassen Sie alle Optionen angeschaltet, und wechseln Sie in den nächsten Dialog.

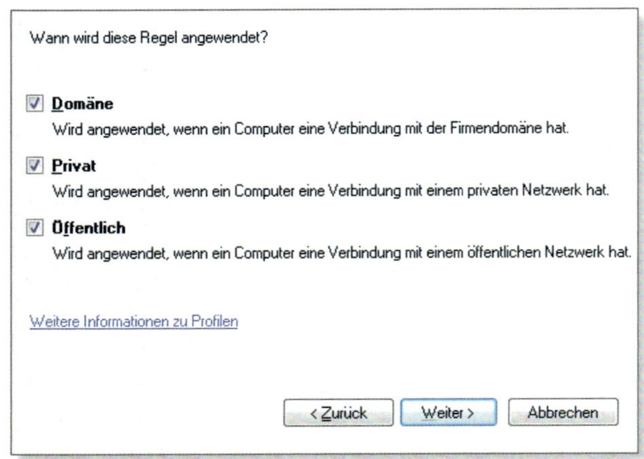

^ ***Abbildung 25.60*** *Die neu erstellte Verbindungssicherheitsregel gilt für alle drei Profiltypen.*

7 Im letzten Dialog des Assistenten geben Sie eine Bezeichnung ein und ergänzen diese um eine kurze Beschreibung. Letztere können Sie auch weglassen, wenn Sie möchten. Bestätigen Sie mit **Fertig stellen**.

INFO

Die Verbindungssicherheitsregeln
Sie können zwischen den Typen **Isolierung**, **Authentifizierungsausnahme**, **Server-zu-Server**, **Tunnel** und **Benutzerdefiniert** wählen. Den Typ **Isolierung** haben Sie im Beispiel kennengelernt. Mit **Authentifizierungsausnahme** werden bestimmte Computernamen angegeben. Diese Rechner werden nicht authentifiziert. Bei **Server-zu-Server** werden die Verbindungen zwischen zwei Serveradressen authentifiziert. **Tunnel** erlaubt die Verbindung zwischen Gatewaycomputern.

Authentifizierungsmethoden

Neben einer benutzerdefinierten Einstellung kennt Windows 7 drei weitere Einstellungen für die Authentifizierung bei Verwendung von Verbindungssicherheitsregeln. Mit **Standard** werden die Einstellungen genutzt, die Sie in den IPsec-Einstellungen vorgenommen haben. In der Windows-Systemsteuerung finden Sie diese. Mit **Computer und Benutzer** wird die Verbindung auf die Anwender und Computer eingeschränkt, die der Domäne angehören. Mit **Computer** werden Verbindungen nur auf bestimmte Computer eingeschränkt, jedoch nicht auf Benutzer.

Über das Hauptfenster, in dem alle erstellten Verbindungssicherheitsregeln aufgelistet werden, können Sie diese sortieren, einsehen, löschen oder auch deaktivieren.

Die Überwachung einsehen

Wählen Sie im Dialog **Windows-Firewall mit erweiterter Sicherheit** die Funktion **Überwachung**. Sie finden sie im mittleren Fenster ganz unten. Im nächsten Fenster sehen Sie eine Übersicht über die aktiven Firewalleinstellungen sowie die Verbindungssicherheitsregeln.

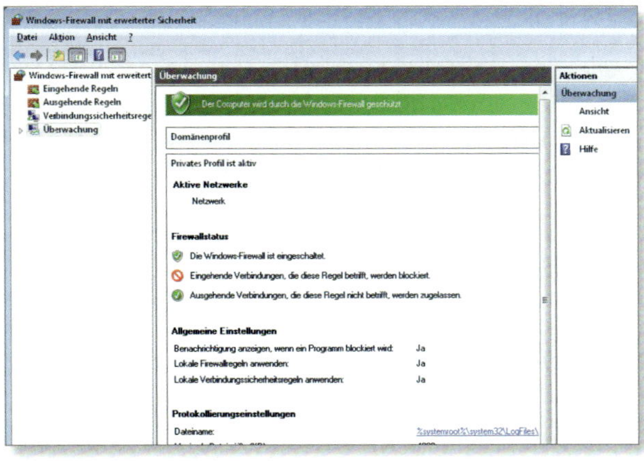

Abbildung 25.61 *Im Fenster **Überwachung** sehen Sie alle wichtigen Einstellungen zu Ihrer Firewall.*

Angezeigt wird, ob die Firewall eingeschaltet ist und ob ein- oder ausgehende Verbindungen blockiert werden. In den allgemeinen Einstellungen sehen Sie, ob Benachrichtigungen ausgegeben werden, sofern ein Programm blockiert wird. Hier sehen Sie auch, ob Firewallregeln und Verbindungssicherheitsregeln angewandt werden. In den **Protokolleinstellungen** werden der Dateiname und der Verzeichnispfad zur Protokolldatei angezeigt. Sie sehen hier, wie groß maximal die Datei sein darf. Damit die Datei nicht zu schnell wächst, werden im Allgemeinen verworfene Pakete nicht protokolliert. Gleiches gilt für die Verbindungen, die erfolgreich zustande gekommen sind.

Alternativen zur Windows-Firewall

Es gibt eine ganze Reihe von Alternativen zur Firewall von Windows 7. Sie alle haben verschiedene Vor- und Nachteile.

Nutzen Sie eine Security Suite, so gehört zu dieser bereits eine Firewall. Ganz egal ob dies Norton 360, Kaspersky Internet Security, McAfee oder eine andere Suite ist – sie erfüllt ihren Zweck. Sie müssen hier und da nur einige Einstellungen anpassen. Gerade die vorgegebenen Einstellungen sind nicht immer optimal gewählt.

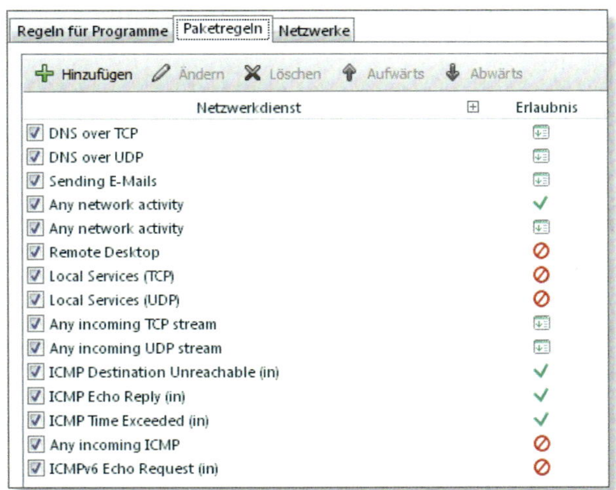

Abbildung 25.62 *Die Paketregeln der Firewall von Kaspersky Internet Security*

Natürlich können Sie ein Firewallprogramm auch einzeln kaufen. So gibt es zum Beispiel von ZoneAlarm eine sehr gute Zweiwege-Firewall. Diese wird als Freeware angeboten und kann kostenlos genutzt werden. Sie finden diese unter *http://www.zonealarm.de/security/de/zonealarm-pc-security-free-firewall.htm*.

Möchten Sie mehr Möglichkeiten, können Sie auch zu zwei kostenpflichtigen Firewallprogrammen dieses Herstellers greifen. Suchen Sie beim Software-Downloadshop von T-Online nach »Firewall«, finden Sie eine Reihe weiterer Programme. Sie finden diesen Shop unter *http://www.softwareload.de/*.

Die *Sygate Personal Firewall* wird ebenfalls als Freeware vertrieben. Angreifer aus dem Internet werden blockiert. Gleichzeitig werden Zugriffe von Programmen in das Internet oder in Netzwerke unterbunden. So können Daten nicht unerlaubt übertragen werden. Sie finden dieses Programm unter *http://www.sygate.de/*.

25.8 Die Sicherheitseinstellungen des Internet Explorers einrichten

In der rechten oberen Ecke des *Internet Explorers* sehen Sie drei Symbolschaltflächen. Mit dem Zahnradsymbol öffnen Sie ein Menü. Über den vorletzten Eintrag von unten erreichen Sie die **Internetoptionen**.

Abbildung 25.63 Rufen Sie den Optionsdialog auf.

So nutzen Sie InPrivat-Browsen

Normalerweise speichert der Internet Explorer während des Besuchs von Internetseiten verschiedene Daten. Dazu zählen Cookies, temporäre Internetdateien und Verläufe. Sie können mit verschiedenen Optionen einstellen, wann welche Daten gespeichert werden. Es ist auch möglich, in einen besonderen Browsermodus zu wechseln, in dem keine Daten gespeichert werden.

Öffnen Sie das Optionsmenü und wählen Sie **Sicherheit > InPrivate-Browsen**. Sie können diese Funktion auch mit der Tastenkombination Strg + ⇧ + P aufrufen. Geben Sie die Adresse in einer der beiden Eingabeleisten ein. Möchten Sie den Modus wieder verlassen, schließen Sie das Browserfenster und öffnen ein neues Fenster (siehe Abbildung 25.65).

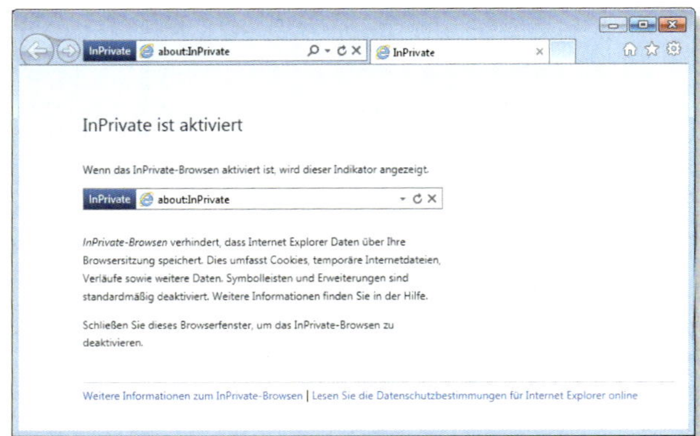

Abbildung 25.64 Mit einem »InPrivate« vor dem Eingabefeld für die URL ist der Sicherheitsmodus erkennbar.

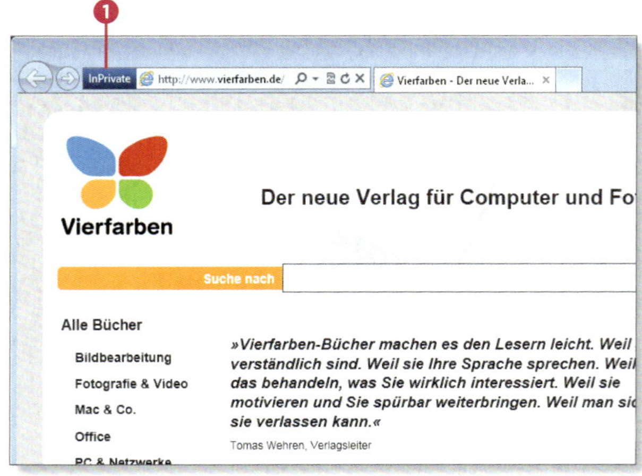

Abbildung 25.65 Der InPrivate-Modus ist nur an dem Zeichen vor dem Adressfeld erkennbar ❶. Das Browserfenster sieht ansonsten so aus wie immer.

Unsichere Webseiten mit der SmartScreen-Filterung finden

Mit dem SmartScreen-Filter werden einige der von Ihnen besuchten Websiten an einen Microsoft-Server gesendet. Dort wird versucht, herauszufinden, ob eine Website »noch ganz richtig« ist. Gefälschte Websites sollen so erkannt werden. Der Filter möchte Sie so vor Phishingattacken schützen, bei denen sich jemand anders als Dienstanbieter ausgibt und Ihre Benutzerdaten, Passwörter und andere wichtige Daten abfragt.

Wählen Sie im Optionsmenü des Browsers **Sicherheit > SmartScreen-Filter ausschalten**. Nun sehen Sie, ob die Filterfunktion ein- oder ausgeschaltet ist. Sie können eine der beiden möglichen Optionen wählen. Bestätigen Sie mit **OK**.

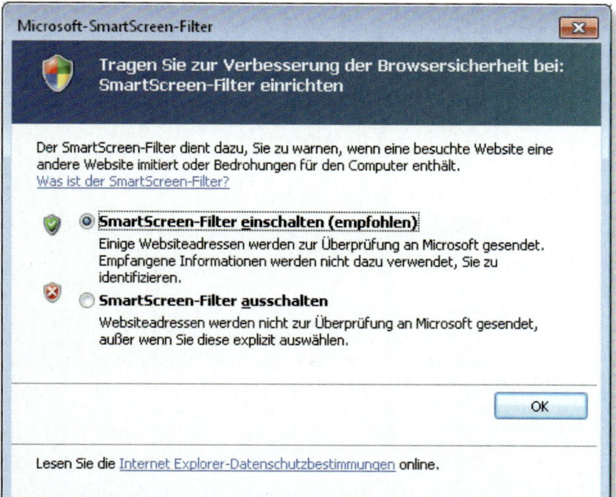

Abbildung 25.66 *In meinem Fall ist der SmartScreen-Filter angeschaltet. Gefälschte Websites werden gemeldet.*

So nutzen Sie den Popupblocker

Öffnen Sie den Dialog **Internetoptionen**. Wechseln Sie hier in das Register **Datenschutz**. Überprüfen Sie, ob die Option **Popupblocker einschalten** ausgewählt ist.

Popups, also Werbefenster, die aufklappen und die eigentliche Website verdecken, werden so blockiert. Sie sehen aber dennoch viele Werbebanner und -anzeigen. Die Funktion kann nur eine bestimmte Art der Anzeigenfenster blockieren. Windows 7 zeigt eine Nachricht an, wenn ein Popupfenster blockiert wurde.

Wenn Sie möchten, können über die erweiterten Einstellungen der Funktion bestimmte Popups zugelassen werden. Dazu geben Sie die Webadressen der Websites ein, von denen Sie die aufklappbaren Werbefensterchen sehen möchten.

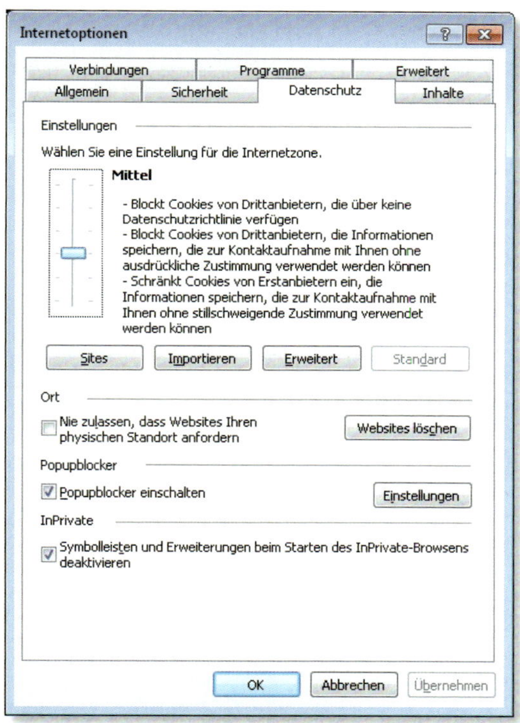

Abbildung 25.67 *In diesem Beispiel ist die Sicherheitsfunktion angeschaltet.*

Der richtige und sichere Umgang mit Cookies

Ein Cookie ist eine kleine Textdatei. Sie wird von einigen Websitebetreibern genutzt, um bestimmte Informationen auf Ihrem Rechner abzulegen. Bei Amazon kann das zum Beispiel die zuletzt angeschaute Produktgruppe sein. Beim nächsten Besuch der Website wird das Cookie ausgelesen, und Sie erhalten dazu passende Angebote. Vielleicht kennen Sie das ja von den großen Portalen wie *Amazon.de* und anderen.

Cookies haben Vor- und Nachteile. Zum einen halten sie bestimmte Informationen fest, und Sie landen beim nächsten Besuch der Website wieder auf Ihren Lieblingsseiten. Bei Shoppingportalen verpflichtet das allein nicht zu einem Kauf. Sie können nach wie vor einfach herumstöbern.

Der Anbieter der Website kann jedoch Ihr Kauf- und Surfverhalten auswerten. Er erhält Informationen darüber, für welche Produkte Sie sich am meisten interessieren. Er kann diese speziell bewerben. In der Regel können Sie jedoch die Werbemails deaktivieren.

Einstellungen zum Umgang mit Cookies festlegen

In den **Internetoptionen** des Microsoft-Browsers wird das Verwenden von Cookies mit der Einstellung der Internetzone gesteuert. Diese Zone wird im Register **Datenschutz** mit einem Schieberegler eingestellt.

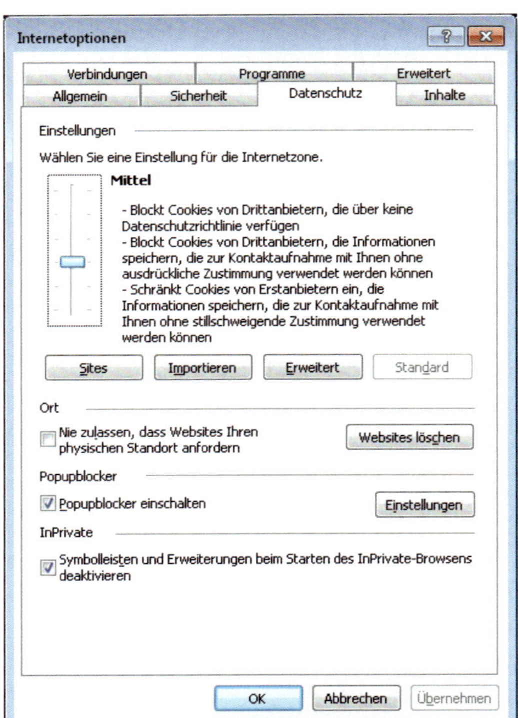

Abbildung 25.68 *Mit der Einstellung für die Internetzone wird das Verwenden von Cookies geregelt.*

Die Vorgabeeinstellung ist **Mittel**. Mit dieser Einstellung werden Cookies von Drittanbietern geblockt, wenn Sie über keine Datenschutzrichtlinie verfügen. Geblockt werden auch Cookies von Drittanbietern mit Daten, die persönliche Angaben enthalten, die genutzt werden könnten, um mit Ihnen in Kontakt zu treten. Ebenso werden Cookies von Erstanbietern eingeschränkt, die zu einer Kontaktaufnahme genutzt werden könnten.

> **INFO**
>
> **Erst- und Drittanbieter**
> Cookies von Drittanbietern sind solche, die von einer Seite gesetzt und von einer anderen gelesen werden können. Ein Werbetreibender kann durch solche Drittanbieter-Cookies z. B. Ihre Besuche auf allen Seiten protokollieren, auf denen seine Werbung angezeigt wird.

Sie können mit einer einfachen Einstellung dafür sorgen, dass Sie eine Meldung bekommen, wenn eine Website ein Cookie ablegen will. Dann können Sie selbst entscheiden, ob Sie dieses zulassen oder blockieren wollen. Möchten Sie dies tun, gehen Sie wie folgt vor:

1 Öffnen Sie die Systemsteuerung. Wählen Sie **Netzwerk und Internet**. Klicken Sie auf **Internetoptionen**.

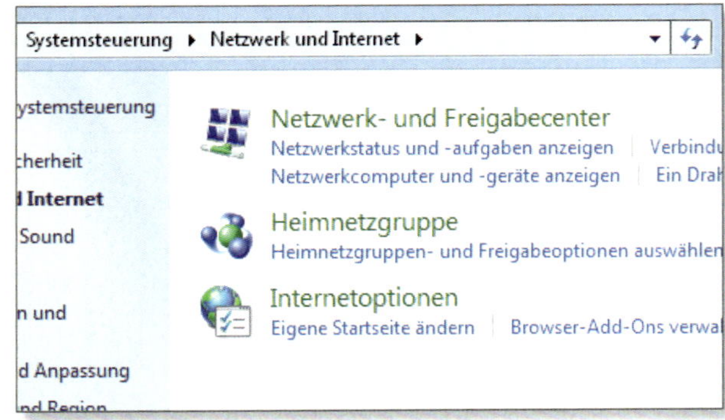

Abbildung 25.69 *In der Systemsteuerung wählen Sie die **Internetoptionen**.*

2 Wechseln Sie in das Register **Datenschutz**, und klicken Sie auf **Erweitert**.

3 Schalten Sie die Option **Automatische Cookiebehandlung aufheben** an. Wählen Sie unter **Cookies von Erstanbietern und Cookies von Drittanbietern** jeweils die Option **Bestätigen**. Verlassen Sie den Dialog mit **OK**. Schließen Sie den Eigenschaftendialog.

∧ ***Abbildung 25.70** Die vorgegebene Internetzone behandelt Cookies automatisch. Sie haben jedoch keine genaue Kontrolle darüber, wer Cookies ablegt und wer nicht.*

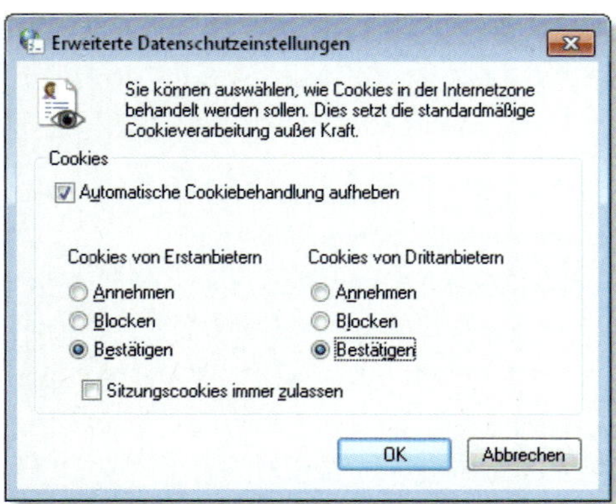

∧ ***Abbildung 25.71** Die automatische Behandlung von Cookies ist aufgehoben.*

Schalten Sie das automatische Behandeln der Cookies aus, und bestimmen Sie, dass Cookies immer genehmigt werden müssen. So haben Sie eine Kontrolle darüber, wer wann auf Ihrem Rechner ein Cookie ablegen darf.

Löschen Sie alle Spuren

So löschen Sie alle Spuren, die Ihr Surfverhalten dokumentieren: Browserverlauf, History und Cache.

Öffnen Sie in der Systemsteuerung den Dialog **Internetoptionen**. Im Register **Allgemein** klicken Sie unter **Browserverlauf** auf die Schaltfläche **Löschen**. Nun werden alle temporären Dateien, der Verlauf (Adressen der besuchten Websites), die Cookies, die abgelegten Passwörter und die Formulardaten gelöscht.

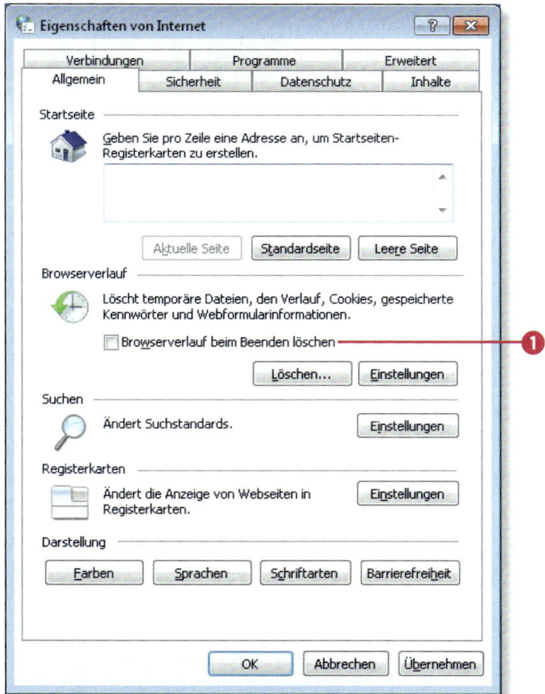

∧ ***Abbildung 25.72** Ein Mausklick auf eine Schaltfläche genügt, und eine ganze Menge von gesammelten Daten werden gelöscht.*

Wählen Sie **Einstellungen**, wenn Sie den Speicherplatz für die Ablage von Webseiten begrenzen möchten.

Der Internet Explorer speichert Inhalte von besuchten Webseiten ab, um diese dann bei einem weiteren Besuch schneller laden zu können. In der Vorgabeeinstellung werden 250 MB für diese Aufgabe verwendet. Gespeichert werden Webseiten, Bilder und Multimediadateien.

Die Adressen der besuchten Webseiten werden im Verlauf gesammelt. So können Sie später eine Adresse schnell über ein Listenfeld auswählen. Der Microsoft-Browser behält die Adressen für einen Zeitraum von 20 Tagen gespeichert.

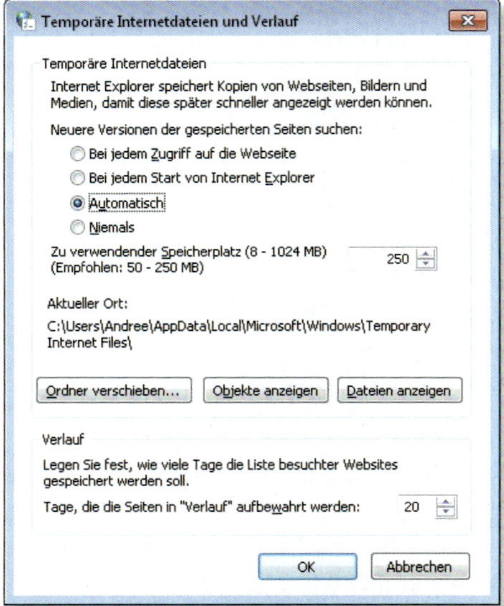

∧ *Abbildung 25.73 Der Internet Explorer nutzt 250 MB für das Speichern von Seiten und behält die Adressen der besuchten Websites 20 Tage lang gespeichert.*

Mit einer einfachen Option können Sie dafür sorgen, dass all die gesammelten Internetdaten beim Schließen des Browsers gelöscht werden. Schalten Sie im Dialog **Eigenschaften von Internet** die Option **Browserverlauf beim Beenden löschen** ❶ an (siehe Abbildung 25.72).

Die Zoneneinstellungen im Internet Explorer wählen

Wenn Sie die automatische Cookiebehandlung von Windows 7 aufheben, stehen die Zoneneinstellungen nicht zur Verfügung. Der Schieberegler ist verschwunden. Stattdessen finden Sie hier ein **Benutzerdefiniert**.

Ändern Sie dies einmal:

1 Öffnen Sie die Systemsteuerung. Wechseln Sie zu **Netzwerk und Internet**. Wählen Sie **Internetoptionen**.

2 Wechseln Sie in das Register **Datenschutz**. Klicken Sie auf **Erweitert**.

3 Entfernen Sie das Häkchen aus dem Optionskästchen **Automatische Cookiebehandlung aufheben**. Bestätigen Sie.

4 Zurück im vorhergehenden Dialog ist der Schieberegler wieder zu sehen. Klicken Sie hier auf **Übernehmen**.

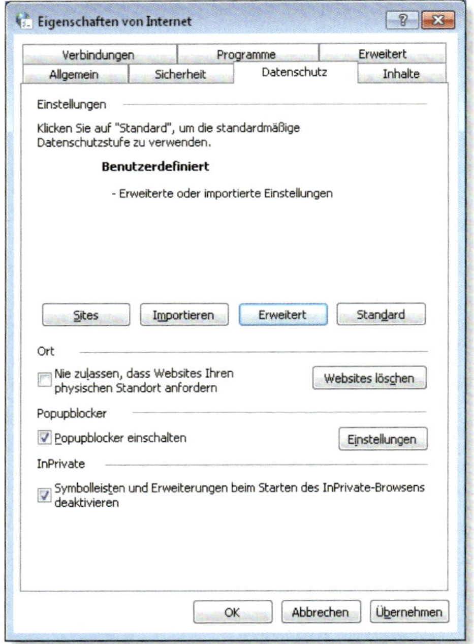

∧ *Abbildung 25.74 Mit dem Verändern der vorgegebenen Einstellungen zu Cookies ändert sich auch die Zoneneinstellung.*

Nun können Sie den Schieberegler wieder verwenden und so die Zoneneinstellung anpassen. Schauen wir uns einmal die verschiedenen Einstellungen von unten nach oben an:

- **Alle Cookies annehmen** – Jeder Cookie eines Erst- und Drittanbieters wird angenommen und auf dem Rechner gespeichert. Die bereits abgelegten Cookies können von einer Website ohne Rückfrage ausgelesen werden.
- **Niedrig** – Cookies von Drittanbietern, die über keine Datenschutzrichtlinie verfügen, werden blockiert. Cookies, mit denen persönliche Daten abgelegt wurden, die zu einer Kontaktaufnahme mit Ihnen ohne Ihre stillschweigende Zustimmung verwendet werden können, werden geblockt.
- **Mittel** – Cookies von Drittanbietern ohne Datenschutzrichtlinie werden blockiert. Blockiert werden auch Cookies, die zur Kontaktaufnahme ohne Ihre stillschweigende Zustimmung verwendet werden können. Cookies von Erstanbietern, die zur Kontaktaufnahme verwendet werden können, werden eingeschränkt.
- **Mittelhoch** – Wie Mittel. Zusätzlich werden Cookies von Erstanbietern, die zur Kontaktaufnahme verwendet werden können, ebenfalls blockiert.
- **Hoch** – Blockiert Cookies von Websiten ohne Datenschutzrichtlinie. Cookies, die zur Kontaktaufnahme mit Ihnen ohne Ihre Zustimmung genutzt werden können, werden ebenfalls blockiert.
- **Alle Cookies blocken** – Dies ist die höchste Sicherheitsstufe. Cookies von Websiten werden mit dieser Einstellung immer geblockt. Die auf dem Rechner abgelegten Cookies können mit dieser Einstellung nicht von einer Website ausgelesen werden.

Überlegen Sie, welche Einstellung für Sie am geeignetsten ist. Wählen Sie diese dann mit dem Schieberegler, und klicken Sie auf **Übernehmen**.

Schauen Sie sich einmal die Einstellungen in den Registern **Datenschutz** und **Sicherheit** an. Gehen Sie schrittweise vor, und wählen Sie die für Ihre Anforderungen am besten geeignetsten Einstellungen.

Es ist nicht notwendig, alles zu blockieren. Cookies haben ihr Für und Wider. In der Regel ist ein Mittelweg eine gute Lösung.

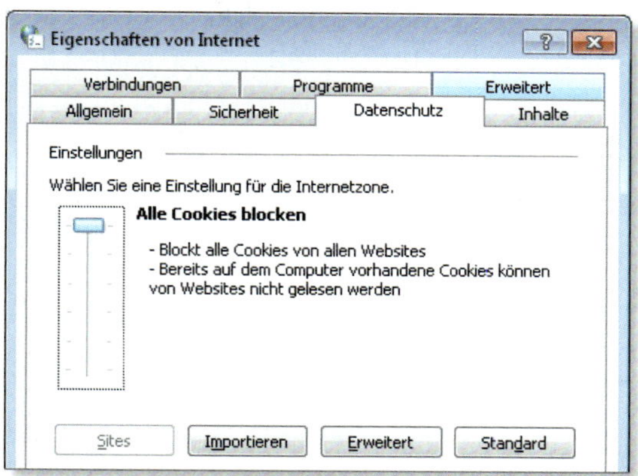

^ ***Abbildung 25.75*** *Steht der Schieberegler im Register **Datenschutz** ganz oben, werden alle Cookies blockiert.*

TIPP

Daten von Zeit zu Zeit löschen

Ich empfehle Ihnen, von Zeit zu Zeit einmal die vorhandenen Daten zu löschen. Klicken Sie im Register **Allgemein** auf **Löschen**. So verschwinden auch alte Cookies und nicht mehr benötigte temporäre Dateien. Allerdings trifft es auch Passwörter und Benutzerdaten, die Sie zum Einloggen auf Portale, Webforen und Webmailseiten verwendet haben, ebenso wie Formulardaten. Deren Speicherung ist zwar recht praktisch, müssen Sie diese doch beim nächsten Besuch einer Seite nicht erneut eingeben, in puncto Sicherheit ist aber das Löschen dieser Daten eine gute Idee. Manchmal ist das gute alte Notizbuch mit den chaotischen losen Seiten und dem Wirrwarr an wichtigen und längst nicht mehr notwendigen Benutzerdaten eine bessere Lösung.

Teil VIII
Windows administrieren

Kapitel 26
Windows pflegen und optimieren

Das Betriebssystem muss von Zeit zu Zeit »gereinigt« werden. Datenmüll, nicht notwendige Datensicherungen und fehlerhafte Registrierungseinträge müssen korrigiert werden. Tun Sie dies, und sorgen Sie so dafür, dass Sie immer ein schnelles und sauberes Betriebssystem vor sich haben!

Windows 7 ist eine tolle Sache! Das Betriebssystem ist mit vielen grafischen und optischen Finessen ausgestattet. Multimediatools sind bereits mit an Bord. Sie können sich ohne Zusatzprogramme Bilddateien anschauen sowie Filme und Musik wiedergeben. Eine Reihe nützlicher Programme finden Sie in dem kostenlosen Windows Live-Paket.

Sicher haben Sie sich später ein paar Computerspiele zugelegt, ein paar Demo-Programme ausprobiert und die ein oder andere Anwendung genutzt. Für Windows gibt es eine schier unüberschaubare Anzahl an Anwendungsprogrammen und Spielen. Da ist für jeden Geschmack etwas dabei.

Der Haken daran ist nur, dass viele Programme Einträge in der Windows 7-Registrierung ablegen. Einige bringen Dienste mit, die im Hintergrund aktiv sind. Nicht jeder Dienst ist wirklich notwendig. Dennoch verbraucht er einen Teil des Arbeitsspeichers. Sie löschen, kopieren und verschieben Dateien. Sie deinstallieren Spiele und Anwendungsprogramme, die Sie nicht mehr benötigen. Hier und da bleiben Reste zurück: Datenmüll, der wichtigen Speicherplatz auf der Festplatte belegt.

Ab und zu ist es daher notwendig, Windows 7 zu pflegen. Nicht mehr gebrauchte Dateien werden entfernt. Der Papierkorb platzt irgendwann aus allen Nähten. Es gibt Protokolldateien, von Installationen übrig gebliebene Dateien, Datensicherungen und mehr. Dazu kommen fehlerhafte Verknüpfungen, defekte Registrierungseinträge und andere kleine Probleme. Es wird Zeit, einmal ordentlich aufzuräumen!

Windows pflegen heißt aber auch, ab und zu Datensicherungen zu erstellen, sich um die Schattenkopien des Betriebssystems zu kümmern und die Festplatte zu defragmentieren. Viele dieser Aufgaben können Sie mit Windows 7 erledigen. Einige lassen sich jedoch mit einem sogenannten *Tuner* besser erledigen.

In diesem Kapitel möchte ich Ihnen zeigen, wie das geht und was Sie alles bei der Pflege des Systems beachten müssen. Ich zeige Ihnen, welche Aufgaben wichtig sind und wie Sie diese durchführen.

Im Einzelnen erfahren Sie in diesem Kapitel, warum Sie Windows 7 eigentlich pflegen und warten sollten. Für diese Aufgaben, die nur wenig Zeit in Anspruch nehmen und nur einmal im Monat ausgeführt werden sollten, gibt es eine kleine Handvoll wichtiger Gründe. Diese werden Sie kennenlernen.

Danach zeige ich, wie Sie dies tun. So lesen Sie, wie Sie Ihren Windows 7-Papierkorb leeren und andere unnötige Daten aufspüren und entfernen. Sie erfahren, wie Sie die Systemdateien säubern und auch hier Inhalte aufspüren, die gelöscht werden können. Ich zeige Ihnen, wie Sie nicht mehr notwendige Systemwiederherstellungspunkte von Ihrer Festplatte entfernen.

Ein weiterer wichtiger Schritt beim Aufräumen von Windows 7 besteht darin, die Registrierung auf fehlerhafte und nicht mehr gültige Inhalte prüfen. Wie das geht und wie Sie diese Inhalte entfernen, lesen Sie ebenfalls in diesem Kapitel. Zu dem Aufräumen und Optimieren Ihres Windows 7-Rechners gehören natürlich auch das Löschen von Programmen und Windows-Funktionen und das Defragmentieren der Festplattenpartitionen. Sie lernen den Befehl *chkdsk* kennen und lesen, wann und wie dieser verwendet wird.

Im zweiten Teil dieses Kapitels lesen Sie, wie Sie Ihren Rechner mit dem Tuner *TuneUp Utilities* warten, pflegen und optimieren können. Ich zeige Ihnen, wie Sie mit diesem Tuner nicht notwendige Daten finden und entfernen, die Windows-Registrierung bereinigen und die Festplatte defragmentieren können. Auch das Überprüfen und Korrigieren von Autostarteinträgen gehört zu den Wartungsaufgaben, die mit dem Tuner ausgeführt werden können. Sie lesen, wie Sie den Start von Windows 7 beschleunigen können und nicht notwendige Datensicherungen löschen. Zum Schluss des Kapitels lernen Sie die *1-Klick-Wartung* kennen. Mit dieser Funktion werden die Wartungsaufgaben an Ihrem Betriebssystem automatisiert.

26.1 Das Betriebssystem warten und pflegen

Pflegen klingt jetzt ein wenig nach Putzarbeit. Im Grunde genommen ist es das auch. Bei der Pflege von Windows 7 geht es darum, nicht mehr benötigte Protokolldateien, Datenmüll und fehlerhafte Registrierungseinträge zu entfernen. Die Festplatte wird auf eine Defragmentierung geprüft, und die Daten werden neu sortiert.

Warum sollten Sie Windows 7 pflegen?

Daten im Papierkorb verbrauchen Platz. Diesen Speicherplatz können Sie für andere Aufgaben nutzen. Fehlerhafte Registrierungseinträge nehmen ebenso Platz weg. Durch diese und eine starke Fragmentierung wird das System langsamer.

Auch durch das Entfernen von Installationspaketen, die nicht mehr gebraucht werden, und das Löschen von alten Wiederherstellungspunkten und Datensicherungen gewinnen Sie Speicherplatz.

Mit der Pflege des Betriebssystems sorgen Sie dafür, dass es schnell bleibt. Bremsen werden entfernt. Daneben gewinnen Sie wertvollen Speicherplatz. Sie »optimieren« Ihr Windows 7.

Ein weiterer Grund ist, dass Sie auch sonst für Ordnung sorgen. Das mag jetzt nach nichts Besonderem klingen. Aber lassen Sie Müll auf Ihrem Schreibtisch herumliegen? Nein? Wieso sollten Sie es dann auf der Festplatte tun?

Die Wartung des Betriebssystems ist keine schwere Aufgabe. Die Aufräum- und Optimierungsaufgaben sind über Dialoge und Funktionen leicht erreichbar. Ein Befehl ist eine Ausnahme. Aber auch dieser stellt kein unlösbares Problem dar. Und mit einem Tuningprogramm können Sie diese Aufräum- und Optimierungsaufgaben noch einfacher lösen.

Leeren Sie den Papierkorb

Jede gelöschte Datei und jedes gelöschte Verzeichnis wird nicht sofort unwiederbringlich gelöscht, sondern landet erst einmal im Windows 7-Papierkorb. Das ist nicht schlecht. Schließlich haben Sie so eine Datensicherung zur Hand. Daten, die aus Versehen gelöscht werden, können sehr leicht wiederhergestellt werden. Aber so nach und nach füllt sich der Papierkorb. Spätestens wenn er einen Umfang von einem oder mehreren Gigabyte erreicht hat, sollten Sie sich fragen, ob es nun nicht an der Zeit ist, den Papierkorb zu löschen. Das ist schnell getan:

1 Doppelklicken Sie auf das Papierkorb-Symbol auf Ihrem Windows 7-Desktop.

Abbildung 26.1 *Bereits am Symbol ist zu erkennen, dass der Papierkorb gefüllt ist.*

2 Schauen Sie sich die Liste der Dateien und Verzeichnisse an. Überprüfen Sie, ob Sie eine Datei oder einen Ordner vielleicht noch brauchen.

3 Klicken Sie auf **Papierkorb leeren** ①.

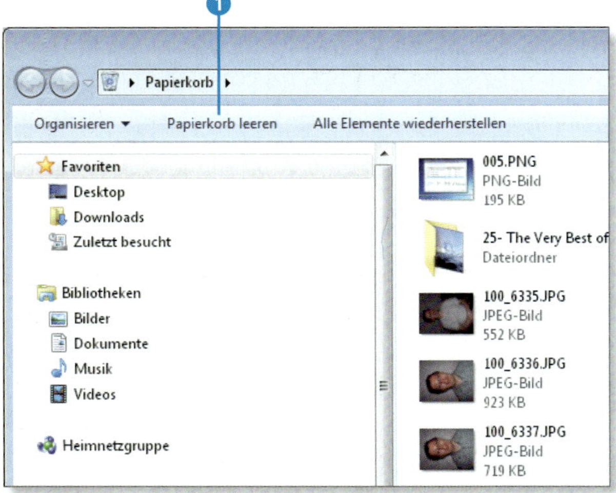

Abbildung 26.2 *Jede Menge nicht mehr notwendiger Dateien und Ordner sind in meinem Papierkorb zu finden.*

4 Windows fragt Sie, ob Sie den Inhalt des Papierkorbes wirklich löschen wollen. Bestätigen Sie das mit einem Mausklick auf **Ja**.

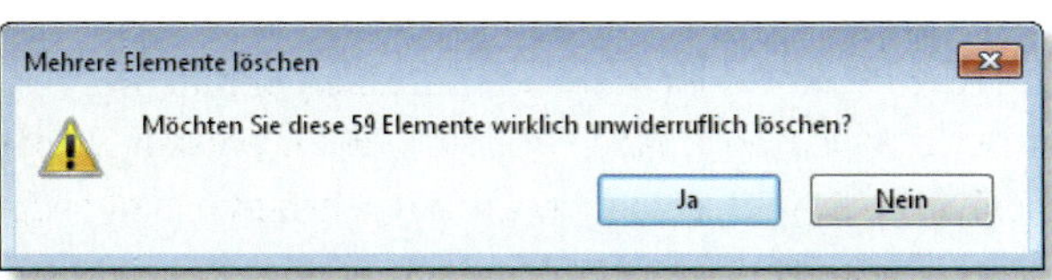

Abbildung 26.3 *Nach dem Bestätigen der Rückfrage ist der Papierkorb wieder leer.*

Beachten Sie bitte: Löschen Sie Dateien und Ordner aus dem Papierkorb, sind diese unwiederbringlich verloren. Sie können nicht wiederhergestellt werden. Deshalb sollten Sie sich zuerst genau anschauen, welcher Inhalt sich im Papierkorb befindet. Sorgen Sie mit Datensicherungen dafür, dass wichtige Daten auch weiter vorhanden sind.

Die Windows-Datenträgerbereinigung

Mit der Datenträgerbereinigung können Sie mehrere nicht mehr notwendige Inhalte »in einem Rutsch« entfernen. Außerdem prüfen Sie so, wie viel Speicherplatz durch diese Inhalte belegt wird.

1 Öffnen Sie die **Systemsteuerung**. Wählen Sie **System und Sicherheit**. Unter **Verwaltung** klicken Sie auf **Speicherplatz freigeben**.

Abbildung 26.4 *Die Datenträgerbereinigung rufen Sie über die Kategorie **Verwaltung** der Systemsteuerung auf.*

2 In einem kleinen Dialogfenster wählen Sie nun über ein Listenfeld das Laufwerk aus, das bereinigt werden soll. In meinem Beispiel entscheide ich mich für **Laufwerk C**. Auf diesem habe ich Windows 7 installiert. Hier ist das Entfernen von Datenmüll am wichtigsten. Bestätigen Sie die Auswahl mit **OK**.

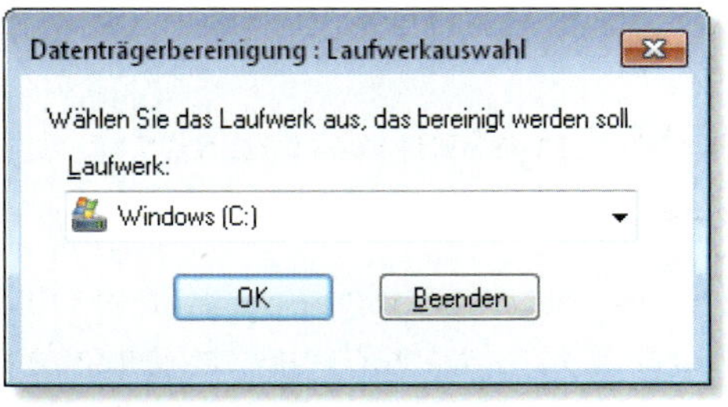

Abbildung 26.5 *Laufwerk C wird überprüft.*

Windows 7 checkt, wie viel Speicherplatz freigegeben werden kann. Diese Berechnung dauert nur einen kurzen Augenblick.

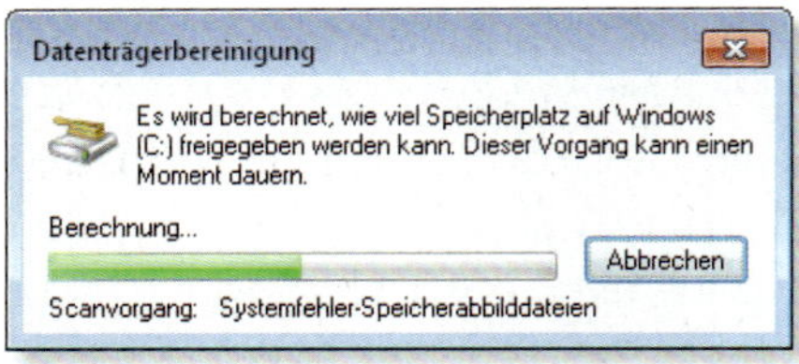

Abbildung 26.6 Das Betriebssystem überprüft, welche Daten entfernt werden können. Es wird gezeigt, wieviel Speicherplatz Sie gewinnen.

Nun wird ein Dialogfenster angezeigt. Sie sehen in einer kleinen Liste genau, welche Daten vorhanden sind und wie viel Speicherplatz diese belegen. Im Einzelnen werden angezeigt:

- heruntergeladene Programmdateien
- temporäre Internetdateien
- Offlinewebseiten
- Spielnachrichtendateien
- Spielstatistikdateien
- der Inhalt des Papierkorbs
- Setup-Protokolldateien
- temporäre Dateien
- Miniaturansichten
- Windows-Fehlerberichterstattungsdateien
- Dateien in Fehlerberichtwarteschlangen
- Windows-Fehlerberichterstattungsdateien

Die Windows-Fehlerberichterstattungsdateien tauchen tatsächlich zweimal auf. Dies ist also kein Fehler von mir.

Die Miniaturansichten nehmen schnell einige 100 Megabyte ein. Auch ein, zwei Gigabyte sind schnell erreicht. Jedes Mal, wenn Sie im Windows-Explorer Bilddateien anschauen und auflisten lassen, wird für jede Datei ein Vorschaubild gespeichert. Ist eines bereits vorhanden, geschieht dies nicht mehr.

Schauen Sie sich die gefundenen Dateien an. Scrollen Sie die Liste durch, und überlegen Sie, welche Dateien Sie noch benötigen und welche nicht mehr notwendig sind. Hinter jedem Datentyp finden Sie eine Angabe, wie viel Speicherplatz diese belegen. Unter der Liste folgt eine Zusammenfassung. Hier sehen Sie, wie viel Speicherplatz Sie gewinnen, wenn Sie alle gefundenen Dateien löschen würden.

3 Setzen Sie ein Häkchen in die Optionskästchen der Dateien, die Sie löschen möchten. Bestätigen Sie mit **OK**.

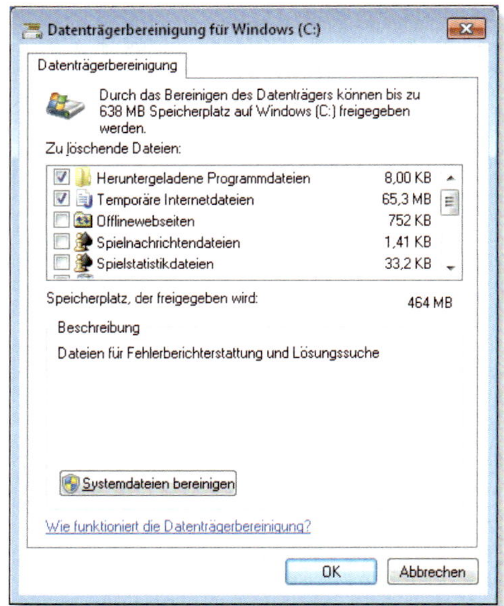

Abbildung 26.7 464 MB würde ich gewinnen, wenn ich die markierten Dateien löschen würde.

4 Windows 7 fragt noch einmal, ob Sie die Aktion tatsächlich durchführen möchten. Bestätigen Sie mit **Dateien löschen**.

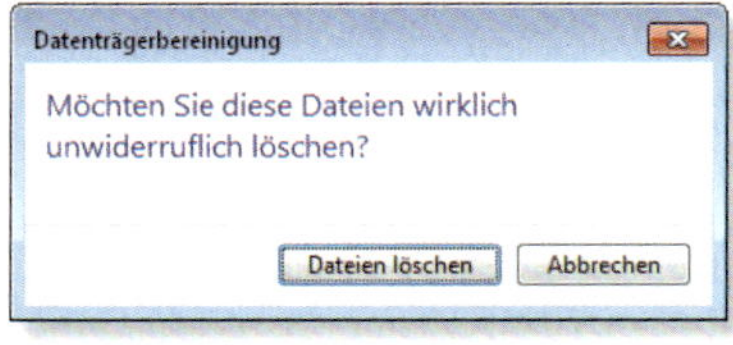

Abbildung 26.8 Auch hier muss die Aktion noch einmal von Ihnen bestätigt werden.

Beachten Sie bitte, dass die Zahl unter der Tabelle nicht zeigt, wie viel Speicherplatz Sie mit allen gefundenen Dateien gewinnen würden. Sie fasst die Speicherzahl der Datentypen zusammen, die Sie zum Löschen markieren.

Für einige Dateien gibt es auch die Möglichkeit, diese direkt vom Dialog **Datenträgerbereinigung** aus aufzurufen. Markieren Sie zum Beispiel den Datentyp **Heruntergeladene Programmdateien**, wird die Schaltfläche **Dateien anzeigen** eingeblendet. Ein Mausklick darauf öffnet den Windows-Explorer, und Sie sehen, um welche Dateien es sich bei der Anzeige handelt.

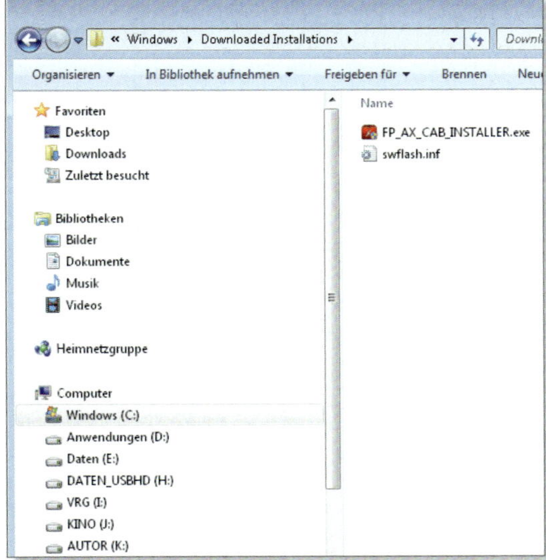

∧ ***Abbildung 26.9*** *In meinem Beispiel sind zwei Programmdateien vorhanden, die entfernt werden können.*

Gleiches gilt für die temporären Internetdateien, die Offlinewebseiten und den Inhalt des Papierkorbs. Auch diese können Sie sich zunächst genauer ansehen, sofern Sie dies möchten.

Systemdateien bereinigen

Die Systemdateien werden in der Datenträgerbereinigung nicht aufgelistet. So ist sichergestellt, dass Sie nur weniger wichtige Dateien entfernen. Die Miniaturansichten werden wieder erstellt. Die Dateien im Papierkorb werden in der Regel nicht mehr benötigt. Mit temporären Dateien, Protokolldateien und den Nachrichten von den Windows-Games sieht es ähnlich aus. Sie sind nicht wirklich wichtig.

Aber Wiederherstellungspunkte und Systemsicherungen sind schon wichtig. Sie brauchen jedoch nicht ein Dutzend davon, denn sie nehmen viel Platz in Anspruch.

Auch bei dem Bereinigen von Systemdateien gehen Sie nach dem gleichen Muster vor wie bei der normalen Datenträgerbereinigung:

- Rufen Sie zunächst die Funktion auf, und lassen Sie das Betriebssystem berechnen, wie viel Speicherplatz freigegeben werden kann.
- Die gefundenen Systemdateien werden aufgelistet. Schauen Sie sich diese an. Entscheiden Sie, welche Sie entfernen wollen und welche Sie behalten.
- Führen Sie das Löschen der nicht mehr gebrauchten Daten durch.

Schauen wir uns die Vorgehensweise mal an einem Beispiel an:

1. Öffnen Sie auch hier zuerst die Systemsteuerung. Mit **System und Sicherheit > Speicherplatz freigeben** (unter **Verwaltung**) gelangen Sie zunächst in die Auswahl der Festplatte bzw. Partition.
2. Wählen Sie das Laufwerk, das bereinigt werden soll. Bestätigen Sie.
3. Warten Sie kurz, bis Windows 7 mit dem Zusammenstellen der Dateien fertig ist, die entfernt werden können. Der Dialog **Datenträgerbereinigung** wird angezeigt. Klicken Sie im unteren Teil des Dialogs auf die Schaltfläche **Systemdateien bereinigen**.
4. Nun müssen Sie noch einmal das Laufwerk wählen, das bereinigt werden soll. Tun Sie dies.
5. Markieren Sie die Dateien, die Sie löschen wollen. Wählen Sie **OK**, und bestätigen Sie die Rückfrage von Windows.

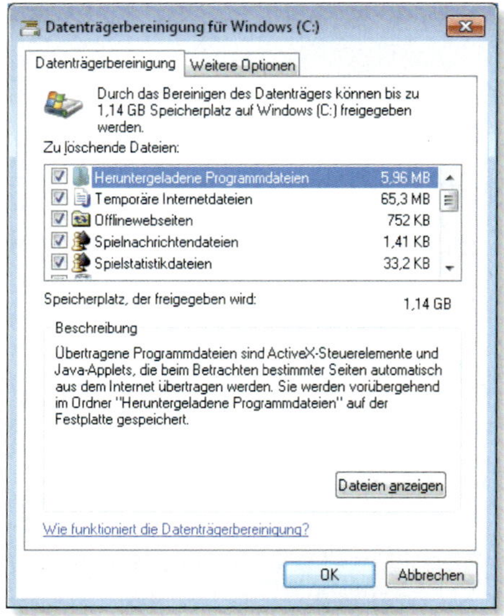

Abbildung 26.10 Der Dialog wurde um Systemdateien erweitert. Nun kann einiges mehr an Speicherplatz gewonnen werden.

Wie Sie an dem gezeigten Beispiel sehen können, summiert sich die Menge des Speicherplatzes leicht auf mehr als 1 GB. Haben Sie die Datenträgerbereinigung lange nicht mehr durchgeführt, kommen schnell einige GB zusammen.

Der Dialog **Datenträgerbereinigung** wird erweitert. Aufgeführt sind nun auch Service-Pack-Sicherungsdateien.

Sie müssen die beiden Schritte der Datenträgerbereinigung nicht einzeln durchführen. Entfernen Sie die normalen weniger wichtigen Dateien und die Systemdateien in einem Arbeitsgang.

Nicht benötigte Systemwiederherstellungspunkte entfernen

Haben Sie, wie im vorhergehenden Abschnitt beschrieben, die **Datenträgerbereinigung** aufgerufen und dabei auch **Systemdateien bereinigen** gewählt, wird der Dialog um ein Register erweitert. Sie können hier Windows-Programme und -Funktionen ebenso entfernen wie Systemwiederherstellungspunkte und Schattenkopien. Mit beidem gewinnen Sie zusätzlichen Speicherplatz und entfernen nicht mehr benötigte Sicherungsdateien.

Bitte achten Sie auch hier genau darauf, ob die benötigten Dateien wirklich nicht mehr benötigt werden.

1. Gehen Sie vor, wie in den Schritten 1 bis 5 im vorhergehenden Abschnitt beschrieben. Wechseln Sie in das Register **Weitere Optionen** ❶.
2. Klicken Sie im unteren Teil des Registers auf **Bereinigen** ❷.

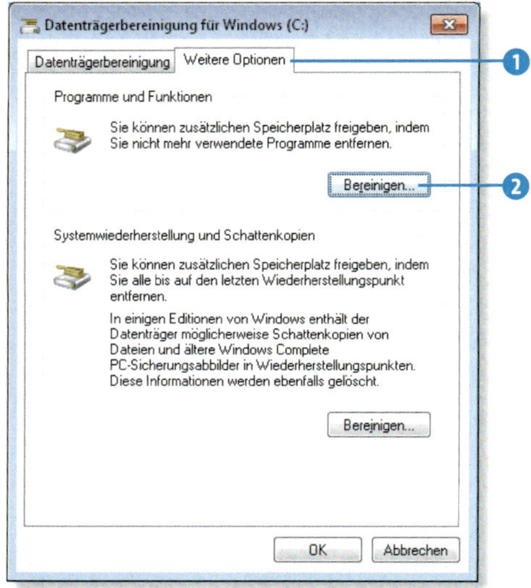

Abbildung 26.11 Mit dem Löschen von Schattenkopien, Wiederherstellungspunkten und Funktionen gewinnen Sie Speicherplatz.

3. Windows 7 fragt Sie, ob Sie wirklich alle Wiederherstellungspunkte löschen möchten. Bestätigen Sie dies.

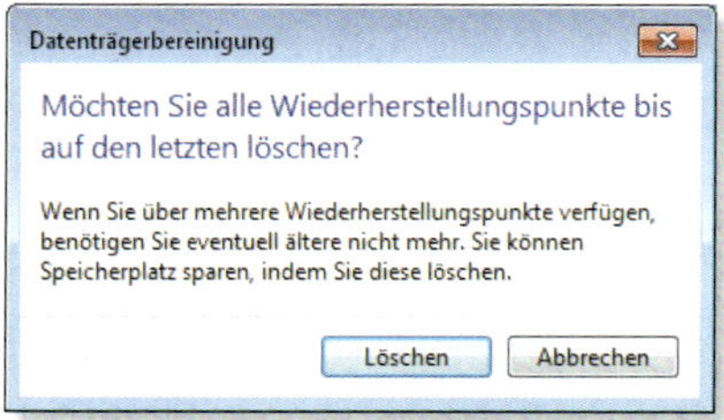

Abbildung 26.12 Mit dem Bestätigen werden alle vorhandenen Wiederherstellungspunkte gelöscht.

Diesmal listet das Betriebssystem nicht auf, welche Dateien vorhanden sind und wie viel Speicherplatz Sie durch das Entfernen gewinnen können. Sie können auch nicht einzelne Dateien auswählen. Gelöscht werden alle Wiederherstellungspunkte.

Nicht benötigte Programme und Funktionen entfernen

Nicht jede Windows-Funktion wird wirklich benötigt. Sie müssen nicht »alles, was geht« anschalten und verwenden. Werkzeuge und Dienste, die nicht benötigt werden, können Sie ausschalten.

1 Rufen Sie die **Systemsteuerung** auf. Wählen Sie hier **Programme deinstallieren**. Sie landen nun im Fenster **Programme deinstallieren und ändern**. Schauen Sie sich die Liste einmal an. Sicher gibt es auch hier Programme, die nicht mehr benötigt werden. Die können Sie ebenfalls löschen und so etwas Platz auf Ihrer Festplatte gewinnen. Die Windows-Funktionen sind hier nicht aufgelistet. Einzige Ausnahme sind die Flash-Alternative Silverlight, Microsoft Office und die Windows-Live Programme.

2 In der linken oberen Ecke des Fensters sehen Sie ein kleines Menü. Entscheiden Sie sich für **Windows-Funktionen aktivieren und deaktivieren**.

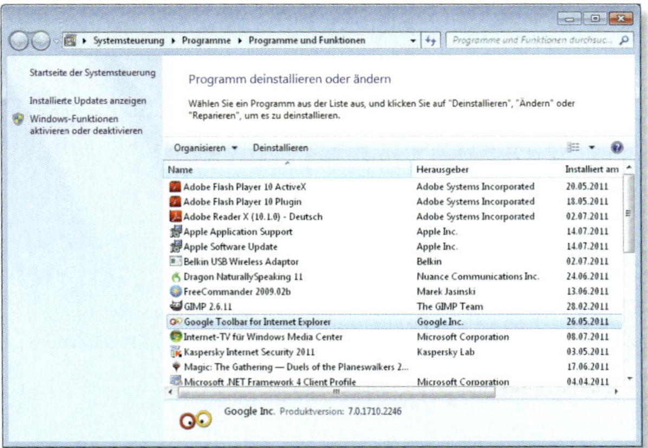

Abbildung 26.13 *Über den Dialog zum Löschen von Anwendungen können auch Windows-Funktionen gelöscht werden.*

Nun werden in einem Dialog Windows-Funktionen und -Dienste angezeigt. Schauen Sie sich die Liste an. Ein Häkchen im Optionskästchen vor einem Dienst heißt, dass dieser verwendet wird. Fehlt das Häkchen, ist der Dienst ausgeschaltet.
Achten Sie darauf, dass Sie nur Dienste ausschalten, die auch wirklich nicht benötigt werden. Wenn Sie sich nicht sicher sind oder nicht genau wissen, wozu ein Dienst gut ist, lassen Sie die Einstellung unverändert.

3 Möchten Sie einen Dienst nicht mehr verwenden, deaktivieren Sie ihn. Bestätigen Sie mit **OK**.

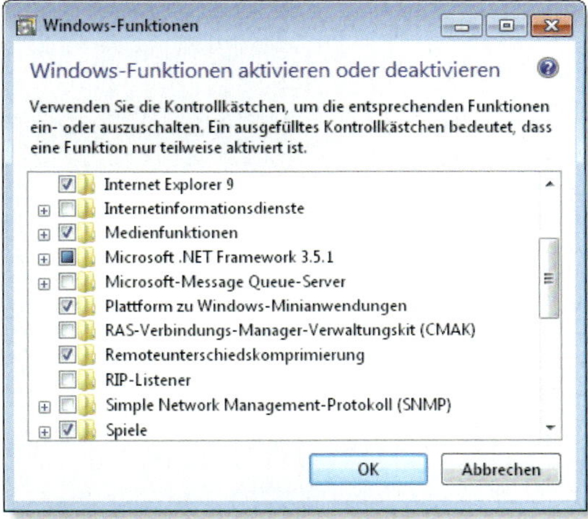

Abbildung 26.14 *In einem Dialogfenster werden nicht mehr benötigte Windows-Dienste ausgeschaltet.*

Mit dem Deaktivieren von Windows-Diensten sparen Sie Arbeitsspeicher. Die Dienste verbleiben weiterhin auf der Festplatte des Rechners, werden aber nicht mehr geladen.

Mit dem DOS-Befehl »chkdsk« eine Festplattenpartition prüfen

Der Befehl *chkdsk* ist ein früher oft verwendeter Befehl. Heutzutage braucht man ihn kaum noch. Dennoch lohnt es sich, ihn ab und zu einmal zur Hand zu nehmen. Gerade bei gebrauchten Festplatten, bei Problemen mit Windows 7, aber auch dann, wenn Sie

Ihren Rechner und Ihr Betriebssystem lange genutzt haben, lohnt es sich, diesen Befehl zu verwenden.

1 Öffnen Sie das Windows 7-Startmenü. Öffnen Sie den Baum **Zubehör**. Markieren Sie die Eingabeaufforderung. Mit der rechten Maustaste klappen Sie das Kontextmenü auf. Wählen Sie hier **Als Administrator ausführen**.

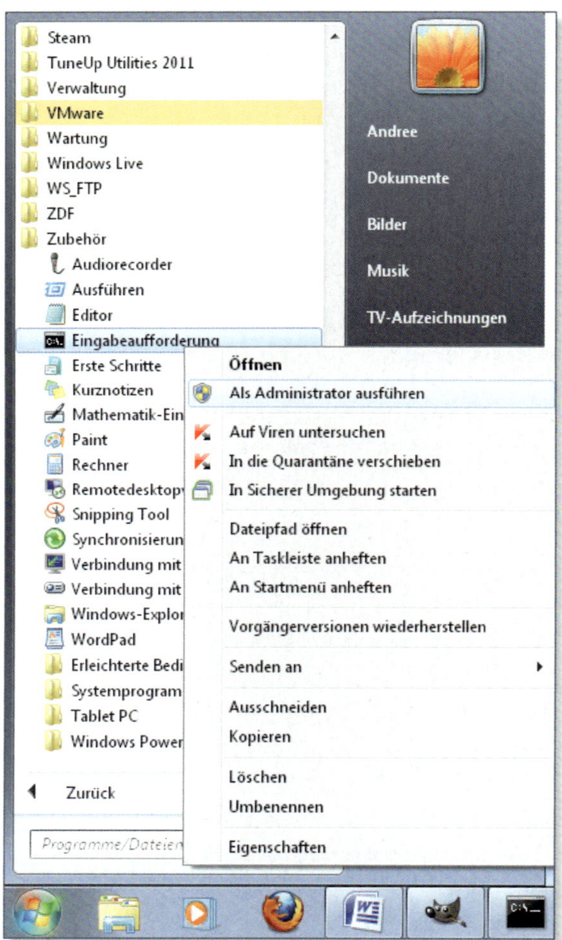

Abbildung 26.15 *Die Eingabeaufforderung müssen Sie als Administrator ausführen. Sonst können Sie den Befehl »chkdsk« nicht nutzen.*

2 Bestätigen Sie die Meldung der Benutzerkontensteuerung.

3 Geben Sie den Befehl `chkdsk /f` ein. Bestätigen Sie mit [↵].

Mit der Option `/f` sorgen Sie dafür, dass vorhandene Fehler auf dem Datenträger behoben werden. Möchten Sie diesen erst einmal nur überprüfen, lassen Sie die Option weg.

```
Administrator: Eingabeaufforderung
C:\Windows\system32>chkdsk
Der Typ des Dateisystems ist NTFS.
Die Volumebezeichnung lautet Windows.

WARNUNG! Der Parameter F wurde nicht angegeben.
CHKDSK wird im schreibgeschützten Modus ausgeführt.

CHKDSK überprüft Dateien (Phase 1 von 3)...
  220160 Datensätze verarbeitet.
Dateiüberprüfung beendet.
  166 große Datensätze verarbeitet.
  0 ungültige Datensätze verarbeitet.
  90 E/A-Datensätze verarbeitet.
  88 Analysedatensätze verarbeitet.
CHKDSK überprüft Indizes (Phase 2 von 3)...
  259614 Indexeinträge verarbeitet.
Indexüberprüfung beendet.
  0 nicht indizierte Dateien überprüft.
  0 nicht indizierte Dateien wiederhergestellt.
CHKDSK überprüft Sicherheitsbeschreibungen (Phase 3 von 3)...
  220160 SDs/SIDs verarbeitet.
Überprüfung der Sicherheitsbeschreibungen beendet.
  19728 Datendateien verarbeitet.
CHKDSK überprüft USN-Journal...
100 Prozent abgeschlossen. (35332096 von 35333480 USN-Bytes verarbeitet)
  35333480 USN-Bytes verarbeitet.
Die Überprüfung von USN-Journal ist abgeschlossen.
Das Dateisystem wurde überprüft. Es wurden keine Probleme festgestellt.

 157458431 KB Speicherplatz auf dem Datenträger insgesamt
  31257408 KB in 178219 Dateien
     71152 KB in 19729 Indizes
         0 KB in fehlerhaften Sektoren
    326559 KB vom System benutzt
     65536 KB von der Protokolldatei belegt
 125803312 KB auf dem Datenträger verfügbar

      4096 Bytes in jeder Zuordnungseinheit
  39364607 Zuordnungseinheiten auf dem Datenträger insgesamt
  31450828 Zuordnungseinheiten auf dem Datenträger verfügbar

C:\Windows\system32>
```

Abbildung 26.16 *Der Befehl »chkdsk« gibt eine lange Reihe von Informationen aus.*

Nun müssen Sie einen Augenblick warten, bis Windows die Festplatte Ihres Rechners überprüft hat. Ist dies geschehen, schauen Sie sich die Ausgabe genau an.

Der Befehl zeigt, ob ungültige Dateien vorhanden sind. Mit diesen kann das Betriebssystem nichts mehr anfangen.

Überprüft wird auch der Index, den Windows 7 erstellt hat. Fehlerhafte Indexeinträge werden gemeldet und berichtigt.

Eine wichtige Aufgabe des Befehls ist es, das Dateisystem auf Fehler zu überprüfen. Nur ein einwandfrei arbeitendes Dateisystem liest und schreibt Dateien korrekt. Es ist für eine fehlerfreie Arbeit mit dem Betriebssystem und allen Anwendungsprogrammen notwendig, die Sie verwenden.

Weiterhin überprüft der Befehl, ob die Zuordnungseinheiten auf der Festplatte in Ordnung sind. Eine Zuordnungseinheit ist ein Bereich auf der Festplatte, in dem

Daten abgelegt sind. Die Festplatte wird beim Formatieren in viele verschiedene Sektoren und Zuordnungseinheiten eingeteilt.

Stellen Sie sich dies wie einen Aktenordner vor. Jedes Aktenfach ist eine Zuordnungseinheit auf der Festplatte. Das Fach muss fehlerfrei funktionieren, damit es verwendet werden kann. Ein Aktenschrank mit 200 Aktenfächern, von denen 21 verklemmt sind und nicht geöffnet werden können, kann nicht wirklich effektiv genutzt werden.

Sehen Sie auf der Eingabeaufforderung die Meldung, dass *chkdsk* nicht ausgeführt werden kann, weil das Volume von einem anderen Prozess verwendet wird, wundern Sie sich nicht weiter. Die Festplatte bzw. Partition, auf der Sie Windows 7 installiert haben, können Sie nicht im laufenden Betrieb mit *chkdsk* überprüfen und korrigieren. Windows 7 verwendet einige Bereiche für seine Aufgaben. Bestätigen Sie das Angebot des Befehls mit J. Starten Sie den Rechner neu. Nun wird vor dem Starten von Windows der Befehl ausgeführt.

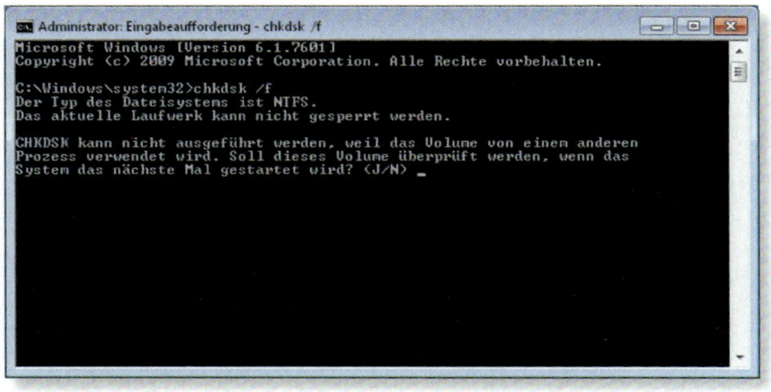

```
Administrator: Eingabeaufforderung - chkdsk /f
Microsoft Windows [Version 6.1.7601]
Copyright (c) 2009 Microsoft Corporation. Alle Rechte vorbehalten.

C:\Windows\system32>chkdsk /f
Der Typ des Dateisystems ist NTFS.
Das aktuelle Laufwerk kann nicht gesperrt werden.

CHKDSK kann nicht ausgeführt werden, weil das Volume von einem anderen
Prozess verwendet wird. Soll dieses Volume überprüft werden, wenn das
System das nächste Mal gestartet wird? (J/N) _
```

^ ***Abbildung 26.17*** *Die Systempartition kann nicht im laufenden Betrieb auf Fehler überprüft und korrigiert werden.*

Die Datenträgerüberprüfung von Windows 7 verwenden

Mit der Datenträgerüberprüfung stellen Sie fest, wie stark eine Festplatte oder auch eine Festplattenpartition fragmentiert ist. Ist der Betrag nahe 10 % oder höher, sollten Sie den Datenträger defragmentieren.

INFO

Was heißt eigentlich »Fragmentierung«?
Windows 7 und alle anderen Anwendungen, aber auch Computerspiele legen Daten auf einem freien Bereich des Datenträgers ab. Dabei wird versucht, Daten immer hintereinander zu schreiben. Aber durch das Löschen, Kopieren und Verschieben von Dateien und Anwendungen entstehen Löcher. Dann werden Daten plötzlich nicht »hinten dran« gesetzt, sondern in diesen Löchern oder an einer anderen freien Position.

Plötzlich sind Daten, die zu einem Programm gehören, an verschiedenen Positionen der Festplatte bzw. Partition abgelegt. Man spricht wegen dieser Datenfragmente von einer »Fragmentierung« der Festpallte bzw. Partition.

Beim Defragmentieren werden die Daten neu sortiert, sodass sie am Ende nicht mehr verteilt auf der Festplatte abgelegt sind, sondern an einem Stück.

Eine starke Fragmentierung macht das Lesen von Daten langsamer, denn der mechanische Lesekopf der Festplatte muss dann lange Wege zurücklegen, um die Daten zu lesen.

In schweren Fällen können Programme oder Computerspiele auch ihren Dienst versagen. Deshalb sollten Sie von Zeit zu Zeit Ihre Festplatte auf eine Fragmentierung überprüfen. Um dies zu tun, gehen Sie wie folgt vor:

1. Öffnen Sie die **Systemsteuerung**. Begeben Sie sich nach **System und Sicherheit**.
2. Im Bereich **Verwaltung** klicken Sie auf **Festplatte defragmentieren** (siehe Abbildung 26.18).

Meldet Windows 7 Ihnen, dass die Defragmentierung mit einem anderen Programm geplant ist und Sie diese Einstellung entfernen müssen, bestätigen Sie. Es handelt sich hier um den vorgegebenen Zeitplan, also die automatische Defragmentierung des Rechners.

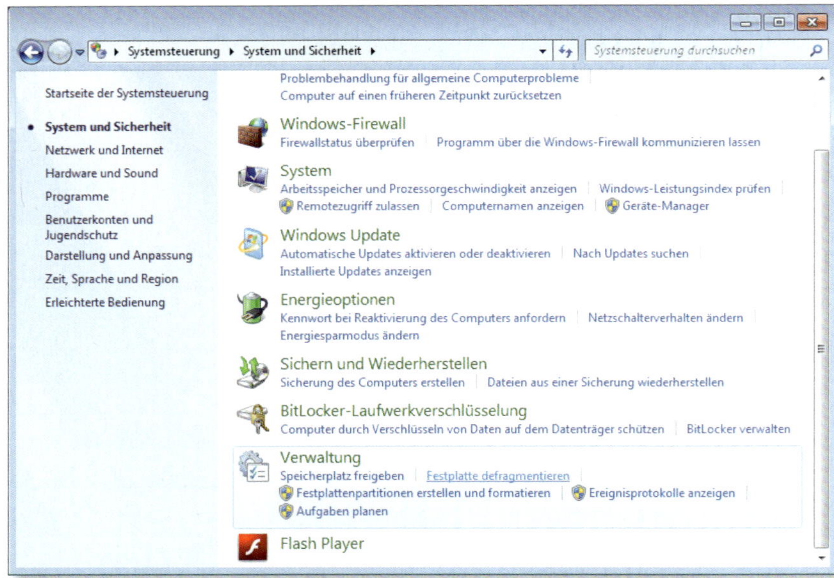

Abbildung 26.18 Auch die Funktion zum Defragmentieren der Festplatte wird über die Systemsteuerung abgerufen.

3 Im Dialog **Defragmentierung** wählen Sie zuerst einen Datenträger oder eine Partition aus. Klicken Sie dann auf **Datenträger analysieren**.

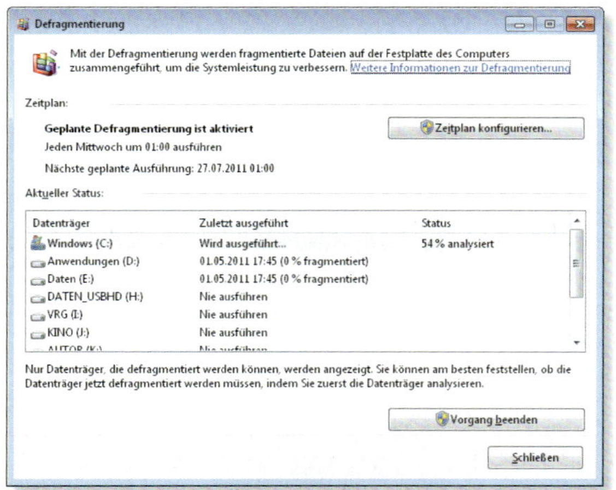

Abbildung 26.19 In diesem Beispiel wird überprüft, wie stark die Windows-Festplatte fragmentiert ist.

Wiederholen Sie den Vorgang mit allen anderen Partitionen. Entscheiden Sie anschließend, welche Partitionen defragmentiert werden müssen.

In meinem Beispiel ist eine Partition mit 14 % fragmentiert. Damit ist also eine Defragmentierung fällig.

Das Werkzeug Defragmentierung nutzen

Das Defragmentieren schließt gleich an die Analyse eines Datenträgers an.

1 Markieren Sie die fragmentierte Partition, und wählen Sie **Datenträger defragmentieren**.

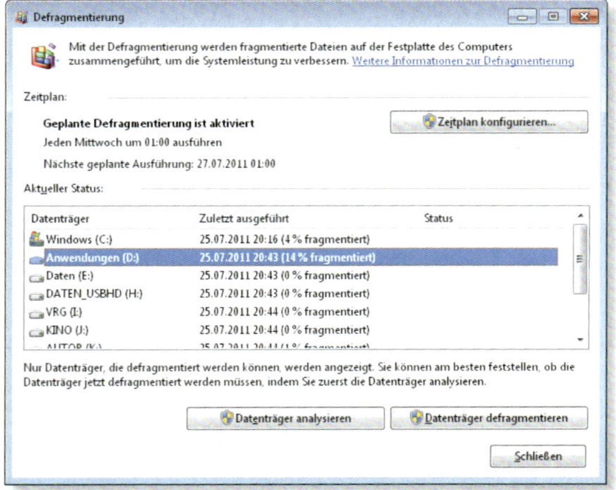

Abbildung 26.20 Die Partition ist mit 14 % stark fragmentiert. Dieser Zustand soll nun behoben werden.

2 Warten Sie, bis der Vorgang abgeschlossen ist. Schließen Sie den Dialog und die geöffneten Fenster der **Systemsteuerung**.

Die Defragmentierung ist nicht besonders übersichtlich. Sie sehen leider nicht, welche Bereiche mit welchen Dateien belegt sind. Das uralte *Norton Utilities* bot hier eine hervorragende Ansicht.

Einen Zeitplan für die Überprüfung festlegen

Mit einem Zeitplan können Sie die Defragmentierung automatisch durchführen lassen. Vorgegeben ist eine wöchentliche Durchführung. Das ist jedoch nicht notwendig. Bei normaler Beanspruchung sollte ein monatlicher Rhythmus ausreichend sein.

1. Öffnen Sie die **Defragmentierung**. Wählen Sie **Zeitplan konfigurieren**.
2. Wählen Sie im Listenfeld **Häufigkeit** den Eintrag **Monatlich**. Bestimmen Sie Tag und Uhrzeit.

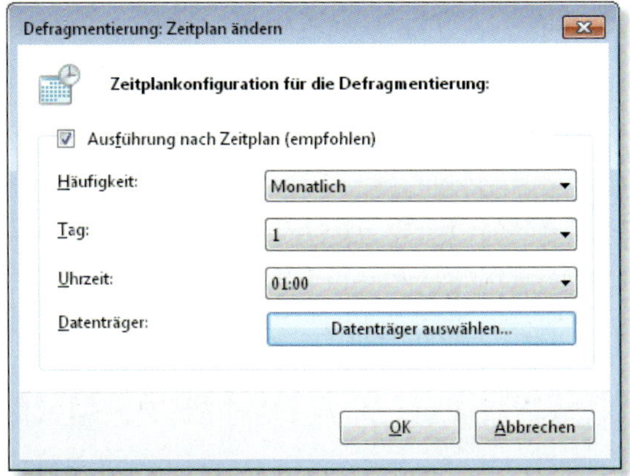

∧ ***Abbildung 26.21*** *Eine monatliche automatische Defragmentierung genügt vollauf.*

3. Klicken Sie auf **Datenträger auswählen**. Wählen Sie entweder **Alle Datenträger auswählen** oder wählen Sie nur die Partitionen, die fest zu Ihrem Rechner gehören. Die Partitionen der USB-Festplatten, die nur gelegentliche mit Ihrem Rechner verbunden sind, lassen Sie aus. Hier führen Sie die Defragmentierung manuell aus. Bestätigen Sie. Bestätigen Sie auch den Dialog **Defragmentierung: Zeitplan ändern**.

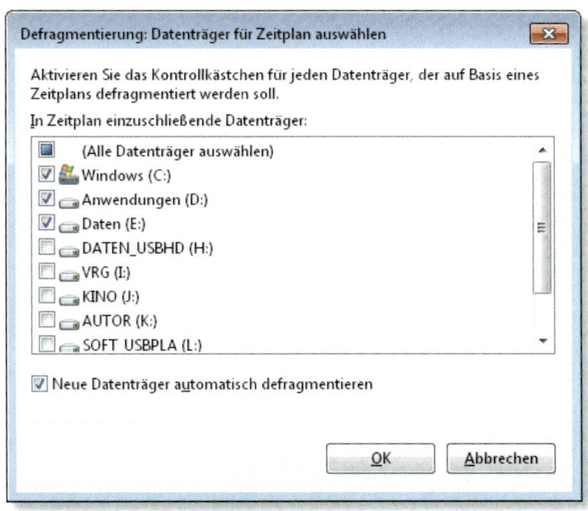

∧ ***Abbildung 26.22*** *Ich habe nur die Festplattenpartitionen gewählt, die fest im Rechner integriert sind.*

26.2 Windows 7 mit einem Tuning-Programm pflegen

Ein sogenanntes Tuning-Programm, das auch oft als Windows-Tuner bezeichnet wird, bietet oft übersichtlichere und bessere Möglichkeiten, um das Betriebssystem zu pflegen. Neben einem automatischen »Putzen« sind die Aufräumfunktionen in gut organisierten und übersichtlichen Fenstern angeordnet. Es gibt eine ganze Reihe verschiedener solcher Anwendungen.

Ich möchte Ihnen an dieser Stelle die *TuneUp Utilities* der Firma S.A.D. vorstellen. Diese eignen sich nicht nur zum Pflegen und Tunen von Windows 7. Sie können damit auch die Desktop-Oberfläche anpassen, Dienste optimieren und einiges mehr. In diesem Abschnitt möchte ich mich aber auf die Pflegeoptionen beschränken. In Abschnitt 26.4, »Windows 7 optimieren«, folgen noch Hinweise zu den Optimierungsfunktionen.

Im Internet können Sie sich unter *http://my-sad.com* über das Programm und weitere Tuning-Produkte der Firma informieren. Hier erhalten Sie auch die Möglichkeit, mit einer 14-Tage-Demoversion in das Programm hineinzuschnuppern.

Was TuneUp Utilities so kann

Mit dem Windows 7-Tuner können Sie unter anderem

- Ihr Betriebssystem automatisch auf Fehler überprüfen und waren lassen.
- Speicherplatz gewinnen, indem Sie Anwendungsprogramme und Datensicherungen löschen.
- Fehler und nicht mehr gültige Verknüpfungen in der Windows-Registrierung finden und entfernen.
- die Festplatte analysieren und defragmentieren.

Das Programm ist ganz darauf ausgerichtet, Windows 7 zu pflegen und »in Schuss« zu halten.

Die Windows-Registrierung reinigen und defragmentieren

In der Windows-Registrierung finden Sie wichtige Einträge, auf die das Betriebssystem zurückgreift. Hier sind Verknüpfungen, Konfigurationsdateien und mehr abgelegt. Es ist wichtig, dass die Daten aktuell sind und dass sie schnell von Windows 7 geladen und verwendet werden können. Um dies sicherzustellen, sollten Sie von Zeit zu Zeit die Registrierung überprüfen und Probleme beseitigen. Wenn Sie dies einmal im Monat tun, ist das ausreichend.

Welche Probleme können auftreten?

Bevor ich Ihnen zeige, wie Sie die Registrierung von Windows auf Fehler untersuchen und sie beheben, möchte ich Ihnen eine Auswahl von Defekten nennen, die in der Windows-Registrierung auftreten können:

***Tabelle 26.1** Defekte in der Windows-Registrierung*

Fragmentierung	Die Registrierung kann fragmentiert sein. Das heißt, die Daten sind zu stark verteilt. Das Laden derselben kann hierdurch länger dauern. Daneben können ganz unterschiedliche Fehler auftauchen.
Fehlerhafte Dateitypen	Dateitypen verweisen auf nicht mehr vorhandene Programme. Das kann zu Fehlermeldungen führen. Die defekten Dateiverknüpfungen müssen entfernt werden.
Fehler bei den gemeinsamen Dateien	Es sind Verweise auf Dateien vorhanden, die durch mehrere Anwendungen genutzt werden. Wenn diese Anwendungen nicht mehr alle vorhanden sind, kann es zu Fehlern kommen.
Fehler bei Hilfedateien	Es gibt in der Registrierung Verweise auf Hilfedateien, die auf dem Rechner nicht mehr vorhanden sind. Diese veralteten und nicht mehr gültigen Verweise müssen entfernt werden.
Probleme mit installierten Programmen	Es gibt im Windows-Dialog Software zu einigen Anwendungen kein Programm, mit dem das Entfernen (Deinstallieren) durchgeführt werden kann. Demzufolge können die Einträge unter Software in der Systemsteuerung gelöscht werden.
Defekte Programmeinstellungen	Es gibt Einstellungsverweise von Programmen, die auf nicht mehr vorhandene Dateien verweisen. Diese müssen entfernt werden.
Probleme mit Programmkomponenten	Auf dem Rechner sind Programmkomponenten vorhanden, die ins Leere laufen. Sie verweisen auf Komponenten, die nicht mehr vorhanden sind. Die Einträge müssen entfernt werden.
Defekte Programmpfade	Wenn in der Registrierung Suchpfade vorhanden sind, die nicht mehr gültig sind, können diese Einträge gelöscht werden.
Fehler bei den Verlaufslisten	Es gibt Einträge in den Windows-Verlaufslisten, die auf Dateien zeigen, die es nicht mehr gibt. Auch diese Einträge können gelöscht werden.

Mit »TuneUpUtilities« die Windows-Registrierung aufräumen

Nach dem Installieren finden Sie TuneUp Utilities unter einem eigenen Eintrag im Windows 7-Startmenü. Der Name des Programms und des Ordners ist in der Regel um eine Zahl erweitert. Wie bei anderen Anwendungen auch wird hier eine Jahreszahl als Versionsnummer verwendet.

1 Öffnen Sie das Programm. Wechseln Sie in das Register **System optimieren**. An der rechten Seite finden Sie unter der Überschrift **Wartungsaufgaben manuell durchführen** eine Reihe von Funktionen. Wählen Sie hier **Registrierung reinigen**.

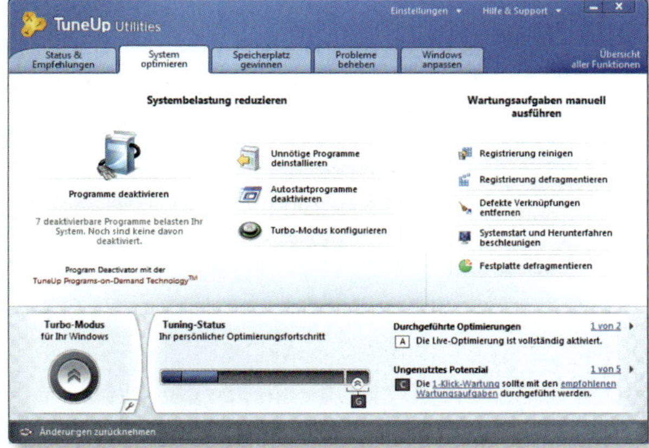

∧ *Abbildung 26.23 Alle Funktionen sind übersichtlich in fünf Register verteilt.*

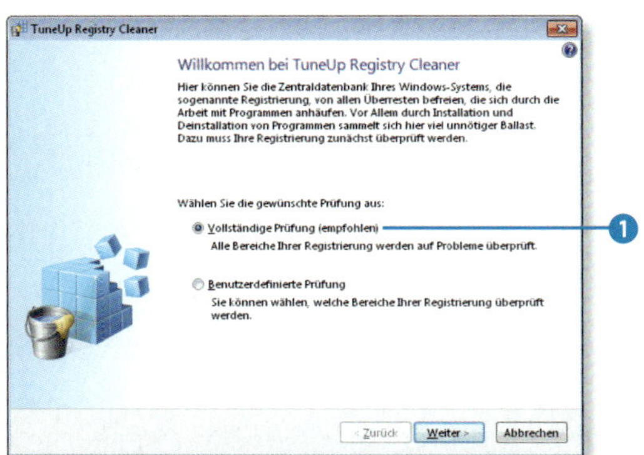

∧ *Abbildung 26.24 TuneUp Utilities bietet eine ganze Reihe nützlicher Wartungsaufgaben für Windows 7-Anwender.*

Der **TuneUp Registry Cleaner** wird aufgeklappt. Zusätzlich öffnet sich ein Assistent. Lassen Sie die Option **Vollständige Prüfung** ❶ angeschaltet. Bei der benutzerdefinierten Durchsuchung können Sie selbst die Bereiche festlegen, die durchsucht werden sollen. Das ist etwas für fortgeschrittene Benutzer. Gerade beim ersten Start sollten Sie die erste Option, die vollständige Prüfung, wählen. Starten Sie den Vorgang mit einem Klick auf die Schaltfläche **Weiter**.

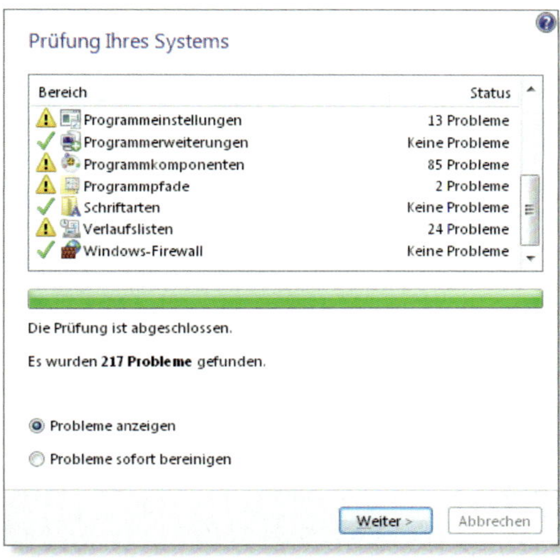

∧ *Abbildung 26.25 Der Registry Cleaner wird geöffnet. Dialoggeführt geht es weiter.*

2 Das Programm scannt nun die Registrierung von Windows. Alle gefundenen Unstimmigkeiten werden aufgelistet. Die Option **Probleme anzeigen** muss angeschaltet sein. Klicken Sie auf **Weiter**.

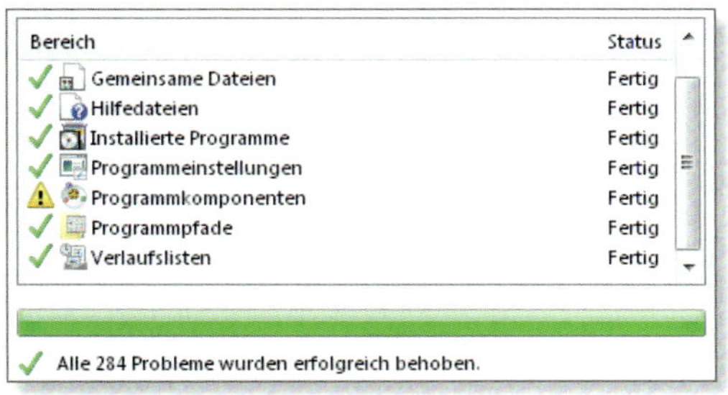

∧ *Abbildung 26.26 Das Programm hat ganze 284 Probleme gefunden. Da war es wohl wieder einmal Zeit, richtig aufzuräumen.*

Sie können sich nun in der Liste ansehen, was für Probleme auftreten. Mit **Details** sehen Sie jeden einzelnen Eintrag und jedes Problem.

3 Wählen Sie **Reinigung starten**. Im Cleaner-Dialog bestätigen Sie den Vorgang mit **Weiter**. Der Tuner entfernt nicht vorhandene Links, Hinweise auf defekte Verknüpfungen und weitere Probleme.

4 Warten Sie, bis die Reinigung der Registrierung beendet ist. Schließen Sie das Dialogfenster mit **Fertig stellen**. Schließen Sie danach den TuneUp Registry Cleaner.

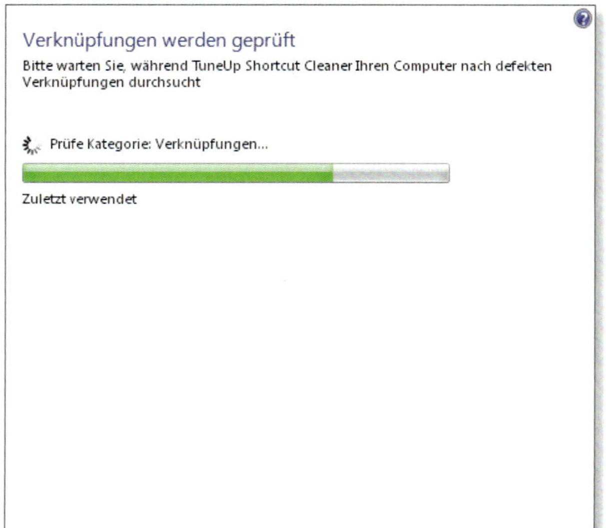

Abbildung 26.27 Die Reinigung der Registrierung ist beendet. Der Tuner hat ganze Arbeit geleistet.

TIPP

Die Registrierung defragmentieren
Führen Sie nach der Reinigung der Registrierung auch eine Defragmentierung derselben durch. Sie finden die Funktion in TuneUp Utilities gleich unter **Registrierung reinigen**. Eine defragmentierte Registrierung beschleunigt den Startvorgang von Windows 7. Um die Funktion durchzuführen, wird Windows 7 beendet und neu gestartet. Vor dem Laden des Betriebssystems wird zunächst die Defragmentierung durchgeführt.

So spüren Sie defekte Verknüpfungen auf und löschen diese

Eine defekte Verknüpfung ist nicht weiter schlimm. Ruft man sie auf, bekommt man eine Fehlermeldung zurück. Sind es nicht zu viele defekte Verknüpfungen, ist der belegte Speicherplatz auch recht gering.

Mit den TuneUp Utilities können Sie solche fehlerhaften Verknüpfungen entfernen. Damit erreichen Sie vor allem, dass es beim Aufruf einer Verknüpfung nicht zu einer Fehlermeldung kommt und dass Sie eine Datei nicht lange suchen müssen. Gehen Sie wie folgt vor:

1 Öffnen Sie das Tuner-Programm. Wechseln Sie in das Register **System optimieren**. Wählen Sie im Menü rechts die Option **Defekte Verknüpfungen entfernen**.

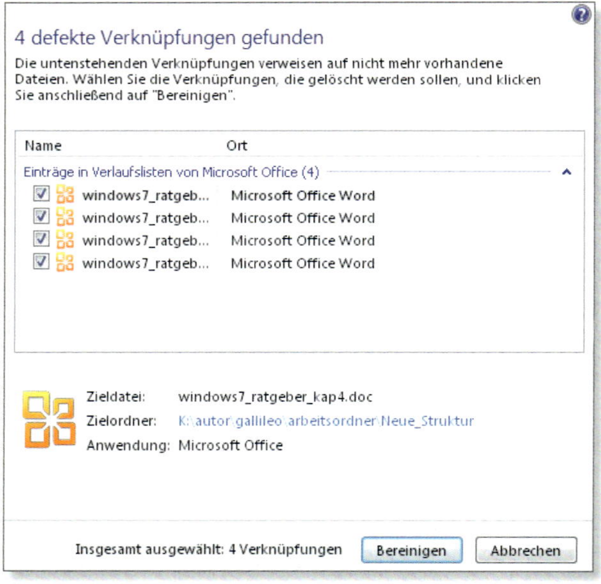

Abbildung 26.28 TuneUp Utilities scannt den Rechner und sucht nach defekten Verknüpfungen.

2 Das Programm durchsucht Ihren Rechner. Warten Sie einen kurzen Moment. Im nächsten Bildschirm werden alle defekten Verknüpfungen aufgelistet. Mit einem Mausklick auf die Schaltfläche **Bereinigen** werden diese gelöscht.

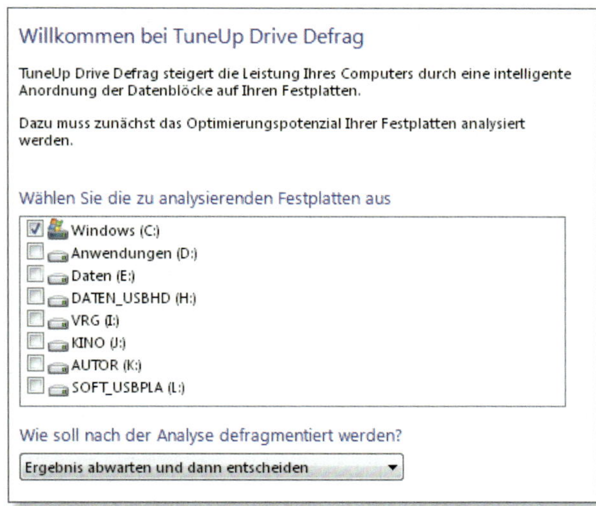

Abbildung 26.29 *Der Tuner hat auf meinem Rechner vier fehlerhafte Verknüpfungen gefunden.*

3. Der Tuner führt die Aktion durch und »bereinigt« die Verlaufslisten. Ist dies geschehen, gibt das Programm eine Meldung aus. Beenden Sie den Assistenten mit **Fertig stellen**.

TIPP

Das Rescue Center
TuneUp Utilities sichert bei vielen Aktionen Dateien im Rescue Center. Werden einmal aus Versehen Dateien oder Verknüpfungen gelöscht, die doch noch gebraucht werden, können Sie den Zustand des Rechners vor dem Reinigen wiederherstellen. Ist dies einmal notwendig, wählen Sie rechts unten im Programm **Änderungen zurücknehmen**. Markieren Sie die betreffende Sicherung, und bestätigen Sie mit **Wiederherstellen**.

Die Festplatte mit TuneUp Utilities defragmentieren

Die Windows 7-eigene Defragmentierung bietet keine besonders gute Übersicht. Ich erinnere mich voll Wehmut an das betagte Norton Utilities aus DOS-Zeiten zurück. Hier konnte man live mitverfolgen, wie die Festplatte aufgeräumt wurde. Das war wesentlich übersichtlicher. Aber auch TuneUp Utilities bietet eine sehr gute Ansicht. Die Analyse der Festplatte ist gut zu erkennen. Sie sehen genau, wie Programme und Daten verteilt sind. Auch defekte und gesperrte Datenblöcke sind gut zu erkennen.

1. Öffnen Sie den Tuner. Wählen Sie im Register **System optimieren** die Funktion **Festplatte defragmentieren**.
2. Auch für diese Funktion gibt es wieder einen Assistenten. Im ersten Dialog wählen Sie die Festplatte bzw. Festplattenpartition, die untersucht werden soll. Achten Sie darauf, dass im Listenfeld **Wie soll nach der Analyse defragmentiert werden** die Option **Ergebnis abwarten und dann entscheiden** gewählt ist.

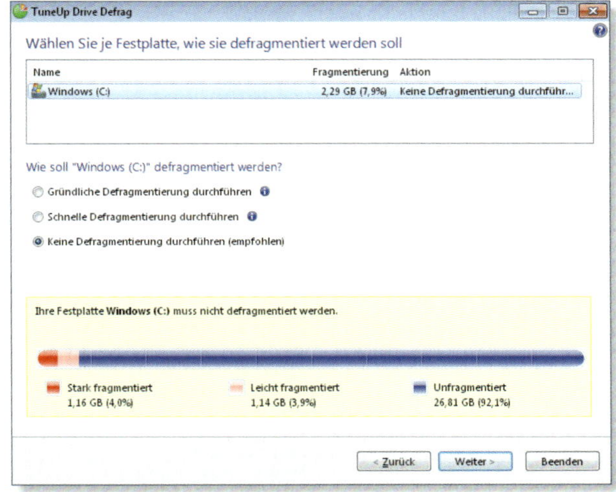

Abbildung 26.30 *Der Tuner hat alle Partitionen und Festplatten gewählt. Ändern Sie dies und wählen nur eine Partition.*

3. Warten Sie einen Augenblick, bis der Tuner das Ergebnis liefert. Bei einer nur geringen Fragmentierung müssen Sie keine Defragmentierung durchführen. TuneUp Utilities schlägt Ihnen eine passende Vorgehensweise vor. Diese können Sie unbesorgt übernehmen. Wählen Sie **Weiter**. Schließen Sie den Assistenten.

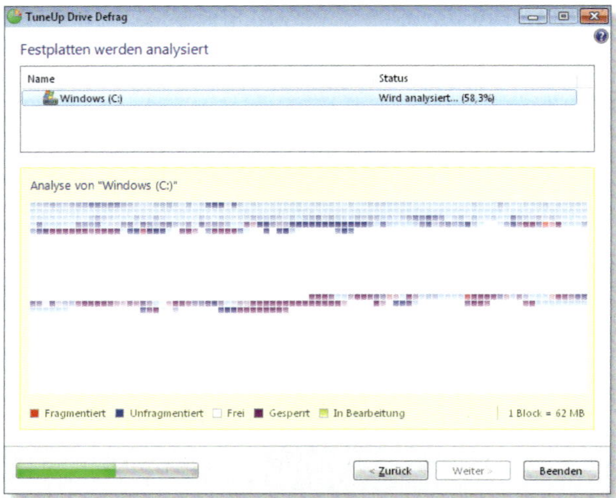

Abbildung 26.31 Meine Systempartition ist mit nur 7,9 % fragmentiert. Eine Defragmentierung ist nicht notwendig.

In einem Diagrammbalken zeigt Ihnen TuneUp Utilities an, wie viel Speicherplatz der geprüften Partition stark, leicht und gar nicht fragmentiert ist. Der rote Bereich ganz links steht für eine starke Fragmentierung. Er sollte in dem Diagrammbalken nur einen kleinen Teil ausmachen.

Das Programm schlägt Ihnen drei unterschiedliche Vorgehensweisen vor:

- **Gründliche Defragmentierung durchführen**
- **Schnelle Defragmentierung durchführen**
- **Keine Defragmentierung durchführen**

Bei einer starken Fragmentierung sollten Sie die gründliche Defragmentierung wählen. Sie sortiert alle Dateien neu. Zusammengehörige Dateien werden zunächst in einen Zwischenspeicher geschrieben und dann in freien Bereichen der Partition neu auf die Festplatte geschrieben.

Die Verteilung der Dateien wird aufgehoben. Sie werden hintereinandergesetzt. Diese Art der Defragmentierung benötigt viel Zeit. Sie sollten sie dennoch von Zeit zu Zeit einmal durchführen.

Bei der schnellen Defragmentierung arbeitet das Programm nicht so gründlich. Dateien werden wieder zusammengeführt und auf der Festplatte neu verteilt. Eine Fragmentierung wird nicht komplett aufgehoben.

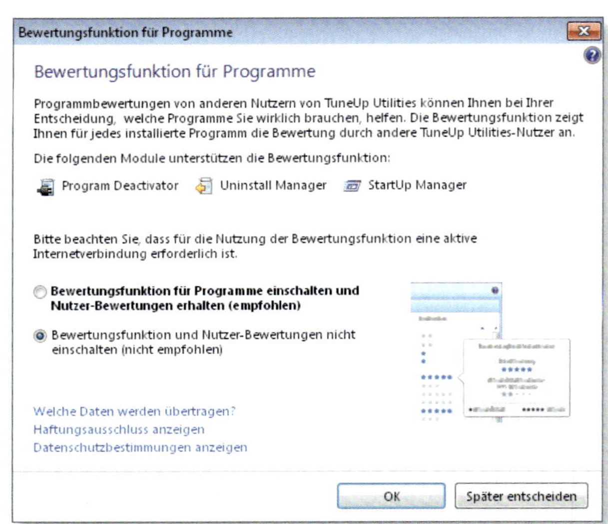

Abbildung 26.32 Bei der Analyse können Sie mitverfolgen, wie die Partition untersucht wird.

Die Autostartfunktionen mit dem Tuner ausschalten

Viele Programme legen nach der Installation Einträge in dem Autostart-Ordner von Windows 7 ab. Diese werden beim Start des Betriebssystems ausgeführt. Jedoch sind die Funktionen oft unnötig. Es wird die Erinnerung an die noch nicht erfolgte Produktregistrierung eingeblendet. Es wird eine Überprüfung auf aktuelle Versionen gestartet. Zusatzdienste werden geladen. Kleine Werkzeuge werden gestartet. Mit all diesen Funktionen geht wertvoller Arbeitsspeicher verloren.

Autostarteinträge überprüfen und ausschalten

Mit TuneUp Utilities können Sie mit nur wenigen Mausklicks die Einträge im Autostart-Ordner überprüfen und korrigieren. Das geht so:

1 Öffnen Sie das Programm. Wählen Sie im Register **System optimieren** die Funktion **Autostartprogramme deaktivieren.**

2 Schalten Sie die Bewertungsfunktion aus. Mit ihr sehen Sie, was andere Nutzer des Tuners über bestimmte Autostart-Einträge denken. Dies ist nicht notwendig. Die Einträge können Sie selbst bewerten.

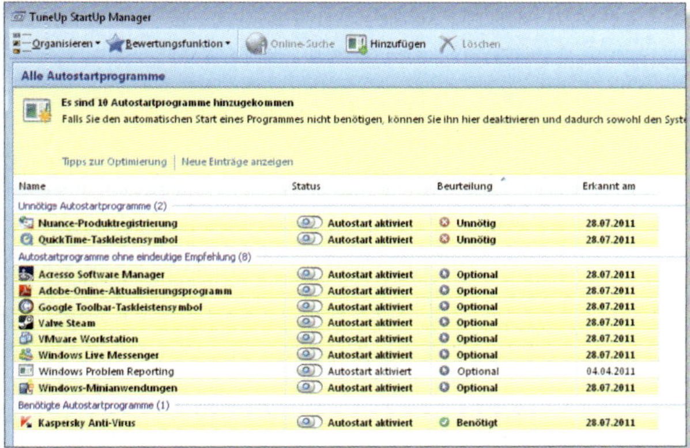

Abbildung 26.33 *Sie müssen nicht die Meinung anderer Anwender über die Autostart-Einträge einholen.*

In einer Übersicht werden Windows-Autostart-Einträge aufgelistet. Der Tuner räumt dieses Mal nicht automatisch auf. Schauen Sie sich die Beurteilung in der gleichnamigen Spalte an. In meinem Beispiel wird nur ein Eintrag wirklich benötigt. Es gibt jedoch 11 Anwendungen, die eine Funktion nach dem Start von Windows 7 laden.

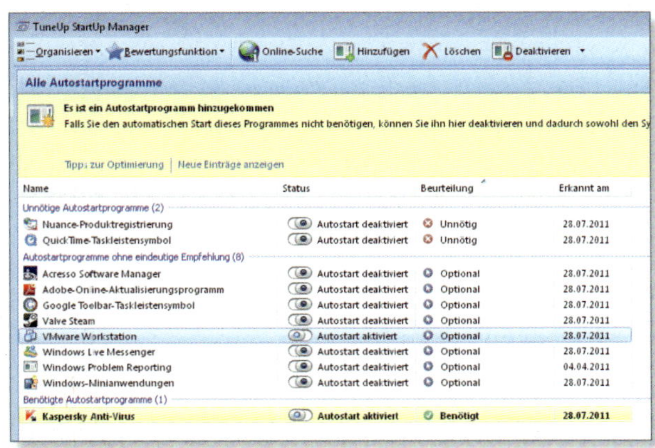

Abbildung 26.34 *Der Autostart-Ordner von Windows 7 enthält auf meinem Rechner viel zu viele Einträge.*

3 Klicken Sie in jeder Zeile der Spalte **Status** auf den kleinen Schalter. So wird ein Eintrag auf **deaktiviert** gesetzt. Schließen Sie den Dialog.

Bitte beachten Sie: Entscheiden Sie selbst, welche Einträge im Autorstart-Ordner von Windows 7 für Ihre Arbeit notwendig sind und welche nicht. Ein anderer Nutzer weiß nicht, mit welchen Programmen und Tools Sie arbeiten und was Sie an Ihrem Rechner tatsächlich benötigen. Das können nur Sie selbst beurteilen.

Den Start des Systems beschleunigen

Mit einer Funktion von TuneUp Utilities können Sie verschiedene Wartungsaufgaben »in einem Rutsch« ausführen, die dafür sorgen, dass Ihr System schneller startet und auch schneller wieder herunterfährt.

1 Wählen Sie im Register **System optimieren** den Eintrag **Systemstart und Herunterfahren beschleunigen**.

2 Das Programm blendet einen Dialog ein. Eine Analyse wird gestartet. Kurz darauf sehen Sie verschiedene Empfehlungen.

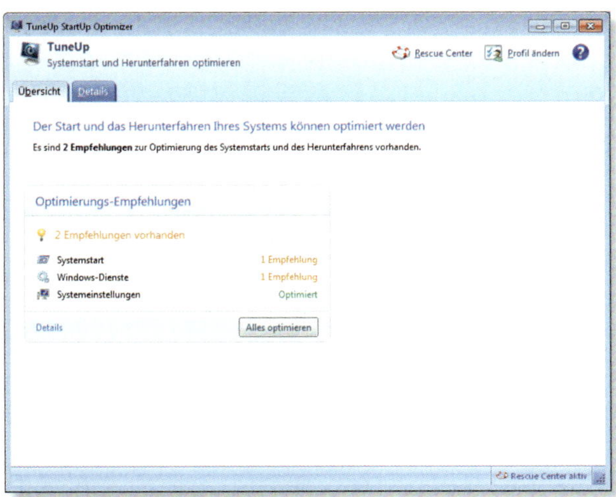

Abbildung 26.35 *Zwei Empfehlungen gibt es nur für mich. Kein Wunder. Ich habe ja zuvor schon einige Einstellungen mit dem Tuner optimiert.*

3 Wählen Sie **Details**, und schauen Sie sich an, um welche Empfehlungen es sich handelt. Beurteilen Sie, ob Sie diese tatsächlich nicht benötigen.

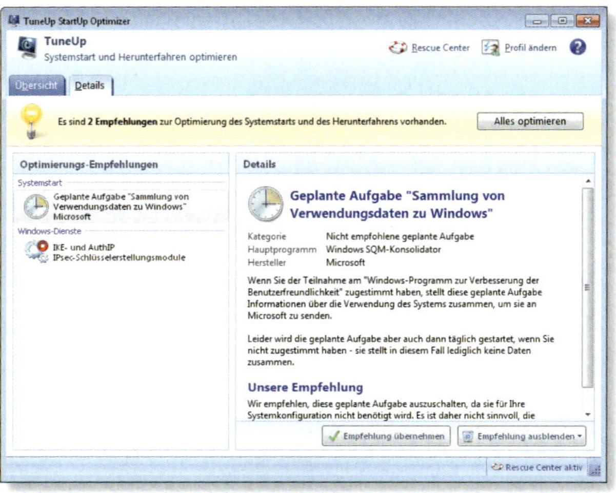

Abbildung 26.36 *Das Windows-Programm »zur Verbesserung der Benutzerfreundlichkeit« brauche ich nun wirklich nicht.*

4 Mit einem Mausklick auf **Alles optimieren** im Register **Übersicht** werden die Empfehlungen ausgeführt. Ihr Rechner sollte anschließend schneller starten und auch wieder schneller herunterfahren.

Datensicherungen löschen und so Speicherplatz gewinnen

Im Register **Speicherplatz gewinnen** des Tuners dreht sich alles darum, nicht notwendige Daten und Programme zu entfernen. Damit schaffen Sie Platz. Der kann für viele andere Aufgaben genutzt werden.

TuneUp Utilities zeigt bereits beim Aufruf des Registers, welche Daten Sie löschen können. Angezeigt werden alte Datensicherungen, nicht mehr notwendige Dateien und verschiedene Windows-Funktionen. Wählen Sie all diese Daten der Reihe nach aus. Überprüfen Sie, ob Sie die jeweiligen Daten und Funktionen wirklich nicht mehr brauchen. Ist dies der Fall, löschen Sie diese.

In meinem Beispiel sind 6,5 GB an Speicherplatz durch Wiederherstellungspunkte des Betriebssystems belegt. Zu den nicht benötigten Dateien zählen der Inhalt des Papierkorbs, Berichte, temporäre Dateien,

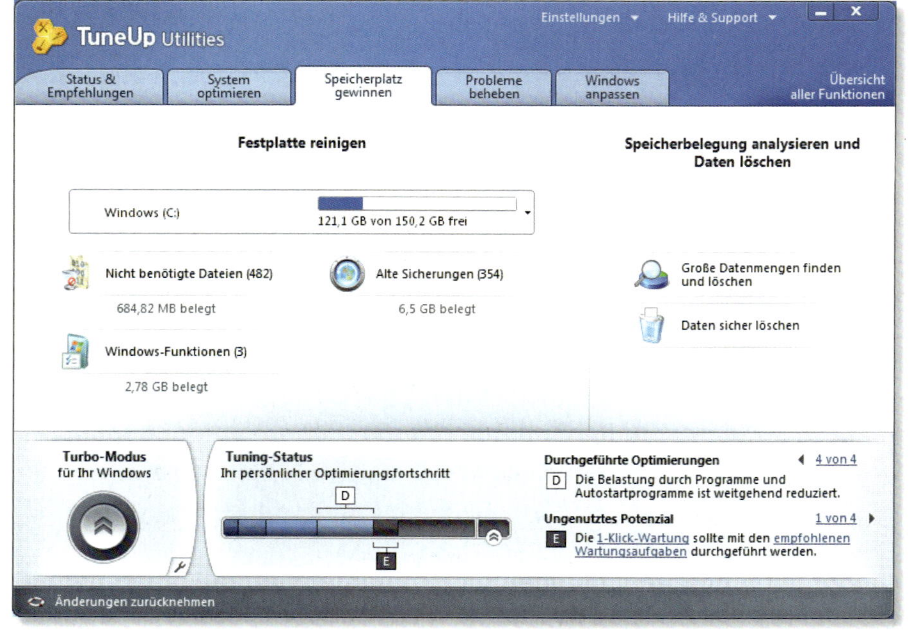

Abbildung 26.37 *In diesem Register des Tuner-Programms dreht sich alles darum, unnötige Funktionen und Daten zu löschen.*

die Bildvorschau von Windows und die Caches (Zwischenspeicher) der Webbrowser. Diese Inhalte belegen weitere 684 MB. Drei Windows-Funktionen belegen weitere 2,78 GB. In meinem Beispiel sind das die Index-Suche, der Windows-Messenger und die Datei für den Ruhezustand. Letztere belegt den meisten Speicherplatz von den drei genannten Dateien – und das, obwohl ich bei meinem Desktop-PC den Ruhezustand nicht nutze. In meinem Beispiel deaktiviere ich die Datei für den Ruhezustand und lösche die Daten des Windows Messengers.

INFO

Was ist die Datei für den Ruhezustand?
Bringen Sie den Rechner in den Ruhezustand, werden die geöffneten Anwendungsprogramme und die verwendeten Fenster gespeichert. Der Rechner wird ausgeschaltet. Schalten Sie ihn wieder an, wird die Datei für den Ruhezustand geladen. Die Programme und Fenster werden wiederhergestellt. Falls Sie den Ruhezustand nicht nutzen, können Sie die Datei deaktivieren.

Abbildung 26.38 Drei Windows-Funktionen belegen einen riesigen Speicherplatz.

26.3 Tipps und Tricks für die Pflege und Wartung von Windows

Sie müssen Windows 7 nicht jeden Tag aufräumen. Es genügt, wenn Sie dies einmal im Monat tun. Wenn Sie sich aber daranmachen, sollten Sie eine gewisse Reihenfolge beachten.

Wartungsaufgaben in der richtigen Reihenfolge ausführen

Sobald es »auffällig« wird, dass Ihr Windows 7-Rechner für den Startvorgang länger braucht als früher, sollten Sie hellhörig werden. Versuchen Sie, Probleme zu finden und zu beseitigen. Entfernen Sie Programme, die Sie nicht benötigen. Defragmentieren Sie die Festplatten des Rechners. Räumen Sie Datenmüll beiseite. Überprüfen Sie die Registrierung, und löschen Sie nicht notwendige und fehlerhafte Inhalte. Defragmentieren Sie die Registrierung.

Es ist dabei ganz wichtig, dass Sie verschiedene Wartungsaufgaben in der richtigen Reihenfolge durchführen. Wenn Sie erst die Festplatte defragmentieren und dann sechs Spiele, Programme und einige Gigabyte an nicht mehr benötigten Daten löschen, müssen Sie mehrere Arbeitsschritte wiederholen.

Gehen Sie daher in der folgenden Reihenfolge vor:

1. Löschen Sie zuerst Anwendungsprogramme und Spiele, die Sie nicht mehr benötigen.
2. Entfernen Sie große Datensammlungen. Speichern Sie Backups auf externen Datenträgern, wie DVDs. Löschen Sie dann die Daten auf Ihrer Festplatte.
3. Löschen Sie Windows-Daten wie temporäre Dateien, Vorschaubilder und Installationsdateien, sofern diese nicht mehr benötigt werden.
4. Defragmentieren Sie die Festplattenpartitionen.
5. Überprüfen Sie die Registrierung. Löschen Sie fehlerhafte Einträge.
6. Defragmentieren Sie die Registrierung.

Mit der 1-Klick-Wartung Windows automatisch aufräumen lassen

Die 1-Klick-Wartung des Tuners räumt Ihren Rechner auf und optimiert ihn. Sie müssen sich nicht durch die Dialoge eines Assistenten bewegen. Sie überlassen das dem Programm. Legen Sie einmal die Wartungsaufgaben fest. Mehr ist nicht zu tun.

1 Öffnen Sie die TuneUp Utilities. Im Register **Status & Empfehlungen** ❶ finden Sie den Bereich **System warten** ❷. Wählen Sie hier mit der Maus die Funktion **Wartungseinstellungen ändern** ❸.

TIPP

Aufräumarbeiten automatisch ausführen
Nutzen Sie die Aufgabenplanung, und lassen Sie bestimmte Wartungsaufgaben automatisch von Windows 7 durchführen. Legen Sie einmal fest, wann welche Aufgabe ausgeführt werden soll. Mehr ist nicht zu tun. Wenn Sie mit TuneUp Utilities arbeiten, sollten Sie die 1-Klick-Wartung nutzen. Sie arbeitet ebenfalls automatisch.

26.4 Windows 7 optimieren

Windows 7 optimieren, das heißt das Betriebssystem schneller zu machen. Das heißt auch, Leistungsbremsen zu finden und zu beseitigen, aber auch unnötige Funktionen auszuschalten. Optimieren heißt nichts anderes, als ein langsames Betriebssystem gar nicht erst zuzulassen. Die Arbeit mit dem Rechner soll Freude machen. Sie wollen nicht Minuten warten, bis der Rechner nach dem Einschalten seinen Bootprozess beendet hat. Sie wollen auch nicht warten, bis ein Programm geladen ist. Sicher geht nicht alles sofort. Computerfunktionen müssen ausgeführt werden und erfordern Rechenzeit. Aber es soll bitte schön schnell gehen.

Das Optimieren von Windows ist gar nicht so schwer. Den ersten Schritt kennen Sie bereits aus den Abschnitten weiter oben: den Rechner aufräumen, Festplatte und Registrierung defragmentieren. Bereits diese Funktionen führen dazu, dass der Rechner um einiges schneller arbeitet.

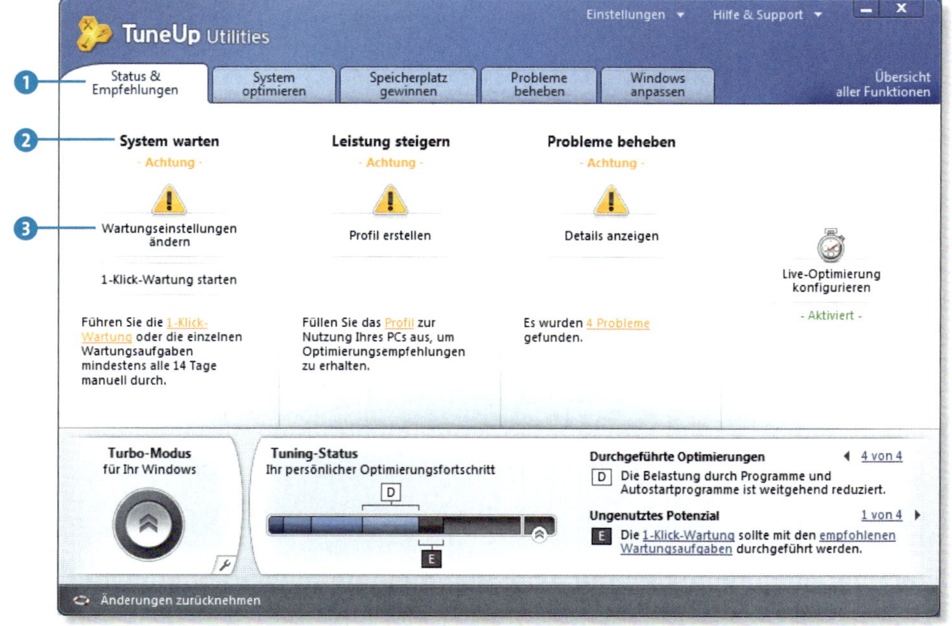

Abbildung 26.39 Richten Sie die 1-Klick-Wartung ein. Überlassen Sie danach die Wartungsaufgaben dem Programm.

Doch es gibt noch einige Möglichkeiten mehr. Sie müssen nur wissen, was Sie wirklich für Ihre Arbeit mit dem PC brauchen. Und Sie müssen sich die Arbeit machen, sich ab und zu einmal umzuschauen und nicht notwendige Funktionen zu entfernen.

Das Ziel beim Optimieren ist nicht (nur), für Ordnung zu sorgen oder Speicherplatz auf der Festplatte zu gewinnen, sondern Windows 7 »einen Tritt in den Hintern zu verpassen«. Bitte entschuldigen Sie diese Ausdrucksweise. Rechenfunktionen sollen mit einer optimalen Geschwindigkeit ausgeführt werden.

Tuningmaßnahmen zur Leistungssteigerung des Rechners

Folgende Tuningmaßnahmen können Sie durchführen:

- Deaktivieren Sie nicht notwendige Windows-Dienste.
- Schalten Sie Funktionen, die nicht benötigt werden, in dem Windows-Autostart-Ordner aus.
- Achten Sie darauf, dass nur die Programme, Werkzeuge und Dienste aktiv sind, die Sie wirklich benötigen

In Kapitel 28, »Probleme lösen«, lernen Sie den Windows-Task-Manager kennen. Mit ihm können Sie genau überprüfen, welche Funktionen aktiv sind.

Genügen Ihnen die durchgeführten Tuningmaßnahmen nicht, überlegen Sie sich, ob es nicht Zeit wäre, einen neuen Rechner anzuschaffen. Neue Hardwarekomponenten bringen mehr Leistung. Viele Anwendungen laufen schneller. Die Arbeit am PC macht damit mehr Spaß.

Manchmal genügt es auch, dem Rechner etwas mehr Arbeitsspeicher zu gönnen. Eine neue Grafikkarte bringt auch mehr Leistung. Sie müssen also nicht unbedingt einen komplett neuen Rechner kaufen, sondern können auch einzelne Komponenten »erneuern«.

HINWEIS

Hardware übertakten
Einige moderne Motherboards und Grafikkarten erlauben das Übertakten der Hardware. Dabei werden zuvor festgelegte Sicherheitspunkte überschritten. Diese Funktionen sollten Sie nur nutzen, wenn Sie als erfahrener PC-Anwender wissen, wie Sie dabei vorgehen müssen. Bei einem Fehler können Sie die Hardware beschädigen. Grafikkarte und Motherboard sind dann nur noch »für den Mülleimer«. Daten können hierbei verloren gehen.

Kapitel 27
Windows 7 effizient verwalten

Auch, wenn es sich zunächst kompliziert anhört: Der Umgang mit der Registrierung und den Windows-Diensten ist beherrschbar. Wenn Sie sich hier ein wenig auskennen, können Sie Windows-Funktionen noch besser überwachen und beeinflussen. So holen Sie noch mehr aus dem Microsoft-Betriebssystem heraus.

Das Betriebssystem bietet Ihnen eine Reihe von Werkzeugen, mit denen Sie Windows 7 verwalten können. Fortgeschrittene Anwender erhalten hier zusätzliche Möglichkeiten. So können Sie mit Befehlen arbeiten und in der Computerverwaltung auf verschiedene Werkzeuge und Übersichten zugreifen. Es ist möglich, die Systemdienste einzusehen und an ihnen Veränderungen vorzunehmen. In gleicher Weise lässt sich auch die Registrierung von Windows 7 bearbeiten. Mit ihr können Sie Einstellungen vornehmen, die über normale Dialoge nicht verfügbar sind.

HINWEIS

Beachten Sie bitte ...
Viele der in diesem Kapitel vorgestellten Möglichkeiten erfordern eine gewisse Erfahrung im Umgang mit Windows 7. Experimentieren Sie nicht! Sie können Windows beschädigen, und in einem ungünstigen Fall müssen Sie dann das Betriebssystem neu installieren. Es kann zum Verlust von Daten kommen, wenn Sie die Registrierung beschädigen oder wichtige Windows-Dienste »ausknocken«. Nehmen Sie nur Veränderungen vor, wenn Sie genau wissen, was Sie tun. Halten Sie sich bitte bei allen Beispielen genau an die vorgestellten Schritte.

In diesem Kapitel lesen Sie, wie Sie die MS DOS-Eingabeaufforderung aufrufen und benutzen. Sie lernen wichtige Befehle kennen und erfahren auch, wie Sie die Hilfe zu den einzelnen Befehlen aufrufen und verwenden können. Ich stelle Ihnen den MS DOS-Editor vor und zeige Ihnen, wie Sie die Eingabeaufforderung einrichten und anpassen können. Ich stelle Ihnen außerdem das Dienstprogramm ROBOCOPY vor. Mit ihm können Sie Dateien und Verzeichnisse von A nach B kopieren und eine Vielzahl unterschiedlicher Parameter nutzen. Diese Möglichkeiten sind gerade in Unternehmen interessant, um wichtige Daten zu kopieren. Ich zeige Ihnen die Computerverwaltung und deren einzelne Komponenten und verrate Ihnen, wie Sie mit der Ereignisanzeige arbeiten und ganz bestimmte Windows-Protokolle einsehen können. Sie erfahren, wie Sie mit virtuellen Festplatten arbeiten. An einem Beispiel zeige ich Ihnen, wie Sie mit Windows 7 eine solche virtuelle Festplatte erstellen können. Sie lernen den Registrierungseditor kennen und erfahren, wie Sie den Zugriff auf diesen Editor mit Berechtigungen einschränken können. Am Ende des Kapitels lesen Sie, wie Sie Windows-Dienste einsehen können. Ich zeige Ihnen, wie nicht notwendige Dienste deaktiviert werden, und verrate Ihnen, was es für Starttypen gibt.

27.1 Die MS DOS-Eingabeaufforderung nutzen

Die MS DOS-Eingabeaufforderung haben Sie bereits mit einigen kleinen Befehlen kennengelernt. Ich möchte Ihnen nun einige interessante Befehle vorstellen. Einige davon sind schnell verwendbar. Es geht manchmal viel schneller, eine Befehlszeile einzugeben, als eine Funktion über einen Dialog aufzurufen. Daneben gibt es einige Befehle, die Sie so nicht über die Werkzeuge von Windows 7 aufrufen können.

Die Eingabeaufforderung aufrufen und verwenden

Wie Sie die MS DOS-Eingabeaufforderung aufrufen, wissen Sie bereits. Im Start-Menü von Windows 7 finden Sie diese in der Kategorie **Zubehör** unter **Eingabeaufforderung**. Mit `cmd` im Eingabefeld **Ausführen** können Sie sie ebenfalls aufrufen.

Benötigen Sie in der Eingabeaufforderung die Rechte eines Administrators, markieren Sie die Eingabeaufforderung und öffnen das Kontextmenü. Wählen Sie **Als Administrator ausführen**.

Um die Eingabeaufforderung zu schließen, geben Sie `EXIT` ein.

Ich möchte Ihnen nun eine kleine Einführung in den Umgang mit der Eingabeaufforderung und den verschiedenen Befehlen geben.

So wechseln Sie in ein Verzeichnis

Sie finden sich zunächst im Ordner Ihres Benutzerverzeichnisses wieder. Mit `cd..` wechseln Sie in das übergeordnete Verzeichnis. Geben Sie den Befehl noch einmal ein, landen Sie im oberen Verzeichnis.

Schneller geht es, wenn Sie das Zielverzeichnis an den Befehl übergeben. Das sieht dann so aus:

```
cd /
```

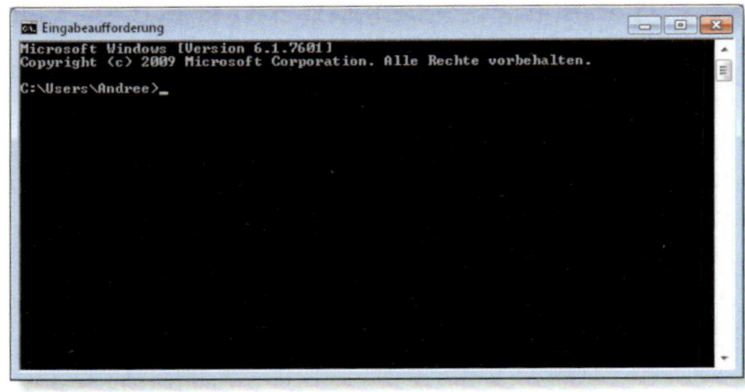

Abbildung 27.1 Nach dem Aufruf der Eingabeaufforderung befinde ich mich in meinem Benutzerverzeichnis.

Wenn Sie herausfinden möchten, welche Ordner sich in einem Benutzerverzeichnis befinden, geben Sie `dir` ein. Nun werden alle Verzeichnisse und Dateien aufgelistet, die sich im aktuellen Verzeichnis befinden. Ein in spitze Klammern gesetztes `<DIR>` weist auf ein Verzeichnis hin. In dieses können Sie mit `dir /verzeichnisname` wechseln.

Bei jeder Datei und jedem Verzeichnis wird das Datum der letzten Änderung eingeblendet. Außerdem sehen Sie einen Hinweis auf den Inhalt. Ein Punkt vor einem Dateinamen weist auf eine versteckte Datei hin.

Unter der Liste wird angezeigt, wie viele Dateien und Verzeichnisse sich in dem Verzeichnis befinden, in dem Sie `dir` aufgerufen haben.

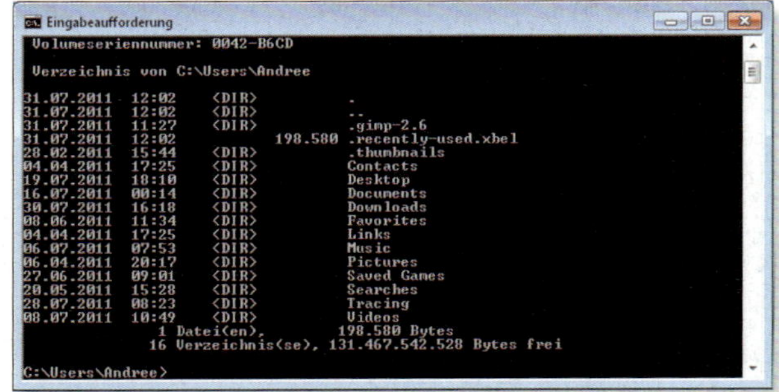

Abbildung 27.2 Mit einem einfachen Befehl sehe ich, was sich in meinem Benutzerverzeichnis befindet.

Wenn die Anzeigen auf dem Bildschirm zu zahlreich werden und Sie die Übersicht verlieren, geben Sie cls ein. So wird der Bildschirminhalt gelöscht.

Den Zwischenspeicher verwenden

Den zuletzt eingegebenen Befehl müssen Sie nicht erneut eingeben. Mit den Pfeiltasten ↑ und ↓ können Sie durch den Zwischenspeicher der Eingabeaufforderung blättern. Drücken Sie die Taste ↑, um den zuletzt verwendeten Befehl erneut aufzurufen. Drücken Sie die Taste mehrmals, um weiter nach vorn zu blättern.

Bei einem `cd /` ist das sicher nicht notwendig. Aber stellen Sie sich vor, Sie haben eine lange Befehlskette eingegeben. Etwas später brauchen Sie einen zuvor eingegebenen Befehl erneut. Anstatt ihn nochmals einzutippen, drücken Sie einige Male die Taste ↑ und rufen ihn so ab. Sie müssen nur mit ↵ bestätigen, und schon wird dieser Befehl erneut ausgeführt.

Die Hilfe verwenden

Mit `help` rufen Sie die Hilfe der Eingabeaufforderung auf. Wenn Sie dazu keinen speziellen Befehl angeben, sehen Sie eine Liste mit allen Befehlen, die Ihnen zur Verfügung stehen.

Es gibt zu jedem Befehl eine eigene Hilfe. Hier finden Sie eine kurze Erklärung zu dem Befehl, eine Liste aller

```
Eingabeaufforderung

C:\>help shutdown
Syntax: shutdown [/i | /l | /s | /r | /g | /a | /p | /h | /e] [/f]
    [/m \\Computer][/t xxx][/d [p:]xx:yy [/c "Kommentar"]]

    Keine Argumente    Zeigt Hilfe an. Dies entspricht /?.
    /?          Zeigt die Hilfe an. Dies entspricht einer Eingabe ohne Optionen.
    /i          Zeigt eine grafische Benutzeroberfläche an.
                Dies muss die erste Option sein.
    /l          Abmelden. Dies kann nicht mit den Optionen /m oder /d verwendet
                werden.
    /s          Fährt den Computer herunter.
    /r          Fährt den Computer herunter und startet ihn neu.
    /g          Fährt den Computer herunter und starten ihn neu. Nach dem
                Neustart des Systems werden die registrierten Anwendungen neu
                gestartet.
    /a          Bricht das Herunterfahren des Systems ab. Diese Option kann nur
                während der Zeitüberschreitungsperiode verwendet werden.
    /p          Schaltet den lokalen Computer ohne Zeitlimitwarnung aus.
                Kann mit den Option /d und /f verwendet werden.
    /h          Versetzt den lokalen Computer in den Ruhezustand.
                Kann mit der Option "/f" verwendet werden.
    /e          Dokumentiert die Ursache für das unerwartete Herunterfahren
                eines Computers.
    /m \\Computer Legt den Zielcomputer fest.
    /t xxx      Legt die Zeitüberschreitungsperiode vor dem Herunterfahren fest.
                Gültiger Bereich: 0-315360000 (10 Jahre), der Standardwert
                ist 30.
                Wenn der Zeitüberschreitungswert größer ist als 0, wird der
                Parameter /f einbezogen.
    /c "Kommentar" Kommentar bezüglich des Neustarts bzw. Herunterfahrens.
                Es sind maximal 512 Zeichen zulässig.
    /f          Erzwingt das Schließen ausgeführter Anwendung ohne Vorwarnung
                Der Parameter /f wird einbezogen, wenn ein Wert größer als 0
                für den Parameter /t angegeben wird.
    /d [p|u:]xx:yy  Gibt die Ursache für den Neustart oder das Herunterfahren
    an.
                "p" gibt an, dass der Neustart oder das Herunterfahren
                geplant ist.
                "u" gibt an, dass die Ursache benutzerdefiniert ist.
                Wenn weder "p" noch "u" angegeben ist, ist das Neustarten oder
                Herunterfahren nicht geplant.
                "xx" ist die Hauptgrundnummer (Zahl kleiner als 256).
                "yy" ist die Nebengrundnummer (Zahl kleiner als 65536).

Gründe auf diesem Computer:
(E = erwartet U = unerwartet P = geplant, C = benutzerdefiniert)
Typ     Haupt   Neben   Titel

 U      0       0       Anderer Grund (nicht geplant)
E       0       0       Anderer Grund (nicht geplant)
E P     0       0       Anderer Grund (geplant)
 U      0       5       Anderer Fehler: System reagierte nicht mehr
E       1       1       Hardware: Wartung (nicht geplant)
E P     1       1       Hardware: Wartung (geplant)
E       1       2       Hardware: Installation (nicht geplant)
E P     1       2       Hardware: Installation (geplant)
E       2       2       Betriebssystem: Wiederherstellung (geplant)
E P     2       2       Betriebssystem: Wiederherstellung (geplant)
  P     2       3       Betriebssystem: Aktualisierung (geplant)
E       2       4       Betriebssystem: Neukonfigurierung (nicht geplant)
E P     2       4       Betriebssystem: Neukonfigurierung (geplant)
  P     2       16      Betriebssystem: Service Pack (geplant)
        2       17      Betriebssystem: Hotfix (nicht geplant)
  P     2       17      Betriebssystem: Hotfix (geplant)
        2       18      Betriebssystem: Sicherheitspatch (nicht geplant)
  P     2       18      Betriebssystem: Sicherheitspatch (geplant)
E       4       1       Anwendung: Wartung (nicht geplant)
E P     4       1       Anwendung: Wartung (geplant)
E P     4       2       Anwendung: Installiert (geplant)
E       4       5       Anwendung: Reagiert nicht
E       4       6       Anwendung: Instabil
```

< ***Abbildung 27.3*** *Die Hilfe zu einem Befehl ist sehr schnell aufgerufen. Es werden alle Optionen und Parameter aufgelistet. So bleibt keine Frage offen. Jedoch sind bei einigen Befehlen die Hilfstexte sehr lang. Im Beispiel sehen Sie den Befehl* `shutdown`.

Parameter und Optionen und die zugehörige Syntax. Auch ein Beispiel zur Anwendung des Befehls finden Sie hier.

Um die Hilfe zu einem Befehl aufzurufen, wählen Sie help Befehlsname. Ein Beispiel:

```
help shutdown
```

Die Hilfe können Sie auch mit `Befehlsname /?` aufrufen.

Befehlsausgaben beeinflussen

Nun ja, was heißt »beeinflussen«. Es geht darum, einen Befehl Seite für Seite auszugeben und die Ausgabe umzuleiten.

Im Fenster der Eingabeaufforderung haben Sie an der rechten Seite einen Scrollbalken. Geht die Ausgabe eines Befehls einmal über eine Seite hinaus, scrollen Sie mit diesem vor und zurück. Rufen Sie die Eingabeaufforderung aber über die Installations-DVD von Windows 7 auf, fehlt dieser Balken. Mit Befehlsname | more sorgen Sie dann dafür, dass die Ausgabe eines Befehls Seite für Seite angezeigt wird.

Probieren Sie dies einmal. Geben Sie Folgendes ein:

```
help shutdown | more
```

Sie sehen, dass genau eine Seite ausgegeben wird. Am unteren Ende der ersten Zeile sehen Sie ein `-- Fortsetzung --`.. Drücken Sie [↵], um die nächste Zeile zu sehen. Die Anzeige rückt beim Drücken der Taste um genau eine Zeile nach.

Vielleicht möchten Sie ja auch, dass eine Ausgabe eines Befehls in einer Textdatei landet. Dann verwenden Sie eine *Umleitung*. Hinter den Befehl mit allen Optionen geben Sie einen nach rechts zeigenden Pfeil ein. Dahinter muss das Ziel gesetzt sein. Würden Sie hier ein `> ergebnis.txt` setzen, würde die Ausgabe des Befehls in eine Datei umgeleitet werden. Diese wird erstellt und mit `ergebnis.txt` bezeichnet. Die Textdatei können Sie sich ansehen, kopieren, verschieben und natürlich auf den Drucker ausgeben.

Den Editor nutzen

Zur Eingabeaufforderung gehört auch ein kleiner Texteditor. Er besitzt ein Menü, das an alte DOS-Zeiten erinnert. Sie können hier sehr einfach Texte erstellen und auch Konfigurationsdateien bearbeiten. Der Editor ist auch interessant, um mit Batchdateien zu arbeiten.

Rufen Sie den Editor mit `edit` auf. Möchten Sie eine bestimmte Textdatei öffnen, so übergeben Sie diese gleich an den Editor. Ist die Datei nicht vorhanden, wird sie erstellt. Ein Beispiel:

```
edit mein_befehl.txt
```

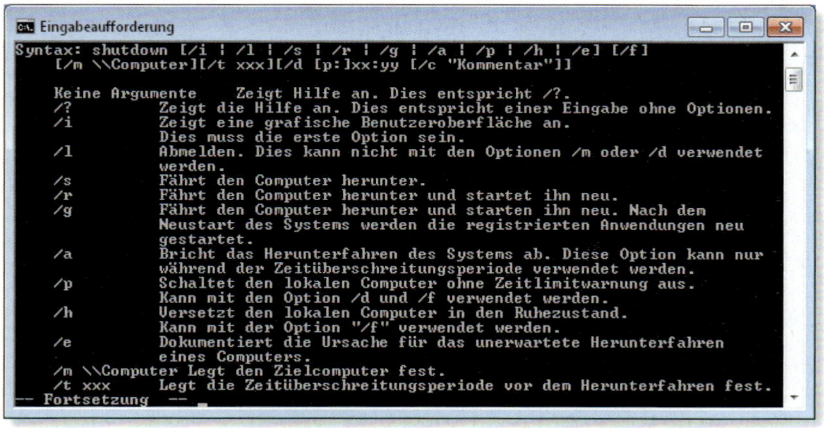

Eingabeaufforderung

```
Syntax: shutdown [/i | /l | /s | /r | /g | /a | /p | /h | /e] [/f]
    [/m \\Computer][/t xxx][/d [p:]xx:yy [/c "Kommentar"]]

    Keine Argumente    Zeigt Hilfe an. Dies entspricht /?.
    /?          Zeigt die Hilfe an. Dies entspricht einer Eingabe ohne Optionen.
    /i          Zeigt eine grafische Benutzeroberfläche an.
                Dies muss die erste Option sein.
    /l          Abmelden. Dies kann nicht mit den Optionen /m oder /d verwendet
                werden.
    /s          Fährt den Computer herunter.
    /r          Fährt den Computer herunter und startet ihn neu.
    /g          Fährt den Computer herunter und starten ihn neu. Nach dem
                Neustart des Systems werden die registrierten Anwendungen neu
                gestartet.
    /a          Bricht das Herunterfahren des Systems ab. Diese Option kann nur
                während der Zeitüberschreitungsperiode verwendet werden.
    /p          Schaltet den lokalen Computer ohne Zeitlimitwarnung aus.
                Kann mit den Option /d und /f verwendet werden.
    /h          Versetzt den lokalen Computer in den Ruhezustand.
                Kann mit der Option "/f" verwendet werden.
    /e          Dokumentiert die Ursache für das unerwartete Herunterfahren
                eines Computers.
    /m \\Computer Legt den Zielcomputer fest.
    /t xxx      Legt die Zeitüberschreitungsperiode vor dem Herunterfahren fest.
-- Fortsetzung  --
```

Abbildung 27.4 *Die Ausgabe eines Befehls Seite für Seite verbessert die Lesbarkeit.*

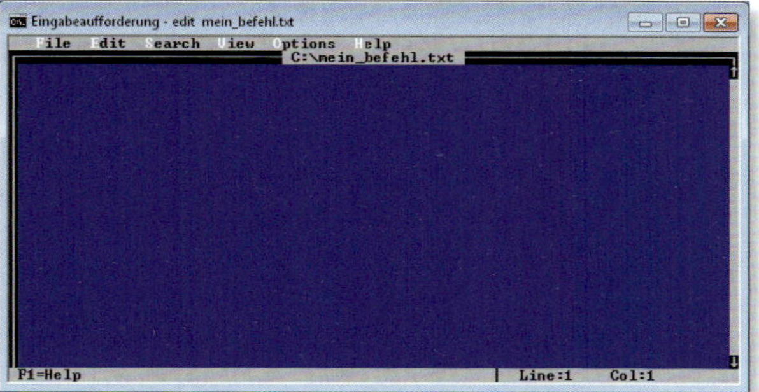

Abbildung 27.5 *Eine neue Textdatei wurde erstellt. Nun kann diese mit Inhalt gefüllt werden.*

INFO

Was ist eine Batchdatei?

Eine Batchdatei ist eine ausführbare Datei, in der mehrere Befehle aufgeführt sind. Diese werden hintereinander ausgeführt. So können Sie lange Befehlsketten und Befehlsfolgen festhalten und mit einer Datei immer wieder abrufen. Die Datei besitzt die Dateierweiterung *.bat*. Anhand dieser Endung ist sie für das Betriebssystem als ausführbare Datei erkennbar.

Die Menüzeile können Sie mit der Maus bedienen. Oder Sie drücken `Alt` in Kombination mit `F`, `E`, `S`, `V`, `O` oder `H`.

Über **File** laden und speichern Sie Textdateien. Hier können Sie diese auch auf dem Drucker ausgeben. Mit **Edit** haben Sie Zugriff auf die Zwischenablage. **Search** ermöglicht die Suche nach bestimmten Inhalten. Hier lassen sich auch Inhalte suchen und ersetzen (**Replace**). Im Menü **View** können Sie ein Fenster »splitten«. Sie erhalten so zwei Fenster, die unabhängig voneinander bedient werden können. Mit **Options** rufen Sie verschiedene Einstellungen ab. Unter **Help** finden Sie die Funktion **Commands**. Sie listet alle im Editor verfügbaren Befehle und Funktionen auf.

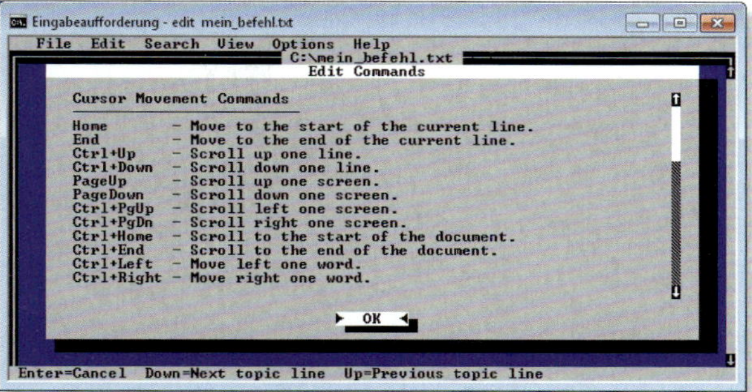

Abbildung 27.6 *In dem kleinen Editor verbergen sich viele Funktionen, um effektiv mit Text- und Batchdateien zu arbeiten.*

Edit ist kein Befehl, sondern ein kleines Miniprogramm. In der Eingabeaufforderung steht Ihnen ebenfalls noch `diskpart` zur Verfügung. Mit diesem Befehl können Partitionen erstellt, gelöscht, verkleinert und vergrößert werden. Darauf komme ich in Kapitel 28, »Probleme lösen«, zurück. Schauen Sie dort in den Abschnitt 28.6, »Die Wiederherstellungskonsole verwenden/Partitionen bearbeiten mit diskpart«.

Die MS DOS-Eingabeaufforderung einrichten

Die Eingabeaufforderung besitzt einen eigenen Einrichtungsdialog. Um diesen aufzurufen, setzen Sie die Maus auf die Kopfzeile. Öffnen Sie mit der rechten Maustaste das Kontextmenü, und wählen Sie **Eigenschaften**.

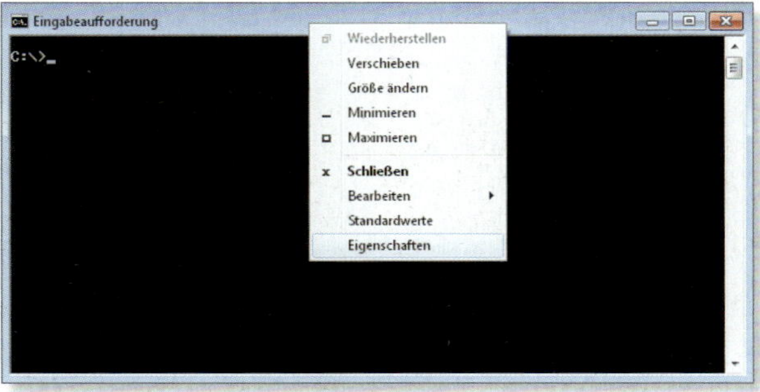

Abbildung 27.7 *Rufen Sie die Eigenschaften der Eingabeaufforderung über das Kontextmenü auf.*

Sie sehen nun vier Register vor sich:

- **Optionen**
- **Schriftart**
- **Layout**
- **Farben**

Im Register **Optionen** stellen Sie die Größe des Cursors ein. Eingerichtet wird hier auch die Größe des Puffers und die Anzahl der Puffer. Unter **Bearbeitungsoptionen** können Sie den QuickEdit-Modus und den Einfügemodus anschalten. Mit einer weiteren Option können alte Duplikate gelöscht werden.

Mit dem QuickEdit-Modus können Sie Zeichenfolgen leichter auswählen und kopieren. Markieren Sie Zeichenfolgen mit gedrückt gehaltener Maustaste, und bestätigen Sie mit [↵].

Im Register **Schriftart** stellen Sie die Größe des Fensters und die Größe des verwendeten Schriftfonts ein. Probieren Sie einfach aus, welche Einstellung Ihnen am ehesten zusagt.

Unter **Layout** bestimmen Sie die Position des Fensters, seine Größe und die Größe des Puffers. Die Breite ist in Zeichen angegeben, die Höhe in Zeilen. Eine Fenstergröße von 80 x 25 heißt also, in der Eingabeaufforderung können 80 Zeichen nebeneinander und 25 Zeilen dargestellt werden. Die Fensterpuffergröße bestimmt den Zwischenspeicher.

Im Register **Farben** lassen sich die Farbeigenschaften des Textes im Fenster, des Hintergrundes, von Popuptexten und Popuphintergründen einrichten.

Die wichtigsten Befehle

In der folgenden Übersicht möchte ich Ihnen die wichtigsten Befehle der Eingabeaufforderung zeigen. Zu jedem Befehl finden Sie eine kurze Erklärung. Nicht alle Parameter und Optionen habe ich aufgelistet. Das würde ein wenig zu umfangreich sein. Bitte schauen Sie für umfassende Informationen in die Hilfe der jeweiligen Befehle.

Befehl	Bedeutung
`attrib`	Zeigt die Attribute einer Datei an und kann diese verändern.
`call`	Ruft eine andere Batchdatei aus einer Batchdatei auf. Der Befehl muss in einer Batchdatei als Befehlszeile vorhanden sein.
`cd`	Gibt den Namen des Verzeichnisses aus, in dem sich der Anwender eben gerade befindet. Wechselt in das als Parameter angegebene Verzeichnis.
`chdir`	Wie `cd` (von *Change Directory*, auf Deutsch: *Verzeichnis wechseln*)
`chkdsk`	Überprüft einen Datenträger oder eine Partition auf Fehler. Der Befehl gibt nach der Überprüfung einen Statusbericht aus.
`cls`	Löscht den Inhalt des Bildschirms.
`color`	Bestimmt die Hintergrund- und Vordergrundfarbe der Konsole.
`comp`	Vergleicht zwei Dateien oder Sätze miteinander.
`compact`	Gibt die Kompression von Dateien aus oder verändert diese. Der Befehl wird nur bei einem NTFS-Dateisystem von Windows 7 verwendet.
`convert`	Konvertiert eine Partition mit einem FAT-Dateisystem in ein NTFS-Dateisystem. Der Befehl kann nicht auf die aktuelle Partition verwendet werden.
`copy`	Kopiert eine Datei von A nach B. Geben Sie als Parameter den Dateinamen, Start und Ziel an.
`date`	Gibt das aktuelle Datum aus. Ermöglicht auch das Ändern des Datums.
`del`	Löscht eine oder mehrere Dateien.

▲ ***Tabelle 27.1*** *Die wichtigsten Befehle, die Sie in der Eingabeaufforderung nutzen können.*

Befehl	Bedeutung
`dir`	Zeigt den Inhalt eines Verzeichnisses an. Alle vorhandenen Dateien und untergeordneten Verzeichnisse werden aufgelistet.
`erase`	Der Befehl entspricht `del`.
`exit`	Schließt die Eingabeaufforderung und kehrt auf den Windows 7-Desktop zurück.
`fc`	Vergleicht zwei Sätze von Dateien miteinander .
`find`	Sucht eine Datei oder eine Zeichenkette.
`format`	Formatiert einen Datenträger. Beachten Sie: Hierbei werden alle vorhandenen Daten gelöscht.
`fsutil`	Gibt die Systemeigenschaften einer Datei aus und ermöglicht deren Bearbeitung.
`gpresult`	Gibt Informationen zu Gruppenrichtlinien aus.
`help`	Gibt die Hilfe zu den Befehlen der Einghabeaufforderung aus. Geben Sie den Befehl ein, zu dem Sie eine Hilfe erhalten möchten.
`label`	Ermöglicht es, einen Laufwerksnamen zu ändern.
`md`	Erstellt ein neues Verzeichnis.
`mkdir`	Entspricht dem Befehl `md`.
`mklink`	Erstellt symbolische und feste Links.
`more`	Gibt die Ausgabe eines Befehls auf einer Bildschirmseite aus. Mit ↵ rücken Sie anschließend je eine Zeile weiter.
`move`	Verschiebt ein Verzeichnis von A nach B. Auch mehrere Verzeichnisse können »in einem Rutsch« verschoben werden.
`path`	Bestimmt den Suchpfad von ausführbaren Dateien und zeigt diesen an.
`pause`	Stoppt die Ausführung einer Batchdatei. Die Ausführung wird nach dem Drücken einer Taste fortgesetzt.
`popd`	Wechselt in das Verzeichnis, das zuvor mit dem Befehl `pushd` angegeben wurde.
`print`	Druckt eine Textdatei. Sie können auch die Ausgabe einer Textdatei mit `> print` an den Drucker umleiten.
`rd`	Löscht ein Verzeichnis. Vor dem Aufruf dieses Befehls muss das Verzeichnis geleert worden sein.
`recover`	Versucht, Dateien von einem beschädigten Datenträger wiederherzustellen.
`ren`	Ändert den Namen einer Datei.
`rename`	Entspricht `ren`.
`replace`	Ersetzt eine oder mehrere Dateien.
`rmdir`	Entspricht `rd`.
`robocopy`	Dienstprogramm mit zusätzlichen Funktionen und Möglichkeiten. Mit ihm können Dateien und Verzeichnisse kopiert werden. Eine Beschreibung finden Sie in Abschnitt 27.2, »Verzeichnisse und deren Inhalt mit »robocopy« kopieren«.
`sc`	Zeigt Dienste an und richtet diese ein.
`schtask`	Erstellt Zeitpläne für die Ausführung von Befehlen, Batchdateien und Dientsprogrammen.
`shutdown`	Fährt den Computer herunter und beendet Windows 7.
`sort`	Sortiert Zeichenfolgen.
`start`	Startet ein eigenes Fenster für die Ausführung eines Befehls oder Programms.
`subst`	Ordnet einem Pfad einem Laufwerksbuchstaben zu.
`systeminfo`	Zeigt verschiedene Informationen zu dem Rechner an.

*^ **Tabelle 27.1** Die wichtigsten Befehle, die Sie in der Eingabeaufforderung nutzen können. (Fortsetzung)*

Befehl	Bedeutung
`tasklist`	Gibt alle aktuell laufenden Prozesse auf dem Bildschirm aus.
`taskkill`	Bricht einen laufenden Prozess ab.
`time`	Zeigt die Systemzeit an und ermöglicht deren Korrektur.
`tree`	Gibt die Ordnerstruktur eines Laufwerks oder Verzeichnisses in einer grafischen Übersicht aus.
`type`	Gibt den Inhalt einer Textdatei auf dem Bildschirm aus. Es muss sich dabei um eine Datei im Format ASCII handeln. Das Öffnen eines Editors ist nicht notwendig, um sich eine Textdatei anzuschauen.
`ver`	Gibt die Versionsnummer der verwendeten Windows-Version aus.
`xcopy`	Kopiert Dateien und Verzeichnisse.

Tabelle 27.1 Die wichtigsten Befehle, die Sie in der Eingabeaufforderung nutzen können (Fortsetzung)

TIPP

Metazeichen verwenden
Für bestimmte Befehle können Sie auf Metazeichen zurückgreifen. Diese ersetzen ein oder mehrere Zeichen. Das Fragezeichen `?` steht für ein beliebiges Zeichen. Mit dem Sternchen `*` sind mehrere Zeichen gemeint. So kopieren Sie z. B. mit
`xcopy *.txt [Ziel]`
alle Dateien, die auf *.txt* enden.

27.2 Verzeichnisse und deren Inhalt mit »robocopy« kopieren

`xcopy` bietet bereits mehr Möglichkeiten als der einfache `copy`-Befehl. Noch einen Schritt weiter geht das Werkzeug `robocopy`. Es gehört zur Windows 7-Eingabeaufforderung dazu. Es bietet jede Menge Parameter.

Der Syntax von »robocopy«

Der Syntax des Befehls ist sehr einfach:

```
robocopy <Quelle> <Ziel>
<Datei(en)>/<Option>
```

So weit, so gut. Da kann man in der Eingabe des Befehls nichts falsch machen.

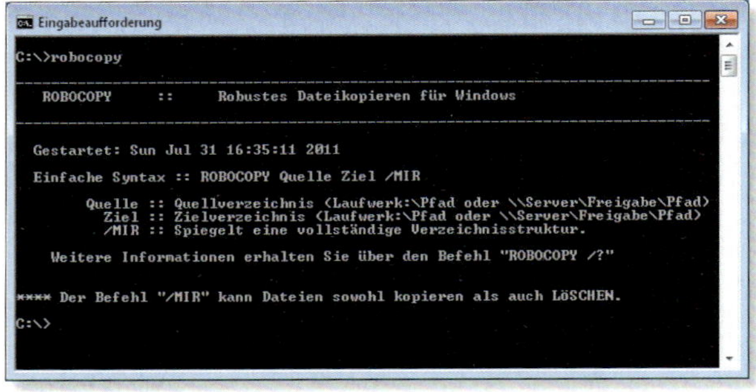

Abbildung 27.8 Bereits beim Aufruf des Befehls sehen Sie, dass es sich nicht um einen einfachen Kopierbefehl handelt.

Die wichtigsten Parameter des Dienstprogramms »robocopy«

Die folgende Tabelle enthält eine Auswahl der wichtigsten Parameter und deren Bedeutung.

Option	Bedeutung
`/s`	Kopiert Unterverzeichnisse. Leere Unterverzeichnisse werden nicht kopiert.
`/e`	Kopiert Unterverzeichnisse einschließlich leerer Unterverzeichnisse.
`/lev:n`	Kopiert nur die oberste Ebene der Quellverzeichnisstruktur.
`/z`	Kopiert Dateien im Neustartmodus.
`/b`	Kopiert Dateien im Sicherungsstartmodus.

Tabelle 27.2 Die wichtigsten Parameter des Dienstprogramms »robocopy«

Option	Bedeutung
/zb	Kopiert Dateien im Neustartmodus. Kommt es zu einer Zugriffsverweigerung, wird der Sicherungsstartmodus genutzt.
/efsraw	Kopiert alle verschlüsselten Dateien im EFS-RAW-Modus.
/copy:copyflags	Bestimmt, welche Inhalte für Dateien kopiert werden. Statt copyflags geben Sie diese Eigenschaften an. Als Vorgabe wird DAT verwendet. Die möglichen Copyflags sind: D = Daten A = Attribute T = Zeitstempel S = Sicherheit O = Besitzerinformationen U = Überwachungsinformationen
/dcopy=t	Kopiert Verzeichniszeitstempel.
/sec	Kopiert Dateien mit Sicherheitsinformationen. Entspricht dem Befehl /copy:dats.
/copyall	Kopiert alle Dateiinformationen. Entspricht /copy:dateshou.
/nocopy	Kopiert keine Dateiinformationen mit. Diesen Parameter können Sie gut mit /purge nutzen.
/secfix	Korrigiert die Dateisicherheit in allen Dateien. Wird auch auf ausgelassene Dateien angewandt.
/timefix	Korrigiert die Uhrzeitangaben für Dateien inklusive den ausgelassenen Dateien.
/purge	Löscht Zieldateien und -verzeichnisse, die in der Quelle nicht mehr vorhanden sind.
/mir	Spiegelt die Struktur eines Verzeichnisses. Entspricht /e /purge.
/mov	Verschiebt Dateien. Die verschobenen Dateien werden auf der Quelle gelöscht.
/move	Verschiebt Dateien und Verzeichnisse.
/a+:[rashcnet]	Fügt die Attribute den kopierten Dateien hinzu.
/a- :[rashcnet]	Entfernt die Attribute nach dem Kopieren von den Dateien.
/create	Erstellt eine neue Verzeichnisstruktur. Dateien, die in diese Verzeichnisstruktur beim Erstellen eingefügt werden, haben zunächst eine Länge von null.
/fat	Erstellt die Namen der Zieldateien nur unter den Bedingungen für FAT-Dateinamen.
/256	Schaltet die Unterstützung für lange Pfade aus.
/mon:n	Überwacht die Quelle. Wird erneut ausgeführt, wenn mehr als n Änderungen gefunden werden. Für n wird eine Zahl angegeben.
/mot:m	Überwacht die Quelle. Wird nach einer Änderung erneut nach n Minuten ausgeführt. Für n wird eine Zahl angegeben.
/rh:hhmm-hhmm	Bestimmt, wenn neue Kopiervorgänge ausgeführt werden. Die Zeit wird mit hhmm angegeben.
/pf	Überprüft die Ausführungsstunden für jede Datei.

Tabelle 27.2 Die wichtigsten Parameter des Dienstprogramms »robocopy« (Fortsetzung)

Option	Bedeutung
/ipg:n	Bestimmt den Abstand zwischen einzelnen Paketen beim Kopiervorgang. Für n wird eine Zahl angegeben. Dieser Wert wird in *ms* (Millisekunden) bestimmt.
/sl	Kopiert symbolische Verknüpfungen gegenüber dem Ziel.
/mt[:n]	Erstellt Multithreadkopien. Mit n wird die Anzahl der Threads angegeben. Der Vorgabewert ist hier 8. Sie können eine Zahl zwischen 1 und 128 angeben. Diese Option kann nicht mit /ipg oder /efsraw verwendet werden. Sie können hier /log anhängen und so die Leistung des Befehls optimieren.
/a	Diese Option kopiert nur Dateien mit dem Attribut Archive.
/m	Diese Option sorgt dafür, dass nur Dateien mit dem Attribut Archive kopiert werden. Das Attribut wird hierbei zurückgesetzt.
/ia:[rashcneto]	Es werden nur Dateien kopiert, bei denen das angegebene Attribut vorhanden ist.
/xa:[rashcneto]	Dateien mit dem angegebenen Attribut werden nicht kopiert. Sie werden ausgeschlossen.
/xf datei [datei]	Dateien mit der angegebenen Bezeichnung werden ausgeschlossen. Sie können auch einen Pfad oder einen Platzhalter angeben.
/xd verzeichnis [verzeichnis]	Schließt Verzeichnisse aus, die der angegebenen Bezeichnung oder dem Pfad entsprechen.
/xc	Diese Option schließt veränderte Dateien aus.

Option	Bedeutung
/xn	Mit dieser Option werden neue Dateien ausgeschlossen.
/xo	Schließt ältere Dateien aus.
/xx	Schließt zusätzliche Dateien und Verzeichnisse aus.
/xl	Schließt Dateien und Verzeichnisse aus, die nur am Zielort existieren. Dort werden sie dann gelöscht.
/is	Schließt identische Dateien mit in den Kopierprozess ein.
/it	Schließt optimierte Dateien ein.
/max:n	Bestimmt die maximale Dateigröße. Dateien, die größer als mit n angegeben sind, werden vom Kopiervorgang ausgeschlossen. Die Größenangabe erfolgt in Kilobyte.
/min:n	Bestimmt die minimale Dateigröße. Kleinere Dateien, als mit n angegeben, werden ausgeschlossen.
/maxage:n	Bestimmt das maximale Dateialter. Dateien, die älter sind, als mit n angegeben, werden ausgeschlossen. Die Angabe erfolgt in Tagen.
/minage:n	Legt das minimale Dateialter fest. Dateien, die jünger als mit n angegeben sind, werden vom Kopiervorgang ausgeschlossen.
/maxlad:n	Bestimmt das maximale Datum des letzten Zugriffs. Dateien, die seit n Tagen nicht mehr verwendet wurden, werden ausgeschlossen.
/minlad:n	Bestimmt das minimale Dateialter. Jüngere Dateien, als angegeben, werden ausgeschlossen.

^ ***Tabelle 27.2*** *Die wichtigsten Parameter des Dienstprogramms »robocopy« (Fortsetzung)*

Option	Bedeutung
`/xj`	Schließt Abzweigungspunkte aus.
`/fft`	Legt fest, dass Uhrzeitangaben in der FAT-Schreibweise erfolgen.
`/dst`	Kompensiert Zeitunterschiede von einer Stunde aufgrund der Zeitunterschiede der Sommerzeitumstellung.
`/xjd`	Schließt Abzweigungspunkte für Verzeichnisse aus.
`/xjf`	Schließt Abzweigungspunkte für Dateien aus.
`/r:n`	Bestimmt die Anzahl der Wiederholungsversuche, wenn es beim Kopiervorgang zu Fehlern kommt. Die Anzahl wird mit `n` angegeben. Tragen Sie für `n` eine Zahl ein.
`/w:n`	Legt die Wartezeit zwischen den verschiedenen Wiederholungsversuchen fest. Die Vorgabeeinstellung ist 30 Sekunden. Geben Sie für `n` eine Zeit an. Diese wird in Sekunden angegeben.
`/reg`	Hält die Optionen `/R:n` und `W:n` fest. Diese Angaben werden in der Registrierung als Vorgabeeinstellungen gespeichert.
`/tbd`	Wartet auf die Festlegung von Freigabenamen (Wiederholungsfehler 67).
`/l`	Protokolloption. Kopiervorgänge werden nicht ausgeführt. Auch Zeitstempel oder gelöschte Dateien werden nicht festgehalten.
`/x`	Protokolloption. Meldet alle zusätzlichen Dateien. Beschränkt sich nicht auf die ausgewählten Dateien.
`/v`	Protokolloption. Erstellt eine ausführliche Ausgabe mit ausgelassenen Dateien.
`/ts`	Protokolloption. Schließt die Zeitstempel der Quelldateien in die Ausgabe mit ein.
`/fp`	Protokolloption. Schließt den kompletten Pfad in die Ausgabe mit ein.
`/bytes`	Protokolloption. Gibt alle Datei- und Verzeichnisgrößen in Bytes aus.
`/ns`	Protokolloption. Gibt die Größen von Dateien nicht aus.
`/nc`	Protokolloption. Gibt die Dateiklassen nicht aus.
`/nfl`	Protokolloption. Gibt keine Dateinamen aus.
`/ndl`	Protokolloption. Gibt keine Verzeichnisnamen aus.
`/np`	Protokolloption. Gibt keinen Status aus. Das heißt, der Prozentsatz kopierter Elemente wird nicht ausgegeben.
`/eta`	Protokolloption. Gibt die ungefähre Empfangszeit der kopierten Dateien aus.
`/log:datei`	Protokolloption. Gibt den Status der Protokolldatei aus und überschreibt ein vorhandenes Protokoll.
`/log+datei`	Protokolloption. Gibt den Status der Protokolldatei aus. Dieses Protokoll wird an das vorhandene Protokoll angefügt.

*▲ **Tabelle 27.2** Die wichtigsten Parameter des Dienstprogramms »robocopy« (Fortsetzung)*

Option	Bedeutung
`/unlog:datei`	Protokolloption. Gibt den Status der Protokolldatei als UNICODE-Protokoll aus. Das vorhandene Protokoll wird überschrieben.
`//unlog+datei`	Protokolloption. Gibt den Status der Protokolldatei als UNICODE-Protokoll aus. Das vorhandene Protokoll wird überschrieben. Wird an das vorhandene Protokoll angehängt.
`/tee`	Protokolloption. Gibt Dateien in das Konsolenfesnter und die Protokolldatei aus.
`/njh`	Protokolloption. Ein Auftragsheader wird nicht ausgegeben.
`/njs`	Protokolloption. Eine Zusammenfassung des Auftrags wird nicht ausgegeben.
`/unicode`	Protokolloption. Der Status wird im Format UNICODE ausgegeben.
`/job: Auftragsname`	Übernimmt Parameter aus der angegebenen Auftragsdatei.
`/save: Auftragsname`	Speichert Parameter in der angegebenen Auftragsdatei. Diese können dann mit `/job:Auftragsname` wieder verwendet werden.
`/quit`	Beendet den Vorgang, sobald die Befehlszeile abgearbeitet wurde.
`/nosd`	Diese Option bedeutet: Es ist kein Quellverzeichnis angegeben.
`/nodd`	Hier ist kein Zielverzeichnis angegeben.
`/if`	Schließt alle im folgenden aufgeführten Dateien mit ein.

Tabelle 27.2 Die wichtigsten Parameter des Dienstprogramms »robocopy« (Fortsetzung).

Ein Beispiel für eine Befehlszeile:

```
robocopy „\fs02\mustermann2011\neue_produkte“
\fs02\datensicherungen2011\neue_produkte
```

Suchen Sie bei Google einmal nach »ROBOCOPY GUI«. Sie finden eine grafische Benutzeroberfläche für ROBOCOPY, die von Microsoft erstellt und bereitgestellt wurde.

27.3 Die Computerverwaltung

Mit **Systemsteuerung** > **System und Sicherheit** > **Verwaltung** > **Computerverwaltung** öffnen Sie selbige. Einige Bereiche der Computerverwaltung kennen Sie bereits aus den vorhergehenden Kapiteln. Insgesamt finden Sie hier links im Menü folgende Bereiche:

- **Aufgabenplanung**
- **Ereignisanzeige**
- **Freigegebene Ordner**
- **Lokale Benutzer und Gruppen**
- **Leistung**
- **Geräte-Manager**
- **Datenträgerverwaltung**
- **Dienste und Anwendungen**

In den folgenden Abschnitten möchte ich Ihnen erklären, wie Sie mit der Ereignisanzeige, freigegebenen Ordnern, lokalen Benutzern und Gruppen, den Leistungseinstellungen und dem neuen AppLocker umgehen.

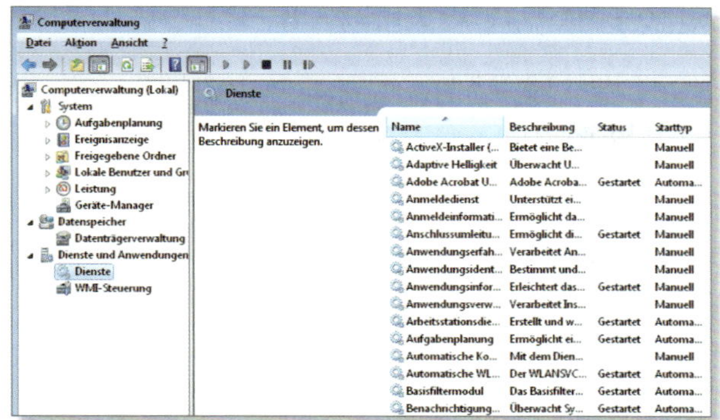

*^ **Abbildung 27.9** In der Computerverwaltung haben Sie verschiedene wichtige Werkzeuge an einem Platz.*

Die Ereignisanzeige verwenden

Ereignisse beinhalten die Fehler und Aktionsmeldungen des Betriebssystems. Öffnen Sie mit dem kleinen schwarzen Pfeilsymbol eine der untergeordneten Ereignisprotokolle. Möglich sind:

- Benutzerdefinierte Ansichten
- Windows-Protokolle
- Anwendungs- und Dienstprotokolle
- Abonnements

Jedem dieser Protokolle sind ein oder mehrere Ereignisprotokolle untergeordnet. Unter **Benutzerdefinierte Ansichten** finden Sie zum Beispiel **Administrative Ereignisse**.

Markieren Sie ein Ereignis, wird eine Information dazu im unteren Teil des Dialogs angezeigt. Fehler werden ausführlich beschrieben.

In meinem Beispiel sehe ich, dass das Freewareprogramm SiSoft Sandra zu mehreren Fehlermeldungen führt.

Unter den **Windows-Protokollen** finden Sie Protokolle zu den Anwendungen, der Sicherheit des Betriebssys-

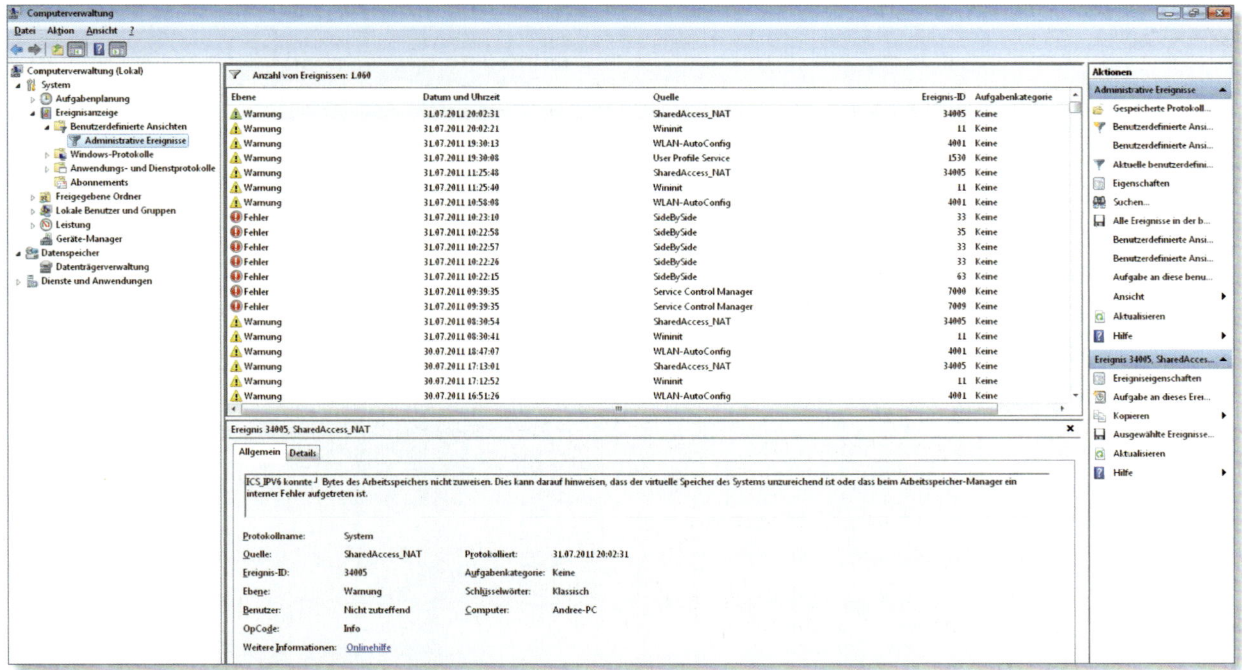

*^ **Abbildung 27.10** Die Computerverwaltung zeigt die Protokollmeldungen von Windows 7 in einem Dialog. Die Ereignisse sind einfach abzurufen.*

tems und zum Installationsprozess von Windows 7. In Letzterem werden auch Aktualisierungen protokolliert. In weiteren Protokollen können Sie Systemprozesse und weitergeleitete Ereignisse verfolgen. Das letztgenannte Ereignisprotokoll fasst Remoteverbindungen zusammen.

Unter den Anwendungs- und Dienstprotokollen finden Sie:

- **Hardware-Ereignisse**
- **Internet Explorer**
- **Key Managment Service**
- **Media Center**
- **Microsoft Office Diagnostics**
- **Microsoft Office Sessions**
- **Windows PowerShell**

Einige Anwendungen legen eigene Einträge ab. So können Sie zum Beispiel in der Ereignisanzeige auch die Protokollmeldungen von *TuneUp Utilities* einsehen.

Unter **Sicherheit** finden Sie Rückmeldungen zu Überwachungen und anderen Kryptografievorgängen.

Auf der rechten Seite der Ereignisanzeige finden Sie verschiedene Funktionen. Mit diesen mit **Aktionen** überschriebenen Funktionen können Sie Protokolle speichern, aktualisieren und nach bestimmten Inhalten suchen. Mit **Benutzerdefinierte Ansichten** können Sie die Ereignisanzeige filtern. Tun wir dies einmal:

1 Öffnen Sie die **Computerverwaltung**. Wählen Sie die **Ereignisanzeige**.

2 Entscheiden Sie sich für **Benutzerdefinierte Ansichten**, und markieren Sie hier die **Administrativen Ereignisse**.

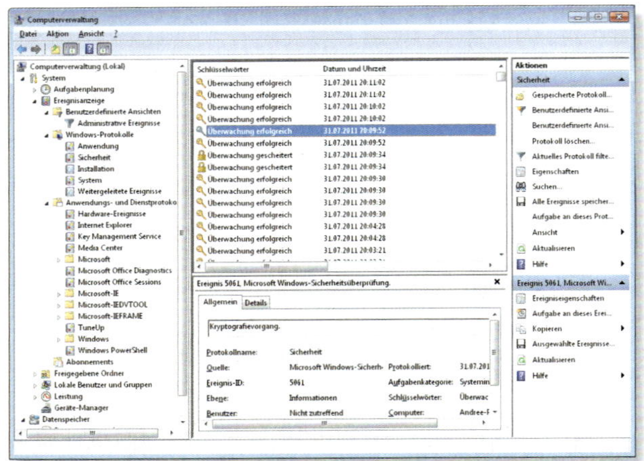

Abbildung 27.11 *Öffnen Sie die **Administrativen Ereignisse**.*

3 Wählen Sie unter **Aktionen** die **Benutzerdefinierten Ansichten**.

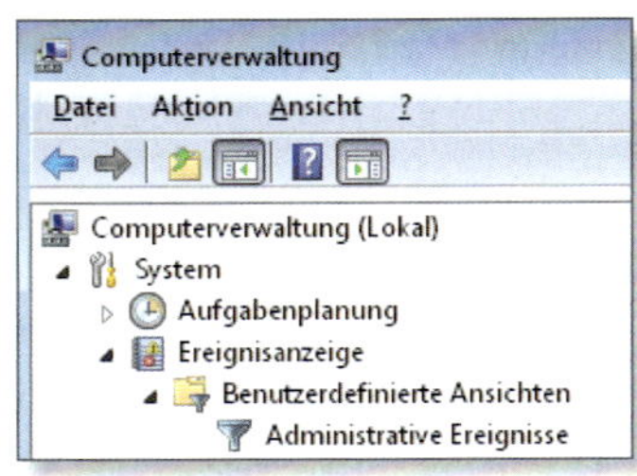

Abbildung 27.12 *Filtern Sie mit der Ansichtsfunktion die angezeigten Ereignisse.*

4 Schalten Sie die Ereignisebenen **Kritisch und Fehler** an. Öffnen Sie das Listenfeld **Protokolle**. Wählen Sie alle Windows-Protokolle. Öffnen Sie **Quellen**, und wählen Sie hier mit dem obersten Optionskästchen alle Quellen. Bestätigen Sie.

Abbildung 27.13 *Filtern Sie die Ereignisse.*

5 Der Filter wird in der benutzerdefinierten Ansicht gespeichert. Löschen Sie die vorgegebene Bezeichnung, und geben Sie eine eigene ein. Klicken Sie auf **OK**.

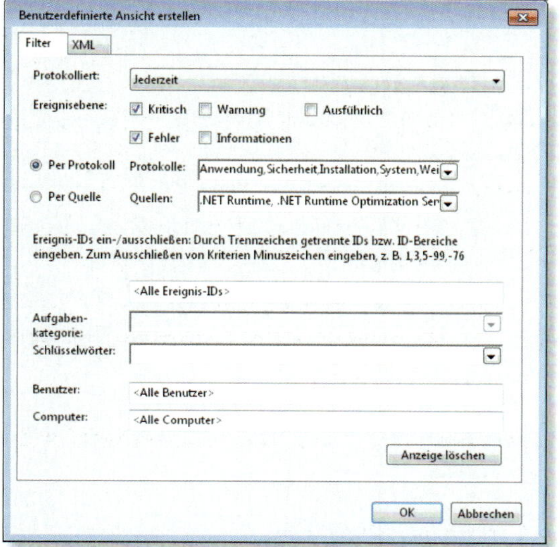

Abbildung 27.14 Die benutzerdefinierte Ansicht wird gespeichert.

In der Ereignisanzeige finden Sie nun unter den **Benutzerdefinierten Ansichten** einen neuen Eintrag. In der genannten Art und Weise können Sie genau auswählen, welche Ereignisse Sie einsehen und beobachten wollen.

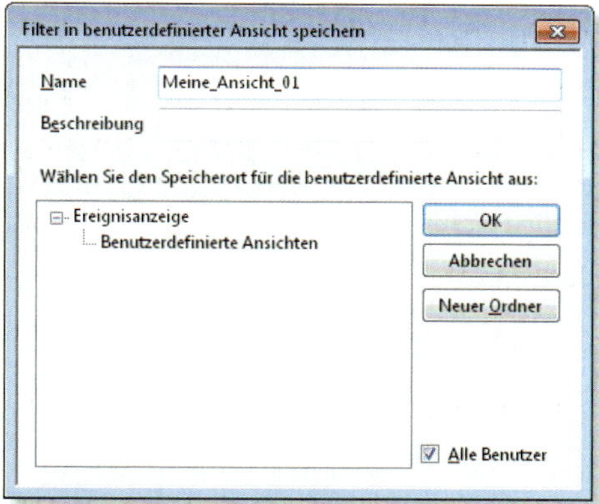

Abbildung 27.15 Die neue Ansicht enthält nur wichtige Fehlermeldungen.

Freigegebene Ordner

Unter **Freigegebene Ordner** in der Computerverwaltung können Sie alle Freigaben, Sitzungen und geöffneten Dateien einsehen. In einem Netzwerk, in dem verschiedene Anwender Zugriff auf Dateien und Ord-

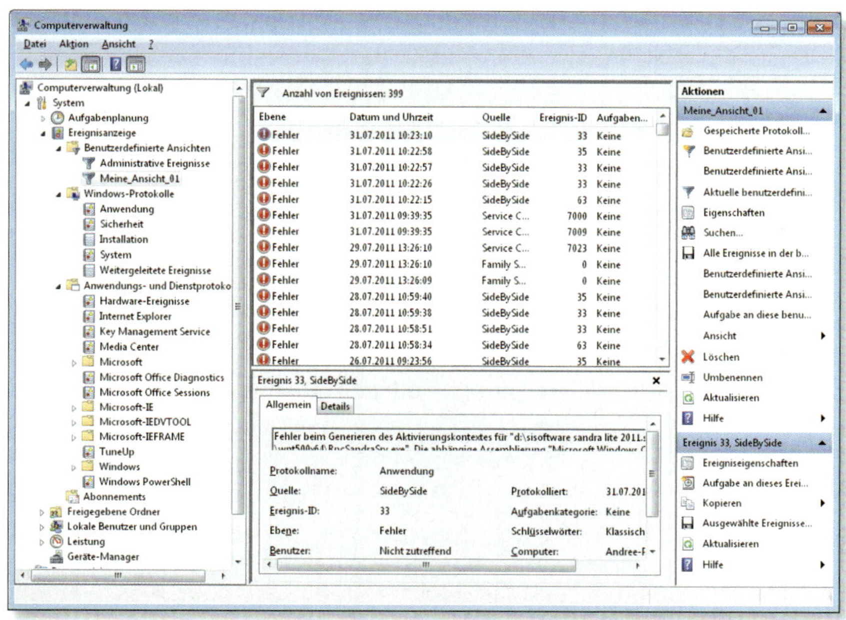

Abbildung 27.16 Auf meinem 1-Personen-Rechner gibt es natürlich keine Freigaben und Sitzungen einzusehen und zu verwalten.

ner haben, können Sie so sehen, wer was tut. Sie können die Freigaben verwalten und ebenso die Sitzungen.

Lokale Benutzer und Gruppen

Die verschiedenen auf dem System eingerichteten Benutzer und Benutzergruppen lassen sich in der Computerverwaltung sehr gut verwalten. Sie sehen, welche Benutzer auf Ihrem Rechner eingerichtet sind. Ebenso sehen Sie die vorhandenen Gruppen. Über **Aktionen > Weitere Aktionen** lassen sich neue Benutzer und neue Gruppen erstellen.

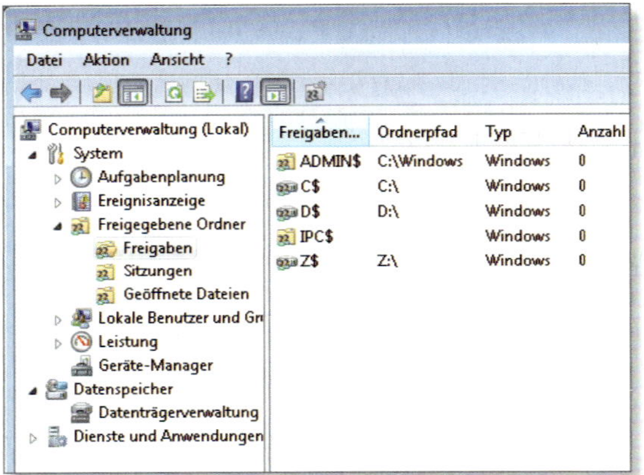

Abbildung 27.17 Verwalten Sie mit der Computerverwaltung die Benutzer und Gruppen auf Ihrem Rechner.

Die Leistungsübersicht

Wie der Name bereits verrät, können Sie mit der **Leistungsübersicht** die Leistung Ihres Rechners überwachen. Dazu stehen Ihnen Überwachungstools, Sammlungssätze und Berichte zur Verfügung. Die Daten werden in Echtzeit angezeigt. Sie können auch mit Verlaufslisten arbeiten.

Sie können hier auch einen Bericht über die Zuverlässigkeit Ihres Rechners erstellen und einsehen. Um dies zu tun, gehen Sie wie folgt vor:

1 Öffnen Sie die **Computerverwaltung**. Wählen Sie **Leistung**, und markieren Sie hier die **Überwachungstools**.

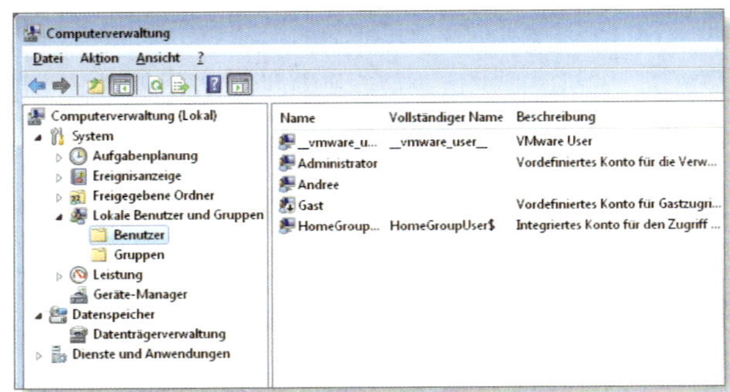

Abbildung 27.18 Die Überwachungstools finden Sie in der Computerverwaltung.

2 Wählen Sie **Weitere Aktionen > Systemzuverlässigkeit anzeigen**.

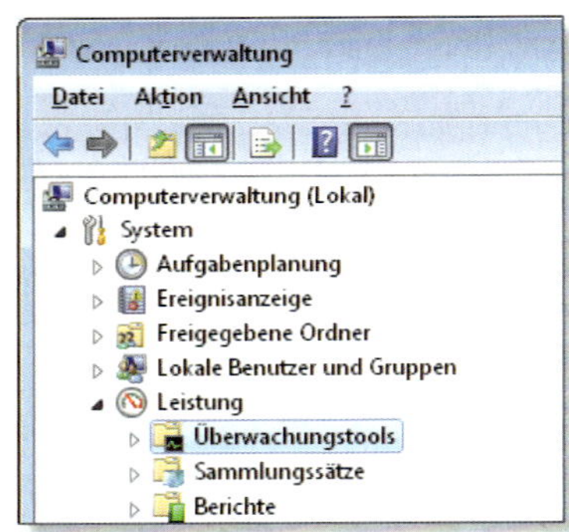

Abbildung 27.19 Eine Funktion auf der rechten Seite lässt Windows 7 den gewünschten Bericht erstellen.

In der Leistungsüberwachung können Sie in Echtzeit bestimmte Prozesse und Funktionen überwachen.

1 Öffnen Sie dazu die **Leistungsüberwachung**. Klicken Sie auf das grüne Kreuz in der Symbolleiste über dem Anzeigefeld.

2 Scrollen Sie in der Liste nach oben bis zum Eintrag **Arbeitsspeicher**. Klicken Sie auf den hinter diesem Eintrag stehenden nach unten zeigenden Pfeil. Nun werden alle Funktionen eingeblendet, die mit dem Arbeitsspeicher in Verbindung stehen und die Sie überwachen können. Sie können einzelne auswählen. In diesem Beispiel übernehme ich die Vorauswahl. Wählen Sie **Hinzufügen**, und bestätigen Sie mit **OK**.

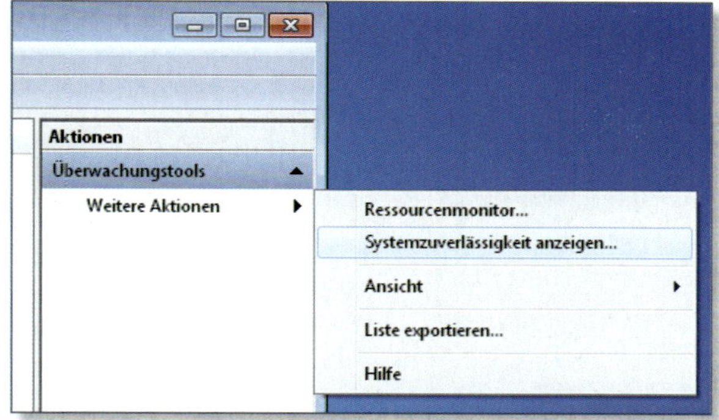

Abbildung 27.20 Wählen Sie die Leistungsindikatoren, die überwacht werden sollen.

Die gewählten Indikatoren werden übernommen. Die Überwachung startet sofort. Verfolgen Sie die Auswertung.

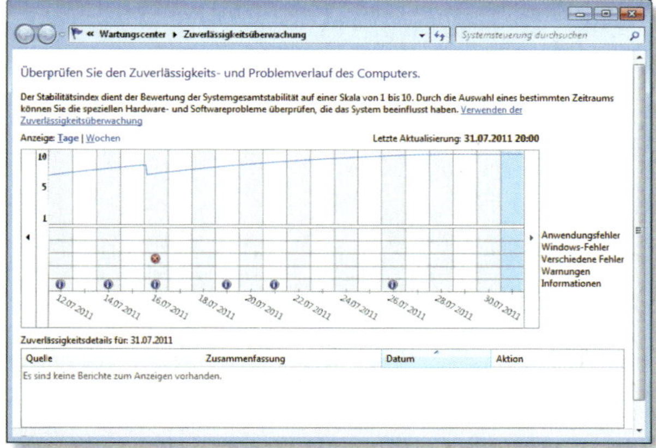

Abbildung 27.21 Die Echtzeitüberwachung überwacht den Rechner, während Sie an ihm arbeiten.

27.4 Anwendungen mit AppLocker sperren

AppLocker ist eine neue Funktion in Windows 7, die es Ihnen ermöglicht, Programme für bestimmte Benutzer zu sperren. Sie kommt in kleinen Netzwerken und Firmenrechnern zum Einsatz. Aber auch bei PCs, die von mehreren Anwendern genutzt werden, kann die Funktion nützlich sein.

AppLocker sperrt Anwendungen mit Richtlinien. Über einen Windows-Dienst werden diese überwacht. Eine Sperrung kann nicht ohne Weiteres umgangen werden.

Sie können jedoch nicht nur einfach Anwendungsprogramme blockieren, sondern auch bestimmen, welche Anwendungen ein Benutzer verwenden darf und welche neue Programme durch Benutzer installiert werden können. Sie können festlegen, dass nur bestimmte Versionen von Anwendungen verwendet werden können. Möglich ist es auch, einen Einfluss auf die Steuerung von Anwendungen zu nehmen.

AppLocker können Sie nur in den Windows-Editionen *Ultimate* und *Enterprise* nutzen. Auf anderen Windows-Editionen steht die Funktion nicht zur Verfügung.

Ein erster Blick auf AppLocker

Öffnen Sie mit dem Befehl `gpedit.msc` den **Editor für lokale Gruppenrichtlinien**«.

Nun müssen Sie sich noch bis zum AppLocker-Fenster durchklicken. Öffnen Sie die Baumanzeige **Windows-Einstellungen**. Hier klicken Sie auf **Sicherheitseinstellungen** und weiter auf **Anwendungsrichtlinien**. Unter diesen finden Sie **AppLocker**.

Im oberen Bereich können Sie sich allgemeine Informationen und Hilfetexte zu AppLocker anzeigen lassen. In der Mitte wird eine Regel erstellt. Ganz unten sehen Sie eine Übersicht der erstellten Regeln. Diese sind in drei Bereiche unterteilt:

- **Ausführbare Regeln**
- **Windows Installer-Regeln**
- **Skriptregeln**

Die Übersicht dient auch dazu, den jeweiligen Regeltyp zu erstellen.

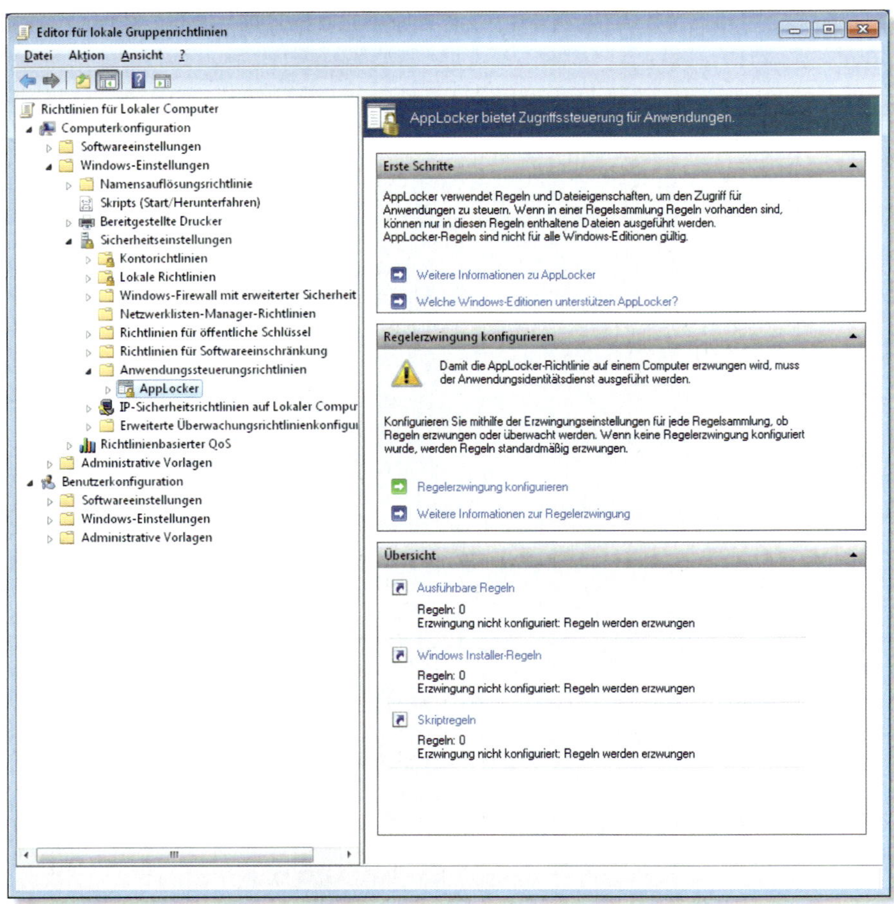

*< **Abbildung 27.22** Mit **AppLocker** können Sie eine sichere Schutzfunktion nutzen. Sie bestimmen, ob ein Anwender bestimmte Anwendungen ausführen darf oder nicht. Sie können den Zugriff auf Ordner einschränken und die Installation von Anwendungen genehmigen.*

Allgemeine Informationen zu AppLocker

AppLocker ist, wie oben erwähnt wurde, nur in den Windows 7-Editionen *Ultimate* und *Enterprise* vorhanden, wird aber auch unter dem Serverbetriebssystem *Windows Server 2008 R2* verwendet.

Wenn Sie *Windows 7 Professional* nutzen, so können Sie zwar AppLocker-Regeln erstellen, ein Erzwingen dieser Regeln ist jedoch nicht möglich.

AppLocker setzt außerdem die Gruppenrichtlinien-Verwaltungskonsole oder die Remoteserver-Verwaltungskonsole voraus.

AppLocker unterscheidet drei sogenannte »Erzwingungsmodi«:

- **Nicht konfiguriert** – In der Vorgabeeinstellung wird keine Aktion erzwungen. Die Einstellungen der verknüpften Gruppenrichtlinienobjekte werden genutzt. Wird eine Regel erstellt, wird diese verwendet.
- **Regel erzwingen** – Zu diesem Modus muss nicht viel gesagt werden. Die Ausführung einer erstellten Regel wird erzwungen.
- **Nur überwachen** – Die erstellten Regeln werden überwacht, aber nicht erzwungen. Sie können in diesem Modus herausfinden, welche Anwendungen durch eine Regel beeinflusst werden. Nutzen Sie erst diesen Modus, und wechseln Sie dann zum Erzwingen einer Regel.

So erstellen Sie eine ausführbare Regel

Mit dem AppLocker können Sie sogenannte ausführbare Regeln erstellen. Im Folgenden zeige ich Ihnen an einem Beispiel, wie das funktioniert.

1. Öffnen Sie den **Editor für lokale Gruppenrichtlinien**. Wechseln Sie hier zu **AppLocker**. Klicken Sie im unteren Bereich auf **Ausführbare Regeln**.
2. Die Ansicht ist zunächst leer. Öffnen Sie das Kontextmenü, und wählen Sie **Neue Regel erstellen**.

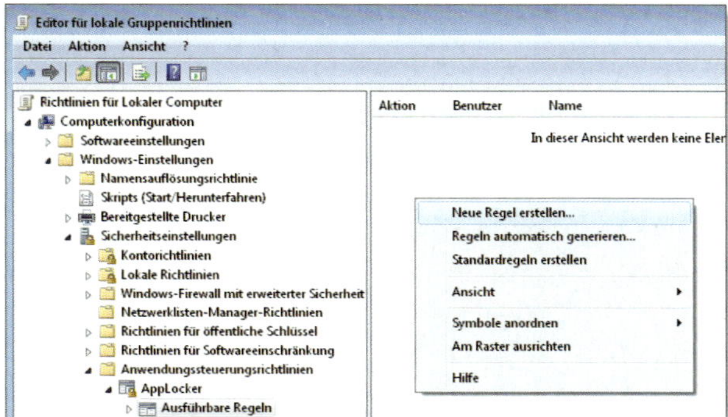

Abbildung 27.23 *Über das Kontextmenü wird eine neue Regel erstellt.*

3. Ein Assistent wird gestartet. Er hilft Ihnen beim Erstellen einer neuen Regel und fragt alle relevanten Daten ab. Mit **Weiter** geht es in den nächsten Dialog.

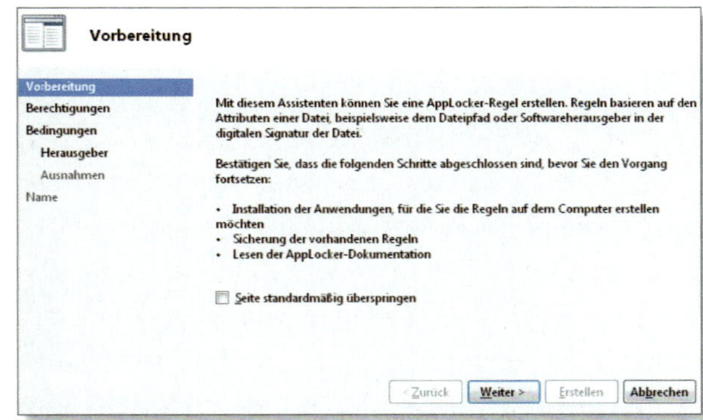

Abbildung 27.24 *Ein Assistent unterstützt den Administrator beim Erstellen einer neuen Regel.*

4. Zuerst wählen Sie eine Aktion. Soll eine Anwendung zugelassen oder verweigert werden? Und für wem gilt diese Beschränkung? Lassen Sie unter **Aktion** die Option **Zulassen** angeschaltet. Mit **Auswählen** wählen Sie einen vorhandenen Benutzer.

Abbildung 27.25 *Gleich darf der Benutzer Andree etwas nicht mehr tun.*

5. Entscheiden Sie sich nun für eine der möglichen Primärbedingungen. Im Beispiel wähle ich **Pfad**.

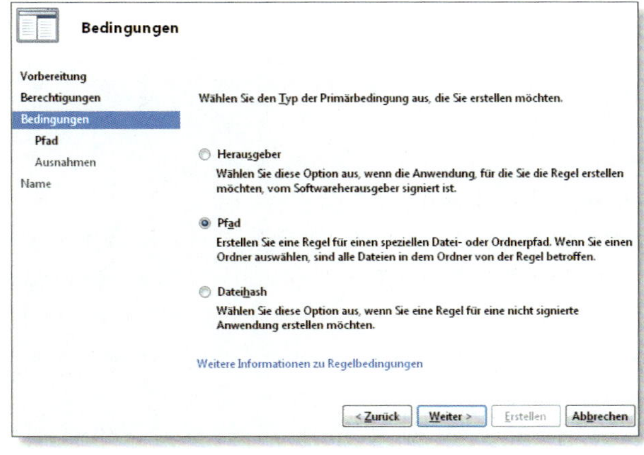

Abbildung 27.26 *Ein Pfad wird gesperrt.*

6. Im nächsten Dialog geben Sie den Pfad ein. Sie können ihn in das Feld eintragen oder ihn mit **Ordner durchsuchen** auswählen.

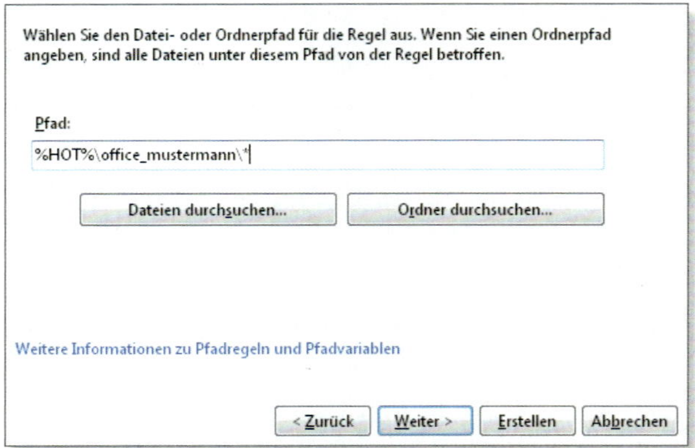

Abbildung 27.27 *Der Ordner »Mustermann« wird nun gesperrt.*

7 Im nächsten Dialog können Sie anhand einer signierten Referenzdatei Ausnahmen bestimmen. Im Beispiel tue ich dies nicht.

8 Im letzten Dialog des Assistenten können Sie den Namen der Regel ändern und eine optionale Beschreibung eingeben. Auch hier gilt wieder: Benennen Sie die Regel kurz und knapp, aber ausführlich und sprechend genug, so dass Sie sie auch später jederzeit wiederkennen können. Mit einem Mausklick auf **Erstellen** wird die Regel festgehalten.

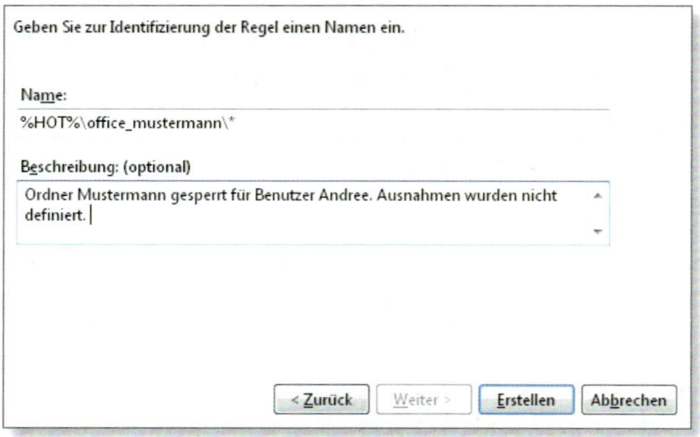

Abbildung 27.28 *Mit einer Beschreibung habe ich hinzugefügt, was die Regel tut.*

9 AppLocker weist mich nun darauf hin, dass ich keine Standardregeln erstellt habe. Das bestätige ich mit **Ja**.

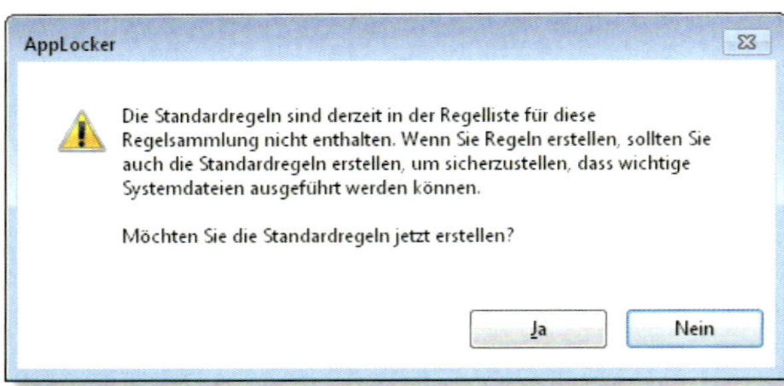

Abbildung 27.29 *Die Standardregeln müssen noch erstellt werden.*

Die Standardregeln erstellen und verwalten

Die Standardregeln beinhalten die folgenden Möglichkeiten:

- Alle Dateien im Ordner *Programme* können verwendet werden.
- Alle Dateien im Ordner *Windows* können verwendet werden.
- Alle Dateien können verwendet werden.

Bei Bedarf können Sie diese Vorgaben verändern.

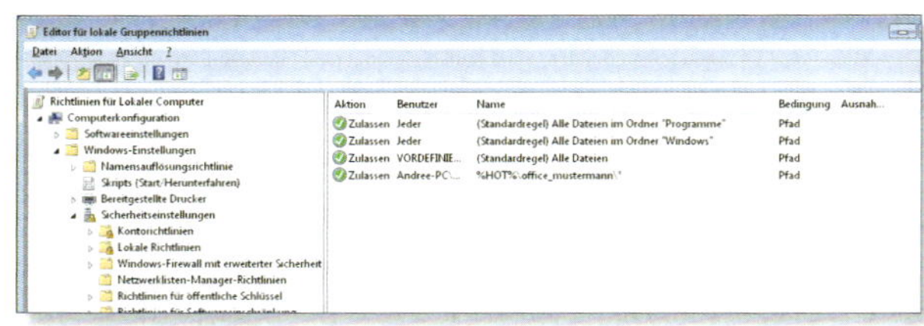

Abbildung 27.30 *Die Standardregeln sind nun auch in AppLocker verfügbar.*

Eine Installer-Regel erstellen

1 Öffnen Sie den **Editor für lokale Gruppenrichtlinien**. Wechseln Sie hier zu **AppLocker**. Klicken Sie im unteren Bereich auf **Windows-Installer-Regeln**.

2 Wählen Sie aus dem Kontextmenü **Neue Regel erstellen**.

3 Auch hier steht ein Assistent zur Verfügung. Überspringen Sie den ersten Dialog.

4 Wählen Sie **Verweigern**. Entscheiden Sie sich für einen Benutzer.

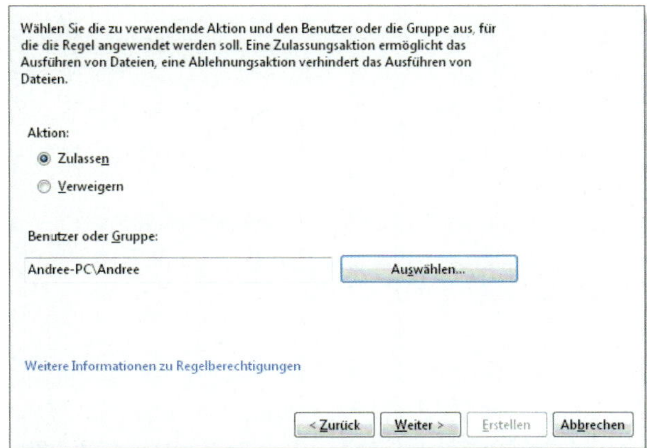

Abbildung 27.31 Der Vorgang ähnelt dem Blockieren von Anwendungen.

5 Wählen Sie einen Pfad.

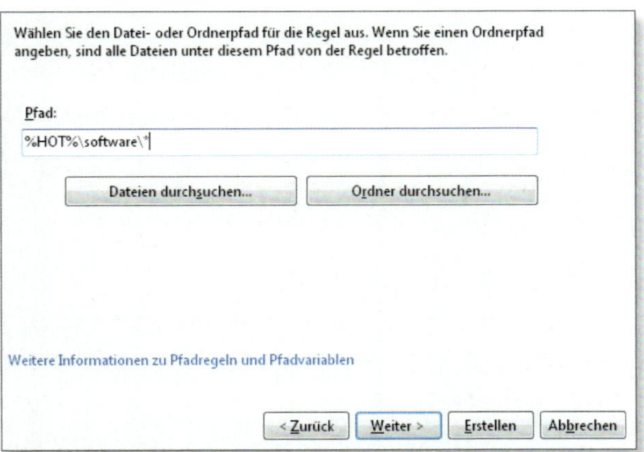

Abbildung 27.32 Der Zugriff auf den Software-Ordner ist eingeschränkt.

6 Ergänzen Sie Ausnahmen. Auch dafür ist eine signierte Datei erforderlich.

7 Editieren Sie den Namen, und geben Sie eine Beschreibung ein. Wenn Sie möchten, können Sie auch die Vorgaben übernehmen. Bestätigen Sie die Regel.

8 Bestätigen Sie das Erstellen der Standardregeln, sofern diese noch nicht vorhanden sind.

Abbildung 27.33 Inklusive der Standardregeln sind nun je vier Regeln verfügbar.

27.5 Mit virtuellen Festplatten arbeiten

Eine virtuelle Festplatte ist ein Verzeichnis, das wie eine Festplatte angesprochen und behandelt wird. In der Datenträgerverwaltung können Sie eine solche virtuelle Festplatte erstellen und anfügen. Nachdem Sie die Funktion gewählt haben, geben Sie ein Verzeichnis ein oder wählen ein vorhandenes mit **Durchsuchen**. Sie können die Größe in Megabyte angeben. Wenn Sie möchten, können Sie auch die Größe der Festplatte dynamisch anpassen lassen.

Beim Speichern von neuen Dateien auf der virtuellen Festplatte wird die Größe derselben angepasst. Sie wird jedoch nicht verkleinert, wenn Sie Daten löschen.

In einem Beispiel soll eine virtuelle Festplatte mit einer festen Größe erstellt werden. Das geht so:

1 Öffnen Sie die **Computerverwaltung**. Wählen Sie die **Datenträgerverwaltung**. Mit **Weitere Aktionen > Virtuelle Festplatte** wird ein Dialog eingeblendet. In ihm machen Sie alle notwendigen Angaben.

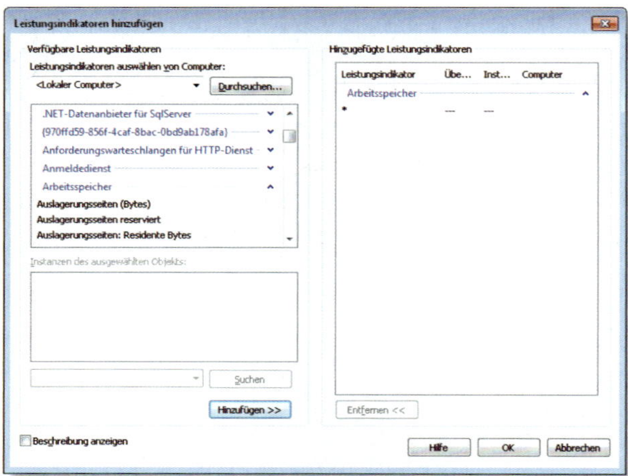

Abbildung 27.34 *Eine virtuelle Festplatte wird erstellt.*

2 Klicken Sie auf **Durchsuchen**. Wählen Sie die Festplatte oder Festplattenpartition, auf der die virtuelle Festplatte erstellt werden soll. Geben Sie einen Dateinamen ein. Bestätigen Sie mit **Speichern**.

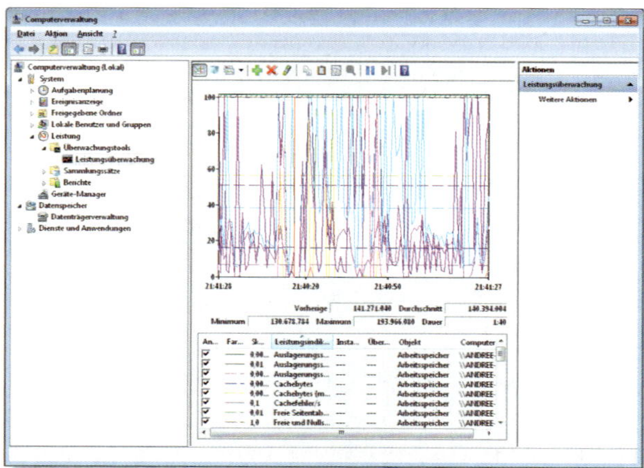

Abbildung 27.35 *Zuerst gebe ich der virtuellen Festplatte eine Bezeichnung.*

3 Schalten Sie die Option **Feste Größe** an. Geben Sie eine **3** in das Eingabefeld der Zeile **Größe der virtuellen Festplatte** ein. Klicken Sie auf das dahinter stehende Listenfeld, und wählen Sie **GB**. Schließen Sie den Dialog mit **OK**.

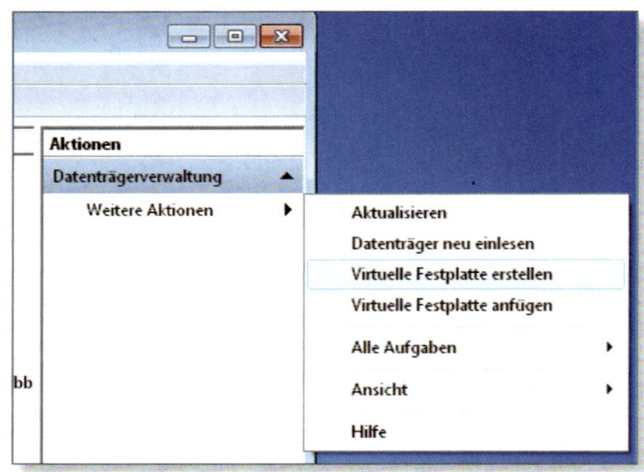

Abbildung 27.36 *Meine virtuelle Festplatte soll 3 GB groß sein.*

Windows 7 installiert nun automatisch den Gerätetreiber, den Sie für die Verwendung von virtuellen Festplatten benötigen. Eine Meldung in der Taskleiste zeigt dies an. Die erstellte virtuelle Festplatte finden Sie anschließend in der Datenträgerverwaltung. Sie wird dort als neuer Datenträger angezeigt.

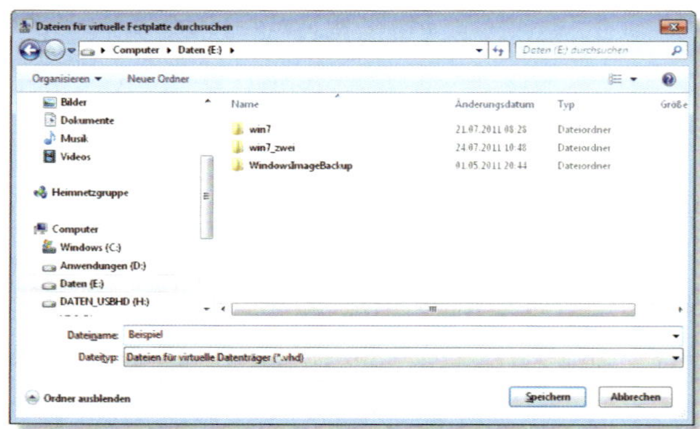

Abbildung 27.37 *Der Gerätetreiber VHD-HBA wird automatisch installiert. Er wird für den Umgang mit virtuellen Festplatten benötigt.*

Sie können die neue virtuelle Festplatte nicht sofort verwenden. Wenn Sie erneut die **Computerverwaltung** öffnen, zeigt das Werkzeug Ihnen an, dass der Datenträger initialisiert werden muss. Bestätigen Sie dies.

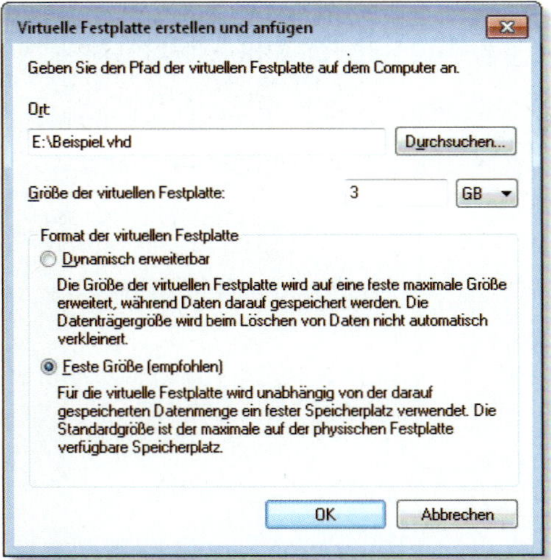

Abbildung 27.38 *Die neu erstellte virtuelle Festplatte ist in der Computerverwaltung zu sehen.*

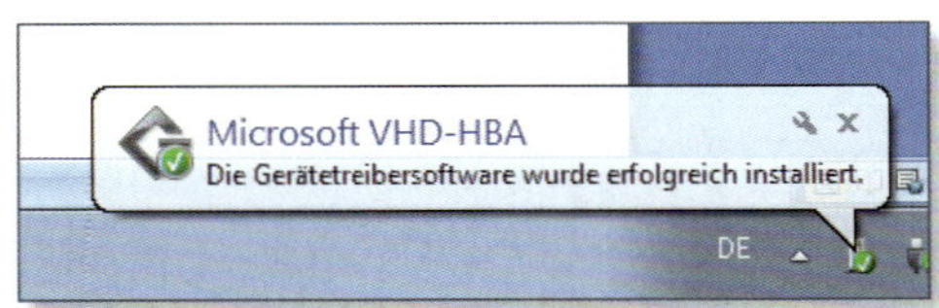

Abbildung 27.39 *Der neu erstellte virtuelle Datenträger wird initialisiert.*

Auf dem virtuellen Datenträger erstellen Sie anschließend eine oder mehrere Partitionen. Diese werden dann automatisch formatiert – ganz so, als würden Sie eine neue Festplatte einrichten.

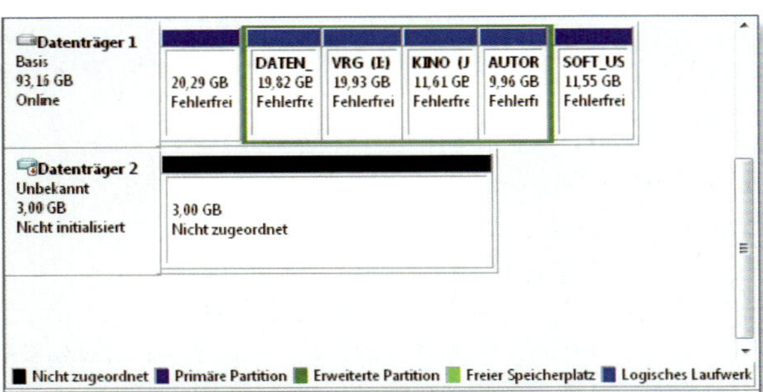

Abbildung 27.40 *Ich habe der virtuellen Festplatte eine passende Bezeichnung gegeben. Sie wird nun im Windows 7-Dateimanager angezeigt.*

27.6 Den Registrierungseditor nutzen

Mit dem Befehl regedit öffnen Sie den Registrierungseditor. Bitte beachten Sie: Ändern Sie nur Registrierungseinträge, wenn Sie genau wissen, was Sie tun. Ein falscher Eintrag kann das Betriebssystem beschädigen. Vor Veränderungen sollten Sie unbedingt Datensicherungen und Wiederherstellungspunkte erstellen.

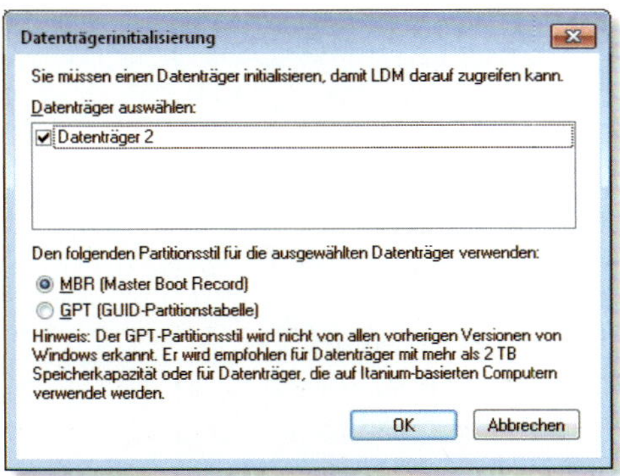

Abbildung 27.41 *Der Registrierungseditor*

Den Zugriff mit Berechtigungen festlegen

1 Markieren Sie im Editor einen der Schlüssel. Öffnen Sie das Kontextmenü, und wählen Sie **Berechtigungen**. Nun können Sie Berechtigungen festlegen und damit dafür sorgen, dass bestimmte Benutzer Veränderungen vornehmen können – oder dass ihnen diese Möglichkeit verweigert wird.

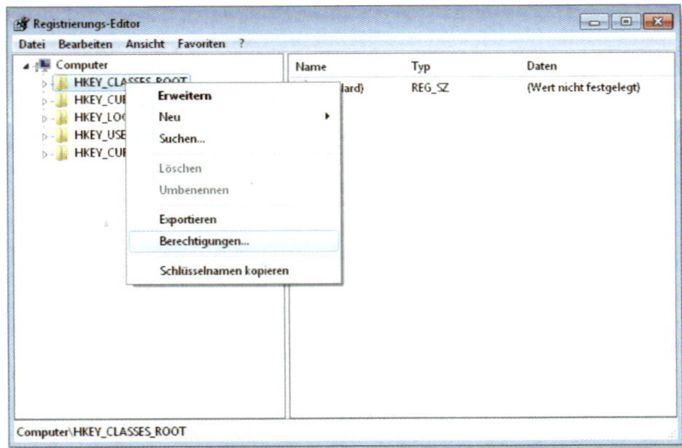

Abbildung 27.42 *Legen Sie die Berechtigungen für die Schlüssel fest.*

2 Mit **Zulassen** oder **Verweigern** können Sie einen Vollzugriff erlauben. So kann der Anwender einen Schlüssel lesen und bearbeiten. Um die Berechtigung einzuschränken, verweigern Sie dies und wählen nur **Lesen**.

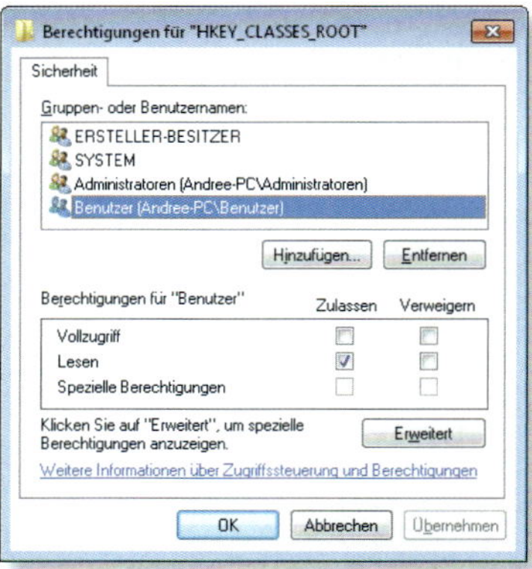

Abbildung 27.43 In diesem Beispiel kann der Anwender den Schlüssel nur lesen.

Erweiterte Berechtigungen festlegen

Neben den einfachen Berechtigungen können Sie auch die Berechtigungen etwas spezieller festlegen. Gehen Sie vor, wie zuvor beschrieben. Markieren Sie eine Gruppe oder einen Benutzer. Klicken Sie dann auf die Schaltfläche **Erweitert**.

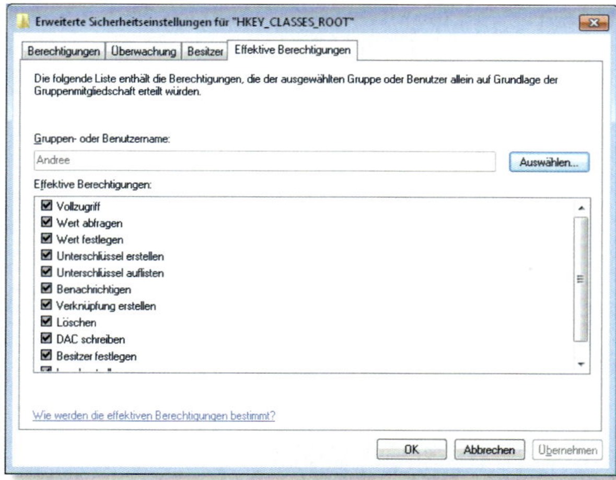

Abbildung 27.44 Der Benutzer Andree besitzt alle besonderen Berechtigungen.

Wechseln Sie in das Register **Effektive Berechtigungen**. Hier können Sie diese nun auswählen.

In der folgenden Tabelle habe ich alle Berechtigungen und deren Bedeutung zusammengestellt.

Berechtigung	Bedeutung
Vollzugriff	Berechtigung, die alle Möglichkeiten erlaubt
Wert abfragen	Diese Berechtigung erlaubt die Abfrage von Werten.
Wert festlegen	Mit dieser Berechtigung kann ein Wert festgelegt werden.
Unterschlüssel erstellen	Erlaubt das Erstellen von Unterschlüsseln.
Unterschlüssel auflisten	Diese Berechtigung erlaubt die Ausgabe und Auflistung von Unterschlüsseln.
Benachrichtigungen	Diese Berechtigung erlaubt die Arbeit mit Benachrichtigungen.
Verknüpfung erstellen	Diese Berechtigung erlaubt das Verwenden von Verknüpfungen zu Schlüsseln.
Löschen	Erlaubt das Entfernen von Schlüsseln.
DAC schreiben	Diese Berechtigung erlaubt das Schreiben von DACLs (Discretionary Access Control Lists).
Besitzer festlegen	Diese Berechtigung erlaubt das Festlegen eines neuen Besitzers für den Registrierungsschlüssel.
Lesekontrolle	Mit dieser Berechtigung wird die DACL verwendet.

Tabelle 27.3 Die erweiterten Berechtigungen für den Umgang mit Registrierungschlüsseln

27.7 Systemdienste

Die Dienste von Windows erreichen Sie über den Dialog **Systemdienste**. Mit dem Befehl msconfig rufen Sie diese auf. Wechseln Sie in der **Systemsteuerung** in das Register **Dienste**.

Eine weitere Übersicht der Dienste von Windows 7 finden Sie in der Systemsteuerung. Wählen Sie hier System und **Sicherheit > Verwaltung**. Doppelklicken Sie auf **Dienste**.

Anhand des Eintrags **Lokales System** können Sie einen Systemdienst erkennen. Die Liste hier bietet mehr Möglichkeiten, als die Ansicht in der Systemsteuerung.

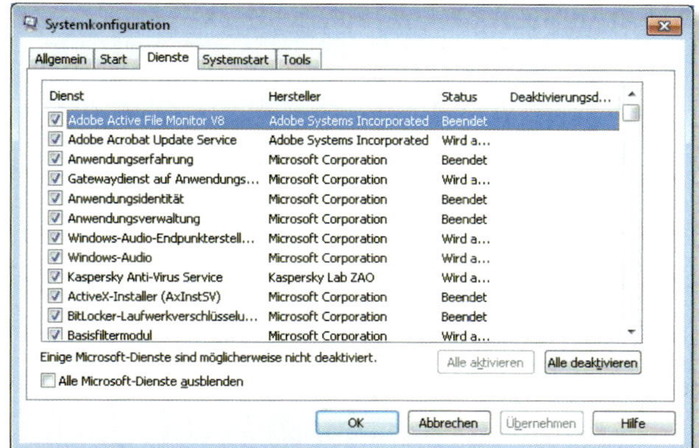

Abbildung 27.45 Die Dienste des Betriebssystems sehen Sie in der Systemkonfiguration.

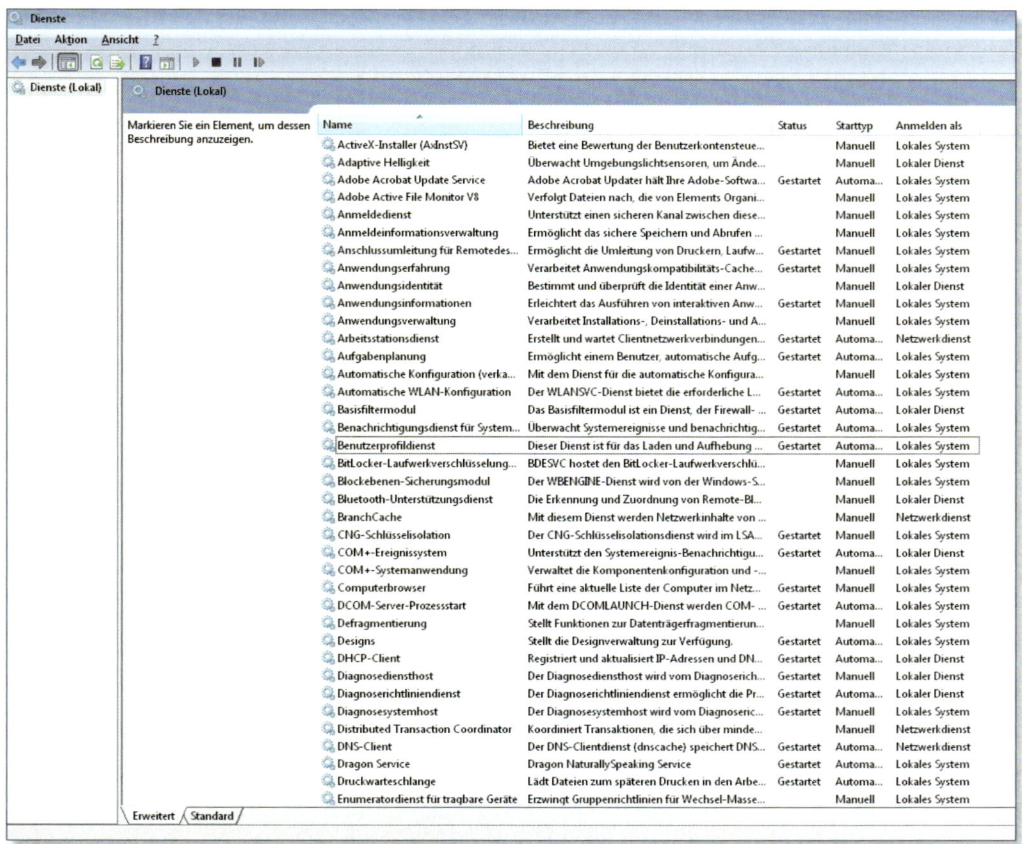

*Abbildung 27.46 Die Dienste-Ansicht in der Verwaltung bietet mehr Informationen zu den Diensten von Windows 7. Wechseln Sie in das Register **Erweitert**, können Sie die Beschreibung eines Dienstes einsehen. Mit einem Doppelklick erfahren Sie mehr zu einem Dienst.*

Unwichtige Dienste deaktivieren

Um einen Dienst zu deaktivieren, entfernen Sie das Häkchen aus dem Optionskästchen vor dem Dienst. Mehr ist nicht zu tun.

Beachten Sie jedoch: Beenden Sie wirklich nur die Dienste, deren Zweck Sie kennen und bei denen Sie sich sicher sind, dass Sie diese nicht benötigen.

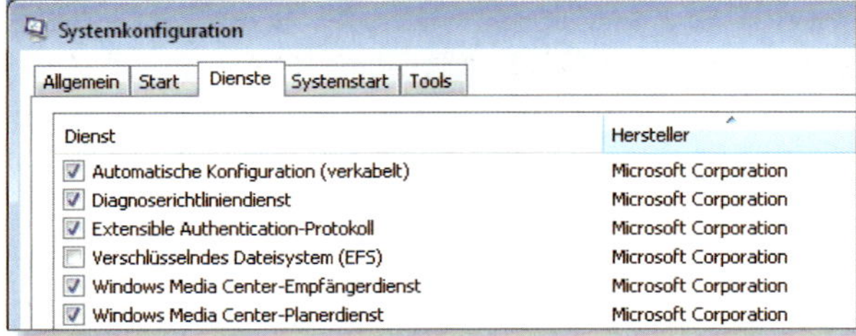

Abbildung 27.47 In diesem Beispiel habe ich den Dienst für das EFS-Dateisystem und die Faxanwendung ausgeschaltet.

Den Starttyp eines Dienstes einsehen und verändern

Der Starttyp eines Dienstes legt fest, wann dieser geladen und verwendet wird. Doppelklicken Sie auf einen Dienst, wird Ihnen ein Dialog angezeigt. Hier sehen Sie verschiedene Informationen zu dem gewählten Dienst. Im Register **Allgemein** finden Sie den Starttyp. Bei Bedarf kann dieser auch verändert werden. In der Regel ist dies aber nicht notwendig.

Windows 7 kennt die folgenden Startypen:

- **Automatisch (Verzögerter Start)** – Beim Start des Betriebssystems wird der Dienst ebenfalls geladen. Dies geschicht jedoch nicht sofort, sondern mit einer kleinen Verspätung.
- **Automatisch** – Beim Start des Betriebssystems wird der Dienst ebenfalls geladen.
- **Manuell** – Der Dienst wird geladen, sobald er benötigt wird.
- **Deaktiviert** – Ein Dienst mit dem Status »Deaktiviert« wird nicht geladen.

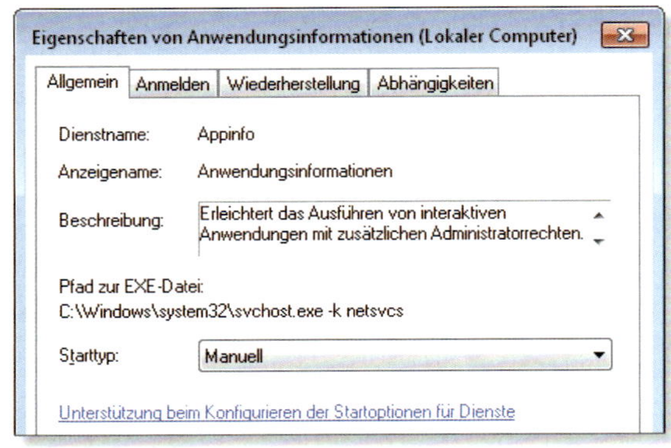

Abbildung 27.48 Dieser Dienst wird nur bei Bedarf geladen. Das spart wichtigen Arbeitsspeicher.

Einige Dienste sind von anderen Diensten abhängig. Diese Beziehungen finden Sie im Register **Abhängigkeiten**. Zwei Bereiche sehen Sie hier.

Im oberen Teil sehen Sie die Dienste, von denen der Dienst abhängig ist. Diese Dienste benötigt er für seine Arbeit. Nur wenn die aufgelisteten Dienste einwandfrei arbeiten, funktioniert er auch. Im unteren Fenster dagegen sehen Sie, welchen Diensten er Informationen und Daten bereitstellt. Hier sind Dienste aufgelistet, die von dem gewählten Dienst abhängen.

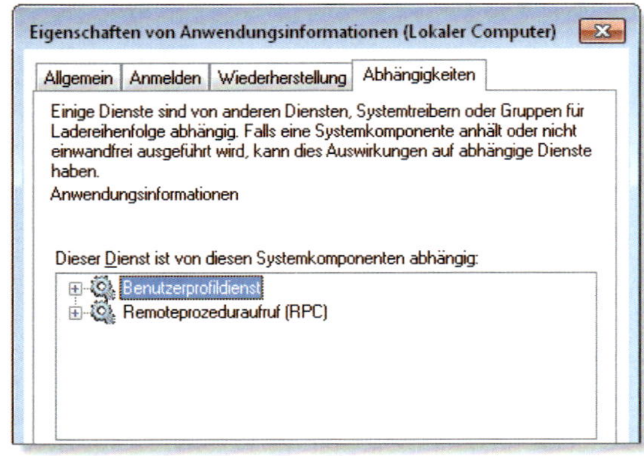

Abbildung 27.49 Der gewählte Dienst ist von zwei Systemkomponenten abhängig.

Die wichtigsten Windows-Dienste in einer Übersicht

In der folgenden Tabelle finden Sie eine Auswahl der wichtigsten Windows-Dienste und eine kurze Beschreibung zu diesen. Bitte beachten Sie: Dienste, die mit einem »Windows-« beginnen, sollten Sie niemals deaktivieren. Sie sind für das System notwendig.

Nun lässt sich leider nicht jedes Problem so lösen. Für ältere oder seltene Geräte lassen sich nicht immer die richtigen Treiber auffinden.

Dienst	Beschreibung
ActiveX-Installer	Bei der Installation von ActiveX-Steuerelementen werden diese entsprechend den Einstellungen und Funktionen der Benutzerkontensteuerung bewertet. Die Installation von AcctiveX-Elementen erfolgt außerdem entsprechend den eingestellten Gruppenrichtlinien. Der Dienst wird bei Bedarf gestartet. Schalten Sie ihn aus, erfolgt die Installation von ActiveX-Elementen gemäß den Einstellungen im Webbrowser.
Anmeldedenst	Wichtiger Dienst, der die Anmeldung der Benutzer steuert. Zwischen dem Computer und dem Domänencontroller wird ein sicherer Kanal aufgebaut. Dieser wird für die Authentifizierung der Benutzer verwendet. Dieser Dienst hat nichts mit der Windows-Anmeldung nach dem Start des Betriebssystems zu tun. Schalten Sie ihn aus, kann der Domänencontroller keine DNS-Einträge vornehmen. Abhängige Dienste können nicht arbeiten. Nutzen Sie das Internet oder ein internes Netzwerk, so ist dieser Dienst notwendig.
Anmeldeinformationsverwaltung	Dieser Dienst wird für die Anmeldung von Benutzern, Anwendungen und Sicherheitspaketen benötigt. Die Anmeldedaten mithilfe dieses Dienstes sicher abgelegt.
Anschlussumleitung für Remotedesktopdienst im Benutzermodus	Diesen Dienst benötigen Sie nur, wenn Sie Remoteverbindungen nutzen. Er sorgt dafür, dass Drucker, Laufwerkszugriffe und Anschlüsse umgeleitet werden. So können sie bei der Remoteverbindung genutzt werden.
Anwendungserfahrung	Dieser Dienst arbeitet mit Anwendungen zusammen. Beim Start von Anwendungen wird er genutzt, um Kompatibilitäts-Cacheerfahrungen zu verarbeiten.
Anwendungsidentität	Dieser Dienst legt die Identität einer Anwendung fest bzw. bestimmt diese. Schalten Sie ihn aus, verhindern Sie, dass AppLocker-Einstellungen erzwungen werden.
Anwendungsinformation	Durch diesen Dienst ist es möglich, bestimmte interaktive Anwendungen mit Administratorrechten auszuführen. Wenn Sie den Dienst ausschalten, verhindern Sie, dass Benutzer Anwendungen mit zusätzlichen Administratorrechten ausführen können. Dann besitzt nur der Administrator diese Rechte.

^ ***Tabelle 27.4*** *Die wichtigsten Dienste in Windows 7 und ihre Bedeutung*

Dienst	Beschreibung
Anwendungsverwaltung	Dieser Dienst arbeitet eng mit den Gruppenrichtlinien zusammen. Er verwendet die Installations- und Deinstallationsaufgaben für Software, die über Gruppenrichtlinien bereitgestellt werden. Wird der Dienst ausgeschaltet, können Anwender Software, die über Gruppenrichtlinien bereitgestellt wird, nicht installieren, deinstallieren oder auflisten. Abhängige Dienste können nicht gestartet werden.
Aufgabenplanung	Wenn Sie die Aufgabenplanung nutzen, ist dieser Dienst unbedingt notwendig. Die zeitgesteuerte Ausführung von Anwendungen, Werkzeugen und Befehlen ohne diesen Dienst ist nicht möglich. Der Dienst hostet auch einige Windows-systemkritische Aufgaben.
Designs	Dieser Dienst stellt die Designverwaltung zur Verfügung. Ist er deaktiviert, kann nicht mit Designs gearbeitet werden.
DHCP-Client	Der DHCP-Client registriert IP-Adressen und hält sie aktuell. Auch die DNS-Einträge für den Rechner werden von diesem Dienst verwaltet. Ist der Dienst ausgeschaltet, können keine dynamischen IP-Adressen verwendet werden. Auch das Aktualisieren der DNS-Daten ist dann nicht mehr möglich. Abhängige Dienste können nicht mehr gestartet werden.
Diagnosehostdienst	Dieser Dienst fungiert als Host. Er wird vom Diagnoserichtliniendienst aufgerufen und verwendet. Ohne ihn sind Diagnosen, die vom Diagnoserichtliniendienst kommen, nicht mehr möglich.
Diagnoserichtliniendienst	Dieser Dienst versucht, Windows 7-Probleme zu erkennen und Diagnosen durchzuführen. Diese ermöglichen das Finden und Vorschlagen geeigneter Lösungen. Ohne ihn sind diese Diagnosen nicht möglich. Der Diagnosehostdienst ist von diesem Dienst abhängig.
Diagnosesystemhost	Dienst, der für die Diagnose von Windows-Problemen notwendig ist. Er wird vom Diagnosehostdienst aufgerufen.
DNS-Dienst	Der DNS-Dienst speichert DNS-Namen und hält den vollständigen Namen des Computers fest. Auch beim Beenden des Dienstes werden DNS-Namen aufgelöst. DNS-Namensabfragen werden aber nicht mehr gespeichert.
Druckerwarteschlange	Dieser Dienst verwaltet verschiedene Druckaufträge und sorgt dafür, dass sie nacheinander abgearbeitet werden. Die Dateien werden im Arbeitsspeicher geladen und bei Abruf durch den Drucker aus diesem an den Drucker gesendet. Der Dienst ist für den Betrieb eines Druckers notwendig.
Gemeinsame Nutzung der Internetverbindung	Mithilfe dieses Dienstes können Sie in Heim- und Firmennetzwerken eine Internetverbindung für verschiedene Dienste nutzen.
Geschützter Speicher	Mit diesem Dienst wird ein Teil des Speichers für die Ablage von Kennwörtern und Benutzerdaten reserviert. Ein Zugriff auf diese Daten durch Benutzer oder Programme ist nicht möglich. Auch andere Prozesse und Dienste können darauf nicht zugreifen. Dieser Dienst sollte nicht ausgeschaltet werden. Er bietet eine wichtige Sicherheitsfunktion.

Tabelle 27.4 *Die wichtigsten Dienste in Windows 7 und ihre Bedeutung (Fortsetzung)*

Dienst	Beschreibung
Gruppenrichtlinienclient	Dieser Dienst stellt einen Client für die Arbeit mit Gruppenrichtlinien bereit. Ohne diesen Dienst ist ein Verwenden von Gruppenrichtlinien nicht möglich.
Heimnetzgruppen-Anbieter	Mit diesem Dienst werden die Einstellungen für die Heimnetzgruppe ausgeführt. Auch für die Wartung der Heimnetzgruppe ist der Dienst notwendig. Wird der Dienst ausgeschaltet, kann der Computer andere Heimnetzgruppen nicht identifizieren. Auch die eigene Heimnetzgruppe funktioniert möglicherweise nicht. Verwenden Sie einen Internetzugang oder/und ein internes Netzwerk, sollten Sie diesen Dienst nicht ausschalten.
Heimnetzgruppen-Listener	Der Heimnetzgruppen-Listener verändert Einstellungen am Computer auf Basis der Heimnetzgruppe. Ohne diesen Dienst kann der Rechner nicht in einer Heimnetzgruppe arbeiten.
Intelligenter Hintergrundübertragungsdienst	Mit diesem Dienst werden Dateien im Hintergrund auf den Rechner geladen. Der Dienst wird von *Windows Update* und vom Internet Explorer verwendet. Schalten Sie ihn aus, ist ein Windows Update nicht mehr möglich.
Konfiguration des Remotedesktops	Dieser Dienst stellt Einstellungen für die Verwendung eines Remotedesktops zur Verfügung. Nutzen Sie einen Remotedesktop, benötigen Sie diesen Dienst.
Kryptographiedienste	Stellt verschiedene Dienste für Kryptografiefunktionen zur Verfügung.
Leistungsprotokolle und -warnungen	Dieser Dienst verwendet Leistungsdaten von lokalen und Remoterechnern. Sie werden in einem Protokoll festgehalten. Anschließend wird eine Warnung ausgegeben. Der Dienst nutzt den Zeitplaner von Windows 7 für seine Aufgaben. Ohne diesen Dienst werden die Leistungsdaten nicht protokolliert.
Media Center Extender-Dienst	Geräte, die über einen Media-Extender verfügen, nutzen diesen Dienst. Sie suchen über eine Internetverbindung diesen Computer und binden ihn ein. Ohne den Dienst ist diese Funktion nicht verfügbar.
Microsoft-Softwareschattenkopie-Anbieter	Mit diesem Dienst werden Softwareschattenkopien verwaltet. Ohne diesen Dienst kann diese Aufgabe nicht ausgeführt werden.
Multimediaklassenplaner	Der Multimediaklassenplaner erstellt Prioritäten für Aufgaben. Diese Funktion wird hauptsächlich für Multimediaanwendungen genutzt. Ohne den Dienst werden die verschiedenen Aufgaben auf eine Standardpriorität gesetzt.
Netzwerklistendienst	Dieser Dienst identifiziert Netzwerke, mit denen der Rechner verbunden wird. Er speichert Informationen über diese Netzwerke und gibt Informationen an Anwendungen weiter, wenn sich Eigenschaften verändern.
Netzwerkspeicher-Schnittstellendienst	Dieser Dienst gibt Benachrichtigungen beim Hinzufügen und Löschen von Schnittstellen im Netzwerk aus. Er ist für die Nutzung eines Netzwerks notwendig.

Tabelle 27.4 *Die wichtigsten Dienste in Windows 7 und ihre Bedeutung (Fortsetzung)*

Dienst	Beschreibung
Netzwerkverbindungen	Dieser Dienst verwaltet Objekte im Ordner *Netzwerk*.
NLA	Der Dienst NLA (*Network Location Awareness*) sammelt und speichert Einstellungen für das Netzwerk. Er gibt diese bei Bedarf an Anwendungen weiter. Ohne diesen Dienst sind die Einstellungsdaten für das Netzwerk nicht abrufbar.
Offlinedateien	Dieser Dienst führt Wartungsarbeiten am Offlinedateiendienst aus. Er reagiert auf die Anmeldung von Benutzern sowie auf deren Abmeldung. Ereignisse werden an Benutzer weitergeleitet. Bei der Arbeit mit Offlinedateien ist dieser Dienst notwendig.
Plug&Play	Dieser Dienst erkennt die Abhängigkeiten von Hardwarekomponenten. Er ist für den Betrieb von Windows 7 unbedingt notwendig.
Remotedesktopdienste	Dieser Dienst ermöglicht das Benutzen einer Remotedesktopverbindung. Er ist für eine solche Verbindung notwendig.
Remoteregistrierung	Die Remoteregistrierung erlaubt Anwendern, die Registrierungseinstellungen des Rechners zu bearbeiten. Wenn Sie den Dienst beenden, können die Registrierungen nur von lokalen Benutzern bearbeitet werden. Abhängige Dienste können nicht mehr arbeiten.
Sicherheitscenter	Dieser Dienst stellt Daten für das Windows 7-Sicherheitscenter zur Verfügung.
SPP	Dieser Dienst stellt die Softwarelizenzaktivierung und die dazugehörige Benachrichtigung zur Verfügung.
Stromversorgung	Der Dienst *Stromversorgung* verwaltet die Energierichtlinie und die Ausgabe der Energierichtlinienbenachrichtigung. Nutzen Sie Stromsparfunktionen, ist der Dienst dafür unbedingt notwendig.
Tablet PC-Eingabedienst	Dieser Dienst wird für die Eingabe von Daten auf Tablet-PCs genutzt.
TPM-Basisdienste	Diese Dienste aktivieren den Zugriff auf *Trusted-Platform*-Module und stellen damit kryptografische Funktionen zur Verfügung. Ist der Dienst ausgeschaltet, ist das Nutzen von TPM-Schlüsseln nicht mehr möglich.
Überwachung verteilter Verknüpfungen	Dieser Dienst überwacht Verknüpfungen für NTFS-Dateien auf einem Rechner oder zwischen Rechnern in einem Netzwerk.
Unterstützung in der Systemsteuerung unter Lösungen für Probleme	Mit diesem Dienst werden bei verschiedenenartigen PC-Problemen Problemberichte angezeigt, versendet und verwaltet.
Verschlüsseltes Dateisystem EFS	Dieser Dienst stellt die Basisfunktionen für das EFS-Dateisystem zur Verfügung.
Virtueller Datenträger	Der Dienst stellt Verwaltungsfunktionen für Datenträger, Volumes und Dateisysteme zur Verfügung.
Volumenschattenkopien	Dieser Dienst erstellt und verwaltet Volumenschattenkopien. Ohne den Dienst ist die Funktion nicht nutzbar.
Windows-Installer	Ermöglicht die Installation, Verwaltung und Deinstallation von Software, die mit Windows-Installationspaketen (**.msi*) bereitgestellt wird.

^ ***Tabelle 27.4*** *Die wichtigsten Dienste in Windows 7 und ihre Bedeutung (Fortsetzung)*

27.8 Windows 7 über Images auf mehreren Rechnern installieren

In großen Unternehmensnetzwerken vereinfacht der Umgang mit Images die Installation von Windows 7. Es muss sich nicht vor jedem Rechner ein Administrator sitzen. Es wird einmal auf einem Rechner Windows 7 erstellt. Aus dieser Installation wird ein Image erstellt. Dieses wird als Basis für die Installation auf allen anderen Rechnern genutzt. Das Verfahren geschieht automatisch. Die notwendigen Daten werden über ein Netzwerk verteilt.

Mit dem Werkzeug *ImageX* ist es möglich, ein Image für die Installation von Windows 7 zu erstellen. Der Rechner muss Mitglied in einer Arbeitsgruppe sein. Öffnen Sie die Eingabeaufforderung. Wechseln Sie nach *C:\Windows\system32\sysprep*. Geben Sie hier den folgenden Befehl ein:

```
sysprep.exe /oobe /generalize /shutdown
```

Beachten Sie, dass benutzereigene Einstellungen entfernt werden. Auch andere Konfigurationen werden gelöscht.

Wenn diese Aufgabe abgeschlossen ist, erstellen Sie mit einer weiteren Befehlszeile das eigentliche Image:

```
Image.exe /compress fast /capture C: C:\
beispielimage.wim /verify
```

Ersetzen Sie beispielimage durch einen passenden Dateinamen. Wenn Sie mögen, können Sie danach einen Kommentar oder einen Hinweis zum Image eingeben. Diesen Text setzen Sie in Anführungszeichen.

Das Image verteilen Sie mithilfe von Windows Server 2008. Verwendet wird dazu der *Windows Deployment Service* (DPS).

Die Installation unterscheidet sich optisch nicht von der mit der Windows Installations-DVD. Es gibt nur weniger Optionen im Assistenten.

27.9 Mehrere Systeme auf einem Rechner installieren

Mithilfe von verschiedenen Partitionen auf einer Festplatte lassen sich unterschiedliche Betriebssysteme auf einem Rechner installieren. Sie müssen dabei genau auf die Bezeichnungen der Partitionen achten. Sonst kann es geschehen, dass Sie aus Versehen ein System überschreiben.

Welches Betriebssystem Sie starten und verwenden, entscheiden Sie mit der Auswahl des Windows 7-Bootmanagers. Dieser wird automatisch verwendet, wenn Sie mehrere Betriebssysteme auf einem Rechner verwenden.

Sollten Sie sich für Windows 7 und Linux entscheiden, wird bei der Installation von Linux der Bootmanager GRUB installiert. Mit ihm wählen Sie, ob Sie Windows 7 oder Linux starten. Auch hier läuft ein Timer ab. Haben Sie keine Auswahl getroffen, wird nach Ablauf des Timers das als Standard eingestellte Betriebssystem automatisch geladen.

GRUB überschreibt bei der Installation und Einrichtung in der Regel den MBR Ihrer Festplatte. Mit `fixmbr` können Sie dies bei Bedarf korrigieren.

Kapitel 28
Probleme lösen

Wie löst man Hardwarekonflikte? Was tun bei einem Bluescreen-Absturz? Wie nutzt man ältere Treiber mit Windows 7? Machen Sie sich keine Sorgen, wenn einmal etwas schiefgeht. Oft lässt sich das Problem mit ein paar Handgriffen lösen.

Das Betriebssystem Windows 7 ist – wie alle Betriebssysteme – nicht perfekt. Es kann immer wieder einmal zu einem Problem kommen: Ein Hardwaretreiber funktioniert nicht mehr. Der Rechner stürzt ab. Der Windows-Bluescreen wird gezeigt. Die Festplatte wird nicht gefunden. Viele Probleme können auftauchen.

Das Zusammenspiel von Hardware, Betriebssystem und Software bringt Konflikte und Störungen mit sich. Ich kann Ihnen leider nicht jedes Problem vorhersagen und eine passende Lösung finden. Dazu ist Windows 7 zu komplex. Zudem unterscheidet sich die Hardware-Architektur verschiedener Rechner erheblich. Daher ist es nicht möglich, hier eine vollständige FAQ wiederzugeben. Aber ich kann oft auftauchende Probleme vorstellen und Ihnen dazu eine Lösung bieten. Vielleicht kann ich Ihnen damit helfen.

In diesem Kapitel lesen Sie, wie Sie Probleme mit dem Treiber eines Hardwaregerätes lösen. Ich zeige Ihnen, wie Sie den Geräte-Manager verwenden. Sie lesen, wie Sie einen Treiber aus der Datenbank von Microsoft verwenden oder zu einem veralteten Treiber greifen. Letzteres ist mit dem Hardware-Wizard möglich.

Sie lesen, wie Sie einen Gerätekonflikt erkennen und beheben. Ich verrate Ihnen, warum Microsoft so viel Wert auf einen signierten Treiber legt und was die verschiedenen Fehler in Bezug auf Treibersignaturen zu bedeuten haben. Sie lesen, wie ein Treiber-Rollback durchgeführt wird. Das ist notwendig, wenn die Aktualisierung eines Gerätetreibers misslingt. Ich zeige Ihnen ebenfalls, wie Sie herausfinden, wie viel Strom Ihre USB-Geräte nutzen. Sie lernen den Task-Manager kennen und lesen, wie Sie mit Hardwareproblemen umgehen können. Ich verrate Ihnen, was ein Bluescreen ist und was die verschiedenen Bluescreen-Meldungen bedeuten. Am Ende des Kapitels lernen Sie die Befehle `bootrec` und `diskpart` und alle wichtigen Parameter dieser Befehle kennen.

28.1 Allgemeine Probleme mit Windows 7 lösen

In diesem ersten Abschnitt habe ich ganz unterschiedliche Probleme aufgelistet, die bei Ihrem Rechner auftreten können.

Treiber überprüfen

Wenn ein Hardwaregerät nicht richtig funktioniert, überprüfen Sie zunächst, ob es korrekt mit dem PC verbunden ist.

1 Öffnen Sie den Geräte-Manager in der **Systemsteuerung**. Unter **Hardware und Sound** finden Sie rechts oben in der Kategorie **Geräte und Drucker** den **Geräte-Manager**.

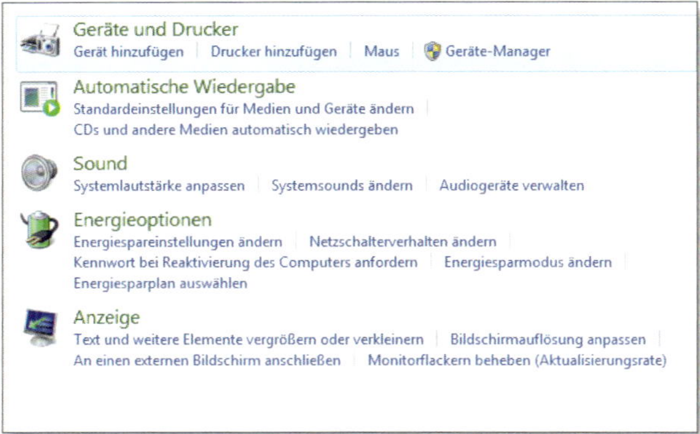

∧ ***Abbildung 28.1*** *Den Geräte-Manager finden Sie gleich ganz oben bei* ***Geräte und Drucker****.*

2 Öffnen Sie nun eine der Baumansichten. Hier sehen Sie bereits anhand eines kleinen Zeichens, dass es bei einem Treiber Probleme gibt.

∧ ***Abbildung 28.2*** *Der Maustreiber hat ein Problem.*

Gibt es einen Konflikt mit einem anderen Treiber, so wird dies in den **Eigenschaften** angezeigt. Sie erreichen diese über die rechte Maustaste. Im Register **Treiber** können Sie auch einen Treiber aktualisieren, deaktivieren oder deinstallieren. Auch ein Rollback zu einer vorherigen Treiberversion kann hier ausgewählt werden.

Die genaue Vorgehensweise hängt von der jeweiligen Situation ab. Ist der Treiber defekt, empfehle ich Ihnen, diesen mithilfe der CD für das Gerät neu zu installieren.

Gerätekonflikte erkennen und beseitigen

Konflikte bei Hardwaregeräten kommen bei Windows 7 selten vor. Das Betriebssystem sorgt dafür, dass es nur noch selten zu Problemen kommt.

Schwierigkeiten können jedoch bei älteren Hardwaretreibern auftreten. Die Probleme werden in den Eigenschaften des Treibers unter **Gerätekonflikt** angezeigt.

Deaktivieren Sie die Funktion **Automatisch konfigurieren**. Wechseln Sie zu **Ressourceneinstellungen**, und vergeben Sie eine freie Ressource. So sollten Sie zu einem Erfolg kommen.

Wenn alles nichts hilft, deaktivieren Sie den defekten Gerätetreiber.

Hardwaretreiber aus der Microsoft-Datenbank verwenden

Microsoft enthält eine riesige Datenbank mit Software. Sie finden hier viele Treiber. Der Zugriff ist sehr einfach. Windows 7 sucht automatisch den passenden Treiber.

1 Öffnen Sie den **Geräte-Manager**. Suchen Sie die zur Hardware passende Kategorie. Öffnen Sie die Baumansicht. Mit der rechten Maustaste klappen Sie das Kontextmenü auf. Wählen Sie hier **Treibersoftware aktualisieren**.

2 Entscheiden Sie sich für die oberste Funktion, **Automatisch nach aktueller Treibersoftware suchen**. Windows 7 versucht nun, einen passenden Treiber zu finden. Gelingt dies, wird er auf den Rechner geladen und installiert. Anschließend können Sie die Hardware verwenden. Misslingt der Versuch, müssen Sie zu einem alternativen Treiber greifen, zum Beispiel zu einem älteren Treiber.

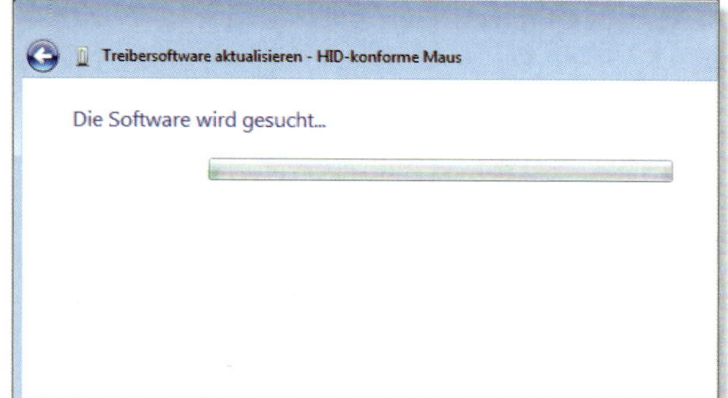

∧ ***Abbildung 28.3*** *Windows sucht nach der aktuellen Treibersoftware.*

Hardwaretreiber manuell installieren

Nicht immer wird eine neue Hardware korrekt erkannt, und nicht immer findet Windows 7 einen passenden Treiber und installiert diesen.

Die Hardwareerkennung von Windows 7 ist sehr gut. Aber es gibt dennoch Fälle, in denen sie versagt. Das mag auch an der Vielfalt der möglichen Hardware liegen. Das ist jedoch kein Grund, ein Gerät nicht zu verwenden.

1 Wählen Sie in der **Systemsteuerung** unter **Hardware und Sound** den **Geräte-Manager**.

2 Suchen Sie sich die zum Hardwaregerät passende Komponente aus. Öffnen Sie die Baumansicht dazu. Markieren Sie die Komponente, und wählen Sie im Kontextmenü **Treibersoftware aktualisieren**.

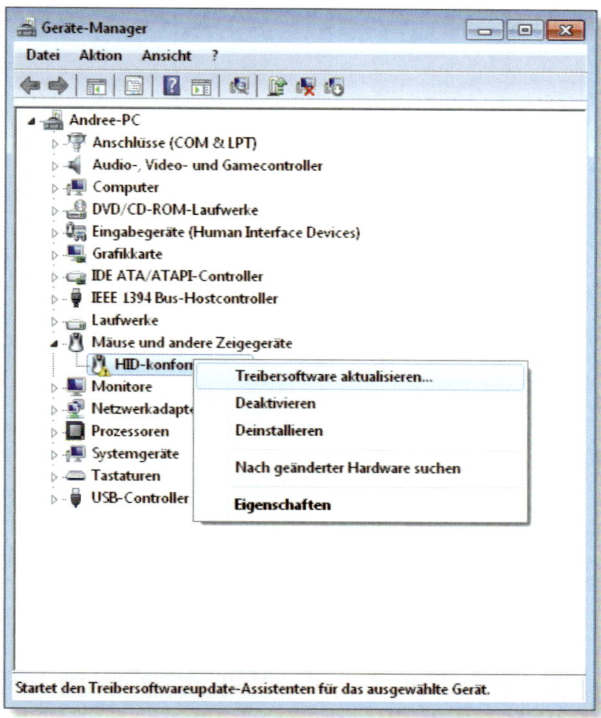

∧ ***Abbildung 28.4*** *Über das Kontextmenü können Sie einen passenden Windows 7-Treiber installieren.*

3 Entscheiden Sie sich für die Option **Auf dem Computer nach Treibersoftware suchen.**

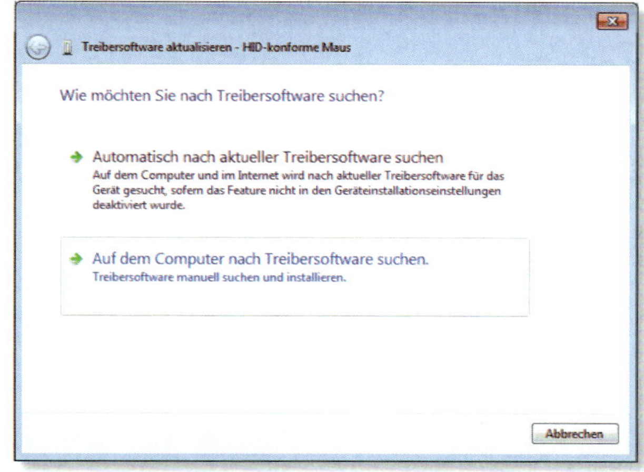

∧ ***Abbildung 28.5*** *Überlassen Sie dem Betriebssystem die Suche nach dem richtigen Treiber.*

4 Wählen Sie mit **Durchsuchen** den Treiber. Bestätigen Sie. Windows 7 installiert den ausgewählten Treiber. Anschließend können Sie das Hardwaregerät verwenden.

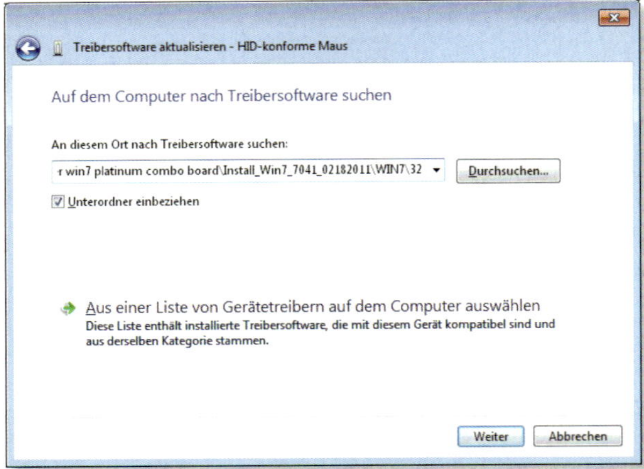

Abbildung 28.6 *Der Treiber ist ausgewählt und kann nun installiert werden.*

Ältere Treiber mit dem Hardware-Wizard installieren

In Windows 7 versteckt sich ein Assistent, der Sie bei der Installation älterer Hardwaretreiber unterstützt. Sie finden diesen nicht im Windows 7-Start-Menü. Das Werkzeug müssen Sie mit einem Befehl aufrufen.

Der Assistent ist vor allem für die Installation von Nicht-Plug&Play-Treiberprogrammen gedacht. Das sind Treiberprogramme, die nicht automatisch von Windows 7 erkannt und geladen werden.

Verwenden Sie den Assistenten und einen älteren Treiber nur dann, wenn Sie sonst nicht fündig geworden sind und es keine alternativen Treiber für Windows 7 gab. Schauen Sie zuvor auf die Website des Hardwareherstellers, und schauen Sie sich ebenfalls in bekannten Downloadportalen wie *zdnet* (*http://www.zdnet.de*) um.

1 Geben Sie `hdwwiz` ein.

Abbildung 28.7 *Den Hardware-Wizard müssen Sie über einen Befehl starten.*

2 Überspringen Sie den Willkommensdialog. Mit **Weiter** gelangen Sie jeweils in den folgenden Dialog.

3 Entscheiden Sie sich im nächsten Dialog für die Option **Hardware manuell aus einer Liste wählen und installieren**.

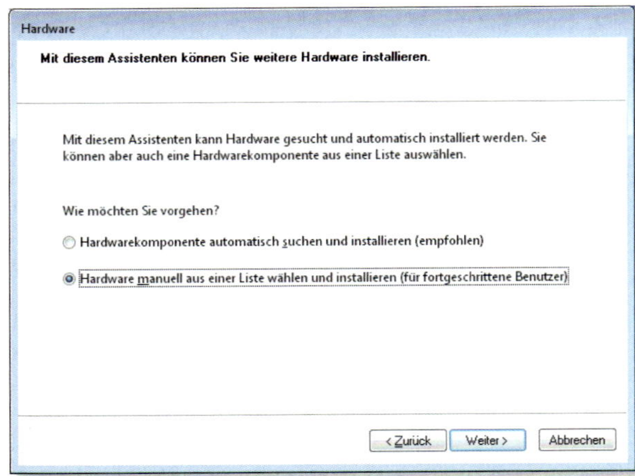

Abbildung 28.8 *Warum soll man nicht gleich den Treiber vom Datenträger wählen? Windows 7 will erst einmal wissen, was Sie installieren möchten.*

Wählen Sie im nachfolgenden Dialog aus, welche Art der Hardware Sie installieren wollen. Im Beispiel entscheide ich mich für Audio-, Video- und Gamecontroller.

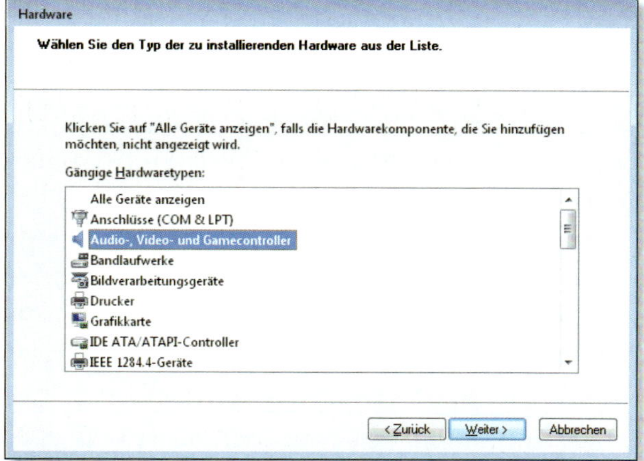

∧ Abbildung 28.9 *Wählen Sie einen der möglichen Hardwaretypen aus.*

4 Wählen Sie einen der Hersteller aus. Klicken Sie auf **Datenträger**. Legen Sie die CD mit der Treibersoftware in Ihren Rechner ein. Wählen Sie den Treiber aus, und bestätigen Sie. Der Treiber wird anschließend installiert, und das Gerät kann verwendet werden.

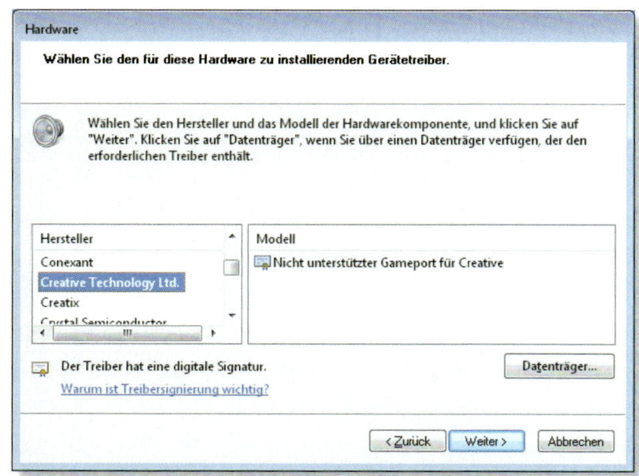

∧ Abbildung 28.10 *Nun wird das Treiberprogramm ausgewählt und installiert.*

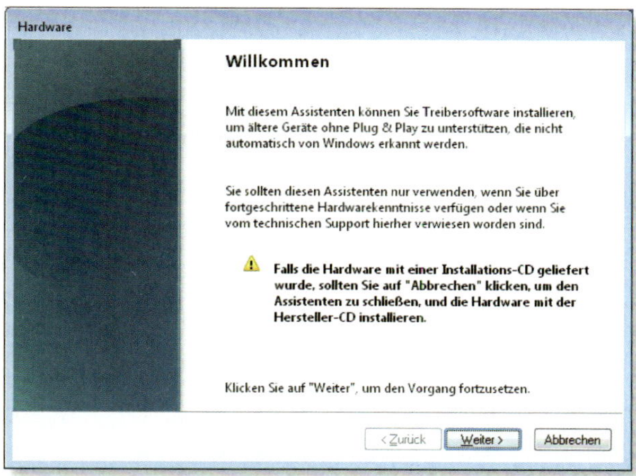

∧ Abbildung 28.11 *Folgen Sie den Anweisungen im Assistenten. Er unterstützt Sie bei der Installation älterer Hardwaretreiber.*

HINWEIS

Die Hardwarekategorie wird nicht angezeigt
Finden Sie im Assistenten im Dialog **Wählen Sie den Typ der zu installierenden Hardware aus der Liste aus** nicht die passende Hardwarekomponente, dann klicken Sie auf **Alle Geräte anzeigen**. Im nächsten Dialog müssen Sie einen Augenblick warten. Windows 7 ruft zunächst eine lange Liste aller möglichen Gerätetypen ab. Hier sind auch selten verwendete, veraltete und im Homebereich kaum verwendete Gerätetypen dabei. Scrollen Sie durch die Liste. Wählen Sie dann **Datenträger**. Wählen Sie das Treiberprogramm aus, und installieren Sie es auf Ihrem Rechner.

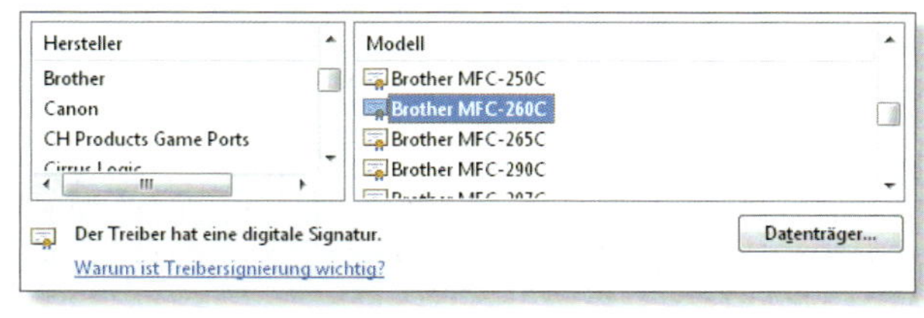

∧ Abbildung 28.12 *Eine lange Liste von Hardwarekomponenten erwartet Sie.*

Ein paar Worte zur Signatur von Treibern

Windows 7 beharrt darauf, nur signierte Treiber zu verwenden. Eine Signatur ist eine digitale Unterschrift, die dem Treiberprogramm hinzugefügt wurde. Sie besagt, dass der Treiber geprüft und für den Einsatz mit dem Betriebssystem gedacht ist. Einen signierten Treiber können Sie unbesorgt verwenden.

Es gibt aber nicht zu jeder Hardwarekomponente einen signierten Treiber. Es gibt auch alternative Treiberpakete ohne Signatur, die durchaus gut sind.

Es bleibt Ihnen überlassen, ob Sie auch Treiber ohne Signatur verwenden. Sie erhalten eine Warnmeldung, dass ein Treiber keine Signatur besitzt, und können ihn trotzdem benutzen.

Beachten Sie jedoch, dass es auch gefälschte Treiber gibt. Sie schleusen Computerviren und andere Schadsoftware auf Ihren Rechner und tarnen sich als Hardwaretreiber. Laden Sie deshalb keine Treiber von dubiosen Websites auf Ihren Rechner.

Eine Signatur sorgt auch dafür, dass Sie eine Warnmeldung bekommen, wenn ein signierter Treiber verändert wurde. Es handelt sich also um eine Schutzfunktion, die nicht nur den originalen Treiber erkennt. Sie überwacht auch den installierten und in Verwendung befindlichen Treiber.

Um das Ganze noch ein wenig komplizierter zu machen, gibt Windows 7 drei unterschiedliche Meldungen aus, wenn die Signatur bei einem Treiberprogramm fehlt:

- **Der Herausgeber dieser Treibersoftware kann von Windows nicht bestätigt werden**

  Der Treiber besitzt keine digitale Signatur, oder die Signatur des Treibers ist nicht mit einem Zertifikat bestätigt worden. Eine Signatur kostet den Hersteller des Hardwareprodukts auch Geld. Gerade kleinere Firmen können manchmal diese zusätzlichen Kosten nicht aufbringen. Eine Signatur ohne Bestätigung durch eine Zertifizierungsstelle, die mit Microsoft zusammenarbeitet, muss daher nicht heißen, dass Sie den Treiber nicht verwenden können. Achten Sie aber darauf, dass Sie den Treiber von einem originalen Datenträger installieren, der zur Hardware mitgeliefert wurde.

- **Dieser Treiber ist nicht signiert**

  Diese Meldung spricht bereits für sich. Eine Signatur fehlt komplett. Die Meldung wird auch ausgegeben, wenn das Treiberprogramm verändert wurde. Auch hier ist es möglich, dass der Hardwarehersteller seinen Treiber nicht signiert hat oder dass er den Treiber aktualisiert hat und die Signatur weggefallen ist. Stammt der Hardwaretreiber von einem der Hardware beigelegten Datenträger, können Sie den Treiber verwenden.

- **Windows erfordert einen digital signierten Treiber**

  Ein Treiber ohne gültige Signatur kann nicht in der 64-Bit-Ausgabe von Windows 7 installiert werden. Auch wenn der Treiber geändert wurde, ohne dass neue Signierung erfolgte, kann er bei dieser Windows-Version nicht verwendet werden.

Einen älteren Treiber wiederverwenden

Mit einem Update können Sie neuere Treiber einspielen. Vielleicht haben Sie ja auch einen aktuelleren Treiber auf der Website des Geräteherstellers gefunden. Dieser behebt Probleme und bietet bessere Funktionen.

Aber was tun Sie, wenn der neue Treiber nicht funktioniert? Sie können den neuen Treiber deinstallieren und den alten installieren. Das ist umständlich. Vielleicht ist auch die alte Treiberdatei nicht mehr zur Hand.

Windows 7 hilft hier mit einer recht cleveren Funktion. Vor der Installation einer neuen Treiberversion wird die alte Version gesichert. Mit einem Mausklick können Sie zu der vorigen Version zurückkehren.

1 Öffnen Sie den Geräte-Manager. Wählen Sie die passende Kategorie. Öffnen Sie die Baumansicht. Markieren Sie die Komponente, und wählen Sie im Kontextmenü **Eigenschaften**.

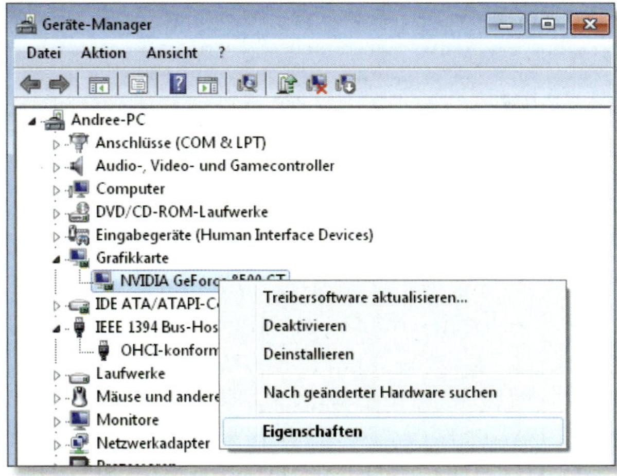

Abbildung 28.13 *Zuerst öffnen Sie die Eigenschaften eines Treibers.*

2 Sie sehen nun den Dialog **Eigenschaften von Treibername** vor sich. Wechseln Sie in das Register **Treiber**. Klicken Sie auf die Schaltfläche **Vorheriger Treiber**.

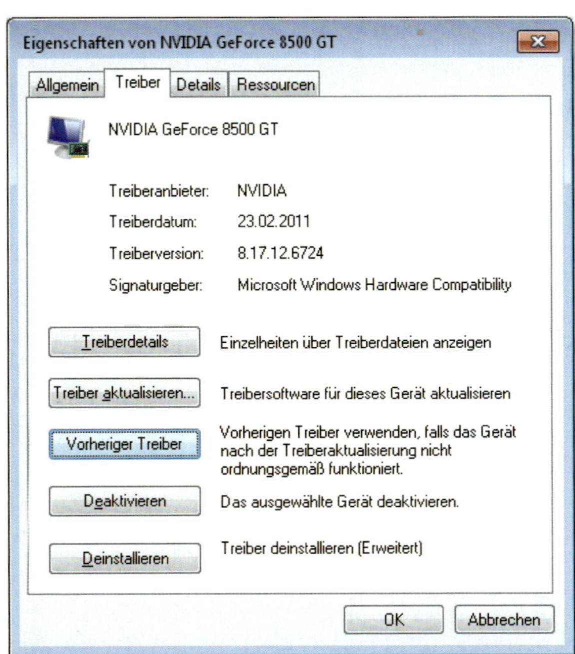

Abbildung 28.14 *Der Wechsel zu einem zuvor verwendeten Treiber wird als »Rollback« bezeichnet.*

3 Windows 7 stellt zur Sicherheit noch einmal eine Frage. Sind Sie sich wirklich sicher, dass Sie den alten Treiber verwenden wollen? Funktioniert der neue Treiber nicht und konnten Sie mit dem alten Treiber Ihr Gerät verwenden, bestätigen Sie.

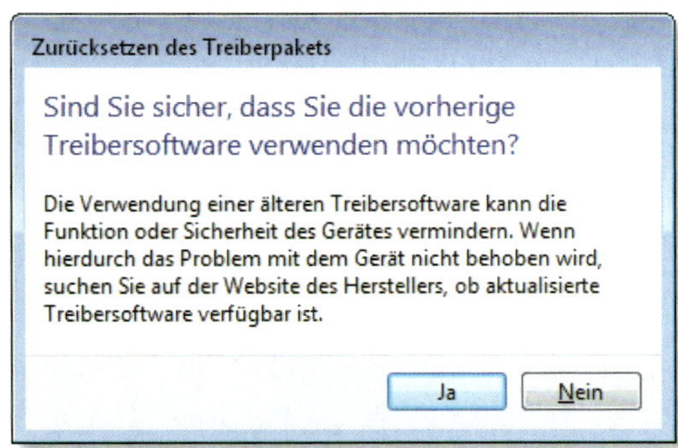

Abbildung 28.15 *Bestätigen Sie, und schon stellt Windows 7 den alten Gerätetreiber wieder her.*

Was tun, wenn sich der richtige Treiber für ein Gerät nicht findet?

Nun lässt sich leider nicht jedes Problem so lösen. Für ältere oder seltene Geräte lassen sich nicht immer die richtigen Treiber auffinden.

Schauen Sie zunächst auf der Website des Herstellers der Hardware, ob sich hier ein passender Treiber findet. Laden Sie keine Hardwaretreiber von unseriösen Downloadportalen auf Ihren Rechner.

Werden Sie nicht fündig und findet sich kein Treiber für Windows 7, greifen Sie zu einem älteren Treiber. Installieren Sie diesen im Kompatibilitätsmodus. Sie können zunächst versuchen, Windows 7 eine geeignete Einstellung ermitteln zu lassen. Möchten Sie dies tun, gehen Sie wie folgt vor:

1 Markieren Sie im Windows-Explorer den Treiber. Öffnen Sie das Kontextmenü, und wählen Sie **Behandeln von Kompatibilitätsproblemen**.

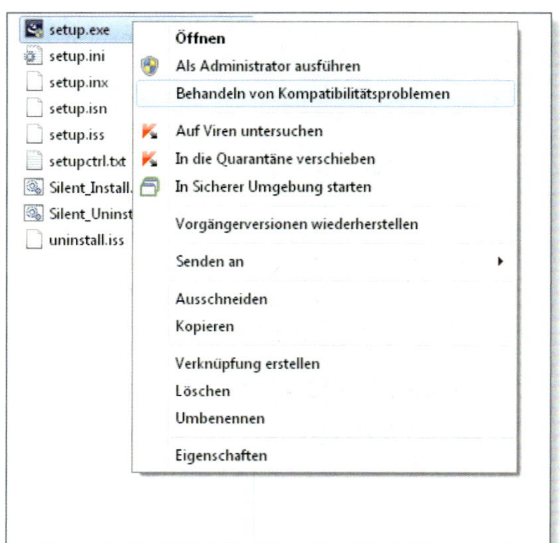

^ ***Abbildung 28.16** Windows 7 kann versuchen, die richtige Konfiguration automatisch zu ermitteln.*

2 Im nächsten Fenster wählen Sie **Empfohlene Einstellung testen**.

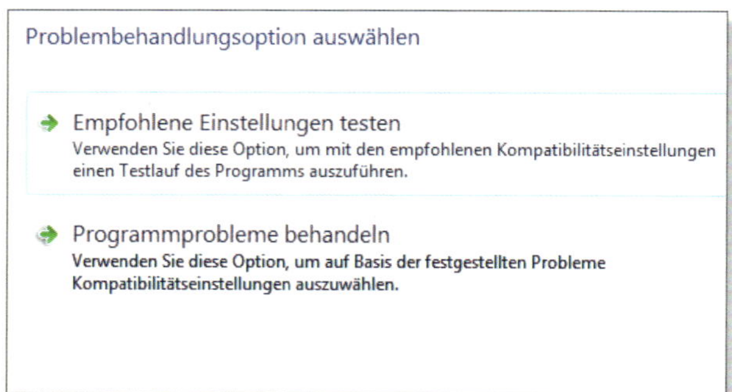

^ ***Abbildung 28.17** Windows 7 ermittelt eine empfohlene Einstellung. Diese können Sie verwenden.*

Ich möchte nochmals betonen: Seien Sie extrem vorsichtig beim Download von Treibern aus dem Internet. Auf fadenscheinigen Websites werden auf diese Art und Weise häufig Viren in Umlauf gebracht. Sollten Sie einen Treiber heruntergeladen haben und sich unsicher fühlen, prüfen Sie ihn auf jeden Fall zunächst mit Ihrer Virensoftware, bevor Sie die Datei starten.

Den Kompatibilitätsmodus verwenden

Mit dem Kompatibilitätsmodus lassen sich ältere Treiber verwenden. Und so verwenden Sie ihn:

1 Markieren Sie im Windows-Explorer einen Treiber. Wählen Sie im Kontextmenü **Eigenschaften**.

2 Wechseln Sie in das Register **Kompatibilität**. Schalten Sie die Option **Programm im Kompatibilitätsmodus ausführen für** an. Im Listenfeld wählen Sie die passende Windows-Version. Im Beispiel habe ich mich für **Windows Vista (Service Pack2)** entschieden. Klicken Sie auf **Einstellungen für alle Benutzer übernehmen** und anschließend auf **OK**.

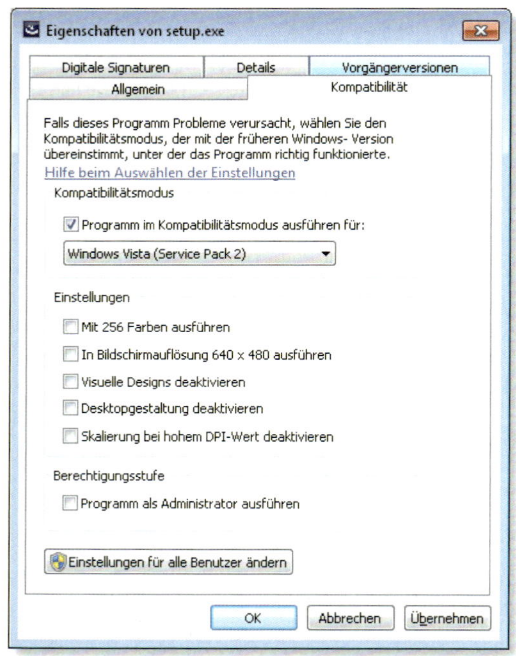

^ ***Abbildung 28.18** Einen Treiber im Kompatibilitätsmodus verwenden*

Ausgeblendete Treiber sichtbar machen

Einige Treiber werden von Windows 7 ausgeblendet. Um diese sichtbar zu machen, wählen Sie im Geräte-Manager **Ansicht** > **Ausgeblendete Treiber** anzeigen.

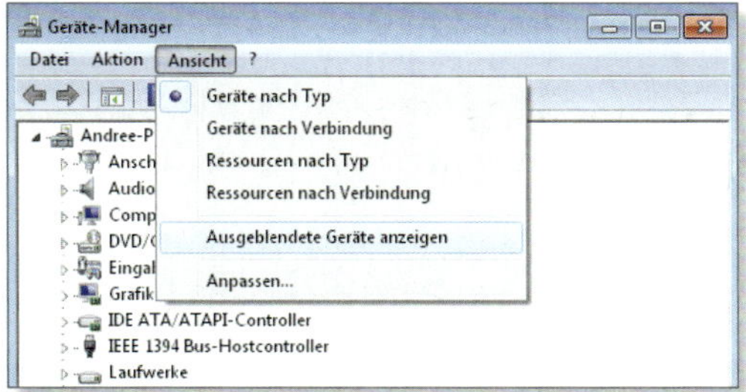

Abbildung 28.19 Die ausgeblendeten Treiber werden wieder sichtbar gemacht.

Windows 7 blendet ältere Treiber und Treiber von nicht mehr installierten Geräten aus. Mit der genannten Funktion werden diese Treiber wieder sichtbar.

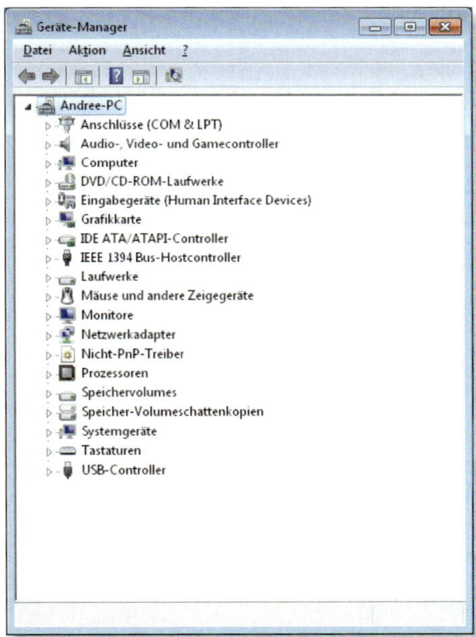

Abbildung 28.20 Die Liste der angezeigten Treiber ist länger geworden.

Die Berechtigungsstufe eines Anwendungsprogramms erhöhen

Anwendungsprogramme und Computerspiele, die für ältere Windows-Versionen gedacht sind, können Sie im Kompatibilitätsmodus ausführen lassen. Gehen Sie vor wie im Abschnitt »Den Kompatibilitätsmodus verwenden« beschrieben.

Mit Optionsfeldern können Sie störende visuelle Effekte deaktivieren. Gerade bei Computerspielen können die neuen Effekte für Probleme sorgen. Schalten Sie die Optionen **Visuelle Designs deaktivieren** und **Desktopgestaltung deaktivieren** an.

Mit einer weiteren Option können Sie dafür sorgen, dass ein Programm immer mit Administratorrechten ausgeführt wird. Schalten Sie dazu die Option **Programm als Administrator ausführen** an.

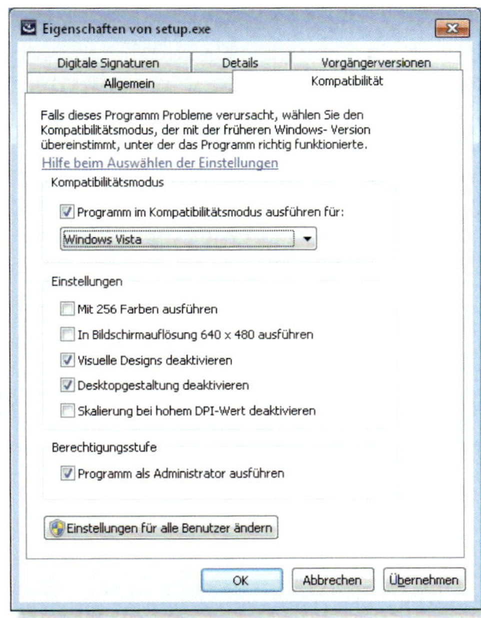

Abbildung 28.21 Das Programm sollte mit diesen Einstellungen laufen.

USB-Geräte verwalten

Hardware, die mit dem Rechner via USB-Kabel verbunden wird, wird normalerweise automatisch eingebunden. Gelingt dies nicht, verwenden Sie den Gerätetreiber des Herstellers. Nicht immer genügt der Windows 7-Treiber.

Einige USB-Geräte beziehen den für den Betrieb notwendigen Strom über die USB-Verbindung. Nutzen Sie zu viele Geräte, die per USB-Kabel Strom vom Rechner abziehen, kann es zu Problemen kommen. Sie müssen dann auf ein Gerät verzichten. Sie können leicht herausfinden, wie viel Strom die verwendeten USB-Geräte benötigen. Um das zu tun, müssen Sie Folgendes tun:

1. Öffnen Sie den **Geräte-Manager**. Öffnen Sie die Baumansicht **USB-Controller**.
2. Sie finden nun ein oder mehrere Einträge mit der Bezeichnung **USB-Root-Hub** in der Liste. Das sind die USB-Controller. Markieren Sie alle der Reihe nach, und wählen Sie im Kontextmenü **Eigenschaften**.

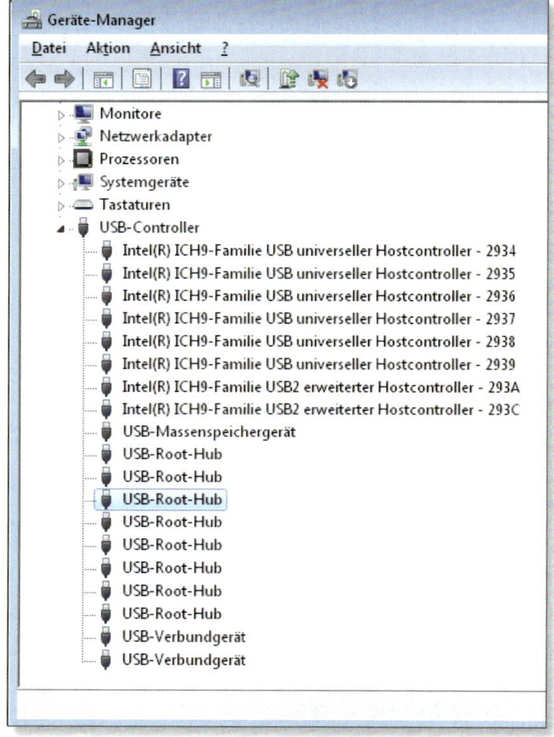

Abbildung 28.22 *In meinem Rechner sind eine ganze Reihe von USB-Hubs vorhanden.*

3. Sie landen im Dialog **Eigenschaften von USB-Hub**. Wechseln Sie hier zu **Stromversorgung**. In der **Hubinformation** ❶ im oberen Bereich des Registers sehen Sie, wie viel Strom der Hub liefern kann. In der Mitte ist abzulesen, ob Geräte angeschlossen sind und wie viel Strom diese verbrauchen ❷. Interessant ist auch die Anzeige, wie viele Anschlüsse verfügbar sind.

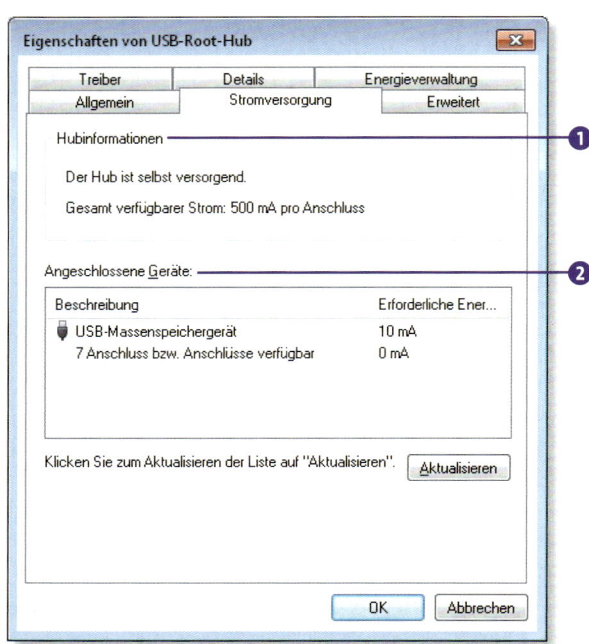

Abbildung 28.23 *Mein USB-Hub kann mehrere Geräte mit bis zu 500 mA (Milliampere) versorgen.*

28.2 Den Windows Task-Manager verwenden

Mit dem Task-Manager können Sie sehen, welche Prozesse aktiv sind. Sie sehen, wie viel Speicher- und CPU-Leistung diese verbrauchen. Sie können kontrollieren, ob bestimmte Anwendungen tatsächlich nicht aktiv sind. Bei Bedarf lassen sich hängende und abgestürzte Prozesse auch beenden. Starten Sie den Task-Manager mit `Strg` + `Alt` + `Entf`. Wählen Sie in dem daraufhin angezeigten Bildschirm den Task-Manager aus.

Möchten Sie das Werkzeug direkt aufrufen, gelangen Sie mit `Strg` + `⇧` + `Esc` zum Ziel.

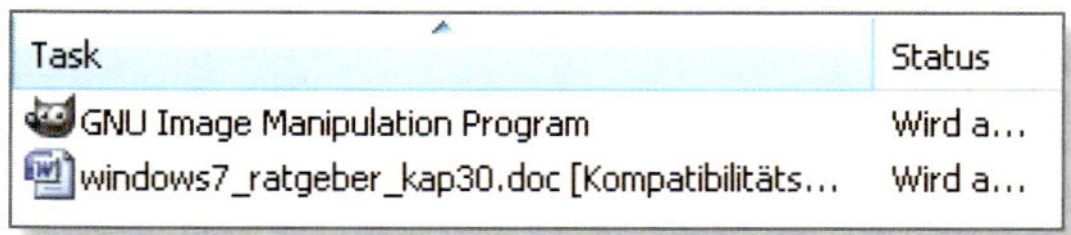

Abbildung 28.24 *In meinem Task-Manager sehe ich, dass Word und das Grafikprogramm GIMP aktiv sind.*

Der Task-Manager besitzt sechs Register:

- **Anwendungen**
- **Prozesse**
- **Dienste**
- **Leistung**
- **Netzwerk**
- **Benutzer**

Einzelne Anwendungen können Sie im ersten Register einsehen und, falls notwendig, beenden.

Der Register **Prozesse** zeigt auch den Benutzer, die Belastung der CPU und des Arbeitsspeichers sowie eine kurze Beschreibung. Um einen Prozess zu killen, markieren Sie ihn und klicken auf **Prozess beenden**. Das sollten Sie nur tun, wenn Sie sicher wissen, wozu ein Prozess gehört und dass Sie ihn beenden können. Gleiches trifft auf das Register **Dienste** zu.

28.3 Hardwareprobleme finden und lösen

In diesem Abschnitt finden Sie eine Auswahl möglicher Hardwareprobleme und die nötigen Schritte, die nötig sind, um diese Probleme zu lösen.

Nach Bildfehlern geht der Rechner aus

Möglicherweise wird Ihre Grafikkarte zu heiß. Öffnen Sie den Rechner, und kontrollieren Sie, ob eine starke Verschmutzung vorliegt. Entfernen Sie Staubflusen mit einem Reinigungspinsel. Kontrollieren Sie alle Lüfter, die sich in Ihrem Rechner befinden. Von Zeit zu Zeit müssen Sie die Lüfter im Rechner reinigen. Dazu zählen auch die Lüfter auf der Grafikkarte und der auf der CPU. Gehen Sie dabei vorsichtig und bedacht vor. Einige PC-Gehäuse bieten eine schlechte Leitung des Luftstromes. Manchmal hilft es, wenn Sie die Kabel besser verteilen und für mehr Platz sorgen. Die warme Luft muss abgeleitet werden und darf sich nicht anstauen.

Auch die Anschaffung leistungsfähigerer Lüfter ist eine gute Idee. Dabei müssen Sie jedoch darauf achten, dass die Lüfter an das Gehäuse bzw. auf die Grafikkarte oder die CPU des Rechners passen. Lassen Sie den Rechner einmal abkühlen, und starten Sie ihn mit geöffneter Gehäusewand. Nun sollte das Problem nicht auftreten. Kommt es dennoch zu Bildfehlern, liegt möglicherweise ein Defekt der Grafikkarte vor. Dann sollten Sie sich eine neue besorgen.

28.4 Netzwerkprobleme finden und lösen

In diesem Abschnitt habe ich Ihnen zwei Probleme zum Thema Netzwerk aufgelistet.

Sie bekommen keine Verbindung mehr in das Internet

Überprüfen Sie, ob der Netzwerkstecker noch an seinem Platz ist. Es kann geschehen, dass er aus seiner Buchse herausrutscht. Dann müssen Sie nichts weiter tun, als ihn wieder fest reinzudrücken. Überprüfen Sie das DSL-Modem. Der Server Ihres Providers kann Probleme haben. Dann müssen Sie warten, bis der Provider das Problem behoben hat. Es kann auch geschehen, dass der Router oder das DSL-Modem abstürzt. Nehmen Sie dann kurz das Gerät vom Stromnetz. Verbinden Sie das Gerät wieder mit dem Stromnetz.

WLAN funktioniert nicht

Überprüfen Sie, ob an Ihrem DSL-Modem auch die WLAN-Funktion angeschaltet ist. Ist dies nicht der Fall, holen Sie dies nun nach. Schalten Sie auf Ihrem Rechner den WLAN-Adapter an. Dies geschieht über eine spezielle Taste oder eine Tastenkombination. Wenn Sie nicht wissen, wie Sie den WLAN-Adapter anschalten, können Sie diese Aufgabe auch von Windows 7 erledigen lassen. Öffnen Sie das **Netzwerk- und Freigabecenter**. Klicken Sie auf **Probleme beheben**. Lassen Sie den Assistenten durchlaufen. Ist das Problem gefunden, überlassen Sie Windows 7 das Anschalten des Adapters.

28.5 Bluescreen – was nun?

Der Bluescreen taucht immer dann auf, wenn Windows 7 abstürzt. Es kommt zu einem kritischen Fehler. Windows 7 überprüft den Rechner und startet neu.

Was kann man tun, wenn der Bluescreen sichtbar wird?

Achten Sie vor Veränderungen am Rechner immer auf Datensicherungen und Wiederherstellungspunkte. Kommt es zu einem Bluescreen, überlegen Sie, was am Rechner anders ist als zuvor. Stellen Sie mithilfe der Datensicherungen die ursprünglichen Zustände wieder her.

Möglicherweise ist ein Treiber nicht kompatibel mit Windows 7. Überprüfen Sie den Geräte-Manager, und ersetzen Sie defekte Treiber.

Überprüfen Sie die Hardware in Ihrem Rechner. Bei Veränderungen kann es schon einmal geschehen, dass ein Speichermodul nicht richtig sitzt. Auch eine Grafikkarte oder eine andere Einsteckkarte sitzt vielleicht nicht korrekt in ihrem Sockel oder Slot.

Checken Sie nach einer Erweiterung Ihres Rechners die Kabelverbindungen. Vielleicht haben Sie ein Kabel falsch verlegt oder vergessen. Korrigieren Sie dies.

Stromschwankungen können in seltenen Fällen auch zu Hardwaredefekten führen. Auch beim Erweitern der Hardware oder dem Umbau kann es zu einer Beschädigung kommen. Überprüfen Sie die Hardware Ihres Rechners. Sehen Sie im Geräte-Manager nach, ob alle Treiber ordnungsgemäß laufen.

In der **Systemsteuerung** können Sie das Verhalten von Windows 7 bei einem Bluescreen-Absturz einstellen. Wählen Sie dort **System und Sicherheit > System**. Klicken Sie auf **Erweiterte Systemeinstellungen.** Öffnen Sie das Register **Erweitert**, und klicken Sie im Bereich **Starten und Wiederherstellen** auf **Einstellungen**.

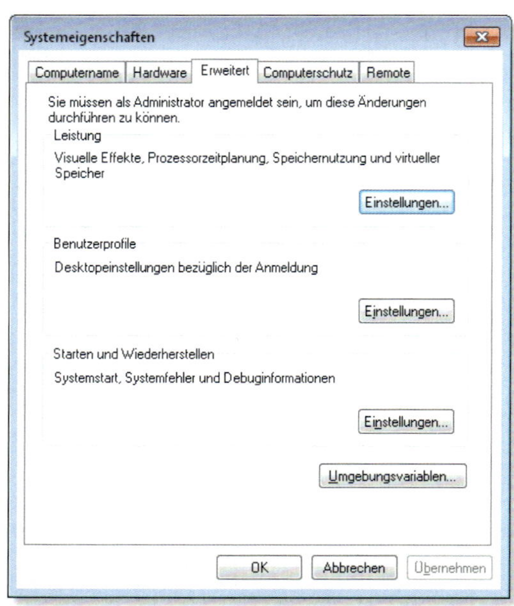

Abbildung 28.25 *In den Systemeigenschaften legen Sie wichtige Einstellungen bei Windows 7-Problemen fest.*

Schalten Sie den automatischen Neustart aus. Überprüfen Sie, dass die Optionen **Ereignis in das Systemprotokoll eintragen** und **Vorhandene Dateien überschreiben** angeschaltet sind.

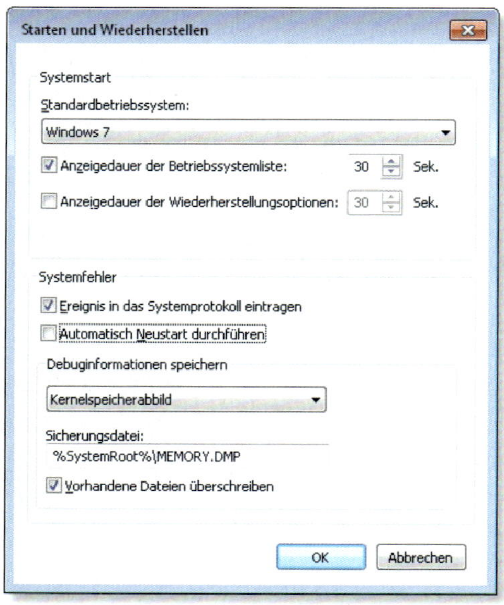

Abbildung 28.26 *Bei einem Systemfehler wird der Vorgang in ein Protokoll geschrieben.*

Die wichtigsten Bluescreen-Meldungen und ihre Bedeutung

In der folgenden Liste habe ich Ihnen wichtige Bluescreen-Fehlermeldungen und ihre Bedeutung aufgelistet. Tritt bei Ihrem Rechner eine Bluescreen-Meldung auf, schauen Sie hier nach.

Bluescreen-Meldung	Bedeutung der Fehlermeldung
`bad_pool_caller`	Nicht erlaubter Zugriff auf einen Speicherbereich. Das kann durch einen fehlerhaften Prozess oder einen defekten Gerätetreiber verursacht worden sein.
`bad_system_config_info`	Konfigurationsproblem oder fehlerhafter Arbeitsspeicher. Korrigieren Sie die BIOS-Einstellung.
`driver_irq_not_less_or_equal`	Ein Gerätetreiber ist defekt. Entfernen Sie diesen, und installieren Sie ihn neu. Hilft das nichts, müssen Sie auf einen alternativen Treiber zurückgreifen.
`fat_file_system`	Ein Problem mit dem Dateisystem trat auf. Überprüfen Sie Ihre Festplatte bzw. Festplattenpartition mit `chkdsk`. Kommt der Fehler häufiger vor, liegt möglicherweise ein Defekt bei der verwendeten Festplatte vor.
`inaccessible_boot_device`	Der Zugriff auf das Startlaufwerk war nicht möglich. Überprüfen Sie die BIOS-Einstellung, und korrigieren Sie, von welchem Laufwerk das System gestartet wird. Liegt es nicht daran, wird das Laufwerk nicht korrekt angesprochen oder ist defekt. Überprüfen Sie den Gerätetreiber, und installieren Sie ihn, wenn notwendig, neu.
`irql_not_less_or_equal`	Siehe `driver_irq_not_less_or_equal`.
`kernel_mode_exeption_not_handled`	Es gab einen Fehler in einem Kernelmodul. Das kann unterschiedliche Ursachen haben.
`kmode_exeption_not_handled`	Nicht erlaubte Anwendung. Ein Programm ist defekt. Der Fehler kann auch auf einen Defekt des Speichers zurückzuführen sein.
`out_of_memory`	Es ist ein Fehler mit dem Arbeitsspeicher aufgetreten. Überprüfen Sie den Speicher des Rechners.
`page_fault_in_non_paged_area`	Es ist ein Fehler mit einem Speicherzugriff aufgetreten. Die angeforderten Daten sind nicht vorhanden. Überprüfen Sie den Speicher. Es ist auch möglich, dass dieser Fehler auf ein Problem mit der Software zurückzuführen ist.
`pci_bus_driver_internal`	Es ist ein Fehler mit dem PCI-Bus aufgetreten.
`status_system_process_terminated`	Ein System-Prozess ist beendet worden. Das kann verschiedene Ursachen haben.
`system_thread_exeption_not_handled`	Ein Systemfehler ist aufgetreten. Auch dieser Fehler kann unterschiedliche Ursachen haben. Überprüfen Sie Ihre Hardware, den Speicher und die Konfiguration neuer Software.
`thread_stuck_in_device_driver`	Es gibt ein Problem mit einem Gerätetreiber. In der Regel ist hier die Grafikkarte gemeint.
`unable_to_load_device_driver`	Diese Fehlermeldung sagt aus, dass ein Gerätetreiber nicht gestartet werden konnte. Im Allgemeinen wird bei dieser Meldung der Name des Treibers ergänzt.

*^ **Tabelle 28.1** Die wichtigsten Bluescreen-Meldungen und ihre Bedeutung*

Bluescreen-Meldung	Bedeutung der Fehlermeldung
`unknown_hard_error`	Ein Fehler mit den Windows-Systemdateien trat auf. Überprüfen Sie Ihre Festplatte. Tritt der Fehler erneut auf, stellen Sie eine Systemsicherung wieder her.
`unexpected_kernel_mode-trap`	Ein Hardwarefehler trat auf. Überprüfen Sie Ihre Hardware. Haben Sie eine Veränderung vorgenommen, stellen Sie eine ältere Hardwarekonfiguration wieder her.

∧ ***Tabelle 28.1*** *Die wichtigsten Bluescreen-Meldungen und ihre Bedeutung (Fortsetzung)*

28.6 Die Wiederherstellungskonsole verwenden

Die Wiederherstellungskonsole rufen Sie mit der Installations-DVD von Windows auf. Die einzelnen Tools haben Sie bereits im Buch kennengelernt. Wichtige Dienstprogramme sind zum Beispiel bootrec und diskpart. Mit diesen können Sie die Startpartition verändern und wiederherstellen sowie die Partitionierung der Festplatte überprüfen.

Neben den genannten Befehlen können Sie ebenfalls die Befehle chkdsk, format, xcopy, copy, dir, del, ren und rmdir verwenden.

Mit dem Befehl »bootrec« Startsektor und MBR wiederherstellen

Der Befehl bootrec repariert den Master Boot Record (MBR). Der Befehl hat vier wichtige Parameter:

- /FixMBR – Dieser Befehl schreibt den MBR neu. Verwenden Sie ihn, wenn Sie beim Partitionieren einen Fehler gemacht haben. Der Linux-Bootloader GRUB überschreibt zum Beispiel den MBR. Mit `bootrec` / FixMBR stellen Sie ihn wieder her.
- /ScanOS – Diese Option sucht nach vorhandenen Windows-Partitionen.
- /RebuildBdc – Mit diesem Parameter kann ein neuer Bootmanager erstellt werden. Der Befehl fragt alle notwendigen Einstellungen schrittweise ab.
- /FixBoot – Dieser Parameter schreibt den Sektor der Festplattenpartition neu, von dem aus das Betriebssystem geladen wird.

Geben Sie einfach den Befehl in folgender Schreibweise ein:

```
bootrec /FIXMBR
```

Beachten Sie jedoch, dass der Befehl nur zu verwenden ist, wenn der MBR der Festplatte überprüft bzw. repariert werden muss.

Partitionen mit »diskpart« bearbeiten

Mit diskpart partitionieren Sie Ihre Festplatte. Sie überprüfen vorhandene Partitionen und erstellen neue. Das Werkzeug ist effektiver als die Partitionierung des Installationsdialogs.

diskpart wird interaktiv bedient. Beim Aufruf landen Sie in einem Eingabefenster. Nun müssen Sie über Befehle dem Dienstprgramm mitteilen, was Sie tun möchten. In der folgenden Tabelle habe ich Ihnen alle Parameter und ihre Bedeutung aufgelistet.

Befehl	Bedeutung
`active`	Mit diesem Befehl wird die ausgewählte Partition als aktive Partition gekennzeichnet.
`add`	Ein einfaches Volume wird mit diesem Befehl gespiegelt.
`assign`	Das ausgewählte Volume wird mit einem Laufwerksbuchstaben oder einem Bereitstellungspunkt versehen.

∧ ***Tabelle 28.2*** *Die Parameter zum Befehl »diskpart«*

Befehl	Bedeutung
`attributes`	Mit diesem Befehl werden die Attribute eines Volumes verändert.
`attach`	Eine Datei für virtuelle Datenträger wird hinzugefügt.
`automount`	Schaltet die Funktion *Automount* an bzw. aus.
`break`	Mit diesem Befehl wird eine Spiegelung aufgeteilt.
`clean`	Alle Konfigurationseinstellungen eines Laufwerks werden gelöscht. Danach müssen diese neu erstellt werden.
`compact`	Verkleinert die Größe eines Laufwerks.
`convert`	Verändert das Datenträgerformat. So kann ein Format gewechselt werden.
`create`	Mit diesem Befehl wird ein neues Volume oder eine neue Partition erstellt. Auch virtuelle Datenträger lassen sich so hinzufügen.
`delete`	Dieser Befehl löscht ein Objekt.
`detail`	Mit diesem Befehl werden alle verfügbaren Informationen zu einem Objekt ausgegeben. Ein Objekt kann eine Partition, ein Volume oder ein virtuelles Laufwerk sein.
`detach`	Mit `detach` wird eine Datei für ein virtuelles Laufwerk getrennt.
`exit`	Mit diesem Befehl verlassen Sie das interaktive Werkzeug.
`extend`	Das Gegenteil von `compact`. Mit diesem Befehl wird ein Volume vergrößert.
`expand`	Ein virtueller Datenträger wird auf die höchtmögliche Größe erweitert.
`filesystems`	Blendet das Dateisystem des aktuellen Volumes ein. Zeigt auch die unterstützten Dateisysteme an.
`format`	Formatiert das Volume bzw. die Partition.
`import`	Importiert eine Datenträgergruppe.
`inactive`	Hiermit wird ein Laufwerk als inaktiv gekennzeichnet.
`list`	Gibt eine Liste aller Objekte aus.
`merge`	Verbindet einen untergeordneten Datenträger mit einem übergeordneten.
`online`	Ein Objekt wird hiermit auf *online* gesetzt.
`offline`	Das Gegenteil zum vorhergehenden Befehl. Ein Objekt wird auf *offline* gesetzt.
`recover`	Liest den Status aller Datenträger wieder neu ein. Gespiegelte Volumes werden synchronisiert. Ist ein RAID 5-Datenträger vorhanden, wird er erneuert.
`remove`	Löscht einen Laufwerksbuchstaben oder einen Bereitstellungspunkt.
`repair`	Führt die Reparatur eines RAID 5-Volumes aus.
`rescan`	Scannt den Rechner neu und liest Datenträger und Volumes neu ein.
`retain`	Ein behaltenes Volume wird unter ein einfaches Volume gesetzt.
`setid`	Verändert den Typ einer Partition.
`shrink`	Verkleinert ein Volume.
`uniqeid`	Dieser Befehl zeigt die MBR-Signatur an. Ist keine vorhanden, wird eine solche gesetzt.

∧ ***Tabelle 28.2*** *Die Parameter zum Befehl »diskpart« (Fortsetzung)*

Teil IX

Anhang

Anhang A: Wichtige Tastenkürzel

Umgang mit Windows 7 und der Desktopoberfläche

Funktion	Tastenkombination
Öffnen des Windows-Startmenüs.	Win
Die Desktopoberfläche zeigen. Dabei werden die geöffneten Fenster minimiert.	Win + D
Alle geöffneten Programmfenster minimieren.	Win + M
Alle geöffneten Programmfenster maximieren.	Win + ⇧ + M
Wechselt zum nächsten in der Taskleiste geöffneten Programm.	Win + T
Schaltet zum nächsten Programm auf der Taskleiste um. Verwendet dazu die Aero-Funktion *Flip-3D*.	Win + ← und →
Schaltet zum nächsten Programm auf der Taskleiste um. Verwendet dazu die Aero-Funktion *Flip-3D*. Gewechselt wird mit den Pfeiltasten der Tastatur.	Strg + Win + ← und →
Öffnet die Systemeigenschaften.	Win + Pause
Öffnet das Dialogfenster **Computer**.	Win + E
Sucht nach einer bestimmten Datei oder einem Ordner.	Win + F
Öffnet das Eingabefeld **Ausführen**.	Win + R
Das Windows-Mobilitätscenter öffnen.	Win + X
Das **Center für erleichterte Bedienung** öffnen.	Win + U
Wechselt zum linken Monitor.	Win + ⇧ + ←
Wechselt zum rechten Monitor.	Win + ⇧ + →
Sperrt den Computer.	Win + L

Tabelle A.1 *Tastenkombinationen, die Sie auf dem Windows 7-Desktop benötigen*

Arbeit mit der Taskleiste von Windows 7

Funktion	Tastenkombination
Wechselt von einem Vorschaufenster einer Anwendung zum nächsten.	Windows + T
Wie oben. Nur erfolgt der Wechsel in umgekehrter Reihenfolge.	Windows + ⇧ + T
Wechselt zu einer Anwendung.	Windows + 1 bis 9

Tabelle A.2 Tastenkombinationen für die Arbeit mit der Taskleiste

Bedienung der Windows 7-Sprachausgabe

Funktion	Tastenkombination
Liefert Informationen zum aktuellen Element.	Strg + ⇧ + ↵
Ausgabe des Inhalts zum gewählten Element.	Strg + ⇧ + Leertaste
Ausgabe des markierten Elements im aktuellen Fenster.	Strg + Alt + Leertaste
Ausgabe einer Beschreibung der Elemente, die an das aktuell ausgewählte Element angrenzen.	Einfg + Strg + G
Beendet die Ausgabe von Text durch die Sprachausgabe.	Strg
Bewegt den Cursor an den Anfang des nachfolgenden Textes bis zu einem Textelement mit der Formatierung Fett.	Einfg + Q
Bewegt den Cursor an den Beginn des nachfolgenden Textes bis zu einem Element mit einer anderen Formatierung.	Einfg + W
Bewegt den Cursor zurück an den Beginn des Dokuments mit der gleichen Formatierung.	Einfg + E
Bewegt den Cursor an das Ende eines Textes mit der gleichen Formatierung.	Einfg + R
Markiert den gesamten Text mit der gleichen Formatierung wie das Zeichen, auf dem der Cursor positioniert ist.	Einfg + F2
Gibt das aktuelle Zeichen aus.	Einfg + F3
Gibt das aktuelle Wort aus.	Einfg + F4
Gibt die aktuelle Zeile aus.	Einfg + F5
Gibt den aktuellen Absatz aus.	Einfg + F6
Gibt die aktuelle Seite aus.	Einfg + F7
Gibt das aktuelle Dokument aus.	Einfg + F8

Tabelle A.3 Mit diesen Tastaturkommandos wird die Sprachausgabe von Windows 7 verwendet.

Remote-Verbindung

Funktion	Tastenkombination
Wechselt zum nächsten Programm.	Alt + Bild-auf
Wechselt zum nächsten Programm (andere Richtung).	Alt + Bild-ab
Wechselt durch die Programme. Dabei erfolgt der Wechsel in der Reihenfolge, in der die Anwendungen gestartet wurden.	Alt + Einfg
Zeigt das Start-Menü von Windows 7 an.	Alt + Pos1, auch Alt + Entf
Wechselt zwischen Vollbild- und Fensteransicht.	Strg + Alt + Unterbr
Öffnet das Fenster **Windows-Sicherheit**.	Strg + Alt + Ende
Fügt eine Kopie des auf dem Clientrechner aktiven Fensters in die Zwischenablage des Terminalservers ein.	Strg + Alt + - (Nummernblock)
Fügt eine Kopie des gesamten Clientfensters in die Zwischenablage des Terminalservers ein.	Strg + Alt + + (Nummernblock)
Wechselt von den Remotedesktop-Steuerelementen zu einem Steuerelement des Hostrechners.	Strg + Alt + →; Strg + Alt + ←

Tabelle A.4 Wichtige Tastenkombinationen bei der Arbeit mit einer Remoteverbindung

Windows Photo Viewer

Funktion	Tastenkombination
Bild an Fenstergröße anpassen	Strg + Alt + 0
Tatsächliche Größe	Strg + 0
Ein Bild zurück blättern	←
Diashow starten	F11
Ein Bild nach vorn blättern	→
Gegen den Uhrzeigersinn drehen	Strg + ,
Im Uhrzeigersinn drehen	Strg + +
Das angezeigte Bild drucken	Strg + P
Die Eigenschaften der Bilddatei anzeigen	Alt + ↵
Bild löschen	Entf

Tabelle A.5 Tastenkombinationen für den Umgang mit dem Windows 7-Bildanzeigetool »Windows Photo Viewer«

Internet Explorer

Funktion	Tastenkombination
Zurück zur zuvor besuchten Website	Alt + ←
Wechsel zur nächsten besuchten Website	Alt + →
Die Startseite aufrufen	Alt + Pos1
Aktuell angezeigte Seite vergrößern	Strg + +
Seite verkleinern	Strg + -
Zoomstufe auf 100 % stellen	Strg + 0
Auf Vollbild umschalten	F11
Aus der Vollbilddarstellung in die Standarddarstellung zurückkehren	F11
Suchen	Strg + F
Den Inhalt der angezeigten HTML-Seite aktualisieren	F5
Stopp (Laden der Webseite beenden)	Esc
Neue Registerkarte öffnen	Strg + T
Registerkarte kopieren	Strg + K
Registerkarte schließen	Strg + W
Neues Fenster öffnen	Strg + N
Website speichern unter	Strg + S
HTML-Seite drucken	Strg + P
Ausschneiden	Strg + X
Kopieren	Strg + C
Einfügen	Strg + V
Alles auswählen	Strg + A
Auf dieser Seite suchen	Strg + F
Die Explorer-Leiste **Favoriten** einblenden	Strg + ⇧ + I
Die Explorer-Leiste **Verlauf** einblenden	Strg + ⇧ + H
Die Explorer-Leiste **Feeds** einblenden	Strg + ⇧ + G
Den Browserverlauf löschen	Strg + ⇧ + Entf
InPrivate-Browsen	Strg + ⇧ + P
Downloads anzeigen	Strg + J
Die Entwicklungstools anzeigen	F12
Die Internet Explorer-Hilfe aufrufen	F1

Tabelle A.6 *Die wichtigsten Tastenkombinationen bei der Arbeit mit dem Internet Explorer*

Anhang B: Windows 7-Hilfe

Die Hilfe aufrufen und verwenden

Klicken Sie auf die Schaltfläche **Start**, und wählen Sie auf der rechten Seite **Hilfe und Support**.

Eine andere Möglichkeit, das Hilfe-Fenster zu öffnen, ist das Drücken der Taste F1.

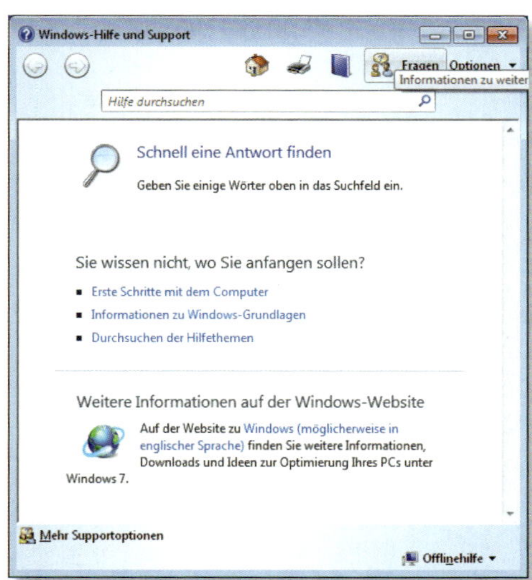

Abbildung B.1 *Die Hilfe von Windows 7 ist schnell aufgerufen.*

Das Hilfefenster ist sehr einfach zu bedienen. Sie haben verschiedene Möglichkeiten, zum Ziel zu gelangen.

Im mittleren Bereich sehen Sie drei Links. Hier öffnen Sie eine Grundanleitung zu den ersten Schritten mit dem PC, eine Anleitung mit Grundlagen zu Windows 7 und eine Inhaltsübersicht. Mit Letzterer können Sie das Online-Handbuch, das zum Betriebssystem gehört, nach bestimmten Themen durchforsten. Auf den ersten Blick mag die Hilfe ein wenig unübersichtlich sein, aber nach ein wenig Zeit finden Sie sich sicher ganz gut zurecht.

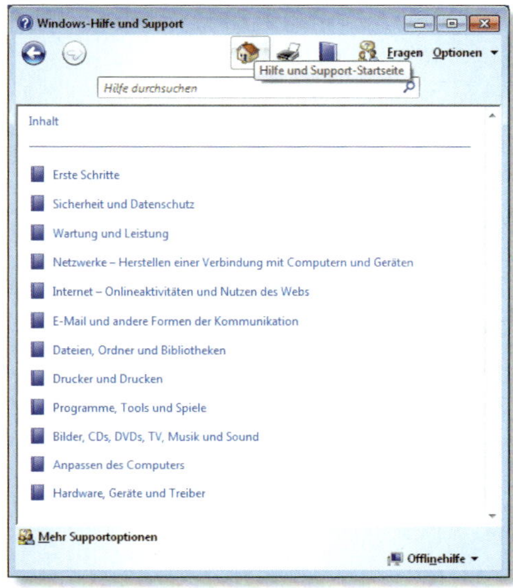

Abbildung B.2 *Die Inhaltsübersicht ist nichts anderes als die Kapitel- und Themenstruktur der Windows 7-Hilfe.*

Die Hilfe selbst steuern Sie über die Symbolleiste am oberen Rand des Dialogs.

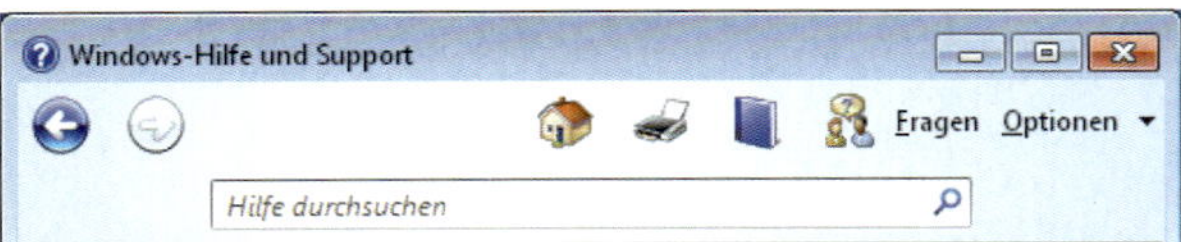

Abbildung B.3 Mit dieser Symbolleiste steuern Sie die Hilfe.

Schauen wir uns diese einmal an:

- Das Eingabefeld gibt Ihnen einen direkten Zugriff auf die Hilfe. Geben Sie ein Stichwort ein, und suchen Sie danach.
- Mit den beiden Pfeiltasten ganz links blättern Sie jeweils eine Seite nach vorn und eine Seite zurück.
- Das kleine Häuschen bringt Sie zurück zur Startseite der Hilfe.
- Mit dem kleinen Druckersymbol geben Sie die aktuell angezeigte Seite auf Ihrem Drucker aus.
- Das blaue Buch öffnet die Inhaltsübersicht der Hilfe.
- Das breite Symbol mit den beiden symbolisierten Anwendern, über deren Kopf ein Fragezeichen schwebt, und dem Wort **Fragen** daneben zeigt eine Seite mit weiteren Supportoptionen an.
- Mit **Optionen** können Sie verschiedene Einstellungen vornehmen.

So finden Sie schnell eine Antwort auf Ihre Frage

Die schnellste Möglichkeit, eine Antwort auf eine Frage zu finden, besteht darin, das Eingabefeld der Windows-Hilfe zu nutzen. An einem Beispiel möchte ich Ihnen dies einmal zeigen.

Ich suche Informationen zum Internetprotokoll TCP/IPv6. Was verbirgt sich dahinter, und wie wird die Einstellung konfiguriert? Was muss ich beachten, und ist dieses Protokoll für mich zu Hause wirklich notwendig? Darauf sollte die Windows 7-Hilfe doch eine Antwort wissen. Schauen wir einmal:

1. Öffnen Sie die Hilfe von Windowas 7. Der schnellste Weg dahin ist die Taste `F1`.
2. Geben Sie in die Suchleiste `TCP/IPv6` ein, und bestätigen Sie mit `↵`. Sie können auch alternativ mit der Maus auf das Lupensymbol am Ende der Eingabezeile klicken.

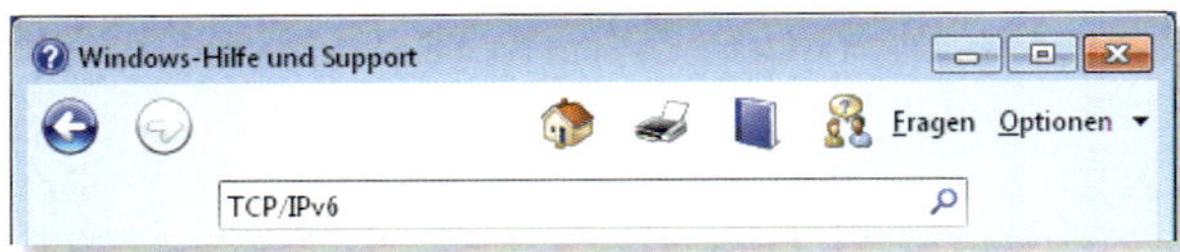

Abbildung B.4 Geben Sie den Suchbegriff ein, und bestätigen Sie.

3. In der Windows-Hilfe werden Ihnen nun passende Ergebnisse aufgelistet. In meinem Beispiel wurden 19 Treffer gefunden. Ich wähle hier gleich den ersten Treffer. Dieser ist mit **Ändern der TCP/IP-Einstellungen** betitelt.

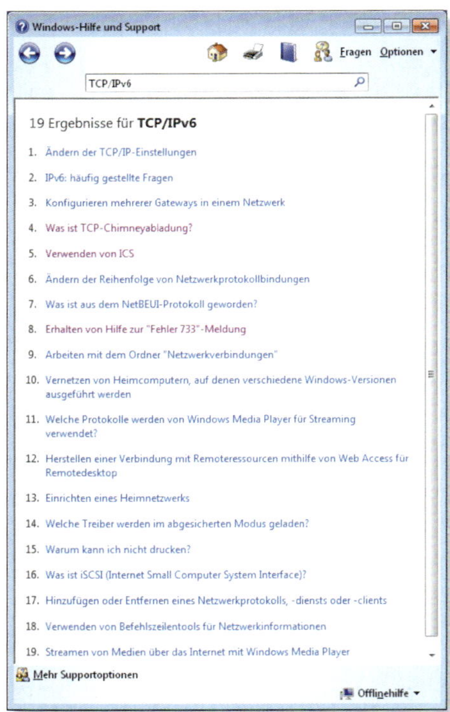

Abbildung B.5 Zu vielen wichtigen Windows 7-Themen finden Sie eine ganze Reihe von Informationen in der Windows-Hilfe.

4 Lesen Sie sich den gefundenen Text durch. Wenn Sie möchten, drucken Sie ihn aus. Ist der gesuchte Ratschlag nicht dabei, blättern Sie zurück und rufen einen anderen Artikel auf.

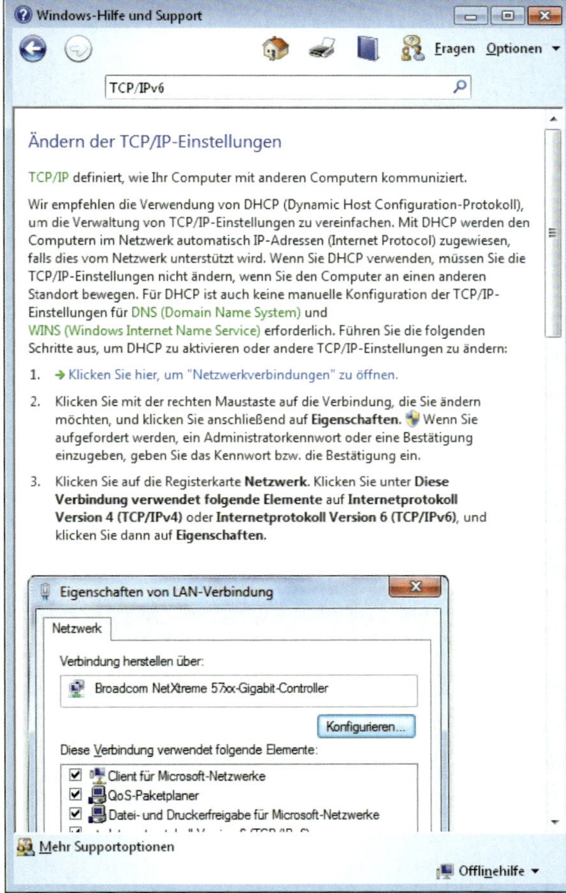

Abbildung B.6 *Für alle wichtigen Themen sollte die Hilfe einen Beitrag enthalten.*

Übrigens: Sie können die Hilfe auch so verwenden. Blättern Sie ein wenig herum. In ihr finden Sie viele interessante Themen und Informationen.

Aber nicht zu jedem Thema ist auch ein Text vorhanden. Wenn Sie beispielsweise nach Applocker suchen, wird Ihnen nur angezeigt, das es sich um eine Neuerung für IT-Spezialisten handelt. Wo sich diese befindet und wie sie verwendet wird, verrät die Hilfe nicht.

Die Optionen zur Windows 7-Hilfe nutzen

Es gibt nicht sehr viele Einstellungen, die Sie bei der Windows 7-Hilfe nutzen können. Wählen Sie **Optionen**, so können Sie das aktuell angezeigte Fenster der Hilfe auf Ihren Drucker ausgeben. Mit **Hilfe durchsuchen** erhalten Sie die Kapitelübersicht, die Sie bereits kennen. Sie können die Textgröße einstellen und die aktuelle Seite durchsuchen. Ganz am Schluss findet sich doch noch eine Funktion, die Sie zu einem Einstellungsdialog bringt.

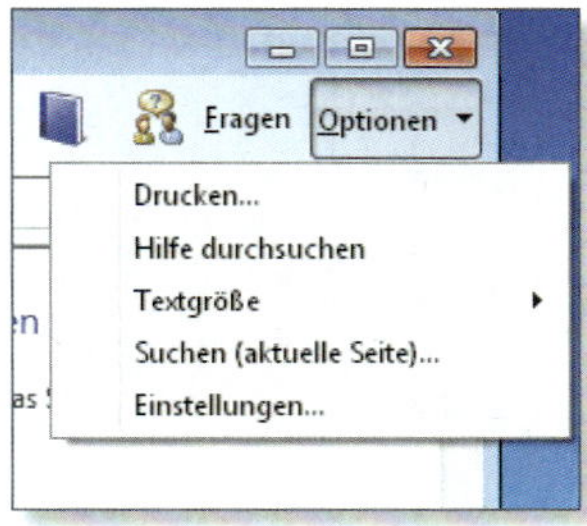

Abbildung B.7 *Die Optionen der Hilfe*

Die Funktion zum Durchsuchen der aktuell angezeigten Seite ist besonders bei umfangreichen Texten interessant. Sie müssen nicht die komplette Seite durchlesen, sondern können diese nach einem speziellen Begriff durchsuchen. Passende Treffer werden sofort im Hilfetext hervorgehoben.

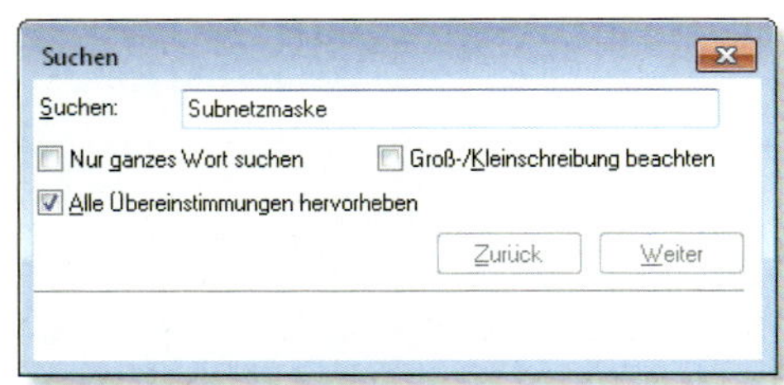

Abbildung B.8 *Nutzen Sie diese Suchfunktion bei sehr großen Hilfetexten.*

Die Optionen bieten Ihnen zwei Funktionen an:

- **Eigene Suchergebnisse mithilfe der Onlinehilfe optimieren**
- **Dem Programm zur Verbesserung der Hilfebenutzerfreundlichkeit beitreten**

Beide Optionen sind in der Vorgabeeinstellung ausgeschaltet. Sie werden nicht unbedingt benötigt. Entscheiden Sie selbst, ob Sie diese Funktionen nutzen möchten.

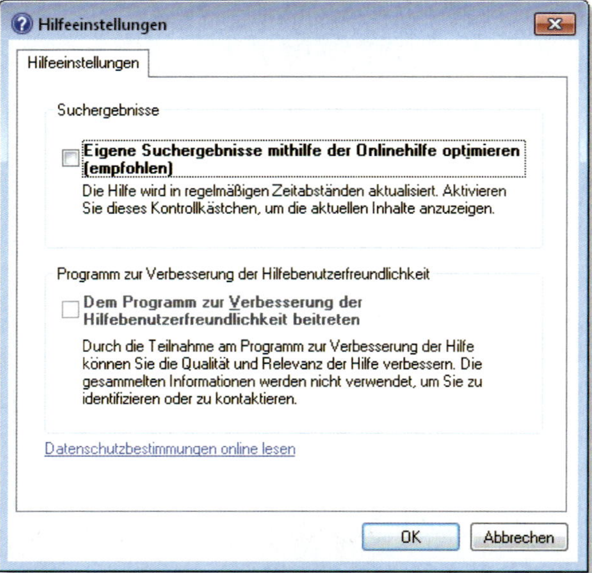

Abbildung B.9 *Ich lasse in meinem Fall beide Optionen der Windows 7-Hilfe deaktiviert.*

Am unteren Rand des Hilfefensters finden Sie zwei weitere Schaltflächen:

- **Mehr Supportoptionen** – Diese Funktion listet nur verschiedene Möglichkeiten auf, die Sie nutzen können, wenn Sie in der Windows 7-Hilfe nicht fündig werden. Von »einen Freund fragen«, über »Remoteunterstützung nutzen« und »den Windows-Onlinesupport verwenden« sind hier einige Vorschläge dabei.
- **Offlinehilfe** – Mit dieser Schaltfläche können Sie zwischen der Offline- und der Onlinehilfe wechseln.

Die Onlinehilfe verwenden

Neben der auf Ihrer Festplatte gespeicherten Hilfe finden Sie weitere Möglichkeiten im Internet. Klicken Sie auf **Offlinehilfe** am unteren rechten Rand. Wählen Sie dann **Onlinehilfe beziehen**.

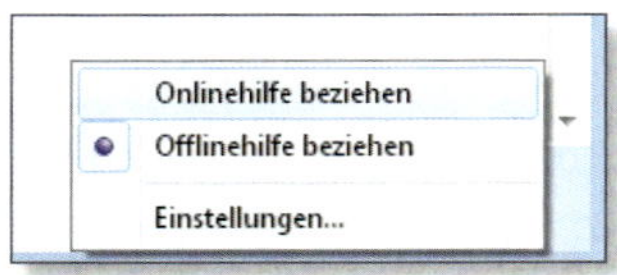

Abbildung B.10 *Wenn Sie möchten, können Sie Hilfetexte auch von der Microsoft-Website beziehen.*

Die Inhalte des Hilfefensters ändern sich ein wenig. Sie können nun die Themen des Monats abrufen und über einen Link zur Windows-Website gelangen.

Anhang C: Fehlermeldungen

Fehler-733

Dieser Fehler taucht nur auf, wenn Sie eine DFÜ-Verbindung zu einem Internet Service Provider verwenden. Bei dieser kann es zu einem Fehler kommen. Meist müssen Sie nur die Option **Mehrfachverbindungen für Einzelverbindungen** ausschalten.

Um dies zu tun, öffnen Sie über das Kontextmenü die **Eigenschaften** der DFÜ-Verbindung. Wählen Sie **Optionen > PPP-Einstellungen**. Schalten Sie hier die Option aus, und bestätigen Sie.

Fehler 800: Es konnte keine Verbindung eingerichtet werden

Überprüfen Sie Ihren Router. Möglicherweise ist die Firmware zu alt, und Sie müssen diese aktualisieren. Eine Alternative ist vielleicht die Anschaffung eines neuen Routers.

Möglich ist auch, dass eine Verbindung mit einem VPN nicht erstellt werden konnte. Hier müssen Sie schauen, ob die angegebene Konfiguration korrekt ist. Vielleicht haben Sie sich beim Servernamen verschrieben. Es kann auch sein, dass die Verbindung von einer Firewall blockiert wird. Auch das Fehler eines gültigen Schlüssels ist vielleicht nicht korrekt und das Zertifikat nicht mehr gültig. Dann muss ein neues her.

Windows Update-Fehler 80244022

Möglicherweise werden zu viele Updates angefordert. Warten Sie einen Augenblick, und versuchen Sie es später noch einmal.

Fehler beim Windows-Update

Wenn Sie in der **Systemsteuerung** unter **System und Sicherheit > Windows Udpate > Einstellungen ändern** die Option **Updates automatisch installieren** das Automatische Update anschalten, dann sollte der Fehler nicht mehr auftreten. Windows 7 verweigert auch das manuelle Herunterladen und Installieren, wenn das Automatische Windows-Update ausgeschaltet ist. Schalten Sie es an, und versuchen Sie es erneut.

Achten Sie darauf, dass Sie Windows 7 aktiviert haben. Zu sehen ist dies in den Systemeigenschaften unter **System und Sicherheit > System**. Hier wird ein Siegel angezeigt, das Windows 7 als Original kennzeichnet.

Windows-Updatefehler 8024402C

Dieser Fehler tritt auf, wenn ein anderes Programm den Zugriff auf den Updateserver verhindert. Das kann eine Firewall, eine Antivirensoftware, ein Schutzpaket oder etwas Ähnliches sein. Auch sogenannte Internetbeschleuniger können der Grund dafür sein. Überprüfen Sie diese, und korrigieren Sie die Einstellungen. Dann sollte die Verbindung gelingen.

Windows-Updatefehler 8024401b

Dieser Fehler wird dann angezeigt, wenn ein Proxyserver nicht die Anmeldedaten für das Netzwerk anfordern kann. Überprüfen Sie die Anmeldedaten für Ihr Netzwerk, und nehmen Sie, falls notwendig, Korrekturen an den Einstellungen vor.

Windows-Updatefehler 8024001F

Dieser Updatefehler tritt dann auf, wenn keine Verbindung in das Internet möglich ist. Überprüfen Sie Ihre Netzwerkverbindung. Checken Sie mit einem Browser, ob eine Verbindung in das Internet gelingt. Eventuell liegt auch ein Problem mit dem Modem, dem Router oder der Verbindungsanbindung durch den Provider vor. Dann versuchen Sie es zu einem späteren Zeitpunkt noch einmal.

Windows-Updatefehler 80072ee7

Dieser Updatefehler kommt vor, wenn eine statische IP-Adresse nicht korrekt zugeteilt wurde. Ändern Sie die Einstellung auf **DHCP**.

Windows-Updatefehler 80072f8f

Dieser Fehler wird ausgegeben, wenn die Zeiteinstellung des Updateservers von Microsoft nicht mit der Ihres Rechners harmonisiert. Eine kleine Abweichung ist kein Problem. Ist der Unterschied aber zu hoch, verweigert der Updateserver seinen Dienst.

Überprüfen Sie die Zeit- und Datumseinstellung Ihres Rechners. Nehmen Sie, wenn notwendig, eine Korrektur vor. Nun sollte das Update gelingen.

CMOS-Fehler

CMOS steht für *Complementary Metal-Oxide Semiconductor* und bezeichnet einen Chip, der mit einem Akku versehen ist. Auf diesem sind die BIOS-Einstellungsdaten gespeichert.

Ein CMOS-Fehler tritt auf, wenn der Akku defekt ist. Das kann nach längerem Betrieb geschehen und auch, wenn der Rechner sehr lange nicht angeschaltet war und der Akku sich entladen hat.

Dann ist leider der Einbau eines neuen, passenden Akkus nötig. Wenn Sie sich das nicht zutrauen, lassen Sie diese Arbeit von einem PC-Techniker ausführen.

Anhang D: Internetressourcen

Microsoft
Von hier aus erreichen Sie alle Websites der Firma Microsoft. Bei einigen ändern sich manchmal die Webadressen. Nutzen Sie deshalb die Startseite von Microsoft. Hier finden Sie auch aktuelle Informationen, News und viele Hilfequellen zu Windows, Office & Co.

http://www.microsoft.com/de-de/default.aspx

Windows 7
http://windows.microsoft.com/de-DE/windows/home

Windows Live
http://explore.live.com/home

Web-Slices für Benutzer des Internet Explorers
http://ieaddons.com/de/addons/?feature=webslices

Galerie für Anwender des Internet Explorers
http://www.iegallery.com/de

Skins für den Media Player
http://www.customize.org/wmp und *http://www.skinz.org/skins.phtml?category=23*

Microsoft Answers
Auf dieser Seite können Sie eine Frage eintippen, und ein anderer Windows 7-Anwender gibt Ihnen eine Antwort. In gleicher Weise können Sie auch anderen Anwendern helfen und ihre Fragen beantworten.

Bevor Sie eine Frage stellen, sollten Sie sich jedoch einmal umschauen. Vielleicht ist Ihr Problem ja bereits bekannt und es gibt passende und hilfreiche Antworten.
http://answers.microsoft.com/de-de/windows/forum/windows_7-windows_install

Der Microsoft Support Guide
Der Support Guide ist eher ein Link-Portal. Er führt Sie zum *Support-Center*, zum *Upgrade Center* und zu verschiedenen Hilfen und Anleitungen. Viele verschiedene Portale, Foren und Websites sind von hier aus erreichbar – nicht nur zu Windows 7, sondern auch zu anderen Microsoft-Produkten.
http://www.microsoft.com/germany/support/guide/?WT.mc_id=SupportGuide_HP_Nav

Dr. Windows
Windows-Hilfe-Seite mit professionellen Tipps und Tricks.
http://www.drwindows.de

Microsoft Fix it
Dieser Dienst sucht automatisierte Lösungen für PC-Probleme. Ob dies immer funktioniert, kann ich nicht sagen. Ausprobieren kostet aber nichts.
http://support.microsoft.com/fixit/de

Internet Explorer 9

Hier können Sie den Webbrowser auf Ihren Rechner laden.

http://www.internet-explorer9.de

Microsoft Twitter

Natürlich twittert man bei Microsoft auch. Dies ist hier der Twitter-Account des Kunderservice. Wundern Sie sich also nicht, wenn Sie hier keine News finden, sondern nur ein Hilfeangebot.

http://twitter.com/#!/microsofthilft

Microsoft Download Center

http://www.microsoft.com/downloads/de-de/default.aspx

Microsoft Security Essentials

http://www.microsoft.com/de-de/security_essentials/default.aspx

Anhang E: Glossar

ACDSee

Ein Bildbetrachtungsprogramm

Access Point

Zugangspunkt bei WLANs

Ad-hoc-Netzwerk

Ein Ad-hoc-Netzwerk ist ein Netzwerk, bei dem zwei WLAN-Geräte miteinander verbunden werden und direkt miteinander kommunizieren.

Administrator

Auch Systemadministrator: Benutzer eines Rechners mit erweiterten Rechten. Ein Administrator kann Software installieren, deinstallieren und Einstellungen am Betriebssystem vornehmen.

Das Wort »Administrator« bedeutet so viel wie »Verwalter«. Er arbeitet nicht nur am Rechner, sondern richtet auch Konfigurationseinstellungen und Systemeinstellungen ein. Dazu muss er die dafür notwendigen Rechte besitzen. Das geschieht automatisch, wenn ein Benutzer sich als Administrator anmeldet. Für ihn müssen keine speziellen Rechte festgelegt werden.

Aero

Erweiterter Desktop von Windows 7 mit zusätzlichen Funktionen. Die Windows-Editionen *Starter und Home Basic* unterstützen die neuen Windows-Aero-Features nicht.

Aero Peek

Aero-Funktion. Bezeichnet das Ein- und Ausblenden von Fenstern über die Schaltfläche **Desktop anzeigen**.

Aero Shake

Aero-Funktion. Haben Sie mehrere Programmfenster geöffnet, können Sie eines auswählen und durch schnelles Hin- und Herbewegen dafür sorgen, dass alle anderen Fenster verkleinert werden.

Aero Snap

Aero-Funktion. Ziehen Sie das Fenster des Windows-Explorers an den rechten Bildschirmrand. Haben Sie einen bestimmten Punkt erreicht, klappt ein transparenter Rahmen auf. Lassen Sie die Maustaste los, wird das Programm in diesem Rahmen abgelegt.

Aktenkoffer

Werkzeug von Windows 7. Der Aktenkoffer verbindet zwei Verzeichnisse miteinander und erlaubt es, die Inhalte beider miteinander zu synchronisieren. So lassen sich auf einfache Weise Daten zwischen Notebook und Desktop-PC abgleichen oder auch Daten auf einer USB-Festplatte sichern.

Aktivierung

Mit der Aktivierung überprüft Microsoft, ob es sich bei Ihrem Betriebssystem um ein Originalprodukt handelt. Ohne Aktivierung können Sie das installierte System nur 2 Tage verwenden.

Und Sie können keine Updates einspielen. Eine Aktivierung wird auch bei anderen Softwareherstellern verwendet.

Angeheftete Websites

Add-On für den Webbrowser Internet Explorer. Mit ihm wird ein Symbol in die Windows 7-Taskleiste eingefügt. Die Website muss nicht im Internet Explorer aufgerufen werden. Sie klicken auf das Symbol. Der Browser wird geöffnet und die Website geladen.

Anonymous

Zugangsname, der bei einigen FTP-Servern als Gastzugang verwendet werden kann. Wird bei sogenannten »öffentlichen« FTP-Zugängen verwendet, also Servern, die ohne besondere Registrierung oder Anmeldung jedem Anwender offenstehen. In der Regel gibt man hier die eigene E-Mail-Adresse als Kennwort ein. Wirklich anonym ist man so nicht. Siehe FTP, FTP-Client.

Antivirenprogramm

Schutz- und Sicherheitsprogramm, das Viren und Schadprogramme aufspürt und sie isoliert. Ein solches Programm macht den Rechner sicherer.

Arbeitsplatznetzwerk

Netzwerkstandort. Eine Konfigurationseinstellung in Windows 7. Bei deren Auswahl werden wichtige Einstellungen für das Netzwerk bereits festgelegt. Das Arbeitsplatznetzwerk findet man in Büros, kleinen Firmen und größeren Unternehmen.

Assistent

Mehrere Dialoge führen den Anwender durch die Einrichtung eines Programms, Betriebssystems oder einer Funktion. In den Dialogen werden alle wichtigen Einstellungen abgefragt. Diese Folge von Dialogen wird als »Assistent« bezeichnet.

Authentifizierung

Bezeichnung für das Nachweisen einer Zugangsberechtigung. In der Regel erfolgt dies mit einem Benutzernamen und einem Passwort.

AutoVervollständigen

Programmfunktion in Webbrowsern. Sie macht Ihnen die Eingabe von langen und komplizierten Webadressen einfacher. Sie ist eine Hilfe und nimmt Ihnen eine ganze Menge Tipparbeit ab. Der Browser »versucht, zu erkennen«, was für eine Webadresse Sie eingeben wollen. Bereits nach einigen Buchstaben bietet er Ihnen mögliche Webadressen an. Stimmt eines der gefundenen Angebote mit der Webadresse überein, die Sie im Browser anzeigen wollen, müssen Sie diese nur übernehmen. Dies geschieht in der Regel mit dem Drücken der Taste [↵].

Bcc

Blind Carbon Copy. Eingabefeld in einem E-Mail-Client. Tragen Sie in das Feld **Bcc** eine Adresse ein, wird die Nachricht an diesen Adressaten gesendet. Sie können auch hier mehrere E-Mail-Adressen eingeben. Jedoch sehen die anderen Empfänger der Nachricht nicht, an wen Sie die Nachricht außerdem noch geschickt haben.

Backup

Begriff für eine Datensicherung oder auch die Sicherung des Betriebssystems.

Basisinformationen

Dialogfenster der Systemsteuerung von Windows 7. In den Basisinformationen sehen Sie im unteren Bereich den Computernamen. Hier ist auch die Bezeichnung der Arbeitsgruppe (Workgroup) aufgeführt.

Barrierefreiheit

Spezielle Einstellmöglichkeiten des Webbrowsers für Anwender mit Sehbehinderungen. Hier legen Sie fest, dass immer ein Alternativtext angezeigt wird. Dieser Text wird anstelle von Bildern angezeigt und beschreibt, was zu sehen ist. Sie können hier Systemsounds wiedergeben und die Tastaturnavigation anschalten.

Webentwickler sollten ihre Websites, Webportale und Webshops barrierefrei machen. So können sie auch von Anwendern mit einer Sehbehinderung genutzt werden.

Batch

Eine Batchdatei ist eine ausführbare Datei, in der mehrere Befehle aufgeführt sind. Dieses Bündel (engl. batch) an Befehlen wird nacheinander ausgeführt. So können Sie lange Befehlsketten und Befehlsfolgen festhalten und mit einer Datei immer wieder abrufen. Die Datei besitzt die Dateierweiterung *.bat*. Mit dieser ist sie für das Betriebssystem als ausführbare Datei erkennbar.

Befehl

Kommando, das per Texteingabe auf der Eingabeaufforderung eingegeben wird. Das Betriebssystem erkennt den Befehl und führt eine entsprechende Aktion aus.

Benachrichtigungen

Meldungen der Benutzerkontensteuerung von Windows 7.

Benutzer

Ein Benutzer kann Programme aufrufen, ebenso Werkzeuge und Spiele und mit diesen arbeiten. Zusätzlich gibt es weitere Möglichkeiten, die er nutzen darf. Diese Aufgaben verändern keine wichtigen Systemeinstellungen. Windows 7 wird dadurch nicht gefährdet, selbst wenn ein fremder Benutzer diese Aufgaben ausführt. Mehr Möglichkeiten hat ein Administrator.

Siehe Administrator, Zugriffsrechte.

Benutzergruppe

Organisatorische Gruppe in Windows 7, in die bestimmte Benutzer einsortiert werden. Die Benutzergruppen bestimmen die Zugriffsrechte eines Benutzers.

Windows 7 teilt jeden Benutzer einer Gruppe zu. So gehört der Systemadministrator der Gruppe Administratoren an. Alle normalen Anwender werden der Gruppe Benutzer zugeteilt. Darüber hinaus gibt es bestimmte Systemprogramme, die eigene Benutzergruppen mit sich bringen oder zu der Gruppe System gehören.

Benutzerkontensteuerung

Siehe »UAC«.

Betriebssystem

Software, die als Basis auf einem Rechner installiert wird und die Nutzung der Hardware ermöglicht. Nach der Installation und Grundeinrichtung des Betriebssystems können Anwendungsprogramme, Werkzeuge und Computerspiele installiert und genutzt werden. Zu dem Betriebssystem Windows 7 gehören eine grafische Oberfläche und eine Reihe kleinerer Programme.

Bing

Suchserver aus dem Hause Microsoft

BIOS

Basic Input / Output System. Diese Software steuert die Datenübertragung zwischen dem Prozessor des Rechners (CPU) und den Peripheriegeräten. Im BIOS ist auch die Programmfunktion enthalten, die das eigentliche Betriebssystem lädt und startet.

Bookmark

Siehe »Favorit«.

Bootmanager

Mit dem Bootmanager wählen Sie, welches Betriebssystem gestartet werden soll. Sie haben für die Auswahl einige Sekunden Zeit. Nehmen Sie keine Auswahl vor, wird das als Standard eingestellte Betriebssystem gestartet.

Haben Sie nur ein Betriebssystem auf Ihrem Rechner installiert, wird kein Bootmanager verwendet.

Broschürendruck

Druckmodus. Beim Broschürendruck werden die Seiten verkleinert und auf die Vorder- und Rückseite eines Blattes zwei Seiten aufgebracht. Das Ergebnis ähnelt dem Erscheinungsbild eines Buches.

Browser

Kurzwort für Webbrowser. Siehe »Webbrowser«.

Browsermodus

Modus im Internet Explorer. Über den Browsermodus können Sie feststellen, ob die Website auch mit einer älteren Version des Internet Explorers betrachtet werden kann. Eine ähnliche Funktion gibt es auch in HTML-Editoren. Mit ihr überprüft man, ob die erstellten HTML-Seiten wie gewünscht in verschiedenen Webbrowsern dargestellt werden.

Cache

Siehe »Zwischenspeicher«.

Cardreader

Hardwaregerät. Ermöglicht das Lesen und Beschreiben von SD-Karten. Wird verwendet, wenn der Rechner nicht über einen eigenen Kartenslot verfügt.

Cc

Carbon Copy. Eingabefeld bei einem E-Mail-Client. Mit Cc können Sie die Nachricht an weitere Adressaten senden. Verschiedene E-Mail-Adressen werden mit einem Komma voneinander getrennt.

Chess Titans

Schachspiel. Gehört zu der Spielesammlung von Windows 7.

Chrome

Kurzwort für den Browser Google Chrome.

Cipher

`cipher` ist ein DOS-Befehl, mit dem Sie Dateien und Verzeichnissse in NTFS-Dateisystemen verschlüsseln können.

CMS

CMS steht für Content-Management–System, eine Software für Webserver, die es mehreren Anwendern ermöglicht, das System zu verwalten sowie Text, und Multimediainhalte einzupflegen.. Mit Modulen kann es recht einfach erweitert werden. Um die einheitliche

Optik der einzelnen Seiten der Website kümmert sich eine Vorlage.

Computervirus

Schadprogramm. Mit einer Firewall und einem Antivirenprogramm können Sie Ihren Rechner schützen und dafür sorgen, dass kein Virus auf ihn gelangt, sich verbreitet und Schaden verursacht.

Cookie

Ein Cookie ist eine kleine Textdatei. Sie wird von einigen Websitebetreibern genutzt, um bestimmte Informationen auf Ihrem Rechner abzulegen. Bei Amazon kann das zum Beispiel die zuletzt angeschaute Produktgruppe sein. Beim nächsten Besuch der Website wird das Cookie ausgelesen, und Sie erhalten dazu passende Angebote.

Datenausführungsverhinderung

Mit der Funktion Datenausführungsverhinderung wird die Aktivität von Computerviren und anderen Schadprogrammen eingeschränkt. Zugriffe auf Windows 7-Dienste, Registrierungseinstellungen und Speicherzugriffe werden gestoppt. Zugleich werden Warnmeldungen ausgegeben.

Datenübertragungsrate

Geschwindigkeit, mit der die Daten in einem Netzwerk von A nach B gelangen. Sie wird zum einen von der Leistungsfähigkeit des Übertragungswegs bestimmt, z.B: einer DSL-Leitung. Diese stellt Ihr Provider zur Verfügung. Beachten Sie, dass die maximal mögliche Geschwindigkeit durch andere Teilnehmer gebremst wird, mit denen Sie sich die Leitung teilen. Entscheidend sind auch die Datenübertragungsraten des Modems sowie die des Routers.

Defragmentierung

Vorgang, um eine Fragmentierung aufzuheben. Siehe auch »Fragmentierung«.

Demo

Testversion eines Anwendungsprogramms. Bevor Sie ein Programm kaufen, können Sie es mit einer Demoversion testen. Demoversionen sind meist in ihrem Funktionsumfang eingeschränkt. Bei einigen Demos können Sie alle Funktionen ohne Einschränkung nutzen. Diese Demoversion ist dann in der Regel nur eine bestimmte Zeit lang lauffähig.

Desktop

Grafische Oberfläche. Sie macht die Verwendung eines Betriebssystems und der Werkzeuge einfacher. Anstatt Befehle einzugeben, können Sie die Maus verwenden.

DHCP

Dynamic Host Configuration Protocol. Protokoll, das Teil von TCP/IP ist und für die Vergabe von IP-Adressen zuständig ist.

Digitale ID

Eine digitale ID bestätigt, dass die Kontaktadresse eines Absenders auch richtig ist. Eine solche Identifikation stellt sicher, dass eine Nachricht und eine Absenderadresse nicht verändert wurden.

Directory Opus

Kommerzieller Dateimanager für Windows

DNS-Server

Der Domain Name Service (DNS) sorgt für die richtige Verbindung von IP-Adressen.

DOS

Siehe »Eingabeaufforderung«.

Drag & Drop

Eine Datei oder ein ganzes Verzeichnis wird mit der Maus angeklickt und bei gedrückt gehaltener linker Maustaste an eine neue Position »gezogen«. Windows interpretiert dies als ein Verschieben oder Kopieren. Dabei muss der Anwender nicht mehr mehrere Befehle auswählen. und die Nutzung von Drag & Drop spart Umwege und Zeit.

Drittanbieter

Siehe »Erstanbieter«.

Druckerwarteschlange

In der Druckerwarteschlange werden alle Aufträge gesammelt, die Sie an den Drucker gesendet haben. In der Reihenfolge ihres Eingangs werden die Dokumente an den Drucker gesendet und auf ihm ausgegeben.

Easy Connect

Easy Connect ist eine schnelle Methode, um eine Remoteunterstützung zwischen zwei Rechnern aufzubauen. Verwendet werden dazu die Protokolle IPv6 und PNRP (Microsoft Peer Name Resolution Protocol). Dieses Verfahren steht nur zur Verfügung, um Windows 7-Rechner miteinander zu verbinden. Läuft auf einem der Rechner ein anderes Windows-System, können Sie diesen Verbindungstyp nicht nutzen.

EFS

EFS steht für Encrypting File System. Es handelt sich dabei um ein Dateisystem, mit dem Dateien und Verzeichnisse verschlüsselt werden können. Die Verwendung geschieht sehr einfach über eine Dialogbox. Sie können EFS nur auf einem lokalen Datenträger nutzen. ESF steht ab Windows XP Professional zur Verfügung.

Eingabeaufforderung

Einfache Textkonsole, mit der Sie Befehle eingeben können. Man spricht auch von der MS DOS-Eingabeaufforderung.

E-Mail

Elektronische Nachricht. Mit einem speziellen Programm, dem E-Mail-Client, werden Nachrichten empfangen, gelesen, beantwortet und geschrieben. Die Antworten und neuen Nachrichten werden dann an den Posteingangsserver des Providers gesandt.

Emoticon

Siehe »Smiley«.

Energiesparplan

Vorgefertigte Konfiguration der Energieeinstellungen für Notebooks

Enterprise

Windows-Edition

Ereignis

Ereignisse beinhalten die Fehler- und Aktionsmeldungen des Betriebssystems.

Ereignisanzeige

Dialog, der verschiedene Protokolle zusammenfasst. Er ermöglicht die Suche und Filterung nach bestimmten Windows- und Anwendungsprotokollen.

Erstanbieter

Der Erstanbieter eines Dienstes ist der Unternehmer, dem die Website, das Portal oder der Webshop gehört. Dieser kann jedoch auch Dienste und Leistungen einer anderen Firma nutzen und über seine Website anbieten. Diese andere Firma wird dann als Drittanbieter bezeichnet.

Exploit

Ein Exploit ist ein kleines Anwendungsprogramm, das Sicherheitslücken eines Betriebssystems oder Anwendungsprogramms nutzt. Sind die Lücken gefunden, versucht das Exploit, die Rechte des Systemadministrators zu erhalten und Änderungen vorzunehmen.

Ein Exploit kann aus wenigen Befehlen bestehen. Es kann auch in einer anderen Datei, wie zum Beispiel einer Office-Datei oder einer Bilddatei versteckt sein.

Explorer

Kurzwort für Windows- oder Internet-Explorer

Family Safety

Siehe »Windows Live Family Safety«.

FAQ

Frequently Asked Questions. Datenbank mit häufig gestellten Fragen und Antworten.

FAT16

Dateisystem. Wurde bei älteren Betriebssystemen verwendet.

FAT32

Dateisystem. Wurde bei älteren Betriebssystemen verwendet. Wird aus Kompatibilitätsgründen noch bei einigen Datenträgern eingesetzt. FAT ist beim USB-Stick Standard. Dieses Dateisystem sorgt dafür, dass der USB-Stick an verschiedenen Rechnern verwendet werden kann.

Favorit

Die Adresse einer oft besuchten Website kann in einem Webbrowser als Favorit abgelegt werden. Dann genügt es, das Favoritenfenster zu öffnen und die gewünschte Adresse mit einem Mausklick abzurufen. Man spricht hier auch von Bookmarks oder Lesezeichen.

Feed

Siehe »RSS-Feed«.

Flip 3D

Aero-Funktion. Mehrere geöffnete Fenster lassen sich in einer 3D-Darstellung auf dem Bildschirm anzeigen. Sie blättern durch diese und wechseln zu einem der geöffneten Anwendungsprogramme.

FreeCell

Kartenspiel. Abart von Solitär. Gehört zu der Spielesammlung, die Windows 7 bietet.

Firefox

Webbrowser. Das Programm hat sich aus Netscape und Mozilla entwickelt. Firefox ist bekannt und wird sehr gern verwendet. Das Programm steht für verschiedene Betriebssysteme zur Verfügung.

Firewall

Schutzmechanismus, der den Netzwerkverkehr einschränkt. Bestimmte Domains und Ports können freigegeben oder auch blockiert werden. Eine Firewall kann mittels Soft- oder auch durch Hardware realisiert sein.

Formatieren

Mit dem Formatieren wird ein Dateisystem auf ein Speichermedium aufgebracht. Bei Windows 7 wird dafür NTFS verwendet. Erst danach können Sie Programme installieren und Daten ablegen.

Bei der Installation von Windows wird das Formatieren vom Installationsdialog durchgeführt. Richten Sie später Partitionen ein, müssen Sie diese Aufgabe selbst durchführen.

Fragmentierung

Windows 7 und alle anderen Anwendungen, aber auch Computerspiele legen Daten auf einem freien Bereich des Datenträgers ab. Dabei wird versucht, Daten immer hintereinanderzuschreiben. Aber durch das Löschen, Kopieren und Verschieben von Dateien und Anwendungen entstehen Löcher. Dann werden Daten plötzlich nicht »hinten ran« gesetzt, sondern in diese Löcher oder an eine andere freie Position geschrieben. Dadurch werden Daten, die zu einem Programm gehören, in kleinen Stücken (eben »Fragmenten«) an verschiedenen Positionen der Festplatte bzw. Partition abgelegt. Der mechanische Lesekopf der Festplatte muss nun lange Wege in Kauf nehmen, um diese Daten zu lesen.

FreeCommander

Dateimanager für Windows. Verwendet eine sehr praktische Zwei-Fenster-Technik. Das Programm ist leicht zu bedienen und bietet einiges mehr an Funktionen als der zu Windows 7 gehörende Windows-Explorer. Der FreeCommander ist Freeware.

Freeware

Anwendungsprogramm oder Spiel, das unter einer Lizenz vertrieben wird, die die kostenlose Weitergabe ermöglicht.

Freigabe

Mit Freigaben bestimmen Sie, ob andere Anwender im Netzwerk auf Dateien, Ordner und Bibliotheken zugreifen können. Nutzen mehrere Anwender einen Rechner, können sie auch Freigaben verwenden und so Ordner oder Bibliotheken gemeinsam nutzen.

FTP

FTP steht für File Transfer Protocol, ein standardisiertes Netzwerk-Übertragungsprotokoll, mit dem Daten von A nach B versandt werden. Neben dem Übertragen von Dateien können auch Dateieigenschaften verändert werden. Sie können Ordner erstellen, die Bezeichnungen von Dateien verändern und Dateien auf dem Server löschen.

FTP-Client

Anwendungsprogramm, mit dem Sie Daten auf einem FTP-Server übertragen können. Auch der Download von Daten vom FTP-Server zum heimischen PC ist mit diesem Programm möglich.

Für den Zugang müssen Sie die Adresse des FTP-Servers, einen Zugangsnamen und ein Passwort eingeben. Bei einigen FTP-Servern ist ein Gastzugang möglich. Dabei wird die E-Mail-Adresse des Anwenders als Passwort oder Anonymous eingetragen.

Gadget

Erweiterung, auch Plug-In genannt, das auf dem Desktop platziert wird. Bei Windows 7 lässt sich der Aero-Desktop durch Gadgets erweitern.

Gastkonto

Benutzerkonto mit eingeschränkten Rechten

Gerätetreiber

Software, die zum Betrieb eines Hardwaregeräts notwendig ist. Der Gerätetreiber oder auch Treiber steuert das Gerät an. Er überträgt die Daten zwischen dem Gerät und dem PC.

Google Chrome

Webbrowser aus dem Hause Google. Interessante Alternative zu Firefox, Internet Explorer, Opera und Co.

Google

Suchdienst, mit dem Websites, Webinhalte und andere Quellen im Internet gesucht werden können. Google ist auch der Name der Webfirma, die diesen Suchdienst und weitere Internet-Dienste und -programme unterhält.

Google Sites

Google bietet Ihnen die Möglichkeit an, eine einfache kleine Website zu erstellen. Dazu ist kein Webspeicherplatz bei einem Provider notwendig. Es entstehen keine Kosten durch einen solchen Speicherplatz oder durch eine Domain. Sie benötigen lediglich ein Konto bei dem Webdienst Google. Die Optik der Website wird mit einer Vorlage bestimmt. Die Verwendung eines HTML-Editors ist für die Nutzung von Google Sites nicht möglich. Das Einrichten der Site und deren Pflege erfolgt online mit dem Webbrowser. Für die Website stehen jedem Nutzer 10 GB zur Verfügung. Sie können mit Freigabeoptionen bestimmen, wer auf Ihre Website zugreifen darf und wer nicht.

Hardware

Man unterscheidet bei einem PC zwischen Hardware und Software. Unter Software fallen alle Programme, Werkzeuge, Spiele und Daten. Die Hardware sind die »Geräte« des Rechners. Hierzu zählen auch das Motherboard, die Einbaukarten und die Festplatten.

Header

Der Header ist der Kopf einer Nachricht. Er enthält wichtige Informationen, anhand derer der E-Mail-Client und der E-Mail-Server des Providers erkennen, wohin eine Nachricht gehen soll. Hier sind der Absender enthalten sowie die Zieladresse, die Überschrift, Informationen zu einem vorhandenen Dateianhang und die Kodierung der Nachricht.

Hearts

Kartenspiel. Abart von Solitär. Gehört zu der Spielesammlung von Windows 7.

Heimnetzwerk

Netzwerkstandort. Konfigurationseinstellung in Windows 7. Bei deren Auswahl werden wichtige Einstellungen für das Netzwerk bereits festgelegt.

History

Die History-Funktion hält in einem Webbrowser die zuletzt besuchten Websites fest. Sie können auf diese zurückgreifen und eine Site mit einem Mausklick auswählen.

Hotmail

Siehe »Windows Live Hotmail«.

Hotspot

Ein Hotspot ist ein öffentlicher Zugang zu einem WLAN, den interessierte Anwender nutzen können. Diese Zugänge befinden sich an großen Plätzen, in Cafés oder Restaurants oder auch in Universitäten. Hotspots gibt es auch an Bahnhöfen und auf Flughäfen. Meist sind Hinweisschilder aufgestellt, die einen solchen öffentlichen Zugang kenntlich machen.

HTML

Hypertext Markup Language. HTML ist eine sogenannte Dokumentenbeschreibungssprache. Eine einfache Textdatei enthält Anweisungen, die man HTML-Tags nennt. Sie bestimmen, wie Text und andere Inhalte dargestellt werden. Diese Darstellung übernimmt der Webbrowser.

Hyperlink

Verweis in HTML-Dokumenten auf Webseiten oder in Text- und Bildinhalten auf ein anderes Objekt oder HTML-Dokument.

ID

Identifikation, auch Identifikationsnummer. Bei Windows Live ist die ID Ihre E-Mail-Adresse.

Inhaltsratgeber

Mit dem Inhaltsratgeber können Sie bestimmte Websites und Internetdienste blockieren. Dabei werden sowohl Filter genutzt, die mit Kategorien arbeiten, als auch verschiedene Einstelloptionen.

Index

Siehe »Indizieren«.

Indizieren

Der Index beschleunigt die Suche nach Dateien, Ordnern und Inhalten. Dazu werden alle wichtigen Dateien auf Ihrem Windows 7-Rechner indiziert. Daneben werden auch Bibliotheken, E-Mails, Programm- und Systemdateien erfasst.

Stellen Sie sich den Index als eine Datenbank vor. Kurzinformationen über Ihre Dateien und Ordner werden hier festgehalten. Neue Dateien und Ordner fließen in den Index ein. Ohne diese Funktion würde das Durchsuchen großer Festplatten sehr lange dauern. Windows 7 muss nicht den Inhalt einer ganzen Partition, sondern den erfassten Index durchsuchen. Das geht um einiges schneller.

Windows erfasst auch den Inhalt von Text- und Office-Dateien. Der so erstellte Index beschleunigt die Suche nach diesen Inhalten. Beim Erstellen von Text- und Microsoft Office-Dateien wird immer ein solcher Index erstellt. Es sei denn, Sie schalten die Indizierung aus.

Installer

Der Windows Installer sorgt dafür, dass Sie das Programm später wieder deinstallieren können. Das funktioniert nicht immer reibungslos. Manchmal bleiben Ordner, Einstellungsdateien und Registrierungseinträge zurück. Diese können Sie mit einem Tuner, wie den TuneUp Utilities, entfernen.

Installieren

Sie müssen ein Anwendungsprogramm und Computerspiel zunächst »installieren«, bevor sie es nutzen können. Installieren heißt dabei, dass das Programm auf die Festplatte des Rechners aufgebracht wird. Einstellungen und Registrierungseinträge werden, sofern nötig, dabei bereits festgelegt. In der Regel wird die Installation mit einem Assistenten durchgeführt.

Die Datei, mit der Sie den Installations-Assistenten eines Anwendungsprogramms aufrufen, ist sehr leicht zu erkennen. Bei einem Programm wie Photoshop Elements heißt sie beispielsweise `Autoplay.exe`. Oft finden Sie auch eine `Setup.exe` vor. An der Dateierweiterung *.exe* erkennen Sie die ausführbare Datei. Installationspakete im Windows-Format enden auf *.msi*.

Internet

Weltweites Netzwerk. Das Internet besteht aus vielen Servern, die miteinander verknüpft sind. Der Anwender kann mit einem Webbrowser den grafischen Teil des Internets, das World Wide Web, nutzen. Aber auch andere Internetdienste lassen sich nutzen.

Internet Explorer

Webbrowser aus dem Hause Microsoft. Das Programm wird meist bei Windows-Anwendern genutzt. Mit Firefox, Opera und Google Chrome gibt es eine Reihe interessanter Alternativen.

Internetverbindungsassistent

Assistent von Windows 7, der Sie beim Erstellen einer neuen Netzwerkverbindung unterstützt.

IP-Adresse

Die IP-Adresse bezeichnet ein Netzwerkgerät und kann innerhalb eines Netzwerks nur einmal verwendet werden. Die IP-Adresse ist »eindeutig«.

Die IP-Adresse besteht aus einer Anzahl von Zahlengruppen, die mit Punkten voneinander getrennt werden. Verwendet werden vier Zahlengruppen. In der Regel sind diese dreistellig.

IPsec

Internet Protocol Security, auf Deutsch Internetprotokollsicherheit. Eine Funktion der Windows 7-Firewall. Gehört zu einer Verbindungssicherheitsregel. Die Verbindung selbst wird mit dem IPsec-Protokoll als solche erkannt; man sagt auch »authentifiziert«.

IrfanView

Bildbetrachtungsprogramm. Freeware.

ISP

ISP steht für Internet Service Provider. Das ist der Anbieter Ihres Internetzugangs. Man nennt ihn auch Provider oder Zugangsprovider.

ISO-Abbild

Ein ISO-Abbild ist ein Dateityp, der ein Abbild einer CD oder DVD enthält. Die gesamte Struktur der CD/DVD ist in einer ISO-Datei enthalten. Die Datei entspricht einer Norm.

Junk-E-Mail

Spamnachricht.

Kennwort

Anderer Begriff für Passwort.

Kennwortrücksetzungsdiskette

Für den Fall, dass man man sein Kennwort vergessen hat, hat Microsoft in Windows 7 eine Funktion implementiert, mit der das Passwort zurückgesetzt werden kann. Die Kennwortrücksetzungsdiskette tut dies. Nun müssen Sie keine Diskette verwenden, wie die Bezeichnung es eigentlich vermuten lässt, sondern können auf einen USB-Stick zurückgreifen.

Kernnetzwerk

Das Kernnetzwerk beinhaltet grundlegende Netzwerkfunktionen und Übertragungsprotokolle. Dazu zählen auch die Firewallregeln.

Keyboard

Auch Tastatur genannt. Eingabegerät.

Kompatibilitätsmodus

Modus, bei dem eine ältere Windows-Version emuliert wird. So können innerhalb von Windows 7 ältere Programme, Spiele und Werkzeuge, aber auch Hardwaretreiber genutzt werden.

Kompression

Man spricht auch vom Packen von Daten. Mit einer Kompression erhalten Sie mehr Platz. Daten nehmen nicht mehr so viel Speicherplatz ein. Sie werden »gepackt«. Für das Lesen und Bearbeiten müssen sie wieder entpackt werden.

Kontextmenü

Funktionsmenü, das über die rechte Maustaste erreichbar ist. Markieren Sie eine Funktion oder ein Element in einer Anwendung. Drücken Sie dann die rechte Maustaste. Dadurch wird ein Funktionsmenü aufgerufen. Das Menü ist »kontextsensitiv«, das heißt, es bietet nur eine Auswahl wichtiger Funktionen, die im aktuellen Zustand tatsächlich verwendet werden können.

Kontextsensitiv

Das Kontextmenü zeigt immer nur die Funktionen, die im Augenblick verwendet werden können: Öffnen Sie das Kontextmenü auf der Uhrzeitanzeige der Taskleiste, können Sie die Uhr einstellen, die Benachrichtigungssymbole in der Taskleiste selbst einrichten, den Task-Manager starten und die Taskleiste einrichten. Sie werden im Kontextmenü keine Funktion finden, die nicht zu dem Element passt, über dem Sie das Menü aufgerufen haben. Es wird also niemals vorkommen, dass Sie über dem Windows-Desktop das Kontextmenü öffnen und dort eine Einstellung zum Adobe Reader finden. Beachten Sie, dass das Kontextmenü nur eine Auswahl an Funktionen bereitstellt. Einige Inhalte sind von der verwendeten Soft- und Hardware abhängig. So kann eine Grafikfunktion von einem speziellen Treiber bereitgestellt werden.

Kontingent

Beschränkung des Speicherbereichs, den ein Anwender nutzen darf. Bei Rechnern, die von mehreren Anwendern genutzt werden, kann ein Administrator mit Kontingenten dem Speicherplatz auf alle Benutzer aufteilen.

Konto

Benutzerkonto. Dies regelt die Rechte eines Anwenders. Beim Anmelden mit seinem Benutzernamen und dem dazugehörigen Passwort identifiziert sich der Anwender und kann schließlich die Rechte seines Benutzerkontos nutzen. Es gibt ein Gastkonto, ein Administratorkonto und ein Benutzerkonto.

Kryptografie

Verschlüsselung. Durch mathematische Verfahren werden Daten vor dem Zugriff durch Dritte geschützt. Anwender von Windows 7 können die betriebssystemeigene Verschlüsselung EFS nutzen oder zu True Crypt greifen.

LAN

Lokales Netzwerk

Lesezeichen

Siehe »Favorit«.

Link

Kurzform für Hyperlink.

Linux

Dateisystem, das sich aus Unix heraus entwickelt hat. Zu den großen Vorteilen dieses Dateisystems gehört es, dass es als Distribution angeboten wird. Darunter ist ein Softwarepaket zu verstehen, in dem das Betriebssystem, die grafische Oberfläche und eine Vielzahl von Werkzeugen und Programmen zusammengefasst sind.

Es gibt verschiedene Distributionen. Die meisten werden unter einer freien Lizenz vertrieben und können kostenlos aus dem Internet geladen werden. Ein großer Nachteil ist, das es nicht viele kommerzielle Programme gibt. Nicht zu jedem Windows-Programm gibt es eine Alternative für Linux.

Livedateisystem

Dateisystem, das auf CDs und DVDs zum Einsatz kommt. Ermöglicht das Speichern, Bearbeiten und Löschen von Dateien auf dem Medium. Der erstellte Datenträger kann auf einem Rechner mit Windows XP oder höher verwendet werden. Siehe auch Mastered.

Login

Anmelden. Der Anwender muss sich mit seinem Benutzernamen und dem zugehörigen Passwort am Rechner anmelden. Ein Login ist auch in manchen Netzwerken, bei Online-Rollenspielen und Chat-Systemen notwendig.

Logfile

Protokoll. Wird von einigen Programmen und dem Betriebssystem geschrieben. Enthält Statusmeldungen zu bestimmten Funktionen und Vorgängen. Logfiles werden auch geschrieben, wenn es zu Fehlern kommt. Eine Firewall protokolliert ihre Arbeit in einem Logfile.

Lokalisierung

Sprachpaket. Erst dieses Paket macht das Nutzen eines Programms oder Betriebssystems in der jeweiligen Landessprache möglich.

Mail

Kurzform für E-Mail. Siehe dort.

Majong Titans

Chinesisches Spiel, bei dem es darum geht, gleiche Spielsteine zu finden und vom Spielfeld zu entfernen. Gehört zu der Spielesammlung von Windows 7.

Malware

Ein Programm wird als Malware bezeichnet, wenn es nicht erwünschte Aktivitäten durchführt. So kann ein solches Programm sich vielfach kopieren, andere Daten löschen oder auch Sicherheitsfunktionen ausschalten.

Mit Malwareprogrammen wird auch oft das Kauf- und Nutzungsverhalten von Anwendern ausspioniert. Die erhaltenen Daten werden unbemerkt über das Internet übertragen. Der Anwender kann später mit Werbeinformationen versorgt werden, die sich an den zuvor ermittelten Daten orientieren.

Mastered

Bezeichnung für eine abgeschlossene CD/DVD. Nach dem Brennen der Daten können keine weiteren Daten dem Medium hinzugefügt werden. Eine solche CD/DVD wird auch als »abgeschlossen« bezeichnet.

Maus

Eingabegerät. Sie macht die Verwendung des Computers einfacher. Anstatt Befehle einzugeben, können Sie den Desktop und die grafische Oberfläche nutzen.

MBR

Master Boot Record. Enthält die Partitionstabelle. Sie zeigt dem Betriebssystem, wie die Festplatte aufgeteilt ist. Der MBR wird vom Betriebssystem geschrieben. Er enthält grundlegende Daten zu dem zu startenden Betriebssystem.

MD5-Prüfsumme

Die Abkürzung MD steht für Message-Digest Algorithm und bezeichnet ein Verfahren, mit dem die Echtheit einer Datei überprüft werden kann. Es wird besonders bei großen Dateien angewendet, aber auch, um bei Programmen zu überprüfen, ob diese nicht von Dritten verändert worden sind. Ein kryptografisches

Verfahren erstellt aus einer Datei einen eindeutigen Wert. Nach dem Download der Datei kann mit diesem Wert ermittelt werden, ob die Datei echt ist. Auch Defekte, die durch Übertragungsfehler entstehen, können so gefunden werden.

Metazeichen

Für bestimmte Befehle können Sie auf Metazeichen zurückgreifen. Diese ersetzen ein oder mehrere Zeichen. Das Fragezeichen ? steht für ein beliebiges Zeichen. Mit dem Sternchen * sind mehrere Zeichen gemeint.

Microsoft

Hersteller von Soft- und Hardware. Bekannt durch sein Betriebssystem Windows und das Office-Paket Microsoft Office.

Microsoft Security Essentials

Sicherheitsprogramm von Microsoft, mit dem der Rechner auf eine Infektion mit Computerviren und anderen Schadprogrammen untersucht werden kann. Im Gegensatz zu Windows Defender ist Microsoft Security Essentials nicht in Windows 7 enthalten. Es muss aus dem Internet geladen und installiert werden. Das Programm bietet eine bessere Virenerkennung als Windows Defender und mehr Möglichkeiten zum Schutz des Rechners.

Minesweeper

Spiel, bei dem es darum geht, ein verdecktes Minenfeld aufzudecken. Gehört zu der Spielesammlung von Windows 7.

Nachrichtenregel

Mit einer Nachrichtenregel können Sie E-Mails sortieren lassen. Sie können Nachrichten von unerwünschten Ansendern herausfiltern lassen. Sie können aber auch die Nachrichten ganz bestimmter Absender in einen Ordner einordnen lassen.

Netiquette

Verhaltsform im Internet. Die Art, miteinander umzugehen, ist besonders in Chats, in Webforen und im Usenet wichtig. Oft gibt es Moderatoren, die über die Netiquette und weitere Regeln wachen. User, die dagegen verstoßen, werden ermahnt und können auch verbannt oder ausgestoßen werden. Sie sollten die Grundregeln der Netiquette kennen, bevor Sie sich online in Foren, Chats oder Ähnlichem äußern.

Netzwerkdrucker

Drucker, der in ein Netzwerk eingebunden ist. Der Vorteil: Von einem anderen Rechner, der Teil des Netzwerks ist, kann auf den Drucker zugegriffen werden. Einige Drucker verfügen über integrierte Netzwerkkarten und/oder WLAN-Karten. Sie sind speziell für die Verwendung in Netzwerken gedacht.

Newsgroup

Thematisch orientierte Gruppe im Usenet. Siehe auch »Usenet«.

NTFS

Dateisystem. Wird von Windows 7 verwendet. NTFS ist ein Journaling-Dateisystem. Das Dateisystem wird selbstständig auf Fehler überprüft. Dateinamen können bis zu 255 Zeichen beinhalten. Benutzerzugriffe können eingeschränkt werden. Weitere Zugriffsbeschränkungen sind durch Verschlüsselungen und das Einrichten von Zugriffskontigenten möglich. Über die Eigenschaften von Ordnern und Dateien können diese komprimiert werden. Dadurch kann der Anwender Speicherplatz sparen. NTFS erlaubt das Erstellen und Verwalten von sehr großen Dateien.

Öffentliches Netzwerk

Netzwerkstandort. Konfigurationseinstellung in Windows 7. Bei deren Auswahl werden wichtige Einstellungen für das Netzwerk bereits festgelegt. Das öffentliche Netzwerk wird für Cafés, Gaststätten, Bibliotheken, Flughäfen und Plätze verwendet. Ein solches Netzwerk steht jedem offen.

Offlinedatei

Mit einer Offlinedatei wird eine Datei, die sich im Netzwerk befindet, auf einem Rechner lokal abgelegt. So können Sie diese nutzen, auch wenn keine Netzwerkverbindung zur Verfügung steht. Die Offlinedatei kann ergänzt und verändert werden. Später wird sie einfach mit der im Netzwerk abgelegten Datei abgeglichen (synchronisiert).

Online

Bezeichnung für den Zustand »Ich bin mit dem Internet verbunden«.

Opera

Webbrowser. Das Programm ist sehr schnell und besitzt, im Gegensatz zu anderen Browsern, eine Reihe interessanter Module. Mit diesen können Sie E-Mails senden und empfangen, chatten und das Usenet nutzen.

Optionale Updates

Bei den optionalen Updates handelt es sich um Sprachpakete (Lokalisierungen) und Updates zu anderen Werkzeugen. Hier finden Sie auch Updates für Microsoft Office und Microsoft Defender. Zu den optionalen Updates gehören auch Aktualisierungen zum E-Mail-Filter von Outlook und Updates zur Programmiersprache Microsoft Visual C++.

Optimieren

Siehe »Tuner«.

Paint

Paint ist ein Zeichenprogramm, das viele Features in sich vereint. Das Programm gehört zu Windows 7. Sie finden es in der Kategorie **Zubehör**. Paint richtet sich an kreative Anwender, die kleine Bilder zeichnen wollen.

Parameter

Ergänzung zu einem Befehl. Mit einem Befehl allein weiß Windows nur selten, was zu tun ist. Bei den meisten Befehlen müssen Sie einen oder mehrere Parameter ergänzen. So wird die Aufgabe des Befehls »spezifiziert«.

Partition

Eine Partition ist ein Teilbereich einer Festplatte. Er wird so verwaltet, als würde es sich um eine eigene Festplatte handeln. Mit verschiedenen Partitionen können Sie das Betriebssystem, die Anwendungsprogramme und Ihre Daten von den anderen Inhalten trennen.

Man unterscheidet zwischen primären und erweiterten Partitionen. Sie können maximal vier primäre Partitionen erstellen. Auf einer primären Partition muss das Betriebssystem Windows 7 abgelegt sein.

Die vierte Partition wird automatisch als erweiterte Partition erstellt. In diese erweiterte Partition können Sie logische Laufwerke einfügen. Auf einem logischen Laufwerk kann sich nicht das Windows 7-Betriebssystem befinden. Hier darf auch nicht der MBR untergebracht sein.

Patch

Updatepaket, das ein Problem bzw. einen Programmfehler behebt. Bei Spielen werden mit Patches auch Ungleichmäßigkeiten in der Spielbalance, unfaire Spielsituationen und nicht lösbare Aufgaben behoben.

Phishing

In einer Phishing-Nachricht werden Sie von Betrügern nach Anmeldedaten, Passwörtern, Adressdaten oder Kontoinformationen gefragt. Seriöse Anbieter fragen diese Daten nicht per E-Mail oder Website ab. Die einzige und beste Möglichkeit, auf eine solche Nachricht richtig zu reagieren ist, sie zu ignorieren.

Es gibt auch Phishing-Websites. Sie tarnen sich als Sites seriöser Anbieter und fragen Anmeldedaten, Kontodaten und andere sensible Informationen ab.

Plug-In

Erweiterungspaket. Ein kleines Programm, das den Funktionsumfang einer größeren Anwendung. Es gibt für Browser, Office- und Bildbearbeitungsprogramme solche Plug-Ins.

PNRP

Microsoft Peer Name Resoulution Protocol. Ein Protokoll, das bei einer Remote-Verbindung unter Verwendung von Easy Connect zur Anwendung kommt. Siehe auch Easy Connect, Remote.

Picasa

Bildbetrachtungsprogramm aus dem Hause Google. Freeware.

Posterdruck

Druckmodus. Der Posterdruck ermöglicht das Erstellen von Postern. Der Bildinhalt wird vergrößert und in vier Teilen ausgedruckt. Diese setzen Sie nach dem Ausdruck zu einem fertigen Poster zusammen.

POP

Servertyp bei E-Mail-Servern. Auch POP3.

PopUp

Aufklappbares Fenster auf Webseiten. Enthält oft Werbeanzeigen.

PopUp-Blocker

Funktion in Webbrowsern, die die Anzeige von PopUps blockiert

Port

Schnittstelle im Rechner. Der Port ist die Adresse, über die eine Software auf die Schnittstelle zugreift. Portadressen werden für Kommunikationsprogramme genutzt, so zum Beispiel für FTP. Der Begriff wird auch für einen Hardware-Anschluss (USB-Port) verwendet.

Preview

Vorschau, auch Vorschaubild

Professional

Windows-Edition

Programmereignisse

Wichtige Programmereignisse sind ein niedriger Akkuladestand, ein abgeschlossener Druck eines Dokuments und ein Fehler bei einer Verbindung zu einem Hardwaregerät. Sie können sich ebenfalls mit einem Sound über ein neu eingegangenes Fax oder eine empfangene E-Mail benachrichtigen lassen, über eine Systemmeldung und verschiedene Ereignisse des Dateimanagers Windows-Explorer.

Provider

Anbieter von Internet-Diensten. Einige Provider bieten verschiedene Dienste einzeln oder im Paket an, so zum Beispiel Websites und einen E-Mail-Account. Der Begriff Provider wird auch für den Anbieter eines Internetzugangs verwendet. Hier spricht man auch von einem Zugangsprovider oder Internetzugangsprovider.

Purble Place

Kleine Spielesammlung für jüngere Anwender, die zu den Spielen von Windows 7 gehört.

Quarantäne

Mit Computerviren infizierte Dateien werden vom Antivirenprogramm in der Quarantäne abgelegt. Diesen Bereich können Sie sich wie einen Container vorstellen. Die Dateien werden so von allen anderen Daten auf Ihrem Rechner getrennt.

Ranking

Das **Ranking** einer Website beeinflusst Ihre Position in der Anzeige einer Suchmaschine. Je besser das Ranking ist, umso weiter oben wird die Site in den Ergebnissen einer Suchmaschine gelistet. Natürlich müssen die eingegebenen Suchbegriffe auf Ihre Website zutreffen. Aber treffen diese auf mehrere Sites zu, was in der Regel immer der Fall ist, möchten Sie weit oben zu sehen sein. Auf diese Weise erhalten Sie mehr Besucher.

Das Ranking beeinflusst man mit schnellen Ladezeiten und der Anzahl von Links auf Ihre Website. Man spricht hier auch von einer »Linkpopularität«. Diese können Sie nur indirekt beeinflussen. Wichtig ist auch, dass die Website oft gepflegt und aktualisiert wird und dass die Suchbegriffe mit dem Inhalt der Website übereinstimmen.

Raid

Festplattenverbund, bei dem Daten doppelt abgelegt werden. Das ermöglicht es beim Ausfall einer Festplatte dennoch, die Daten verlustfrei wiederherzustellen. Man unterscheidet verschiedene Raid-Verfahren, sogenannte Raid-Level.

Raid-Level

Siehe »Raid«.

RD

Remotedesktop

RDD

Remotedesktopprotokoll

RD-Gatewaysserver

RD-Gatewayserver werden in einigen Unternehmensnetzwerken angewendet. Sie ermöglichen es, von irgendeinem Rechner aus über den Gatewayserver auf einen bestimmten Zielrechner zuzugreifen und hier den Remotedesktop zu verwenden.

ReadyBoost

Funktion von Windows 7, mit der ein Cache auf einem USB-Stick angelegt und so das Betriebssystem beschleunigt wird.

Rechte

Siehe »Zugriffsrechte«.

Registry

Siehe »Windows-Registrierung«.

Remote

Remote ermöglicht die Bedienung eines entfernten Rechners. Die Verbindung wird dabei über ein internes oder externes Netzwerk hergestellt. Der Anwender am entfernten Rechner muss der Verbindung zustimmen.

Rescue Center

Das Programm TuneUp Utilities sichert bei vielen Aktionen Dateien im Rescue Center. Werden einmal aus Versehen Dateien oder Verknüpfungen gelöscht, die doch noch gebraucht werden, können Sie den Zustand des Rechners vor dem Reinigen wiederherstellen.

Reservestrommodus

Modus bzw. Schutzfunktion bei Notebooks. Sobald der Ladestand des Akkus den Reservestrommodus erreicht, gibt Windows 7 eine Meldung aus. Weiter werden keine Aktionen ausgeführt.

Retro-Look

Altmodische Optik

Ribbon

Auch Multifunktionsleiste. Wird in Microsoft Office 2007 und 2010 verwendet, um Symbolschaltflächen und Programmfunktionen leicht zugänglich zu machen. Der Anwender muss sich nur noch selten durch Menüs und Dialoge hangeln. Kommt auch in anderen Anwendungen zum Einsatz, so zum Beispiel in einigen Programmen des Pakets Windows Live.

Richtlinie

Regel für die Benutzerkontensteuerung. Siehe »UAC«.

Robocopy

Kopierbefehl mit erweiterten Möglichkeiten

Rootkit

Schadprogramm oder auch Virus. Ein Rootkit kann mit einem einfachen Antivirenprogramm nur schwer ausgemacht werden, denn dieses kleine Programm verbirgt sich vor dem Antivirenprogramm. Es spioniert den Anwender aus oder schädigt seinen Rechner. Bei einem Bekannten hat ein solches Rootkit Teile der Festplatte als besetzt gekennzeichnet, sich mehrfach kopiert und so schrittweise den Rechner lahmgelegt. Am Ende mussten wir die Festplatten formatieren und alle Anwendungen neu installieren.

RSS-Feed

Feeds sind Schlagzeilen, die Sie mit dem Webbrowser oder einem RSS-Client abrufen können. Um Feeds mit einem Webbrowser lesen zu können, muss im Browser ein RSS-Client integriert sein.

Ruhezustand

Wenn Sie den Rechner in den Ruhezustand bringen, werden die geöffneten Anwendungsprogramme und die verwendeten Fenster gespeichert. Der Rechner wird ausgeschaltet. Schalten Sie ihn wieder an, wird die Datei für den Ruhezustand geladen. Die Programme und Fenster werden von ihr wiederhergestellt. Nutzen Sie den Ruhezustand nicht, können Sie die Datei deaktivieren.

Schnellformatierung

Formatierungsart. Die Funktion wird ohne Fehlerüberprüfung durchgeführt und arbeitet entsprechend flott.

Seitenlayoutdruck

Druckmodus. Den Seitenlayoutdruck können Sie verwenden, um mehrere Bilddateien auf einem Blatt Papier unterzubringen. Hier wählen Sie, ob 2, 4, 6, 9 oder 16 Seiten auf ein Blatt aufgebracht werden.

Serverauthentifizierung

Die Funktion Serverauthentifizierung sorgt dafür, dass die Verbindung mit dem gewünschten Rechner zustande kommt. Sie landen genau auf dem Remotedesktop, den Sie auch öffnen wollten.

Shutdown

Der Rechner lässt sich auch mit einem Befehl herunterfahren. Verwendet wird dazu der Befehl shutdown. Geben Sie diesen auf der Eingabeaufforderung ein.

Signatur

Elektronische Unterschrift. Wird zum Beispiel in E-Mails verwendet. In den Einstellungen des E-Mail-Clients legen Sie einmalig eine Signatur fest. Sie wird dann, wenn Sie dies möchten, automatisch unter jede Nachricht gesetzt. Sie kann auch verschiedene Informationen, wie die Adresse einer Website, eine Firmenadresse oder einen Slogan enthalten. Es ist bei einigen E-Mail-Clients, wie zum Beispiel Windows Live Mail, auch möglich, für verschiedene E-Mail-Konten unterschiedliche Signaturen zu erstellen. Siehe auch Vistenkarte.

Site

Kurzwort für Website

SkyDrive

Onlinedienst von Microsoft. Gehört zum Windows Live-Paket. SkyDrive stellt einen Onlinespeicherplatz zur Verfügung. Mit SkyDrive können Sie Office-Dokumente, Videodateien, Audio- und Bilddateien im Internet ablegen. Sie können für andere Benutzer Zugriffsrechte einrichten.

Skype

Skype ermöglicht das Telefonieren über das Internet. Sie können außerdem auch Textnachrichten und Dateien versenden. Zum »Skypen« brauchen Sie ein Headset. Kopfhörer und Mikrofon gehen auch.

Smiley

Mit Smileys können Sie Gefühle in Nachrichten, Forenbeiträgen und Chats ausdrücken. So lassen sich Missverständnisse vermeiden. Der Leser weiß, wann Sie etwas augenzwinkernd und lächelnd meinen oder dass etwas Sie traurig und nachdenklich macht. Das am meisten verwendete Smiley ist wohl das Zeichen für Lächeln: ☺

Slideshow

Auch Diashow. Mehrere Bilddateien werden automatisch wiedergegeben. Der Benutzer legt fest, nach wie vielen Sekunden der Wechsel zum nächsten Bild erfolgen soll. Festgelegt werden kann auch eine Animation als Übergang von Bild zu Bild.

Spam

Unerwünschte Nachricht, auch nicht angeforderte Werbung. Sicherlich kennen Sie die Problematik solcher E-Mails aus eigener Erfahrung. Alle E-Mail-Provider und auch E-Mail-Clients wie Outlook bieten sogenannte Spam-Filter an, mit denen Sie solche Nachrichten aussortieren können.

Spammen

Begriff für das Verteilen von unerwünschten Nachrichten. Er wird auch in Foren und Chats verwendet, wenn Anwender zu viel unerwünschten Text von sich geben, für Websites oder Produkte werben oder etwas fragen, das bereits im Forum zu finden ist.

Software

Bezeichnung für alle Anwendungsprogramme, Werkzeuge, Computerspiele und alle sonstigen Daten eines Rechners.

Spider Solitär

Kartenspiel. Abart von Solitär. Gehört zu der Spielesammlung von Windows 7.

Spracherkennung

Programm oder Funktion, mit dem bzw. der Sie Text per Mikrofon eingeben können. Die Eingabe wird als Text in einer Textverarbeitung oder einem anderen Programm wiedergegeben. Auch die Eingabe von Befehlen ist so möglich.

Sprungliste

Die Websites, die Sie in letzter Zeit oft besucht haben, listet der Internet Explorer in seiner Sprungliste auf.

SSL

SSL ist ein Datenübertragungsprotokoll, mit dem Daten verschlüsselt und im Internet von A nach B übertragen werden. Die Verschlüsselung sorgt dafür, dass die Daten nicht von Dritten abgehört und genutzt werden können.

Startseite

Die Startseite wird beim Öffnen des Webbrowsers geladen. Der Anwender kann eine beliebige Website als Startseite festlegen oder sich auch eine leere Seite anzeigen lassen. Dies wird im Einstellungsdialog des Webbrowsers eingetragen. Über eine Schaltfläche auf manchen Websites kann die besuchte Seite auch mit einem Mausklick als Startseite übernommen werden.

Streaming

Streaming heißt nichts anderes, als dass Sie über eine Netzwerkverbindung von einem Rechner Musik- oder Videodaten abrufen und sie auf dem Zielrechner wiedergeben. Dabei werden die Musik oder die Videos mit einem Datenstrom übertragen. Es handelt sich also um eine Echtzeitdatenübertragung, bei der immer Daten von A nach B fließen. Die Daten werden »kontinuierlich« übertragen.

Streaming wird bei Web-TV und Webradio verwendet. Aber auch bei einigen Videoanbietern, wie zum Beispiel iTunes oder maxdome kommt Streaming zum Einsatz. Um hier ein Abreißen der Wiedergabe zu vermeiden (was geschehen kann, wenn die Leitung schlecht oder zu stark belastet ist), wird ein Teil der Videodaten im Voraus zum Nutzer gesendet. Hier wird dieser erste Teil zwischengespeichert. Während Sie das Video anschauen, werden die restlichen Daten geladen. Bei Audiodaten ist dies nicht notwendig. Hier ist die Datenmenge nicht so groß, dass ein Vorabdownload notwendig wäre.

Suite

Programmpaket, das aus mehreren einzelnen Komponenten besteht. Microsoft Office und Open Office sind Office-Suites. Es gibt auch Sicherheitssuiten, die neben einem Antivirenprogramm andere Schutz- und Sicherheitsmodule beinhalten.

Spieleexplorer

Ordner, von dem aus alle Spiele erreichbar sind, die zu Windows 7 gehören. Auch verschiedene Informationen zu den Spielen, wie zum Beispiel Hitlisten, können von hier aus abgerufen werden. Auch die Jungendschutzeinstellungen können vom Spieleexplorer aus erreicht werden. Sofern ein Spiel die Integration in den Spieleexplorer von Windows 7 unterstützt, finden Sie es nach der Installation auch in diesem Fenster.

Spyware

Schadsoftware, mit der der Anwender ausspioniert wird

Syntax

Die Syntax ist die Schreibweise eines Befehls und all seiner Parameter und Optionen. Wichtig ist vor allem die Reihenfolge der Parameter. Windows muss den Befehl verstehen. Sonst weiß das Betriebssystem nichts damit anzufangen. Dazu müssen Sie sich an die korrekte Syntax halten.

Windows unterscheidet nicht zwischen Groß- und Kleinschreibung. Sie müssen nicht darauf achten, ob Sie Befehle mit Groß- oder Kleinbuchstaben eingeben.

Synchronisieren

Abgleichen. Erstellen Sie eine Website offline (ohne Verbindung zum Internet). Synchronisieren Sie dann mit einem FTP-Client die auf dem Server befindliche Website. Synchronisiert werden auch Office- und Multimediadateien. Die neuen und geänderten Dateien werden übertragen, sodass an Punkt B zum Schluss die gleichen Daten liegen wie an Punkt A.

Systemabbild

Kopie des Zustands des Betriebssystems sowie wichtiger Treiber, Einstellungen und Programmeinstellungen. Mit einem Systemabbild kann ein älterer Zustand des Betriebssystems recht einfach wiederhergestellt werden.

Systemreparaturdatenträger

Ein Systemreparaturdatenträger ist eine bootfähige DVD, mit der Sie im Notfall Windows 7 reparieren und wiederherstellen können.

Systemadministrator

Siehe »Administrator«.

Systemstartreparatur

Startet Windows 7 nicht richtig oder gibt es verschiedene Fehler aus, nutzen Sie diese Option. Es wird nun versucht, die Probleme zu finden und automatisch zu reparieren.

Systemsteuerung

Der Teil von Windows 7, in dem alle Einstellungsdialoge zu finden sind. Man könnte auch sagen, die Systemsteuerung ist die Schaltzentrale von Windows 7.

Systemwiederherstellungsoptionen

Diese Werkzeuge helfen Ihnen bei Problemen mit einer Windows 7-Installation. Sie können damit versuchen, eine defekte Version des Betriebssystems zu reparieren.

Taskleiste

Element des Windows-Desktops. In der Taskleiste werden verschiedene Symbolschaltflächen angezeigt. Sie informieren den Anwender über bestimmte Vorgänge auf seinem Rechner und bieten schnellen Zugriff auf einige Programme, Werkzeuge und Funktionen.

TCP/IP

Transport Control Protocol / Internet Protocol. Protokoll, das in Netzwerken verwendet wird. Es sorgt dafür, dass alles, was der Anwender von seinem Rechner sendet, in kleine Datenpakete aufgeteilt wird. Diese werden auf der Seite des Empfängers wieder zu einem Ganzen zusammengefügt. Auf die gleiche Weise werden auch die Daten, die Sie empfangen, wieder zusammengesetzt. Mit TCP/IP wird auch eine IP-Adresse vergeben. Siehe IP-Adresse, DHCP, Internet.

Toolbar

Erweiterung zu einem Webbrowser. Einige Anbieter bieten Ihnen Toolbars an, die den Browser um nützliche Funktionen erweitern. Beispiele dafür sind Google, eBay und Yahoo!.

TPM

TPM steht für Trusted Platform Module und bezeichnet einen Chip, der für den Rechner Sicherheitsfunktionen bereitstellt.

Tracking

Mittels Tracking fragt eine Website bestimmte Informationen ab. So kann der Besitzer der Website herausfinden, wie Ihr Surfverhalten ist. Das kann genutzt werden, um Ihnen angepasste Werbeinformationen einzublenden. Man versucht also herauszufinden, wo Ihre Interessen liegen und entsprechende Produktwerbung einzublenden. Dadurch soll der Erfolg von Werbung steigen.

Treiber

Ein Treiber ist für die Funktion eines Hardwaregeräts notwendig. Es sorgt für die richtige Interpretation der Eingaben und die Weiterleitung der Eingaben an den Rechner.

Trojaner

Computervirus, der den Anwender ausspioniert und Zugangsdaten, Passwörter und andere sensible Daten überträgt.

True Crypt

Software, mit der Daten, Verzeichnisse und ganze Festplattenpartitionen verschlüsselt werden können.

Tuner

Kurzbezeichnung für ein Anwendungsprogramm, mit dem ein Betriebssystem oder die Funktion eines Betriebssystems optimiert werden kann. Mit einem Windows-Tuner können Sie nicht benötigte Daten entfernen, Systemsicherungen löschen, eine Partition defragmentieren und die Registrierung reinigen und defragmentieren.

UAC

User Account Control. Auf Deutsch: Benutzerkontensteuerung. Mit UAC können Programme nicht einfach Veränderungen am Windows-System vornehmen. Um dennoch bestimmte Einstellungen vornehmen zu können, muss der Anwender die Rechte eines Administrators besitzen und die Aktion bestätigen. Das kann nicht automatisch erfolgen.

Übertakten

Einige moderne Motherboards und Grafikkarten erlauben das Übertakten der Hardware. Dabei werden zuvor festgelegte Sicherheitspunkte überschritten. Diese Funktionen sollten Sie nur nutzen, wenn Sie als erfahrener PC-Anwender wissen, wie Sie dabei vorgehen müssen. Bei einem Fehler können Sie die Hardware beschädigen. Grafikkarte und Motherboard sind dann nur noch »für den Mülleimer«. Daten können hierbei verloren gehen.

UIAccess

Benutzeroberfläche eines Rechners

Update

Aktualisierung eines Programms, einer Datenbank oder des Betriebssystems. Auch die Virendatenbank eines Antivirusprogramms wird mit einem Update auf den neusten Stand gebracht.

Upgrade

Wechsel zu einer höherstufigen Version. Mit Windows 7 Anytime Upgrade wechseln Sie zu einer anderen Windows-Edition. Es gibt auch Upgrades von anderen Programmen. So kann ein Anbieter Nutzer eines Grafikbearbeitungsprogramms mit einer vergünstigten Upgrade-Version locken.

USB

Universal Serial Bus. Schnittstelle am PC. Über ein USB-Kabel wird ein Hardwaregerät mit dem PC verbunden. Die Windows 7-Hardwareerkennung versucht, den Gerätetyp zu identifizieren und den passenden Treiber zu laden. Das USB-Gerät wird in das System eingebunden und kann anschließend verwendet werden.

Usenet

Teil des Internets. In ihm kann der Anwender mit einem Newsreader thematsich sortierte Nachrichtenseiten lesen und in ihnen schreiben. Der Webbrowser Opera besitzt bereits einen eingebauten Usenet-Client. Auch mit dem Programm Windows Live Mail können Sie das Usenet nutzen. Bitte beachten Sie: Im Usenet gelten strenge Regeln. Beachten Sie diese nicht, werden Sie ermahnt oder gar ausgeschlossen. Informieren Sie sich zuvor über die Regeln. Achten Sie auf eine angemessene Netiquette. Schreiben Sie nur in den zu Ihrem Beitrag passenden Newsgroups. Lesen Sie sich erst die vorhandenen Beiträge durch. Ist eine Frage bereits beantwortet, ist eine Wiederholung nicht gern gesehen.

User

Als User wird vor allem im Internet gerne der Benutzer eines Computers bezeichnet. Auch Sie sind ein User.

Ultimate

Eine Windows-Edition

Verbindungssicherheitsregel

Funktion in der Windows 7-Firewall. Mit einer Verbindungssicherheitsregel wird angegeben, auf welche Art und zu welchem Zeitpunkt Verbindungen zwischen zwei Computern erkannt und geschützt werden.

Virtuelle Festplatte

In sich abgeschlossener Ordner, der wie eine echte Festplatte angesprochen wird.

Virus

Kurzwort für Computervirus

Visitenkarte

Elektronische Vistenkarten werden an E-Mails angehängt. Sie enthalten Adress- und Kontaktdaten, die per Mausklick in das Windows-Adressbuch oder das Adressbuch des E-Mail-Clients übernommen werden können. Beachten Sie bitte, dass auch eine Visitenkarte Viren, AdWare, Spyware oder andere Hackertools enthalten kann.

VHD-HBA

Gerätetreiber für die Verwendung einer virtuellen Festplatte. Siehe auch Gerätetreiber.

Verlauf

Der Verlauf zeigt die besuchten Websites der letzten Tage und Wochen an. Anstatt die Adresse einer Website einzugeben, können Sie diese auch bequem mit der Maus aus dem Verlauf wählen.

VMWare Workstation

Virtualisierungsprogramm. Es emuliert die Hardware eines Rechners, das heißt, es stellt die Hardware nach. So können verschiedene Betriebssysteme und Anwendungsprogramme getestet werden. Ein weiterer Vorteil: Sie können ältere Programme und Spiele weiterverwenden, die auf dem aktuellen Rechner und Betriebssystem eigentlich nicht mehr laufen.

Vollständige Formatierung

Formatierungsart. Bei der vollständigen Formatierung wird die Festplatte auf Fehler überprüft. Defekte Blöcke werden markiert.

Vollzugriff

Zugriffsberechtigung. Die Berechtigung Vollzugriff bedeutet, dass der Benutzer alles mit der Datei anstellen darf. Er darf sie lesen, bearbeiten und ausführen. Wird der Vollzugriff verweigert, kann der Benutzer die Datei weder lesen noch ausführen noch bearbeiten.

VPN-Verbindung

Bei einer VPN-Verbindung wird ein Anwender, der sich in einem Netzwerk verbindet, über eine Schnittstelle in ein anderes Netzwerk gebracht. Wie bei einer Bahnweiche gelangt man so von einer Strecke auf eine andere.

VPP

Abkürzung für virtuelles privates Netzwerk

Wartungscenter

Dialogfenster der Systemsteuerung, in dem wichtige Verwaltungsaufgaben für das Betriebssystem Windows 7 zusammengefasst sind

WDSM

WDDM steht für Windows Display Driver Model. Das ist ein für das Windows-System erstellter Grafiktreiber. Er ist optimiert und bietet spezielle Funktionen für das Microsoft-Betriebssystem.

Webmessenger

Der Webmessenger bietet Ihnen die Live Messenger-Funktionen, ohne dass Sie ein Programm installieren und einrichten müssen. Sie melden sich mit Ihrer Live ID an und können mit anderen Freunden chatten.

Wichtige Updates

Unter den Begriff »wichtige Updates« fallen alle Systempatches und alle Pakete, die Sicherheitslücken schließen. Diese sollten Sie alle herunterladen und installieren.

Webbrowser

Programm, mit dem der Anwender den grafischen Teil des Internets betrachten kann. Das Abrufen von mehreren Websites wird meist als »surfen« bezeichnet. Es macht viel Spaß, von einer Site zur nächsten zu springen und sich so ein wenig durch das Internet treiben zu lassen.

Webfilterung

Mit der Webfilterung werden nicht jugendfreie Websites blockiert. Microsoft vergleicht dabei die aufgerufene Webadresse mit einer Datenbank. Ist in dieser eine Website enthalten, wird der Zugang gestoppt.

Web-Slices

Web-Slices ist eine relativ junge Internettechnologie, bei der eine Website auf Veränderungen überprüft wird. Rufen Sie über ein Portal Nachrichten, aktuelle News, Wetterinformationen, Aktienkurse, Sportergebnisse oder andere Informationen ab, zeigen Web-Slices Ihnen die neusten Beiträge.

WEP

Protokoll in WLANs. WEP steht für Wired Equipment Privacy. Hier wird ein Verschlüsselungscode aus einer Reihe von Zeichen und Ziffern verwendet.

Windows 7

Betriebssystem aus dem Hause Microsoft. Nachfolger von Windows Vista.

Windows Defender

Sicherheitsprogramm von Microsoft, mit dem der Rechner auf eine Infektion mit Computerviren und anderen Schadprogrammen untersucht werden kann. Windows Defender ist in Windows 7 enthalten. Eine Alternative ist Microsoft Security Essentials, das ebenfalls kostenlos ist und von Microsoft vertrieben wird.

Windows-EasyTransfer

Werkzeug, das in Windows 7 integriert ist. Es ermöglicht das Übertragen von Daten von einem älteren Windows-PC auf einen neuen Rechner.

Windows-Explorer

Dateimanager für Windows 7. Wird auch bei älteren Windows-Versionen genutzt.

Windows Family Safety

Siehe »Windows Live Family Safety«.

Windows Live Kalender

Mit dem Windows Live Kalender können Sie im Internet Termine erstellen. Sie können Aufgaben festhalten und einiges mehr. Der Windows Live Kalender ist in den E-Mail-Dienst Hotmail integriert. Die Funktionen werden online genutzt.

Windows Media Center

Mit dem Windows Media Center erhalten Sie eine Oberfläche, mit der Sie Ihre Multimediadaten verwalten und betrachten können. Sie können mit dieser Oberfläche Videos betrachten, Wiedergabelisten abrufen und Musik hören und Ihre Bilder betrachten. Sie können Webradiosender abrufen und genießen. Mit dem Windows Media Center können Sie Streaming-TV-Inhalte abrufen. Befindet sich in Ihrem Rechner eine TV-Karte, können Sie mit dem Media Center Fernsehen schauen, Sendungen aufnehmen und Aufnahmen wiedergeben. Das Windows Media Center ist eine Oberfläche, die viele verschiedene Funktionen zusammenfasst.

Windows-Live

Sammlung von freien Programmen und Online-Diensten aus dem Hause Microsoft

Windows Live für Kids

Windows Live Messenger mit Anpassungen für jüngere Anwender. Dazu gehört auch ein Portal mit Informationen, Nachrichten und Unterhaltungsangeboten, die auf die Nutzung durch Kinder und Jugendliche zugeschnitten sind.

Windows Live Family Safety

Jungendschutzsystem von Microsoft, das in Windows 7 integriert ist. Internetinhalte können freigegeben oder auch gesperrt werden. Daneben lassen sich auch Webinhalte, Computerspiele und Kontaktdaten freigeben oder sperren. Das Paket kann auch verwendet werden, um in einer kleinen Firma oder einem Verein für andere Anwender Inhalte und Möglichkeiten freizugeben, zu blockieren und zu überwachen.

Windows Live Fotos

Bildbearbeitungsprogramm, das zu Windows Live gehört.

Windows Live-Fotogalerie

Bildbearbeitungs- und -verwaltungsprogramm von Microsoft. Es gehört zu Windows Live.

Windows Live Gruppen

Eine Gruppe ist eine Austauschplattform zu einem bestimmten Thema. Hier können Sie mit Leuten diskutieren, die Ihre Interessen teilen. In einer Windows Live Gruppe tauschen Sie Nachrichten aus, können einen Gruppen-Kalender nutzen und Fotos und Dateien tauschen. Zugang erhalten nur die Mitglieder der Gruppe.

Windows Live Hotmail

E-Mail-Service, der zu Windows Live gehört. Sie erstellen ein Konto und können hier online oder mit einem E-Mail-Programm Nachrichten lesen, schreiben und beantworten. Sie erhalten 5 GB Speicherplatz.

Windows Live ID

Mit der Windows Live ID können Sie sich bei allen Online-Diensten des Windows Live-Pakets anmelden. Sie müssen sich einmal registrieren und können dann mit nur einem Benutzernamen und dem dazugehörigen Passwort SkyDrive, Hotmail, Windows Live Profil und andere Internet-Dienste nutzen.

Windows Live Mail

E-Mail-Anwendung, die zu Windows Live gehört. Das aus dem Hause Microsoft stammende Programm ist kostenlos. Neben der E-Mail-Funktion kann der Anwender auch Aufgaben und Termine verwalten, seine Kontakte in ein Adressbuch einpflegen und Notizen festhalten.

Windows Live Mesh

Erlaubt das Synchronisieren von Dateien verschiedener Websites. Abgeglichen werden Bilddateien, Musikdaten und Office-Dateien. Das Tool kann bis zu 100.000 Dateien in 30 Ordnern parallel verwalten.

Windows Live Messenger

Messenger-Programm. Ermöglicht den Austausch von Textnachrichten in Echtzeit (Chatten). Mit dem Messenger bleiben Sie mit Ihren Freunden in Kontakt. Sie sehen, wenn Freunde online gehen und können mit diesen chatten. Sie können Videos und Dateien tauschen oder auch Videochats durchführen, sofern Sie eine Webcam Ihr Eigen nennen.

Windows Live Mobile

Ermöglicht das Verwalten von Kontakten. Sie können außerdem mit Windows Live Mobile Bilder sehr einfach in Live-Dienste übertragen und verschiedene aktuelle Informationen abrufen. Der Dienst richtet sich an Besitzer von Windows Mobile-Handys.

Windows Live Profil

Verwenden Sie viele Online-Dienste von Windows Live, so können Sie bei dem Dienst Windows Live Profil ein Profil online ablegen. Mit diesem können Freunde und Interessierte verschiedene Informationen über Sie abrufen. Auf einen Blick sehen Sie, was auf Ihrem Windows Live-Konto so alles passiert. Sie können sich mit anderen Windows Live-Konten verbinden und so kleine Freundschaftsnetzwerke bilden. Angezeigt werden auch aktuelle Neuigkeiten von Facebook, YouTube und dem Bilder-Online-Dienst flickr.

Windows Live Movie Maker

Kleines Videoschnittprogramm. Gehört zum Windows Live-Paket. Das Programm enthält Funktionen, mit denen Sie Ihre Videos direkt auf SkyDrive, YouTube, Facebook und anderen Plattformen veröffentlichen können.

Windows Live Writer

Editor, mit dem Sie ein Weblog mit Inhalten füttern können. Die Oberfläche ähnelt einem Office-Programm. Sie erstellen die Beiträge für Ihr Weblog und übertragen die fertigen Texte mit wenigen Mausklicks. Die Anmeldedaten zum Weblog müssen einmalig eingetragen werden.

Windows-Mobilitätscenter

Im Windows-Mobilitätscenter können Sie wichtige Einstellungen für Ihr Notebook vornehmen.

Windows-Registry

Enthält wichtige Einstellungsdaten des Windows-Betriebssystems und der installierten Anwendungsprogramme.

Windows-Tresor

Abgeschotteter Speicherbereich, in dem Benutzernamen und Passwörter abgelegt werden. Hier finden Sie auch noch einmal die Windows Live ID.

Windows Photo Viewer

Einfacher Bildbetrachter, der zu dem Betriebssystem Windows 7 gehört.

Windows-Tuner

Siehe »Tuner«.

WINS-Server

WINS steht für Windows Internet Name Service. Dieser Server löst NetBios-Namen auf.

WLAN

Wireless LAN. Funknetzwerk.

WPA

Protokoll in WLANs. WPA steht für Wi-Fi Protected Access. Bei WPA wird ein automatisierter Schlüsselwechsel verwendet. Diesen führt der Access Point selbstständig durch. Dem Anwender steht ein Schlüssel zur Verfügung.

WPA2

Protokoll in WLANs. Das WPA2-Protokoll ist eine Weiterentwicklung von WPA. Hier wurde noch einmal die Sicherheit des Access Points erhöht. Dazu wurde ein besseres Verschlüsselungsverfahren verwendet.

WWW

World Wide Web. Grafischer Teil des Internets. Um die einzelnen Websites im WWW anschauen zu können, benötigt der Anwender einen Zugang in das Internet und einen Werbbrowser.

Zeiger

Mauscursor. Zeigt die Position der Maus auf dem Desktop oder in einem Programmfenster an.

Zeigeroptionen

In den **Zeigeroptionen** bestimmen Sie mit einem Schieberegler, wie schnell sich der Mauszeiger bewegt.

Zeitlimits

Jungendschutzfunktion. Mit einem Stundenplan bestimmt ein Elternteil, um welche Zeit eine Funktion genutzt werden kann. So ist der Zugang zum Internet für ein Kind oder einen bestimmten Anwender nur zu den freigegebenen Tageszeiten möglich.

Ziehen

Siehe »Drag & Drop«.

Zugriffsrechte

Auch Rechte. Nicht jeder Benutzer darf alle Funktionen ausführen. Die Möglichkeiten können eingeschränkt werden. Das betrifft sowohl den Umgang mit Dateien wie auch die Arbeit mit Verzeichnissen. Man unterscheidet die Rechte Lesen, Schreiben und Ausführen. Die Rechte werden bei der Installation, Konfiguration oder durch einen Administrator festgelegt. Siehe Administrator.

Zuordnungseinheit

Eine Zuordnungseinheit ist ein Bereich auf der Festplatte, in dem Daten abgelegt sind. Die Festplatte wird beim Formatieren in viele verschiedene Sektoren und Zuordnungseinheiten eingeteilt.

Zwischenspeicher

Im Zwischenspeicher können Sie in Windows 7 Daten ablegen, die Sie an andere Stelle wiederverwenden möchten, bspw. wenn sie einen Text per `Strg`+`C` und `Strg`+`V` in ein Word-Dokument kopieren möchten.

Index

A

B

C

D

E

F

G

H

I

J

K

L

M

N

Q

R

S

T

X

Z

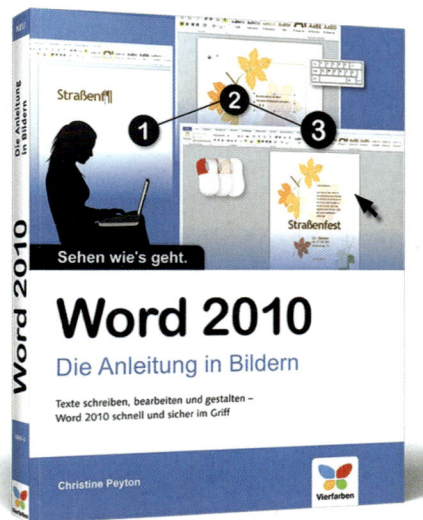

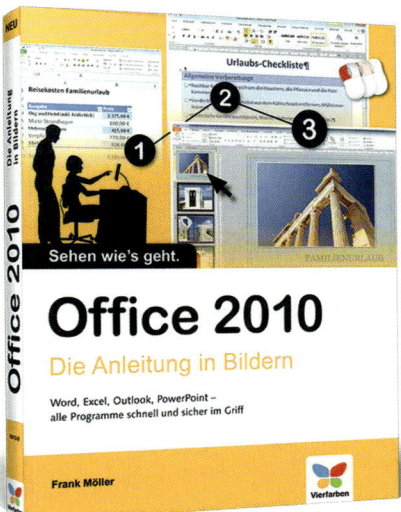

Leicht verständlich, Bild für Bild erklärt

Schritt für Schritt zu eindrucksvollen Präsentationen

Auch ohne Vorwissen sofort loslegen

Sabine Drasnin

PowerPoint 2010

Die Anleitung in Bildern

Schritt für Schritt und mit vielen Abbildungen zeigt Ihnen Sabine Drasnin, wie Sie das Programm richtig einsetzen und ohne mühsames Herumprobieren verständliche und vorzeigbare Folien anfertigen. Anhand einer Beispielpräsentation sehen Sie, wie Sie z.B. Texte sinnvoll gestalten, Ergebnisse anschaulich präsentieren oder Musik und Videos einbinden. Aus den einzelnen, in sich geschlossenen Anleitungen können Sie gezielt auswählen, was Sie für Ihre Präsentation benötigen.

318 S., komplett in Farbe, 9,90 Euro
ISBN 978-3-8421-0016-9

>> www.vierfarben.de/2916

www.vierfarben.de

Ideal zum Durcharbeiten und Nachschlagen

Alle neuen Funktionen und Features von Excel 2010

Inkl. Formeln, Funktionen, Diagramme, Datenaustausch, VBA u.v.m.

Helmut Vonhoegen

Excel 2010

Das Handbuch zur Software

In diesem Handbuch finden Sie umfassendes Excel-Wissen für den beruflichen Alltag und den privaten Einsatz – aktuell zu Excel 2010. Sie erfahren u.a., wie Sie Tabellen gestalten und Daten grafisch aufbereiten, wie Sie Formeln zur Berechnung einsetzen und Analysen erstellen oder wie Sie Ihre Excel-Daten ausdrucken und mit anderen teilen können. Auf besonders lösungsorientierte Weise lernen Sie die wichtigsten Funktionen des Programms »on the job« kennen. Dieses Buch leitet Sie Schritt für Schritt an und ist damit Nachschlagewerk und Fundgrube für praktische Tipps zugleich.

1150 S., 2011, mit CD, 19,90 Euro
ISBN 978-3-8421-0007-7

>> www.vierfarben.de/2476